FIRST
영어 입문 사전

(주)교학사

머 리 말

— 개정판을 내면서 —

배우는 것은 어느 과목이든지 그 기초가 중요합니다. 올바른 이해를 통해서 기초적인 것을 확실하게 익혀 두면 응용과 활용을 통해 차츰 숙달되기 때문입니다. 이에 일선 영어 교사들의 자문을 얻어 영어 학습에 도움이 되도록 개정판을 내게 되었습니다.

아래에 이 사전의 특징을 몇 가지 들어 봅니다.

1. 초보자의 영어 학습은 이 사전으로도 충분합니다.
이 사전에 수록된 단어는 교육 인적 자원부의 영어 교육과정 기본 어휘를 포함해서 모두 약 4,300여 단어입니다.

2. 표제어는 초등학교, 중학교 과정의 교육 인적 자원부 권장 어휘를 구별할 수 있게 하였습니다.
표제어 중 교육 인적 자원부에서 제시한 초등학교 권장 단어는 별표 「✵」, 중학교 권장 단어는 별표 「*」로 표시하였고, 예문 중 교육 인적 자원부가 선정한 의사 소통 예시문은 앞에 ☆(초등학교 권장), ◆(중학교 권장)로 표시하여 학습하는 데 도움이 됩니다.

3. 변화형의 철자·발음까지도 명시하였습니다.
표제어는 물론이고 그 변화형까지 철자와 발음을 모두 실었고, 우리말로 발음을 표기하여 초보자가 영어를 읽는 데 도움이 되며, 차츰 발음 기호가 눈에 익어 자연스럽게 습득되도록 하였습니다.

4. 유의어의 차이점을 비교할 수 있게 분류하였습니다.
유의어는 박스로 처리하여 그 의미상의 차이를 한 눈에 알 수 있도록 구성하였습니다.

5. 생동감있는 원색 사진과 재미있는 원색 삽화를 많이 실었습니다.
본문은 2색 인쇄며 원색 사진 700여 개, 원색 삽화 1,800여 개, 그룹별 삽화도 39개를 실어 단어를 쉽게 이해할 수 있습니다.

위에 든 것처럼 이 사전은 영어 학습에 유용하도록 편찬되었으므로, 초등학생이나 중학생들은 이 사전을 가지고 영어에 흥미를 갖고 학습에 길잡이로 활용하기 바랍니다.

교학사 사서부

Ⅱ

이 사전의 활용법

1. 단어는 이렇게 찾으면 됩니다.
 (1) 표제어의 배열
　　표제어는 ABC…의 알파벳순으로 고딕체로 배열하였습니다. 그리고 페이지의 가장자리에는 ABC…가 인쇄되어 있으므로 찾는 단어를 쉽게 찾을 수 있습니다.
 (2) 단어의 철자
　　단어는 미국식 철자를 주로 하되 영국식 철자와 다를 경우에는 **theater**,《영》**theatre**처럼 영국식 철자는 미국식 다음에 기술하거나, **colo(u)r**처럼 ( )안에 표시하였습니다.
 (3) 표제어 앞의 별표 「*」
　　교육 인적 자원부에서 제시한 기본 어휘를 바탕으로 「✱」는 초등학교 과정에서 익혀 두어야 할 중요 단어를, 「*」는 중학교 영어 교과서에 나오는 기본 단어를 나타냅니다.
 (4) 음절을 끊는 법
　　표제어는 음절을 모두 중점(·)으로 끊어서 구분하였습니다. 이 음절의 구분은 발음과 악센트에 큰 관계가 있으므로 평소에 눈여겨 두어야 합니다. 단어가 한 행에 넘치는 경우에는 반드시 중점에서 끊고 하이픈(-)으로 연결하여 다음 행으로 넘어가야 합니다.

2. 발음은 이렇게 익혀야 합니다.
 (1) 국제 음성 기호와 우리말 발음 표기
　　발음은 국제 음성 기호로 표시하고 동시에 우리말로 표기하였으므로 발음 기호를 몰라도 우선은 발음할 수 있게 하였습니다. 그러나 발음 표기는 초보자를 위한 참고 수단에 지나지 않으므로 정확한 영어 발음을 위해서는 그때그때 발음 기호를 눈여겨 익혀야만 합니다.
 (2) 발음의 악센트
　　발음의 악센트는 모음 위에 (´)로 제1악센트를, (ˋ)로 제2악센트를 표시하였고 우리말 발음 표기에서는 강하게 발음되는 곳을 고딕체로 표시하였습니다.
 (3) 발음의 강형와 약형
　　같은 단어에서 강·약의 두가지 발음이 있을 때는 **we** [《약》wi 위 ;《강》wíː 위-]처럼 《 》안에 강·약을 표시하였습니다.

(4) 품사에 따라 발음이 다를 경우
같은 단어일지라도 품사에 따라 발음이 다른 단어는 **present** 명 [préznt 프레즌트], 타 [prizént 프리젠트]처럼 표시하였습니다.

3. 어형 변화는 이렇게 찾아보면 됩니다.
(1) 명사의 복수형
《보기》 ‡**cap** [kǽp 캡]
　　　　　명 (복수 **caps** [kǽps 캡스])
(2) 동사의 변화형
《보기》 ‡**change** [tʃéindʒ 체인지]
　　　　　동 (3단현 **changes** [tʃéindʒiz 체인지즈], 과거·과거 분사 **changed** [tʃéindʒd 체인지드], 현재 분사 **changing** [tʃéindʒiŋ 체인징])
(3) 형용사·부사의 변화형
《보기》 ‡**ear·ly** [ə́ːrli 어-리]
　　　　　형 (비교급 **earlier** [ə́ːrliər 어-리어], 최상급 **earliest** [ə́ːrliist 어-리이스트])
***ac·tive** [ǽktiv 액티브]
　　형 (비교급 **more active**, 최상급 **most active**)
‡**well** [wél 웰]
　　부 (비교급 **better** [bétər 베터], 최상급 **best** [bést 베스트])

4. 단어의 품사와 그 뜻은 이렇게 찾습니다.
(1) 단어의 품사 표시와 그 밖의 기호
품사는 아래처럼 명, 대 …로 표시하였습니다. 그리고 동사는 타동사, 자동사를 모두 포함하는 변화형 앞에 동, 타동사 타, 자동사 자로 구분하였으며 그 밖의 기호는 다음과 같습니다.
1) 명 ········· 명　사　　　부 ········· 부　사　　　타 ········· 타동사
　 대 ········· 대명사　　　접 ········· 접속사　　　조 ········· 조동사
　 관 ········· 관　사　　　동 ········· 동　사　　　전 ········· 전치사
　 감 ········· 감탄사　　　형 ········· 형용사　　　자 ········· 자동사
　 약 ········· 약　어
2) 《영》 영국 용법, 《미》 미국 용법, 《구어》 구어 용법, 《속담》 속담
3) 《반》 반의어, 《동》 동의어, 《참고》 참고
4) ☞ 문법상의 설명, ⇨ …을 보라
(2) 단어의 뜻과 동의어·반의어

단어가 비슷한 뜻일 때는 콤마(,)를 쓰고 그 뜻이 조금 바뀔 때는 세미콜론(;)을 썼으며 뜻이 크게 바뀔 때는 1., 2. …로 기술하였습니다. 또 표제어의 중요한 뜻은 고딕체로 표시하였으며 필요에 따라서는 그 뜻의 동의어・반의어 등을 기술하였습니다.

5. 괄호의 용도는 이렇게 알아두면 됩니다.

(1) [ ]
  어법 및 문법에 관한 지시가 기술되어 있습니다.
  ◀보기▶ [관계 대명사]
(2) ( )
  뜻의 보충 및 발음의 생략에 사용되고 있습니다.
  ◀보기▶ *gain 타 1. (노력하여) 얻다, 획득하다 ; 벌다
   *grocery [gróus(ə)ri] … [gróusəri 그로우서리] 또는 [gróusri 그로우스리]
(3) 〔 〕
  바로 앞의 말과 바꿔 쓸 수 있는 경우에 사용하였습니다.
  ◀보기▶ *call on*〔*upon*〕…… *call on* 또는 *call upon*
(4) 〈 〉
  함께 올 수 있는 전치사에 사용하였습니다.
  ◀보기▶ *arrive 자 1. 도착하다〈*at, in*〉
(5) 〖 〗
  전문어 괄호로 분야명을 표시하였습니다.
  ◀보기▶ *grape 〖식물〗 포도 ; 포도 나무

6. 용례와 숙어는 이렇게 활용합니다.

(1) 용례
  이 사전에서는 거의 모든 표제어에 예문을 실었고 삽화도 곁들여 있으므로 단어를 쉽게 이해할 수 있습니다.
(2) 숙어
  숙어는 각기 표제어의 품사에 따라 그 뜻을 기술한 맨 끝에 이탤릭 고딕체로 알파벳순으로 배열하였습니다.

7. 한영 사전편을 추가로 실었습니다.

표제어는 초보 학습에 필요한 어휘로 제한하였으며, 짧고 유용한 예문을 실어서 학습에 활용할 수 있도록 하였습니다.

A, a¹ *A, a*
[éi 에이]
명 (복수 **A's, a's** [éiz 에이즈]) 에이(영어 알파벳의 첫번째 글자)

***a²** *a*
[《약》 ə 어 ; 《강》 éi 에이]
관 [발음상 자음으로 시작되는 명사 앞에 붙인다 ; ⇨ an, the]
관 1. 하나의, 한명의, 한마리의 《one의 약한 의미로 보통 번역하지 않아도 된다》
　a ball　하나의 공
　a boy　한명의 소년
　a cat　한마리의 고양이

This is *a* toy.
이것은 장난감이다.

관 2. 어떤《a certain의 약한 의미로 번역하지 않는 경우도 많다》
A student came to see me. (어떤) 학생이 나를 만나러 왔다.
관 3. …이라는 것《그 종류 전체를 가리킨다》
A dog is faithful.
개라는 동물은 충직하다.
관 4. …마다
　once *a* week 일주일에 한 번
관 5. [고유 명사에 붙여] …라고 하는 사람 ; …같은 사람 ; …의 작품〔제품〕
　a Mr. Smith 스미스씨라고 하는 사람
　a Picasso 피카소 작품

피카소 〈라뮈즈(la Muse)〉, 1935

*a·bil·i·ty *ability*
[əbíləti 어빌러티]
명 (복수 **abilities** [əbílətiz 어빌러티즈])
명 1. 능력
He has the *ability* to do the job.
그는 그 일을 할 능력이 있다.
명 2. [abilities로] 재능

*a·ble *able*

[éibl 에이블]

〖형〗 1. [be able to do로] …할 수 있는(《반》 unable …할 수 없는, 《참고》 can …할 수 있다)

I *am able to* jump over the stream. 나는 개울을 뛰어넘을 수 있다.

〖형〗 2. (비교급 **abler** [éiblər 에이블러], 최상급 **ablest** [éiblist 에이블리스트])

유능한, 능력 있는

She is an *able* doctor. 그녀는 유능한 의사다.

*a·bout *about*

[əbáut 어바우트]

〖전〗 [əbàut 어바우트] 1. …에 관하여(《동》 on)

This is a book *about* stars. 이것은 별에 관한 책이다.

〖전〗 2. …의 둘레에〔를〕 (《동》 around)

He looked *about* him. 그는 주위를 둘러보았다.

〖전〗 3. …에 종사하여

〖부〗 1. 둘레를〔에〕; 여기 저기 (《동》 around)

We walked *about* in the park. 우리는 공원을 여기저기 걸어다녔다.

〖부〗 2. 약, 대략(《동》 nearly)

I go to bed *about* ten. 나는 10시경에 잔다.

〖형〗 [보통 다음 숙어로 쓰여]

be about to (do) 막 …하려고 하다

The sun *is about to* sink. 해가 막 지려 하고 있다.

*a·bove *above*

[əbáv 어버브]

〖전〗 [əbÀv 어버브] …의 위에〔로〕, …의 위쪽에 (《반》 below …의 아래에)

☞ on은 「물건에 닿아서 위에」, over는 「바로 위에」, above는 「떨어져서 위에」를 나타낸다.

I flew *above* the clouds. 나는 구름 위를 날았다.

above all 특히, 무엇보다도

〖부〗〖형〗 위에 ; 위의

*a·broad *abroad*

[əbrɔ́ːd 어브로-드]

〖부〗 외국에〔으로〕(《반》 home 본국에〔으로〕)

Have you ever been *abroad*?
너는 외국에 가본 적이 있니?
from abroad 외국으로부터

ab·sence *absence*
[ǽbsns 앱슨스]
명 (복수 **absences** [ǽbsnsiz 앱슨시즈])
부재, 결석, 결근

*ab·sent *absent*
[ǽbsnt 앱슨트]
형 결석한, …이 없는 ⟨*from*⟩
(《반》 present 출석한)
Tom was *absent from* school with a cold today. 톰은 오늘 감기 때문에 학교를 결석했다.

ab·so·lute *absolute*
[ǽbsəlùːt 앱설루-트]
형 절대적인 ; 완전한

*ab·so·lute·ly *absolutely*
[ǽbsəlùːtli 앱설루-틀리]
부 1. 완전히 ; 절대로
You are *absolutely* right.
전적으로 네가 옳다.
부 2. [æ̀bsəlúːtli 앱설루-틀리]
[대답으로] 《구어》 그렇고 말고, 물론(《동》 certainly)
It's hot, isn't it? — *Absolutely*.
덥지? —그래, 정말 더워.

*ab·sorb *absorb*
[əbsɔ́ːrb 업소-브]
타 (3단현 **absorbs** [əbsɔ́ːrbz 업소-브즈], 과거·과거 분사 **absorbed** [əbsɔ́ːrbd 업소-브드], 현재 분사 **absorbing** [əbsɔ́ːrbiŋ 업소-빙])
흡수하다, 빨아들이다
This cloth *absorbs* water well.
이 옷감은 물을 잘 흡수한다.

*ac·a·dem·ic *academic*
[æ̀kədémik 애커데믹]
형 학원의, 대학의 ; 학문적인

*ac·cent *accent*
[ǽksent 액센트]
명 (복수 **accents** [ǽksents 액센츠])
악센트

*ac·cept *accept*
[æksépt 액셉트]
타 (3단현 **accepts** [æksépts 액셉츠], 과거·과거 분사 **accepted** [ækséptid 액셉티드], 현재 분사 **accepting** [ækséptiŋ 액셉팅])
받다, 받아들이다, 응하다
She *accepted* his proposal.
그녀는 그의 청혼을 받아들였다.

*ac·ci·dent *accident*
[ǽksədənt 액서던트]
명 (복수 **accidents** [ǽksədənts

액서던츠])
명 사고, 뜻밖의 사건 ; 우연
He was in a traffic *accident*.
그는 교통 사고를 당했다.

by accident 우연히, 뜻밖에
I met her *by accident*.
나는 우연히 그녀를 만났다.

ac·com·pa·ny *accompany*

[əkʌ́mp(ə)ni 어컴퍼니]
타 (3단현 **accompanies** [əkʌ́mp(ə)niz 어컴퍼니즈], 과거·과거분사 **accompanied** [əkʌ́mp(ə)nid 어컴퍼니드], 현재분사 **accompanying** [əkʌ́mp(ə)niiŋ 어컴퍼니잉])
…를 따라가다, …와 함께 가다, …와 동행하다

ac·com·plish *accomplish*

[əkʌ́mpliʃ 어캄플리시]
타 (3단현 **accomplishes** [əkʌ́mpliʃiz 어캄플리시즈], 과거·과거분사 **accomplished** [əkʌ́mpliʃt 어캄플리시트], 현재분사 **accomplishing** [əkʌ́mpliʃiŋ 어캄플리싱])
이루다, 완수하다, 달성하다

*ac·cord·ing *according*

[əkɔ́ːrdiŋ 어코-딩]
부 1. …에 의하면 〈to〉
According to the weather report, it will snow tonight.
일기 예보에 의하면 오늘밤에 눈이 올 것이다.

부 2. …에 따라서, …대로 〈to〉
Do it *according to* your promise. 약속대로 그것을 해라.
부 3. …에 맞게, …에 따라 〈as〉
☞ according to 뒤에는 명사, 대명사가 오고 according as 뒤에는 절이 온다.

*ac·count *account*

[əkáunt 어카운트]
명 (복수 **accounts** [əkáunts 어카운츠])
명 1. 계산(서) ; (은행) 계좌
명 2. 설명, 이유 ; 보고
on account of …의 이유로, … 때문에

*ac·cu·rate *accurate*

[ǽkjurət 애큐럿] ★ 악센트 주의
형 정확한 《동》 correct)
John is *accurate* at figures.
존은 계산이 정확하다.

*ac·cuse *accuse*

[əkjúːz 어큐-즈]
타 (3단현 **accuses** [əkjúːziz 어큐-지즈], 과거·과거 분사 **accused** [əkjúːzd 어큐-즈드], 현재 분사 **accusing** [əkjúːziŋ 어큐-징])
고소하다, 고발하다 ; 비난하다
He was *accused* of murder.
그는 살인죄로 기소되었다.

*ache *ache*

[éik 에이크] ★ 발음 주의
자 (3단현 **aches** [éiks 에이크스], 과거·과거 분사 **ached** [éikt 에이크트], 현재 분사 **aching** [éikiŋ 에이킹])
아프다, 쑤시다
My tooth *aches*. 이가 아프다.

*a·chieve *achieve*

[ətʃíːv 어치-브]
타 (3단현 **achieves** [ətʃíːvz 어치-브즈], 과거·과거 분사 **achieved** [ətʃíːvd 어치-브드], 현재 분사 **achieving** [ətʃíːviŋ 어치-빙])
성취하다, 완수하다 ; (목적 등을) 달성하다, 이루다
We *achieved* our plan.
우리는 계획을 달성했다.

a·chieve·ment *achievement*

[ətʃíːvmənt 어치-브먼트]
명 (복수 **achievements** [ətʃíːvmənts 어치-브먼츠])
성취, 달성 ; 업적 ; (학업) 성적

a·corn *acorn*

[éikɔːrn 에이콘-]
명 도토리

ac·quire *acquire*

[əkwáiər 어콰이어]
타 (3단현 **acquires** [əkwáiərz 어콰이어즈], 과거·과거 분사 **acquired** [əkwáiərd 어콰이어드], 현재 분사 **acquiring** [əkwái(ə)riŋ 어콰이(어)링])
…을 얻다, 손에 넣다 ; 배우다, 익히다

*a·cross *across*

[əkrɔ́ːs 어크로-스]
전 [əkrɔ́ːs 어크로-스] 1. …을 가로질러(《반》 along …을 따라)

along

across

walk *across* a street
길을 가로질러 걸어가다
He swam *across* the river.

그는 강을 헤엄쳐서 건너갔다.
[전] 2. …의 저쪽[편]에
The bus stop is *across* the street. 버스 정류장은 길 건너편에 있다.
come across … (1) …을 가로지르다 (2) …을 우연히 만나다 ; …이 문득 생각나다
[부] 1. 가로질러 ; 맞은편에
[부] 2. 지름으로
The lake is three miles *across*. 그 호수는 지름이 3마일이다.
[부] 3. 교차하여

*act *act*

[ǽkt 액트]
[명] (복수 **acts** [ǽkts 액츠])
[명] 1. 행위(《동》 deed)
a brave *act* 용감한 행위
[명] 2. [흔히 Act로] 법령(《동》 law)
the Education *Act* 교육법
[명] 3. [흔히 Act로] (극의) 막
Hamlet, *Act* I, Scene ii
햄릿 제1막 제2장
[동] (**3단현 acts** [ǽkts 액츠], 과거·과거분사 **acted** [ǽktid 액티드], 현재분사 **acting** [ǽktiŋ 액팅])
[자] 1. 행동하다, 행하다
Think well before you *act*.
행동하기 전에 충분히 생각하라.
[자] 2. 출연하다
[타] (역)을 맡아하다
He *acted* the part of prince.
그는 왕자역을 맡아했다.

*ac·tion *action*

[ǽkʃən 액션]
[명] (복수 **actions** [ǽkʃənz 액션즈])
[명] 1. 활동, 행동 ; 행위, 동작

[명] 2. 움직임, 작용

*ac·tive *active*

[ǽktiv 액티브]
[형] (비교급 **more active**, 최상급 **most active**)
[형] 1. 활동적인 ; 적극적인(《반》 passive 소극적인) ; 활동 중인
[형] 2. 《문법》 능동태의(《반》 passive 수동태의)

*ac·tiv·i·ty *activity*

[æktívəti 액티버티]
[명] (복수 **activities** [æktívətiz 액티버티즈])
[명] 1. [흔히 activities로] 활동, 활약
[명] 2. 활동적임, 활발함 ; 적극성

ac·tor *actor*
[ǽktər 액터]
명 (복수 **actors** [ǽktərz 액터즈])
배우, 남자 배우

ac·tress *actress*
[ǽktrəs 액트러스]
명 (복수 **actresses** [ǽktrəsiz 액트러시즈])
여자 배우

ac·tu·al *actual*
[ǽktʃuəl 액추얼]
형 (비교급 **more actual**, 최상급 **most actual**)
형 1. 현실의, 실제의 (《동》 real)
형 2. 현재의, 현행의

*ac·tu·al·ly *actually*
[ǽktʃuəli 액추얼리]
부 실제로(는), 현실적으로(는)

ad *ad*
[ǽd 애드]
명 (복수 **ads** [ǽdz 애즈])
광고(advertisement의 단축형)

A.D. *A.D.*
[éidíː 에이디-]

약 기원후(《반》 B.C. 기원전)(라틴어 Anno Domini의 약어)

*add *add*
[ǽd 애드]
동 (3단현 **adds** [ǽdz 애즈], 과거·과거 분사 **added** [ǽdid 애디드], 현재 분사 **adding** [ǽdiŋ 애딩])
타 1. 더하다 ; 보태다
Add 4 and 3 and you get 7.
4에 3을 더하면 7이 된다.

She *added* more salt to the soup.
그녀는 수프에 소금을 더 쳤다.

타 2. …라고 덧붙여 말하다, 부언하다
자 덧셈을 하다, 더하다
add in 계산에 넣다
add up 합계하다
Add up these figures.
이 숫자들을 더해라.
add up to … 합계 …이 되다
The figures *add up to* 230.
그 수는 합계 230이 된다.

ad·di·tion *addition*

[ədíʃən 어디션]
명 (복수 **additions** [ədíʃənz 어디션즈])
명 1. 《수학》 덧셈

He is quick at *addition*.
그는 계산이 빠르다.
명 2. 늘어난 것〔사람〕; 《미》 증축
in addition to ... …에 더하여, …외에 또

ad·di·tion·al *additional*

[ədíʃ(ə)nəl 어디셔널]
형 추가의, 부가적인
an *additional* charge
할증 요금

**ad·dress *address*

[ədrés 어드레스]
명 1. (편지 등의) 주소

What is your *address*?
네 주소는?
Write your name and *address*, please.
이름과 주소를 쓰세요.
명 2. 연설; 인사말
He gave a welcoming *address*.
그는 환영사를 했다.

명 3. 《컴퓨터》 번지, 어드레스
타 (3단현 **addresses** [ədrésiz 어드레시즈], 과거·과거 분사 **addressed** [ədrést 어드레스트], 현재 분사 **addressing** [ədrésiŋ 어드레싱])
타 1. 주소 성명을 쓰다
Address the envelope correctly. 봉투에 주소 성명을 정확히 쓰세요.
타 2. 말을 걸다; 연설하다

ad·e·quate *adequate*

[ǽdikwət 애디퀏]
형 충분한; 적절한, 적합한

ad·just *adjust*

[ədʒʌ́st 어저스트]
타 (3단현 **adjusts** [ədʒʌ́sts 어저스츠], 과거·과거분사 **adjusted** [ədʒʌ́stid 어저스티드], **adjusting** [ədʒʌ́stiŋ 어저스팅])
조절하다, 맞추다

ad·min·is·tra·tion *administration*

[ədmìnəstréiʃən 어드미너스트레이션]
명 (복수 **administrations** [ədmìnəstréiʃənz 어드미너스트레이션즈])
관리, 경영; 행정

*ad·mire *admire*

[ədmáiər 어드마이어]

타 (3단현 **admires** [ədmáiərz 어드마이어즈], 과거·과거 분사 **admired** [ədmáiərd 어드마이어드], 현재 분사 **admiring** [ədmái(ə)riŋ 어드마이(어)링])
칭찬하다 ; 감탄하다, 탄복하다

ad·mis·sion *admission*

[ədmíʃən 어드미션]

명 (복수 **admissions** [ədmíʃənz 어드미션즈])
입장, 입회, 입학 ; 입장료
No *admission*. 입장 금지.
Admission free. 입장 무료.

*ad·mit *admit*

[ədmít 어드밋]

타 (3단현 **admits** [ədmíts 어드미츠], 과거·과거 분사 **admitted** [ədmítid 어드미티드], 현재 분사 **admitting** [ədmítiŋ 어드미팅])
타 1. (사람)을 들이다, 입장〔입회, 입학〕을 허락하다
Children are not *admitted*.
어린이는 입장할 수 없다.
타 2. 인정하다, 시인하다
admit a mistake
잘못을 인정하다

*a·dopt *adopt*

[ədápt 어답트]

타 (3단현 **adopts** [ədápts 어답츠], 과거·과거 분사 **adopted** [ədáptid 어답티드], 현재 분사 **adopting** [ədáptiŋ 어답팅])
타 1. 채용하다, 채택하다(《동》 accept)
adopt a new method
새로운 방식을 채택하다
타 2. 양자〔양녀〕로 삼다
They *adopted* the little girl.
그들은 그 소녀를 양녀로 삼았다.

*a·dult *adult*

[ədʌ́lt 어덜트]

명 (복수 **adults** [ədʌ́lts 어덜츠])
성인, 어른
This movie is for *adults* only.
이 영화는 성인용이다.

*ad·vance *advance*

[ədvǽns 어드밴스]

동 (3단현 **advances** [ədvǽnsiz

어드밴시즈], 과거·과거 분사 **advanced** [ədvǽnst 어드밴스트], 현재 분사 **advancing** [ədvǽnsiŋ 어드밴싱])
자 나아가다 ; 진보하다 ; 향상되다 ; 승진하다
타 나아가게 하다 ; 진보시키다 ; 앞당기다 ; 선불하다
명 (복수 **advances** [ədvǽnsiz 어드밴시즈])
전진 ; 진보 ; 선금, 선불
in advance 미리, 사전에 ; 선금으로

*ad·van·tage *advantage*
[ədvǽntidʒ 어드밴티지]
명 (복수 **advantages** [ədvǽntidʒiz 어드밴티지즈])
유리 ; 유리한 점, 강점 ; (테니스의) 어드밴티지
take advantage of … (기회 등)을 이용하다 ; (상대의 약점 등)을 이용하다

ad·ven·ture *adventure*
[ədvéntʃər 어드벤처]
명 (복수 **adventures** [ədvéntʃərz 어드벤처즈])
모험 ; 모험심

ad·ver·tise *advertise*
[ǽdvərtàiz 애드버타이즈]
타 (3단현 **advertises** [ǽdvərtàiziz 애드버타이지즈], 과거·과거 분사 **advertised** [ǽdvərtàizd 애드버타이즈드], 현재 분사 **advertising** [ǽdvərtàiziŋ 애드버타이징])
광고하다, 선전하다

ad·ver·tise·ment *advertisement*
[ǽdvərtáizmənt 애드버**타**이즈먼트]
명 (복수 **advertisements** [ǽdvərtáizmənts 애드버타이즈먼츠])
광고, 선전

ad·vice *advice*
[ədváis 어드바이스]
명 충고, 조언(부정 관사를 붙이지 않고 복수형으로도 하지 않는다)
He followed the doctor's *advice*.
그는 의사의 충고에 따랐다.

*ad·vise *advise*
[ədváiz 어드바이즈] ★ 발음 주의
타 (3단현 **advises** [ədváiziz 어드바이지즈], 과거·과거 분사 **advised** [ədváizd 어드바이즈드], 현재 분사 **advising** [ədváiziŋ 어드바이징])
충고하다, 조언하다, 권하다

I *advised* him to have a good sleep.
나는 그에게 푹 잘 것을 권했다.

*aer·o·plane *aeroplane*
[é(ə)rəplèin 에(어)러플레인]
명 (복수 **aeroplanes** [é(ə)rəplèinz 에(어)러플레인즈])
《영》 비행기(《미》 airplane)

Ae·sop *Aesop*
[íːsɑp 이-삽]
명 이솝(기원전 619-564)《그리스의 우화 작가》
Aesop's Fables 이솝 이야기

*af·fair *affair*
[əféər 어페어]
명 (복수 **affairs** [əféərz 어페어즈])
사건 ; (개인적인) 관심사 ; [흔히 affairs로] 사무, 일

*af·fect *affect*
[əfékt 어펙트]
타 (3단현 **affects** [əfékts 어펙츠], 과거·과거 분사 **affected** [əféktid 어펙티드], 현재 분사 **affecting** [əféktiŋ 어펙팅])
타 1. …에 영향을 미치다
타 2. 감동시키다
She was *affected* by his speech.
그녀는 그의 연설에 감동했다.

*af·ford *afford*
[əfɔ́ːrd 어포-드]
타 (3단현 **affords** [əfɔ́ːrdz 어포-즈], 과거·과거 분사 **afforded** [əfɔ́ːrdid 어포-디드], 현재 분사 **affording** [əfɔ́ːrdiŋ 어포-딩])
[보통 부정문·의문문에서 can 등과 함께] 여유가 있다
I *can't afford* to buy a new coat.
나는 새 코트를 살 수 없다.

*a·fraid *afraid*
[əfréid 어프레이드]
형 1. [be afraid of로] 무서워하는, 두려워하는《명사 앞에는 쓰지 않는다》
She *is* very *afraid of* the dark.
그녀는 어두운 곳을 아주 무서워한다.

형 2. [be afraid that으로] 걱정하는, 근심하는《명사 앞에는 쓰지 않는다》

He *is afraid that* she doesn't like him.
그는 그녀가 자기를 싫어하는 게 아닐까 걱정하고 있다.
I'm afraid ... (유감스럽지만〔미안하지만〕) …라고 생각한다, 잘못하면 …일지도 모른다
☆*I'm afraid* I can't help you.
미안하지만 너를 도울 수 없다.
I'm afraid it may rain tomorrow.
내일 비가 올지도 모른다.

Af·ri·ca *Africa*
[ǽfrikə 애프리커]
몡 아프리카

Af·ri·can *African*
[ǽfrikən 애프리컨]
혱 아프리카의 ; 아프리카 사람의 ; 흑인의
몡 (**복수 Africans** [ǽfrikənz 애프리컨즈])
아프리카 사람 ; 흑인

*af·ter *after*
[ǽftər 애프터]
젠 [ǽftər 애프터] 1. [시간] …의 후에(《반》 before …의 전에)
What do you do *after* school?
너는 방과 후에 무엇을 할 거니?

젠 2. [순서] …의 뒤에 (《반》 before …의 앞에)
After you, please.
자, 먼저《상대, 특히 여성에게 차례를 양보할 때 등에 쓴다》.
젠 3. …을 뒤쫓아 ; …을 찾아서 (《동》 in search of)
A dog was running *after* a cat.
개가 고양이를 뒤쫓아 달리고 있었다.

젠 4. (미) …지나(《영》 past)
It's ten *after* five.
5시 10분이다.
젠 5. …에 따라서, …을 본떠서
The baby was named George *after* his uncle.
아기 이름은 삼촌의 이름을 따서 조지라고 지었다.
after all 결국
After all, he didn't come.
결국 그는 오지 않았다.
one after another 뒤를 이어, 차례로, 잇달아
The birds flew away *one after another*.
새들은 차례로 날아가버렸다.
one after other 번갈아
접 [ǽftər 애프터] …한 후에, …

하고 나서《반》before …하기 전에)
He came *after* you left.
그는 네가 떠난 후에 왔다.
뷔 뒤에, 이후에
He heard the news two days *after*.
그는 그 소식을 이틀 후에 들었다.
ever after 그후 쭉
They lived happily *ever after*.
그들은 그후 쭉 행복하게 살았다.

af·ter·noon *afternoon*
[ǽftərnúːn 애프터눈-]
명 (복수 **afternoons** [ǽftərnúːnz 애프터눈-즈])
오후
Please come to my house in the *afternoon*.
오후에 우리집에 오세요.
He came at three in the *afternoon*.
그는 오후 3시에 왔다.
Good afternoon. 안녕하십니까《오후 인사》.

af·ter·ward *afterward*
[ǽftərwərd 애프터워드]
뷔 그후, 뒤에, 나중에《동》later)
We studied during the morning and went fishing *afterward*.
우리는 오전에 공부하고 그후에 낚시하러 갔다.

a·gain *again*
[əgén 어겐]
뷔 1. 다시, 한번 더, 또
See you *again*, Tom.
톰, 또 보자.

Try *again*.
다시 한번 해봐라.
뷔 2. [əgèn 어겐] 본래의 상태로, 본래대로
He did not get well *again*.
그는 건강이 회복되지 않았다.
again and again 여러번, 몇번이고, 재삼재사
I called you *again and again*.
나는 네게 여러번 전화했다.
(all) over again 다시 한번
once again 한번 더, 다시 한번
I want to visit the place *once again*.
나는 그 장소를 다시 한번 방문하고 싶다.
over and over again 몇번이고 되풀이하여〔반복하여〕

a·gainst *against*
[əgènst 어겐스트]

전 1. …에 반대하여(《반》 for …에 찬성하여)
He was *against* the plan.
그는 그 계획에 반대했다.

전 2. …을 거슬러
전 3. …에 부딪쳐
He hit his head *against* the wall.
그는 벽에 머리를 부딪쳤다.
전 4. …에 기대어
Don't lean *against* the wall.
그 벽에 기대지 마라.

*age *age*
[éidʒ 에이지]
명 (복수 **ages** [éidʒiz 에이지즈])
명 1. 나이
The children stand in a line by *age*. 아이들은 나이순으로 한 줄로 서 있었다.

명 2. 성년(보통 《미》에서는 21세, 《영》에서는 18세)
You are under *age*.
너는 미성년이다.

명 3. 시대
the Stone *Age* 석기 시대

명 4. [an age 또는 ages로] 오랫동안

a·gen·cy *agency*
[éidʒənsi 에이전시]
명 (복수 **agencies** [éidʒənsiz 에이전시즈])
대리점 ; 《미》 기관

a·gent *agent*
[éidʒənt 에이전트]
명 (복수 **agents** [éidʒənts 에이전츠])
대리인

*a·go *ago*
[əgóu 어고우]
부 …전에
He went out a few minutes *ago*.
그는 2, 3분 전에 외출했다.
☞ ago는 「지금부터 전에」, before는 「과거의 어느 때로부터 이전에」라는 뜻으로 쓰인다.
long ago 오래 전에
long, long ago 옛날 옛적에《이야기 첫머리에 쓴다》

*a·gree *agree*
[əgríː 어그리-]
자 (3단현 **agrees** [əgríːz 어그리-즈], 과거·과거 분사 **agreed**

[əgríːd 어그리-드], 현재 분사 **agreeing** [əgríːiŋ 어그리-잉])
자 1. 일치하다, 동의하다〈*with*〉
◆ I *agree with* you.
나는 너와 같은 의견이다.
자 2. 찬성하다〈*to*〉
◆ I *agree to* this plan.
나는 이 계획에 찬성한다.

a·gree·ment *agreement*

[əgríːmənt 어그리-먼트]
명 (복수 **agreements** [əgríːmənts 어그리-먼츠])
일치, 동의 ; 협정, 계약

*a·head *ahead*

[əhéd 어헤드]
부 1. [장소] 앞쪽에, 전방에
부 2. [시간] 앞서, 미리
ahead of ... (위치가) ...의 앞에 ; (시간이) ...보다 앞서
go ahead (1) 앞으로 나아가다 (2) [허가] 말해 보세요 ; [이야기를 재촉하여] 그래서, 자아

*aim *aim*

[éim 에임]
동 (3단현 **aims** [éimz 에임즈], 과거·과거 분사 **aimed** [éimd 에임드], 현재 분사 **aiming** [éimiŋ 에이밍])
타 ...을 향하게 하다, 겨누다
He *aimed* his gun at the bird.
그는 새를 향해 총을 겨눴다.

자 1. 겨누다
He *aimed* at the target.
그는 표적을 겨눴다.
자 2. ...하려고 하다
I *aim* to become a baseball player.
나는 야구 선수가 되려고 한다.

*air *air*

[éər 에어]
명 (복수 **airs** [éərz 에어즈])
명 1. 공기
We cannot live without *air*.
우리는 공기 없이는 살 수 없다.
명 2. [the air] 공중, 하늘, 공간
The kite went high up in *the air*.
연은 하늘 높이 올라갔다.

명 3. 외관, 모습 ; [airs로] 젠체하는 태도
He is always putting on *airs*.
그는 늘 젠체하고 있다.
by air (1) 비행기로 (2) 항공편으로
on the air 방송되어, 방송 중에

This drama will be *on the air* tomorrow. 이 드라마는 내일 방송될 것이다.

---

air·mail *airmail*
[éərmèil 에어메일]
- 명 항공 우편, 에어메일
- ***by airmail*** 항공 우편으로

---

*air·plane *airplane*
[éərplèin 에어플레인]
- 명 (복수 **airplanes** [éərplèinz 에어플레인즈])
- 《미》 비행기(《영》 aeroplane) (단축하여 plane이라고도 한다)

by airplane 비행기로

---

*air·port *airport*
[éərpɔ̀ːrt 에어포-트]
- 명 (복수 **airports** [éərpɔ̀ːrts 에어포-츠])
- 공항, 비행장

Incheon International *Airport* 인천 국제 공항

---

*a·larm *alarm*
[əláːrm 얼람-]
- 명 (복수 **alarms** [əláːrmz 얼람-즈])
- 명 1. 경보; 경보기, 경보 장치
  The fire *alarm* rang.
  화재 경보가 울렸다.
- 명 2. 자명종(alarm clock이라고도 한다)
  The *alarm* rang at five.
  자명종이 5시에 울렸다.

---

a·larm clock *alarm clock*
[əláːrm-klὰk 얼람-클락]
- 명 자명종(alarm이라고도 한다)

---

*al·bum *album*
[ǽlbəm 앨범]
- 명 (복수 **albums** [ǽlbəmz 앨범즈])
- 명 1. 앨범, 사진첩
  a photograph *album* 사진첩
  an autograph *album* 서명첩
- 명 2. (레코드·카세트·CD의) 앨범

---

al·co·hol *alcohol*
[ǽlkəhɔ̀ːl 앨커홀-]
- 명 알코올; 알코올 음료

---

*a·like *alike*
[əláik 얼라이크]

형 닮은, 같은《명사 앞에는 쓰지 않는다》
The two sisters are very much *alike*.
두 자매는 아주 많이 닮았다.

부 똑같이
He treated all men *alike*.
그는 모든 사람을 평등하게 대했다.

**a·live* *alive*

[əláiv 얼라이브] ★ 발음 주의
형 살아 있는(《동》living)《명사 앞에는 쓰지 않는다》
Is the bird *alive* or dead?
그 새는 살았니, 죽었니?

---

*all *all*

[ɔ́ːl 올-]
형 1. 전부의, 모든

All men are equal.
모든 인간은 평등하다.
All the students are here.
학생들은 모두 여기에 있다.
All the geese are white except one.
한 마리 빼고는 모든 거위가 하얗다.

형 2. 전부 …한 것은 아닌《부분부정》
Not *all* children like milk.
아이들이 모두 우유를 좋아하는 것은 아니다.

대 1. 전원, 모두《복수 취급》
We *all* went to Busan by bus.
우리는 모두 버스를 타고 부산에 갔다.

대 2. 전부, 모든 것《단수 취급》
All of the milk is spilt.
우유가 죄다 쏟아졌다.
above all 특히, 그중에서도
after all 결국
at all (1) [의문문에서] 도대체 ; 조금이라도 (2) [부정문에서] 조금도 …하지 않다
I do*n't* know him *at all*.
나는 그를 전혀 모른다.
first of all 첫째로, 맨먼저
Not at all. 천만에요.
Thank you. — *Not at all*.
감사합니다. — 천만에요.

Airport 공항
[éərpɔ̀ːrt 에어포-트]

① **airplane, plane** 비행기
   [éərplèin, pléin 에어플레인, 플레인]
② **control tower** 관제탑
   [kəntróul-tàuər 컨트로울타우어]
③ **terminal building** 공항 빌딩
   [tə́ːrmənl-bìldiŋ 터-머늘빌딩]
④ **terminal** 공항 버스 발착장
   [tə́ːrmənl 터-머늘]
⑤ **pilot** 조종사
   [páilət 파일럿]
⑥ **air hostess** 스튜어디스
   [éər-hòustəs 에어호우스터스]
⑦ **baggage claim** 수화물 찾는 곳
   [bǽgidʒ-klèim 배기지클레임]

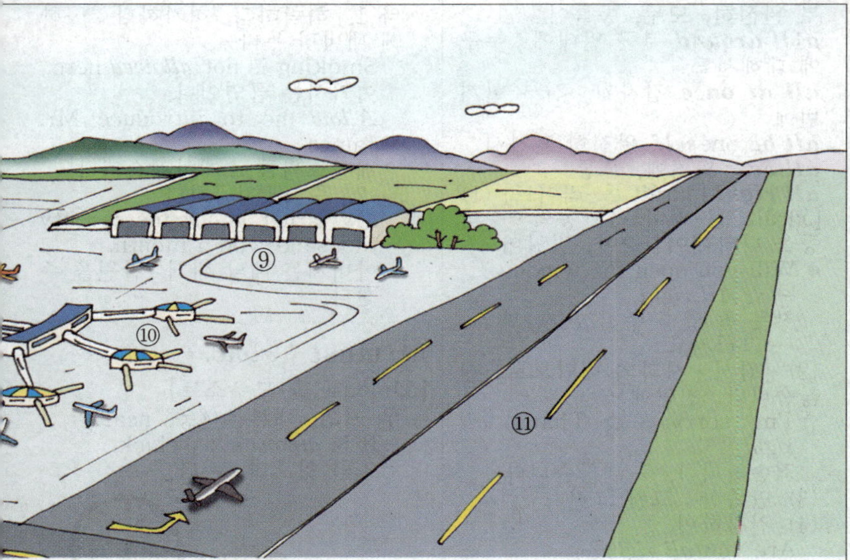

⑫

⑬

⑭

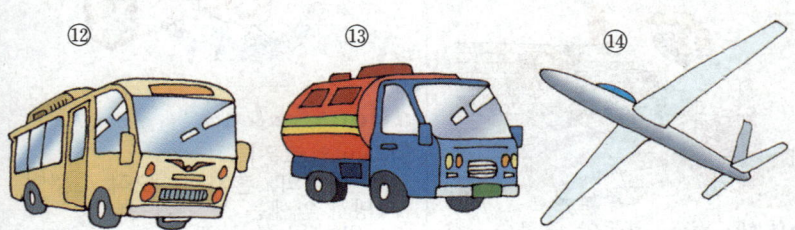

⑧ **passenger** 승객
[pǽs(ə)ndʒər 패선저]

⑨ **hangar** 격납고
[hǽŋ(g)ər 행거]

⑩ **observation deck** 전망대
[ɑbzərvéiʃən-dèk 아브저베이션덱]

⑪ **runway** 활주로
[rʌ́nwèi 런웨이]

⑫ **airport bus** 공항 버스
[éərpɔːrt-bʌ̀s 에어포-트버스]

⑬ **fuel truck** 연료 트럭
[fjúːəl-trʌ̀k 퓨-얼트럭]

⑭ **glider** 글라이더
[gláidər 글라이더]

부 완전히, 모두, 통틀어
all around 부근 일대에; 누구에 대해서도
all at once 갑자기; 전부 한꺼번에
all by one***self*** 완전히 혼자서
all over 도처에, 온통
all right [ɔ́ːlráit 올-라이트] (1) [ɔ́ːlrɑ̀it 올-라이트] [동의·승낙 등을 나타내어] 좋아, 알았어
◆ Will you open the window? — ☆ *All right.*
창문 좀 열어 주시겠습니까? — 그러지요.
(2) [감사·사과의 대답으로] 괜찮습니다, 천만에요
☆ I'm sorry. — ☆ That's *all right.*
죄송합니다. — 괜찮습니다.
(3) 만족한; 그저 그런
(4) 건강하여
Are you *all right*?
괜찮으세요?

all the time 그동안 줄곧; …하고 있는 동안 줄곧
all the way 도중 내내; 아득히 멀리서
all the while 그동안 줄곧
all (the) year round 일년내내

*al·low *allow*
[əláu 얼라우]

타 (3단현 **allows** [əláuz 얼라우즈], 과거·과거 분사 **allowed** [əláud 얼라우드], 현재 분사 **allowing** [əláuiŋ 얼라우잉])

타 1. 허락하다, 허가하다; …하게 내버려 두다
Smoking is not *allowed* here.
여기서는 금연이다.
Allow me to introduce Mr. James.
제임스씨를 소개하겠습니다.
타 2. 주다, 지급하다
My father *allows* me seventy thousand won a month.
아버지는 매달 내게 7만원을 주신다.

*al·most *almost*
[ɔ́ːlmoust 올-모우스트]

부 거의, 대부분(《동》nearly)
It is *almost* six o'clock.
조금 있으면 6시다.

**a·lone *alone*
[əlóun 얼로운]

형 홀로의, 혼자인; 오직 …뿐인《명사 앞에는 쓰지 않는다》
She likes to be *alone* in her room. 그녀는 방에 혼자 있는 것을 좋아한다.

She *alone* knows.
그녀만이 알고 있다.
let〔leave〕… alone 그대로 놔두다 ; 간섭하지 않다
Leave me *alone.*
나를 혼자 내버려 둬라.
튀 혼자서
He lived *alone* in the hut.
그는 오두막에서 혼자 살았다.

*a·long *along*
[əlɔːŋ 얼롱-]

전 [əlɔːŋ 얼롱-] …을 따라서, …을 쫓아
We drove *along* the street.
우리는 그 길을 따라 드라이브 했다.

Come *along* here.
이리로 오십시오.
튀 전방으로, 앞으로 ; 함께 데리고
get along 지내다, 해나가다 ; 살다 ; 출세하다, 번영하다
How are you *getting along*?
어떻게 지내니 ?

*a·loud *aloud*
[əláud 얼라우드]
튀 소리내어 ; 큰소리로
Read the textbook *aloud*.
교과서를 소리내어 읽어라.

*al·pha·bet *alphabet*
[ǽlfəbèt 앨퍼벳]
명 (**복수 alphabets** [ǽlfəbèts 앨퍼베츠])

알파벳

abcdefg
hijklm
nopqrst
uvwxyz

Alps *Alps*
[ælps 앨프스]
명 [복수 ; the Alps] 알프스 산맥 《유럽 중남부의 산맥》

*al·read·y *already*
[ɔːlrédi 올-레디]
튀 이미, 벌써《반》 yet 아직)
It's *already* eight o'clock.
벌써 8시네.

☞ 보통 긍정문에서는 already를 쓰고 의문문이나 부정문에서는 yet을 쓴다.

*al·so *also*
[ɔ́ːlsou 올-소우]
튄 …도 또한 (《동》 too)(《구어》에서는 too를 더 많이 쓴다)
　I *also* think so.
　나도 그렇게 생각한다.
not only A but also B A뿐만 아니라 B도 또한
　She is *not only* a doctor, *but also* an actress.
　그녀는 의사일 뿐만 아니라 또한 배우이기도 하다.

al·ter *alter*
[ɔ́ːltər 올-터]
통 (3단현 **alters** [ɔ́ːltərz 올-터즈], 과거·과거 분사 **altered** [ɔ́ːltərd 올-터드], 현재 분사 **altering** [ɔ́ːltəriŋ 올-터링])
타 바꾸다, 변경하다
　He *altered* his plans.
　그는 계획을 변경했다.
자 바뀌다

al·ter·na·tive *alternative*
[ɔːltə́ːrnətiv 올-터-너티브]
형 1. 대신의
형 2. (둘 중에서) 하나를 고르는

*al·though *although*
[ɔːlðóu 올-도우]
전 …이지만, 비록 …이라도 (《동》 though)
　Although it is snowing, I must go. 눈이 오긴 하지만 나는 가야 한다.

al·to·geth·er *altogether*
[ɔ̀ːltəgéðər 올-터게더]
튄 1. 전혀 ; 완전히
　I don't trust him *altogether*.
　나는 그를 완전히 신뢰하지는 않는다(부분 부정).
튄 2. 전부, 합하여 (《동》 in all)
　There are eight apples *altogether*.
　사과는 모두 해서 8개다.

*al·ways *always*
[ɔ́ːlweiz 올-웨이즈]
튄 늘, 언제나 (보통 be 동사나 조동사 뒤, 일반 동사 앞에 쓴다)
　John *always* sleeps during class. 존은 수업 중에 늘 잔다.

not always 반드시 …하지는 않다, 언제나 …하는 것은 아니다 《부분 부정》
　The rich are *not always* happy.
　부자라고 반드시 행복한 것은 아니다.

*am　*am*
[《약》(ə)m 엄 ; 《강》ǽm 앰]
　자 조 (과거형 **was** [《약》wəz 워즈 ; 《강》wάz 와즈], 과거 분사 **been** [《약》bin 빈 ; 《강》bín 빈], 현재 분사 **being** [bíːiŋ 비-잉])
　☞ be의 1인칭 단수 현재다.
　자 1. …이다
　　I *am* [(ə)m 엄] Tom Brown.
　　저는 톰브라운입니다.
　　Are you hungry? — Yes, I *am* [ǽm 앰].
　　너 배고프니? —응, 배고파.
　자 2. …에 있다
　　I *am* now in an old castle.
　　나는 지금 오래된 성에 있다.

　조 1. [am+현재 분사로 진행형을 나타내어] …하고 있다
　　I *am* look*ing* for my key.
　　나는 열쇠를 찾고 있다.
　조 2. [am+타동사의 과거 분사로 수동형을 나타내어] …되다

*a.m., A.M.　*a.m., A.M.*
[éiém 에이엠]
　약 오전(의) (《반》p.m., P.M. 오후(의), 《동》before noon)
　　8：00 *a.m.* 오전 8시

*a·maze　*amaze*
[əméiz 어메이즈]
　타 (3단현 **amazes** [əméiziz 어메이지즈], 과거·과거 분사 **amazed** [əméizd 어메이즈드], 현재 분사 **amazing** [əméiziŋ 어메이징])
　놀라게 하다

am·bi·tion　*ambition*
[æmbíʃən 앰비션]
　명 (복수 **ambitions** [æmbíʃənz 앰비션즈])
　대망, 야심, 포부

*am·bi·tious　*ambitious*
[æmbíʃəs 앰비셔스]
　형 대망을 품은, 야심적인

*am·bu·lance　*ambulance*
[ǽmbjuləns 앰뷸런스]
　명 (복수 **ambulances** [ǽmbjulənsiz 앰뷸런시즈])
　구급차

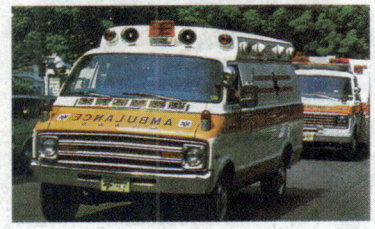

Call an *ambulance*!
구급차를 불러라!

A·mer·i·ca America
[əmérikə 어메리커]
  명 미국, 아메리카
  ☞ 남·북 아메리카주를 가리키며 미국을 가리킬 때도 있다.
  North America 북아메리카
  South America 남아메리카
  the United States of America 미합중국

A·mer·i·can American
[əmérikən 어메리컨]
  형 미국의 ; 미국 사람의
  the *American* national flag
  미국 국기, 성조기

Tom is *American*.
톰은 미국 사람이다.
명 (복수 **Americans** [əmérikənz 어메리컨즈])
미국 사람

a·mong among
[əmʌ́ŋ 어멍]
  전 …의 사이에(서)
  ☞ 셋 이상의 사이를 말한다.
  The actress is standing *among* her many fans.
  여배우는 많은 팬들 사이에 서 있다.

☞ 둘 사이는 between ~ and...로 나타낸다.

a·mount amount
[əmáunt 어마운트]
  자 (3단현 **amounts** [əmáunts 어마운츠], 과거·과거 분사 **amounted** [əmáuntid 어마운티드], 현재 분사 **amounting** [əmáuntiŋ 어마운팅])
  총계 …에 이르다, …이 되다 〈to〉
  The fire loss *amounted to* a million dollars.
  화재로 인한 손해는 백만 달러에 달했다.
  명 (복수 **amounts** [əmáunts 어마운츠])
  명 1. [the amount] 총액, 총계 〈of〉
  명 2. 액수, 양

a·muse amuse
[əmjúːz 어뮤-즈]

타 (3단현 **amuses** [əmjúːziz 어뮤-지즈], 과거·과거 분사 **amused** [əmjúːzd 어뮤-즈드], 현재 분사 **amusing** [əmjúːziŋ 어뮤-징])
즐겁게 하다, 재미나게 하다
He *amused* us with funny stories.
그는 재미있는 이야기로 우리를 즐겁게 했다.

*an *an*

[《약》ən 언 ; 《강》ǽn 앤]
관 [발음이 모음으로 시작되는 명사 앞에 붙인다 ; ⇨ a]
하나의, 한명의 ; 어떤
an elephant
한마리의 코끼리

a·nal·y·sis *analysis*

[ənǽləsis 어낼러시스]
명 (복수 **analyses** [ənǽləsìːz 어낼러시-즈])
분석 ; 분해

an·a·lyze, 《영》-a·lyse *analyze, -alyse*

[ǽnəlàiz 애널라이즈]
타 (3단현 **analyzes**, 《영》 **analyses** [ǽnəlàiziz 애널라이지즈], 과거·과거 분사 **analyzed**, 《영》 **analysed** [ǽnəlàizd 애널라이즈드], 현재 분사 **analyzing**, 《영》 **analysing** [ǽnəlàiziŋ 애널라이징])

분석하다 ; 분해하다

*an·ces·tor *ancestor*

[ǽnsestər 앤세스터]
★ 악센트 주의
명 (복수 **ancestors** [ǽnsestərz 앤세스터즈])
선조, 조상

an·chor *anchor*

[ǽŋkər 앵커]
명 (복수 **anchors** [ǽŋkərz 앵커즈])
(배의) 닻 ; 《미》 (텔레비전 등의) 뉴스 캐스터, 앵커맨

*an·cient *ancient*

[éinʃənt 에인션트]
형 고대의 (《반》 modern 현대의)

*and *and*

[《약》ən(d) 언(드) ; 《강》ǽnd 앤드]
접 1. …와 …, 그리고
you *and* I 너와 나

One *and* one are two.
1 더하기 1은 2다.

접 2. …을 더한〔바른〕
bread *and* butter [brédnbʌ́tər 브레든버터] 버터 바른 빵

접 3. [ǽnd 앤드] [명령문 뒤에서] 그러면(《반》 or 그렇지 않으면)
Come here, *and* you will see better.
여기로 와라, 그러면 훨씬 잘 보일거야.

접 4. [동사 + and + 동사 형태로] …하러
Run along *and* catch him.
달려 가서 그를 잡아라.

접 5. [결과를 나타내어] …때문에, 그래서
It's cold, *and* we can't swim.
추워서 수영할 수 없다.

접 6. 점점, 더욱더 《같은 말을 and로 연결하여 반복·강조를 나타낸다》
It became colder *and* colder.
날씨가 점점 더 추워졌다.

and so on …등, …따위
He asked me my name, my age, my address, *and so on*.
그는 내게 이름, 나이, 주소 등을 물었다.
and yet 그런데도, 그럼에도 불구하고

*an·gel *angel*
[éindʒəl 에인절]
명 (복수 **angels** [éindʒəlz 에인절즈])
천사 ; 천사 같은 사람
a fallen *angel* 타락한 천사

*an·ger *anger*
[ǽŋgər 앵거]
명 노여움, 화 (《참고》 angry 화난)
He kicked the desk in *anger*.
그는 화가 나서 책상을 찼다.

*an·gle *angle*
[ǽŋgl 앵글]
명 (복수 **angles** [ǽŋglz 앵글즈])
《수학》각, 각도

*an·gry *angry*
[ǽŋgri 앵그리]
형 (비교급 **angrier** [ǽŋgriər 앵그리어], 최상급 **angriest** [ǽŋgriist 앵그리이스트])
성난, 화가 난
☞ 사물에 대해서는 about, at을 쓰고 사람에 대해서는 with를 쓰는 것이 일반적이다.

What are you so *angry about*?
너는 무슨 일로 그처럼 화가 났니?
She got very *angry with* me.
그녀는 내게 몹시 화를 냈다.

*an·i·mal *animal*

[ǽnəməl 애너멀]

명 (복수 **animals** [ǽnəməlz 애너멀즈])
동물

Man is a social *animal*.
인간은 사회적 동물이다.
There are a lot of *animals* at the zoo.
동물원에는 많은 동물이 있다.

*an·kle *ankle*

[ǽŋkl 앵클]

명 (복수 **ankles** [ǽŋklz 앵클즈])
발목

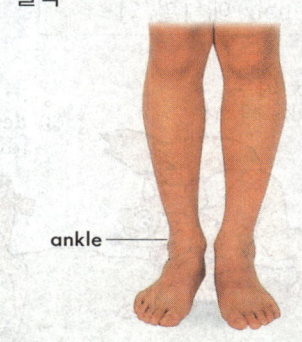

ankle

*an·nounce *announce*

[ənáuns 어나운스]

타 (3단현 **announces** [ənáunsiz 어나운시즈], 과거·과거 분사 **announced** [ənáunst 어나운스트], 현재 분사 **announcing** [ənáunsiŋ 어나운싱])
발표하다, 알리다

They *announced* the birth of a prince.
그들은 왕자의 탄생을 발표했다.

an·nounce·ment *announcement*

[ənáunsmənt 어나운스먼트]

명 (복수 **announcements** [ənáunsmənts 어나운스먼츠])
발표, 공표

an·nounc·er *announcer*

[ənáunsər 어나운서]

몡 (복수 **announcers** [ənáunsərz 어나운서즈])
(라디오나 텔레비전의) 아나운서

*an·noy *annoy*

[ənɔ́i 어노이]

타 (3단현 **annoys** [ənɔ́iz 어노이즈], 과거·과거 분사 **annoyed** [ənɔ́id 어노이드], **annoying** [ənɔ́iiŋ 어노이잉])
괴롭히다, 성가시게 하다; 화나게 하다

an·nu·al *annual*

[ǽnjuəl 애뉴얼]

혱 해마다의, 한해의

*an·oth·er *another*

[ənʌ́ðər 어너더]

혱 1. 또 하나의, 또 한 사람의
(《참고》 other 다른)
I want *another* cupcake.
컵케이크 하나 더 주세요.

혱 2. 다른
Give me *another* bag.
다른 가방을 주세요.

대 또 하나, 또 한 사람; 다른 것
〔사람〕
I don't like this hat. Please show me *another*.
이 모자가 맘에 들지 않아요. 다른 것을 보여 주세요.

one after another 한 사람 한 사람, 차례차례로
They went out of the room *one after another*.
그들은 차례로 방에서 나갔다.

one another 서로《주로 세 사람 이상의 사이에서 쓰며 두 사람 사이에서는 each other를 쓴다》
They sent Christmas cards to *one another*.
그들은 서로에게 크리스마스 카드를 보냈다.

*an·swer *answer*

[ǽnsər 앤서] ★ 발음 주의

동 (3단현 **answers** [ǽnsərz 앤서즈], 과거·과거 분사 **answered** [ǽnsərd 앤서드], 현재 분사 **answering** [ǽnsəriŋ 앤서링])

타 1. (질문 등에) 대답하다
(《동》 reply, 《반》 ask 묻다)
Please *answer* my questions.
내 질문에 대답하세요.

타 2. (편지 등에) 답장하다
He *answered* my letter right away.
그는 내 편지에 바로 답장을 했다.

타 3. (전화·노크 등에) 응답하다
answer the telephone
전화를 받다

자 대답하다
He did not *answer*.
그는 대답하지 않았다.
명 (복수 **answers** [ǽnsərz 앤서즈])
대답((반) question 질문); 답장; 응답

*ant ant
[ǽnt 앤트]
명 (복수 **ants** [ǽnts 앤츠])
개미(곤충)

white *ants* 흰 개미
He works like an *ant*. 그는 개미처럼 부지런히 일한다.

Ant·arc·ti·ca
Antarctica
[æntáːrktikə 앤트**악**-티커]
명 남극 대륙

an·ten·na *antenna*

[ænténə 앤테너]
명 (복수 1. 에서는 **antennas** [ænténəz 앤테너즈], 2. 에서는 **antennae** [ænténiː 앤테니-])
명 1. (미) 안테나
명 2. (달팽이 등의) 촉각, 더듬이

*anx·ious *anxious*
[ǽŋ(k)ʃəs 앵(크)셔스]
형 1. 근심하는, 걱정하는[되는] ⟨*about*⟩
I am *anxious about* your health.
나는 네 건강이 걱정된다.
형 2. 열망하는⟨*for*, *to* do⟩
He is *anxious to* see her. 그는 그녀를 만나고 싶어한다.

*an·y *any*
[((약)) əni 어니; ((강)) éni 에니]
형 1. [의문문·조건문에서] 얼마간의; 무엇인가, 누군가
Do you have *any* pets?
애완 동물 키우는거 있니?
형 2. [부정문에서] 조금도, 아무것도, 아무도
I do*n't* have *any* sisters.
나는 언니도 동생도 없다.
형 3. [éni 에니] [긍정문에서]
어떤 …라도, 어느 …라도《보통 단수 명사 앞에 놓인다》
Choose *any* apple from this tree.
이 나무에서 어떤 사과든지 골라봐라.

대 [éni 에니] 1. [의문문·조건문에서] 얼마간; 무언가, 누군가
Do you know *any* of these students?
너는 이 학생들 중에서 누군가 아는 사람이 있니?

대 2. [부정문에서] 조금도, 어느것도, 아무도

대 3. [긍정문에서] 어느것이라도, 누구라도
You may take *any* of them.
너는 그것들 중에서 어느것을 가져도 좋다.

if any 만일 있다면
Correct errors, *if any*.
틀린 것이 있으면 고쳐라.

부 [의문문·조건문에서] 조금(이라도); [부정문에서] 조금도
not ... any longer 더 이상 …하지 않다, 이제는 …아니다

an·y·bod·y *anybody*

[énibàdi 에니바디]

대 누군가, 아무도, 누구든지
(《동》 anyone, 《참고》 somebody 누군가)

☞ 의문문·조건문·부정문·긍정문에서의 용법은 any와 같다.
I don't know *anybody* here.
나는 여기에 아는 사람이 아무도 없다.
Anybody can do it.
누구든지 그것을 할 수 있다.
Is *anybody* here?
여기 누구 없어요?

an·y·one *anyone*

[éniwÀn 에니원]

대 누군가, 아무에게도, 누구든지 (《참고》 someone 누군가)

☞ 의문문·조건문·부정문·긍정문에서의 용법은 anybody와 같으나 anyone이 더 점잖은 말이다.
Is *anyone* absent today?
오늘 누가 결석했니?
He doesn't have *anyone* to talk to. 그에게는 말할 상대가 아무도 없다.
Anyone can come to the party. 누구든지 그 파티에 참석할 수 있다.

an·y·thing *anything*

[éniθiŋ 에니싱]

대 무엇이고, 아무것도, 무엇이든지

☞ 의문문·조건문·부정문·긍정문에서의 용법은 any와 같다.
He likes *anything* sweet.
그는 단것을 좋아한다.

I didn't buy *anything*.
나는 아무것도 사지 않았다.

If *anything* strange happens, let me know. 뭔가 이상한 일이 생기면 내게 알려라.
anything but (1) …외에는 무엇이든
I will do *anything but* that job. 그 일만 아니라면 무엇이든 하겠다.
(2) 조금도 …하지 않다
The room was *anything but* tidy.
방은 조금도 정돈되어 있지 않았다.

an·y·way *anyway*
[éniwèi 에니웨이]
⧇ 아무튼, 하여튼
Thanks *anyway*.
아무튼 고마워.

*an·y·where *anywhere*
[éni(h)wèər 에니훼어, 에니웨어]
⧇ [의문문·조건문에서] 어딘가에; [긍정문에서] 어디든지; [부정문에서] 아무데도
Did you go *anywhere* last Sunday?
지난 일요일에 어디 갔었니?

*a·part *apart*
[əpáːrt 어파-트]
⧇ 떨어져서, 따로

The two houses are a mile *apart*.
그 두 집은 1마일 떨어져 있다.
apart from ... (1) …에서 떨어져서 (2) …은 별도로 하고; …외에는

*a·part·ment *apartment*
[əpáːrtmənt 어파-트먼트]
⧇ (복수 **apartments** [əpáːrtmənts 어파-트먼츠])
⧇ 1. 《미》 아파트《한 세대용의 방을 가리킨다》
⧇ 2. 《미》 아파트, 공동 주택《건물 전체를 가리킨다》

*a·pol·o·gy *apology*
[əpálədʒi 어팔러지]
⧇ (복수 **apologies** [əpálədʒiz 어팔러지즈])

사과, 사죄, 변명
◆ I owe you an *apology*.
네게 사과할게.

ap·par·ent apparent
[əpǽrənt 어패런트]
형 명백한(《동》plain)

ap·par·ent·ly apparently
[əpǽrəntli 어패런틀리]
부 명백하게(《동》clearly)

ap·peal appeal
[əpíːl 어필-]
자 (3단현 **appeals** [əpíːlz 어필-즈], 과거·과거 분사 **appealed** [əpíːld 어필-드], 현재 분사 **appealing** [əpíːliŋ 어필-링])
자 1. 청하다, 간청하다
He *appealed* to me for help.
그는 내게 도움을 청했다.
자 2. 호소하다
I *appealed* to reason.
나는 이성에 호소했다.
자 3. 마음에 들다
Her red dress *appeals* to me.
그녀의 빨간 드레스는 내 마음에 든다.

명 (복수 **appeals** [əpíːlz 어필-즈])
호소, 간청, 탄원; 매력

ap·pear appear
[əpíər 어피어]
자 (3단현 **appears** [əpíərz 어피어즈], 과거·과거 분사 **appeared** [əpíərd 어피어드], 현재 분사 **appearing** [əpí(ə)riŋ 어피(어)링])
자 1. 나타나다, 모습을 드러내다(《반》disappear 사라지다); (텔레비전·신문에) 나오다
The stars *appear* at night.
별은 밤에 나타난다.
She *appeared* on TV.
그녀는 텔레비전에 나왔다.

자 2. …와 같이 보이다(《동》seem, look)
He *appears* (to be) rich.
그는 부자처럼 보인다.

ap·pear·ance appearance
[əpí(ə)rəns 어피(어)런스]
명 (복수 **appearances** [əpí(ə)rənsiz 어피어런시즈])
나타남, 출현; 외관, 모양
in appearance 외관상

ap·ple *apple*
[ǽpl 애플]

명 (복수 **apples** [ǽplz 애플즈])
사과

ap·pli·ca·tion *application*
[æpləkéiʃən 애플러케이션]

명 (복수 **applications** [æpləkéiʃənz 애플러케이션즈])
신청, 지원 ; 신청서, 원서

*ap·ply *apply*
[əplái 어플라이]

동 (3단현 **applies** [əpláiz 어플라이즈], 과거·과거 분사 **applied** [əpláid 어플라이드], 현재 분사 **applying** [əpláiiŋ 어플라잉])

타 1. …을 응용하다, 적용하다, 이용하다

타 2. (종이 등)을 붙이다 ; (페인트·약·분 등)을 바르다

자 1. 신청하다, 지원하다
She *applied* to two universities.
그녀는 2개 대학에 지원했다.

자 2. 들어맞다, 적합하다

*ap·point *appoint*
[əpɔ́int 어포인트]

타 (3단현 **appoints** [əpɔ́ints 어포인츠], 과거·과거 분사 **appointed** [əpɔ́intid 어포인티드], 현재 분사 **appointing** [əpɔ́intiŋ 어포인팅])

타 1. (날짜·장소 등을) 지정하다, 정하다
We *appointed* the day for the next meeting.
우리는 다음 회합 날짜를 정했다.

타 2. 임명하다, 지명하다
He was *appointed* principal.
그는 교장에 임명되었다.

ap·point·ment *appointment*
[əpɔ́intmənt 어포인트먼트]

명 (복수 **appointments** [əpɔ́intmənts 어포인트먼츠])

명 1. (회합 등의) 약속 ; (진찰 등의) 예약
I have an *appointment* with the doctor today. 나는 오늘 의사의 진찰을 받을 예정이다.

명 2. 임명 ; (임명된) 직
***keep** one's appointment* 약속을 지키다
make an appointment 예약하다

*ap·pre·ci·ate *appreciate*
[əpríːʃieit 어프리-시에이트]

타 (3단현 **appreciates** [əpríːʃieits 어프리-시에이츠], 과거·과거 분사 **appreciated** [əpríːʃieitid 어프리-시에이티드], 현재 분사 **appreciating** [əpríːʃieitiŋ 어프리-시에이팅])

타 1. (진가)를 인정하다, 바르게 이해하다
타 2. 감상하다, 음미하다
타 3. 감사하다《사람을 목적어로 취하지 않는다》

*ap·proach *approach*

[əpróutʃ 어프**로**우치]
동 (3단현 **approaches** [əpróutʃiz 어프로우치즈], 과거·과거 분사 **approached** [əpróutʃt 어프로우치트], 현재 분사 **approaching** [əpróutʃiŋ 어프로우칭])
타 다가가다, 접근하다
자 다가오다
Winter is *approaching*.
겨울이 다가오고 있다.

명 (복수 **approaches** [əpróutʃiz 어프로우치즈])
다가감〔옴〕, 접근 ; 입구 ; 방법

*ap·pro·pri·ate *appropriate*

[əpróupriət 어프**로**우프리엇]
형 적당한, 적절한

*ap·prove *approve*

[əprúːv 어프**루**-브]
동 (3단현 **approves** [əprúːvz 어프루-브즈], 과거·과거 분사 **approved** [əprúːvd 어프루-브드], 현재 분사 **approving** [əprúːviŋ 어프루-빙])
타 찬성하다 ; 승인〔인가〕하다
We cannot *approve* his proposal. 우리는 그의 제안에 찬성할 수 없다.
자 좋다고 인정하다, 찬성하다
Mother *approved* of my marriage. 어머니는 내 결혼에 찬성하셨다.

*ap·prox·i·mate *approximate*

[əpráksəmət 어프**락**서멋]
형 대략의, 근사한, 가까운

*A·pril *April*

[éiprəl 에**이**프릴]
명 4월《Ap., Apr.로 약한다》
an *April* fool 4월 바보《4월 1일 만우절(All Fools' Day)》

a·pron *apron*

[éiprən 에**이**프런]

명 에이프런, 턱받이, 앞치마

ar·cade *arcade*
[ɑːrkéid 아-케이드]
명 아케이드(지붕 있는 상점가)

arch *arch*
[ɑːrtʃ 아-치]
명 (복수 **arches** [ɑːrtʃiz 아-치즈])
아치

개선문

*are *are*
[《약》 ər 어 ; 《강》 ɑːr 아-]
자 조 (과거형 **were** [《약》 wər 워 ; 《강》 wə́ːr 워-], 과거 분사 **been** [《약》 bin 빈 ; 《강》 bín 빈], 현재 분사 **being** [bíːiŋ 비-잉])
자 1. …이다
You *are* a good student.
너는 좋은 학생이다.
How old *are* you?
너는 몇살이니?

자 2. …이 있다
My parents *are* now in New York. 부모님께서는 지금 뉴욕에 계신다.
조 1. [are+현재 분사로 진행형을 나타내어] …하고 있다 ; …할 예정이다
We *are* walk*ing*.
우리는 걷고 있다.

조 2. [are+과거 분사로 수동형을 나타내어] …이 되다
The Olympic Games *are held* every four years.
올림픽 경기는 4년마다 열린다.

*ar·e·a *area*
[é(ə)riə 에(어)리어]
명 (복수 **areas** [é(ə)riəz 에(어)리어즈])
면적 ; 지역

*aren't *aren't*
[ɑːrnt 안-트]
are not의 단축형

*ar·gue *argue*

[áːrgjuː 아-규-]

통 (3단현 **argues** [áːrgjuːz 아-규-즈], 과거·과거 분사 **argued** [áːrgjuːd 아-규-드], 현재 분사 **arguing** [áːrgjuiŋ 아-규잉])

자 논하다, 의논하다 ; 말다툼하다, 언쟁하다

타 논하다 ; 주장하다

We *argued* politics.
우리는 정치를 논했다.

*ar·gu·ment *argument*

[áːrgjumənt 아-규먼트]

명 (복수 **arguments** [áːrgjumənts 아-규먼츠])

의논 ; 말다툼, 언쟁 ; 주장

a heated *argument* 격론

a·rise *arise*

[əráiz 어라이즈]

자 (3단현 **arises** [əráiziz 어라이지즈], 과거형 **arose** [əróuz 어로우즈], 과거 분사 **arisen** [ərízn 어리즌], 현재 분사 **arising** [əráiziŋ 어라이징])

일어나다, 생기다

a·ris·en *arisen*

[ərízn 어리즌]

자 arise의 과거 분사

Another problem has *arisen*.
또 다른 문제가 생겼다.

**arm *arm*

[áːrm 암-]

명 (복수 **arms** [áːrmz 암-즈])

팔

break one's *arm* 팔을 부러뜨리다

arm in arm 팔짱을 끼고

She always walks *arm in arm* with her boyfriend.
그녀는 늘 남자 친구와 팔짱을 끼고 걷는다.

*ar·my *army*

[áːrmi 아-미]

명 (복수 **armies** [áːrmiz 아-미즈])

명 1. [보통 the army로] 육군 《참고》 navy 해군, air force 공군) 《단수 또는 복수 취급》

명 2. 군대

a·rose *arose*

[əróuz 어로우즈]

통 arise의 과거형

a·round *around*

[əráund 어라운드]

전 [əràund 어라운드] 1. …둘레에, 주위에
There is a fence *around* the pond.
연못 주위에 울타리가 있다.

전 2. …을 돌아서, …주위를 돌아
Nine planets move *around* the sun. 9개의 행성이 태양 주위를 돈다.

전 3. …의 여기저기를
She traveled *around* the world.
그녀는 세계의 여기저기를 여행했다.

전 4. 약, …경
I'll call you *around* five o'clock.
5시쯤에 전화할게.

부 1. 둘레에〔를〕, 주위에〔를〕
He looked *around*.
그는 주위를 둘러보았다.

부 2. 일주하여, 돌아 ; 여기저기
I'll show you *around* tomorrow.
내일 여기저기 안내해줄게.

all around 사방에, 도처에 ; 두루두루

a·rouse *arouse*

[əráuz 어라우즈] ★ 발음 주의

타 (3단현 **arouses** [əráuziz 어라우지즈], 과거·과거 분사 **aroused** [əráuzd 어라우즈드], 현재 분사 **arousing** [əráuziŋ 어라우징])
자극하다 ; 불러 일으키다 ; 눈을 뜨게 하다

ar·range *arrange*

[əréindʒ 어레인지]

동 (3단현 **arranges** [əréindʒiz 어레인지즈], 과거·과거 분사 **arranged** [əréindʒd 어레인지드], 현재 분사 **arranging** [əréindʒiŋ 어레인징])

타 1. 정리하다 ; 가지런히 하다, 배열하다 (《동》 put in order)
Arrange the books on your desk.
네 책상 위의 책을 정리해라.

타 2. 결정하다 ; 준비하다
타 3. 〖음악〗 편곡하다 〈*for*〉
자 준비를 하다 ; 타협하다

ar·range·ment *arrangement*

[əréindʒmənt 어레인지먼트]

명 (복수 **arrangements** [əréindʒmənts 어레인지먼츠])
명 1. 정리, 정돈 ; 배열
명 2. [arrangements로] 준비
명 3. 협정, 결정

ar·rest *arrest*

[ərést 어레스트]

타 (3단현 **arrests** [ərésts 어레스츠], 과거·과거 분사 **arrested** [əréstid 어레스티드], 현재 분사

arresting [əréstiŋ 어레스팅])
체포하다
명 (복수 **arrests** [ərésts 어레스츠])
체포

ar·riv·al arrival
[əráivəl 어라이벌]
명 (복수 **arrivals** [əráivəlz 어라이벌즈])
도착《반》departure 출발)

*ar·rive arrive
[əráiv 어라이브]
자 (3단현 **arrives** [əráivz 어라이브즈], 과거·과거 분사 **arrived** [əráivd 어라이브드], 현재 분사 **arriving** [əráiviŋ 어라이빙])
자 1. 도착하다⟨at, in⟩
☞ 어떤 장소·마을 등에는 at, 대도시나 나라 등에는 in을 쓴다.
She usually *arrives at* school before eight. 그녀는 보통 8시 전에 학교에 도착한다.
He will *arrive in* Paris tomorrow. 그는 내일 파리에 도착할 것이다.

에펠탑

자 2. (나이·시기·결론 등에) 이르다, 도달하다⟨at⟩; (때가) 오다

*art art
[ɑ́ːrt 아-트]
명 (복수 **arts** [ɑ́ːrts 아-츠])
명 1. 예술; 미술

명 2. 기술, 기예; 솜씨

*ar·ti·cle article
[ɑ́ːrtikl 아-티클]
명 (복수 **articles** [ɑ́ːrtiklz 아-티클즈])
명 1. 물품, 물건
an *article* of food 식료품

명 2. (신문·잡지 등의) 기사
an *article* on sports 스포츠 기사
명 3. (법률 등의) 조항
명 4. 《문법》관사

*ar·ti·fi·cial artificial
[ɑ̀ːrtəfíʃəl 아-터피셜]
형 인공의, 인조의, 인위적인

an *artificial* flower 조화

art·ist *artist*
[ɑ́ːrtist 아-티스트]
몡 (복수 **artists** [ɑ́ːrtists 아-티스츠])
예술가 ; 화가

*as *as*
[《약》əz 어즈 ; 《강》ǽz 애즈]
접 1. [as ... as ~] ~와 같이 …, ~만큼 …《앞의 as는 부사, 뒤의 as는 접속사다》
This dog is *as* big *as* that one.
이 개는 저 개 만큼 크다.
☆ He is *as* tall *as* I.
그는 나와 키가 같다.

접 2. …이므로, …때문에
As he is sick, he will not go there. 그는 아파서 거기에 가지 못할 것이다.

접 3. …하고 있을 때 《동》when) ; …하면서, …함에 따라
He came in *as* I was speaking.
내가 말하고 있을 때 그가 왔다.
She often sings *as* she cooks.
그녀는 요리하면서 종종 노래를 부른다.

접 4. …대로, …하는 것처럼
Just do *as* I say.
내가 말한대로 해라.
부 [as ... as ~] (~와) 같이 …, (~와) 같을 정도로 …《앞의 as는 부사, 뒤의 as는 접속사다》
전 …로서
His mother is famous *as* an artist. 그의 어머니는 화가로서 유명하다.

대 [관계 대명사 ; such, the same, as 뒤에 붙여] …와 같은
I don't like *such* things *as* steaks and hamburgers.
나는 스테이크와 햄버거같은 것을 좋아하지 않는다.

as* ~ *as* one *can* = *as* ~ *as possible 될 수 있는 한
She ran *as* fast *as* she *could*.
그녀는 될 수 있는 한 빨리 달렸다.

as far as … (1) …하는 한(은)
As far as I know, he is honest.
내가 아는 한 그는 정직하다.
(2) …까지
I went *as far as* Masan.
나는 마산까지 갔다.
as for …은 어떤가 하면, …에 대

해서 말하면
As for me, I like music.
나에 관해 말하자면 나는 음악을 좋아한다.
as if = ***as though*** 마치 …인 듯이
He talked *as if* he knew everything.
그는 마치 모든 것을 알고 있는 것처럼 말했다.
as long as = ***so long as*** …인 동안은, …인 한은
as many as …와 같은 수
as much as …와 같은 양
as …, so ~ …인 것과 같이 ~
as soon as 하자마자
as usual 평소와 같이, 여느 때처럼
as well as …뿐 아니라, …와 같이
He speaks French *as well as* English. 그는 영어뿐 아니라 프랑스어도 말한다.

---

*a·shamed *ashamed*

[əʃéimd 어셰임드]

형 부끄러워하는, …을 부끄럽게 생각하는《명사 앞에는 쓰지 않는다》

I am *ashamed* of my deed.
나는 내 행동을 부끄럽게 생각한다.

**A·sia *Asia*

[éiʒə 에이저]

명 아시아《참고》East 동양)

A·sian *Asian*

[éiʒən 에이전]

형 아시아의 ; 아시아 사람의
명 (복수 **Asians** [éiʒənz 에이전즈])
아시아 사람

---

a·side *aside*

[əsáid 어사이드]

부 곁에, 옆에, 따로
lay aside 정돈하다, 곁에 놓다 ; 저축해 두다 ; 그만두다
put aside 제쳐놓다, 치우다 ; 챙겨두다

---

*ask *ask*

[ǽsk 애스크]

동 (3단현 **asks** [ǽsks 애스크스], 과거·과거 분사 **asked** [ǽskt 애스크트], 현재 분사 **asking** [ǽskiŋ 애스킹])

타 1. 물어보다, 묻다, 질문하다
《반》 answer 대답하다)

☆ May I *ask* you a question?
질문해도 됩니까?
타 2. 청하다, 부탁하다
Ask him to come.
그에게 와 달라고 부탁해라.
타 3. 부르다, 초대하다《동》 invite)
I *asked* them to the party.
나는 그들을 파티에 초대했다.
자 묻다 ; 청하다, 부탁하다
Ask at the information desk.

안내소에서 물어봐라.
ask about …에 대하여 묻다
She *asked about* me.
그녀는 나에 관해 물었다.
ask after …의 안부를 묻다
She *asked after* you.
그녀는 네 안부를 물었다.
ask for …을 구하다
He *asked for* an apple.
그는 사과를 한개 달라고 했다.

***a·sleep** *asleep*
[əslíːp 어슬리-프]
혱 잠든 《동》 sleeping, 《반》 awake 깨어 있는)《명사 앞에는 쓰지 않는다》
be asleep 자고 있다
The child *is asleep*.
그 아이는 자고 있다.
fall asleep 잠들다
I was so tired that I *fell asleep* quickly. 나는 너무 피곤해서 곧 잠들어 버렸다.

lie asleep 누워 자고 있다
The dog *lies asleep*.
그 개는 자고 있다.

***as·pect** *aspect*
[ǽspekt 애스펙트]
명 (복수 **aspects** [ǽspekts 애스펙츠])
국면, 양상 ; 외관 ; 얼굴 모양

***as·sem·ble** *assemble*
[əsémbl 어셈블]
동 (3단현 **assembles** [əsémblz 어셈블즈], 과거 · 과거 분사 **assembled** [əsémbld 어셈블드], 현재 분사 **assembling** [əsémbliŋ 어셈블링])
타 1. (사람)을 모으다
타 2. (기계 등)을 조립하다
자 모이다

as·sem·bly *assembly*
[əsémbli 어셈블리]
명 (복수 **assemblies** [əsémbliz 어셈블리즈])
명 1. 집회, 집합
명 2. (기계의) 조립

***as·sign** *assign*
[əsáin 어사인] ★ 발음 주의
타 (3단현 **assigns** [əsáinz 어사인즈], 과거 · 과거 분사 **assigned** [əsáind 어사인드], 현재 분사 **assigning** [əsáiniŋ 어사이닝])
할당하다 ; 지정하다 ; 임명하다

as·sign·ment *assignment*
[əsáinmənt 어사인먼트]
명 (복수 **assignments** [əsáinmənts 어사인먼츠])
명 1. 할당
명 2. 《미》 숙제(《동》 homework), 과제 ; 일
명 3. 지정

*as·sist assist

[əsíst 어시스트]

타 (3단현 **assists** [əsísts 어시스츠], 과거·과거 분사 **assisted** [əsístid 어시스티드], 현재 분사 **assisting** [əsístiŋ 어시스팅])

돕다《동》help)

as·sis·tance assistance

[əsístəns 어시스턴스]

명 원조

as·sis·tant assistant

[əsístənt 어시스턴트]

명 (복수 **assistants** [əsístənts 어시스턴츠])

조수, 보조자

형 보조의《명사 앞에만 쓴다》

*as·so·ci·ate associate

[əsóuʃièit 어소우시에이트]

동 (3단현 **associates** [əsóuʃièits 어소우시에이츠], 과거·과거 분사 **associated** [əsóuʃièitid 어소우시에이티드], 현재 분사 **associating** [əsóuʃièitiŋ 어소우시에이팅])

자 교제하다〈with〉

타 연상하다, 연결시키다

We *associate* snow with skiing.
우리는 눈하면 스키를 연상한다.

as·so·ci·a·tion association

[əsòusiéiʃən 어소우시에이션]

명 (복수 **associations** [əsòusiéiʃənz 어소우시에이션즈])

회, 협회, 조합 ; 교제

*as·sume assume

[əsúːm 어숨-]

타 (3단현 **assumes** [əsúːmz 어숨-즈], 과거·과거 분사 **assumed** [əsúːmd 어숨-드], 현재 분사 **assuming** [əsúːmiŋ 어수-밍])

가정하다, 추정하다

as·sure assure

[əʃúər 어슈어]

타 (3단현 **assures** [əʃúərz 어슈어즈], 과거·과거 분사 **assured** [əʃúərd 어슈어드], 현재 분사 **assuring** [əʃú(ə)riŋ 어슈(어)링])

보증하다 ; 확신시키다

as·ton·ish *astonish*

[əstániʃ 어스타니시]

타 (3단현 **astonishes** [əstániʃiz 어스타니시즈], 과거·과거 분사 **astonished** [əstániʃt 어스타니시트], 현재 분사 **astonishing** [əstániʃiŋ 어스타니싱])

놀라게 하다
I was *astonished* at the news.
나는 그 소식을 듣고 놀랐다.

---

*at *at*

[《약》 ət 엇 ; 《강》 ǽt 앳]

전 1. [장소] …에서, …에(⇨ in)
☞ 일반적으로 at은 좁은 장소, in은 넓은 장소에 사용되나 넓이의 대소에 관계 없이 at은 어느 장소를 한점으로 생각할 때, in은 어느 장소를 넓게 생각할 때 쓴다.
at the bus stop
버스 정류장에서
He isn't *at* home now.
그는 지금 집에 없다.

전 2. [때·연령 등] …에
at (the age of) twenty
20살에
I get up *at* seven.
나는 7시에 일어난다.

전 3. [방향·목표] …을 향하여, …을 노려
He threw a stone *at* a cat.
그는 고양이를 향해서 돌을 던졌다.

전 4. [이유·원인] …에 따라 ; …을 듣고, …을 보고, …을 알고
전 5. [종사·상태] …에 종사하여, …중 ; …한 상태로
I'm now *at* work.
나는 지금 공부 중이다.
전 6. [수량·값·비율] …으로
at full speed 전속력으로
at first 처음은, 최초는
at last 마침내, 드디어
at once 즉시 ; 동시에

Ath·ens *Athens*

[ǽθənz 애선즈]

명 아테네(그리스의 수도)

At·lan·tic *Atlantic*

[ətlǽntik 어틀랜틱]

형 대서양의
명 [the Atlantic] 대서양(the Atlantic Ocean)

At·lan·tic O·cean *Atlantic Ocean*

[ətlǽntik-óuʃən 어틀랜틱오우션]

명 [the Atlantic Ocean] 대서양

*at·mo·sphere *atmosphere*

[ǽtməsfìər 앳머스피어]

명 (복수 **atmospheres** [ǽtməsfìərz 앳머스피어즈])
명 1. [the atmosphere] 대기
명 2. 공기 ; 분위기

---

at·om *atom*

[ǽtəm 애텀]

명 (복수 **atoms** [ǽtəmz 애텀즈])
원자

---

*at·tach *attach*

[ətǽtʃ 어태치]

타 (3단현 **attaches** [ətǽtʃiz 어태치즈], 과거·과거 분사 **attached** [ətǽtʃt 어태치트], 현재 분사 **attaching** [ətǽtʃiŋ 어태칭])
(…에 …을) 붙이다, 달다
He *attached* a label to a parcel.
그는 소포에 꼬리표를 붙였다.

---

*at·tack *attack*

[ətǽk 어택]

타 (3단현 **attacks** [ətǽks 어택스], 과거·과거 분사 **attacked** [ətǽkt 어택트], 현재 분사 **attacking** [ətǽkiŋ 어태킹])

타 1. 공격하다(《반》 defend 막다)
The enemy *attacked* the city.
적은 그 도시를 공격했다.
The dog *attacked* the cat.
개가 고양이에게 덤벼들었다.

타 2. (병이) 침범하다
The child was *attacked* by illness.
그 아이는 병에 걸렸다.
명 (복수 **attacks** [ətǽks 어택스])
공격(《반》 defense 방어) ; 발병, 발작
be under attack 공격받고 있다

---

*at·tempt *attempt*

[ətém(p)t 어템(프)트]

타 (3단현 **attempts** [ətém(p)ts 어템(프)츠], 과거·과거 분사 **attempted** [ətém(p)tid 어템(프)티드], 현재 분사 **attempting** [ətém(p)tiŋ 어템(프)팅])
시도하다, 꾀하다(《동》 try)
The prisoners *attempted* an escape.
죄수들은 탈출을 꾀했다.
명 (복수 **attempts** [ətém(p)ts 어템(프)츠])
시도, 계획
He made an *attempt* to run away.
그는 도망치려고 했다.

---

*at·tend *attend*

attention   **August** 47

[əténd 어텐드]

통 (3단현 **attends** [əténdz 어텐즈], 과거·과거 분사 **attended** [əténdid 어텐디드], 현재 분사 **attending** [əténdiŋ 어텐딩])

타 1. 출석하다, 참석하다
   I'll *attend* the meeting.
   나는 그 모임에 참석할 것이다.
타 2. 시중들다, 간호하다
자 1. 출석하다, 참석하다
자 2. 주의하여 듣다 ; …에 전념하다

***at·ten·tion** *attention*

[əténʃən 어텐션]

명 (복수 **attentions** [əténʃənz 어텐션즈])
주의 ; 배려 ; 돌봄
   Attention, please!
   여러분께 알립니다 !

***at·ti·tude** *attitude*

[ǽtit(j)ùːd 애티튜-드]

명 (복수 **attitudes** [ǽtit(j)ùːdz 애티튜-즈])
명 1. 태도, 사고 방식
명 2. 자세

***at·tract** *attract*

[ətrǽkt 어트랙트]

타 (3단현 **attracts** [ətrǽkts 어트랙츠], 과거·과거 분사 **attracted** [ətrǽktid 어트랙티드], 현재 분사 **attracting** [ətrǽktiŋ 어트랙팅])

타 1. 마음을 끌다, 매혹하다 ; (흥미 등)을 끌다
타 2. (자석 등이) …을 끌어당기다

---

at·trac·tive *attractive*

[ətrǽktiv 어트랙티브]
형 매력있는, 매혹적인

***au·di·ence** *audience*

[ɔ́ːdiəns 오-디언스]

명 (복수 **audiences** [ɔ́ːdiənsiz 오-디언시즈])
청중, (극장 등의) 관객 ; 청취자 ; 시청자

***Au·gust** *August*

[ɔ́ːgəst 오-거스트]
명 8월《Aug.로 약한다》

in *August* 8월에
on *August* 5(=on 5 *August*=on the 5th of *August*) 8월 5일에
Today is *August* fifth.
오늘은 8월 5일이다.

***aunt** *aunt*

[ǽnt 앤트] ★ 발음 주의
명 (복수 **aunts** [ǽnts 앤츠])
아주머니
This lady is my *aunt*.
이 부인은 나의 아주머니시다.

***Aus·tra·lia** *Australia*

[ɔːstréiljə 오-스트레일리어]
명 오스트레일리아

***Aus·tra·lian** *Australian*

[ɔːstréiljən 오-스트레일리언]
형 오스트레일리아의 ; 오스트레일리아 사람의

명 (복수 **Australians** [ɔːstréiljənz 오-스트레일리언즈])
오스트레일리아 사람

***au·thor** *author*

[ɔ́ːθər 오-서]
명 (복수 **authors** [ɔ́ːθərz 오-서즈])
저자, 작가(《반》 reader 독자)

***au·thor·i·ty** *authority*

[əθɔ́ːrəti 어소-러티]
명 (복수 **authorities** [əθɔ́ːrətiz 어소-러티즈])
명 1. 권위, 권력
명 2. 권위자, 대가
명 3. [authorities로] 당국

---

au·to·mat·ic *automatic*

[ɔ̀ːtəmǽtik 오-터매틱]
형 자동의, 자동식의

---

au·to·mat·i·cal·ly *automatically*

[ɔ̀ːtəmǽtikəli 오-터매티컬리]
부 자동으로

***au·to·mo·bile** *automobile*

[ɔ́ːtəmoubìːl 오-터모우빌-]
명 (복수 **automobiles** [ɔ́ːtəmou-

bìːlz 오-터모우빌-즈])
자동차((영) motorcar)

*au‧tumn *autumn*
[ɔ́ːtəm 오-텀]
명 (복수 **autumns** [ɔ́ːtəmz 오-텀즈])
가을
☆ I like *autumn* best.
　나는 가을을 제일 좋아한다.

*a‧vail‧a‧ble *available*
[əvéiləbl 어베일러블]
형 1. 이용할 수 있는, 쓸모 있는
　This ticket is *available* for three days.
　이 표는 3일간 유효하다.
형 2. 손에 넣을 수 있는

*av‧e‧nue *avenue*
[ǽvən(j)ùː 애버뉴-]
명 (복수 **avenues** [ǽvən(j)ùːz 애버뉴-즈])
가로수길; ((미)) 큰 거리
☞ New York 등에서 Avenue는 남북, Street는 동서로 뻗은 도로의 명칭에 쓰인다.

*av‧er‧age *average*
[ǽv(ə)ridʒ 애버리지]
명 (복수 **averages** [ǽv(ə)ridʒiz 애버리지즈])
평균, 평균값; 수준
above (*the*) *average* 평균 이상의[으로]
below (*the*) *average* 평균 이하의[로]
on (*the*) *average* 평균하여

*a‧void *avoid*
[əvɔ́id 어보이드]
타 (3단현 **avoids** [əvɔ́idz 어보이즈], 과거·과거 분사 **avoided** [əvɔ́idid 어보이디드], 현재 분사 **avoiding** [əvɔ́idiŋ 어보이딩])
피하다
　avoid the rush hour(s)
　러시 아워를 피하다

a‧wait *await*
[əwéit 어웨이트]
타 (3단현 **awaits** [əwéits 어웨이츠], 과거·과거 분사 **awaited** [əwéitid 어웨이티드], 현재 분사 **awaiting** [əwéitiŋ 어웨이팅])
기다리다

*a‧wake *awake*
[əwéik 어웨이크]

동 (3단현 **awakes** [əwéiks 어웨이크스], 과거형 **awoke** [əwóuk 어워크] 또는 **awaked** [əwéikt 어웨이크트], 과거 분사 **awaked** [əwéikt 어웨이크트] 또는 **awoken** [əwóukən 어워컨] 또는 **awoke** [əwóuk 어워크], 현재 분사 **awaking** [əwéikiŋ 어웨이킹])

타 1. (잠에서) 깨우다
The noise *awoke* me from my sleep.
나는 그 소리 때문에 잠이 깼다.

타 2. 각성시키다, 일깨우다 ; 불러일으키다

자 깨다 ; 알아차리다

형 깨어 있는 (《반》 asleep 자고 있는) ; 알아차린 《명사 앞에는 쓰지 않는다》
She was *awake* all night.
그녀는 밤새 깨어 있었다.

*a·ward *award*

[əwɔ́ːrd 어워-드]

명 (복수 **awards** [əwɔ́ːrdz 어워-즈])
상
The highest *award* went to Mr. White.
최고상은 화이트씨가 받았다.

*a·ware *aware*

[əwéər 어웨어]

형 알고 있는, 알아차린《명사 앞에는 쓰지 않는다》
I am *aware* of my fault.
나는 내 단점을 알고 있다.

*a·way *away*

[əwéi 어웨이]

부 1. 떨어져서 (《동》 off)
He lives ten miles *away* from here.
그는 여기에서 10마일 떨어진 곳에 살고 있다.

부 2. 저쪽으로 ; 떠나가 버려
Go *away*! 저리가!, 꺼져 버려!

부 3. 부재하여, 외출하여
Mother is *away* today.
어머니는 오늘 외출하셨다.

부 4. (사라져) 없어져서
The snowman melted *away* by noon. 한낮이 되자 눈사람이 녹아버렸다.

*aw·ful *awful*

[ɔ́ːfl 오-플]

형 1. 지독한, 굉장한
an *awful* pain 심한 통증

형 2. 무서운, 두려운, 맹렬한

*awk·ward *awkward*
[ɔ́ːkwərd 오-쿼드]
형 (**비교급 awkwarder**
[ɔ́ːkwərdər 오-쿼더], **최상급
awkwardest** [ɔ́ːkwərdist 오-쿼디스트])
형 1. 어색한, 서투른 ; 귀찮은
형 2. 당황한

a·woke *awoke*
[əwóuk 어워크]
동 awake의 과거 · 과거 분사

a·wo·ken *awoken*
[əwóukən 어워컨]
동 awake의 과거 분사

*ax, 《영》 axe *ax, axe*
[ǽks 액스]
명 (**복수 axes** [ǽksiz 액시즈])
도끼

B, b ℬ, b
[bíː 비-]
명 (복수 **B's, b's** [bíːz 비-즈])
비《영어 알파벳의 두번째 글자》

**ba·by baby
[béibi 베이비]
명 (복수 **babies** [béibiz 베이비즈])
갓난아기
a *baby* boy 남자 아기
a *baby* girl 여자 아기

**back back
[bǽk 백]
부 뒤로 ; 되돌아와서
Stand *back*, please!
뒤로 물러서시오.
Go *back* to your seat.
네 자리로 돌아가라.
형 뒤쪽의(《반》front 앞쪽의)《명사 앞에만 쓴다》
I sat in the *back* row.
나는 뒷줄에 앉았다.
명 (복수 **backs** [bǽks 백스])
명 1. 등

My *back* hurts.
나는 등이 아프다.

명 2. [보통 the back으로] 뒤, 배후 ; 이면
at the back of …의 뒤에〔이면에〕(《반》in front of …의 정면에)
There is an old well *at the back of* the house.
집 뒤에 오래된 우물이 하나 있다.

back·ground background
[bǽkgràund 백그라운드]
명 (복수 **backgrounds** [bǽkgràundz 백그라운즈])
(풍경·그림 등의) 배경

*back·ward *backward*

[bǽkwərd 백워드]
- 뷔 뒤쪽으로 ; 거꾸로
  He walked *backward*.
  그는 뒷걸음질쳤다.
- 혱 뒤쪽으로의 ; 뒤떨어진
  He is *backward* in English.
  그는 영어가 뒤떨어져 있다.

*bad *bad*

[bǽd 배드]
- 혱 (비교급 **worse** [wə́ːrs 워-스], 최상급 **worst** [wə́ːrst 워-스트])
- 혱 1. 나쁜 (《반》 good 좋은)
  He has a *bad* habit.
  그는 나쁜 습관이 있다.
- ☆ How are you? — ☆ Not *bad*, thanks.
  어떻게 지냅니까? — 덕분에 그럭저럭 지내요.
- 혱 2. (병 등이) 심한, (날씨·형편 등이) 나쁜
- 혱 3. (건강에) 해로운
  Smoking is *bad* for the health.
  흡연은 건강에 해롭다.

be bad at …이 서투르다
  She *is bad at* singing.
  그녀는 노래를 잘 못한다.

go bad 썩다, 나빠지다
  The fish has *gone bad*.
  생선이 상했다.
That's too bad. 그것 참 안됐군., 이거 곤란하게 됐는데.
  I have a cold. — ☆ *That's too bad*.
  감기에 걸렸어요. — 그것 참 안됐구나.

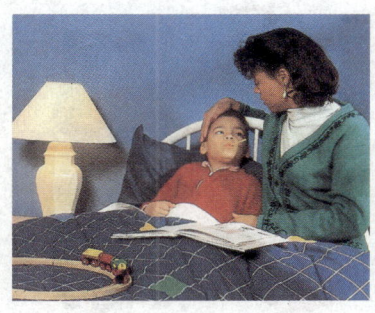

*bad·ly *badly*

[bǽdli 배들리]
- 뷔 (비교급 **worse** [wə́ːrs 워-스], 최상급 **worst** [wə́ːrst 워-스트])
- 뷔 1. 나쁘게, 서툴게 (《반》 well 잘)
  He behaved *badly*.
  그의 행동은 나빴다.
- 뷔 2. 심하게, 몹시

*bad·min·ton *badminton*

[bǽdmintn 배드민튼]
- 명 배드민턴

*bag *bag*

[bǽg 배그]

명 (복수 **bags** [bǽgz 배그즈])
가방 ; 자루

I have a book in my *bag*.
나는 가방에 책이 한 권 있다.

__bag·gage__ baggage
[bǽgidʒ 배기지]
 명 《미》 수화물(《영》 luggage)
 May I help you with your *baggage*? — ☆ Yes, please.
 짐을 운반해 드릴까요?
 — 네, 부탁합니다.

__bake__ bake
[béik 베이크]
 타 (3단현 **bakes** [béiks 베이크스], 과거·과거 분사 **baked** [béikt 베이크트], 현재 분사 **baking** [béikiŋ 베이킹])
 (빵 등을) 굽다
 He is *baking* cookies.
 그는 과자를 굽고 있다.

__bak·er__ baker
[béikər 베이커]
 명 (복수 **bakers** [béikərz 베이커즈])
 빵 굽는 사람 ; 빵장수

__bal·ance__ balance
[bǽləns 밸런스]
 명 (복수 **balances** [bǽlənsiz 밸런시즈])
 균형 ; 저울(《동》 scale)

 타 (3단현 **balances** [bǽlənsiz 밸런시즈], 과거·과거 분사 **balanced** [bǽlənst 밸런스트], 현재 분사 **balancing** [bǽlənsiŋ 밸런싱])
 균형을 잡다 ; 저울에 달다

__bald__ bald
[bɔ́ːld 볼-드]
 형 (비교급 **balder** [bɔ́ːldər 볼-더], 최상급 **baldest** [bɔ́ːldist 볼-디스트])
 대머리의 ; 잎이 없는

ball

ball *ball*

[bɔ́ːl 볼-]

명 (복수 **balls** [bɔ́ːlz 볼-즈])
볼, 공 ; 구기 ; 야구

kick a *ball* 공을 차다
throw a *ball* 공을 던지다
play ball 공놀이를 하다, 야구를 하다

bal·loon *balloon*

[bəlúːn 벌룬-]

명 (복수 **balloons** [bəlúːnz 벌룬-즈])
기구, 풍선

A *balloon* went high up in the sky.
풍선 하나가 하늘 높이 날아가 버렸다.

ba·nan·a *banana*

[bənǽnə 버내너]

명 (복수 **bananas** [bənǽnəz 버내너즈])
바나나

He slipped on a *banana* peel.
그는 바나나 껍질에 미끄러졌다.

band *band*

[bǽnd 밴드]

명 (복수 **bands** [bǽndz 밴즈])
명 1. 띠, 끈
a rubber *band* 고무 밴드
명 2. 악단 ; 한 떼
a brass *band* 취주 악단
a rock *band* 록 밴드

bank *bank*

[bǽŋk 뱅크]

명 (복수 **banks** [bǽŋks 뱅크스])
명 1. 은행
She put some money in the *bank*.
그녀는 은행에 약간의 돈을 예금했다.
명 2. 둑, 제방
We walked along the *bank*.
우리는 둑을 따라 산책했다.

bar *bar*

[báːr 바-]

명 (복수 **bars** [báːrz 바-즈])
막대기 ; 빗장 ; (통행을 막는) 차단봉 ; 술집, 바

a chocolate *bar* 초콜릿 바

*bar·ber *barber*

[báːrbər 바-버]

명 (복수 **barbers** [báːrbərz 바-버즈])

이발사

I am a *barber*. 나는 이발사다.
***barber's* (*shop*)** 《영》 이발소 (《미》 barbershop)
I had my hair cut at a *barber's shop*. 나는 이발소에서 머리를 깎았다.

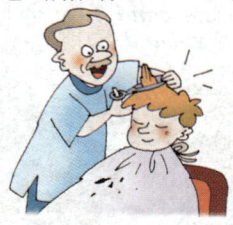

bare *bare*

[béər 베어]

형 (비교급 **barer** [bé(ə)rər 베(어)러], 최상급 **barest** [bé(ə)rist 베(어)리스트])

벌거벗은, 노출한 ; (…이) 없는, 빈

bare feet 맨발
The room is almost *bare* of furniture.
이 방은 가구가 거의 없다.

bar·gain *bargain*

[báːrgən 바-건]

명 (복수 **bargains** [báːrgənz 바-건즈])

명 1. 싸게 산 물건, 특매품
a *bargain* day 염가 판매일
I bought this suit at a (good) *bargain*.
나는 이 옷을 싸게 샀다.
명 2. 매매 계약

*bark *bark*

[báːrk 바-크]

자 (3단현 **barks** [báːrks 바-크스], 과거·과거 분사 **barked** [báːrkt 바-크트], 현재 분사 **barking** [báːrkiŋ 바-킹])

(개 등이) 짖다
bark at …을 향해 짖어대다
The dog *barked at* me.
그 개가 나를 보고 짖었다.

명 (복수 **barks** [báːrks 바-크스])

(개·늑대 등이) 짖는 소리

*base *base*

[béis 베이스]

명 (복수 **bases** [béisiz 베이시즈])

토대, 기초 ; 근거 ; 〖야구〗 베이스

We camped at the *base* of a mountain.
우리는 산기슭에서 야영했다.

base·ball *baseball*
[béisbɔ̀:l 베이스볼-]
명 (복수 **baseballs** [béisbɔ̀:lz 베이스볼-즈])
야구 ; 야구공

play *baseball* 야구를 하다

base·ment *basement*
[béismənt 베이스먼트]
명 (복수 **basements** [béismənts 베이스먼츠])
지하실

ba·sic *basic*
[béisik 베이식]
형 기초의, 기본적인
a *basic* knowledge 기초 지식
a *basic* charge 기본 요금

ba·sin *basin*
[béisn 베이슨]
명 (복수 **basins** [béisnz 베이슨즈])

명 1. 대야, 세면기, 세면대

명 2. (강의) 유역 ; 분지

*ba·sis *basis*
[béisis 베이시스]
명 (복수 **bases** [béisi:z 베이시-즈])
기초, 원리, 근거, 기준
on the basis of ... ...을 근거〔기초〕로 하여

**bas·ket *basket*
[bǽskit 배스킷]
명 (복수 **baskets** [bǽskits 배스키츠])
바구니 ; 한 바구니(의 분량)
a shopping *basket* 시장 바구니
a *basket* of apples
한 바구니의 사과

bas·ket·ball *basketball*
[bǽskitbɔ̀:l 배스킷볼-]
명 바스켓볼, 농구 ; 농구공
Let's play *basketball* after school.
방과 후에 농구하자.

bat *bat*

[bǽt 뱃]

명 (복수 **bats** [bǽts 배츠])

명 1. (야구·크리켓 등의) 배트

swing a *bat*
배트를 휘두르다

명 2. 박쥐

타 (3단현 **bats** [bǽts 배츠], 과거·과거 분사 **batted** [bǽtid 배티드], 현재 분사 **batting** [bǽtiŋ 배팅])

배트로 치다

He *batted* .325 in spring training. 그는 춘계 훈련에서 3할 2푼 5리의 타율을 올렸다.

*bath *bath*

[bǽθ 배스]

명 (복수 **baths** [bǽðz 배드즈])
★ 발음 주의

목욕, 입욕 ; 욕실 ; 욕조(《참고》 bathe 목욕하다)

I take a *bath* before I go to bed.
나는 자기 전에 목욕을 한다.

bathe *bathe*

[béið 베이드]

동 (3단현 **bathes** [béiðz 베이드즈], 과거·과거 분사 **bathed** [béiðd 베이드드], 현재 분사 **bathing** [béiðiŋ 베이딩])

타 물에 담그다, 물로 씻다
자 1. 목욕하다
자 2. 헤엄치다(《동》 swim)

We *bathed* in the sea yesterday.
우리는 어제 해수욕을 했다.

*bath·room *bathroom*

[bǽθrùːm 배스룸-]

명 (복수 **bathrooms** [bǽθrùːmz 배스룸-즈])

욕실 ; 화장실

He went to the *bathroom* and took a shower.
그는 욕실에 가서 샤워했다.

bat·tle *battle*

[bǽtl 배틀]

명 (복수 **battles** [bǽtlz 배틀즈])
전투, 싸움 ; 투쟁
win a *battle* 싸움에 이기다
The general was killed in *battle*. 장군은 전사했다.

B.C. *B.C.*

[bíːsíː 비-시-]

약 기원전 (《반》 A.D. 기원후)
《Before Christ의 약어》

*****be*** *be*

[(약) bi 비 ; (강) bíː 비-]

자 (**현재형** (I) **am**, (we, you, they) **are**, (he, she, it) **is**, **과거형** (I, he, she, it) **was**, (we, you, they) **were**, 과거 분사 **been**, 현재 분사 **being**)

자 1. …이다, …이 되다
I *am* a junior high school student. 나는 중학생이다.

자 2. …이 있다
He will *be* at home tomorrow.
그는 내일 집에 있을 것이다.
☞ 조동사(will, must, may 등) 다음에는 언제나 원형이므로 be를 쓴다.

조 1. [be ~ing로 진행형을 만들어] …하고 있다
She *is* read*ing* a book.
그녀는 책을 읽고 있다.

We *are* play*ing* soccer.
우리는 축구를 하고 있다.

조 2. [be+타동사의 과거 분사로 수동형을 만들어] …이 되다, …을 당하다
That letter *is written* in English.
그 편지는 영어로 쓰여 있다.
He *was killed* in the accident.
그는 사고로 죽었다.

조 3. [be+to 부정사로 예정·의무·가능 등을 나타내어] …할 예정이다, …해야 한다, …하기로 되어 있다
We *are to* meet at five.
우리는 5시에 만날 예정이다.
What *am* I *to* do?
나는 무엇을 해야 합니까?

be able to (do) …할 수 있다
be about to (do) 막 …하려고 하다
be afraid of …을 두려워하다
be fond of …을 좋아하다
be going to (do) (이제) 막 …하려고 하다 ; …할 작정이다, …할 예정이다

*****beach*** *beach*

[bíːtʃ 비-치]

명 (복수 **beaches** [bíːtʃiz 비-치즈])
해변, 바닷가, 해변의 모래밭 ; 해수욕장
They played on the *beach*.
그들은 바닷가 모래밭에서 놀

았다.

**bean *bean*

[bíːn 빈-]

 명 (복수 **beans** [bíːnz 빈-즈])
〘식물〙 콩

bean : 우묵한 곳이 있는 타원형	콩
pea : 공모양	

**bear¹ *bear*

[béər 베어]

 명 (복수 **bears** [béərz 베어즈])
〘동물〙 곰

**bear² *bear*

[béər 베어]

 타 (3단현 **bears** [béərz 베어즈], 과거형 **bore** [bɔ́ːr 보-], 과거분사 **borne** 또는 **born** [bɔ́ːrn 본-], 현재 분사 **bearing** [bé(ə)riŋ 베(어)링])

 타 1. 낳다 ; (열매를) 맺다
 This tree *bears* a lot of apples.
 이 나무는 사과가 많이 열린다.

 타 2. [보통 can을 수반한 의문문·부정문에서] 참다, 견디다
 I *can't bear* this cold.
 이 추위는 견딜 수 없다.

 타 3. 나르다 ; 지탱하다
 Donkeys were used to *bear* burdens. 나귀는 짐을 나르는데 이용되었다.

 be born 태어나다
 I *was born* in Seoul in 1990.
 나는 1990년에 서울에서 태어났다.

beard *beard*

[bíərd 비어드] ★ 발음 주의

 명 (복수 **beards** [bíərdz 비어즈])

턱수염

beard　　mustache　　whisker

He wears a *beard*.
그는 턱수염을 기르고 있다.

*beat *beat*

[bíːt 비-트]

 동 (3단현 **beats** [bíːts 비-츠], 과거형 **beat** [bíːt 비-트], 과거 분사 **beaten** [bíːtn 비-튼] 또는 **beat** [bíːt 비-트], 현재 분사 **beating** [bíːtiŋ 비-팅])

 타 1. (잇달아) …을 치다, 두들기다 (《동》 strike)
 Children like to *beat* a drum.
 아이들은 북치는 것을 좋아한다.

타 2. …를 이기다, …보다 낫다
Can you *beat* her in the race?
경주에서 그녀를 이길 수 있겠니?

자 1. (잇달아) 치다
Somebody was *beating* at the door.
누군가 문을 두드리고 있었다.
자 2. (심장이) 고동치다 ; (북 등이) 둥둥 울리다
명 (복수 **beats** [bíːts 비-츠])
두들김 ; 치는 소리 ; (심장의) 고동

---

*beat·en *beaten*

[bíːtn 비-튼]
동 **beat**의 과거 분사

---

*beau·ti·ful *beautiful*

[bjúːtiful 뷰-티풀]
형 (비교급 **more beautiful**, 최상급 **most beautiful**)
형 1. 아름다운, 예쁜
Look at this flower. — Oh, how *beautiful*!
이 꽃을 봐. — 오, 정말 예쁘구나!

형 2. (구어) 훌륭한, 멋진
beautiful weather
화창한 날씨

---

*beau·ty *beauty*

[bjúːti 뷰-티]
명 (복수 **beauties** [bjúːtiz 뷰-티즈])
명 1. 아름다움, 미
the *beauty* of nature
자연의 아름다움
We admired the *beauty* of that music. 우리는 그 음악의 아름다움에 감탄했다.
명 2. 미인 ; 아름다운 것
She is a great *beauty*.
그녀는 굉장한 미인이다.

---

*be·came *became*

[bikéim 비케임]
동 **become**의 과거형
He *became* a doctor.
그는 의사가 되었다.

---

*be·cause *because*

[bikɔ́ːz 비코-즈]
접 1. (왜냐하면) …이므로, …때문에
He got angry, *because* we laughed.
우리가 웃었기 때문에 그는 화가 났다.
Why were you absent last week? — ◆ *Because* I was sick.
지난주에 왜 결석했니? — 아

팔기 때문입니다.

접 2. [부정문에서] …라고 해서 …인 것은 아니다
You should*n't* eat fast *because* you are hungry. 배고프다고 해서 급히 먹어서는 안된다.
because of …때문에, 까닭에
I did not go out *because of* the rain.
비가 왔기 때문에 나는 외출하지 않았다.

be·come *become*

[bikʌ́m 비컴]

동 (3단현 **becomes** [bikʌ́mz 비컴즈], 과거형 **became** [bikéim 비케임], 과거 분사 **become** [bikʌ́m 비컴], 현재 분사 **becoming** [bikʌ́miŋ 비커밍])

자 …이 되다
She *became* a famous actress.
그녀는 유명한 배우가 되었다.

He *became* rich.
그는 부자가 되었다.
It has *become* very warm.
매우 따뜻해졌다.

타 …에 어울리다(《동》suit)
The red dress *becomes* her well.
그 빨간 옷은 그녀에게 잘 어울린다.

***bed** *bed*

[béd 베드]

명 (복수 **beds** [bédz 베즈])

명 1. 침대 ; 잠자리
a single *bed* 1인용 침대
a double *bed* 2인용 침대
twin *beds* 트윈 베드

명 2. 화단 ; 강바닥
a rose *bed* 장미 화단
be in bed 자고 있다
She *is* still *in bed*.
그녀는 아직 자고 있다.
go to bed 잠자리에 들다, 자다
What time do you *go to bed*? — I usually *go to bed* at ten.
몇 시에 자니? — 대개 10시에 자.
make a bed 잠자리를 깔다〔개다, 치우다〕

*bed·room *bedroom*

[bédrùːm 베드룸-]

명 (복수 **bedrooms** [bédrùːmz 베드룸-즈])

침실

There are two *bedrooms* upstairs.
2층에는 침실이 두 개 있다.

*bee *bee*

[bíː 비-]

명 (복수 **bees** [bíːz 비-즈])

꿀벌

a queen *bee* 여왕벌
a worker *bee* 일벌

**beef *beef*

[bíːf 비-프]

명 쇠고기

Do you like *beef*? — No, I prefer pork.
쇠고기를 좋아하니? — 아니, 돼지고기가 더 좋아.

**been *been*

[《약》 bin 빈 ; 《강》 bín 빈]

자 **be**의 과거 분사

자 1. [have been 또는 has been 의 형태로 현재 완료형을 만들어]

It *has been* rainy since last Sunday.
지난 일요일부터 줄곧 비가 오고 있다.
Where *have* you *been*?
— I *have been* to the station.
어디 갔다왔니?
— 역에 다녀왔어.
Have you ever *been* to France? — No, I've never *been* there.
당신은 프랑스에 가본 적이 있습니까? — 아니오, 한번도 가본 적이 없습니다.

☞ …로 가버렸다(그래서 지금 여기에 없다)는 have[has] gone to+장소를 써서 나타낸다.
She *has gone to* New York.
그녀는 뉴욕으로 가버렸다.

자 2. [had been의 형태로 과거 완료형을 만들어]
He *had been* in Seoul until last year.
그는 작년까지 서울에 있었다.

조 1. [현재 완료 진행형으로]
He *has been* wait*ing* for her for thirty minutes.
그는 30분이나 그녀를 기다리고 있다.

조 2. [현재 완료 수동형으로]
My bicycle *has been* stolen.
내 자전거를 도둑맞았다.

beer *beer*
[bíər 비어]
명 (복수 **beers** [bíərz 비어즈])
맥주

*be·fore *before*
[bifɔ́ːr 비포-]
전 (시간이) …의 이전에; (위치가) …의 앞에; (순서가) …보다 앞서
She had to go home *before* midnight.
그녀는 자정이 되기 전에 집으로 돌아가야 했다.

before long 머지않아, 곧
He will come *before long*.
그는 곧 돌아올 것이다.
the day before yesterday 그저께
I met him *the day before yesterday*.
나는 그저께 그를 만났다.
부 앞에, 이전에
I have never seen a kangaroo *before*.
나는 지금까지 캥거루를 본 적이 없다.
☞ before는 과거의 어느 때에서 보아「그 이전」의 뜻이고, 현재에서 말할 때는 ago를 쓴다.
접 …하기 전에, …에 앞서
Wash your hands *before* you eat.
식사하기 전에 손을 씻어라.

*beg *beg*
[bég 베그]
동 (3단현 **begs** [bégz 베그즈], 과거·과거 분사 **begged** [bégd 베그드], 현재 분사 **begging** [bégiŋ 베깅])
타 (돈·음식물 등을) 청하다; (용서 등을) 빌다, 부탁하다, 바라다
자 구걸을 하다; 용서를 청하다
He *begged* for food.
그는 먹을 것을 청했다.
I beg your pardon. (1) [말끝을 올려서] 한 번 더 말씀해 주십시오.
(2) [말끝을 내려서] 미안합니다., 실례했습니다.

*be·gan *began*
[bigǽn 비갠]
동 **begin**의 과거형

*be·gin *begin*

beginner

[bigín 비긴]

⑤ (3단현 **begins** [bigínz 비긴즈], 과거형 **began** [bigǽn 비갠], 과거 분사 **begun** [bigʌ́n 비건], 현재 분사 **beginning** [bigíniŋ 비기닝])

㉾ 시작하다(《동》 start, 《반》 finish 끝마치다)
It suddenly *began* to rain.
갑자기 비가 오기 시작했다.

㉿ 시작되다
What time does school *begin*?
— It *begins* at nine.
수업이 몇 시에 시작하니?
— 9시에 시작해.

begin with …부터 시작하다
A year *begins with* January.
1년은 1월부터 시작된다.

---

be·gin·ner *beginner*

[bigínər 비기너]

⑲ (복수 **beginners** [bigínərz 비기너즈])
초보자

__be·gin·ning__ *beginning*

[bigíniŋ 비기닝]

⑲ (복수 **beginnings** [bigíniŋz 비기닝즈])
처음, 최초; 시작(《반》 end 끝)
He left at the *beginning* of May. 그는 5월초에 떠났다.
from beginning to end 처음부터 끝까지, 시종

---

be·gun *begun*

[bigʌ́n 비건]

⑤ **begin**의 과거 분사

__be·have__ *behave*

[bihéiv 비헤이브]
★ 발음 주의

㉿ (3단현 **behaves** [bihéivz 비헤이브즈], 과거·과거 분사 **behaved** [bihéivd 비헤이브드], 현재 분사 **behaving** [bihéiviŋ 비헤이빙])
행동하다; 예절바르게 행동하다
Behave yourself!
얌전히 굴어라!

---

be·hav·io(u)r *behaviour*

[bihéivjər 비헤이벼]
⑲ 행위, 행실

__be·hind__ *behind*

[bəháind 버하인드]

㉸ [bəháind 버하인드] (장소가) …의 뒤에(《반》 in front of …의 앞에); (시간이) …보다 늦게
Someone is standing *behind* the tree.
누군가 나무 뒤에 서 있다.

The bus is *behind* time.
버스가 늦어지고 있다.

㉾ 뒤에; 늦어서
Don't look *behind*.
뒤를 돌아보지 마라.

be·ing *being*
[bíːiŋ 비-잉]
- 통 be의 현재 분사
- 명 (복수 **beings** [bíːiŋz 비-잉즈])
존재 ; 인간, 생물
  a human *being* 인간
  He has become quite a different *being*.
  그는 아주 딴사람이 되었다.

be·lief *belief*
[bəlíːf 벌리-프]
- 명 (복수 **beliefs** [bəlíːfs 벌리-프스])
신념, 신뢰 ; 신앙

*be·lieve *believe*
[bəlíːv 벌리-브]
- 통 (3단현 **believes** [bəlíːvz 벌리-브즈], 과거·과거 분사 **believed** [bəlíːvd 벌리-브드], 현재 분사 **believing** [bəlíːviŋ 벌리-빙])
- 타 믿다 ; …라고 생각하다
  I couldn't *believe* my eyes.
  내 눈을 믿을 수가 없었다.
  People used to *believe* that the earth was flat. 사람들은 지구가 평평하다고 생각했다.

자 믿다 ; 생각하다
  How can you *believe* so badly of them?
  너는 어째서 그들을 그렇게 나쁘게 생각하니?
believe in …의 존재를 믿다 ; …을 신뢰하다
  Do you *believe in* ghosts?
  너는 유령이 있다고 믿니?

  I *believe in* you. 나는 당신을 신뢰하고 있습니다.

**bell *bell*
[bél 벨]
- 명 (복수 **bells** [bélz 벨즈])
벨, 종, 방울 ; 종소리
  The *bell* is ringing.
  종이 울리고 있다.

*be·long *belong*
[bəlɔ́ːŋ 벌롱-]
- 자 (3단현 **belongs** [bəlɔ́ːŋz 벌롱-즈], 과거·과거 분사 **belonged** [bəlɔ́ːŋd 벌롱-드], 현재 분사 **belonging** [bəlɔ́ːŋiŋ 벌롱-잉])
…에 속하다, …의 것이다 ⟨*to*⟩
  He *belongs to* the baseball club.
  그는 야구부원이다.

*be·low *below*

[bəlóu 벌로우]

젠 [bəlòu 벌로우] …보다 아래에〔로〕《반》above …의 위에,《참고》under 바로 밑에); …의 하류에 ; …이하의
The sun set *below* the horizon.
태양이 지평선 아래로 졌다.

There is a good fishing place *below* the bridge.
다리 아래 쪽에 좋은 낚시터가 있다.
The temperature was five degrees *below* zero.
기온이 영하 5도였다.

튀 아래쪽에〔으로〕, 아래층에
See the note *below*.
아래 주를 보시오.

*belt *belt*

[bélt 벨트]

명 (복수 **belts** [bélts 벨츠])
벨트, 띠 ; 지대
a green *belt*
(도시 주변의) 녹지대
Fasten your seat *belt*.
안전 벨트를 매라.

bench *bench*

[béntʃ 벤치]

명 (복수 **benches** [béntʃiz 벤치즈])
벤치, 긴 의자 (《참고》 chair 혼자 앉는 의자)
We sat on a *bench* and ate lunch.
우리는 벤치에 앉아서 점심을 먹었다.

*bend *bend*

[bénd 벤드]

동 (3단현 **bends** [béndz 벤즈], 과거·과거 분사 **bent** [bént 벤트], 현재 분사 **bending** [béndiŋ 벤딩])

자 굽다, 구부러지다 ; 몸을 구부리다 ; 휘다
The road *bends* sharply.
길이 갑자기 굽어 있다.
Bend over, or you will fall down.
몸을 굽히지 않으면 넘어질 것이다.

타 구부리다

The boy *bent* the spoon easily.
소년은 숟가락을 쉽게 구부렸다.

*be·neath *beneath*
[biníːθ 비니-스]
- 🔵 (문어) (바로) 밑에(《참고》 below, under)
- 🟢 [biníːθ 비니-스] …의 밑에
  There's a mouse *beneath* the table.
  테이블 밑에 쥐가 한마리 있다.

*ben·e·fit *benefit*
[bénəfit 베너핏]
- 🟣 (복수 **benefits** [bénəfits 베너피츠])
  이익(《동》 profit) ; 은혜
  This book was of *benefit* to me.
  이 책은 내게 유익했다.

bent *bent*
[bént 벤트]
- 🟠 bend의 과거·과거 분사
- 🟡 구부러진, 굽은

My grandmother is *bent* with age.
우리 할머니는 늙어서 허리가 굽으셨다.

Ber·lin *Berlin*
[bə̀ːrlín 버-린]
- 🔵 베를린(독일의 수도)

*be·side *beside*
[bisáid 비사이드]
- 🟢 …의 곁에(《동》 by)
  My house stands *beside* a beautiful river.
  우리집은 아름다운 강 옆에 있다.

beside one*self* 제정신을 잃고
She was *beside herself* with joy.
그녀는 기뻐서 어쩔 줄 몰랐다.

be·sides *besides*
[bisáidz 비사이즈]
- 🟢 [bisàidz 비사이즈] 1. …이외에도
  Besides the teacher, many students went there.
  선생님 이외에도 많은 학생들이 거기에 갔다.
- 🟢 2. [의문문·부정문에서] …외에는, …을 제외하고
  I have *no* friend *besides* you.
  나는 너 외에는 친구가 없다.
- 🔵 그밖에, 게다가

It is cold ; *besides*, it is raining.
춥고 게다가 비도 오고 있다.

*best *best*

[bést 베스트]

형 [good, well의 최상급] 가장 좋은(《반》worst 가장 나쁜)
This is the *best* dinner I have ever eaten. — Thank you. I'm glad you like it.
이것은 내가 지금까지 먹어본 것 중에서 가장 맛있는 저녁 식사야. — 고마워. 맛있다니 다행이야.

This is the *best* way.
이것이 가장 좋은 방법이다.
She is my *best* friend.
그녀는 나의 가장 좋은 친구다.

부 [well의 최상급] **가장 잘**, 제일
What sport do you like (the) *best*? — I like soccer (the) *best*.
너는 어떤 스포츠가 제일 좋니?
— 축구가 제일 좋아.

명 [the best 또는 one's best로] 가장 좋은 것, 최상, 최선 ; 최선의 상태
at one*'s best* 최선의 상태로 ; (꽃 등이) 만발하여
The roses are *at their best*.
장미꽃이 만발해 있다.
do one*'s best* 최선을 다하다
I will *do my best* to help him.
나는 그를 돕기 위해 최선을 다할 것이다.
make the best of …을 될 수 있는 한〔최대한〕 이용하다
Make the best of the limited time.
한정된 시간을 최대한 이용하시오.

*bet *bet*

[bét 벳]

타 (3단현 **bets** [béts 베츠], **과거·과거분사 bet** [bét 벳] 또는 **betted** [bétid 베티드], **현재분사 betting** [bétiŋ 베팅])
내기하다, (돈 등을) 걸다
I *bet* $10 on that horse.
나는 저 말에 10달러를 걸었다.
명 (**복수 bets** [béts 베츠])
내기 ; 내기에 거는 돈〔것〕

*be·tray *betray*

[bitréi 비트레이]

타 (3단현 **betrays** [bitréiz 비트레이즈], **과거·과거분사 betrayed** [bitréid 비트레이드], **현재분사 betraying** [bitréiiŋ 비트레이잉])
…을 배반하다 ; (비밀을) 누설하다
Don't *betray* your friends.
친구를 배반하지 마라.

*bet·ter *better*

[bétər 베터]

⑱ [good, well의 비교급] 더 좋은, 보다 나은 ; (건강·기분이) 더 좋아지고 있는(《반》worse 더 나쁜)

Your umbrella is *better* than mine.
네 우산이 내것보다 좋다.
The weather will be much *better* tomorrow.
내일은 날씨가 훨씬 좋아질거다.
He is getting *better*.
그는 병이 나아가고 있다.

㉫ [well의 비교급] 보다 좋게〔낫게〕, 보다 잘, 더욱

Which do you like *better*, tennis or baseball? — I like baseball *better*.
너는 테니스와 야구 중에서 어느 쪽을 더 좋아하니? — 야구가 더 좋아.

had better (do) …하는 편이 낫다
◆ You *had better* not go there.
너는 그곳에 가지 않는 편이 낫다.

*be·tween *between*

[bitwíːn 비트윈-]

㉠ (두 개)의 사이에〔를〕
The boy is standing *between* his parents.
그 소년은 부모 사이에 서 있다.
between ~ and ... ~와 …의 사이에
She usually goes to bed *between* ten *and* eleven.
그녀는 대개 10시에서 11시 사이에 잔다.
This is *between* you *and* me.
이것은 우리끼리의 (비밀) 얘기다.

☞ 보통 셋 이상의 사이를 뜻할 때는 among을 쓴다.

*be·yond *beyond*

[bijánd 비얀드]

㉠ [bijànd 비얀드] 1. …의 저쪽에〔의〕, …을 넘어서
The town is *beyond* the river.
그 마을은 강 건너편에 있다.
㉠ 2. …이상의, …이 못미치는
These problems are *beyond* me.
이 문제들은 내가 감당할 수 없다.
㉫ (멀리) 저쪽에
There is a lake *beyond*.
저 멀리에 호수가 있다.

Bi·ble *Bible*

[báibl 바이블]

⑲ 1. [the Bible로] (크리스트교의) 성서
⑲ 2. [a bible로] (한 권의) 성서, 성경
She took *a bible* from her bag and began reading.
그녀는 가방에서 성경을 꺼내 읽기 시작했다.

*bi·cy·cle *bicycle*

[báisikl 바이시클]

명 (복수 **bicycles** [báisiklz 바이시클즈])

자전거

I go to school by *bicycle*.
나는 자전거로 학교에 간다.

Can you ride (on) a *bicycle*?
너는 자전거를 탈 줄 아니?

---

*big *big*

[bíg 비그]

형 (비교급 **bigger** [bígər 비거], 최상급 **biggest** [bígist 비기스트])

큰(《반》 little 작은) ; 훌륭한, 중요한

big　　　　little

He lives in a *big* house.
그는 큰 집에 살고 있다.
That hat is too *big* for her.
저 모자는 그녀에게는 너무 크다.
It was a *big* event for our family.
그것은 우리 가족에게 대단한 사건이었다.

big : 형태·정도·중요성 등이 감각적으로		큰
large : 형태·수량이 객관적으로		
great : 형태·정도·중요성 등이 놀랄 정도로		

Big Ben 빅 벤《영국 국회 의사당 탑 위에 있는 큰 시계(종)》

---

*bike *bike*

[báik 바이크]

명 (복수 **bikes** [báiks 바이크스])
《구어》 자전거(《동》 bicycle)

◆I think it's a very nice *bike*.
나는 그것이 아주 좋은 자전거라고 생각한다.

---

*bill *bill*

[bíl 빌]

명 (복수 **bills** [bílz 빌즈])

명 1. 청구서, 계산서
I paid the *bill* for the lunch.
나는 점심값을 지불했다.

명 2. 광고지, 포스터

명 3.《미》 지폐
a ten-dollar *bill* 10달러 지폐

명 4. 의안, 법안

명 5. (새의) 부리

bil·lion *billion*

[bíljən 빌리언]

명 (복수 **billion(s)** [bíljən(z) 빌리언(즈)])

《미》 10억

---

bind *bind*

[báind 바인드]

타 (3단현 **binds** [báindz 바인즈], 과거·과거 분사 **bound** [báund 바운드], 현재 분사 **binding** [báindiŋ 바인딩])

묶다, 매다(《동》tie), (붕대 등으로) 감다

Bind the package with a string.
그 소포를 끈으로 묶어라.

---

bird *bird*

[bə́:rd 버-드]

명 (복수 **birds** [bə́:rdz 버-즈])

새

The early *bird* catches the worm. 《속담》 일찍 일어나는 새가 벌레를 잡는다.

---

birth *birth*

[bə́:rθ 버-스]

명 (복수 **births** [bə́:rθs 버-스스])

명 1. 출생, 탄생 ; 출산
Write the date of your *birth*.
너의 생년월일을 써라.

명 2. 태생, 가문
She is of good *birth*.

그녀는 명문 출신이다.

birth·day *birthday*

[bə́:rθdèi 버-스데이]

명 (복수 **birthdays** [bə́:rθdèiz 버-스데이즈])

생일

☆ Happy *birthday* (to you), Tom! — Thank you, Judy.
톰, 생일 축하해.—고마워, 주디.

When is your *birthday*?
생일은 언제입니까?

---

bis·cuit *biscuit*

[bískit 비스킷]

명 (복수 **biscuits** [bískits 비스키츠])

《영》비스킷 (《미》 cracker, cookie) ; 《미》 작은 빵

*bit¹ *bit*

[bít 빗]

몡 (복수 **bits** [bíts 비츠])

몡 1. 작은 조각, 조금, 소량
The vase broke into *bits*.
꽃병은 산산조각 났다.

몡 2. [bìt 빗] [a bit으로 부사적으로 쓰여] 조금만, 약간
You look *a bit* tired.
너는 조금 지쳐 있는 것 같다.

a bit of 조금의, 소량의, 한 조각의
I need *a bit of* sugar.
나는 설탕이 조금 필요하다.

bit by bit 조금씩, 서서히
He dug the hole *bit by bit*.
그는 조금씩 구멍을 팠다.

not a bit 조금도 …않다〔아니다〕; 천만에요 (《동》 not at all)
Can't you swim at all?
— *Not a bit*.
수영할 줄 아니? — 전혀 못해.

bit² *bit*

[bít 빗]

동 bite의 과거 · 과거 분사

*bite *bite*

[báit 바이트]

동 (3단현 **bites** [báits 바이츠], 과거형 **bit** [bít 빗], 과거 분사 **bit** [bít 빗] 또는 **bitten** [bítn 비튼], 현재 분사 **biting** [báitiŋ 바이팅])

타 물다, 물어뜯다; 쏘다

A dog *bit* me in the hand.
개가 내 손을 물었다.
He was *bitten* by mosquitoes.
그는 모기에게 물렸다.

자 (…에) 달려들어 물다〈at〉
The fish *bit at* the hook.
물고기가 낚시를 물었다.

bit·ten *bitten*

[bítn 비튼]

동 bite의 과거 분사

bit·ter *bitter*

[bítər 비터]

형 (비교급 **bitterer** [bítərər 비터러], 최상급 **bitterest** [bítərist 비터리스트])

형 1. 쓴 (《반》 sweet 달콤한)
This medicine is *bitter*.
이 약은 쓰다.

형 2. (고통·추위 등이) 쓰라린, 혹독한
a *bitter* experience
쓰라린 경험

black *black*

[blǽk 블랙]

형 (비교급 **blacker** [blǽkər 블래커], 최상급 **blackest** [blǽkist 블래키스트])

형 1. 검은, 검은색의; 흑인의
The girl with long *black* hair is Ann. 긴 검은 머리를 한 소녀가 앤이다.

형 2. 암흑의; 불길한
The room was *black* as night. 방안은 밤처럼 어두웠다.

형 3. (커피가) 블랙의

I'd like my coffee *black*.
커피는 블랙으로 주세요.

명 (복수 **blacks** [blǽks 블랙스])
검정, 검은색; 검은 옷; 흑인
She was dressed in *black*.
그녀는 검은 옷을 입고 있었다.

---

black·board *blackboard*

[blǽkbɔ̀ːrd 블랙보-드]

명 (복수 **blackboards** [blǽkbɔ̀ːrdz 블랙보-즈])
칠판
The teacher wrote English sentences on the *blackboard*.
선생님이 칠판에 영어 문장을 쓰셨다.

***blame** *blame*

[bléim 블레임]

타 (3단현 **blames** [bléimz 블레임즈], 과거·과거 분사 **blamed** [bléimd 블레임드], 현재 분사 **blaming** [bléimiŋ 블레이밍])
책망하다, 비난하다, …의 탓으로 돌리다⟨on, for⟩
He *blamed* me *for* my failure.
그는 나의 실패를 비난했다.
Don't *blame* it *on* her.
그것을 그녀 탓으로 돌리지 마.
be to blame 책임이 있다
You *are to blame* for the accident.
사고는 네 책임이다.

명 책망, 비난

---

blan·ket *blanket*

[blǽŋkit 블랭킷]

명 (복수 **blankets** [blǽŋkits 블랭키츠])
모포, 담요
an electric *blanket* 전기 담요

***bless** *bless*

[blés 블레스]

타 (3단현 **blesses** [blésiz 블레시즈], 과거·과거 분사 **blessed** [blést 블레스트] 또는 **blest** [blést 블레스트], 현재 분사 **blessing** [blésiŋ 블레싱])
축복하다, …에게 은총을 내리다
He *blessed* the child.
그는 아이의 행복을 빌었다.
God *bless* you!
신의 가호가 있기를!

*blind *blind*

[bláind 블라인드]

형 (**비교급 blinder** [bláindər 블라인더], **최상급 blindest** [bláindist 블라인디스트])

형 눈 먼, 장님의

He is *blind* in the left eye.
그는 왼쪽 눈이 보이지 않는다.

명 (**복수 blinds** [bláindz 블라인즈])

(창문의) 햇볕 가리개, 블라인드

*block *block*

[blák 블락]

명 (**복수 blocks** [bláks 블락스])

명 1. (나무·돌 등의) 덩어리; (건축용) 블록

명 2. 《미》 (시가의) 한 구획

명 3. 장애물

명 4. (장난감의) 나무토막

타 (**3단현 blocks** [bláks 블락스], **과거·과거 분사 blocked** [blákt 블락트], **현재 분사 blocking** [blákiŋ 블라킹])

(길 등을) 막다; 방해하다

*blood *blood*

[blʌ́d 블러드]

명 피, 혈액

What is your *blood* type 〔group〕? — It's A.
당신의 혈액형은 무엇입니까? — A형입니다.

blouse *blouse*

[bláus 블라우스]

명 (**복수 blouses** [bláusiz 블라우시즈])

(여성·어린이용의) 블라우스

*blow¹ *blow*

[blóu 블로우]

동 (**3단현 blows** [blóuz 블로우즈], **과거형 blew** [blúː 블루-], **과거 분사 blown** [blóun 블로운], **현재 분사 blowing** [blóuiŋ 블로우잉])

자 1. (바람이) 불다

It is *blowing* hard today.
오늘 바람이 세게 불고 있다.

A gentle wind *blew* all day.
산들바람이 온종일 불었다.

자 2. (사람·동물 등이) 숨을 내쉬다
자 3. (피리 등이) 울리다
타 1. …을 불어날리다; (연기 등을) 내뿜다
The wind *blew* the curtains.
바람에 커튼이 휘날렸다.
타 2. (악기 등을) 불다
He *blew* his trumpet.
그는 트럼펫을 불었다.

타 3. (코를) 풀다
She *blew* her nose with her handkerchief. 그녀는 손수건으로 코를 풀었다.
명 (복수 **blows** [blóuz 블로우즈])
한 줄기 바람; 한 번 불기; 코 풀기

blow² *blow*

[blóu 블로우]
명 (복수 **blows** [blóuz 블로우즈])
강타, 구타; (정신적) 타격

*blown *blown*

[blóun 블로운]
동 **blow¹**의 과거 분사

**blue *blue*

[blú: 블루-]
형 (비교급 **bluer** [blú:ər 블루-어], 최상급 **bluest** [blú:ist 블루-이스트])
형 1. 푸른

How *blue* the sky is!
하늘이 정말 푸르구나!
She has *blue* eyes.
그녀의 눈은 파랗다.
형 2. 창백한; 우울한
You look *blue*. What's the matter?
우울해 보이는구나. 무슨 일 있니?

명 파랑, 푸른색; 푸른 옷
A boy in *blue* is coming to us.
푸른 옷을 입은 소년이 우리쪽으로 다가오고 있다.

*board *board*

[bɔ́:rd 보-드]
명 (복수 **boards** [bɔ́:rdz 보-즈])
명 1. 판(자); 칠판, 게시판
The floor was made of *boards*.
마루는 판자로 만들어졌다.
Did you see the bulletin *board*?
게시판을 보았니?
명 2. 회의; 위원회
a *board* of directors
중역회
명 3. (호텔 등의) 식사
bed and *board* 숙박과 식사
on board 배[기차]를 타고
go *on board* 승선[승차]하다
타 (3단현 **boards** [bɔ́:rdz 보-즈], 과거·과거 분사 **boarded** [bɔ́:rdid 보-디드], 현재 분사 **boarding** [bɔ́:rdiŋ 보-딩])
타 1. (배·기차 등에) 타다

타 2. 식사 제공 조건으로 하숙시키다

*boast *boast*

[bóust 보우스트]

자 (3단현 **boasts** [bóusts 보우스츠], 과거·과거 분사 **boasted** [bóustid 보우스티드], 현재 분사 **boasting** [bóustiŋ 보우스팅])
자랑하다, 자랑으로 삼다
He *boasts* of being rich.
그는 부자라고 자랑한다.
명 (복수 **boasts** [bóusts 보우스츠])
자랑(거리)
The park is the *boast* of the city.
그 공원은 시의 자랑이다.

*boat *boat*

[bóut 보우트]

명 (복수 **boats** [bóuts 보우츠])
보트, 작은 배 ; 배, 기선, 여객선
He is rowing a *boat*.
그는 보트를 젓고 있다.

I crossed the river in a *boat*.
나는 작은 배로 강을 건넜다.

*bod·y *body*

[bádi 바디]

명 (복수 **bodies** [bádiz 바디즈])
명 1. 몸, 육체(《반》 mind 마음)
He has a strong *body*.
그는 몸이 튼튼하다.

명 2. (사람·동물의) 사체
bury a *body*
시체를 파묻다
명 3. 몸통 ; (차 등의) 동체
the *body* of a car 차체
명 4. 집단, 단체
give body and soul to … …에게 몸과 마음을 바치다

*boil *boil*

[bɔ́il 보일]

동 (3단현 **boils** [bɔ́ilz 보일즈], 과거·과거 분사 **boiled** [bɔ́ild 보일드], 현재 분사 **boiling** [bɔ́iliŋ 보일링])
자 끓다, 끓어 오르다
Water *boils* at 100°C.
물은 섭씨 100도에서 끓는다.
The water is *boiling*.
물이 끓고 있다.

타 끓이다 ; 삶다, 찌다
Please *boil* the eggs soft.
계란을 반숙으로 해주세요.

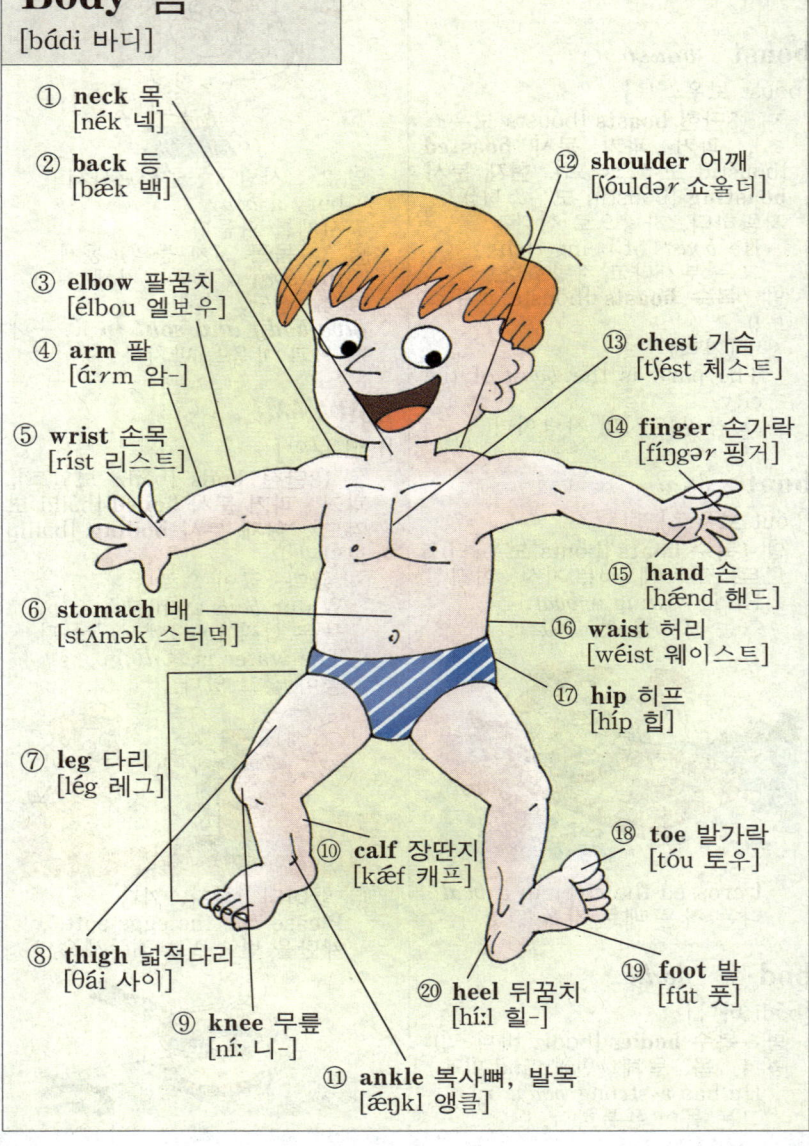

***bomb** *bomb*

[bám 밤] ★ 발음 주의

명 (복수 **bombs** [bámz 밤즈])
폭탄

an atomic *bomb* 원자 폭탄

타 (3단현 **bombs** [bámz 밤즈], 과거·과거 분사 **bombed** [bámd 밤드], 현재 분사 **bombing** [bámiŋ 바밍])
폭격하다

bond *bond*

[bánd 반드]

명 (복수 **bonds** [bándz 반즈])
명 1. [흔히 bonds로] 인연, 유대 ; 구속, 속박
명 2. 계약 ; 채권
명 3. 접착제, 본드

***bone** *bone*

[bóun 보운]

명 (복수 **bones** [bóunz 보운즈])
뼈

He fell and broke a *bone* in his ankle.
그는 넘어져서 발목뼈가 부러졌다.

***book** *book*

[búk 북]

명 (복수 **books** [búks 북스])
명 1. 책, 서적
Open your *books* to page 20.
책 20쪽을 펴세요.

She is reading a *book* about China. 그녀는 중국에 관한 책을 읽고 있다.

명 2. 차표〔수표〕첩 ; 장부
a *book* of stamps 우표첩
명 3. 권, 편
Book I 제1권
타 (3단현 **books** [búks 북스], 과거·과거 분사 **booked** [búkt 북트], 현재 분사 **booking** [búkiŋ 부킹])
《주로 영》(좌석·호텔 등을) 예약하다

I *booked* two seats for the concert. 나는 그 콘서트 좌석을 2석 예약했다.

book·store *bookstore*

[búkstɔ̀:r 북스토-]

명 (복수 **bookstores** [búkstɔ̀:rz 북스토-즈])
서점, 책방

****boot** *boot*

[bú:t 부-트]

명 (복수 **boots** [bú:ts 부-츠])
[보통 boots로] 《미》장화, 부츠 ;《영》목이 긴 구두

☞ 미국에서는 목이 짧거나 길거나 모두 shoes라 하고 boots는 장화를 말한다.
a pair of *boots* 장화 한 켤레

*bor·der border
[bɔ́ːrdər 보-더]
® (복수 **borders** [bɔ́ːrdərz 보-더즈])
가장자리 ; 경계, 국경
® (3단현 **borders** [bɔ́ːrdərz 보-더즈], 과거·과거 분사 **bordered** [bɔ́ːrdərd 보-더드], 현재 분사 **bordering** [bɔ́ːrdəriŋ 보-더링])
® …에 접하다 ; …에 가장자리를 두르다⟨*with*⟩
® 인접하다⟨*on, upon*⟩

*bore bore
[bɔ́ːr 보-]
® **bear**² 의 과거형

*bor·ing boring
[bɔ́ːriŋ 보-링]
® 몹시 싫증나는, 따분한
a *boring* film
지루한 영화

*born born
[bɔ́ːrn 본-]
® **bear**² 의 과거 분사
The baby was *born* in July.
그 아기는 7월에 태어났다.

® 타고난, 천성의
He is a *born* musician.
그는 타고난 음악가다.

*borne borne
[bɔ́ːrn 본-]
® **bear**² 의 과거 분사

*bor·row borrow
[bárou 바로우]
® (3단현 **borrows** [bárouz 바로우즈], 과거·과거 분사 **borrowed** [bároud 바로우드], 현재 분사 **borrowing** [bárouiŋ 바로우잉])
빌리다(⟪반⟫ lend 빌려주다)
Can I *borrow* your book?
— Sure.
네 책을 빌릴 수 있니 ? — 물론이지.

I *borrowed* a hundred dollars from him. 나는 그에게 100달러를 빌렸다.

boss boss
[bɔ́ːs 보-스]
® (복수 **bosses** [bɔ́ːsiz 보-시즈])
두목 ; 상사, 사장

**both both
[bóuθ 보우스]
® 1. 양쪽, 쌍방, 양자
Both of them like him.

그들 모두 그를 좋아한다.

Both of us can speak English.
우리는 둘 다 영어를 말할 수 있다.

〖대〗 2. [부정문에서] 양쪽다 …라는 것은 아니다《부분 부정》
I do*n't* know *both* of his sisters.
나는 그의 누이들을 둘 다 아는 것은 아니다《한 사람만 안다》.

〖형〗 1. 양쪽의, 둘 다의
Both my parents are doctors.
나의 부모님은 두 분 모두 의사시다.

〖형〗 2. [부정문에서] 양쪽의 …이 ~라는 것은 아니다《부분 부정》
I do*n't* need *both* books.
두 책이 다 필요하지는 않다《한 권이면 된다》.

〖부〗 [bòuθ 보우스] [both ... and ~로] …도 ~도, 둘 다
Both Tom *and* Judy are my friends.
톰도 주디도 내 친구다.
She can *both* speak *and* write French. 그녀는 프랑스어를 말할 줄도 쓸 줄도 안다.

*both·er *bother*

[bάðər 바더]
〖동〗 (3단현 **bothers** [bάðərz 바더즈], 과거 · 과거 분사 **bothered** [bάðərd 바더드], 현재 분사 **bothering** [bάð(ə)riŋ 바더링])

〖타〗 괴롭히다, 귀찮게 하다
He *bothered* her with a lot of questions.
그는 그녀를 질문 공세로 괴롭혔다.
〖자〗 걱정하다
I don't *bother* about it.
나는 그런 일에는 신경쓰지 않는다.

*bot·tle *bottle*

[bάtl 바틀]
〖명〗 (**복수 bottles** [bάtlz 바틀즈])
병 ; 한 병의 분량
He filled a *bottle* with water.
그는 병에 물을 가득 채웠다.
Please give me a *bottle* of milk.
우유 한 병 주세요.

*bot·tom *bottom*

[bάtəm 바텀]
〖명〗 (**복수 bottoms** [bάtəmz 바텀즈])
〖명〗 밑바닥(《반》 top 꼭대기) ; 최하부 ; (산)기슭 ; 꼴찌

I can't touch the *bottom* of the pool.
나는 수영장 밑바닥에 발이 닿지 않는다.
There is a church at the *bottom* of the hill.
언덕 맨 아래에 교회가 있다.
at (the) bottom 마음속은; 실제는
He is an honest man *at bottom*.
그는 사실 정직한 사람이다.

*bought

[bɔːt 보-트]
타 **buy**의 과거·과거 분사

bounce

[báuns 바운스]
동 (3단현 **bounces** [báunsiz 바운시즈], 과거·과거 분사 **bounced** [báunst 바운스트], 현재 분사 **bouncing** [báunsiŋ 바운싱])
자 (공 등이) 튀다
타 (공을) 튀게 하다

bound

[báund 바운드]
타 bind의 과거·과거 분사
형 묶인; 의무가 있는

bound·a·ry

[báundəri 바운더리]
명 (복수 **boundaries** [báundəriz 바운더리즈])
경계(선), 국경선; 한계

*bow¹

[báu 바우] ★ 발음 주의
동 (3단현 **bows** [báuz 바우즈], 과거·과거 분사 **bowed** [báud 바우드], 현재 분사 **bowing** [báuiŋ 바우잉])
자 (머리 숙여) 절하다, 허리〔무릎〕를 굽히다
He *bowed* to his teacher.
그는 선생님께 인사했다.

타 (머리를) 숙이다, (허리·무릎을) 굽히다
She *bowed* her head in shame.
그녀는 부끄러워서 머리를 숙였다.
명 (복수 **bows** [báuz 바우즈])
절, 인사

*bow²

[bóu 보우] ★ 발음 주의
명 (복수 **bows** [bóuz 보우즈])
활; (악기의) 활; 나비 넥타이

*bowl

[bóul 보울]
명 (복수 **bowls** [bóulz 보울즈])
명 1. 사발, 주발, 공기
a salad *bowl*
샐러드용 볼
three *bowls* of rice
밥 세 공기

명 2. 《미》 (야외) 원형 경기장

box *box*

[báks 박스]

명 (복수 **boxes** [báksiz 박시즈])
상자; 한 상자의 분량

a *box* of apples
사과 한 상자
There are cookies in the *box*.
상자 안에 과자가 들어 있다.

box·ing *boxing*

[báksiŋ 박싱]

명 권투, 복싱

boy *boy*

[bɔ́i 보이]

명 (복수 **boys** [bɔ́iz 보이즈])
명 1. 소년(《반》 girl 소녀)
There are fifteen *boys* in our class. 우리반에는 15명의 소년들이 있다.

명 2. 아들
He has two *boys*.
그는 아들이 둘 있다.
명 3. 사환, 보이

boy·friend *boyfriend*

[bɔ́ifrènd 보이프렌드]

명 (복수 **boyfriends** [bɔ́ifrèndz 보이프렌즈])
남자 친구

brain *brain*

[bréin 브레인]

명 (복수 **brains** [bréinz 브레인즈])
명 1. 뇌, 뇌수
brain death 뇌사
명 2. [보통 brains로] 두뇌, 지력
Use your *brain*(*s*).
머리를 써라.
She has *brains*.
그녀는 머리가 좋다.

brake *brake*

[bréik 브레이크]

명 (복수 **brakes** [bréiks 브레이크스])
브레이크, 제동기〔장치〕
He put on the *brake*.

그는 브레이크를 걸었다.
동 (3단현 **brakes** [bréiks 브레이크스], 과거·과거 분사 **braked** [bréikt 브레이크트], 현재 분사 **braking** [bréikiŋ 브레이킹])
자 브레이크를 걸다
타 …에 브레이크를 걸다

*branch *branch*

[bræntʃ 브랜치]
명 (복수 **branches** [bræntʃiz 브랜치즈])
명 1. (나무의) 가지
He broke a *branch* from the tree.
그는 나뭇가지를 꺾었다.

명 2. 지점, 지부 ; (학문 등의) 부문
We opened a new *branch* office in Busan.
우리는 부산에 새 지점을 열었다.

*brave *brave*

[bréiv 브레이브]
형 (비교급 **braver** [bréivər 브레이버], 최상급 **bravest** [bréivist 브레이비스트])
용감한, 씩씩한
a *brave* soldier 용감한 병사

*bread *bread*

[bréd 브레드]
명 빵
a loaf of *bread*
빵 한 덩어리
a slice of *bread* 빵 한 조각

I like toasted *bread*.
나는 구운 빵을 좋아한다.
bread and butter [brédnbʌ́tər 브레드은버터] ★ 발음 주의
버터 바른 빵
I ate *bread and butter* this morning.
나는 오늘 아침에 버터 바른 빵을 먹었다.

*break *break*

[bréik 브레이크]
동 (3단현 **breaks** [bréiks 브레이크스], 과거형 **broke** [bróuk 브로우크], 과거 분사 **broken** [bróukən 브로우컨], 현재 분사 **breaking** [bréikiŋ 브레이킹])
타 1. 깨뜨리다, 부수다, 자르다 ; 꺾다, (실을) 끊다
Who *broke* the window?
누가 창문을 깼니 ?

Tom *broke* his leg.
톰은 다리가 부러졌다.
타 2. (법률·약속·기록 등을) 깨다 ; 중단하다
Never *break* your promise.

약속을 어기지 마라.
He *broke* the world record.
그는 세계 기록을 깼다.
재 1. 깨지다, 부서지다
Glass *breaks* easily.
유리는 깨지기 쉽다.
재 2. 날이 새다 ; (기후가) 바뀌다
Day was beginning to *break*.
동이 트기 시작했다.
재 3. (기계가) 고장나다
break down …을 파괴하다 ; (기계 등이) 고장나다
His car *broke down* on the road.
그의 차는 도로 위에서 고장나 버렸다.
break into 갑자기 …하기 시작하다
They *broke into* tears.
그들은 갑자기 울기 시작했다.
break out (전쟁·화재·전염병 등이) 일어나다, 돌발하다
A fire *broke out* at the movie theater.
영화관에서 화재가 일어났다.
명 (복수 **breaks** [bréiks 브레이크스])
(잠깐의) 휴식 ; 중단 ; 파손 ; 갈라진 틈
Let's have a coffee *break*.
잠깐 쉬면서 커피를 마시자.

---

break·fast *breakfast*

[brékfəst 브렉퍼스트]
★ 발음 주의
명 (복수 **breakfasts** [brékfəsts 브렉퍼스츠])
아침밥, 아침 식사 (《참고》 lunch 점심밥, supper 저녁밥, dinner 만찬)
What does he have for *breakfast*?
그는 아침식사로 무엇을 먹습니까?

have [***take***] ***breakfast*** 아침밥을 먹다
I usually *have breakfast* at eight.
나는 대개 8시에 아침밥을 먹는다.

*****breath** *breath*

[breθ 브레스] ★ 발음 주의
명 (복수 **breaths** [breθs 브레스스])
숨, 호흡 ; 한 번 들이쉬는 [내쉬는] 숨 (《참고》 breathe 호흡하다)
Take a deep *breath*.
심호흡을 해라.
out of breath 숨을 헐떡거리며
All the runners were *out of breath*. 주자들은 모두 숨을 헐떡였다.

---

breathe *breathe*

[briːð 브리-드] ★ 발음 주의
동 (3단현 **breathes** [briːðz 브리-드즈], 과거·과거 분사 **breathed** [briːðd 브리-드드], 현재 분사 **breathing** [briːðiŋ 브리-딩])

자 숨을 쉬다, 호흡하다 (《참고》 breath 호흡)
breathe in 숨을 들이쉬다
breathe out 숨을 내쉬다

타 호흡하다
Breathe fresh air.
신선한 공기를 마셔라.

bride *bride*
[bráid 브라이드]
명 (복수 **brides** [bráidz 브라이즈])
신부, 새색시

*bridge *bridge*
[brídʒ 브리지]
명 (복수 **bridges** [brídʒiz 브리지즈])
다리, 교량

We crossed the *bridge*.
우리는 다리를 건넜다.
They built a *bridge* across the river.
그들은 강에 다리를 놓았다.

*brief *brief*
[brí:f 브리-프]
형 (비교급 **briefer** [brí:fər 브리-퍼], 최상급 **briefest** [brí:fist 브리-피스트])
단시간의; 짧은, 간결한
a *brief* letter
짧은 편지
명 개요, 요약
in brief 요약해서 말하면, 요컨대

*bright *bright*
[bráit 브라이트]
형 (비교급 **brighter** [bráitər 브라이터], 최상급 **brightest** [bráitist 브라이티스트])
형 1. 밝은, 빛나는; (색이) 선명한
a *bright* day 맑게 갠 날
a *bright* red 선명한 빨간색
a *bright* future 밝은 미래
The stars are *bright* tonight.
오늘밤은 별이 반짝인다.

형 2. 영리한, 머리가 좋은
Judy is a *bright* student.
주디는 영리한 학생이다.
부 밝게, 빛나게
The moon shines *bright*.
달이 밝게 빛난다.

*bring *bring*
[bríŋ 브링]
타 (3단현 **brings** [bríŋz 브링즈],

과거·과거 분사 **brought** [brɔ́ːt 브로-트], 현재 분사 **bringing** [bríŋiŋ 브링잉])
타 1. 가져오다, 데려오다(《참고》take 데려〔가져〕가다)
Bring me a glass of water, please.
물 한 잔 가져다 주세요.

She *brought* her boyfriend to the party.
그녀는 파티에 남자 친구를 데리고 왔다.
타 2. 초래하다
War *brings* us poverty and misery.
전쟁은 빈곤과 비참함을 가져온다.
bring about 일으키다, 가져오다
The earthquake *brought about* disaster.
그 지진은 큰 피해를 가져왔다.
bring back 돌려주다 ; 생각나게 하다
Don't forget to *bring back* the tape.
그 테이프를 잊지 말고 돌려 주세요.
bring up 기르다, 가르치다
He was born and *brought up* in Seoul.
그는 서울에서 태어나고 자랐다.

****Brit·ain** *Britain*
[brítn 브리튼]
명 1. 대브리튼 섬(《동》 Great Britain)
☞ Britain은 England, Scotland 및 Wales를 모두 합쳐 이르는 말이다.

명 2. 대영 제국

****Brit·ish** *British*
[brítiʃ 브리티시]
명 [the British로] 영국 사람〔국민〕(《전체》)
The British love their Queen.
영국 국민은 여왕을 사랑한다.
형 영국의 ; 영국 사람의

the British Empire 대영 제국

the British Museum 대영 박

박물관

***broad** *broad*

[brɔːd 브로-드]

형 (비교급 **broader** [brɔːdər 브로-더], 최상급 **broadest** [brɔːdist 브로-디스트])
(폭·마음 등이) 넓은, 관대한 (《반》 narrow 좁은)
  a *broad* road 넓은 도로
  a *broad* mind 관대한 마음

***broad·cast** *broadcast*

[brɔːdkæst 브로-드캐스트]

타 (3단현 **broadcasts** [brɔːdkæsts 브로-드캐스츠], 과거·과거 분사 **broadcast** [brɔːdkæst 브로-드캐스트] 또는 **broadcasted** [brɔːdkæstid 브로-드캐스티드], 현재 분사 **broadcasting** [brɔːdkæstiŋ 브로-드캐스팅])
(텔레비전·라디오에서) 방송하다

The game was *broadcast* on television.
그 경기는 텔레비전으로 방송되었다.

명 (텔레비전·라디오의) 방송
  a *broadcast* program
  방송 프로그램

***broke** *broke*

[bróuk 브로우크]
  동 **break**의 과거형

***bro·ken** *broken*

[bróukən 브로우컨]
  동 **break**의 과거 분사
  형 부서진, 깨진; 부러진
    a *broken* toy
    망가진 장난감

***broom** *broom*

[brúːm 브룸-]
  명 비
    sweep with a *broom*
    비로 쓸다

***broth·er** *brother*

[brʌ́ðər 브러더]
  명 (복수 **brothers** [brʌ́ðərz 브러더즈])
  형, 동생; 형제 (《반》 sister 자매)
    Do you have any *brothers*? — I have no *brothers*, but have two sisters.
    너는 형제가 있니? — 형제는

없고 누나만 둘이야.

☞ 영어에서는 형과 동생을 구별하지 않고 brother라고 한다. 특히 구별할 필요가 있을 경우에는
형 : an older brother
　《미》 a big brother
　《영》 an elder brother
동생 : a younger brother
　《미》 a little brother
처럼 말하는데, 부를 때는 서로 이름을 부른다.

---

*brought *brought*
[brɔ́ːt 브로-트]
타 **bring**의 과거 · 과거 분사

---

*brown *brown*
[bráun 브라운]
형 (비교급 **browner** [bráunər 브라우너], 최상급 **brownest** [bráunist 브라우니스트])
갈색의, 다갈색의
　She has big *brown* eyes.
　그녀는 커다란 갈색 눈을 하고 있다.
명 갈색, 다갈색
　The boy in *brown* is my friend.
　갈색 옷을 입은 소년은 내 친구다.

---

*brush *brush*
[brʌ́ʃ 브러시]
타 (3단현 **brushes** [brʌ́ʃiz 브러시즈], 과거 · 과거 분사 **brushed** [brʌ́ʃt 브러시트], 현재 분사 **brushing** [brʌ́ʃiŋ 브러싱])
솔질하다, 털다, 닦다
　She *brushed* his hat.
　그녀는 그의 모자를 솔질했다.
　Brush your teeth before you go to bed.
　자기 전에 이를 닦아라.

명 (복수 **brushes** [brʌ́ʃiz 브러시즈])
솔, 붓, 브러시
　Brushes are used for cleaning.
　솔은 청소를 하는 데 쓰인다.

---

*bub·ble *bubble*
[bʌ́bl 버블]
명 (복수 **bubbles** [bʌ́blz 버블즈])
거품
　soap *bubbles* 비눗방울

---

buck·et *bucket*
[bʌ́kit 버킷]
명 (복수 **buckets** [bʌ́kits 버키츠])
양동이 ; 한 양동이의 양

I carried water in a *bucket*.
나는 양동이로 물을 날랐다.

Buck·ing·ham Pal·ace
Buckingham Palace
[bʌ́kiŋəm-pǽləs 버킹엄팰러스]
 명 (런던의) 버킹엄 궁전《영국 왕실의 궁전》

bud·get *budget*
[bʌ́dʒit 버짓]
 명 (복수 **budgets** [bʌ́dʒits 버지츠])
예산; 가계, 생활비
 a government *budget*
 정부 예산
 a family *budget*
 가계

*bug *bug*
[bʌ́g 버그]
 명 (복수 **bugs** [bʌ́gz 버그즈])
곤충, 벌레
 She hates *bugs*.
 그녀는 벌레를 싫어한다.

*build *build*
[bíld 빌드]
 타 (3단현 **builds** [bíldz 빌즈], 과거·과거 분사 **built** [bílt 빌트], 현재 분사 **building** [bíldiŋ 빌딩])
 타 1. 세우다, 짓다
 They are *building* a new house.
 그들은 새 집을 짓고 있다.

A huge dam has been *built* across the river.
거대한 댐이 강에 건설되었다.
The school is *built* of stone.
그 학교는 돌로 지어졌다.
 타 2. (사업·명성 등을) 쌓아올리다
build up (부귀·명성 등을) 쌓아올리다; (건강 등을) 증진하다
 He *built up* a large fortune.
 그는 막대한 재산을 축적했다.

**build·ing *building*
[bíldiŋ 빌딩]
 명 (복수 **buildings** [bíldiŋz 빌딩

즈])
건물, 빌딩 ; 건축
There are lots of tall *buildings* in Seoul.
서울에는 고층 빌딩이 많이 있다.

built *built*

[bílt 빌트]

타 **build**의 과거·과거 분사

bul·let *bullet*

[búlət 불럿]

명 (복수 **bullets** [búləts 불러츠])
(피스톨·라이플 등의) 탄알

bun·dle *bundle*

[bʌ́ndl 번들]

명 (복수 **bundles** [bʌ́ndlz 번들즈])
다발 ; 꾸러미
  a *bundle* of letters
  한 다발의 편지

bur·den *burden*

[bə́ːrdn 버-든]

명 (복수 **burdens** [bə́ːrdnz 버-든즈])
(무거운) 짐 ; 부담
  carry a heavy *burden*
  무거운 짐을 나르다

타 (3단현 **burdens** [bə́ːrdnz 버-든즈], 과거·과거 분사 **bur·dened** [bə́ːrdnd 버-든드], 현재 분사 **burdening** [bə́ːrdniŋ 버-드닝])
…에게 짐을 지우다 ; …을 괴롭히다

bu·reau *bureau*

[bjú(ə)rou 뷰(어)로우]

명 (복수 **bureaus** [bjú(ə)rouz 뷰(어)로우즈], **bureaux** [bjú(ə)rouz 뷰(어)로우즈])
《미》 (관청의) 국, 부

burn *burn*

[bə́ːrn 번-]

동 (3단현 **burns** [bə́ːrnz 번-즈], 과거·과거 분사 **burned** [bə́ːrnd 번-드] 또는 **burnt** [bə́ːrnt 번-트], 현재 분사 **burning** [bə́ːrniŋ 버-닝])

자 불타다, 타다 ; 빛나다 ; 화끈거리다
  Dry wood *burns* well.
  마른 나무는 잘 탄다.
  The toast has *burned* black.
  토스트가 까맣게 타버렸다.
  A candle is *burning* bright.
  초가 환하게 켜져 있다.

타 불태우다, 태우다 ; 데다
  She *burned* her old diary.
  그녀는 오래된 일기장을 태웠다.
  I *burned* my hand.
  나는 손을 데었다.

burn down (집 등이) 다 타버리다 ; (집 등을) 다 태워버리다

Our house *burned down*.
우리집은 다 타버렸다.
burn out [수동형으로] (화재로) 집 등을 잃다 ; 타서 없어지다
Seven families *were burned out* by the fire.
화재로 7세대가 집을 잃었다.
명 (복수 **burns** [bə́ːrnz 번-즈])
화상 ; 불탄 자리
He had a *burn* on his back.
그는 등에 화상을 입었다.

---

*burned *burned*

[bə́ːrnd 번-드]
동 **burn**의 과거·과거 분사
형 탄 ; 덴

---

burst *burst*

[bə́ːrst 버-스트]
동 (3단현 **bursts** [bə́ːrsts 버-스츠], 과거·과거 분사 **burst** [bə́ːrst 버-스트], 현재 분사 **bursting** [bə́ːrstiŋ 버-스팅])
자 파열하다, 폭발하다 ; 터지다 ; 산산히 흩어지다
The balloon *burst*.
풍선이 터졌다.
타 파열시키다, 폭발시키다 ; 터뜨리다
The river *burst* its banks.
강물이 둑을 무너뜨렸다.

burst into 갑자기 …하기 시작하다 ; 뛰어들다
The girl *burst into* laughter.
소녀는 갑자기 웃기 시작했다.

burst out 뛰어나가다 ; 갑자기 …하기 시작하다 〈do*ing*〉
The child *burst out* cry*ing*.
아이는 갑자기 울기 시작했다.

---

*bur·y *bury*

[béri 베리] ★ 발음 주의
타 (3단현 **buries** [bériz 베리즈], 과거·과거 분사 **buried** [bérid 베리드], 현재 분사 **burying** [bériiŋ 베리잉])
…을 파묻다, 매장하다
They *buried* treasures in the ground.
그들은 보물을 땅 속에 파묻었다.
My grandfather is *buried* here.
우리 할아버지는 이곳에 묻혀 계신다.

---

*bus *bus*

[bʌ́s 버스]
명 (복수 **buses, busses** [bʌ́siz 버시즈])
버스, 승합 자동차
a *bus* stop 버스 정류장
a school *bus* 통학 버스
a sightseeing *bus* 관광 버스
get on a *bus* 버스에 타다
get off a *bus* 버스에서 내리다

I go to school by *bus*.
나는 버스로 학교에 간다.

I missed the last *bus* yesterday.
나는 어제 마지막 버스를 놓쳤다.

*busi·ness *business*

[bíznəs 비즈너스] ★ 발음 주의
명 (복수 **businesses** [bíznəsiz 비즈너시즈])
사업, 장사 ; 업무, 일 ; 직업 ; 볼일, 용건

What is your father's *business*? — He is a man of *business*.
당신 아버지의 직업은 무엇입니까? — 사업가입니다.

The company does *business* with U.S.
그 회사는 미국과 거래하고 있다.
What is your *business* here?
무슨 일로 오셨습니까?
Mind your own *business*.
쓸데없는 참견마라.

on business 볼일로, 사업차, 출장으로
He went to China *on business*.
그는 사업차 중국에 갔다.

busi·ness·man *businessman*

[bíznəsmæn 비즈너스맨]
명 (복수 **businessmen** [bíznəsmèn 비즈너스멘])
실업가, 사업가 ; 실무가

*bus·y *busy*

[bízi 비지] ★ 발음 주의
형 (비교급 **busier** [bíziər 비지어], 최상급 **busiest** [bíziist 비지이스트])
바쁜 ; (장소가) 번화한 ; (전화가) 통화 중인

I am *busy* with my homework.
나는 숙제를 하느라고 바쁘다.
Mother is *busy* doing housework.
어머니는 집안일을 하느라 바쁘시다.

This is the *busiest* street in Seoul.
여기는 서울에서 가장 번화한 거리다.
The line is *busy*.
통화 중입니다.

*but *but*

[《약》 bət 벗 ; 《강》 bʌ́t 벗]

접 그러나, 그렇지만
This house is small *but* clean.
이 집은 작지만 깨끗하다.
She went to the movie, *but* I did not.
그녀는 영화를 보러 갔지만 나는 가지 않았다.

not ~ but ... ~이 아니라 …
She is *not* a nurse *but* a doctor.
그녀는 간호사가 아니라 의사다.

not only ~ but (also) ... ~뿐만 아니라 …도 또한
Eat *not only* meat, *but also* vegetables.
고기 뿐만 아니라 야채도 먹어라.

전 …을 제외하고(《동》 except)
All the students *but* Tom are in the classroom.
톰을 제외한 모든 학생들이 교실에 있다.
This shop is open every day *but* Monday.
이 가게는 월요일 외에는 매일 연다.

anything but ... …외에는 무엇이든지; 결코 …은 아니다

but for ... …이 없었더라면(없다면)
But for your help, he would fail.
네 도움이 없다면 그는 실패할 것이다.

cannot but …하지 않을 수 없다
I *could not but* laugh.
나는 웃지 않을 수 없었다.

부 다만, 겨우 …만(《동》 only)
I was *but* a child then.
나는 그때 단지 어린애에 불과했다.

---

*but·ter *butter*
[bʌ́tər 버터]

명 버터
I spread *butter* on the bread.
나는 빵에 버터를 발랐다.

---

*but·ter·fly *butterfly*
[bʌ́tərflài 버터플라이]

명 (복수 **butterflies** [bʌ́tərflàiz 버터플라이즈])
《곤충》 나비

---

*but·ton *button*
[bʌ́tn 버튼]

명 (복수 **buttons** [bʌ́tnz 버튼즈])
(의복의) 단추; (벨 등의) 누름단추

One of your *buttons* is undone.
단추 한 개가 끌러져 있다.
Push the *button* of the elevator.

엘리베이터의 버튼을 누르시오.
㉤ (3단현 **buttons** [bʌ́tnz 버튼즈], 과거·과거 분사 **buttoned** [bʌ́tnd 버튼드], 현재 분사 **buttoning** [bʌ́tniŋ 버트닝])
…의 단추를 채우다
Button (up) your shirt!
셔츠의 단추를 채워라.

****buy** *buy*

[bái 바이]

㉤ (3단현 **buys** [báiz 바이즈], 과거·과거 분사 **bought** [bɔ́ːt 보-트], 현재 분사 **buying** [báiiŋ 바이잉])
사다(《반》 sell 팔다)
I want to *buy* this doll.
나는 이 인형을 사고 싶다.

She *bought* the book for ten dollars.
그녀는 그 책을 10달러에 샀다.
My mother *bought* me a hat.
(=My mother *bought* a hat for me.)
어머니는 나에게 모자를 사주셨다.

****by** *by*

[bai 바이]

㉝ 1. [위치를 나타내어] …의 곁에, …의 옆에서(《동》 near, beside)
Come and sit *by* me.
이리 와서 내 옆에 앉아라.

㉝ 2. [통과를 나타내어] …을 지나서, 경유하여
I went there *by* the street.
나는 그 길을 지나서 거기에 갔다.
We went to New York *by* (way of) Los Angeles.
우리는 로스앤젤레스를 경유하여 뉴욕으로 갔다.

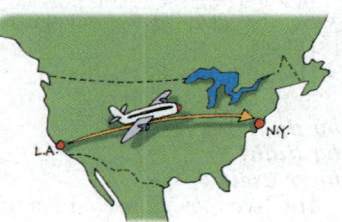

㉝ 3. [수단·방법을 나타내어] …에 의하여, …으로
How do you go to school?—I go *by* bicycle.
너는 어떻게 학교에 다니니?—자전거를 타고 다녀.
She sent the papers *by* mail.
그녀는 그 서류를 우편으로 보냈다.

㉝ 4. [동작·상태의 종료를 나타내어] …까지는(《참고》 till …까지)
I will be back *by* seven o'clock.
나는 7시까지는 돌아올 것이다.

㉝ 5. [차이·정도를 나타내어] …만큼, …정도 만큼, …의 차로
He is taller than she *by* five

centimeters.
그는 그녀보다 5센티미터가 더 크다.

전 6. [수동형에서 행위자를 나타내어] …에 의해
America was discovered *by* Columbus.
아메리카는 콜럼버스에 의해 발견되었다.

전 7. [단위를 나타내어] …단위로, …씩
They sell eggs *by* the dozen.
가게에서는 계란을 1다스씩 팔고 있다.

전 8. [기준을 나타내어] …에 의해서
What time is it *by* your watch?
네 시계로는 몇 시니?

전 9. [신체의 일부를 나타내어] (사람의) …를
He took me *by* the hand.
그는 내 손을 잡았다.

by day 낮에(는)
by night 밤에(는)
by* one*self 혼자서
He lives *by himself* in a big house.
그는 큰 집에서 혼자 살고 있다.
by the way 그런데, 말이 나온 김에, 도중에(서)
By the way, have you heard from him?
그런데 그에게서 연락이 있었습니까?
little by little 조금씩
one by one 하나씩, 한 사람씩

부 [bái 바이] 1. 곁에, 가까이에
She lives near *by*.
그녀는 바로 곁에 살고 있다.

부 2. 지나서, 지나쳐가서
A car drove *by*.
자동차가 지나가 버렸다.

by and by 이윽고, 얼마 안 있어, 곧
By and by you will understand.
너는 곧 알게 될 것이다.

bye *bye*
[bái 바이]
감 안녕 《참고》 good-by(e)》
Bye now! 자 이제, 안녕!

bye-bye *bye-bye*
[báibái 바이바이]
감 안녕, 바이바이

C, c *C, c*
[síː 시-]
명 (복수 **C's, c's** [síːz 시-즈])
시 《영어 알파벳의 세번째 글자》

cab *cab*
[kǽb 캐브]
명 (복수 **cabs** [kǽbz 캐브즈])
택시 《참고》taxi(cab)》
☞ 주로 미국에서 쓴다.

Let's call a *cab*. — Yes, let's.
택시를 부르자. — 응, 그렇게 하자.
We took a *cab* to our hotel.
우리는 택시를 타고 호텔에 갔다.
Could you call me a *cab*?
택시를 불러 주겠니?

*cab·bage *cabbage*
[kǽbidʒ 캐비지]
명 (복수 **cabbages** [kǽbidʒiz 캐비지즈])
양배추
two heads of *cabbage*
양배추 2통

cab·in *cabin*
[kǽbin 캐빈]
명 (복수 **cabins** [kǽbinz 캐빈즈])
명 1. 오두막집《동》hut)

명 2. (여객선의 1·2등) 객실

cab·i·net *cabinet*
[kǽb(ə)nit 캐버닛]
명 (복수 **cabinets** [kǽb(ə)nits 캐버니츠])
명 1. 캐비닛
The room is furnished with a *cabinet*. 그 방에는 캐비닛이 비치되어 있다.

명 2. [흔히 the Cabinet으로] 내각

ca·fé, ca·fe *café, cafe*
[kæféi 캐페이]

명 (복수 **cafés** [kæféiz 캐페이즈])
커피점; (간단한 식사를 파는) 레스토랑
He works at a *café*.
그는 커피점에서 일한다.

*cake *cake*
[kéik 케이크]

명 (복수 **cakes** [kéiks 케이크스])
케이크, 양과자

cake : 부드러운 양과자	
《미》 **cookie**, 《영》 **bis-cuit** : 딱딱하게 구운 과자	과자
《미》 **candy**, 《영》 **sweet** : 사탕 과자	

Please give me a piece of *cake*. 케이크 한 쪽 주세요.

☆ Do you want some more *cake*?
케이크 좀 더 먹을래?

*cal·cu·late *calculate*
[kǽlkjulèit 캘큘레이트]

동 (3단현 **calculates** [kǽlkjulèits 캘큘레이츠], 과거·과거분사 **calculated** [kǽlkjulèitid 캘큘레이티드], 현재분사 **calculating** [kǽlkjulèitiŋ 캘큘레이팅])

타 계산하다
My mother *calculated* our food expenses.
엄마가 식비를 계산했다.

자 1. 계산하다
자 2. 기대하다, 믿다 (《동》 rely)
We *calculated* on fine weather, but it rained.
우리는 날씨가 좋으리라고 기대했지만 비가 왔다.

*cal·en·dar *calendar*
[kǽləndər 캘런더]

명 (복수 **calendars** [kǽləndərz 캘런더즈])
캘린더, 달력

I collect beautiful *calendars*.
나는 멋있는 달력을 모은다.

*call *call*
[kɔ́:l 콜-]

동 (3단현 **calls** [kɔ́:lz 콜-즈], 과거·과거분사 **called** [kɔ́:ld 콜-드], 현재분사 **calling** [kɔ́:liŋ 콜-링])

타 1. (큰소리로) …을 부르다
Look! Someone is *calling* you.
이봐! 누가 너를 부르는데.

타 2. …을 …라고 부르다
We all *call* him Mike.
우리 모두가 그를 마이크라고 부른다.

타 3. …에게 전화를 걸다
I'll *call* you again tomorrow.
내일 또 전화할게.
What number are you *calling*?
(잘못 걸려온 전화에 대해) 몇 번에 걸으셨습니까?

타 4. …를 불러오다, 불러내다
Please *call* me a taxi.
택시 좀 불러주세요.

자 1. (큰소리로) 부르다
She *called* from upstairs.
그녀가 위층에서 큰소리로 불렀다.

자 2. 방문하다, 들르다
She was home when I *called*.
내가 방문했을 때 그녀는 집에 있었다.

자 3. 전화를 걸다
◆ May I speak to Mr. Ford?
— Who's *calling*, please?
(전화에서) 포드씨 좀 바꿔 주세요. — 누구십니까?

call at (집 등을) 방문하다; (장소에) 들르다(《동》visit)
I *called at* my uncle's house.
나는 아저씨 댁을 방문했다.

call back …을 되불러 오다; …에게 전화를 다시 걸다
I'll *call back* later.
나중에 전화하겠습니다.

call for …을 큰소리로 요구하다; …을 데리러 가다
I *called for* help.
나는 큰소리로 도움을 청했다.

call off …을 중지하다; (약속 등을) 취소하다(《동》cancel)
I've *called off* the trip.
나는 여행을 취소했다.

call on〔*upon*〕(사람을) 방문하다(《동》visit)
I *called on* her yesterday.
나는 어제 그녀를 방문했다.

call up …에게 전화를 걸다, 전화로 불러내다
Don't *call* me *up* after ten o'clock.
10시 이후에는 전화걸지 마라.

what is called =*what we*〔*you, they*〕*call* 소위, 이른바
He is *what is called* a young prince.
그는 소위 귀공자다.

명 (복수 **calls** [kɔ́:lz 콜-즈])

명 1. 부르는 소리, 외침
I heard a *call* for help.
나는 도와달라고 외치는 소리를 들었다.

명 2. 전화를 걸기, 통화
a long-distance *call*
장거리 전화

명 3. (짧은) 방문, 들르기
a house *call* 가정 방문

---

called *called*
[kɔ́:ld 콜-드]

동 call의 과거·과거 분사

*calm *calm*
[káːm 캄-]
★ 발음 주의
형 (비교급 **calmer** [káːmər 카-머], 최상급 **calmest** [káːmist 카-미스트])
잔잔한, 고요한, (마음이) 가라앉은
  The sea became *calm* after the storm.
  폭풍이 지나가자 바다가 잔잔해졌다.

명 [흔히 a calm으로] 고요, 잠잠함, 평온
  a *calm* before the storm
  폭풍 전의 고요
동 (3단현 **calms** [káːmz 캄-즈], 과거·과거 분사 **calmed** [káːmd 캄-드], 현재 분사 **calming** [káːmiŋ 카-밍])
타 진정시키다, 달래다, 가라앉히다
  Calm yourself!
  진정하십시오!
자 잠잠해지다, 가라앉다, 차분해지다
  The crying baby soon *calmed* down.
  울고 있던 아기가 곧 잠잠해졌다.

‡**came** *came*

[kéim 케임]
자 come의 과거형

*cam·er·a *camera*
[kǽm(ə)rə 캐머러]
명 (복수 **cameras** [kǽm(ə)rəz 캐머러즈])
사진기, 카메라
  This *camera* is made in Germany.
  이 사진기는 독일제다.
  I took her picture with this *camera*.
  나는 이 카메라로 그녀의 사진을 찍었다.

*camp *camp*
[kǽmp 캠프]
명 (복수 **camps** [kǽmps 캠프스])
캠프, 야영 ; 캠프장, 야영지
  We made a *camp* near the lake.
  우리는 호수 근처에서 캠프를 했다.
동 (3단현 **camps** [kǽmps 캠프스], 과거·과거 분사 **camped** [kǽmpt 캠프트], 현재 분사 **camping** [kǽmpiŋ 캠핑])
자 야영하다, 캠프 생활을 하다
  They *camped* there for the night.
  그들은 그날밤 거기에서 야영했다.

톤 (군대 등을) 야영시키다, 막사를 제공하다

*cam·paign campaign

[kæmpéin 캠페인] ★ 발음 주의
명 (복수 **campaigns** [kæmpéinz 캠페인즈])
(사회적·정치적인) 운동, 캠페인; 《미》 선거 운동
an election *campaign*
선거 운동
We carried on a *campaign* against smoking.
우리는 금연 운동을 펼쳐 나아갔다.

cam·pus campus

[kæmpəs 캠퍼스]
명 (복수 **campuses** [kæmpəsiz 캠퍼시즈])
(대학 등의) 교정, 학내, 캠퍼스; 《미》 (대학의) 분교
The meeting was held on *campus*.
모임은 교내에서 열렸다.
I met her on the *campus*.
나는 그녀를 교정에서 만났다.

**can¹ can

[《약》 kən 컨; 《강》 kæn 캔]
조 (**과거형 could** [《약》 kəd 커드; 《강》 kúd 쿠드])
조 1. [능력·가능] …할 수 있다 (《동》 be able to)
I *can* ride a horse.
나는 말을 탈 수 있다.

She *can* play the piano very well.
그녀는 피아노를 매우 잘 칠 수 있다.
조 2. [허가·가벼운 명령] …해도 좋다(《동》 may)
☆ *Can* I have some more?
좀 더 먹어도 될까요?
You *can* do as you like.
네가 좋을 대로 해도 좋다.
조 3. [가능성] [긍정문에서] …일 수 있다; [부정문에서] …일 리가 없다; [의문문에서] 과연 …일까(놀람·의문을 나타낸다)
Anybody *can* make mistakes.
실수는 누구나 한다.
The news *cannot* be false.

Camp 캠프
[kǽmp 캠프]

① **tent** 천막
[tént 텐트]

② **hurricane lamp** 허리케인 램프
[hə́ːrəkein-læ̀mp 허-러케인램프]

③ **sleeping bag** 침낭, 슬리핑 백
[slíːpiŋ-bæ̀g 슬리-핑백]

④ **knapsack** 배낭, 륙색
[nǽpsæk 냅색]

⑤ **canteen** 수통, 물통
[kæntíːn 캔틴-]

⑥ **hiking boots** 하이킹용 신발
[háikiŋ-bùːts 하이킹부-츠]

그 뉴스가 거짓일 리가 없다.
Can it be true?
과연 그게 사실일까?

조 4. [Can I …?로] …해 드릴까요?
Can I help you?
도와드릴까요?

◆ *Can I* take a message?
— No, thank you. I'll call him later.
(전화에서) 말을 전해 드릴까요?
— 고맙습니다만, 괜찮습니다. 제가 나중에 다시 전화하겠습니다.

조 5. [Can you…?로] …해주시겠습니까?
◆ *Can you* open the window, please?
창문 좀 열어주시겠습니까?

as … as one *can* 될 수 있는 한 …
Start *as* early *as* you *can*.
될 수 있는 한 일찍 출발해라.

cannot … too 아무리 …해도 지나치지 않다

can² *can*
[kǽn 캔]

명 (복수 **cans** [kǽnz 캔즈])
《미》 깡통, (통조림의) 양철통
《동》 tin [tín 틴]

Let's play "Kick the *Can*."
「깡통 차기」를 하자.

Can·a·da *Canada*
[kǽnədə 캐너더]
명 캐나다

나이아가라 폭포

She comes from *Canada*.
그녀는 캐나다 출신이다.

Ca·na·di·an *Canadian*
[kənéidiən 커네이디언]
형 캐나다의 ; 캐나다 사람의
명 (복수 **Canadians** [kənéidiənz 커네이디언즈])
캐나다 사람 ; [the Canadians로] 캐나다 사람(전체)

can·cel *cancel*
[kǽns(ə)l 캔설]

타 (3단현 **cancels** [kǽns(ə)lz 캔설즈], 과거·과거 분사 **cancel(l)ed** [kǽns(ə)ld 캔설드], 현재 분사 **cancel(l)ing** [kǽns(ə)liŋ 캔설링])
(약속·주문 등을) 취소하다, 중지하다
She *canceled* her order for a book. 그녀는 책 주문을 취소했다.

can·di·date *candidate*
[kǽndidèit 캔디데이트]

명 (복수 **candidates** [kǽndidèits 캔디데이츠])
후보자, 지원자⟨for⟩

a *candidate for* president
대통령 후보자

can·dle candle

[kǽndl 캔들]

명 (**복수 candles** [kǽndlz 캔들즈])

양초

Please light a *candle*.
초에 불을 좀 붙여 주세요.

He blew out the *candle*.
그는 촛불을 불어서 껐다.

can·dy candy

[kǽndi 캔디]

명 (**복수 candies** [kǽndiz 캔디즈])

캔디, 사탕 과자(《동》sweets)《캐러멜, 누가, 초콜릿 등》

I am very fond of *candy*.
나는 캔디를 아주 좋아한다.
Give me a piece of *candy*, Mom.
엄마, 캔디 1개 주세요.

can't can't

[kænt 캔트]

can not의 단축형

◆ I *can't* agree with you.
나는 너의 의견에 동의할 수 없다.

can·vas canvas

[kǽnvəs 캔버스]

명 (**복수 canvases** [kǽnvəsiz 캔버시즈])

캔버스, 화포

He painted a picture on a *canvas*.
그는 캔버스에 그림을 그렸다.

cap cap

[kæp 캡]

명 (**복수 caps** [kæps 캡스])

명 1. (테가 없는) 모자(《참고》 hat (테가 있는) 모자)

cap   hat

Take off your *cap*.
모자를 벗으세요.
Put on your *cap*.
모자를 쓰세요.
He always wears a *cap*.
그는 언제나 모자를 쓰고 있다.

명 2. 뚜껑 ; (펜 등의) 캡, 뚜껑
I lost the *cap* of my pen.
나는 만년필 뚜껑을 잃어버렸다.

ca·pa·ble capable

[kéipəbl 케이퍼블]

형 …할 능력이 있는, 유능한, 수완이 있는

a *capable* teacher
유능한 교사
He is *capable* of calculating in his head very quickly.
그는 암산을 아주 빨리 할 수 있다.

ca‧pac‧i‧ty *capacity*
[kəpǽsəti 커**패**서티]
명 (복수 **capacities** [kəpǽsətiz 커패서티즈])
명 1. (호텔·극장·탈것 등의) 수용 능력, 정원; 용량
The theater has a seating *capacity* of 800. 그 극장의 수용 인원은 800명이다.
명 2. 능력, 재능〈for〉; 자격
He had a great *capacity for* learning. 그에게는 뛰어난 학습 능력이 있었다.

*cap‧i‧tal *capital*
[kǽpətl 캐퍼틀]
명 (복수 **capitals** [kǽpətlz 캐퍼틀즈])
명 1. (나라의) 수도
Seoul is the *capital* of Korea.
서울은 한국의 수도다.

명 2. 대문자(《동》 capital letter)
An English sentence begins with a *capital*. 영어의 문장은 대문자로 시작된다.
명 3. 자본

fixed *capital*
고정 자본
형 1. 중요한, 주요한 《명사 앞에만 쓴다》
Honesty is a *capital* virtue.
정직은 중요한 미덕이다.
형 2. 대문자의
a *capital* letter
대문자 (《반》 small letter 소문자)

*cap‧tain *captain*
[kǽptən 캡턴]
명 (복수 **captains** [kǽptənz 캡턴즈])
명 1. 우두머리, 장(《동》 chief); (팀의) 주장, 캡틴
Who is the *captain*?
누가 주장이냐?

명 2. 선장, 함장
My father is (the) *captain* of the ship.
아버지는 선장이시다.

명 3. 육군 대위 ; 해군 대령 ; 공군 대위

cap·ture *capture*
[kǽptʃər 캡처]

명 (복수 **captures** [kǽptʃərz 캡처즈])
생포, 포획 ; 포획물

타 (3단현 **captures** [kǽptʃərz 캡처즈], 과거·과거 분사 **captured** [kǽptʃərd 캡처드], 현재 분사 **capturing** [kǽptʃ(ə)riŋ 캡처링])
사로잡다, 생포하다

We *captured* the bear in a trap.
우리는 덫으로 곰을 사로잡았다.

*car *car*
[kɑ́ːr 카-]

명 (복수 **cars** [kɑ́ːrz 카-즈])
차, 자동차(《동》 (미) automobile, (영) motorcar) ; 전차 ; (철도의) 차량, 객차

car : 일반 승용차	
bus : 버스	차
truck : 트럭	

a dining *car*
식당차
a sleeping *car*
침대차
I'm going to take my *car*.
나는 내 차로 갈게.

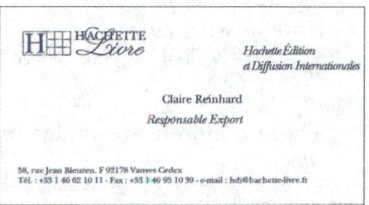

My father goes to his office by *car*.
아버지는 자동차로 출근하신다.

*card *card*
[kɑ́ːrd 카-드]

명 (복수 **cards** [kɑ́ːrdz 카-즈])

명 1. 카드 ; 명함 ; 초대장
an ID *card*(= an identity card) 신분 증명서
an invitation *card* 초대장
a membership *card* 회원증
a calling *card* (《미》 명함(《영》 a visiting card)

a postal *card* (《미》 우편 엽서 (《영》 a postcard)
a cash *card* 현금 인출 카드
a credit *card* 신용 카드
a Christmas *card*
크리스마스 카드

Write your name on this *card*.
이 카드에 이름을 쓰세요.
명 2. 카드 놀이의 패; [cards로] 카드 놀이
Let's play *cards*.
카드 놀이하자.

*care *care*
[kéəɾ 케어]
명 (복수 **cares** [kéəɾz 케어즈])
명 1. 주의, 조심
Handle with *care*.
취급 주의《깨지기 쉬운 짐 등에 쓰는 문구》.
명 2. 돌봄, 보호
These children are under my *care*.
이 아이들은 내가 돌보고 있다.
명 3. 걱정, 근심
Few people are free from *care*.
걱정이 없는 사람은 거의 없다.
Care has made her look much older.
근심 때문에 그녀는 훨씬 늙어 보였다.
명 4. [흔히 cares로] 걱정거리, 근심거리
Do you have any *cares*?
뭔가 걱정거리라도 있니?
take care 조심하다
☆ *Take care*. Good-bye!
조심해서 잘 가거라.

take care of …을 돌봐주다; …을 조심하다
Please *take care of* my roses while I'm away.
내가 집에 없는 동안에 우리 장미를 좀 돌봐주십시오.
Take care of yourself.
몸조심하십시오.
동 (3단현 **cares** [kéəɾz 케어즈], 과거·과거 분사 **cared** [kéəɾd 케어드], 현재 분사 **caring** [ké(ə)rin 케(어)링])
자 걱정하다, 염려하다〈*about*〉
Don't you *care about* your future?
너는 네 장래가 걱정되지 않니?
타 1. …을 걱정하다, 근심하다
I don't *care* what other says.
나는 남이 뭐라고 말하든 신경쓰지 않는다.
타 2. …하고 싶어하다〈*to*〉
Would you *care to* join us for lunch?
우리와 함께 점심 먹지 않을래?
care for … (1) [보통 부정문·의문문에서] …을 좋아하다
I do*n't care for* homework.
나는 숙제하기를 싫어한다.
(2) …을 돌보다 (《동》 look after)

*ca·reer *career*
[kəríəɾ 커리어]

★ 악센트 주의
명 (복수 **careers** [kəríərz 커리어즈])
(일생의 일로서 전문적인) 직업; 경력, 생애
She chose the job as her *career*.
그녀는 그 일을 평생의 직업으로 삼았다.

***care·ful** *careful*
[kéərful 케어풀]
형 (비교급 **more careful**, 최상급 **most careful**)
주의깊은, 신중한 (《반》 careless 부주의한); 주의하는
☆ Be *careful*.
조심해.

be careful of [about] …에 주의하다, 조심하다
I *am* always *careful of* my health.
나는 늘 건강에 조심한다.

***care·ful·ly** *carefully*
[kéərfuli 케어풀리]
부 (비교급 **more carefully**, 최상급 **most carefully**)
주의깊게, 신중히
Listen to me *carefully*.
내가 말하는 것을 주의깊게 들어라.

***care·less** *careless*
[kéərləs 케어러스]
형 (비교급 **more careless**, 최상급 **most careless**)
부주의한, 경솔한 (《반》 careful 주의깊은)
I was *careless*.
내가 부주의했다.

***car·pen·ter** *carpenter*
[káːrpəntər 카-펀터]
명 (복수 **carpenters** [káːrpəntərz 카-펀터즈])
목수, 목공
A *carpenter* builds houses.
목수는 집을 짓는다.

***car·pet** *carpet*
[káːrpit 카-핏]
명 (복수 **carpets** [káːrpits 카-피츠])
융단, 카펫, 깔개
I spilled my coffee on the *car-*

pet.
나는 카펫에 커피를 엎질렀다.

*car·rot *carrot*
[kǽrət 캐럿]
명 (복수 **carrots** [kǽrəts 캐러츠])
《식물》 당근
Horses like *carrots*.
말은 당근을 좋아한다.

*car·ry *carry*
[kǽri 캐리]
동 (3단현 **carries** [kǽriz 캐리즈], 과거·과거 분사 **carried** [kǽrid 캐리드], 현재 분사 **carrying** [kǽriiŋ 캐리잉])
타 1. 나르다, 가지고 가다, …을 (몸에) 지니고 다니다
Could you *carry* this suitcase to room 707?
이 여행 가방을 707호실로 운반해 주시겠습니까?

She was *carrying* a purse.
그녀는 핸드백을 들고 다닌다.
타 2. (소리·말·소식 등을) 전하다, 전달하다
The telephone can *carry* your voice anywhere in the world.
전화는 목소리를 세상 어디든지 전할 수 있다.
자 (소리·목소리가) 미치다, 전해지다
His voice *carries* well.
그의 목소리는 잘 들린다.
carry away …을 운반해가다
carry on …을 계속하다
He *carried on* his work.
그는 일을 계속했다.
carry out (계획 등을) 실행하다; (의무·약속 등을) 이행하다
It is difficult to *carry out* this plan.
이 계획을 수행하기 어렵다.

*cart *cart*
[kάːrt 카-트]
명 (복수 **carts** [kάːrts 카-츠])
(미) 손수레; (바퀴가 둘 달린) 짐마차

car·toon *cartoon*
[kɑːrtúːn 카-툰-]
명 (신문·잡지 등의) **시사 풍자 만화**; 연재 만화; 만화 영화

a political *cartoon* 정치 만화

carve *carve*
[kɑ́ːrv 카-브]
타 (3단현 **carves** [kɑ́ːrvz 카-브즈], 과거·과거 분사 **carved** [kɑ́ːrvd 카-브드], 현재 분사 **carving** [kɑ́ːrviŋ 카-빙])
새기다, 조각하다, 새겨 넣다
I *carved* stone for a statue.
나는 조각상을 만들기 위해 돌을 새겼다.
They *carved* their names on the wall.
그들은 자신들의 이름을 벽에 새겼다.

*case¹ *case*
[kéis 케이스]
명 (복수 **cases** [kéisiz 케이시즈])
상자(《동》box), 통, 갑, 케이스

a pencil *case* 필통

*case² *case*
[kéis 케이스]
명 (복수 **cases** [kéisiz 케이시즈])
명 1. **경우**; [보통 the case로] 사정, 실정; 사실
In that *case*, you are wrong.
그런 경우에는 당신 잘못입니다.
명 2. **실례, 사례**; 문제
This is not a common *case*.
이것은 흔한 예가 아니다.
명 3. **사건**; 소송
명 4. (병의) **증세, 증상**; 환자
명 5. 《문법》격
in any case 어찌되었건, 어쨌든
in case ... (1) 《주로 미》만약 …한 경우에는(《동》if)
In case you find the man, please let me know at once.
그 남자를 발견하면 나에게 즉시 알려주세요.
(2) …의 경우에 대비하여
Take this umbrella with you *in case* it rains.
비가 올 경우를 대비해서 이 우산을 가져가라.

in case of …의 경우에는, …할 때에는
In case of rain, I will not go. 비가 올 경우엔 나는 가지 않겠다.

*cash *cash*

[kǽʃ 캐시]

명 (복수 **cashes** [kǽʃiz 캐시즈]) 현금, 돈
I will pay you in *cash*.
나는 현금으로 내겠습니다.

타 (3단현 **cashes** [kǽʃiz 캐시즈], 과거·과거 분사 **cashed** [kǽʃt 캐시트], 현재 분사 **cashing** [kǽʃiŋ 캐싱])
현금으로 하다, 현금으로 바꾸다
Can I *cash* this check here?
여기에서 이 수표를 현금으로 바꿔줍니까?

*cas·sette *cassette*

[kəsét 커셋]

명 (복수 **cassettes** [kəséts 커세츠])
(테이프 리코더·비디오용의) 카세트 (테이프)

play a *cassette*
카세트 테이프를 틀다

*ca·su·al *casual*

[kǽʒuəl 캐주얼]

형 (비교급 **more casual**, 최상급 **most casual**)

형 1. 우연한, 뜻하지 않은 ; 무심코 한, 무심한
We had a *casual* meeting at the party. 우리들은 파티장에서 우연히 만났다.

형 2. 평상복의, 격식을 차리지 않는, 캐주얼한
casual clothes 평상복

*cat *cat*

[kǽt 캣]

명 (복수 **cats** [kǽts 캐츠])
《동물》 고양이

I have two *cats*.
나는 고양이를 두 마리 기른다.
Our *cat* is very quiet.
우리 고양이는 매우 얌전하다.

*catch *catch*

[kǽtʃ 캐치]

타 (3단현 **catches** [kǽtʃiz 캐치즈], 과거·과거 분사 **caught** [kɔ́ːt 코-트], 현재 분사 **catching** [kǽtʃiŋ 캐칭])

타 1. 붙잡다, 잡다 ; 쥐다
Cats *catch* mice.

고양이는 쥐를 잡는다.
She *caught* my arm.
그녀가 내 팔을 잡았다.

타 2. (차 시간에) **맞게 대다**, …에 타다《반》 miss …을 타지 못하다)

He did not *catch* the last train.
그는 마지막 기차를 놓쳤다.

타 3. (병에) **걸리다**; (불이) **붙다**

I *caught* (a) cold last week.
나는 지난주에 감기에 걸렸다.

Paper *catches* fire easily.
종이는 불이 잘 붙는다.

타 4. (못·문 등에) **걸리다**, 끼다 〈on, in〉

I *caught* my trousers *on* a nail.
내 바지가 못에 걸렸다.

타 5. …하고 있는 것을 발견하다 〈do*ing*〉

I *caught* the boy steal*ing* fruit.
나는 그 소년이 과일을 훔치는 것을 목격했다.

타 6. 이해하다, 알다

be *caught* in (비 등을) 만나다

I *was caught in* a shower on my way home.
나는 집으로 돌아오는 길에 소나기를 만났다.

catch at …을 붙잡으려 하다
catch up with …을 따라잡다, 따라가다

Go on ahead, please. I'll soon *catch up with* you.
먼저 가세요. 제가 곧 뒤쫓아 가겠습니다.

명 (복수 **catches** [kǽtʃiz 캐치즈])
붙잡음; 잡은 것; 어획고

---

cat·tle *cattle*
[kǽtl 캐틀]

명 (복수 **cattle** [kǽtl 캐틀] 《단수·복수 동형》)
가축《전체》, (특히) 소

fifty head of *cattle*
소 50마리

The *cattle* are eating grass.
소들은 풀을 뜯고 있다.

***caught** *caught*
[kɔ́ːt 코-트] ★ 발음 주의

타 **catch**의 과거·과거 분사

cause *cause*
[kɔ́ːz 코-즈]
  명 (복수 **causes** [kɔ́ːziz 코-지즈])
  원인, 이유, 까닭
  What is the *cause* of the fire?
  화재의 원인은 무엇입니까?
  타 (3단현 **causes** [kɔ́ːziz 코-지즈], 과거·과거 분사 **caused** [kɔ́ːzd 코-즈드], 현재 분사 **causing** [kɔ́ːziŋ 코-징])
  타 1. …의 원인이 되다, 일으키다
  Speeding *causes* many traffic accidents. 과속으로 인한 교통 사고가 많이 일어난다.

  타 2. …로 하여금 …하게 하다
  The snow *caused* me to miss the train. 눈 때문에 나는 기차를 놓쳤다.

cave *cave*
[kéiv 케이브]
  명 (복수 **caves** [kéivz 케이브즈])
  동굴
  She was in a *cave*.
  그녀는 동굴안에 있었다.

cease *cease*
[síːs 시-스]
  동 (3단현 **ceases** [síːsiz 시-시즈], 과거·과거 분사 **ceased** [síːst 시-스트], 현재 분사 **ceasing** [síːsiŋ 시-싱])
  타 …을 중지하다, 그만두다, 끝내다, 그치다
  It has *ceased* raining.
  비가 그쳤다.

  자 그만두다, 끝나다
  The noise *ceased* at last.
  마침내 소음이 멎었다.

ceil·ing *ceiling*
[síːliŋ 실-링]
  명 (복수 **ceilings** [síːliŋz 실-링즈])
  천장(《반》 floor 바닥)
  This house has a high *ceiling*.
  이 집은 천장이 높다.

cel·e·brate *celebrate*
[séləbrèit 셀러브레이트]
  동 (3단현 **celebrates** [séləbrèits 셀러브레이츠], 과거·과거 분사 **celebrated** [séləbrèitid 셀러브레이티드], 현재 분사 **celebrating** [séləbrèitiŋ 셀러브레이팅])
  타 1. 축하하다 ; 기리다

We *celebrated* her birthday with a party. 우리는 파티를 열어서 그녀의 생일을 축하했다.

타 2. (식을 올려) 경축하다, (의식·제전을) 거행하다
They *celebrated* the marriage.
그들은 결혼식을 올렸다.
자 축하하다 ; 식을 올리다

---

cel·e·bra·tion
celebration

[sèləbréiʃən 셀러브레이션]
명 (복수 **celebrations** [sèləbréiʃənz 셀러브레이션즈])
축하, 축하 행사, 축전
hold a *celebration*
축하 행사를 갖다

---

*cell *cell*

[sél 셀]
명 (복수 **cells** [sélz 셀즈])
명 1. 세포
cells of the brain 뇌세포
명 2. (교도소의) 독방
명 3. 전지
a dry *cell* 건전지

ce·ment *cement*

[simént 시멘트] ★ 악센트 주의
명 시멘트
a bag of *cement*
시멘트 한 포대

---

*cent *cent*

[sént 센트]
명 (복수 **cents** [sénts 센츠])
명 1. 센트《1달러의 100분의 1》
This doll costs only sixty *cents*.
이 인형은 60센트 밖에 안 한다.
명 2. (단위로서의) 100
per *cent* 퍼센트《%》

---

*cen·ter, 《영》-tre
center, -tre

[séntər 센터]
명 (복수 **centers** [séntərz 센터즈])
명 1. (…의) 중심, 중앙, 한가운데〈of〉

the *center of* a circle
원의 중심
There is a large table in the *center of* the room.
방 한가운데에 큰 테이블이 있다.
명 2. (활동 등의) 중심지, 중심 인물 ; (시설로서의) 센터
New York is one of the *centers* of the world economy.
뉴욕은 세계 경제의 중심지 가운데 하나다.

명 3. 〚스포츠〛 센터, 중견(수)

cen·ti·me·ter, 《영》 -me·tre *centimeter, -metre*
[séntəmìːtər 센티미-터]
 명 (복수 **centimeters** [séntəmìːtərz 센티미-터즈])
센티미터《cm으로 약한다》

*cen·tral *central*
[séntrəl 센트럴]
 형 중앙의, 중심의, 중심부의 (《반》 local 지방의)《명사 앞에만 쓴다》
  The park is in the *central* part of the city.
  공원은 시내 중심부에 있다.

*cen·tu·ry *century*
[séntʃəri 센처리]
 명 (복수 **centuries** [séntʃəriz 센처리즈])
세기, 백년
  We are living in the twenty-first *century*.
  우리는 21세기에 살고 있다.

*cer·e·mo·ny *ceremony*
[sérəmòuni 세러모우니]
 명 (복수 **ceremonies** [sérəmòuniz 세러모우니즈])
의식 ; 의례, 예법

a wedding *ceremony*
결혼식

an opening *ceremony*
개회식
a closing *ceremony*
폐회식

*cer·tain *certain*
[sə́ːrtn 서-튼]
 형 1. 어떤…; …라고 하는 (사람)《명사 앞에만 쓴다》
  I saw her at a *certain* party.
  나는 어떤 파티에서 그녀를 만났다.
  He telephoned a *certain* Mr. Brown.
  그는 브라운 씨라고 하는 사람에게 전화를 했다.
 형 2. 어느 정도의, 일정한《명사 앞에만 쓴다》
  to a *certain* extent
  어느 정도까지
  at a *certain* place
  일정한 곳에
 형 3. (…을) 확신하는, 자신하는⟨*of, about*⟩《명사 앞에는 쓰지 않는다》
  I'm *certain* of his success.
  (=I'm *certain* that he'll succeed.)
  나는 그가 성공하리라고 확신하고 있다.
 형 4. 반드시 …하는, 꼭 …하는 《명사 앞에는 쓰지 않는다》
  Our team is *certain* to win.

(=It is *certain* that our team will win.)
우리 팀이 반드시 이길 것이다.

형 5. 확실한, 분명한
certain evidence 확실한 증거
for *certain* 확실히(는)
I don't know *for certain*.
나는 확실히는 모르겠다.

***cer·tain·ly** *certainly*
[sə́:*r*tnli 서-틀리]
부 1. 확실히, 꼭, 반드시(《동》 surely)
He will *certainly* succeed.
그는 꼭 성공할 것이다.
He will *certainly* come back.
그는 반드시 돌아올 것이다.
부 2. [대답으로] 물론이지, 그렇고 말고 ; [부탁을 받고] 좋고 말고 ; 알았습니다
May I ask you a question?
— *Certainly*.
질문해도 됩니까? — 물론이지.

Have you met her?
— *Certainly*.
너는 그녀를 만난 적이 있니? — 물론이야.

***chain** *chain*
[tʃéin 체인]
명 (복수 **chains** [tʃéinz 체인즈])
명 1. 쇠사슬, 체인
His dog is kept on a *chain*.
그의 개는 쇠사슬에 묶여 있다.

명 2. 연쇄, 연속〈*of*〉
a *chain of* mountains 산맥
a *chain of* events
일련의 사건들

****chair** *chair*
[tʃéə*r* 체어]
명 (복수 **chairs** [tʃéə*r*z 체어즈])
의자(《참고》 bench 긴 의자, armchair 안락 의자)
musical *chairs*
의자빼앗기 놀이

Please sit down on this *chair*.
이 의자에 앉으십시오.

---

chair·man *chairman*
[tʃéə*r*mən 체어먼]

명 (복수 **chairmen** [tʃéərmən 체어먼])
의장, 사회자 ; 위원장
Mr. *Chairman* 남자 의장
Madam *Chairman* 여자 의장

***chalk** *chalk*
[tʃɔːk 초-크] ★ 발음 주의
명 (복수 **chalks** [tʃɔːks 초-크스])
분필, 초크

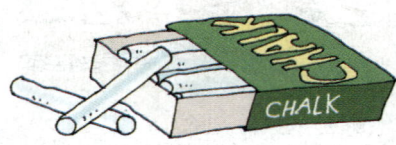

a piece of *chalk*
분필 한 자루
She drew a picture on the blackboard in *chalk*.
그녀는 분필로 칠판에 그림을 그렸다.

---

chal·lenge *challenge*
[tʃǽlindʒ 챌린지]
명 (복수 **challenges** [tʃǽlindʒiz 챌린지즈])
(…에의) 도전⟨to⟩
Their attack is a *challenge* to world peace.
그들의 공격은 세계 평화에 대한 도전이다.
타 (3단현 **challenges** [tʃǽlindʒiz 챌린지즈], 과거·과거 분사 **challenged** [tʃǽlindʒd 챌린지드], 현재 분사 **challenging** [tʃǽlindʒiŋ 챌린징])
도전하다 ; (시합 등을) 신청하다 ⟨to⟩
She *challenged* me *to* a tennis match. 그녀는 내게 테니스 시합을 하자고 도전해 왔다.

***cham·pion** *champion*
[tʃǽmpiən 챔피언]
명 (복수 **champions** [tʃǽmpiənz 챔피언즈])
(경기 등의) 우승자, 선수권 보유자, 챔피언
the new world *champion*
새로운 세계 챔피언

***chance** *chance*
[tʃæns 챈스]
명 (복수 **chances** [tʃænsiz 챈시즈])
명 1. 기회, 호기
I had a good *chance* to visit him.
나는 그를 방문할 좋은 기회를 얻었다.
Don't miss the *chance*.
기회를 놓치지 마라.
명 2. 가망, 가능성, 승산
He has a good chance to succeed.
그가 성공할 가능성은 충분하다.
명 3. 우연 ; 운, 운명 《이 뜻으로는 부정 관사를 붙이지 않고 복수형으로도 하지 않는다》
by chance 우연히
I met her *by chance*.
나는 우연히 그녀를 만났다.
자 (3단현 **chances** [tʃænsiz 챈시즈], 과거·과거 분사 **chanced**

[tʃǽnst 챈스트], 현재 분사 **chancing** [tʃǽnsiŋ 챈싱])
우연히 …하다
I *chanced* to be there.
나는 우연히 거기에 있었다.

***change** *change*
[tʃéindʒ 체인지]
통 (3단현 **changes** [tʃéindʒiz 체인지즈], 과거·과거 분사 **changed** [tʃéindʒd 체인지드], 현재 분사 **changing** [tʃéindʒiŋ 체인징])
타 1. …을 바꾸다, 변화시키다 ⟨*into*⟩
He *changed* the flowers *into* a bird.
그는 꽃을 새로 바꾸었다.

타 2. …을 교환하다, 갈다 ; 갈아타다《동종의 물건을 교환할 때 목적어는 복수형이 된다》
Would you please *change* seats with me?
나와 자리 좀 바꿔 주겠니?

타 3. 돈을 바꾸다, 잔돈으로 바꾸다

Can you *change* this bill for me?
이 지폐를 잔돈으로 바꾸어 주시겠습니까?

자 1. 바뀌다, 변(화)하다⟨*from, to*⟩
The traffic light *changed from* yellow *to* red.
신호등이 황색에서 적색으로 바뀌었다.

자 2. 갈아 입다⟨*into*⟩; 갈아타다⟨*from, to*⟩
I *changed into* a new dress.
나는 새 옷으로 갈아 입었다.

명 (복수 **changes** [tʃéindʒiz 체인지즈])

명 1. 변화, 변경
a sudden *change* in the weather
갑작스러운 날씨의 변화
a *change* in the program
프로그램의 변경

명 2. 거스름돈, 잔돈
Here's your *change*.
여기 거스름돈이 있습니다.

for a change 여느 때와 달리 ; 기분전환으로

---

chan·nel *channel*
[tʃǽnl 채늘]
명 (복수 **channels** [tʃǽnlz 채늘즈])
명 1. 해협
the English *Channel* 영국 해협
명 2. (라디오·텔레비전의) 채널

*chap·ter *chapter*

[tʃǽptər 챕터]

명 (복수 **chapters** [tʃǽptərz 챕터즈])

(책·논문 등의) 장
Please open your textbook at *Chapter* 3.
교과서 3장을 펴주세요.

*char·ac·ter *character*

[kǽrəktər 캐릭터]

명 (복수 **characters** [kǽrəktərz 캐릭터즈])

명 1. 성격, 성질 ; 인격 ; 특질, 특징
She has a good *character*.
그녀는 성격이 좋다.

명 2. (소설·연극·만화 등의) 등장 인물
She is a leading *character* in this play.
그녀가 이 연극의 주인공을 맡고 있다.

명 3. 문자, 부호
The *characters* in Chinese writing look like small pictures. 한자체는 작은 그림같이 보인다.

char·ac·ter·is·tic *characteristic*

[kæ̀rəktərístik 캐릭터리스틱]

형 독특한, 특유한
He has his own *characteristic* step. 그는 독특한 걸음걸이로 걷는다.

*charge *charge*

[tʃɑ́ːrdʒ 차-지]

명 (복수 **charges** [tʃɑ́ːrdʒiz 차-지즈])

명 1. (서비스에 대한) 요금, 비용
No *charge* for admission.
《게시》 무료 입장.

명 2. 돌봄 ; 책임 ; 관리
She is in *charge* of our class.
그녀는 우리반 담임이시다.

명 3. 비난 ; 죄

동 (3단현 **charges** [tʃɑ́ːrdʒiz 차-지즈], 과거·과거 분사 **charged** [tʃɑ́ːrdʒd 차-지드], 현재 분사 **charging** [tʃɑ́ːrdʒiŋ 차-징])

타 1. (…의 대금·요금 등을) 청구하다〈*for*〉
They *charged* me five dollars *for* the book.
그들은 나에게 그 책값으로 5달러를 청구했다.

타 2. (…의 죄로) 고발하다, 비난하다〈*with*〉
He was *charged with* stealing.
그는 절도죄로 고발되었다.

자 요금을 청구하다
This store *charges* for delivery.
이 가게는 배달료를 받는다.

*char·i·ty *charity*

[tʃǽrəti 채러티]

圐 (복수 **charities** [tʃǽrətiz 채러티즈])
자선, 은혜를 베풀기 ; 자선 단체
a *charity* concert
자선 콘서트

---

*charm *charm*

[tʃɑːrm 참-]

圐 (복수 **charms** [tʃɑːrmz 참-즈])
매력, 마력 ; 부적
She has a great *charm*.
그녀는 대단히 매력이 있다.

타 (3단현 **charms** [tʃɑːrmz 참-즈], 과거·과거 분사 **charmed** [tʃɑːrmd 참-드], 현재 분사 **charming** [tʃɑːrmiŋ 차-밍])
매혹시키다, 마음을 호리다 ; 기쁘게 하다《동》delight）
They were *charmed* with her song.
그들은 그녀의 노래에 넋을 잃었다.

---

charm·ing *charming*

[tʃɑːrmiŋ 차-밍]

혱 (비교급 **more charming**, 최상급 **most charming**)
매력적인, 아름다운, 호감이 가는 ; 즐거운
Her smile is *charming*.
그녀의 미소는 매력적이다.

---

*chase *chase*

[tʃéis 체이스]

타 (3단현 **chases** [tʃéisiz 체이시즈], 과거·과거 분사 **chased** [tʃéist 체이스트], 현재 분사 **chasing** [tʃéisiŋ 체이싱])
추격하다, 추적하다, 쫓다
The dog *chased* the cat.
개가 고양이를 뒤쫓았다.

圐 (복수 **chases** [tʃéisiz 체이시즈])
추격, 추적 ; 추구
After a long *chase*, we finally caught the thief.
오랜 추격 끝에 결국 도둑을 붙잡았다.

---

*chat *chat*

[tʃǽt 챗]

자 (3단현 **chats** [tʃǽts 채츠], 과거·과거 분사 **chatted** [tʃǽtid 채티드], 현재 분사 **chatting** [tʃǽtiŋ 채팅])
잡담하다, 마음놓고 이야기하다, 한담하다
The pupils were *chatting* about their school trip.
학생들은 수학 여행에 대해 이야기를 하고 있었다.

명 (복수 **chats** [tʃæts 채츠])
잡담, 한담, 세상 얘기

He had a long *chat* with his mother. 그는 오랫동안 어머니와 세상돌아가는 얘기를 했다.

*cheap *cheap*
[tʃíːp 치-프]

형 (비교급 **cheaper** [tʃíːpər 치-퍼], 최상급 **cheapest** [tʃíːpist 치-피스트])
값이 싼, 싸구려의, 시시한
  Apples are *cheap* now.
  요즈음은 사과가 싸다.

부 (비교급 **cheaper** [tʃíːpər 치-퍼], 최상급 **cheapest** [tʃíːpist 치-피스트])
싸게
  I bought this vase *cheap*.
  나는 이 꽃병을 싸게 샀다.

cheat *cheat*
[tʃíːt 치-트]

동 (3단현 **cheats** [tʃíːts 치-츠], 과거·과거 분사 **cheated** [tʃíːtid 치-티드], 현재 분사 **cheating** [tʃíːtiŋ 치-팅])

타 속이다 ; 속여서 빼앗다⟨*of, out of*⟩
  He *cheated* me *out of* my money.
  그는 나를 속여 돈을 빼앗았다.

자 부정을 하다 ; (시험에서) 부정 행위를 하다⟨*at, in, on*⟩
  He *cheated on* the examination.
  그는 시험에서 부정 행위를 했다.

*check *check*
[tʃék 첵]

타 (3단현 **checks** [tʃéks 첵스], 과거·과거 분사 **checked** [tʃékt 첵트], 현재 분사 **checking** [tʃékiŋ 체킹])

타 1. 대조하다 ; 점검하다, 조사하다, 검사하다
  Please *check* that everyone is present. 모두 출석했는지 점검해 주세요.

타 2. 대조 표시(✓)를 하다
  Please *check* the correct answer.
  맞는 답에 체크해 주세요.

타 3. 저지하다, 막다 ; (감정 등을) 억제하다
  She could not *check* her anger.
  그녀는 화를 참을 수 없었다.

check in (숙박이나 탑승 등의) 절차를 밟다, 체크인하다⟨*at*⟩
check out (정산하고 호텔 등을) 나오다, 체크아웃하다

명 (복수 **checks** [tʃéks 첵스])

명 1. 대조 ; 점검, 검사 ; 저지
  There was no *check* on the quality of the goods.
  그 상품에 대한 품질검사는 없었다.

명 2. 《미》 수표(《영》 cheque)
  a traveler's *check*
  여행자 수표

He paid by *check*.
그는 수표로 지급했다.
명 3. 《미》계산서(《영》bill)
Can I have the *check*, please?
계산서 좀 부탁합니다.
명 4. 바둑판 무늬, 체크 무늬

---

*cheek *cheek*
[tʃíːk 치-크]

명 (복수 **cheeks** [tʃíːks 치-크스])
뺨, 볼
She has rosy *cheeks*.
그녀의 양볼은 불그스레하다.

---

*cheer *cheer*
[tʃíər 치어]

동 (3단현 **cheers** [tʃíərz 치어즈], 과거·과거 분사 **cheered** [tʃíərd 치어드], 현재 분사 **cheering** [tʃí(ə)riŋ 치(어)링])

타 1. …에 갈채하다, 성원하다, 응원하다
We *cheered* the weaker team.
우리는 약한 팀을 응원했다.

타 2. 기운을 내게 하다, 격려하다
The news *cheered* us.
그 소식을 듣고 우리는 기운을 냈다.

자 환성을 지르다, 갈채하다; 기운이 나다〈*up*〉
Everyone *cheered* loudly as she appeared on the stage.
그녀가 무대에 등장하자 모두가 큰 소리로 환호성을 질렀다.

◆ *Cheer up*! 기운을 내라!
명 (복수 **cheers** [tʃíərz 치어즈])
명 1. 갈채, 환호
She received *cheers* from the audience.
그녀는 청중들로부터 갈채를 받았다.
명 2. 성원, 응원, 격려
Her words brought *cheer* to my heart.
그녀의 말이 위로가 되었다.
Cheers! 건배!;《영》감사합니다!, 안녕!

---

cheer·ful *cheerful*
[tʃíərful 치어풀]

형 (비교급 **more cheerful**, 최상급 **most cheerful**)
기분 좋은, 기운찬; 즐거운, 유쾌한
She is a *cheerful* girl.
그녀는 쾌활한 소녀다.
We sang a *cheerful* song.
우리는 즐거운 노래를 불렀다.

---

*cheese *cheese*
[tʃíːz 치-즈]

명 (복수 **cheeses** [tʃíːziz 치-지즈])
치즈
I had two pieces of *cheese*.
나는 치즈를 두 조각 먹었다.
Say *cheese*!

자, 웃으세요《사진을 찍을 때 하는 말》!

chem·i·cal *chemical*
[kémikəl 케미컬]
- 형 화학의, 화학적인
  a *chemical* change
  화학 변화
- 명 (복수 **chemicals** [kémikəlz 케미컬즈])
  [흔히 chemicals로] 화학 제품, 화학 약품

*chem·ist *chemist*
[kémist 케미스트]
- 명 (복수 **chemists** [kémists 케미스츠])
- 명 1. 화학자
- 명 2. 《영》약사(《미》druggist)
  a *chemist*'s shop
  약국(《미》drugstore)

*chess *chess*
[tʃés 체스]
- 명 체스, 서양 장기

Let's play *chess*.
체스를 두자.

*chest *chest*
[tʃést 체스트]
- 명 (복수 **chests** [tʃésts 체스츠])
- 명 1. 가슴, 흉부
  I have a pain in my *chest*.
  나는 가슴이 아프다.
- 명 2. (뚜껑 달린) 큰 상자
  a *chest* of drawers
  서랍장

*chew *chew*
[tʃúː 추-]
- 동 (3단현 **chews** [tʃúːz 추-즈], 과거·과거 분사 **chewed** [tʃúːd 추-드], 현재 분사 **chewing** [tʃúːiŋ 추-잉])
- 타 (음식물 등을) 씹다 ; …을 잘 씹어 먹다
  Chewing food well is good for the health.
  음식물을 잘 씹어 먹는 것이 건강에 좋다.
- 자 씹다
  The dog is *chewing* on a bone.
  개가 뼈다귀를 씹고 있다.

*chick·en *chicken*
[tʃíkin 치킨]
- 명 (복수 **chickens** [tʃíkinz 치킨즈])
  닭, 병아리(《참고》rooster 수탉, hen 암탉) ; 닭고기

He keeps a lot of *chickens*.
그는 닭을 많이 기른다.
We had fried *chicken* for lunch.
우리는 점심에 튀긴 닭고기를 먹었다.

*chief *chief*
[tʃíːf 치-프]
　형 최고의, 우두머리의 ; 주요한, 주된(《동》 main, principal)
　the *chief* justice
　재판장
　the *chief* rivers of Korea
　한국의 주요한 강
　명 (복수 **chiefs** [tʃíːfs 치-프스])
　(단체의) 장, 두목 ; (종족의) 추장
　He is the *chief* of police.
　그는 경찰서장이다.

chief·ly *chiefly*
[tʃíːfli 치-플리]
　부 주로(《동》 mainly)
　The guests were *chiefly* girls.
　손님들은 주로 여자아이들이었다.

*child *child*
[tʃáild 차일드]
　명 (복수 **children** [tʃíldrən 칠드런])
　명 1. 어린이, 아이(《참고》 baby 갓난아기, boy 소년, girl 소녀)
Tom is a good *child*.
톰은 착한 아이다.
　명 2. 자식
　He is an only *child*.
　그는 외아들이다.

child·hood *childhood*
[tʃáildhùd 차일드후드]
　명 유년 시절, 어릴 때(《참고》 boyhood 소년 시절, girlhood 소녀 시절)
　I had a happy *childhood* in the country. 나는 시골에서 행복한 유년 시절을 보냈다.

*chil·dren *children*
[tʃíldrən 칠드런]
　명 **child**의 복수

*chim·pan·zee *chimpanzee*
[tʃìmpænzíː 침팬지-]
　명 《동물》 침팬지

*chin *chin*
[tʃín 친]
> 몡 (복수 **chins** [tʃínz 친즈])
> 턱
> He has a pointed *chin*.
> 그는 턱이 뾰족하다.

*Chi·na *China*
[tʃáinə 차이너]
> 몡 중국
> This dress was made in *China*.
> 이 드레스는 중국제다.

*Chi·nese *Chinese*
[tʃàiníːz 차이니-즈]
> 혱 중국의 ; 중국 사람〔어〕의
> 몡 (복수 **Chinese** [tʃàiníːz 차이니-즈]《단수·복수 동형》)
> 중국 사람 ; [the Chinese로] 중국 사람《전체 ; 복수 취급》
> a *Chinese* 한 명의 중국 사람

*choc·o·late *chocolate*
[tʃák(ə)lət 차컬럿] ★ 악센트 주의
> 몡 (복수 **chocolates** [tʃák(ə)ləts 차컬러츠])
> 몡 1. 초콜릿
> a box of *chocolates*
> 초콜릿 한 상자
> 몡 2. 초콜릿 음료 ; 코코아

*choice *choice*
[tʃɔ́is 초이스]
> 몡 (복수 **choices** [tʃɔ́isiz 초이시즈])
> 몡 1. 선택, 고르기
> You must be careful in your *choice* of friends.
> 친구를 선택할 때에는 주의해야 한다.
> 몡 2. 선택한 것〔사람〕
> Which is your *choice*?
> 어느 것으로 하시겠습니까?
> 몡 3. 선택권, 선택의 자유 ; 선택의 범위

*choose *choose*
[tʃúːz 추-즈]
> 통 (3단현 **chooses** [tʃúːziz 추-지즈], 과거형 **chose** [tʃóuz 초우즈], 과거 분사 **chosen** [tʃóuzn 초우즌], 현재 분사 **choosing** [tʃúːziŋ 추-징])
> 타 1. 고르다, 선택하다 ; 선출하다
> She *chose* a nice present for him.
> 그녀는 그를 위해 좋은 선물을 골랐다.

> We *chose* him chairman.
> 우리는 그를 의장으로 선출했다.

choose : 2개 이상에서 고르다	고르다
select : 많은 것 중에서 고르다	
elect : 선거로 뽑다	

타 2. (…하기로) 결정〔결심〕하다〈to do〉
I *chose to* go with her.
나는 그녀와 함께 가기로 정했다.
자 고르다, 선택하다〈between, from〉
Choose between the two.
둘 중에서 골라라.

*chop·sticks chopsticks
[tʃɑ́pstìks 찹스틱스]
명 젓가락 《복수 취급》
She is good at using *chopsticks*.
그녀는 젓가락질을 잘한다.

*Christ Christ
[kráist 크라이스트]
명 그리스도
Jesus *Christ* 예수 그리스도

Chris·tian Christian
[krístʃən 크리스천]
형 크리스트교의 ; 크리스트교도의
a *Christian* name 세례명
명 《복수 **Christians** [krístʃənz 크리스천즈]》
크리스트교도, 크리스트교 신자

*Christ·mas Christmas
[krísməs 크리스머스]
★ 발음 주의
명 크리스마스, 성탄절《12월 25일로 Xmas라고도 한다》

Christmas Day
크리스마스, 성탄절
a *Christmas* present
크리스마스 선물
the *Christmas* vacation
《미》크리스마스 휴가《《영》the Christmas holidays》
A merry *Christmas* (to you)!
성탄을 축하합니다!

*church church
[tʃə́ːrtʃ 처-치]
명 《복수 **churches** [tʃə́ːrtʃiz 처-치즈]》
교회 ; [관사없이] (교회에서의) 예배
The *church* is near our school.
그 교회는 우리 학교 근처에 있다.
I go to *church* on Sunday.
나는 일요일에 예배 보러 간다.

cig·a·ret(te) cigarette
[sìgərét 시거렛]
명 《복수 **cigaret(te)s** [sìgəréts 시거레츠]》
담배, 궐련
a pack of *cigarets*
담배 한 갑

*cin·e·ma cinema
[sínəmə 시너머]
명 《복수 **cinemas** [sínəməz 시너

머즈])
명 1. 《영》 영화관(《미》 movie theater)

명 2. [the cinema로] 영화(의 상영) (《미》 the movies)
Let's go to *the cinema*.
영화 보러 가자.

---

*cir·cle   *circle*

[sə́ːrkl 서-클]
명 (복수 **circles** [sə́ːrklz 서-클즈])
원, 원형의 것, 고리 ; [때로 circles로] 동아리, 단체 ; …계

draw a *circle*
원을 그리다

동 (3단현 **circles** [sə́ːrklz 서-클즈], 과거·과거 분사 **circled** [sə́ːrkld 서-클드], 현재 분사 **circling** [sə́ːrkliŋ 서-클링])

타 …의 주위를 돌다 ; …를 둥글게 에워싸다
Circle the correct answers.
맞는 답에 동그라미를 치세요.
자 (비행기 등이) 선회하다

---

*cir·cum·stance   *circumstance*

[sə́ːrkəmstæns 서-컴스탠스]
★ 악센트 주의
명 (복수 **circumstances** [sə́ːrkəmstænsiz 서-컴스탠시즈])
[보통 circumstances로] (주위의) 사정, 상황, 환경
It depends on *circumstances*.
그것은 그때의 사정에 달려 있다.

---

*cit·i·zen   *citizen*

[sítəzn 시터즌]
명 (복수 **citizens** [sítəznz 시터즌즈])
명 1. 시민, 주민
a *citizen* of Seoul 서울 시민
a *citizen* of the world
세계인, 지구인

명 2. 국민
a Korean *citizen*
한국 국민

---

*cit·y   *city*

[síti 시티]
명 (복수 **cities** [sítiz 시티즈])
명 1. 시, 도시, 도회지

a *city* hall 시청
How long have you been in this *city*?
이 도시에서 사신 지 얼마나 되었습니까?
명 2. [the city로] 시민《전체 ; 보통 단수 취급》
All *the city* welcomed him.
모든 시민이 그를 환영했다.

*civ·il civil

[sívəl 시벌]

형 1. 시민의, 공민의 ; 국내의
civil rights
시민권, 공민권

형 2. 민간의, 일반인의
a *civil* airplane
민간 항공기

civ·i·li·za·tion, 《영》-sa·tion civilization, -sation

[sìvəlizéiʃən 시벌리제이션]

명 (복수 **civilizations** [sìvəlizéiʃənz 시벌리제이션즈])
문명 ; 문명 사회
Western *civilization*
서양 문명
machine *civilization*
기계 문명

civ·i·lize, 《영》-lise civilize, -lise

[sívəlàiz 시벌라이즈]

타 (3단현 **civilizes** [sívəlàiziz 시벌라이지즈], 과거·과거 분사 **civilized** [sívəlàizd 시벌라이즈드], 현재 분사 **civilizing** [sívəlàiziŋ 시벌라이징])
문명화하다, 교화하다
Europe was *civilized* by Rome.
유럽은 로마(제국)에 의해 문명화되었다.

*claim claim

[kléim 클레임]

타 (3단현 **claims** [kléimz 클레임즈], 과거·과거 분사 **claimed** [kléimd 클레임드], 현재 분사 **claiming** [kléimiŋ 클레이밍])

타 1. 주장하다
He *claimed* innocence.
그는 결백하다고 주장했다.

타 2. (당연한 권리로) 요구하다
They *claimed* more wages.
그들은 더 많은 임금을 요구했다.

명 (복수 **claims** [kléimz 클레임즈])
(권리의) 요구 ; 주장

City 도시
[síti 시티]

① **bank** [bǽŋk 뱅크] 은행
② **firehouse** 소방서
 [fáiərhàus 파이어하우스]
③ **police station** 경찰서
 [pəlíːs-stèiʃən 펄리-스스테이션]
④ **church** [tʃə́ːrtʃ 처-치] 교회
⑤ **street sign** 도로 표지
 [stríːt-sàin 스트리-트사인]
⑥ **pedestrian crossing** 횡단 보도
 [pidéstriən-krɔ́ːsiŋ 피데스트리언크로-싱]
⑦ **cinema** 영화관
 [sínəmə 시너머]
⑧ **sidewalk** 보도
 [sáidwɔ̀ːk 사이드워-크]
⑨ **fire truck** 소방차
 [fáiər-trʌ̀k 파이어트럭]

⑩ **passer-by** 통행인
[pǽsərbái 패서바이]

⑪ **department store** 백화점
[dipɑ́ːrtmənt-stɔ́ːr 디파-트먼트스토-]

⑫ **ambulance** 구급차
[ǽmbjuləns 앰뷸런스]

⑬ **show window** 상품 진열창
[ʃóu-wìndou 쇼우윈도우]

⑭ **traffic light** 교통 신호등
[trǽfik-làit 트래픽라이트]

⑮ **road** 도로
[róud 로우드]

⑯ **post office** 우체국
[póust-ɔ́ːfis 포우스트오-피스]

⑰ **hospital** 병원
[háspitl 하스피틀]

⑱ **hotel** [houtél 호우텔] 호텔

*clap *clap*

[klǽp 클랩]

통 (3단현 **claps** [klǽps 클랩스], 과거·과거 분사 **clapped** [klǽpt 클랩트], 현재 분사 **clapping** [klǽpiŋ 클래핑])

타 (손뼉을) 치다 ; 박수치다 ; 탁 치다

They *clapped* their hands.
그들은 손뼉을 쳤다.
I *clapped* my friend on the back.
나는 친구의 등을 툭 쳤다.

자 박수치다

명 박수 ; 탁 치는 소리

*class *class*

[klǽs 클래스]

명 (복수 **classes** [klǽsiz 클래시즈])

명 1. 학급, 클래스 ; 학년
Good morning, *class*!
학급 여러분, 안녕!

She is in the second-year *class*.
그녀는 2학년이다.

명 2. 수업
We have a *class* in English today.
오늘은 영어 수업이 있다.

명 3. (사회의) 계급 ; 등급
the middle *class*(*es*)
중류 계급
I traveled first *class*.
나는 일등석으로 여행을 했다.

*clas·si·fy *classify*

[klǽsəfài 클래서파이]

타 (3단현 **classifies** [klǽsəfàiz 클래서파이즈], 과거·과거 분사 **classified** [klǽsəfàid 클래서파이드], 현재 분사 **classifying** [klǽsəfàiiŋ 클래서파이잉])

분류하다

The books are *classified* according to subject.
그 책들은 주제별로 분류되어 있다.

class·mate *classmate*

[klǽsmèit 클래스메이트]

명 (복수 **classmates** [klǽsmèits 클래스메이츠])

동급생, 학급 친구

Mary and I are *classmates*.
메리와 나는 동급생이다.

He was my college *classmate*.
그와 나는 대학 동기생이었다.

*class·room *classroom*

[klǽsrùːm 클래스룸-]

명 (복수 **classrooms** [klǽsrùːmz 클래스룸-즈])

교실

Our *classroom* is on the first floor.
우리 교실은 1층에 있다.

**clean

[kliːn 클린-]

형 (비교급 **cleaner** [klíːnər 클리-너], 최상급 **cleanest** [klíːnist 클리-니스트])
깨끗한 (《반》 dirty 더러운)
Be careful to keep yourself *clean*.
몸을 청결히 하도록 주의해라.
She keeps her room *clean*.
그녀는 자기 방을 깨끗이 하고 있다.

부 깨끗이 ; 완전히
Did you wash your hands *clean*?
너는 손을 깨끗이 씻었니?

타 (3단현 **cleans** [klíːnz 클린-즈], 과거·과거 분사 **cleaned** [klíːnd 클린-드], 현재 분사 **cleaning** [klíːniŋ 클리-닝])
깨끗이 하다, 청소하다
Don't forget to *clean* your teeth.
이를 닦는 것을 잊지 마라.
clean up …을 깨끗이 청소하다

*clear

[klíər 클리어]

형 (비교급 **clearer** [klí(ə)rər 클리(어)러], 최상급 **clearest** [klí(ə)rist 클리(어)리스트])
형 1. 맑게 갠, 맑은
clear air 맑은 공기
It was a beautiful, *clear* morning.
맑게 갠 아름다운 아침이었다.

형 2. 분명한, 확실한
◆ Is that *clear*?
확실히 이해하겠니?
It is *clear* that you are wrong.
네가 틀리다는 것은 분명하다.

부 (비교급 **clearer** [klí(ə)rər 클리(어)러], 최상급 **clearest** [klí(ə)rist 클리(어)리스트])
확실히 (《동》 clearly) ; 완전히
Speak loud and *clear*.
큰소리로 확실히 말해 주세요.

동 (3단현 **clears** [klíərz 클리어즈], 과거·과거 분사 **cleared** [klíərd 클리어드], 현재 분사 **clearing** [klí(ə)riŋ 클리(어)링])
타 …을 치우다 ; 제거하다 〈*from, off*〉
She *cleared* the table.
그녀는 식탁 (위에 있는 것)을 치웠다.

자 (날씨가) 개다
The sky *cleared* suddenly.
하늘이 갑자기 맑게 갰다.

*clear·ly

[klíərli 클리어리]

부 (비교급 **more clearly**, 최상급 **most clearly**)
확실히, 똑똑히 ; 분명히
Would you speak more *clearly*?
좀더 확실하게 말씀해 주시겠습니까?

Classroom 교실
[klǽsrùːm 클래스룸-]

① **blackboard** 칠판
[blǽkbɔ̀ːrd 블랙보-드]
② **chalk** 초크, 분필
[tʃɔ́ːk 초-크]
③ **chalk box** 분필통
[tʃɔ́ːk-bɑ̀ks 초-크박스]
④ **eraser** 칠판 지우개
[iréisər 이레이서]
⑤ **teacher** 선생님
[tíːtʃər 티-처]
⑥ **reader** [ríːdər 리-더] 독본
⑦ **pen** [pén 펜] 펜
⑧ **book** 책
[búk 북]
⑨ **desk** 책상
[désk 데스크]
⑩ **sculpture** 조각
[skʌ́lptʃər 스컬프처]
⑪ **map** 지도
[mǽp 맵]
⑫ **principal** 교장 선생님
[prínsəp(ə)l 프린서펄]

⑬ **picture** 그림
[píktʃər 픽쳐]
⑭ **ink bottle** 잉크병
[íŋk-bàtl 잉크바틀]
⑮ **eraser** 고무 지우개
[iréisər 이레이서]
⑯ **schoolboy** 남학생
[skúːlbɔ̀i 스쿨-보이]
⑰ **chair** [tʃéər 체어] 의자
⑱ **pupil** 학생
[pjúːp(ə)l 퓨-펄]
⑲ **fountain pen** 만년필
[fáuntn-pèn 파운튼펜]
⑳ **notebook** 공책
[nóutbùk 노우트북]
㉑ **pencil case** 필통
[pénsl-kèis 펜슬케이스]
㉒ **pencil** [pénsl 펜슬] 연필
㉓ **schoolgirl** 여학생
[skúːlgə̀ːrl 스쿨-걸-]
㉔ **school desk** 학교 책상
[skúːl-dèsk 스쿨-데스크]

*clerk

[klə́ːrk 클러-크]

명 (복수 **clerks** [klə́ːrks 클러-크스])
사무원, 서기 ; 《미》 점원
an office *clerk* 사무원
a bank *clerk* 은행원

*clev·er

[klévər 클레버]

형 (비교급 **cleverer** [klévərər 클레버러], 최상급 **cleverest** [klévərist 클레버리스트])

형 1. 영리한, 머리가 좋은(《동》 bright, wise,《반》 foolish 어리석은)
He is the *cleverest* boy in our class.
그는 우리 반에서 제일 영리한 소년이다.

형 2. 솜씨 있는, 재주 있는
She is *clever* at making dolls.
그녀는 인형을 잘 만든다.

*cli·ent

[kláiənt 클라이언트]

명 (복수 **clients** [kláiənts 클라이언츠])
(변호사 등의) 의뢰인 ; 고객
a lawyer with many *clients*
의뢰인이 많은 변호사

cli·mate

[kláimət 클라이멋]

명 (복수 **climates** [kláiməts 클라이머츠])
기후
Korea has a mild *climate*.
한국은 기후가 온화하다.

*climb

[kláim 클라임] ★ 발음 주의

동 (3단현 **climbs** [kláimz 클라임즈], 과거·과거 분사 **climbed** [kláimd 클라임드], 현재 분사 **climbing** [kláimiŋ 클라이밍])

타 …을 오르다, 기어 오르다 (《동》 go up)
I like to *climb* mountains.
나는 산에 오르기를 좋아한다.
The boys are *climbing* a mountain.
소년들이 산을 오르고 있다.

자 오르다, 기어오르다 ⟨*up*⟩
He *climbed up* a tree.
그는 나무에 기어 올랐다.

*clin·ic

[klínik 클리닉]

명 진료소, 의원
an eye *clinic* 안과 의원

*clip

[klíp 클립]

명 (복수 **clips** [klíps 클립스])
클립, 종이 집게

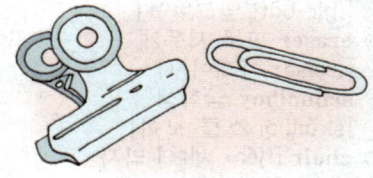

a paper *clip*
종이 끼우개

타 (3단현 **clips** [klíps 클립스], 과거·과거 분사 **clipped** [klípt 클립트], 현재 분사 **clipping** [klípiŋ 클리핑])
타 1. 클립으로 고정시키다, 끼우다
  I *clipped* the papers together.
  나는 서류를 클립으로 고정시켰다.
타 2. (가위로) 잘라내다, 깎아 손질하다

*clock

[klák 클락]
명 (복수 **clocks** [kláks 클락스]) 탁상 시계, 괘종 시계(《참고》 watch 손목 시계)《휴대용이 아닌 것》
  an alarm *clock* 자명종

That *clock* is fast〔slow〕.
저 시계는 빨리〔늦게〕 간다.
The *clock* has just struck ten.
시계가 막 10시를 쳤다.
This *clock* gains two minutes a day.
이 시계는 하루에 2분 빠르다.

*close¹

[klóuz 클로우즈] ★ 발음 주의
동 (3단현 **closes** [klóuziz 클로우지즈], 과거·과거 분사 **closed** [klóuzd 클로우즈드], 현재 분사 **closing** [klóuziŋ 클로우징])
타 1. (열려 있는 것을) 닫다 ; (가게 등을) 닫다(《동》 shut, 《반》 open 열다)
  Close your eyes.
  눈을 감아라.
  Close the door, Minsu.
  민수야, 문 좀 닫아라.

The shop is *closed* at six.
그 가게는 6시에 문을 닫는다.
타 2. (이야기 등을) 끝내다, 종료하다
  I'd like to *close* my speech with these words.
  이 말로 제 강연을 끝내고 싶습니다.
자 닫히다 ; 끝나다
  The door *closed* by itself.
  문이 저절로 닫혔다.

*close²

[klóus 클로우스] ★ 발음 주의
형 (비교급 **closer** [klóusər 클로우서], 최상급 **closest** [klóusist 클로우시스트])
형 1. 가까운, 접근한(《동》 near)
  My house is *close* to the park.
  나의 집은 그 공원에서 가깝다.
형 2. 친밀한(《동》 dear)
  He is a *close* friend of mine.
  그는 나의 친한 친구다.
형 3. 면밀한 ; 주의 깊은(《동》 careful)
  Pay *close* attention to the teacher.
  선생님 말씀을 주의하여 들어라.
부 (비교급 **closer** [klóusər 클로우서], 최상급 **closest** [klóusist

클로우시스트])
접근하여 ; 바로 가까이에〈to〉
《동》near)
Come *closer to* me.
내게 좀 더 가까이 와라.

close·ly *closely*

[klóusli 클로우슬리]

부 (비교급 **more closely**, 최상급 **most closely**)

꼭 ; 접근하여 ; 면밀히, 상세히
You must read the textbook *closely*.
교과서를 상세히 읽어야 한다.

clos·et *closet*

[klázit 클라짓]

명 (복수 **closets** [klázits 클라짓츠])

벽장 ; 작은 방

cloth *cloth*

[klɔ́:θ 클로-스] ★ 발음 주의

명 (복수 **cloths** [klɔ́:θs 클로-스스])

천, 직물, 양복감《이 뜻으로는 부정 관사를 붙이지 않고 복수형으로도 하지 않는다》 ; 식탁보

She bought five yards of *cloth*.
그녀는 5야드의 천을 샀다.

*clothes *clothes*

[klóu(ð)z 클로우(드)즈]
★ 발음 주의

명 [복수] 옷, 의복

put on〔take off〕one's *clothes*
옷을 입다〔벗다〕
a suit of *clothes* 옷 한 벌
She has a lot of *clothes*.
그녀는 옷이 많다.

Fine *clothes* make the man.
《속담》옷이 날개다.

cloth·ing *clothing*

[klóuðiŋ 클로우딩]

명 의류, 의복《몸에 걸치는 것 전체를 가리킨다》
an article of *clothing*
의류 1점
food, *clothing*, and shelter
의식주

*cloud *cloud*

[kláud 클라우드]

명 (복수 **clouds** [kláudz 클라우즈])

명 1. 구름《참고》cloudy 흐린)
a dark *cloud* 먹구름
a rain *cloud* 비구름
There were white *clouds* in the sky.

하늘에는 흰 구름이 끼어 있었다.

명 2. 구름 모양의 것; 큰 떼
a *cloud* of flies 파리 떼
a *cloud* of smoke
자욱한 연기

자 (3단현 **clouds** [kláudz 클라우즈], 과거·과거 분사 **clouded** [kláudid 클라우디드], 현재 분사 **clouding** [kláudiŋ 클라우딩])
흐리다
Suddenly the sky *clouded* over.
갑자기 하늘이 온통 흐렸다.

*cloud·y *cloudy*

[kláudi 클라우디]

형 (비교급 **cloudier** [kláudiər 클라우디어], 최상급 **cloudiest** [kláudiist 클라우디이스트])
흐린, 구름이 낀 (《반》 fine 갠, 《참고》 cloud 구름)
Sunday, May 15, *Cloudy*
5월 15일, 일요일, 흐림
It's *cloudy* today.
오늘은 날씨가 흐리다.

*clown *clown*

[kláun 클라운]
명 (서커스 등의) 어릿광대

*club *club*

[klʌ́b 클러브]

명 (복수 **clubs** [klʌ́bz 클러브즈])

명 1. 클럽, 동호회, 부
a book *club* 독서회
I am on the soccer *club*.
나는 축구부에 들어 있다.

He is a member of the drama *club*.
그는 연극 부원이다.
명 2. 곤봉, (골프·하키 등의) 타봉
명 3. (카드 놀이의) 클럽(의 패)

*clue *clue*

[klú: 클루-]

명 (복수 **clues** [klú:z 클루-즈])
(수수께끼 등을 푸는) 실마리, 단서

look for *clues*
실마리를 찾다
At last, he got a *clue*.
결국 그는 실마리를 얻었다.

***coal** *coal*

[kóul 코울]

명 (복수 **coals** [kóulz 코울즈])
석탄
brown *coal* 갈탄
hard *coal* 무연탄
I put *coals* in the stove.
나는 난로에 석탄을 넣었다.

***coast** *coast*

[kóust 코우스트]

명 (복수 **coasts** [kóusts 코우스츠])
해안, 연안 (《동》 seaside)

Our town lies on the *coast*.
우리 마을은 해안에 있다.

***coat** *coat*

[kóut 코우트]

명 (복수 **coats** [kóuts 코우츠])
명 1. (양복의) 상의 ; 외투, 코트

Put on your *coat*, please.
외투를 입으세요.
Take off your *coat*, please.
외투를 벗으세요.

명 2. (동물의) 털가죽, 털 ; (식물의) 껍질
명 3. (페인트 등의) 칠, 도장
타 (3단현 **coats** [kóuts 코우츠], 과거·과거 분사 **coated** [kóutid 코우티드], 현재 분사 **coating** [kóutiŋ 코우팅])
(페인트 등으로) 칠하다, (먼지 등이) 덮다 〈with, in〉
She *coated* the wall *with* paint.
그녀는 벽에 페인트칠을 했다.

***cof·fee** *coffee*

[kɔ́:fi 코-피]

명 (복수 **coffees** [kɔ́:fiz 코-피즈])
명 1. 커피
She likes *coffee* very much.
그녀는 커피를 매우 좋아한다.

명 2. (한 잔의) 커피
Two *coffees*, please.
커피 두 잔 주세요.

***coin** *coin*

[kɔ́in 코인]

명 (복수 **coins** [kɔ́inz 코인즈])
경화, 코인

a gold〔silver〕 *coin* 금〔은〕화
Please change this bill into *coins*. 이 지폐를 코인으로 바꿔 주세요.

*cold *cold*

[kóuld 코울드]
형 (비교급 **colder** [kóuldər 코울더], 최상급 **coldest** [kóuldist 코울디스트])
추운, 찬(《반》 hot 더운); 냉정〔냉담〕한
It's very *cold*.
(날씨가) 꽤 춥다.
Are you *cold*? Shall I shut the window?
춥니? 창문을 닫을까?

He was *cold* to me.
그는 내게 냉정했다.
명 (복수 **colds** [kóuldz 코울즈])
명 1. [흔히 a cold로] 감기
I have *a cold*.
나는 감기가 들었다.

명 2. [흔히 the cold로] 추위
I don't like *the cold* of winter.
나는 겨울의 추위가 싫다.

col·lar *collar*

[kálər 칼러]
★ color의 발음과 구별
명 (복수 **collars** [kálərz 칼러즈])
칼라, 옷깃
She turned up her coat *collar*.
그녀는 코트 깃을 세웠다.

*col·lect *collect*

[kəlékt 컬렉트]
동 (3단현 **collects** [kəlékts 컬렉츠], 과거·과거 분사 **collected** [kəléktid 컬렉티드], 현재 분사 **collecting** [kəléktiŋ 컬렉팅])
타 모으다, 수집하다(《동》 gather, 《참고》 collection 수집)
Collecting stamps is my hobby. 우표 수집은 내 취미다.
I *collect* bottle caps.
나는 병마개를 모은다.

자 (사람·동물이) 모이다
Crowds of people *collected* there.
그곳에 많은 사람이 모였다.

col·lec·tion *collection*

[kəlékʃən 컬렉션]
명 (복수 **collections** [kəlékʃənz

컬렉션즈])
수집(한 것), 모은 것
He has a large *collection* of records.
그는 레코드를 많이 수집했다.

***col·lege** *college*

[kálidʒ 칼리지]

명 (복수 **colleges** [kálidʒiz 칼리지즈])

명 1. (단과) 대학(《참고》 university 종합 대학교)
He is a *college* student.
그는 대학생이다.

명 2. 《미》 (종합 대학교의) 학부
This university has five *colleges*.
이 대학교에는 5개의 학부가 있다.
명 3. 《영》 (옥스퍼드 대학 등의) 기숙사
명 4. 전문 대학, 각종 학교

---

col·o·ny *colony*

[káləni 칼러니]

명 (복수 **colonies** [káləniz 칼러니즈])
식민지, 거류민, 거류지(구)
the Italian *colony* in New York
뉴욕의 이탈리아인 거리

***col·o(u)r** *colour*

[kálər 컬러]

명 (복수 **colo(u)rs** [kálərz 컬러즈])

명 1. 색깔, 색채
I like bright *colors*.
나는 밝은 색을 좋아한다.
명 2. [colo(u)rs로] 그림 물감
He painted in water *colors*.
그는 수채화를 그렸다.
명 3. 안색, 혈색
She has a good *color* today.
그녀는 오늘 안색이 좋다.
명 4. 개성, 특색(이 뜻으로는 부정 관사를 붙이지 않고 복수형으로도 하지 않는다)
명 5. (인종에 따른) 피부색

명 6. [colo(u)rs로] 기(《동》 flag); 군기, 국기
change color 새파래지다; 낯을 붉히다
lose color 얼굴빛이 새파래지다
동 (3단현 **colo(u)rs** [kálərz 컬러즈], 과거·과거 분사 **colo(u)red** [kálərd 컬러드], 현재 분사 **colo(u)ring** [kál(ə)riŋ 컬러링])
타 색칠하다
I *colored* the door white.
나는 문을 하얗게 칠했다.

자 물들다 ; (얼굴을) 붉히다
The leaves have begun to *color*.
나뭇잎이 물들기 시작했다.

col·umn *column*

[káləm 칼럼] ★ 발음 주의
명 (복수 **columns** [káləmz 칼럼즈])
명 1. (신문의) 난, 칼럼 ; 단
명 2. 둥근 기둥

*comb *comb*

[kóum 코움] ★ 발음 주의
명 (복수 **combs** [kóumz 코움즈])
명 1. (머리 빗는) 빗
명 2. (닭 등의) 볏

타 (3단현 **combs** [kóumz 코움즈], 과거·과거 분사 **combed** [kóumd 코움드], 현재 분사 **combing** [kóumiŋ 코우밍])
빗으로 빗다
I *comb* my hair back.
나는 머리를 뒤로 빗어 넘긴다.

com·bi·na·tion *combination*

[kàmbənéiʃən 캄버네이션]
명 (복수 **combinations** [kàmbənéiʃənz 캄버네이션즈])
짜맞춤, 결합(체), 연합 ;《화학》화합

*com·bine *combine*

[kəmbáin 컴바인]
타 (3단현 **combines** [kəmbáinz 컴바인즈], 과거·과거 분사 **combined** [kəmbáind 컴바인드], 현재 분사 **combining** [kəmbáiniŋ 컴바이닝])
…을 결합시키다, 화합시키다
It is difficult to *combine* work with pleasure.
일과 즐거움을 결합시킨다는 것은 어려운 일이다.

*come *come*

[kʌ́m 컴]
자 (3단현 **comes** [kʌ́mz 컴즈], 과거형 **came** [kéim 케임], 과거 분사 **come** [kʌ́m 컴], 현재 분사 **coming** [kʌ́miŋ 커밍])
자 1. 오다(《반》go 가다) ; (상대 방쪽으로) 가다
Come here. 이리 와.

come here   go away

Jane, dinner is ready. — OK. I'm *coming*.
제인, 저녁 준비 다 되었다.
— 네. 지금 가요.

자 2. 일어나다, 생기다;(생각 등이) 떠오르다
A good idea *came* to me.
좋은 생각이 떠올랐다.

자 3. (어떤 상태가) 되다
자 4. [to 부정사와 함께] …하게 되다, …하기에 이르다
You will soon *come to* like this town. 너는 이 마을이 곧 좋아질 것이다.
자 5. [감탄사적으로] 자, 이봐 《노여움·초조 등을 나타낸다》
Come, stop your play.
자, 그만 놀아라.
come about (사건이) 일어나다 (《동》happen)
How did the accident *come about*? 어떻게 해서 사고가 일어났습니까?
come across (1) …을 가로질러 오다
(2) …을 우연히 만나다
I *came across* him in a bus yesterday.
나는 어제 버스안에서 우연히 그를 만났다.
come after …을 찾으러 오다; …에 계속되다
Coffee *comes after* the meal.
식사 뒤에 커피가 나옵니다.
come along 오다, (길을) 지나가다
A boy *came along* with his little dog. 한 소년이 작은 개를 데리고 지나갔다.
come back (되)돌아오다(《동》return)
I *came back* from school just now.
나는 방금 학교에서 돌아왔다.
come down (1) 내려오다
She *came down* to breakfast at seven.
그녀는 7시에 아침을 먹으러 (2층에서) 내려왔다.
(2) (전설 등이) 전해지다;(가격·온도 등이) 내려가다
come from …출신이다
Where do you *come from*? — I *come from* Texas.
너는 어디 출신이니? — 나는 텍사스 출신이야.
come in 들어오다
May I *come in*? — Sure.
들어가도 되니? — 어서 와.

come into …에 들어오다
Mother *came into* my room.
어머니가 내 방에 들어오셨다.
come off (…에서) 빠지다; 떨어지다
A button *came off* my coat.
코트의 단추가 하나 떨어졌다.
Come on. 자자.;서둘러.;힘내라.;자 덤벼라.
Come on, hurry up!
자, 서둘러라.

come out (1) 나오다, 나타나다

The rain stopped, and the sun *came out*.
비가 그치고 해가 났다.
(2) (꽃이) 피다 ; (사실 등이) 드러나다
come out of …에서 나오다
She *came out of* the church.
그녀는 교회에서 나왔다.
come over 멀리서 오다〈*from, to*〉; …을 건너오다
come true (꿈 등이) 실현되다
My dream has *come true*.
내 꿈이 실현되었다.
come up (1) 오르다 ; 다가오다
The sun *came up* on the horizon.
태양이 지평선 위로 떠올랐다.
(2) 일어나다, 생기다
come upon (1) …을 우연히 만나다(《동》*come across*)
(2) 문득 …한 생각이 들다
Suddenly she *came upon* a good idea. 갑자기 그녀는 좋은 생각이 떠올랐다.

---

com·e·dy *comedy*

[kámədi 카머디]

명 (복수 **comedies** [kámədiz 카머디즈])
희극, 코미디(《반》*tragedy* 비극)

---

com·fort *comfort*

[kámfərt 컴퍼트]

명 안락, 쾌적함 ; 위로
She lives in *comfort*.
그녀는 안락하게 살고 있다.
타 (3단현 **comforts** [kámfərts 컴퍼츠], 과거·과거 분사 **comforted** [kámfərtid 컴퍼티드], 현재 분사 **comforting** [kámfərtiŋ 컴퍼팅])
…을 위로하다, 기운을 북돋우다
The letter from home *comforted* him.
집에서 온 편지를 보고 그는 위안을 받았다.

---

*com·fort·a·ble *comfortable*

[kámfərtəbl 컴퍼터블]

형 (비교급 **more comfortable**, 최상급 **most comfortable**)
쾌적한, 기분좋은, 편한, 안락한
The cat is *comfortable* on the sofa. 고양이가 소파 위에 편하게 누워 있다.

Please make yourself *comfortable*. 편히 쉬십시오《주인이 손님에게 하는 말》.

---

com·ing *coming*

[kámiŋ 커밍]

자 come의 현재 분사
형 (다가) 오는, 다음의《명사 앞에만 쓴다》
coming week 다음주

---

*com·mand *command*

[kəmǽnd 커맨드]

타 (3단현 **commands** [kəmǽndz 커맨즈], 과거·과거 분사 **commanded** [kəmǽndid 커맨디드], 현재 분사 **commanding** [kəmǽndiŋ 커맨딩])
타 1. 명령하다 ; …에게 명하여 …하게 하다
He *commanded* me to go.
그는 내게 가라고 명령했다.
타 2. 지휘하다, 지배하다

This ship is *commanded* by Captain White.
이 배는 화이트 선장의 지휘를 받는다.
명 (복수 **commands** [kəmǽndz 커맨즈])
명령; 지휘

*com·ment comment

[kάment 카멘트]

명 (복수 **comments** [kάments 카멘츠])
논평, 비평, 코멘트
No *comment*.
할 말이 없다.
자 (3단현 **comments** [kάments 카멘츠], 과거·과거 분사 **commented** [kάmentid 카멘티드], 현재 분사 **commenting** [kάmentiŋ 카멘팅])
논평하다, 의견을 말하다, 비평하다 〈*on, upon*〉

com·merce commerce

[kάmə:rs 카머-스] ★ 악센트 주의
명 상업, 무역
We carry on *commerce* with the United States.
우리나라는 미국과 무역을 하고 있다.

*com·mer·cial

commercial

[kəmə́:rʃəl 커머-셜]

형 1. 상업(상)의, 통상의
I plan to go to a *commercial* high school. 나는 상업 고등학교에 진학할 예정이다.
형 2. 영리적인; 광고〔선전〕용의
commercial broadcasting
상업〔민간〕 방송
The film was a *commercial* success.
그 영화는 상업적으로 성공했다.
명 (복수 **commercials** [kəmə́:rʃəlz 커머-셜즈])
광고〔상업〕 방송
This *commercial* is interesting.
이 광고 방송은 재미있다.

*com·mit commit

[kəmít 커밋]

타 (3단현 **commits** [kəmíts 커미츠], 과거·과거 분사 **committed** [kəmítid 커미티드], 현재 분사 **committing** [kəmítiŋ 커미팅])
타 1. (죄·잘못 등을) 범하다
If you *commit* a crime, you will be punished.
죄를 지면 벌을 받는다.

타 2. 위임하다, 맡기다; (교도소·정신 병원으로) 보내다 〈*to*〉
The doctor *committed* the patient *to* (the) general hospital.
의사는 그 환자를 종합병원으로 보냈다.

com‧mit‧tee *committee*

[kəmíti 커미티] ★ 악센트 주의

명 (복수 **committees** [kəmítiz 커미티즈])

위원회 ; 위원《전체》

The *committee* is made up of fifteen persons.
그 위원회는 15명으로 구성되어 있다.

---

*com‧mon *common*

[kámən 카먼]

형 (비교급 **more common** 또는 **commoner** [kámənər 카머너], 최상급 **most common** 또는 **commonest** [kámənist 카머니스트])

형 1. 보통의, 평범한, 흔히 있는
Cats and dogs are very *common* animals.
고양이와 개는 아주 흔한 동물이다.

형 2. 공통의, 공유의, 공동의
English is a *common* language in the world.
영어는 세계 공통어다.
This room is *common* to us.
이 방은 우리가 공동으로 사용한다.

---

com‧mon‧ly *commonly*

[kámənli 카먼리]

부 일반적으로, 보통으로
Women *commonly* live longer than men. 일반적으로 여자가 남자보다 오래 산다.

---

*com‧mu‧ni‧cate *communicate*

[kəmjú:nəkèit 커뮤-너케이트]
★ 악센트 주의

동 (3단현 **communicates** [kəmjú:nəkèits 커뮤-너케이츠], 과거・과거 분사 **communicated** [kəmjú:nəkèitid 커뮤-너케이티드], 현재 분사 **communicating** [kəmjú:nəkèitiŋ 커뮤-너케이팅])

타 전달하다, 알리다⟨to⟩
She *communicated* her secret *to* no one.
그녀는 자신의 비밀을 아무에게도 알리지 않았다.

자 통신하다, 연락하다 ; 교제하다, 통하다⟨with⟩
We *communicate with* each other by telephone.
우리는 서로 전화로 연락한다.

---

*com‧mu‧ni‧ca‧tion *communication*

[kəmjù:nəkéiʃən 커뮤-너케이션]

명 (복수 **communications** [kəmjù:nəkéiʃənz 커뮤-너케이션즈])

전달, 통신 ; [보통 communications로] 통신 기관〔수단〕, 교통 기관〔수단〕

mass *communication*
대중 전달, 매스컴
The storm destroyed all *communications*. 폭풍으로 모든 통신 수단이 파괴됐다.

---

*com·mu·ni·ty *community*
[kəmjúːnəti 커뮤-너티]
명 (복수 **communities** [kəmjúːnətiz 커뮤-너티즈])
지역 사회(의 사람들); [보통 the community로] (이해·종교 등을 같이 하는) 공동체, 단체, 사회 《단수 또는 복수 취급》
a religious *community*
종교 단체
I would like to work for the welfare of *the community*.
나는 사회 복지를 위해 일하고 싶다.

---

com·pan·ion *companion*
[kəmpǽnjən 컴패니언]
명 (복수 **companions** [kəmpǽnjənz 컴패니언즈])
동료, 친구; 길동무
my daughter and her two *companions*
딸과 그녀의 두 친구

---

*com·pa·ny *company*
[kʌ́mp(ə)ni 컴퍼니]
명 (복수 **companies** [kʌ́mp(ə)niz 컴퍼니즈])
명 1. 회사《회사명에서는 Co.로 약한다; 단수 또는 복수 취급》
a publishing *company* 출판사
Which *company* do you work for?
어느 회사에 근무하십니까?
명 2. 동석, 동행; 교제
I enjoyed your *company* very much.
나는 너와 함께 있어서 매우 즐거웠다.
명 3. 동료, 친구《단수 또는 복수 취급》
He keeps good *companies*.
그는 좋은 친구들과 사귀고 있다.

명 4. 단체; (배우 등의) 일행《단수 또는 복수 취급》
Our *company* consists of ten men. 우리 일행은 열 사람이다.

---

*com·pare *compare*
[kəmpéər 컴페어]
동 (3단현 **compares** [kəmpéərz 컴페어즈], 과거·과거 분사 **compared** [kəmpéərd 컴페어드], 현재 분사 **comparing** [kəmpé(ə)riŋ 컴페(어)링])
타 1. 비교하다⟨with, to⟩, 대조하다
He *compared* his result *with* mine.
그는 자기의 성적을 내 성적과 비교했다.

타 2. 비유하다〈to, with〉
Life is *compared to* a voyage.
인생은 항해에 비유된다.

자 필적하다, 동등하다〈with〉
《보통 부정문에 쓴다》

com·par·i·son
comparison

[kəmpǽrəsn 컴패러슨]

명 (복수 **comparisons** [kəmpǽrəsnz 컴패러슨즈])
비교, 대조 ;《문법》비교 (변화)

*com·pete *compete*

[kəmpíːt 컴피-트]

자 (3단현 **competes** [kəmpíːts 컴피-츠], 과거 · 과거 분사 **competed** [kəmpíːtid 컴피-티드], 현재 분사 **competing** [kəmpíːtiŋ 컴피-팅])
(…와) 경쟁하다, 싸우다〈with, against〉
They *competed with* each other for the prize.
그들은 상을 타려고 서로 경쟁했다.

com·pe·ti·tion
competition

[kàmpətíʃən 캄퍼티션]

명 (복수 **competitions** [kàmpətíʃənz 캄퍼티션즈])
경쟁 ; 시합, 경기

*com·plain *complain*

[kəmpléin 컴플레인]

자 (3단현 **complains** [kəmpléinz 컴플레인즈], 과거 · 과거 분사 **complained** [kəmpléind 컴플레인드], 현재 분사 **complaining** [kəmpléiniŋ 컴플레이닝])
불평하다, 투덜거리다〈about, of〉; 호소하다〈of〉
He is always *complaining*.
그는 늘 불평만 하고 있다.
He often *complains of* headaches.
그는 자주 두통을 호소한다.

com·plaint *complaint*
[kəmpléint 컴플레인트]
명 (복수 **complaints** [kəmpléints 컴플레인츠])
불평, 불만, 푸념

***com·plete** *complete*
[kəmplíːt 컴플리-트]
형 1. 완전한
He is a *complete* stranger to me.
나는 그를 전혀 모른다.
형 2. 전부의, 전부 갖춘, 완비된
The room is *complete* with furniture.
그 방은 가구가 완비되어 있다.
형 3. 완성한, 완료된《명사 앞에는 쓰지 않는다》
This painting is now *complete*.
이 그림은 이제 완성되었다.

타 (3단현 **completes** [kəmplíːts 컴플리-츠], 과거·과거 분사 **completed** [kəmplíːtid 컴플리-티드], 현재 분사 **completing** [kəmplíːtiŋ 컴플리-팅])
완성시키다, 마무리하다
The new school building has been *completed*.
새 학교 건물이 완성됐다.

***com·plete·ly** *completely*
[kəmplíːtli 컴플리-틀리]
부 (비교급 **more completely**, 최상급 **most completely**)
완전히, 철저히, 온통
I have *completely* forgotten her face.
나는 그녀의 얼굴을 완전히 잊어버렸다.

***com·plex** *complex*
[kəmpléks 컴플렉스]
형 (비교급 **more complex**, 최상급 **most complex**)
복잡한; 복합의《반》simple 간단한
Her ideas are very *complex*.
그녀의 생각은 아주 복잡하다.
명 [kámpleks 캄플렉스] (복수 **complexes** [kámpleksiz 캄플렉시즈])
복합체, (건물 등의) 집합체;《심리학》콤플렉스
a housing *complex* 주택 단지

***com·pli·cat·ed** *complicated*
[kámpləkèitid 캄플러케이티드]
형 복잡한, 복잡하게 얽힌
The situation is a bit *complicated*.
상황이 약간 복잡해지고 있다.

***com·pose** *compose*
[kəmpóuz 컴포우즈]
타 (3단현 **composes** [kəmpóuziz

컴포우지즈], 과거·과거 분사 **composed** [kəmpóuzd 컴포우즈드], 현재 분사 **composing** [kəmpóuziŋ 컴포우징])

타 1. [진행형 없이] 구성하다, 조립하다
America is *composed* of fifty states.
미국은 50개 주로 구성되어 있다.

타 2. (글·시 등을) 쓰다 ; 작곡하다
He sometimes *composes* poems.
그는 때때로 시를 쓴다.

com·po·si·tion
composition
[kàmpəzíʃən 캄퍼지션]

명 (복수 **compositions** [kàmpəzíʃənz 캄퍼지션즈])

명 1. 작문 ; 작품 ; 작곡
Write a short *composition* in English.
영어로 짧은 작문을 지어보아라.

명 2. 구성, 조립 ; 창작

*com·pre·hend
comprehend
[kàmprihénd 캄프리헨드]

타 (충분히) 이해하다
He could not *comprehend* why she left school.
그녀가 왜 학교를 그만두는지 그는 이해할 수 없었다.

*com·put·er *computer*
[kəmpjúːtər 컴퓨-터]

명 (복수 **computers** [kəmpjúːtərz 컴퓨-터즈])
컴퓨터

*con·cen·trate
concentrate
[kánsəntrèit 칸선트레이트]

동 (3단현 **concentrates** [kánsəntrèits 칸선트레이츠], 과거·과거 분사 **concentrated** [kánsəntrèitid 칸선트레이티드], 현재 분사 **concentrating** [kánsəntrèitiŋ 칸선트레이팅])

타 (주의를) 집중하다⟨on, upon⟩
He *concentrated* his attention *on* his work.
그는 일에 주의를 집중했다.

자 (사람·사물이) 모이다 ; 주의〔노력〕를 집중하다
I cannot *concentrate* on my study.
나는 공부에 전념할 수가 없다.

con·cen·tra·tion *concentration*

[kànsəntréiʃən 칸선트레이션]

명 (복수 **concentrations** [kànsəntréiʃənz 칸선트레이션즈])
집중(력) ; 집결

*con·cern *concern*

[kənsə́ːrn 컨선-]

타 (3단현 **concerns** [kənsə́ːrnz 컨선-즈], 과거·과거 분사 **concerned** [kənsə́ːrnd 컨선-드], 현재 분사 **concerning** [kənsə́ːrniŋ 컨선-닝])

타 1. [진행형 없이] (사물이) …에 관계하다, 관계되다
 The matter does not *concern* me.
 그 일은 나와 관계가 없다.

타 2. [수동형으로] (사람이) …에 관계하다, 관여하다 〈*with, in*〉
 He *is* not *concerned in* the affair.
 그는 그 일과는 관계가 없다.

타 3. [수동형으로] …을 걱정하다, 염려하다 〈*about*〉
 She *is concerned about* her son's future.
 그녀는 아들의 장래를 걱정하고 있다.

명 (복수 **concerns** [kənsə́ːrnz 컨선-즈])
관심(사) ; 일 ; 걱정
 It's no *concern* of mine.
 내가 알 바 아니다.

con·cerned *concerned*

[kənsə́ːrnd 컨선-드]

형 걱정〔염려〕스러운 ; [명사 뒤에서] 관계하고 있는
 with a *concerned* look
 걱정스러운 표정으로

con·cern·ing *concerning*

[kənsə́ːrniŋ 컨서-닝]

전 《문어》 …에 관하여 (《동》 about)

*con·cert *concert*

[kánsə(ː)rt 칸서(-)트]

명 (복수 **concerts** [kánsə(ː)rts 칸서(-)츠])
음악회, 연주회, 콘서트
 He gave *concerts* in many cities. 그는 많은 도시에서 음악회를 열었다.

*con·clude *conclude*

[kənklúːd 컨클루-드]

타 (3단현 **concludes** [kənklúːdz 컨클루-즈], 과거·과거 분사 **concluded** [kənklúːdid 컨클루-디드], 현재 분사 **concluding** [kənklúːdiŋ 컨클루-딩])

타 1. 결론을 내리다, 결정하다
 We *concluded* that this plan was best. 우리는 이 계획이 가장 좋다고 결론을 내렸다.

타 2. …을 끝내다

They *concluded* the meeting late at night.
그들은 밤늦게 회합을 끝냈다.
Concluded. 끝., 완결《연재물의 마지막 회에 쓴다》.
To be concluded. 다음 호에 완결《「다음 호에 계속.」은 To be continued.》.

---

*con·clu·sion *conclusion*
[kənklúːʒən 컨클루-전]
명 (복수 **conclusions** [kənklúːʒnz 컨클루-전즈])
결론, 결정, 결말, 끝맺음
What *conclusions* did you come to?
넌 어떤 결론을 내렸니?

---

*con·di·tion *condition*
[kəndíʃən 컨디션]
명 (복수 **conditions** [kəndíʃənz 컨디션즈])
명 1. 상태; 건강 상태, (몸의) 컨디션
She's in no *condition* to attend school.
그녀는 (도저히) 학교에 갈 상태가 아니다.

타 2. [보통 conditions로] (주위의) **상황, 사정**
Traffic *conditions* during rush hours in Seoul are terrible.
러시 아워 때의 서울의 교통 사정은 몹시 나쁘다.

명 3. **조건**

---

*con·duct *conduct*
[kəndʌ́kt 컨덕트] ★ 발음 주의
타 (3단현 **conducts** [kəndʌ́kts 컨덕츠], 과거·과거 분사 **conducted** [kəndʌ́ktid 컨덕티드], 현재 분사 **conducting** [kəndʌ́ktiŋ 컨덕팅])
타 1. (악단을) **지휘하다**
He *conducted* the orchestra.
그는 오케스트라를 지휘했다.
타 2. **안내하다, 지도하다**
I *conducted* her to the park.
나는 그녀를 공원으로 안내했다.
타 3. (업무 등을) **행하다**
conduct one*self* 행동하다, 처신하다
명 [kάndʌkt 칸덕트] (도덕적인 면에서 본) **행실, 행동**
She received a prize for her good *conduct*.
그녀는 선행을 하여 상을 받았다.

---

con·duc·tor *conductor*
[kəndʌ́ktər 컨덕터]
명 (복수 **conductors** [kəndʌ́ktərz 컨덕터즈])
명 1. (전차·버스·기차의) **차장**
명 2. (합창단 등의) **지휘자**

con·fer·ence *conference*

[kánf(ə)rəns 칸퍼런스]
명 (복수 **conferences** [kánf(ə)rənsiz 칸퍼런시즈])
회담, 협의 ; 회의
He is in *conference* now.
그는 지금 회의 중이다.

con·fess *confess*

[kənfés 컨페스]
동 (3단현 **confesses** [kənfésiz 컨페시즈], 과거·과거 분사 **confessed** [kənfést 컨페스트], 현재 분사 **confessing** [kənfésiŋ 컨페싱])
타 자백〔고백〕하다, 인정하다 ; 참회하다
He *confessed* his crimes.
그는 자신의 범죄를 자백했다.
자 고백하다 ; 참회하다

con·fi·dence *confidence*

[kánfədəns 칸퍼던스]
명 (복수 **confidences** [kánfədənsiz 칸퍼던시즈])
명 1. (남에 대한) 신용, 신뢰 〈*in*〉
I have complete *confidence in* him.
나는 그를 완전히 믿고 있다.
명 2. (자기에 대한) 자신, 확신
Act with *confidence*.
자신있게 행동해라.

*con·fi·dent *confident*

[kánfəd(ə)nt 칸퍼던트]
형 (비교급 **more confident**, 최상급 **most confident**)
확신하는, 자신을 가진〈*of*〉
I am *confident of* his success.
나는 그의 성공을 확신한다.

con·flict *conflict*

[kánflikt 칸플릭트]
명 (복수 **conflicts** [kánflikts 칸플릭츠])
투쟁, 전투 ; (의견 등의) 대립
a *conflict* of opinion(s)
의견의 대립

*con·fuse *confuse*

[kənfjúːz 컨퓨-즈]
타 (3단현 **confuses** [kənfjúːziz 컨퓨-지즈], 과거·과거 분사 **confused** [kənfjúːzd 컨퓨-즈드], 현재 분사 **confusing** [kənfjúːziŋ 컨퓨-징])
타 1. 혼동하다
I often *confuse* you with your older brother.
나는 종종 너를 네 형과 혼동한다.
타 2. 머리를 혼란시키다, 당황하게 하다
I was *confused* by his question.
나는 그의 질문에 당황했다.

con·fu·sion *confusion*
[kənfjúːʒən 컨퓨-전]
- 명 1. 혼란, 난잡한 상태 ; 혼동
- 명 2. (정신적인) 혼란, 당혹, 당황

*con·grat·u·late *congratulate*
[kəngrǽtʃuleit 컨그래출레이트]
- 타 (3단현 **congratulates** [kəngrǽtʃuleits 컨그래출레이츠], 과거·과거 분사 **congratulated** [kəngrǽtʃulèitid 컨그래출레이티드], 현재 분사 **congratulating** [kəngrǽtʃulèitiŋ 컨그래출레이팅])
축하하다, 축사를 하다⟨*on*⟩
She *congratulated* him *on* his graduation.
그녀는 그의 졸업을 축하했다.

con·grat·u·la·tion *congratulation*
[kəngrǽtʃuléiʃən 컨그래출레이션]
- 명 (복수 **congratulations** [kəngrǽtʃuléiʃənz 컨그래출레이션즈]) 축하 ; [congratulations로] 축사 ⟨*on*⟩
- ☆ *Congratulations*!
축하합니다!
Congratulations on your graduation!
— Thank you.
졸업 축하해! — 고마워.

con·gress *congress*
[káŋgrəs 캉그러스]
- 명 (복수 **congresses** [káŋgrəsiz 캉그러시즈])
- 명 1. 회의, 대회 ; 학회(단수 또는 복수 취급)
- 명 2. [Congress로] (미국의) 국회, 의회((영) Parliament)

미국 국회 의사당

*con·nect *connect*
[kənékt 커넥트]
- 동 (3단현 **connects** [kənékts 커넥츠], 과거·과거 분사 **connected** [kənéktid 커넥티드], 현재 분사 **connecting** [kənéktiŋ 커넥팅])
- 타 연결시키다, 접속하다⟨*with, to*⟩
This bridge *connects* the two towns.
이 다리는 두 도시를 연결하고

있다.

Please *connect* me *with* Mr. White.
화이트씨 좀 연결해 주십시오.
자 연락하다, 이어지다〈with〉
This train *connects with* another at Chicago.
이 열차는 시카고에서 다른 열차와 이어진다.

*con·nec·tion *connection*

[kənékʃən 커넥션]
명 (복수 **connections** [kənékʃənz 커넥션즈])
명 1. (…와의) 관계, 유대〈with, between〉
I have no *connection with* him.
나는 그와는 아무 관계도 없다.
명 2. 연락, 연결, (교통 기관 등의) 접속
There are good *connections* between buses in Seoul.
서울에서는 버스간에 연결이 잘 된다.
명 3. [보통 connections로] 연고, 연고자

con·science *conscience*

[kánʃəns 칸션스] ★ 발음 주의
명 (복수 **consciences** [kánʃənsiz 칸션시즈])
양심
It's a matter of *conscience*.
그것은 양심의 문제다.

con·scious *conscious*

[kánʃəs 칸셔스]
형 (비교급 **more conscious**, 최상급 **most conscious**)
《명사 앞에는 쓰지 않는다》
형 1. 알아차린, 의식한〈of〉
(《반》unconscious 알아차리지 못한)
He is *conscious of* his own faults.
그는 자기의 결점을 알고 있다.
형 2. 의식이 있는, 제정신의
The patient is *conscious*.
그 환자는 의식이 있다.

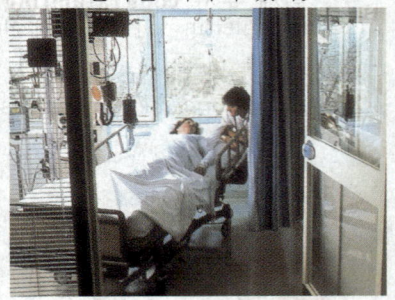

con·se·quence *consequence*

[kánsikwèns 칸시퀜스]
명 (복수 **consequences** [kánsikwènsiz 칸시퀜시즈])
결과(《동》result), 영향(력)

*con·sid·er *consider*
[kənsídər 컨시더]

동 (3단현 **considers** [kənsídərz 컨시더즈], 과거·과거 분사 **considered** [kənsídərd 컨시더드], 현재 분사 **considering** [kənsídəriŋ 컨시더링])

타 1. 잘 생각하다, 숙고하다; 고려해 넣다
  Let's *consider* this problem.
  이 문제를 잘 생각해 보자.

타 2. …을 …로 보다〔생각하다〕
  He *considers* himself to be very important.
  그는 자신을 매우 대단하다고 생각한다.

자 잘 생각하다

Consider a moment before you take an action. 행동하기 전에 한 번 잘 생각해 봐라.

con·sid·er·a·ble *considerable*
[kənsídərəbl 컨시더러블]

형 꽤 많은, 상당한
  a *considerable* income
  상당한 수입

con·sid·er·a·tion *consideration*
[kənsìdəréiʃən 컨시더레이션]

명 (복수 **considerations** [kənsìdəréiʃənz 컨시더레이션즈])
잘 생각하기, 고려; 고려해야 할 사항; 배려〈*for*〉
  Please give some *consideration* to the subject.
  그 문제는 좀 고려해 주세요.

*con·sist *consist*
[kənsíst 컨시스트]

자 (3단현 **consists** [kənsísts 컨시스츠], 과거·과거 분사 **consisted** [kənsístid 컨시스티드], 현재 분사 **consisting** [kənsístiŋ 컨시스팅])

자 1. …으로 되다, 이루어져 있다〈*of*〉
  My family *consists of* four members.
  우리 가족은 네 사람이다.

자 2. …에 있다〈*in*〉
  Happiness *consists in* good health.
  행복은 건강에 있다.

con·stant *constant*
[kánstənt 칸스턴트]

형 (비교급 **more constant**, 최상급 **most constant**)
변치 않는, 일정한; 부단한; 성실한

con·struct *construct*
[kənstrʌ́kt 컨스트럭트]

타 (3단현 **constructs** [kənstrʌ́kts 컨스트럭츠], 과거·과거분사 **constructed** [kənstrʌ́ktid 컨스트럭티드], 현재 분사 **constructing** [kənstrʌ́ktiŋ 컨스트럭팅])
조립하다, (집 등을) 건조하다 《반》 destroy 파괴하다) ; 구성하다
They *constructed* a new house.
그들은 새 집을 지었다.

con·struc·tion
construction

[kənstrʌ́kʃən 컨스트럭션]
명 (복수 **constructions** [kənstrʌ́kʃənz 컨스트럭션즈])
건조, 건설《반》 destruction 파괴) ; 건축물 ; 구조, 짓는 법
under construction 공사 중에

con·sult *consult*

[kənsʌ́lt 컨설트]
타 (3단현 **consults** [kənsʌ́lts 컨설츠], 과거·과거분사 **consulted** [kənsʌ́ltid 컨설티드], 현재 분사 **consulting** [kənsʌ́ltiŋ 컨설팅])
(전문가와) 상담하다 ; 진찰받다 ; (책 등을) 찾아보다
Consult your book.
네 책을 찾아봐라.
She *consulted* a doctor yesterday. 그녀는 어제 의사에게 진찰을 받았다.

*con·tact *contact*

[kántækt 칸택트]
명 (복수 **contacts** [kántækts 칸택츠])
명 1. (…와의) 접촉, 연락 ; 관계〈with〉
I made *contact with* him.
나는 그와 연락을 취했다.
명 2. [보통 contacts로] 교제, 연고
타 (3단현 **contacts** [kántækts 칸택츠], 과거·과거분사 **contacted** [kántæktid 칸택티드], 현재 분사 **contacting** [kántæktiŋ 칸택팅])
…와 연락을 취하다 ; (전화 등으로) …와 연결하다
Please *contact* me as soon as possible.
될 수 있는 대로 빨리 연락 주세요.

*con·tain *contain*

[kəntéin 컨테인]
타 (3단현 **contains** [kəntéinz 컨테인즈], 과거·과거분사 **contained** [kəntéind 컨테인드], 현재 분사 **containing** [kəntéiniŋ 컨테이닝])
…이 들어 있다, 내포하다, 포함하다
This box *contains* six apples.
이 상자에는 사과가 여섯 개 들어 있다.

con·tem·po·rar·y
contemporary

[kəntémpərèri 컨템퍼레리]
- 형 현대의; 동시대의
  contemporary English
  현대 영어
- 명 (복수 **contemporaries** [kəntémpərèriz 컨템퍼레리즈])
  동시대 사람

---

*con·tent¹ *content*

[kántent 칸텐트] ★ 악센트 주의
- 명 (복수 **contents** [kántents 칸텐츠])
- 명 1. (책·이야기의) 요지, 내용 (《반》 form 형식)
  The book has no *content*.
  그 책은 내용이 없다.
- 명 2. [contents로] (용기 등의) 내용물; (책의) 목차

---

*con·tent² *content*

[kəntént 컨텐트] ★ 악센트 주의
- 형 (비교급 **more content**, 최상급 **most content**)
  만족하고 있는 ⟨*with*⟩ 《명사 앞에는 쓰지 않는다》
  She is *content with* her life in France. 그녀는 프랑스에서의 생활에 만족한다.
- 타 (3단현 **contents** [kənténts 컨텐츠], 과거·과거 분사 **contented** [kənténtid 컨텐티드], 현재 분사 **contenting** [kənténtiŋ 컨텐팅])
  만족시키다 ⟨*with*⟩
  Content yourself *with* little.
  작은 것에 만족해라.

---

*con·test *contest*

[kántest 칸테스트]
- 명 (복수 **contests** [kántests 칸테스츠])
  경쟁, 경기, 콘테스트
  a beauty *contest*
  미인 콘테스트

a speech *contest* 웅변 대회

---

con·ti·nent *continent*

[kántənənt 칸터넌트]
- 명 (복수 **continents** [kántənənts 칸터넌츠])
  대륙; [the Continent로] (영국에서 본) 유럽 대륙
  the New *Continent* 신대륙

---

*con·tin·ue *continue*

[kəntínju: 컨티뉴-]

⑧ (3단현 **continues** [kəntínju:z 컨티뉴-즈], 과거·과거 분사 **continued** [kəntínju:d 컨티뉴-드], 현재 분사 **continuing** [kəntínju:iŋ 컨티뉴-잉])
㉺ …을 계속하다 ; 계속해서 말하다
He *continued* reading the book all day long. 그는 하루 종일 책을 계속 읽었다.
㉾ 계속되다
The rain *continued* for a week.
비는 일주일 동안 계속되었다.
To be continued. 다음 호에 계속(「끝.」은 Concluded.,「다음 호에 완결.」은 To be concluded.).

con·tin·u·ous
continuous

[kəntínjuəs 컨티뉴어스]
⑱ (비교급 **more continuous**, 최상급 **most continuous**)
⑱ 연속〔계속〕적인, 끊임없는
continuous snow
끊임없이 내리는 눈

con·tract *contract*
[kɑ́ntrækt 칸트랙트]
⑲ (복수 **contracts** [kɑ́ntrækts 칸트랙츠])
계약 ; 계약서
We have five-year *contract* with this company.
우리는 이 회사와 5년 계약을 맺고 있다.

con·trar·y *contrary*
[kɑ́ntreri 칸트레리]
⑱ 반대의, 역의
I have a *contrary* opinion to yours.
나는 당신과는 반대 의견입니다.
contrary to …와 반대로
Contrary to our expectations, he lost the game.
우리의 기대와는 반대로, 그는 게임에서 졌다.
⑲ [the contrary로] 반대, 역
The *contrary* of "east" is "west".
「동쪽」의 반대는 「서쪽」이다.
on the contrary 이에 반하여, 도리어
to the contrary 그와 반대〔역〕로〔의〕

*con·trast *contrast*
[kɑ́ntræst 칸트래스트]
★ 악센트 주의
⑲ (복수 **contrasts** [kɑ́ntræsts 칸트래스츠])
대비, 대조, 콘트라스트〈*with*, *to*〉; 차이〈*between*〉
The white house made a beautiful *contrast with* the blue sky.
하얀 집은 푸른 하늘과 아름다운 대조를 이루고 있었다.

in contrast …와 대조를 이루어 ⟨*with*⟩
타 [kəntrǽst 컨트래스트] (3단현 **contrasts** [kəntrǽsts 컨트래스츠], 과거·과거 분사 **contrasted** [kəntrǽstid 컨트래스티드], 현재 분사 **contrasting** [kəntrǽstiŋ 컨트래스팅])
대비시키다, 비교하여 차이를 밝히다⟨*with*⟩ (《동》 compare)

---

*con·trib·ute *contribute*

[kəntríbjuːt 컨트리뷰-트]
★ 악센트 주의
동 (3단현 **contributes** [kəntríbjuːts 컨트리뷰-츠], 과거·과거 분사 **contributed** [kəntríbjuːtid 컨트리뷰-티드], 현재 분사 **contributing** [kəntríbjuːtiŋ 컨트리뷰-팅])
타 기부하다, 바치다⟨*to*⟩; (신문·잡지 등에) 기고하다⟨*to*⟩
 He *contributed* a lot of money *to* the school.
 그는 학교에 많은 돈을 기부했다.
자 기부하다, 바치다⟨*to*⟩

*con·trol *control*

[kəntróul 컨트로울]
타 (3단현 **controls** [kəntróulz 컨트로울즈], 과거·과거 분사 **controlled** [kəntróuld 컨트로울드], 현재 분사 **controlling** [kəntróuliŋ 컨트로울링])

타 1. (감정 등을) 억누르다, 억제하다
 I could not *control* my anger.
 나는 화를 억누를 수가 없었다.

타 2. 지배하다, 통제하다, 관리하다
명 관리, 지배, 컨트롤
 remote *control* 리모트 컨트롤

---

con·tro·ver·sy *controversy*

[kántrəvə̀ːrsi 칸트러버-시]
명 (복수 **controversies** [kántrəvə̀ːrsiz 칸트러버-시즈])
논쟁, 논의

*con·ve·nient *convenient*

[kənvíːnjənt 컨비-니언트]
형 (비교급 **more convenient**, 최상급 **most convenient**)
편리한, 형편이 좋은; (…에) 가까이 있는
 This dictionary is *convenient*.
 이 사전은 편리하다.
◆ What place is *convenient* for you? 어떤 곳이 좋을까?

con·ven·tion·al *conventional*

[kənvénʃ(ə)nəl 컨벤셔널]
형 인습적인; 틀에 박힌

con·ver·sa·tion
conversation
[kɑ̀nvərséiʃən 칸버세이션]
몡 회화, 대화

Let's learn English *conversation*. 영어 회화를 배우자.
I had a long *conversation* with him. 나는 그와 오랫동안 대화를 했다.

con·vince *convince*
[kənvíns 컨빈스]
타 (3단현 **convinces** [kənvínsiz 컨빈시즈], 과거·과거 분사 **convinced** [kənvínst 컨빈스트], 현재 분사 **convincing** [kənvínsiŋ 컨빈싱])
확신(납득)시키다
be convinced of …을 확신하다
I *am convinced of* his honesty. 나는 그의 정직함을 확신한다.

*cook *cook*
[kúk 쿡]
동 (3단현 **cooks** [kúks 쿡스], 과거·과거 분사 **cooked** [kúkt 쿡트], 현재 분사 **cooking** [kúkiŋ 쿠킹])
타 …을 요리하다(열을 가하여 요리할 때 쓴다. 그 외에는 make, fix 등을 쓴다)
I will *cook* dinner tonight, Mom. 엄마, 오늘 저녁 요리는 제가 할게요.

자 요리하다

He *cooks* well.
그는 요리를 잘한다.
몡 (복수 **cooks** [kúks 쿡스])
쿡, 요리사 ; 요리하는 사람
a head *cook* 주방장
She is a good *cook*.
그녀는 요리를 잘한다.

*cook·ie, cook·y
cookie, cooky
[kúki 쿠키]
몡 (복수 **cookies** [kúkiz 쿠키즈])
((미)) 쿠키(((영)) biscuit)((작고 납작한 과자))

Don't eat too much *cookie*.
쿠키를 너무 많이 먹지 마라.

cook·ing *cooking*
[kúkiŋ 쿠킹]
몡 요리, 요리법
Who does the *cooking* in your home? 너희 집에서는 누가 요리를 하니?

*cool *cool*

[kúːl 쿨-]

형 (비교급 **cooler** [kúːlər 쿨-러], 최상급 **coolest** [kúːlist 쿨-리스트])

형 1. 시원한; (적당히) 차가운; 식은《반》warm 따뜻한
It is *cool* today.
오늘은 시원하다.
It is *cool* and pleasant here.
여기는 시원하고 좋다.

형 2. 냉정한, 침착한
Keep *cool*! 침착해라.
She is always *cool*.
그녀는 언제나 냉정하다.

형 3. (…에 대하여) 냉담한, 무관심한〈toward〉
Mary was very *cool toward* me. 메리는 나에 대하여 아주 냉담했다.

타 (3단현 **cools** [kúːlz 쿨-즈], 과거·과거 분사 **cooled** [kúːld 쿨-드], 현재 분사 **cooling** [kúːliŋ 쿨-링])
…을 차게 하다, 시원〔서늘〕하게 하다
Cool the milk, please.
우유를 차게 해 주세요.

***co·op·er·ate** *cooperate*

[kouápərèit 코우아퍼레이트]

자 (3단현 **cooperates** [kouápərèits 코우아퍼레이츠], 과거·과거 분사 **cooperated** [kouápərèitid 코우아퍼레이티드], 현재 분사 **cooperating** [kouápərèitiŋ 코우아퍼레이팅])
협력하다, 협동하다〈with〉
He didn't *cooperate with* us.
그는 우리에게 협력하지 않았다.

co·op·er·a·tion
cooperation

[kouàpəréiʃən 코우아퍼레이션]
명 협력, 협동
Thank you for your *cooperation*.
협력해 주셔서 감사합니다.

***cop·y** *copy*

[kápi 카피]

명 (복수 **copies** [kápiz 카피즈])
명 1. 사본, 복사, 카피《복사기에 의한 것 이외에 베껴 쓴 것이나 카본 카피도 가리킨다》; (회화 등의) 복제
Please keep two *copies* of this letter.
이 편지를 두 장 복사해 주세요.

This picture is a *copy* of a Picasso. 이 그림은 피카소의 복제품이다.

명 2. (같은 책·신문·잡지의) 권, 부
Five thousand *copies* of the book were sold.
그 책은 5천부 팔렸다.
통 (3단현 **copies** [kápiz 카피즈], 과거·과거 분사 **copied** [kápid 카피드], 현재 분사 **copying** [kápiiŋ 카피잉])
타 베끼다, 복사하다 ; 흉내내다
Copy this page in[into] your notebook.
이 페이지를 공책에 베껴 써라.
자 복사하다, 카피하다

***corn** *corn*
[kɔ́ːrn 콘-]
명 《주로 미》 옥수수 ; 《영》 밀 (《동》 wheat) ; 곡물

a field of *corn*
옥수수밭
the *Corn* Belt 콘 벨트《미국 중서부의 옥수수 생산 지대》

***cor·ner** *corner*
[kɔ́ːrnər 코-너]
명 (복수 **corners** [kɔ́ːrnərz 코-너즈])
명 1. 모퉁이, 길모퉁이
Turn to the right at the next *corner*, please. 다음 모퉁이에서 오른쪽으로 도세요.
The post office is on the *corner*.
우체국은 길모퉁이에 있다.

명 2. 구석, 끝
There is a mouse in the *corner* of the room.
방 구석에 쥐가 한 마리 있다.

around the corner 모퉁이를 돌아선 곳에 ; 바로 가까이에
There is a bank *around the corner*.
모퉁이를 돌아선 곳에 은행이 있다.

cor·po·ra·tion *corporation*
[kɔ̀ːrpəréiʃən 코-퍼레이션]
명 (복수 **corporations** [kɔ̀ːrpəréiʃənz 코-퍼레이션즈])
사단 법인, 법인 ; 《미》 유한회사

***cor·rect** *correct*
[kərékt 커렉트]
형 (비교급 **more correct**, 최상급 **most correct**)
옳은, 정확한, 잘못이 없는
You are *correct* in thinking

so.
네가 그렇게 생각하는 것이 옳다.
타 (3단현 **corrects** [kərékts 커렉츠], 과거·과거 분사 **corrected** [kəréktid 커렉티드], 현재 분사 **correcting** [kəréktiŋ 커렉팅])
(잘못을) 정정하다, 고치다
Correct errors, if any.
잘못이 있으면 고쳐라.

*cor·re·spond
correspond
[kɔ̀ːrəspánd 코-러스**판**드]
자 (3단현 **corresponds** [kɔ̀ːrəspándz 코-러스판즈], 과거·과거 분사 **corresponded** [kɔ̀ːrəspándid 코-러스판디드], 현재 분사 **corresponding** [kɔ̀ːrəspándiŋ 코-러스판딩])
자 1. 일치하다, 조화하다; 상당〔대응〕하다
His words and actions do not *correspond*.
그의 언행은 일치하지 않는다.
자 2. 교신하다, 서신 왕래를 하다⟨*with*⟩
I am *corresponding with* American schoolboy.
나는 미국 남학생과 서신 왕래하고 있다.

*cost
cost
[kɔ́ːst 코-스트]

명 (복수 **costs** [kɔ́ːsts 코-스츠])
명 1. 가격, 비용, 원가
What is the *cost* of this book?
이 책은 얼마입니까?
명 2. (시간·노력 등의) 희생, 손해

at all costs = ***at any cost*** 어떤 희생을 치르더라도, 무슨 일이 있어도
We must avoid war *at all costs*.
어떤 일이 있어도 전쟁은 피해야 한다.

타 (3단현 **costs** [kɔ́ːsts 코-스츠], 과거·과거 분사 **cost** [kɔ́ːst 코-스트], 현재 분사 **costing** [kɔ́ːstiŋ 코-스팅])
타 1. 비용이 들다; …의 값이다
This sweater *cost* (me) fifty dollars.
이 스웨터는 50달러였다.
How much does it *cost*?
그것은 얼마입니까?
타 2. (시간·노력이) 걸리다
The work *costs* me a lot of time.
그 일에는 많은 시간이 걸린다.

cot·ton *cotton*
[kátn **카**튼]
명 면화, 솜 《참고》 wool 양털, silk 명주 《부정 관사를 붙이지 않고 복수형으로도 하지 않는다》

cotton candy 솜사탕
This shirt is made of *cotton*.

이 셔츠는 면제품이다.

*cough *cough*
[kɔ́ːf 코-프] ★발음 주의
명 (복수 **coughs** [kɔ́ːfs 코-프스])
기침
He has a bad *cough*.
그는 심한 기침을 하고 있다.

자 (3단현 **coughs** [kɔ́ːfs 코-프스], 과거·과거 분사 **coughed** [kɔ́ːft 코-프트], 현재 분사 **coughing** [kɔ́ːfiŋ 코-핑])
기침하다

*could *could*
[(약) kəd 커드 ; (강) kúd 쿠드]
★발음 주의
조 [can의 과거형]
조 1. [과거의 사실] …할 수 있었다(《동》 was〔were〕 able to)
I *could* not stay any longer.
나는 더 이상 머무를 수가 없었다.
He ran as fast as he *could*.
그는 가능한 한 빨리 뛰었다.
조 2. [가정법 과거] …할 수 있을 텐데《현재의 사실과 반대되는 일을 가정한다》
If I were a bird, I *could* fly in the sky.
내가 새라면 하늘을 날 수 있을 텐데.
조 3. [Could you...?로] …해 주시겠습니까?《공손한 의뢰를 나타낸다》

Could you open the window?
창문 좀 열어주시겠습니까?
Could you tell me the way to the post office?
우체국으로 가는 길을 가르쳐 주시겠습니까?

*couldn't *couldn't*
[kúdnt 쿠든트]
could not의 단축형
◆ I *couldn't* agree more.
나는 대찬성이야.

coun·cil *council*
[káunsl 카운슬]
명 (복수 **councils** [káunslz 카운슬즈])
회의, 협의회 ; 지방 의회《단수 또는 복수 취급》
a city *council* 시의회
in *council* 회의 중에

**count *count*
[káunt 카운트]
동 (3단현 **counts** [káunts 카운츠], 과거·과거 분사 **counted** [káuntid 카운티드], 현재 분사 **counting** [káuntiŋ 카운팅])
타 1. …을 세다, 합계하다 ; 계산하다
He *counted* the apples in the box.
그는 상자 안에 있는 사과를 세었다.

I *counted* the change.
나는 거스름돈을 세었다.
터 2. …을 수에 넣다, 포함하다
Five people were waiting for a bus, *counting* me.
나를 포함한 5명이 버스를 기다리고 있었다.
터 3. …로 간주하다, 생각하다
I *count* him a rich man.
나는 그를 부자라고 생각한다.
자 (…까지) 세다⟨*to*⟩
Count from one *to* ten.
1에서 10까지 세어보세요.

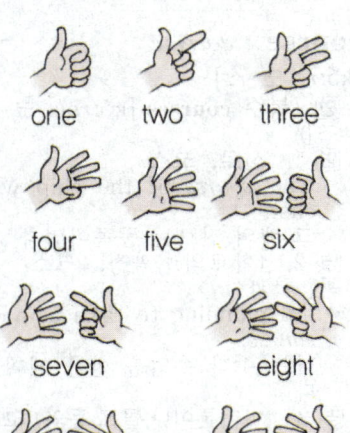

count down 수를 (많은 쪽에서 적은 쪽으로) 거꾸로 세다, (로켓 발사 직전에) 초읽기를 하다
명 (복수 **counts** [káunts 카운츠])
명 1. 계산 ; 총수
We made four *counts*.
우리는 네 번 계산했다.
명 2. 《야구》 (타자의) 볼카운트
The *count* is three balls and two strikes.
카운트는 투 스트라이크 스리

볼이다.
명 3. [the count로] 《권투》 (다운되었을 때의) 카운트

***coun‧try** *country*
[kʌ́ntri 컨트리]
명 (복수 **countries** [kʌ́ntriz 컨트리즈])
명 1. 나라, 국가 ; 국토

country : 일반적인 낱말로 특히 국토의 뜻	나
nation : 국민의 집합체로서의 국가	라
state : 정치적 통일체로서의 국가	

a developing *country*
개발 도상국
I want to visit a lot of *countries*.
나는 많은 나라에 가고 싶다.

명 2. [the country로] 시골, 농촌
My parents live in *the country*.
부모님은 시골에 살고 계신다.

명 3. [one's country로] 조국, 고향
My country is Scotland.
나의 고향은 스코틀랜드다.
명 4. 지방, 지역, 토지《이 뜻으로는 부정 관사를 붙이지 않고 복수형으로도 하지 않는다》
low *country*
지대가 낮은 지방
형 시골의, 지방의《명사 앞에만 쓴다》
country life 전원 생활

---

*cou·ple *couple*
[kʌpl 커플]
  명 (복수 **couples** [kʌplz 커플즈])
  명 1. 한 쌍, (같은 종류의 것의) 두 개

a *couple* of dolls
한 쌍의 인형
명 2. 한 쌍의 남녀 ; 부부, 커플, 약혼한 남녀《단수 또는 복수 취급》
a married *couple* 부부
The *couple* seem to be happy.
그 부부는 행복한 것 같다.

a couple of (1) 두 개의, 두 사람의
a *couple of* eggs
계란 두 개
(2) 2, 3의, 몇 개의

---

*cour·age *courage*
[kə́ːridʒ 커-리지]
  명 용기
  a man of *courage*
  용기 있는 사람
  Get up your *courage* and do it.
  용기를 내서 그것을 해봐라.

---

*course *course*
[kɔ́ːrs 코-스]
  명 (복수 **courses** [kɔ́ːrsiz 코-시즈])
  명 1. 진로, 코스
  The *course* of the ship was east.
  그 배의 진로는 동쪽이었다.
  명 2. (학교의) 과정, 코스, 과목, 학과⟨in⟩
◆ I'm planning to take a math *course*.
  나는 수학 수업을 받을 계획이다.
  명 3. (마라톤이나 골프 등의) 코스
  a golf *course* 골프장
  명 4. (차례로 나오는 요리의) 코스《보통은 soup, fish, meat, dessert, coffee 순》
  The main *course* was steak.
  메인 요리는 스테이크였다.
as a matter of course 물론, 당연한 일로
of course [əvkɔ́ːrs 어브코-스] 물론
  Of course he'll come.
  물론 그는 올 것이다.
  Do you like spring? — *Of course* I do.
  너는 봄을 좋아하니? — 물론 좋아해.

May I borrow your umbrella?
— ☆ *Of course*, (you may).
우산 좀 빌려 줄래? —그래, 좋아.

*court *court*

[kɔ́ːrt 코-트]
  명 (복수 **courts** [kɔ́ːrts 코-츠])
  명 1. 법원 ; 법정

a *court* of justice
법원
The *court* will be held in early May.
법정은 5월 초에 열릴 것이다.
  명 2. (테니스 · 배구 등의) 코트
The players are on *court*.
선수들은 코트에 있다.
  명 3. (건물을 둘러싼) 안뜰
  명 4. [흔히 Court로] 궁정, 왕궁

**cous·in *cousin*

[kʌ́zn 커즌] ★ 발음 주의
  명 (복수 **cousins** [kʌ́znz 커즌즈])
사촌
She is my *cousin*.
그녀는 내 사촌이다.

*cov·er *cover*

[kʌ́vər 커버]
  타 (3단현 **covers** [kʌ́vərz 커버즈], 과거 · 과거 분사 **covered** [kʌ́vərd 커버드], 현재 분사 **covering** [kʌ́v(ə)riŋ 커버링])
  타 1. 덮다, 싸다〈*with, in*〉
Dust *covered* the desk.
그 책상은 먼지 투성이었다.
Snow *covered* the whole city.
눈이 온 도시를 덮었다.
She *covered* her son *with* a blanket. 그녀는 아들에게 담요를 덮어주었다.

  타 2. 감추다, 숨기다, 가리다
She *covers* her mouth with her hand when she laughs. 그녀는 웃을 때 손으로 입을 가린다.

  타 3. (범위가 …에) 걸치다, 포함하다

His diary *covers* five years. 그의 일기는 5년에 걸쳐 쓰여졌다.
명 (복수 **covers** [kʌ́vərz 커버즈])
덮개; (책의) **표지**《책의 표지에 씌우는 것은 jacket》; 뚜껑

The box has no *cover*.
그 상자는 뚜껑이 없다.

***cow** *cow*
[káu 카우]
명 (복수 **cows** [káuz 카우즈])
암소(《반》 ox 수소)
A *cow* gives us milk.
암소는 우리에게 우유를 준다.

---

crack *crack*
[kræk 크랙]
명 (복수 **cracks** [kræks 크랙스])
명 1. (돌연한) 날카로운 소리
《딱·탕·우지끈 등》

명 2. 갈라진 금, 틈
There is a *crack* in the wall.
벽에 금이 갔다.
동 (3단현 **cracks** [kræks 크랙스], 과거·과거 분사 **cracked** [krækt 크랙트], 현재 분사 **cracking** [krǽkiŋ 크래킹])
타 금이 가게 하다; (소리를 내어) 깨뜨리다
자 금이 가다; (소리를 내며) 깨지다

---

crash *crash*
[kræʃ 크래시]
명 (복수 **crashes** [krǽʃiz 크래시즈])
갑자기 나는 요란한 소리《쨍그랑·와르르 등》; (차의) 충돌; (비행기의) 추락
The dishes fell with a *crash*.
접시들이 쨍그랑 소리를 내며 떨어졌다.

동 (3단현 **crashes** [krǽʃiz 크래시즈], 과거·과거 분사 **crashed** [kræʃt 크래시트], 현재 분사 **crashing** [krǽʃiŋ 크래싱])
자 와르르 소리내며 무너지다〔망가지다, 깨지다, 부서지다〕, (요란한 소리를 내며) 충돌하다
A car *crashed* into the bus.
자동차가 버스와 충돌했다.

타 …을 산산이 부수다 ; …을 충돌시키다

He *crashed* a cup against a wall.
그는 찻잔을 벽에 던져 산산조각을 냈다.

crawl *crawl*

[krɔ́ːl 크롤-]

자 (3단현 **crawls** [krɔ́ːlz 크롤-즈], 과거・과거 분사 **crawled** [krɔ́ːld 크롤-드], 현재 분사 **crawling** [krɔ́ːliŋ 크롤-링])

자 1. (느릿느릿) 기다, 배를 깔고 기어가다

The baby *crawled* on hands and knees.
그 아기는 네발로 기어갔다.

자 2.《수영》크롤 (스트로크)로 수영하다
명 1. [a crawl로] 기어가기, 느릿느릿 가기
명 2. [the crawl로]《수영》크롤 (스트로크)

swim[do] *the crawl*
크롤로 수영하다

*cray·on *crayon*

[kréiɑn 크레이안]

명 (복수 **crayons** [kréiɑnz 크레이안즈])
크레용(화)

a picture in *crayons*
크레용화

*cra·zy *crazy*

[kréizi 크레이지]

형 (비교급 **crazier** [kréiziər 크레이지어], 최상급 **craziest** [kréiziist 크레이지이스트])

형 1. 미친, 제 정신이 아닌(《동》mad)

Are you *crazy*?
너 미쳤니?

형 2. 열중한, 열광적인〈about〉《명사 앞에는 쓰지 않는다》

She is *crazy about* rock music.
그녀는 록 음악에 열중하고 있다.

*cream *cream*

[kríːm 크림-]

명 (복수 **creams** [kríːmz 크림-즈])
명 1. 크림《우유의 지방분 ; 부정관사를 붙이지 않고 복수형으로도 하지 않는다》

Cream is a kind of food.
크림은 음식의 일종이다.
Butter is made from *cream*.
버터는 크림으로 만든다.

She always has *cream* with〔in〕her coffee.
그녀는 늘 커피에 크림을 탄다.
명 2. 크림 과자
She likes ice *cream*.
그녀는 아이스크림을 좋아한다.

명 3. (화장·약용) 크림

*cre·ate *create*

[kriéit 크리에이트]
타 (3단현 **creates** [kriéits 크리에이츠], 과거·과거 분사 **created** [kriéitid 크리에이티드], 현재 분사 **creating** [kriéitiŋ 크리에이팅])
창조하다, 창작하다
All men are *created* equal.
사람은 모두 평등하게 창조되었다.

cre·a·tive *creative*

[kriéitiv 크리에이티브]
형 (비교급 **more creative**, 최상급 **most creative**)
창조적인, 창조력이 있는 ; 독창적인

crea·ture *creature*

[kríːtʃər 크리-처] ★ 발음 주의
명 (복수 **creatures** [kríːtʃərz 크리-처즈])
명 1. (신의) 창조물, 생물, (특히) 동물

명 2. 녀석, 놈(경멸·동정·친근감 등을 나타내는 형용사와 함께 쓴다)
a lovely *creature* 귀여운 녀석

*cred·i·ble *credible*

[krédəbl 크레더블]
형 신용할 수 있는, 확실한
The story hardly seems *credible*.
그 이야기는 거의 믿을 수 없다.

*cred·it *credit*

[krédit 크레딧]
명 (복수 **credits** [krédits 크레디츠])
명 1. 신용, 신뢰
I give *credit* to your words.
나는 너의 말을 믿는다.
명 2. 명성, 평판 ; 명예
He is a *credit* to the school.
그는 학교의 자랑이다.
명 3. 크레디트, 신용 대출
명 4. [the credits로] 크레디트 (타이틀)《영화·텔레비전 자막에 나오는 감독·배역·제작자 등》
명 5. 《미》(대학의) 이수 단위

crew *crew*

[kruː 크루-]
명 (복수 **crews** [kruːz 크루-즈])
(배·열차·비행기의) 탑승원, 승무원 (전원)《단수 또는 복수 취급》

All the *crew* were rescued.
승무원은 모두 구조되었다.

*crime *crime*
[kráim 크라임]
- 명 (복수 **crimes** [kráimz 크라임즈])
- 죄, 범죄 ; 죄악
  a perfect *crime*
  완전 범죄

War is a *crime* against humanity.
전쟁은 인류에 대한 죄악이다.

crime : 법률적인	죄
sin : 도덕적·종교적인	

*cri·sis *crisis*
[kráisis 크라이시스]
- 명 (복수 **crises** [kráisi:z 크라이시-즈])
- 위기, 난국 ; (병의) 고비
  come to a *crisis*
  위기에 이르다

She passed the *crisis*.
그녀는 병의 고비를 넘겼다.

crit·i·cal *critical*
[krítikəl 크리티컬]
- 형 (비교급 **more critical**, 최상급 **most critical**)
- 형 1. 비판적인, 흠을 잡는
  Don't be too *critical*!
  너무 흠을 잡지 마라!
- 형 2. 위기의 ; 중대한, 결정적인 ; 위독한
  This is a *critical* issue.
  이것은 중대한 문제다.
- 형 3. 비평의, 평론의
  a *critical* writer 비평가

crit·i·cism *criticism*
[krítəsìzm 크리터시즘]
- 명 (복수 **criticisms** [krítəsìzmz 크리터시즘즈])
- 비판 ; 비평, 평론

*crit·i·cize *criticize*
[krítəsàiz 크리터사이즈]
- 동 (3단현 **criticizes** [krítəsàiziz 크리터사이지즈], 과거·과거 분사 **criticized** [krítəsàizd 크리터사이즈드], 현재 분사 **criticizing** [krítəsàiziŋ 크리터사이징])
- 타 …을 비판하다 ; …을 비평하다
  Please read and *criticize* this book.
  이 책을 읽고 비평해 주세요.
- 자 비판하다 ; 비평하다

*crop *crop*
[kráp 크랍]
- 명 (복수 **crops** [kráps 크랍스])
- 명 1. [흔히 crops로] 농작물, 수확물
  This weather is good for the

crops.
이런 날씨는 농작물에 좋다.
명 2. 수확

The rice *crop* was very good this year. 금년의 쌀 수확은 대단히 좋았다.

---

*cross *cross*

[krɔ́ːs 크로-스]

동 (3단현 **crosses** [krɔ́ːsiz 크로-시즈], 과거·과거 분사 **crossed** [krɔ́ːst 크로-스트], 현재 분사 **crossing** [krɔ́ːsiŋ 크로-싱])

타 1. …을 가로지르다, 횡단하다, 건너다
I *crossed* the room to where she was sitting.
나는 방을 가로질러 그녀가 앉아 있는 곳으로 갔다.
He *crossed* the road.
그는 길을 건넜다.

타 2. …을 교차시키다, (손·발을) 꼬다 ; …와 스치듯 지나가다
He *crossed* his legs.
그는 다리를 꼬았다.

The two roads *cross* each other here.
두 도로는 여기에서 서로 교차한다.
타 3. [cross oneself로] 십자를 긋다
타 4. …에 가로줄을 긋다
I *crossed* her name off.
나는 그녀의 이름에 가로줄을 그어 지웠다.
자 가로지르다, 건너다 ; 교차하다 ; 스치듯 지나가다
Be careful when you *cross*.
건널 때 주의해라.
명 (복수 **crosses** [krɔ́ːsiz 크로-시즈])
명 1. 십자가
명 2. 십자형, 십자 기호(×, +)
She made the sign of the *cross* on her breast.
그녀는 가슴에 십자를 그었다.

***crowd** *crowd*

[kráud 크라우드]

명 (복수 **crowds** [kráudz 크라우즈])
군중, 붐빔(단수 또는 복수 취급)

There was a large *crowd* in the park.
공원에는 많은 군중이 있었다.
A child is crying in the *crowd*.
어린아이가 군중 속에서 울고 있다.

동 (3단현 **crowds** [kráudz 크라우즈], 과거・과거 분사 **crowded** [kráudid 크라우디드], 현재 분사 **crowding** [kráudiŋ 크라우딩])

자 떼지어 모이다, 붐비다
The boys *crowded* around the actor.
소년들은 그 배우의 주위에 모여 들었다.

타 빽빽이 들어차다 ; …에 밀어 넣다
People *crowded* the small room.
작은 방에 사람들이 꽉 찼다.
Many people were *crowded* into the bus. 많은 사람들이 버스에 빽빽이 들어찼다.

crowd·ed *crowded*
[kráudid 크라우디드]
형 (비교급 **more crowded**, 최상급 **most crowded**)
혼잡한, 만원의
a *crowded* bus 만원 버스
a *crowded* city 혼잡한 도시

crown *crown*
[kráun 크라운]
명 (복수 **crowns** [kráunz 크라운즈])
왕관 ; [the crown, the Crown으로] 왕위, 왕권

succeed to *the crown*
왕위를 계승하다

*cru·el *cruel*
[krú:əl 크루-얼]
형 (비교급 **cruel(l)er** [krú:ələr 크루-얼러], 최상급 **cruel(l)est** [krú:əlist 크루-얼리스트])
잔혹한, 무자비한 ; 비참한
It's *cruel* to hunt animals.
동물 사냥은 잔인하다.
Don't be *cruel* to animals.
동물을 학대하지 마라.

cry *cry*
[krái 크라이]

자 (3단현 **cries** [kráiz 크라이즈], 과거·과거 분사 **cried** [kráid 크라이드], 현재 분사 **crying** [kráiiŋ 크라이잉])

자 1. (소리내어) 울다
The baby began to *cry*.
아기가 울기 시작했다.

자 2. 소리치다, 큰소리로 말하다 《동》 shout)

He *cried* out to me to stop.
그는 내게 멈추라고 소리쳤다.
cry for …을 울면서 요구하다
The people *cried for* help.
사람들은 울면서 도움을 청했다.
cry over (불행 등)을 한탄하다
It is no use *crying over* spilt milk.
《속담》 지나간 일을 한탄한들 소용없다(엎지른 물은 담을 수 없다).
명 (복수 **cries** [kráiz 크라이즈])
우는 소리 ; 외치는 소리

*****cu·cum·ber** *cucumber*
[kjúːkʌmbər 큐-컴버]

명 (복수 **cucumbers** [kjúːkʌmbərz 큐-컴버즈])
오이

We often eat *cucumbers* in summer.
우리는 여름에 오이를 자주 먹는다.

---

cul·ti·vate *cultivate*
[kʌ́ltəvèit 컬터베이트]

타 (3단현 **cultivates** [kʌ́ltəvèits 컬터베이츠], 과거·과거 분사 **cultivated** [kʌ́ltəvèitid 컬터베이티드], 현재 분사 **cultivating** [kʌ́ltəvèitiŋ 컬터베이팅])
(땅을) 경작하다 ; (식물 등을) 재배하다 ; (재능 등을) 연마하다

My grandfather *cultivates* roses in the garden.
할아버지는 정원에 장미를 재배하신다.

cul·tur·al *cultural*
[kʌ́ltʃ(ə)rəl 컬처럴]
  형 문화의, 문화적인, 교양의
  a *cultural* events
  문화 행사

*****cul·ture** *culture*
[kʌ́ltʃər 컬처]
  명 (복수 **cultures** [kʌ́ltʃərz 컬처즈])
  명 1. 문화
  He has studied the *cultures* of the Orient.
  그는 동양의 여러 문화를 연구했다.
  명 2. 교양
  a man of *culture*
  교양있는 사람
  명 3. 재배 ; 양식
  culture of cotton
  면화 재배

*****cup** *cup*
[kʌ́p 컵]
  명 (복수 **cups** [kʌ́ps 컵스])
  명 1. (커피·홍차를 마시는) 컵, 찻종, 찻잔
  a coffee *cup* 커피잔
  a tea *cup* 홍찻잔
  a *cup* and saucer
  받침접시가 딸린 잔

This is my favorite *cup*.
이것은 내가 좋아하는 컵이다.
  명 2. [a cup of로] 찻종 한 잔 (의 양)
  Please give me *a cup of* tea.
  차 한 잔 주십시오.
  명 3. [흔히 the cup으로] 우승컵

We will win *the cup*. 우리는 우승컵을 쟁취할 것이다.

*****cure** *cure*
[kjúər 큐어]
  타 (3단현 **cures** [kjúərz 큐어즈], 과거·과거 분사 **cured** [kjúərd 큐어드], 현재 분사 **curing** [kjú(ə)riŋ 큐(어)링])
  (병·환자를) 치료하다 ; (나쁜 버릇 등을) 고치다
  The medicine will *cure* your cold. 이 약을 먹으면 감기가 나을 것이다.
  The child was *cured* of his bad habits.
  그 아이는 나쁜 버릇을 고쳤다.
  명 (복수 **cures** [kjúərz 큐어즈])
  치료, 치료법〔약〕〈for〉; (병의) 치유
  His *cure* took five weeks.
  그의 치료는 5주일이 걸렸다.

cu·ri·os·i·ty curiosity
[kjù(ə)riásəti 큐(어)리아서티]

명 (복수 **curiosities** [kjù(ə)riásətiz 큐(어)리아서티즈])
호기심; 진기한 물건
I went there out of *curiosity*.
나는 호기심에 거기에 갔다.

*cu·ri·ous curious
[kjú(ə)riəs 큐(어)리어스]

형 (비교급 **more curious**, 최상급 **most curious**)

형 1. 깊이 파고 드는; 호기심이 많은, 파고 들기 좋아하는 〈*about*〉
He is *curious* about everything.
그는 모든 일에 호기심을 가지고 있다.

형 2. 하고 싶어하는 〈*to* do〉
He is *curious* to know the results.
그는 결과를 알고 싶어한다.

형 3. 기묘한, 진기한
That's *curious*!
그것 참 기묘하구나!

*cur·rent current
[kə́ːrənt 커-런트]

명 (복수 **currents** [kə́ːrənts 커-런츠])
(공기·물 등의) 흐름; 전류
the *current* of a river
강의 흐름
direct *current* 직류

형 (비교급 **more current**, 최상급 **most current**)
현재의; (현재) 통용되고 있는, 퍼져 있는
current English
현대〔시사〕영어
current topics 오늘의 화제

*cur·tain curtain
[kə́ːrtn 커-튼]

명 (복수 **curtains** [kə́ːrtnz 커-튼즈])
커튼; (무대의) 막《영미의 막은 보통 상하로 움직인다》

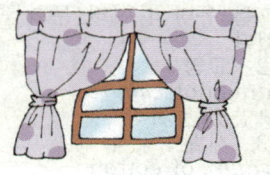

Please draw the *curtain*.
커튼을 치시오.
The *curtain* rises at 6 p.m.
오후 6시에 막이 오른다.

*curve curve
[kə́ːrv 커-브]

명 (복수 **curves** [kə́ːrvz 커-브즈])
곡선, 커브;〖야구〗커브(볼)

draw a *curve* 곡선을 그리다

a sharp *curve* 급커브

동 (3단현 **curves** [kə́ːrvz 커-브즈], 과거·과거 분사 **curved** [kə́ːrvd 커-브드], 현재 분사 **curving** [kə́ːrviŋ 커-빙])
자 구부러지다
The road *curved* to the left.
그 도로는 왼쪽으로 구부러졌다.
타 …을 구부리다

cush·ion *cushion*
[kúʃən 쿠션]
명 (복수 **cushions** [kúʃənz 쿠션즈])
쿠션, 방석 ; 충격을 완화시키는 것

*cus·tom *custom*
[kʌ́stəm 커스텀]
명 (복수 **customs** [kʌ́stəmz 커스텀즈])
명 1. (사회의) 관습, 관례 ; (개인의) 습관
I am interested in the *customs* of your country.
나는 당신 나라의 관습에 흥미가 있습니다.
It is his *custom* to take a walk before breakfast.
아침 식사 전에 산책하는 것이 그의 습관이다.
명 2. [customs로] 관세 ; [the customs, the Customs로] 세관 (모두 단수 취급)
형 《미》 주문해서 만든《명사 앞에만 쓴다》
custom clothes[suits] 주문복

cus·tom·er *customer*
[kʌ́stəmər 커스터머]
명 (복수 **customers** [kʌ́stəmərz 커스터머즈])
(가게의) 손님 ; 단골

*cut *cut*
[kʌ́t 컷]
동 (3단현 **cuts** [kʌ́ts 커츠], 과거·과거 분사 **cut** [kʌ́t 컷], 현재 분사 **cutting** [kʌ́tiŋ 커팅])
타 1. (칼 등으로) **자르다**, 베어 상처를 내다
She *cut* her finger with a knife.
그녀는 칼에 손가락을 베었다.
He *cut* the rope with a knife.
그는 칼로 로프를 잘랐다.

타 2. **절단하다**, 잘라 나누다 ; 깎다
She *cut* the cake into three pieces.
그녀는 케이크를 세 조각으로

잘랐다.
I had my hair *cut*.
나는 머리를 깎았다.

타 3. 줄이다 ; (시간을) 단축하다

He had to *cut* expenses.
그는 비용을 줄여야만 했다.
타 4. (구멍을) 뚫다 ; (길 등을) 내다
He *cut* a road through the hill.
그는 언덕을 뚫어 길을 냈다.
타 5. (도로 등이) 가로지르다
A road *cuts* that field.
도로가 저 들판을 가로질러 나 있다.
자 잘라지다《부사와 함께 쓴다》
This knife *cuts* well.
이 칼은 잘 든다.
Cheese *cuts* easily with a knife.
치즈는 칼에 잘 잘린다.
cut across …을 가로질러 지름길로 하다
cut down (1) (나무 등을) 베어 넘기다

I *cut down* the tree.
나는 나무를 베어 넘겼다.
(2) …의 양을 줄이다 ; (지출 등을) 줄이다
cut in (구어) 말참견하다 ; (차 등이) 끼어들다〈*on*〉
cut off (1) …을 잘라내다, 잘라놓다 (2) (가스·수도 등을) 끊다 ; …을 막다
명 (복수 **cuts** [kʌts 커츠])
명 1. 자르기 ; 베인 상처
I had a *cut* on my hand.
나는 손을 베었다.
명 2. (고기 등의) 한 토막
a *cut* of meat 고기 한 토막
명 3. 삭감, 축소, 가격 인하〈*in*〉
a *cut in* prices 가격 인하

***cute** *cute*
[kjúːt 큐-트]
형 (비교급 **cuter** [kjúːtər 큐-터], 최상급 **cutest** [kjúːtist 큐-티스트])
형 1. (작고) 귀여운《사람의 경우 남녀 구별 없이 쓴다》
  a *cute* baby
  귀여운 아기

She wore a *cute* dress.
그녀는 예쁜 옷을 입고 있다.
형 2. 《구어》영리한

D, d *D, d*
[díː 디-]
명 (복수 **D's, d's** [díːz 디-즈])
디《영어 알파벳의 네번째 글자》

***dad** *dad*
[dǽd 대드]
명 (복수 **dads** [dǽdz 대즈])
《구어》 아빠(《참고》(미) mom, (영) mum 엄마)
Good night, *Dad*. — Good night, Judy.
아빠, 안녕히 주무세요. — 잘 자라, 주디야.

Is your *dad* at home?
아빠 집에 계시니?

***dad·dy** *daddy*
[dǽdi 대디]
명 (복수 **daddies** [dǽdiz 대디즈])
《구어》 아빠(《참고》(미) mommy, (영) mummy 엄마)
I'm home, *Daddy*! — Did you have a good time?
아빠, 다녀왔습니다. — 재미있었니?

***dai·ly** *daily*
[déili 데일리]
형 매일의, 나날의, 일상의
daily life 일상 생활
부 매일, 날마다

***dair·y** *dairy*
[déəri 데(어)리]
명 (복수 **dairies** [déəriz 데(어)리즈])
낙농장; 낙농

Daily Needs 일용품
[déili-nìːdz 데일리니-즈]

① **soap** 비누
[sóup 소우프]

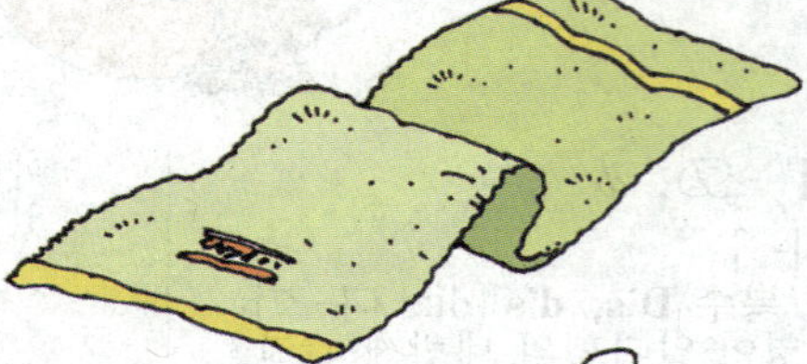

② **towel** 세수 수건, 타월
[táu(ə)l 타우얼]

③ **tissues** 화장지
[tíʃuːz 티슈-즈]

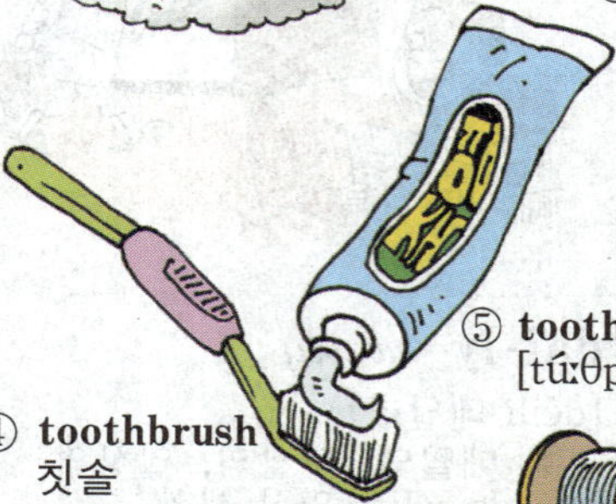

④ **toothbrush** 칫솔
[túːθbrÀʃ 투-스브러시]

⑤ **toothpaste** 치약
[túːθpèist 투-스페이스트]

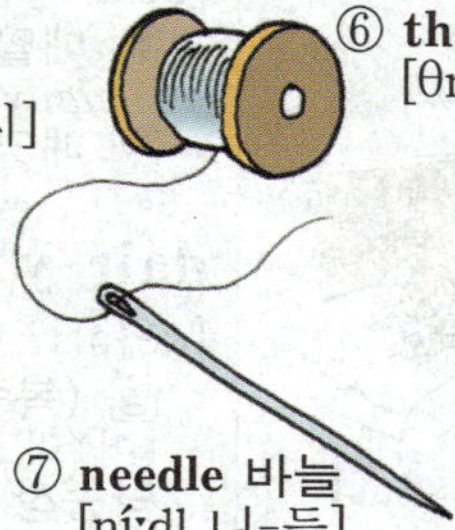

⑥ **thread** 실
[θréd 스레드]

⑦ **needle** 바늘
[níːdl 니-들]

⑧ **toilet paper** 휴지
[tɔ́ilət-pèipər 토일럿 페이퍼]

⑨ **detergent** (합성)세제
[ditə́ːrdʒənt 디터-전트]

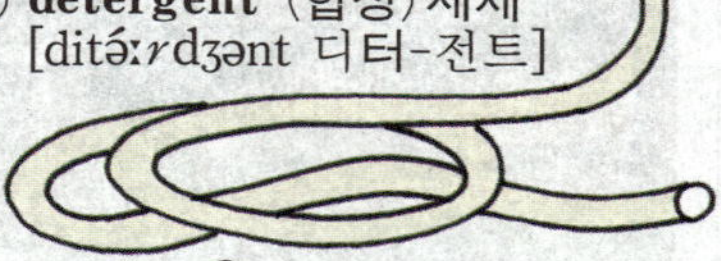

⑩ **hose** 호스
[hóuz 호우즈]

⑪ **dishpan** 설거지통
[díʃpæn 디시팬]

dairy products
유제품

*dam *dam*

[dǽm 댐]

명 (복수 **dams** [dǽmz 댐즈])
댐, 둑

It took a long time to build the *dam*.
그 댐을 건설하는 데 오랜 시간이 걸렸다.

*dam·age *damage*

[dǽmidʒ 대미지]

명 (복수 **damages** [dǽmidʒiz 대미지즈])
손해, 피해
flood *damage* 홍수 피해
The accident did much *damage* to the car.
그 사고로 자동차는 많이 파손되었다.

*damp *damp*

[dǽmp 댐프]

형 (비교급 **damper** [dǽmpər 댐퍼], 최상급 **dampest** [dǽmpist 댐피스트])
습기가 있는, 축축한
damp weather 눅눅한 날씨

*dance *dance*

[dǽns 댄스]

동 (3단현 **dances** [dǽnsiz 댄시즈], 과거·과거 분사 **danced** [dǽnst 댄스트], 현재 분사 **dancing** [dǽnsiŋ 댄싱])
자 춤추다 ; 기뻐서 껑충껑충 뛰다
He *danced* with her.
그는 그녀와 춤췄다.

She *danced* for joy. 그녀는 기뻐서 껑충껑충 뛰었다.
타 (춤 등을) 추다
Can you *dance* the waltz?
너는 왈츠를 출 수 있니?
명 (복수 **dances** [dǽnsiz 댄시즈])
댄스, 춤 ; 무도회, 댄스 파티
a folk *dance* 민속 무용
She gave a *dance* last night.
그녀는 지난 밤에 댄스 파티를 열었다.

danc·er *dancer*

[dǽnsər 댄서]

명 (복수 **dancers** [dǽnsərz 댄서즈])

춤추는 사람, 댄서, 무용가

You are a very good *dancer*.
너는 춤을 아주 잘 춘다.

---

dan·ger *danger*

[déindʒəʳ 데인저]

명 (복수 **dangers** [déindʒəʳz 데인저즈])

명 1. 위험(한 상태)(《반》 safety 안전)
Danger! Falling Rocks.
위험! 낙석주의.

명 2. 위험한 것〔인물〕
Smoking is a *danger* to health. 흡연은 건강에 해롭다.

---

dan·ger·ous *dangerous*

[déindʒ(ə)rəs 데인저러스]

형 위험한(《반》 safe 안전한)

The river is *dangerous* to cross. 그 강을 건너는 것은 위험하다.

---

dare *dare*

[déəʳ 데어]

타 (3단현 **dares** [déəʳz 데어즈], 과거·과거 분사 **dared** [déəʳd 데어드], 현재 분사 **daring** [dé(ə)riŋ 데(어)링])

타 1. 감히 …하다, 대담하게 …하다

타 2. (위험 등에) 용감하게 맞서다 (《동》 face)
I will *dare* any danger.
나는 어떤 위험도 무릅쓰겠다.

---

dark *dark*

[dάːrk 다-크]

형 (비교급 **darker** [dάːrkəʳ 다-커], 최상급 **darkest** [dάːrkist 다-키스트])

형 1. 어두운(《반》 light 밝은)
It began to get *dark* outside.
밖이 어두워지기 시작했다.

형 2. (피부 등이) 검은, 거무스름한
She has *dark* hair and *dark* eyes. 그녀는 머리와 눈이 검다.

형 3. (색이) 짙은

명 어둠; 땅거미

after dark 해가 지고 나서, 어두워진 다음에

before dark 해가 지기 전에, 어둡기 전에

Come back *before dark*.
어두워지기 전에 돌아와라.
in the dark 어둠속에서, 어두운 곳에서
She listened to the radio *in the dark*. 그녀는 어둠속에서 라디오를 들었다.

dark·ness *darkness*
[dáːrknəs 다-크너스]
명 1. 어둠, 암흑 (《반》 light 밝음)

We walked in the *darkness*.
우리는 어둠속을 걸었다.
명 2. 무지

dar·ling *darling*
[dáːrliŋ 다-링]
명 (복수 **darlings** [dáːrliŋz 다-링즈])
가장 사랑하는 사람, 귀여운 사람 ; 소중한 것
My *darling*! 여보!, 당신!

dash *dash*
[dǽʃ 대시]
동 (3단현 **dashes** [dǽʃiz 대시즈], 과거·과거 분사 **dashed** [dǽʃt 대시트], 현재 분사 **dashing** [dǽʃiŋ 대싱])
자 1. 돌진하다
She *dashed* upstairs.
그녀는 2층으로 뛰어 올라갔다.

자 2. 충돌하다, 부딪치다
The waves *dashed* against the rocks. 파도가 바위에 세차게 부딪쳤다.
타 내던지다 ; 세차게 뿌리다
She *dashed* a plate to the floor. 그녀는 접시를 바닥에 내동댕이 쳤다.
명 (복수 **dashes** [dǽʃiz 대시즈])
돌진, 돌격 ; 대시(—)

*da·ta *data*
[déitə 데이터]
명 자료, 데이터
☞ 원래는 datum [déitəm 데이텀]의 복수인데 현재는 단수·복수 양쪽으로 다 쓴다.

*date *date*
[déit 데이트]
명 (복수 **dates** [déits 데이츠])
명 1. 날짜, 연월일 ; 기일, 기한
What's the *date* today?
오늘이 며칠이니 ?
명 2. 《구어》 (이성과의) 만날 약속, 데이트 ; 데이트 상대
I have a *date* with her.

나는 그녀와 데이트가 있다.

out of date 시대에 뒤진, 구식의
This skirt is *out of date*.
이 스커트는 구식이다.
up to date 최신(식)의
타 (3단현 **dates** [déits 데이츠], 과거·과거 분사 **dated** [déitid 데이티드], 현재 분사 **dating** [déitiŋ 데이팅])
…에 날짜를 적다
Don't forget to *date* your letter. 잊지 말고 편지에 날짜를 써 넣어라.

---

daugh·ter *daughter*

[dɔ́:tər 도-터]
명 (복수 **daughters** [dɔ́:tərz 도-터즈])
딸(《반》 son 아들)
I have two *daughters*.
나는 딸이 둘 있다.

---

dawn *dawn*

[dɔ́:n 돈-] ★ 발음 주의
명 (복수 **dawns** [dɔ́:nz 돈-즈])
새벽, 동틀녘

They got up at *dawn*.
그들은 새벽에 일어났다.
from dawn till dark 새벽부터 저녁까지
They worked *from dawn till dark*. 그들은 새벽부터 저녁까지 일했다.
자 (3단현 **dawns** [dɔ́:nz 돈-즈], 과거·과거 분사 **dawned** [dɔ́:nd 돈-드], 현재 분사 **dawning** [dɔ́:niŋ 도-닝])
날이 새다, 동이 트다
Day *dawns* at four.
4시에 동이 튼다.

day *day*

[déi 데이]
명 (복수 **days** [déiz 데이즈])
명 1. 하루, 날
What *day* of the week is it today? — It's Monday.
오늘은 무슨 요일이니? — 월요일이야.
☆ Have a nice *day*!
즐거운 하루가 되길 바래!
명 2. 낮(《반》 night 밤)
Days are longer in summer than in winter. 여름에는 겨울보다 낮이 더 길다.
명 3. [흔히 days로] 시대, 시기
명 4. [흔히 Day로] (특정한) 날 ; 축제일 ; 기념일
Labor *Day* 근로자의 날

***all day** (**long**)* 하루 종일
I waited *all day*, but she did not appear.
나는 하루 종일 기다렸지만 그녀는 나타나지 않았다.
by day 낮에(는), 대낮에(는)
day after day 매일
day and night = ***night and day*** 밤낮
day by day 나날이, 매일매일
He is getting better *day by day*.
그는 하루하루 좋아지고 있다.
every day 매일
Brush your teeth *every day*.
매일 이빨을 닦아라.

every other day 하루 걸러서
in those days 그 무렵은, 당시는
one day (1) (과거의) 어느날
One day I met her on my way to school.
어느날 나는 학교 가는 길에 그녀를 만났다.

(2) (미래의) 언젠가
I hope to visit America *one day*.
나는 언젠가 미국을 방문하고 싶다.
one of these days 근일 중에, 가까운 시일 안에
some day 언젠가
He will come to Korea *some day*.
그는 언젠가 한국에 올 것이다.
the day after tomorrow 모레
the day before yesterday 그저께
the other day 전날, 일전에
I met her *the other day*.
나는 일전에 그녀를 만났다.
these days 요즈음(은), 최근에

day·time *daytime*
[déitàim 데이타임]
명 주간, 낮 (《반》 nighttime 밤)
They took a bath in the *daytime*.
그들은 낮에 목욕했다.

*dead *dead*
[déd 데드] ★ 발음 주의
형 1. 죽은(《반》 alive 산, living 살아 있는) ; 생명이 없는 ; (식물이) 말라 죽은, 시든
I often think of my *dead* mother.
나는 종종 돌아가신 어머니를 생각한다.
She has been *dead* for ten

years.
그녀가 죽은 지 10년이 된다.
The leaves will be *dead* by next month.
다음 달 쯤이면 나뭇잎이 시들어 버리겠지.

⦗형⦘ 2. (죽은 듯이) 조용한
There was a *dead* silence all around.
주위는 죽은 듯이 조용했다.

*deaf *deaf*

[déf 데프]

⦗형⦘ (비교급 **deafer** [défər 데퍼], 최상급 **deafest** [défist 데피스트])
귀가 먼, 귀가 들리지 않는
My grandfather is *deaf*. 우리 할아버지는 듣지 못하신다.

*deal¹ *deal*

[díːl 딜-]

⦗동⦘ (3단현 **deals** [díːlz 딜-즈], 과거·과거 분사 **dealt** [délt 델트], 현재 분사 **dealing** [díːliŋ 딜-링])
⦗타⦘ 분배하다, 나누어주다, (카드 등을) 도르다
He *dealt* out the candies to the children.
그는 아이들에게 사탕을 나누어 주었다.
⦗자⦘ 1. 다루다, 처리하다⟨*with*⟩
This book *deals with* computer games.
이 책은 컴퓨터 게임을 다루고 있다.
⦗자⦘ 2. 장사하다, 취급하다⟨*in*⟩
She *deals in* various fruits.
그녀는 여러가지 과일을 판다.

*deal² *deal*

[díːl 딜-]

⦗명⦘ 분량
a good〔great〕deal 많은
It snowed *a good deal*.
눈이 많이 내렸다.
a good〔great〕deal of... 많은 ..., 다량의 ...
I need *a great deal of* money.
나는 많은 돈이 필요하다.

dealt *dealt*

[délt 델트] ★ 발음 주의
⦗자⦘ deal의 과거·과거 분사

*dear *dear*

[díər 디어]

⦗형⦘ (비교급 **dearer** [dí(ə)rər 디(어)러], 최상급 **dearest** [dí(ə)r-ist 디(어)리스트])
⦗형⦘ 1. 귀여운, 사랑스러운 ; 소중한, 귀중한
She was very *dear* to her father. 그녀의 아버지는 그녀를 무척 귀여워했다.
Jane is my *dearest* friend.

제인은 나의 가장 소중한 친구다.
형 2. 비싼, 고가의 《반》 cheap 싼)
This camera is too *dear* for me.
이 카메라는 내게는 너무 비싸다.
형 3. [편지 첫머리에 ; 보통 Dear...로] 친애하는, 사랑하는
Dear Bob
사랑하는 보브에게

명 (복수 **dears** [díərz 디어즈])
사랑하는 사람 ; [호칭으로] 여보, 당신
부 (값)비싸게
Buy cheap and sell *dear*.
싸게 사서 비싸게 팔아라.
감 어머나, 아이구
My mother is sick in bed.
— Oh *dear*! That's too bad.
엄마가 아파서 누워 계셔. — 저런! 그것 참 안됐다.

*death *death*
[déθ 데스]

명 죽음, 사망 《참고》 die 죽다, dead 죽은, 《반》 life 삶, birth 탄생)

Death may come at any moment.
죽음은 언제 찾아올지 모른다.

*de·bate *debate*
[dibéit 디베이트]
명 (복수 **debates** [dibéits 디베이츠])
토론, 토의, 논쟁
동 (3단현 **debates** [dibéits 디베이츠], 과거·과거 분사 **debated** [dibéitid 디베이티드], 현재 분사 **debating** [dibéitiŋ 디베이팅])
타 …을 토론하다, 토의하다, 논의하다
자 토론하다, 논의하다

*debt *debt*
[dét 뎃] ★ 발음 주의
명 (복수 **debts** [déts 데츠])
빚, 부채
I am in *debt* to her for $20.
나는 그녀에게 20달러의 빚이 있다.

*de·ceive *deceive*
[disíːv 디시-브]
타 (3단현 **deceives** [disíːvz 디시-브즈], 과거·과거 분사 **deceived** [disíːvd 디시-브드], 현재 분사 **deceiving** [disíːviŋ 디시

-빙])
속이다, 기만하다
She never *deceives* me. 그녀는 결코 나를 속이는 법이 없다.
He *deceived* me with sweet words.
그는 달콤한 말로 나를 속였다.

De·cem·ber *December*

[disémbər 디셈버]

명 12월《Dec.로 약한다》
Dec. 12=12 *Dec.* 12월 12일《December (the) twelfth 또는 the twelfth of December라고도 읽는다》
It begins to snow in *December*.
12월에 눈이 오기 시작한다.
Christmas Day is (on) *December* 25.
크리스마스는 12월 25일이다.

de·cide *decide*

[disáid 디사이드]

통 (3단현 **decides** [disáidz 디사이즈], 과거・과거 분사 **decided** [disáidid 디사이디드], 현재 분사 **deciding** [disáidiŋ 디사이딩])
타 결정하다, 결심하다
He *decided* to be a doctor.
그는 의사가 되기로 결심했다.
My father *decided* to sell his car. 우리 아버지는 차를 팔기로 했다.
자 결정하다, 결심하다

We *decided* on a date for the picnic.
우리는 소풍갈 날짜를 정했다.

de·ci·sion *decision*

[disíʒən 디시전]

명 (복수 **decisions** [disíʒənz 디시전즈])
결정, 결심

deck *deck*

[dék 덱]

명 (복수 **decks** [déks 덱스])
(배의) 갑판 ; (전차・버스 등의) 바닥, 층

Let's go on *deck*.
갑판으로 나갑시다.

dec·la·ra·tion *declaration*

[dèkləréiʃən 데클러레이션]

명 (복수 **declarations** [dèkləréiʃənz 데클러레이션즈])
선언, 포고, 공표, 통고
a *declaration* of war
선전 포고
the *Declaration* of Independence
(미국의) 독립 선언《1776년 7월 4일》

*de·clare *declare*

[dikléər 디클레어]

타 (3단현 **declares** [dikléərz 디클레어즈], 과거·과거 분사 **declared** [dikléərd 디클레어드], 현재 분사 **declaring** [dikléirɪŋ 디클레(어)링])
선언하다 ; 언명〔단언〕하다
She *declared* her position.
그녀는 자신의 입장을 분명하게 밝혔다.

*dec·o·rate *decorate*

[dékərèit 데커레이트]

타 (3단현 **decorates** [dékərèits 데커레이츠], 과거·과거 분사 **decorated** [dékərèitid 데커레이티드], 현재 분사 **decorating** [dékərèitiŋ 데커레이팅])
장식하다, 꾸미다
I *decorated* my bedroom with beautiful pictures. 나는 예쁜 그림으로 내 침실을 꾸몄다.

*de·crease[1] *decrease*

[dikríːs 디크리-스]

동 (3단현 **decreases** [dikríːsiz 디크리-시즈], 과거·과거 분사 **decreased** [dikríːst 디크리-스트], 현재 분사 **decreasing** [dikríːsiŋ 디크리-싱])
자 줄다, 감소하다, 적어지다
The number of accidents has *decreased*.
사고 건수가 줄었다.
타 줄이다, 감소시키다
He *decreased* the speed of his car.
그는 자동차 속력을 줄였다.

*de·crease[2] *decrease*

[díːkriːs 디-크리-스]
★ 악센트·발음 주의
명 (복수 **decreases** [díːkriːsiz 디-크리-시즈])
감소
a *decrease* in the birth rate
출생률 감소

deed *deed*

[díːd 디-드]

명 (복수 **deeds** [díːdz 디-즈])
행동, 행위《동》act)
do a bad *deed*
못된 짓을 하다

*deep *deep*

[díːp 디-프]

형 (비교급 **deeper** [díːpər 디-퍼], 최상급 **deepest** [díːpist 디-피스트])
형 1. 깊은(《반》 shallow 얕은); 깊이[길이]가 …인
the *deep* sea 깊은 바다

How *deep* is this pond? — It's about three feet *deep*.
이 연못은 얼마나 깊니? — 깊이가 약 3피트 정도 돼.

형 2. (색깔이) 짙은(《반》 light (색깔이) 연한)
The sea was *deep* blue.
바다는 짙푸른 빛이었다.

형 3. (감정이나 생각이) 깊은
He is in *deep* sorrow.
그는 깊은 슬픔에 잠겨 있다.

부 (비교급 **deeper** [díːpər 디-퍼], 최상급 **deepest** [díːpist 디-피스트])
깊게, 깊이

deep·ly *deeply*

[díːpli 디-플리]
부 깊게, 깊이 ; 철저히

*deer *deer*

[díər 디어]
명 (복수 **deer** [díər 디어]《단수·복수 동형》)
〖동물〗 사슴

*de·feat *defeat*

[difíːt 디피-트]
타 (3단현 **defeats** [difíːts 디피-츠], 과거·과거 분사 **defeated** [difíːtid 디피-티드], 현재 분사 **defeating** [difíːtiŋ 디피-팅])
타 1. 패배시키다, 이기다
타 2. (계획 등을) 좌절시키다
명 (복수 **defeats** [difíːts 디피-츠])
패배(《반》 victory 승리); 타도

*de·fend *defend*

[difénd 디펜드]
타 (3단현 **defends** [diféndz 디펜즈], 과거·과거 분사 **defended** [diféndid 디펜디드], 현재 분사 **defending** [diféndiŋ 디펜딩])
지키다, 방어하다(《반》 attack 공

격하다) ; 변호하다

The soldiers *defended* the castle.
병사들은 성을 지켰다.

de·fense, 《영》 de·fence
defense, defence

[diféns 디펜스]

명 (복수 **defenses** [difénsiz 디펜시즈])
방어, 방위(《반》 offense 공격) ; 변호
  national *defense* 국방
  Offense is the best *defense*.
  공격이 최상의 방어다.

de·fine *define*

[difáin 디파인]

타 (3단현 **defines** [difáinz 디파인즈], 과거·과거 분사 **defined** [difáind 디파인드], 현재 분사 **defining** [difáiniŋ 디파이닝])
규정짓다, 한정하다 ; 정의를 내리다

*def·i·nite *definite*

[déf(ə)nit 데퍼닛]

형 일정한 ; 명확한
  a *definite* answer 확답

*de·gree *degree*

[digríː 디그리-]

명 (복수 **degrees** [digríːz 디그리-즈])

명 1. 정도
  To what *degree* do you love her? 너는 그녀를 어느 정도 사랑하고 있니 ?
  It's a question of *degree*.
  그것은 정도의 문제다.

명 2. (온도·각도 등의) 도
  It's two *degrees* below zero this morning.
  오늘 아침 기온은 영하 2도다.

There are 90 *degrees* in a right angle. 직각은 90도다.

명 3. 《문법》(형용사·부사의) 급
  the positive *degree* 원급
  the comparative *degree* 비교급
  the superlative *degree* 최상급
  by degrees 서서히, 점차

*de·lay *delay*

[diléi 딜레이]

동 (3단현 **delays** [diléiz 딜레이즈], 과거·과거 분사 **delayed** [diléid 딜레이드], 현재 분사 **delaying** [diléiiŋ 딜레이잉])

타 지연시키다 ; 연기하다
The fog *delayed* the plane's landing. 비행기는 안개 때문에 착륙이 지연됐다.
자 꾸물거리다, 지체하다
Don't *delay*. 꾸물대지 마라.
명 (복수 **delays** [diléiz 딜레이즈])
늦어지기, 지연, 지체 ; 연기
without delay 곧, 지체없이

del·i·cate *delicate*

[délikət 델리킷]

형 1. 우아한, 고운, 섬세한
She has long *delicate* fingers.
그녀의 손가락은 길고도 곱다.
형 2. 예민한, 민감한 ; 정교한
형 3. 허약한, 가냘픈

*de·li·cious *delicious*

[dilíʃəs 딜리셔스]

형 맛있는, 향기로운 ; 유쾌한
The dinner was *delicious*.
저녁 맛있게 먹었습니다.
What a *delicious* dish!
어쩌면 이렇게 음식이 맛있지!

*de·light *delight*

[diláit 딜라이트]

타 (3단현 **delights** [diláits 딜라이츠], 과거·과거 분사 **delighted** [diláitid 딜라이티드], 현재 분사 **delighting** [diláitiŋ 딜라이팅])
기쁘게 하다(《동》 please)

His presents *delighted* his parents.
그의 선물은 부모님을 몹시 기쁘게 해드렸다.
be delighted at [***with***, ***by***] ...을 기뻐하다
명 (복수 **delights** [diláits 딜라이츠])
기쁨, 즐거움
She opened the present with *delight*. 그녀는 무척 기뻐하며 선물을 풀어 보았다.

*de·liv·er *deliver*

[dilívər 딜리버]

타 (3단현 **delivers** [dilívərz 딜리버즈], 과거·과거 분사 **delivered** [dilívərd 딜리버드], 현재 분사 **delivering** [dilív(ə)riŋ 딜리버링])
타 1. 배달하다 ; 인도하다 ; 교부하다

The mailman *delivers* letters every day.

우편 집배원은 매일 편지를 배달한다.

타 2. (연설을) 하다, (의견을) 말하다
He will *deliver* a speech at the meeting tomorrow.
내일 회의에서 그가 연설을 하게 된다.
타 3. 구출[구조]하다⟨*from*⟩ ; 해방시키다(《동》 set free)

*de·mand *demand*

[dimǽnd 디맨드]
명 (복수 **demands** [dimǽndz 디맨즈])
요구, 수요(《반》 supply 공급)
The *demand* exceeds the supply.
공급이 수요를 못 따르고 있다.
타 (3단현 **demands** [dimǽndz 디맨즈], 과거·과거 분사 **demanded** [dimǽndid 디맨디드], 현재 분사 **demanding** [dimǽndiŋ 디맨딩])
(…을) 요구하다
They *demanded* a lot of money of me. 그들은 내게 많은 돈을 요구했다.

de·moc·ra·cy *democracy*

[dimɑ́krəsi 디마크러시]
명 (복수 **democracies** [dimɑ́krəsiz 디마크러시즈])
민주주의, 민주 정치 ; 민주 국가

dem·o·crat·ic *democratic*

[dèməkrǽtik 데머크래틱]
형 민주주의의 ; 민주적인

dem·on·strate *demonstrate*

[démənstrèit 데먼스트레이트]
동 (3단현 **demonstrates** [démənstrèits 데먼스트레이츠], 과거·과거 분사 **demonstrated** [démənstrèitid 데먼스트레이티드], 현재 분사 **demonstrating** [démənstrèitiŋ 데먼스트레이팅])
타 증명하다 ; (실물로) 설명하다
The salesman *demonstrated* how to use the new computer.
판매 사원은 새 컴퓨터의 사용법을 실제로 보여 주었다.
자 시위 운동을 하다, 시위하다

dem·on·stra·tion *demonstration*

[dèmənstréiʃən 데먼스트레이션]
명 (복수 **demonstrations** [dèmənstréiʃənz 데먼스트레이션즈])
증명, 실물 설명 ; 시위(운동)
a *demonstration* against the war
반전 시위

*den·tist *dentist*

[déntist 덴티스트]

명 (복수 **dentists** [déntists 덴티스츠])
치과 의사
◆ I think you should see the *dentist*.
난 네가 치과 진료를 받아야 한다고 생각한다.

*de·ny *deny*

[dinái 디나이]

타 (3단현 **denies** [dináiz 디나이즈], 과거·과거 분사 **denied** [dináid 디나이드], 현재 분사 **denying** [dináiiŋ 디나이잉])
부정하다(《반》 affirm 긍정하다); 거절하다
We cannot *deny* the fact. 우리는 그 사실을 부정할 수 없다.
He *denied* their request.
그는 그들의 요구를 거절했다.

de·part *depart*

[dipá:rt 디파-트]

자 (3단현 **departs** [dipá:rts 디파-츠], 과거·과거 분사 **departed** [dipá:rtid 디파-티드], 현재 분사 **departing** [dipá:rtiŋ 디파-팅])
출발하다(《반》 arrive, reach 도착하다), 떠나다
He *departed* for America with his children.
그는 아이들과 함께 미국으로 떠났다.
The train *departs* at noon.
그 기차는 정오에 출발한다.

*de·part·ment *department*

[dipá:rtmənt 디파-트먼트]

명 (복수 **departments** [dipá:rtmənts 디파-트먼츠])
부, 부문; (백화점의) 매장
the export *department* 수출부

de·part·ment store *department store*

[dipá:rtməntstɔ́:r 디파-트먼트스토-]

명 (복수 **department stores** [dipá:rtməntstɔ́:rz 디파-트먼트스토-즈])
《미》 백화점 (《영》에서는 stores 라고 한다)

go shopping at a *department store*

백화점에 물건을 사러 가다
That *department store* is always crowded.
저 백화점은 늘 붐빈다.

*de·par·ture *departure*
[dipάːrtʃər 디파-쳐]
⃞명 (복수 **departures** [dipάːrtʃərz 디파-처즈])
출발, 떠남 《반》 arrival 도착

What is the *departure* time?
몇 시에 출발합니까?

*de·pend *depend*
[dipénd 디펜드]
⃞자 (3단현 **depends** [dipéndz 디펜즈], 과거·과거 분사 **depended** [dipéndid 디펜디드], 현재 분사 **depending** [dipéndiŋ 디펜딩])
⃞자 1. …에 좌우되다, …에 달려 있다, …에 의하다〈on, upon〉
All *depends* on the weather.
모든 것은 날씨에 달려 있다.
⃞자 2. …에 의지하다, 의존하다〈on, upon〉
He *depended* on my help.
그는 내 도움에 의존했다.
That (all) depends. 그건 사정 나름이다.

de·pen·dent *dependent*
[dipéndənt 디펜던트]
⃞형 의지〔의존〕하고 있는 ; …에 좌우되는

*de·pressed *depressed*
[diprést 디프레스트]
⃞형 의기소침한, 우울한, 낙담한
Somehow I feel *depressed* today. 나는 오늘 어쩐지 기분이 우울하다.

*depth *depth*
[dépθ 뎁스]
⃞명 (복수 **depths** [dépθs 뎁스스])
깊이 ; (건물 등의) 안길이 ; 중심부 ; (계절의) 한창 때
in the *depth*(*s*) of winter
한겨울에
This pond is five meters in *depth*.
이 연못은 깊이가 5미터다.

de·rive *derive*
[diráiv 디라이브]
⃞동 (3단현 **derives** [diráivz 디라이브즈], 과거·과거 분사 **derived** [diráivd 디라이브드], 현재 분사 **deriving** [diráiviŋ 디라이빙])
⃞타 얻다, 이끌어 내다 ; [보통 수동태로] …에서 유래하다

Department Store 백화점
[dipá:rtmentstɔ̀:r 디파-트먼트스토-]

① **elevator** [éləvèitər 엘러베이터] 엘리베이터
② **escalator** [éskəlèitər 에스컬레이터] 에스컬레이터
③ **saleswoman** [séilzwùmən 세일즈우먼] 여자 판매원
④ **shopper** [ʃápər 샤퍼] (물건) 사는 사람
⑤ **elevator operator** 승강기 운전원
　[éləveitər-ápəreitər 엘러베이터아퍼레이터]
⑥ **receptionist** [risépʃ(ə)nist 리셉셔니스트] 접수인, 안내원
⑦ **information desk** 안내소
　[infərméiʃən-dèsk 인퍼메이션데스크]
⑧ **customer** [kʌ́stəmər 커스터머] 손님

We *derive* knowledge *from* books.
우리는 책에서 지식을 얻는다.
자 (…에서) 나오다, 유래하다 ⟨*from*⟩
Many English words *derive from* Latin.
영어 단어 중에는 라틴어에서 온 것이 많다.

---

*de·scend *descend*

[disénd 디센드]

동 (3단현 **descends** [diséndz 디센즈], 과거·과거 분사 **descended** [diséndid 디센디드], 현재 분사 **descending** [diséndiŋ 디센딩])

타 …을 내려가다(《반》 ascend …을 올라가다)

He *descended* the steps quietly.
그는 조용히 계단을 내려갔다.

자 내려가다 ; (길 등이) 내리막이 되다

The elevator *descended* slowly.
승강기가 천천히 내려갔다.

The road *descends* here.
여기서부터는 내리막길이다.

---

*de·scribe *describe*

[diskráib 디스크라이브]

타 (3단현 **describes** [diskráibz 디스크라이브즈], 과거·과거 분사 **described** [diskráibd 디스크라이브드], 현재 분사 **describing** [diskráibiŋ 디스크라이빙])

묘사하다, 말하다, 기술하다, (인물을) 평하다

I can't *describe* the beauty of the view.
나는 그 경치의 아름다움을 말로 표현할 수가 없다.

---

de·scrip·tion *description*

[diskrípʃən 디스크립션]

명 (복수 **descriptions** [diskrípʃənz 디스크립션즈])

묘사, 기술 ; 설명(서)

a detailed *description*
상세한 묘사

---

*des·ert *desert*

[dézərt 데저트]

★ 발음 주의

명 (복수 **deserts** [dézərts 데저츠])

사막, 황무지

the Sahara *Desert* 사하라 사막
[형] 사막의 ; 불모의 ; 사람이 살지 않는
a *desert* island 무인도

de·serve *deserve*

[dizə́:rv 디저-브]

[타] (3단현 **deserves** [dizə́:rvz 디저-브즈], 과거·과거 분사 **deserved** [dizə́:rvd 디저-브드], 현재 분사 **deserving** [dizə́:rviŋ 디저-빙])
…할 만하다, 받을 가치가 있다, …할 가치가 있다
His conduct *deserves* praise.
그의 행동은 칭찬받을 만하다.

de·sign *design*

[dizáin 디자인]

[명] (복수 **designs** [dizáinz 디자인즈])
설계(도) ; 계획 ; 디자인 ; 무늬 ; 구상, 착상, 복안

a building under *design*
설계 중인 건물
a hat with a *design* of flowers
꽃무늬가 있는 모자

[동] (3단현 **designs** [dizáinz 디자인즈], 과거·과거 분사 **designed** [dizáind 디자인드], 현재 분사 **designing** [dizáiniŋ 디자이닝])
[타] 설계하다, 계획하다 ; (옷 등을) 디자인하다

Who *designed* this bridge?
누가 이 다리를 설계했습니까 ?
[자] 설계를 하다 ; 디자인을 하다 ; 디자이너로 일하다

de·sir·a·ble *desirable*

[dizái(ə)rəbl 디자이(어)러블]
[형] 바람직한, 합당한
It is *desirable* for you to go.
네가 가는 것이 바람직하다.

de·sire *desire*

[dizáiər 디자이어]

[타] (3단현 **desires** [dizáiərz 디자이어즈], 과거·과거 분사 **desired** [dizáiərd 디자이어드], 현재 분사 **desiring** [dizái(ə)riŋ 디자이(어)링])
바라다, 요구하다
Most men *desire* happiness.
대부분의 사람들은 행복을 바란다.

desk *desk*

[désk 데스크]
[명] (복수 **desks** [désks 데스크스])
책상

Where are my glasses?
— They're on the *desk*.
내 안경이 어디에 있지요 ?

— 책상 위에 있단다.

de·spair *despair*
[dispéə*r* 디스페어]
- 명 절망, 자포자기
  He was in *despair* at the result.
  그는 그 결과에 절망했다.
- 자 (3단현 **despairs** [dispéə*r*z 디스페어즈], 과거·과거 분사 **despaired** [dispéə*r*d 디스페어드], 현재 분사 **despairing** [dispé(ə)riŋ 디스페(어)링])
  절망하다, 단념하다 ⟨*of*⟩

des·per·ate *desperate*
[désp(ə)rət 데스퍼럿]
- 형 절망적인, 자포자기의

*des·sert *dessert*
[dizə́:*r*t 디저-트] ★ 발음 주의
- 명 (복수 **desserts** [dizə́:*r*ts 디저-츠])

디저트 《식후에 먹는 파이, 과일, 아이스크림 등을 말한다》

What would you like for *dessert*? — I'd like to have a ice cream.
디저트는 무엇으로 하시겠습니까? — 아이스크림으로 주세요.

*de·stroy *destroy*
[distrɔ́i 디스트로이]
- 타 (3단현 **destroys** [distrɔ́iz 디스트로이즈], 과거·과거 분사 **destroyed** [distrɔ́id 디스트로이드], 현재 분사 **destroying** [distrɔ́iiŋ 디스트로이잉])
  파괴하다, 부수다 《반》 construct 건설하다
  The big earthquake *destroyed* a lot of buildings. 큰 지진으로 많은 건물이 파괴되었다.

de·struc·tion *destruction*

[distrʌ́kʃən 디스트럭션]
명 (복수 **destructions** [distrʌ́kʃənz 디스트럭션즈])
파괴 (《반》 construction 건설)
　environmental *destruction*
　환경 파괴

*de·tail *detail*
[ditéil 디테일]
명 (복수 **details** [ditéilz 디테일즈])
세부, 세목; 상세; 상술
　She told me all the *details*.
　그녀는 내게 세밀한 부분을 전부 말해 주었다.
in detail 상세히, 세목별로

de·tec·tive *detective*
[ditéktiv 디텍티브]
명 (복수 **detectives** [ditéktivz 디텍티브즈])
탐정; 형사
　a private *detective* 사립 탐정

de·ter·mi·na·tion *determination*
[ditə̀ːrminéiʃən 디터-미네이션]
명 (복수 **determinations** [ditə̀ːrminéiʃənz 디터-미네이션즈])
결심; 결단력; 결정

*de·ter·mine *determine*
[ditə́ːrmin 디터-민]
동 (3단현 **determines** [ditə́ːrminz 디터-민즈], 과거·과거 분사 **determined** [ditə́ːrmind 디터-민드], 현재 분사 **determining** [ditə́ːrminiŋ 디터-미닝])
타 …을 결심하다, 결정하다
　She *determined* to marry John. 그녀는 존과 결혼하기로 결심했다.
자 결심하다, 정하다 ⟨*on*⟩

*de·vel·op *develop*
[divéləp 디벨럽]
동 (3단현 **develops** [divéləps 디벨럽스], 과거·과거 분사 **developed** [divéləpt 디벨럽트], 현재 분사 **developing** [divéləpiŋ 디벨러핑])
타 발달시키다, 발전시키다; 개발하다; 발육시키다
　He believes that sports can *develop* mind and body.
　그는 운동이 심신을 발달시킬 수 있다고 믿고 있다.

They are *developing* new technology. 그들은 새 기술을 개발하고 있다.
자 발달〔발전〕하다 ; 발육하다

*de·vel·op·ment *development*
[divéləpmənt 디벨럽먼트]
명 (복수 **developments** [divéləpmənts 디벨럽먼츠])
발전, 발달 ; 발육
the economic *development* of Korea
한국의 경제적 발전
the *development* of language
언어의 발달

de·vice *device*
[diváis 디바이스]
명 (복수 **devices** [diváisiz 디바이시즈])
장치
a safety *device* 안전 장치

*dev·il *devil*
[dévəl 데벌]
명 (복수 **devils** [dévəlz 데벌즈])
악마

*de·vise *devise*
[diváiz 디바이즈]
타 (3단현 **devises** [diváiziz 디바이지즈], 과거·과거 분사 **devised** [diváizd 디바이즈드], 현재 분사 **devising** [diváiziŋ 디바이징])
고안하다, 생각해내다 ; 발명하다
He *devised* a new way to teach English. 그는 새로운 영어 교수법을 생각해냈다.

*de·vote *devote*
[divóut 디보우트]
타 (3단현 **devotes** [divóuts 디보우츠], 과거·과거 분사 **devoted** [divóutid 디보우티드], 현재 분사 **devoting** [divóutiŋ 디보우팅])
(시간·노력·돈 등을) 바치다 〈to〉 ; 충당하다
He *devoted* his life *to* helping sick people.
그는 병든 사람들을 돕는데 일생을 바쳤다.

*di·al *dial*
[dáiəl 다이얼]
명 (복수 **dials** [dáiəlz 다이얼즈])
(라디오·전화기 등의) 다이얼 ; (시계 등의) 문자반

diamond　　　　　　　　　　　　　　　　　　　　　**did**

동 (3단현 **dials** [dáiəlz 다이얼즈], 과거·과거 분사 **dial(l)ed** [dáiəld 다이얼드], 현재 분사 **dial(l)ing** [dáiəliŋ 다이얼링])
타 (라디오·전화기 등의) 다이얼을 돌리다, …에 전화를 걸다
Dial the police at once.
당장 경찰에 전화해라.
Dial 119 at once.
당장 119에 전화해라.

You have *dialed* the wrong number.
전화를 잘못 걸으셨군요.
자 전화를 걸다

***di·a·mond** *diamond*
[dái(ə)mənd 다이(어)먼드]
명 (복수 **diamonds** [dái(ə)məndz 다이(어)먼즈])
명 1. 다이아몬드, 금강석
명 2. (트럼프의) 다이아몬드패 ; 마름모꼴
명 3. 《야구》 내야, 야구장

***di·a·ry** *diary*
[dái(ə)ri 다이(어)리]
명 (복수 **diaries** [dái(ə)riz 다이(어)리즈])
일기, 일기장
keep a diary 일기를 쓰다
She *keeps a diary* in English.
그녀는 영어로 일기를 쓴다.

***dic·ta·tion** *dictation*
[diktéiʃən 딕테이션]
명 (복수 **dictations** [diktéiʃənz 딕테이션즈])
받아쓰기

***dic·tio·nar·y** *dictionary*
[díkʃənèri 딕셔네리]
명 (복수 **dictionaries** [díkʃənèriz 딕셔네리즈])
사전
an English-Korean *dictionary*
영한 사전

***did** *did*
[《약》 did 디드 ; 《강》 díd 디드]
동 조 do의 과거형

*did·n't *didn't*
[dídnt 디든트]
did not의 단축형

*die *die*
[dái 다이]
재 (3단현 **dies** [dáiz 다이즈], 과거·과거 분사 **died** [dáid 다이드], 현재 분사 **dying** [dáiiŋ 다이잉])
재 1. 죽다(《반》 live 살아 있다, 《참고》 death 죽음)
die of cancer 암으로 죽다
His father *died* in 2000.
그의 아버지는 2000년에 돌아가셨다.
She *died* young.
그녀는 젊은 나이에 죽었다.

재 2. (꽃 등이) 시들다
These flowers will soon *die*.
이 꽃들은 금방 시들어 버릴 것이다.
die away (바람·소리 등이) 잠잠해지다
The wind *died away*.
바람이 잠잠해졌다.

*di·et *diet*
[dáiət 다이엇]
명 (복수 **diets** [dáiəts 다이어츠])
일상 음식; 식이요법, 다이어트
I'm on a *diet*.
나는 다이어트를 하고 있다.

*dif·fer *differ*
[dífər 디퍼]
재 (3단현 **differs** [dífərz 디퍼즈], 과거·과거 분사 **differed** [dífərd 디퍼드], 현재 분사 **differing** [díf(ə)riŋ 디퍼링])
다르다, 틀리다〈*from*〉
His opinion *differs from* mine.
그는 나와 의견이 다르다.

*dif·fer·ence *difference*
[díf(ə)rəns 디퍼런스]
명 (복수 **differences** [díf(ə)rənsiz 디퍼런시즈])
다름, 차이, 의견 차이
make a difference 차이가 나다; 중요하다

*dif·fer·ent *different*
[díf(ə)rənt 디퍼런트]
형 1. 다른(《반》 same 같은)
The two shells are very *different*.
그 두 개의 조가비는 아주 다르다.

My plan is very *different from* yours.
내 계획은 네 것과 아주 다르다.
형 2. 여러 가지의(《동》various)
The *different* people told me the same story.
나는 똑같은 이야기를 여러 사람에게서 들었다.

dif·fi·cult *difficult*
[dífikʌlt 디피컬트]
형 1. 곤란한, 어려운(《반》 easy 쉬운)
This is a very *difficult* question.
이건 매우 어려운 문제다.

형 2. (사람이) 까다로운 ; (사물이) 다루기 힘든
She is a *difficult* person to get along with.
그녀는 사귀기 어려운 사람이다.

dif·fi·cul·ty *difficulty*
[dífikʌlti 디피컬티]
명 (복수 **difficulties** [dífikʌltiz 디피컬티즈])
곤란, 곤경(《반》 ease 쉬움)
Come to me if you are in any *difficulty*. 어려운 일이 있으면 내게 오시오.
with difficulty 가까스로, 간신히
without difficulty 수월하게

dig *dig*
[díg 디그]
타 (3단현 **digs** [dígz 디그즈], 과거·과거 분사 **dug** [dʌg 더그], 현재 분사 **digging** [dígiŋ 디깅])
(땅 등을) 파다, 파내다 ; 캐다

He *dug* a hole.
그는 구멍을 팠다.
We *dug* potatoes.
우리는 감자를 캤다.
They *dug* out the treasure.
그들은 보물을 파냈다.

dil·i·gent *diligent*
[díləd͡ʒənt 딜러전트]
형 근면한, 부지런한(《반》 idle, lazy 게으른, 태만한)
He is a *diligent* boy.
그는 부지런한 소년이다.

dime *dime*
[dáim 다임]
명 (복수 **dimes** [dáimz 다임즈])
《미》10센트 은화

dine *dine*
[dáin 다인]
자 〈3단현 **dines** [dáinz 다인즈], 과거·과거 분사 **dined** [dáind 다인드], 현재 분사 **dining** [dáiniŋ 다이닝])
(저녁) 식사를 하다
We usually *dine* at eight.
우리집은 보통 8시에 저녁을 먹는다.

dine in 집에서 식사하다
dine out 외식하다

din·ing room
dining room
[dáiniŋ-rùːm 다이닝룸-]
명 (복수 **dining rooms** [dáiniŋ-rùːmz 다이닝룸-즈])
식당

*din·ner *dinner*
[dínər 디너]
명 (복수 **dinners** [dínərz 디너즈])
명 1. 정찬, 저녁 식사, 디너《보통 부정 관사를 붙이지 않고 복수형으로도 하지 않는다》
Dinner is ready! — O.K., I'm coming. 저녁 식사가 준비됐다! — 네, 지금 가요.

명 2. 만찬회

*di·rect *direct*
[dirékt 디렉트]
형 (비교급 **more direct** 또는 **directer** [diréktər 디렉터], 최상급 **most direct** 또는 **directest** [diréktist 디렉티스트])
일직선의, 똑바른《동 straight》; 직접의; 솔직한
Draw a *direct* line here.
여기에 직선을 그으시오.
She gave me a *direct* reply.

그녀는 내게 솔직한 대답을 해 주었다.
- 🔹 똑바로 ; 직접
  This plane flies *direct* to London. 이 비행기는 런던으로 직행한다.
- 🔹 (3단현 **directs** [dirékts 디렉츠], 과거·과거 분사 **directed** [diréktid 디렉티드], 현재 분사 **directing** [diréktiŋ 디렉팅])
- 🔹 1. 길을 가리키다⟨to⟩
  Can you *direct* me *to* the bus stop?
  버스 정류장으로 가는 길을 가리켜 주겠니 ?

- 🔹 2. 지도하다, 명령하다 ; 지휘하다
  A policeman was *directing* the traffic. 경찰관이 교통 정리를 하고 있었다.

*di·rec·tion *direction*
[dirékʃən 디렉션]
- 🔹 (복수 **directions** [dirékʃənz 디렉션즈])
- 🔹 1. 방향
  Which *direction* did he run?
  그는 어느 방향으로 뛰어갔니 ?
- 🔹 2. [보통 directions로] 지시, 사용법
  Follow the *directions* on the bottle.
  병에 쓰여 있는 사용법 대로 하시오.
- 🔹 3. 지도 ; 감독, 관리

di·rect·ly *directly*
[diréktli 디렉틀리]
- 🔹 똑바로 ; 직접적으로 ; 곧, 머지 않아
  I went *directly* to the hospital.
  나는 곧장 병원으로 갔다.

di·rec·tor *director*
[diréktər 디렉터]
- 🔹 (복수 **directors** [diréktərz 디렉터즈])
  지도자 ; 관리자 ; (영화 등의) 감독, 연출가
  a film *director* 영화 감독

*dirt *dirt*
[də́ːrt 더-트]
- 🔹 먼지, 쓰레기 ; 진흙 ; 오물
  He washed the *dirt* off his car.
  그는 자동차의 먼지를 씻어냈다.

dirt·y *dirty*

[dɔ́ːrti 더-티]

형 (비교급 **dirtier** [dɔ́ːrtiər 더-티어], 최상급 **dirtiest** [dɔ́ːrtiist 더-티이스트])

더러운, 불결한 (《반》 clean 깨끗한) ; 비열한

Don't eat with *dirty* hands.
더러운 손으로 먹지 마라.

dis·ap·pear *disappear*

[dìsəpíər 디서피어]

자 (3단현 **disappears** [dìsəpíərz 디서피어즈], 과거·과거 분사 **disappeared** [dìsəpíərd 디서피어드], 현재 분사 **disappearing** [dìsəpí(ə)riŋ 디서피(어)링])

사라지다 (《반》 appear 나타나다) ; 없어지다, 소멸되다

She *disappeared* in the crowd.
그녀는 군중 속으로 사라졌다.

dis·ap·point *disappoint*

[dìsəpɔ́int 디서포인트]

타 (3단현 **disappoints** [dìsəpɔ́ints 디서포인츠], 과거·과거 분사 **disappointed** [dìsəpɔ́intid 디서포인티드], 현재 분사 **disappointing** [dìsəpɔ́intiŋ 디서포인팅])

실망시키다, 낙담시키다

The movie *disappointed* me.
그 영화를 보고 실망했다.

dis·ap·point·ed *disappointed*

[dìsəpɔ́intid 디서포인티드]

형 실망한, 낙담한

He was *disappointed* at the result.
그는 결과를 보고 실망했다.

di·sas·ter *disaster*

[dizǽstər 디재스터]

명 (복수 **disasters** [dizǽstərz 디재스터즈])

재해, 재난, 대참사

Earthquakes and floods are natural *disasters*.
지진과 홍수는 자연 재해다.

dis·ci·pline *discipline*

[dísəplin 디서플린]

명 (복수 **disciplines** [dísəplinz 디서플린즈])

규율 ; 훈육, 훈련 ; 훈계

The school is under *discipline*.
그 학교는 규율이 엄하다.

---

*dis·cov·er *discover*

[diskʌ́vər 디스커버]

타 (3단현 **discovers** [diskʌ́vərz 디스커버즈], 과거·과거 분사 **discovered** [diskʌ́vərd 디스커버드], 현재 분사 **discovering** [diskʌ́v(ə)riŋ 디스커버링])

발견하다 ; …을 알다, 깨닫다
Columbus *discovered* America in 1492.
콜럼버스는 1492년에 아메리카를 발견했다.

The police *discovered* that he had stolen the money.
경찰은 그가 돈을 훔쳤다는 걸 알았다.

---

dis·cov·er·y *discovery*

[diskʌ́v(ə)ri 디스커버리]

명 (복수 **discoveries** [diskʌ́v(ə)riz 디스커버리즈])
발견
He made a surprising *discovery*.
그는 놀랄만한 발견을 했다.

---

*dis·cuss *discuss*

[diskʌ́s 디스커스]

타 (3단현 **discusses** [diskʌ́siz 디스커시즈], 과거·과거 분사 **discussed** [diskʌ́st 디스커스트], 현재 분사 **discussing** [diskʌ́siŋ 디스커싱])

의논하다, …에 관하여 (서로) 이야기하다, 토론하다
We *discussed* the plan with our teacher.
우리는 그 계획을 선생님과 상의했다.

---

*dis·cus·sion *discussion*

[diskʌ́ʃən 디스커션]

명 (복수 **discussions** [diskʌ́ʃənz 디스커션즈])
의논, 토의, 토론
We had a hot *discussion* on the subject.
우리는 그 주제에 대해서 열띤 토론을 벌였다.

under discussion 토의〔심의〕중
His plan is now *under discussion*. 그의 계획은 지금 심의 중이다.

---

*dis·ease *disease*

[dizíːz 디지-즈]

명 (복수 **diseases** [dizíːziz 디지-지즈])
병, 질병
He is suffering from heart *disease*.
그는 심장병을 앓고 있다.

---

*dis·gust·ing *disgusting*

[disgʌ́stiŋ 디스거스팅]

형 메스꺼운
a *disgusting* smell
역겨운 냄새

dish *dish*

[díʃ 디시]

명 (복수 **dishes** [díʃiz 디시즈])

명 1. 큰 접시, 움푹한 큰 접시 ; [the dishes로] (식사용) 식기류

My mother washes *the dishes*.
어머니는 접시를 닦으신다.

명 2. (한 접시의) 요리, 음식
I like French *dishes*.
나는 프랑스 요리를 좋아한다.

dis·like *dislike*

[dìsláik 디슬라이크]

타 (3단현 **dislikes** [dìsláiks 디슬라이크스], 과거·과거 분사 **disliked** [dìsláikt 디슬라이크트], 현재 분사 **disliking** [dìsláikiŋ 디슬라이킹])
싫어하다
She *dislikes* singing. 그녀는 노래부르는 것을 싫어한다.

dis·miss *dismiss*

[dismís 디스미스]

타 (3단현 **dismisses** [dismísiz 디스미시즈], 과거·과거 분사 **dismissed** [dismíst 디스미스트], 현재 분사 **dismissing** [dismísiŋ 디스미싱])

타 1. (모임 등을) 해산시키다
타 2. 해고하다
He was *dismissed* from his job.
그는 직장에서 해고당했다.

Dis·ney·land *Disneyland*

[dízniland 디즈닐랜드]

명 디즈닐랜드(월트 디즈니(Walt Disney)가 로스앤젤레스 교외에 만들어 놓은 어린이 유원지)

dis·play *display*

[displéi 디스플레이]

타 (3단현 **displays** [displéiz 디스플레이즈], 과거·과거 분사 **displayed** [displéid 디스플레이드], 현재 분사 **displaying** [displéiiŋ 디스플레이잉])
보이다, 나타내다 ; 전시하다, 진열하다
His paintings were *displayed* in the museum.
그의 그림이 박물관에 전시되

었다.

명 (복수 **displays** [displéiz 디스플레이즈])
전시, 진열 ; 전시회

*dis·pute *dispute*

[dispjúːt 디스퓨-트]

동 (3단현 **disputes** [dispjúːts 디스퓨-츠], 과거·과거 분사 **disputed** [dispjúːtid 디스퓨-티드], 현재 분사 **disputing** [dispjúːtiŋ 디스퓨-팅])

자 논쟁하다, 언쟁하다
We *disputed* with them about the subject.
우리들은 그 문제에 대해 그들과 논쟁을 벌였다.

타 (…에 대해서) 논쟁하다, 의논하다
We *disputed* what to do next.
우리는 다음에 무엇을 할 것인지 의논했다.

명 (복수 **disputes** [dispjúːts 디스퓨-츠])
논쟁, 의논, 말다툼

*dis·tance *distance*

[dístəns 디스턴스]

명 (복수 **distances** [dístənsiz 디스턴시즈])
거리, 간격 ; 원거리, 먼 곳
What is the *distance* between your house and school?
집에서 학교까지의 거리는 얼마나 되니?

at a distance 약간 떨어져서
You should watch television *at a distance*.
텔레비전은 약간 떨어져서 보아야 한다.

from a distance 멀리서
The house cannot be seen *from a distance*.
그 집은 멀리서는 보이지 않는다.

in the distance 먼곳에, 저 멀리
We can see a tower *in the distance*.
저 멀리 탑이 보인다.

*dis·tant *distant*

[dístənt 디스턴트]

형 1. 먼, 떨어진⟨from⟩
The station is about two miles *distant from* here.
역은 여기에서 약 2마일 떨어져 있다.

형 2. (시간·관계 등이) 먼
a *distant* memory
먼 옛날의 추억

at no *distant* date
머지 않아, 가까운 장래에
He is a *distant* relative of mine.
그는 나의 먼 친척이다.

---

dis‧tinct *distinct*

[distíŋ(k)t 디스팅(크)트]

형 (비교급 **more distinct** 또는 **distincter** [distíŋ(k)tər 디스팅(크)터], 최상급 **most distinct** 또는 **distinctest** [distíŋ(k)tist 디스팅(크)티스트])
별개의, 다른 ; 명확한

Lions are *distinct* from tigers.
사자는 호랑이와 다르다.

---

dis‧tinc‧tion *distinction*

[distíŋ(k)ʃən 디스팅(크)션]

명 (복수 **distinctions** [distíŋ(k)ʃənz 디스팅(크)션즈])
구별, 차별 ; 특징

---

*dis‧tin‧guish *distinguish*

[distíŋgwiʃ 디스팅귀시]

타 (3단현 **distinguishes** [distíŋgwiʃiz 디스팅귀시즈], 과거·과거 분사 **distinguished** [distíŋgwiʃt 디스팅귀시트], 현재 분사 **distinguishing** [distíŋgwiʃiŋ 디스팅귀싱])

구별하다, 식별하다
Can you *distinguish* a dog from a fox?
개와 여우를 구별할 수 있니?

---

*dis‧trib‧ute *distribute*

[distríbjut 디스트리뷰트]

타 (3단현 **distributes** [distríbjuts 디스트리뷰츠], 과거·과거 분사 **distributed** [distríbjutid 디스트리뷰티드], 현재 분사 **distributing** [distríbjutiŋ 디스트리뷰팅])

나누어주다, 분배하다 ; 분포하다
The teacher *distributed* the test papers to the students.
선생님은 학생들에게 시험지를 나누어주었다.

---

dis‧tri‧bu‧tion *distribution*

[dìstrəbjúːʃən 디스트러뷰-션]

명 (복수 **distributions** [dìstrəbjúːʃənz 디스트러뷰-션즈])
분배, 배급 ; 분포

dis·trict *district*

[dístrikt 디스트릭트]

명 (복수 **districts** [dístrikts 디스트릭츠])
지역, 지방 ; 지구, 관구
a business *district*
상업 지구
She lives in a different school *district* from mine.
그녀는 나와 다른 학군에 살고 있다.

*dis·turb *disturb*

[distə́ːrb 디스터-브]

통 (3단현 **disturbs** [distə́ːrbz 디스터-브즈], 과거·과거 분사 **disturbed** [distə́ːrbd 디스터-브드], 현재 분사 **disturbing** [distə́ːrbiŋ 디스터-빙])
타 방해하다 ; 어지럽히다
I hope I'm not *disturbing* you.
방해가 되지 않았으면 합니다.
자 수면〔휴식〕을 방해하다
Please do not *disturb*.
깨우지 마십시오《호텔 방문에 거는 게시 문구》.

*dive *dive*

[dáiv 다이브]

자 (3단현 **dives** [dáivz 다이브즈], 과거·과거 분사 **dived** [dáivd 다이브드], 현재 분사 **div-ing** [dáiviŋ 다이빙])
(물속에 머리부터) 뛰어들다, (높은 데서) 뛰어내리다
I *dived* into the pool from the diving board.
나는 다이빙대에서 풀로 뛰어들었다.

*di·vide *divide*

[diváid 디바이드]

통 (3단현 **divides** [diváidz 디바이즈], 과거·과거 분사 **divided** [diváidid 디바이디드], 현재 분사 **dividing** [diváidiŋ 디바이딩])
타 1. 분할하다, 나누다
Mom *divided* the cake into eight pieces.
엄마는 케이크를 8조각으로 나누었다.

타 2. (어떤 수를) 나누다
Twelve *divided* by three equals〔is〕 four.
12 나누기 3은 4다 (12÷3=4).
타 3. 분류하다
자 1. 나누어지다, 갈라지다
자 2. (어떤 수가) 나누어지다

di·vi·sion *division*

[divíʒən 디비전]

명 (복수 **divisions** [divíʒənz 디비전즈])

나눔, 분할 ; 분배, 배분 ; 《수학》 나눗셈

the *division* of labor 분업

---

do *do*

[dúː 두-]

동 (3단현 **does** [dʌ́z 더즈], 과거형 **did** [díd 디드], 과거 분사 **done** [dʌ́n 던], 현재 분사 **doing** [dúːiŋ 두-잉])

타 1. 하다, 행하다 ; (일·공부 등)을 하다
Do what you like.
네가 좋아하는 일을 해라.
What are you *doing* now?
— I'm *doing* my homework.
지금 뭐하고 있니 ? — 숙제하고 있어.

◆ I'm sure you will *do* better next time.
너는 틀림없이 다음 번엔 더 잘할 거야.

타 2. 주다, 끼치다, 이바지하다
This medicine will *do* you good.
이 약을 먹으면 좋아질 것이다.
Too much drinking will *do* you harm.
과음은 몸에 해롭다.

타 3. [완료형 또는 수동태로] 마치다, 끝내다(《동》 finish, end)
I *have done* the work.
나는 일을 끝냈다.

타 4. 치우다, 씻다, 청소하다 ; (머리 등)을 단정히 하다

타 5. 《구어》 구경하다

자 1. 행하다, 행동하다
You must *do* as I tell you to (*do*).
너는 내가 시키는 대로 해야만 한다.

자 2. 쓸모가 있다, (…에) 충분하다《보통 will과 함께 쓴다》
That will *do*.
그거면 됐다.
A thousand won will *do*.
1,000원이면 충분하다.

자 3. 지내다, 살아가다 ; 잘 되어가다
◆ How are you *doing*?
— Fine. How about you?
어떻게 지내니 ? — 잘 지내. 너는 어떠니 ?

do away with …을 폐지하다, 그만두다
We should *do away with* bad habits. 우리는 나쁜 습관을 없애야만 한다.

do one***'s best*** 최선[전력]을 다하다

do with [의문사 what과 함께] …을 (어떻게) 처리하다
What did you *do with* your summer vacation? 여름 휴가를 어떻게 보냈습니까 ?

do without …없이 해나가다
I cannot *do without* your help.
나는 당신 도움없이는 해나갈

수 없습니다.
How do you do ? 처음 뵙겠습니다.
Well done ! 잘했다!, 훌륭하다!
조 [《약》 du 두 ; 《강》 dú: 두-] (3단현 **does** [《약》 dəz 더즈 ; 《강》 dʌ́z 더즈], 과거형 **did** [did 디드])
조 1. [의문문을 만들어]
☆ *Do* you have a pen?
펜을 갖고 있니 ?
Do you understand?
아시겠습니까 ?
Does she teach English?
그녀는 영어를 가르치십니까 ?
조 2. [부정문을 만들어]
We *don't* work on Sunday.
우리는 일요일에 일하지 않는다.
☆ I *don't* think so.
나는 그렇게 생각하지 않아.
Don't be afraid.
두려워 하지마.
조 3. [dú: 두-] [동사의 뜻을 강조할 때 쓰는데 이 경우에 do를 강하게 발음한다]
I *do* want to go there.
나는 거기에 꼭 가고 싶다.
Do tell me. 말해 줘, 응.
조 4. [부사(구) 등을 강조하기 위해 문장 앞에 둘 때]
Never *did* I see such a tall building.
나는 그렇게 높은 건물을 본 적이 없었다.
조 5. [대동사] [dú: 두-] (3단현 **does** [dʌ́z 더즈], 과거형 **did** [díd 디드], 과거 분사 **done** [dʌ́n 던], 현재 분사 **doing** [dú:iŋ 두-잉])
☞ 같은 동사의 반복을 피하기 위해 쓴다.
Do you like him? — Yes, I *do*
(= like him). 그를 좋아하세요 ? — 네, 좋아합니다.
He speaks better than I *do* (= speak).
그는 나보다 말을 더 잘한다.
Who broke this window?
— John *did* (= broke it).
이 창문을 누가 깼니 ?
— 존이 깼어요.

dock *dock*
[dák 닥]
명 독, 부두

*doc·tor *doctor*
[dáktər 닥터]
명 (복수 **doctors** [dáktərz 닥터즈])
명 1. 의사
◆ Why don't you see the *doctor*?
의사의 진찰을 받아 보는 게 어떠니 ?

명 2. [흔히 Doctor로] 박사 《Dr. 또는 Dr로 약한다》
a *Doctor* of Laws 법학 박사

*doc·u·ment *document*

[dάkjumənt 다큐먼트]
- 명 (복수 **documents** [dάkjumənts 다큐먼츠])
문서, 서류
an official *document* 공문서
sign a *document*
문서에 서명하다

*does *does*

[(약) dəz 더즈 ; (강) dΛz 더즈]
- 동 조 **do**의 3인칭 단수 현재형
He always *does* his best.
그는 언제나 최선을 다한다.
Does he speak English?
그는 영어를 합니까?

*does·n't *doesn't*

[dΛznt 더즌트]
does not의 단축형
Doesn't Tom leave tomorrow?
톰은 내일 떠나지 않니?

*dog *dog*

[dɔ́:g 도-그]
- 명 (복수 **dogs** [dɔ́:gz 도-그즈])
〖동물〗개
His *dog* barks at me.
그의 개가 나를 향해 짖어댄다.

do·ing *doing*

[dú:iŋ 두-잉]
- 동 **do**의 현재 분사
- 명 (복수 **doings** [dú:iŋz 두-잉즈])
하기, 행위 ; [doings로] 행동, 행하기

*doll *doll*

[dάl 달]
- 명 (복수 **dolls** [dάlz 달즈])
인형

◆ Whose beautiful *dolls* are these?
이 예쁜 인형은 누구 거니?

*dol·lar *dollar*

[dάlər 달러]
- 명 (복수 **dollars** [dάlərz 달러즈])
달러《미국·캐나다·오스트레일리아 등의 화폐 단위 ; 1달러는 100 cents ; 기호 $》; 1달러 지폐, 1달러 은화

How much is this?
— It's seven *dollars* fifty cents.
이건 얼마입니까? — 7달러 50센트입니다.

dol·phin *dolphin*
[dálfin 달핀]
명 돌고래

do·mes·tic *domestic*
[dəméstik 더메스틱]
형 1. 가정의, 가사의 ; 가정적인
domestic affairs
가사
형 2. 국내의, 국산의
domestic news
국내 뉴스
a *domestic* flight
(항공기의) 국내선
형 3. (동물이) 사육되어 길들여진(《반》 wild 야생의)
Cows and horses are *domestic* animals.
소와 말은 가축이다.

done *done*
[dán 던]
동 **do**의 과거 분사

don·key *donkey*
[dáŋki 당키]
명 (복수 **donkeys** [dáŋkiz 당키즈])

명 1. 〖동물〗 당나귀

명 2. 바보, 얼뜨기

don't *don't*
[dóunt 도운트]
do not의 단축형

door *door*
[dɔ́:r 도-]
명 (복수 **doors** [dɔ́:rz 도-즈])
명 1. 문, 문짝 ; 출입구, 현관

Please open the *door*.
문을 열어 주십시오.
He was waiting for me at the *door*. 그는 현관에서 나를 기다리고 있었다.
명 2. 한 집, 한 채
She lives three *doors* away.
그녀는 세 집 건너서 살고 있다.

from door to door 집집마다
next door (***to...***) 이웃집에
out of door 옥외에서, 집 밖에서

*dou·ble *double*

[dʌ́bl 더블] ★ 발음 주의
형 1. 두 배의, 갑절의
This robot can do *double* work. 이 로봇은 일을 두 배로 할 수 있다.
형 2. 이중의; 쌍의; 2인용의
a *double* bed 2인용 침대
This room has *double* windows.
이 방은 이중창으로 되어 있다.
부 두 배로, 갑절로; 이중으로
I'll pay *double*.
내가 두 배로 지급하겠다.
명 (복수 **doubles** [dʌ́blz 더블즈])
명 1. 두 배, 갑절
Six is the *double* of three.
6은 3의 두 배다.
명 2. [doubles로] (테니스 등의) 복식 경기(《반》 singles 단식 경기)

동 (3단현 **doubles** [dʌ́blz 더블즈], 과거·과거 분사 **doubled** [dʌ́bld 더블드], 현재 분사 **doubling** [dʌ́bliŋ 더블링])
타 두배로 하다
자 두배가 되다

*doubt *doubt*

[dáut 다우트] ★ 발음 주의
명 (복수 **doubts** [dáuts 다우츠])
의심, 의혹, 의문
There is some *doubt* whether she will come.
그녀가 올지 좀 의문이다.

I have no *doubt* about his success.
나는 그의 성공을 조금도 의심하지 않는다.
no doubt 꼭, 확실히
타 (3단현 **doubts** [dáuts 다우츠], 과거·과거 분사 **doubted** [dáutid 다우티드], 현재 분사 **doubting** [dáutiŋ 다우팅])
(사람·일을) 의심하다, 믿지 않다(《반》 believe 믿다)
I *doubt* (the truth of) his story.
나는 그의 이야기가 진실인지 의심스럽다.
☞ 긍정문에서는 접속사로 if 또는 whether, 부정문·의문문에서는 that을 쓴다.
We *doubt* whether〔*if*〕 he get the prize. 그가 그 상을 받을지 어떨지 의심스럽다.
I *don't doubt that* he will pass.
나는 그가 꼭 합격하리라고 생각한다.

doubt·ful *doubtful*

[dáutful 다우트풀]
형 의심을 품고 있는, 의심스러운
It is *doubtful* that they will arrive on time.
그들이 제시간에 도착할지 어떨

지 의심스럽다.

*down　*down*
[dáun 다운]

부 1. 아래로, 아래쪽으로〔에〕, (밑으로) 내려 (《반》 up 위로)

Sit *down*, please. 앉으세요.
The elevator came *down*.
엘리베이터가 내려왔다.
He jumped *down* from the tree.
그는 나무에서 뛰어 내렸다.

부 2. (사람 등이) 쓰러져 ; (해가) 저물어 ; (바람이) 가라앉아
The sun goes *down*.
해가 진다.
The storm is going *down*.
폭풍우가 가라앉고 있다.

up and down 위아래로 ; 여기저기 ; 왔다갔다

전 [dàun 다운] …의 아래쪽으로, …을 내려가
Tears ran *down* her cheeks.
그녀의 두 뺨에 눈물이 흘러 내렸다.
There is a bridge about a mile *down* the river. 1마일쯤 강 아래쪽에 다리가 있다.

down·stairs　*downstairs*
[dáunstéərz 다운스테어즈]

부 아래층으로〔에〕, 1층으로
He went *downstairs* to watch TV. 그는 텔레비전을 보려고 아래층으로 내려갔다.

명 [the downstairs로] 아래층, 1층 (《단수 취급》)
형 아래층의, 1층의
The *downstairs* rooms are dark.
아래층 방은 어둡다.

down·town　*downtown*
[dáuntáun 다운타운]

명 (복수 **downtowns** [dáuntáunz 다운타운즈])
(《미》) 도심지 ; 중심가, 상가 (《반》 uptown 주택 지구)
부 (《미》) 도심지로 ; 상가로〔에〕

*doz·en　*dozen*
[dʌ́zn 더즌]

명 (복수 **dozens** [dʌ́znz 더즌즈])
1다스, 12개

I bought a *dozen* pencils.
나는 연필을 한 다스 샀다.
by the dozen 다스 단위로

Pencils are sold *by the dozen*.
연필은 다스 단위로 팔고 있다.
dozens of 수십의, 많은
dozens of times 수십번
I have *dozens of* things to do.
나는 할 일이 아주 많다.

draft, 《영》 draught
draft, draught

[dræft 드래프트]

명 (복수 **drafts** [dræfts 드래프츠])
초고, 초안 ; 설계도

drag
drag

[dræg 드래그]

타 (3단현 **drags** [drægz 드래그즈], 과거·과거 분사 **dragged** [drægd 드래그드], 현재 분사 **dragging** [drægiŋ 드래깅])
(무거운 것을) 끌다, 질질 끌다, 끌고 가다

He *dragged* the heavy trunk.
그는 무거운 트렁크를 질질 끌었다.

*dra·ma
drama

[drɑ́ːmə 드라-머]

명 (복수 **dramas** [drɑ́ːməz 드라-머즈])
극, 희곡, 각본 ; [흔히 the drama로] 연극, 극문학

dra·mat·ic
dramatic

[drəmǽtik 드러매틱]

형 1. 극의, 연극의 ; 희곡의
형 2. 극적인, 눈부신

*drank
drank

[dræŋk 드랭크]

동 **drink**의 과거형, 《미》 **drink**의 과거 분사

She *drank* a glass of juice.
그녀는 주스를 한 잔 마셨다.

*draw
draw

[drɔ́ː 드로-]

동 (3단현 **draws** [drɔ́ːz 드로-즈], 과거형 **drew** [drúː 드루-], 과거 분사 **drawn** [drɔ́ːn 드론-], 현재 분사 **drawing** [drɔ́ːiŋ 드로-잉])

타 1. 끌다, 끌어당기다(《동》 pull, 《반》 push 밀다)

Draw the curtain over the window.
창문에 커튼을 치시오.

타 2. 꺼내다, 끌어내다

She *drew* a postcard out of

her pocket. 그녀는 호주머니에서 우편엽서를 꺼냈다.
[타] 3. (선을) 긋다, (그림을) 그리다
Draw a line.
선을 그어라.
The child is *drawing* a picture.
아이가 그림을 그리고 있다.

[타] 4. (손님)을 끌다 ; (흥미 등)을 끌다
[타] 5. (문서)를 쓰다, 작성하다
[자] 1. [부사(구)와 함께] 그림을 그리다
He *draws* well.
그는 그림을 잘 그린다.
[자] 2. 움직이다 ; (때가) 다가오다
[자] 3. (시합이) 무승부가 되다

*drawer *drawer*

[drɔ́ːr 드로-]
★ 발음 주의
[명] (복수 **drawers** [drɔ́ːrz 드로-즈])
서랍

This desk has two *drawers*.
이 책상은 서랍이 두 개다.

draw·ing *drawing*

[drɔ́ːiŋ 드로-잉]
[명] (복수 **drawings** [drɔ́ːiŋz 드로-잉즈])
(연필·펜 등으로 그린) 그림, 스케치 ; 제도

*drawn *drawn*

[drɔːn 드론-]
★ 발음 주의
[동] **draw**의 과거 분사

*dream *dream*

[driːm 드림-]
[명] (복수 **dreams** [driːmz 드림-즈])
꿈 ; (실현하고 싶은) 이상
I had a bad *dream* last night.
나는 어젯밤에 악몽을 꾸었다.
She has a *dream* of becoming a singer.
그녀에게는 가수가 되겠다는 꿈이 있다.

[동] (3단현 **dreams** [driːmz 드림-즈], 과거·과거 분사 **dreamed** [driːmd 드림-드] 또는 **dreamt** [dremt 드렘트], 현재 분사 **dreaming** [driːmiŋ 드리-밍])
[자] 1. 꿈꾸다 ⟨*of*, *about*⟩
He often *dreams of* home.
그는 자주 고향 꿈을 꾼다.

자 2. 공상하다, 동경하다
I *dream* of becoming a doctor. 나는 의사가 되기를 꿈꾸고 있다.

자 3. [부정문에서] 상상하다

타 1. 꿈을 꾸다
Tom *dreamed* (that) he was flying high above the clouds. 톰은 구름 위를 높이 나는 꿈을 꾸었다.

타 2. 공상하다 ; [부정문에서] 상상하다
I *never dreamed* that I would see you here. 나는 여기서 너를 만나리라고는 꿈에도 생각지 못했다.

＊**dress** *dress*

[drés 드레스]

명 (복수 **dresses** [drésiz 드레시즈])
의복, 복장 ; (원피스인) 여성복, 드레스

I don't care much about *dress*. 나는 복장에 별로 신경쓰지 않는다.

She wore a long *dress*. 그녀는 긴 드레스를 입고 있었다.

동 (3단현 **dresses** [drésiz 드레시즈], 과거·과거 분사 **dressed** [drést 드레스트], 현재 분사 **dressing** [drésiŋ 드레싱])

자 옷을 입다 ; 정장하다
Dress warmly ; it's very cold today.
옷을 따뜻하게 입어라. 오늘 무척 춥다.

타 옷을 입히다 ; 정장시키다
She *dressed* her daughter for the party. 그녀는 딸에게 파티용 옷을 입혔다.

＊**drew** *drew*

[drúː 드루-]
동 **draw**의 과거형

＊**dried** *dried*

[dráid 드라이드]
동 **dry**의 과거·과거 분사

＊**dries** *dries*

drink

[dráiz 드라이즈]
동 **dry**의 3인칭 단수 현재형

drink *drink*
[dríŋk 드링크]
명 (복수 **drinks** [dríŋks 드링크스])
명 1. 마실 것, 음료 ; 술

◆ Would you like some *drink*?
마실 것 좀 드릴까요?
명 2. 한 잔(《동》 cup)
He had a *drink* of water.
그는 물을 한 잔 마셨다.
동 (3단현 **drinks** [dríŋks 드링크스], 과거형 **drank** [drǽŋk 드랭크], 과거 분사 **drunk** [drʌ́ŋk 드렁크] 또는 《미》 **drank** [drǽŋk 드랭크], 현재 분사 **drinking** [dríŋkiŋ 드링킹])
타 마시다
I want something to *drink*.
나는 뭔가 마시고 싶다.
I *drink* a glass of milk every morning. 나는 매일 아침 우유를 한 잔씩 마신다.

자 마시다 ; (특히) 술을 마시다 ; 건배하다
Let's *drink* to his success.
그의 성공을 위하여 건배합시다.

drive *drive*
[dráiv 드라이브]
동 (3단현 **drives** [dráivz 드라이브즈], 과거형 **drove** [dróuv 드로우브], 과거 분사 **driven** [drívən 드리번], 현재 분사 **driving** [dráiviŋ 드라이빙])
타 1. (말 등을) 몰다

The dog *drives* cattle well.
그 개는 소를 곧잘 몬다.
타 2. 운전하다, 드라이브하다 ; 차로 나르다, 태워가다
Can you *drive* a car?
너는 자동차를 운전할 수 있니?
He *drove* me to the hotel.
그는 나를 호텔까지 태워다 주었다.
자 운전하다, 차로 가다, 드라이브하다
Drive carefully.
조심해서 운전해라.
I *drove* to the airport.
나는 공항까지 차로 갔다.
명 (복수 **drives** [dráivz 드라이브즈])
명 1. 드라이브, 자동차 여행
We enjoyed a *drive*.
우리는 드라이브를 즐겼다.
명 2. (자동차로 가는) 거리

*driv·en *driven*

[drívən 드리번] ★ 발음 주의
⑧ **drive**의 과거 분사

*driv·er *driver*

[dráivər 드라이버]
⑲ (**복수 drivers** [dráivərz 드라이버즈])
운전자, 운전 기사
He's a good *driver*.
그는 운전을 잘 한다.

driv·ing *driving*

[dráiviŋ 드라이빙]
⑲ 운전

*drop *drop*

[dráp 드랍]
⑧ (3단현 **drops** [dráps 드랍스], 과거·과거 분사 **dropped** [drápt 드랍트], 현재 분사 **dropping** [drápiŋ 드라핑])
㊅ 1. (물건이) 떨어지다; (액체가) 방울져 떨어지다; (가격·온도 등이) 내려가다
  A book *dropped* from the desk.
  책이 책상에서 떨어졌다.
  Rain began to *drop*.
  비가 똑똑 떨어지기 시작했다.
  The temperature *dropped*.
  기온이 내려갔다.

㊅ 2. 지쳐서 쓰러지다
  He *dropped* into the sofa.
  그는 지쳐서 소파에 쓰러졌다.
⑬ 1. (물건을) 떨어뜨리다; (액체를) 방울져 떨어지게 하다; (소리를) 낮추다

Don't *drop* the dishes. — All right. 접시를 떨어뜨리지 마라. — 알았어요.

She *dropped* her voice.
그녀는 목소리를 낮췄다.
⑬ 2. (차 등에서 사람 등을) 내리게 하다
  Please *drop* me at the bank.
  은행에서 내려주십시오.
drop in 잠깐 들르다; 불시에 방문하다⟨*on, at*⟩
  I will *drop in at* your house today.
  오늘 너의 집에 잠깐 들르겠다.

drop off 떨어지다; (차에서) 내리다

One of her shoes *dropped off*.
그녀의 구두 한 짝이 벗겨졌다.

drop out (학교를) 중퇴하다; (경기 등에서) 탈락하다, 낙오하다⟨*of*⟩

He *dropped out of* school when he was sixteen.
그는 16살 때 학교를 중퇴했다.

명 (복수 **drops** [drǽps 드랍스]) (물)방울, 한 방울; [보통 a drop으로] 낙하; (물가 등의) 하락; (기온 등의) 강하

I have not drunk a *drop*.
나는 한 방울도 마시지 않았다.

***drove** *drove*
[dróuv 드로우브]
동 **drive**의 과거형

***drug** *drug*
[drʌ́g 드러그]
명 (복수 **drugs** [drʌ́gz 드러그즈])
약, 약품; 마약
a sleeping *drug* 수면제

***drum** *drum*
[drʌ́m 드럼]
명 (복수 **drums** [drʌ́mz 드럼즈])
북, 드럼
I play the *drums* in a band.
나는 밴드에서 드럼을 친다.

***drunk** *drunk*
[drʌ́ŋk 드렁크]
동 **drink**의 과거 분사

***dry** *dry*
[drái 드라이]
형 (비교급 **drier** 또는 **dryer** [dráiər 드라이어], 최상급 **driest** 또는 **dryest** [dráiist 드라이이스트])
형 1. 마른(⟪반⟫ **wet** 젖은), 건조한; 비가 안 오는; 목마른
a *dry* season 건조기

The spring is *dry*.
샘물이 말라 있다.
In winter the air is *dry*.
겨울에는 공기가 건조하다.
I'm *dry* after jogging.
나는 조깅을 해서 목이 마르다.
형 2. 무미 건조한, 지루한; 꾸밈없는
a *dry* lecture

지루한 강의
통 (3단현 **dries** [dráiz 드라이즈], 과거·과거 분사 **dried** [dráid 드라이드], 현재 분사 **drying** [dráiiŋ 드라이잉])
타 말리다
He *dried* his wet clothes.
그는 젖은 옷을 말렸다.

자 마르다 ; (물이) 바싹 마르다
Your clothes will soon *dry*.
네 옷은 곧 마를 것이다.

---

*duck *duck*

[dʌ́k 덕]

명 (복수 **ducks** [dʌ́ks 덕스])
오리

---

*due *due*

[d(j)úː 듀-]

형 1. 지급 기일이 된, 만기의
형 2. (열차·비행기 등이) 도착 예정인
　The plane is *due* at 6 p.m.
　그 비행기는 오후 6시에 도착할 예정이다.
형 3. (돈·보수가) 마땅히 치러져야 하는 ; 정당한, 당연한
　a *due* reward
　당연한 보수
be due to …에 기인하다
　My success *is due to* my parents. 내가 성공한 건 우리 부모님 덕분이다.

---

*dull *dull*

[dʌ́l 덜]

형 (비교급 **duller** [dʌ́lər 덜러], 최상급 **dullest** [dʌ́list 덜리스트])
형 1. (칼날·소리·아픔 등이) 무딘(《반》 sharp 날카로운) ; (날씨 등이) 흐린, 찌푸린
　The edge of this knife is *dull*.
　이 칼은 날이 잘 들지 않는다.

The weather is *dull*.
날씨가 흐리다.
형 2. (머리·감각 등이) 흐리멍덩한, 둔한, 나른한(《동》 stupid)
　He is a *dull* pupil.
　그는 머리가 둔한 학생이다.
형 3. 지루한, 따분한, 재미없는 (《반》 interesting 재미있는)
　That movie was *dull*.
　그 영화는 지루했다.

---

*dumb *dumb*

[dʌ́m 덤] ★ 발음 주의
형 (비교급 **dumber** [dʌ́mər 더머], 최상급 **dumbest** [dʌ́mist 더미스트])
말을 못하는, 벙어리의

*dur·ing *during*
[d(j)ú(ə)riŋ 듀(어)링]

전 …동안 (내내), …사이에(《참고》 while …하는 동안)
We skated on the lake *during* the winter vacation.
우리는 겨울 방학 동안 호수에서 스케이트를 탔다.

It rained *during* the night.
밤 사이에 비가 내렸다.

*dust *dust*
[dÁst 더스트]

명 먼지, 티끌
Sweep up the *dust*.
먼지를 쓸어내시오.
The piano is covered with *dust*.
피아노에 먼지가 수북하다.

dust·y *dusty*
[dÁsti 더스티]

형 먼지투성이의, 먼지가 많은

The room is *dusty*.
방이 먼지투성이다.

Dutch *Dutch*
[dÁtʃ 더치]

형 네덜란드의 ; 네덜란드 사람〔어〕의
명 네덜란드어 ; [the Dutch로] 네덜란드 사람《전체 ; 복수 취급》

*du·ty *duty*
[d(j)ú:ti 듀-티]

명 (복수 **duties** [d(j)ú:tiz 듀-티즈])

명 1. 의무, 본분, 책임
He has a strong sense of *duty*.
그는 의무감이 강하다.

명 2. [흔히 duties로] 직무, 임무
A teacher's *duties* are to teach and guide pupils.
교사의 임무는 학생을 가르치고 인도하는 것이다.

be off duty 근무 중이 아니다, 비번이다
be on duty 근무 중이다, 당번이다

dy·ing *dying*
[dáiiŋ 다이잉]

자 die의 현재 분사
형 죽어가는

E, e *E, e*
[íː 이-]

명 (복수 **E's, e's** [íːz 이-즈])
이《영어 알파벳의 다섯번째 글자》

*each *each*
[íːtʃ 이-치]

형 각각의, 각자의
☞ 다음에 오는 명사는 단수형이다.
Each boy has his own desk.
소년들은 각자 자기 책상을 가지고 있다.
each time 매번, 언제나 ; …할 때마다
Each time I see her, she becomes more beautiful. 만날 때마다 그녀는 더 예뻐진다.
대 각자, 각각
Each of us has his duty.
우리는 각자 의무를 가지고 있다.
each other 서로
We helped *each other*.
우리는 서로 도왔다.

*ea·ger *eager*
[íːgər 이-거]

형 1. 열심인
He is very *eager* in his study.
그는 공부에 아주 열심이다.
형 2. 열망하는⟨*after, for*⟩; 간절히 …하고 싶어하는⟨*to do*⟩
They are *eager to* go abroad.
그들은 간절히 외국에 가고 싶어한다.

We are *eager for* victory.
우리는 승리를 열망한다.

*ea·gle *eagle*
[íːgl 이-글]

명 (복수 **eagles** [íːglz 이-글즈])
독수리

*ear *ear*
[íər 이어]

명 (복수 **ears** [íərz 이어즈])
명 1. 귀
A rabbit has long *ears*.
토끼는 귀가 길다.

명 2. 분간하는 힘⟨*for*⟩; 청력
She has a good *ear for* music.
그녀는 음악을 잘 안다.
be all ears 열심히 귀기울이다

I have something to tell you.
— Go ahead. I *am all ears*.
너에게 할 말이 있어. — 어서 말해봐. 귀기울이고 있어.

ear·li·er *earlier*
[ə́ːrliər 어-리어]
부 이전에; [early의 비교급] 보다 빨리
We arrived *earlier* than they.
우리는 그들보다 빨리 도착했다.
형 [early의 비교급] 보다 빠른

*ear·ly *early*
[ə́ːrli 어-리]
형 (비교급 **earlier** [ə́ːrliər 어-리어], 최상급 **earliest** [ə́ːrliist 어-리이스트])
이른, 초기의, 빠른
My father is an *early* riser.
아버지는 일찍 일어나신다.
keep early hours 일찍 자고 일찍 일어나다
부 (비교급 **earlier** [ə́ːrliər 어-리어], 최상급 **earliest** [ə́ːrliist 어-리이스트])
일찍(이)
Do you get up *early*?
— No, I usually get up late.

너는 일찍 일어나니?
— 아니, 보통 늦게 일어나.

*earn *earn*
[ə́ːrn 언-]
타 (3단현 **earns** [ə́ːrnz 언-즈], 과거·과거 분사 **earned** [ə́ːrnd 언-드], 현재 분사 **earning** [ə́ːrniŋ 어-닝])
(생활비를) 벌다; (명성 등을) 얻다
He *earns* seven dollars a day.
그는 하루에 7달러 번다.

*earth *earth*
[ə́ːrθ 어-스]
명 1. [the earth로] 지구
We live on *the earth*.
우리는 지구에 살고 있다.

명 2. 흙, 땅

Cover the seeds with *earth*.
씨앗을 흙으로 덮어라.
명 3. 지면, 대지
The *earth* shook for one minute.

Earth 지구
[ə́:rθ 어-스]

⑧ **North Pole** 북극
[nɔ́:rθ-póul 노-스포울]

① **outer core** 〈지구의〉 외핵
[áutər-kɔ́:r 아우터코-]

② **inner core** 〈지구의〉 내핵
[ínər-kɔ́:r 이너코-]

⑦ **crust** 지각
[krʌ́st 크러스트]

⑥ **upper mantle** 상부 맨틀
[ʌ́pər-mǽntl 어퍼맨틀]

③ **atmosphere** 대기권
[ǽtməsfìər 앳머스피어]

⑤ **lower mantle** 하부 맨틀
[lóuər-mǽntl 로우어맨틀]

④ **South Pole** 남극
[sáuθ-póul 사우스포울]

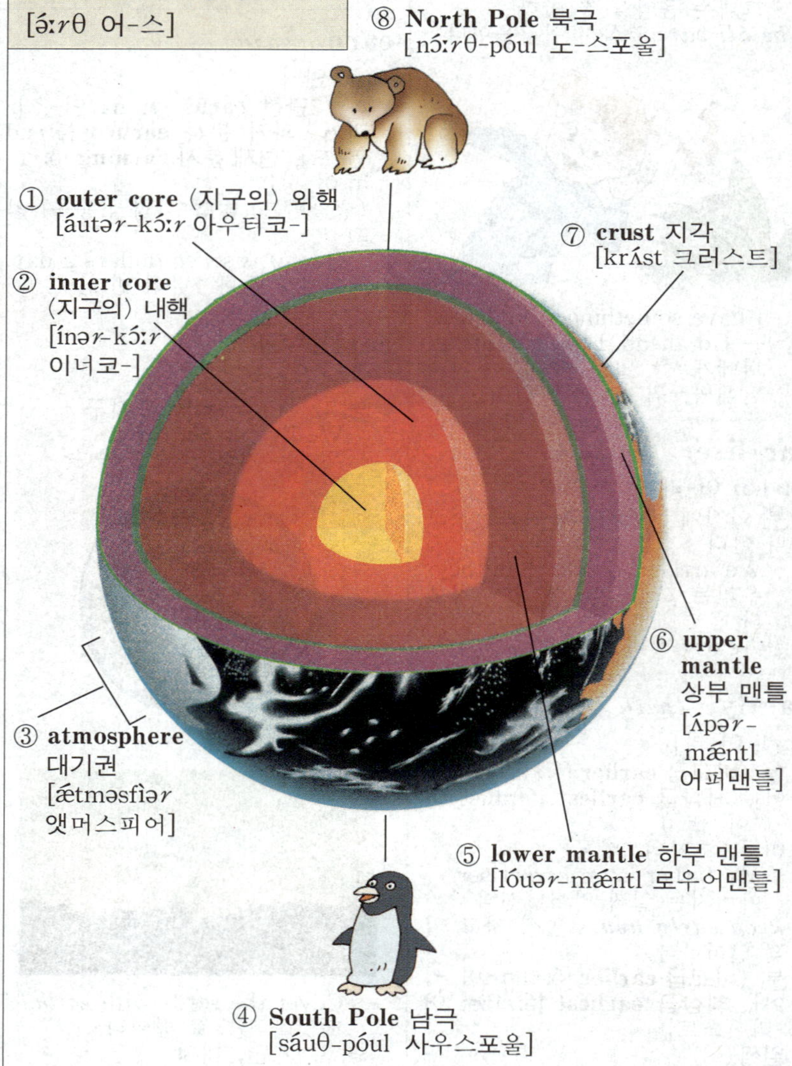

(지진으로) 지면이 1분간 흔들렸다.
명 4. 이승, 이 세상
on earth [최상급을 강조하여] 이 세상에서 ; [의문을 강조하여] 도대체

She is the most beautiful girl *on earth*.
그녀는 이 세상에서 가장 아름다운 소녀다.
Who *on earth* are you?
도대체 너는 누구냐 ?

earth·quake *earthquake*
[ə́:rθkwèik 어-스퀘이크]
명 (복수 **earthquakes** [ə́:rθkwèiks 어-스퀘이크스])
지진

We had a big *earthquake* last year.
작년에 큰 지진이 있었다.

ease *ease*
[í:z 이-즈]
명 (복수 **eases** [í:ziz 이-지즈])
명 1. 안락, 편안함 ; 홀가분함 ; 여유
They lived at *ease*.
그들은 편안하게 살았다.
명 2. 용이, 쉬움
He passed the exam with *ease*.
그는 쉽게 시험에 합격했다.

*eas·i·ly *easily*
[í:zəli 이-절리]
부 쉽게, 수월하게
I can do it *easily*.
나는 그것을 쉽게 할 수 있다.

*east *east*
[í:st 이-스트]
명 1. [the east로] 동쪽, 동부, 동방
The sun rises in *the east*.
해는 동쪽에서 뜬다.

The zoo is in *the east* of the city.
그 동물원은 시내 동쪽에 있다.
명 2. [the East로] 동양 ; (미국의) 동부
the Far *East* 극동
the Middle *East* 중동
형 동쪽의
the *east* coast 동해안
an *east* wind 동풍
부 동쪽으로〔에〕
go *east* 동쪽으로 가다
The ship is sailing *east*.
배는 동쪽으로 항해하고 있다.

Eas·ter *Easter*
[í:stər 이-스터]
명 부활절
☞ 그리스도의 부활을 기념하는 축제로 3월 21일 이후의 보름달 다음에 오는 첫번째 일요일에 행한다. 그날은 색칠한 삶은 달걀을 선

물하는 관습이 있다.

*east·ern *eastern*
[í:stə*r*n 이-스턴]
형 1. 동쪽의, 동부의(《반》 western 서쪽의)
I live in the *eastern* part of the city.
나는 시내 동쪽에 살고 있다.
형 2. [Eastern으로] 동양의; (미국) 동부의
Eastern culture 동양 문화

*eas·y *easy*
[í:zi 이-지]
형 (비교급 **easier** [í:ziə*r* 이-지어], 최상급 **easiest** [í:ziist 이-지이스트])
형 1. 쉬운, 용이한(《반》 difficult, hard 어려운)
This is an *easy* question.
이것은 쉬운 문제다.

This book is *easy* to read.
이 책은 읽기 쉽다.
형 2. 편안한, 안락한, 마음 편한

He lived an *easy* life.
그는 편안한 삶을 살았다.
부 쉽게; 마음 편히, 천천히
Take it *easy*.
천천히 하세요.

*eat *eat*
[í:t 이-트]
타 (3단현 **eats** [í:ts 이-츠], 과거형 **ate** [éit 에이트], 과거 분사 **eaten** [í:tn 이-튼], 현재 분사 **eating** [í:tiŋ 이-팅])
먹다, 식사하다

What do you want to *eat*?
— I want to *eat* some pizza.
무엇이 먹고 싶니? — 피자가 먹고 싶어요.

*eat·en *eaten*
[í:tn 이-튼]
타 **eat**의 과거 분사
I have *eaten* a great deal.
나는 많이 먹었다.

ec·o·nom·ic *economic*
[èkənámik 에커나믹]
- 형 경제의, 경제상의
  an *economic* policy 경제 정책

*e·con·o·my *economy*
[ikánəmi 이카너미]
- 명 (복수 **economies** [ikánəmiz 이카너미즈])
  경제 ; 절약
  the Korean *economy*
  한국 경제

*edge *edge*
[édʒ 에지]
- 명 (복수 **edges** [édʒiz 에지즈])
  (칼 등의) 날 ; 끄트머리, 가장자리

This knife has a sharp *edge*.
이 칼은 날이 잘 든다.
He stood on the *edge* of a roof.
그는 지붕 가장자리에 서 있었다.

Ed·i·son *Edison*
[édəsn 에디슨]
- 명 **Thomas** ~ 토머스 에디슨 (1847-1931)《축음기・전구・영화 등을 발명한 미국의 발명가》

e·di·tion *edition*
[idíʃən 이디션] ★ 발음 주의
- 명 (복수 **editions** [idíʃənz 이디션즈])
  (책・신문 등의) 판
  the first *edition* 초판

ed·i·tor *editor*
[édətər 에디터]
- 명 (복수 **editors** [édətərz 에디터즈])
  편집자

*ed·u·cate *educate*
[édʒukèit 에주케이트]
- 타 (3단현 **educates** [édʒukèits 에주케이츠], 과거・과거 분사 **educated** [édʒukèitid 에주케이티드], 현재 분사 **educating** [édʒukèitiŋ 에주케이팅])
  교육하다, 기르다, 양성하다

He *educated* himself.
그는 독학을 했다.

*ed·u·ca·tion *education*
[èdʒukéiʃən 에주케이션]
- 명 교육
  She received a good *education*.
  그녀는 훌륭한 교육을 받았다.

ed·u·ca·tion·al *educational*
[èdʒukéiʃ(ə)nəl 에주케이셔널]
- 형 교육상의, 교육적인

*ef·fect effect
[ifékt 이펙트]
명 1. 결과
cause and *effect* 원인과 결과
명 2. 영향 ; 효과
His words had a great *effect* on me. 그의 말은 내게 큰 영향을 끼쳤다.

ef·fec·tive effective
[iféktiv 이펙티브]
형 (비교급 **more effective**, 최상급 **most effective**)
유효한, 효과적인
This medicine is *effective* against colds.
이 약은 감기에 효과가 있다.

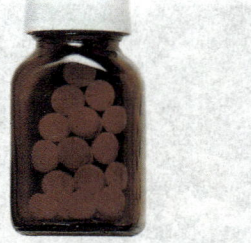

ef·fi·cien·cy efficiency
[ifíʃənsi 이피션시]
명 (복수 **efficiencies** [ifíʃənsiz 이피션시즈])
능률, 효력
We improved the *efficiency* of our work.
우리는 일의 능률을 높였다.

ef·fi·cient efficient
[ifíʃənt 이피션트]
형 (사람이) 유능한 ; (방법 등이) 효과가 있는

*ef·fort effort
[éfərt 에퍼트]
명 (복수 **efforts** [éfərts 에퍼츠])
노력
Nothing can be got without *effort*. 노력 없이는 아무것도 얻을 수 없다.

*egg egg
[ég 에그]
명 (복수 **eggs** [égz 에그즈])
달걀, 계란, 알

I don't like a raw *egg*.
나는 날 계란을 좋아하지 않는다.

E·gypt Egypt
[íːdʒipt 이-집트]
명 이집트

*eight eight
[éit 에이트]
명 8 ; 8시 ; 여덟살

School begins at *eight*.
학교 수업은 8시에 시작된다.
형 8의 ; 여덟살의
My sister is *eight* years old.
내 여동생은 여덟살이다.

eigh·teen *eighteen*
[èitíːn 에이틴-]
명 18 ; 열여덟살
형 18의
There are *eighteen* classrooms in our school.
우리 학교에는 교실이 열여덟개 있다.

eigh·teenth *eighteenth*
[èitíːnθ 에이틴-스]
명 열여덟번째 ; 18분의 1
형 열여덟번째의 ; 18분의 1의

eighth *eighth*
[éitθ 에이트스] ★ 발음 주의
명 여덟번째 ; (달의) 8일 ; 8분의 1
February (the) *eighth* is my birthday.
2월 8일은 내 생일이다.
형 여덟번째의 ; 8분의 1의

eight·i·eth *eightieth*
[éitiiθ 에이티이스]
명 80번째 ; 80분의 1
형 80번째의 ; 80분의 1의

eight·y *eighty*
[éiti 에이티]
명 80 ; 80살
Thirty and fifty make *eighty*.
30 더하기 50은 80이다.
형 80의

ei·ther *either*
[íːðər 이-더]
형 1. (둘 중) 어느 하나의 ; 어느 쪽이든
You can take *either* cake.
어느 쪽 케이크를 가져도 좋다.
형 2. [부정문에서] (둘 중에) 어느 쪽의 (…도 아니다)
I do*n't* know *either* girl.
어느 쪽의 소녀도 모른다.
형 3. 양쪽의
There are trees on *either* side of the street.
길 양쪽에 나무들이 있다.
대 1. (둘 중) 어느 한 쪽, 어느 쪽이든
Either will do.
어느 쪽이든 좋아요.

either   both

대 2. [부정문에서] (둘 중) 어느 쪽도 (…아니다)
접 1. [either ~ or …로] (~이든 …이든) 어느 하나
Either you *or* I am wrong.
너든지 나든지 둘 중에 한 명은 틀렸다.
접 2. [부정문에서 not … either

~ or ~로] ~도 ~도 …아니다
I don't like *either* tea *or* coffee. 나는 홍차도 커피도 좋아하지 않는다.
튀 [부정문에서] ~도 또한 (…아니다)

*el·bow *elbow*
[élbou 엘보우]
명 (복수 **elbows** [élbouz 엘보우즈])
팔꿈치

el·der *elder*
[éldər 엘더]
형 [old의 비교급] 손위의, 연상의
I have an *elder* brother.
나는 형이 한 명 있다.

el·dest *eldest*
[éldist 엘디스트]
형 [old의 최상급] 제일 손위의

*e·lect *elect*
[ilékt 일렉트]
타 (3단현 **elects** [ilékts 일렉츠], 과거·과거 분사 **elected** [iléktid 일렉티드], 현재 분사 **electing** [iléktiŋ 일렉팅])
선거하다, 뽑다, 택하다
They *elected* him mayor.
그들은 그를 시장으로 뽑았다.

*e·lec·tion *election*
[ilékʃən 일렉션]
명 (복수 **elections** [ilékʃənz 일렉션즈])
선거
a general *election* 총선거
an *election* campaign
선거 운동

*e·lec·tric *electric*
[iléktrik 일렉트릭]
형 전기의, 전력에 의한
an *electric* fan
선풍기
an *electric* razor
전기 면도기

e·lec·tri·cal *electrical*
[iléktrikəl 일렉트리컬]
형 전기의, 전기에 관한

e·lec·tric·i·ty *electricity*
[ilèktrísəti 일렉트리서티]
명 전기

el·e·ment *element*
[éləmənt 엘러먼트]
명 (복수 **elements** [éləmənts 엘러먼츠])

요소, 성분 ; 〖화학〗 원소
Good health is an important *element* of our happiness.
건강한 것은 행복의 중요한 요소다.

*el·e·men·ta·ry *elementary*

[èləméntəri 엘러멘터리]

형 초보의, 기본의, 기초의(《동》 primary)

elementary education
초등 교육

That's very *elementary*.
그것은 극히 초보적인 것이다.

el·e·men·ta·ry school *elementary school*

[èləméntəri-skùːl 엘러멘터리스쿨-]

명 (복수 **elementary schools** [èləméntəri-skùːlz 엘러멘터리스쿨-즈])

명 《미》 초등 학교(《동》 primary school)

My younger brother goes to *elementary school*. 내 남동생은 초등 학교에 다닌다.

*el·e·phant *elephant*

[éləfənt 엘러펀트]

명 (복수 **elephants** [éləfənts 엘러펀츠])
코끼리

An *elephant* has a long trunk.
코끼리는 코가 길다.

*el·e·va·tor *elevator*

[éləvèitər 엘러베이터]

명 (복수 **elevators** [éləvèitərz 엘러베이터즈])

《미》 엘리베이터, 승강기(《영》 lift)

We took an *elevator* to the eighth floor. 우리는 엘리베이터를 타고 8층에 갔다.

e·lev·en *eleven*

[ilévən 일레번]

명 11 ; 11시 ; 열한살
He came home at *eleven*.
그는 11시에 집에 왔다.
형 11의 ; 열한살의

e·lev·enth *eleventh*

[ilévənθ 일레번스]

명 열한번째 ; (달의) 11일《11th로 약한다》; 11분의 1
My birthday is July (the) *eleventh*.
내 생일은 7월 11일이다.
형 열한번째의 ; 11분의 1의

*else *else*

[éls 엘스]
부 1. 그 밖에, 그 외에
Who *else* is coming?
그 밖에 누가 옵니까?
부 2. [or else로] 그렇지 않으면
Work hard, *or else* you will fail. 열심히 공부해라, 그렇지 않으면 낙제한다.

else·where *elsewhere*

[éls(h)wèər 엘스훼어, 엘스웨어]
부 다른 곳에서〔으로〕
Look *elsewhere* for your book.
다른 곳에서 네 책을 찾아 보아라.

*em·bar·rass *embarrass*

[imbǽrəs 임배러스]
타 (3단현 **embarrasses** [imbǽrəsiz 임배러시즈], 과거·과거 분사 **embarrassed** [imbǽrəst 임배러스트], 현재 분사 **embarrassing** [imbǽrəsiŋ 임배러싱])
당황하게 하다, 난처하게 하다
She was *embarrassed* by his praise.
그녀는 그의 칭찬에 당황했다.

e·mer·gen·cy *emergency*

[imə́ːrdʒənsi 이머-전시]
명 (복수 **emergencies** [imə́ːrdʒənsiz 이머-전시즈])
비상 사태, 위급한 때

Please push this button in an *emergency*. 위급할 때는 이 버튼을 눌러 주세요.

*e·mo·tion *emotion*

[imóuʃən 이모우션]
명 (복수 **emotions** [imóuʃənz 이모우션즈])
감정, 감동
She could not control her *emotion*. 그녀는 감정을 억누를 수가 없었다.

e·mo·tion·al *emotional*

[imóuʃ(ə)nəl 이모우셔널]
형 감정의 ; 감정적인, 정에 약한

em·pha·sis *emphasis*

[émfəsis 엠퍼시스]
명 (복수 **emphases** [émfəsìːz 엠퍼시-즈])
강조, 강세

*em·pha·size *emphasize*

[émfəsàiz 엠퍼사이즈]
타 (3단현 **emphasizes** [émfəsàiziz 엠퍼사이지즈], 과거·과거 분사 **emphasized** [émfəsàizd 엠퍼사이즈드], 현재 분사 **emphasizing** [émfəsàiziŋ 엠퍼사이징])
…을 강조하다
The teacher *emphasized* the

importance of reading.
선생님은 독서의 중요성을 강조하셨다.

*em·ploy *employ*
[implɔ́i 임플로이]
타 (3단현 **employs** [implɔ́iz 임플로이즈], 과거·과거 분사 **employed** [implɔ́id 임플로이드], 현재 분사 **employing** [implɔ́iiŋ 임플로이잉])
(사람을) 쓰다, 고용하다 ; …에 종사하다
She is *employed* in a bank.
그녀는 은행에 근무하고 있다.

em·ploy·ee *employee*
[implɔií: 임플로이이-]
명 (복수 **employees** [implɔií:z 임플로이이-즈])
고용인, 종업원

em·ploy·er *employer*
[implɔ́iər 임플로이어]
명 (복수 **employers** [implɔ́iərz 임플로이어즈])
고용주, 사용자

em·ploy·ment *employment*
[implɔ́imənt 임플로이먼트]
명 (복수 **employments** [implɔ́imənts 임플로이먼츠])
(사람의) 고용 ; 일, 직업
full *employment* 완전 고용

*emp·ty *empty*
[ém(p)ti 엠(프)티]
형 (비교급 **emptier** [ém(p)tiər 엠(프)티어], 최상급 **emptiest** [ém(p)tiist 엠(프)티이스트])
빈, 공허한 ; (…이) 없는 ⟨of⟩

empty   full

This is an *empty* house.
이것은 빈 집이다.

We found the box *empty*.
우리는 그 상자가 비어 있는 것을 알았다.

*en·a·ble *enable*
[inéibl 이네이블]
타 (3단현 **enables** [inéiblz 이네이블즈], 과거·과거 분사 **enabled** [inéibld 이네이블드], 현재 분사 **enabling** [inéibliŋ 이네이블링])
…에게 힘〔능력〕을 주다, …에게 가능성을 주다 ; 가능하게 하다

Airplanes *enable* us to travel far. 비행기 덕택에 우리는 멀리 여행할 수 있다.

en·cour·age *encourage*
[inkə́ːridʒ 인커-리지]

타 (3단현 **encourages** [inkə́ːridʒiz 인커-리지즈], 과거·과거분사 **encouraged** [inkə́ːridʒd 인커-리지드], 현재 분사 **encouraging** [inkə́ːridʒiŋ 인커-리징])
용기를 돋우다, 격려하다 ; 권하다 ; 장려하다

His words *encouraged* me very much. 그의 말은 나에게 많은 용기를 주었다.

end *end*
[énd 엔드]

명 (복수 **ends** [éndz 엔즈])

명 1. (기간·행위 등의) 끝, 최후 ; 결말(《반》 beginning 처음, 시작)

This is the *end* of the story. 이것이 그 이야기의 끝이다.

명 2. 끝, 끄트머리

Her office is at the *end* of this street.
그녀의 사무실은 이 거리 끝에 있다.

There is a rubber on the *end* of this pencil.
지우개는 연필 끝에 있다.

명 3. 목적

He achieved his *end*(s).
그는 목적을 달성했다.

come to an end 끝나다
The summer vacation has *come to an end*.
여름 방학은 끝났다.

from beginning to end 처음부터 끝까지
She did the work by herself *from beginning to end*.
그녀는 그 일을 처음부터 끝까지 혼자서 했다.

in the end 마침내, 결국
An honest man will succeed *in the end*. 정직한 사람이 결국에는 성공한다.

to the end 끝까지, 최후까지

동 (3단현 **ends** [éndz 엔즈], 과거·과거 분사 **ended** [éndid 엔디드], 현재 분사 **ending** [éndiŋ 엔딩])

자 끝나다(《반》 begin 시작하다)
Her attempt *ended* in failure.
그녀의 시도는 실패로 끝났다.
The party *ended* at ten.
파티는 10시에 끝났다.

타 끝내다
Let's *end* our discussion.
토론을 끝냅시다.

*en·e·my *enemy*
[énəmi 에너미]
명 (복수 **enemies** [énəmiz 에너미즈])
적(《반》 friend 아군), 적군; 적국

We defeated the *enemy* in the battle. 우리는 그 전투에서 적군을 격파했다.

---

*en·er·gy *energy*
[énərdʒi 에너지]
명 (복수 **energies** [énərdʒiz 에너지즈])
명 1. 정력, 활기
She has a lot of *energy*.
그녀는 매우 정력적이다.

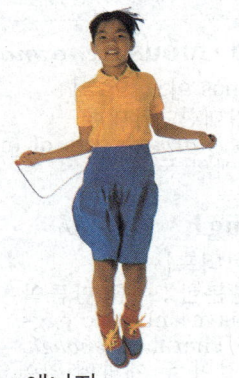

명 2. 에너지

---

en·gage *engage*
[ingéidʒ 인게이지]
동 (3단현 **engages** [ingéidʒiz 인게이지즈], 과거·과거 분사 **engaged** [ingéidʒd 인게이지드], 현재 분사 **engaging** [ingéidʒiŋ 인게이징])
타 1. (사람을) 종사시키다, 몰두시키다; [be engaged in으로] …에 종사하고 있다, 몰두하고 있다
He *is engaged in* business.
그는 사업에 종사하고 있다.
타 2. 약속하다; [be engaged to로] …와 약혼중이다
She *engaged* to visit you tomorrow.
그녀는 내일 당신을 방문한다고 약속했다.
He *is engaged to* Mary.
그는 메리와 약혼한 상태다.
자 (…에) 종사하다 ⟨*in*⟩

---

en·gage·ment *engagement*
[ingéidʒmənt 인게이지먼트]
명 (복수 **engagements** [ingéidʒmənts 인게이지먼츠])
약혼; 약속
an *engagement* ring
약혼 반지
I have several *engagements* for tomorrow.
내일은 약속이 몇 개 있다.

---

*En·gland *England*
[íŋglənd 잉글랜드]
명 1. 잉글랜드(브리튼 섬 중에서 스코틀랜드와 웨일스를 뺀 부분)
There are no high mountains in *England*.
잉글랜드에는 높은 산이 없다.
명 2. 영국
London is the capital of *England*.

런던은 영국의 수도다.

En·glish English

[íŋgliʃ 잉글리시]

형 1. 영국의 ; 영국 사람의
He is an *English* boy.
그는 영국 소년이다.

형 2. 영어의
English grammar 영문법
He gave me an *English* dictionary.
그는 내게 영어 사전을 주었다.

명 1. [관사 없이] 영어
Can you speak *English*?
영어를 할 줄 아십니까?

명 2. [the English로] 영국 사람《전체 ; 복수 취급》
The *English* speak English.
영국 사람은 영어를 쓴다.

*En·glish·man Englishman

[íŋgliʃmən 잉글리시먼]

명 (복수 **Englishmen** [íŋgliʃmən 잉글리시먼])
영국 사람《개인》
He is an *Englishman*.
그는 영국 사람이다.

*en·joy enjoy

[indʒɔ́i 인조이]

타 (3단현 **enjoys** [indʒɔ́iz 인조이즈], 과거·과거 분사 **enjoyed** [indʒɔ́id 인조이드], 현재 분사 **enjoying** [indʒɔ́iiŋ 인조이잉])
즐기다
How did you *enjoy* your vacation?
방학은 즐거웠니 ?

We are *enjoying* our trip.
우리는 여행을 즐기고 있다.
enjoy one*self* 즐겁게 지내다
I *enjoyed myself* yesterday.
어제는 재미있었다.

e·nor·mous enormous

[inɔ́ːrməs 이노-머스]

형 거대한, 막대한
an *enormous* sum of money
거액의 돈

*e·nough enough

[inʌ́f 이너프]

형 충분한 ; …할 만큼의
I have only two eggs.
— That'll be *enough*.
달걀이 두 개밖에 없어요.
— 그걸로 충분해요.
Do you have *enough* time to read the book? 그 책을 읽을

충분한 시간이 있습니까?
명 충분한 양〔수〕
◆ Won't you have some more cake? — Thank you. I've had *enough*. 케이크를 좀 더 먹을래? — 고맙지만, 많이 먹었어.

부 충분히, (…하기에) 족할 만큼
be kind〔good〕 enough to (do) 친절하게도 …하다
She *was kind enough to* help me. 그녀는 친절하게도 나를 도와 주었다.

---

*en·ter *enter*
[éntər 엔터]
동 (3단현 **enters** [éntərz 엔터즈], 과거·과거 분사 **entered** [éntərd 엔터드], 현재 분사 **entering** [éntəriŋ 엔터링])
타 1. (장소에) 들어가다

Let's *enter* the room.
방에 들어가자.

타 2. …에 입학하다, 가입하다
He *entered* the tennis club.
그는 테니스 클럽에 가입했다.

자 들다, 들어가다

---

en·ter·prise *enterprise*
[éntərpràiz 엔터프라이즈]
명 (복수 **enterprises** [éntərpràiziz 엔터프라이지즈])
기업, 회사; 사업, 기획

---

*en·ter·tain *entertain*
[èntərtéin 엔터테인]
타 (3단현 **entertains** [èntərtéinz 엔터테인즈], 과거·과거 분사 **entertained** [èntərtéind 엔터테인드], 현재 분사 **entertaining** [èntərtéiniŋ 엔터테이닝])
대접〔환대〕하다; 즐겁게 하다
She often *entertains* us at dinner. 그녀는 자주 우리를 저녁 식사에 초대하여 대접한다.

---

en·ter·tain·ment *entertainment*
[èntərtéinmənt 엔터테인먼트]
명 (복수 **entertainments** [èntərtéinmənts 엔터테인먼츠])
환대; 오락

---

*en·thu·si·asm *enthusiasm*

[inθ(j)úːziæzm 인슈-지애즘]

명 (복수 **enthusiasms** [inθ(j)úːziæzmz 인슈-지애즘즈])

열광, 열중

He was received with great *enthusiasm*.
그는 열광적인 환영을 받았다.

en·thu·si·as·tic
enthusiastic

[inθ(j)ùːziǽstik 인슈-지애스틱]

형 열렬한, 열광적인, 열심인

*en·tire *entire*
[intáiər 인타이어]

형 전체[전부]의 ; 완전한
We heard the *entire* story.
우리는 이야기 전부를 들었다.

en·tire·ly *entirely*
[intáiərli 인타이어리]

부 아주, 완전히
It is *entirely* his fault.
그것은 완전히 그의 잘못이다.

*en·trance *entrance*
[éntrəns 엔트런스]

명 (복수 **entrances** [éntrənsiz 엔트런시즈])

명 1. 입구, 출입구
Let's meet at the *entrance* to the movie theater.
영화관 입구에서 만나자.

명 2. 입학, 입장
No *Entrance*.
《게시》입장 금지.

en·try *entry*
[éntri 엔트리]

명 (복수 **entries** [éntriz 엔트리즈])

들어가기, 입장 ; 참가

*en·ve·lope *envelope*
[énvəlòup 엔벌로우프]

명 (복수 **envelopes** [énvəlòups 엔벌로우프스])

봉투

I wrote his address on the *envelope*.
나는 봉투에 그의 주소를 썼다.

*en·vi·ron·ment *environment*
[inváiə(ə)rənmənt 인바이(어)런먼트]

명 (복수 **environments** [invái(ə)rənmənts 인바이(어)런먼츠])
[the environment로] 환경
We should protect *the environment*.
우리는 환경을 보호해야 한다.

***en·vy** *envy*
[énvi 엔비]
명 (복수 **envies** [énviz 엔비즈])
질투, 부러움, 시기 ; 선망의 대상
His son is the *envy* of the neighbors. 그의 아들은 이웃 사람들의 선망의 대상이다.
타 (3단현 **envies** [énviz 엔비즈], 과거·과거 분사 **envied** [énvid 엔비드], 현재 분사 **envying** [énviiŋ 엔비잉])
부러워하다, 시샘하다
I *envy* you. 나는 네가 부럽다.

***e·qual** *equal*
[íːkwəl 이-퀄]
형 같은, 동등한 ; 평등한

Twice two is *equal* to four.
2의 두배는 4다.
All men are *equal*.
모든 사람은 평등하다.

타 (3단현 **equals** [íːkwəlz 이-퀄즈], 과거·과거 분사 **equal(l)ed** [íːkwəld 이-퀄드], 현재 분사 **equal(l)ing** [íːkwəliŋ 이-퀄링])
…와 같다 ; …에 필적하다
Two and two *equals* four.
2 더하기 2는 4다.

e·qual·ly *equally*
[íːkwəli 이-퀄리]
부 똑같이, 평등하게
Divide it *equally*.
똑같이 나누어라.

***e·quip** *equip*
[ikwíp 이퀴프]
타 (3단현 **equips** [ikwíps 이퀴프스], 과거·과거 분사 **equipped** [ikwípt 이퀴프트], 현재 분사 **equipping** [ikwípiŋ 이퀴핑])
갖추다, …에 설비하다
The soldiers were *equipped* with the latest weapons.
병사들은 최신 무기로 무장되어 있었다.

e·quip·ment *equipment*
[ikwípmənt 이퀴프먼트]
명 설비, 비품, 장비
office *equipment* 사무실 비품

e·quiv·a·lent *equivalent*

[ikwív(ə)lənt 이퀴벌런트]

형 같은, 동등한 ; 상당하는
The rooms are *equivalent* in size. 그 방들은 크기가 같다.
명 동등한 것

e·rase *erase*

[iréis 이레이스]

타 (3단현 **erases** [iréisiz 이레이시즈], 과거·과거 분사 **erased** [iréist 이레이스트], 현재 분사 **erasing** [iréisiŋ 이레이싱])
지우다
Erase the blackboard.
칠판을 지워라.

e·ras·er *eraser*

[iréisər 이레이서]

명 (복수 **erasers** [iréisərz 이레이서즈])
(칠판·고무) 지우개

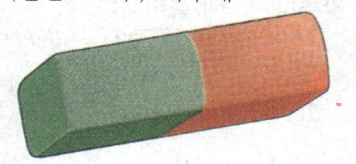

e·rect *erect*

[irékt 이렉트]
형 똑바로 선, 직립한
with ears *erect*
귀를 쫑긋 세우고

타 (3단현 **erects** [irékts 이렉츠], 과거·과거 분사 **erected** [iréktid 이렉티드], 현재 분사 **erecting** [iréktiŋ 이렉팅])
똑바로 세우다 ; (건물을) 세우다
A library was *erected* to his memory.
그를 기념하여 도서관이 세워졌다.

*er·rand *errand*

[érənd 에런드]

명 (복수 **errands** [érəndz 에런즈])
심부름 ; 용건, 볼일
I have an *errand* to do in the city. 나는 시내에 볼일이 있다.

*er·ror *error*

[érər 에러]

명 (복수 **errors** [érərz 에러즈])
잘못, 실수, 틀림(《동》mistake)
I made two *errors* in the exam.
나는 시험에서 두 개 틀렸다.
Correct *errors*, if any.
잘못이 있으면 고쳐라.

*es·ca·la·tor *escalator*

[éskəlèitər 에스컬레이터]

명 (복수 **escalators** [éskəlèi-

tərz 에스컬레이터즈])
에스컬레이터

es·cape *escape*
[iskéip 이스케이프]
⦗동⦘ (3단현 **escapes** [iskéips 이스케이프스], 과거·과거 분사 **escaped** [iskéipt 이스케이프트], 현재 분사 **escaping** [iskéipiŋ 이스케이핑])
⦗자⦘ 달아나다, 탈출하다
He *escaped* from the burning house. 그는 불이 난 집에서 탈출했다.

⦗타⦘ (불행·재난 등을) 모면하다
He *escaped* punishment.
그는 처벌을 모면했다.
⦗명⦘ (복수 **escapes** [iskéips 이스케이프스])
탈출 ; 모면

es·pe·cial·ly *especially*
[ispéʃ(ə)li 이스페셜리]

⦗부⦘ 특(별)히, 각별히, 유달리
It is *especially* cold this morning.
오늘 아침은 특히 춥다.

She is *especially* interested in English. 그녀는 유달리 영어에 흥미를 가지고 있다.

es·sen·tial *essential*
[isénʃəl 이센셜]
⦗형⦘ (비교급 **more essential,** 최상급 **most essential**)
근본적인, 필수의, 불가결한
Water is *essential* to our life.
물은 우리의 생명에 꼭 필요하다.

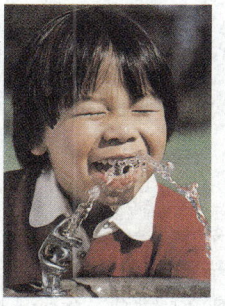

es·tab·lish *establish*
[istǽbliʃ 이스태블리시]
⦗타⦘ (3단현 **establishes** [istǽbliʃiz 이스태블리시즈], 과거·과거 분사 **established** [istǽbliʃt 이스태블리시트], 현재 분사 **estab-**

lishing [istǽbliʃiŋ 이스태블리싱])
설립하다, 확립하다
This college was *established* in 1901. 이 대학은 1901년에 설립되었다.

es·tab·lish·ment
establishment
[istǽbliʃmənt 이스태블리시먼트]
- 명 (복수 **establishments** [istǽbliʃmənts 이스태블리시먼츠])
설립, 확립

es·ti·mate *estimate*
[éstəmèit 에스터메이트]
- 타 (3단현 **estimates** [éstəmèits 에스터메이츠], 과거·과거 분사 **estimated** [éstəmèitid 에스터메이티드], 현재 분사 **estimating** [éstəmèitiŋ 에스터메이팅])
- 타 1. 어림잡다, 견적[산정]하다
- 타 2. (인물·능력을) 평가하다

etc. *etc.*
[etsétərə 엣세터러]
- 약 …따위, 기타, …등등
- ☞ 읽을 때에는 "and so forth"라고도 한다.

At the zoo I saw lions, giraffes, monkeys, *etc.*
나는 동물원에서 사자, 기린, 원숭이 등을 보았다.

Eu·ro *Euro*
[jú(ə)rou 유(어)로우]
- 명 유럽 사람; [euro로] 유로 (EU의 통일 화폐 단위)

*Eu·rope *Europe*
[jú(ə)rəp 유(어)럽]
- 명 유럽

There are many countries in *Europe*.
유럽에는 많은 나라가 있다.

Eu·ro·pe·an *European*
[jù(ə)rəpíːən 유(어)러**피**-언]
- ★ 발음 주의
- 형 유럽의; 유럽 사람의
- 명 (복수 **Europeans** [jù(ə)rəpíːənz 유(어)러피-언즈])
유럽 사람

*e·ven *even*
[íːvən 이-번]
- 부 1. …조차(도), …라도

He gets up early *even* on holidays.
그는 휴일에도 일찍 일어난다.
- 부 2. [비교급을 강조하여] 한층, 더욱 더

She studies *even* harder than her sister.

그녀는 언니보다 더 열심히 공부한다.

even if [***though***]... 비록 …할지라도, 비록 …라(고) 하더라도
I'll go *even if* it rains.
비록 비가 온다 할지라도 나는 가겠다.

[형] (**비교급 evener** [íːvənər 이-버너] 또는 **more even**, **최상급 evenest** [íːvənist 이-버니스트] 또는 **most even**)

[형] 1. 평평한, 고른; 동등한
He has *even* teeth.
그는 이가 고르다.

[형] 2. 짝수의(《반》 add 홀수의)
an *even* number 짝수

*eve·ning *evening*

[íːvniŋ 이-브닝]

[명] (**복수 evenings** [íːvniŋz 이-브닝즈])

저녁, 해질녘; 밤

Please come this *evening*.
오늘 저녁에 오십시오.
My father usually comes home about six in the *evening*.
아버지는 대개 저녁 6시경에 집에 오신다.
He is leaving on the *evening* of September 3.
그는 9월 3일 밤에 떠날 것이다.

☞ 일반적으로 「저녁에」라고 할 때 전치사로는 in, 특정한 날의 「저녁에」라고 할 때에는 on이 붙는다. 또 this, last, yesterday 등이 앞에 오면 전치사 없이 부사구가 된다.

*e·vent *event*

[ivént 이벤트]

[명] (**복수 events** [ivénts 이벤츠])

[명] 1. 사건; 행사
It was quite an *event*.
그것은 대단한 사건이었다.
We have many big *events* at school.
우리는 학교에서 큰 행사를 많이 갖는다.

[명] 2. (경기의) 종목
The high jump is my favorite *event*.
높이 뛰기는 내가 가장 좋아하는 종목이다.

*e·ven·tu·al *eventual*

[ivéntʃuəl 이벤추얼]

[형] 결과로 일어나는, 결국의
His efforts led to his *eventual* success.
노력의 대가로 그는 결국 성공했다.

*ev·er *ever*

[évər 에버]

[부] 1. [의문문・부정문・최상급

의 문장에서] 일찍이 ; 이제[지금]까지 ; 언제나

Have you *ever* been to New York?
— Yes, I've been there once.
뉴욕에 가 본 적이 있니?
— 응, 한 번 가보았어《부정할 경우는 No, I haven't. 나 No, never.》.

Have you *ever* read the book?
당신은 그 책을 읽어 본 적이 있습니까?

튀 2. [if절에서] 언젠가
If you *ever* come to Korea, please visit me.
— Thank you. I will.
언젠가 한국에 오시면 저를 방문해 주십시오. — 감사합니다. 그렇게 하겠습니다.

튀 3. [의문문을 강조하여] 도대체
Why *ever* did you come home so late? 도대체 왜 이렇게 늦게 집에 왔니?

튀 4. [긍정문에서] 언제나, 늘, 항상
He *ever* repeated the same words.
그는 늘 같은 말을 되풀이했다.
as ... as ever 변함없이, 다름없이 ; 전과 같이
She is *as* kind *as ever*.
그녀는 변함없이 친절하다.
ever after[***since***] (…한 이래) 죽
She has been ill *ever since*.
그녀는 그후 죽 앓고 있다.
ever so 매우, 몹시
Thank you *ever so* much.
정말 고맙습니다.

Ev·er·est *Everest*
[évərist 에버리스트]
명 [Mt. Everest로] 에베레스트 산《히말라야 산맥 중의 세계 최고봉 ; 해발 8,848m》
Mt. Everest is the highest mountain in the world.
에베레스트산은 세계에서 가장 높은 산이다.

*ev·ery *every*
[évri 에브리]
형 1. 모든, 온갖(《참고》each 각각의)
He wanted to read *every* book in the library.
그는 도서관에 있는 책을 모두 읽고 싶어했다.

☞ every 뒤의 명사는 반드시 단수형, all 뒤의 명사는 반드시 복수형이다.
형 2. …마다, 매…
every day〔week, year〕
매일〔매주, 매년〕
every few days〔years〕
며칠〔몇 해〕마다
every other day 하루 걸러
I take a walk *every* morning.
나는 아침마다 산책을 한다.

How often should I take that medicine? — Take it *every* four hours. 얼마 간격으로 그 약을 먹어야 합니까? — 4시간 간격으로 드세요.

형 3. [부정문에서] 모두가 …이라고 할 수 없다《부분 부정》
Every man can*not* be a musician. 누구나 다 음악가가 될 수는 없다.
every now and then 때때로, 가끔
every so often 때때로, 이따금
every time …할 때마다, …할 때는 언제나
Every time I listen to that song, I remember her.
그 노래를 들을 때마다 그녀를 생각한다.

---

ev·ery·bod·y *everybody*
[évribàdi 에브리바디]
때 각자 모두, 누구나, 모두(《동》 everyone)
Everybody loves ice cream.
누구나 아이스크림을 좋아한다.

Supper is ready, *everybody*.
여러분, 저녁 준비 다 됐어요.

ev·ery·one *everyone*
[évriwʌ̀n 에브리원]
때 1. 모든 사람, 누구나(《동》 everybody)
☞ 강조할 때는 every one이라고 떼어 쓴다.
Everyone knows him very well.
누구나 그를 아주 잘 알고 있다.
때 2. [부정문에서] 모두가 …하는〔인〕 것은 아니다《부분 부정》
Everyone is *not* honest.
누구나 정직한 것은 아니다.

---

ev·ery·thing *everything*
[évriθìŋ 에브리싱]
때 모든 것, 무엇이든 다, 만사
He wants *everything*.
그는 모든 것을 원한다.
Money is not *everything*.
돈이 전부는 아니다.

*ev·ery·where
everywhere

[évri(h)wèər 에브리훼어, 에브리웨어]

튄 어디에나, 도처에, 어디에…라도
You can find it *everywhere*.
그것은 어디에서나 볼 수 있다.

*ev·i·dence *evidence*

[évədəns 에버던스]

몡 (복수 **evidences** [évədənsiz 에버던시즈])
증거⟨*of, for*⟩; 흔적
Is there any *evidence of* this?
이에 대한 무슨 증거라도 있니?

ev·i·dent *evident*

[évədənt 에버던트]

톙 명백한

*e·vil *evil*

[íːvəl 이-벌] ★ 발음 주의

톙 (비교급 **evil(l)er** [íːvələr 이-벌러] 또는 **more evil**, 최상급 **evil(l)est** [íːvəlist 이-벌리스트] 또는 **most evil**)
나쁜, 사악한; 불운한, 불길한
He lived an *evil* life.
그는 옳지 못한 생활을 하고 있었다.

몡 (복수 **evils** [íːvəlz 이-벌즈])
악; 재해
good and *evil*
선악

*ex·act *exact*

[igzǽkt 이그잭트]

톙 (비교급 **exacter** [igzǽktər 이그잭터] 또는 **more exact**, 최상급 **exactest** [igzǽktist 이그잭티스트] 또는 **most exact**)
정확한; 정밀한
the *exact* date and time
정확한 일시

ex·act·ly *exactly*

[igzǽk(t)li 이그잭(틀)리]

튄 1. [대답으로] 그렇소, 그렇고 말고
You mean you don't agree with me? — *Exactly*.
내 의견에 반대한다는 것입니까? — 그렇습니다.

튄 2. 정확하게; 정밀하게
The train arrived *exactly* at five. 그 열차는 정확히 5시에 도착했다.

5 p.m.

*ex·am *exam*

[igzǽm 이그잼]

몡 (복수 **exams** [igzǽmz 이그잼즈])
《구어》 시험
☞ examination의 단축형.

*ex·am·i·na·tion
examination

[igzæmənéiʃən 이그재머네이션]

몡 (복수 **examinations** [igzǽmənéiʃənz 이그재머네이션즈])
시험, 테스트; 조사; 검사
I have an *examination* in English today.

나는 오늘 영어 시험이 있다.

*__ex·am·ine__ *examine*
[iɡzǽmin 이그재민]
타 (3단현 **examines** [iɡzǽminz 이그재민즈], 과거·과거 분사 **examined** [iɡzǽmind 이그재민드], 현재 분사 **examining** [iɡzǽminiŋ 이그재미닝])
시험하다 ; 검사하다 ; 진찰하다

We were *examined* in grammar.
우리는 문법 시험을 보았다.
The doctor *examined* me carefully. 의사가 주의깊게 나를 진찰했다.

*__ex·am·ple__ *example*
[iɡzǽmpl 이그잼플]
명 (복수 **examples** [iɡzǽmplz 이그잼플즈])
명 1. 보기, 실례(《동》 instance)
Could you give me an *example*? 예를 들 수 있습니까?
명 2. 모범, 본보기(《동》 model)
His polite behavior is a fine *example* to us.
그의 예의 바른 행동은 우리에게 좋은 본보기가 된다.
  for example 예를 들면, 예컨대
  He can play many instruments — *for example*, the drum, the piano and the guitar.
  그는 예를 들면 드럼, 피아노, 기타 같은 많은 악기를 연주할 수 있다.

*__ex·cel·lent__ *excellent*
[éks(ə)lənt 엑설런트]
형 우수한, 뛰어난
She is an *excellent* student.
그녀는 우수한 학생이다.
He is *excellent* in Korean.
그는 한국어를 썩 잘한다.

*__ex·cept__ *except*
[iksépt 익셉트]
전 …을 제외하고, …외에는
I get up at six *except* Sunday.

나는 일요일 외에는 여섯시에 일어난다.
except for …(이란 점)을 제외하고는
Your composition is very good *except for* a few mistakes.
네 작문은 몇 군데 틀린 곳을 제외하고는 매우 좋다.

ex·cep·tion *exception*
[iksépʃən 익셉션]
명 (복수 **exceptions** [iksépʃənz 익셉션즈])
예외
There is no rule without *exception*. 예외없는 규칙은 없다.

*ex·change *exchange*
[ikstʃéindʒ 익스체인지]
타 (3단현 **exchanges** [ikstʃéindʒiz 익스체인지즈], 과거·과거 분사 **exchanged** [ikstʃéindʒd 익스체인지드], 현재 분사 **exchanging** [ikstʃéindʒiŋ 익스체인징])
타 1. 교환하다, 바꾸다 ; 주고받다 ; 교대하다
Would you *exchange* seats with me? 저와 자리 좀 바꾸어 주시지 않겠습니까?

타 2. 환전하다
Where can I *exchange* money? 환전은 어디서 합니까?

*ex·cite *excite*
[iksáit 익사이트]
★ 발음 주의
타 (3단현 **excites** [iksáits 익사이츠], 과거·과거 분사 **excited** [iksáitid 익사이티드], 현재 분사 **exciting** [iksáitiŋ 익사이팅])
흥분시키다, 자극하다
The baseball game *excited* us.
야구 시합은 우리를 흥분시켰다.

ex·cit·ed *excited*
[iksáitid 익사이티드]
형 흥분한
Don't get *excited*.
흥분하지 마라.

ex·cite·ment *excitement*
[iksáitmənt 익사이트먼트]
명 (복수 **excitements** [iksáitmənts 익사이트먼츠])
흥분
He shouted in *excitement*.
그는 흥분하여 외쳤다.

ex·cit·ing *exciting*
[iksáitiŋ 익사이팅]
형 (비교급 **more exciting**, 최상급 **most exciting**)
흥분시키는 ; 조마조마하게 하는

That was an *exciting* game.
그것은 손에 땀을 쥐게 하는 경

기였다.

*ex·cuse *excuse*

[ikskjúːz 익스큐-즈]

타 (3단현 **excuses** [ikskjúːziz 익스큐-지즈], 과거·과거 분사 **excused** [ikskjúːzd 익스큐-즈드], 현재 분사 **excusing** [ikskjúːziŋ 익스큐-징])

용서하다, 너그러이 봐주다
I cannot *excuse* his attitude.
나는 그의 태도를 용서할 수 없다.
☆ *Excuse* me.
실례합니다., 죄송합니다.

명 [ikskjúːs 익스큐-스] (복수 **excuses** [ikskjúːsiz 익스큐-시즈])

변명 ; 사과 ; 구실, 핑계
She made an *excuse* for her being late. 그녀는 늦은 데 대해 변명을 했다.

---

ex·ec·u·tive *executive*

[igzékjutiv 이그제큐티브]

명 (복수 **executives** [igzékjutivz 이그제큐티브즈])
(기업 등의) 임원, 관리직(원) ; 중역(진) ; 경영자

형 관리의, 경영의 ; 행정상의
the *executive* department
(정부의) 행정부

---

*ex·er·cise *exercise*

[éksərsàiz 엑서사이즈]

명 (복수 **exercises** [éksərsàiziz 엑서사이지즈])

명 1. 연습 ; 연습 문제
Do the *exercise* on page 30.
30쪽의 연습 문제를 풀어라.

명 2. 운동

lack of *exercise* 운동 부족
I take *exercise* every morning.
나는 매일 아침 운동을 한다.

---

ex·haust *exhaust*

[igzɔ́ːst 이그조-스트]

타 (3단현 **exhausts** [igzɔ́ːsts 이그조-스츠], 과거·과거 분사 **exhausted** [igzɔ́ːstid 이그조-스티드], 현재 분사 **exhausting** [igzɔ́ːstiŋ 이그조-스팅])

다 써버리다 ; (사람을) 지치게 하다

He *exhausted* his money.
그는 돈을 다 써 버렸다.

*ex·ist *exist*

[igzíst 이그지스트]
자 (3단현 **exists** [igzísts 이그지스츠], 과거·과거 분사 **existed** [igzístid 이그지스티드], 현재 분사 **existing** [igzístiŋ 이그지스팅])
존재하다; 생존하다
God *exists*.
신은 존재한다.
Man cannot *exist* without air.
인간은 공기가 없으면 살아갈 수 없다.

ex·is·tence *existence*

[igzístəns 이그지스턴스]
명 존재, 생존

*ex·it *exit*

[égzit 에그짓]
명 (복수 **exits** [égzits 에그지츠])
출구(《반》 entrance 입구)

an emergency *exit* 비상구

ex·pand *expand*

[ikspǽnd 익스팬드]
동 (3단현 **expands** [ikspǽndz 익스팬즈], 과거·과거 분사 **expanded** [ikspǽndid 익스팬디드], 현재 분사 **expanding** [ikspǽndiŋ 익스팬딩])
자 퍼지다, 넓어지다; 팽창하다
The city is *expanding* rapidly.
그 도시는 급속히 커지고 있다.
타 펴다, 넓히다; 팽창시키다

*ex·pect *expect*

[ikspékt 익스펙트]
타 (3단현 **expects** [ikspékts 익스펙츠], 과거·과거 분사 **expected** [ikspéktid 익스펙티드], 현재 분사 **expecting** [ikspéktiŋ 익스펙팅])
타 1. 예상하다, 예기하다
We *expect* a cold winter this year.
올 겨울은 추울 것 같다.

타 2. …을 기대하다
Don't *expect* too much of〔from〕him.
그에게 너무 많은 걸 기대하지 마라.
타 3. …라고 생각하다

ex·pec·ta·tion *expectation*

[èkspektéiʃən 엑스펙테이션]
명 (복수 **expectations** [èkspektéiʃənz 엑스펙테이션즈])
예상, 기대; 예상되는 일
according to *expectation*
예상한 대로

ex·pense *expense*
[ikspéns 익스펜스]
명 (복수 **expenses** [ikspénsiz 익스펜시즈])
지출, 비용 ; 경비
　school *expenses* 학비

＊ex·pen·sive *expensive*
[ikspénsiv 익스펜시브]
형 (비교급 **more expensive**, 최상급 **most expensive**)
돈이 드는, 값비싼

The book is too *expensive*.
그 책은 너무 비싸다.

＊ex·pe·ri·ence *experience*
[ikspí(ə)riəns 익스피(어)리언스]
명 (복수 **experiences** [ikspí(ə)riənsiz 익스피(어)리언시즈])
경험, 체험
　I have no *experience* as a waiter.
　나는 웨이터 경험이 없다.
타 (3단현 **experiences** [ikspí(ə)riənsiz 익스피(어)리언시즈], 과거·과거분사 **experienced** [ikspí(ə)riənst 익스피(어)리언스트], 현재분사 **experiencing** [ikspí(ə)riənsiŋ 익스피(어)리언싱])
…을 경험하다

---

ex·per·i·ment *experiment*
[ikspérəmənt 익스페러먼트]
명 (복수 **experiments** [ikspérəmənts 익스페러먼츠])
실험

do chemical *experiments*
화학 실험을 하다

---

ex·pert *expert*
[ékspə:rt 엑스퍼-트]
명 (복수 **experts** [ékspə:rts 엑스퍼-츠])
숙달자, 전문가, 숙련가
　She is an *expert* in[at] driving a car.
　그녀는 자동차 운전을 잘 한다.

*ex·plain *explain*

[ikspléin 익스플레인]

타 (3단현 **explains** [ikspléinz 익스플레인즈], 과거·과거 분사 **explained** [ikspléind 익스플레인드], 현재 분사 **explaining** [ikspléiniŋ 익스플레이닝])

설명하다 ; 변명하다

Will you *explain* the rule to me? 그 규칙을 설명해 주시겠습니까?

ex·pla·na·tion *explanation*

[èksplənéiʃən 엑스플러네이션]

명 (복수 **explanations** [èksplənéiʃənz 엑스플러네이션즈])

설명 ; 변명

*ex·plode *explode*

[iksplóud 익스플로우드]

동 (3단현 **explodes** [iksplóudz 익스플로우즈], 과거·과거 분사 **exploded** [iksplóudid 익스플로우디드], 현재 분사 **exploding** [iksplóudiŋ 익스플로우딩])

자 (폭탄·감정 등이) 폭발하다

His anger *exploded*.
그의 분노가 폭발했다.

타 …을 폭발시키다

ex·plore *explore*

[iksplɔ́ːr 익스플로-]

타 (3단현 **explores** [iksplɔ́ːrz 익스플로-즈], 과거·과거 분사 **explored** [iksplɔ́ːrd 익스플로-드], 현재 분사 **exploring** [iksplɔ́ːriŋ 익스플로-링])

탐험하다, 답사하다

ex·plo·sion *explosion*

[iksplóuʒən 익스플로우전]

명 (복수 **explosions** [iksplóuʒənz 익스플로우전즈])

폭발 ; 급격한 증가

a population *explosion*
인구의 급증

*ex·port *export*

[ekspɔ́ːrt 엑스포-트]

타 (3단현 **exports** [ekspɔ́ːrts 엑스포-츠], 과거·과거 분사 **exported** [ekspɔ́ːrtid 엑스포-티드], 현재 분사 **exporting** [ekspɔ́ːrtiŋ 엑스포-팅])

수출하다(《반》 import 수입하다)

We *export* a lot of things.
우리는 많은 물건을 수출한다.

[ékspɔːrt 엑스포-트] (복수 **exports** [ékspɔːrts 엑스포-츠]) 수출 ; [보통 exports로] 수출품

ex·pose *expose*
[ikspóuz 익스포우즈]
(3단현 **exposes** [ikspóuziz 익스포우지즈], 과거·과거 분사 **exposed** [ikspóuzd 익스포우즈드], **exposing** [ikspóuziŋ 익스포우징])
1. (햇볕·비바람·위험 등에) 쐬다, 노출시키다
Don't *expose* your skin to the sun.
피부를 햇볕에 노출하지 마라.
2. (비밀 등을) 폭로하다

*ex·press *express*
[iksprés 익스프레스]
(3단현 **expresses** [iksprésiz 익스프레시즈], 과거·과거 분사 **expressed** [iksprést 익스프레스트], 현재 분사 **expressing** [iksprésiŋ 익스프레싱])
표현하다 ; 말로 나타내다
express one's ideas
자기 생각을 말하다
I don't know how to *express* what I feel.
내가 느끼고 있는 것을 어떻게 표현해야 할지 모르겠다.
급행의
an *express* train
급행 열차
(복수 **expresses** [iksprésiz 익스프레시즈])
급행 열차 ; 《영》 (우편의) 속달편

ex·pres·sion *expression*
[ikspréʃən 익스프레션]
(복수 **expressions** [ikspréʃənz 익스프레션즈])
(사상·감정의) 표현 ; 표정
We should use polite *expressions* in public.
대중 앞에서는 정중한 표현을 써야 한다.

*ex·tend *extend*
[iksténd 익스텐드]
(3단현 **extends** [iksténdz 익스텐즈], 과거·과거 분사 **extended** [iksténdid 익스텐디드], 현재 분사 **extending** [iksténdiŋ 익스텐딩])
1. (손·발 등을) 뻗다 ; (시간 등을) 연장하다
He *extended* his stay in Korea for another three days.
그는 한국에서의 체류를 3일간 더 연장했다.
2. (영토·세력 등을) 확장[확대]하다, 넓히다
He *extended* his business.
그는 사업을 확장했다.
늘어나다, 퍼지다 ; 이르다 ; 계속되다
The road *extends* for miles.
도로는 수마일이나 뻗어 있다.

ex·ten·sion *extension*
[iksténʃən 익스텐션]
(복수 **extensions** [iksténʃənz 익스텐션즈])
연장 (부분) ; (전화의) 내선 ; 연기 ; 확장
the *extension* of a road

도로의 연장

ex·tent *extent*
[ikstént 익스텐트]
명 넓이, 크기 ; 정도, 범위
to some(a certain) *extent*
어느 정도까지

*****ex·tra** *extra*
[ékstrə 엑스트러]
형 여분의 ; 임시의
an *extra* train 임시 열차
an *extra* bus 임시 버스

ex·traor·di·nar·y *extraordinary*
[ikstrɔ́ːrdənèri 익스트로-더네리]
형 이상한, 비상한 ; 특별의, 임시의
an *extraordinary* general meeting 임시 총회

*****ex·treme** *extreme*
[ikstríːm 익스트림-]
명 (복수 **extremes** [ikstríːmz 익스트림-즈])
극단 ; 과격한 행위
형 극도의 ; 극단적인 ; 과격한
He took *extreme* action.
그는 과격한 행동을 했다.

ex·treme·ly *extremely*
[ikstríːmli 익스트림-리]

부 극단적으로, 극도로, 대단히

*****eye** *eye*
[ái 아이]
명 (복수 **eyes** [áiz 아이즈])
명 1. 눈

Close(open) your *eyes*.
눈을 감아라(떠라).
명 2. 시력 ; [보통 an eye로] 분별력, 안목
He has *an eye* for paintings.
그는 그림을 보는 안목이 있다 《그림을 볼 줄 안다》.
***keep an eye on** ...* ···에서 눈을 떼지 않다
Would you *keep an eye on* my bag?
내 가방 좀 봐주시겠습니까 ?

*****eye·brow** *eyebrow*
[áibràu 아이브라우]
명 (복수 **eyebrows** [áibràuz 아이브라우즈])
눈썹

F, f *F, f*
[éf 에프]
- 몡 (복수 **F's, f's** [éfs 에프스]) 에프《영어 알파벳의 여섯번째 글자》

*fa·ble *fable*
[féibl 페이블]
- 몡 (복수 **fables** [féiblz 페이블즈])
우화 ; 꾸며낸 이야기
Aesop's *Fables*
이솝 이야기

*face *face*
[féis 페이스]
- 몡 (복수 **faces** [féisiz 페이시즈])
- 몡 1. 얼굴 ; 표정, 안색

She has a pretty *face*.
그녀는 얼굴이 예쁘다.
- 몡 2. 표면 ; 정면 ; (시계 등의) 문자반
The *face* of the moon is rough.
달 표면은 울퉁불퉁하다.
- 몡 3. 체면, 면목

face to face 정면으로, 마주 대하여〈*with*〉
She sat *face to face with* her mother.
그녀는 그녀의 어머니와 마주보고 앉았다.

in the face of …에도 불구하고 ; …에 직면하여
He succeeded *in the face of* many difficulties.
그는 많은 어려움에도 불구하고 성공하였다.
lose*[*save*] *one's face 체면을 잃다[지키다]
***make a face*[*faces*]** 얼굴을 찌푸리다
She always *makes faces* at that man.
그녀는 그 남자를 보면 언제나 얼굴을 찌푸린다.
- 타 (3단현 **faces** [féisiz 페이시즈], 과거·과거 분사 **faced** [féist 페이스트], 현재 분사 **facing** [féisiŋ 페이싱])
- 타 1. …을 향하다
My room *faces* the north.
내 방은 북쪽을 향하고 있다.
- 타 2. (곤란·문제 등)에 직면하다

Face 얼굴
[féis 페이스]

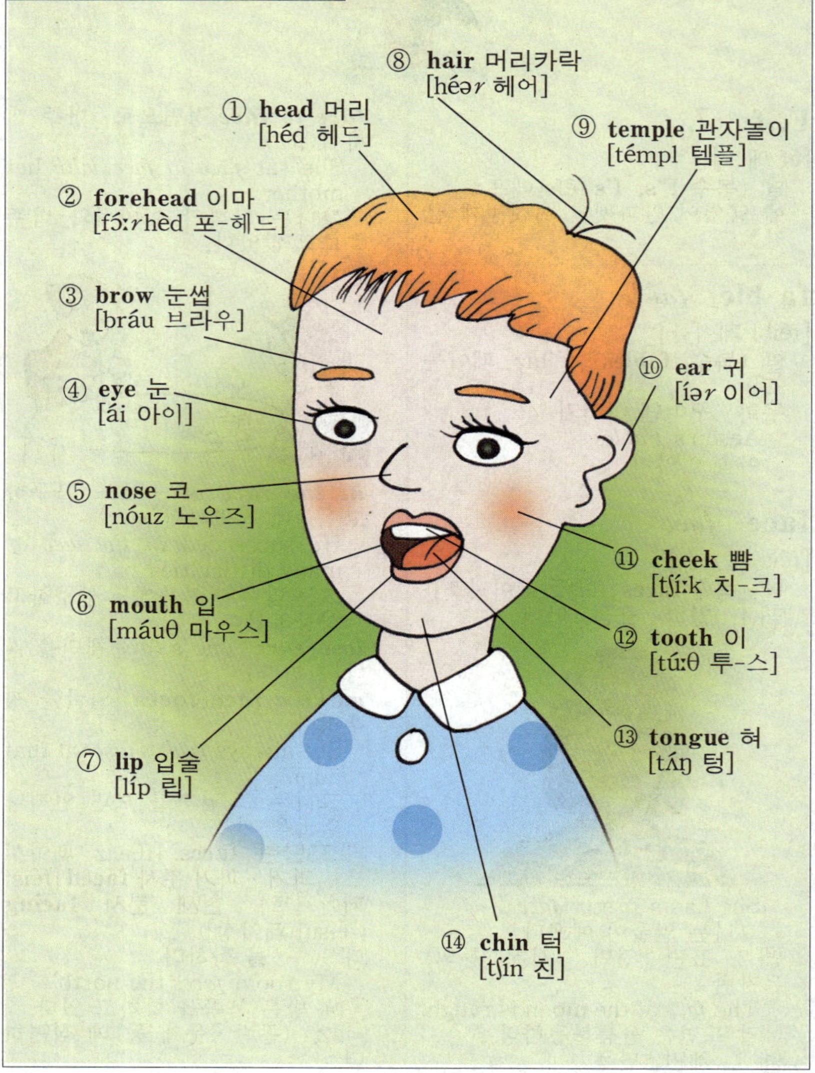

① **head** 머리
[héd 헤드]

② **forehead** 이마
[fɔ́ːrhèd 포-헤드]

③ **brow** 눈썹
[bráu 브라우]

④ **eye** 눈
[ái 아이]

⑤ **nose** 코
[nóuz 노우즈]

⑥ **mouth** 입
[máuθ 마우스]

⑦ **lip** 입술
[líp 립]

⑧ **hair** 머리카락
[héər 헤어]

⑨ **temple** 관자놀이
[témpl 템플]

⑩ **ear** 귀
[íər 이어]

⑪ **cheek** 뺨
[tʃíːk 치-크]

⑫ **tooth** 이
[túːθ 투-스]

⑬ **tongue** 혀
[tʌ́ŋ 텅]

⑭ **chin** 턱
[tʃín 친]

He *faced* a major problem.
그는 중요한 문제에 직면했다.

*fac·sim·i·le *facsimile*
[fæksíməli 팩시멀리]
명 팩시밀리, 팩스

*fact *fact*
[fǽkt 팩트]
명 (복수 **facts** [fǽkts 팩츠])
사실 ; 현실, 진상《부정 관사를 붙이지 않고 복수형으로도 하지 않는다》
I did not know the *fact* that she was ill.
나는 그녀가 아픈 사실을 모르고 있었다.
as a matter of fact 사실상 ; 실제는, 실은
As a matter of fact, he didn't understand English.
실은 그는 영어를 몰랐다.
in fact 실은, 실제로는
Those grapes look sweet, but *in fact* they're sour.
그 포도는 단 것처럼 보이지만 실제로는 시다.

fac·tor *factor*
[fǽktər 팩터]
명 (복수 **factors** [fǽktərz 팩터즈])
요인, 요소

a *factor* of happiness
행복의 요인

*fac·to·ry *factory*
[fǽktəri 팩터리]
명 (복수 **factories** [fǽktəriz 팩터리즈])
공장, 제조소
a car *factory* 자동차 공장

My brother works in a *factory*.
나의 형은 공장에서 일한다.

*fail *fail*
[féil 페일]
동 (3단현 **fails** [féilz 페일즈], 과거·과거 분사 **failed** [féild 페일드], 현재 분사 **failing** [féiliŋ 페일링])
자 실패하다(《반》 succeed 성공하다) ; (시험 등에) 떨어지다
Their plan *failed*.
그들의 계획은 실패했다.
타 1. (시험·학과에) 낙방〔낙제〕하다(《반》 pass 합격하다)
He *failed* his driving test.

그는 운전 면허 시험에 떨어졌다.
囼 2. …할 수 없다, …하지 못하다
I *failed* to notice it.
나는 그것을 눈치채지 못했다.

fail·ue *failure*
[féiljər 페일리어]
똉 (복수 **failures** [féiljərz 페일리어즈])
실패 ; 낙제
His plan ended in *failure*.
그의 계획은 실패로 끝났다.

*faint *faint*
[féint 페인트]
톙 (비교급 **fainter** [féintər 페인터], 최상급 **faintest** [féintist 페인티스트])
톙 1. (음·색·빛 등이) 희미한
a *faint* light 희미한 빛

톙 2. (생각·희망 등이) 흐릿한
There is not the *faintest* hope.
조그만 희망도 없다.
톙 3. 어질어질한, 기절할 듯한
He felt *faint*.
그는 어지러웠다.
困 (3단현 **faints** [féints 페인츠], 과거·과거 분사 **fainted** [féintid 페인티드], 현재 분사 **fainting** [féintiŋ 페인팅])
실신하다, 기절하다
She *fainted* away.
그녀는 기절했다.

*fair *fair*
[féər 페어]
톙 (비교급 **fairer** [fé(ə)rər 페(어)러], 최상급 **fairest** [fé(ə)rist 페(어)리스트])
톙 1. 공평한, 공정한(《동》 just)
a *fair* trial 공정한 재판
◆ That's not *fair*.
그것은 불공평하다.

톙 2. 상당한, 꽤 많은 ; (성적이) 그저그런, 중위의
a *fair* income
상당한 수입
There were a *fair* number of people in the hall.
홀에는 꽤 많은 사람들이 있었다.
톙 3. (날씨가) 맑은(《동》 fine)
The weather will be *fair* tomorrow.
내일은 날씨가 맑을 것이다.
톙 4. 금발의 ; (피부가) 흰
She has *fair* hair.
그녀는 금발이다.
똉 (복수 **fairs** [féərz 페어즈])
박람회 ; (미) 공진회, 품평회
a world's *fair*

만국 박람회

fair·ly *fairly*
[féərli 페어리]

🔘 (비교급 **more fairly**, 최상급 **most fairly**)
공평하게 ; [정도를 나타내어] 꽤, 상당히《바람직한 의미로 쓰며, 바람직하지 않은 경우는 rather를 쓴다》
  treat a man *fairly*
  사람을 공평하게 대하다
  The movie was *fairly* good.
  그 영화는 꽤 좋았다.

*faith *faith*
[féiθ 페이스]

🔘 신념 ; 신조 ; 신앙(심), 믿음 ; 신뢰
  the Christian *faith* 크리스트교
  I have *faith* in your honesty.
  나는 너의 정직함을 믿는다.

*fall *fall*
[fɔ:l 폴-]

🔘 (3단현 **falls** [fɔ:lz 폴-즈], 과거형 **fell** [fél 펠], 과거 분사 **fallen** [fɔ:lən 폴-런], 현재 분사 **falling** [fɔ:liŋ 폴-링])

🔘 1. 떨어지다 ; (비·눈 등이) 내리다
  An apple *fell* from the tree.
  사과 한 개가 나무에서 떨어졌다.

  The snow was *falling* fast.
  눈이 펄펄 내리고 있었다.

🔘 2. 넘어지다 ; (나무 등이) 쓰러지다 ; (국가 등이) 멸망하다
  The child *fell* over a stone.
  그 아이는 돌에 걸려 넘어졌다.

  The tree *fell* down in the strong wind.
  그 나무는 강풍으로 쓰러졌다.

🔘 3. (값·온도 등이) 내려가다, 약해지다
  Prices are *falling*.
  물가가 내려가고 있다.
  The temperature began to *fall*.
  온도가 내려가기 시작했다.

자 4. (어떤 상태에) 빠지다; …이 되다
 fall sick 병이 나다
 He *fell* silent.
 그는 침묵에 빠졌다.
자 5. (머리카락 등이) 늘어지다; (막 등이) 내리다
 fall on …을 습격하다; (기념일 등이) …에 해당하다
 My birthday *falls on* Sunday this year.
 올해 내 생일은 일요일이다.
명 (복수 **falls** [fɔ́ːlz 폴-즈])
명 1. 《미》가을(《영》 autumn)

 in the *fall* 가을에
 They are going to get married this *fall*. 그들은 올 가을에 결혼할 것이다.
명 2. 떨어짐, 낙하, 추락; 강우, 강설
 He took a *fall* from his horse.
 그는 말에서 떨어졌다.
명 3. [falls로] 폭포(보통 복수 취급하지만 고유 명사로 쓰일 때는 단수 취급》

Niagara *Falls* 나이아가라 폭포

*fall·en *fallen*
[fɔ́ːlən 폴-런]
 자 **fall**의 과거 분사
 형 떨어진; 타락한; 쓰러진
 fallen leaves 낙엽
 a *fallen* angel 타락한 천사

*false *false*
[fɔ́ːls 폴-스]
 형 (비교급 **falser** [fɔ́ːlsər 폴-서], 최상급 **falsest** [fɔ́ːlsist 폴-시스트])
 형 1. 잘못된(《반》 correct 옳은); 거짓의, 허위의(《반》 true 진실의); 부정한, 위조의
 false news 오보
 a *false* report 허위 보고서
 It's *false* information.
 그것은 잘못된 정보다.
 형 2. 인공의, 인조의
 false teeth 의치

*fa·mil·iar *familiar*
[fəmíljər 퍼밀리어]
 형 (비교급 **more familiar**, 최상급 **most familiar**)
 형 1. 잘 알려져 있는⟨to⟩
 This song is *familiar to* children.
 이 노래는 아이들에게 잘 알려져 있다.

형 2. 잘 알고 있는 ; …와 친한 〈with〉
I am *familiar with* this town.
나는 이 도시를 잘 알고 있다.
I am *familiar with* him.
나는 그와 친하다.

*fam·i·ly *family*

[fǽm(ə)li 패멀리]

명 (복수 **families** [fǽm(ə)liz 패멀리즈])
가족 ; [때로 a family로] (한 집의) 아이들, 자녀 《동》 children)

My *family* is large.
나의 가족은 대가족이다.
◆ Say hello to your *family*.
가족들에게 안부 전해라.
Does he have any *family*?
그에게 아이가 있습니까?
형 가족의, 가정의 ; 가족용의

*fa·mous *famous*

[féiməs 페이머스]

형 (비교급 **more famous**, 최상급 **most famous**)
유명한, 이름난
She is a *famous* singer.
그녀는 유명한 가수다.
London is *famous* for its fog.
런던은 안개로 유명하다.

*fan *fan*

[fǽn 팬]

명 (복수 **fans** [fǽnz 팬즈])
명 1. 부채 ; 선풍기
start a *fan*
선풍기를 틀다

명 2. (영화·스포츠 등의) 팬, 열렬한 애호가
a soccer *fan* 축구팬
a *fan* club 팬 클럽
a jazz *fan* 재즈 팬

*fan·cy *fancy*

[fǽnsi 팬시]

명 (복수 **fancies** [fǽnsiz 팬시즈])
공상 ; 환상 ; (근거 없는) 상상 ; 좋아함, 기호
He is full of *fancy*.
그는 공상만 하고 있다.

＊far *far*
[fɑːr 파-]

부 (비교급 **farther** [fɑːrðər 파-더] 또는 **further** [fəːrðər 퍼-더], 최상급 **farthest** [fɑːrðist 파-디스트] 또는 **furthest** [fəːrðist 퍼-디스트]《비교급·최상급의 farther, farthest는 거리를, further, furthest는 정도를 나타내는 것이 원칙이지만 실제로는 그다지 구별하지 않는다》)

부 1. [장소·거리·시간] 멀리(에) (《반》near 가까이에)
Let's walk. The cinema is not *far* from here.
걸어가자. 영화관은 여기서 그리 멀지 않다.

부 2. [정도; 비교급·최상급을 강조하여] 훨씬 (《동》much)
He can sing *far* better than I.
그는 나보다 노래를 훨씬 잘 할 수 있다.

as〔*so*〕 *far as* (1) (어떤 장소)까지
We ran *as far as* the bus stop.
우리는 버스 정류장까지 뛰어갔다.
(2) …하는 한
As far as I know, he is a nice man. 내가 아는 한, 그는 좋은 사람이다.

by far [비교급·최상급을 강조하여] 훨씬, 단연
Asia is larger *by far* than Australia.
아시아는 오스트레일리아보다 훨씬 크다.

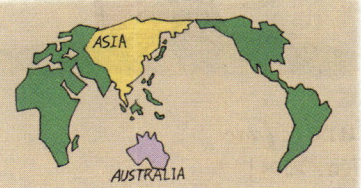

far away〔*off*〕 아득히 먼 곳에〔으로〕; 멀리 떨어져서
My parents live *far away*.
부모님은 멀리 떨어진 곳에 살고 계신다.

far from … 조금도 …아닌
He is *far from* happy.
그는 조금도 행복하지 않다.

so far 지금까지는; 여기까지는
So far so good.
여태까지는 만사가 잘 되어가고 있다.

형 (비교급 **farther** [fɑːrðər 파-더] 또는 **further** [fəːrðər 퍼-더], 최상급 **farthest** [fɑːrðist 파-디스트] 또는 **furthest** [fəːrðist 퍼-디스트]《용법은 부사와 같

다))
먼, 멀리 저쪽의
I'd like to visit a *far* country one day.
나는 언젠가 먼 나라를 방문하고 싶다.

*__**fare**__ fare
[féər 페어]
명 (복수 **fares** [féərz 페어즈])
(탈것의) 요금, 운임
a single〔double〕 *fare*
편도〔왕복〕 요금
What's the *fare*, please?
— Ten dollars.
요금은 얼마입니까?
— 10달러입니다.

*__**farm**__ farm
[fá:rm 팜-]
명 (복수 **farms** [fá:rmz 팜-즈])
농장, 농원; 사육장

My uncle runs a *farm*. 나의 아저씨는 농장을 경영하신다.

*__**farm·er**__ farmer
[fá:rmər 파-머]
명 (복수 **farmers** [fá:rmərz 파-머즈])
농부, 농장 주인

These days *farmers* use machines. 오늘날 농부들은 기계를 사용한다.

*__**fash·ion**__ fashion
[fǽʃən 패션]
명 (복수 **fashions** [fǽʃənz 패션즈])
유행; 하는 식, 방법; …식〔풍〕
follow the *fashion*
유행을 따르다
be in fashion 유행하고 있다
This hat *is* now *in fashion*.
이 모자가 지금 유행하고 있다.

be out of fashion 유행이 지나다

*fast *fast*

[fǽst 패스트]

◉ (비교급 **faster** [fǽstər 패스터], 최상급 **fastest** [fǽstist 패스티스트])

◉ 1. 빠른(《반》 slow 느린)
a *fast* train 급행 열차
He is a *fast* runner.
그는 빨리 달린다.
This clock is ten minutes *fast*.
이 시계는 10분 빠르다.

fast : 사람이나 사물의 속도가 빠르다	빠
rapid : 움직임이나 동작이 급격하다	르
quick : 행동이 재빠르다	다

◉ 2. 단단한(《반》 loose [lúːs 루-스] 느슨한)
The door is *fast*.
문은 꽉 잠겨 있다.

◉ 1. 빨리(《반》 slowly 천천히)
A horse can run *fast*.
말은 빨리 달릴 수 있다.
He ran the *fastest* in his class.
반에서 그가 가장 빨리 달렸다.

◉ 2. 푹 ; 단단히, 확고히
My baby is *fast* asleep.
갓난아기는 푹 잠들어 있다.
He bound the ropes *fast*.
그는 밧줄을 단단히 묶었다.

*fas·ten *fasten*

[fǽsn 패슨] ★ 발음 주의

◉ (3단현 **fastens** [fǽsnz 패슨즈], 과거·과거 분사 **fastened** [fǽsnd 패슨드], 현재 분사 **fastening** [fǽsniŋ 패스닝])

◉ 묶다 ; 붙들어 매다 ; 죄다, 잠그다, 채우다
fasten buttons
단추를 채우다
Please *fasten* your seat belts.
안전 벨트를 매십시오.

◉ 잠기다, 닫히다
This door will not *fasten*.
이 문은 아무리 해도 닫히지 않는다.

*fat *fat*

[fǽt 팻]

◉ (비교급 **fatter** [fǽtər 패터], 최상급 **fattest** [fǽtist 패티스트])
살찐, 뚱뚱한 ; 지방이 많은, 기름기가 많은(《반》 thin [θín 신] 여윈)
fat meat 지방이 많은 고기
My cousin is *fat*.
나의 사촌은 뚱뚱하다.

fa·tal *fatal*
[féitl 페이틀]
- 형 1. 치명적인; 중대한
  The wound was *fatal* to her.
  그 부상은 그녀에게 치명적이었다.
- 형 2. 운명의
  the *fatal* day 운명의 날

fate *fate*
[féit 페이트]
- 명 (복수 **fates** [féits 페이츠])
  운명
  Accept your *fate*!
  너의 운명을 받아들여라!

*fa·ther *father*
[fɑ́:ðər 파-더]
- 명 (복수 **fathers** [fɑ́:ðərz 파-더즈])
- 명 1. 아버지(《참고》 mother 어머니)

☆ My *father* is a teacher.
나의 아버지는 선생님이시다.
- 명 2. [the father로] (…의) 창시자, 시조
- 명 3. [fathers로] 선조
  He is now sleeping with his *fathers*.
  그는 지금 그의 조상과 함께 잠들어 있다.
- 명 4. [Father로] 신부
  Father Brown 브라운 신부

*fau·cet *faucet*
[fɔ́:sit 포-싯]
- 명 《미》수도꼭지, 마개 (《영》tap)
  turn on a *faucet*
  수도꼭지를 틀다

turn off a *faucet*
수도꼭지를 잠그다

*fault *fault*
[fɔ́:lt 폴-트]
- 명 (복수 **faults** [fɔ́:lts 폴-츠])
- 명 1. 과실, 잘못, 허물
  ◆ It's all my *fault*.
  그것은 모두 나의 잘못이다.
  ◆ I'm sorry, but it wasn't my *fault*.
  미안해, 하지만 그것은 내 잘못이 아니었어.
- 명 2. 결점, 단점, 흠
  Her great *fault* is talking too much.
  그녀의 최대 결점은 말이 너무 많은 것이다.

find fault with …의 흠[탈]을 잡다 ; …을 비난[탓]하다
My father is always *finding fault with* me.
나의 아버지는 언제나 나에게 잔소리를 하신다.

*fa·vo(u)r *favour*

[féivər 페이버]

명 (복수 favo(u)rs [féivərz 페이버즈])
호의 ; 친절한 행위 ; 부탁 ; 찬성 ; 지지

◆ Would you do me a *favor*?
(=May I ask you a *favor*?)
부탁이 있습니다만.

in favor of … …에 찬성하여
I'm *in favor of* the plan.
나는 그 계획에 찬성한다.

fa·vo(u)r·a·ble *favourable*

[féiv(ə)rəbl 페이버러블]

형 호의를 보이는 ; 찬성하는, 승낙의 ; 유리한
a *favorable* comment 호평

fa·vo(u)r·ite *favourite*

[féiv(ə)rit 페이버릿]

형 마음에 드는, 좋아하는 ; 특히 잘하는
◆ What's your *favorite* song?
당신이 좋아하는 노래는 무엇입니까?

명 마음에 드는 것[사람] ; 인기 있는 사람
Fish is my *favorite*.
생선은 내가 좋아하는 것이다.

*fax *fax*

[fǽks 팩스]

명 (복수 faxes [fǽksiz 팩시즈])
팩스(facsimile의 단축형)

*fear *fear*

[fíər 피어]

명 (복수 fears [fíərz 피어즈])
두려움, 근심, 불안
I have no *fear* of water.
나는 물을 무서워하지 않는다.
People have a *fear* of wars.
사람들은 전쟁에 대해 불안해하고 있다.
There is no *fear* of rain today.
오늘은 비가 올 염려가 없다.

for fear of = ***for fear (that)***
(1) …을 두려워하여
He could not enter *for fear of* the dog.
그는 그 개가 무서워서 들어갈 수 없었다.

(2) …하지 않도록
For *fear of* catching (a) cold, my mother didn't go out.
어머니는 감기에 걸리지 않을까 염려되어 외출하지 않았다.

[동] (3단현 **fears** [fíərz 피어즈], 과거·과거 분사 **feared** [fíərd 피어드], 현재 분사 **fearing** [fí(ə)r-iŋ 피(어)링])

[타] 1. 두려워하다, 무서워하다
Children *fear* the dark.
아이들은 어둠을 무서워한다.

[타] 2. 걱정하다, …하지 않을까 염려하다 (《반》 hope 기대하다)
I *fear* that the bus will be late.
나는 버스가 늦어질까봐 걱정이다.

[자] 걱정하다, 염려하다
Never *fear*!
걱정하지 마!

***feast** *feast*
[fíːst 피-스트]

[명] (복수 **feasts** [fíːsts 피-스츠])
축연, 잔치 ; (종교적인) 축제

We had a big *feast*.
우리는 큰 잔치를 벌였다.

***feath·er** *feather*
[féðər 페더]

[명] (복수 **feathers** [féðərz 페더즈])
깃털, 깃 ; 깃털 장식(《참고》 wing [wíŋ 윙] 날개)

wing   feather

Fine *feathers* make fine birds.
《속담》 아름다운 깃털이 아름다운 새를 만든다., 옷이 날개다.

***fea·ture** *feature*
[fíːtʃər 피-처]

[명] (복수 **features** [fíːtʃərz 피-처즈])

[명] 1. [보통 features로] 얼굴 생김새, 이목구비, 용모
He has good *features*.
그는 미남이다.

[명] 2. 특징, 특색
One *feature* of this house is its windows.
이 집의 특징 중 하나는 그 창문에 있다.

Feb·ru·ar·y *February*
[fébruèri 페브루에리]
  명 2월 《Feb.로 약한다》
  We have a lot of snow in *February*.
  2월에는 눈이 많이 내린다.

fed *fed*
[féd 페드]
  동 feed의 과거·과거 분사
  The child *fed* the rabbits some carrots.
  그 아이는 토끼들에게 당근을 몇 개 주었다.

fed·er·al *federal*
[fédərəl 페더럴]
  형 연방의, 연방 정부의; [Federal로] 미국 정부의
  The United States is a *federal* union.
  미국은 연방 국가다.

fee *fee*
[fíː 피-]
  명 (복수 fees [fíːz 피-즈])
  요금; 보수; 사례금
  school *fees* 수업료
  a membership *fee* 회비
  an admission *fee* 입장료

feed *feed*
[fíːd 피-드]
  동 (3단현 feeds [fíːdz 피-즈], 과거·과거 분사 fed [féd 페드], 현재 분사 feeding [fíːdiŋ 피-딩])
  타 1. 먹을 것을 주다 《참고》 food [fúːd 푸-드] 먹을 것)

Please don't *feed* the animals.
《게시》 동물에게 먹을 것을 주지 마시오.

  타 2. (가족을) 부양하다
  I have a large family to *feed*.
  나는 부양해야 할 가족이 많다.
  자 (동물이) 풀을 뜯어먹다, 사료를 먹다; …을 먹고 살다
  Cows *feed* on grass.
  소는 풀을 먹는다.

feel

feel

[fíːl 필-]

통 (3단현 **feels** [fíːlz 필-즈], 과거·과거 분사 **felt** [félt 펠트], 현재 분사 **feeling** [fíːliŋ 필-링])

타 1. …을 느끼다
I *feel* a pain in my leg.
나는 다리에 통증을 느낀다.

타 2. 만지다, 만져 보다(《동》 touch [tʌ́tʃ 터치])
Feel my cold hands.
내 차가운 손을 만져 봐.

자 감각[느낌]이 있다 ; …한 생각이 들다 ; 더듬어 찾다
How do you *feel* now?
지금 기분이 어떠니?

feel like (1) …하고 싶은 생각이 들다
I *feel like* crying.
울고 싶은 심정이다.
(2) 촉감이 …같다
It *feels like* fur.
그것은 촉감이 모피 같다.
(3) …일 것 같다

feel** one's **way 손으로 더듬어 나아가다

---

feel·ing

[fíːliŋ 필-링]

통 **feel**의 현재 분사
명 (복수 **feelings** [fíːliŋz 필-링즈])
명 1. 촉감, 감촉 ; 감각
I lost all *feeling* in my hands.
나는 손의 감각을 모두 잃었다.

명 2. [feelings로] 감정, 기분
She expressed her *feelings* with music.
그녀는 음악으로 감정을 표현했다.

---

feet

[fíːt 피-트]

명 **foot**의 복수
Her *feet* were cold.
그녀의 발은 차가웠다.
I am five *feet* six.
나는 키가 5피트 6인치다.

---

fell

[fél 펠]

자 **fall**의 과거형

---

fel·low

[félou 펠로우]

명 (복수 **fellows** [félouz 펠로우

즈])
친구, 동료 ; 사내 ; 놈, 녀석
They have been *fellows* since childhood.
그들은 어릴 적부터 친구다.

He is an honest *fellow*.
그는 정직한 녀석이다.
® 동아리〔한패〕의, 동료의
a *fellow* worker 직장 동료

*felt *felt*
[félt 펠트]
통 **feel**의 과거・과거 분사

*fe·male *female*
[fíːmeil 피-메일]
명 (복수 **females** [fíːmeilz 피-메일즈])
여성 ; (동식물의) 암컷 (《반》 male 남성)
형 여성의 ; 암컷의
Is this puppy male or *female*?
이 강아지는 수컷이니, 암컷이니?

*fence *fence*

[féns 펜스]
명 (복수 **fences** [fénsiz 펜시즈])
울타리, 담 ; 장애물

They put up a *fence* around the garden.
그들은 정원 주위에 울타리를 쳤다.
타 (3단현 **fences** [fénsiz 펜시즈], 과거・과거 분사 **fenced** [fénst 펜스트], 현재 분사 **fencing** [fénsiŋ 펜싱])
…에 울타리를 두르다, …을 막다
He *fenced* his field.
그는 밭에 울타리를 쳤다.

fenc·ing *fencing*
[fénsiŋ 펜싱]
명 펜싱, 검술

fer·ry *ferry*
[féri 페리]
명 (복수 **ferries** [fériz 페리즈])
나룻배, 연락선 ; 나루터

*fes·ti·val *festival*
[féstəvəl 페스터벌]
명 (복수 **festivals** [féstəvəlz 페스터벌즈])
축제(일) ; 정기적인 행사
the *festival* of Christmas
크리스마스 축제

***fe·ver** *fever*

[fíːvər 피-버]

명 (병으로 인한) 열, 발열; 열병
I have a slight *fever*.
나는 열이 좀 있다.

She has a very high *fever*.
그녀는 열이 매우 높다.

***few** *few*

[fjúː 퓨-]

형 (비교급 **fewer** [fjúːər 퓨-어], 최상급 **fewest** [fjúːist 퓨-이스트])
☞ few는 셀 수 있는 명사 앞에 쓰고, 양에는 little을 쓴다.
형 1. [few로] 조금 밖에 없는, 거의 없는《반》many 많은
She made *few* mistakes. 그녀는 실수를 거의 하지 않았다.
형 2. [a few로] 조금은 있는, 얼마〔몇 개〕인가의 ; 다소의
She has *a few* friends in England. 그녀는 영국에 친구가 몇 명 있다.
There are *a few* pencils in the jar.
병에 연필이 몇 개 있다.

no fewer than …정도의, …(만큼) 이나
He has *no fewer than* one hundred books in his room.
그는 방에 책이 100권 정도 있다.
not a few 적지 않은, 상당수의 《동》many)
She took *not a few* pictures.
그녀는 상당히 많은 사진을 찍었다.
only a few 불과 얼마 안되는, 극히 소수의
Only a few students answered the question. 불과 몇 명의 학생만이 그 질문에 답했다.

quite a few 상당히 많은
Quite a few people went abroad last year. 작년에는 꽤 많은 사람들이 외국에 나갔다.
대 1. [few로 부정적인 용법] 소수 (밖에 없음)
Few came to the party.
파티에 온 사람은 거의 없었다.

fic·tion *fiction*
[fíkʃən 픽션]

명 (복수 **fictions** [fíkʃənz 픽션즈])

소설 ; 지어낸 이야기, 허구

*field *field*
[fíːld 필-드]

명 (복수 **fields** [fíːldz 필-즈])

명 1. 벌판, 들, 밭

We planted corn in this *field*.
우리는 이 밭에 옥수수를 심었다.

명 2. (활동) 분야 ; 활약 무대
What is your *field* of study?
연구 분야가 무엇입니까?

명 3. 경기장, 필드
a soccer *field* 축구장

대 2. [a few로 긍정적인 용법] 소수의 사람〔것〕
I know *a few* of these people.
나는 이 사람들 중 몇 명을 알고 있다.

*fif·teen *fifteen*
[fìftíːn 피프틴-]

명 (복수 **fifteens** [fìftíːnz 피프틴-즈])

15 ; 15살〔개〕
Five and ten are *fifteen*.
5 더하기 10은 15다.

형 15의 ; 15살〔개〕의
This bag costs *fifteen* dollars.
이 가방은 15달러입니다.

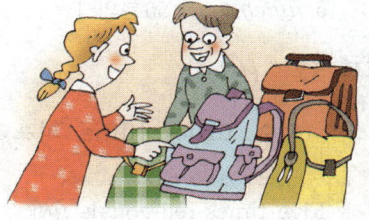

*fif·teenth *fifteenth*
[fìftíːnθ 피프틴-스]

명 열다섯번째 ; (달의) 15일 《15th로 약한다》 ; 15분의 1

형 열다섯번째의 ; 15분의 1의
the *fifteenth* lesson 제15과

*fifth *fifth*
[fífθ 피프스]

명 (복수 **fifths** [fíf(θ)s 피프(스)스])

다섯번째 ; (달의) 5일《5th로 약한다》 ; 5분의 1
I was born on the *fifth* of June, 1988. 나는 1988년 6월 5일에 태

어났다.
[형] 다섯번째의 ; 5분의 1의
May is the *fifth* month of the year. 5월은 일년 중 다섯번째 달이다.

fif·ti·eth *fiftieth*
[fíftiiθ 피프티이스]
[명] 오십번째 ; 50분의 1
[형] 오십번째의 ; 50분의 1의
a *fiftieth* part 50분의 1

**fif·ty *fifty*
[fífti 피프티]
[명] (복수 **fifties** [fíftiz 피프티즈])
50 ; 50명〔개〕 ; 50살
Five times ten equals *fifty*.
5 곱하기 10은 50이다.

[형] 50의 ; 50명〔개〕의 ; 50살의

*fight *fight*
[fáit 파이트]
[동] (3단현 **fights** [fáits 파이츠], 과거·과거 분사 **fought** [fɔ́ːt 포-트], 현재 분사 **fighting** [fáitiŋ 파이팅])
[자] 싸우다, 다투다 ; 분투하다
Do not *fight* in public.
남들 앞에서 싸우지 마라.
Two boys were *fighting* in the park.
두 소년이 공원에서 싸우고 있었다.

[타] (…와) 싸우다 ; …을 얻으려고 다투다

fight it out 끝까지 싸우다
[명] (복수 **fights** [fáits 파이츠])
싸움, 전투 ; 결투 ; 투쟁
win〔lose〕a *fight*
싸움에 이기다〔지다〕
I had a *fight* with him.
나는 그와 싸웠다.

fight·ing *fighting*
[fáitiŋ 파이팅]
[명] 전투 ; 싸움, 투쟁
a street *fighting*
시가전
[형] 전투의 ; 투지가 있는
a *fighting* spirit 투지

*fig·ure *figure*
[fígjər 피겨]
[명] (복수 **figures** [fígjərz 피겨즈])
[명] 1. 숫자 ; (숫자의) 자리 ; 금액 ; [figures로] 계산
a number in three *figures*
세 자리의 수
He is good at *figures*.
그는 계산이 능숙하다.

명 2. 도형; 도안, 무늬; 삽화

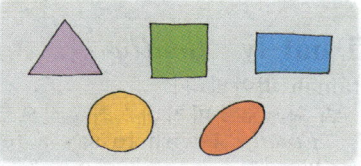

See *Figure* 2.
두번째 그림을 보아라.
명 3. 모양; (사람의) 모습, 그림자; 체형, 스타일; 조상
a fine *figure* of a man
체격이 멋진 남자
명 4. 인물; 명사
a well-known *figure*
유명한 인물

file *file*
[fáil 파일]
명 (복수 **files** [fáilz 파일즈])
서류철, 파일
a *file* of letters 편지철
on file 철해서; 정리되어
타 (3단현 **files** [fáilz 파일즈], 과거·과거 분사 **filed** [fáild 파일드], 현재 분사 **filing** [fáiliŋ 파일링])
(서류 등을) 철하다, 정리하다
Will you *file* these papers?
이 서류들을 정리해 주시겠습니까?

*fill *fill*
[fíl 필]
동 (3단현 **fills** [fílz 필즈], 과거·과거 분사 **filled** [fíld 필드], 현재 분사 **filling** [fíliŋ 필링])
자 가득 차다, 넘치다, 가득해지다 ⟨*with*⟩
The entire sky *filled with* stars.
온 하늘에 별이 가득했다.

타 (…으로) 채우다, 가득하게 하다, (장소 등을) 메우다 ⟨*with*⟩

He *filled* the bottle *with* water.
그는 병에 물을 가득 채웠다.
fill in (서류·빈 곳에) 써 넣다; (구멍 등을) 메우다
Fill in your name and telephone number.
이름과 전화번호를 써 넣으시오.
fill up 가득 채우다
Fill it〔her〕 *up*, please.
(차에 기름을) 가득 채워 주세요.

*film *film*
[fílm 필름]
명 (복수 **films** [fílmz 필름즈])
명 1. 필름
Two rolls of *film*, please.
— Five thousand won.
필름 두 통 주세요.
— 5천원입니다.

명 2. 영화(《미》에서는 movie라고도 하고 《영구어》에서는 picture라고도 한다)
◆ I've never seen such a beautiful *film*. 나는 아직 그렇게 아름다운 영화를 본 적이 없다.

*fi‧nal *final*
[fáinl 파이늘]

명 (복수 **finals** [fáinlz 파이늘즈])
[때로 finals로] (경기의) 결승전
the tennis *finals*
테니스 결승전

형 마지막의, 최종의 ; 결정적인
the *final* round
(복싱의) 마지막회

He made a *final* speech.
그는 마지막 연설을 했다.

fi‧nal‧ly *finally*
[fáinəli 파이널리]

부 최후로 ; 마침내 ; 최종적으로
Finally, I wish to say a few words.
끝으로, 한마디 하고 싶다.

*fi‧nan‧cial *financial*
[finǽnʃəl 피낸셜]

형 재정(상)의, 금융의
a *financial* company
금융 회사

**find *find*
[fáind 파인드]

타 (3단현 **finds** [fáindz 파인즈], 과거·과거 분사 **found** [fáund 파운드], 현재 분사 **finding** [fáindiŋ 파인딩])

타 1. 찾아내다, 발견하다(《동》discover, 《반》lose 잃다)
She *found* them under the bed.
그녀는 그것들을 침대 밑에서 찾아냈다.
Please *find* my bag for me.
내 가방 좀 찾아 주세요.

타 2. 알다, 알게 되다
I *found* that he doesn't like cats. 나는 그가 고양이를 싫어한다는 것을 알았다.

◆ Did you *find* the book interesting? 그 책은 재미있었니?
find* one*self 자기가 …에 있다는 것을 깨닫다
When I awoke, I *found myself* lying on the floor.
잠을 깨어 보니 내가 마루에 누워 있었다.
find out 알아내다, 깨닫다
You must *find out* how to get there. 너는 거기에 가는 방법을 알아내야 한다.

*fine *fine*

[fáin 파인]
휑 (비교급 **finer** [fáinər 파이너], 최상급 **finest** [fáinist 파이니스트])
휑 1. 훌륭한, 썩 좋은, 멋진

There are some *fine* temples in this city.
이 도시에는 멋진 사원이 몇 곳 있다.
That was a real *fine* play.
그건 정말 훌륭한 플레이였다.
휑 2. 더할 나위 없는, 좋은

How about this shirt?
— That's *fine*.
이 셔츠 어때?
— 좋아.
휑 3. (날씨가) 갠, 맑은
It's very *fine*, isn't it?
좋은 날씨군요.
What's the weather like today?
— It's *fine*.
오늘 날씨는 어때요?
— 맑아요.

휑 4. 건강한, 기분좋은
☆ How are you?
— *Fine*, thanks.
안녕하세요?
— 덕분에 잘 지냅니다.
휑 5. 세련된, 고상한
휑 6. 가는; 미세한

*fin·ger *finger*

[fíŋər 핑거] ★ 발음 주의
명 (복수 **fingers** [fíŋərz 핑거즈])
손가락
I cut my *finger* with a knife.
나는 칼에 손가락을 베었다.
keep* one's *fingers crossed = ***cross* one's *fingers*** 행운을 기원하다, 성공을 바라다《집게손가락에 가운뎃손가락을 겹침》
◆ *Keep your fingers crossed*!
행운을 빌어!

*fin·ish *finish*

[fíniʃ 피니시]

〘동〙 (3단현 **finishes** [fíniʃiz 피니시즈], 과거·과거 분사 **finished** [fíniʃt 피니시트], 현재 분사 **finishing** [fíniʃiŋ 피니싱])

〘타〙 1. 끝내다, 마치다(《동》 end, 《반》 begin 시작하다)

Have you *finished* your homework? 숙제를 끝냈니?

I haven't *finished* reading this book.
나는 이 책을 다 읽지 못했다.

〘타〙 2. 마무리하다, 완성하다
Our house will be *finished* soon.
우리 집은 곧 완성될 것이다.

〘자〙 끝나다(《동》 end)
The concert *finished* at nine.
콘서트는 9시에 끝났다.

*fire *fire*

[fáiər 파이어]

〘명〙 〈복수 **fires** [fáiərz 파이어즈]〉

〘명〙 1. 불(부정 관사를 붙이지 않고 복수형으로도 하지 않는다)
Fire burns.
불이 탄다.
There is no smoke without *fire*. 《속담》 아니 땐 굴뚝에 연기 날까.

〘명〙 2. (요리·난방 등의) 불, 모닥불, 화톳불
Sit down by the *fire*.
— Thank you.
불가에 앉아.
— 고마워.

〘명〙 3. 불, 화재
There was a *fire* near my house.
우리 집 근처에서 불이 났다.

〘명〙 4. 사격, 포화

catch fire 불이 붙다
The curtain *caught fire*.
커튼에 불이 붙었다.

on fire 화재가 나서, 불타서
The car is *on fire*.
차가 불타고 있다.

set fire to …에 불을 붙이다
Someone *set fire to* the house.
누군가가 그 집에 불을 질렀다.

firm

동 (3단현 **fires** [fáiərz 파이어즈], 과거·과거 분사 **fired** [fáiərd 파이어드], 현재 분사 **firing** [fái(ə)riŋ 파이(어)링])
타 (총·탄환 등을) 쏘다⟨*at*⟩
He *fired* a gun *at* the bird.
그는 새를 향해 총을 쏘았다.
자 발포하다, 발사하다

The gun *fired*.
대포는 발사되었다.

---

*firm *firm*

[fə́ːrm 펌-]

형 (비교급 **firmer** [fə́ːrmər 퍼-머], 최상급 **firmest** [fə́ːrmist 퍼-미스트])
굳은, 단단한 ; 고정〔안정〕된
firm ground 단단한 지면

---

*first *first*

[fə́ːrst 퍼-스트]

형 [보통 the first로] 첫(번)째의, 최초의, 맨처음〔먼저〕의, 시초의(《반》 last 마지막의)
Is this your *first* visit to Korea? 한국 방문은 이번이 처음입니까?

for the first time 처음으로
We saw a tiger *for the first time*. 우리는 처음으로 호랑이를 보았다.

부 첫(번)째로, 최초로, 우선, 맨먼저, 처음으로
I must finish this work *first*.
나는 먼저 이 일을 끝내야 한다.
first of all 우선, 무엇보다도 먼저
Wash your hands *first of all*.
무엇보다도 먼저 손을 씻어라.

명 [보통 the first로] 첫(번)째, 최초 ; 최초의 사람〔것〕; 초하루
the first of May 5월 1일
He was *the first* to win that prize.
그가 최초로 그 상을 탔다.
at first 처음에는
No one believed me *at first*.
처음에는 아무도 나를 믿지 않았다.

**fish *fish*

[fíʃ 피시]

명 (복수 **fish** [fíʃ 피시], **fishes** [fíʃiz 피시즈] 《여러 종류의 물고

기를 나타낼 때는 fishes》》
명 1. 물고기
I caught five *fish* in the river.
나는 강에서 물고기 다섯 마리를 잡았다.
Many *fishes* live in the sea.
바다에는 여러 (종류의) 물고기가 산다.
명 2. 생선, 어육《부정 관사를 붙이지 않고 복수형으로도 하지 않는다》
We had fried *fish* for dinner.
우리는 저녁에 튀긴 생선을 먹었다.
동 (3단현 **fishes** [fíʃiz 피시즈], 과거·과거 분사 **fished** [fíʃt 피시트], 현재 분사 **fishing** [fíʃiŋ 피싱])
자 물고기를 잡다, 낚시질하다
Let's go *fishing*.
낚시하러 가자.
타 (물고기를) 잡다, 낚다

fish·ing *fishing*
[fíʃiŋ 피싱]
동 fish의 현재 분사
명 낚시질; 어업

My uncle is very fond of *fishing*. 나의 아저씨는 낚시질을 매우 좋아하신다.

*fist *fist*
[físt 피스트]
명 (복수 **fists** [físts 피스츠])
주먹
He struck the table with his *fist*.
그는 주먹으로 테이블을 쳤다.

*fit *fit*
[fít 핏]
형 (비교급 **fitter** [fítər 피터], 최상급 **fittest** [fítist 피티스트])
(꼭) 맞는, 알맞은, 적당한; 어울리는
This book is *fit* for children.
이 책은 아이들에게 적합하다.
This fish is not *fit* to eat raw.
이 생선은 날 것으로 먹기에 적당하지 않다.
동 (3단현 **fits** [fíts 피츠], 과거·과거 분사 **fitted** [fítid 피티드], 현재 분사 **fitting** [fítiŋ 피팅])
타 (…에) 맞다, (…에) 적합하다; 맞추다
These shoes *fit* me very well.
이 구두는 나에게 꼭 맞는다.

자 맞다, 적합하다
The door *fits* badly.
문이 잘 맞지 않는다.

**five *five*
[fáiv 파이브]
명 (복수 **fives** [fáivz 파이브즈])
5; 5명〔개〕; 5살; 5시
How about *five* minus three?
— Two, of course.
5 빼기 3은? — 물론 2지.

[형] 5의 ; 5명〔개〕의 ; 5살의 ; 5시의

There are *five* apples in the box.
박스 안에 사과가 5개 있다.

*fix *fix*

[fíks 픽스]

[타] (3단현 **fixes** [fíksiz 픽시즈], 과거·과거 분사 **fixed** [fíkst 픽스트], 현재 분사 **fixing** [fíksiŋ 픽싱])

[타] 1. 고치다, 수리〔수선〕하다
I *fixed* my bike.
내가 자전거를 고쳤다.

[타] 2. 고정〔고착〕시키다, 붙이다
I *fixed* a shelf to the wall.
나는 벽에 선반을 달았다.

[타] 3. (일시·장소·값 등을) 정하다
Let's *fix* the place for the meeting.
만날 장소를 정하자.
We've *fixed* a meeting for Friday. 우리는 금요일에 만나기로 했다.

[타] 4. (눈·주의 등을) 끌다, 집중시키다
He *fixed* his eyes on me.
그는 나를 빤히 쳐다보았다.

[타] 5. 《주로 미》 (식사를) 준비하다
She *fixed* a meal for us.
그녀는 우리에게 식사를 준비해 주었다.

*flag *flag*

[flǽg 플래그]

[명] 〈복수 **flags** [flǽgz 플래그즈]〉 기

the national *flag* 국기

Every country has its own *flag*.
모든 국가는 자기 나라 국기를 가지고 있다.

*flame *flame*

[fléim 플레임]

[명] 〈복수 **flames** [fléimz 플레임즈]〉

불길, 불꽃, 화염
The whole house was in *flames*.
집 전체가 불길에 휩싸여 있

었다.

fla·min·go *flamingo*
[fləmíŋgou 플러밍고우]

명 (복수 **flamingos** [fləmíŋgouz 플러밍고우즈])
홍학

*flash *flash*
[flǽʃ 플래시]

명 (복수 **flashes** [flǽʃiz 플래시즈])

명 1. 섬광 ; 번득임 ; 플래시
a *flash* of lightning
번갯불

명 2. (텔레비전 등의) 뉴스 속보
동 (3단현 **flashes** [flǽʃiz 플래시즈], 과거·과거 분사 **flashed** [flǽʃt 플래시트], 현재 분사 **flashing** [flǽʃiŋ 플래싱])
자 번쩍이다 ; 번득이다 ; (생각 등이) 문득 떠오르다 ; 획 지나가다
A sports car *flashed* by.
스포츠 카가 획 지나갔다.
타 (불·빛을) 번쩍이게 하다, 비추다 ; 번득이다
He *flashed* a light.
그는 라이트를 비추었다.

flash·light *flashlight*
[flǽʃlàit 플래시라이트]

명 (복수 **flashlights** [flǽʃlàits 플래시라이츠])

회중 전등 ; (사진의) 플래시

*flat¹ *flat*
[flǽt 플랫]

형 (비교급 **flatter** [flǽtər 플래터], 최상급 **flattest** [flǽtist 플래티스트])
평평한, 납작한 ; (타이어 등이) 공기가 빠진
a *flat* tire
구멍난 타이어

The top of the hill is *flat*.
그 언덕 위는 평평하다.
부 평평하게 ; 딱 잘라서 ; 꼭, 정확히
I tell you *flat*.
너에게 딱 잘라서 말하겠다.

flat² *flat*
[flǽt 플랫]

명 《영》 아파트, 맨션(《미》 apartment)
My aunt lives in a *flat* in London.
나의 아주머니는 런던의 아파트에 사신다.

*fla·vo(u)r *flavour*
[fléivər 플레이버]

명 (독특한) 맛, 풍미 ; 정취
What *flavor* of ice cream would you like?
어떤 맛의 아이스크림으로 하시겠어요?

타 (3단현 **flavo(u)rs** [fléivərz 플레이버즈], 과거·과거 분사 **flavo(u)red** [fléivərd 플레이버드], 현재 분사 **flavo(u)ring** [fléiv(ə)riŋ 플레이버링])
맛(풍미)을 더하다 〈*with*〉
She *flavored* the soup *with* lemon.
그녀는 수프에 레몬의 풍미를 더했다.

***flesh** *flesh*

[fléʃ 플레시]
명 (사람·동물의) 살; (과일의) 과육; [the flesh로] 육체(《반》 soul 영혼, spirit 정신)
the *flesh* of the cheeks
볼살
the *flesh* of a melon
멜론의 과육

***flew** *flew*

[flúː 플루-]
동 **fly**의 과거형
The airplane *flew* south.
그 비행기는 남쪽으로 날아갔다.

***flies** *flies*

[fláiz 플라이즈]
동 **fly**의 3인칭 단수 현재형
명 **fly**의 복수

***flight** *flight*

[fláit 플라이트]
명 날기, 비행; 비행기 여행; (정기 항공로의) 편

a smooth *flight*
순조로운 비행
How was your *flight*?
비행기 여행은 어땠습니까?
He is leaving tonight on the Paris *flight*.
그는 오늘밤 파리행 비행기편으로 떠난다.

***float** *float*

[flóut 플로우트]
동 (3단현 **floats** [flóuts 플로우츠], 과거·과거 분사 **floated** [flóutid 플로우티드], 현재 분사 **floating** [flóutiŋ 플로우팅])
자 뜨다(《반》 sink 가라앉다); 떠돌다, 떠다니다
Oil *floats* on water.
기름은 물에 뜬다.
타 띄우다

They *floated* a model boat on the lake. 그들은 호수에 모형 보트를 띄웠다.

*flood *flood*

[flʌ́d 플러드] ★ 발음 주의
명 (복수 **floods** [flʌ́dz 플러즈])
[때로 floods로] 홍수, 범람

There was a great *flood* in Busan.
부산에 큰 홍수가 있었다.
동 (3단현 **floods** [flʌ́dz 플러즈], 과거·과거 분사 **flooded** [flʌ́did 플러디드], 현재 분사 **flooding** [flʌ́diŋ 플러딩])
타 (강 등을) 범람시키다, (장소를) 침수시키다 ; 쇄도하다
The floor of my house was *flooded*.
우리 집 마루가 물에 잠겼다.
자 범람하다
This river *flooded* last month.
이 강은 지난 달에 범람했다.

*floor *floor*

[flɔ́ːr 플로-]
명 (복수 **floors** [flɔ́ːrz 플로-즈])
명 1. 마루
We sat on the *floor*.
우리는 마루에 앉았다.
명 2. (건물의) 층
This elevator stops at every *floor*.
이 엘리베이터는 층마다 선다.
We live on the third *floor*.
우리는 3층에 산다《《영》에서는 4층을 의미한다》.

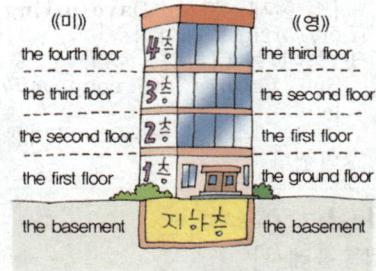

*flour *flour*

[fláuər 플라우어]
명 밀가루
Bread is made from *flour*.
빵은 밀가루로 만든다.

*flow *flow*

[flóu 플로우]
자 (3단현 **flows** [flóuz 플로우즈], 과거·과거 분사 **flowed** [flóud 플로우드], 현재 분사 **flowing** [flóuiŋ 플로우잉])
흐르다 ; (인파·차량 등이) 물결처럼 지나가다
All rivers *flow* into the sea.
모든 강은 바다로 흐른다.
The crowd *flowed* out of station.
군중이 역에서 쏟아져 나왔다.

*flow·er *flower*

[fláuər 플라우어]

명 (복수 **flowers** [fláuərz 플라우어즈])
꽃

I like wild *flowers*.
나는 야생화를 좋아한다.
What's the name of this *flower*? — It's called a rose.
이 꽃의 이름은 무엇입니까? — 장미입니다.
Say it with *flowers*.
당신의 마음을 꽃으로 전하세요 《꽃집의 문구》

자 (3단현 **flowers** [fláuərz 플라우어즈], 과거·과거 분사 **flowered** [fláuərd 플라우어드], 현재 분사 **flowering** [fláu(ə)riŋ 플라우(어)링])
꽃이 피다 ; 번창하다
Tulips *flower* in spring.
튤립은 봄에 꽃이 핀다.

*flown *flown*

[flóun 플로운]
동 **fly**의 과거 분사

*fly *fly*

[flái 플라이]
동 (3단현 **flies** [fláiz 플라이즈],
과거형 **flew** [flú: 플루-], 과거 분사 **flown** [flóun 플로운], 현재 분사 **flying** [fláiiŋ 플라이잉])
자 날다 ; 비행기로 날다
All the birds *flew* away.
새들이 모두 날아가 버렸다.
The ball *flew* over the fence.
그 공은 담장을 넘어서 날아갔다.
How long does it take to *fly* to New York?
— About nine hours.
뉴욕까지 (비행기로) 얼마나 걸리나요?
— 9시간 정도입니다.
타 날리다, 띄우다 ; (비행기 등을) 조종하다
fly a kite 연을 날리다

명 (복수 **flies** [fláiz 플라이즈])
《야구》 플라이
catch a *fly*
플라이를 잡다

*fo·cus *focus*

[fóukəs 포우커스]
명 (복수 **focuses** [fóukəsiz 포우커시즈], **foci** [fóusai 포우사이])
(렌즈의) 초점, 핀트 ; [the focus로] (흥미 등의) 중심
in *focus* 초점이 맞아
out of *focus* 초점이 빗나가

*fog *fog*

[fɔ́:g 포-그]
명 (짙은) 안개《엷은 안개는

mist》

The *fog* cleared.
안개가 걷혔다.

*fold *fold*

[fóuld 포울드]

타 (3단현 **folds** [fóuldz 포울즈], 과거·과거 분사 **folded** [fóuldid 포울디드], 현재 분사 **folding** [fóuldiŋ 포울딩])

접다, 접어 포개다; (팔을) 끼다
Please *fold* the shirts.
셔츠를 개어 주세요.

He *folded* his arms.
그는 팔짱을 꼈다.

*folk *folk*

[fóuk 포우크]

★ 발음 주의

명 (복수 **folk** [fóuk 포우크], (미) **folks** [fóuks 포우크스])
사람들(복수 취급; 지금은 people을 많이 쓴다); [보통 one's folks로] 가족
How are *your folks*?
댁의 가족들은 잘 있습니까?

*fol·low *follow*

[fálou 팔로우]

타 (3단현 **follows** [fálouz 팔로우즈], 과거·과거 분사 **followed** [fáloud 팔로우드], 현재 분사 **following** [fálouiŋ 팔로우잉])

타 1. …을 쫓다, …을 따라가다; (지도자·선례 등을) 따르다
My dog always *follows* me.
나의 개는 늘 나를 따라다닌다.

타 2. (길을) 따라서 가다; (누구의) 말을 이해하다
Follow this road.
이 길을 따라 가시오.
◆ Are you *following* me?
내 말 알아듣겠니?
as follows 다음과 같이
The members are *as follows*.
회원은 다음과 같다.

fol·low·ing *following*

[fálouiŋ 팔로우잉]

타 follow의 현재 분사

형 [the following으로] 다음의, 그 뒤에 오는《명사 앞에만 쓴다》
Answer *the following* questions.
다음 문제에 답하시오.

*fond *fond*

[fánd 판드]

형 (비교급 **fonder** [fándər 판더], 최상급 **fondest** [fándist 판디스트])

…을 좋아하는, …이 좋은⟨*of*⟩
My father is *fond of* playing golf.
나의 아버지는 골프치는 것을 좋아하신다.

Are you *fond of* reading?
독서를 좋아합니까?

*food *food*

[fúːd 푸-드]

명 (복수 **foods** [fúːdz 푸-즈])
식품, 먹을 것, 식량

food and drink
음식물

We can't live without *food*.
우리는 먹을 것 없이는 살 수 없다.
My mother likes sweet *foods*.
나의 어머니는 단 음식을 좋아하신다.

*fool *fool*

[fúːl 풀-]

명 (복수 **fools** [fúːlz 풀-즈])
바보, 어리석은 사람
He is no *fool*.
그는 바보가 아니다.
I was a *fool*.
내가 바보였다.
Don't make a *fool* of me.
나를 바보 취급하지 마라.

fool·ish *foolish*

[fúːliʃ 풀-리시]

형 (비교급 **more foolish**, 최상급 **most foolish**)

어리석은, 미련한, 바보 같은 (《반》wise 현명한)
a *foolish* act
어리석은 행동
Don't be *foolish*.
바보짓하지 마라.
You are very *foolish* to do so.
그런 짓을 하다니 너는 참 어리석다.

*foot *foot*

[fút 풋]

Foods 식품
[fúːdz 푸-즈]

① **green bean** 녹색 깍지 강낭콩 [gríːn-bìːn 그린-빈-]

② **cake** 케이크 [kéik 케이크]

③ **milk** 우유 [mílk 밀크]

④ **ham** 햄 [hǽm 햄]

⑤ **roll** 롤빵 [róul 로울]

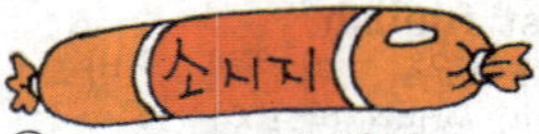

⑥ **sausage** 소시지 [sɔ́ːsidʒ 소-시지]

⑦ **cocoa** 코코아 [kóukou 코우코우]

⑧ **corn** 옥수수 [kɔ́ːrn 콘-]

⑨ **bread** 빵 [bréd 브레드]

⑩ **sugar** 설탕 [ʃúgər 슈거]

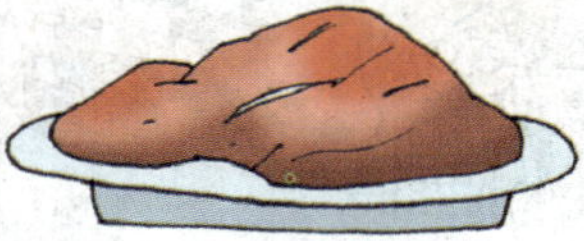

⑪ **meat** 고기 [míːt 미-트]

⑫ **salt** 소금 [sɔ́ːlt 솔-트]

⑬ **onion** 양파 [ʌ́njən 어니언]

⑭ **roast beef** 불고기, 로스트 비프
[róust-bíːf 로우스트비-프]

⑮ **coffee** 커피
[kɔ́ːfi 코-피]

⑰ **noodles** 국수
[núːdlz 누-들즈]

⑲ **cheese** 치즈
[tʃíːz 치-즈]

⑯ **salad** 샐러드
[sǽləd 샐러드]

⑳ **spaghetti** 스파게티
[spəgéti 스퍼게티]

⑱ **hamburger** 햄버거
[hǽmbəːrɡər 햄버-거]

㉒ **butter** 버터
[bʌ́tər 버터]

㉓ **soup** 수프
[súːp 수-프]

㉑ **pie** 파이
[pái 파이]

㉕ **steak** 스테이크
[stéik 스테이크]

㉔ **curry and rice** 카레라이스
[kɔ́ːrri-ən(d)-ráis 커-리언(드)라이스]

몡 《복수 **feet** [fíːt 피-트]》

몡 1. 발
My *feet* are cold.
발이 차다.
Don't step on my *foot*.
내 발을 밟지 마라.
몡 2. 피트《길이 단위 ; 1피트는 12인치, 약 30.5센티미터》
How tall is Mary?
— She is five *feet* tall.
메리는 키가 얼마나 됩니까 ?
— 5피트입니다.
몡 3. [the foot으로] 《사물의》 밑부분 ; 《산》기슭 ⟨*of*⟩
the foot of a page
페이지의 아래쪽
My house is at *the foot of* a hill.
나의 집은 언덕 기슭에 있다.
from head to foot 머리 끝에서 발 끝까지, 전신
on foot 걸어서, 도보로
Do you go to school by bus?
— No, I go *on foot*.
너는 버스로 통학하니 ?
— 아니, 걸어서 가.

***foot·ball** *football*
[fútbɔ̀ːl 풋볼-]
몡 풋볼, 축구《부정 관사를 붙이지 않고 복수형으로도 하지 않는다》
☞《미》에서는 football을 보통 아메리칸 풋볼(American football)을 가리키나, 《영》에서는 사커(soccer, association football) 또는 럭비(rugby football)를 가리킨다.

a *football* field 축구장
They play *football* at school.
그들은 학교에서 축구를 한다.

---

foot·step *footstep*
[fútstèp 풋스텝]
몡 《복수 **footsteps** [fútstèps 풋스텝스]》
걸음걸이 ; 발소리 ; 발자국
The children made *footsteps* on the floor. 아이들은 마루에 발자국을 냈다.

****for** *for*
[《약》 fər 퍼 ; 《강》 fɔːr 포-]
전 1. [이익·경의·찬성 등을 나타내어] …을 위해서, …때문에
This is a present *for* you.
이거 네 선물이다.

전 2. [목적·의향을 나타내어] …하기 위해서, …을 얻기 위하여

We had a party *for* his birthday. 우리는 그의 생일을 축하하기 위해서 파티를 열었다.

전 3. [적절함을 나타내어] …에 알맞은, …용의
I want picture books *for* children. 나는 아이들용 그림책을 원한다.
전 4. [방향·행선지를 나타내어] …을 향하여, …행의
He took a bus *for* Seoul. 그는 서울행 버스를 탔다.
전 5. [시간·거리를 나타내어] …동안
How long were you there? — *For* a week. 얼마 동안 거기에 있었니? — 일주일 동안.
전 6. …대신에 ; …을 대리하여
Will you go there *for* me? 나 대신에 거기에 가 주겠니 ?
전 7. …때문에, …의 이유로
I can't see anything *for* the fog. 안개 때문에 아무것도 볼 수 없다.

전 8. …에 대하여, …의 보답〔보상〕으로 ; …의 값으로
Thank you very much *for* your kindness. 당신의 친절에 매우 감사드립니다.
전 9. …로서는, …에 비하면
It's quite warm *for* January. 1월치고는 상당히 따뜻하다.
전 10. [의미상의 주어를 나타내어] …이, …가
It is natural *for* him to get angry.
그가 화를 내는 것은 당연하다.
for example = ***for instance*** 예를 들면
for one***self*** 자기 힘으로, 자기 자신을 위하여
for the first time 처음으로
접 왜냐하면, …이니까
He is absent, *for* he has a bad cold.
그는 결석입니다, 왜냐하면 심한 감기에 걸렸기 때문입니다.

for·bad(e) *forbade*
[fərbǽd 퍼배드]
타 forbid의 과거형

*for·bid *forbid*
[fərbíd 퍼비드]
타 (3단현 **forbids** [fərbídz 퍼비즈], 과거형 **forbad(e)** [fərbǽd 퍼배드], 과거 분사 **forbidden** [fərbídn 퍼비든], 현재 분사 **forbidding** [fərbídiŋ 퍼비딩])

금지하다
The doctor *forbade* the man to smoke.
의사는 그 남자에게 담배를 피우지 말라고 말했다.
Swimming is *forbidden* here.
여기에서 수영은 금지되어 있다.

for·bid·den *forbidden*

[fərbídn 퍼비든]
㉣ forbid의 과거 분사

*force *force*

[fɔ́:rs 포-스]
㈐ (복수 **forces** [fɔ́:rsiz 포-시즈])
㈐ 1. 힘, 세력 ; 폭력, 완력 《부정 관사를 붙이지 않고 복수형으로도 하지 않는다》
force of mind 정신력
Do not use *force*.
폭력을 쓰지 마라.

㈐ 2. [흔히 forces로] 군대 ; 부대 ; 병력
the air *force* 공군
㉣ (3단현 **forces** [fɔ́:rsiz 포-시즈], 과거·과거 분사 **forced** [fɔ́:rst 포-스트], 현재 분사 **forcing** [fɔ́:rsiŋ 포-싱])
강요하다, 억지로 …시키다
They *forced* him to sign the letter. 그들은 그에게 억지로 편지에 서명하게 했다.

*fore·cast *forecast*

[fɔ́:rkæst 포-캐스트]
㈐ 예상, 예측 ; (일기) 예보
What's the *forecast* for tomorrow?
내일 일기예보는 어떻습니까?
㉣ (3단현 **forecasts** [fɔ́:rkæsts 포-캐스츠], 과거·과거 분사 **forecast** [fɔ́:rkæst 포-캐스트] 또는 **forecasted** [fɔ́:rkæstid 포-캐스티드], 현재 분사 **forecasting** [fɔ́:rkæstiŋ 포-캐스팅])
예상〔예측〕하다 ; (날씨를) 예보하다

It rained as was *forecast*.
예보한 대로 비가 왔다.

*for·eign *foreign*

[fɔ́:rin 포-린]
★ 발음 주의
㈑ 외국의 ; 외국산〔제〕의 ; 외국풍〔외래〕의
a *foreign* country 외국
He collects *foreign* coins.
그는 외국 동전을 모으고 있다.

foreigner

for·eign·er *foreigner*
[fɔ́ːrinər 포-리너]
몡 (복수 **foreigners** [fɔ́ːrinərz 포-리너즈])
외국 사람, 외국인
I met a *foreigner*.
나는 외국 사람을 만났다.

for·est *forest*
[fɔ́ːrist 포-리스트]
몡 (복수 **forests** [fɔ́ːrists 포-리스츠])
숲, 삼림

a natural *forest*
자연림
She was lost in the *forest*.
그녀는 숲속에서 길을 잃었다.
There are a lot of animals in the *forest*.
그 숲속에는 동물들이 많다.

for·ev·er *forever*
[fərévər 퍼레버]
튄 영원〔영구〕히 ; 언제나《forever라고도 쓴다》
I will remember you *forever*.
나는 언제까지나 당신을 기억할 겁니다.

for·gave *forgave*
[fərgéiv 퍼게이브]
타 forgive의 과거형

***for·get** *forget*
[fərgét 퍼겟]
타 (3단현 **forgets** [fərgéts 퍼게츠], 과거형 **forgot** [fərgát 퍼갓], 과거 분사 **forgotten** [fərgátn 퍼가튼] 또는 **forgot** [fərgát 퍼갓], 현재 분사 **forgetting** [fərgétiŋ 퍼게팅])
타 잊다, 생각이 나지 않다 (《반》 remember 기억하다) ; (소지품 등을) 놓아두고 잊다, 잊고 오다〔가다〕

forget   remember

I'll never *forget* your name.
나는 결코 네 이름을 잊지 않을 것이다.
I *forgot* to return the book to you.
그 책을 돌려드리는 것을 잊고 있었습니다.
◆ Did you *forget* that?
너는 그것을 잊었니?
I *forgot* my umbrella.
나는 우산을 깜박 잊고 그냥 놓

아두고 왔다.

*for·give *forgive*
[fərgív 퍼기브]

타 (3단현 **forgives** [fərgívz 퍼기브즈], 과거형 **forgave** [fərgéiv 퍼게이브], 과거 분사 **forgiven** [fərgívən 퍼기번], 현재 분사 **forgiving** [fərgíviŋ 퍼기빙]) (사람·죄를) 용서하다(《동》 excuse)

Please *forgive* me.
제발 용서해 주세요.

Will you *forgive* her mistake?
너는 그녀의 잘못을 용서해 주겠니?

for·giv·en *forgiven*
[fərgívən 퍼기번]

타 forgive의 과거 분사

*for·got *forgot*
[fərgát 퍼갓]

동 forget의 과거·과거 분사
What's his name?
— I *forgot*.
그 사람 이름이 뭐더라?
— 잊어버렸어.

*for·got·ten *forgotten*
[fərgátn 퍼가튼]

동 forget의 과거 분사
I have not *forgotten* you.
나는 너를 잊지 않고 있다.

*fork *fork*
[fɔ́ːrk 포-크]

명 (복수 **forks** [fɔ́ːrks 포-크스])
포크
a table *fork*
식탁용 포크
I eat with a knife and *fork*.
나는 나이프와 포크로 먹는다.

*form *form*
[fɔ́ːrm 폼-]

명 (복수 **forms** [fɔ́ːrmz 폼-즈])

명 1. 모양, 외형, 윤곽; (사람의) 모습
Clouds have many different *forms*.
구름은 여러 가지 다양한 모양을 띤다.

명 2. 형식, 형태(《반》 content 내용)
Ice is a *form* of water.
얼음은 물의 한 형태다.

명 3. 용지, 서식
an application *form*
응모 용지, 원서
Fill in the *form*, please.
용지에 기입해 주세요.

명 4. (몸 등의) 상태, 컨디션, 원기(《부정 관사를 붙이지 않고 복수형으로도 하지 않는다》)
I'm in good *form* today.
오늘은 컨디션이 좋다.

명 5. 《영》 학년(《미》 grade)

formal

동 (3단현 **forms** [fɔ́ːrmz 포-ㅁ즈], 과거·과거 분사 **formed** [fɔ́ːrmd 포-ㅁ드], 현재 분사 **forming** [fɔ́ːrmiŋ 포-밍])

타 형성하다, 형태를 이루다 ; 조직하다, 구성하다

The children *formed* a circle. 아이들은 원을 만들었다.

자 모양을 이루다 ; (생각·계획 등이) 생기다

Ice *formed* on the pond. 연못에 얼음이 얼었다.

for·mal *formal*

[fɔ́ːrməl 포-멀]

형 (비교급 **more formal**, 최상급 **most formal**)

형 1. 정식의, 공식의

We wore *formal* dress at the party. 우리는 그 파티에 정장을 입었다.

형 2. 형식에 치우친, 딱딱한

It was only a *formal* answer. 그것은 단지 형식적인 대답에 지나지 않았다.

*for·mer *former*

[fɔ́ːrmər 포-머]

형 앞의, 이전의

He is one of my *former* students. 그는 내가 전에 가르쳤던 학생 중 한 명이다.

대 [the former로] 전자(《반》the latter 후자)

The former is better than the latter. 전자가 후자보다 더 좋다.

for·mer·ly *formerly*

[fɔ́ːrmərli 포-머리]

부 이전에, 옛날에

Formerly there was a pond here. 이전에 여기에 연못이 하나 있었다.

for·ti·eth *fortieth*

[fɔ́ːrtiiθ 포-티이스]

명 40번째(《40th로 약한다》) ; 40분의 1

형 40번째의 ; 40분의 1의

for·tu·nate *fortunate*

[fɔ́ːrtʃ(u)nət 포-추넛]

형 (비교급 **more fortunate**, 최상급 **most fortunate**)

운이 좋은, 행운의(《동》lucky)

That was *fortunate* for him. 그것이 그에게는 행운이었다.

for·tu·nate·ly *fortunately*

[fɔ́:rtʃ(u)nətli 포-추너틀리]

- 부 《비교급 **more fortunately**, 최상급 **most fortunately**》
다행히(도), 운좋게(도)
Fortunately we caught the last train.
다행히도 우리는 막차를 잡아 탔다.

*for·tune *fortune*

[fɔ́:rtʃun 포-춘]

- 명 《복수 **fortunes** [fɔ́:rtʃunz 포-춘즈]》
- 명 1. 운, 행운(《동》 luck) ; 운명
By good *fortune*, I got a job in London.
다행히 나는 런던에 일자리를 구했다.
- 명 2. 재산, 부(《동》 wealth)
He made a *fortune* in oil.
그는 석유로 큰 부자가 되었다.

*for·ty *forty*

[fɔ́:rti 포-티]

- 명 《복수 **forties** [fɔ́:rtiz 포-티즈]》
40 ; 40명〔개〕 ; 40살
- 형 40의 ; 40명〔개〕의 ; 40살의
How much is this watch?
— *Forty* dollars.
이 시계는 얼마입니까?
— 40달러입니다.

*for·ward(s) *forwards*

[fɔ́:rwərd(z) 포-워드, 포-워즈]

- 부 《비교급 **more forward(s)**, 최상급 **most forward(s)**》
앞으로, 전방으로(《반》 backward(s) 뒤로)
go *forward* 전진하다
take two steps *forward*
2보 앞으로 나아가다
He moved *forward* to the gate.
그는 문쪽으로 전진했다.

look forward to …을 기다리다, …을 기대하다《to 뒤에는 (대)명사 또는 동사의 ~ing형이 오며 흔히 진행형으로 쓴다》
I am *looking forward to* your letter.
나는 너의 편지를 기다리고 있다.

I am *looking forward to* seeing you again.
나는 너를 다시 만나기를 고대하고 있다.

형 전방으로의, 전방의 ; 장래의
a *forward* motion
전진 운동

*fought *fought*

[fɔ́ːt 포-트]

동 **fight**의 과거·과거 분사
People *fought* for freedom.
사람들은 자유를 위해 싸웠다.

*found¹ *found*

[fáund 파운드]

타 **find**의 과거·과거 분사
I *found* a coin in the street.
나는 길에서 동전을 발견했다.

found² *found*

[fáund 파운드]

타 (3단현 **founds** [fáundz 파운즈], 과거·과거 분사 **founded** [fáundid 파운디드], 현재 분사 **founding** [fáundiŋ 파운딩])

타 1. …의 기초를 마련하다[세우다], (단체·회사 등을) 설립하다, 창시하다
Our school was *founded* in 1920.
우리 학교는 1920년에 설립되었다.

타 2. …을 근거로 하다, …에 기초를 두다⟨on, upon⟩
His opinion is *founded* on facts.
그의 의견은 사실에 근거를 두

고 있다.

*foun·da·tion *foundation*

[faundéiʃən 파운데이션]

명 1. 기초, 토대
the *foundation* of a building
건물의 토대

명 2. 설립, 창립
foundation of a hospital
병원의 설립

명 3. 근거

*foun·tain *fountain*

[fáunt(ə)n 파운턴]

명 (복수 **fountains** [fáunt(ə)nz 파운턴즈])
분수, 샘(《동》spring) ; 원천, 근원

a *fountain* of wisdom
지혜의 원천
The *fountains* of Rome are very famous.
로마의 분수는 매우 유명하다.

*four *four*

[fɔ́ːr 포-]

명 (복수 **fours** [fɔ́ːrz 포-즈])
4 ; 4명〔개〕; 4살 ; 4시
School is over at *four*.
학교는 4시에 끝난다.

형 4의 ; 4명〔개〕의 ; 4살의 ; 4시의

There are *four* colleges in this city.
이 도시에는 대학이 4개 있다.

---

*four·teen *fourteen*
[fɔ́ːrtíːn 포-틴-]

명 (복수 **fourteens** [fɔ́ːrtíːnz 포-틴-즈])
14 ; 14명〔개〕; 14살

형 14의 ; 14명〔개〕의 ; 14살의
We are *fourteen*.
우리는 14살이다.

---

*four·teenth *fourteenth*
[fɔ́ːrtíːnθ 포-틴-스]

명 1. 열네번째 ; (달의) 14일 《14th로 약한다》
명 2. 14분의 1
형 열네번째의 ; 14분의 1의
the *fourteenth* lesson 제14과

**fourth *fourth*
[fɔ́ːrθ 포-스]

명 〈복수 **fourths** [fɔ́ːrθs 포-스스])

명 1. 네번째 ; (달의) 4일《4th로 약한다》
It's the *fourth* of August today. 오늘은 8월 4일이다.
명 2. 4분의 1 (《동》 quarter)
형 네번째의 ; 4분의 1의

---

*fox *fox*
[fáks 팍스]

명 (복수 **foxes** [fáksiz 팍시즈])
명 1. 《동물》 여우
A *fox* is a wild animal.
여우는 야생 동물이다.

명 2. 《구어》 교활한 사람

---

*frame *frame*
[fréim 프레임]

명 1. (건물 등의) 뼈대, 골조 ; (사람·동물의) 체격
a man of strong *frame*
체격이 다부진 남자

This building has a firm *frame*.

이 건물은 골조가 튼튼하다.
명 2. (창 등의) 틀; 액자
a window *frame* 창틀

*France *France*
[fræns 프랜스]
명 프랑스

Where is Paris?
— It's in *France*.
파리는 어디에 있니?
— 프랑스에 있어.

*free *free*
[fríː 프리-]
형 (비교급 **freer** [fríːər 프리-어], 최상급 **freest** [fríːist 프리-이스트])
형 1. 자유로운; 속박없는
You are *free* here.
여기서 너는 자유다.
We are all *free* in this country.
이 나라에서 우리는 모두 자유롭다.
형 2. 무료의; 세금없는
I have three *free* tickets.
나는 무료 입장권이 3장 있다.
형 3. 한가한(《반》 busy 바쁜); (장소가) 비어 있는
Are you *free* tomorrow?
내일 시간 있니?
형 4. 자유롭게 〔마음대로〕 …할 수 있는
You are *free* to use this computer anytime.
언제라도 이 컴퓨터를 마음대로 사용해도 좋다.
***be free from*〔*of*〕** …이 없다; …을 면제 받다
I *am free from* homework today.
나는 오늘은 숙제가 없다.
feel free to (do) 자유롭게 …해도 좋다《흔히 명령형으로 쓴다》
Please *feel free to* ask me a question.
자유롭게 질문해 주세요.
set … free …을 자유롭게 하다, 해방하다
Set that bird *free*.
저 새를 놓아 주어라.

*free·dom *freedom*
[fríːdəm 프리-덤]
명 자유(《동》 liberty); 해방
freedom of speech
언론의 자유
freedom from care

걱정이 없음

*freeze *freeze*
[fríːz 프리-즈]

동 (3단현 **freezes** [fríːziz 프리-지즈], 과거형 **froze** [fróuz 프로우즈], 과거 분사 **frozen** [fróuzn 프로우즌], 현재 분사 **freezing** [fríːziŋ 프리-징])

자 얼다
  The juice has *frozen*.
  주스가 얼었다.

타 얼게 하다
  freeze water 물을 얼리다

*French *French*
[frént∫ 프렌치]

형 프랑스의 ; 프랑스 사람〔어〕의
  French lessons
  프랑스어 수업
  His wife is *French*.
  그의 부인은 프랑스 사람이다.

명 1. [the French로] 프랑스 사람(전체 ; 복수 취급 ; 개인을 가리킬 때는 Frenchman, Frenchwoman을 쓴다)
  The French love art. 프랑스 사람은 예술을 사랑한다.

몽마르트르

명 2. 프랑스어
  Do you speak *French*?
  너는 프랑스어를 할 줄 아니?

*fre·quent *frequent*
[fríːkwənt 프리-퀀트]

형 (비교급 **more frequent**, 최상급 **most frequent**)
자주 일어나는, 빈번한 ; 상습적인
  frequent visits 잦은 방문
  Traffic accidents are *frequent* in this area.
  이 지역에서는 교통 사고가 자주 일어난다.

fre·quent·ly *frequently*
[fríːkwəntli 프리-퀀틀리]

부 (비교급 **more frequently**, 최상급 **most frequently**)
자주, 빈번히(often보다 딱딱한 말)
  He wrote home *frequently*.
  그는 자주 집에 편지를 썼다.

*fresh *fresh*
[fré∫ 프레시]

형 (비교급 **fresher** [fré∫ər 프레셔], 최상급 **freshest** [fré∫ist 프레시스트])

새로운 ; 싱싱한 ; 갓 만든 ; (공기가) 맑은, 생기 있는
fresh fruit 신선한 과일
fresh news 새로운 뉴스
The air was *fresh* and cool. 공기는 상쾌하고 시원했다.

*Fri·day Friday
[fráidèi 프라이데이]

명 (복수 **Fridays** [fráidèiz 프라이데이즈])

금요일《Fri.로 약한다》
next *Friday* 다음 주 금요일
We have six lessons on *Friday*. 우리는 금요일에 수업이 6시간 있다.

*friend friend
[frénd 프렌드]

명 (복수 **friends** [fréndz 프렌즈])

친구 ; 자기편, 우리편(《반》enemy 적)
He and I are good *friends*.
그와 나는 좋은 친구다.

He is a *friend* of mine.

그는 내 친구다.
Is the letter from your *friend*?
— Yes, it is.
그 편지는 친구에게서 온 거니? — 응, 그래.
make friends with …와 친해지다
I *made friends with* her.
나는 그녀와 친해졌다.

*friend·ly friendly
[fréndli 프렌들리]

형 〈비교급 **friendlier** [fréndliər 프렌들리어], 최상급 **friendliest** [fréndliist 프렌들리이스트]〉
친한, 친절한, 붙임성 있는, 우호적인
a *friendly* smile 상냥한 미소

Japan is our *friendly* country.
일본은 우리의 우호국이다.
You must be *friendly* with your neighbors. 너는 이웃들과 친하게 지내야 한다.

friend·ship friendship
[fréndʃìp 프렌드십]

명 우정, 친교 ; 우호 관계
I shall never forget our *friendship*.
나는 결코 우리의 우정을 잊지 않을 것이다.

*fright·en frighten
[fráitn 프라이튼]

태 (3단현 **frightens** [fráitnz 프라이튼즈], 과거・과거 분사 **frightened** [fráitnd 프라이튼드], 현재 분사 **frightening** [fráitniŋ 프라이트닝])
놀라게 하다, 두려워하게 하다

I'm so sorry I *frightened* you.
놀라게 해서 정말 미안해.
I was *frightened* at the news.
나는 그 뉴스를 듣고 깜짝 놀랐다.

***frog** *frog*
[frɔ́:g 프로-그]
명 (복수 **frogs** [frɔ́:gz 프로-그즈])
『동물』개구리

Look! A *frog* is jumping into the water.
저것 봐! 개구리가 물에 뛰어 들고 있어.

***from** *from*
[《약》frəm 프럼 ;《강》frám 프람]
전 1. [장소・시간을 나타내어]
…에서
He fell *from* the roof.
그는 지붕에서 떨어졌다.
I waited for you *from* six until seven.
나는 6시부터 7시까지 너를 기다렸다.
전 2. [기원・출신을 나타내어]
…에서, …출신의, …에 유래하는
I have received a letter *from* my uncle.
나는 아저씨로부터 편지를 받았다.
Where do you come *from*?
— I come *from* Korea.
너는 어디에서 왔니?
— 한국에서 왔어.
전 3. [수량・순서를 나타내어]
…에서, …부터
count *from* one to ten
1에서 10까지 세다
전 4. [분리・방지・부재를 나타내어] …에게서, …로부터
She is absent *from* school.
그녀는 학교에 결석했다.
The mother took the toy *from* the baby.
어머니는 아기에게서 장난감을 빼앗았다.
전 5. [원인・이유를 나타내어]
…이 원인으로, …때문에
She is tired *from* jumping rope.

그녀는 줄넘기로 지쳐 버렸다.

전 6. [원료를 나타내어] …에서, …으로《재료의 원형이 남아 있지 않은 경우에 쓰며 재료가 질적으로 변하지 않은 경우에는 of 를 쓴다》
Wine is made *from* grapes.
포도주는 포도로 만들어진다.

from door to door 집집마다
from now on 지금부터는, 금후는
from place to place 여기저기에
from time to time 때때로
He came to see me *from time to time*.
그는 때때로 나를 만나러 왔다.
from top to toe[bottom] 머리 끝에서 발 끝까지

front *front*
[fr∧nt 프런트]
★ 발음 주의
명 (복수 **fronts** [fr∧nts 프런츠])
[보통 the front로] (…의) 앞, 앞면, 곁(《반》 back 뒤) ; (건물의) 정면
the *front* of the school
학교의 정면
She took a seat at *the front* of the bus. 그녀는 버스의 앞 좌석에 앉았다.
in front of …의 앞에(서), …의 앞쪽에, 정면에(《반》 at the back of …의 뒤에)
I'll wait for you *in front of* the bank.
나는 은행 앞에서 너를 기다리겠다.
형 앞의, 곁의 ; 정면의(《반》 back 뒤의)《명사 앞에만 쓴다》
the *front* page (신문의) 제1면

fron·tier *frontier*
[fr∧ntíər 프런티어]
명 (복수 **frontiers** [fr∧ntíərz 프런티어즈])
국경, 국경 지방 ; [the frontier로] 《미》 변경 ; [흔히 frontiers로] (학문 등의) 미개척 분야
the *frontier* between French and Germany
프랑스와 독일의 국경

frost *frost*
[frɔ́:st 프로-스트]
명 서리

Flowers die when the *frost* comes.
서리가 내리면 꽃은 시든다.
Frost has formed on the ground. 땅에 서릿발이 쳤다.

*fruit *fruit*
[frúːt 프루-트]
명 (복수 **fruits** [frúːts 프루-츠])
명 1. 과일

We ate fresh *fruit* for dessert.
우리는 디저트로 신선한 과일을 먹었다.
They grow *fruit* here.
그들은 여기에서 과일을 재배한다.
명 2. [보통 fruits로] 산물, 결과, 성과
His success is the *fruits* of his efforts.
그의 성공은 노력의 결과다.

*fry *fry*
[frái 프라이]
타 (3단현 **fries** [fráiz 프라이즈], 과거·과거 분사 **fried** [fráid 프라이드], 현재 분사 **frying** [fráiiŋ 프라이잉])
(기름으로) 튀기다, 프라이하다
fried potatoes 튀긴 감자
명 (복수 **fries** [fráiz 프라이즈])

프라이, 튀김

*fu·el *fuel*
[fjúːəl 퓨-얼]
명 (복수 **fuels** [fjúːəlz 퓨-얼즈])
연료
Coal, wood, and oil are *fuels*.
석탄, 나무, 석유는 연료다.

*full *full*
[fúl 풀]
형 (비교급 **fuller** [fúlər 풀러], 최상급 **fullest** [fúlist 풀리스트])
가득한, 충만한(《반》 empty 빈); 충분한; 최고의; 한창의; 완전한
The train was *full*.
기차는 만원이었다.
This box is *full* of toys.
이 상자에는 장난감이 가득하다.

Would you like another piece of cake?
— No, thank you. I'm *full*.
케이크 한 조각 더 드시겠어요? — 아니오, 괜찮아요. 배가 부릅니다.
Look at that *full* moon.
— It's beautiful.
저 둥근 달 좀 봐.
— 아름답다.

명 [보통 the full로] 완전; 한창
in full 생략하지 않고, 전부
Write your name *in full*.
이름을 생략하지 말고 적으시오.
to the full 충분히, 마음껏
enjoy oneself *to the full*
마음껏 즐기다

ful·ly *fully*
[fúli 풀리]

부 《비교급 **more fully**, 최상급 **most fully**》
충분히; [수사 앞에서] 꼬박
fully two days
꼬박 이틀
They were *fully* satisfied.
그들은 충분히 만족했다.

*fun *fun*
[fʌ́n 펀]

명 재미있는 일, 위안, 장난《부정관사를 붙이지 않고 복수형으로도 하지 않는다》
We had a lot of *fun* at the party.
파티는 아주 재미있었다.
This is *fun*! Let's try it again.
이거 재미있다! 한 번 더 하자.

for*[*in*] *fun 농담으로, 반 장난으로
He did it just *for fun*.
그는 그저 장난으로 그것을 했다.
make fun of …을 놀리다
Don't *make fun of* the beginners. 초보자를 놀리지 마라.

*func·tion *function*
[fʌ́ŋ(k)ʃən 펑(크)션]

명 《복수 **functions** [fʌ́ŋ(k)ʃənz 펑(크)션즈]》
기능, 작용; 역할, 직무
the *function* of the heart
심장의 기능

fund *fund*
[fʌ́nd 펀드]

명 《복수 **funds** [fʌ́ndz 펀즈]》
자금, 기금
a scholarship *fund* 장학 기금

fun·da·men·tal
fundamental
[fʌ̀ndəméntl 펀더**멘**틀]

Fruits 과일
[frúːts 프루-츠]

① **watermelon** 수박
[wɔ́ːtərmèlən 워-터멜런]

② **pineapple** 파인애플
[páinæpl 파인애플]

③ **pear** (서양)배
[péər 페어]

④ **lemon** 레몬
[lémən 레먼]

⑤ **cherry** 버찌
[tʃéri 체리]

⑥ **orange** 오렌지
[ɔ́ːrindʒ 오-린지]

⑦ **melon** 멜론
[mélən 멜런]

⑧ **strawberry** 딸기
[strɔ́ːbèri 스트로-베리]

⑨ **peach** 복숭아
[píːtʃ 피-치]

⑩ **banana** 바나나
[bənǽnə 버내너]

⑪ **grape** 포도
[gréip 그레이프]

⑫ **apple** 사과
[ǽpl 애플]

⑬ **pomegranate** 석류
[pám(ə)grǽnit 파머그래닛]

⑭ **fig** 무화과
[fíg 피그]

⑮ **blackberry** 검은 딸기
[blǽkbèri 블랙베리]

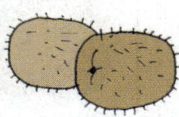

⑯ **avocado** 아보카도
[ǽvəkáːdou 애버카-도우]

⑰ **kiwi** 키위
[kíːwiː 키-위-]

⑱ **mango** 망고
[mǽŋgou 맹고우]

⑲ **blueberry** 블루베리
[blúːbèri 블루-베리]

⑳ **grapefruit** 자몽
[gréipfrùːt 그레이프프루-트]

㉑ **persimmon** 감
[pəːrsímən 퍼-시먼]

㉒ **papaya** 파파야
[pəpáiə 퍼파이어]

㉓ **raspberry** 나무 딸기
[rǽzbèri 래즈베리]

㉔ **chestnut** 밤
[tʃésnʌt 체스넛]

⑱ 기본의, 기초의, 근본적인
fundamental rules 기본 법칙
the *fundamental* form
기본형
fundamental colors 원색

*fun·ny *funny*

[fʌ́ni 퍼니]

⑱ 〈비교급 **funnier** [fʌ́niər 퍼니어], 최상급 **funniest** [fʌ́niist 퍼니이스트]〉
익살맞은, 우스운, 재미있는; 괴상한, 수상한

He is a *funny* fellow.
그는 익살맞은 친구다.

*fur *fur*

[fə́ːr 퍼-]

⑲ 〈복수 **furs** [fə́ːrz 퍼-즈]〉
모피; [흔히 furs로] 모피 제품
a *fur* coat 모피 코트

fur·nish *furnish*

[fə́ːrniʃ 퍼-니시]

㉰ 〈3단현 **furnishes** [fə́ːrniʃiz 퍼-니시즈], 과거・과거 분사 **furnished** [fə́ːrniʃt 퍼-니시트], 현재 분사 **furnishing** [fə́ːrniʃiŋ 퍼-니싱]〉
공급하다, 제공하다; 비치하다, 갖추다
furnish a library with books
도서관에 서적을 비치하다

*fur·ni·ture *furniture*

[fə́ːrnitʃər 퍼-니처]

⑲ 가구, 세간 《부정 관사를 붙이지 않고 복수형으로도 하지 않는다》

a piece of *furniture*
가구 한 점
I don't have much *furniture*.
나는 그다지 가구가 많지 않다.

fur·ther *further*

[fə́ːrðər 퍼-더]

| [far의 비교급] 그 위에, 게다가, 더욱이 ; 더욱 멀리

They could not walk any *further*.
그들은 더 이상 걸을 수 없었다.

| [far의 비교급] 그 위의, 그 이상의

Did you get *further* information?
너는 그 이상의 정보를 얻었니?

***fu·ture** *future*
[fjúːtʃər 퓨-처]

| (복수 **futures** [fjúːtʃərz 퓨-처즈])

| 1. [보통 the future로] 미래, 장래(「과거」는 past, 「현재」는 present》

What will be *the future* of our country?
우리나라의 미래는 어떻게 될 것인가?

| 2. 장래성, 전도

in future《영》이제부터는, 금후에는

I won't be late *in future*.
앞으로는 늦지 않겠습니다.

in the future 장래에

I want to be a doctor *in the future*. — That's great.
저는 장차 의사가 되고 싶어요. — 멋지구나.

| 미래의, 장래의《명사 앞에만 쓴다》

I'm a *future* pop singer.
나는 미래의 팝 가수다.

G, g *G, g*
[dʒíː 지-]
- 명 (복수 **G's, g's** [dʒíːz 지-즈])
지《영어 알파벳의 일곱번째 글자》

*gain *gain*
[géin 게인]
- 타 (3단현 **gains** [géinz 게인즈], 과거·과거 분사 **gained** [géind 게인드], 현재 분사 **gaining** [géiniŋ 게이닝])
- 타 1. (노력하여) 얻다, 획득하다 ; 벌다 (《반》 lose 잃다)
  They *gained* great wealth.
  그들은 막대한 부를 얻었다.
  He *gained* his living by teaching English.
  그는 영어를 가르쳐서 생활비를 벌었다.
- 타 2. (무게·속도 등을) 늘리다
  I've *gained* three pounds.
  나는 체중이 3파운드 늘었다.

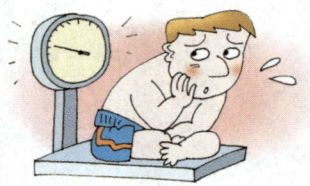

- 타 3. (시계가) 더 가다
  This watch *gains* two minutes a day.
  이 시계는 하루에 2분 더 간다.
- 명 (복수 **gains** [géinz 게인즈])
이익, 이득 ; [gains로] 수익, 수익금 (《반》 loss 손실)
  No *gains* without pains.
  《속담》 노력 없이는 이득도 없다.

**game *game*
[géim 게임]
- 명 (복수 **games** [géimz 게임즈])
- 명 1. 놀이, 게임, 오락
  I spent too much time on video *games*.
  나는 비디오 게임에 많은 시간을 허비했다.

Let's play a card *game*.
카드 놀이를 합시다.

- 명 2. 경기, 시합, 승부 ; [games로] 경기 대회
  We won a *game*.
  우리가 경기를 이겼다.
  She is watching a baseball *game*.

그녀는 야구 시합을 보고 있다.

*gap *gap*
[gǽp 갭]
- 명 (복수 **gaps** [gǽps 갭스])
- 명 1. (담이나 벽 등의) 금, 갈라진 틈, 틈새
- 명 2. (의견의) 차이, 격차
  What's the generation *gap*?
  세대 차이란 뭐지?

ga·rage *garage*
[gərá:dʒ 거라-지]
- 명 (복수 **garages** [gərá:dʒiz 거라-지즈])
  (자동차) 차고 ; 수리 공장

Put the car into the *garage*.
차를 차고에 넣어두세요.

**gar·den *garden*
[gá:rdn 가-든]
- 명 (복수 **gardens** [gá:rdnz 가-든즈])
  정원, 뜰
  She grows flowers in her *garden*.
  그녀는 정원에 꽃을 가꾼다.
  We have a small *garden*.
  우리집에는 작은 정원이 있다.

*gar·lic *garlic*
[gá:rlik 가-릭]
- 명 〖식물〗 마늘
  garlic sauce
  마늘 소스

*gas *gas*
[gǽs 개스]
- 명 (복수 **gases** [gǽsiz 개시즈])
- 명 1. 가스, 기체
  Turn on the *gas*.
  가스불을 켜라.
  Turn off the *gas*.
  가스불을 꺼라.
  Gas is useful for our daily life.
  가스는 일상 생활에 유용하다.

Garden 정원
[gáːrdn 가-든]

① **garden lamp** 정원등
 [gáːrdn-lǽmp 가-든램프]
② **patio** 안마당
 [pǽtiòu 패티오우]
③ **fence** [féns 펜스] 울타리
④ **shed** [ʃéd 셰드] 헛간, 창고
⑤ **tree** [tríː 트리-] 나무
⑥ **pergola** 퍼걸러
 [pə́ːrgələ 퍼-걸러]
⑦ **edging** (꽃밭의) 가장자리
 [édʒiŋ 에징]
⑧ **bush** [búʃ 부시] 관목
⑨ **pond** [pánd 판드] 연못
⑩ **flowerbed** 화단
 [fláuərbèd 플라우어베드]
⑪ **hedge** 산울타리, 울타리
 [hédʒ 헤지]
⑫ **path** 길, 작은 길
 [pǽθ 패스]
⑬ **lawn** [lɔ́ːn 론-] 잔디
⑭ **tub** 통, 물통
 [tʌ́b 터브]
⑮ **flagstone** 판석
 [flǽgstòun 플래그스토운]
⑯ **rock garden** 암석 정원
 [rák-gàːrdn 락가-든]

명 2. 《미》 휘발유(gasoline의 단축형)

gas·o·line, -o·lene
gasoline, -olene
[gǽsəlìːn 개설린-]
명 《미》 휘발유, 가솔린(《영》 petrol)
We've run out of *gasoline*.
휘발유가 떨어졌다.

*gate *gate*
[géit 게이트]
명 (복수 **gates** [géits 게이츠])
문《출입문·개찰구·성문 등》
Let's go in from the other *gate*.
다른 문으로 들어가자.

I met him at the *gate*.
나는 문에서 그를 만났다.
Gates of the park are closed.
공원 문이 닫혔다.

*gath·er *gather*
[gǽðər 개더]
동 (3단현 **gathers** [gǽðərz 개더즈], 과거·과거 분사 **gathered** [gǽðərd 개더드], 현재 분사 **gathering** [gǽð(ə)riŋ 개더링])
타 1. 모으다;(열매·꽃 등을) 따다
We *gathered* flowers in the field.
우리는 들에서 꽃을 땄다.

They are *gathering* fruit.
그들은 과일을 따고 있다.
타 2. (속력 등을) 점차 늘리다
The car *gathered* speed.
자동차가 속력을 냈다.
자 모이다, 집합하다
A crowd has *gathered*.
군중이 모였다.
The players *gathered* around the coach.
선수들이 코치 주변에 모였다.

*gave *gave*
[géiv 게이브]
타 give의 과거형
He *gave* me the doll.
그는 내게 인형을 주었다.

*gen·er·al *general*
[dʒén(ə)rəl 제너럴]
형 일반의 ; 대체적인 ; 전반적인, 전체적인
general knowledge 일반지식
a *general* election 총선거
the *general* public 일반대중
a *general* hospital 종합병원
명 (복수 **generals** [dʒén(ə)rəlz 제너럴즈])
육군〔공군〕대장 ; 장군, 장성
in general 일반적으로, 보통 (《반》 in particular 특히)
In general, woman live longer than man.
일반적으로 여성이 남성보다 오래 산다.

gen·er·al·ly *generally*
[dʒén(ə)rəli 제너럴리]
- 부 일반적으로, 대개, 대체로
  I *generally* get up at seven.
  나는 대개 7시에 일어난다.

generally speaking 일반적으로 말하면
  Generally speaking, Korea has a mild climate.
  일반적으로 말해 한국은 기후가 온화하다.

*gen·er·a·tion *generation*
[dʒènəréiʃən 제너레이션]
- 명 (복수 **generations** [dʒènəréiʃənz 제너레이션즈])
  세대 ; 한 세대의 사람들《단수·복수 취급》
  the young *generation*
  젊은 세대, 젊은이들
  This picture shows three *generations* — Grandfather, Father and me.
  이 사진은 3대 — 할아버지, 아버지, 나를 보여준다.

*gen·er·ous *generous*
[dʒén(ə)rəs 제너러스]
- 형 관대한 ; 후한 ; 푸짐한
  He is *generous* with his money.
  그는 돈을 잘 쓴다.

*gen·tle *gentle*
[dʒéntl 젠틀]
- 형 (비교급 **gentler** [dʒéntlər 젠틀러], 최상급 **gentlest** [dʒéntlist 젠틀리스트])
- 형 1. (기질·성격이) 온화한, 상냥한, 온순한
  in a *gentle* voice
  온화한 목소리로
  He is *gentle* with children.
  그는 아이들에게 친절하다.
- 형 2. 가문이 좋은, 양가의
  He is man of *gentle* birth.
  그는 집안이 좋은 사람이다.

*gen·tle·man *gentleman*
[dʒéntlmən 젠틀먼]
- 명 (복수 **gentlemen** [dʒéntlmən 젠틀먼])
  신사 ; [gentlemen으로] 신사 여러분《호칭》
  Who is that *gentleman*?
  저 신사는 누구입니까?
  Ladies and *gentlemen*!
  신사 숙녀 여러분!

*gen·tle·men *gentlemen*
[dʒéntlmən 젠틀먼]
- 명 gentleman의 복수

*gen·u·ine *genuine*
[dʒénjuin 제뉴인]
- 형 진짜의 (《반》 false 가짜의)
  a *genuine* pearl 진짜 진주

*Ger·man German
[dʒə́ːrmən 저-먼]

형 독일의; 독일 사람의; 독일어의

I like *German* music.
나는 독일 음악을 좋아한다.
His wife is *German*.
그의 아내는 독일 사람이다.

명 (복수 **Germans** [dʒə́ːrmənz 저-먼즈])

명 1. 독일 사람; [the Germans로] 독일 사람《전체》
She married a *German*.
그녀는 독일 사람과 결혼했다.

명 2. [관사 없이] 독일어
Can you speak *German*?
당신은 독일어를 할 수 있습니까?

*Ger·ma·ny Germany
[dʒə́ːrm(ə)ni 저-머니]

명 독일

My uncle lives in *Germany*.
나의 아저씨는 독일에 사신다.
Germany is a beautiful country.
독일은 아름다운 나라다.

*ges·ture gesture
[dʒéstʃər 제스처]

자 (3단현 **gestures** [dʒéstʃərz 제스처즈], 과거·과거 분사 **gestured** [dʒéstʃərd 제스처드], 현재 분사 **gesturing** [dʒéstʃəriŋ 제스처링])

몸짓을 하다
She *gestured* to us to be quiet.
그녀는 우리에게 조용히 하라고 신호를 했다.

명 (복수 **gestures** [dʒéstʃərz 제스처즈])

몸짓, 손짓, 제스처

What do these *gestures* mean?
이런 제스처들은 무엇을 의미합니까?
He made an angry *gesture*.
그는 화난 몸짓을 했다.

**get get
[gét 겟]

동 (3단현 **gets** [géts 게츠], 과거형 **got** [gát 갓], 과거 분사 **got** [gát 갓] 또는 《미》 **gotten** [gátn 가튼], 현재 분사 **getting** [gétiŋ 게팅])

타 1. …을 얻다(《동》 gain), 받다

He *got* many presents for his birthday. 그는 생일 선물을 많이 받았다.
I *got* a letter from her. 나는 그녀에게서 편지를 받았다.

I *got* an "F" in math.
나는 수학에서 F를 받았다.

타 2. 사다, 사주다
Get me a Coke.
콜라 좀 사주세요.
I *got* a new hat at the store.
나는 가게에서 새 모자를 샀다.

타 3. [gèt 겟] (권유하여) …하게 하다, 시키다
I *got* him to help me.
나는 그에게 도와달라고 했다.
I must *get* my hair cut.
나는 머리를 잘라야만 한다.

타 4. 가서 가져오다
Please go and *get* the paper.
신문을 갖다 주세요.

타 5. 《구어》…을 이해하다
Do you understand?
— ☆ I'm sorry, but I don't *get* you.
아시겠습니까? — 죄송합니다만, 잘 모르겠습니다.

타 6. (기차·버스 등을) 타다
I'll *get* the last train.
나는 막차를 탈 것이다.

타 7. (병에) 걸리다; (손해를) 입다
I *got* a cold.
나는 감기에 걸렸다.

자 1. (…에) 도착하다, 이르다 〈*to*〉
We *got* home at six.
우리는 6시에 집에 도착했다.
◆ How do I *get* there from here?
여기서 그곳까지 어떻게 갑니까?
We *got to* the station at nine.
우리는 9시에 역에 도착했다.

자 2. …이 되다(《동》 become, grow)
It was *getting* dark.
점점 어두워졌다.

자 3. …당하다
They all *got* punished.
그들은 모두 벌을 받았다.

자 4. …하게 되다
You will *get* to like it.
너는 그것을 좋아하게 될 것이다.

get along 살아가다, 잘 지내다
How are you *getting along*?
— ☆ Fine, thanks.
어떻게 지내십니까? — 덕분에 잘 지내요.

get away 가버리다, 도망치다
The enemy *got away*.
적들은 도망쳤다.

get back 돌아오다; 되찾다
He'll *get back* tomorrow morning.
그는 내일 아침에 돌아올 것이다.
I never *got back* the money.
나는 그 돈을 돌려받지 못했다.

get down (나무 등에서) 내려오다; (물건을) 내리다

He *got down* (from) the tree.
그는 나무에서 내려왔다.
get in (자동차·택시 등에) 타다
I caught a taxi and *got in*.
나는 택시를 잡아 탔다.

get off (열차·버스 등에서) 내리다

She *got off* at the next stop.
그녀는 다음 정류장에서 내렸다.
get on (1) (열차·버스 등에) 타다
We *got on* the bus to the airport. 우리는 공항으로 가는 버스를 탔다.
(2) 지내다 ; 잘 해나가다
get out of …에서 나오다 ; (자동차·택시 등에서) 내리다
I *got out of* the taxi.
나는 택시에서 내렸다.
get over 극복하다 ; 회복하다
I cannot *get over* the shock.
나는 충격을 극복할 수 없다.
get through …을 통과하다 ; …을 마치다 ; …에 합격하다
She *got through* a lot of work.

그녀는 많은 일을 끝냈다.

He failed but his sister *got through*. 그는 낙제했으나 누이동생은 합격했다.
get to …에 도착하다
We *got to* the station.
우리는 역에 도착했다.
get together 모이다
They *get together* in the evening.
그들은 저녁에 모인다.
get up 일어나다
◆ I *got up* late, so I missed the school bus. 나는 늦게 일어나서 통학 버스를 놓쳤다.

◆ What time do you usually *get up* in the morning? 아침에 보통 몇 시에 일어납니까 ?
have got 《구어》 …을 가지고 있다 《동》 have)(I've got으로 단축한다》
I *'ve got* a pen.
나는 펜을 가지고 있다.
have got to do 《구어》 …해야만 한다 《동》 must, have to) (I've got to로 단축한다》
I *'ve got to* write a letter.
나는 편지를 써야만 한다.

*gi·ant *giant*

[dʒáiənt 자이언트]

명 (복수 **giants** [dʒáiənts 자이언츠])

거인, 큰 사나이
He is a *giant*.
그는 거인이다.

형 거대한

---

*gift *gift*

[gíft 기프트]

명 (복수 **gifts** [gífts 기프츠])

명 1. 선물, 선사품(《동》 present)

He sent her a Christmas *gift*.
그는 그녀에게 크리스마스 선물을 보냈다.

명 2. (타고난) 재능
He has a *gift* for painting.
그는 그림에 재능이 있다.

---

*girl *girl*

[gə́:rl 걸-]

명 (복수 **girls** [gə́:rlz 걸-즈])

여자 아이, 소녀(《반》 boy 소년); 젊은 미혼 여성
a *girls*' school 여학교
a *girl* student 여학생

girl·friend *girlfriend*

[gə́:rlfrènd 걸-프렌드]

명 여자 친구(《반》 boyfriend 남자 친구)

He has a pretty *girlfriend*.
그는 예쁜 여자 친구가 있다.

---

*give *give*

[gív 기브]

타 (3단현 **gives** [gívz 기브즈], 과거형 **gave** [géiv 게이브], 과거분사 **given** [gívən 기븐], 현재분사 **giving** [gíviŋ 기빙])

타 1. 주다, 수여[부여]하다
She *gave* me the book.
그녀는 나에게 책을 주었다.

Give food to the poor.
가난한 사람들에게 음식을 주세요.
My uncle *gave* me the watch.
아저씨가 내게 시계를 주셨다.
◆ Could you *give* me a hand?
도와주시겠습니까?

타 2. 치르다⟨*for*⟩(《동》 pay), 지급하다
I *gave* two dollars *for* this hat.

나는 이 모자를 2달러 주고 샀다.
How much will you *give for* my old car?
내 중고차를 얼마에 사시겠습니까?
타 3. **바치다**, 희생하다
He *gave* his life to the studies.
그는 연구에 일생을 바쳤다.
타 4. **말하다**, 전하다, 표명하다
She *gave* a speech at the meeting.
그녀는 집회에서 연설을 했다.
◆ Please *give* my regards to your parents.
부모님께 안부 전해주십시오.
타 5. (모임을) **열다**, 개최하다
We are going to *give* a party tomorrow.
우리는 내일 파티를 열 예정이다.

give and take 공정한 거래를 하다 ; 서로 양보하다
give away …을 (남에게) 주다
She *gave away* her pen to me.
그녀는 나에게 펜을 주었다.
give back …을 (…에게) 돌려주다 ⟨*to*⟩
Give the camera *back to* me
카메라를 돌려주세요.
give in (서류 등을) 제출하다 ; 항복하다
Give in your reports now.
지금 보고서를 제출해라.
give out (1) 배포하다, 나누어 주다
The teacher *gave out* the examination paper.
선생님이 시험지를 나누어 주셨

다.
(2) …을 발표하다
give up 포기하다 ; 그만두다
They didn't *give up* hope.
그들은 희망을 포기하지 않았다.
My father *gave up* smoking.
우리 아버지는 담배를 끊으셨다.

*giv·en *given*

[gívən 기번]
타 **give**의 과거 분사
He was *given* a watch.
그는 시계를 받았다.

*glad *glad*

[glǽd 글래드]
형 ⟨비교급 **gladder** [glǽdər 글래더] 또는 **more glad**, 최상급 **gladdest** [glǽdist 글래디스트] 또는 **most glad**⟩
기쁜, 반가운 ; 기꺼이 …하는
I was *glad* at the news.
나는 그 소식을 듣고 기뻤다.
◆ I'm *glad* you like it.
네가 그것을 좋아하니 나도 기쁘다.
◆ I'm *glad* to meet you.
— *Glad* to meet you, too.
만나서 반가워요.
— 저도 반가워요.

I will be *glad* to help you.
기꺼이 도와드리겠습니다.

glance *glance*

[glǽns 글랜스]

자 (3단현 **glances** [glǽnsiz 글랜시즈], 과거·과거 분사 **glanced** [glǽnst 글랜스트], 현재 분사 **glancing** [glǽnsiŋ 글랜싱])

힐끗〔언뜻〕보다 ; 대강 훑어보다
　He *glanced* at her face.
　그는 그녀의 얼굴을 힐끗 쳐다보았다.
　He *glanced* over the letter.
　그는 편지를 대충 훑어보았다.

명 (복수 **glances** [glǽnsiz 글랜시즈])
힐끗 봄, 한 번 봄
at a glance 첫눈에, 한 번 보아
　I could feel *at a glance* that they were in love.
　나는 첫눈에 그들이 사랑하는 사이란 걸 알 수 있었다.

*glass *glass*

[glǽs 글래스]

명 (복수 **glasses** [glǽsiz 글래시즈])

명 1. 유리

　This bottle is made of *glass*.
　이 병은 유리 제품이다.
명 2. (유리)컵, 글라스《보통 차가운 음료는 glass, 따뜻한 음료는 cup에 담는다》
　She broke a *glass*.
　그녀는 컵을 깼다.
명 3. [a glass of로] 한 컵(의 양)
　a glass of milk 우유 한 컵
◆ May I take your order?
　— Give me *a glass of* orange juice. 주문하시겠습니까? — 오렌지 주스 한 잔 주세요.

*glass·es *glasses*

[glǽsiz 글래시즈]

명 안경

　She puts on *glasses*.
　그녀는 안경을 쓴다.
　I bought a pair of *glasses*.
　나는 안경을 샀다.

*glo·ry *glory*

[glɔ́ːri 글로-리]

명 영광, 명예 ; 영화, 번영 ; 장관
　the *glory* of a sunset
　일몰의 장관
　Glory be to God!
　신에게 영광 있으라!
　He won *glory* in the battle.
　그는 그 전투로 명성을 얻었다.

*glove *glove*

[glʌ́v 글러브] ★ 발음 주의

명 (복수 **gloves** [glʌ́vz 글러브즈])

명 1. [gloves로] 장갑
a pair of *gloves*
장갑 한 켤레

Put on your *gloves*.
장갑을 끼어라.
Take off your *gloves*.
장갑을 벗어라.
명 2. (야구·권투용의) 글러브

*****glue** *glue*
[glúː 글루-]
명 접착제, 풀 ; 아교
instant *glue*
순간 접착제

*****go** *go*
[góu 고우]
자 (3단현 **goes** [góuz 고우즈], **과거형 went** [wént 웬트], **과거분사 gone** [gɔ́ːn 곤-], **현재 분사 going** [góuiŋ 고우잉])
자 1. 가다 ; 나아가다
go to school〔church〕
학교〔교회〕에 (공부하러〔예배 보러〕) 가다
☆ May I *go* now?
이제 가도 될까요 ?
◆ Would you like to *go* home now?
그만 집에 가시겠습니까 ?
◆ I'd like to *go* to sleep.
나는 자고 싶다.
☆ Will you be able to *go* to the concert? — ☆ OK.
콘서트에 갈까 ? — 좋아.

◆ How about *going* to the park?
공원에 갈까요 ?
자 2. …하러 가다
☆ Let's *go* swimming.
수영하러 가자.

자 3. (…의 상태로) 되다
The eggs *went* bad.
계란이 모두 변질되었다〔썩었다〕.
The tire *went* flat.
타이어가 구멍났다.
자 4. (기계 등이) 작동하다, 움직이다
The machine does not *go* well.
그 기계는 잘 작동하지 않는다.
자 5. (일이) 진행되다
☆ How's it *going*?
일이 어떻게 되어 갑니까 ?
be going to (do) (1) …할 작정〔예정〕이다
I *am going to* study abroad.
나는 유학을 갈 예정이다.
(2) …하려 하고 있다
It *is going to* snow.
곧 눈이 내릴 것 같다.
(3) …할 것이다

◆ When *are* you *going to* get married?
너는 언제 결혼할거니?

go about (1) 돌아다니다
They *went about* in the country.
그들은 온 나라를 돌아다녔다.
(2) (일이) 진행되다
go after …의 뒤를 쫓아다니다
A cat is *going after* a mouse.
고양이가 쥐를 쫓고 있다.
go along …을 따라 나아가다
☆ Where's the bus stop? — *Go along* this street.
버스 정류장은 어디에 있습니까? — 이 길로 곧장 가세요.
go away 가버리다, 달아나다
He *went away*.
그는 가버렸다.
go back 돌아가다 (《동》return)
She *went back* at ten.
그녀는 10시에 돌아갔다.
go by (사람·차 등이) 지나가다; (시간이) 지나다
Two years *went by*.
2년의 세월이 지나갔다.
go down 내려가다; (물가 등이) 떨어지다
He *went down* the hill.
그는 언덕을 내려갔다.
go in 안으로 들어가다
Please *go in* first.
먼저 들어가세요.
go into …에 들어가다
I *went into* the room.
나는 방에 들어갔다.
go on (1) (앞으로) 나아가다

Everything *went on* well.
모든 일이 잘 되어갔다.
(2) (…을) 지속하다
He *went on* speaking.
그는 계속 이야기했다.
go out 외출하다; (불이) 꺼지다
Can I *go out* to play, Mom?
엄마 밖에 놀러 나가도 돼요?
go round = ***go around*** …의 주위를 돌다
The earth *goes around* the sun.
지구는 태양 주위를 돈다.

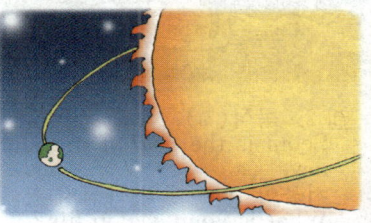

go through …을 빠져나가다; …을 경험하다
They *went through* the tunnel.
그들은 터널을 빠져나갔다.
go up 올라가다, 오르다; (가격·온도 등이) 오르다
I *went up* on foot.
나는 걸어서 올라갔다.
The price of eggs is *going up*.
계란 값이 오르고 있다.
go with (1) …와 동행하다
I want to *go with* you.
나는 너와 함께 가고 싶다.
(2) …와 어울리다, 조화되다
This tie *goes* very well *with* your shirt.
이 넥타이는 너의 셔츠에 너무 잘 어울린다.
go without …없이 지내다 (해나가다)
We cannot *go without* food and drink. 우리는 식량과 물 없이는 지낼 수 없다.

goal *goal*

[góul 고울]

명 (복수 **goals** [góulz 고울즈])

명 1. 골, 결승점〔선〕, 득점
score a *goal* 득점을 올리다
reach the *goal*
결승선에 도착하다

명 2. 목적(지), 목표
Seoul is the *goal* of my journey.
서울이 내 여행의 목적지다.
What is your *goal* in life?
네 인생의 목표는 무엇이니?

goat *goat*

[góut 고우트]

명 (복수 **goats** [góuts 고우츠])
《동물》염소
A *goat* is a gentle animal.
염소는 온순한 동물이다.

god *god*

[gád 가드]

명 (복수 **gods** [gádz 가즈])
신; [God로] (크리스트교의) 하나님

believe in *God* 신을 믿다
God bless me ! [놀람·곤혹 등을 나타내어] 이런!, 큰일이다!
God bless you ! 너에게 축복이 있기를!
Oh God ! = My God ! = Oh my God ! 아, 야단났다!, 이런, 큰일이군!
Thank God ! 아, 감사합니다!

going *going*

[góuiŋ 고우잉]

자 **go**의 현재 분사

gold *gold*

[góuld 고울드]

명 금, 황금; 금제품; 금화《부정관사를 붙이지 않고 복수형으로도 하지 않는다》

It is made of *gold*.
그것은 금으로 만들어졌다.
형 금의, 금으로 만든; 금빛의

This is a *gold* watch.
이것은 금시계다.

gold·en *golden*
[góuldn 고울든]
형 1. 금빛의
She has *golden* hair.
그녀는 금발이다.

형 2. 귀중한, (기회 등이) 절호의
a *golden* saying
금언
This is a *golden* opportunity.
이것은 절호의 기회다.

*golf *golf*
[gálf 갈프]
명 골프

a *golf* course
골프장, 골프 코스
He plays *golf* every Sunday.
그는 일요일마다 골프를 친다.

*gone *gone*
[gɔ́:n 곤-]
자 **go**의 과거 분사
She has *gone* to Africa.
그녀는 아프리카로 가버렸다.

*good *good*
[gúd 구드]
형 (비교급 **better** [bétər 베터], 최상급 **best** [bést 베스트])
형 1. 좋은, 훌륭한《반》bad 나쁜)
☆ That's a *good* idea.
그것 참 좋은 생각이다.
☆ (That) Sounds *good*.
좋아《제의·초대에 응할 때 쓴다》.
◆ (You did a) *Good* job.
잘했어.
☆ How are you doing?
— ☆ Not *good*. 어떻게 지내니? — 별로 좋지 않아.
She has *good* manners.
그녀는 예의가 바르다.
형 2. 즐거운, 기쁜, 유쾌한《동》pleasant)
◆ I had a *good* time during our school trip.
수학 여행을 즐겁게 보냈다.
형 3. 적절한, 적합한
This water is not *good* to drink. 이 물은 마시기에 적합하지 않다.

형 4. 유능한, 잘하는〈*at*〉(《반》bad, poor 서투른)

You are a *good* speaker of English.
영어를 아주 잘 하시는군요.
He is *good* at swimming.
그는 수영을 잘 한다.

휑 5. 친절한, 인정 있는〈to〉
《동》kind)
She is very *good* to her neighbors.
그녀는 이웃 사람들에게 매우 친절하다.

휑 6. 충분한
I had a *good* sleep last night.
나는 어젯밤 충분히 잠을 잤다.
Good afternoon. 안녕하세요《오후 인사》.
good for …에 적합〔유익〕한
Exercise is *good for* your health.
운동은 건강에 유익하다.
Good for you! 축하한다!, 잘했다!, 장하다!
Good luck (to you)! 행운을 빈다!

명 선, 착한 일 ; 이익 ; 행복《부정 관사를 붙이지 않고 복수형으로도 하지 않는다》
Always try to do *good*.
언제나 착한 일을 할도록 해라.
do … good = do good to …에 도움이 되다
Milk will *do* you *good*.
우유를 마시면 몸에 좋을 것이다.

***good-by(e)** *good-bye*
[gù(d)bái 굿바이]
감 안녕 ; 안녕히 가〔계〕십시오
◆ *Good-by(e).* — ◆ See you later. 안녕. — 다음에 만나.

명 (복수 **good-by(e)s** [gù(d)-báiz 굿바이즈])
고별, 작별 (인사)
a *good-bye* kiss
이별의 키스
say *good-bye*
작별 인사를 하다

***good evening** *good evening*
[gùdí:vniŋ 굿이-브닝]
감 안녕하세요《저녁 인사》

***good morning** *good morning*
[gù(d)mɔ́:rniŋ 굿모-닝]
감 안녕하세요《아침 인사》

***good night** *good night*
[gù(d)náit 굿나이트]
감 안녕히 주무세요《밤인사》

goods *goods*
[gúdz 구즈]
명 [복수] 물건, 상품 ; 재산
That store sells fancy *goods*.
저 가게는 액세서리를 판다.

*got *got*
[gát 갓]
동 **get**의 과거·과거 분사
She *got* home late last night.
그녀는 어젯밤 늦게 집에 도착했다.

Who *got* here first?
누가 먼저 도착했지?

*got·ten *gotten*
[gátn 가튼]
동 **get**의 과거 분사
I've *gotten* a funny book.
나는 재미있는 책을 얻었다.
He has *gotten* sick.
그는 병에 걸렸다.

*gov·ern *govern*
[gʌ́vərn 거번]
타 (3단현 **governs** [gʌ́vərnz 거번즈], 과거·과거 분사 **governed** [gʌ́vərnd 거번드], 현재 분사 **governing** [gʌ́vərniŋ 거버닝])
통치하다(《동》rule), 다스리다 ; 지배하다, 관리하다
The king *governed* the country wisely.
왕은 나라를 잘 다스렸다.
The principal *governs* a school.
교장이 학교를 관리한다.

*gov·ern·ment *government*
[gʌ́vər(n)mənt 거번먼트]
명 (복수 **governments** [gʌ́vər(n)mənts 거번먼츠])
명 1. 정치, 통치, 지배
democratic *government*
민주 정치
명 2. [흔히 Government로] 정부, 내각
The *government* is discussing the problem.
내각은 그 문제를 토의하고 있다.

gov·er·nor *governor*
[gʌ́v(ər)nər 거버너]
명 (복수 **governors** [gʌ́v(ər)nərz 거버너즈])
[때로 Governor로] (미국의) 주지사 ; (영국 식민지의) 총독 ; (관서·은행 등의) 장관, 총재
the *Governor* of New York State 뉴욕 주지사

*grade *grade*
[gréid 그레이드]
명 (복수 **grades** [gréidz 그레이즈])
명 1. 등급, 계급
This is the best *grade* of wine.
이것은 최고급 포도주다.
명 2. (미) (초등학교·중학교·고등학교의) 학년 (《영》 form)
What *grade* are you in?
— I am in the first *grade*.
너는 몇 학년이니?
— 일학년입니다.

명 3. 《주로 미》 성적, 평점
I got a good *grade* in English.
나는 영어에서 좋은 점수를 받았다.

*grad·u·al *gradual*
[grǽdʒuəl 그래주얼]
형 1. **점차의, 서서히 하는, 점진적인**
The rise in prices is *gradual* but steady.
물가는 느리지만 꾸준하게 오르고 있다.
형 2. (경사가) **완만한**

grad·u·al·ly *gradually*
[grǽdʒuəli 그래주얼리]
부 **점차적으로, 서서히**
His health is improving *gradually*.
그의 건강은 점점 좋아지고 있다.

*grad·u·ate *graduate*
[grǽdʒuət 그래주엇]
★ 발음 주의
명 (**복수 graduates** [grǽdʒuəts 그래주어츠])
졸업생, 졸업자《《영》에서는 대학 졸업생에게만 쓴다》
She is an Oxford *graduate*.
그녀는 옥스퍼드 대학 졸업생이다.

동 [grǽdʒueit 그래주에이트]
★ 발음 주의
(3단현 **graduates** [grǽdʒueits 그래주에이츠], 과거·과거 분사 **graduated** [grǽdʒueitid 그래주에이티드], 현재 분사 **graduating** [grǽdʒueitiŋ 그래주에이팅])
자 **졸업하다**〈*from*〉
She *graduated from* college last year. 그녀는 작년에 대학을 졸업했다.
타 《미》 **졸업시키다, …에게 학위를 주다, 배출하다**
The university *graduates* 500 students every year.
그 대학은 매년 500명의 졸업생을 배출한다.

*grain *grain*
[gréin 그레인]
명 1. 《미》 **곡물**(《영》 corn)

We import *grain* from Canada.
우리는 캐나다에서 곡물을 수입한다.
명 2. (보리·쌀 등의) **낟알**; (소금·모래 등의) **알갱이**

*gram·mar *grammar*
[grǽmər 그래머]
 명 문법; 문법책
   English *grammar*
   영문법
   I hate *grammar*.
   나는 문법을 싫어한다.

*gram(me) *gramme*
[grǽm 그램]
 명 (복수 **gram(me)s** [grǽmz 그램즈])
 그램《무게 단위; g., gm., gr.로 약한다》
   This camera is 600 *grams* in weight.
   이 카메라는 무게가 600그램이다.

grand *grand*
[grǽnd 그랜드]
 형 (비교급 **grander** [grǽndər 그랜더], 최상급 **grandest** [grǽndist 그랜디스트])
 웅대한, 광대한; 호화로운; 굉장한
   She lives in a *grand* house.
   그녀는 대저택에 살고 있다.
   This is a *grand* sight.
   이 경치는 웅대하다.

*grand·fa·ther *grandfather*
[grǽn(d)fɑ̀:ðər 그랜(드)파-더]
 명 (복수 **grandfathers** [grǽn(d)fɑ̀:ðərz 그랜(드)파-더즈])
 할아버지, 조부
   My *grandfather* is seventy years old.
   우리 할아버지는 일흔살이십니다.

*grand·ma *grandma*
[grǽn(d)mɑ̀: 그랜(드)마-]
 명 《구어》 할머니(《동》 grandmother)

*grand·moth·er *grandmother*
[grǽn(d)mʌ̀ðər 그랜(드)머더]
 명 (복수 **grandmothers** [grǽn(d)mʌ̀ðərz 그랜(드)머더즈])
 할머니, 조모
   My *grandmother* loves me.
   우리 할머니는 나를 사랑하신다.

*grand·pa *grandpa*
[grǽn(d)pɑ̀: 그랜(드)파-]
 명 《구어》 할아버지(《동》 grandfather)

*grant *grant*
[grǽnt 그랜트]
 타 (3단현 **grants** [grǽnts 그랜

츠], 과거·과거 분사 **granted** [grǽntid 그랜티드], 현재 분사 **granting** [grǽntiŋ 그랜팅])
(소원 등을) 들어주다, 허락하다 ; 인정하다 ; 주다, 수여하다

The queen *granted* him his wishes.
여왕은 그의 소원을 들어 주었다.
I *grant* that point.
나는 그 점을 인정한다.

*grape *grape*

[gréip 그레이프]

명 (복수 **grapes** [gréips 그레이프스])

『식물』 포도 ; 포도 나무
a bunch of *grapes*
포도 한 송이
Wine is made from *grapes*.
포도주는 포도로 만든다.

grasp *grasp*

[grǽsp 그래스프]

동 (3단현 **grasps** [grǽsps 그래스프스], 과거·과거 분사 **grasped** [grǽspt 그래스프트], 현재 분사 **grasping** [grǽspiŋ 그래스핑])

타 붙잡다, 움켜쥐다 ; 이해하다
I *grasped* the rope.
나는 밧줄을 붙잡았다.
I cannot *grasp* the meaning of this sentence.
나는 이 문장의 의미를 이해할 수 없다.

자 붙잡으려고 하다⟨*at*⟩
I *grasped at* an opportunity.
나는 기회를 붙잡으려고 했다.

*grass *grass*

[grǽs 그래스]

명 (복수 **grasses** [grǽsiz 그래시즈])

풀 ; 초원, 목초지 ; 잔디 ; 잔디밭
Cattle feed on *grass*.
소는 풀을 먹고 산다.

Keep off the *grass*.
《게시》 잔디밭에 들어가지 마시오.

I was lying on the *grass*.
나는 잔디밭에 누워 있었다.
The *grass* was greener after the rain. 비가 온 후 풀이 푸르름을 더했다.

*grate·ful *grateful*

[gréitful 그레이트풀]

형 (비교급 **more grateful**, 최상급 **most grateful**)

감사하고 있는, 고마워하는⟨*to, for*⟩

◆ I am very *grateful* (*to* you) *for* your kindness. — ☆ (It's) My pleasure.
당신의 친절에 매우 감사드립니다. — 천만에요.

grave *grave*

[gréiv 그레이브]

형 (비교급 **graver** [gréivər 그레이버], 최상급 **gravest** [gréivist 그레이비스트])
(표정이) 엄한, 근엄한, 진지한
a *grave* voice
근엄한 목소리

명 (복수 **graves** [gréivz 그레이브즈])
무덤 ; 묘비
She was laid in her *grave*.
그녀는 무덤에 매장되었다.

*gray, 《영》 grey

gray, grey

[gréi 그레이]

형 (비교급 **grayer** [gréiər 그레이어], 최상급 **grayest** [gréiist 그레이이스트])

형 1. 회색의, 잿빛의
☆ She has big *gray* eyes.
그녀의 눈은 크고 잿빛이다.

형 2. 흐린 ; (미래가) 어두운
The sky was *gray*.
하늘이 흐려졌다.

형 3. 백발이 성성한, 희끗희끗한
His hair has turned *gray*.
그의 머리카락은 희끗희끗해졌다.

명 회색, 잿빛 ; 어스레한 빛
He was dressed in *gray*.
그는 회색 옷을 입고 있었다.

*great *great*

[gréit 그레이트]

★ 발음 주의

형 (비교급 **greater** [gréitər 그레이터], 최상급 **greatest** [gréitist 그레이티스트])

형 1. 위대한, 훌륭한
He became a *great* writer.
그는 위대한 작가가 되었다.

형 2. (수량·규모가) 큰, 거대한, 광대한
a *great* city 대도시
a *great* success 대성공
He bought a *great* house.
그는 큰 집을 샀다.

형 3. 《구어》 굉장한, 멋진
Korea won the football game.
— That's *great*.
한국이 축구 경기에서 이겼어. — 대단한데.

형 4. 중요한, 중대한《명사 앞에만 쓴다》
He is a person of *great* importance.
그는 중요 인물이다.

a great deal of 많은 (《동》 much, a lot of)
☞ 뒤에 불가산 명사(물질 명사 또는 추상 명사)가 온다.
He spent *a great deal of* money.
그는 많은 돈을 썼다.

a great many 많은 (《동》 many)
☞ 뒤에 가산 명사가 온다.
He keeps *a great many* dogs.
그는 많은 개를 기르고 있다.

great·ly *greatly*

[gréitli 그레이틀리]
㋴ 크게, 대단히 ; 위대하게
She was *greatly* surprised.
그녀는 무척 놀랐다.

Greece *Greece*
[gríːs 그리-스]
㋳ 그리스《참고》Greek 그리스의)

Where is *Greece*?
그리스는 어디에 있습니까 ?

Greek *Greek*
[gríːk 그리-크]
㋵ 그리스(사람)의 ; 그리스어의
He is *Greek*.
그는 그리스 사람이다.
㋳ 그리스 사람〔어〕
Do you speak *Greek*?
너는 그리스어를 할 줄 아니 ?

*green *green*
[gríːn 그린-]
㋵ 《비교급 **greener** [gríːnər 그리-너], 최상급 **greenest** [gríːnist 그리-니스트]》
㋵ 1. 녹색의 ; 푸릇푸릇한 ; (신호가) 파란
a bright *green* coat
밝은 녹색 코트
a *green* light 파란불
The trees are *green*.
나무가 푸르다.
㋵ 2. (과일 등이) 익지 않은 ; 미숙한, 익숙지 않은
green bananas 덜 익은 바나나
He is still *green* at the job.
그는 아직 그 일에 미숙하다.
㋵ 3. 《구어》 (안색이) 창백한
㋵ 4. 환경 보존의
㋳ (복수 **greens** [gríːnz 그린-즈])
㋳ 1. 녹색, 그린《부정 관사를 붙이지 않고 복수형으로도 하지 않는다》
She was dressed in *green*.
그녀는 녹색 옷을 입고 있었다.
㋳ 2. [greens로] 푸성귀, 야채
Eat *greens* for your health.
건강을 위해 야채를 먹어라.

㋳ 3. 풀밭, 잔디밭 ; (골프장의) 그린
They are playing on the *green*.
그들은 잔디밭에서 놀고 있다.

*greet *greet*
[gríːt 그리-트]
㉠ (3단현 **greets** [gríːts 그리-츠], 과거・과거 분사 **greeted** [gríːtid 그리-티드], 현재 분사 **greeting** [gríːtiŋ 그리-팅])
…에게 인사하다 ; 맞이하다, 영접하다
"Good morning!" she *greeted*.
「안녕하세요」라고 그녀는 인사

했다.

She *greeted* me with a smile.
그녀는 미소로 나를 맞이했다.

---

greet·ing *greeting*
[gríːtiŋ 그리-팅]

몡 (복수 **greetings** [gríːtiŋz 그리-팅즈])

몡 1. 인사
We exchanged *greetings*.
우리는 인사를 나누었다.

몡 2. [보통 greetings로] 인사말, 인사장
Send *greetings* from me to all your family. 가족 모두에게 안부 전해주세요.

---

*grew *grew*
[grúː 그루-]

동 **grow**의 과거형
It *grew* dark.
어두워졌다.

---

grip *grip*
[gríp 그립]

타 (3단현 **grips** [gríps 그립스], 과거·과거 분사 **gripped** [grípt 그립트], 현재 분사 **gripping** [grípiŋ 그리핑])

…을 단단히 붙잡다, 꽉 쥐다 ; (주의를) 끌다
The boy *gripped* his mother's hand. 그 소년은 어머니의 손을 꼭 쥐었다.

몡 (복수 **grips** [gríps 그립스])
몡 1. [보통 a grip으로] 꽉 쥐기 ; 쥐는 힘
He took *a grip* on the rope.
그는 밧줄을 꽉 쥐었다.
몡 2. 손잡이, 자루

---

gro·cer *grocer*
[gróusər 그로우서]

몡 (복수 **grocers** [gróusərz 그로우서즈])

식료품 상인, 식료 잡화상
a *grocer*'s (shop) 《영》 식품점
I bought this tea at that *grocer*'s. 나는 이 차를 그 식료품점에서 샀다.

---

*gro·cer·y *grocery*
[gróus(ə)ri 그로우서리]

몡 (복수 **groceries** [gróus(ə)riz 그로우서리즈])

[보통 groceries로] 식료 잡화류 ;《미》 식품점 《밀가루·설탕 등의 식료품과 성냥·비누 등의 일용 잡화류를 파는 가게를 말한다》

ground *ground*
[gráund 그라운드]

명 (복수 **grounds** [gráundz 그라운즈])

명 1. [보통 the ground로] 지면, 땅, 토지
The *ground* is covered with snow.
땅은 눈으로 덮여 있다.

명 2. 운동장 ; 장소
a baseball *ground* 야구장

a football *ground* 축구장

명 3. [흔히 grounds로] 근거, 이유
There are good *grounds* for believing it.
그것을 믿을 만한 충분한 근거가 있다.

동 (3단현 **grounds** [gráundz 그라운즈], 과거·과거 분사 **grounded** [gráundid 그라운디드], 현재 분사 **grounding** [gráundiŋ 그라운딩])

타 …에 근거〔기초〕를 두다 〈on, in〉
My theory is *grounded on* facts. 내 이론은 사실에 근거하고 있다.

자 (배가) 좌초하다

****group** *group*
[grúːp 그루-프]

명 (복수 **groups** [grúːps 그루-프스])

떼 ; 그룹, 집단
A *group* of boys are〔is〕 playing soccer in the playground.
한 무리의 소년들이 운동장에서 축구를 하고 있다.

The students studied in *groups*. 학생들은 그룹을 지어 공부했다.

동 (3단현 **groups** [grúːps 그루-프스], 과거·과거 분사 **grouped** [grúːpt 그루-프트], 현재 분사 **grouping** [grúːpiŋ 그루-핑])

타 …을 모으다
The teacher *grouped* all the students in the gym.
선생님이 전교생을 체육관으로 집합시켰다.

자 모이다

****grow** *grow*
[gróu 그로우]

동 (3단현 **grows** [gróuz 그로우즈], 과거형 **grew** [grúː 그루-], 과거 분사 **grown** [gróun 그로

운], 현재 분사 **growing** [gróuiŋ 그로우잉])

[자] 1. 성장하다, 자라다 ; 커지다

Children *grow* very fast.
아이들은 매우 빨리 성장한다.

[자] 2. (초목이) 나다, 자라다
Potatoes *grow* well here.
이곳에서는 감자가 잘 자란다.

[자] 3. …이 되다 (《동》 become, get) ; …로 되다
The weather will *grow* colder in the evening.
날씨가 저녁에는 더 추워질 것이다.

[자] 4. (양·정도가) 증대하다, 증가하다
His fear *grew* rapidly.
그의 두려움은 급속히 커져만 갔다.

[타] 1. …을 재배하다 (《동》 raise)
He *grows* apples.
그는 사과를 재배한다.

[타] 2. (수염 등을) 기르다
She *grew* her hair long.
그녀는 머리를 길게 길렀다.

grow out of (옷 등이 안 맞을 정도로 몸이) 너무 커지다
grow up 성장하다, 성인이 되다

He *grew up* gentle and good.
그는 상냥하고 착한 사람으로 성장했다.

***grown** *grown*
[gróun 그로운]
[동] **grow**의 과거 분사
I have *grown* two inches.
나는 키가 2인치 자랐다.

***growth** *growth*
[gróuθ 그로우스]
[명] 성장, 발육 ; 발달 ; [a growth 로] 증대
Childhood is a period of rapid *growth*.
유년기는 성장이 빠른 시기이다.

***guard** *guard*
[gá:rd 가-드]
[명] (복수 **guards** [gá:rdz 가-즈])
수위, 보초 ; 경호인
A *guard* is standing at the entrance.
입구에 보초가 서 있다.
[타] (3단현 **guards** [gá:rdz 가-즈], 과거·과거 분사 **guarded** [gá:rdid 가-디드], 현재 분사 **guarding** [gá:rdiŋ 가-딩])
보호하다, 지키다 〈*against, from*〉 ; 감시하다
The dog *guarded* the house.
그 개는 집을 지켰다.

***guess** guess

[gés 게스]

타 (3단현 **guesses** [gésiz 게시즈], 과거·과거 분사 **guessed** [gést 게스트], 현재 분사 **guessing** [gésiŋ 게싱])

타 1. 추측하다, 알아맞히다
Guess who! 누군지 맞춰 봐!

타 2. …라고 생각하다(《동》 suppose)

명 (복수 **guesses** [gésiz 게시즈])
추측, 추정 ; 억측
My *guess* is that it will be rainy tomorrow. 내 생각으로는 내일 비가 올 것 같다.

***guest** guest

[gést 게스트]

명 (복수 **guests** [gésts 게스츠])
손님, 내빈 ; (호텔 등의) 숙박인
He invited many *guests* to his party. 그는 파티에 많은 손님을 초대했다.

---

guid·ance guidance

[gáidns 가이든스]

명 안내 ; 지도

***guide** guide

[gáid 가이드]

타 (3단현 **guides** [gáidz 가이즈], 과거·과거 분사 **guided** [gáidid 가이디드], 현재 분사 **guiding** [gáidiŋ 가이딩])
안내하다, 인도하다 ; 지도하다
He *guided* us through the city.
그는 우리에게 시내를 두루 안내해 주었다.
She *guided* us in English.
그녀는 우리에게 영어를 가르쳤다.

명 (복수 **guides** [gáidz 가이즈])
명 1. 안내자, 지도자 ; 가이드
He hired a *guide*.
그는 가이드를 고용했다.
명 2. 안내서 ; 입문서
a *guide* to France
프랑스 여행 안내서

---

guilt quilt

[gílt 길트]

명 유죄, 죄가 있음
a partner in *guilt* 공범자

***guilt·y** guilty

[gílti 길티]
형 (비교급 **guiltier** [gíltiər 길티어], 최상급 **guiltiest** [gíltiist 길티이스트])
유죄의, …의 죄를 범한⟨*of*⟩
He was found *guilty*.
그는 유죄판결을 받았다.

*gui·tar *guitar*

[gitάːr 기타-] ★ 악센트 주의
명 (복수 **guitars** [gitάːrz 기타-즈])
기타
He was playing the *guitar*.
그는 기타를 치고 있었다.

*gun *gun*

[gΛ́n 건]
명 (복수 **guns** [gΛ́nz 건즈])
총, 소총, 권총 ; 대포

guy *guy*

[gái 가이]
명 (복수 **guys** [gáiz 가이즈])
(구어) 남자, 녀석, 놈《동》fellow)
He's a nice *guy*.
그는 멋진 녀석이다.

gym *gym*

[dʒím 짐]
명 (복수 **gyms** [dʒímz 짐즈])
(구어) 체육관(gymnasium의 단축형)
We played basketball in the *gym* after school.
우리는 방과 후에 체육관에서 농구를 했다.

gym·na·si·um *gymnasium*

[dʒimnéiziəm 짐네이지엄]
명 (복수 **gymnasiums** [dʒimnéiziəmz 짐네이지엄즈], **gymnasia** [dʒimnéiziə 짐네이지어])
체육관

H, h *H, h*
[éitʃ 에이치]

명 (복수 **H's, h's** [éitʃiz 에이치즈])
에이치《영어 알파벳의 여덟번째 글자》

*hab·it *habit*
[hǽbit 해빗]

명 (복수 **habits** [hǽbits 해비츠])
습관, 버릇

I have some bad *habits*.
나는 나쁜 버릇이 몇 가지 있다.
Smoking is a bad *habit*.
흡연은 나쁜 습관이다.

*had *had*
[hǽd 해드]

타 **have**의 과거·과거 분사
조 [《약》 həd 허드 ; 《강》 hǽd 해드][had+과거 분사로 과거 완료형을 만든다]
조 1. [계속] …하고 있었다
When he was found, he *had* not eaten for a week.
그가 발견됐을 때는 1주일간이나 아무것도 먹지 않고 있었다.
조 2. [경험] …한 적이 있었다
Before I met her, I *had* never seen such a beautiful girl.
내가 그녀를 만나기 전에는 그렇게 아름다운 소녀를 본 적이 없었다.
조 3. [완료] …해 버렸다
When I arrived at the station, the train *had* already left.
역에 도착하니 열차는 벌써 출발해 버렸다.

had best (do) …하는 것이 가장 좋다
You *had best* do as he says.
너는 그가 말하는 대로 하는 것이 가장 좋다.

had better (do) …하는 것이 낫다
You *had better* take your umbrella with you. 너는 우산을 가지고 가는 것이 좋다.

had rather (do) 차라리 …하고 싶다
I *had rather* work than play.
나는 놀기보다는 차라리 공부하고 싶다.

*hair *hair*
[héər 헤어]
명 털, 머리카락, 머리털
She has blond *hair*.
그녀는 금발이다.

**half *half*
[hǽf 해프] ★ 발음 주의
명 (복수 **halves** [hǽvz 해브즈])
절반, 2분의 1 ; (시간의) 30분

I'll give you *half* of an apple.
나는 네게 사과 반쪽을 주겠다.

I cut the cake in *half*.
케이크를 반으로 잘랐다.
I get up at *half* past six.
나는 6시 반에 일어난다.

형 절반의, 2분의 1의
half an hour 반시간 (《미》에서는 a *half* hour라고도 말한다)
Half my class belongs to sport clubs.
우리 반의 절반이 운동부에 가입해 있다.

부 절반만, 반쯤
My homework is *half* done.
내 숙제는 반쯤 끝났다.
It is *half* past ten.
10시 반이다.

*hall *hall*
[hɔ́ːl 홀-]
명 (복수 **halls** [hɔ́ːlz 홀-즈])
명 1. 홀, 강당, 회관
a city *hall* 시청
a concert *hall* 음악당

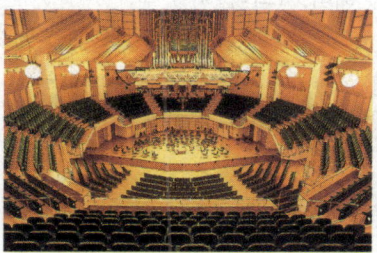

명 2. (집의) 현관
Leave your luggage in the *hall*.
짐은 현관에 두시오.

halves *halves*
[hǽvz 해브즈] ★ 발음 주의
명 half의 복수

ham·burg·er *hamburger*
[hǽmbəːrgər 햄버-거]
명 (복수 **hamburgers** [hǽmbəːrgərz 햄버-거즈])
햄버거

Give me two *hamburgers*, please.
햄버거 두 개 주세요.

***ham·mer** *hammer*

[hǽmər 해머]

명 〈복수 **hammers** [hǽmərz 해머즈]〉

해머, (쇠)망치

There are several kinds of *hammers*.
해머에도 여러 종류가 있다.

***hand** *hand*

[hǽnd 핸드]

명 〈복수 **hands** [hǽndz 핸즈]〉

명 1. 손《참고》arm 팔)
the right *hand* 오른손
the left *hand* 왼손
Raise your *hand* if you know the answer.
답을 아는 사람은 손을 드세요.

명 2. (시계) 바늘
the hour [minute, second] *hand* 시[분, 초]침

명 3. 쪽, 측, 편
Turn to the left, and you'll find the school on the right *hand*. 왼쪽으로 돌면 오른쪽에 학교가 있다.

명 4. [a hand로] (원조의) 손, 일손, 도움
◆ Could you give me *a hand*?
좀 도와 주시겠습니까?

at hand 바로 가까이에 ; 곧
My birthday is near *at hand*.
얼마 안 있으면 내 생일이다.

by hand 손으로, 손으로 만든
This toy is made *by hand*.
이 장난감은 손으로 만들었다.

hand in hand 손을 맞잡고 ; 협력하여
We walked along *hand in hand*.
우리는 손을 맞잡고 걸어갔다.

shake hands with …와 악수하다
I *shook hands with* the girl.
나는 그 소녀와 악수했다.

타 〈3단현 **hands** [hǽndz 핸즈], 과거・과거 분사 **handed** [hǽndid 핸디드], 현재 분사 **handing** [hǽndiŋ 핸딩]〉

건네주다, 넘겨주다
Hand me the fork, please.
포크를 집어 주십시오.
She *handed* a letter to me.
그녀는 나에게 편지를 건네주었

hand in …을 제출하다
You have to *hand in* your homework by tomorrow.
너는 내일까지 숙제를 제출해야 한다.
hand out (무료로) …을 도르다, 나누어 주다

hand·bag *handbag*
[hǽn(d)bæg 핸(드)배그]
명 (복수 **handbags** [hǽn(d)bægz 핸(드)배그즈])
(여성용) 핸드백((미)에서는 purse가 보통이다); (여행용) 손가방

*hand·ker·chief *handkerchief*
[hǽŋkərtʃif 행커치프]
★ 발음 주의
명 (복수 **handkerchiefs** [hǽŋkərtʃifs 행커치프스])
손수건
He blew his nose into his *handkerchief*.
그는 손수건에 코를 풀었다.

*han·dle *handle*
[hǽndl 핸들]
명 (복수 **handles** [hǽndlz 핸들즈])
손잡이, 핸들, 자루

Turn the *handle* to the left.
손잡이를 왼쪽으로 돌리세요.
타 (3단현 **handles** [hǽndlz 핸들즈], 과거·과거 분사 **handled** [hǽndld 핸들드], 현재 분사 **handling** [hǽndliŋ 핸들링])
…에 손을 대다; 처리하다; (도구를) 다루다
He *handled* this machine easily.
그는 이 기계를 쉽게 다루었다.
Handle with care.
《게시》 취급 주의.

*hand·some *handsome*
[hǽnsəm 핸섬]
★ 발음 주의
형 (얼굴이) 잘 생긴 《보통 남성에게 쓴다》
He is a tall and *handsome* man.
그는 키가 크고 미남이다.

hand·y *handy*
[hǽndi 핸디]
형 (비교급 **handier** [hǽndiər 핸디어], 최상급 **handiest** [hǽndiist 핸디이스트])
(물건이) 다루기 쉬운, 편리한; 솜씨 좋은
a *handy* tool
다루기 쉬운[편리한] 도구

hang *hang*

[hæŋ 행]

동 (3단현 **hangs** [hæŋz 행즈], 과거·과거 분사 **hung** [hʌŋ 헝], 현재 분사 **hanging** [hǽŋiŋ 행잉])

타 걸다, 매달다
Where should I *hang* this picture?
이 그림을 어디에 걸까요?

자 매달리다, 걸리다

A picture is *hanging* on the wall.
그림 한 점이 벽에 걸려 있다.

hang up 수화기를 놓다, 전화를 끊다
Please *hang up*. I'll call you back. 전화를 끊으세요. 제가 다시 걸겠습니다.

hap·pen *happen*

[hǽpən 해펀]

자 (3단현 **happens** [hǽpənz 해펀즈], 과거·과거 분사 **happened** [hǽpənd 해펀드], 현재 분사 **happening** [hǽpəniŋ 해퍼닝])

자 1. (무슨 일이) 일어나다, 생기다
What *happened*?
무슨 일이 있니?
When did the car crash *happen*?
언제 차 사고가 일어났니?

자 2. 마침〔공교롭게〕…하다, 우연히 …하다
Do you *happen* to know his address?
혹시 그의 주소를 압니까?
I *happened* to meet him on the train.
나는 우연히 열차에서 그를 만났다.

hap·pi·ly *happily*

[hǽpili 해필리]

부 행복하게, 즐겁게; 운좋게, 다행히
They lived *happily* together.
그들은 함께 행복하게 살았다.

hap·pi·ness *happiness*

[hǽpinəs 해피너스]

명 행복; 행운
They lived in *happiness*.
그들은 행복하게 살았다.
I wish you every *happiness*.
당신의 행복을 빕니다.

*hap·py *happy*

[hǽpi 해피]

형 (비교급 **happier** [hǽpiər 해피어], 최상급 **happiest** [hǽpiist 해피이스트])
행복한, 행운의 ; 기쁜
☆I am very *happy*.
나는 아주 행복합니다.
☆*Happy* birthday to you!
생일 축하합니다!

I am *happy* to see you.
당신을 만나서 기쁩니다.

*har·bo(u)r *harbour*

[háːrbər 하-버]

명 (복수 **harbo(u)rs** [háːrbərz 하-버즈])
항구(《동》 port)

a natural *harbor*
천연 항구

*hard *hard*

[háːrd 하-드]

형 (비교급 **harder** [háːrdər 하-더], 최상급 **hardest** [háːrdist 하-디스트])

형 1. 굳은, 단단한, 딱딱한 (《반》 soft 연한)
This wood is *hard*.
이 목재는 단단하다.
The ice is too *hard* to crack.
그 얼음은 매우 단단해서 깨지지 않는다.

형 2. 어려운, 곤란한(《반》 easy 쉬운)
The novel is too *hard* for you to read.
그 소설은 네가 읽기에는 너무 어렵다.

형 3. 열심인, 근면한
He is a *hard* worker.
그는 근면한 사람이다.

형 4. 엄한 ; (날씨가) 혹독한
He is a *hard* teacher.
그는 엄한 선생님이다.

부 (비교급 **harder** [háːrdər 하-더], 최상급 **hardest** [háːrdist 하-디스트])

부 1. 열심히
She studied very *hard* for the English test. 그녀는 영어 시험에 대비하여 열심히 공부했다.

He works very *hard*.
그는 매우 열심히 일했다.

부 2. 몹시, 심하게
It is raining *hard*.
비가 많이 내리고 있다.

Harbor 항구
[há:rbər 하-버]

① **oil tank** 오일 탱크
   [ɔ́il-tǽŋk 오일탱크]
② **crane** 기중기, 크레인
   [kréin 크레인]
③ **ferry** 연락선
   [féri 페리]
④ **container ship** 컨테이너 수송선
   [kəntéinər-ʃìp 컨테이너십]
⑤ **pier** 부두
   [píər 피어]
⑥ **breakwater** 방파제
   [bréikwɔ̀:tər 브레이크워-터]
⑦ **tugboat** 예인선
   [tʌ́gbòut 터그보우트]
⑧ **freighter** 화물선
   [fréitər 프레이터]
⑨ **sea** 바다
   [síː 시-]
⑩ **harbor office** 항만청
   [háːrbər-ɔ̀ːfis 하-버오-피스]
⑪ **passenger boat** 여객선
   [pǽs(ə)ndʒər-bòut 패선저보우트]
⑫ **storehouse** 창고
   [stɔ́ːrhàus 스토-하우스]

359

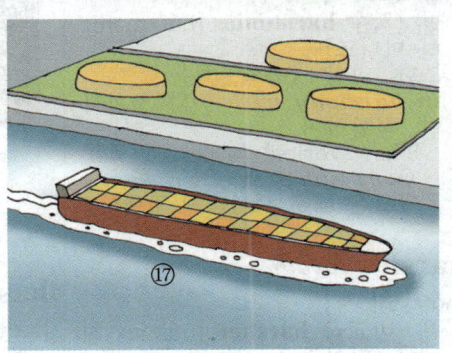

⑬ **fishing boat** 어선
[fíʃiŋ-bòut 피싱보우트]
⑭ **rowing boat** 노 젓는 배
[róuiŋ-bòut 로우잉보우트]
⑮ **motorboat** 모터보트
[móutərbòut 모우터보우트]
⑯ **lighthouse** 등대
[láithàus 라이트하우스]
⑰ **tanker** 유조선
[tǽŋkər 탱커]

hard·ly *hardly*
[háːrdli 하-들리]
- 부 거의 …않다[아니다]
  I can *hardly* believe it.
  나는 그것을 거의 믿을 수 없다.
  I could *hardly* sleep last night.
  나는 어젯밤 거의 잘 수가 없었다.

*harm *harm*
[háːrm 함-]
- 명 (정신적·물질적인) 해, 손해, 손상
  There is no *harm* in doing so.
  그렇게 해도 해는 없다.
- 타 (3단현 **harms** [háːrmz 함-즈], 과거·과거 분사 **harmed** [háːrmd 함-드], 현재 분사 **harming** [háːrmiŋ 함-밍])
  해치다, 상처를 입히다
  Too much drinking *harms* your health.
  과음은 건강을 해친다.

har·mo·ny *harmony*
[háːrməni 하-머니]
- 명 (복수 **harmonies** [háːrməniz 하-머니즈])
  조화, 화합;《음악》화음
  in harmony with …와 조화하여, 화합하여
  They worked *in* perfect *harmony with* each other.
  그들은 매우 사이좋게 일했다.

*harsh *harsh*
[háːrʃ 하-시]
- 형 (비교급 **harsher** [háːrʃər 하-셔], 최상급 **harshest** [háːrʃist 하-시스트])
  거친; 귀[눈]에 거슬리는; 가혹한
  This cloth feels *harsh*.
  이 천은 감촉이 좋지 않다.
  Perhaps I was too *harsh* on him.
  아마 내가 그에게 너무 심하게 대했는지 모르겠다.

*har·vest *harvest*
[háːrvist 하-비스트]
- 명 (복수 **harvests** [háːrvists 하-비스츠])
  수확, 추수; 수확기; 수확물
  We have had a good[bad] *harvest* this year.
  올해는 풍작[흉작]이었다.
- 타 (3단현 **harvests** [háːrvists 하-비스츠], 과거·과거 분사 **harvested** [háːrvistid 하-비스티드], 현재 분사 **harvesting** [háːrvistiŋ 하-비스팅])
  (농작물을) 거두어들이다, 수확하다

Have you *harvested* the rice yet?
벼를 벌써 거두어 들이셨습니까?

*has *has*
[hæz 해즈]
- 타 **have**의 3인칭 단수 현재형
  Mary *has* a brother.
  메리는 남동생이 한 명 있다.

조 [(약) həz 허즈; (강) hǽz 해즈]
have의 3인칭 단수 현재형
She *has* already cleaned the room.
그녀는 벌써 방 청소를 했다.

*has·n't *hasn't*
[hǽznt 해즌트]
has not의 단축형

*haste *haste*
[héist 헤이스트]
명 급함; 성급함, 조급함, 서두름(《동》hurry)
I regret my *haste*.
나는 성급하게 군 것을 후회한다.
Make *haste*, or you'll be late.
서둘러라, 그렇지 않으면 늦겠다.

has·ten *hasten*
[héisn 헤이슨] ★ 발음 주의
동 (3단현 **hastens** [héisnz 헤이슨즈], 과거·과거 분사 **hastened** [héisnd 헤이슨드], 현재 분사 **hastening** [héis(ə)niŋ 헤이서닝])
자 서두르다, 서둘러 가다
She *hastened* to the station.
그녀는 역으로 서둘러 갔다.
타 서두르게 하다, 재촉하다

*hat *hat*
[hǽt 햇]
명 (복수 **hats** [hǽts 해츠])
(테가 있는) 모자《테가 없는 모자나 야구 모자는 cap》

My father usually wears a *hat* when he goes out.
아버지는 외출할 때 대개 모자를 쓰신다.

*hate *hate*
[héit 헤이트]
타 (3단현 **hates** [héits 헤이츠], 과거·과거 분사 **hated** [héitid 헤이티드], 현재 분사 **hating** [héitiŋ 헤이팅])
미워하다, 증오하다; 몹시 싫어하다
◆ She *hates* cats.
그녀는 고양이를 몹시 싫어한다.

*have *have*
[hǽv 해브]
타 (3단현 **has** [hǽz 해즈], 과거·과거 분사 **had** [hǽd 해드], 현재 분사 **having** [hǽviŋ 해빙])
타 1. 가지고 있다, 소유하고 있다
I *have* an umbrella in my hand.
나는 손에 우산을 들고 있다.
The rabbit *has* long ears.

토끼는 귀가 길다.

나는 머리가 아프다.

☆ Do you *have* a pen?
펜을 가지고 있습니까?

타 2. (친구 등)이 있다
How many brothers do you *have*?
너는 형제가 몇이니?

타 3. 먹다, 마시다
I have *had* enough.
실컷 먹었〔마셨〕습니다.
May I *have* this?
이것을 마셔도〔먹어도〕 좋습니까?
When do you *have* dinner?
언제 저녁 식사를 하십니까?

타 4. 손에 넣다, 얻다 ; (수업 등을) 받다
How many classes do you *have* today?
오늘은 수업이 몇 시간 있니?

타 5. 경험하다, (어떤 시간을) 보내다
Did you *have* a good time?
재미있었습니까?

타 6. (병에) 걸려 있다
I *have* a headache.

타 7. [have+명사+과거 분사로] …하게 하다, …당하다
I *had* the house painted.
집에 페인트를 칠하게 했다.
I *had* my bicycle stolen.
나는 자전거를 도둑맞았다.

타 8. [have+사람+동사 원형으로] (남)에게 …시키다
Have him come here at five.
5시에 그를 여기로 오게 하시오.

have on …을 입고 있다, 쓰고 있다
He *had on* a nice jacket.(= He *had* a nice jacket *on*.)
그는 멋진 웃옷을 입고 있었다.

have only to (do) …하기만 하면 된다
You *have only to* stay here.
당신은 여기에 있기만 하면 됩니다.

have to (do) …하지 않으면 안된다, …해야 한다 ; [부정문에서] …할 필요가 없다
Where do I *have to* change buses? 어디에서 버스를 갈아타야 합니까?

have … to do with …와 관계가 있다
I *have* nothing *to do with* him.
나는 그와 아무런 관계도 없다.

조 [(약) həv 허브 ; (강) hæv 해브] [have+과거 분사로 현재 완료형을 만든다]

조 1. [완료] 지금 막 …한 참이다
I *have* just finished the work.

나는 막 일을 끝냈다.
조 2. [결과] …해 버렸다
He *has* gone to America.
그는 미국으로 가버렸다.
조 3. [경험] (지금까지) …한 적이 있다
◆ I *have* been to America.
나는 미국에 가본 적이 있다.
조 4. [계속] (지금까지) 죽 …하고 있다
I *have* lived here for two years. 나는 여기에 2년 동안 죽 살고 있다.

*have·n't *haven't*
[hǽvnt 해븐트]
have not의 단축형

hav·ing *having*
[hǽviŋ 해빙]
동 have의 현재 분사
We are *having* a good time.
우리는 즐거운 시간을 보내고 있다.

*he *he*
[《약》(h)i 히, 이;《강》hí: 히-]
대 (복수 **they** [ðei 데이])[인칭대명사·3인칭 단수 남성 주격] 그는, 그가, 그 사람은[이]

Who is *he*? 그는 누구니?
He is from America.
그는 미국 출신이다.

《참고》**he**의 변화형

주격	he	그는
소유격	his	그의
목적격	him	그를
소유대명사	his	그의 것
재귀대명사	himself	그 자신을

*head *head*
[héd 헤드]
명 (복수 **heads** [hédz 헤즈])
명 1. 머리

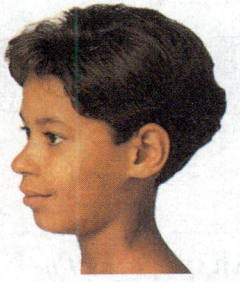

He hit me on the *head*.
그는 나의 머리를 때렸다.
명 2. 우두머리, 장; 선두, 수석
He is the *head* of our school.
그는 우리 학교 교장 선생님이시다.
She is at the *head* of her class.
그녀는 학급에서 수석이다.

명 3. 두뇌
He has a good *head*.
그는 머리가 좋다.
from head to foot 머리에서 발끝까지
shake one's ***head*** 머리를 가로 젓다((부정·불만·실망 등을 나타낸다))

head·quar·ters
headquarters
[hédkwɔ̀:rtərz 헤드쿼-터즈]
명 본부 ; (군대의) 사령부
The *headquarters* of the group is in Paris.
그 단체의 본부는 파리에 있다.

*health *health*
[hélθ 헬스]
명 건강, 건강 상태
Fresh air is good for the *health*.
신선한 공기는 건강에 좋다.
He is in good *health*.
그는 건강하다.

health·y *healthy*
[hélθi 헬시]
형 (비교급 **healthier** [hélθiər 헬시어], 최상급 **healthiest** [hélθiist 헬시이스트])
건강한 ; 건강에 좋은
He looks very *healthy*.
그는 매우 건강해 보인다.

heap *heap*
[hí:p 히-프]
명 (복수 **heaps** [hí:ps 히-프스])
퇴적, 더미, 쌓아올린 것 ; 많음, 다수, 다량

I have a *heap* of work to do today.
나는 오늘 할 일이 산더미처럼 많다.

**hear *hear*
[híər 히어]
동 (3단현 **hears** [híərz 히어즈], 과거·과거 분사 **heard** [hə:rd 허-드], 현재 분사 **hearing** [hí(ə)riŋ 히(어)링])
타 듣다, …이 들리다 ; 들어서 알다, 전해 듣다
I haven't *heard* that news.
그 소식은 아직 듣지 못했다.
They *heard* him come.
그들은 그가 오는 소리를 들었다.
I have *heard* the story.
나는 그 이야기를 들어서 알고 있다.
자 듣다, 들리다
My grandfather cannot *hear* well.
나의 할아버지는 잘 듣지 못하신다.

hear about …에 관하여 듣다
Have you *heard about* him?
그에 대해서 (여러가지를, 자세히) 들었습니까?

hear from …에게서 (소식을) 듣다
I have not *heard from* him since.
그 후 그에게서 소식을 들은 적이 없다.

hear of …의 소문을 듣다, 전해듣다
Have you ever *heard of* him?
그의 소문을 들은 적이 있니?

I hear (that) (소문으로는) …한다고 한다
I hear you want to buy a dog.
당신이 개를 사고 싶어한다고 들었는데요.

---

*heard *heard*

[hə́ːrd 허-드]
동 **hear**의 과거 · 과거 분사

---

hear·ing *hearing*

[híəriŋ 히(어)링]
명 청각, 청력, 듣기 ; (외국어 등의) 청취(력)
a *hearing* test
듣기 테스트

---

*heart *heart*

[háːrt 하-트]
명 (복수 **hearts** [háːrts 하-츠])
명 1. 심장 ; 마음

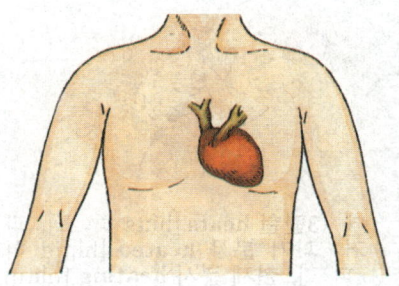

a *heart* attack 심장 마비
He has a weak *heart*.
그는 심장이 약하다.
명 2. 중심(부), 핵심
The building is in the *heart* of the city.
그 건물은 시의 중심부에 있다.
명 3. (트럼프의) 하트

at heart 마음속은, 내심은
He isn't a bad man *at heart*.
그는 본심이 나쁜 사람은 아니다.

learn … by heart …을 암기하다
I *learned* this poem *by heart*.
나는 이 시를 외웠다.

---

*heat *heat*

[híːt 히-트]
명 열, 더위 ; 열기
the *heat* of the sun 태양열
I hate the *heat* of summer.
나는 여름 더위는 질색이다.

타 (3단현 **heats** [híːts 히-츠], 과거·과거 분사 **heated** [híːtid 히-티드], 현재 분사 **heating** [híːtiŋ 히-팅])
가열하다, 따뜻이 하다
Shall I *heat* (up) some milk?
우유를 데울까요?

*heav·en *heaven*

[hévən 헤번]

명 (복수 **heavens** [hévənz 헤번즈])

명 1. [보통 the heavens로] 하늘 (《동》 sky)
The stars shone in *the heavens*.
하늘에 별이 빛나고 있었다.

명 2. [흔히 Heaven으로] 천국 (《반》 hell 지옥)
My grandfather is in *heaven*.
나의 할아버지는 천국에 계신다 《돌아가셨다》.

명 3. [Heaven으로] 신 (《동》 God)
Heaven helps those who help themselves.
《속담》 하늘은 스스로 돕는 자를 돕는다.

Good Heavens! 어머!, 저런!

heav·i·ly *heavily*

[hévili 헤빌리]

부 무겁게 ; 세차게
It is raining *heavily*.
비가 세차게 내리고 있다.

*heav·y *heavy*

[hévi 헤비]

형 (비교급 **heavier** [héviər 헤비어], 최상급 **heaviest** [héviist 헤비이스트])

형 1. 무거운 (《반》 light 가벼운)
This bag is too *heavy* for me to carry.
이 가방은 너무 무거워서 나는 운반할 수가 없다.

형 2. 대량의, 다량의
a *heavy* crop
풍작
Traffic is *heavy* around here.
이 부근은 교통량이 많다.

형 3. 격렬한, 세찬 ; (일이) 힘이 드는, 어려운
We had a *heavy* rain[snow] last night.
어젯밤에 폭우〔폭설〕가 내렸다.
The work was *heavy*.
그 일은 힘들었다.

*he'd *he'd*

[hiːd 히-드]

he had, he would의 단축형
He said *he'd* (=he would) go home.
그는 집에 돌아간다고 말했다.

*heel *heel*

[híːl 힐-]

명 (복수 **heels** [híːlz 힐-즈])

뒤꿈치;(신발·양말의) 뒤축

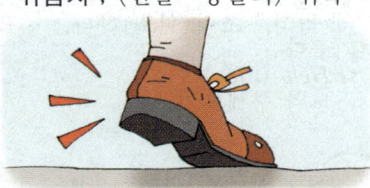

***height** *height*
[háit 하이트] ★ 발음 주의
명 (복수 **heights** [háits 하이츠])
명 1. 높이;고도;키

the *height* of an airplane
비행기의 고도
What is the *height* of this building?
이 건물의 높이는 얼마입니까?
What is your *height*?
— I am five feet in *height*.
너는 키가 얼마나 되니? — 나는 키가 5피트야.

명 2. [heights로] 고지;[the height로] 절정, 한창인 때
in *the height* of summer
한여름에
She is in *the height* in the popularity.
그녀는 인기 절정에 있다.

***held** *held*
[héld 헬드]
타 **hold**의 과거·과거 분사
He *held* me by the arm.
그가 내 팔을 잡았다.

***hel·i·cop·ter** *helicopter*
[hélikὰptər 헬리캅터]
명 (복수 **helicopters** [hélikὰptərz 헬리캅터즈])
헬리콥터

We got into a *helicopter*.
우리는 헬리콥터에 올라탔다.

***hell** *hell*
[hél 헬]
명 (복수 **hells** [hélz 헬즈])
[흔히 Hell로] 지옥(《반》 heaven 천국);지옥과 같은 상태〔장소〕
The journey through the desert was *hell*.
사막 횡단 여행은 지옥 같았다.

***he'll** *he'll*
[híːl 힐-]
he shall, he will의 단축형

***hel·lo** *hello*
[həlóu 헐로우]
감 1. 이봐, 야아;안녕하세요 《가벼운 인사로》
☆ *Hello*, Bill! How are you?
안녕, 빌! 요즘 어때?
감 2. [전화에서] 여보세요
Hello, may I speak to Minsu, please? — Speaking.
여보세요, 민수 좀 바꿔주실래

요? — 전데요.

⟨명⟩ (복수 **hellos** [həlóuz 헐로우즈])
안녕이라는 말〔인사〕
◆ Say *hello* to your mother.
어머니에게 안부 전해 주세요.

***hel·met** *helmet*
[hélmit 헬밋]
⟨명⟩ (복수 **helmets** [hélmits 헬미츠])
헬멧 ; 철모

put on a *helmet*
헬멧을 쓰다
Wear your *helmets* when working.
작업 중에는 헬멧을 써라.

***help** *help*
[hélp 헬프]
⟨동⟩ (3단현 **helps** [hélps 헬프스], 과거·과거 분사 **helped** [hélpt 헬프트], 현재 분사 **helping** [hélpiŋ 헬핑])
⟨타⟩ 돕다, 조력〔원조〕하다, …을 거들다
☆ *Help* (me)!
도와 주세요!

☆ Please *help* me with my homework.
숙제하는 것 좀 도와 주세요.
◆ Would you *help* me to move this desk? 이 책상 옮기는 것을 좀 도와 주시겠습니까?
⟨자⟩ 돕다, 거들다 ; 도움이 되다
That does not *help* much.
그것은 그리 쓸모가 없다.
cannot help ～ing …하지 않을 수 없다
We *could not help* laugh*ing*.
우리는 웃지 않을 수 없었다.
help one***self to*** …을 마음대로 먹다〔마시다〕
Help yourself to the fruit.
과일을 마음대로 드십시오.
May〔Can〕I help you? 도와 드릴까요?
⟨명⟩ (복수 **helps** [hélps 헬프스])
⟨명⟩ 1. 도움, 원조
If you need any *help*, just ask (me).
만약 도움이 필요하시면 (저에게) 말씀하세요.
⟨명⟩ 2. [a help로] 도움이 되는 사람〔물건〕
You were *a* great *help* to me.
저에게 큰 도움이 되었습니다.

help·ful *helpful*
[hélpful 헬프풀]
- 혱 (비교급 **more helpful**, 최상급 **most helpful**)
도움이 되는, 유용한
This dictionary is *helpful* to me.
이 사전은 내게 도움이 된다.

help·less *helpless*
[hélpləs 헬플러스]
- 혱 무력한, 도움이 없는

*hen *hen*
[hén 헨]
- 몡 (복수 **hens** [hénz 헨즈])
암탉
Hens lay eggs.
암탉은 알을 낳는다.

*her *her*
[(약) (h)ər 허, 어; (강) hə́:r 허-]
- 때 1. [she의 소유격] 그녀의
What's *her* name?
그녀의 이름은 무엇입니까?
We went to *her* house.
우리들은 그녀의 집에 갔다.
- 때 2. [she의 목적격] 그녀를, 그녀에게
I know *her* very well.
나는 그녀를 잘 알고 있다.
I gave *her* a book.
나는 그녀에게 책을 주었다.

*here *here*
[híər 히어]
- 閉 1. 여기에, 여기서, 여기로
Let's take a picture *here*.
여기서 사진을 찍읍시다.
Please come *here*.
이리 오세요.
- ◆ *Here* or to go?
여기서 드시겠습니까? (아니면) 가져가시겠습니까? 《가게에서》

- 閉 2. 자, 이봐 《상대방의 주의를 끌기 위해 쓴다》
Here comes the bus.
자, 버스가 왔다.
- 閉 3. 네 《출석을 부를 때 쓴다》
Jane! — *Here*!
제인! — 네!

here and there 여기저기
Birds are singing *here and there*.
새들이 여기저기서 지저귀고 있다.

Here I am. (1) 자, 다 왔다.
(2) 다녀왔습니다.

Here it is. 자, 여기 있다 《물건에 중점을 둘 때 쓴다》.
Pass me the salt. — *Here it is*.
소금 좀 건네주세요. — 여기 있습니다.

Here we are (...). (1) 자, 도착했다.
Here we are at the station.
자, 역에 도착했습니다.

(2) (우리가 찾고 있는 것이) 자, 여기 있습니다.
Here you are. 네, 여기 있습니다《상대방에 중점을 둘 때 쓴다》.
　Where is my coat?
　— *Here you are.*
　내 코트가 어디 있지?
　— 네, 여기 있습니다.

*he·ro *hero*
[híːrou 히-로우]
　명 (복수 **heroes** [híːrouz 히-로우즈])
　영웅; (소설·극 등의) 주인공
　He is a national *hero.*
　그는 국민적 영웅이다.

*hers *hers*
[həːrz 허-즈]
　대 (복수 **theirs** [ðɛərz 데어즈])
　[she의 소유 대명사] 그녀의 것
　Is this umbrella *hers*?
　이 우산은 그녀의 것이니?

*her·self *herself*
[(h)ərsélf 허셀프, 어셀프]
　대 (복수 **themselves** [ðəmsélvz 덤셀브즈])
　대 1. [(h)ərsélf 허셀프, 어셀프] [재귀 용법] 그녀 자신을〔에게〕
　She looked at *herself* in the mirror.
　그녀는 자신의 모습을 거울에 비추어 보았다.

　대 2. [강조 용법] 그녀 자신
　She did it *herself.*
　그녀 자신이 그 일을 했다.
　by herself 그녀 혼자서
　She stayed (at) home *by herself.*
　그녀는 혼자서 집에 있었다.
　for herself 그녀 혼자 힘으로; 그녀 자신을 위하여

*he's *he's*
[hiːz 히-즈]
he is, he has의 단축형

*hes·i·tate *hesitate*
[hézətèit 헤저테이트]
　자 (3단현 **hesitates** [hézətèits 헤저테이츠], 과거·과거 분사 **hesitated** [hézətèitid 헤저테이티드], 현재 분사 **hesitating** [hézətèitiŋ 헤저테이팅])
　주저하다, 망설이다
　I *hesitated* to take the offer.
　나는 그 제의를 받아들이기를 망설였다.

*hi *hi*
[hái 하이]
　감 야아《주의를 끄는 말》; 안녕 (하세요)
　☆ *Hi*, Minsu!
　안녕, 민수!

*hid *hid*

[híd 히드]

동 **hide**의 과거·과거 분사
Who *hid* my pen?
누가 내 펜을 숨겼니?
He *hid* himself behind the door.
그는 문 뒤에 숨었다.

*hid·den *hidden*

[hídn 히든]

동 **hide**의 과거 분사
The moon was *hidden* by the clouds.
달은 구름에 가려졌다.

형 감추어진, 숨겨진, 비밀의
a *hidden* camera
비밀 카메라

*hide *hide*

[háid 하이드]

동 (3단현 **hides** [háidz 하이즈], 과거형 **hid** [híd 히드], 과거 분사 **hidden** [hídn 히든] 또는 **hid** [híd 히드], 현재 분사 **hiding** [háidiŋ 하이딩])

타 감추다, 숨기다, 덮어 가리다
Where did you *hide* the money?
돈을 어디에 감추었니?
I've got nothing to *hide* from you. 나는 너에게 숨긴 것이 아무것도 없다.

자 숨다
The cat is *hiding* under the table. 고양이가 테이블 밑에 숨어 있다.

**high *high*

[hái 하이] ★ 발음 주의

형 (비교급 **higher** [háiər 하이어], 최상급 **highest** [háiist 하이이스트])

형 1. 높은, 높이가 …인〔되는〕
(《반》 low 낮은)
a *high* mountain 높은 산

The sun is already *high*.
태양은 벌써 높이 떠 있다.
How *high* is the building?
— It is about forty meters *high*.
그 건물의 높이는 얼마나 됩니까? — 그것은 높이가 약 40미터입니다.

형 2. (가격·정도가) 높은, 고도의; 격심한
at a *high* price 고가로
at a *high* speed 고속으로
형 3. (지위가) 높은; (질이) 고급인
형 4. (소리가) 높은
It is high time .... 벌써 …했어야 할 때다.
It is high time to go.
벌써 떠났어야 할 시간이다.
부 (비교급 **higher** [háiər 하이어], 최상급 **highest** [háiist 하이이스트])
높이, 높게
The moon rose *high*.
달이 높이 떠올랐다.
An airplane is flying *high* in the sky.
비행기가 하늘 높이 날고 있다.

***high·er** *higher*
[háiər 하이어]
형 고등한, 고도의; [high의 비교급] 보다 높은
부 [high의 비교급] 보다 높게
Raise your head *higher*.
머리를 더 높이 드세요.

high·ly *highly*
[háili 하일리]
부 1. 높이, 대단히
She was *highly* pleased.
그녀는 매우 기뻤다.
부 2. (평가가) 높게
think highly of …을 중시하다, 높이 평가하다

***high school** *high school*
[hái-skùːl 하이스쿨-]
명 (복수 **high schools** [háiskùːlz 하이스쿨-즈])
《미》하이 스쿨, 고등학교
a junior *high school*
중학교
a senior *high school*
고등학교

high·way *highway*
[háiwèi 하이웨이]
명 (복수 **highways** [háiwèiz 하이웨이즈])
간선도로, 공도, 하이웨이

hike *hike*
[háik 하이크]
- 명 하이킹, 도보 여행
- 자 (3단현 **hikes** [háiks 하이크스], 과거·과거 분사 **hiked** [háikt 하이크트], 현재 분사 **hiking** [háikiŋ 하이킹])
하이킹을 하다, 도보 여행을 하다

hik·ing *hiking*
[háikiŋ 하이킹]
- 명 하이킹, 도보 여행

*hill *hill*
[híl 힐]
- 명 (복수 **hills** [hílz 힐즈])
언덕, 작은 산 ; 고개
We climbed a *hill*.
우리는 언덕에 올라갔다.

*him *him*
[《약》(h)im 힘, 임 ;《강》hím 힘]
- 대 [he의 목적격] 그를, 그에게
I know *him*.
나는 그를 알고 있다.
I gave *him* a dictionary.
나는 그에게 사전을 주었다.

*him·self *himself*
[(h)imsélf 힘셀프, 임셀프]
- 대 (복수 **themselves** [ðəmsélvz 덤셀브즈])
- 대 1. [강조 용법] 그 자신(이)
Father wrote it *himself*.
아버지께서 직접 그것을 쓰셨다.
- 대 2. [(h)imsèlf 힘셀프, 임셀프] [재귀 용법] 그 자신을
He absented *himself* from school. 그는 학교를 결석했다.
- *by himself* 그 혼자서
- *for himself* 그 혼자 힘으로

hint *hint*
[hínt 힌트]
- 명 (복수 **hints** [hínts 힌츠])
힌트, 암시
Will you give me a *hint*?
힌트 좀 주시겠습니까?

*hip *hip*
[híp 힙]
- 명 (복수 **hips** [híps 힙스])
엉덩이, 히프

*hire *hire*
[háiər 하이어]
- 명 고용 ; 임차 ; 세, 사용료
This boat is for *hire*.

이 보트는 대여용입니다.
텨 (3단현 **hires** [háiərz 하이어즈], 과거·과거 분사 **hired** [háiərd 하이어드], 현재 분사 **hiring** [hái(ə)riŋ 하이(어)링])
고용하다 ; (물건을) 세내다, 임대하다

He *hired* a new secretary.
그는 새 비서를 고용했다.
We *hired* a car for three days.
우리는 3일간 차를 빌렸다.

***his** *his*
[《약》(h)iz 히즈, 이즈 ; 《강》híz 히즈]
대 1. [he의 소유격] 그의
Do you know *his* name?
그의 이름을 알고 있습니까?
대 2. [he의 소유 대명사] 그의 것
This bat is *his*, not yours.
이 배트는 그의 것이지 네 것이 아니다.

his·tor·i·cal *historical*
[histɔ́:rikəl 히스**토**-리컬]
형 역사(상)의, 역사적인
a *historical* novel
역사 소설
a *historical* play 사극

***his·to·ry** *history*
[hístəri 히스터리]

명 (복수 **histories** [hístəriz 히스터리즈])
역사 ; 경력
History repeats itself.
역사는 되풀이된다.

***hit** *hit*
[hít 힛]
동 (3단현 **hits** [híts 히츠], 과거·과거 분사 **hit** [hít 힛], 현재 분사 **hitting** [hítiŋ 히팅])
타 1. 때리다, 치다
hit a ball 공을 치다
He *hit* me on the head. (= He *hit* my head.)
그는 나의 머리를 때렸다.
타 2. 맞히다, 명중시키다 ; …에 부딪치다
The stone *hit* the window.
돌은 창에 명중했다.

I *hit* my head against the door.
나는 문에 머리를 부딪쳤다.
타 3. (재해·불행 등이) 덮치다
A storm *hit* our town.
태풍이 우리 마을을 덮쳤다.
자 치다, 때리다 ; 부딪치다
He *hit* at me.
그는 나를 때렸다.
명 (복수 **hits** [híts 히츠])
타격 ; 명중 ; 성공, 히트 ; (야구의) 안타
His last play was a great *hit*.
그의 이번 연극은 대성공이었다.

hob·by *hobby*
[hábi 하비]

몡 (복수 **hobbies** [hábiz 하비즈])
취미

What is your *hobby*? — My *hobby* is stamp collecting.
당신의 취미는 무엇입니까? — 내 취미는 우표 수집입니다.

hock·ey *hockey*
[háki 하키]

몡 하키

hold *hold*
[hóuld 호울드]

타 (3단현 **holds** [hóuldz 호울즈], 과거·과거 분사 **held** [héld 헬드], 현재 분사 **holding** [hóuldiŋ 호울딩])

타 1. (손에) 쥐고(들고) 있다, 잡다

Please *hold* this rope.
이 밧줄을 잡으십시오.

타 2. (용기·장소 등이) 담다, 수용하다

This room *holds* 20 people.
이 방은 20명이 들어갈 수 있다.

타 3. (모임 등을) 열다, 개최하다

The meeting was *held* yesterday. 회합은 어제 열렸다.

타 4. (어떤 상태·위치)로 유지하다

Please *hold* the door open.
문을 연 채로 두시오.

타 5. (감정·행동 등)을 참다, 억누르다

I tried hard to *hold* my anger.
나는 화를 참으려고 무척 노력했다.

hold back 억누르다, 억제하다
hold on 계속하다; 힘내다; (전화를 끊지 않고) 기다리다

Hold on, please.
(전화를 끊지 말고) 기다려 주십시오.

hold on to …을 꼭 잡고 있다, 매달리다
hold out (손 등을) 내밀다
hold up …을 들어 올리다; …을 정지시키다, 방해하다

Hold up (your hands)!
손 들어!

*hole *hole*

[hóul 호울]

명 (복수 **holes** [hóulz 호울즈])
구멍 ; 구덩이
There is a *hole* in my trousers.
내 바지에 구멍이 나 있다.
He dug a *hole* in the ground.
그는 땅에 구덩이를 팠다.

*hol·i·day *holiday*

[hálədei 할러데이]

명 (복수 **holidays** [hálədeiz 할러데이즈])
명 1. 휴일 ; 축일
a legal *holiday* 법정 공휴일
a national *holiday* 국경일
Have a good *holiday*.
휴일 즐겁게 보내세요.
명 2. [holidays로] ((주로 영)) 휴가(((미))에서는 주로 vacation을 쓴다))
The summer *holidays* are over.
여름 휴가는 끝났다.

*hol·low *hollow*

[hálou 할로우]

형 (비교급 **hollower** [hálouər 할로우어], 최상급 **hollowest** [hálouist 할로우이스트])
속이 빈 ; 우묵한, 움푹 들어간
The bird hid in the *hollow* tree.
그 새는 속이 빈 나무에 숨었다.

Mother had *hollow* cheeks after her illness.
어머니는 병을 앓고 나서 볼이 홀쭉해지셨다.

*ho·ly *holy*

[hóuli 호울리]

형 (비교급 **holier** [hóuliər 호울리어], 최상급 **holiest** [hóuliist 호울리이스트])
신성한 ; 신앙심이 두터운
a *holy* place 성지

*home *home*

[hóum 호움]

명 (복수 **homes** [hóumz 호움즈])
명 1. 가정, 집 ; 자택
my sweet *home*
즐거운 나의 집
This is my *home*.
이것이 나의 집이다.

There is no place like *home*.
내 집보다 나은 곳은 없다.
명 2. 고향, 본국

Seoul is my *home*.
서울은 내 고향이다.
Where's your *home*?
고향이 어디십니까?

명 3. (고아·환자 등의) 수용 시설, 요양소
We visited a *home* for the aged.
우리는 양로원을 방문했다.

명 4. 《야구》홈 베이스, 본루

at home (1) 집에 있어
Is your father *at home* now?
너의 아버지께서는 지금 집에 계시니?
(2) 편히
(3) 자국에서, 국내에서
He is famous both *at home* and abroad.
그는 국내외에서 유명하다.
make one*self at home* 편히 지내다, 마음 편하다
Please *make yourself at home*.
부디 편히 지내십시오.

형 가정의; 고향의, 본국의
home life 가정 생활
home cooking 가정 요리

부 자기 집으로[에]; 고국으로[에]
I came *home* at nine.
나는 9시에 집으로 돌아왔다.
He went *home* last week.
그는 지난주에 귀국했다.

*hon·est *honest*
[ánist 아니스트] ★ 발음 주의

형 정직한, 성실한
I think he is *honest*.
그는 정직하다고 생각한다.
He is an *honest* man.
그는 정직한 사람이다.

*hon·ey *honey*
[hʌ́ni 허니]

명 (복수 **honeys** [hʌ́niz 허니즈])
명 1. 벌꿀, 꿀

명 2. 《미구어》귀여운 사람《보통 부부·애인 사이의 호칭》
Honey, where are my keys?
여보, 내 열쇠 어디 있지?

*hon·o(u)r *honour*
[ánər 아너] ★ 발음 주의

명 (복수 **hono(u)rs** [ánərz 아너즈])
명 1. 명예; 영광; [an honor로] 명예로운 것[사람], 자랑거리
He is an *honor* to his school.
그는 학교의 자랑이다.

명 2. 경의, 존경
We all pay *honor* to him.
우리는 모두 그를 존경한다.

명 3. [honors로] (보통 대학에서의) 우등
She graduated from the university with *honors*.
그녀는 그 대학을 우등으로 졸업했다.

hon·o(u)r·a·ble
honourable

[án(ə)rəbl 아너러블]
⑱ 명예로운 ; 존경할 만한, 훌륭한 ; 고귀한
It is *honorable* conduct.
그것은 훌륭한 행위다.

***hook** *hook*

[húk 훅]

⑲ (복수 **hooks** [húks 훅스])
갈고리, 훅 ; 걸쇠 ; 낚싯바늘

a clothes *hook* 양복걸이

⑳ (3단현 **hooks** [húks 훅스], 과거·과거 분사 **hooked** [húkt 훅트], 현재 분사 **hooking** [húkiŋ 후킹])
갈고리로 걸다 ; 훅으로 채우다 ; 낚시로 낚다
I *hooked* a ring of keys to my belt.
나는 열쇠고리를 혁대에 걸었다.
She *hooked* up her skirt.
그녀는 스커트의 훅을 채웠다.

***hop** *hop*

[háp 합]

㉑ (3단현 **hops** [háps 합스], 과거·과거 분사 **hopped** [hápt 합트], 현재 분사 **hopping** [hápiŋ 하핑])
뛰다, 깡충 뛰다
The frog *hopped* from stone to stone.
그 개구리는 돌에서 돌로 깡충 뛰어 넘었다.

⑲ (복수 **hops** [háps 합스])
한 발로 뛰기
the *hop*, step, and jump
세단 뛰기

****hope** *hope*

[hóup 호우프]

㉒ (3단현 **hopes** [hóups 호우프스], 과거·과거 분사 **hoped** [hóupt 호우프트], 현재 분사 **hoping** [hóupiŋ 호우핑])
바라다, 희망하다, 기대하다
I *hope* you will win.
나는 네가 승리하기를 바란다.
I *hope* to see you again.
또 만나 뵙기를 바랍니다.

Will he succeed?
— I *hope* so.
그가 성공할까요?
— 그렇게 되기를 바랍니다.

㉓ (…을) 바라다, 기대하다
We *hope* for your help.
우리는 당신이 도와 주기를 바라고 있습니다.

⑲ 1. 희망, 기대, 가망
His word gave me *hope*.
그의 말은 내게 희망을 주었다.

⑲ 2. 기대되는 사람[것]

The boy is the *hope* of his family.
그 소년은 집안의 희망이다.

hope·ful *hopeful*
[hóupful 호우프풀]
형 희망이 있는, 전도 유망한
a *hopeful* student
장래가 촉망되는 학생

hope·less *hopeless*
[hóupləs 호우플러스]
형 희망〔가망〕없는; 절망적인, 어찌할 도리가 없는
He has a *hopeless* feeling about his future.
그는 자신의 미래에 대해서 절망하고 있다.

*ho·ri·zon *horizon*
[həráizn 허라이즌]
명 수평선, 지평선
The sun rose above the *horizon*.
태양은 지〔수〕평선 위로 떠올랐다.

*horn *horn*
[hɔ́ːrn 혼-]
명 (복수 **horns** [hɔ́ːrnz 혼-즈])
명 1. (소·양 등의) 뿔
명 2. 호른《악기》

명 3. (자동차의) 경적

hor·ri·ble *horrible*
[hɔ́ːrəbl 호-러블]
형 무서운, 끔찍한
A *horrible* sight met my eyes.
나는 끔찍한 광경을 목격했다.

*horse *horse*
[hɔ́ːrs 호-스]
명 (복수 **horses** [hɔ́ːrsiz 호-시즈])
말
Can you ride a *horse*?
말을 탈 줄 아니?

*hose *hose*
[hóuz 호우즈]
★ 발음 주의
명 (수도의) 호스

**hos·pi·tal *hospital*
[háspitl 하스피틀]
명 (복수 **hospitals** [háspitlz 하

스피틀즈])
병원
☞ 입원·퇴원의 뜻으로 《영》에서는 관사가 없으나, 《미》에서는 the를 붙이는 경우가 많다.
He is still in (the) *hospital*.
그는 아직도 입원 중이다.

He entered (the) *hospital* yesterday.
그는 어제 입원했다.
She will leave (the) *hospital* soon.
그녀는 곧 퇴원할 것이다.

***host** *host*
[hóust 호우스트]
★ 발음 주의
⟨명⟩ (복수 **hosts** [hóusts 호우스츠])
(연회 등의) 주인(역의 남자), 호스트
He was a fine *host* at his birthday party.
그는 생일 파티에서 멋진 주인 노릇을 했다.

host·ess *hostess*
[hóustəs 호우스터스]
⟨명⟩ (복수 **hostesses** [hóustəsiz 호우스터시즈])
(연회 등의) 여주인, 호스티스; (비행기의) 스튜어디스

****hot** *hot*
[hát 핫]
⟨형⟩ (비교급 **hotter** [hátər 하터], 최상급 **hottest** [hátist 하티스트])
더운, 뜨거운《반》 cold 추운, 차가운); (맛이) 매운

It was very *hot* yesterday.
어제는 매우 더웠다.
The child was *hot* with fever.
그 아이는 열이 있었다.
I like *hot* tea.
나는 뜨거운 차를 좋아한다.
This curry is too *hot*.
이 카레는 너무 맵다.

****ho·tel** *hotel*
[hòutél 호우**텔**] ★ 악센트 주의
⟨명⟩ 호텔, 여관
This *hotel* does not serve lunch.
이 호텔에서는 점심을 주지 않는다.
I stayed at a *hotel* in Seoul.
나는 서울에 있는 호텔에 묵었다.

*hour *hour*
[áuər 아우어] ★ 발음 주의
명 (복수 **hours** [áuərz 아우어즈])
명 1. 1시간
　a half *hour* 30분, 반시간
　There are 24 *hours* in a day.
　하루는 24시간이다.
　Come back in an *hour*.
　한 시간 안에 돌아오너라.

명 2. 시각
　The *hour* is 10 : 30.
　시각은 10시 30분이다《10 : 30 은 ten thirty라고 읽는다》.
　He came to see me at a late *hour*.
　그는 늦은 시각에 나를 만나러 왔다.
명 3. [흔히 hours로] (정해진) 시간 ; 근무〔영업〕 시간, 수업 시간
　business *hours* 영업 시간
　When is your lunch *hour*?
　점심 시간은 언제입니까?

*house *house*
[háus 하우스]
　명 (복수 **houses** [háuziz 하우지즈])
　명 1. 집, 주택, 가옥

　a two-story *house* 2층집
　She lives in a large *house*.
　그녀는 큰 집에 살고 있다.
　She is in the *house*.
　그녀는 집안에 있다.
　명 2. (특정의 목적을 위한) 건물
　a customs *house* 세관
　명 3. [the House로] 의원, 의사당 ; 의회
　the Upper *House* 상원
　the Lower *House* 하원
　keep house 살림을 꾸려 나가다

house·keep·ing *housekeeping*
[háuskì:piŋ 하우스키-핑]
　명 가사, 가정

*hous·es *houses*
[háuziz 하우지즈]
　명 **house**의 복수

house·wife *housewife*
[háuswàif 하우스와이프]
　명 (복수 **housewives** [háuswàivz 하우스와이브즈])
　주부

House 집
[háus 하우스]

① **stairs** 계단
 [stéə*r*z 스테어즈]
② **garage** 차고
 [gərάːdʒ 거라-지]
③ **shutter** 덧문
 [ʃʌ́tə*r* 셔-터]
④ **kitchen** 부엌
 [kítʃin 키친]
⑤ **door** 문
 [dɔ́ː*r* 도-]
⑥ **floor** [flɔ́ː*r* 플로-] 마루
⑦ **roof** [rúːf 루-프] 지붕
⑧ **dining room** 식당
 [dáiniŋ-rùːm 다이닝룸-]
⑨ **guest room** 객실
 [gést-rùːm 게스트룸-]
⑩ **mailbox** 우편함
 [méilbὰks 메일박스]
⑪ **nameplate** 문패
 [néimplèit 네임플레이트]

⑫ **living room** 거실
[lívin-rù:m 리빙룸-]
⑬ **basement** 지하실
[béismənt 베이스먼트]
⑭ **front door** 현관의 입구
[fránt-dɔ́:r 프런트도-]
⑮ **front hall** 현관 홀
[fránt-hɔ́:l 프런트홀-]
⑯ **window** 창문
[wíndou 윈도우]
⑰ **bookcase** 책꽂이
[búkkèis 북케이스]
⑱ **bathroom** 욕실
[bǽθrù:m 배스룸-]
⑲ **bed** [béd 베드] 침대
⑳ **study** 공부방, 서재
[stʌ́di 스터디]
㉑ **bedroom** 침실
[bédrù:m 베드룸-]
㉒ **rug** [rʌ́g 러그] 깔개

She is a good *housewife*.
그녀는 훌륭한 주부다.

house·wives *housewives*
[háuswàivz 하우스와이브즈]
명 housewife의 복수

**how *how*
[háu 하우]
부 1. 어떻게, 어떤 방법으로
Could you tell me *how* to get to the station?
어떻게 역에 가는지 가르쳐 주시겠습니까?

How do you go to school?
학교에 어떻게 다니니?
부 2. [형용사·부사와 함께] 얼마만큼, 얼마나
How old are you?
너는 몇 살이니?
How tall are you?
너는 키가 얼마나 되니?
How long will you stay here?
너는 여기에 얼마나 머물거니?
☆ *How* much is this pen?
이 펜은 얼마입니까?

부 3. 어떤 상태로〔형편에〕
☆ *How* are you? — Fine, thanks.
어떻게 지내십니까?
— 잘 지냅니다.
부 4. [háu 하우] [감탄문에서] …할까〔일까〕, 정말 …이구나
How beautiful it is!
정말 예쁘기도 하구나!
부 5. 어찌하여, 어째서, 어떤〔무슨〕 이유로
How is it that you didn't come?
당신은 왜 오지 않았습니까?
How about … ? …는 어떠냐?
◆ *How about* going to the movies? — Sounds good.
영화 보러 가는 게 어때?
— 좋아.
How come … ? 왜 그러지요?
How come you are so late?
왜 이리 늦었니?

How do you like … ? …은 어떻습니까?
How did you like this novel?
— I liked it very much.
이 소설 어땠습니까?
— 매우 좋았습니다.

*how·ev·er *however*
[hàuévər 하우에버]
부 아무리 …할지라도〔해도〕
However late you are, be sure to phone me.
아무리 늦더라도 내게 꼭 전화

해라.
접 그러나, 그렇지만 ; 하지만
What he said, *however*, is true.
그렇지만, 그가 한 말은 사실이다.

*how's *how's*
[háuz 하우즈]
how is의 단축형

*huge *huge*
[hjúːdʒ 휴-지]
형 (비교급 **huger** [hjúːdʒər 휴-저], 최상급 **hugest** [hjúːdʒist 휴-지스트])
거대한 ; 막대한
The elephant is a *huge* animal.
코끼리는 거대한 동물이다.

*hu·man *human*
[hjúːmən 휴-먼]
형 인간의 ; 인간다운
a *human* being 인간
the *human* race 인류
It is beyond *human* powers.
그것은 인간의 힘으로는 어찌할 수 없다.

hu·man·i·ty *humanity*
[hjuːmǽnəti 휴-매너티]
명 (복수 **humanities** [hjuːmǽnətiz 휴-매너티즈])
인간성 ; 인류, 인간《전체 ; 단수·복수 취급》

*hu·mo(u)r *humour*
[(h)júːmər 휴-머, 유-머]
명 1. 유머, 익살
He has a sense of *humor*.
그는 유머 감각이 있다.
He is a man without *humor*.
그는 유머를 모르는 사람이다.
명 2. [a humor로] (일시적인) 기분 ; 기질
He is now in *a* good[bad] *humor*.
그는 지금 기분이 좋다[좋지 않다].

**hun·dred *hundred*
[hʌ́ndrəd 헌드러드]
명 (복수 **hundreds** [hʌ́ndrədz 헌드러즈])
100 ; 100살 ; 100명[개]
He lived to be a *hundred*.
그는 100살까지 살았다.
A *hundred* minus thirty equals seventy.
100 빼기 30은 70이다.
hundreds of ... 수백의
There are *hundreds of* books in this room.
이 방에는 책이 수백권 있다.

형 100의; 100살의; 100명[개]의
There are about two *hundred* boys here.
여기에는 약 200명의 소년들이 있다.

*hung *hung*
[hʌ́ŋ 헝]
동 hang의 과거·과거 분사

hun·ger *hunger*
[hʌ́ŋɡər 헝거]
명 공복, 배고픔; 굶주림
I felt *hunger*.
나는 배가 고팠다.

*hun·gry *hungry*
[hʌ́ŋɡri 헝그리]
형 (비교급 **hungrier** [hʌ́ŋɡriər 헝그리어], 최상급 **hungriest** [hʌ́ŋɡriist 헝그리이스트])
배고픈, 굶주린
Mom, I'm *hungry*.
엄마, 배고파요.

hunt *hunt*
[hʌ́nt 헌트]
자 (3단현 **hunts** [hʌ́nts 헌츠], 과거·과거 분사 **hunted** [hʌ́ntid 헌티드], 현재 분사 **hunting** [hʌ́ntiŋ 헌팅])
사냥하다, 수렵하다; (…을) 찾아다니다 〈for〉
They *hunted* in Africa last year.
그들은 작년에 아프리카에서 사냥을 했다.

He is *hunting for* a job.
그는 일자리를 찾고 있다.

hur·rah *hurrah*
[hurɔ́ː 후로-]
감 만세
Hurrah! We've won!
만세! 우리가 이겼다!

hur·ray *hurray*
[huréi 후레이]
감 =hurrah

*hur·ry *hurry*
[hə́ːri 허-리]
동 (3단현 **hurries** [hə́ːriz 허-리즈], 과거·과거 분사 **hurried**

[hə́ːrrid 허-리드], 현재 분사 **hurrying** [hə́ːrriiŋ 허-리잉])
자 서두르다, 재촉하다
Don't *hurry*.
서두르지 마라.
I *hurried* to the bus stop.
나는 버스 정류장으로 서둘러 갔다.
타 (사람을) 재촉하다, 서두르게 하다
Don't *hurry* me.
재촉하지 마라.
My mother *hurried* me into the car.
어머니는 급히 나를 자동차에 태웠다.
hurry up [명령형으로] 서두르다
Hurry up! 서둘러라!

명 매우 급함, 허둥지둥 서두름 ; [부정문·의문문에서] 서두를 필요
What's your *hurry*?
어째서 그리 서두르니?
There is no *hurry*.
서두를 필요 없다.
in a hurry 급히, 서둘러
He had lunch *in a hurry*.
그는 급히 점심을 먹었다.

***hurt** *hurt*
[həːrt 허-트]
동 (3단현 **hurts** [həːrts 허-츠], 과거·과거 분사 **hurt** [həːrt 허-트], 현재 분사 **hurting** [hə́ːrtiŋ 허-팅])
타 1. 상처내다, …을 다치게 하다
He *hurt* his leg when he fell.
그는 넘어져서 다리를 다쳤다.
타 2. (감정을) 상하게 하다
He *hurt* her feelings. 그는 그녀의 감정을 상하게 했다.
자 고통을 주다 ; 아프다
My broken arm *hurts*.
부러진 팔이 아프다.

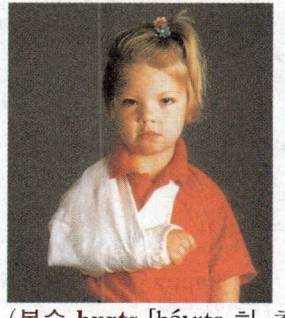

명 (복수 **hurts** [həːrts 허-츠]) 상처 ; (정신적) 고통

***hus·band** *husband*
[hʌ́zbənd 허즈번드]
명 (복수 **husbands** [hʌ́zbəndz 허즈번즈])
남편(《반》 wife 아내)
A good *husband* makes a good wife.
《속담》 좋은 남편이 좋은 아내를 만든다.

Hyde Park *Hyde Park*
[háid-páːrk 하이드**파**-크]
명 하이드 파크(런던에 있는 공원)

I¹, i *I, i*

[ái 아이]

명 (복수 **I's, i's** [áiz 아이즈])
아이《영어 알파벳의 아홉번째 글자》

*I² *I*

[ai 아이]

대 (복수 **we** [《약》 wi 위 ; 《강》 wíː 위-])
나는, 내가

☞ I는 항상 대문자로 쓴다.

☆ *I* am happy.
나는 행복하다.
☆ *I* am sad.
나는 슬프다.
☆ *I* like apples.
나는 사과를 좋아한다.

☆ *I* am taller than you.
나는 너보다 키가 크다.
☆ *I* met Sumi yesterday.
나는 어제 수미를 만났다.
◆ *I* enjoy swimming.
나는 수영을 즐긴다.
◆ *I* am very upset.
나는 매우 당황했다.

《참고》 **I**의 변화형

주 격	I	나는
소 유 격	my	나의
목 적 격	me	나를
소유대명사	mine	나의 것
재귀대명사	myself	나 자신을

*ice *ice*

[áis 아이스]

명 (복수 **ices** [áisiz 아이시즈])
명 1. 얼음《부정 관사를 붙이지 않고 복수형으로도 하지 않는다》
명 2. [the ice로] (강·연못 등에 얼어붙은) 얼음, 빙판
We skate on *the ice*.
우리는 얼음판 위에서 스케이트를 탄다.

타 (3단현 **ices** [áisiz 아이시즈], 과거·과거 분사 **iced** [áist 아이스트], 현재 분사 **icing** [áisiŋ 아이싱])
…을 얼리다, 얼음으로 차게 하다
The pond was *iced* over.
연못은 온통 얼음으로 덮였다.

*ice cream *ice cream*

[áis-kriːm 아이스크림-]

명 (**복수 ice creams** [áis-krì:mz 아이스크림-즈])
아이스크림
Would you like some *ice cream*? — Yes, please.
아이스크림 좀 먹을래? — 네, 주세요.
Do you like *ice cream*? — Of course!
너는 아이스크림을 좋아하니? — 물론!

***I'd**¹ *Ɪ'd*
[aid 아이드]
I² would의 단축형
◆ *I'd* like to go to sleep.
나는 자고 싶다.
◆ *I'd* like to introduce my friend to you. 너에게 내 친구를 소개하고 싶다.

I'd² *Ɪ'd*
[aid 아이드]
I² had의 단축형
I'd better drive you home.
내가 너를 집까지 태워다주는 것이 좋겠다.

*i·de·a *idea*
[aidí:ə 아이디-어]
명 (**복수 ideas** [aidí:əz 아이디-어즈])
명 1. 생각, 아이디어
☆ I have a good *idea*.
나에게 좋은 생각이 있다.

I'm going to buy Mom a book for her birthday. — ☆ That's a good *idea*.
나는 엄마 생일 선물로 책을 사 드릴거야. — 좋은 생각이다.

명 2. 의견, 견해 ; 사상 ; 관념
What is your *idea* about this problem?
이 문제에 대해서 어떻게 생각하니?
명 3. 예상, 짐작
Why didn't she come? — ☆ I have no *idea*.
왜 그녀는 오지 않았니? — 잘 모르겠습니다.

i·de·al *ideal*
[aidí:əl 아이디-얼]
형 이상의, 이상적인, 더할나위 없는〈*for*〉
It's *ideal* weather *for* a picnic.
피크닉을 가기에 이상적인 날씨다.
명 (**복수 ideals** [aidí:əlz 아이디-얼즈])
[흔히 ideals로] 이상 ; 이상적인

사람〔것〕
a woman of high *ideals*
높은 이상을 가진 여성

i·den·ti·fi·ca·tion
identification

[aidèntəfikéiʃən 아이덴터피케이션]
몡 동일 ; 동일함의 증명〔확인〕, 신분증명
an *identification* card
신분 증명서

i·den·ti·fy *identify*

[aidéntəfài 아이덴터파이]
태 (3단현 **identifies** [aidéntəfàiz 아이덴터파이즈], 과거·과거 분사 **identified** [aidéntəfàid 아이덴터파이드], 현재 분사 **identifying** [aidéntəfàiiŋ 아이덴터파이잉])
(신원 등을) 확인하다, 분별하다 ; 동일시하다
Can you *identify* your umbrella?
네 우산을 가려낼 수 있니 ?

*i·den·ti·ty *identity*

[aidéntəti 아이덴터티]
몡 (복수 **identities** [aidéntətiz 아이덴터티즈])
몡 1. 동일한 사람〔것〕임 ; 신원, 정체
Can you prove your *identity*?
너의 신원을 증명할 수 있니 ?
몡 2. 개성, 독자성 ; 주체성
몡 3. 동일성, 일치 ; 유사성

*i·dle *idle*

[áidl 아이들]
혱 (비교급 **idler** [áidlər 아이들러], 최상급 **idlest** [áidlist 아이들리스트])
혱 1. 게으른, 태만한
He is very *idle*.
그는 매우 게으르다.

Don't be *idle*. 태만하지 마라.
혱 2. 무익한, 헛된, 쓸데없는
It's an *idle* talk.
그것은 쓸데없는 이야기다.
혱 3. 한가한, 할일이 없는
I have many *idle* hours in the office.
나는 회사에서 한가한 시간이 많다.
I spent an *idle* week there.
나는 그곳에서 아무일도 하지 않고 한 주를 보냈다.
태 (3단현 **idles** [áidlz 아이들즈], 과거·과거 분사 **idled** [áidld 아이들드], 현재 분사 **idling** [áidliŋ 아이들링])
(시간을) 빈둥거리며 보내다, 헛되이 보내다
She *idled* away the whole afternoon.
그녀는 오후 내내 빈둥거리며 보냈다.

Don't *idle* away your time.
빈둥거리며 시간을 보내지 마라.

*if *if*
[if 이프]
접 1. [가정·조건을 나타내어] 만약 …이면〔하면〕

You can catch the train *if* you go now.
지금 간다면 너는 기차를 탈 수 있을 것이다.

If it is fine tomorrow, we will go on a picnic.
내일 날씨가 좋으면 우리는 소풍을 갈 것이다《미래의 일을 가정할 때, if절의 동사는 현재형을 쓴다》.

If I were a bird, I would fly to you.
내가 새라면 너에게 날아갈텐데《불가능한 일, 현재의 사실에 반대되는 일을 가정할 때, if절의 동사는 과거형을 쓰며 if절의 동사가 be 동사일 때는 were를 쓴다》.

If he had worked harder, he could have succeeded.
그가 더 열심히 일했더라면 성공할 수 있었을텐데《과거의 사실에 반대되는 일을 가정할 때, if절의 동사는 과거 완료를 쓴다》.

접 2. 비록 …일지라도《동》even if)

I will do it *if* it is difficult.
아무리 어렵다 하더라도 나는 그 일을 하겠다.

접 3. …인지 어떤지《ask, doubt, know, see, wonder 등의 동사와 함께 쓴다》

I wonder *if* he is at home.
그가 집에 있을지 모르겠다.
Please ask him *if* he likes music.
그에게 음악을 좋아하는지 물어봐주세요.

as if 마치 …처럼
He talks *as if* he knew the fact.
그는 마치 그 사실을 알고 있는 것처럼 얘기한다.

even if 비록 …라 할지라도
Even if he is young, he can do the work.
그는 비록 어리지만 그 일을 할 수 있다.

if any 비록 있다 하더라도
There are few books, *if any*.
책이 있다 하더라도 몇 권밖에 없다.

if it had not been for 만일 …이 없었다면

If it had not been for your help, I should have failed.
너의 도움이 없었다면 나는 실패했을텐데.

if it were not for …이 없다면
If it were not for the sun, nothing could live.
만일 태양이 없다면 아무것도 살 수 없을 것이다.

if only …이면 좋을텐데《현재의 사실에 반대되는 일을 가정할 때 쓴다》
If only I knew!
알기만이라도 했으면!

---

*ig·nore *ignore*

[ignɔ́:*r* 이그노-]

타 (3단현 **ignores** [ignɔ́:*r*z 이그노-즈], 과거·과거 분사 **ignored** [ignɔ́:*r*d 이그노-드], 현재 분사 **ignoring** [ignɔ́:riŋ 이그노-링])
무시하다, 묵살하다
We *ignored* his advice.
우리는 그의 충고를 무시했다.

---

*ill *ill*

[íl 일]

형 (비교급 **worse** [wə́:*r*s 워-스], 최상급 **worst** [wə́:*r*st 워-스트])
형 1. 병든 (《반》 well 건강한)《명사 앞에 쓰지 않는다》
fall(become) *ill*
병이 들다
He is *ill* in bed.
그는 병으로 누워 있다.

형 2. 나쁜《명사 앞에 쓴다》
I heard the *ill* news.
나는 나쁜 소식을 들었다.

부 (비교급 **worse** [wə́:*r*s 워-스], 최상급 **worst** [wə́:*r*st 워-스트])
나쁘게
speak ill of (남을) 나쁘게 말하다
Don't *speak ill of* others.
남을 나쁘게 말하지 마라.

---

*I'll *I'll*

[ail 아일]

I² will의 단축형
☆ *I'll* play baseball tomorrow.
나는 내일 야구를 할 것이다.
I'll be ten next month.
나는 다음달에 열살이 된다.

---

ill·ness *illness*

[ílnəs 일너스]

명 병 (《동》 sickness)
She is absent because of *illness*.
그녀는 병으로 결석했다.

I'm 𝓘'm

[aim 아임]

I² am의 단축형

I'm looking for a blouse.
나는 블라우스를 고르고 있다.

*im·age image

[ímidʒ 이미지] ★ 악센트 주의

명 (복수 **images** [ímidʒiz 이미지즈])

(그림이나 조각의) 상 ; (거울 등의) 상 ; (마음속의) 영상, 인상, 이미지

an *image* of Jesus Christ
예수상

She looked at her *image* in the mirror.
그녀는 거울에 비친 자신의 모습을 바라보았다.

i·mag·i·na·tion imagination

[imǽdʒənéiʃən 이매저네이션]

명 상상(력) ; 상상의 산물

His writings are full of *imagination*.
그의 작품은 상상력이 풍부하다.

A ghost is only *imagination*.
유령은 단지 상상의 산물이다.

*i·mag·ine imagine

[imǽdʒin 이매진]

타 (3단현 **imagines** [imǽdʒinz 이매진즈], 과거·과거 분사 **imagined** [imǽdʒind 이매진드], 현재 분사 **imagining** [imǽdʒiniŋ 이매지닝])

상상하다, 짐작하다 ; 생각하다

I can't *imagine* life without you.
나는 당신 없는 인생을 상상할 수가 없다.

Imagine life on the desert.
사막에서의 생활을 상상해 보라.

I *imagine* he will come.
나는 그가 올 것이라고 생각한다.

I *imagined* you as a tall man.
나는 네가 키가 큰 사람이라고 생각했다.

*im·me·di·ate immediate

[imíːdiət 이미-디엇] ★ 발음 주의

형 즉석의, 즉시의 ; 직접의 ; 인접한, 바로 이웃의

an *immediate* cause
직접적인 원인

I want an *immediate* answer.
나는 대답을 즉시 듣고 싶다.

*im·me·di·ate·ly *immediately*

[imíːdiətli 이미-디어틀리]

♦ 곧, 즉시(《동》 at once)
I wrote him an answer *immediately*.
나는 즉시 그에게 답장을 썼다.

im·pa·tient *impatient*

[ìmpéiʃənt 임페이션트]

♦ 1. 참을 수 없는, 성급한
He was *impatient*.
그는 참을성 없이 굴었다.
♦ 2. 몹시 …하고 싶어하는
They are *impatient* to swim.
그들은 몹시 수영을 하고 싶어한다.

*im·port *import*

[impɔ́ːrt 임포-트]
★ 악센트 주의
♦ (3단현 **imports** [impɔ́ːrts 임포-츠], 과거·과거 분사 **imported** [impɔ́ːrtid 임포-티드], 현재 분사 **importing** [impɔ́ːrtiŋ 임포-팅])
수입하다(《반》 export 수출하다)
We *import* wool from Australia.
우리는 오스트레일리아에서 양모를 수입한다.
♦ [ímpɔːrt 임포-트] ★ 악센트 주의 (복수 **imports** [ímpɔːrts 임포-츠])
수입(《반》 export 수출) ; [보통 imports로] 수입품
Coffee is one of food *imports*.
커피는 수입 식품 중 하나다.

*im·por·tance *importance*

[impɔ́ːrtns 임포-튼스]

♦ 중요성, 중대성 ; 중요한 지위
It is a matter of great *importance*.
그것은 대단히 중요한 일이다.
This newspaper carries no news of *importance*.
이 신문에는 어떤 중요한 기사도 실려 있지 않다.

*im·por·tant *important*

[impɔ́ːrtənt 임포-턴트]

♦ (비교급 **more important**, 최상급 **most important**)
중요한, 의의 있는 ; 유력한
Sleeping well is *important* for your health. 충분한 수면은 건강에 중요하다.

Nothing is more *important* than health.
건강보다 더 중요한 것은 없다.

---

*im·pos·si·ble *impossible*
[ìmpásəbl 임파서블]

형 (비교급 **more impossible**, 최상급 **most impossible**)

형 1. 불가능한(《반》 possible 가능한), 할 수 없는
It is *impossible* for her to solve the problem.
그녀가 그 문제를 푼다는 것은 불가능하다.

That's an *impossible* request.
그것은 불가능한 부탁이다.
◆ That's *impossible*.
그것은 불가능하다.

형 2. (이야기 등이) 믿기 어려운, 도무지 있을 수 없는
an *impossible* story
도무지 있을 수 없는 이야기

---

*im·press *impress*
[imprés 임프레스]

타 (3단현 **impresses** [imprésiz 임프레시즈], 과거·과거 분사 **impressed** [imprést 임프레스트], 현재 분사 **impressing** [imprésiŋ 임프레싱])

…에게 감명을 주다, 인상을 주다
The drama *impressed* me very much.
그 드라마는 나를 매우 감동시켰다.

I was much *impressed* by [with] his speech.
나는 그의 연설에 크게 감동했다.

---

im·pres·sion *impression*
[impréʃən 임프레션]

명 (복수 **impressions** [impréʃənz 임프레션즈])

인상, 감명 ; (막연한) 느낌
visual *impressions*
시각적 인상
What was your first *impression* of him? — I didn't like him.
그의 첫 인상은 어떠했습니까? — 좋지 않았어요.
The movie made a deep *impression* on us.
그 영화는 우리들에게 깊은 감명을 주었다.

---

im·pres·sive *impressive*
[imprésiv 임프레시브]

형 (비교급 **more impressive**, 최상급 **most impressive**)

인상에 남는, 감동적인
His performance was very *impressive*.
그의 공연은 매우 감동적이었다.

*im·prove *improve*

[imprúːv 임프루-브]
동 (3단현 **improves** [imprúːvz 임프루-브즈], 과거·과거 분사 **improved** [imprúːvd 임프루-브드], 현재 분사 **improving** [imprúːviŋ 임프루-빙])
타 개량하다, 개선하다 ; 향상시키다
Traffic conditions in Germany must be *improved*.
독일의 교통 사정은 개선되어야만 한다.

자 좋아지다, 진보하다
He is *improving* in health.
그는 건강이 좋아지고 있다.
Her knowledge is *improving*.
그녀의 지식은 향상되고 있다.

im·prove·ment *improvement*

[imprúːvmənt 임프루-브먼트]
명 (복수 **improvements** [imprúːvmənts 임프루-브먼츠])
개량, 개선 ; 향상, 진보 ; 개선점
Mother has made many *improvements* in her kitchen.
어머니는 부엌을 많이 개량하셨다.

im·pulse *impulse*

[ímpʌls 임펄스]
★ 악센트 주의
명 (복수 **impulses** [ímpʌlsiz 임펄시즈])
(마음의) 충동 ; 충격 ; 추진(력)
the *impulse* of a wave
파도의 충격
I felt an *impulse* to run away.
나는 도망치고 싶은 충동을 느꼈다.

*in *in*

[in 인]
전 1. [장소·위치를 나타내어] …안에, …안의 ; …에(서)
Mother is *in* the garden.
어머니는 정원에 계신다.

We live *in* Korea.
우리는 한국에 산다.
There isn't a cloud *in* the sky.
하늘엔 구름 한점 없다.

전 2. [방향을 나타내어] …쪽에, …쪽으로, …쪽에서
The sun rises *in* the east and sets *in* the west.
태양은 동쪽에서 떠서 서쪽으로 진다.

전 3. [시간을 나타내어] …동안에, …중에, …에, …때에
in the morning〔afternoon, evening〕
오전〔오후, 저녁〕에
It is very cold here *in* winter.
여기는 겨울에 매우 춥다.

전 4. [시간의 경과를 나타내어] …후에, …지나면, …지나서
I'll call you back *in* fifteen minutes.
내가 15분 후에 전화할게.

전 5. [재료·도구·수단을 나타내어] …으로
They speak *in* English.
그들은 영어로 말한다.
Don't write it *in* pencil.
그것을 연필로 쓰지 마라.

전 6. [상태를 나타내어] …한 상태로〔에〕, …하여
The child is *in* good health.
그 아이는 건강하다.

전 7. [범위·영역을 나타내어] …에 있어서, …안에
In my opinion, they are right.
내 의견으로는 그들이 옳다.

전 8. [복장을 나타내어] …을 입고, …을 신고〔쓰고〕
I met a woman *in* white.
나는 하얀 옷을 입은 여자를 만났다.

전 9. [비율을 나타내어] …중에
Nine *in* ten were against it.
10사람 중에 9사람이 그것에 반대했다.

부 [ín 인] 안에, 안으로, 집안에 《반》 out 밖에)
Come *in*. 들어와.

Is your father *in*?
아버지께서는 집에 계시니?

---

*inch *inch*
[íntʃ 인치]
명 (복수 **inches** [íntʃiz 인치즈])
인치《길이의 단위, 약 2.5 센티미터》
He is six feet three *inches* tall.
그는 키가 6피트 3인치다.

---

in·ci·dent *incident*
[ínsədənt 인서던트]
명 (작은) 사건, 일
That was a strange *incident*.
그것은 이상한 일이다.

---

in·cline *incline*
[inkláin 인클라인]
동 (3단현 **inclines** [inkláinz 인클라인즈], 과거·과거 분사 **inclined** [inkláind 인클라인드], 현재 분사 **inclining** [inkláiniŋ 인클라이닝])
타 [be inclined to로] …하고 싶다 ; …하는 경향이 있다

I *am inclined to* accept their invitation.
나는 그들의 초대를 받아들이고 싶다.
I *am inclined to* get up late on Monday. 나는 월요일에 늦게 일어나는 경향이 있다.

자 기울다
incline to one side
한쪽으로 기울다

*in·clude *include*

[inklúːd 인클루-드]
타 (3단현 **includes** [inklúːdz 인클루-즈], 과거·과거 분사 **included** [inklúːdid 인클루-디드], 현재 분사 **including** [inklúːdiŋ 인클루-딩])
(전체의 일부로서) 포함하다 ; 포함시키다 ; 셈에 넣다
This price *includes* the tax.
이 가격은 세금을 포함하고 있다.
The school *included* a swimming pool.
학교에는 수영장이 있었다.
They *included* him among the members of their club.
그들은 그를 클럽 회원으로 받아 들였다.

in·clud·ing *including*

[inklúːdiŋ 인클루-딩]
전 …을 포함하여, …을 넣어서
Three were invited, *including* me. 나를 포함해서 3명이 초대

되었다.

*in·come *income*

[ínkʌm 인컴]
명 (복수 **incomes** [ínkʌmz 인컴즈])
(정기) 수입, 소득
a small〔large〕 *income*
저〔고〕소득
a fixed *income* 고정 수입

in·con·ve·nient *inconvenient*

[ìnkənvíːnjənt 인컨비-니언트]
형 (비교급 **more inconvenient**, 최상급 **most inconvenient**)
불편한(《반》 convenient 편리한) ; 부자유스러운
if (it is) not *inconvenient* to you 폐가 되지 않는다면

*in·crease *increase*

[inkríːs 인크리-스]
★ 악센트 주의
동 (3단현 **increases** [inkríːsiz 인크리-시즈], 과거·과거 분사 **increased** [inkríːst 인크리-스트], 현재 분사 **increasing** [inkríːsiŋ 인크리-싱])
자 늘다, 증가〔증대〕하다(《반》 decrease 감소하다)
The population of this city has *increased*.
이 도시의 인구는 증가했다.

The number of students *increased*.
학생수가 증가했다.
타 늘리다, 증가시키다
The bus *increased* speed.
그 버스는 속력을 더 냈다.

명 [ínkri:s 인크리-스] ★ 악센트 주의 (복수 **increases** [ínkri:siz 인크리-시즈])
증가, 증대, 증진
an *increase* in population
인구의 증가

***in·deed** *indeed*

[indí:d 인디-드]
부 1. 실로, 참으로, 정말
How hot it is today! — Yes, *indeed*.
오늘은 무척 덥군요! — 네, 정말 덥군요.

Thank you very much *indeed*.
정말로 감사합니다.
부 2. 과연
감 저런, 설마, 그래요《놀람·의심 등을 나타낸다》
Indeed! I can't believe it.
설마! 나는 믿을 수 없다.

---

in·de·pen·dence *independence*

[ìndipéndəns 인디펜던스]
명 독립, 자립
She lives a life of *independence*.
그녀는 자립하여 생활한다.
The United States won its *independence* from England long ago.
미국은 오래전에 영국으로부터 독립했다.

***in·de·pen·dent** *independent*

[ìndipéndənt 인디펜던트]
형 (비교급 **more independent**, 최상급 **most independent**)
독립한, 자립한 ; 《…에게》 의지하지 않는《*of*》
an *independent* country
독립국
He is *independent* of his parents.
그는 부모님에게 의지하지 않는다.

***in·dex** *index*

[índeks 인덱스]
명 (복수 **indexes** [índeksiz 인덱시즈], **indices** [índəsi:z 인더시-즈])

색인, 찾아보기 ; 지수 ; 지시하는 것, 지표
　a card *index* 카드 색인
　I can't find this information. — Did you look in the *index*?
이 정보를 찾을 수가 없군요. — 색인을 보셨습니까?

In·di·a　*India*
[índiə 인디어]
　명 인도(《참고》Indian 인도의)

They live in *India*.
그들은 인도에 살고 있다.

In·di·an　*Indian*
[índiən 인디언]
　형 1. 인도의(《참고》India 인도)
　This is the *Indian* Ocean.
　이곳이 인도양이다.
　형 2. (아메리칸) 인디언의
　I have an *Indian* doll.
　나는 인디언 인형이 하나 있다.
　명 (복수 **Indians** [índiənz 인디언즈])
　명 1. 인도 사람
　One of my friends is an *Indian*. 내 친구 중 한 명은 인도 사람이다.
　명 2. (아메리칸) 인디언(《동》American Indian)
　He is an *Indian*.

그는 (아메리칸) 인디언이다.

*in·di·cate　*indicate*
[índikèit 인디케이트]
　타 (3단현 **indicates** [índikèits 인디케이츠], 과거·과거 분사 **indicated** [índikèitid 인디케이티드], 현재 분사 **indicating** [índikèitiŋ 인디케이팅])
　가리키다, 지적하다, 표시하다
　He *indicated* the tall man in the corner.
　그는 구석에 있는 키 큰 남자를 가리켰다.
　The arrow *indicates* the exit.
　화살표는 출구를 표시한다.

in·di·rect　*indirect*
[ìndirékt 인디렉트]
　형 (비교급 **more indirect**, 최상급 **most indirect**)
　간접의 ; 우회적인, 에두른
　We took the *indirect* route to the coast.
　우리는 바닷가로 가는 우회로를 택했다.

*in·di·vid·u·al　*individual*
[ìndivídʒuəl 인디비주얼]
　형 (비교급 **more individual**, 최상급 **most individual**)

indoor　　　　　　　　　　　　　　　　　　　　　　　　　　**influence 401**

　개개의, 각각의 ; 개인의
　　in the *individual* case
　　개개의 경우에
　　We use *individual* towels.
　　우리는 각자의 타월을 쓰고 있다.
圀 (**복수 individuals** [ìndivídʒuəlz 인디비주얼즈])
　개인 ; 사람
　　Society consists of *individuals*.
　　사회는 개인으로 구성된다.

***in·door** *indoor*

[índɔ́ːr 인도-]
　휑 실내의(《반》outdoor 야외의)
　《명사 앞에만 쓴다》
　　an *indoor* game
　　실내 경기
　　an *indoor* swimming pool
　　실내 수영장

---

in·dus·tri·al *industrial*

[indʌ́striəl 인더스트리얼]
　휑 공업의, 산업의
　　an *industrial* town
　　공업 도시
　　industrial waste
　　산업 폐기물

***in·dus·try** *industry*

[índəstri 인더스트리]
　圀 (**복수 industries** [índəstriz 인더스트리즈])
　圀 1. 공업, 산업 ; …업
　　heavy〔light〕*industries*
　　중〔경〕공업
　圀 2. 근면 ; 노력
　　He worked with *industry*.
　　그는 부지런히 일했다.

***in·fe·ri·or** *inferior*

[infí(ə)riər 인피(어)리어]
　휑 하급의, 열등한〈*to*〉(《반》superior 우수한)
　　an *inferior* officer
　　하급 관리
　　This is *inferior to* that in quality.
　　이것은 저것보다 품질이 떨어진다.
　圀 (**복수 inferiors** [infí(ə)riərz 인피(어)리어즈])
　　하급자 ; 열등한 것

***in·flu·ence** *influence*

[ínfluːəns 인플루-언스]
　탸 (**3단현 influences** [ínfluːənsiz 인플루-언시즈], **과거·과거 분사 influenced** [ínfluːənst 인플루-언스트], **현재 분사 influencing** [ínfluːənsiŋ 인플루-언싱])
　…에게 영향을 미치다 ; (사람을) 좌우하다
　　The body and the mind *influence* each other.
　　몸과 마음은 서로 영향을 미친다.
　　The teacher *influenced* every student in the class.
　　그 선생님은 학급의 모든 학생

…에게 영향을 주었다.

명 1. [흔히 an influence로] 영향(력)⟨*on, upon*⟩; 감화(력)
The poet had *a* great *influence on* his friends.
그 시인은 친구들에게 큰 영향을 미쳤다.
명 2. 세력자; 유력자, 영향력이 있는 사람
He is an *influence* in the village.
그는 그 마을의 유력자다.

---

*in·form *inform*

[infɔ́ːrm 인폼-]
타 (3단현 **informs** [infɔ́ːrmz 인폼-즈], 과거·과거분사 **informed** [infɔ́ːrmd 인폼-드], 현재분사 **informing** [infɔ́ːrmiŋ 인포-밍])
…에게 알리다, …에게 고하다 ⟨*of*⟩
I *informed* him *of* her marriage.
나는 그에게 그녀의 결혼 소식을 알렸다.

---

*in·for·mal *informal*

[infɔ́ːrməl 인포-멀]
형 비공식의(《반》 formal 공식의); 격식이 없는, 스스럼 없는
an *informal* dress 평상복
informal conversations
비공식 회담

---

*in·for·ma·tion *information*

[ìnfərméiʃən 인퍼메이션]
명 (복수 **informations** [ìnfərméiʃənz 인퍼메이션즈])
명 1. 정보, 지식⟨*about, on*⟩《셀 때는 a piece of…, two pieces of…를 쓴다》
Give me some *information about* this school.
이 학교에 관한 정보를 좀 알려주세요.
A dictionary gives *information about* words.
사전은 단어에 관한 지식을 제공한다.

This is a valuable piece of *information*.
이것은 귀중한 정보다.
명 2. 안내소, 안내원

Dial *information* and ask for his phone number.
안내소에 전화하여 그의 전화번호를 물어 보아라.

in·hab·it·ant *inhabitant*
[inhǽbitənt 인해비턴트]
명 (복수 **inhabitants** [inhǽbitənts 인해비턴츠])
주민, 거주자
He is not an *inhabitant* of this town.
그는 이 도시의 주민이 아니다.

i·ni·tial *initial*
[iníʃəl 이니셜]
명 (복수 **initials** [iníʃəlz 이니셜즈])
[보통 initials로] (고유명사의) 머리글자
N.Y. are the *initials* of New York.
N.Y.는 뉴욕의 머리글자다.
형 처음의, 최초의 ; 머리글자의 《명사 앞에만 쓴다》
the *initial* stage 초기, 제1기

in·jec·tion *injection*
[indʒékʃən 인젝션]
명 (복수 **injections** [indʒékʃənz 인젝션즈])
주사(액)
I had an *injection*.
나는 주사를 맞았다.

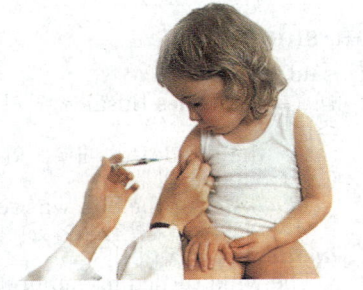

*in·jure *injure*
[índʒər 인저]
타 (3단현 **injures** [índʒərz 인저즈], 과거·과거 분사 **injured** [índʒərd 인저드], 현재 분사 **injuring** [índʒ(ə)riŋ 인저링])
상처를 입히다, 다치게 하다 ; (감정을) 해치다《동》 hurt) ; 손해를 입히다
The girl was badly *injured*.
그 소녀는 심하게 다쳤다.

Direct sunlight *injures* the eyes.
직사광선은 눈을 상하게 한다.

in·ju·ry *injury*
[índʒəri 인저리]
명 (복수 **injuries** [índʒəriz 인저리즈])
부상, 상처 ; 손해
an *injury* to the head
머리의 상처
I suffered severe *injuries*.
나는 큰 부상을 당했다.

ink *ink*
[íŋk 잉크]
명 잉크

Please write your letter in *ink*. 편지는 잉크로 쓰세요.

I bought a bottle of *ink*.
나는 잉크 한 병을 샀다.
May I write in red *ink*?
붉은 잉크로 써도 됩니까?

*inn *inn*
[ín 인]
명 (복수 **inns** [ínz 인즈])
여인숙, 여관
I want to stay at an *inn*.
나는 여인숙에 머물기를 원한다.

in·ner *inner*
[ínər 이너]
형 안의, 내부의(《반》outer 외부의); 내면적인
an *inner* room
내실, 안방
the *inner* life
영적인 생활

in·no·cent *innocent*
[ínəsənt 이너선트]
형 (비교급 **more innocent**, 최상급 **most innocent**)
형 1. 결백한, 무죄의
Did he steal the watch? — No, he is *innocent*.
그가 그 시계를 훔쳤니? — 아니, 그는 결백해.
형 2. 순진한, 천진난만한
an *innocent* child
순진한 아이

in·quire *inquire*
[inkwáiər 인콰이어]
타 (3단현 **inquires** [inkwáiərz 인콰이어즈], 과거·과거 분사 **inquired** [inkwáiərd 인콰이어드], 현재 분사 **inquiring** [inkwái(ə)riŋ 인콰이(어)링])

묻다, 문의하다
I *inquired* her name.
나는 그녀의 이름을 물었다.

*in·sect *insect*
[ínsekt 인섹트]
명 (복수 **insects** [ínsekts 인섹츠])
곤충
I don't like *insects*.
나는 곤충이 싫다.
Ants, bees and butterflies are *insects*.
개미, 벌, 나비는 곤충이다.

*in·side *inside*
[ìnsáid 인사이드]
명 (복수 **insides** [ìnsáidz 인사이즈])
[보통 the inside로] 내부, 안쪽
(《반》outside 외부)
The *inside* of the box was red.
상자의 안쪽은 빨간색이었다.
inside out 뒤집어서
The wind turned my umbrella *inside out*.
바람에 내 우산이 뒤집혔다.

⦗부⦘ 내부에〔로〕, 안쪽에〔으로〕; 마음속으로
She went *inside*.
그녀는 안쪽으로 들어갔다.
There is somebody *inside*.
안에 누군가가 있다.
⦗형⦘ 안쪽의, 내면의, 내부의
an *inside* pocket 안주머니
⦗전⦘ …의 안쪽에, 내부에
There are some girls *inside* the tent.
텐트 안에 소녀들이 몇 명 있다.

*in·sist *insist*
[insíst 인시스트]
⦗동⦘ (3단현 **insists** [insísts 인시스츠], 과거·과거 분사 **insisted** [insístid 인시스티드], 현재 분사 **insisting** [insístiŋ 인시스팅])
⦗타⦘ …라고 주장하다, …라고 요구하다
I *insisted* that I was right.
나는 내가 옳다고 주장했다.
⦗자⦘ …을 주장하다, 우기다; …을 요구하다〈*on, upon*〉
He *insisted* on going there alone.
그는 혼자서 거기에 가겠다고 우겼다.

in·stall *install*
[instɔ́:l 인스톨-]
⦗타⦘ (3단현 **installs** [instɔ́:lz 인스톨-즈], 과거·과거 분사 **installed** [instɔ́:ld 인스톨-드], 현재 분사 **installing** [instɔ́:liŋ 인스톨-링])

⦗타⦘ 1. 장치하다, 설치하다
I have a telephone *installed* in my room.
내 방에 전화를 설치했다.
⦗타⦘ 2. 취임하다, 임명하다
He was *installed* as chairman.
그는 의장으로 임명되었다.

in·stance *instance*
[ínstəns 인스턴스]
⦗명⦘ 실례, 사례, 예증
He gave several *instances*.
그는 몇가지 실례를 들었다.
for instance 예를 들면(《동》 for example)
Some birds, penguins *for instance,* cannot fly at all.
새 중에는, 예를 들면 펭귄처럼 전혀 날지 못하는 새도 있다.

*in·stant *instant*
[ínstənt 인스턴트]
⦗명⦘ 순간(《동》 moment); 즉각
He hesitated for an *instant*.
그는 잠깐동안 머뭇거렸다.
She was back in an *instant*.
그녀는 즉시 돌아왔다.
the instant (*that*) …하자마자 (《동》 as soon as)
The instant (*that*) the baby saw his mother, he stopped crying.
그 아기는 엄마를 보자마자 울음을 그쳤다.

Insects 곤충
[ínsekts 인섹츠]

① **silkworm** 누에
[sílkwə̀:rm 실크웜-]

② **dragonfly** 잠자리
[drǽgənflài 드래건플라이]

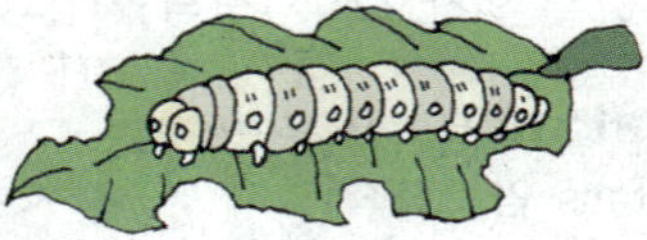

③ **moth** 나방
[mɔ́:θ 모-스]

④ **butterfly** 나비
[bʌ́tərflài 버터플라이]

⑤ **cicada** 매미
[sikéidə 시케이더]

⑥ **caterpillar** 털벌레
[kǽtərpìlər 캐터필러]

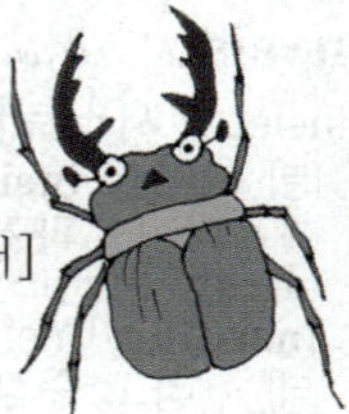

⑦ **water bug** 물방개
[wɔ́:tər-bʌ̀g 워-터버그]

⑧ **stag beetle** 사슴벌레
[stǽg-bì:tl 스태그비-틀]

⑨ **beetle** 딱정벌레
[bí:tl 비-틀]

⑩ **grasshopper** 메뚜기
[grǽshàpər 그래스하퍼]

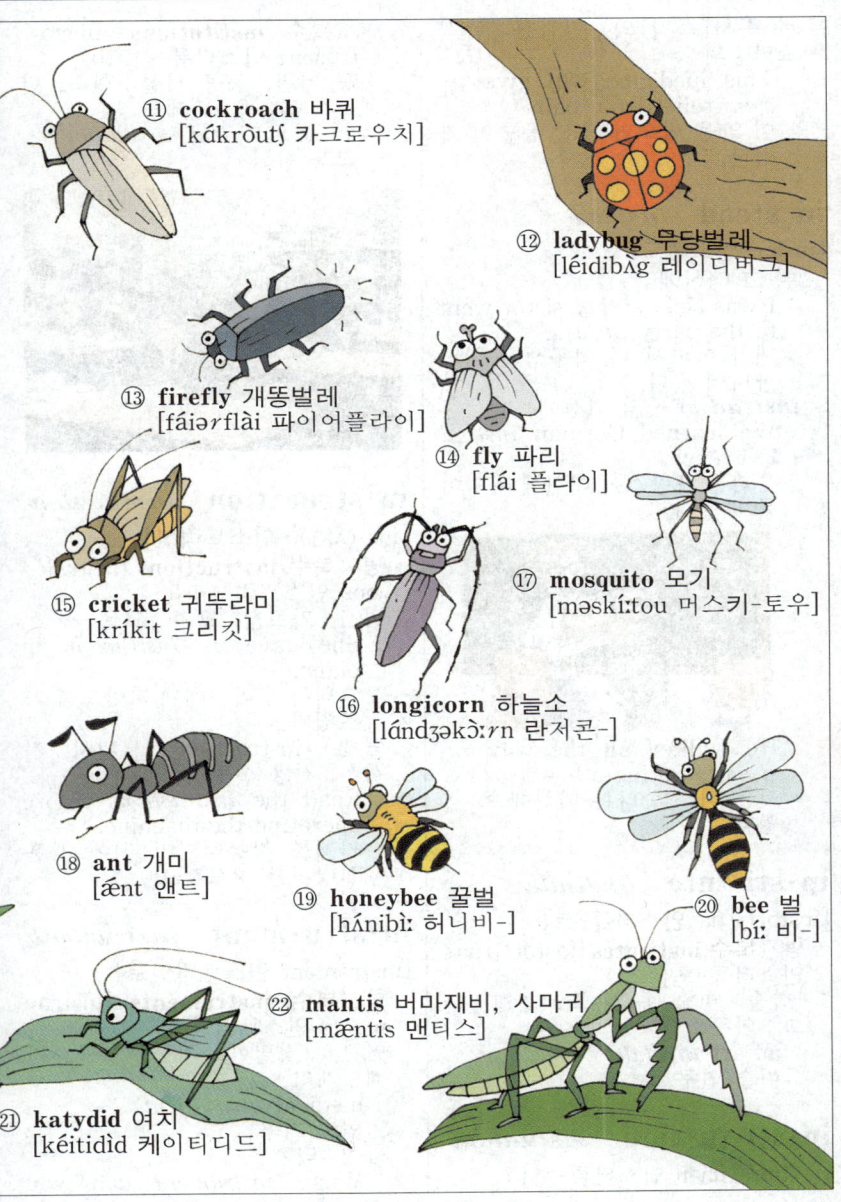

형 즉시(즉각)의 ; 긴급한 ; 즉석 요리용의
This medicine will give *instant* relief from pain.
이 약을 먹으면 당장 통증이 가신다.

*in·stead *instead*
[instéd 인스테드]
부 그 대신에
I was sick, so my sister went to the party *instead*.
내가 아파서 내 여동생이 대신 파티에 갔다.
instead of …의 대신에
We learned German *instead of* French.
우리는 프랑스어 대신에 독일어를 배웠다.

He walked all the way *instead of* taking a bus.
그는 버스를 타는 대신에 쭉 걸었다.

*in·sti·tute *institute*
[ínstət(j)ùːt 인스터튜-트]
명 (복수 **institutes** [ínstət(j)ùːts 인스터튜-츠])
(학술·미술 등의) 회, 협회, 학회 ; 연구소
an art *institute*
미술 연구소

in·sti·tu·tion *institution*
[ìnstət(j)úːʃən 인스터튜-션]

명 (복수 **institutions** [ìnstət(j)úːʃənz 인스터튜-션즈])
공공 기관, 공공 시설 ; 협회, 단체 ; 설립 ; 관습, 제도
an educational *institution*
교육 시설

*in·struc·tion *instruction*
[instrʌ́kʃən 인스트럭션]
명 (복수 **instructions** [instrʌ́kʃənz 인스트럭션즈])
명 1. 가르침, 교수 ; 교육
She gave us *instruction* in piano.
그녀는 우리들에게 피아노를 가르쳤다.
명 2. [instructions로] 지시 ; 지시서, 사용 설명서
Read the *instructions* before operating the machine.
기계를 작동시키기 전에 사용 설명서를 읽으시오.

*in·stru·ment *instrument*
[ínstrəmənt 인스트러먼트]
명 (복수 **instruments** [ínstrəmənts 인스트러먼츠])
명 1. (정밀한) 기구, 도구, 기계 ; 계기
medical *instruments*
의료 기구
명 2. 악기
What *instrument* can you

play? — I can play the piano.
악기는 무엇을 연주할 줄 압니까? — 피아노를 칠 줄 압니다.

*in·sult *insult*

[insΛlt 인설트]

★ 악센트 주의

타 (3단현 **insults** [insΛlts 인설츠], 과거·과거 분사 **insulted** [insΛltid 인설티드], 현재 분사 **insulting** [insΛltiŋ 인설팅])
모욕하다, 창피를 주다
Did you *insult* him? — ☆ I don't think so.
네가 그를 모욕했니? — 나는 그렇게 생각하지 않는데.

명 [ínsΛlt 인설트]

★ 악센트 주의

(복수 **insults** [ínsΛlts 인설츠])
모욕, 무례
It is an *insult* to me.
그것은 나에 대한 모욕이다.

in·sur·ance *insurance*

[inʃú(ə)rəns 인슈(어)런스]

명 보험 ; 보험금
life *insurance*
생명 보험

in·tel·lec·tu·al *intellectual*

[ìntəléktʃuəl 인털렉추얼]

형 (비교급 **more intellectual**, 최상급 **most intellectual**)
지성의 ; 지적인, 이지적인
Her interests are mainly *intellectual*.
그녀의 취미는 주로 지적인 것이다.

명 지식인

in·tel·li·gence *intelligence*

[íntélədʒəns 인텔러전스]

명 1. 지능, 이해력
an *intelligence* test
지능 테스트
I was surprised at the child's *intelligence*.
나는 그 아이의 이해력에 깜짝 놀랐다.

명 2. 정보 ; 정보 기관
secret *intelligence* 비밀 정보

*in·tel·li·gent *intelligent*

[intélədʒənt 인텔러전트]

형 (비교급 **more intelligent**, 최상급 **most intelligent**)
지능이 높은, 머리가 좋은, 이해력이 있는
He is an *intelligent* boy.
그는 머리가 좋은 소년이다.

*in·tend *intend*

[inténd 인텐드]

타 (3단현 **intends** [inténdz 인텐즈], 과거·과거 분사 **intended** [inténdid 인텐디드], 현재 분사 **intending** [inténdiŋ 인텐딩])

타 1. …할 작정이다, …하려고 생각하다
We *intend* to leave there.
우리는 그곳을 떠날 작정이다.
◆ Do you *intend* to go abroad?
너는 외국으로 갈 작정이니?

타 2. …을 의도하다, 의미하다

in·tense *intense*

[inténs 인**텐**스]

형 강렬한, 격렬한, 맹렬한
The training was *intense*.
훈련은 격렬했다.

*in·ten·sive *intensive*

[inténsiv 인**텐**시브]

형 (비교급 **more intensive**, 최상급 **most intensive**)
집중적인, 철저한 ; 강한, 격렬한
intensive reading 정독
The investigation was *intensive* and thorough.
그 조사는 집중적이고 철저했다.

in·ten·tion *intention*

[inténʃən 인**텐**션]

명 의향, 의지 ; 의도

*in·ter·est *interest*

[íntərist 인**터**리스트]

타 (3단현 **interests** [íntərists 인터리스츠], 과거·과거 분사 **interested** [íntəristid 인터리스티드], 현재 분사 **interesting** [íntəristiŋ 인터리스팅])
…에 흥미를 일으키게 하다, …에 관심을 갖게 하다
The book *interests* me.
나는 그 책에 흥미가 있다.
The story didn't *interest* me.
그 이야기는 내겐 흥미롭지 않았다.

명 (복수 **interests** [íntərists 인터리스츠])
흥미, 관심 ; 관심사 ; [흔히 interests로] 이익
the public *interests* 공익
◆ My main *interest* is collecting stamp. 나의 주요 관심사는 우표 수집이다.
◆ I don't have much *interest* in pop music. 나는 팝송에 그다지 관심이 없다.

*in·ter·est·ed *interested*

[íntəristid 인**터**리스티드]

형 흥미를 가지고 있는, 관심이 있는〈**in**〉
◆ What are you *interested in*?
— I'm *interested in* music.
너는 무엇에 흥미를 가지고 있니?
— 나는 음악에 흥미를 가지고 있어.

in·ter·est·ing
interesting

[íntəristiŋ 인터리스팅]

형 (비교급 **more interesting**, 최상급 **most interesting**)
재미있는, 흥미있는

◆ Why do you think the book is *interesting*?
너는 왜 그 책이 재미있다고 생각하니?
How was the circus? — It was *interesting*.
서커스는 어땠니? — 재미있었어.

in·ter·fere *interfere*

[ìntərfíər 인터피어]

자 (3단현 **interferes** [ìntərfíərz 인터피어즈], 과거·과거 분사 **interfered** [ìntərfíərd 인터피어드], 현재 분사 **interfering** [ìntərfí(ə)riŋ 인터피(어)링])
간섭하다, 참견하다〈in〉; 방해하다〈with〉

Don't *interfere in* our affairs.
우리 일에 참견하지 마라.
Don't *interfere* (with me)!
(나를) 방해하지 마!

in·te·ri·or *interior*

[intí(ə)riər 인티(어)리어]

형 내부의, 안쪽의; 실내의
interior design
실내 장식〔디자인〕

명 내부, 안쪽
the *interior* of the house
집의 내부

in·ter·na·tion·al
international

[ìntərnǽʃ(ə)nəl 인터내셔널]

형 (비교급 **more international**, 최상급 **most international**)
국제적인, 국가간의 (《반》 domestic 국내의)

an *international* marriage
국제 결혼

That conference was *international*.
그 회의는 국제적인 것이었다.

In·ter·net *Internet*

[íntərnèt 인터넷]

명 [the Internet으로] 인터넷 《각각의 컴퓨터 통신망을 서로 연결한 네트워크로 국제적인 규모로 정보를 교환할 수 있다》

in·ter·pret *interpret*

[intə́:rprit 인터-프릿]

★ 악센트 주의

동 (3단현 **interprets** [intə́:rprits 인터-프리츠], 과거·과거 분사 **interpreted** [intə́:rpritid 인터-프리티드], 현재 분사 **interpreting** [intə́:rpritiŋ 인터-프리팅])

타 …을 해석하다, 통역하다

She *interpreted* the sentence wrongly.
그녀는 그 문장을 잘못 해석했다.
I *interpreted* her speech into Korean.
나는 그녀의 연설을 한국어로 통역했다.
재 통역하다
He *interpreted* for the students. 그는 학생들에게 통역해 주었다.

*in·ter·rupt interrupt

[ìntərʌ́pt 인터럽트]
타 (3단현 **interrupts** [ìntərʌ́pts 인터럽츠], 과거·과거 분사 **interrupted** [ìntərʌ́ptid 인터럽티드], 현재 분사 **interrupting** [ìntərʌ́ptiŋ 인터럽팅])
가로막다, 저지하다 ; 방해하다
May I *interrupt* you?
이야기 중에 실례해도 될까요?
Don't *interrupt* me while I am studying.
공부할 때에는 방해하지 마라.

*in·ter·val interval

[íntərvəl 인터벌]
명 (복수 **intervals** [íntərvəlz 인터벌즈])
(장소·시간적인) 간격, 거리
Buses leave at five-minute *intervals*.
버스는 5분 간격으로 떠난다.

in·ter·view interview

[íntərvjù: 인터뷰-]
명 (복수 **interviews** [íntərvjù:z 인터뷰-즈])
회견 ; 면담 ; 면접, 인터뷰

I had an *interview* with the writer.
나는 그 작가와 인터뷰했다.
타 (3단현 **interviews** [íntərvjù:z 인터뷰-즈], 과거·과거 분사 **interviewed** [íntərvjù:d 인터뷰-드], 현재 분사 **interviewing** [íntərvjù:iŋ 인터뷰-잉])
(남과) 회견〔면접〕하다 ; (남을) 인터뷰하다
He was *interviewed* for the job.
그는 일자리를 얻으려고 면접을 보았다.

*in·to into

[íntu 인투, (문장 끝에서는) íntu(:) 인투(-)]
전 1. [내부로의 운동·동작·방향을 나타내어] …의 안으로〔에〕, …으로〔에〕
Come *into* my room.
내 방으로 들어와.
He went *into* the classroom.
그는 교실로 들어갔다.
She looked *into* the box.
그녀는 상자 속을 들여다 보았다.

I jumped *into* the swimming pool.
나는 수영장으로 뛰어들었다.

전 2. [상태의 변화·추이·결과를 나타내어] (…을) …으로 (하는), (…이) …으로 (되는), …상태로 (되는)
Flour is made *into* bread.
밀가루로 빵이 만들어진다.
The rain changed *into* snow.
비가 눈으로 바뀌었다.

*in·tro·duce *introduce*
[ìntrəd(j)úːs 인트러듀-스]
타 (3단현 **introduces** [ìntrəd(j)úːsiz 인트러듀-시즈], 과거·과거 분사 **introduced** [ìntrəd(j)úːst 인트러듀-스트], 현재 분사 **introducing** [ìntrəd(j)úːsiŋ 인트러듀-싱])
(누구를) 소개하다⟨to⟩
He *introduced* me *to* his mother.
그는 나를 자기 어머님께 소개했다.

◆ Let me *introduce* myself (*to* you).
제 소개를 하겠습니다.
◆ I'd like to *introduce* my friend *to* you.
너에게 내 친구를 소개할게.

in·tro·duc·tion *introduction*
[ìntrədʌ́kʃən 인트러덕션]
명 소개 ; 서론, 머리말 ; 입문(서)
a letter of *introduction*
소개장
This problem is discussed in the *introduction*.
이 문제는 서론에서 논의되었다.

*in·vent *invent*
[invént 인벤트]
타 (3단현 **invents** [invénts 인벤츠], 과거·과거 분사 **invented** [invéntid 인벤티드], 현재 분사 **inventing** [invéntiŋ 인벤팅])
발명하다, 고안하다
When was television *invented*?
텔레비전은 언제 발명되었니?
He *invented* the steam engine.
그는 증기기관을 발명했다.

in·ven·tion *invention*
[invénʃən 인벤션]
명 (복수 **inventions** [invénʃənz 인벤션즈])
발명 ; 발명품

Necessity is the mother of *invention*.
《속담》 필요는 발명의 어머니.
Television is a wonderful *invention*.
텔레비전은 놀라운 발명품이다.

in·ven·tor *inventor*
[invéntər 인벤터]
명 (복수 **inventors** [invéntərz 인벤터즈])
발명가

*in·ves·ti·gate *investigate*
[invéstəgèit 인베스터게이트]
타 (3단현 **investigates** [invéstəgèits 인베스터게이츠], 과거·과거 분사 **investigated** [invéstəgèitid 인베스터게이티드], 현재 분사 **investigating** [invéstəgèitiŋ 인베스터게이팅])
조사하다, 연구하다
The police *investigated* the cause of the fire.
경찰은 화재 원인을 조사했다.
Scientists *investigate* nature.
과학자들은 자연을 연구한다.

in·ves·ti·ga·tion *investigation*
[invèstəgéiʃən 인베스터게이션]
명 조사, 연구
It is under *investigation*.
그것은 조사 중이다.

in·vi·ta·tion *invitation*
[ìnvətéiʃən 인버테이션]
명 초대, 안내; 초대〔안내〕장
accept an *invitation*
초대에 응하다
She declined his *invitation*.
그녀는 그의 초대를 거절했다.

Thank you for your *invitation*.
초대해 주셔서 감사합니다.

*in·vite *invite*
[inváit 인바이트]
타 (3단현 **invites** [inváits 인바이츠], 과거·과거 분사 **invited** [inváitid 인바이티드], 현재 분사 **inviting** [inváitiŋ 인바이팅])
초청하다, 초대하다
I *invited* him to dinner.
나는 그를 저녁식사에 초대했다.
I was *invited* to her birthday party.
나는 그녀의 생일 파티에 초대를 받았다.

*in·volve *involve*
[inválv 인발브]
타 (3단현 **involves** [inválvz 인발브즈], 과거·과거 분사 **involved** [inválvd 인발브드], 현재 분사

involving [inv́ʌlviŋ 인발빙])
[타] 1. 말려들게 하다, 끌어들이다〈in〉
England was *involved in* the war.
영국은 전쟁에 말려들었다.
Don't *involve* me *in* your quarrel.
네 싸움에 나를 끌어들이지 마라.
[타] 2. (필연적으로) 포함하다, 수반하다
It *involves* great expenses.
그것은 많은 비용이 든다.

I·rish *Irish*

[ái(ə)riʃ 아이(어)리시]
[형] 아일랜드의; 아일랜드 사람(어)의
He is an *Irish* boy.
그는 아일랜드 소년이다.
[명] 아일랜드어; [the Irish로] 아일랜드 사람(전체; 복수 취급)

*i·ron *iron*

[áiərn 아이언] ★ 발음 주의
[명] (복수 **irons** [áiərnz 아이언즈])
[명] 1. 철(부정 관사를 붙이지 않고 복수형으로도 하지 않는다)
The tower is made of *iron*.
그 탑은 철로 만들어졌다.

Strike while the *iron* is hot.
《속담》 쇠는 달았을 때 쳐라.

[명] 2. 다리미

May I borrow your *iron*? — Sure.
다리미를 좀 빌려주시겠어요? — 그럼요.
[형] 철의, 쇠의; 철제의; (쇠처럼) 굳은, 강한(명사 앞에만 쓴다)
This is an *iron* hat.
이것은 철모다.
She has an *iron* will.
그녀는 강한 의지를 가지고 있다.
[타] (3단현 **irons** [áiərnz 아이언즈], 과거·과거 분사 **ironed** [áiərnd 아이언드], 현재 분사 **ironing** [áiərniŋ 아이어닝])
(옷을) 다리미로 다리다
She *ironed* his suit.
그녀는 그의 양복을 다렸다.

ir·reg·u·lar *irregular*

[irégjulər 이레귤러]
[형] (비교급 **more irregular**, 최상급 **most irregular**)
불규칙한; 부정기의

*ir·ri·tate *irritate*

[írəteit 이러테이트]
[타] (3단현 **irritates** [írəteits 이러테이츠], 과거·과거 분사 **irritated** [írəteitid 이러테이티드], 현재 분사 **irritating** [írəteitiŋ 이러테이팅])
화나게 하다, 초조하게 하다
She was *irritated* by the noise.

그녀는 소음에 짜증이 났다.

He was *irritated* with you.
그는 너에 대해서 화를 냈다.

***is** *is*

[《약》 iz 이즈, ([z, ʒ, dʒ] 이외의 유성음 뒤에서) z 즈, ([s, ʃ, tʃ] 이외의 무성음 뒤에서) s 스 ; 《강》 íz 이즈]

자 (과거형 **was** [《약》 wəz 워즈 ; 《강》 wáz 와즈], 과거 분사 **been** [《약》 bin 빈 ; 《강》 bín 빈], 현재 분사 **being** [bíːiŋ 비-잉])

☞ be의 3인칭 단수 현재. 주어가 he, she, it 또는 명사의 단수형일 때 쓴다. 《구어》에서는 he's, she's, it's와 같이 약하는 경우가 많다. 단 Yes, he is.와 같이 is가 문장의 맨끝에 올 때에는 약하지 않는다. 또한 is not은 isn't로 약한다.

자 1. …이다
She *is* very beautiful.
그녀는 매우 아름답다.
It *is* cloudy today.
오늘은 (날씨가) 흐리다.
She *is* a doctor.
그녀는 의사다.

자 2. …에 있다, …이 있다
The book *is* on the table.
그 책은 탁자 위에 있다.
He *is* in the classroom.
그는 교실에 있다.

조 1. [be ~ing로 진행형을 만들어] …하고 있다 ; 곧 …할 것이다
He *is* do*ing* his homework.
그는 숙제를 하고 있다.
The wind *is* blow*ing*.
바람이 불고 있다.
Spring *is* com*ing* soon.
봄이 곧 온다.

조 2. [be+과거 분사로 수동형을 만들어] …되다, …되고 있다
He *is loved* by everybody.
그는 모든 사람에게 사랑을 받고 있다.
This book *is written* in English.
이 책은 영어로 쓰여졌다.

***is·land** *island*

[áilənd 아일런드] ★ 발음 주의
명 (복수 **islands** [áiləndz 아일런즈])
섬
They live on an *island*.
그들은 섬에서 살고 있다.
This *island* is beautiful.
이 섬은 아름답다.

***is·n't** *isn't*

[íznt 이즌트]
is not의 단축형

He *isn't* a student.
그는 학생이 아니다.
Is this your cap?
— No, it *isn't*.
이것이 네 모자니?
— 아니에요.

i·so·late *isolate*

[áisəlèit 아이설레이트]

타 (3단현 **isolates** [áisəlèits 아이설레이츠], 과거·과거 분사 **isolated** [áisəlèitid 아이설레이티드], 현재 분사 **isolating** [áisəlèitiŋ 아이설레이팅])

…을 고립시키다; (환자를) 격리시키다

The village was *isolated* by the heavy snow.
그 마을은 폭설로 고립되었다.

*is·sue *issue*

[íʃuː 이슈-]

명 (복수 **issues** [íʃuːz 이슈-즈])
명 1. (책·우표 등의) 발행; (법률 등의) 공포
the day of *issue* 발행일
명 2. 출판물; (잡지 등의) …호
the latest *issue* of a magazine
잡지의 최근호
명 3. 문제(점), 논점
It is a moral *issue*.
그것은 윤리 문제다.

타 (3단현 **issues** [íʃuːz 이슈-즈], 과거·과거 분사 **issued** [íʃuːd 이슈-드], 현재 분사 **issuing** [íʃuːiŋ 이슈-잉])

(책·우표 등을) 발행하다, 출판하다

This stamp was *issued* last year.
이 우표는 작년에 발행되었다.

---

*it *it*

[it 잇]

대 (복수 **they** [ðei 데이])
대 1. 그것은[이]; 그것을 《이미 언급한 사물, 성별을 고려하지 않는 동식물·사람, 막연한 상태를 가리킬 때 쓴다. 우리말로 번역하지 않을 때도 많다》

What's this? — *It* is a book.
이것은 무엇이지요? — 그것은 책입니다.

I have a cat. *It* is white.
나는 고양이를 기르고 있다. 그 고양이는 흰색이다.
It is my turn. 내 차례다.

대 2. [시간·기후·거리·계절·명암 등을 나타낼 때 주어로 사용하며 이 때 it은 번역하지 않는다]

What time is *it*? — *It* is ten

thirty.
몇시니? — 10시 30분입니다.
It is Friday today.
오늘은 금요일이다.
It is warm today.
오늘은 (날씨가) 따뜻하다.
It is autumn now.
지금은 가을이다.

대 3. [형식 주어 또는 형식 목적어로서 어구나 절을 대표하여] …하는 것은[을]
It is wrong to tell a lie.
거짓말을 하는 것은 나쁘다.
It is true that he is honest.
그가 정직하다는 것은 사실이다.
It is no use crying.
울어봐야 아무 소용 없다.

대 4. [문장의 일부를 강조할 때 It is … that 으로 써서] …인 것은
It was in the park *that* I met him. 내가 그를 만난 것은 공원에서였다.
It was yesterday *that* I saw her.
내가 그녀를 본 것은 어제였다.

《참고》 it의 변화형

주격	it	그것은
소유격	its	그것의
목적격	it	그것을
재귀대명사	itself	그것 자체를

I·tal·ian *Italian*
[itǽljən 이탤리언]
형 이탈리아의 ; 이탈리아 사람[어]의
명 (복수 **Italians** [itǽljənz 이탤리언즈])
이탈리아어 ; [the Italian으로] 이탈리아 사람《전체 ; 복수 취급》
Do you speak *Italian*?
너는 이탈리아어를 할 수 있니?

It·a·ly *Italy*
[ítəli 이털리]
명 이탈리아

She was born in *Italy*.
그녀는 이탈리아에서 태어났다.

it'd *it'd*

[ìtud 이투드]
it would, it had의 단축형

*i·tem *item*

[áitəm 아이텀]
명 (복수 **items** [áitəmz 아이텀즈])
항목, 조항; 종목, 품목; 기사
items of business 영업 종목
local *items*
(신문의) 지방 기사

*it'll *it'll*

[ìtl 이틀]
it will, it shall의 단축형
It'll be very hot tomorrow.
내일은 매우 더울 것이다.

*its *its*

[its 이츠]
대 (복수 **their** [《약》ðər 더; 《강》ðέər 데어])
그것의
Look at the cat. *Its* tail is short.
고양이를 봐. 그것의 꼬리는 짧다.

*it's *it's*

[its 이츠]
it is, it has의 단축형
◆ *It's* a pleasure meeting you.
만나서 반갑습니다.

◆ *It's* a pity. 유감입니다.

*it·self *itself*

[itsélf 잇셀프]
대 (복수 **themselves** [ðəmsélvz 덤셀브즈])
그 자신(을)
The frog saw *itself* in the water.
개구리는 물속에 비친 자기 모습을 보았다.

The child hurt *itself*.
그 아이는 다쳤다.
by itself 단독으로, 다른 것과 떨어져서
The building stands on the hill *by itself*. 그 건물만 언덕 위에 외따로 서 있다.
in itself 그 자체로, 본래는

J, j

J, j *Ɉ, ɉ*
[dʒéi 제이]
  명 (복수 **J's, j's** [dʒéiz 제이즈]) 제이《영어 알파벳의 열번째 글자》

*jack·et *jacket*
[dʒǽkit 재킷]
  명 (복수 **jackets** [dʒǽkits 재키츠])
  명 1. (짧은) 웃옷, 재킷
    She bought me a new *jacket*.
    그녀는 나에게 새 재킷을 사주었다.
  명 2. (책의) 재킷《cover는 책 표지를 의미한다》; (레코드의) 재킷

*jail *jail*
[dʒéil 제일]
  명 교도소, 감옥; 구치소 (《동》 prison)
    go to *jail* 교도소에 들어가다
    He was in *jail* for three years.
    그는 3년간 교도소에 있었다.

*jam¹ *jam*
[dʒǽm 잼]
  명 (복수 **jams** [dʒǽmz 잼즈]) 잼

Spread *jam* on bread.
빵에 잼을 발라라.
I like apple *jam*.
나는 사과잼을 좋아한다.

*jam² *jam*
[dʒǽm 잼]
  타 (3단현 **jams** [dʒǽmz 잼즈], 과거·과거 분사 **jammed** [dʒǽmd 잼드], 현재 분사 **jamming** [dʒǽmiŋ 재밍])
  (장소를) 막다; [be jammed로] (장소에) 가득 차 있다
    The traffic *was jammed* by

the crowd.
교통은 군중으로 인해 마비되었다.
명 가득 차 있음 ; 붐비기, 혼잡
There is a bad traffic *jam*.
교통 체증〔혼잡〕이 심하다.

***Jan·u·ar·y** *January*
[dʒǽnjuèri 재뉴에리]
명 1월《Ja., Jan.으로 약한다》
My birthday is (on) *January* 19. 내 생일은 1월 19일이다.
We have a lot of snow in *January*.
1월에는 눈이 많이 내린다.

Ja·pan *Japan*
[dʒəpǽn 저팬]
명 일본
Japan is an island country.
일본은 섬 나라다.
She was born in *Japan*.
그녀는 일본에서 태어났다.

Jap·a·nese *Japanese*
[dʒæpəníːz 재퍼니-즈]
형 일본의 ; 일본 사람의 ; 일본어의
I am *Japanese*.
나는 일본 사람이다.
명 《복수 **Japanese** [dʒæpəníːz 재퍼니-즈] (단수·복수 동형)》
명 1. 일본 사람 ; [the Japanese 로] 일본 사람(전체 ; 복수 취급)

The Japanese eat lots of rice and fish. 일본 사람은 쌀과 생선을 많이 먹는다.
명 2. 일본어《부정 관사를 붙이지 않고 복수형으로도 하지 않는다》
She made a speech in *Japanese*.
그녀는 일본어로 연설을 했다.

***jar** *jar*
[dʒάːr 자-]
명 《복수 **jars** [dʒάːrz 자-즈]》
병, 항아리《유리제 또는 도기로 아가리가 넓은 원통형의 용기》

a *jar* of apple jam
사과잼 한 병

*jean *jean*
[dʒíːn 진-]
명 《복수 **jeans** [dʒíːnz 진-즈]) [jeans로] 진바지《blue jeans라고도 말한다》

She is wearing *jeans*.
그녀는 진바지를 입고 있다.
This *jeans* are very nice.
이 진바지는 매우 멋지다.

*jet *jet*
[dʒét 젯]
명 《복수 **jets** [dʒéts 제츠])
명 1. (가스·물 등의) 분출, 분사 ; 분출구
The fire hose sent up a *jet* of water.
소방 호스가 물을 뿜어 올렸다.

명 2. 제트 비행기
He went there by *jet*. 그는 제트 비행기로 거기에 갔다.

*jew·el·ry *jewelry*
[dʒúːəlri 주-얼리]
명 보석류(전체)

*job *job*
[dʒáb 자브]
명 《복수 **jobs** [dʒábz 자브즈])
일 ; 직업
It is her *job* to look after the baby.
아기 보기가 그녀의 일이다.

He got a part-time *job*.
그는 시간제 일자리를 얻었다.
They lost their *jobs*.
그들은 실직했다.

*join *join*
[dʒɔ́in 조인]
동 (3단현 **joins** [dʒɔ́inz 조인즈], 과거·과거 분사 **joined** [dʒɔ́ind 조인드], 현재 분사 **joining** [dʒɔ́iniŋ 조이닝])
타 1. 결합하다, 연결하다
He *joined* the pipes.
그는 파이프를 연결했다.

She *joined* the two wires to-

gether. 그녀는 2 가닥의 전선을 연결했다.
◉ 2. **참가하다, …에 가입하다**
☆ Can you *join* us? — ☆ OK.
같이 할래? — 좋아.
Let me *join* you.
나도 끼워 줘.

◉ 3. (강·길에) **합치다, 합류하다**
The stream *joins* the river.
냇물은 강에 합류한다.
㉤ 합쳐지다 ; 참가하다⟨*in*⟩
Where do the two roads *join*?
그 두 길은 어디서 합쳐집니까?

joint *joint*
[dʒɔ́int 조인트]
명 관절, 마디 ; 이음매
a knee *joint* 무릎 관절

형 합동의, 공동의《명사 앞에만 쓴다》
a *joint* work 공동 작업

*joke *joke*
[dʒóuk 조우크]

명 (복수 **jokes** [dʒóuks 조우크스])
농담, 장난
It is no *joke*. 농담이 아니다.
I can not see his *joke*.
나는 그의 농담을 이해할 수 없다.
in joke 농담으로
I said it *in joke*.
그것은 농담으로 한 말이었다.
play a joke on …을 놀리다, 조롱하다
She *played a joke on* me.
그녀는 나를 놀렸다.
㉤ (3단현 **jokes** [dʒóuks 조우크스], 과거·과거 분사 **joked** [dʒóukt 조우크트], 현재 분사 **joking** [dʒóukiŋ 조우킹])
농담하다, 놀리다
He was always *joking* with us.
그는 언제나 우리들과 농담을 했다.
I won the first prize. — You are *joking*.
내가 1등상을 탔다. —농담이지.

jour·nal *journal*
[dʒə́ːrnl 저-늘]
명 (복수 **journals** [dʒə́ːrnlz 저-늘즈])
명 1. (일간) 신문, 잡지 ; 정기 간행물

a weekly *journal* 주간지
명 2. 일지, 일기
keep a *journal* 일기를 쓰다

jour·nal·ist *journalist*
[dʒə́ːrnəlist 저-널리스트]

명 저널리스트《신문·잡지·텔레비전 등의 기자와 편집자·해설자 등을 가리킨다》

*jour·ney *journey*
[dʒə́ːrni 저-니]

명 (복수 **journeys** [dʒə́ːrniz 저-니즈])

명 1. 여행
He made a *journey* to London.
그는 런던으로 여행을 했다.
He went on a *journey*.
그는 여행을 떠났다.

명 2. 여정, 행정
It is a day's *journey* from here.
여기에서 하루의 여정이다.

*joy *joy*
[dʒɔ́i 조이]

명 (복수 **joys** [dʒɔ́iz 조이즈])

기쁨, 환희; 기쁨을 주는 것
A thing of beauty is a *joy* forever.
아름다운 것은 영원한 기쁨이다.
for joy*=*with joy 기뻐서, 기쁜 나머지
He jumped *for joy*.
그는 기뻐서 깡충 뛰었다.
to one's ***joy*** 기쁘게도
To my joy, I passed the test.
기쁘게도 나는 시험에 합격했다.

*judge *judge*
[dʒʌ́dʒ 저지]

타 (3단현 **judges** [dʒʌ́dʒiz 저지즈], 과거·과거 분사 **judged** [dʒʌ́dʒd 저지드], 현재 분사 **judging** [dʒʌ́dʒiŋ 저징])

재판하다, 판결하다; 판단하다, 심사하다
The court *judged* her innocent.
법원은 그녀가 무죄라고 판결했다.

명 (복수 **judges** [dʒʌ́dʒiz 저지즈])

명 1. 재판관, 판사

명 2. 심판, 심사원

We need two *judges* in the game. 그 게임에는 두 명의 심판이 필요하다.

judg(e)·ment *judgement*
[dʒʌdʒmənt 저지먼트]
명 (복수 **judg(e)ments** [dʒʌdʒmənts 저지먼츠])
명 1. 재판, 판결
The *judgment* was against him. 판결은 그에게 불리했다.
명 2. 판단, 판단력
You should act on your own *judgment*. 너는 네 자신의 판단에 따라 행동해야 한다.

juice *juice*
[dʒúːs 주-스]
명 (과일·고기 등의) 주스, 즙, 액

orange *juice* 오렌지 주스

*Ju·ly *July*
[dʒuːlái 줄라이]
명 7월《Jul.로 약한다》
The summer vacation begins in *July*.
여름 방학은 7월에 시작된다.
June, *July* and August are the summer in Korea. 6월, 7월, 8월은 한국에서 여름이다.

*jump *jump*
[dʒʌmp 점프]
동 (3단현 **jumps** [dʒʌmps 점프스], 과거·과거분사 **jumped** [dʒʌmpt 점프트], 현재분사 **jumping** [dʒʌmpiŋ 점핑])
자 뛰다, 뛰어오르다 ; 뛰어넘다
The horse *jumped* over the fence.
말이 울타리를 뛰어넘었다.

타 뛰어넘다
명 도약, 뛰어오름, 점프

the broad *jump*
멀리 뛰기
the high *jump*
높이 뛰기
the pole *jump*
장대 높이 뛰기

*June *June*

[dʒúːn 준-]

명 6월 《Jun.으로 약한다》
Roses are pretty in *June*.
6월에는 장미가 아름답다.
She is going to marry in *June*.
그녀는 6월에 결혼할 예정이다.

*jun·gle *jungle*

[dʒʌ́ŋgl 정글]

명 (복수 **jungles** [dʒʌ́ŋglz 정글즈])
[the jungle로] 정글, 밀림(지대)

the law of *the jungle*
정글의 법칙《약육 강식》

Many animals live in *the jungle*.
많은 동물들이 밀림에서 산다.

ju·nior *junior*

[dʒúːnjər 주-니어]

명 (복수 **juniors** [dʒúːnjərz 주-니어즈])

명 1. 손아랫사람, 연소자 ; 후배
《반》senior 연장자)
He is three years my *junior*.
그는 나보다 세 살 아래다.

명 2. 《미》(4년제 대학·고등 학교의) 3학년

형 1. 손아래의 ; 후배의〈*to*〉
《반》senior 연상의)
She is *junior to* me at the office.
그녀는 회사에서 내 후배다.

형 2. 연소한, 2세의《이름 뒤에 쓴다 ; Jr., jr.로 약한다》
John Smith, *Junior*
존 스미스 2세

ju·ry *jury*

[dʒú(ə)ri 주(어)리]

명 (복수 **juries** [dʒú(ə)riz 주(어)리즈])
배심, 배심원단(시민 중에서 선정된 12명의 배심원들이 법정에서 피고의 유죄, 무죄를 평결하여 판사에게 전한다)

*just *just*

[dʒəs(t) 저스(트)]

부 1. 정확히, 틀림없이, 바로, 꼭《동》exactly
Just then the telephone rang.
바로 그때 전화가 울렸다.
What time is it? — It is *just* twelve o'clock.
몇 시입니까? — 정각 열두시입니다.

㉮ 2. [완료형·과거형과 함께] 이제 방금, 막 (…했다)
He *just* finished dinner.
그는 방금 저녁 식사를 끝냈다.

I have *just* finished my homework.
나는 숙제를 막 끝냈다.

㉮ 3. [명령형과 함께] 좀, 조금; 단지, 다만 《동》 only)
Just a moment, please.
잠깐만 기다리세요.
May I help you? — No. I'm *just* looking.
무엇을 도와드릴까요? — 아니오. 그냥 구경만 하려고요.

㉮ 4. [흔히 only와 함께] 겨우, 간신히, 가까스로
She *only just* caught the bus.
그녀는 간신히 버스를 탔다.

㉮ 5. 《구어》 아주, 정말로
The weather was *just* fine.
날씨가 아주 좋았다.

just now [과거형 문장에서] 이제 막, 방금; [현재형 문장에서] 바로 지금
She went out *just now*.
그녀는 방금 외출했다.
I'm very busy *just now*.
나는 지금 아주 바쁘다.

㉯ [dʒʌst 저스트] 올바른, 공정한 (《동》 fair); 정당한
a *just* claim 정당한 요구
He was a wise and *just* man.
그는 현명하고 공정한 사람이었다.

jus‧tice *justice*
[dʒʌ́stis 저스티스]
㉰ 정의, 공정; 정당
We must fight for *justice*.
우리는 정의를 위해 싸워야 한다.

정의의 여신상

K, k 𝒦, k
[kéi 케이]

명 (복수 **K's, k's** [kéiz 케이즈]) 케이《영어 알파벳의 열한번째 글자》

---

*kan·ga·roo kangaroo
[kæŋgərúː 캥거루-]

★ 악센트 주의

명 (복수 **kangaroos** [kæŋgərúːs 캥거루-스])
《동물》 캥거루

There are many *kangaroos* in Australia.
캥거루는 오스트레일리아에 많다.

---

*keep keep
[kíːp 키-프]

동 (3단현 **keeps** [kíːps 키-프스], 과거·과거 분사 **kept** [képt 켑트], 현재 분사 **keeping** [kíːpiŋ 키-핑])

타 1. 간직하다, 가지고 있다; 맡다, 보관하다

I *keep* his letters in this box.
나는 그의 편지를 이 상자에 보관하고 있다.

You may *keep* the tape.
네가 그 테이프를 가지고 있어도 좋다.

Please *keep* the change.
거스름 돈은 가지세요.

타 2. (가족 등을) 부양하다; (동물 등을) 기르다

She *keeps* three children. 그녀는 세 아이를 부양하고 있다.

I *keep* three rabits. 나는 토끼를 세 마리 기르고 있다.

타 3. (약속·규칙 등을) 지키다
She *kept* her promise.
그녀는 약속을 지켰다.

Can he *keep* a secret?
그가 비밀을 지킬 수 있을까?

타 4. (일기 등을) 쓰다
I *keep* a diary every day.
나는 날마다 일기를 쓴다.

타 5. …한 상태로 두다; (어떤 상태·동작을) 계속하다
Keep your hands clean.
손을 항상 깨끗이 해라.

I'm sorry to have *kept* you waiting.
기다리시게 해서 죄송합니다.

타 6. (가게 등을) 경영하다
He *keeps* a hotel in this city.
그는 이 도시에서 호텔을 경영하고 있다.

타 7. 머물게 하다; 구류하다

타 8. …하지 못하게 하다
The rain *kept* me from going out.
비 때문에 나는 외출할 수가 없었다.

자 1. (어떤 상태에) 있다
Please *keep* quiet.
조용히 해 주세요.
He *kept* awake.
그는 줄곧 깨어 있었다.

자 2. 계속해서 …하다
It *kept* raining all day long.
하루종일 비가 내렸다.

☆ Where's the bus stop?
— *Keep* along this street.
버스 정류장은 어디에 있습니까?
— 이 거리를 따라 쭉 가십시오.

자 3. [보통 can not과 함께] …하지 않고 있다
We *couldn't keep* from laughing.
우리는 웃지 않을 수 없었다.

keep … away from ~ …을 ~에게 가까이 못오게 하다
He *kept* me *away from* the dog.
그는 나를 개에게 가까이 가지 못하게 했다.

keep off … …에 접근하지 않다
Keep off the grass.
잔디밭에 들어가지 마시오.

keep on (1) [keep on ~ing로] …을 계속하다
I *kept on* study*ing* till midnight.
나는 한밤중까지 공부를 계속했다.

(2) (옷·모자 등을) 입은 채로 있다
I *kept* my shoes *on*.
나는 구두를 신은 채로 있었다.
keep up with (유행·공부 등에) 뒤지지 않다

*kept *kept*
[képt 켑트]
동 keep의 과거·과거 분사

*ket·tle *kettle*
[kétl 케틀]
명 (복수 **kettles** [kétlz 케틀즈])
주전자
boil water in a *kettle*
주전자에 물을 끓이다
The *kettle* is boiling.
주전자(물)이 끓고 있다.

*key *key*
[kíː 키-]
명 (복수 **keys** [kíːz 키-즈])
명 1. 열쇠, 키(《참고》lock 자물쇠)

I have a *key*.
나는 열쇠를 가지고 있다.
I can't find the *key* to my car.
내 차 열쇠를 찾을 수가 없다.
명 2. (문제 해결 등의) 실마리, 열쇠; (성공의) 비결
Diligence is the *key* to success.
근면은 성공의 비결이다.
It is the *key* to the problem.
그것이 문제 해결의 열쇠다.
명 3. (피아노 등의) 키
명 4. 『음악』 (장단의) 조

*kick *kick*
[kík 킥]
타 (3단현 **kicks** [kíks 킥스], 과거·과거 분사 **kicked** [kíkt 킥트], 현재 분사 **kicking** [kíkiŋ 키킹])
차다, 걷어차다
The boy *kicked* the can.
그 소년은 깡통을 걷어찼다.

He *kicked* a ball.
그는 공을 찼다.
kick off (1) (축구 등에서) 시합을 시작하다
The final game will *kick off* at 3 o'clock.
결승전은 3시에 시작될 것이다.
(2) (신발 등을) 벗어 던지다
She *kicked off* her shoes.
그녀는 신발을 벗어 던졌다.
명 (복수 **kicks** [kíks 킥스])
차기; (축구 등에서) 킥
a penalty *kick*
페널티 킥
I gave him a *kick*.
나는 그를 걷어찼다.

---

*kid *kid*

[kíd 키드]
명 (복수 **kids** [kídz 키즈])
명 1. 새끼 염소

명 2. 《구어》 아이(《동》 child)
How many *kids* do you have? — I have three *kids*.
아이가 몇 명입니까? — 세 명입니다.
자 (3단현 **kids** [kídz 키즈], 과거·과거 분사 **kidded** [kídid 키디드], 현재 분사 **kidding** [kídiŋ 키딩])
놀리다, 농담하다
You're *kidding*!
농담이지!
No *kidding*! 농담마라!

**kill *kill*

[kíl 킬]
타 (3단현 **kills** [kílz 킬즈], 과거·과거 분사 **killed** [kíld 킬드], 현재 분사 **killing** [kíliŋ 킬링])
죽이다; [보통 수동태로] (사고 등으로) 죽다; (시간을) 보내다
The frost *killed* all the crops.
서리로 농작물이 다 죽었다.
A lot of peaple *are killed* in traffic accidents every year.
매년 많은 사람이 교통사고로 사망한다.
She *killed* time by reading a book.
그녀는 책을 보면서 시간을 보냈다.

kill one*self* 자살하다

---

ki·lo·gram *kilogram*

[kíləgræm 킬러그램]
명 (복수 **kilograms** [kíləgræmz 킬러그램즈])
킬로그램(kg으로 약한다)

---

*ki·lo·me·ter *kilometer*

[kilámətər 킬라머터]
명 (복수 **kilometers** [kilámətərz 킬라머터즈])
킬로미터(km로 약한다)

**kind¹ *kind*

[káind 카인드]

형 (비교급 **kinder** [káindər 카인더], 최상급 **kindest** [káindist 카인디스트])
친절한, 상냥한, 인정 있는
She is a very *kind* girl.
그녀는 매우 친절한 소녀다.
He is *kind* to everyone.
그는 누구에게나 상냥하다.
It's very *kind* of you to help me.
도와주셔서 정말 감사합니다.
She was *kind* enough to show me the way.
그녀는 친절하게도 길을 가르쳐 주었다.

Will you be *kind* enough to shut the window?
창문 좀 닫아 주시겠습니까?

kind² *kind*

[káind 카인드]
명 (복수 **kinds** [káindz 카인즈])
종류(《동》 sort)
This *kind* of book is interesting.
이런 종류의 책은 재미있다.
What *kind* of man is he?
그는 어떤 사람입니까?
a kind of 일종의…, …의 일종, …에 가까운
☞ of 뒤의 명사에는 관사를 붙이지 않는다.
He is *a kind of* gentleman.
그는 신사라고 해도 좋다.

kin·der·gar·ten *kindergarten*

[kíndərgà:rtn 킨더가-튼]
명 유치원
My brother goes to *kindergarten*.
내 남동생은 유치원에 다닌다.

kind·ly *kindly*

[káindli 카인들리]
부 친절하게, 상냥하게 ; 부디 (…해 주십시오)《명령문과 부탁을 나타내는 의문문에 쓴다》
Speak *kindly* to children.
아이들에게 상냥하게 말하세요.
He treated me *kindly*.
그는 나를 친절하게 대했다.
Would you *kindly* open the door?
문 좀 열어주세요.

kind·ness *kindness*

[káin(d)nəs 카인(드)너스]

명 (복수 **kindnesses** [káin(d)nəsiz 카인(드)너시즈])
명 1. 친절
Thank you for your *kindness*.
친절에 감사드립니다.
명 2. 친절한 행위
He has done me many *kindnesses*.
그는 나에게 여러가지 친절을 베풀어 주었다.

*king *king*
[kíŋ 킹]
명 (복수 **kings** [kíŋz 킹즈])
명 1. [흔히 King으로] 왕, 국왕 (《반》 queen 여왕)

Long live the *King*.
국왕 만세.
명 2. (…의) 왕
The lion is the *king* of all animals.
사자는 모든 동물의 왕이다.

명 3. (트럼프·체스의) 퀸

king·dom *kingdom*
[kíŋdəm 킹덤]
명 (복수 **kingdoms** [kíŋdəmz 킹덤즈])
왕국; (학문 등의) 분야; …계
the United *Kingdom*
연합 왕국, 영국
the animal *kingdom*
동물계
the plant *kingdom*
식물계

*kiss *kiss*
[kís 키스]
명 (복수 **kisses** [kísiz 키시즈])
키스, 입맞춤
She gave me a *kiss*.
그녀는 나에게 키스를 했다.
동 (3단현 **kisses** [kísiz 키시즈], 과거·과거 분사 **kissed** [kíst 키스트], 현재 분사 **kissing** [kísiŋ 키싱])
타 …에 키스하다, 입맞추다
He *kissed* her cheek.
그는 그녀의 볼에 키스했다.
She *kissed* her child.
그녀는 아이에게 키스했다.

자 키스하다

*kitch·en *kitchen*
[kítʃin 키친]
명 (복수 **kitchens** [kítʃinz 키친즈])
부엌

My mother is preparing dinner in the *kitchen*.
어머니는 부엌에서 식사를 준비하고 계신다.

*kite *kite*

[káit 카이트]
  명 (복수 **kites** [káits 카이츠])
  연 ; 솔개
    Children are flying *kites*.
    아이들이 연을 날리고 있다.

That's a big *kite*.
저것은 큰 솔개다.

*knee *knee*

[ní: 니-]
★ 발음 주의
  명 (복수 **knees** [ní:z 니-즈])
  무릎
    She hurt her *knee* when she fell. 그녀는 넘어져서 무릎을 다쳤다.

He prayed on his *knees*.
그는 무릎을 꿇고 기도했다.
The baby is sitting on his mother's *knees*.
아기는 엄마 무릎 위에 앉아 있다.

*knew *knew*

[n(j)ú: 뉴-]
★ 발음 주의
  동 **know**의 과거형
    I *knew* the answer.
    나는 그 답을 알고 있었다.

*knife *knife*

[náif 나이프]
★ 발음 주의
  명 (복수 **knives** [náivz 나이브즈])
  (식사용) 나이프, 창칼 ; (수술용) 메스
    a *knife* and fork
    식사용 나이프와 포크

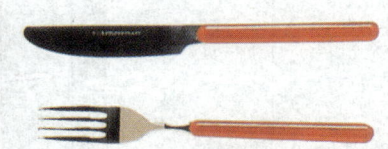

Give me a *knife*, please.
나이프 좀 주세요.
They use a *knife* and fork when they eat.
그들은 식사 때 나이프와 포크를 사용한다.

knit *knit*

[nít 닛] ★ 발음 주의
동 (3단현 **knits** [níts 니츠], 과거·과거 분사 **knitted** [nítid 니티드] 또는 **knit** [nít 닛], 현재 분사 **knitting** [nítiŋ 니팅])
타 짜다, 뜨다

She is *knitting* stockings.
그녀는 양말을 짜고 있다.

자 뜨개질하다

*knock *knock*

[nák 낙] ★ 발음 주의
동 (3단현 **knocks** [náks 낙스], 과거·과거 분사 **knocked** [nákt 낙트], 현재 분사 **knocking** [nákiŋ 나킹])
자 1. (문을) 두드리다, 노크하다⟨on, at⟩
Someone is *knocking at* the door.
누군가 문을 두드리고 있다.
Knock on the door before you enter.
들어오기 전에 노크를 하세요.
자 2. (…에) 부딪치다⟨against⟩
He *knocked against* the table.
그는 테이블에 부딪쳤다.
타 1. …을 세게 치다
He *knocked* me on the head.
그가 내 머리를 쳤다.
타 2. …을 (…에) 부딪치다 ⟨against⟩
She *knocked* her head *against* the wall.
그녀는 머리를 벽에 부딪쳤다.
knock down 때려눕히다 ; (차가 사람)을 치다
I *knocked* him *down*.
나는 그를 때려눕혔다.

He was *knocked down* by a taxi.
그는 택시에 치였다.
knock out (권투·야구에서) 녹아웃시키다 ; 쳐서 쓰러뜨리다

Kitchen 부엌
[kítʃin 키친]

① **refrigerator** 냉장고
[rifrídʒərèitər 리프리저레이터]
② **juicer** 주서《과즙 짜는 기계》
[dʒúːsər 주-서]
③ **mixer** [míksər 믹서] 믹서
④ **toaster** 토스터《빵 굽는 기구》
[tóustər 토우스터]
⑤ **plate** [pléit 플레이트] 접시
⑥ **measuring cup** 계량컵
[méʒ(ə)riŋ-kʌ̀p 메저링컵]
⑦ **ladle** [léidl 레이들] 국자
⑧ **eggbeater** 달걀 교반기
[égbìːtər 에그비-터]
⑨ **cupboard** 찬장
[kʌ́bərd 커버드]
⑩ **saucepan** 스튜 냄비
[sɔ́ːspæ̀n 소-스팬]
⑪ **jug** [dʒʌ́g 저그] (주둥이가 넓은) 주전자
⑫ **faucet** [fɔ́ːsit 포-싯] 수도꼭지

⑬ **grill** [gríl 그릴] 석쇠
⑭ **frying pan** 프라이 팬
   [fráiiŋ-pǽn 프라이잉팬]
⑮ **sink** [síŋk 싱크] 개수대
⑯ **cooker** 요리〔조리〕기구
   [kúkər 쿠커]
⑰ **kettle** [kétl 케틀] 주전자
⑱ **gas range** 가스 레인지
   [gǽs-rèindʒ 개스레인지]
⑲ **oven** [ʌ́vən 어번] 오븐
⑳ **pan** 납작한 냄비
   [pǽn 팬]
㉑ **mixing bowl** 혼합용 사발
   [míksiŋ-bòul 믹싱보울]
㉒ **rolling pin** 밀방망이
   [róuliŋ-pìn 로울링핀]
㉓ **kitchen knife** 부엌칼
   [kítʃin-nàif 키친나이프]
㉔ **cutting board** 도마
   [kʌ́tiŋ-bɔ̀ːrd 커팅보-드]

He was *knocked out* in the first round. 그는 1라운드에서 녹아웃되었다.

명 (복수 **knocks** [náks 낙스]) 노크, 문을 두드림 ; 문을 두드리는 소리
There was a *knock* on[at] the door.
문을 두드리는 소리가 났다.

knot *knot*

[nát 낫] ★ 발음 주의
명 (복수 **knots** [náts 나츠])
매듭

know *know*

[nóu 노우] ★ 발음 주의
동 (3단현 **knows** [nóuz 노우즈], 과거형 **knew** [n(j)ú: 뉴-], 과거 분사 **known** [nóun 노운], 현재 분사 **knowing** [nóuiŋ 노우잉])

타 1. 알고 있다, 알다 ; 이해하다
I *know* his name.
나는 그의 이름을 안다.
Everyone *knows* it.
누구나 그것을 알고 있다.

타 2. …와 아는 사이다
Do you *know* him? — Yes, he is my friend.
너는 그를 잘 알고 있니? — 그럼, 그는 내 친구야.

타 3. 분별하다, 인식하다
I *knew* him by his voice.
나는 목소리를 듣고 그라는 것을 알았다.

자 알고 있다
I don't *know* about that.
그 일은 잘 알지 못한다.
Today is a holiday. — I *know*.
오늘은 휴일이야. — 알고 있어.

you know 알다시피
He is not a good cook, *you know*.
알다시피, 그는 요리를 잘하지 못한다.

*knowl·edge *knowledge*
[nálidʒ 날리지]
★ 발음 주의
명 지식 ; 이해, 알고 있음
My *knowledge* of English is poor.
내 영어 지식은 빈약하다.
A little *knowledge* is a dangerous thing.
《속담》 어설프고 짧은 지식은 위험한 것이다《선무당이 사람 죽인다》.

*known *known*
[nóun 노운]
★ 발음 주의
동 **know**의 과거 분사

**Ko·re·a *Korea*
[kərí:ə 커리-어]

명 한국

Korea is a beautiful country.
한국은 아름다운 나라다.

**Ko·re·an *Korean*
[kərí:ən 커리-언]
형 한국의 ; 한국 사람의 ; 한국어의
Korean clothes 한복

명 (복수 **Koreans** [kərí:ənz 커리-언즈])
명 1. 한국어
Can you speak *Korean*?
한국어를 할 줄 압니까?
명 2. 한국 사람 ; [the Korean] 한국 사람《전체 ; 복수 취급》

L, l *L, l*
[él 엘]
명 (복수 **L's, l's** [élz 엘즈])
엘《영어 알파벳의 열두번째 글자》

*la·bel *label*
[léibəl 레이벌] ★ 발음 주의
명 (복수 **labels** [léibəlz 레이벌즈])
라벨, 꼬리표

타 (3단현 **labels** [léibəlz 레이벌즈], 과거·과거 분사 **label(l)ed** [léibəld 레이벌드], 현재 분사 **label(l)ing** [léib(ə)liŋ 레이벌링])
(…에) 라벨을 붙이다

*la·bo(u)r *labour*
[léibər 레이버]
명 (복수 **labo(u)rs** [léibərz 레이버즈])
노동, 근로 ; 노력 ; (힘든) 일 ; 노동자
  mental〔physical〕 labor
  정신〔육체〕 노동
자 (3단현 **labo(u)rs** [léibərz 레이버즈], 과거·과거 분사 **labo(u)red** [léibərd 레이버드], 현재 분사 **labo(u)ring** [léib(ə)riŋ 레이버링])
일하다, 노동하다 ; 애쓰다, 노력하다

*lab·o·ra·to·ry *laboratory*
[læb(ə)rətɔ̀ːri 래버러토-리]
명 (복수 **laboratories** [læb(ə)rətɔ̀ːriz 래버러토-리즈])
실험실, 연구소〔실〕《(구어)에서는 lab으로 약한다》
  a chemical *laboratory*
  화학 실험실

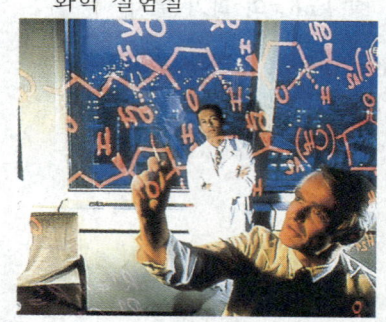

***lack** *lack*

[lǽk 랙]

명 [흔히 a lack으로] 부족, 결핍 ; 부족한 것
 lack of water 물 부족

통 (3단현 **lacks** [lǽks 랙스], 과거·과거 분사 **lacked** [lǽkt 랙트], 현재 분사 **lacking** [lǽkiŋ 래킹])

타 부족하다, …이 없다
 We *lack* time.
 우리는 시간이 부족하다.

자 부족하다 ⟨for⟩

***lad·der** *ladder*

[lǽdər 래더]

명 (복수 **ladders** [lǽdərz 래더즈])
사닥다리
 climb up a *ladder*
 사닥다리를 오르다

***la·dy** *lady*

[léidi 레이디]

명 (복수 **ladies** [léidiz 레이디즈])

명 1. 부인, 숙녀(《반》 gentleman 신사)(woman, girl의 공손한 말)
 ladies' shoes 숙녀화

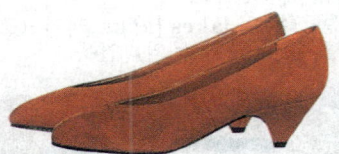

 Who is that *lady*?
 저 부인은 누구입니까 ?

명 2. [ladies로] 여러분(부르는 상대가 한 명인 경우는 madam, ma'am, miss 등을 쓴다)
 Ladies and gentlemen!
 신사 숙녀 여러분!

명 3. [lèidi 레이디] [Lady로] (영)…부인, …아가씨(귀족의 부인이나 딸에 대한 경칭으로 성 앞에 붙여 쓴다)
 Lady Smith
 스미스 부인

명 4. [형용사적으로] 여류 …, 여자 …
 a *lady* writer 여류 작가
 a *lady* doctor 여의사

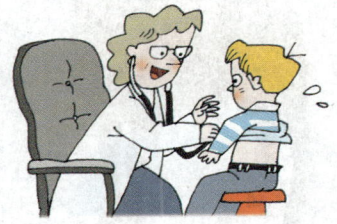

***laid** *laid*

[léid 레이드]
 타 **lay**¹의 과거·과거 분사

***lain** *lain*

[léin 레인]
 자 **lie**¹의 과거 분사

*lake *lake*

[léik 레이크]

몡 (복수 **lakes** [léiks 레이크스])
호수 ; (공원 등의) 연못

Let's swim at the *lake*.
호수에서 헤엄치자.

---

*lamb *lamb*

[læm 램]

★ 발음 주의

몡 (복수 **lambs** [læmz 램즈])
『동물』 어린양 ; 유순한 사람

a flock of *lambs*
양떼
He is a man as gentle as a *lamb*. 그는 어린양처럼 순한 사람이다.

---

*lamp *lamp*

[læmp 램프]

몡 (복수 **lamps** [læmps 램프스])
등불, 램프

There is a *lamp* on the table.
테이블 위에 램프가 있다.

---

*land *land*

[lænd 랜드]

몡 (복수 **lands** [lændz 랜즈])

몡 1. 육지(《반》 sea 바다) ; 토지
rich *land*
비옥한 토지
The sailors saw *land*.
선원들은 육지를 보았다.

몡 2. 나라, 국토(《동》 country) ; (…의) 나라
one's native *land*
조국
the *land* of dreams
꿈의 나라

by land 육로로
He traveled *by land*.
그는 육로로 여행했다.

동 (3단현 **lands** [lændz 랜즈], 과거·과거 분사 **landed** [lændid 랜디드], 현재 분사 **landing** [lændiŋ 랜딩])

자 상륙하다 ; 착륙하다(《반》 take off 이륙하다)
The troops *landed* on the beach.
군대는 그 해안에 상륙했다.

타 상륙시키다 ; 착륙시키다
The pilot *landed* the airplane

in a field.
조종사는 비행기를 들판에 착륙시켰다.

*lan·guage *language*
[lǽŋgwidʒ 랭귀지]

명 (복수 **languages** [lǽŋgwidʒiz 랭귀지즈])
언어, 말《부정 관사를 붙이지 않고 복수형으로도 하지 않는다》; 국어, …어(《동》 tongue); 어법, 말투

spoken *language*
구어
body *language*
신체 언어
a foreign *language*
외국어
His native *language* is French.
그의 모국어는 프랑스어다.

***large** *large*
[lάːrdʒ 라-지]

형 (비교급 **larger** [lάːrdʒər 라-저], 최상급 **largest** [lάːrdʒist 라-지스트])

형 1. 큰, 넓은(《반》 small 작은)

small　　　large

Your room is *larger* than mine.
네 방은 내 방보다 더 넓다.
형 2. (수·양이) 많은(《반》 small 적은)
He has a *large* family.
그는 대가족이다.

---

large·ly *largely*
[lάːrdʒli 라-질리]

부 대부분, 주로
The country is *largely* desert.
그 나라는 대부분 사막이다.

***last¹** *last*
[lǽst 래스트]

형 1. [the last, one's last로] 최후의, 맨 마지막의(《반》 first 최초의)
What is *the last* day of the week?
주의 마지막 날은 무슨 요일입니까?
Read *the last* page of the book.
그 책의 마지막 페이지를 읽어라.
I missed *the last* train.
나는 막차를 놓쳤다.
형 2. [관사 없이] 바로 전의, 요전의, 지난 번의(《반》 next 다음의)
last week 지난주
last year 작년

The man died *last* night.
그 사람은 어젯밤에 죽었다.

형 3. **최근의**
I haven't seen him for the *last* three years.
나는 최근 3년 동안 그를 만나지 못했다.

부 **최후에, 맨 나중에**(《반》 first 최초에); **요전에, 최근에**
She spoke *last*.
그녀는 맨 나중에 말했다.
When did you *last* go to the movies?
너는 최근에 언제 영화를 보러 갔니?

명 [보통 the last로] **최후의 사람〔것, 일〕; 최후**
He was *the last* to come.
그는 마지막으로 왔다.

at last 드디어, 마침내, 결국 (《동》 finally)
At last our dream has come true.
마침내 우리 꿈이 실현되었다.
At last the term exam is over.
드디어 기말시험이 끝났다.

to the last 최후까지; 죽을 때까지
The brave soldiers fought *to the last*.
용감한 병사들은 최후까지 싸웠다.

last² *last*
[læst 래스트]

자 (3단현 **lasts** [læsts 래스츠], 과거·과거 분사 **lasted** [læstid 래스티드], 현재 분사 **lasting** [læstiŋ 래스팅])
계속되다; 지속〔존속〕하다; 오래가다〔견디다〕
The rain *lasted* for three days.
비는 3일 동안 계속되었다.
The storm will not *last* long.
폭풍우는 오래가지 않을 것이다.

last·ing *lasting*
[læstiŋ 래스팅]
형 **영속하는, 영구의**

late *late*
[léit 레이트]

형 (비교급 **later** [léitər 레이터], 최상급 **latest** [léitist 레이티스트])

형 1. **늦은, 지각한**(《반》 early 이른)
I'm sorry I'm *late*.
늦어서 죄송합니다.

I was *late* for school today.
나는 오늘 학교에 지각했다.

⟨형⟩ 2. 후기의, 말기의, 만년의
⟨형⟩ 3. (요)전의, 최근의, 요즈음의《명사 앞에만 쓴다》
⟨부⟩ (비교급 **later** [léitər 레이터], 최상급 **latest** [léitist 레이티스트])
늦게, 뒤늦게(《반》 early 일찍)
He came too *late*.
그는 너무 늦게 왔다.
I went to bed *late* last night.
나는 어젯밤 늦게 잤다.

late·ly *lately*
[léitli 레이틀리]
⟨부⟩ 요즘, 최근(《동》 of late)《보통 현재 완료형과 함께 쓴다》
I've been very busy *lately*.
나는 요즘 너무 바쁘다.

*lat·er *later*
[léitər 레이터]
⟨형⟩ [late의 비교급] 더 늦은, 더 뒤(나중)의(《반》 earlier 보다 이른)
⟨부⟩ 뒤에, 나중에 ; [late의 비교급] 더 뒤에, 더 나중에
I'll call you *later*.
나중에 전화하겠습니다.
See you *later*.
또 보자.
He went out *later* than me.
그는 나보다 더 늦게 나갔다.
sooner or later 조만간

lat·est *latest*
[léitist 레이티스트]
⟨형⟩ [late의 최상급] 1. 최근의, 최신의
Do you know the *latest* news?
너는 최신 뉴스를 알고 있니?

⟨형⟩ 2. 맨 뒤의, 가장 늦은, 최후의
He was the *latest* comer.
그는 제일 늦게 왔다.
at (the) latest 늦어도
Come by ten *at (the) latest*.
늦어도 10시까지 와라.

lat·ter *latter*
[lǽtər 래터]
⟨형⟩ 1. [보통 the latter로] 뒤쪽의, 뒤(나중)의, 후반의《명사 앞에만 쓴다》
the *latter* half of the twentieth century 20세기 후반
⟨형⟩ 2. [the latter로 대명사적으로] 후자, 뒤의 것(《반》 the former 전자)

446 laugh

형 3. [the latter로] 후자의《명사 앞에만 쓴다》
I prefer *the latter* picture to the former.
나는 전자보다 후자의 그림을 더 좋아한다.

laugh *laugh*
[læf 래프] ★ 발음 주의
자 (3단현 **laughs** [læfs 래프스], 과거·과거 분사 **laughed** [læft 래프트], 현재 분사 **laughing** [læfiŋ 래핑])
웃다
Don't *laugh*. I'm serious.
웃지 마. 난 심각해.
They *laughed* loudly.
그들은 큰소리로 웃었다.

laugh at …을 듣고〔보고〕 웃다 ; …을 비웃다
We *laughed at* his joke.
우리는 그의 농담을 듣고 웃었다.
They *laughed at* him.
그들은 그를 비웃었다.
명 (복수 **laughs** [læfs 래프스])
웃음 ; 웃음소리

laun·dry *laundry*
[lɔ́:ndri 론-드리]
명 (복수 **laundries** [lɔ́:ndriz 론-드리즈])
세탁소 ; [흔히 the laundry로] 세탁물《전체》

He runs a *laundry*.
그는 세탁소를 경영한다.
Put your *laundry* in here.
세탁물을 여기에 넣으시오.

law *law*
[lɔ: 로-]
명 (복수 **laws** [lɔ:z 로-즈])
법률, 법 ; 법칙 ; 규칙
keep〔obey〕 the *law*
법을 지키다

lawn *lawn*
[lɔ:n 론-]
명 (복수 **lawns** [lɔ:nz 론-즈])
잔디

law·yer *lawyer*
[lɔ́:jər 로-여]
명 (복수 **lawyers** [lɔ́:jərz 로-여

즈])
법률가, 변호사

***lay**¹ *lay*

[léi 레이]

㉺ (3단현 **lays** [léiz 레이즈], 과거·과거 분사 **laid** [léid 레이드], 현재 분사 **laying** [léiiŋ 레이잉])

㉺ 1. 눕히다, 누이다 ; 두다, 놓다

The mother *laid* her baby on the bed.
어머니는 갓난아기를 침대에 눕혔다.

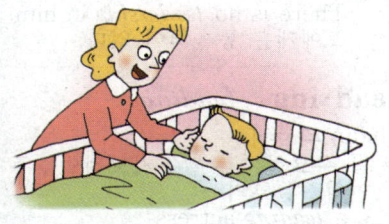

Please *lay* that book on the table.
그 책을 테이블 위에 놓으세요.

㉺ 2. (알을) 낳다

Hens *lay* eggs.
암탉은 알을 낳는다.

lay aside (돈·시간을) 남겨 두다, 저축하다 ; …을 중단하다

He *lays aside* every Sunday for golf.
그는 매주 일요일을 골프치는 날로 정해 놓고 있다.

lay out (정원·도시 등을) 설계하다 ; (페이지 등의) 레이아웃을 하다

lay out a garden
정원을 설계하다

***lay**² *lay*

[léi 레이]

㉣ **lie**¹의 과거형

He *lay* on the sofa.
그는 소파에 누웠다.

***la·zy** *lazy*

[léizi 레이지]

㉭ (비교급 **lazier** [léiziər 레이지어], 최상급 **laziest** [léiziist 레이지이스트])

게으른, 나태한, 게으름뱅이의

Don't be so *lazy*.
그렇게 게으름피우지 마라.

He is very *lazy*.
그는 아주 게으르다.

***lead** *lead*

[líːd 리-드]

㉺ (3단현 **leads** [líːdz 리-즈], 과거·과거 분사 **led** [léd 레드], 현재 분사 **leading** [líːdiŋ 리-딩])

㉺ 1. 이끌다, 인도[안내]하다, 데리고 가다

He *led* his horse into the yard.
그는 말을 끌고 마당으로 들어갔다.

She *led* me in.

그녀는 나를 안으로 안내했다.

He *led* us to the hotel. 그는 우리를 호텔로 안내했다.
타 2. **지휘하다, 지도하다**; 선두에 서다; …에서 일등이다
A general *leads* an army.
장군은 군대를 지휘한다.
A white horse *led* the parade.
흰말이 퍼레이드의 선두에 섰다.
타 3. (…한 생활을) **보내다, 지내다**
lead a happy life
행복한 생활을 하다
He *led* a peaceful life in the country.
그는 시골에서 평화로운 생활을 했다.

자 1. 앞장 서서 가다, 안내하다
자 2. …에 이르다, 통하다⟨*to*⟩
All roads *lead to* Rome.
《속담》 모든 길은 로마로 통한다.
명 (복수 **leads** [líːdz 리-즈])
선도; 지도; [the lead로] 선두

***lead·er** *leader*
[líːdər 리-더]
명 (복수 **leaders** [líːdərz 리-더즈])
지도자, 선도자, 리더(《반》 follower 추종자)
He acted as our *leader*.
그는 우리의 리더 역할을 했다.

lead·er·ship *leadership*
[líːdərʃip 리-더십]
명 (복수 **leaderships** [líːdərʃips 리-더십스])
지도력, 통솔력, 리더십
There is no *leadership* in him.
그에게는 통솔력이 없다.

lead·ing *leading*
[líːdiŋ 리-딩]
형 주요한, 주된; 지도적인; 주연의; 일류의
a *leading* actress
주연 여배우
He played the *leading* role.
그는 주연 역할을 했다.

***leaf** *leaf*
[líːf 리-프]
명 (복수 **leaves** [líːvz 리-브즈])
잎

dead *leaves* 마른잎
He raked together the fallen

leaves.
그는 낙엽을 긁어 모았다.

*leak *leak*
[líːk 리-크]
명 (복수 **leaks** [líːks 리-크스])
명 1. (액체·가스 등이) 새기, 누출; 누전; (비밀의) 누설
a gas *leak* 가스 누출
명 2. 새는 곳(구멍)
Please stop the *leak* quickly.
새는 곳을 빨리 막아 주세요.
자 (3단현 **leaks** [líːks 리-크스], 과거·과거 분사 **leaked** [líːkt 리-크트], 현재 분사 **leaking** [líːkiŋ 리-킹])
(액체·가스 등이) 새다
The rain began to *leak* in.
비가 새기 시작했다.

*lean *lean*
[líːn 린-]
자 (3단현 **leans** [líːnz 린-즈], 과거·과거 분사 **leaned** [líːnd 린-드] 또는 《영》 **leant** [lént 렌트], 현재 분사 **leaning** [líːniŋ 리-닝])
기대다, 의지하다; 상체를 굽히다

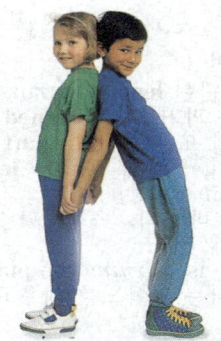

He *leaned* against the wall.
그는 벽에 기댔다.
Please *lean* forward.
몸을 앞으로 구부려 주세요.

leap *leap*
[líːp 리-프]
동 (3단현 **leaps** [líːps 리-프스], 과거·과거 분사 **leaped** [líːpt 리-프트] 또는 **leapt** [lépt 렙트], 현재 분사 **leaping** [líːpiŋ 리-핑])
자 뛰다; 뛰어넘다(《동》 jump)
The boys *leaped* over the stream.
소년들은 개울을 뛰어넘었다.

Look before you *leap*.
《속담》 실행하기 전에 잘 생각해라.
타 뛰어넘다
명 (복수 **leaps** [líːps 리-프스])
도약; 약진

*learn *learn*

[lə́ːrn 런-]

⑧ (3단현 **learns** [lə́ːrnz 런-즈], 과거·과거 분사 **learned** [lə́ːrnd 런-드] 또는 《영》 **learnt** [lə́ːrnt 런-트], 현재 분사 **learning** [lə́ːrniŋ 러-닝])

⑪ 1. 배우다, 습득하다; 외다; …하게 되다
She is *learning* the piano.
그녀는 피아노를 배우고 있다.

I *learned* the song from my mother.
나는 어머니에게서 그 노래를 배웠다.

⑪ 2. 알다, 듣다
How did you *learn* the news?
너는 어떻게 그 소식을 알았니?

㉾ 배우다, 익히다
He *learns* fast.
그는 빨리 배운다.
Learn from your experience.
경험에서 배워라.

learn ... by heart …을 암기하다
He *learned* the sentence *by heart*.
그는 그 문장을 암기했다.

learn of ... = learn about ... …을 알다[듣다]
We *learned of* the accident from him.
우리는 그에게서 그 사고 소식을 들었다.

learn·ed *learned*

[lə́ːrnid 러-니드] ★ 발음 주의
⑬ 학문이 있는, 박식한
a *learned* man 학자

*least *least*

[líːst 리-스트]

⑬ [little의 최상급] 가장 작은[적은] (《반》 most 가장 많은)
He has the *least* time of us all.
우리들 중에서 그가 가장 시간이 없다.

not the least 최소의 …도 없다

⑲ [little의 최상급] 1. 가장 적게[작게] (《반》 most 가장 많이)
I like French (the) *least*.
나는 프랑스어를 가장 싫어한다.

⑲ 2. [형용사·부사 앞에 붙여] 가장 …하지 않다
the *least* likely thing to happen 가장 일어날 것 같지 않은 일

⑬ [보통 the least로] 최소; 최소량
He said *the least*.
그가 가장 말을 적게 했다.

at (the) least 적어도
He is *at least* thirty.
그는 적어도 30세는 된다.

not in the least 조금도 …않다, 전혀 …않다
I'm *not in the least* worried.
나는 조금도 걱정하지 않는다.

*leath·er *leather*
[léðər 레더]
명 무두질한 가죽, 가죽 제품

leather gloves
가죽 장갑
Shoes are made of *leather*.
구두는 가죽으로 만들어진다.

---

*leave *leave*
[líːv 리-브]
통 (3단현 **leaves** [líːvz 리-브즈], 과거·과거 분사 **left** [léft 레프트], 현재 분사 **leaving** [líːviŋ 리-빙])

타 1. 떠나다, 출발하다, 나가다 (《반》arrive 도착하다)
I usually *leave* home at eight.
나는 보통 8시에 집을 나선다.
We *leave* here tomorrow.
우리는 내일 여기를 떠난다.
The ship *left* London for America.
배는 미국을 향해 런던을 출발했다.

타 2. (학교를) 퇴학하다 ; (일 등을) 그만두다 ; (학교를) 졸업하다(graduate, finish 쪽이 일반적이다)
leave one's job
퇴직하다, 일을 그만두다
leave school 졸업〔퇴학〕하다
He *left* the basketball club.
그는 농구부를 그만두었다.

타 3. …을 놓고 가다 ; 둔채 잊다 (《동》forget)

I *left* my umbrella in the bus.
나는 버스 안에 우산을 두고 내렸다.

타 4. …한 채로 놓아두다
She *left* the window open all night.
그녀는 밤새 창문을 열어 두었다.

타 5. 맡기다, 위탁〔위임〕하다
I'll *leave* everything to you.
나는 모든 것을 너에게 맡길 것이다.

타 6. (처자·재산 등을) 남기고 죽다, 남기다

자 (…을 향해) 떠나다, 출발하다 〈for〉
He *left for* school.
그는 학교로 떠났다.

They *left for* Africa yesterday.
그들은 어제 아프리카로 떠났다.

leave … alone …을 그대로 놔두다, 간섭하지 않다
leave … behind (1) …을 잊고 놓아 두다
I *left* my notebook *behind*.
나는 노트를 두고 왔다.

(2) (유산 등을) 남기다
He *left* nothing *behind*.
그는 아무것도 남기지 않았다.

*leaves *leaves*
[líːvz 리-브즈]
동 **leave**의 3인칭 단수 현재
명 **leaf**의 복수

lec·ture *lecture*
[léktʃər 렉처]
명 (복수 **lectures** [léktʃərz 렉처즈])
강의, 강연 ; 설교, 훈계, 잔소리
give a *lecture*
강의하다
His *lecture* was interesting.
그의 강의는 재미있었다.
동 (3단현 **lectures** [léktʃərz 렉처즈], 과거·과거 분사 **lectured** [léktʃərd 렉처드], 현재 분사 **lecturing** [léktʃ(ə)riŋ 렉처링])
자 강의[강연]하다
He *lectured* on modern art.
그는 현대 미술에 관해서 강의했다.
타 설교하다, 잔소리하다
I was *lectured* for being late.
나는 지각해서 꾸중을 들었다.

*led *led*
[léd 레드]
동 **lead**의 과거·과거 분사

*left¹ *left*
[léft 레프트]
형 왼쪽의 (《반》 right 오른쪽의)

He sat on my *left* side.
그는 나의 왼쪽에 앉았다.
I usually write with my *left* hand.
나는 보통 왼손으로 쓴다.
부 왼쪽에[으로]
명 (복수 **lefts** [léfts 레프츠])
[보통 the left, one's left로] 왼쪽, 좌측(《반》 right 오른쪽)

Keep to *the left*.
《게시》 좌측 통행.
Look to *the left*. 왼쪽을 보아라.

*left² *left*
[léft 레프트]
동 **leave**의 과거·과거 분사
He *left* the room a few minutes ago.
그는 몇 분 전에 방을 나섰다.

leg *leg*

[lég 레그]

명 (복수 **legs** [légz 레그즈])

명 1. 다리

We walk with our *legs*.
우리는 다리로 걷는다.
He had his *leg* hurt.
그는 다리를 다쳤다.

명 2. (테이블 등의) 다리

This is a *leg* of the table.
이것은 그 테이블의 다리다.

le·gal *legal*

[líːgəl 리-걸]

형 법률의, 법률상의; 법정의; 합법적인
Such acts are not *legal*.
그러한 행위는 합법적이 아니다.

lei·sure *leisure*

[líːʒər 리-저]

명 틈, 여가, 한가한 시간
a life of *leisure*
한가한 생활
I have no *leisure* to read.
나는 책을 읽을 틈이 없다.

lem·on *lemon*

[lémən 레먼]

명 (복수 **lemons** [lémənz 레먼즈])
레몬(나무)

a slice of *lemon*
레몬 한 조각
Please put some *lemon* in my tea.
홍차에 레몬을 좀 넣어 주세요.

lend *lend*

[lénd 렌드]

타 (3단현 **lends** [léndz 렌즈], 과거·과거 분사 **lent** [lént 렌트], 현재 분사 **lending** [léndiŋ 렌딩])
빌려 주다(《반》 borrow 빌리다)
He never *lends* money.
그는 결코 돈을 빌려 주지 않는다.
Will you *lend* me your bicycle?
자전거 좀 빌려 주겠니?

I *lent* him my baseball glove.
나는 그에게 야구 글러브를 빌려 주었다.
He *lent* his notebook to me. 그는 나에게 노트를 빌려 주었다.

*length *length*

[léŋ(k)θ 렝(크)스] ★ 발음 주의
명 (복수 **lengths** [léŋ(k)θs 렝(크)스스])
길이 ; 세로
What is the *length* of these curtains?
이 커튼들의 길이는 어느 정도입니까?
This room is four meters in *length*.
이 방은 세로가 4미터다.

*lent *lent*

[lént 렌트]
타 **lend**의 과거·과거 분사

*less *less*

[lés 레스]
형 [little의 비교급] …보다 적은〔작은〕(《반》more …보다 많은)
I have *less* money than Jim.
나는 짐보다 돈을 적게 가지고 있다.
부 [little의 비교급] …보다 적게
more or less 많든 적든 ; 다소, 얼마간, 약간
He was *more or less* drunk.
그는 약간 취해 있었다.

대 …보다 적은 양〔수〕

*les·son *lesson*

[lésn 레슨]
명 (복수 **lessons** [lésnz 레슨즈])
명 1. (교과서 등의) 과
Let's begin with *Lesson* 3.
제3과부터 시작합시다.
명 2. 수업 ; 학과 ; 수업 시간

How many *lessons* do you

have in a week?
1주일에 수업이 몇 시간 있습니까?
명 3. 교훈

*let *let*

[lét 렛]
타 (3단현 **lets** [léts 레츠], 과거·과거 분사 **let** [lét 렛], 현재 분사 **letting** [létiŋ 레팅])
타 1. …시키다, …하게 하다
I *let* him go.
나는 그를 가게 했다.
◆ Please *let* me try once more.
한번 더 하게 해주세요.
타 2. [let us+동사 원형; 명령문에서] 우리에게 …하게 해주세요; …하자(let's로 약한다)
Let us stay here.
여기 있게 해주세요.
타 3. 《영》임대하다(《미》rent)
Room to *let*.
《게시》셋방 있음.
let ... alone …을 그대로 놔두다
Let me see.=*Let's see.* 《구어》
글쎄., 가만있자.

*let's *let's*

[lets 레츠]
let us의 단축형
◆ *Let's* sing a song.
노래를 부르자.

Let's go out to play. — Yes, *let's*.
나가 놀자. — 그래, 그러자.

Let's go home.
집에 가자.

*let·ter *letter*

[létər 레터]
명 (복수 **letters** [létərz 레터즈])
명 1. 편지
Please send me a *letter*.
저에게 편지 보내주세요.
I'm writing a *letter*.
나는 편지를 쓰고 있다.

명 2. 문자, 글자
a capital *letter* 대문자
a small *letter* 소문자
명 3. [letters로] 문학, 학문(단수·복수 취급)

***let·tuce** *lettuce*

[létəs 레터스]

명 (복수 **lettuces** [létəsiz 레터시즈])

『식물』 상추, 양상추

use *lettuce* in a salad
샐러드에 양상추를 쓰다

***lev·el** *level*

[lévəl 레벨]

명 (복수 **levels** [lévəlz 레벨즈])

명 1. 수준, 레벨
rise to a higher *level*
수준이 높아지다
the *level* of living
생활 수준

명 2. 수평(면) ; 수위, 높이
What is the height above sea *level* here?
여기는 해발 어느 정도일까?

형 평평한, 수평의 ; 같은 높이〔수준〕의, 동등한
level ground 평지

---

lib·er·al *liberal*

[líb(ə)rəl 리버럴]

형 1. 후한 ; 관대한
He is *liberal* with his money.
그는 돈을 잘 쓴다.

형 2. 자유주의의, 진보적인
liberal ideas〔thought〕
자유 사상

***lib·er·ty** *liberty*

[líbərti 리버티]

명 (복수 **liberties** [líbərtiz 리버티즈])

자유(《동》 freedom)
individual *liberty*
개인의 자유
the Statue of *Liberty*
자유의 여신상
They fought for their *liberty*.
그들은 그들의 자유를 위해 싸웠다.

***li·brar·y** *library*

[láibreri 라이브레리]

명 (복수 **libraries** [láibreriz 라이브레리즈])

명 1. 도서관〔실〕

I often use a public *library*.
나는 자주 공공 도서관을 이용한다.
She works in the *library*.
그녀는 도서관에 근무한다.

명 2. 장서 ; 서재 ; 문고
He has a large *library* of English books.
그는 영어책을 많이 가지고 있다.

***li·cense**, 《영》 **li·cence** *license, licence*

[láisns 라이슨스]

명 (복수 **licenses** [láisnsiz 라이슨시즈])

면허, 인가, 승인 ; 면허〔허가〕증

Does your brother have a driver's *license*? 너의 형은 운전면허증을 가지고 있니?

*lick *lick*

[lík 릭]

타 (3단현 **licks** [líks 릭스], 과거·과거 분사 **licked** [líkt 릭트], 현재 분사 **licking** [líkiŋ 리킹])
핥다
The cat *licked* the plate clean.
고양이는 접시를 깨끗이 핥았다.

명 (복수 **licks** [líks 릭스])
핥기

*lid *lid*

[líd 리드]

명 (복수 **lids** [lídz 리즈])
뚜껑 ; 눈꺼풀
Please take off the *lid* of the kettle.
주전자 뚜껑을 열어 주세요.

*lie¹ *lie*

[lái 라이]

자 (3단현 **lies** [láiz 라이즈], 과거형 **lay** [léi 레이], 과거 분사 **lain** [léin 레인], 현재 분사 **lying** [láiiŋ 라이잉])

자 1. 눕다, 드러눕다 ; 자다
She is *lying* on the sofa.
그녀는 소파에 누워 있다.
Let's *lie* down on the grass.
우리 풀밭에 눕자.

자 2. …에 있다, 놓여 있다
A book is *lying* on the desk.
책상 위에 책이 있다.

자 3. 위치하다
The town *lies* to the south of the border. 그 도시는 국경의 남쪽에 있다.

lie² *lie*

[lái 라이]

명 (복수 **lies** [láiz 라이즈])
거짓말(《반》 truth 진실)
Don't tell a *lie*. 거짓말 마라.
He never tells *lies*. 그는 결코 거짓말을 하지 않는다.
It is not good to tell *lies*.
거짓말하는 것은 나쁘다.

자 (3단현 **lies** [láiz 라이즈], 과거·과거 분사 **lied** [láid 라이드], 현재 분사 **lying** [láiiŋ 라이잉])
거짓말을 하다, 속이다
He *lied* to his teacher. 그는 선생님에게 거짓말을 했다.

He *lied* about his age.
그는 자기 나이를 속였다.

***life** *life*
[láif 라이프]
　명 (복수 **lives** [láivz 라이브즈])
☞ live [lív 리브]「살다」의 3인칭 단수 현재는 lives [lívz 리브즈].
명 1. 생명, 목숨(《반》death 죽음)
　the origin of *life*
　생명의 기원
　The doctor saved his *life*.
　의사 선생님이 그의 목숨을 구했다.

　It's a matter of *life* and death.
　그것은 생사에 관한 문제다.
명 2. 일생, 생애
　His *life* was short but happy.
　그의 일생은 짧았지만 행복했다.
명 3. 인생
　Such is *life*.
　그런 것이 인생이다.
　Life is just like a voyage.
　인생은 마치 항해와 같다.
명 4. 생활
　private *life* 사생활
　He is enjoying a happy *life*.
　그는 행복한 생활을 즐기고 있다.
명 5. 생물(전체), 살아 있는 것
　animal *life* 동물
　vegetable *life* 식물
all one*'s life* 한평생, 지금까지 죽
　I have lived here *all my life*.
　나는 지금까지 죽 여기에서 살았다.

***lift** *lift*
[líft 리프트]
　타 (3단현 **lifts** [lífts 리프츠], 과거・과거분사 **lifted** [líftid 리프티드], 현재분사 **lifting** [líftiŋ 리프팅])
들어올리다, 올리다(《동》raise) ; (눈・얼굴 등을) 들다
　I cannot *lift* this stone.
　나는 이 돌을 들지 못한다.

　She *lifted* the phone.
　그녀는 수화기를 들었다.
명 (복수 **lifts** [lífts 리프츠])
명 1. (들어)올리기 ; (자동차 등에) 태우기
　Thank you for the *lift*.
　태워 주셔서 감사합니다.
명 2. 《영》승강기, 엘리베이터 (《미》elevator)

*light¹ *light*

[láit 라이트]

★ 발음 주의

명 (복수 **lights** [láits 라이츠])

명 1. 빛, 광선; 밝음 (《반》 darkness 어둠)

The sun gives us *light* and heat. 태양은 우리에게 빛과 열을 준다.

명 2. 불빛, 전등, 등불

Turn on the *light*.
불을 켜라.

Turn off the *light* before you go to bed.
자기 전에 불을 꺼라.

명 3. (담배·성냥 등의) 불

Would you give me a *light*, please? 담뱃불 좀 빌려 주시겠습니까?

명 4. (마음의) 빛, 광명

명 5. [lights로] 교통 신호(등)

타 (3단현 **lights** [láits 라이츠], 과거·과거 분사 **lighted** [láitid 라이티드] 또는 **lit** [lít 릿], 현재 분사 **lighting** [láitiŋ 라이팅])

타 1. …에 불을 켜다, …에 점화하다, 불을 붙이다

light a candle
양초에 불을 붙이다

타 2. 밝게 하다, 비추다

The moon *lit* the garden.
달이 정원을 비추었다.

형 (비교급 **lighter** [láitər 라이터], 최상급 **lightest** [láitist 라이티스트])

밝은(《반》 dark 어두운); (색깔이) 연한, 엷은

light brown 담갈색

This room is *light*.
이 방은 밝다.

*light² *light*

[láit 라이트]

형 (비교급 **lighter** [láitər 라이터], 최상급 **lightest** [láitist 라이티스트])

형 1. (무게가) 가벼운 (《반》 heavy 무거운)

light   heavy

My bag is very *light*.
내 가방은 아주 가볍다.

형 2. (양이) 적은, 소량의; (정도 등이) 약한; 간단한

I ate a *light* lunch.
나는 가벼운 점심을 먹었다.

light·ly *lightly*

[láitli 라이틀리]

부 가볍게, 살짝; 경쾌하게; 경솔하게

Please press the bell *lightly*.

벨을 살짝 눌러 주세요.
The wind was blowing *lightly*.
바람이 살랑살랑 불고 있었다.

---

*like¹ *like*

[láik 라이크]

⊛ (3단현 **likes** [láiks 라이크스], 과거・과거 분사 **liked** [láikt 라이크트], 현재 분사 **liking** [láikiŋ 라이킹])

타 좋아하다《반》dislike 싫어하다》
I *like* soccer very much.
나는 축구를 매우 좋아한다.

☆ I don't *like* apples.
나는 사과를 좋아하지 않는다.
◆ I *like* gimchi most.
나는 김치를 가장 좋아한다.

자 마음에 들다, 마음이 내키다
Do as you *like*.
마음 내키는 대로 해라.
How do you like...? …은 어떻습니까?
How did you *like* this novel?
이 소설은 어땠습니까?
if you like 좋다면; 그렇게 말하고 싶으면
Come *if you like*.
오고 싶으면 와라.
would〔should〕 like ... …을 원하다《want 보다 공손한 말로 I'd like처럼 단축되는 경우가 많다》
I'd *like* a large size.
큰 사이즈를 원하는데요.
Would you like ... ? …은 어떻습니까?

◆ *Would you like* a piece of cake?
케이크 한 조각 어때요?

would〔should〕 like to do
(1) …하고 싶다《want to와 다르며, 「만약 할 수 있다면」의 뜻이 포함된 공손한 말로 I'd like to처럼 단축되는 경우가 많다》
◆ I'd *like to* have a cup of tea.
차 한 잔 마시고 싶다.
(2) [would〔should〕 like ... to do 로] …에게 ~하기를 바라다
I'd *like* you *to* stay here. 나는 네가 여기 머물기를 바란다.
Would you like to do ? …하시겠습니까?
☆ *Would you like to* come?
오시겠습니까?

---

*like² *like*

[láik 라이크]

형 (비교급 **more like**, 최상급 **most like**)

형 1. 닮은《반》unlike 닮지 않은》

The two girls are very *like*.
그 두 소녀는 아주 닮았다.
형 2. 같은, 유사한
They are wearing *like* shirts.
그들은 똑같은 셔츠를 입고 있다.

전 [làik 라이크] 1. …와 같은, …와 닮은
Like father, *like* son.
《속담》 그 아버지에 그 아들.
전 2. …다운, …에 어울리는
Such behavior is *like* him.
그러한 행동은 그 사람답다.

like·ly *likely*
[láikli 라이클리]
형 (비교급 **likelier** [láikliər 라이클리어] 또는 **more likely**, 최상급 **likeliest** [láikliist 라이클리이스트] 또는 **most likely**)
있음직한 ; …할 것 같은, …듯한
It is a *likely* result.
그것은 있음직한 결과다.

It is *likely* to rain.
비가 올 것 같다.

부 아마(《동》 probably)

*lim·it *limit*
[límit 리밋]
명 (복수 **limits** [límits 리미츠])
명 1. [흔히 limits로] 한계, 한도 ; 제한《단수 취급》
a time *limit* 시간 제한
reach the *limits* of one's abilities
능력의 한계에 달하다
명 2. [limits로] 범위, 경계
within the city *limits*
시내에서
타 (3단현 **limits** [límits 리미츠], 과거·과거 분사 **limited** [límitid 리미티드], 현재 분사 **limiting** [límitiŋ 리미팅])
제한[한정]하다
Limit your answer to 20 words.
20단어 이내로 대답하시오.
We are *limited* in ability.
우리는 능력이 한정되어 있다.

*line *line*
[láin 라인]
명 (복수 **lines** [láinz 라인즈])
명 1. 선, 줄 ; (인체의) 주름
Draw a straight *line*.
직선을 그어라.
Draw a *line* under the word.
단어에 밑줄을 그어라.

She has deep *lines* in her face.
그녀는 얼굴에 깊은 주름이 져 있다.

명 2. (문장의) 행 ; [a line으로] 짧은 편지
Read the following *line*.
다음 행을 읽어라.

명 3. 열, 줄, 행렬 (《동》 row)
Don't cut the *line*!
새치기하지 마!
Stand in a *line*, please.
일렬로 서 주세요.

명 4. 밧줄, 끈 ; 전화선
a fishing *line*
낚싯줄
Hold the *line*, please.
(전화에서) 끊지 말고 기다려주세요.

명 5. (비행기·열차·버스 등의) 노선, 항로, 항공로
a European *line*
유럽 노선

동 (3단현 **lines** [láinz 라인즈], 과거·과거 분사 **lined** [láind 라인드], 현재 분사 **lining** [láiniŋ 라이닝])

타 …에 선을 긋다 ; 일렬로 세우다
Line the paper.
종이에 선을 그어라.

The teacher *lined* up his students.
선생님은 학생들을 일렬로 세웠다.

자 늘어서다, 정렬하다
The players *lined* up quickly.
선수들은 재빨리 정렬했다.

*link *link*

[líŋk 링크]

명 (복수 **links** [líŋks 링크스])

명 1. (사슬의) 고리 ; 고리 모양의 것 ; 연결된 것

A chain is made of *links*.
쇠사슬은 고리로 되어 있다.

📖 2. 연결하는 사람〔물건〕; 유대; 관계, 관련

📖 (3단현 **links** [línks 링크스], 과거·과거 분사 **linked** [língkt 링크트], 현재 분사 **linking** [língkiŋ 링킹])

📖 잇다, 연결하다, 관련짓다
That is closely *linked* with this problem.
그것은 이 문제와 밀접하게 관련되어 있다.

📖 이어지다, 연결되다
The facts finally *linked* up.
그 사실들은 결국 연관되어 있었다.

*li·on *lion*
[láiən 라이언]

📖 (복수 **lions** [láiənz 라이언즈])
〖동물〗 사자

Don't wake a sleeping *lion*.
잠자는 사자를 깨우지 마라.

*lip *lip*
[líp 립]

📖 (복수 **lips** [líps 립스])
입술
bite one's *lips*
입술을 깨물다
She put her finger to her *lips*.
그녀는 입술에 손가락을 갖다 댔다.

*liq·uid *liquid*
[líkwid 리퀴드]

📖 (복수 **liquids** [líkwidz 리퀴즈])
액체 《기체는 gas, 고체는 solid》
Water is a *liquid*.
물은 액체다.

li·quor *liquor*
[líkər 리커]

📖 주류, 술, 알코올 음료

Liquor is not sold at this store. 이 가게는 술을 팔지 않는다.

*list *list*
[líst 리스트]

📖 (복수 **lists** [lísts 리스츠])
목록, 일람표; 명부; 가격표

a *list* of members 회원 명부
I made a shopping *list*.
나는 쇼핑 목록을 만들었다.

lis·ten *listen*

[lísn 리슨] ★ 발음 주의
재 (3단현 **listens** [lísnz 리슨즈], 과거·과거 분사 **listened** [lísnd 리슨드], 현재 분사 **listening** [lís(ə)niŋ 리서닝])
귀를 기울이다, 듣다
He *listened* to me.
그는 내 말에 귀를 기울였다.
Let's *listen* to him.
그의 말을 들어 보자.
Are you *listening*?
듣고 있니?
Listen! Little birds are singing. 들어 봐! 작은 새들이 노래하고 있어.

I was *listening* to music.
나는 음악을 듣고 있었다.

lis·ten·er *listener*

[lís(ə)nər 리서너]
명 (복수 **listeners** [lís(ə)nərz 리서너즈])

듣는 사람; (라디오의) 청취자

listener research
(라디오의) 인기 프로그램 조사
You're always a wonderful *listener*. 너는 언제나 남의 이야기를 잘 들어준다.

lit *lit*

[lít 릿]
타 light¹의 과거·과거 분사
He *lit* a cigarette.
그는 담배에 불을 붙였다.

li·ter, 《영》 **li·tre** *liter, litre*

[líːtər 리-터]
명 (복수 **liters** [líːtərz 리-터즈])
리터《용량의 단위; l, lit로 약한다; 1,000cc》
One *liter* is 1,000cc.
1리터는 1,000cc다.

lit·er·ar·y *literary*

[lítərèri 리터레리]
형 1. 문학의, 문예의
literary works 문학 작품
형 2. 문어의

literary style 문어체

*lit·er·a·ture *literature*
[lítərətʃər 리터러처]
명 (복수 **literatures** [lítərətʃərz 리터러처즈])
문학, 문예
popular *literature* 대중 문학
a doctor of *literature* 문학 박사

---

*lit·tle *little*
[lítl 리틀]
형 (비교급 **less** [lés 레스], 최상급 **least** [líːst 리-스트])
형 1. 작은(《반》 big 큰, 《동》 small)《이 의미에서는 비교급에 smaller, 최상급에 smallest를 쓰고 보통 명사 앞에만 쓴다》

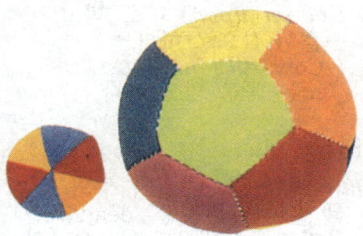

little   big
a *little* finger 새끼 손가락

I live in a *little* town.
나는 소도시에 산다.
형 2. [비교 변화 없이] 어린, 연하의
This is my *little* brother.
이 아이는 내 남동생이다.
형 3. [a little로 긍정적인 용법] 조금 (있다), 소량의, 얼마쯤은 (《반》 much 많은)《셀 수 없는 명사 앞에만 쓴다》
I take *a little* sugar in my coffee. 나는 커피에 설탕을 약간 넣는다.

There is still *a little* milk.
아직 우유가 조금 있다.
형 4. [little로 부정적인 용법] 거의 없는, 조금밖에 없는《셀 수 없는 명사 앞에만 쓴다》
There is *little* hope.
희망이 거의 없다.
I have *little* money.
나는 돈이 조금밖에 없다.

형 5. (시간·거리 등이) 짧은 (《동》 short)《명사 앞에만 쓴다》
He will be back in a *little* while.
그는 곧 돌아올 것이다.
부 (비교급 **less** [lés 레스], 최상급 **least** [líːst 리-스트])
부 1. [a little로 긍정적인 용법] 조금, 다소

I can swim *a little*.
나는 수영을 조금 할 수 있다.
She is *a little* older than he.
그녀는 그보다 조금 연상이다.
I can speak French *a little*.
나는 프랑스어를 조금 할 수 있다.

튀 2. [little로 부정적인 용법] 거의 …(않다), 좀처럼 …(않다) ; 전혀 …(않다)
I slept very *little* last night.
나는 어젯밤에 거의 자지 못했다.
I *little* knew.
나는 전혀 몰랐다.

대 1. [little로 부정적인 용법] 거의 없음, 소량(《반》 much 다량)
Little remains to be said.
더 할 말이 없다.

대 2. [a little로 긍정적인 용법] 조금 (…있음)
Ted drank *a little* of the cold water.
테드는 찬물을 조금 마셨다.

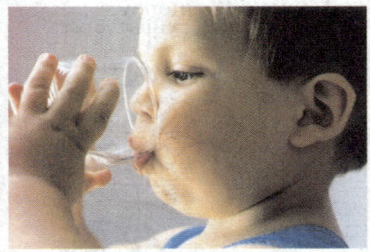

little by little 조금씩
Learn *little by little* everyday.
매일 조금씩 배워라.

live¹ *live*

[lív 리브]

동 (3단현 **lives** [lívz 리브즈], 과거·과거 분사 **lived** [lívd 리브드], 현재 분사 **living** [lívɪŋ 리빙])

자 1. 살다, 거주하다
Where do you *live*?
— I *live* in London.
어디에 사십니까?
— 런던에 삽니다.
I *lived* there for ten years.
나는 10년간 거기에 살았다.

자 2. 살다, 생존하다(《반》 die 죽다)
He still *lives*.
그는 아직 살아 있다.
We cannot *live* without air.
우리는 공기 없이 살 수 없다.

자 3. 생활하다, 지내다
They *lived* happily.
그들은 행복하게 살았다.

타 …한 생활을 하다
He *lived* a very happy life.
그는 매우 행복한 생활을 했다.

***live on* [*upon*]** …을 먹고 살다, …을 주식으로 하다
Cows *live on* grass.
소는 풀을 먹고 산다.

live² *live*

[láiv 라이브] ★ 발음 주의

형 살아 있는(《반》 dead 죽은) ; 활기 있는 ; 생방송의, 실황의
a *live* fish 활어
This is *live* from Paris.
이것은 파리로부터의 생방송이다.

live·ly *lively*
[láivli 라이블리]
- 형 (비교급 **livelier** [láivliər 라이블리어], 최상급 **liveliest** [láivliist 라이블리이스트])
생기 있는, 활기찬, 활발한, 기운찬 ; 생생한
  have a *lively* discussion
  활발한 토론을 하다

**lives *lives*
[láivz 라이브즈]
- 명 life의 복수
  Many *lives* were lost.
  많은 생명을 잃었다.
- 동 [lívz 리브즈] live¹의 3인칭 단수 현재
  He *lives* in a small village.
  그는 작은 마을에 산다.

liv·ing *living*
[líviŋ 리빙]
- 동 live¹의 현재 분사
  I'm *living* with my uncle.
  나는 아저씨와 살고 있다.
- 형 살아 있는(《반》 dead 죽은) ; 현재 쓰여지고 있는 ; 현대의 ; 현존하는 ; 생활의
  The fish is still *living*.
  그 물고기는 아직 살아 있다.
  He studies small *living* things.
  그는 작은 생물을 연구한다.

I want to study *living* English.
나는 생활 영어를 공부하고 싶다.
- 명 생활 ; [a living, one's living 으로] 생계, 살아가기
  the cost of *living* 생활비
  Living is very expensive these days.
  요즘은 생활비가 많이 든다.

liv·ing room *living room*
[líviŋ-rùːm 리빙룸-]
- 명 (복수 **living rooms** [líviŋ-rùːmz 리빙룸-즈])
거실(《영》 sitting room)

He is playing the guitar in the *living room*. 그는 거실에서 기타를 치고 있다.

liz·ard *lizard*
[lízərd 리저드]
- 명 도마뱀

Living Room 거실
[lívin-rùːm 리빙룸-]

① **mirror** 거울
 [mírər 미러]
② **picture frame** 액자
 [píktʃər-frèim 픽처프레임]
③ **picture** 그림
 [píktʃər 픽처]
④ **floor lamp** 플로어 스탠드
 [flɔ́ːr-læmp 플로-램프]
⑤ **electric lamp** 전등
 [iléktrik-læmp 일렉트릭램프]
⑥ **vase** 꽃병
 [véis 베이스]
⑦ **sofa** 소파
 [sóufə 소우퍼]
⑧ **stairs** 계단
 [stéərz 스테어즈]
⑨ **cushion** 쿠션, 방석
 [kúʃən 쿠션]
⑩ **table** 테이블
 [téibl 테이블]

⑪ **telephone** 전화
 [téləfòun 텔러포운]
⑫ **window** 창문
 [wíndou 윈도우]
⑬ **curtain** 커튼
 [kə́ːrtn 커-튼]
⑭ **wall clock** 벽시계
 [wɔ́ːl-klàk 월-클락]
⑮ **stove** 스토브, 난로
 [stóuv 스토우브]
⑯ **stereo** 스테레오, 전축
 [stériòu 스테리오우]
⑰ **television** 텔레비전
 [téləvìʒən 텔러비전]
⑱ **bookshelf** 책꽂이, 책장
 [búkʃèlf 북셸프]
⑲ **carpet** 양탄자
 [káːrpit 카-핏]
⑳ **toy** 장난감
 [tɔ́i 토이]

*load

[lóud 로우드]

명 (복수 **loads** [lóudz 로우즈])
짐

He was carrying a heavy *load*. 그는 무거운 짐을 나르고 있었다.

타 (3단현 **loads** [lóudz 로우즈], 과거·과거 분사 **loaded** [lóudid 로우디드], 현재 분사 **loading** [lóudiŋ 로우딩])
…에 짐을 싣다

Your baggage is *loaded* in the bus.
네 짐은 버스에 실려 있다.

*loaf

[lóuf 로우프]

명 (복수 **loaves** [lóuvz 로우브즈])
(빵의) 덩어리

a *loaf* of bread 빵 한 덩어리
She bought three *loaves* of bread.
그녀는 빵을 세 덩어리 샀다.
Half a *loaf* is better than no bread.
《속담》절반이라도 없는 것보다 낫다.

loan

[lóun 로운]

명 (복수 **loans** [lóunz 로운즈])
대출, 대여 ; 대출금, 융자

I asked them for the *loan* of the money.
나는 그들에게 대출을 신청했다.

loaves

[lóuvz 로우브즈]
명 loaf의 복수

*lob·by

[lábi 라비]

명 (복수 **lobbies** [lábiz 라비즈])
(호텔·극장의) 로비《휴게실·응접실 등으로 이용하는 장소》

I met him in the hotel *lobby*.
나는 호텔 로비에서 그를 만났다.

lob·ster

[lábstər 라브스터]
명 바닷가재

*lo·cal

[lóukəl 로우컬]
형 (특정한) 지방의, 고장의 ; (전화가) 근거리의, 시내의 ; (버

He is reading a *local* newspaper.
그는 지방 신문을 읽고 있다.
When is the next *local* news time? 다음 지방 뉴스 시간은 언제입니까?
A *local* train stops at all the stations.
완행 열차는 모든 역에 선다.

lo·cate *locate*
[lóukeit 로우케이트]
타 (3단현 **locates** [lóukeits 로우케이츠], 과거·과거 분사 **located** [lóukeitid 로우케이티드], 현재 분사 **locating** [lóukeitiŋ 로우케이팅])
(점포·사무실 등을) …에 두다 ; [be located로] …에 있다, 위치하다
The theater *is located* in the middle of the town.
그 극장은 시내 중심에 있다.

*lock *lock*
[lák 락]
명 (복수 **locks** [láks 락스])
자물쇠

He put the key in the *lock*.
그는 자물쇠에 열쇠를 꽂았다.
동 (3단현 **locks** [láks 락스], 과거·과거 분사 **locked** [lákt 락트], 현재 분사 **locking** [lákiŋ 라킹])
타 잠그다
She *locked* the door.
그녀는 문을 잠갔다.

We *lock* our doors at night.
우리는 밤에 문을 잠근다.
자 잠기다
The window *locks* easily.
그 창문은 쉽게 잠긴다.

*lodge *lodge*
[ládʒ 라지]
명 (복수 **lodges** [ládʒiz 라지즈])
(피서객이나 사냥꾼을 위한) 산장, 오두막집

We spent this summer in a *lodge*. 우리는 이번 여름을 산장에서 보냈다.
동 (3단현 **lodges** [ládʒiz 라지즈], 과거·과거 분사 **lodged** [ládʒd 라지드], 현재 분사 **lodging** [ládʒiŋ 라징])
타 숙박〔투숙〕시키다 ; 하숙시키다
We *lodged* our guests for the night. 우리는 그날 밤 손님을

묶게 했다.
자 묵다, 숙박하다 ; 하숙하다
He is *lodging* at Mrs. Wilson's.
그는 윌슨 부인집에 하숙하고 있다.

log *log*

[lɔ́ːg 로-그]
명 (복수 **logs** [lɔ́ːgz 로-그즈])
통나무

Lon·don *London*

[lʌ́ndən 런던]
명 런던

*lone·ly *lonely*

[lóunli 로운리]
형 (비교급 **lonelier** [lóunliər 로운리어], 최상급 **loneliest** [lóunliist 로운리이스트])
외로운, 고독한, 쓸쓸한 ; 외진
She felt very *lonely*.
그녀는 몹시 쓸쓸했다.

It was a very *lonely* place.
그곳은 매우 외진 곳이었다.

*long *long*

[lɔ́ːŋ 롱-]
형 (비교급 **longer** [lɔ́ːŋgər 롱-거], 최상급 **longest** [lɔ́ːŋgist 롱-기스트])
형 1. (물건·거리·시간이) 긴 (《반》 short 짧은)
a *long* distance 장거리
She has *long* hair.
그녀는 머리가 길다.

It's a *long* way from here.
여기서는 멀다.
I haven't seen you for a *long* time. 오래간만이야.
형 2. 길이가 …인(길이를 나타내는 말 뒤에 쓴다)
How *long* is the bridge? — It's about one kilometer *long*.
다리 길이는 얼마나 됩니까? — 약 1킬로미터입니다.
부 (비교급 **longer** [lɔ́ːŋgər 롱-거], 최상급 **longest** [lɔ́ːŋgist 롱-기스트])

오랫동안 ; 내내 ; 훨씬
all day *long* 온종일
long before 훨씬 전에
How *long* have you been in Korea? 한국에 얼마나 계셨습니까?
as*〔*so*〕 *long as …하는 한에서는 ; …하는 동안은
I'll love you *as long as* I live. 살아 있는 한 나는 당신을 사랑할 것입니다.
long ago 훨씬 전에
long, long ago 옛날 옛날에
no longer*=*not* ... *any longer 이젠 …아니다
So long! 《구어》 안녕!
☆ *So long!* — See you later! 안녕! — 그럼 또 보자!

명 오랫동안
before long 머지않아, 곧
He'll be back *before long*. 그는 머지않아 돌아올 것이다.
for long 오랫동안《보통 부정문·의문문에서 쓴다》
We did not wait for him *for long*. 우리는 그를 오랫동안 기다리지는 않았다.

---

look *look*

[lúk 룩]

동 (3단현 **looks** [lúks 룩스], 과거·과거 분사 **looked** [lúkt 룩트], 현재 분사 **looking** [lúkiŋ 루킹])

자 1. 보다, 바라보다

What are you *looking* at? 너는 무엇을 보고 있니?
Look at the picture on the blackboard. 칠판의 그림을 보아라.

Don't *look* away. 한눈 팔지 마라.
자 2. …하게 보이다 ; …한 모습〔표정〕을 하고 있다《동》seem)
She *looks* happy. 그녀는 행복해 보인다.

You *look* tired. 너는 피곤해 보인다.
타 1. (감정·의지를) 눈짓으로 나타내다
She *looked* her thanks. 그녀는 눈으로 감사를 표했다.
타 2. 응시하다, 주시하다 ; 살피다
look after …을 보살피다〔돌보다〕 ; …에 주의하다
You need to *look after* your younger brother. 너는 남동생을 돌봐주어야 한다.
look at …을 보다 ; …을 조사하

다
look down 내려다보다
Look down at the floor.
마루를 내려다봐라.
look down on〔upon〕 (1) …을 내려다보다
(2) …을 경멸하다
Don't look down on others.
다른 사람을 경멸하지 마라.
look for …을 찾다
◆ I'm looking for a blouse.
나는 블라우스를 찾고 있다.

What are you looking for?
무엇을 찾으세요?
look forward to …을 기대하다, …을 즐겁게 기다리다
◆ I'm looking forward to the party tonight.
나는 오늘밤 파티를 기대하고 있다.
Look here! 이봐!, 어이!
look in 안을 들여다보다 ; 잠깐 들르다
He looked in a shop window.
그는 가게의 창을 들여다보았다.
Let's look in at his office.
그의 사무실에 잠깐 들르자.
look into …을 들여다보다, …을 엿보다 ; …을 조사하다
look like …처럼 보이다, …할 것 같다 ; …을 닮다
He looks like winning.
그가 이길 것 같다.
She looks like her mother.
그녀는 어머니를 닮았다.

look on (1) 방관하다
(2) …라고 생각하다, 간주하다
I look on you as a friend.
나는 너를 친구로 생각한다.
look out (1) 밖을 보다〈of〉
Look out of the window.
창밖을 보아라.
(2) 주의하다〈for〉
Look out for the cars.
자동차를 조심해라.

look over …을 대충 훑어보다 ; …을 조사하다 ; …너머로 보다
Please look over the papers quickly.
서류를 빨리 훑어봐 주세요.
look through …을 통하여 보다 ; …을 대충 훑어보다 ; …을 조사하다
I looked through the splits.
나는 갈라진 틈으로 들여다보았다.
look up 쳐다보다
She looked up at the ceiling.
그녀는 천장을 올려다보았다.
look up to …을 존경하다
I look up to my father.
나는 아버지를 존경한다.

몡 (복수 **looks** [lúks 룩스])
몡 1. [보통 a look으로] 봄, 얼핏 봄
Have *a look* at that!
저것 좀 봐라!
몡 2. [보통 a look으로] 눈짓, 표정
He has *a serious look*.
그는 진지한 표정을 하고 있다.
몡 3. 외관, 모양; [looks로] 용모
He has good *looks*.
그는 용모가 잘 생겼다.

***loose** *loose*
[lúːs 루-스] ★ 발음 주의
혱 (비교급 **looser** [lúːsər 루-서], 최상급 **loosest** [lúːsist 루-시스트])
매지 않은; 묶여 있지 않은, 풀린; 헐거운; 절제 없는, 야무지지 못한
Don't let your dog *loose*.
개를 풀어 두지 마라.

He's wearing a *loose* jacket.
그는 헐렁한 재킷을 입고 있다.
She led a *loose* life.
그녀는 절제 없는 생활을 했다.

***lor·ry** *lorry*
[lɔ́ːri 로-리]
몡 (복수 **lorries** [lɔ́ːriz 로-리즈])
(영) 트럭, 화물 자동차((미) truck)

drive a *lorry* 트럭을 운전하다

***lose** *lose*
[lúːz 루-즈] ★ 발음 주의
타 (3단현 **loses** [lúːziz 루-지즈], 과거·과거 분사 **lost** [lɔ́ːst 로-스트], 현재 분사 **losing** [lúːziŋ 루-징])
타 1. 잃다(《반》 find 찾다)

Don't *lose* your purse.
지갑을 잃어버리지 마라.
He has *lost* his job.
그는 실직했다.
타 2. (시계가) 늦다(《반》 gain 더 가다)
My watch *loses* five minutes a day.
내 시계는 하루에 5분 늦다.
타 3. (길·방향·사람을) 잃다
We *lost* our way in the woods.
우리는 숲속에서 길을 잃었다.
타 4. (전쟁·승부에) 지다(《반》 win 이기다)
We *lost* the final game.
우리는 결승전에서 졌다.

loss *loss*
[lɔ́:s 로-스]

명 (복수 **losses** [lɔ́:siz 로-시즈])
잃어 버림, 상실, 분실 ; 손실, 손해 ; 손해액

loss of memory 기억 상실
His death is an international *loss*.
그의 죽음은 국제적인 손실이다.

be at a loss 어찌할 바를 모르다, 당황하다
I *was at a loss* for words.
나는 무슨 말을 해야 할지 몰랐다.

*lost *lost*
[lɔ́:st 로-스트]

타 **lose**의 과거 · 과거 분사
형 1. 잃어버린, 분실한 ; 길을 잃은

the *lost* watch 잃어버린 시계
A *lost* child was crying loudly.
길 잃은 아이가 큰소리로 울고 있었다.

형 2. (승부에) 진

*lot *lot*
[lát 랏]

명 (복수 **lots** [láts 라츠])
명 1. [a lot, lots로] 많음
I have *a lot* to do today.
나는 오늘 할 일이 많다.
He knows *a lot* about birds.
그는 새에 관해 많이 알고 있다.

명 2. [a lot, lots로 부사적으로]
매우, 대단히
Thanks *a lot*.
대단히 감사합니다.

명 3. 제비, 추첨 ; 운명
Let's draw *lots*.
제비를 뽑자.
Her *lot* has been a hard one.
그녀의 운명은 가혹한 것이었다.

명 5. 한 구획(의 토지)
a parking *lot*
주차장

a lot of = lots of 많은
He has *a lot of* CDs.
그는 많은 CD를 가지고 있다.

**loud *loud*
[láud 라우드]

형 (비교급 **louder** [láudər 라우더], 최상급 **loudest** [láudist 라우디스트])
목소리가 큰, 큰소리의 ; 시끄러운

She sang in *loud* voices.

그녀는 큰소리로 노래했다.

The city noises are very *loud*.
도시의 소음이 아주 시끄럽다.
[부] (비교급 **louder** [láudər 라우더], 최상급 **loudest** [láudist 라우디스트])
큰소리로

*love *love*

[lʌ́v 러브]

[타] (3단현 **loves** [lʌ́vz 러브즈], 과거·과거 분사 **loved** [lʌ́vd 러브드], 현재 분사 **loving** [lʌ́viŋ 러빙])

[타] 1. 사랑하다(《반》 hate 미워하다)
They *love* each other.
그들은 서로 사랑한다.

[타] 2. 좋아하다
I *love* ice cream.
나는 아이스크림을 좋아한다.
[명] (복수 **loves** [lʌ́vz 러브즈])
[명] 1. 사랑, 애정, 호의
We can't buy *love* with money.
돈으로 사랑을 살 수는 없다.

Her *love* for her children was great.
아이들에 대한 그녀의 애정은 대단했다.
[명] 2. 연애
one's first *love*
첫사랑
[명] 3. [때로 a love로] 애착, 애호
He has *a* great *love* of art.
그는 대단한 예술 애호가다.
[명] 4. (남성쪽에서 본) 연인, 애인

be in love …을 사랑하고 있다 〈*with*〉
She *is in love with* a boy in her class. 그녀는 같은 반 소년을 사랑하고 있다.

fall in love …을 사랑하다, …에게 반하다〈*with*〉
He had *fallen in love with* her blue eyes.
그는 그녀의 푸른 눈에 반해 버렸다.

love·ly *lovely*

[lʌ́vli 러블리]

[형] (비교급 **lovelier** [lʌ́vliər 러블리어] 또는 **more lovely**, 최상급 **loveliest** [lʌ́vliist 러블리이스트] 또는 **most lovely**)
[형] 1. 사랑스러운, 귀여운
a *lovely* child
귀여운 아이
He has *lovely* daughters.
그에게는 귀여운 딸들이 있다.

형 2. 아름다운
형 3. 멋진, 즐거운, 유쾌한

lov·er *lover*
[lʌ́vər 러버]

명 (복수 **lovers** [lʌ́vərz 러버즈])
연인, 애인 ; 애호가
a *lover* of coffee 커피 애호가
She went to Busan with her *lover*. 그녀는 연인과 함께 부산에 갔다.

lov·ing *loving*
[lʌ́viŋ 러빙]

형 사랑하는, 애정으로 가득찬
She looked at him with *loving* eyes. 그녀는 애정어린 눈으로 그를 보았다.

**low *low*
[lóu 로우]

형 (비교급 **lower** [lóuər 로우어], 최상급 **lowest** [lóuist 로우이스트])

형 1. 낮은(《반》 high 높은)

There is a *low* hill near the sea. 바다 근처에 낮은 언덕이 있다.
형 2. (음·소리가) 낮은 ; (지위·신분이) 낮은
Will you speak in a *low* voice? 낮은 목소리로 말해 주겠니?
형 3. (값이) 싼
The price of that book is *low*. 그 책은 싸다.
부 (비교급 **lower** [lóuər 로우어], 최상급 **lowest** [lóuist 로우이스트])
낮게 ; 낮은 소리로 ; 값싸게
buy *low* and sell high
싸게 사서 비싸게 팔다
The sun sank *low*.
해가 기울었다.

*low·er *lower*
[lóuər 로우어]

형 1. [low의 비교급] 더 낮은
This hill is *lower* than that. 이 언덕은 저 언덕보다 낮다.
형 2. [비교 변화 없이] 낮은 쪽의 ; 하급의, 하등의
The *lower* building is the police station.
낮은 쪽 건물은 경찰서다.
동 (3단현 **lowers** [lóuərz 로우어즈], 과거·과거 분사 **lowered** [lóuərd 로우어드], 현재 분사 **lowering** [lóu(ə)riŋ 로우(어)링])
타 낮추다, 내리다

He *lowered* the blinds.
그는 블라인드를 내렸다.
자 낮아지다, 내려가다
The moon is *lower*ing slowly.
달이 천천히 기울어가고 있다.

---

*luck *luck*

[lÁk 럭]

명 운, 운수 ; 행운
I am *luck*.
나는 운이 좋다.
good luck 행운
by *good luck* 운좋게도
Good luck (to you)! (= I wish you *good luck*.)
행운을 빕니다.

luck·y *lucky*

[lÁki 러키]

형 (비교급 **luckier** [lÁkiər 러키어], 최상급 **luckiest** [lÁkiist 러키이스트])
행운의, 운좋은 ; 재수 좋은
He is a *lucky* boy.
그는 행운아다.
That was his *lucky* day.
그날 그는 운이 좋았다.

*lug·gage *luggage*

[lÁgidʒ 러기지]

명 《영》 수화물(《미》 baggage)

two pieces of *luggage*
수화물 2개

Do you have much *luggage*?
짐이 많습니까?

*lump *lump*

[lÁmp 럼프]

명 (복수 **lumps** [lÁmps 럼프스])
덩어리 ; 각설탕 1개

a *lump* of sugar 각설탕 (한 개)
How many *lumps* in your coffee? 커피에 각설탕을 몇 개 넣을까요 ?

*lunch *lunch*

[lÁntʃ 런치]

명 (복수 **lunches** [lÁntʃiz 런치즈])
명 1. 점심 ; 가벼운 식사
school *lunch* 학교 급식

I have[eat] *lunch* at one.
나는 1시에 점심을 먹는다.
Let's talk about it over *lunch*.
점심을 먹으면서 얘기하자.
Wash your hands before *lunch*.

점심 식사 전에 손을 씻어라.

명 2. 도시락
Take your *lunch* with you.
도시락을 가져가라.

*lung *lung*
[lʌ́ŋ 렁]
　명 (복수 **lungs** [lʌ́ŋz 렁즈])
　폐, 허파

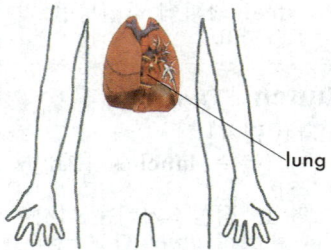

the right *lung* 오른쪽 폐

Smoking is bad for your *lungs*.
흡연은 폐에 나쁘다.

lux·u·ry *luxury*
[lʌ́kʃ(ə)ri 럭셔리]
　명 (복수 **luxuries** [lʌ́kʃ(ə)riz 럭셔리즈])
　명 1. 사치, 호사
　　live in *luxury*
　　호화롭게 살다
　명 2. 사치품, 고급품

*ly·ing¹ *lying*
[láiiŋ 라이잉]
　자 **lie**¹의 현재 분사
　형 드러누워 있는
　　low-*lying* land 낮은 곳
　명 드러눕기

ly·ing² *lying*
[láiiŋ 라이잉]
　자 **lie**²의 현재 분사
　형 거짓말하는
　　a *lying* rumor
　　근거없는 소문
　명 거짓말하기

M, m *M, m*
[ém 엠]
- 명 (복수 **M's, m's** [émz 엠즈]) 엠《영어 알파벳의 열세번째 글자》

*ma'am *ma'am*
[《약》 məm 멈 ; 《강》 mǽm 맴]
- 명 《구어》 마님 ; 아주머니 ; 선생님
- ☞ madam의 단축형. 하인이 여주인에게, 점원이 여자 손님에게, 여선생님에 대한 호칭.
  Is Jack present?
  — Yes, *ma'am*.
  잭 있니? — 네, 선생님.

*ma·chine *machine*
[məʃíːn 머신-]
- 명 (복수 **machines** [məʃíːnz 머신-즈])
  기계, 기계 장치
  a vending *machine*
  자동 판매기
  a washing *machine* 세탁기
  a sewing *machine* 재봉틀

The *machine* is working well.
기계가 잘 작동되고 있다.

ma·chin·er·y *machinery*
[məʃíːn(ə)ri 머시-너리]
- 명 기계류《전체 ; 단수 취급》

Mass production requires a great deal of *machinery*.
대량 생산에는 많은 기계가 필요하다.

*mad *mad*
[mǽd 매드]
- 형 (비교급 **madder** [mǽdər 매더], 최상급 **maddest** [mǽdist 매디스트])
- 형 1. 미친, 실성한
  He must be *mad* to do such a thing.
  그런 짓을 하다니 그 사람 미친 것이 틀림없다.
  He was *mad* with joy.
  그는 미친듯이 기뻐했다.
- 형 2. 열광적인, 열중인 〈*about, on*〉
  He is *mad about* football.
  그는 축구에 열광적이다.
- 형 3. 무모한, 무분별한

They made a *mad* plan.
그들은 무모한 계획을 세웠다.
형 4. 성난, 화난
Don't be *mad* at me.
나에게 화내지 마라.

*mad·am *madam*
[mǽdəm 매덤]
명 (복수 **madams** [mǽdəms 매덤스])
아씨, 마님, …부인; 아주머니
☞ 여성에 대한 정중한 호칭.
Thank you very much, *madam*.
대단히 감사합니다, 부인.
May I help you, *madam*?
무엇을 도와드릴까요, 부인?

*made *made*
[méid 메이드]
타 **make**의 과거·과거 분사
She *made* good cake.
그녀는 맛있는 케이크를 만들었다.

형 [합성어로] …제의, …로 만든
ready-*made* clothes 기성복
a Swiss-*made* watch
스위스제 시계
home-*made* goods 국산품

*mag·a·zine *magazine*
[mǽgəzìːn 매거진-]
명 (복수 **magazines** [mǽgəzìːnz 매거진-즈])
잡지

a weekly *magazine* 주간지
a monthly *magazine* 월간지
This is one of the popular *magazines*.
이것은 인기 있는 잡지 가운데 하나다.

*mag·ic *magic*
[mǽdʒik 매직]
명 마술, 마법; 요술

He plays *magic*.
그는 마술을 부린다.
He used *magic* to produce a dove from his hat.
그는 마술을 부려 모자에서 비둘기가 나오게 했다.

형 마법의 ; 요술의
a *magic* mirror 마법의 거울
magic words 주문

---

mag·nif·i·cent
magnificent

[mǽgnífəsnt 매그니퍼슨트]

형 장대한, 웅장한 ; 훌륭한, 당당한 ; (생각 등이) 고상한
We visited a *magnificent* castle.
우리는 웅장한 성을 방문했다.

---

*maid *maid*

[méid 메이드]

명 (복수 **maids** [méidz 메이즈])

명 1. 하녀, 가정부
An English-speaking *maid* is wanted by an American family. 미국인 가정에서 영어를 할 줄 아는 가정부를 구하고 있다.

명 2. 소녀, 처녀, 미혼 여성
She is an old *maid*.
그녀는 노처녀다.

*mail *mail*

[méil 메일]

명 (주로 미) 우편 ; 우편물(전체)((영) post)

Is there any *mail* for me?
내게 온 우편물이 있습니까?

by mail (미) 우편으로((영) by post)
I sent a postcard to my friend *by mail*.
나는 우편으로 친구에게 엽서를 보냈다.

타 (3단현 **mails** [méilz 메일즈], 과거·과거분사 **mailed** [méild 메일드], 현재분사 **mailing** [méiliŋ 메일링])
우송하다 ; 우체통에 넣다

◆ *Mail* this letter for me, will you?
이 편지 좀 부쳐주세요.

mail·box *mailbox*
[méilbɑ̀ks 메일박스]
명 (복수 **mailboxes** [méilbɑ̀ksiz 메일박시즈])
《미》 우체통(《영》 postbox); (개인용) 우편함(《영》 letter box)

I dropped a letter in a *mailbox*.
나는 편지를 우체통에 넣었다.

mail·man *mailman*
[méilmæ̀n 메일맨]
명 (복수 **mailmen** [méilmèn 메일멘])
《미》 (우편) 집배원(《영》 postman)
The *mailman* came late today.
오늘은 집배원이 늦게 왔다.

*main *main*
[méin 메인]
형 주요한, 주된《명사 앞에만 쓴다》
the *main* event (복싱 등의) 주요 시합, 본 경기

main·ly *mainly*
[méinli 메인리]
부 주로; 대개, 대체로, 대부분
This grocery sells *mainly* imported food.
이 식품점은 주로 수입식품을 판매한다.

main·tain *maintain*
[meintéin 메인테인]
타 (3단현 **maintains** [meintéinz 메인테인즈], 과거·과거 분사 **maintained** [meintéind 메인테인드], 현재 분사 **maintaining** [meintéiniŋ 메인테이닝])
타 1. 유지하다, 지속[계속]하다
Food is necessary to *maintain* life. 음식물은 생명을 유지하는 데 필요하다.
타 2. 부양하다(《동》 support)
It's no easy to *maintain* a family of six.
6명의 가족을 부양하는 것은 쉽지 않다.
타 3. 주장하다
He *maintained* that he was innocent.
그는 자신의 결백을 주장했다.

main·te·nance *maintenance*
[méint(ə)nəns 메인터넌스]
명 유지, 보전; 부양
the *maintenance* of roads
도로의 보수 관리

*ma·jor *major*
[méidʒər 메이저]
형 큰 쪽의; 주요한, 일류의
the *major* part 대부분
a *major* question
중요한 문제

ma·jor·i·ty *majority*
[mədʒɔ́ːrəti 머조-러티]
명 (복수 **majorities** [mədʒɔ́ːrətiz 머조-러티즈])
대부분, 대다수(《반》 minority 소수)
The *majority* of the houses

were destroyed.
대부분의 집들이 파괴되었다.

*make *make*
[méik 메이크]

타 (3단현 **makes** [méiks 메이크스], 과거·과거 분사 **made** [méid 메이드], 현재 분사 **making** [méikiŋ 메이킹])

타 1. 만들다

Let's *make* a big house with blocks.
블록으로 큰 집을 짓자.

She *made* a pretty doll.
그녀는 예쁜 인형을 만들었다.

타 2. …이 되다
He will *make* a good teacher.
그는 좋은 선생님이 될 것이다.
Two and three *make* five.
2 더하기 3은 5다.

타 3. …하게 하다
I *made* him go there.
나는 그를 거기에 보냈다.
His jokes *made* us all laugh.
그의 농담은 우리 모두를 웃겼다.

타 4. [mèik 메이크] (행위·동작 등을) 하다, 행하다
Don't *make* excuses.
변명하지 마라.
He *made* a proposal to her.
그는 그녀에게 청혼을 했다.

타 5. [mèik 메이크] (명성 등을) 얻다, (돈을) 벌다
The man is very good at *making* money.
그 사람은 돈을 아주 잘 번다.

make for …에 도움이 되다, 기여하다

***make ~ of*[*from*] ...** …으로 ~을 만들다

☞ 원료가 본질적으로 변하지 않을 때는 of, 변할 때는 from을 쓴다.

Wine is *made from* grapes.
포도주는 포도로 만든다.
This box is *made of* wood.
이 상자는 나무로 만들었다.

make out 《구어》 이해하다 ; 분별하다 ; 작성하다, 쓰다
I could not *make out* what he said.
나는 그가 무슨 말을 하는지 이해할 수가 없었다.

make up 구성하다 ; (이야기 등을) 지어내다, 날조하다 ; 보충하다, 메우다 ; 화장하다
Eleven players *make up* one football team.

11명의 선수로 하나의 축구팀이 구성된다.
She took over 30 minutes to *make up* (her face).
그녀는 화장하는데 30분이 넘게 걸렸다.

make up for …을 보상하다, 벌충하다
make use of …을 이용하다
　Make good *use of* spare time.
　여가를 잘 이용해라.
명 (복수 **makes** [méiks 메이크스])
명 1. 제작, …제
　He has a camera of German *make*. 그는 독일제 카메라를 가지고 있다.
명 2. 모양, 형
　He bought a new *make* of car.
　그는 신형차를 샀다.

mak·ing *making*
[méikiŋ 메이킹]
타 make의 현재 분사
명 만들기, 제조
　film *making* 영화 제작

*male *male*
[méil 메일]
명 (복수 **males** [méilz 메일즈])
남성, 수컷

That monkey is a *male*.
저 원숭이는 수컷이다.

*man *man*
[mǽn 맨]
명 (복수 **men** [mén 멘])
명 1. 사람, 인간
　All *men* are born equal.
　인간은 모두 평등하게 태어난다.
　Man cannot live by bread alone.
　인간은 빵만으로 살 수 없다.
명 2. 남자, 남성(《반》 woman)

How does woman differ from *man*?
여자는 남자와 어떻게 다른가?
Man is not always stronger than woman.
남자가 여자보다 항상 힘이 더 센 것은 아니다.
명 3. [men으로] 부하; (남자) 종업원; (남자) 하인
　He was loved by his *men*.
　그는 부하들로부터 사랑을 받았다.
like a man 남자답게
　Act *like a man*.
　사내답게 굴어라.; 용기를 내라.

*man·age *manage*
[mǽnidʒ 매니지]
동 (3단현 **manages** [mǽnidʒiz

매니지즈], 과거·과거 분사 **managed** [mǽnidʒd 매니지드], 현재 분사 **managing** [mǽnidʒiŋ 매니징])

타 …을 관리하다, 경영하다, 담당하다
Her husband *manages* a small business.
그녀의 남편은 작은 사업을 한다.

자 처리하다, 이럭저럭 잘 해나가다
We cannot *manage* without him.
우리는 그 없이 해나갈 수 없다.

man·age·ment *management*

[mǽnidʒmənt 매니지먼트]
명 (복수 **managements** [mǽnidʒmənts 매니지먼츠])
경영, 운영, 관리 ; 처리
His business failed because of bad *management*.
그는 경영이 서툴러서 사업에 실패했다.

man·ag·er *manager*

[mǽnidʒər 매니저]
명 (복수 **managers** [mǽnidʒərz 매니저즈])
지배인 ; 감독
My father is the *manager* of this hotel.
우리 아버지는 이 호텔의 지배인이시다.

*man·ner *manner*

[mǽnər 매너]
명 (복수 **manners** [mǽnərz 매너즈])
명 1. 방법, 방식(《동》 way)
Do it in this *manner*.
그것은 이런 방법으로 해라.
Hold your knife and fork in this *manner*.
나이프와 포크는 이런 방식으로 쥐어라.

명 2. 태도, 거동, 모양
I like her *manner*.
나는 그녀의 태도가 마음에 든다.

명 3. [manners로] 예의, 예절
He has no *manners*.
그는 예의가 없다.
Where are your *manners*?
너 버릇이 나쁘구나.

명 4. [manners로] 풍습, 풍속
He studied Korean *manners* and customs.
그는 한국의 풍속과 관습을 연구했다.
Other times, other *manners*.
《속담》 시대가 바뀌면 풍습도 변한다.

man·u·fac·ture *manufacture*

[mǽn(j)ufǽktʃər 매뉴팩처]
타 (3단현 **manufactures** [mǽn-

(j)ufǽktʃərz 매뉴팩처즈], **과거·과거 분사 manufactured** [mæn(j)ufǽktərd 매뉴팩처드], **현재 분사 manufacturing** [mæn(j)ufǽktʃ(ə)riŋ 매뉴팩처링])
제작하다, 제조하다, 생산하다
The factory *manufactures* cars. 그 공장에서는 자동차를 생산하고 있다.

명 (복수 **manufactures** [mæn(j)ufǽktʃərz 매뉴팩처즈])
제조, 제작
the *manufacture* of automobile engines
자동차 엔진 제작

man·u·fac·tur·er
manufacturer
[mæn(j)ufǽktʃ(ə)rər 매뉴팩처러]
명 (복수 **manufacturers** [mæn(j)ufǽktʃ(ə)rərz 매뉴팩처러즈])
[흔히 manufacturers로] 제조업자

*man·y *many*
[méni 메니]
형 (비교급 **more** [mɔ́ːr 모-], 최상급 **most** [móust 모우스트])
많은, 다수의, 여러 《반》 few 적은)
☞ many는 수에, much는 양에 쓴다.
He has *many* brothers.
그는 형제가 많다.

There are *many* trees in the park.
공원에는 많은 나무가 있다.

a good many 꽤 많은
She has *a good many* books.
그녀는 꽤 많은 책을 가지고 있다.
a great many 매우 많은
There were *a great many* young girls at the concert.
그 콘서트에는 어린 소녀들이 많았다.
as many … as ~ ~와 같은 수의 …
how many 몇 개의, 몇 사람의
How many sisters do you have?
너는 여자 형제가 몇이나 되니?
대 많은 사람들, 많은 것 [일]《복수 취급》
Did *many* come?
사람들이 많이 왔니?

There are so *many* that I can't choose.
너무 많아서 고를 수 없다.
as many as …과 같은 수의 것 ; …만큼 모두
She has *as many as* I have.
그녀도 나 만큼 갖고 있다.

*map *map*

[mǽp 맵]
명 (복수 **maps** [mǽps 맵스])
지도(《참고》 atlas [ǽtləs 애틀러스] 지도첩)
There is a *map* on the wall.
벽에 지도가 걸려 있다.

Please draw a rough *map* to your house.
당신 집까지 가는 약도를 그려 주세요.

*march *march*

[mάːrtʃ 마-치]
명 (복수 **marches** [mάːrtʃiz 마-치즈])
행진, 행군 ; 행진곡
a wedding *march* 결혼 행진곡
I saw a protest *march* in town.
나는 시내에서 시위 행진을 보았다.
자 (3단현 **marches** [mάːrtʃiz 마-치즈], 과거·과거 분사 **marched** [mάːrtʃt 마-치트], 현재 분사 **marching** [mάːrtʃiŋ 마-칭])
행진하다

They *marched* along the street.
그들은 거리를 행진했다.

**March *March*

[mάːrtʃ 마-치]
명 3월(《Mar.로 약한다》)
We sometimes have snow here in *March*.
여기는 간혹 3월에도 눈이 내린다.
My birthday is (on) *March* 11.
나의 생일은 3월 11일이다
《March 11은 March (the) eleventh라고 읽는다》.

*mark *mark*

[mάːrk 마-크]
명 (복수 **marks** [mάːrks 마-크스])
명 1. 표, 기호, 부호, 마크(《동》 sign)
I can't see the meaning of this *mark*.
나는 이 표시가 무슨 뜻인지 모르겠다.
명 2. (《영》) 점수, 성적(《미》 grade)
He got full *marks* in English.

그는 영어에서 만점을 받았다.
명 3. 표적, 목표
His arrow missed the *mark* by only two inches.
그가 쏜 화살은 표적을 겨우 2인치 벗어났다.
명 4. (경기에서) 출발점(의 선)
On your *mark*! Get set! Go!
제자리에! 준비! 출발!

타 (3단현 **marks** [má:rks 마-크스], 과거·과거분사 **marked** [má:rkt 마-크트], 현재분사 **marking** [má:rkiŋ 마-킹])
…에 표를 하다, 기호〔부호〕를 붙이다
Mark the words which you don't know with a pencil.
모르는 단어에 연필로 표시를 해라.

***mar·ket** *market*
[má:rkit 마-킷]
명 (복수 **markets** [má:rkits 마-키츠])
명 1. 시장

The farmer took the eggs to (the) *market*.
농부는 계란을 팔려고 시장에 내놓았다.
There is no *market* today.
오늘은 장이 서지 않는다.
Mother goes to *market* every day.
어머니는 매일 시장에 가신다.

명 2. 거래처; 판로
foreign *markets*
해외 시장

***mar·riage** *marriage*
[mǽridʒ 매리지]
명 (복수 **marriages** [mǽridʒiz 매리지즈])
결혼; 결혼식
The *marriage* took place in church.
결혼식은 교회에서 올렸다.

---

mar·ried *married*
[mǽrid 매리드]
동 marry의 과거·과거분사
형 결혼한, 기혼의(《반》 single 미혼의)
Is she *married* or single?
그녀는 결혼을 했나요, 아니면

아직 미혼인가요?
They will be *married* soon.
그들은 곧 결혼한다.

mar·ry marry

[mǽri 매리]

동 (3단현 **marries** [mǽriz 매리즈], 과거·과거 분사 **married** [mǽrid 매리드], 현재 분사 **marrying** [mǽriiŋ 매리잉])

타 1. …와 결혼하다

He *married* a pretty girl.
그는 미인과 결혼했다.
Please *marry* me.
저와 결혼해 주세요.

타 2. 결혼시키다
He *married* his daughter to a farmer.
그는 딸을 농부와 결혼시켰다.

자 결혼하다, 시집〔장가〕가다
Many people *married* young in the old days.
옛날에는 어려서 결혼하는 사람들이 많았다.

mass mass

[mǽs 매스]

명 (복수 **masses** [mǽsiz 매시즈])

덩어리 ; 모임, 집단 ; 다수, 대량

a *mass* of rock 바윗덩어리
She has a *mass* of things to do.
그녀는 할 일이 많다.
I see large *masses* of clouds.
큰 구름 덩어리들이 보인다.

mas·ter master

[mǽstər 매스터]

명 (복수 **masters** [mǽstərz 매스터즈])

명 1. (남자) 주인, 고용주
master and man 주인과 하인
He is the *master* of this house.
그는 이집 가장이다.
Dogs obey their *masters*.
개는 주인을 따른다.

명 2. 장 ; 가장 ; 선장
He is the *master* of a ship.
그는 선장이다.

명 3. 대가, 명수, 거장
She is a *master* of modern art.

그녀는 현대 미술의 거장이다.
명 4. (영)(초등학교·중학교·고등학교의 남자) 선생님, 교사

He is an English *master*.
그는 영어 선생님이다.
명 5. [Master로] 도련님(하인 등이 주인 집의 나이 어린 사람을 부를 때 쓰는 말이다)
Master John 존 도련님
명 6. [Master로] 석사(학위)
Master of Arts 문학 석사
Master of Science 이학 석사
타 (3단현 **masters** [mǽstərz 매스터즈], 과거·과거 분사 **mastered** [mǽstərd 매스터드], 현재 분사 **mastering** [mǽstəriŋ 매스터링])
숙달하다, 습득하다 ; 정복하다, 지배하다
It is difficult to *master* English in three weeks.
3주 만에 영어에 능숙해지기란 어려운 일이다.

***mat** *mat*
[mǽt 맷]
명 (복수 **mats** [mǽts 매츠])
매트, 돗자리, (현관 앞에 까는) 신발 바닥 닦개

Please wipe your shoes on the *mat*.
신발 바닥을 매트에 닦아 주세요.

***match**¹ *match*
[mǽtʃ 매치]
명 (복수 **matches** [mǽtʃiz 매치즈])
성냥

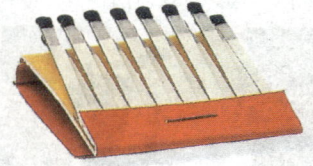

I have a box of *matches*.
내게 성냥이 한 갑 있다.

***match**² *match*
[mǽtʃ 매치]
명 (복수 **matches** [mǽtʃiz 매치즈])
명 1. 시합, 경기

I want to watch the next *match*.
나는 다음 경기를 보고 싶다.
명 2. 경쟁 상대, 호적수
He has never met his *match* in chess.

그는 체스에서 져본 적이 없다.
⑲ 3. 어울리는 것〔사람〕; 배우자
The carpet and curtains are a good *match*.
그 카펫과 커튼은 아주 잘 어울린다.
⑱ (3단현 **matches** [mǽtʃiz 매치즈], 과거·과거 분사 **matched** [mǽtʃt 매치트], 현재 분사 **matching** [mǽtʃiŋ 매칭])
⑲ …에 필적하다; …와 어울리다

His trousers *matched* his hat and scarf.
그의 바지는 모자와 스카프와 어울린다.

㉛ 필적하다; 조화되다

***ma·te·ri·al** *material*
[mətí(ə)riəl 머티(어)리얼]
⑲ (복수 **materials** [mətí(ə)riəlz 머티(어)리얼즈])
원료, 재료, (옷)감; [materials로] 용구, 도구

writing *materials*
필기 도구
Plastic is a widely used *material*.
플라스틱은 용도가 다양한 원료다.

⑲ 물질의, 물질적인
I am not interested in *material* gains.
나는 물질적인 이익에는 관심이 없다.

***math** *math*
[mæθ 매스]
⑲《구어》 수학(《참고》 mathematics)

***math·e·mat·ics** *mathematics*
[mæθəmǽtiks 매서매틱스]
⑲ 수학
Mathematics is his strong subject.
수학은 그가 잘하는 과목이다.

***mat·ter** *matter*
[mǽtər 매터]
⑲ (복수 **matters** [mǽtərz 매터즈])
⑲ 1. 일, 사항, 문제, 사건
That is a serious *matter*.
그것은 중대한 문제다.
⑲ 2. [matters로] 사정, 사태
I took *matters* lightly.
나는 사태를 쉽게 생각했다.
Matters are different now.
이제는 사정이 달라졌다.
⑲ 3. [the matter로] 지장, 장애, 사고
What's *the matter*?
어찌된 일이니?

재 (3단현 **matters** [mǽtərz 매터즈], 과거·과거분사 **mattered** [mǽtərd 매터드], 현재분사 **mattering** [mǽtəriŋ 매터링])
중요하다, 문제가 되다
Don't worry. It doesn't *matter*. 걱정하지마, 대단한 일도 아니니까.

ma·ture *mature*
[mət(j)úər 머튜어]
형 (비교급 **maturer** [mət(j)ú(ə)rər 머튜(어)러], 최상급 **maturest** [mət(j)ú(ə)rist 머튜(어)리스트])
익은, 숙성한; 성숙한
The wine isn't yet *mature*.
그 포도주는 아직 숙성되지 않았다.

max·i·mum *maximum*
[mǽksəməm 맥서멈]
형 (문어) 최대의, 최고의
You have to make a *maximum* effort.
너는 최대한의 노력을 기울여야만 한다.
명 (복수 **maximums** [mǽksəməmz 맥서멈즈], **maxima** [mǽksəmə 맥서머])
최대(한), 최대량(《반》minimum 최소한)
The confusion was at its *maximum*.
혼란이 극에 달했다.

*may *may*
[mei 메이]
조 (과거형 **might** [mait 마이트])
조 1. [허가] …해도 좋다
☆ *May* I go now?
이제 가도 됩니까?
◆ *May* I take your order?
주문하시겠습니까?
조 2. [추측] …인지도 모른다
Dad *may* be Santa Claus.
아빠가 산타클로스인지도 모른다.

It *may* rain this afternoon.
오늘 오후에 비가 올지도 모른다.
조 3. [기원] 바라건대 …하기를
May you be happy!
행복하시기를!
May you succeed!
성공을 빕니다!
may as well …하는 편이 좋다
You *may as well* go with him.
너는 그와 같이 가는 편이 좋다.

***may well** …하는 것도 당연하다
You *may well* say so.
네가 그렇게 말하는 것도 당연하다.

*May *May*
[méi 메이]
명 5월

The flowers in the garden come out in *May*.
정원에 있는 꽃들은 5월에 핀다.

*may·be *maybe*
[méibi 메이비]
부 아마, 어쩌면
☞ 미국에서는 perhaps 보다도 maybe를 많이 쓴다.
Will he come? — *Maybe*.
그가 올까? — 아마 올거야.
☆ Can you join us? — ◆ *Maybe* next time.
우리와 함께 하겠니? — 다음 기회가 좋겠어(이번에는 안된다).

May·flow·er *Mayflower*
[méiflàuər 메이플라우어]
명 [the Mayflower로] 메이플라워호

☞ 1620년에 영국 청교도들이 신대륙으로 타고 간 배의 이름.

may·or *mayor*
[méiər 메이어]
명 (복수 **mayors** [méiərz 메이어즈])
시장
He was elected *mayor*.
그는 시장으로 선출되었다.

*me *me*
[((약)) mi 미 ; ((강)) míː 미-]
대 [I의 목적격] 나를, 나에게

She loves *me* very much.
그녀는 나를 매우 사랑하고 있다.
Don't forget *me*.
나를 잊지마.
Who is it? — It's *me*.
누구십니까? — 저예요.
I'm tired. — ☆ *Me*, too.
피곤한데. — 나도 그래.

mead·ow *meadow*
[médou 메도우]
명 (복수 **meadows** [médouz 메도우즈])
목초지, 풀밭

*meal *meal*
[míːl 밀-]
명 (복수 **meals** [míːlz 밀-즈])

식사

To be taken half an hour after *meals*.
식후 30분에 복용할 것.
We have three *meals* a day.
우리는 하루에 세 끼를 먹는다.

***mean** *mean*

[míːn 민-]

타 (3단현 **means** [míːnz 민-즈], 과거·과거분사 **meant** [mént 멘트], 현재분사 **meaning** [míːniŋ 미-닝])

타 1. …을 의미하다, 뜻하다
The red light *means* "stop".
빨간 신호등은 「정지하라」는 뜻이다.
◆ Do you know what I *mean*?
내 말이 무슨 뜻인지 알겠니?

타 2. …할 작정이다
I *mean* to read all these books.
나는 이 책들을 모두 읽을 작정이다.

형 (비교급 **meaner** [míːnər 미-너], 최상급 **meanest** [míːnist 미-니스트])
천한, 비열한 ; 인색한, 치사한 ; 초라한
Don't be *mean* with the tip.
팁 주는 데 인색하게 굴지 말아라.
She lives in a *mean* house.
그녀는 초라한 집에 살고 있다.

***mean·ing** *meaning*

[míːniŋ 미-닝]

명 (복수 **meanings** [míːniŋz 미-닝즈])
의미, 뜻
What is the *meaning* of this word? 이 말뜻은 무엇이니?

***means** *means*

[míːnz 민-즈]

명 (복수 **means** [míːnz 민-즈])
수단, 방법 (《동》 way)
A computer is a new *means* of communication.
컴퓨터는 의사 전달의 새로운 수단이다.
by all means 반드시
You should *by all means* read the book. 너는 반드시 그 책을 읽어야 한다.
by means of …에 의하여
We express our thoughts *by means of* language.
우리들은 언어로 생각을 표현한다.

by no means 결코 …아니다
He is *by no means* clever.
그는 결코 영리한 사람이 아니다.

*mean·while *meanwhile*
[míːn(h)wàil 민-화일, 민-와일]
튀 그 동안에 ; 한편으로는

---

*mea·sure *measure*
[méʒər 메저]
명 (**복수 measures** [méʒərz 메저즈])
명 1. 치수, 분량 ; 크기, 무게, 길이
Her waist *measure* is 24 inches.
그녀의 허리 치수는 24인치다.
명 2. 되 ; 자, 줄자

a tape *measure* 줄자
a yard *measure* 야드자
명 3. [measures로] 수단, 방책 ; 조치
preventive *measures* 예방책
a safety *measure* 안전 조치
동 (**3단현 measures** [méʒərz 메저즈], **과거·과거 분사 measured** [méʒərd 메저드], **현재 분사 measuring** [méʒ(ə)riŋ 메저링])
타 재다, 측정〔계량, 측량〕하다 ; 재서 …이 되다
I was *measured* for a new suit.
새 옷을 맞추려고 치수를 쟀다.

They *measured* the length of the fish. 그들은 그 물고기의 길이를 쟀다.
자 재다, 측정해 보니 …이다

---

mea·sure·ment *measurement*
[méʒərmənt 메저먼트]
명 (**복수 measurements** [méʒərmənts 메저먼츠])
측량, 측정 ; 치수
the *measurement* of blood pressure 혈압 측정

---

*meat *meat*
[míːt 미-트]
명 고기, 육류

You must eat more vegetable than *meat*.
너는 고기보다 야채를 많이 먹어야 한다.
Which do you like better, *meat* or fish?
고기와 생선 중 어느 것을 더 좋아하니?

me·chan·i·cal *mechanical*
[mikǽnikəl 미캐니컬]
형 기계의, 기계로 움직이는 ; 기계〔자동〕적인
mechanical products
기계 제품
a *mechanical* toy
기계로 움직이는 장난감

*med·al *medal*
[médl 메들]
명 (복수 **medals** [médlz 메들즈]) 메달, 기장, 훈장

A gold *medal* was awarded to the winner. 금메달은 우승자에게 주어졌다.
She won three gold *medals*.
그녀는 세 개의 금메달을 획득했다.

me·di·a *media*
[míːdiə 미-디어]
명 1. medium의 복수
명 2. [the media로] 《문어》 매스 미디어(mass media) 《신문·텔레비전·라디오 등의 대중 전달 매체》

*med·i·cal *medical*
[médikəl 메디컬]
형 의학의, 의술〔의료〕의

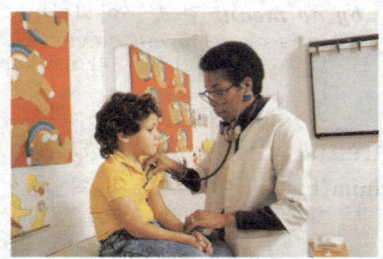

a *medical* college
의과 대학
We have a *medical* examination every year. 우리는 매년 건강 진단을 받는다.

*med·i·cine *medicine*
[médəsin 메더신]
명 (복수 **medicines** [médəsinz 메더신즈])
명 약, 내복약 ; 의학

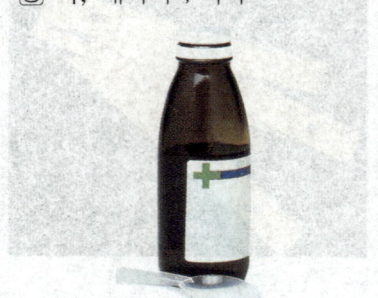

Did you take the *medicine*?
너 약은 먹었니 ?
This is a good *medicine* for colds.
이것은 감기에 잘 듣는 약이다.

Med·i·ter·ra·ne·an *Mediterranean*
[mèditəréiniən 메디터레이니언]
형 지중해의 ; 지중해 연안의

the *Mediterranean* Sea
지중해

명 [the Mediterranean으로] 지중해

*me·di·um *medium*

[míːdiəm 미-디엄]

명 (복수 **mediums** [míːdiəmz 미-디엄즈], **media** [míːdiə 미-디어])
매개(물), 매체 ; 수단, 기관 ; 중간
news *media*
보도 기관
Air is a *medium* of sound.
공기는 소리를 전달하는 매체다.

형 중간의, 보통의
a shirt of *medium* size
중간 사이즈의 셔츠
a man of *medium* height
보통 키의 사람

*meet *meet*

[míːt 미-트]

동 (3단현 **meets** [míːts 미-츠], 과거·과거 분사 **met** [mét 멧], 현재 분사 **meeting** [míːtiŋ 미-팅])

타 1. 만나다
I'm going to *meet* her for lunch tomorrow.
나는 내일 그녀와 만나 점심을 함께 하려고 한다.
◆ I'm glad to *meet* you!
만나서 반가워!

타 2. 마중하다
I'll *meet* you at the airport.
제가 공항으로 당신을 마중나가겠습니다.

자 만나다 ; 회합하다 ; 하나로 합치다
◆ Where shall we *meet* tomorrow.
내일 어디서 만날까요 ?
Let's *meet* together again tomorrow. 내일 다시 모이자.

meet with ... (사람)과 우연히 만나다 ; (사고를) 당하다 ; …을 받다
I *met with* a friend on the train. 나는 기차에서 우연히 친구를 만났다.

명 회합, 모임, 경기 대회
a swimming *meet* 수영 대회

*meet·ing *meeting*

[míːtiŋ 미-팅]

명 (복수 **meetings** [míːtiŋz 미-팅즈])
모임, 회합, 집회
hold a *meeting*
모임을 개최하다
Please attend the next *meeting*. 다음 모임에는 참석해 주세요.

mel·o·dy *melody*

[mélədi 멜러디]

명 (복수 **melodies** [mélədiz 멜러디즈])

멜로디, 선율 ; 아름다운 곡조
I've never heard this *melody*.
나는 이 멜로디를 처음 듣는다.

*mel·on *melon*

[mélən 멜런]

명 〖식물〗 멜론
a slice of *melon* 멜론 한 쪽

*melt *melt*

[mélt 멜트]

동 (3단현 **melts** [mélts 멜츠], 과거·과거 분사 **melted** [méltid 멜티드], 현재 분사 **melting** [méltiŋ 멜팅])

자 녹다 ; (감정 등이) 누그러지다
Sugar *melts* in water.
설탕은 물에 녹는다.
She *melted* at her mother's kind words.
엄마의 다정스런 말에 그녀는 마음이 누그러졌다.

타 …을 녹이다 ; (기분 등을) 누그러뜨리다
The sun *melted* the snow.
태양이 눈을 녹였다.

*mem·ber *member*

[mémbər 멤버]

명 (복수 **members** [mémbərz 멤버즈])
(단체의) 일원, 회원
She became a *member* of the tennis club.
그녀는 테니스 클럽의 회원이 되었다.
I am a *member* of the school swimming club.
나는 학교 수영부원이다.

mem·ber·ship *membership*

[mémbərʃip 멤버십]

명 (복수 **memberships** [mémbərʃips 멤버십스])
(단체의) 한 사람임, 회원의 지위〔자격〕; 회원수
a *membership* card 회원증
This club has a small *mem-*

bership. 이 동호회는 회원이 얼마 안된다.

mem·o·ry memory
[mém(ə)ri 메머리]

명 (복수 **memories** [mém(ə)riz 메머리즈])

명 1. 기억, 기억력
She has a good *memory*.
그녀는 기억력이 좋다.
That accident is still fresh in my *memory*.
나는 아직도 그 사고를 생생하게 기억하고 있다.

명 2. 회상, 추억
Everyone has some precious *memory* in their heart.
누구나 마음속에 무엇인가 소중한 추억을 갖고 있다.

in memory of …을 기념하여, …을 잊지 않기 위해
The statue was built *in memory of* his victory.
그의 승리를 기념하기 위해 동상이 세워졌다.

mend mend
[ménd 멘드]

타 (3단현 **mends** [méndz 멘즈], 과거·과거 분사 **mended** [méndid 멘디드], 현재 분사 **mending** [méndiŋ 멘딩])

타 1. (물건 등을) 고치다, 수리하다, 수선하다

She *mended* my pants. 그녀는 내 바지를 수선해 주었다.

타 2. (행실 등을) 고치다.
He *mended* his bad manners.
그는 나쁜 태도를 고쳤다.

men·tal mental
[méntl 멘틀]

형 마음의, 정신의 ; 지능의(《동》 spiritual, 《반》 physical 육체의)
Her trouble was found to be *mental*.
그녀의 병은 정신적인 것으로 판명되었다.

men·tion mention
[ménʃən 멘션]

타 (3단현 **mentions** [ménʃənz 멘션즈], 과거·과거 분사 **mentioned** [ménʃənd 멘션드], 현재 분사 **mentioning** [ménʃ(ə)niŋ 멘셔닝])

말하다, …에 대해 언급하다
I *mentioned* it to him.
나는 그에게 그것을 말했다.

◆ Don't *mention* it.
천만의 말씀입니다(감사·사과의 표현에 대한 대답 ; 《미》에서는 주로 You are welcome.이라고 한다).

명 언급, 진술, 기재

men·u menu
[ménjuː 메뉴-]

명 (복수 **menus** [ménjuːz 메뉴-즈])
메뉴, 식단표

Can I see the *menu*, please?
메뉴 좀 보여주세요.
What's on the *menu*?
메뉴로 뭐가 있나요?

*mer·chant *merchant*

[mə́ːrtʃənt 머-천트]

명 (복수 **merchants** [mə́ːrtʃənts 머-천츠])
상인, 무역 상인 ;《미》소매 상인,《영》도매 상인

Rich *merchants* lived in this area.
부유한 상인들이 이 지역에 살았다.

*mer·cy *mercy*

[mə́ːrsi 머-시]

명 자비, 연민, 인정 ; 행운
It is a *mercy* that I was not there.
내가 거기에 없었던 게 다행이다.
at the mercy of …의 마음대로 되어, …에 좌우되어
The ship was *at the mercy of* the wind and the waves.
배가 바람이 불고 파도가 치는 대로 표류하고 있었다.

mere *mere*

[míər 미어]

형 단순한, …에 불과한, 다만 …에 지나지 않는
He is a *mere* child.
그는 어린애에 불과하다.

mere·ly *merely*

[míərli 미어리]

부 단지, 그저, 다만
I asked it *merely* out of curiosity. 나는 그것을 단지 호기심에서 물어 보았다.

*mer·ry *merry*

[méri 메리]

형 (비교급 **merrier** [mériər 메리어], 최상급 **merriest** [mériist 메리이스트])
즐거운, 유쾌한, 명랑한, 재미있는
He is a *merry* fellow.
그는 명랑한 녀석이다.
Merry Christmas!
즐거운 크리스마스가 되길!

*mes·sage *message*

[mésidʒ 메시지]

몡 (복수 **messages** [mésidʒiz 메시지즈])
전갈, 전언; 통신(문); 《미》(대통령의) 교서
☆ May I speak to Tom?
— ◆ Sorry, he is out now. Can I take a *message*?
(전화에서) 톰 좀 바꿔주세요. — 미안하지만, 톰이 지금 외출 중인데. 전할 말이 있니?

*met·al *metal*

[métl 메틀]

몡 (복수 **metals** [métlz 메틀즈])
금속

Gold is a *metal* that everybody wants.
금은 누구나 탐내는 금속이다.

*me·ter¹, 《영》**-tre** *meter, -tre*

[míːtər 미-터]

몡 (복수 **meters** [míːtərz 미-터즈])
미터 《길이의 단위》

me·ter² *meter*

[míːtər 미-터]

몡 (자동) 계량기

*meth·od *method*

[méθəd 메서드]

몡 (복수 **methods** [méθədz 메서즈])
방법, 방식, 순서
a new *method* of teaching
새로운 교수법
Do it in the American *method*.
그것을 미국식으로 해라.

*mid·dle *middle*

[mídl 미들]

혭 한가운데의, 중간의, 중앙의
She is in her *middle* forties.
그녀는 40대 중반이다.
He goes to *middle* school.
그는 중학교에 다닌다.

圐 중앙, 한가운데 ; 중간 ; 중도
Who is the girl in the *middle*?
중앙에 있는 소녀는 누구니?

The island is in the *middle* of the lake.
그 섬은 호수 한가운데에 있다.

*mid·night *midnight*

[mídnàit 미드나이트]

圐 한밤중

I returned home at *midnight*.
나는 한밤중에 집에 돌아왔다.

*might *might*

[mait 마이트]

조 **may**의 과거형

조 1. [간접 화법에서]
(1) [가능성·추측을 나타내어] …일지도 모른다
We thought that our teacher *might* be angry.
우리는 선생님이 화가 났을지도 모른다고 생각했다.
(2) [허가를 나타내어] …해도 좋다
My father said that I *might* travel abroad.
아버지는 내가 해외 여행을 해도 좋다고 말씀하셨다.

조 2. [가정법에서]
(1) [허가를 나타내어] …해도 좋다면
I would go if I *might*.
가도 좋다면 가겠는데.
I would like to use your telephone if you *might*.
괜찮다면 네 전화를 쓰고 싶은데.
(2) [현재의 추측을 나타내어] …할는지도 모르는데, …할 수 있을텐데
If you studied harder, you *might* pass the exam.
더 열심히 공부하면 시험에 합격할 수 있을텐데.

*mild *mild*

[máild 마일드]

형 (비교급 **milder** [máildər 마일더], 최상급 **mildest** [máildist 마일디스트])
(태도가) 온순한, 점잖은, 상냥한 ; (기후가) 온화한 ; (맛이) 순한

He is a *mild* gentleman.
그는 점잖은 신사다.
He has a *mild* nature.
그는 천성이 상냥하다.
We have had *mild* weather these few days.
요 며칠간 날씨가 계속 화창하다.

*mile *mile*

[máil 마일]
명 (**복수 miles** [máilz 마일즈])
마일《거리의 단위, 1마일은 약 1609미터》
The bank is two *miles* from my house.
은행은 우리집에서 2마일 떨어져 있다.

*mil·i·tar·y *military*

[mílətèri 밀러테리]
형 군대의, 군사〔군용〕의 ; 육군의
a *military* hospital 육군 병원
He is in *military* service.
그는 군에 복무하고 있다.

*milk *milk*

[mílk 밀크]
명 우유

I want some *milk* in my coffee.
나는 커피에 우유를 조금 넣고 싶다.
Give me a glass of *milk*, please. 우유 한 잔 주세요.

*mil·lion *million*

[míljən 밀리언]
명 (**복수 millions** [míljənz 밀리언즈])
백만 ; [millions로] 다수, 무수
Millions of people enjoy Mozart's music.
수많은 사람들이 모차르트의 음악을 즐겨 듣는다.
형 백만의 ; 무수한
More than one *million* copies of the novel were sold. 그 소설은 백만부가 넘게 팔렸다.

*mind *mind*

[máind 마인드]
명 (**복수 minds** [máindz 마인즈])
명 1. 마음, 정신(《반》 body 육체) ; 지성, 이성
He lost his *mind*.
그는 이성을 잃었다.
A sound *mind* in a sound body.
《속담》 건강한 정신은 건강한 육체에 깃든다.
명 2. 생각, 의견
At last she changed her *mind*.
결국 그녀는 생각을 바꾸었다.
명 3. 기억, 기억력(《동》 memory)
He tried to put his failure out of his *mind*.
그는 자신의 실패를 애써 잊으려 했다.
make up** one's **mind 결심하다
He *made up his mind* to be a

teacher. 그는 선생님이 되기로 결심했다.
동 (3단현 **minds** [máindz 마인즈], 과거·과거 분사 **minded** [máindid 마인디드], 현재 분사 **minding** [máindiŋ 마인딩])
타 1. …에 조심하다, 유의하다 ; 보살피다 ; …에 신경을 쓰다
Mind your head.
머리를 조심하세요.
Mind your own business.
네 일이나 신경써라.
타 2. 싫어하다, 귀찮게 여기다
◆ Would you *mind* if I sit here?
여기에 앉아도 됩니까?
자 [의문·부정·조건문에서] 걱정〔염려〕하다, 신경을 쓰다
☆ Excuse me. — Never *mind*.
죄송해요. — 괜찮습니다.

***mine** *mine*
[máin 마인]
대 [I의 소유 대명사] 나의 것 ; 나의 소유물
Whose CD is this? — It's *mine*.
이 CD 누구거니? — 내 CD야.

min·er·al *mineral*
[mín(ə)rəl 미너럴]
명 (복수 **minerals** [mín(ə)rəlz 미너럴즈])
광물, 광석

Coal is a common *mineral*.
석탄은 흔한 광물이다.
형 광물의
the *mineral* water
광천수

min·i·mum *minimum*
[mínəməm 미너멈]
형 (문어) 최소의, 최저의
This work needs a *minimum* staff of five.
이 일을 하려면 최소한 5명의 인원이 필요하다.
명 (복수 **minimums** [mínəməmz 미너멈즈], **minima** [mínəmə 미너머])
최소(한), 최소량〔액〕(《반》 maximum 최대한)

***min·is·ter** *minister*
[mínistər 미니스터]
명 (복수 **ministers** [mínistərz 미니스터즈])
장관 ; 공사 ; 목사
the Prime *Minister*
국무총리
He is a *minister* in the Embassy of Korea in London.

그는 런던 주재 한국 대사관의 공사다.

*mi·nor minor
[máinər 마이너]

형 보다 작은〔적은〕(《반》 major 큰쪽의) ; 그다지 중요치 않은, 이류의 ; 미성년의
He is a *minor* poet.
그는 이류 시인이다.

*mi·nus minus
[máinəs 마이너스]

형 마이너스의, …을 뺀(《반》 plus 플러스의)
Ten *minus* four is six.
10 빼기 4는 6이다.

*min·ute minute
[mínit 미닛]

명 (복수 minutes [mínits 미니츠])

명 1. (시간의) 분
I got up ten *minutes* past five.
나는 5시 10분에 일어났다.

It's five *minutes* to eight.
8시 5분 전이다.

명 2. 잠깐, 잠시
May I speak to Mr. White? — Wait a *minute*, please.
(전화에서) 화이트 씨와 통화할 수 있을까요? — 잠깐만 기다려 주세요.

for a minute 잠깐 동안
May I speak with you *for a minute*? 당신과 잠깐 이야기할 수 있을까요?

in a minute = ***in a few minute***
곧, 즉시
I'll be with you *in a minute*.
곧 가겠습니다.

any minute 언제라도 ; 지금 당장에라도
He'll turn up *any minute*.
그는 언제라도 달려올 것이다.

*mir·ror mirror
[mírər 미러]

명 (복수 **mirrors** [mírərz 미러즈])

거울, 반사경
She looked in the *mirror*.
그녀는 거울을 들여다 보았다.

Mirror, *mirror*, who is the fairest of us all?
거울아, 거울아, 세상에서 누가 제일 예쁘니?

*miss miss
[mís 미스]

타 (3단현 **misses** [mísiz 미시즈], 과거·과거 분사 **missed** [míst 미스트], 현재 분사 **missing** [mísiŋ 미싱])

타 1. 못맞히다; 놓치다; 타지〔만나지〕못하다; 빼먹다

He shot at a target, but *missed* it.
그는 과녁을 향해 쏘았지만 맞추지 못했다.
The player tried to catch the ball, but *missed* it.
선수는 그 공을 잡으려고 했지만 놓치고 말았다.

◆ I got up late, so I *missed* the school bus.
나는 늦게 일어나서 통학 버스를 타지 못했다.

I *missed* seeing him by only a few minutes.
나는 몇 분 차이로 그를 만나지 못했다.

타 2. …이 없어서 적적하게〔서운하게〕여기다

I *miss* my mother when she is away. 나는 어머니가 안 계시면 쓸쓸하다.

****Miss** *Miss*

[mís 미스]

명 (복수 **Misses** [mísiz 미시즈])
…양, 선생님(미혼의 여선생님)
☞ 미혼 여성의 성 또는 성명 앞에 붙이는 경칭이다.

I will introduce *Miss* Brown to you.
네게 브라운 양을 소개해줄게.
This is *Miss* Brown.
이 분이 브라운 양이야.

***mis·sile** *missile*

[mísəl 미설] ★ 발음 주의

명 (복수 **missiles** [mísəlz 미설즈])
미사일, 유도탄
a nuclear *missile* 핵미사일

***mist** *mist*

[míst 미스트]

명 (복수 **mists** [místs 미스츠])
안개

The mountain top was cov-

ered in *mist*.
그 산꼭대기는 안개로 뒤덮였다.
The *mist* has cleared.
안개가 걷혔다.

---

*mis·take *mistake*
[mistéik 미스테이크]

타 (3단현 **mistakes** [mistéiks 미스테이크스], 과거형 **mistook** [mistúk 미스툭], 과거 분사 **mistaken** [mistéikən 미스테이컨], 현재 분사 **mistaking** [mistéikiŋ 미스테이킹])

타 1. 틀리다, 잘못 알다 ; 오해하다

I *mistook* the way.
나는 길을 잘못 들어섰다.
I *mistook* his meaning.
나는 그의 의도를 오해했다.

타 2. …로 잘못 생각하다, 혼동하다〈for〉
I *mistook* the visitor *for* the mailman.
나는 손님을 우편 집배원과 혼동했다.

명 (복수 **mistakes** [mistéiks 미스테이크스])
잘못, 틀림 ; 오해
Don't be afraid of making *mistakes*.
실수하는 걸 두려워하지 말아라.
There must be some *mistake*.
뭔가 오해가 있었던 것이 틀림없다.
I made another *mistake*.
나는 또 틀렸다.

by mistake 잘못하여, 실수로
I got on the wrong bus *by mistake*.
나는 실수로 버스를 잘못 탔다.

*mis·tak·en *mistaken*
[mistéikən 미스테이컨]

타 **mistake**의 과거 분사
형 잘못된, 잘못 생각하고 있는
◆ Sorry, you're *mistaken*.
미안하지만, 네가 잘못 생각하고 있어.

*mis·un·der·stand *misunderstand*
[mìsʌndərstǽnd 미스언더스탠드]

타 (3단현 **misunderstands** [mìsʌndərstǽndz 미스언더스탠즈], 과거 · 과거 분사 **misunderstood** [mìsʌndərstúd 미스언더스투드], 현재 분사 **misunderstanding** [mìsʌndərstǽndiŋ 미스언더스탠딩])
오해하다, 잘못 생각하다
You *misunderstand* him.
너는 그를 오해하고 있다.
Don't *misunderstand* what I said.
내가 한 말을 오해하지 말아라.

---

*mix *mix*
[míks 믹스]

동 (3단현 **mixes** [míksiz 믹시즈], 과거 · 과거 분사 **mixed**

[míkst 믹스트], 현재 분사 **mixing** [míksiŋ 믹싱])
타 섞다, 혼합하다

She *mixed* flour and water.
그녀는 밀가루와 물을 섞었다.

자 섞이다, 혼합되다
Oil and water won't *mix*.
기름과 물은 섞이지 않는다.

mix·ture *mixture*
[míkstʃər 믹스쳐]
명 (복수 **mixtures** [míkstʃərz 믹스처즈])
혼합, 혼합물
The *mixture* of yellow and blue paints creates green.
노란색과 파란색 그림물감을 섞으면 녹색이 된다.

*mod·el *model*
[mádl 마들]
명 (복수 **models** [mádlz 마들즈])
모형, 모델; 모범, 본보기

fashion *model* 패션 모델

This is a *model* of the new museum.
이것이 새 박물관의 모형이다.

mod·er·ate *moderate*
[mádərət 마더럿]
형 1. 알맞은, 적당한
She always drives at a *moderate* speed.
그녀는 항상 적당한 속도로 운전한다.
형 2. 온건한

*mod·ern *modern*
[mádərn 마던]
형 근대의, 현대의(《반》 ancient 고대의); 현대적인; 최신(식)의
modern house 현대식 집

Modern life often causes stress. 현대 생활은 종종 스트레스의 원인이 된다.

*mod·est *modest*
[mádist 마디스트]

형 겸손한 ; 알맞은, 온당한
She is a *modest* woman.
그녀는 겸손한 여자다.
His demands are *modest*.
그의 요구는 온당하다.

*moist *moist*
[mɔ́ist 모이스트]

형 (비교급 **moister** [mɔ́istər 모이스터], 최상급 **moistest** [mɔ́istist 모이스티스트])
축축한, 습기있는
Winds from the sea are *moist*.
바다에서 불어오는 바람은 습하다.

*mom *mom*
[mám 맘]

명 《구어》 엄마

*mo·ment *moment*
[móumənt 모우먼트]

명 (복수 **moments** [móumənts 모우먼츠])
순간, 찰나 ; (어느 특정한) 때, 기회
Wait a *moment*, please.
잠깐 기다려 주십시오.
There was a *moment* of silence.
한 순간 침묵이 흘렀다.
for a moment 잠깐 동안
Can I talk to you *for a moment*?
잠깐 이야기 좀 나눌 수 있을까요?
in a moment 곧, 즉시
I'll be back *in a moment*.
곧 돌아올게.

*mom·my *mommy*
[mámi 마미]

명 (복수 **mommies** [mámiz 마미즈])
《구어》 엄마《미국에서 주로 사용하고 영국에서는 mummy라고 한다》
Good morning, *mommy*. — Good morning, Judy.
엄마, 안녕히 주무셨어요. — 주디야, 잘 잤니.

*Mon·day *Monday*
[mʌ́ndèi 먼데이]

명 (복수 **Mondays** [mʌ́ndèiz 먼데이즈])
He will come on *Monday*.
그는 월요일에 올 것이다.

I'll be off next *Monday*.
나는 다음 월요일에 쉰다.

mon·ey *money*

[mÁni 머니]

명 돈, 금전 ; 통화, 화폐

Do you have any *money*?
너 돈 좀 갖고 있니?
I have no *money* with me.
나는 가진 돈이 없다.

mon·key *monkey*

[mÁŋki 멍키]

명 (복수 **monkeys** [mÁŋkiz 멍키즈])
『동물』 원숭이

A *monkey* is a wise animal.
원숭이는 영리한 동물이다.

month *month*

[mÁnθ 먼스]

명 (복수 **months** [mÁnθs 먼스])
(한) 달, 월
this *month* 이달
last *month* 지난달
next *month* 다음달
A year has twelve *months*.
일년은 열두달이다.

What day of the *month* is it today? — It's the 11th.
오늘이 며칠이니? — 11일이야.

month·ly *monthly*

[mÁnθli 먼슬리]

형 매달의, 한 달에 한 번의
Will this meeting be *monthly*?
이 모임이 앞으로 매달 열립니까?

명 (복수 **monthlies** [mÁnθliz 먼슬리즈])
월간지

mood *mood*

[múːd 무-드]

명 (복수 **moods** [múːdz 무-즈])
기분 ; 분위기
He is in a good(bad) *mood*.
그는 기분이 좋다(나쁘다).

*moon *moon*
[múːn 문-]

명 (복수 **moons** [múːnz 문-즈])
(천체의) 달

The *moon* rose.
달이 떴다.
Last night there was a full *moon*.
지난밤에 보름달이 떴다.

---

*mor·al *moral*
[mɔ́ːrəl 모-럴]

형 도덕(상)의; 도덕을 지키는
the *moral* sense 도덕 관념
He is a *moral* man.
그는 도덕적인 사람이다.

명 (복수 **morals** [mɔ́ːrəlz 모-럴즈])
교훈; [morals로] (사회적인) 도덕; 품행
What is the *moral* of this story?
이 이야기의 교훈은 무엇이냐?

---

*more *more*
[mɔ́ːr 모-]

형 1. [many의 비교급] (수가) 보다 더 많은(《반》less 보다 더 적은)
He has *more* books than I have.
그는 나보다 더 많은 책을 가지고 있다.

형 2. [much의 비교급] (양이) 보다 더 많은(《반》less 보다 더 적은)
You need *more* practice.
너는 더 많은 연습이 필요하다.

부 1. [much의 비교급] 보다 많이, 더욱 더
This question is *more* difficult than that one.
이 문제는 그 문제보다 더 어렵다.

부 2. 게다가, 더욱
He tried once *more*.
그는 한 번 더 해보았다.

more and more 더욱 더, 점점 더
The story became *more and more* interesting. 이야기는 점점 더 재미있어졌다.

more or less (1) 다소간, 얼마간
He is *more or less* drunk.
그는 약간 취해 있다.
(2) 대강
It's a ten minutes' walk, *more or less*.
걸어서 대강 10분 걸린다.

more than …이상
I waited for him *more than* two hours.
나는 2시간이 넘게 그를 기다렸다.

the more ~ the more ... ~하면 할수록 더욱 …하다
The more I talk with her, *the more* I am charmed by her.
그녀와 얘기를 하면 할수록 마음이 끌린다.

*more·o·ver *moreover*

[mɔːróuvər 모-로우버]

(부) 게다가, 더욱이, 또한
The day was cold, and *moreover* it was raining.
그날은 추웠고 게다가 비까지 오고 있었다.

*morn·ing *morning*

[mɔ́ːrniŋ 모-닝]

(명) (복수 **mornings** [mɔ́ːrniŋz 모-닝즈])

아침, 오전
Morning came.
아침이 되었다.
They played tennis this *morning*.
그들은 오늘 아침 테니스를 쳤다.
It may snow tomorrow *morning*.
내일 아침에는 눈이 올지도 모른다.
Good morning! 안녕《오전 인사》!
Good morning, Tom. — *Good morning,* Miss Brown.
안녕, 톰. — 안녕하세요, 브라운 선생님.

*mos·qui·to *mosquito*

[məskíːtou 머스키-토우]

(명) (복수 **mosquito(e)s** [məskíːtouz 머스키-토우즈])
모기

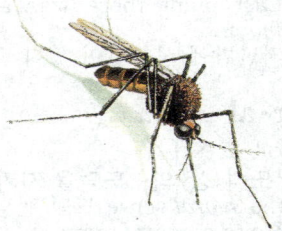

There is a *mosquito* in this room.
이 방에 모기가 한 마리 있다.

*most *most*

[móust 모우스트]

(형) 1. [many, much의 최상급] (수·양이) 가장 많은(《반》 least 가장 적은)
She has the *most* phone cards among us.
우리들 중에서 그녀가 공중전화 카드를 제일 많이 갖고 있다.

(형) 2. [관사 없이] 대부분의, 대개의
Most students like comic books.

대부분의 학생들이 만화책을 좋아한다.
튀 1. [much의 최상급] 가장 (…), 제일
Soccer is the *most* popular sport in our school.
우리 학교에서는 축구가 가장 인기있는 스포츠다.

She walks the *most* slowly of the girls.
그녀는 소녀들 중에서 가장 느리게 걷는다.
튀 2. [mòust 모우스트] [a most 로] 대단히, 매우, 극히
This is *a most* interesting book.
이것은 매우 재미있는 책이다.
대 1. [the most로] 최대량, 최대한도
This is *the most* (that) I can do for you.
이것이 내가 너를 위해 할 수 있는 최대한도다.
대 2. 대부분
I did *most* of the work.
그 일은 대부분 내가 했다.
at (the) most 많아도, 많아야, 기껏해야
I think she is seventeen *at (the) most*.
그녀는 많아야 열일곱살일 것이다.
make the most of …을 최대한 이용[활용]하다
He *made the most of* his holidays.

그는 휴가를 최대한 이용했다.

most·ly *mostly*

[móus(t)li 모우스틀리]
튀 대개, 대부분, 보통
We are *mostly* out on Sundays.
우리는 일요일에는 대개 외출한다.

*moth·er *mother*

[mʌ́ðər 머더]
명 (복수 **mothers** [mʌ́ðərz 머더즈])
어머니(《반》 father 아버지)

She is the *mother* of two children.
그녀는 두 아이의 어머니다.

mo·tion *motion*

[móuʃən 모우션]
명 (복수 **motions** [móuʃənz 모우션즈])
운동 ; 동작 ; 동의, 발의
the laws of *motion*
운동의 법칙

mo·tive *motive*

[móutiv 모우티브]
명 (복수 **motives** [móutivz 모우티브즈])
동기 ; (행동의) 진의
What was his *motive* for doing it?
그가 그렇게 한 동기는 무엇이

었습니까?

*mo·tor *motor*
[móutər 모우터]
명 (복수 **motors** [móutərz 모우터즈])
모터, 발동기 ; 자동차

a *motor* trip 자동차 여행
An electric *motor* runs the washing machine.
전기 모터가 세탁기를 돌린다.

mount *mount*
[máunt 마운트]
타 (3단현 **mounts** [máunts 마운츠], 과거·과거 분사 **mounted** [máuntid 마운티드], 현재 분사 **mounting** [máuntiŋ 마운팅])
타 1. (산·사닥다리를) 오르다 (《동》 climb)

The child *mounted* the ladder slowly.
그 아이는 천천히 사닥다리를 올라갔다.
타 2. (말·자전거에) 타다 (《동》 ride)
Mount the horse and ride away!
말을 타고 달려라!

*moun·tain *mountain*
[máunt(ə)n 마운턴]
명 (복수 **mountains** [máunt(ə)nz 마운턴즈])
산 ; [mountains로] 산맥

mountain climbing
등산
Which is the highest *mountain* in the world?
세계에서 가장 높은 산은 어느 산입니까?
Let's go to the *mountains* next Sunday.
다음 일요일에 산에 갑시다.

mouse

[máus 마우스]

명 (복수 **mice** [máis 마이스])
생쥐

a field *mouse* 들쥐
a house *mouse* 집쥐
We keep a cat for catching *mice*.
우리는 쥐를 잡으려고 고양이를 기른다.

---

mouth

[máuθ 마우스]

명 (복수 **mouths** [máuðz 마우드즈])
(사람·동물의) 입 ; 입 모양의 것 ; 입 대는 부분

Open your *mouth* and say "Ah."
입을 벌리고 「아」하세요.

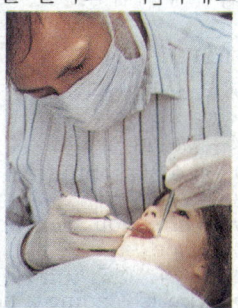

Don't talk with your *mouth* full.
음식을 입에 넣은 채 말을 하지 마라.

move

[múːv 무-브]

동 (3단현 **moves** [múːvz 무-브즈], 과거·과거 분사 **moved** [múːvd 무-브드], 현재 분사 **moving** [múːviŋ 무-빙])

타 1. …을 움직이다, …을 이동하다

He *moved* the desk near the window.
그는 책상을 창문 가까이로 옮겼다.

◆ Would you please help me *move* the desk?
책상 옮기는 것 좀 도와주시겠습니까?

타 2. 감동시키다
The play *moved* me to tears.
나는 그 연극에 감동하여 눈물을 흘렸다.

자 1. 움직이다, 이동하다
Don't *move*, or I'll shoot.

움직이지마, 움직이면 쏘겠다.

[자] 2. 이사하다, 옮기다
We will *move* to the new house next month.
우리는 다음달에 새 집으로 이사한다.

---

*move·ment　*movement*

[múːvmənt 무-브먼트]

[명] (복수 **movements** [múːvmənts 무-브먼츠])

[명] 1. 움직임 ; 운동 ; 이동
a peace *movement* 평화 운동
a labor *movement* 노동 운동
He stood there without *movement*.
그는 꼼짝 않고 거기에 서 있었다.

[명] 2. [movements로] 행동, 동작 ; 태도
The police are watching her *movements* carefully.
경찰은 그녀의 행동을 주의깊게 감시하고 있다.

---

*mov·ie　*movie*

[múːvi 무-비]

[명] (복수 **movies** [múːviz 무-비즈])
《구어》 영화 ; 영화관

☞ 복수형으로 쓰는 경우가 많다.
How about going to the *movies* tonight? — What's on at the *movies*?
오늘밤 영화보러 가는 게 어때? — 영화관에서 뭘 상영하는데?

---

mov·ie the·a·ter　*movie theater*

[múːvi-θìːətə 무-비시-어터]

[명] (복수 **movie theaters** [múːvi-θìːətəz 무-비시-어터즈])
《미》 영화관(《영》 cinema)(《미》에서는 movie, 또는 《미구어》에서는 단지 theater라고 한다)
go to a *movie theater*
영화관에 가다

**Mr., Mr　*Mr.*

[místər 미스터]

[명] …씨, …선생, …님, …군, …귀하(mister의 약어)
Mr. and Mrs. Smith
스미스 씨 부부
Mr. White, you are wanted on the phone.
화이트 씨, 전화왔습니다.
Mr. Kim is reading a newspaper.
김선생은 신문을 읽고 있다.

Mrs., Mrs *Mrs.*
[mìsiz 미시즈]

명 …부인, …여사(mistress의 약어)
Mrs. Smith teaches us English. 스미스 부인은 우리에게 영어를 가르칩니다.

Ms., Ms *Ms.*
[mìz 미즈]

명 미즈…, …씨《미혼·기혼을 구별하지 않는 여성의 경칭》

Mt. *Mt.*
[màunt 마운트]

명 산《mount의 약어, 산의 이름 앞에 붙인다》
Mt. Baekdu is the highest *mountain* in Korea.
백두산은 한국에서 제일 높은 산이다.

much *much*
[mʌ́tʃ 머치]

형 (비교급 **more** [mɔ́:r 모-], 최상급 **most** [móust 모우스트])
많은, 다량의《반》 little 조금의)
We have *much* rain in June.
6월에는 비가 많이 온다.

He drank too *much* coffee.
그는 커피를 너무 많이 마셨다.
There is not *much* wine in the bottle.
병에 포도주가 많지 않다.

대 다량, 많음
I don't eat *much* for breakfast.
나는 아침을 많이 먹지 않는다.
I have *much* to say about it.
나는 그것에 관해서 할 말이 많다.

부 [mʌ́tʃ 머치] (비교급 **more** [mɔ́:r 모-], 최상급 **most** [móust 모우스트])

부 1. [동사와 함께 써서] 매우, 대단히
Thank you very *much*.
매우 감사합니다.
I'm *much* surprised to hear the news.
나는 그 소식을 듣고 무척 놀랐다.

부 2. [형용사·부사의 비교급과 함께 써서] 훨씬
He is *much* taller than his mother.

그는 그의 어머니보다 훨씬 키가 크다.
as much as …만큼
Take *as much as* you want.
원하는 만큼 가져라.
as much as possible 되도록 (많이)
how much (양·값이) 얼마, 어느 정도
How much is this pen? — Ten dollars.
이 펜 얼마예요? — 10달러입니다.

so much 그만큼, 그렇게

***mud** *mud*
[mʌ́d 머드]
명 진흙, 진창

Her foot was struck in the *mud*.
그녀의 한쪽 발이 진창에 푹 빠졌다.
His shoes were covered with *mud*.
그의 신발은 진흙 투성이였다.

***mul·ti·ply** *multiply*
[mʌ́ltəplài 멀터플라이]
타 (3단현 **multiplies** [mʌ́ltəplàiz 멀터플라이즈], 과거·과거 분사 **multiplied** [mʌ́ltəplàid 멀터플라이드], 현재 분사 **multiplying** [mʌ́ltəplàiiŋ 멀터플라이잉])
곱하다(《반》 divide 나누다) ; 늘리다, 번식시키다
2 *multiplied* by 3 is 6.
2 곱하기 3은 6이다(2×3=6).
Multiply 3 by 5.
3에 5를 곱하라.
He is no good at *multiplying*.
그는 곱셈을 잘 못한다.

---

mur·der *murder*
[mə́:rdər 머-더]
명 (복수 **murders** [mə́:rdərz 머-더즈])
살인 ; 살인 사건
Nobody believes he committed *murder*.
그가 살인을 했다고는 아무도 믿지 않는다.
There were three *murders* in one month.
한 달사이에 세 건의 살인 사건이 있었다.
타 (3단현 **murders** [mə́:rdərz 머-더즈], 과거·과거 분사 **murdered** [mə́:rdərd 머-더드], 현재 분사 **murdering** [mə́:rdəriŋ 머-더링])
죽이다, 살해하다

*mus·cle *muscle*

[mʌ́sl 머슬] ★ 발음 주의
몡 (복수 muscles [mʌ́slz 머슬즈])
근육 ; 완력
Exercise makes the *muscles* strong.
운동은 근육을 강하게 만든다.

*mu·se·um *museum*

[mjuːzíːəm 뮤-지-엄]
몡 (복수 museums [mjuːzíːəmz 뮤-지-엄즈])
박물관

an art *museum* 미술관
I want to see the British *Museum*.
나는 대영 박물관을 보고 싶다.

*mu·sic *music*

[mjúːzik 뮤-직]
몡 음악
What kind of *music* do you like the best? — I like jazz the best.
너는 어떤 종류의 음악을 가장 좋아하니? — 나는 재즈를 제일 좋아해.

*mu·si·cal *musical*

[mjúːzikəl 뮤-지컬]
혱 음악의, 음악적인, 음악을 좋아하는
a *musical* instrument 악기
Her family are all *musical*.
그녀의 가족은 모두 음악을 좋아한다.
몡 음악(희)극, 음악 영화, 뮤지컬

*must *must*

[《약》məs(t) 머스(트) ; 《강》mʌst 머스트]
조 1. [절박한 필요를 나타내어] …해야 한다(《반》need not …할 필요없다)
I *must* go home now.
나는 이제 집에 가야 한다.
You *must* keep your promise.
네가 한 약속은 지켜야만 한다.
조 2. [부정문에서 금지를 나타내어] …해서는 안된다, …하지 말아야 한다

Musical Instruments 악기
[mjúːzikəl-ínstrəmənts 뮤-지컬인스트러먼츠]

① **cello** 첼로
 [tʃélou 첼로우]

② **violin** 바이올린
 [vàiəlín 바이얼린]

③ **guitar** 기타
 [gitáːr 기타-]

④ **banjo** 밴조
 [bǽndʒou 밴조우]

⑤ **piano** 피아노
 [piǽnou 피애노우]

⑥ **drum** 드럼, 북
 [drʌ́m 드럼]

⑦ **cymbals** 심벌즈
 [símbəlz 심벌즈]

My Room 나의 방
[mai rúːm 마이룸-]

① **lamp** 등불, 전기 스탠드
[lǽmp 램프]
② **bookshelf** 책꽂이
[búkʃèlf 북셸프]
③ **book** 책
[búk 북]
④ **photograph** 사진
[fóutəgræf 포우터그래프]
⑤ **bookcase** 책장
[búkkèis 북케이스]
⑥ **pencil sharpener** 연필깎이
[pénsl-ʃɑ̀ːrp(ə)nər 펜슬샤-퍼너]
⑦ **pencil case** 필통
[pénsl-kèis 펜슬케이스]
⑧ **desk** [désk 데스크] 책상
⑨ **wastebasket** 휴지통
[wéis(t)bæskit 웨이스(트)배스킷]
⑩ **chair** 의자
[tʃéər 체어]
⑪ **bag** (손)가방
[bǽg 배그]
⑫ **picture** 그림
[píktʃər 픽처]

⑬ **calendar** 달력
[kǽləndər 캘런더]
⑭ **globe** 지구의
[glóub 글로우브]
⑮ **cassette** 카세트(테이프)
[kəsét 커셋]
⑯ **cassette player** 카세트 플레이어
[kəsét-plèiər 커셋플레이어]
⑰ **soccer ball** 축구공
[sákər-bɔ̀ːl 사커볼-]
⑱ **plastic model** 플라스틱 모형
[plǽstik-mádl 플래스틱마들]
⑲ **poster** 포스터
[póustər 포우스터]
⑳ **bat** 배트
[bǽt 뱃]
㉑ **football** 미식 축구공
[fútbɔ̀ːl 풋볼-]
㉒ **racket** 라켓
[rǽkit 래킷]
㉓ **skates** 스케이트화
[skéits 스케이츠]
㉔ **glove** (야구용) 글러브
[glʌ́v 글러브]

You *must not* tell a lie.
거짓말을 해서는 안된다.

조 3. [당연한 필연성·추정을 나타내어] …임(함)에 틀림없다, 틀림없이 …이다(하다) 《반》 cannot …일리가 없다)
You *must* be ill; you look pale.
네가 아픈 게 틀림없어. 얼굴빛이 창백해 보이는데.

*my *my*

[mai 마이]

대 [I의 소유격] 나의
This is *my* book.
이건 내 책이다.

Today is *my* birthday.
오늘은 내 생일이다.

*my·self *myself*

[maisélf 마이셀프]

대 1. [강조 용법] 나 자신이
I saw it *myself*.
내 눈으로 직접 봤다.
I *myself* did it.
내가 스스로 그것을 했다.

대 2. [maisélf 마이셀프] [재귀용법] 나 자신을(에게)
I dressed *myself* in a hurry.
나는 서둘러 옷을 입었다.
I looked at *myself* in the mirror.
나는 거울에 내 모습을 비추어 보았다.

for myself 손수, 혼자 힘으로
by myself 혼자서
I would like to go there *by myself*.
나는 혼자서 거기에 가고 싶다.

mys·te·ri·ous *mysterious*

[mistí(ə)riəs 미스티(어)리어스]

형 신비한, 신비적인, 불가사의한
There is something *mysterious* about this gentleman.
이 신사에게는 어딘가 신비한 데가 있다.

*mys·ter·y *mystery*

[místəri 미스터리]

명 (복수 **mysteries** [místəriz 미스터리즈])
신비, 불가사의 ; 탐정(추리) 소설
Nature is full of *mystery*.
자연은 신비로 가득차 있다.

N, n *N, n*
[én 엔]
명 (복수 **N's, n's** [énz 엔즈])
엔《영어 알파벳의 열네번째 글자》

*nail *nail*
[néil 네일]
명 (복수 **nails** [néilz 네일즈])
손톱, 발톱 ; 못

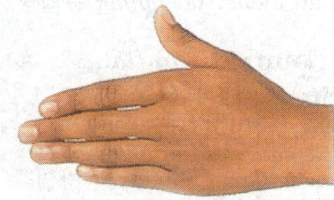

Don't bite your *nails*.
손톱을 물어뜯지 마라.
Can I drive a *nail* in here?
여기에 못을 박아도 되나요?

na·ked *naked*
[néikid 네이키드]
★ 발음 주의
형 벌거벗은, 노출된 ; 적나라한
naked feet 맨발
the *naked* eye 육안

*name *name*
[néim 네임]
명 (복수 **names** [néimz 네임즈])
이름, 성명 ; (물건의) 명칭

Please write your *name* and address here.
여기에 이름과 주소를 써 주십시오.
What's your *name*?
— ☆ My *name*'s Tom.
네 이름은 무엇이니 ?
— 내 이름은 톰이야.
by name 이름으로 ; 이름은
I know them all *by name*.
나는 그들의 이름을 모두 알고 있다.
타 (3단현 **names** [néimz 네임즈], 과거·과거 분사 **named** [néimd 네임드], 현재 분사 **naming** [néimiŋ 네이밍])
…라고 이름을 붙이다〔짓다〕; 지명하다 ; …의 이름을 말하다
They *named* their baby Jack.
그들은 아기 이름을 잭이라고 지었다.
Can you *name* these animals?
이 동물들의 이름을 말할 수 있니 ?
name after …의 이름을 따서 이름을 짓다
She was *named* Judy *after* her grandmother.
그녀는 할머니의 이름을 따서

주다라고 이름지어졌다.

nap·kin *napkin*
[nǽpkin 냅킨]
명 (복수 **napkins** [nǽpkinz 냅킨즈])
(식탁용) 냅킨
Put a *napkin* on your lap.
냅킨을 무릎 위에 놓아라.

nar·row *narrow*
[nǽrou 내로우]
형 (비교급 **narrower** [nǽrouər 내로우어], 최상급 **narrowest** [nǽrouist 내로우이스트])
형 1. (폭이) 좁은《반》wide 넓은)

narrow　　　wide

This road is too *narrow* to walk side by side. 이 길은 나란히 걷기에는 너무 좁다.
형 2. (범위·지식이) 한정된; (마음이) 좁은
He has a *narrow* mind.
그는 마음이 좁다.

na·tion *nation*
[néiʃən 네이션]
명 (복수 **nations** [néiʃənz 네이션즈])
명 1. [보통 the nation으로] 국민《전체; 단수 또는 복수 취급》
the Korean *nation* 한국 국민

명 2. 국가
an industrial *nation* 공업국

na·tion·al *national*
[nǽʃ(ə)nəl 내셔널]
형 1. 국민의; 국가의
a *national* flag 국기
a *national* holiday 국경일
형 2. 국립의
a *national* park 국립 공원

na·tion·al·i·ty *nationality*
[næ̀ʃənǽləti 내셔낼러티]
명 (복수 **nationalities** [næ̀ʃənǽlətiz 내셔낼러티즈])
국적
What is your *nationality*?
당신의 국적은 어디입니까?

na·tive *native*
[néitiv 네이티브]
형 태어난 나라의, 고향의; 토착의; 타고난
His *native* language is Ger-

man. 그의 모국어는 독일어다.
명 (복수 **natives** [néitivz 네이티브즈])
…태생의 사람 ; 원주민, 토착인
They are the *natives* of India.
그들은 인도 원주민이다.

*__nat·u·ral__ *natural*
[nǽtʃ(u)rəl 내추럴]
형 1. 자연의, 천연의 ; 타고난
natural foods 자연 식품

He is a *natural* poet.
그는 타고난 시인이다.
형 2. 당연한
It is *natural* for him to get angry with you. 그가 네게 화내는 것은 당연하다.

__nat·u·ral·ly__ *naturally*
[nǽtʃ(u)rəli 내추릴리]
부 자연히 ; 본래 ; 당연히, 물론
Naturally, she accepted the invitation.

물론 그녀는 초대에 응했다.

*__na·ture__ *nature*
[néitʃər 네이처]
명 (복수 **natures** [néitʃərz 네이처즈])
명 1. 자연 ; 자연계
the laws of *nature*
자연의 법칙
I love *nature*.
나는 자연을 사랑한다.

명 2. 천성, 성질
She has a good *nature*.
그녀는 마음씨가 곱다.
by nature 날때부터, 본래
He is kind *by nature*.
그는 본래 친절하다.

*__na·vy__ *navy*
[néivi 네이비]
명 (복수 **navies** [néiviz 네이비즈])
해군
join the *navy*
해군에 입대하다

*__near__ *near*
[níər 니어]
부 (비교급 **nearer** [ní(ə)rər 니(어)러], 최상급 **nearest** [ní(ə)rist 니(어)리스트])

Nature 자연
[néitʃər 네이처]

① **sky** 하늘 [skái 스카이]
② **sun** 태양 [sʌ́n 선]
③ **gull** 갈매기 [gʌ́l 걸]
④ **horizon** 수평선, 지평선 [həráizn 허라이즌]
⑤ **sunrise** 일출 [sʌ́nràiz 선라이즈]
⑥ **sunset** 일몰 [sʌ́nsèt 선셋]
⑦ **wave** 파도 [wéiv 웨이브]
⑧ **slope** 비탈 [slóup 슬로우프]
⑨ **forest** 숲 [fɔ́:rist 포-리스트]
⑩ **pasture** 목장 [pǽstʃər 패스처]
⑪ **north** 북쪽 [nɔ́:rθ 노-스]
⑫ **west** 서쪽 [wést 웨스트]
⑬ **east** 동쪽 [íːst 이-스트]
⑭ **south** 남쪽 [sáuθ 사우스]

(거리·시간이) 가까이, 인접하여《반》far 멀리)

The summer vacation is getting *near*.
여름 방학이 다가오고 있다.
We live quite *near*.
우리는 아주 가까이 살고 있다.

near at hand 곁에, 가까이에
near by 가까이에, 근처에
  A fire broke out *near by*.
  근처에서 불이 났다.
형 (비교급 **nearer** [ní(ə)rər 니(어)러], 최상급 **nearest** [ní(ə)rist 니(어)리스트])
(거리·시간이) 가까운
  Where is the *nearest* station?
  가장 가까운 역은 어딥니까?
  They will marry in the *near* future.
  그들은 가까운 장래에 결혼할 것이다.
전 [niər 니어] (거리·시간이) …의 가까이에
  Is there a supermarket *near* here?
  이 근처에 슈퍼마켓이 있습니까?

*__near·ly__ *nearly*
[níərli 니어리]
  부 1. 거의, 대략
  It is *nearly* time to go to bed.
  이제 곧 자야 할 시간이다.
  She is *nearly* thirty.
  그녀는 이제 곧 서른살이다.
  부 2. 하마터면, 간신히, 겨우
  I *nearly* missed the bus.
  나는 하마터면 버스를 놓칠뻔 했다.

neat *neat*
[ní:t 니-트]
  형 (비교급 **neater** [ní:tər 니-터], 최상급 **neatest** [ní:tist 니-티스트])
  산뜻한, 말쑥〔깔끔, 단정〕한; (방 등이) 정돈된
  a *neat* dress 말쑥한 옷
  a *neat* room
  잘 정돈된 방

nec·es·sar·i·ly
necessarily

[nèsəsérəli 네서세럴리]
- 부 필연적으로

*nec·es·sar·y *necessary*

[nésəsèri 네서세리]
- 형 필요한, 없어서는 안되는
  It is *necessary* for you to read more. 너는 좀더 책을 읽을 필요가 있다.
- *if necessary* 필요하다면
  I will go with you, *if necessary*. 필요하다면 너와 함께 가겠다.

ne·ces·si·ty *necessity*

[nisésəti 니세서티]
- 명 (복수 **necessities** [nisésətiz 니세서티즈])
  필요; 필요한 것, 필수품
  the *necessity* of exercising 운동의 필요성

*neck *neck*

[nék 넥]
- 명 (복수 **necks** [néks 넥스])
  목; 옷깃
  She is wearing a red scarf around her *neck*. 그녀는 목에 붉은 스카프를 두르고 있다.

*need *need*

[ní:d 니-드]
- 명 (복수 **needs** [ní:dz 니-즈])
- 명 1. 필요
  There is no *need* for you to come here.
  네가 여기로 올 필요는 없다.
- 명 2. [보통 needs로] 필요한 것
  We buy our daily *needs* at that store. 우리는 일용품을 저 가게에서 산다.
- 명 3. 어려울 때
  A friend in *need* is a friend indeed. 《속담》 어려울 때 친구야말로 진정한 친구다.
- *be in need of* …을 필요로 하다
  He *is in need of* some rest.
  그는 휴식이 좀 필요하다.
- 타 (3단현 **needs** [ní:dz 니-즈], 과거·과거 분사 **needed** [ní:did 니-디드], 현재 분사 **needing** [ní:diŋ 니-딩])
  …을 필요로 하다; …할 필요가 있다
  She didn't *need* to come.
  그녀는 올 필요가 없었다.
- 조 [부정문·의문문에서] …할 필요가 있다
  Why *need* I go?
  왜 내가 가야 하니?

*nee·dle *needle*

[ní:dl 니-들]
- 명 (복수 **needles** [ní:dlz 니-들즈])
  바늘
  a *needle* and thread 실 꿴 바늘

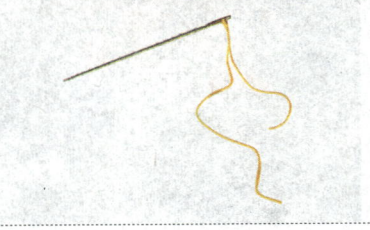

neg·a·tive *negative*
[négətiv 네거티브]
- 형 1. 부정의 ; 소극적인
  His answer was *negative*.
  그의 대답은 부정적이었다.
- 형 2. (사진이) 음화의
- 명 (복수 **negatives** [négətivz 네거티브즈])
  〖사진〗 음화

ne·glect *neglect*
[niglékt 니글렉트]
- 타 (3단현 **neglects** [niglékts 니글렉츠], 과거・과거 분사 **neglected** [nigléktid 니글렉티드], 현재 분사 **neglecting** [niglékting 니글렉팅])
  게을리하다 ; 무시하다
  He *neglects* his homework.
  그는 숙제를 게을리했다.
- 명 태만 ; 무시
  neglect of duty
  직무 태만

*neigh·bo(u)r *neighbour*
[néibər 네이버]
★ 발음 주의
- 명 (복수 **neighbo(u)rs** [néibərz 네이버즈])
  이웃 사람, 옆자리의 사람 ; 이웃 나라 (사람)
  She is a good *neighbor*.
  그녀는 이웃간의 사이가 좋다.

He is my next-door *neighbor*.
그는 내 이웃 사람이다.

neigh·bo(u)r·hood *neighbourhood*
[néibərhùd 네이버후드]
★ 발음 주의
- 명 (복수 **neighbo(u)rhoods** [néibərhùdz 네이버후즈])
  이웃, 근처 ; [the neighborhood 로] 이웃 사람들
  There is no good hospital in this *neighborhood*.
  이 근처에는 좋은 병원이 없다.

*nei·ther *neither*
[níːðər 니-더]
- 부 1. [neither ~ nor ...로] ~도 아니고 …도 아니다〔않다〕
  I can *neither* skate *nor* ski.
  나는 스케이트도 스키도 탈 줄 모른다.

She is *neither* tall *nor* short.
그녀는 키가 크지도 않고 작지도 않다.
Neither you *nor* I am right.

너도 나도 옳지 않다.
부 2. [부정문 뒤에서] …도 또한 …아니다〔않다〕
I don't want to go. — *Neither* do I.
나는 가고 싶지 않아. — 나도.
형 (둘 중에서) 어느 쪽의 …도 …아니다〔않다〕
Neither answer is correct.
어느 대답도 옳지 않다.
I like *neither* flower.
나는 어느 쪽의 꽃도 좋아하지 않는다.
대 (둘 중에서) 어느 쪽도 …아니다〔않다〕
Neither of the stories was true. 이야기는 어느 쪽도 진실이 아니었다.

*neph·ew *nephew*

[néfjuː 네퓨-]
명 (**복수 nephews** [néfjuːz 네퓨-즈])
조카, 생질

nerve *nerve*

[nə́ːrv 너-브]
명 (**복수 nerves** [nə́ːrvz 너-브즈])
신경; [nerves로] 신경 과민

*ner·vous *nervous*

[nə́ːrvəs 너-버스]
형 신경질의; 신경(성)의; 초조해 하는
Are you *nervous*? — A little.
긴장하고 있니? — 조금.

*nest *nest*

[nést 네스트]
명 (**복수 nests** [nésts 네스츠])
둥지, 보금자리

*net *net*

[nét 넷]
명 (**복수 nets** [néts 네츠])
그물, 네트

He caught fish in his *nets*.
그는 그물로 물고기를 잡았다.

Neth·er·lands *Netherlands*

[neðərləndz 네더런즈]
명 [the Netherlands로] 네덜란드

네덜란드 알크마르의 치즈 시장

net·work *network*

[nétwə̀ːrk 네워-크]

명 (복수 **networks** [nétwə̀ːrks 네워-크스])

방송망 ; 망상 조직

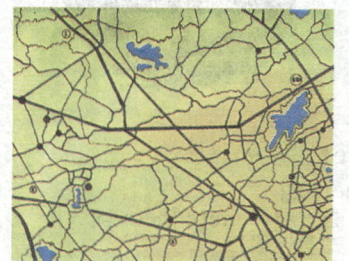

TV *networks* 텔레비전 방송망

---

*nev·er *never*

[névər 네버]

부 1. 결코 …하지 않다
He is *never* late for school.
그는 결코 학교에 지각하지 않는다.
Never mind. 걱정하지 마.
I'll *never* forget your kindness. 나는 너의 친절을 결코 잊지 않을 것이다.
◆ *Never* do that again.
다시는 그것을 하지 마라.

부 2. 일찍이 …(한 적이) 없다, 한번도 …(한 적이) 없다
I have *never* been to Japan.
나는 한번도 일본에 가본 적이 없다.

◆ I've *never* seen such a beautiful film. 나는 그런 멋진 영화를 한번도 본 적이 없다.

nev·er·the·less *nevertheless*

[nèvərðəlés 네버덜레스]

부 그럼에도 불구하고, 그렇지만
It was raining, *nevertheless*, we started on our trip.
비가 오고 있었지만 그래도 우리는 여행을 떠났다.

*new *new*

[n(j)úː 뉴-]

형 (비교급 **newer** [n(j)úːər 뉴-어], 최상급 **newest** [n(j)úːist 뉴-이스트])

새로운(《반》old 낡은) ; 신형의

new   old

He bought a *new* car.
그는 새 차를 샀다.
This is our *new* house.
이것이 새로 산 우리집이다.
She is wearing a *new* dress.
그녀는 새 드레스를 입고 있다.
He is our *new* teacher.
그는 새로 오신 우리 선생님이다.
We began a *new* life there.
우리는 그곳에서 새로운 생활을 시작했다.

***news** *news*

[n(j)úːz 뉴-즈] ★ 발음 주의
명 뉴스, 보도 ; 기사 ; 소식 ; 별 다른 일
　foreign *news* 해외 뉴스
　sports *news* 스포츠 뉴스

　Here is an interesting piece of *news*.
　재미있는 뉴스가 하나 있다.
　Did you see the 9 o'clock *news*? 9시 뉴스를 봤니 ?
　That is *news* to me.
　그것은 내게 금시초문이다.

***news·pa·per** *newspaper*

[n(j)úːzpèipər 뉴-즈페이퍼]
명 (복수 **newspapers** [n(j)úːz-pèipərz 뉴-즈페이퍼즈])
신문, 신문지

　a morning〔an evening〕 *news-paper* 조간〔석간〕 신문

　a daily〔weekly〕 *newspaper*
　일간〔주간〕 신문
　What *newspaper* do you take?
　무슨 신문을 구독하고 있니 ?

***New York** *New York*

[n(j)ùːjɔ́ːrk 뉴-요-크]
명 뉴욕(주) ; 뉴욕시《New York City라고도 한다》

***New York City**
New York City

[n(j)ùːjɔ̀ːrksíti 뉴-요-크시티]
명 뉴욕시《미국 최대 도시》

New Zea·land
New Zealand

[n(j)ùːzíːlənd 뉴-질-런드]
명 뉴질랜드

next *next*
[nékst 넥스트]
형 1. [시간·순서적으로] 다음의, 오는 …
◆ I hope to visit Hawaii *next* summer. 나는 내년 여름에 하와이에 가고 싶다.
The *next* train is the last one. 다음 기차가 막차다.
형 2. [공간적으로] 가장 가까운; 이웃의; 다음의
Turn right at the *next* corner. 다음 모퉁이에서 우회전하세요.
next door to …의 이웃에
next to …의 이웃[다음]에
Our school is *next to* the park. 우리 학교는 공원 옆에 있다.
부 다음에
When shall we meet *next*? 이 다음에 언제 만날까요?

nice *nice*
[náis 나이스]
형 (비교급 **nicer** [náisər 나이서], 최상급 **nicest** [náisist 나이시스트])
형 1. 좋은; 유쾌한, 즐거운
It's a *nice* day, isn't it? 좋은 날씨군요.
Nice to meet you. 만나서 반갑습니다.
형 2. 친절한, 다정한(《동》kind)
She was *nice* to me. 그녀는 나에게 친절했다.

It is *nice* of you to help me. 도와 주셔서 고맙습니다.

niece *niece*
[níːs 니-스]
명 (복수 **nieces** [níːsiz 니-시즈]) 조카딸

night *night*
[náit 나이트]
명 (복수 **nights** [náits 나이츠]) 밤, 야간(《반》day 낮)

It was a cold *night*. 추운 밤이었다.
Night began to fall. 날이 저물기 시작했다.
I went to bed early last *night*. 나는 어젯밤에 일찍 잤다.
all night (***long***) 밤새도록
He read *all night long*. 그는 밤새도록 책을 읽었다.
at night 밤중(에)
I don't like to go out *at night*. 나는 밤중에 외출하는 것을 좋아하지 않는다.

by night 밤에는
He works by day and reads *by night*.
그는 낮에 일하고 밤에 책을 읽는다.
from morning till night 아침부터 밤까지
My father works *from morning till night*.
아버지는 아침부터 밤까지 일하신다.
Good night ! 안녕히 주무세요!

have a good night 잘자다
I hope you *have a good night*.
안녕히 주무십시오.
night and day ＝ ***day and night*** 밤낮(없이)

---

*nine *nine*

[náin 나인]

명 (복수 **nines** [náinz 나인즈])
9 ; 9시 ; 9명〔개〕; 아홉살

Nine and one makes ten.
9 더하기 1은 10이다.
The meeting was over at *nine*.
회의는 9시에 끝났다.

형 9의 ; 9명〔개〕의 ; 아홉살인
He is *nine* years old.
그는 아홉살이다.
nine times out of ten 십중팔구, 대개

---

*nine·teen *nineteen*

[nàintíːn 나인틴-]

명 (복수 **nineteens** [nàintíːnz 나인틴-즈])
19 ; 19명〔개〕; 열아홉살

She went to England at the age of *nineteen*.
그녀는 열아홉살 때 영국에 갔다.
형 19의 ; 19명〔개〕의 ; 열아홉살인

---

*nine·teenth *nineteenth*

[nàintíːnθ 나인틴-스]

명 (복수 **nineteenths** [nàintíːnθs 나인틴-스스])
열아홉번째 ; (달의) 19일《19th라고 약한다》; 19분의 1
형 열아홉번째의 ; 19분의 1의
the *nineteenth* century 19세기

---

nine·ti·eth *ninetieth*

[náintiiθ 나인티이스]

명 (복수 **ninetieths** [náintiiθs 나인티이스스])
90번째 ; 90분의 1
형 90번째의 ; 90분의 1의

nine·ty *ninety*

[náinti 나인티]

명 (복수 **nineties** [náintiz 나인티즈])

명 1. 90 ; 90명〔개〕; 아흔살

명 2. [one's nineties로] (연령의) 90대 ; [the nineties로] 90년대

형 90의 ; 90명〔개〕의 ; 아흔살인

ninth *ninth*

[náinθ 나인스]

명 (복수 **ninths** [náin(θ)s 나인(스)스])
아홉번째 ; (달의) 9일《9th라고 약한다》; 9분의 1
Today is July the *ninth*.
오늘은 7월 9일이다.

형 아홉번째의 ; 9분의 1의

no *no*

[nóu 노우]

부 1. 아니〔오〕(《반》 yes 네)
Don't you like rats? — *No*, I don't.
쥐를 좋아하지 않니 ? — 응, 좋아하지 않아.

부 2. [비교급 앞에 써서] 조금도 …아니다〔않다〕
I can eat *no* more.
나는 더 이상 못 먹겠다.

no longer 더 이상 …하지 않다
I can wait *no longer*.
더 이상 기다릴 수 없다.

형 1. 조금도 …없는
She has *no* friend.
그녀는 친구가 한 명도 없다.
No news is good news.
《속담》 무소식이 희소식.

형 2. 결코 …이 아닌
My story is *no* joke.
내 이야기는 농담이 아니다.

No., no. *No., no.*

[nʌ́mbər 넘버]

약 (복수 **Nos., nos.** [nʌ́mbərz 넘버즈])
[숫자 앞에 써서] 제 …번〔호〕
Room *No*. 9 9호실

No·bel *Nobel*

[noubél 노우벨]

명 **Alfred** ~ 알프레드 노벨 (1833-1896) 《스웨덴의 화학자로 노벨상을 창설》

Nobel prize 노벨상

no·ble *noble*

[nóubl 노우블]

형 고귀한, 고결한 ; 귀족의
He has a *noble* mind.

그는 고결한 마음을 가지고 있다.

*no·bod·y nobody
[nóubədi 노우버디]
때 아무도 …않다
There was *nobody* there.
거기에는 아무도 없었다.

She met *nobody* on her way home.
그녀는 집으로 돌아오는 길에 아무도 만나지 않았다.

*nod nod
[nád 나드]
재 (3단현 **nods** [nádz 나즈], 과거·과거 분사 **nodded** [nádid 나디드], 현재 분사 **nodding** [nádiŋ 나딩])
끄덕이다 ; 끄덕하고 인사하다 ; 꾸벅꾸벅 졸다
She *nodded* to me with a smile.
그녀는 미소지으며 내게 끄덕하고 인사했다.
명 (복수 **nods** [nádz 나즈])
끄덕임 ; 묵례 ; 졸기
She gave me a *nod*.
그녀는 내게 묵례를 했다.

*noise noise
[nɔ́iz 노이즈]
명 (복수 **noises** [nɔ́iziz 노이지즈])

(불쾌한) 소리, 소음, 잡음

Don't make any *noise*.
떠들지 마라.
I heard a strange *noise*.
나는 이상한 소리를 들었다.

*none none
[nʌ́n 넌]
때 아무도 …않다, 조금도 …않다
None of us were late.
우리는 아무도 늦지 않았다.
None of the food was left.
음식물은 조금도 남아 있지 않았다.
None have arrived yet.
아무도 아직 도착하지 않았다.

non·sense nonsense
[nánsens 난센스]
명 무의미한 말, 난센스 ; 어리석은 생각
Don't talk *nonsense*.
허튼 소리 마라.

*noon noon
[núːn 눈-]
명 정오, 한낮

It's *noon*. 12시다.
The bell rings at *noon*.
그 종은 정오에 울린다.

no one no one
[nóuwʌ̀n 노우원]
대 아무도 …않다
No one can do it.
아무도 그것을 할 수 없다.

nor nor
[《약》 nər 너 ; 《강》 nɔ́ːr 노-]
접 1. [neither … nor ~로] …도 ~도 않다
I like *neither* summer *nor* winter.
나는 여름도 겨울도 좋아하지 않는다.
접 2. [nɔ́ːr 노-] [부정문 뒤에서] …도 또한 …않다
I ca*n't* speak French, *nor* can he.
나도 프랑스어를 못하는데 그도 또한 못한다.

nor·mal normal
[nɔ́ːrməl 노-멀]
형 표준의, 정상의

north north
[nɔ́ːrθ 노-스]
명 [the north로] 북, 북부, 북쪽 (《반》 south 남)

A cold wind was blowing from *the north*.
북쪽으로부터 찬바람이 불고 있었다.
Canada is to *the north* of the U.S.
캐나다는 미국의 북쪽에 있다.
형 북쪽의
a *north* wind 북풍
the *North* Pole 북극

부 북으로, 북쪽에
We went *north*.
우리는 북쪽으로 갔다.

north·ern northern
[nɔ́ːrðərn 노-던] ★ 발음 주의
형 북쪽의, 북부의
Northern Europe 북유럽

nose nose
[nóuz 노우즈]
명 (**복수** **noses** [nóuziz 노우지즈])
코

She has a flat *nose*.
그녀는 납작코다.
I blew my *nose* with a handkerchief.
나는 손수건으로 코를 풀었다.

***not** *not*

[nát 낫]

부 1. [문장 전체나 어구를 부정하여] …아니다, …(하지) 않다
　I am *not* tired.
　나는 피곤하지 않다.
　This is *not* my umbrella.
　이것은 내 우산이 아니다.
　Do*n't* you play tennis?
　너는 테니스를 못하니?
　Do*n't* open the window.
　창문을 열지 마라.
　I told her *not* to be late.
　나는 그녀에게 늦지 말라고 말했다.

부 2. [all, both, every, always 등과 함께 써서] 반드시 …은 아니다《부분 부정》

　All boys do*n't* like soccer.
　모든 소년들이 축구를 좋아하는 것은 아니다.
　Not at all. 천만에.
　not ~ but ... ~아니고 …다
　He is *not* a doctor *but* a scientist.
　그는 의사가 아니라 과학자다.
　not only ~ but (also)... ~뿐만 아니라 …도 또한
　She plays *not only* the piano *but (also)* the violin.
　그녀는 피아노 뿐만 아니라 바이올린도 연주한다.

***note** *note*

[nóut 노우트]

명 (**복수 notes** [nóuts 노우츠]) 메모, 각서; 짧은 편지; 주석; 《영》 지폐; 주의

I made a *note* of his phone number.
나는 그의 전화번호를 적어두었다.
See the *notes* on the subject.
그 주제에 관한 주를 참조하시오.

타 (**3단현 notes** [nóuts 노우츠], **과거·과거 분사 noted** [nóutid 노우티드], **현재 분사 noting** [nóutiŋ 노우팅])

…에 주목〔주의〕하다 ; 적어두다
Please *note* my words.
내 말을 주의해서 들어주세요.
I *noted* down his comment.
나는 그의 논평을 적어두었다.

*note·book　*notebook*

[nóutbùk 노우트북]

명 (복수 **notebooks** [nóutbùks 노우트북스])

노트, 공책, 수첩, 필기장
Write these words in your *notebook*.
이 단어들을 공책에 쓰시오.

*noth·ing　*nothing*

[nʌ́θiŋ 너싱]

대 아무것도 …아니다〔하지 않다〕
There is *nothing* in the refrigerator.
냉장고 안에는 아무것도 없다.

I know *nothing* about it.
나는 그 일에 대해 아무것도 모른다.

명 1. 하찮은 사람〔것〕
명 2. 없음 ; 영, 제로

for nothing 무료로
I got this ticket *for nothing*.
나는 이 표를 공짜로 얻었다.

have nothing to do with …와는 조금도〔전혀〕 관계가 없다
He *has nothing to do with* the matter.
그는 그 일에는 조금도 관계가 없다.

nothing but 다만 …뿐, …에 불과한
It is *nothing but* a joke.
그것은 단지 농담일 뿐이다.

*no·tice　*notice*

[nóutis 노우티스]

명 (복수 **notices** [nóutisiz 노우티시즈])

명 1. 통지, 예고
Please give me *notice* in advance.
미리 알려주십시오.

명 2. 게시, 벽보

They posted a *notice* on the wall.
그들은 벽에 게시문을 붙였다.

명 3. 주의, 주목
The poster attracted our *notice*.
그 포스터는 우리의 주의를 끌었다.

take notice of …에 주의하다
He *took* no *notice of* what I

said. 그는 내가 한 말을 전혀 마음에 두지 않았다.
🈹 (3단현 **notices** [nóutisiz 노우티시즈], 과거·과거 분사 **noticed** [nóutist 노우티스트], 현재 분사 **noticing** [nóutisiŋ 노우티싱])
알아차리다 ; …에 주의하다
She didn't *notice* me.
그녀는 나를 알아보지 못했다.

---

no‧tice‧a‧ble *noticeable*
[nóutisəbl 노우티서블]
🈹 두드러진, 남의 이목을 끄는

---

*__nov‧el__ *novel*
[nάvəl 나벌]
🈹 (복수 **novels** [nάvəlz 나벌즈])
(장편) 소설
a popular *novel* 대중 소설

**__No‧vem‧ber__ *November*
[nouvémbər 노우벰버]
🈹 11월 (Nov.라고 약한다)

The cold north winds begin to blow in *November*.
11월에는 차가운 북풍이 불기 시작한다.

---

*__now__ *now*
[náu 나우]
🈹 1. 지금, 현재
We're very busy *now*.
우리는 지금 매우 바쁘다.

It is nine o'clock *now*.
지금 9시다.
🈹 2. 지금 곧, 바로
Do your homework *now*.
당장 숙제를 해라.
🈹 3. [감탄사적으로] 자, 그런데
Now, let's start today's lesson.
자, 오늘의 수업을 시작합시다.
just now 바로 지금 ; 방금
I *just now* saw him.
나는 방금 그와 만났다.
now and then 때때로, 가끔
I go to the movies *now and then*.
나는 가끔 영화를 보러 간다.
right now 방금 막 ; 곧
🈹 지금, 현재
Now is the time to realize our dream.
지금이야말로 우리의 꿈을 실현할 때다.
from now on 이제부터는

---

*__no‧where__ *nowhere*
[nóu(h)wèər 노우훼어, 노우웨어]

튀 아무데도 …없다
I could find the book *nowhere*.
나는 그 책을 아무데서도 찾을 수 없었다.

*nu·cle·ar *nuclear*
[n(j)úːkliər 뉴-클리어]
형 핵의; 원자핵의; 원자력의
a *nuclear* weapon
핵무기
nuclear waste
핵폐기물

**num·ber *number*
[nʌ́mbər 넘버]
명 (복수 **numbers** [nʌ́mbərz 넘버즈])
수, 숫자; 총수; (전화·주소 등의) 번호《No. 라고 약한다》; (잡지의) 호

an odd *number*
홀수
an even *number*
짝수
I read the June *number* of the school paper.
나는 학교 신문의 6월호를 읽었다.
a great〔large〕 number of 대단히 많은
There are *a great number of* parks in the city.
그 도시에는 수많은 공원이 있다.
a number of 다수의; 얼마간의
The house has *a number of* rooms.
그 집에는 방이 많다.

She bought *a number of* eggs at the store. 그녀는 가게에서 계란을 몇 개 샀다.
numbers of 많은

**nurse *nurse*
[nə́ːrs 너-스]
명 (복수 **nurses** [nə́ːrsiz 너-시즈])
명 1. 유모, 보모
명 2. 간호사
The *nurse* is very kind to me.
그 간호사는 내게 매우 친절하다.
타 (3단현 **nurses** [nə́ːrsiz 너-시즈], 과거·과거 분사 **nursed** [nə́ːrst 너-스트], 현재 분사 **nursing** [nə́ːrsiŋ 너-싱])
간호하다; …에게 젖을 먹이다

*nut *nut*
[nʌt 넛]
명 (복수 **nuts** [nʌts 너츠])
나무 열매, 견과《호두, 밤 등》

O, o *O, o*
[óu 오우]
명 (복수 O's, o's [óuz 오우즈])
오《영어 알파벳의 열다섯번째 글자》

*o·bey *obey*
[oubéi 오우베이]
타 (3단현 **obeys** [oubéiz 오우베이즈], 과거·과거 분사 **obeyed** [oubéid 오우베이드], 현재 분사 **obeying** [oubéiiŋ 오우베이잉])
…에 복종하다, …의 말에 따르다
You should *obey* your parents.
부모의 말에 순종해야 한다.

*ob·ject *object*
[ábdʒikt 아브직트] ★ 발음 주의
명 (복수 **objects** [ábdʒikts 아브직츠])
명 1. 물건, 물체
What's that shining *object*?
— That's a UFO.
저 빛나고 있는 물체는 무엇이니? — 그건 유에프오야.

명 2. 대상 ; 목적, 목표

the *object* of study
연구 대상
명 3.《문법》목적어
동 [əbdʒékt 어브젝트]
(3단현 **objects** [əbdʒékts 어브젝츠], 과거·과거 분사 **objected** [əbdʒéktid 어브젝티드], 현재 분사 **objecting** [əbdʒéktiŋ 어브젝팅])
자 반대하다, 이의를 말하다〈*to*〉
He *objected to* my proposal.
그는 나의 제안에 반대했다.
타 …이라고 반대하다

ob·ser·va·tion *observation*
[àbsərvéiʃən 아브서베이션]
명 관찰, 관측 ; 관찰력 ; 의견
He went on with the *observation* of the stars. 그는 별에 관한 관측을 계속했다.

*ob·serve *observe*
[əbzə́:rv 어브저-브]
타 (3단현 **observes** [əbzə́:rvz 어브저-브즈], 과거·과거 분사 **ob-**

served [əbzə́ːrvd 어브저-브드], 현재 분사 **observing** [əbzə́ːrviŋ 어브저-빙])
㉠ 1. 관찰하다, 관측하다
He *observes* temperature and air pressure every day.
그는 매일 기온과 기압을 관측한다.
㉠ 2. (법률·규칙 등을) 지키다, 준수하다
We must *observe* the traffic rules.
우리는 교통 규칙을 지켜야만 한다.

*ob·tain *obtain*
[əbtéin 어브테인]
㉠ (3단현 **obtains** [əbtéinz 어브테인즈], 과거·과거 분사 **obtained** [əbtéind 어브테인드], 현재 분사 **obtaining** [əbtéiniŋ 어브테이닝])
획득하다, 손에 넣다
obtain knowledge through books
책에서 지식을 얻다
They *obtained* the information from him.
그들은 그 정보를 그에게서 얻었다.

*ob·vi·ous *obvious*
[ábviəs 아브비어스]
㉠ 명백한, 명확한
an *obvious* mistake
명백한 잘못
It is *obvious* that he is lying.
그가 거짓말하고 있다는 것은 분명하다.

ob·vi·ous·ly *obviously*
[ábviəsli 아브비어슬리]
㉠ 명백히

*oc·ca·sion *occasion*
[əkéiʒən 어케이전]
㉠ (복수 **occasions** [əkéiʒənz 어케이전즈])
(특정한) 경우, 때; (…할) 기회; 이유
I have met him on several *occasions*.
나는 그와 몇 번인가 만난 적이 있다.
This is the right *occasion* to visit him.
지금이 그를 방문할 좋은 기회다.
on this occasion 이 기회에

oc·ca·sion·al·ly *occasionally*
[əkéiʒ(ə)nəli 어케이저널리]
㉠ 이따금, 가끔
She *occasionally* writes to me.
그녀는 이따금 내게 편지를 보내온다.

*oc·cu·pa·tion *occupation*
[àkjupéiʃən 아큐페이션]
㉠ (복수 **occupations** [àkjupéiʃənz 아큐페이션즈])
직업; 점유; 점령
What is her *occupation*?
— She is a teacher.
그녀의 직업은 무엇입니까?
— 교사입니다.

oc·cu·py occupy
[ákjupài 아큐파이]

타 (3단현 **occupies** [ákjupàiz 아큐파이즈], 과거·과거 분사 **occupied** [ákjupàid 아큐파이드], 현재 분사 **occupying** [ákjupàiiŋ 아큐파이잉])
(시간·장소를) 차지하다; 점령〔점거〕하다

Is this seat *occupied*?
이 자리는 차 있습니까?
The army *occupied* the village for one year.
군대는 1년간 마을을 점령했다.

*oc·cur occur
[əkə́ːr 어커-]

자 (3단현 **occurs** [əkə́ːrz 어커-즈], 과거·과거 분사 **occurred** [əkə́ːrd 어커-드], 현재 분사 **occurring** [əkə́ːrriŋ 어커-링])
(사고 등이) 일어나다; (생각이) 떠오르다

The accident *occurred* last night.
그 사고는 어젯밤에 일어났다.
Then a good idea *occurred* to me. 그 때 좋은 생각이 내게 떠올랐다.

*o·cean ocean
[óuʃən 오우션]

명 (복수 **oceans** [óuʃənz 오우션즈])
[the ocean으로] 대양, 해양

the Atlantic *Ocean* 대서양
the Indian *Ocean* 인도양
the Arctic *Ocean* 북극해
the Antarctic *Ocean* 남극해
We are flying over *the* Pacific *Ocean*.
우리는 태평양 위를 날고 있다.

*o'clock o'clock
[əklák 어클락]

부 …시
It is four *o'clock* in the afternoon. 오후 네 시다.

*Oc·to·ber October
[aktóubər 악토우버]

명 10월《Oct.라고 약한다》
Leaves begin to fall in *October*.
10월에는 나뭇잎이 떨어지기 시작한다.

Occupations 직업
[ὰkjupéiʃənz 아큐페이션즈]

③ **dentist** 치과 의사
[déntist 덴티스트]

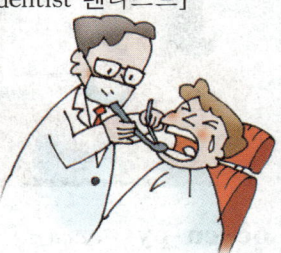

① **announcer** 아나운서
[ənáunsər 어나운서]

② **nurse** 간호사
[nə́ːrs 너-스]

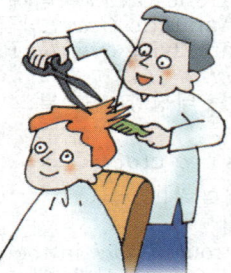

⑥ **doctor** 의사
[dáktər 닥터]

④ **barber** 이발사
[báːrbər 바-버]

⑤ **carpenter** 목수
[káːrpəntər 카-펀터]

⑧ **pilot** 조종사, 파일럿
[páilət 파일럿]

⑨ **musician** 음악가
[mjuːzíʃən 뮤-지션]

⑩ **singer** 가수
[síŋər 싱어]

⑦ **stewardess** 스튜어디스, 여자 승무원
[st(j)úːərdəs 스튜-어더스]

*odd *odd*

[ád 아드]

형 (비교급 **odder** [ádər 아더], 최상급 **oddest** [ádist 아디스트])

형 1. 기수〔홀수〕의 (《반》 even 짝수의) ; 외짝의
an *odd* number 홀수

형 2. 이상한, 기묘한
There was something *odd* about his behavior. 그의 행동에는 이상한 데가 있었다.

*of *of*

[《약》(ə)v (어)브 ; 《강》áv 아브]

전 1. [소유·소속] …의
I am a member *of* the soccer club. 나는 축구부원이다.

The roof *of* my house is red.
우리집 지붕은 빨갛다.
She's a friend *of* mine.
그녀는 내 친구다.

전 2. [관련·주제] …에 대〔관〕하여
I bought a book *of* American history.
나는 미국 역사책을 샀다.

전 3. [재료·요소] …으로 (만든) ; …로 (된)
The house is built *of* brick.
그 집은 벽돌로 지어졌다.

I have a large family *of* ten.
우리집은 10명의 대가족이다.

전 4. [부분] …가운데의〔서〕
One *of* my cousins is in England now.
내 사촌 중 한 명은 지금 영국에 있다.
He is the tallest *of* the three.
그는 세 명 중에서 가장 키가 크다.

전 5. [동격] …라는
The five *of* us are good friends.
우리 다섯 사람은 친한 친구다.

전 6. [분량·종류] …의 양의 ; …의 종류의
a cup *of* coffee 커피 한 잔
three kinds *of* tea
세 종류의 차

전 7. [기원·출신] …출신의,

…에서
She comes *of* a good family.
그녀는 명문 출신이다.
전 8. [원인] …으로, …때문에
He died *of* hunger.
그는 굶어 죽었다.
전 9. [거리·분리] …에서 떨어져, …부터
The hotel is within ten minutes' walk *of* the station.
호텔은 역에서 걸어서 10분 이내에 있다.

*off *off*

[ɔːf 오-프]
부 [ɔːf 오-프] 1. [시간·공간적으로] 떨어져; 떠나서; 앞에
The town is five miles *off*.
마을은 5마일 떨어져 있다.
Our plane took *off* at three.
우리 비행기는 3시에 이륙했다.

The wedding is only a week *off*.
결혼식은 불과 1주일 앞이다.
부 2. (옷 등을) 벗어
He took *off* his shoes.
그는 신발을 벗었다.
Take your coat *off*.
외투를 벗어라.
부 3. (일·근무 등을) 쉬어, 휴가를 얻어
We have Saturday(s) *off*.
토요일은 쉰다.
부 4. (전기·가스·수도 등이) 꺼져, 끊겨

Turn *off* the television.
텔레비전을 끄시오.
The air conditioner is *off* now.
에어컨디셔너는 지금 꺼져 있다.

부 5. (가격을) 할인하여
전 1. …에서 떨어져, 벗어나; (탈것에서) 내려
Keep *off* the grass.
《게시》잔디밭에 들어가지 마시오.

A button has come *off* your shirt.
너의 셔츠 단추가 떨어졌다.
I got *off* the train at Seoul.
나는 서울에서 기차를 내렸다.
전 2. (일 등을) 쉬고
He is *off* duty. 그는 비번이다.
형 [ɔːf 오-프] 휴가의; 한산한; 제철이 아닌
Flying is cheaper during the *off* season. 항공운임은 비수기 때 더 싸다.

*of·fend *offend*

[əfénd 어펜드]

통 (3단현 **offends** [əféndz 어펜즈], **과거·과거 분사 offended** [əféndid 어펜디드], **현재 분사 offending** [əféndiŋ 어펜딩])
타 (남의) 기분을 상하게 하다, 성나게 하다
I was *offended* with him.
나는 그에게 화가 나 있었다.
자 죄를 범하다

of·fense, 《영》 of·fence *offense, offence*
[əféns 어펜스]
명 (복수 **offenses** [əfénsiz 어펜시즈])
죄, 위반; (남의) 감정을 해침; 공격
a traffic *offense*
교통 위반

*of·fer *offer*
[ɔ́ːfər 오-퍼]
타 (3단현 **offers** [ɔ́ːfərz 오-퍼즈], **과거·과거 분사 offered** [ɔ́ːfərd 오-퍼드], **현재 분사 offering** [ɔ́ːf(ə)riŋ 오-퍼링])
타 1. …을 제공하다

He *offered* his house for the party.
그는 자기집을 파티 장소로 제공해 주었다.
타 2. (…하겠다고) 말하다, 제의〔제안〕하다
I *offered* to help her.
나는 그녀를 도와주겠다고 말했다.
명 (복수 **offers** [ɔ́ːfərz 오-퍼즈])
제공; 제안, 신청
He declined my *offer*.
그는 내 제안을 거절했다.

*of·fice *office*
[ɔ́ːfis 오-피스]
명 (복수 **offices** [ɔ́ːfisiz 오-피시즈])
사무소, 사무실; 회사; 관공서

a head *office* 본점, 본사
a branch *office* 지점, 지사
My father goes to the *office* every morning.
아버지는 매일 아침 회사로 출근하신다.

*of·fi·cer *officer*
[ɔ́ːfisər 오-피서]
명 (복수 **officers** [ɔ́ːfisərz 오-피서즈])
장교; 공무원; 경찰관
a military *officer*
육군 장교
a public *officer* 공무원

*of·fi·cial *official*
[əfíʃəl 어피셜]

형 공식의, 공인의 ; 공무상의, 직무상의
an *official* record 공식 기록
The news is not *official*.
그 보도는 공식적인 것이 아니다.
The policewoman is on *official* business.
여자 경찰관은 공무 중이다.

명 (복수 **officials** [əfíʃəlz 어피셜즈])
공무원, 관리
He is a government *official*.
그는 국가 공무원이다.

*of·ten *often*

[ɔ́ːfən 오-펀] ★ 발음 주의
부 (비교급 **more often** 또는 **oftener** [ɔ́ːfənər 오-퍼너], 최상급 **most often** 또는 **oftenest** [ɔ́ːfənist 오-퍼니스트])
자주, 종종, 흔히
I *often* go to the library.
나는 도서관에 자주 간다.
How *often* do you go to the beauty shop? — Once a month.
미용실에는 몇 번 가니? — 한 달에 한 번.

*oh *oh*

[óu 오우]

감 오!, 어머나!
Oh, thank you so much.
오, 대단히 고마워.
Oh, I'm sorry.
어머, 미안해.

*oil *oil*

[ɔ́il 오일]
명 (복수 **oils** [ɔ́ilz 오일즈])
명 1. 기름 ; 석유
an *oil* company 석유회사
Oil and water do not mix.
기름과 물은 섞이지 않는다.
명 2. [oils로] 유화 그림 물감 ; 유화
She painted in *oils*.
그녀는 유화를 그렸다.

*OK, O.K. *O.K., O.K.*

[òukéi 오우케이]
형 부 《구어》 좋다, 됐다 ; 알았다

I'm sorry. — ☆ That's *OK*.
미안해요. — 괜찮아요.

Let's start right away. — ☆*OK*.
당장 시작하자. — 좋아.
Everything is going *OK*.
모든 것이 잘 되고 있다.

o‧kay okay

[òukéi 오우케이]
형 부 =OK

old old

[óuld 오울드]
형 (비교급 **older** [óuldər 오울더], 최상급 **oldest** [óuldist 오울디스트], 형제·자매의 관계를 나타낼 때는 비교급 **elder** [éldər 엘더], 최상급 **eldest** [éldist 엘디스트])

형 1. 늙은, 나이 먹은(《반》 young 젊은)

old young

She looks *old* for her age.
그녀는 나이에 비해 늙어 보인다.

형 2. …살의
How *old* is he? — He's fourteen years *old*.
그는 몇 살입니까? — 그는 열네살입니다.

형 3. 연상의
He is two years *older* than me. 그는 나보다 2살 연상이다.

형 4. 낡은; 예로부터의
He is an *old* friend of mine.

그는 나의 옛 친구다.

O‧lym‧pic Olympic

[əlímpik 얼림픽]
형 국제 올림픽 경기의
the Olympic Games 국제 올림픽 경기 대회
The Seoul Olympic Games were held in 1988.
서울 올림픽 경기 대회는 1988년에 열렸다.

on on

[ɑn 안]
전 1. [위치] …의 위에
There is a book *on* the desk.
책상 위에 책이 있다.
Please sit *on* the sofa.
소파에 앉으십시오.
There is a light *on* the ceiling.
천장에 전등이 있다.

전 2. [날·때] …에
Let's climb a mountain *on* Saturday.
토요일에 등산 하자.

She left *on* Christmas Day.
그녀는 크리스마스에 출발했다.
He died *on* the evening of June 30.
그는 6월 30일 저녁에 죽었다.

전 3. [상태] …중에
He is *on* duty today.
그는 오늘 당번이다.
The house is *on* fire.
집이 불타고 달려 있다.

전 4. [근접] …의 가까이에 ; …의 가에 ; …을 따라서
The hotel is *on* the lake.
그 호텔은 호숫가에 있다.
I live *on* 3rd Avenue.
나는 3번가에 살고 있다.

전 5. [이유·근거] …의 이유로 ; …에 의거하여
You should act *on* your teacher's advice.
선생님의 충고에 따라 행동해야 한다.
This movie is based *on* fact.
이 영화는 사실에 근거해 있다.

전 6. [수단] …로, …에 의해서
I talked with her *on* the phone.
나는 그녀와 전화로 얘기했다.
He goes to school *on* foot.
그는 학교를 걸어서 다닌다.
I heard it *on* the radio.
나는 그것을 라디오로 들었다.

전 7. [주제] …에 관하여[대하여]
There are many books *on* computers.
컴퓨터에 관한 책이 많이 있다.

부 [án 안] 1. 위에 ; (탈것을) 타고
When the bus arrived, they got *on* in a hurry.
버스가 도착하자 그들은 서둘러 탔다.

부 2. (옷 등을) 몸에 걸치고
He has his glasses *on*.
그는 안경을 끼고 있다.
She put her coat *on*.
그녀는 코트를 입었다.
May I try *on* these shoes?
이 구두를 신어봐도 될까요?

부 3. (동작을) 계속하여, 진행 중으로
We drove *on* to the village.
우리는 그 마을까지 계속 차를 몰았다.
Go *on* with your story.
이야기를 계속하시오.

부 4. (전기·수도·가스 등이) 켜져, 통하여
Will you turn *on* the TV?
텔레비전을 켜주시겠습니까?
The radio is always *on*.
라디오는 늘 켜져 있다.

and so on …등등, …따위
on and on 계속해서, 쉬지 않고
She worked *on* and *on* till midnight. 그녀는 한밤중까지

일을 계속했다.

*once once
[wʌ́ns 원스]

튄 1. 한 번, 1회
I have been to London only *once*.
나는 단 한 번 런던에 가본 적이 있다.
We have a music lesson *once* a week.
우리는 일주일에 한 번 음악 수업이 있다.

튄 2. [wʌ̀ns 원스] (이)전에, 일찍이, 예전에
Once there lived an old man.
옛날에 한 노인이 살고 있었다.
He *once* lived in Paris.
그는 전에 파리에 산 적이 있었다.

once again = once more 한 번 더
Would you please say it *once again*? 한 번 더 말씀해 주시겠습니까?

once for all 단 한 번만
once in a while 가끔, 종종
once upon a time 옛날에
Once upon a time there was a beautiful princess.
옛날 옛적에 아름다운 공주가 있었다.

접 한번[일단] …하면 ; …하자마자
Once you start your work, you must finish it.
일단 일을 시작하면 그것을 끝내야만 한다.

명 한 번, 1회
all at once 갑자기 ; 모두 동시에
All at once it became dark.
갑자기 어두워졌다.

at once 즉시, 곧 ; 동시에
Get up *at once*.
즉시 일어나라.
They spoke *at once*.
그들은 동시에 말했다.

*one one
[wʌ́n 원]

명 (**복수 ones** [wʌ́nz 원즈])
하나 ; 한 사람, 한 개 ; 한 살 ; 1시
One and *one* is two.
하나 더하기 하나는 둘이다.
one by one 하나[한 사람]씩

형 1. 하나의 ; 한 사람의, 한 개의 ; 한 살인
I have *one* son and *one* daughter.
나는 아들 한 명과 딸 한 명이 있다.

There is *one* book on the desk.
책상 위에 책이 한 권 있다.

형 2. (막연히) 어느
One day I met a pretty American girl. 어느 날 나는 예쁜 미국인 소녀를 만났다.

one's

대 1. (일반적으로) **사람**, 누구나
One should do *one*'s duty.
사람은 누구나 자신의 의무를 다해야 한다.

대 2. 하나, 한 사람
One of the girls began to cry.
소녀들 중에 한 명이 울기 시작했다.

대 3. [wʌn 원] 그것, 것
☞ 앞에 나온 명사의 반복을 피하기 위하여 쓴다.
This shirt is small. Please show me larger *ones*.
이 셔츠는 작아요. 더 큰 것으로 보여 주세요.

one after another (세 개 이상이) 잇달아, 속속
The planes arrived *one after another*.
비행기가 속속 도착했다.

one after the other (두 개가) 번갈아, 교대로

one another (세 사람 이상이) 서로
☞ 둘 사이에서는 each other.
We must help *one another*.
우리는 서로 도와야 한다.

one ~ the other ... (둘 중에서) 한쪽은 ~ 다른 한쪽은 ...
I bought two books. *One* is thick and *the other* is thin.
나는 책을 두 권 샀다. 한 권은 두껍고 다른 한 권은 얇다.

one's *one's*
[wʌnz 원즈]

대 [one의 소유격] 자신의, 그 사람의

one·self *oneself*
[wʌnsélf 원셀프]

대 [one의 재귀 대명사]
☞ oneself는 주어가 one일 때 쓰이고, 그 외에는 주어의 인칭에 따라 변한다.

인칭 \ 수	단수	복수
1인칭	myself	ourselves
2인칭	yourself	yourselves
3인칭	himself herself itself	themselves

대 1. [재귀 용법 ; 동사의 목적어로 써서] 자기 자신을〔에게〕
One should wash *oneself* everyday.
사람은 매일 몸을 씻어야 한다.

대 2. [wʌnsélf 원셀프] [강조 용법] 자신이, 스스로
You must learn it *yourself*.
너는 그것을 스스로 배워야 한다.

by oneself 혼자서 ; 혼자 힘으로 ; 저절로
He lived there *by himself*.
그는 거기서 혼자 살았다.
The door opened *by itself*.
문이 저절로 열렸다.

for oneself 혼자 힘으로, 스스로 ; 자신을 위하여
She solved the problem *for herself*. 그녀는 스스로 그 문제를 풀었다.

of oneself 저절로

on·ion *onion*
[ʌ́njən 어니언]

명 (**복수 onions** [ʌ́njənz 어니언즈])

〖식물〗 양파

*on·ly *only*
[óunli 오운리]
형 단 하나의, 단 한사람의, 유일한 ; …만〔뿐〕의
She is an *only* daughter.
그녀는 외동딸이다.
부 [òunli 오운리] 오직, 겨우, 단지 ; 다만 …뿐 ; 바로
He had *only* fifty cents.
그는 50센트 밖에 없었다.

Only you understand me.
너만이 나를 이해해 준다.
He phoned me *only* yesterday.
그는 내게 바로 어제 전화했다.
have only to (do) …하기만 하면 된다
You *have only to* go.
너는 가기만 하면 된다.
if only …이면 좋을텐데

---

on·to *onto*
[ántu 안투]
전 …의 위로

o·pen *open*
[óupən 오우펀]
동 (3단현 **opens** [óupənz 오우펀즈], 과거·과거 분사 **opened** [óupənd 오우펀드], 현재 분사 **opening** [óup(ə)niŋ 오우퍼닝])
타 1. (문·창 등을) 열다, 펴다 (《반》 close, shut 닫다)

open　　　　shut

She *opened* the window.
그녀는 창문을 열었다.

Open your book to page 10.
책의 10페이지를 펴라.
Open your mouth wide.
입을 크게 벌리세요.
타 2. 개시하다 ; (가게 등을) 열다, 개업하다
He *opened* a bakery.
그는 빵집을 개업했다.
자 1. 시작되다 ; 개시하다
Our school *opens* in March.
우리 학교는 3월에 개학한다.
The restaurant *opens* at ten o'clock.
그 음식점은 10시에 개점한다.
자 2. (문·창문이) 열리다 ; (꽃이) 피다

This door won't *open*.
이 문은 아무리해도 열리지 않는다.
The flowers are *opening*.
꽃이 피고 있다.

형 (비교급 **opener** [óupənər 오우퍼너], 최상급 **openest** [óupənist 오우퍼니스트])
형 1. 열린, 열려 있는
The window is *open*.
창문이 열려 있다.
형 2. (가게가) 열려 있는
The store is *open* from ten to six. 그 가게는 10시부터 6시까지 연다.
형 3. 공개된, 출입이 자유로운
This museum is not *open* to the public.
이 박물관은 일반에게 공개되어 있지 않다.
형 4. 솔직한 ; 공공연한
an *open* smile 꾸밈없는 미소
형 5. 비어 있는
Is the job still *open*?
그 일자리는 아직 비어 있니 ?

o·pen·ing *opening*

[óup(ə)niŋ 오우프닝]
명 (복수 **openings** [óup(ə)niŋz 오우프닝즈])
개시, 열기, 시작
the *opening* of the Olympic Games
올림픽 개회(식)
형 개시의, 시작의
an *opening* ceremony 개회식

*op·er·a *opera*

[áp(ə)rə 아퍼러]
명 (복수 **operas** [áp(ə)rəz 아퍼러즈])
오페라, 가극

*op·er·ate *operate*

[ápərèit 아퍼레이트]
동 (3단현 **operates** [ápərèits 아퍼레이츠], 과거·과거 분사 **operated** [ápərèitid 아퍼레이티드], 현재 분사 **operating** [ápərèitiŋ 아퍼레이팅])
자 (기계 등이) 작동하다, 움직이다 ; 수술하다

A famous doctor *operated* on him.
유명한 의사가 그를 수술했다.
타 (기계를) 운전하다, 조작하다
Can you *operate* a truck?
너는 트럭을 운전할 수 있니 ?

op·er·a·tion *operation*

[àpəréiʃən 아퍼레이션]
명 (복수 **operations** [àpəréiʃənz 아퍼레이션즈])
수술 ; (기계의) 운전, 조작
He had an *operation* on his knee.

그는 무릎 수술을 받았다.
The computer is in *operation*.
컴퓨터가 작동 중이다.

o·pin·ion opinion
[əpínjən 어피니언]
명 (복수 **opinions** [əpínjənz 어피니언즈])
의견, 생각; 평가; 여론
In my *opinion*, he is right.
내 생각에는 그가 옳다.
She has a high *opinion* of that movie. 그녀는 그 영화를 높이 평가하고 있다.

op·po·nent opponent
[əpóunənt 어포우넌트]
명 (복수 **opponents** [əpóunənts 어포우넌츠])
(경기 등의) 적수; 반대자

op·por·tu·ni·ty opportunity
[àpərt(j)úːnəti 아퍼튜-너티]
명 (복수 **opportunities** [àpərt(j)úːnətiz 아퍼튜-너티즈])
기회; 호기
I had no *opportunity* to talk to him yesterday.
나는 어제 그와 얘기할 기회가 없었다.

op·pose oppose
[əpóuz 어포우즈]
타 (3단현 **opposes** [əpóuziz 어포우지즈], 과거·과거 분사 **opposed** [əpóuzd 어포우즈드], 현재 분사 **opposing** [əpóuziŋ 어포우징])
…에 반대하다, 대항하다
We *opposed* his plan.
우리는 그의 계획에 반대했다.

op·po·site opposite
[ápəzit 아퍼짓]
형 맞은편의; 정반대의, 역의
His house is *opposite* to mine.
그의 집은 우리집과 마주보고 있다.

명 (복수 **opposites** [ápəzits 아퍼지츠])
[보통 the opposite로] 정반대의 것[사람]
Black is *the opposite* of white.
검정은 흰색의 반대어다.
전 …의 맞은 편에
They sat *opposite* each other.
그들은 서로 마주보고 앉았다.

or or
[《약》ər 어; 《강》ɔːr 오-]
접 1. 또는, 혹은, …이든가 ~이든가; [부정문에서] …도 ~도 (않다)
Who is taller, Jane *or* Ann?
제인과 앤 중 누가 키가 더 큽니까?
He will be back in a day *or* two.

그는 하루 혹은 이틀 안에 돌아올 것이다.
Will you have coffee *or* tea?
커피를 드시겠습니까, 차를 드시겠습니까?
Will you come tomorrow *or* not?
너는 내일 올거니, 오지 않을거니?
I have no brothers *or* sisters.
나에게는 형제도 자매도 없다.
He *or* I am to stay here.
그나 내가 여기에 머물 것이다.

접 2. [ɔːr 오-] [명령문 뒤에서] 그렇지 않으면
Work hard, *or* you will fail.
열심히 공부해라, 그렇지 않으면 너는 실패할 것이다.

접 3. [보통 콤마 뒤에 써서] 즉, 바꾸어 말하면
Water freezes 32°F, *or* 0°C.
물은 화씨 32도, 즉 섭씨 0도에서 언다.

... *or so* (수량이) …정도

o·ral *oral*
[ɔ́ːrəl 오-럴]
형 구두의, 구술의(《반》 written 문서의)
an *oral* examination
구술 시험

*or·ange *orange*
[ɔ́ːrindʒ 오-린지]
명 (복수 **oranges** [ɔ́ːrindʒiz 오-린지즈])
오렌지(나무); 오렌지색

We import *oranges* from California.
우리는 캘리포니아에서 오렌지를 수입한다.

or·bit *orbit*
[ɔ́ːrbit 오-빗]
명 (복수 **orbits** [ɔ́ːrbits 오-비츠])
(인공 위성의) 궤도

*or·ches·tra *orchestra*
[ɔ́ːrkistrə 오-키스트러]
명 오케스트라, 관현악단

conduct〔lead〕 an *orchestra*
오케스트라를 지휘하다

*or·der *order*
[ɔ́ːrdər 오-더]
타 (3단현 **orders** [ɔ́ːrdərz 오-더즈], 과거·과거 분사 **ordered** [ɔ́ːrdərd 오-더드], 현재 분사 **ordering** [ɔ́ːrdəriŋ 오-더링])

타 1. 명령하다, 지시하다
The doctor *ordered* me to take a rest.
의사는 내게 휴양을 하라고 지시했다.

타 2. 주문하다
She *ordered* a new hat from France.
그녀는 프랑스에다 새 모자를

주문했다.
He *ordered* a steak for his wife. 그는 아내를 위해 스테이크를 주문했다.

图 (복수 **orders** [ɔ́ːrdərz 오-더즈])

图 1. [흔히 orders로] 명령
We obeyed his *orders*.
우리는 그의 명령에 따랐다.

图 2. 순서, 차례《부정 관사를 붙이지 않고 복수형으로도 하지 않는다》
You must keep *order*.
차례를 지켜야만 한다.
They took seats in *order* of age.
그들은 나이 순으로 앉았다.

图 3. 주문
◆ May I take your *order*?
— Two ice creams, please.
주문하시겠어요? — 아이스크림 두 개 주세요.

in order to (do) …하기 위하여
He is working hard *in order to* pass the examination.
그는 시험에 합격하기 위해 열심히 공부하고 있다.

out of order 흐트러져 ; 고장이 나서
The elevator is *out of order*.
엘리베이터가 고장났다.

*or·di·nar·y *ordinary*
[ɔ́ːrdənèri 오-더네리]
图 보통의 ; 평범한

He lives an *ordinary* life.
그는 평범한 생활을 하고 있다.

*or·gan *organ*
[ɔ́ːrgən 오-건]

图 (복수 **organs** [ɔ́ːrgənz 오-건즈])

图 1. (파이프) 오르간
She plays the *organ* in church.
그녀는 교회에서 파이프 오르간을 연주한다.

图 2. (생물의) 기관 ; (정치적인) 기관, 조직
a sense *organ* 감각 기관
organs of government
정부 기관

or·ga·ni·za·tion *organization*
[ɔ̀ːrgənizéiʃən 오-거니제이션]

图 (복수 **organizations** [ɔ̀ːrgənizéiʃənz 오-거니제이션즈])
조직, 구성 ; 단체, 협회

*or·ga·nize *organize*
[ɔ́ːrgənàiz 오-거나이즈]

타 (3단현 **organizes** [ɔ́ːrgənàiziz 오-거나이지즈], 과거·과거 분사 **organized** [ɔ́ːrgənàizd 오-거나이즈드], 현재 분사 **organizing** [ɔ́ːrgənàiziŋ 오-거나이징])

조직하다, 편성하다, 결성하다
They *organized* a football team.
그들은 축구팀을 결성했다.

O·ri·ent *Orient*
[ɔ́ːriənt 오-리언트]
명 [the Orient로] 동양

or·i·gin *origin*
[ɔ́ːrədʒin 오-러진]
명 (복수 **origins** [ɔ́ːrədʒinz 오-러진즈])
기원, 발단, 유래 ; [흔히 origins로] 태생
the *origin* of civilization
문명의 기원

*o·rig·i·nal *original*
[ərídʒ(ə)nəl 어리저널]
형 1. 최초의, 본래의
Who made the *original* plan?
누가 최초의 계획을 세웠습니까 ?
형 2. 독창적인
His idea is quite *original*.
그의 생각은 아주 독창적이다.
명 (복수 **originals** [ərídʒ(ə)nəlz 어리저널즈])
원형, 원작, 원문

o·rig·i·nal·ly *originally*
[ərídʒ(ə)nəli 어리저널리]
부 1. 본래, 처음에
부 2. 독창적으로

*or·na·ment *ornament*
[ɔ́ːrnəmənt 오-너먼트]
명 (복수 **ornaments** [ɔ́ːrnəmənts 오-너먼츠])
장식품, 장신구 ; 장식

os·trich *ostrich*
[ástritʃ 아스트리치]
명 〖동물〗 타조

*oth·er *other*
[ʌ́ðər 어더]
형 1. 다른, 그밖의, 별개의
Any *other* questions?
그밖의 질문은 없니 ?

She is taller than any *other* girl in the class.
그녀는 반에서 다른 어느 소녀보다도 키가 크다.

형 2. [the other로] (둘 중의) 또 하나의
Put up *the other* hand.
다른 한 쪽 손을 올리시오.
every other day 하루 걸러
I take a bath *every other day*.
나는 하루 걸러 목욕한다.
on the other hand 다른 한편으로는
the other day 일전에, 요전날
대 (**복수 others** [ʌðərz 어더즈])
대 1. 다른 것〔사람〕; 그 밖의 것〔사람〕
Don't speak ill of *others*.
다른 사람들을 험담하지 마라.
Some like tea, *others* prefer coffee.
차를 좋아하는 사람도 있고 커피를 좋아하는 사람도 있다.
대 2. [the other로] (둘 중에서) 다른 하나〔한 사람〕; [the others로] (셋 이상에서) 나머지 것들〔사람들〕
He has two gloves. One is old, *the other* is new.
그는 글러브가 둘 있다. 하나는 낡았고 다른 하나는 새것이다.
She and I went home, and *the others* remained.
그녀와 나는 집으로 돌아갔고 나머지 사람들은 남았다.
each other 서로
one after the other 차례로, 번갈아

oth·er·wise *otherwise*
[ʌðərwàiz 어더와이즈]
부 1. 다른 방법으로
I cannot do *otherwise*.
나는 그렇게 할 수 밖에 없다.
부 2. 다른 점에서는
The house is small, but is *otherwise* perfect.
그 집은 작지만 그밖의 점에서는 나무랄 데가 없다.

부 3. 그렇지 않으면
He worked hard; *otherwise* he would have failed.
그는 열심히 공부했다. 그렇지 않았으면 실패했을 것이다.

*ought *ought*
[ɔːt 오-트]
조 …해야만 한다, …하는 편이 좋다, …하는 것이 당연하다〈*to do*〉
You *ought to* drive carefully.
너는 조심해서 운전해야 한다.
You *ought* not *to* break your promise.
약속을 어겨서는 안된다.
You *ought to* have read that book.
너는 그 책을 읽었어야 했다.

ought·n't *oughtn't*
[ɔ́ːtnt 오-튼트]
ought not의 단축형

*our *our*
[(약) ɑːr 아-; (강) áuər 아우어]
대 [인칭 대명사 we의 소유격] 우리〔들〕의

주격	소유격	목적격
we	our	us
우리는	우리들의	우리들을

We love *our* country.

우리는 우리 나라를 사랑한다.

*ours *ours*
[áuərz 아우어즈]
　대 [인칭 대명사 we의 소유 대명사] 우리(들)의 것

소유격	소유 대명사
my(나의)	mine(나의 것)
our(우리들의)	ours(우리들의 것)
your(너의)	yours(너의 것)
your(너희들의)	yours(너희들의 것)
his(그의)	his(그의 것)
her(그녀의)	hers(그녀의 것)
their(그들의)	theirs(그들의 것)

　This ball is not yours, but *ours*. 이 공은 너희 것이 아니라 우리 것이다.
　Their house is larger than *ours*.
　그들의 집은 우리 집보다 크다.

*our·selves *ourselves*
[ɑːrsélvz 아-셀브즈]
　대 1. [강조 용법] 우리(들) 자신이
　We *ourselves* are responsible for it.
　그것에 대해서는 우리 자신에게 책임이 있다.
　대 2. [ɑːrsèlvz 아-셀브즈] [재귀 용법] 우리(들) 자신을[에게]
　We hurt *ourselves*.
　우리는 부상을 당했다.
　We enjoyed *ourselves* at the party.
　우리는 파티에서 즐거웠다.
　for ourselves 우리 힘으로, 우리(들) 스스로 ; 우리 자신을 위하여

*out *out*
[áut 아웃]
　부 1. 밖에, 밖으로 ; 외출하여, 부재로(《반》 in 안으로)

　　　out　　　　　in

He is *out* in the garden.
그는 정원에 나가 있다.
May I speak to Tom?
— ◆ Sorry, he is *out*.
톰을 좀 바꿔주세요. — 미안하지만 그는 외출하고 없어요.
　부 2. (밖으로) 나와 ; 나타나 ; (꽃이) 피어
Roses come *out* in June.
장미는 6월에 핀다.
The sun came *out* above the mountain.
산 위로 태양이 나왔다.
　부 3. 꺼져 ; 없어져
The light went *out*.
등불이 꺼졌다.
The tickets are sold *out*.
표가 매진되었다.
　부 4. 끝까지 ; 완전히
Hear me *out*.
내 말을 끝까지 들어라.
　부 5. 분명히, 큰소리로
He cried *out*.
그는 큰소리로 외쳤다.
out of (1) …으로부터, …의 밖으로

He got *out of* the car.
그는 차에서 내렸다.
(2) …의 가운데서
Choose only one *out of* these three cards.
이 3장의 카드 중에서 1장만 뽑으시오.
(3) …이 없어, …을 잃어
The car is *out of* gas.
그 차는 휘발유가 떨어졌다.

out·come *outcome*
[áutkʌm 아웃컴]
명 (복수 **outcomes** [áutkʌmz 아웃컴즈])
결과, 성과

out·door *outdoor*
[áutdɔ́ːr 아웃도-]
형 집밖의, 야외의(《반》 indoor 실내의)
I prefer *outdoor* sports to indoor sports.
나는 실내 스포츠 보다 야외 스포츠를 더 좋아한다.

out·doors *outdoors*
[àutdɔ́ːrz 아웃도-즈]
부 집 밖에서, 야외에서(《반》 indoors 집안에서)
It is cold *outdoors*.
밖은 춥다.

out·er *outer*
[áutər 아우터]
형 바깥(쪽)의, 외부의(《반》 inner 내부의)
the *outer* walls 외벽

*out·line *outline*
[áutlàin 아우트라인]
명 (복수 **outlines** [áutlàinz 아우트라인즈])
명 1. 윤곽, 외형
the *outline* of mountains
산들의 윤곽

명 2. 개요, 대강
Please give me an *outline* of the story.
그 이야기의 줄거리를 말씀해 주십시오.

out·put *output*
[áutpùt 아웃풋]
명 생산고; (컴퓨터 등에서의) 출력

*out·side *outside*
[àutsáid 아웃사이드]
부 밖에[으로], 바깥쪽에
Let's go *outside*.
밖으로 나가자.
It is raining *outside*.
밖에는 비가 내리고 있다.
전 [autsàid 아웃사이드] …의 밖에[으로, 의]
He waited for me *outside* the house.
그는 집 밖에서 나를 기다렸다.

명 (복수 **outsides** [àutsáidz 아웃사이즈])
[the outside로] 바깥쪽, 외부; 외관(《반》 inside 안쪽)
He locked the door from the *outside*.
그는 바깥에서 문을 잠궜다.
형 외부의, 바깥쪽의
the *outside* world 외계

o·val *oval*
[óuvəl 오우벌]
형 달걀 모양의, 타원형의

*ov·en *oven*
[ʌ́vən 어번]
명 (복수 **ovens** [ʌ́vənz 어번즈])
오븐, 솥, 가마
She baked a pie in the *oven*.
그녀는 오븐에 파이를 구웠다.

*o·ver *over*
[óuvər 오우버]
전 [òuvər 오우버] 1. …의 위에〔의〕(《반》 under …의 밑에)
There is a bridge *over* the river.
강 위에 다리가 놓여 있다.

전 2. …(의 위)를 덮어
She spread a cloth *over* the table.
그녀는 테이블 위에 테이블보를 깔았다.

전 3. …을 넘어〔건너〕; …의 맞은편의〔에〕
The horse jumped *over* the fence.
말은 울타리를 뛰어 넘었다.

His house is just *over* the road.
그의 집은 바로 도로 맞은편이다.

전 4. …이상
The tunnel is *over* five miles long. 터널은 길이가 5마일이 넘는다.

전 5. …전면에, 온통; …의 여기저기를
He traveled all *over* the world.
그는 온 세계를 여행했다.

전 6. …동안 내내, …이 끝날 때까지
I'm going to stay here *over* the weekend.
나는 주말 동안 여기에 머물 예정이다.

전 7. …에 관하여
They quarreled *over* the problem.
그들은 그 문제로 말다툼했다.

전 8. (전화·라디오 등)에 의하여, …을 통하여
I heard the news *over* the radio.
나는 그 소식을 라디오로 들었다.

부 1. 저쪽으로, 이쪽으로, 넘어서, 건너서
She went *over* to Europe.
그녀는 유럽으로 (건너)갔다.

부 2. 끝나서
The meeting was *over* at three.
회의는 3시에 끝났다.

부 3. 넘어져 ; 뒤집어
She fell *over* on the ice.
그녀는 빙판 위에서 넘어졌다.

부 4. 처음부터 끝까지, 모조리
Finally I read this novel *over*.
마침내 나는 이 소설을 끝까지 읽었다.

부 5. 되풀이해서
Listen to the tape many times *over*.
테이프를 여러번 반복해서 들으시오.

over again 다시 한 번
Say it *over again*.
그것을 다시 한 번 말해 주시오.

over and over (***again***) 몇번이고 되풀이하여
over here 이쪽으로
over there 저쪽에

o·ver·coat *overcoat*

[óuvərkòut 오우버코우트]

명 (복수 **overcoats** [óuvərkòuts 오우버코우츠])
오버코트, 외투

*o·ver·come *overcome*

[òuvərkʌ́m 오우버컴]

타 (3단현 **overcomes** [òuvərkʌ́mz 오우버컴즈], 과거형 **overcame** [òuvərkéim 오우버케임], 과거 분사 **overcome** [òuvərkʌ́m 오우버컴], 현재 분사 **overcoming** [òuvərkʌ́miŋ 오우버커밍])
…을 이겨내다, 극복하다 ; 압도하다
He *overcame* many difficulties.
그는 많은 고난을 이겨냈다.

*owe *owe*

[óu 오우]

타 (3단현 **owes** [óuz 오우즈], 과거·과거 분사 **owed** [óud 오우드], 현재 분사 **owing** [óuiŋ 오우잉])

타 1. 빚지고 있다
I *owe* my brother 20 dollars.
나는 형에게 20달러 빚이 있다.

타 2. …의 은혜를 입고 있다
I *owe* my success to you.
저의 성공은 당신 덕분입니다.
He *owed* his life to her.
그녀는 그의 생명의 은인이었다.

owl *owl*
[ául 아울] ★ 발음 주의
명 〖동물〗 올빼미

*own *own*
[óun 오운]
타 (3단현 **owns** [óunz 오운즈], 과거·과거 분사 **owned** [óund 오운드], 현재 분사 **owning** [óuniŋ 오우닝])
소유하다
Who *owns* this house?
이 집은 누구 소유입니까?
대 [one's own으로] 자기 자신의 것
This car is *my own*, not my company's.
이 차는 내 것이지, 회사의 것이 아니다.
형 1. [one's own으로] 자기 자신의
Write down *your own* ideas.
네 자신의 생각을 적어라.

형 2. [one's own으로] 고유한, 특유한, 독특한
She did it in *her own* way.
그녀는 자신의 독특한 방식대로 그것을 했다.

*own·er *owner*
[óunər 오우너]
명 (복수 **owners** [óunərz 오우너즈])
소유(권)자, 임자
Who is the *owner* of this car?
이 자동차는 누구 것입니까?

ox *ox*
[áks 악스]
명 (복수 **oxen** [áksn 악슨])
〖동물〗 (거세한) 수소

ox·y·gen *oxygen*
[áksidʒən 악시전]
명 산소

P, p *P, p*
[píː 피-]
몡 (복수 **P's, p's** [píːz 피-즈])
피《영어 알파벳의 열여섯번째 글자》

p. *p.*
[péidʒ 페이지]
약 (복수 **pp.** [péidʒiz 페이지즈])
페이지

pace *pace*
[péis 페이스]
몡 (복수 **paces** [péisiz 페이시즈])
몡 1. (한)걸음, 보폭
I took a *pace* forward.
나는 한걸음 앞으로 나아갔다.
몡 2. [a pace로] 보조, 속도
He walked at *a* slow *pace*.
그는 느린 걸음으로 걸었다.

*Pa·cif·ic *Pacific*
[pəsífik 퍼시픽]
혱 태평양의

the *Pacific* coast 태평양 연안
몡 [the Pacific으로] 태평양
(Pacific Ocean)
the South *Pacific* 남태평양

*Pa·cif·ic O·cean
Pacific Ocean
[pəsífik-óuʃən 퍼시픽오우션]
몡 [the Pacific Ocean으로] 태평양

*pack *pack*
[pǽk 팩]
몡 (복수 **packs** [pǽks 팩스])
몡 1. 짐, 꾸러미, 보따리
This *pack* contains foods for emergencies.
이 꾸러미안에는 비상 식량이 들어 있다.
몡 2. (트럼프) 한 벌; (사냥개 등의) 떼
a *pack* of cards
트럼프 한 벌

🔲 (3단현 **pack** [pæks 팩스], 과거·과거 분사 **packed** [pækt 팩트], 현재 분사 **packing** [pækiŋ 패킹])
🔲 싸다, 꾸리다 ; (상자·용기 등에) 채우다

🔲 짐을 싸다, 짐을 꾸리다

pack·age *package*
[pǽkidʒ 패키지]
🔲 (복수 **packages** [pǽkidʒiz 패키지즈])
꾸러미, 소포, 짐
Please mail these *packages* of books.
이 책꾸러미를 우편으로 보내 주세요.

*page *page*
[péidʒ 페이지]
🔲 (복수 **pages** [péidʒiz 페이지즈])
(책의) 페이지《단수형은 p., 복수형은 pp.로 약한다》

☆ Open your textbook to〔《영》at〕*page* 20.
교과서의 20페이지를 펴세요.

*paid *paid*
[péid 페이드]
🔲 **pay**의 과거·과거 분사

*pain *pain*
[péin 페인]
🔲 (복수 **pains** [péinz 페인즈])
🔲 1. 아픔
I have a *pain* in my head.
나는 머리가 아프다.

🔲 2. (육체적·정신적인) 고통, 괴로움
🔲 3. [pains로] 노력, 수고
He spared no *pains* to help his friend.
그는 친구를 돕는데 수고를 아끼지 않았다.

pain·ful *painful*
[péinful 페인풀]
🔲 (비교급 **more painful**, 최상급 **most painful**)
아픈 ; 괴로운 ; 힘드는
a *painful* wound
아픈 상처

*paint *paint*
[péint 페인트]
🔲 (3단현 **paints** [péints 페인츠], 과거·과거 분사 **painted** [péintid 페인티드], 현재 분사

painting [péintiŋ 페인팅])
태 1. (그림 물감으로) 그리다

The child *painted* flowers.
아이는 꽃을 그렸다.
태 2. 페인트를 칠하다 ; …을 …색으로 칠하다
We *painted* the fence white.
우리는 담을 하얗게 칠했다.
자 그림을 그리다 ; 페인트를 칠하다 ; 화장하다
명 (복수 **paints** [péints 페인츠])
명 1. 페인트, 도료
I bought a can of red *paint*.
나는 붉은 페인트를 한 통 샀다.
Wet *Paint*. (= 《영》 Fresh *Paint*.) 《게시》 칠 주의.
명 2. [흔히 paints로] 그림 물감

oil〔water〕 *paints*
유화〔수채화〕 그림 물감

paint·er *painter*
[péintər 페인터]
명 (복수 **painters** [péintərz 페인터즈])
화가 ; 칠장이
I want to be a *painter*.
나는 화가가 되고 싶다.

paint·ing *painting*
[péintiŋ 페인팅]
명 (복수 **paintings** [péintiŋz 페인팅즈])
명 1. 그림, 회화
He went to Paris to study *painting*.
그는 그림 공부를 하러 파리에 갔다.
명 2. 그림 그리기
His hobby is *painting*.
그의 취미는 그림 그리기다.

*pair *pair*
[péər 페어]
명 (복수 **pairs** [péərz 페어즈])
명 1. (둘로 이루어진) 한 쌍, 한 짝, 한 벌
a *pair* of gloves 장갑 한 켤레
a *pair* of socks 양말 한 켤레
a *pair* of shoes 구두 한 켤레
a *pair* of scissors 가위 한 자루
a *pair* of trousers 바지 한 벌
a *pair* of glasses 안경 하나

명 2. 부부, 연인 ; (동물의) 한 쌍

pa·ja·mas, 《영》 py·ja·mas *pajamas, pyjamas*

[pədʒɑ́ːməz 퍼**자**-머즈]
명 [복수] 파자마《잠옷》
They are in *pajamas*.
그들은 잠옷바람이다.

*pal·ace *palace*

[pǽləs 팰러스]
명 (복수 **palaces** [pǽləsiz 팰러시즈])
명 1. [흔히 Palace로] 궁전, 왕궁

Buckingham *Palace*
버킹엄 궁전
명 2. 대저택

*pale *pale*

[péil 페일]
형 (비교급 **paler** [péilər 페일러], 최상급 **palest** [péilist 페일리스트])
형 1. (얼굴이) 핼쑥한, 창백한
 a *pale* face 창백한 얼굴
You look *pale*.
안색이 나쁘군.
형 2. (색이) 엷은

palm *palm*

[pɑ́ːm 팜-] ★ 발음 주의
명 (복수 **palms** [pɑ́ːmz 팜-즈])
손바닥

pam·phlet *pamphlet*

[pǽmflət 팸플럿]
명 팸플릿, 작은 책자

*pan *pan*

[pǽn 팬]
명 (복수 **pans** [pǽnz 팬즈])
납작한 냄비
 a stew *pan* 스튜냄비
 a frying *pan* 프라이팬

		냄비
pan:	한쪽에만 손잡이가 달린 납작한 냄비	
pot:	깊고 양쪽에 손잡이가 달린 냄비	

pan·cake *pancake*

[pǽnkèik 팬케이크]
명 팬케이크《밀가루에 달걀을 섞

어 얇게 구운 것》

pan·da *panda*
[pǽndə 팬더]
  명 팬더《작은 곰의 일종》

pan·el *panel*
[pǽnl 패늘]
  명 (복수 **panels** [pǽnlz 패늘즈])
  패널《토론회·콘테스트·퀴즈 프로그램 등에 연사·심사원·해답자로 참가하는 사람들의 집단》

***pants** *pants*
[pǽnts 팬츠]
  명 [복수] 바지

These *pants* are too tight for me.
이 바지는 내게 너무 꽉 낀다.

pa·pa *papa*
[pάːpə 파-퍼]
  명 《유아》 아빠 (《반》 mama 엄마)

***pa·per** *paper*
[péipər 페이퍼]
  명 (복수 **papers** [péipərz 페이퍼즈])
  명 1. 종이《부정 관사를 붙이지 않고 복수형으로도 하지 않는다》
  This doll is made of *paper*.
  이 인형은 종이로 만들었다.
  명 2. 신문 (《동》 newspaper)

a daily *paper* 일간 신문
What *paper* do you take in?
당신은 어떤 신문을 보고 계십니까?
  명 3. 연구 논문, 학술 논문 ; (학생의) 리포트

pa·rade *parade*
[pəréid 퍼레이드]
  명 (복수 **parades** [pəréidz 퍼레이즈])
  퍼레이드, 행렬, 행진
  자 (3단현 **parades** [pəréidz 퍼레이즈], 과거·과거 분사 **paraded** [pəréidid 퍼레이디드], **parading** [pəréidiŋ 퍼레이딩])
  행진하다

***par·cel** *parcel*
[páːrsl 파-슬]
명 (복수 **parcels** [páːrslz 파-슬즈])
꾸러미, 소포, 짐

***par·don** *pardon*
[páːrdn 파-든]
타 (3단현 **pardons** [páːrdnz 파-든즈], 과거·과거 분사 **pardoned** [páːrdnd 파-든드], 현재 분사 **pardoning** [páːrdniŋ 파-드닝])
용서하다
She did not *pardon* him.
그녀는 그를 용서하지 않았다.
Pardon me. 미안합니다., 죄송합니다.
명 (복수 **pardons** [páːrdnz 파-든즈])
용서
I beg your pardon. (1) 죄송합니다《말 끝을 내린다》.
(2) 죄송합니다만 한번 더 말씀해 주십시오《말 끝을 올린다. Pardon?이라고도 한다》.

***par·ent** *parent*
[pé(ə)rənet 페(어)런트]
명 (복수 **parents** [pé(ə)rənts 페(어)런츠])
어버이《아버지 또는 어머니》; [parents로] 양친

He lives with his *parents*. 그는 부모님과 함께 살고 있다.

Par·is *Paris*
[pǽris 패리스]
명 파리《프랑스의 수도》

센 강

Paris is the capital of France.
파리는 프랑스의 수도다.

***park** *park*
[páːrk 파-크]
명 (복수 **parks** [páːrks 파-크스])
명 1. 공원; 유원지

Let's play in the *park*.
공원에서 놀자.
명 2. 《미》 운동장, 경기장
a baseball *park* 야구장

Park 공원
[páːrk 파-크]

① **kiosk** 매점
[kíːɑsk 키-아스크]
② **tree** 나무
[tríː 트리-]
③ **flowerbed** 화단
[fláuərbèd 플라우어베드]
④ **statue** 조상
[stǽtʃuː 스태추-]
⑤ **fountain** 분수
[fáuntn 파운튼]
⑥ **pond** 못
[pánd 판드]
⑦ **jungle gym** 정글짐
[dʒʌ́ŋgl-dʒìm 정글짐]
⑧ **sidewalk** 보도
[sáidwɔ̀ːk 사이드워-크]

⑨ **buggy** 유모차
 [bʌ́gi 버기]
⑩ **tricycle** 세발 자전거
 [tráisikl 트라이시클]
⑪ **slide** 미끄럼틀
 [sláid 슬라이드]
⑫ **hedge** 산울타리
 [hédʒ 헤지]
⑬ **bench** 벤치
 [béntʃ 벤치]
⑭ **scooter** (어린이용) 외발 스케이트
 [skúːtər 스쿠-터]
⑮ **seesaw** 시소
 [síːsɔ́ː 시-소-]

명 3. 주차장(《미》 parking lot, 《영》 car park)

park·ing *parking*
[páːrkiŋ 파-킹]
명 주차 ; 주차장
No *parking*. 《게시》 주차 금지.

*par·lia·ment *parliament*
[páːrləmənt 팔-러먼트]
★ 발음 주의
명 1. 의회, 국회
명 2. [Parliament로] 영국 의회
《미국 의회는 Congress》
a Member of *Parliament*
하원 의원
the Houses of *Parliament*
(영국의) 국회 의사당

par·rot *parrot*
[pǽrət 패럿]
명 앵무새

*part *part*
[páːrt 파-트]
명 (복수 **parts** [páːrts 파-츠])
명 1. (전체 속의) 일부, 부분
《반》 whole 전체)
Part of the house is used as an office.
집의 일부는 사무실로 쓰인다.
명 2. (일의) 역할 ; (연극 등의) 역
She plays an important *part* in international friendship.
그녀는 국제 친선을 위해 중요한 역할을 하고 있다.
She played the *part* of Juliet.

그녀는 줄리엣역을 맡았다.
명 3. [흔히 parts로] (기계 등의) **부품**
명 4. [parts로] **지방**, 지역
명 5. (책의) **부**; 《음악》 파트
take part in …에 참가하다
I *took part in* the game.
나는 그 경기에 참가했다.
동 (3단현 **parts** [pá:rts 파-츠], 과거·과거 분사 **parted** [pá:rtid 파-티드], 현재 분사 **parting** [pá:rtiŋ 파-팅])
자 헤어지다; (강 등이) 갈라지다
They *parted* at the station.
그들은 역에서 헤어졌다.
타 나누다; 갈라놓다
She *parted* her hair in the middle.
그녀는 가르마를 가운데로 탔다.

par·tic·i·pate *participate*
[pərtísəpèit 퍼**티**서페이트]
자 (3단현 **participates** [pərtísəpèits 퍼티서페이츠], 과거·과거 분사 **participated** [pərtísəpèitid 퍼티서페이티드], 현재 분사 **participating** [pərtísəpèitiŋ 퍼티서페이팅])
참가하다, 관여[관계]하다〈*in*〉

*par·tic·u·lar *particular*
[pərtíkjulər 퍼**티**큘러]
형 (비교급 **more particular**, 최상급 **most particular**)
형 1. **특정의, 개개의**《명사 앞에만 쓴다》
He left home late on that *particular* day.
그는 그날만 집에서 늦게 나왔다.
형 2. **각별한, 특별한**《명사 앞에만 쓴다》
He took *particular* trouble to get the book.
그는 그 책을 손에 넣기 위해 각별히 노력했다.
형 3. **까다로운**
He is *particular* about his food.
그는 식성이 까다롭다.

par·tic·u·lar·ly *particularly*
[pərtíkjulərli 퍼**티**큘러리]
부 특히, 각별히; 상세히

part·ly *partly*
[pá:rtli 파-틀리]
부 부분적으로, 얼마간
It will be *partly* rainy this evening.
오늘 저녁 곳에 따라 비가 올 것입니다.

part·ner *partner*
[pá:rtnər 파-트너]
명 (복수 **partners** [pá:rtnərz 파-트너즈])
(활동을 같이 하는) 동료; (댄스

등의) 상대
I was her *partner* in the dance.
내가 그녀의 댄스 상대였다.

part-time *part-time*
[páːrttáim 파-트타임]
 형 파트 타임의, 비상근의
 a *part-time* job
 파트 타임 일, 아르바이트

*par·ty *party*
[páːrti 파-티]
 명 (복수 **parties** [páːrtiz 파-티즈])
 명 1. 파티, (사교상의) 모임, 회합
 a birthday *party*
 생일 파티

We had a farewell *party* for Jane.
우리는 제인의 송별 파티를 열었다.
 명 2. 당, 당파, 정당(단수 또는 복수 취급)
 명 3. 일행
 The *party* took a rest by the river.
 일행은 강가에서 쉬었다.

*pass *pass*
[pǽs 패스]
 동 (3단현 **passes** [pǽsiz 패시즈], 과거·과거 분사 **passed** [pǽst 패스트], 현재 분사 **pass-ing** [pǽsiŋ 패싱])
 자 1. 지나가다, 통과하다
 The train *passed* through the station without stopping.
 기차는 역에 서지 않고 통과했다.
 자 2. (시간이) 지나다, 경과하다; 사라지다, 없어지다
 Ten years have *passed* since he left home.
 그가 고향을 떠난지 10년이 지났다.
 자 3. 변해가다; 넘어가다
 타 1. …의 곁을 지나가다, …을 통과하다; …을 추월하다
 We *pass* Mr. Red's store on our way to school.
 우리는 학교 가는 길에 레드씨 가게를 지나간다.

The truck is *passing* the car.
트럭이 차를 추월하고 있다.

 타 2. (시험에) 합격하다(《반》 fail 떨어지다); (의안·법률을) 가결하다
 She *passed* the examination.
 그녀는 시험에 합격했다.

타 3. 건네 주다
Pass me the salt, please.
소금 좀 건네 주세요.

타 4. (시간을) 보내다, 지내다
We *passed* a few hours reading comic books.
우리는 만화를 보면서 두세 시간을 보냈다.
pass by (1) …곁을 지나가다
(2) (시간이) 지나가 버리다
명 (복수 **passes** [pǽsiz 패시즈])
명 1. 무료 승차〔입장〕권, 패스
명 2. 〖스포츠〗(볼의) 패스, 송구

pas·sage *passage*

[pǽsidʒ 패시지]
명 (복수 **passages** [pǽsidʒiz 패시지즈])
명 1. 복도, 통로
명 2. (문장의) 일절, 한 대목

*****pas·sen·ger** *passenger*

[pǽs(ə)ndʒər 패선저]
명 (복수 **passengers** [pǽs(ə)ndʒərz 패선저즈])
승객, 여객

pass·port *passport*

[pǽspɔ:rt 패스포-트]
명 (복수 **passports** [pǽspɔ:rts 패스포-츠])
여권, 패스포트
May I see your *passport*?
여권을 보여 주시겠습니까?

*****past** *past*

[pǽst 패스트]
형 1. 지나간 ; 과거의(《반》 present 현재의)
Summer is *past*.
여름이 지나갔다.
형 2. 〖문법〗과거의(《명사 앞에만 쓴다》)
the *past* tense
과거 시제
명 [the past로] 과거(《반》 future 미래)
Don't forget *the past*.
과거의 일을 잊지마.
전 [pǽst 패스트] 1. (시간·나이 등이) 지나서, 넘어서
He looks *past* forty.
그는 마흔살이 넘어 보인다.

It is ten (minutes) *past* five.
5시 10분이다((미))에서는 past 대신 after도 쓴다).

전 2. (장소를) 지나서
He ran *past* my house.
그는 나의 집 앞을 달려서 지나갔다.

paste /paste/

[péist 페이스트]

명 풀; 반죽; 반죽한 것
We need *paste*.
우리는 풀이 필요하다.

past·ry /pastry/

[péistri 페이스트리]

명 (복수 **pastries** [péistriz 페이스트리즈])
페이스트리

path /path/

[pǽθ 패스]

명 (복수 **paths** [pǽðz 패드즈])
길; 작은 길

There is a *path* through the woods.
숲을 통과하는 작은 길이 있다.

pa·tience /patience/

[péiʃəns 페이션스]

명 인내(력), 참을성; 끈기
You must have *patience*.
너는 인내심을 가져야 한다.

pa·tient /patient/

[péiʃənt 페이션트]

형 (비교급 **more patient**, 최상급 **most patient**)
인내심이 강한, 참을성 있는; 끈기 있는
You must be *patient*.
너는 인내심을 가져야 한다.
명 (복수 **patients** [péiʃənts 페이션츠])
환자, 병자
He is not a *patient* of mine.
그는 내 환자가 아니다.

pat·tern /pattern/

[pǽtərn 패턴]

명 (복수 **patterns** [pǽtərnz 패턴즈])
명 1. (천·벽지 등의) 무늬, 도안

a flower *pattern*
꽃무늬

명 2. 형, 양식, 패턴
sentence *patterns* 문형

명 3. 모범; 본보기

*pause *pause*

[pɔ́ːz 포-즈]

명 (복수 **pauses** [pɔ́ːziz 포-지즈])

휴지, 중지; 단락

자 (3단현 **pauses** [pɔ́ːziz 포-지즈], 과거·과거 분사 **paused** [pɔ́ːzd 포-즈드], 현재 분사 **pausing** [pɔ́ːziŋ 포-징])

휴지하다; 잠시 쉬다; 멈추어 서다

*pay *pay*

[péi 페이]

동 (3단현 **pays** [péiz 페이즈], 과거·과거 분사 **paid** [péid 페이드], 현재 분사 **paying** [péiiŋ 페이잉])

타 1. (대금을) 지불〔지급〕하다

My mother *paid* the check for the meal.
어머니가 식사값을 내셨다.

타 2. (주의를) 기울이다; (경의를) 표하다
They *paid* no attention to her words.
그들은 그녀의 말에 전혀 주의를 기울이지 않았다.

타 3. (방문 등을) 하다
He *paid* a visit to his girlfriend.
그는 여자 친구집을 방문했다.

자 1. 대금을 지불〔지급〕하다
Did you *pay* for the picture?
그 그림 값을 지불했니?
I *paid* in cash.
나는 현금으로 지불했다.

자 2. (일 등이) 수지 맞다
This job doesn't *pay*.
이 일은 수지가 맞지 않는다.

명 임금, 급료
Did you get your *pay*?
당신은 급료를 받았습니까?
We get our *pay* every Friday.
우리는 매주 금요일에 임금을 받는다.

pay·ment *payment*

[péimənt 페이먼트]

명 (복수 **payments** [péimənts 페이먼츠])

(돈의) 지불, 지급, 납입; 지급〔지불〕 금액

*pea *pea*
[píː 피-]
명 (복수 **peas** [píːz 피-즈]) 완두(콩)

☆I like to eat green *peas*.
나는 푸른 완두콩 먹기를 좋아한다.
as like as two peas 꼭 닮은
The sisters are *as like as two peas*.
그 자매는 매우 닮았다.

*peace *peace*
[píːs 피-스]
명 [때로 a peace로] 평화(《반》 war 전쟁)

They sang for love and *peace*.
그들은 사랑과 평화를 노래했다.
He received the Nobel *Peace* prize.
그는 노벨 평화상을 받았다.
at peace 평화롭게, 마음 편히
Her mind is *at peace*.
그녀의 마음은 편안하다.
make* one*'s peace with …와 화해하다

peace·ful *peaceful*
[píːsful 피-스풀]
형 평화로운 ; 평화적인 ; 조용한

peace·ful·ly *peacefully*
[píːsfuli 피-스풀리]
부 평화롭게 ; 평온하게, 조용하게

*peach *peach*
[píːtʃ 피-치]
명 (복수 **peaches** [píːtʃiz 피-치즈]) 복숭아 ; 복숭아 나무
A *peach* has a soft skin.
복숭아 껍질은 연하다.

Mother put the *peaches* in her basket.
어머니는 광주리 안에 복숭아를 담으셨다.

peak *peak*
[píːk 피-크]
명 (복수 **peaks** [píːks 피-크스]) (뾰족한) 끝 ; 산꼭대기 ; 절정
The *peak* of the mountain was covered with snow.
그 산꼭대기는 눈으로 덮여 있었다.
He is at his *peak* now.
그는 지금 한창때다.

*pea·nut *peanut*

[píːnʌt 피-넛]

명 (복수 **peanuts** [píːnʌts 피-너츠])
땅콩

*pear *pear*

[péər 페어]

명 (복수 **pears** [péərz 페어즈])
서양배 ; 서양배나무

These *pears* are sweet.
이 배들은 달다.

pearl *pearl*

[pə́ːrl 펄-]

명 (복수 **pearls** [pə́ːrlz 펄-즈])
진주
  a natural *pearl*
  천연 진주
  an imitation *pearl*
  인조 진주
형 진주의
  a *pearl* necklace
  진주 목걸이

pe·cu·liar *peculiar*

[pikjúːljər 피큘-리어]

형 1. 고유의, 특유의, 독특한
She has her own *peculiar* ways.
그녀는 자신만의 독특한 버릇이 있다.
This soup has a *peculiar* taste.
이 수프는 독특한 맛이 있다.
형 2. 색다른, 묘한, 별난
He is a very *peculiar* fellow.
그는 아주 별난 녀석이다.

*peer *peer*

[píər 피어]

명 (복수 **peers** [píərz 피어즈])
명 1. (영) 귀족(의 일원)
명 2. 동등한 사람 ; 동료

*pen *pen*

[pén 펜]

명 (복수 **pens** [pénz 펜즈])
펜
Do you have a *pen*?
당신은 펜을 가지고 있습니까?
Write with a *pen*.
펜으로 써라.

*pence *pence*

[péns 펜스]

명 **penny**의 복수

I paid five *pence* for the cake.
나는 케이크 값으로 5펜스를 냈다.

pen·cil *pencil*
[pénsl 펜슬]
⑲ (복수 **pencils** [pénslz 펜슬즈])
연필

a colored *pencil* 색연필
Write your name with a *pencil*.
이름을 연필로 쓰세요.

pen·guin *penguin*
[péŋgwin 펭귄]
⑲ 펭귄

A *penguin* cannot fly.
펭귄은 날지 못한다.

pen·nant *pennant*
[pénənt 페넌트]
⑲ (경기 등의) 우승기, 페넌트; (대학 등의) 응원기

win the *pennant* 우승하다

pen·ny *penny*
[péni 페니]
⑲ (복수 **pennies** [péniz 페니즈], **pence** [péns 펜스]《금액은 pence, 동전의 개수는 pennies》)
페니, 펜스《영국의 화폐 단위; 100분의 1파운드》
I gave him three *pennies*.
나는 그에게 동전을 3개 주었다.
I have ten *pence*.
나에게는 10펜스가 있다.

pen pal *pen pal*
[pén-pæ̀l 펜팰]
⑲ 펜팔, 편지로 사귀는 친구

I have a *pen pal* in Seoul.
나는 서울에 펜팔이 있다.

peo·ple *people*
[píːpl 피-플]
⑲ 1. [복수] (세상) 사람들

Many *people* went to the game.
많은 사람들이 그 시합을 보러 갔다.
명 2. [the people로] 국민 ; 대중, 서민(복수 취급)
The Korean *people* are very kind.
한국 국민은 매우 친절하다.
명 3. 《복수 **peoples** [píːplz 피-플즈]》 민족

There are many *peoples* in Europe.
유럽에는 여러 민족이 있다.

*pep·per *pepper*
[pépə*r* 페퍼]
명 《복수 **peppers** [pépə*r*z 페퍼즈]》
후추
white *pepper* 흰 후추
black *pepper* 검은 후추

per *per*
[《약》 pə*r* 퍼]
전 …에 대해, …마다
at fifty miles *per* hour
시속 50마일로

*per·cent, 《영》 per cent *percent, per cent*
[pə*r*sént 퍼센트]
명 《복수 **percent, per cent** [pə*r*sént 퍼센트]《단수·복수 동형》》
퍼센트《%》
More than ten *percent* were dropped in the examination.
10퍼센트 이상이 시험에 불합격했다.

*per·fect *perfect*
[pə́ː*r*fikt 퍼-픽트]
형 1. 결점이 없는, 완전한, 더할 나위 없는
The weather was *perfect*.
날씨는 더할 나위 없었다.
형 2. 전적인《명사 앞에만 쓴다》
He is a *perfect* stranger to me.
그는 내가 전혀 모르는 사람이다.
형 3. 〖문법〗완료의
the present *perfect* tense
현재완료 시제

per·fect·ly *perfectly*
[pə́ː*r*fiktli 퍼-픽틀리]
부 완전하게, 완벽하게

*per·form *perform*

[pərfɔ́ːrm 퍼폼-]

통 (3단현 **performs** [pərfɔ́ːrmz 퍼폼-즈], 과거·과거 분사 **performed** [pərfɔ́ːrmd 퍼폼-드], 현재 분사 **performing** [pərfɔ́ːrmiŋ 퍼포-밍])

타 1. (일 등을) 행하다 ; (의무 등을) 다하다

He *performed* his duties faithfully.
그는 충실히 자신의 의무를 다했다.

타 2. (역 등을) 맡아하다 ; (악기 등을) 연주하다

She *performed* the heroine in the play.
그녀는 그 연극에서 여주인공 역을 맡아했다.

자 연기를 하다 ; 연주하다

She *performed* beautifully on the piano.
그녀는 멋지게 피아노 연주를 했다.

per·for·mance *performance*

[pərfɔ́ːrməns 퍼포-먼스]

명 (복수 **performances** [pərfɔ́ːrmənsiz 퍼포-먼시즈])

명 1. (의무 등의) 실행, 이행
명 2. (음악 등의) 연주 ; (극 등의) 상연, 공연

per·fume *perfume*

[pə́ːrfjuːm 퍼-퓸-]

명 (복수 **perfumes** [pə́ːrfjuːmz 퍼-퓸-즈])
향수 ; 향기

*per·haps *perhaps*

[pərhǽps 퍼햅스]

부 아마, 어쩌면

Perhaps he will go.
아마 그는 갈 것이다.
Perhaps it will rain tomorrow.
어쩌면 내일은 비가 올 것이다.

*pe·ri·od *period*

[píːəriəd 피(어)리어드]

명 (복수 **periods** [píːəriədz 피(어)리어즈])

명 1. 기간

He stayed in Seoul for a short *period*.
그는 짧은 기간 서울에 머물렀다.

명 2. 시대
Michelangelo lived in the Renaissance *period*.
미켈란젤로는 르네상스 시대에 살았다.

명 3. (수업) 시간, 시한
We have English in the third *period*.
우리는 셋째 시간에 영어 수업이 있다.

명 4. 《미》〖문법〗피리어드, 마침표, 종지부《영》full stop)

*per·ma·nent *permanent*
[pə́ːrmənənt 퍼-머넌트]
형 영구의, 영구적인, 영속적인 ; 내구성이 있는
permanent peace 영구적인 평화
a *permanent* address 본적지
a *permanent* tooth 영구치
명 《구어》퍼머넌트

per·mis·sion *permission*
[pərmíʃən 퍼미션]
명 허가, 허락, 승낙

*per·mit *permit*
[pərmít 퍼밋]
동 (3단현 **permits** [pərmíts 퍼미츠], 과거·과거 분사 **permitted** [pərmítid 퍼미티드], 현재 분사 **permitting** [pərmítiŋ 퍼미팅])

타 허락하다, 허가하다
Photography is not *permitted* here. 여기서는 사진 촬영이 금지되어 있다.
The teacher didn't *permit* us to swim in this river.
선생님은 우리가 이 강에서 헤엄치는 것을 허락하지 않으셨다.

자 허락하다 ; (…할) 여유가 있다
Call me when time *permits*.
시간 있을 때 전화해라.

*per·son *person*
[pə́ːrsn 퍼-슨]
명 (복수 **persons** [pə́ːrsnz 퍼-슨즈])

명 1. 사람(개인), 인간
He is a nice *person*.
그는 멋진 사람이다.
The *person* I admire most is Lincoln. 내가 가장 존경하는 사람은 링컨이다.
Who is that *person*?
저 사람은 누구니?

명 2. 〖문법〗인칭
the first〔second, third〕*person*
1〔2, 3〕인칭

*per·son·al *personal*
[pə́ːrs(ə)nəl 퍼-서널]
형 1. 개인의, 개인적인 ; 일신상의, 사적인

a *personal* computer
퍼스널 컴퓨터
That's my *personal* opinion.
그것은 나의 개인적인 의견이다.
형 2. 본인의, 자신의

per·son·al·i·ty *personality*
[pə̀ːrsənǽləti 퍼-서낼러티]
명 (복수 **personalities** [pə̀ːrsənǽlətiz 퍼-서낼러티즈])
개성, 성격 ; 인격
He is a man of strong *personality*.
그는 개성이 강한 사람이다.

per·son·al·ly *personally*
[pə́ːrs(ə)nəli 퍼-서널리]
부 1. 몸소, 친히
부 2. [문장 수식어] 자기 (개인)으로서는
부 3. 인간적으로는

*per·suade *persuade*
[pərswéid 퍼스웨이드]
타 (3단현 **persuades** [pərswéidz 퍼스웨이즈], 과거·과거 분사 **persuaded** [pərswéidid 퍼스웨이디드], 현재 분사 **persuading** [pərswéidiŋ 퍼스웨이딩])
설득하다 ; 설득하여 …시키다
I *persuaded* him to go with me.
나는 그를 설득하여 나와 함께 가도록 했다.

*pet *pet*
[pét 펫]
명 (복수 **pets** [péts 페츠])
애완 동물
Do you have any *pets*?
너는 애완 동물을 기르니?
형 마음에 드는, 총애하는 ; 애완의
a *pet* dog 애견

a *pet* name 애칭

Pe·ter Pan *Peter Pan*
[píːtər-pǽn 피-터팬]
명 피터팬(영국 작가 J.M. Barrie의 동화 주인공)

*phone *phone*
[fóun 포운]
타 (3단현 **phones** [fóunz 포운즈], 과거·과거 분사 **phoned** [fóund 포운드], 현재 분사 **phoning** [fóuniŋ 포우닝])
전화하다 ; 전화로 이야기하다
I'll *phone* you tomorrow.
내일 당신에게 전화하겠습니다.
명 (복수 **phones** [fóunz 포운즈])

전화, 전화기《동》telephone)

be on the *phone*
통화 중이다
by *phone* 전화로
May I use your *phone*?
전화를 써도 될까요?

phone call *phone call*

[fóun-kɔ́:l 포운콜-]
명 (복수 **phone calls** [fóun-kɔ́:lz 포운콜-즈])
통화

phone number *phone number*

[fóun-nʌ́mbər 포운넘버]
명 (복수 **phone numbers** [fóun-nʌ́mbərz 포운넘버즈])
전화 번호(telephone number)

*pho·to *photo*

[fóutou 포우토우]
명 (복수 **photos** [fóutouz 포우토우즈])
《구어》 사진《photograph의 약어다》
I'll take a *photo* of you.
사진 찍어 줄게.

*pho·to·graph *photograph*

[fóutəgræf 포우터그래프]
명 (복수 **photographs** [fóutəgræfs 포우터그래프스])
사진
I took a *photograph* of her.
나는 그녀의 사진을 찍었다.

pho·tog·ra·pher *photographer*

[fətágrəfər 퍼타그러퍼]
★ 악센트 주의
명 (복수 **photographers** [fətágrəfərz 퍼타그러퍼즈])
사진사 ; 카메라맨

He is a famous *photographer*.
그는 유명한 사진사다.

phrase *phrase*

[fréiz 프레이즈]
명 (복수 **phrases** [fréiziz 프레이지즈])

숙어, 관용구 ;《문법》구
a noun *phrase* 명사구

phys·i·cal *physical*
[fízikəl 피지컬]

형 1. 신체의, 육체의(《반》mental 정신의)
physical health
(육체적인) 건강
We had a *physical* examination last week.
우리는 지난주에 신체검사를 받았다.

형 2. 물리학의 ; 물리적인 ; 자연과학의《명사 앞에만 쓴다》
physical science
자연 과학

phy·si·cian *physician*
[fizíʃən 피지션]
명 내과 의사

phys·ics *physics*
[fíziks 피직스]
명 물리학《단수 취급》

pi·an·ist *pianist*
[piǽnist 피애니스트]
명 (복수 **pianists** [piǽnists 피애니스츠])
피아니스트, 피아노 연주자
She is a famous *pianist*.
그녀는 유명한 피아니스트다.

pi·an·o *piano*
[piǽnou 피애노우]
명 (복수 **pianos** [piǽnouz 피애노우즈])
피아노
a grand *piano*
그랜드 피아노

She can play the *piano*.
그녀는 피아노를 칠 줄 안다.
I played Chopin on the *piano*.
나는 피아노로 쇼팽을 쳤다.

pick *pick*
[pík 픽]

타 (3단현 **picks** [píks 픽스], 과거·과거 분사 **picked** [píkt 픽트], 현재 분사 **picking** [píkiŋ 피킹])

타 1. (꽃 등을) 따다, 뜯다, 꺾다
You can *pick* apples from the tree.
사과를 나무에서 따도 좋다.
She *picked* flowers in the field.
그녀는 들에서 꽃을 꺾었다.

타 2. 골라잡다, 고르다《동》

choose)
She *picked* a nice tie for me.
그녀는 내게 멋진 넥타이를 골라주었다.
pick out …을 고르다 ; …을 발견하다
pick up …을 줍다 ; (사람을) 차로 마중 나가다
He *picked up* cans in the street.
그는 거리에서 깡통을 주웠다.

I will *pick* you *up* at the hotel.
나는 호텔로 당신을 마중 나가겠습니다.

pick·le *pickle*
[píkl 피클]
명 (복수 **pickles** [píklz 피클즈])
[보통 pickles로] 절인 것, 피클

*pic·nic *picnic*
[píknik 피크닉]
명 (복수 **picnics** [píkniks 피크닉스])
피크닉, 소풍

a *picnic* lunch
피크닉 도시락
Let's go on[for] a *picnic*.
피크닉가자.

*pic·ture *picture*
[píktʃər 픽처]
명 (복수 **pictures** [píktʃərz 픽처즈])
명 1. 그림, 회화
I like to draw *pictures*.
나는 그림 그리기를 좋아한다.
명 2. 사진(《동》 photograph)

Who took this *picture*?
누가 이 사진을 찍었습니까 ?
I had my *picture* taken.
나는 사진을 찍었다.
May I take your *picture*?
당신 사진을 찍어도 됩니까 ?
명 3. 《영구어》영화(《동》 movie, film)
a silent *picture*
무성 영화
Did you see the *picture*?
그 영화를 보았니 ?

몡 4. (텔레비전·영화의) 영상, 화상

pie *pie*
[pái 파이]
몡 (복수 **pies** [páiz 파이즈])
파이

Mom is baking a *pie*.
어머니는 파이를 굽고 계신다.
Have you ever eaten an apple *pie*?
너 사과 파이 먹어 봤니?

*piece *piece*
[píːs 피-스]
몡 (복수 **pieces** [píːsiz 피-시즈])
몡 1. [보통 a piece of로] 하나, 한 개, 한 자루, 한 장, 한 조각
two *pieces of* chalk
분필 2 자루
She is eating *a piece of* pie.
그녀는 파이 한 조각을 먹고 있다.

I need *a piece of* paper.
나는 종이가 한 장 필요하다.

몡 2. 부분, 단편; (기계 등의) 부품
She cut the cake into six *pieces*.
그녀는 케이크를 여섯 쪽으로 잘랐다.

몡 3. (예술상의) 작품; (신문 등의) 기사
He wrote many *pieces* of music.
그는 많은 곡을 작곡했다.
몡 4. 동전(《동》 coin)

*pig *pig*
[píg 피그]
몡 (복수 **pigs** [pígz 피그즈])
돼지

The farmer keeps *pigs*.
그 농부는 돼지를 치고 있다.
The *pig* is very fat.
그 돼지는 매우 살쪘다.

*pi·geon *pigeon*
[pídʒin 피진]
몡 (복수 **pigeons** [pídʒinz 피진즈])

비둘기

a carrier〔homing〕 *pigeon*
전서 비둘기
a wood *pigeon* 산비둘기

*pile *pile*
[páil 파일]
  명 (복수 **piles** [páilz 파일즈])
  쌓아올린 것, 더미
    a *pile* of books 책더미
  타 (3단현 **piles** [páilz 파일즈], 과거·과거 분사 **piled** [páild 파일드], 현재 분사 **piling** [páiliŋ 파일링])
  쌓아올리다, …위에 산더미처럼 쌓다
    She *piled* plates.
    그녀는 접시를 쌓아올렸다.

Pile more bricks on.
벽돌을 더 쌓아올려라.

*pill *pill*
[píl 필]
  명 (복수 **pills** [pílz 필즈])
  환약, 알약

Take three *pills* a day.
하루에 세 알 드세요.

pil·lar *pillar*
[pílər 필러]
  명 (복수 **pillars** [pílərz 필러즈])
  기둥

*pil·low *pillow*
[pílou 필로우]
  명 (복수 **pillows** [pílouz 필로우즈])
  베개
    I have a yellow *pillow*.
    나는 노란 베개를 가지고 있다.

*pi·lot *pilot*
[páilət 파일럿]
  명 (복수 **pilots** [páiləts 파일러츠])
  명 1. 수로 안내인
  명 2. (비행기·우주선 등의) 조종사

He is a good *pilot*.
그는 훌륭한 조종사다.

*pin pin
[pín 핀]

명 (복수 **pins** [pínz 핀즈])
핀

Do you have a safety *pin*?
안전핀을 가지고 있니?

타 (3단현 **pins** [pínz 핀즈], 과거·과거 분사 **pinned** [pínd 핀드], 현재 분사 **pinning** [píniŋ 피닝])
핀으로 꽂다
She *pinned* a carnation on her mother's dress.
그녀는 어머니 옷에 카네이션을 핀으로 꽂아드렸다.

pinch pinch
[píntʃ 핀치]

타 (3단현 **pinches** [píntʃiz 핀치즈], 과거·과거 분사 **pinched** [píntʃt 핀치트], 현재 분사 **pinching** [píntʃiŋ 핀칭])
…을 꼬집다 ; …을 집다

*pine pine
[páin 파인]

명 (복수 **pines** [páinz 파인즈])
솔, 소나무 ; 《구어》 파인애플 (pineapple)

pine·ap·ple pineapple
[páinæpl 파인애플]

★ 악센트 주의
명 (복수 **pineapples** [páinæplz 파인애플즈])
파인애플

ping-pong ping-pong
[píŋpàŋ 핑팡]

명 《구어》 핑퐁, 탁구(《동》 table tennis)

*pink pink

[píŋk 핑크]
명 (복수 **pinks** [píŋks 핑크스]) 분홍색, 핑크색 (옷) ;《식물》패랭이꽃

Pink is Mary's favorite color.
핑크색은 메리가 좋아하는 색이다.
Pinks smell sweet.
패랭이꽃은 향기가 좋다.
형 분홍색의
I like *pink* roses.
나는 분홍색 장미를 좋아한다.

pi·o·neer *pioneer*

[pàiəníər 파이어니어]
명 (복수 **pioneers** [pàiəníərz 파이어니어즈])
개척자 ; 선구자
The *pioneers* built log cabins in the West. 개척자들은 서부에 통나무집을 지었다.

*pipe *pipe*

[páip 파이프]
명 (복수 **pipes** [páips 파이프스])
명 1. 파이프, 관

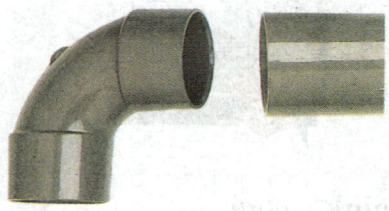

a gas *pipe* 가스관
a water *pipe* 수도관
명 2. (담배) 파이프
He has a *pipe* in his mouth.
그는 입에 파이프를 물고 있다.

pitch *pitch*

[pítʃ 피치]
명 (복수 **pitches** [pítʃiz 피치즈])
던지기, (야구 등의) 투구
동 (3단현 **pitches** [pítʃiz 피치즈], 과거·과거분사 **pitched** [pítʃt 피치트], 현재분사 **pitching** [pítʃiŋ 피칭])
타 1. (물건·공 등을) 던지다
He *pitched* the banana skin into the forest.
그는 바나나 껍질을 숲속으로 던졌다.
타 2. (땅에) 단단히 고정시키다 ; (천막을) 치다
They *pitched* their tent near the stream.
그들은 그 개울 근처에 천막을 쳤다.

자 던지다, 투구하다
He *pitched* for six innings in the game.
그는 그 시합에서 6회를 던졌다.

pitch·er *pitcher*

[pítʃər 피처]
명 (복수 **pitchers** [pítʃərz 피처즈])

명 1. 물주전자, 피처

She put a *pitcher* on the table.
그녀는 물주전자를 테이블 위에 놓았다.
명 2. 《야구》 투수
He is a left-handed *pitcher*.
그는 왼팔 투수다.

***pit·y** *pity*
[píti 피티]
　명 (복수 **pities** [pítiz 피티즈])
　명 1. 불쌍히 여김, 동정
　　I felt *pity* for the child.
　　나는 그 아이를 불쌍히 여겼다.
　명 2. [보통 a pity로] 유감스러운 일
◆ It's *a pity*.
　그것은 유감스러운 일이다.
　What *a pity*! 유감이다.
　타 (3단현 **pities** [pítiz 피티즈], 과거·과거 분사 **pitied** [pítid 피티드], 현재 분사 **pitying** [pítiiŋ 피티잉])
　불쌍히 여기다, 애석하게 여기다 ; 동정하다
　I *pity* that beggar.
　나는 저 거지를 동정한다.

***piz·za** *pizza*
[píːtsə 피-처]
　명 피자

***place** *place*
[pléis 플레이스]
　명 (복수 **places** [pléisiz 플레이시즈])
　명 1. 장소, 곳 ; 토지
　　This is no *place* for boys and girls.
　　여기는 소년 소녀들이 올 장소가 아니다.
　명 2. 좌석, 자리
　　Go back to your *place*.
　　네 자리로 가거라.
　　They took their *places* at the theater.
　　그들은 극장에서 그들의 좌석에 앉았다.

명 3. 입장, 지위, 신분, 직 ; (경기 등에서의) 순위
She got the *place* at the office.
그녀는 그 사무실에 일자리를 얻었다.

명 4. 《구어》 집, 주거

from place to place 이리저리, 여기저기
He traveled *from place to place*.
그는 여기저기 여행했다.

in place of* = *in* a person's *place …대신에 ; …의 대리로
He went *in place of* you.
그가 네 대신 갔다.

take place 개최되다, (사건이) 일어나다
When did the accident *take place*?
그 사고는 언제 일어났습니까?

take the place of …을 대신하다
Father *took the place of* Mother and cooked dinner.
아버지가 어머니 대신에 저녁 식사를 준비하셨다.

타 (3단현 **places** [pléisiz 플레이시즈], 과거·과거 분사 **placed** [pléist 플레이스트], 현재 분사 **placing** [pléisiŋ 플레이싱])
두다, 놓다
Place it there.
그것을 저기에 두어라.

*****plain*** *plain*
[pléin 플레인]

형 (비교급 **plainer** [pléinər 플레이너], 최상급 **plainest** [pléinist 플레이니스트])

형 1. 분명한, 명백한 ; 알기 쉬운
The meaning of this sentence is not *plain*.
이 문장의 의미는 분명치 않다.

형 2. 검소한, 꾸밈없는
She lives a *plain* life in the country.
그녀는 시골에서 검소한 생활을 하고 있다.

명 (복수 **plains** [pléinz 플레인즈])
평지, 평야 ; [흔히 plains로] 대초원《단수 취급》

*****plan*** *plan*
[plǽn 플랜]

명 (복수 **plans** [plǽnz 플랜즈])

명 1. 계획, 플랜 ⟨*of*, *for*⟩
Do you have any *plans for* next Sunday? 이번 일요일에 무슨 계획 있니?
Have you made any *plans for* the summer vacation?
여름 휴가 계획은 세웠니?

명 2. 설계도, 도면

타 (3단현 **plans** [plǽnz 플랜즈], 과거·과거 분사 **planned** [plǽnd 플랜드], 현재 분사 **planning** [plǽniŋ 플래닝])
계획하다 ; 설계하다
Have you *planned* a tour?
너는 여행 계획을 세웠니?

plane

*plane *plane*
[pléin 플레인]
    명 (복수 **planes** [pléinz 플레인즈])
    명 1. 비행기
    My uncle went to Italy by *plane*. 나의 삼촌은 비행기를 타고 이탈리아에 갔다.

피사의 탑

    명 2. 면, 평면
    a horizontal *plane*
    수평면
    명 3. 대패

---

*plan·et *planet*
[plǽnit 플래닛]
    명 (복수 **planets** [plǽnits 플래니츠])
    행성

---

*plant *plant*
[plǽnt 플랜트]
    명 1. 식물(《반》 animal 동물), 초목
    Many *plants* bloom in spring.
    많은 식물이 봄에 꽃이 핀다.

    명 2. 공장
    an automobile *plant*
    자동차 공장
    타 (3단현 **plants** [plǽnts 플랜츠], 과거·과거 분사 **planted** [plǽntid 플랜티드], 현재 분사 **planting** [plǽntiŋ 플랜팅])
    심다, (씨를) 뿌리다
    A farmer *plants* seeds.
    농부가 씨를 뿌린다.

We *plant* tulips in our garden.
우리는 정원에 튤립을 심는다.

---

*plas·tic *plastic*
[plǽstik 플래스틱]
    명 (복수 **plastics** [plǽstiks 플래스틱스])
    플라스틱 ; 플라스틱 제품
    This toy is made of *plastic*.
    이 장난감은 플라스틱 제품이다.
    형 플라스틱제의 ; 비닐제의
    a *plastic* bag

비닐 봉투

*plate *plate*
[pléit 플레이트]
- 명 (복수 **plates** [pléits 플레이츠])
- 명 1. 접시《납작하고 둥근 것》

This is a soup *plate*.
이것은 수프 접시다.
- 명 2. (요리) 한 접시
a *plate* of fish
생선 요리 한 접시
- 명 3. (금속·유리 등의) 판
a steel *plate* 강철판
- 명 4. 〖야구〗 플레이트 ; [the plate로] 홈 베이스
the pitcher's *plate* 투수판

*plat·form *platform*
[plǽtfɔːrm 플랫폼-]
- 명 (복수 **platforms** [plǽtfɔːrmz 플랫폼-즈])
- 명 1. 단 ; 교단 ; 연단

Our teacher is standing on the *platform*. 우리 선생님은 교단에서 계신다.

- 명 2. (역의) 플랫폼

We waited on the *platform* for the train to arrive.
우리는 플랫폼에서 기차가 도착하기를 기다렸다.

*play *play*
[pléi 플레이]
- 동 (3단현 **plays** [pléiz 플레이즈], 과거·과거 분사 **played** [pléid 플레이드], 현재 분사 **playing** [pléiiŋ 플레이잉])
- 자 1. 놀다
Let's *play* outside.
밖에서 놀자.
The children are *playing* in the garden.
아이들은 정원에서 놀고 있다.

- 자 2. 경기를 하다, 시합을 하다
He *plays* in our team as a goalkeeper.
그는 우리 팀에서 골키퍼로 뛰고 있다.
- 자 3. 연기하다, 출연하다 ; (극·영화 등이) 상연〔상영〕되다

She decided to *play* in the film.
그녀는 그 영화에 출연하기로 했다.
The actress *plays* well.
그 여배우는 연기를 잘한다.
㉠ 1. (경기·게임 등을) 하다
Let's *play* baseball.
야구하자.
The boys are *playing* football.
소년들은 축구를 하고 있다.

We *played* cards.
우리는 카드놀이를 했다.
㉠ 2. 연주하다, (악기를) 켜다, 타다
She *played* us a Mozart sonata.
그녀는 우리에게 모차르트 소나타를 연주해 주었다.
She is *playing* the violin.
그녀는 바이올린을 켜고 있다.

㉠ 3. 상연하다 ; 연기하다 ; (일상 생활에서) …의 역할을 다하다
He *played* Romeo.
그는 로미오역을 맡아했다.
㉠ 4. (장난 등을) 하다〈*on*〉
㉢ (복수 **plays** [pléiz 플레이즈])
㉢ 1. 놀이
I was watching Tom at *play*.
나는 톰이 노는 것을 보고 있었다.
㉢ 2. 연극 ; 각본
We went to the *play* yesterday.
우리는 어제 연극을 보러 갔다.

㉢ 3. 시합, 경기 ; 차례
fair *play* 페어 플레이
It's your *play*.
네 차례다.

play·er *player*
[pléiər 플레이어]
㉢ (복수 **players** [pléiərz 플레이어즈])
㉢ 1. 경기자, 선수
My father was a famous football *player*.
나의 아버지는 유명한 축구 선수셨다.
He is a tennis *player*.
그는 테니스 선수다.

㉢ 2. 연주자 ; 배우
She is a skillful *player* on the violin.
그녀는 훌륭한 바이올린 연주

*play·ground *playground*

[pléigràund 플레이그라운드]

명 (복수 **playgrounds** [pléigràundz 플레이그라운즈])
운동장 ; 놀이터

This is the *playground* of our school.
여기가 우리 학교 운동장이다.

pleas·ant *pleasant*

[pléznt 플레즌트]

형 (비교급 **pleasanter** [plézntər 플레즌터] 또는 **more pleasant**, 최상급 **pleasantest** [plézntist 플레즌티스트] 또는 **most pleasant**)

즐거운, 기분좋은, 유쾌한

We had a *pleasant* time.
우리는 즐거운 시간을 보냈다.
He is a *pleasant* fellow.
그는 유쾌한 녀석이다.

*please *please*

[plíːz 플리-즈]

동 (3단현 **pleases** [plíːziz 플리-지즈], 과거·과거 분사 **pleased** [plíːzd 플리-즈드], 현재 분사 **pleasing** [plíːziŋ 플리-징])

타 기쁘게 하다, 만족시키다

The news *pleased* him.
그 소식은 그를 기쁘게 했다.

자 …하고 싶어하다 ; 마음에 들다 ; 좋아하다《as, what, where 등과 함께 쓴다》

Go where you *please*.
가고 싶은 곳으로 가라.

부 제발, 부디

Please come in.
들어오십시오.

◆ Shall I open the windows?
— ☆ Yes, *please*.
창문 좀 열어 주시겠습니까? — 그러지요.

Two ice creams, *please*.
아이스크림 두 개 주세요.

be pleased to (do) 기꺼이 …하다, …하여 기쁘다

He will *be pleased to* help you.
그는 기꺼이 당신을 도와줄 것이다.

◆ I'*m* very *pleased to* see you.
당신을 뵙게 되어 아주 기쁩니다.

be pleased with …이 마음에 들다, …에 만족하다

◆ He *is pleased with* the present.
그는 그 선물이 마음에 든다.

*plea·sure *pleasure*

[pléʒər 플레저]

명 (**복수 pleasures** [pléʒərz 플레저즈])

기쁨, 즐거움, 만족 ; 오락

Painting is one of my *pleasures*.
그림 그리는 것은 내 즐거움 중 하나다.
He takes *pleasure* in his new job.
그는 새 일에 만족하고 있다.

for pleasure 재미로

She draws pictures *for pleasure*.
그녀는 재미로 그림을 그린다.

It's my pleasure. 천만에요《상대로부터 감사의 말을 들었을 때의 대답》.

Thank you so much for your help. — *It's my pleasure*.
도와줘서 정말 고마워.
— 천만에요《My pleasure.라고도 말한다》.

with pleasure 기꺼이, 쾌히

Will you help me?
— Yes, *with pleasure*.
나 좀 도와 줄래?
— 그래, 기꺼이.

*plen·ty *plenty*

[plénti 플렌티]

명 많음, 풍부, 충분

Another cup of tea? — No, thank you. I've had *plenty*.
차 한 잔 더 하시겠습니까?
— 아니오, 됐습니다. 많이 마셨습니다.

in plenty 충분히, 풍부하게 ; 유복하게

He lives *in plenty*.
그는 유복하게 살고 있다.

plenty of 많은, 충분한

There is *plenty of* books.
책이 많다.

We need *plenty of* time.
우리는 충분한 시간이 필요하다.

plot *plot*

[plát 플랏]

명 (**복수 plots** [pláts 플라츠])
음모 ; (극·소설 등의) 줄거리

The novel has a thrilling *plot*.
그 소설 줄거리는 스릴이 있다.

타 (3단현 **plots** [pláts 플라츠], 과거·과거 분사 **plotted** [plátid 플라티드], 현재 분사 **plotting** [plátiŋ 플라팅])
(음모 등을) 꾸미다, 은밀히 계획하다

plow, 《영》 plough
plow, plough

[pláu 플라우]

명 (**복수 plows, ploughs** [pláuz 플라우즈])
쟁기

Playground 놀이터
[pléigràund 플레이그라운드]

① **roller skating** 롤러 스케이트
[róulər-skèitiŋ 로울러스케이팅]

② **bubble blowing** 비눗방울 불기
[bʌ́bl-blóuiŋ 버블블로우잉]

③ **sandpit** [sǽn(d)pìt 샌(드)핏]/
sandbox [sǽn(d)bàks 샌(드)박스]
모래밭

④ **tag** 술래잡기
[tǽg 태그]

⑤ **somersault** 재주넘기
[sʌ́mərsɔ̀:lt 서머솔-트]

⑥ **hide-and-seek** 숨바꼭질
[háidnsíːk 하이든시-크]

타 (3단현 **plow** [pláuz 플라우즈], 과거·과거 분사 **plowed** [pláud 플라우드], 현재 진행 **plowing** [pláuiŋ 플라우잉]) (밭을) 갈다

***plug** *plug*

[plʌ́g 플러그]

명 (복수 **plugs** [plʌ́gz 플러그즈]) 마개; (전기의) 플러그

plu·ral *plural*

[plú(ə)rəl 플루(어)럴]

명 《문법》 복수(《반》 singular 단수)

형 복수(형)의
the *plural* number 복수
The noun "women" is *plural*.
명사 「women」은 복수형이다.

***plus** *plus*

[plʌ́s 플러스]

전 …을 더하여(《반》 minus …을 빼서)
Seven *plus* three equals ten.

$7+3=10$.

형 더하기의, 플러스의(《반》 minus 마이너스의)

***p.m., P.M.** *p.m., P.M.*

[píːém 피-엠]

약 오후 (《동》 afternoon, 《반》 a.m., A.M. 오전)
6:30 p.m. 오후 6시 30분(sixthirty p.m.이라고 읽는다)
Let's meet here at 5:30 *p.m.*
오후 5시 30분에 여기서 만납시다.

***pock·et** *pocket*

[pɑ́kit 파킷]

명 (복수 **pockets** [pɑ́kits 파키츠])
호주머니

What's in your *pockets*?
호주머니 속에 무엇이 있니?
He took a coin out of his *pocket*. 그는 주머니에서 동전을 꺼냈다.

형 포켓용의; 소형의
a *pocket* camera 소형 카메라

***po·em** *poem*
[póuim 포우임]
 명 (복수 **poems** [póuimz 포우임즈])
 (한 편의) 시
  He wrote two *poems*.
  그는 두 편의 시를 썼다.
  Their lives are a *poem*.
  그들의 생활은 한 편의 시다.

| poem : 한 편의 시 | 시 |
| poetry : 문학의 한 분야로서의 시 | |

***po·et** *poet*
[póuit 포우잇]
 명 (복수 **poets** [póuits 포우이츠])
 시인
  He is a famous *poet*.
  그는 유명한 시인이다.

po·et·ry *poetry*
[póuitri 포우이트리]
 명 (문학으로서의) 시, 시가

***point** *point*
[póint 포인트]
 명 (복수 **points** [póints 포인츠])
 명 1. (뾰족한) 끝 ; [흔히 Point로] 곶
  the *point* of a needle
  바늘끝
 명 2. (시간적·공간적인) 점 ; 지점, 장소
  I didn't know the truth at that *point*.
  나는 그 시점에서는 진실을 몰랐다.
  Please stop at this *point*.
  이곳에 세워 주십시오.
 명 3. 점수, 득점
  I got good *points* in math.
  나는 수학에서 좋은 점수를 받았다.
  We won by six *points*.
  우리는 6점차로 이겼다.

 명 4. (계기 눈금의) 점, 도
  the boiling *point* 끓는점
  the freezing *point* 어는점
 명 5. (수학의) 소숫점 ; 구두점
  two *point* two five 2.25
 명 6. 특질, 특징 ; [the point로] (이야기 등의) 요점, 포인트
  a strong *point* 장점, 강점
  a weak *point* 단점, 약점
 동 (3단현 **points** [póints 포인츠], 과거·과거 분사 **pointed** [póintid 포인티드], 현재 분사 **pointing** [póintiŋ 포인팅])
 타 …을 (…에게) 향하다, 돌리다 ⟨at⟩
  He *pointed* a camera *at* me.
  그는 카메라를 내게 돌렸다.
 자 가리키다 ⟨to, at⟩
  He *pointed at*〔*to*〕 the blackboard.
  그는 칠판을 가리켰다.

point out 나타내다, 지적하다
 She *pointed out* the player.
 그녀는 그 선수를 지적했다.

poi·son poison
[pɔ́izn 포이즌]
명 (복수 **poisons** [pɔ́iznz 포이즌즈])
독, 독약
a bottle of *poison* 독약병

pole pole
[póul 포울]
명 (복수 **poles** [póulz 포울즈])
명 1. [보통 Pole로] (천체·지구의) 극, 극지
the North *Pole* 북극
the South *Pole* 남극

명 2. 막대기, 장대
a fishing *pole* 낚싯대
a flag *pole* 깃대
a telephone *pole* 전신주

명 3. 〖전기〗 전극

po·lice police
[pəlíːs 펄리-스]
명 [the police로] 경찰(복수 취급)
The police are on his track.
경찰은 그를 추적하고 있다.

po·lice·man policeman
[pəlíːsmən 펄리-스먼]
명 (복수 **policemen** [pəlíːsmən 펄리-스먼])
경찰관, 순경

pol·i·cy policy
[pɑ́ləsi 팔러시]
명 (복수 **policies** [pɑ́ləsiz 팔러시즈])
정책, 방침; 방책, 수단
Honesty is the best *policy*.
《속담》 정직은 최선의 방책이다.

pol·ish polish
[pɑ́liʃ 팔리시]
타 (3단현 **polishes** [pɑ́liʃiz 팔리시즈], 과거·과거분사 **polished** [pɑ́liʃt 팔리시트], 현재분사 **polishing** [pɑ́liʃiŋ 팔리싱])
닦다, …의 윤을 내다
He *polished* shoes.
그는 구두를 닦았다.

*po·lite *polite*

[pəláit 펄라이트]

형 (비교급 **politer** [pəláitər 펄라이터] 또는 **more polite**, 최상급 **politest** [pəláitist 펄라이티스트] 또는 **most polite**)
공손한, 예의바른
He is *polite* to everyone.
그는 누구에게나 공손하다.
She is a *polite* girl.
그녀는 예의바른 소녀다.

*po·lit·i·cal *political*

[pəlítikəl 펄리티컬]

형 정치의, 정치상의, 정치적인
a *political* party
정당
a *political* problem
정치적인 문제

pol·i·ti·cian *politician*

[pàlətíʃən 팔러티션]
★ 악센트 주의
명 (복수 **politicians** [pàlətíʃənz 팔러티션즈])
정치가

pol·i·tics *politics*

[pálətìks 팔러틱스]
명 1. 정치《단수·복수 취급》
명 2. 정치학《단수 취급》

*pol·lute *pollute*

[pəlúːt 펄루-트]
타 (3단현 **pollutes** [pəlúːts 펄루-츠], 과거·과거 분사 **polluted** [pəlúːtid 펄루-티드], 현재 분사 **polluting** [pəlúːtiŋ 펄루-팅])
더럽히다, 오염시키다
The air has been *polluted*.
공기가 오염되었다.

pol·lu·tion *pollution*

[pəlúːʃən 펄루-션]
명 오염 ; 더러움 ; (오염에 의한) 공해

air *pollution*
대기 오염
water *pollution*
수질 오염
environmental *pollution*
환경 오염

pond *pond*

[pánd 판드]
명 (복수 **ponds** [pándz 판즈])
못, 연못
There are many fish in this *pond*.
이 연못에는 고기가 많다.

po·ny *pony*

[póuni 포우니]
명 (복수 **ponies** [póuniz 포우니즈])
조랑말

He keeps a *pony*.
그는 조랑말을 기르고 있다.

*pool *pool*

[púːl 풀-]

- 명 (복수 **pools** [púːlz 풀-즈])
- 명 1. 물웅덩이
  He jumped over the *pool* of water.
  그는 물웅덩이를 뛰어넘었다.
- 명 2. (수영) 풀 (《동》 swimming pool)
  an indoor *pool*
  실내 풀
  In summer, I go to the *pool* every day.
  여름에는 나는 매일 풀에 간다.

*poor *poor*

[púə*r* 푸어]

- 형 (비교급 **poorer** [pú(ə)rə*r* 푸(어)러], 최상급 **poorest** [pú(ə)rist 푸(어)리스트])
- 형 1. 가난한, 빈곤한 (《반》 rich 부유한)

poor   rich

He was a *poor* artist.
그는 가난한 예술가였다.
The villagers were all *poor*.
마을 사람들은 모두 가난했다.
- 형 2. 불쌍한 (명사 앞에만 쓴다)
  The *poor* girl began to cry.
  그 불쌍한 소녀는 울기 시작했다.
- 형 3. 빈약한, 초라한
  He lives in a *poor* house.
  그는 초라한 집에 살고 있다.
- 형 4. (몸이) 약한
  She is in *poor* health.
  그녀는 건강이 좋지 않다.
- 형 5. 서투른
  I am *poor* at cooking.
  나는 요리가 서툴다.

*pop *pop*

[páp 팝]

- 형 대중적인
  a *pop* song 팝송, 대중 가요
  a *pop* singer 대중 가요 가수

- 명 대중 음악

*pop·u·lar *popular*
[pápjulər 파퓰러]
형 1. 인기 있는 ; 유행의
The girl is *popular* among the boys.
그 소녀는 소년들 사이에서 인기가 있다.

형 2. 대중적인, 통속의
He likes *popular* novels.
그는 통속 소설을 좋아한다.

*pop·u·la·tion *population*
[pàpjuléiʃən 파퓰레이션]
명 인구
Seoul has a large *population*.
서울은 인구가 많다.

*pork *pork*
[pɔ́ːrk 포-크]
명 돼지고기

She doesn't eat *pork*.
그녀는 돼지고기를 먹지 않는다.

*port *port*
[pɔ́ːrt 포-트]
명 (복수 **ports** [pɔ́ːrts 포-츠])
항구 ; 항구 마을

The ship came into *port*.
배는 항구로 들어왔다.
A big boat is leaving *port*.
큰 배가 출항하고 있다.

por·ta·ble *portable*
[pɔ́ːrtəbl 포-터블]
형 들고 다닐 수 있는, 휴대용의

por·ter *porter*
[pɔ́ːrtər 포-터]
명 (복수 **porters** [pɔ́ːrtərz 포-터즈])
(화물 등의) 운반인, 포터 ; (역의) 짐꾼 ; 《특히 영》 (호텔의) 도어맨(《미》 doorman)

por·trait *portrait*
[pɔ́ːrtrit 포-트릿]
명 (복수 **portraits** [pɔ́ːrtrits 포-트리츠])
초상화

This is my father's *portrait*.
이것은 나의 아버지 초상화다.

po·si·tion *position*
[pəzíʃən 퍼지션]

명 (복수 **positions** [pəzíʃənz 퍼지션즈])

명 1. 위치, 장소
I can't see her well from my *position*.
내 위치에서는 그녀가 잘 보이지 않는다.

명 2. (사회적인) 처지, 입장
He is in a difficult *position*.
그는 곤란한 처지에 있다.

명 3. 태도, 자세
He is sitting in a comfortable *position*.
그는 편안한 자세로 앉아 있다.

명 4. 지위, 신분 ; 일자리
She got a *position* in a bank.
그녀는 은행에 일자리를 얻었다.

pos·i·tive *positive*
[pázətiv 파저티브]

(비교급 **more positive**, 최상급 **most positive**)

형 1. 적극적인 ; 긍정의 (《반》 negative 소극적인 ; 부정의)
a *positive* attitude
적극적인 태도

형 2. 명확한, 확실한

형 3. (사진이) 양화의 ; (반응이) 양성의

pos·sess *possess*
[pəzés 퍼제스]

타 (3단현 **possesses** [pəzésiz 퍼제시즈], 과거·과거 분사 **possessed** [pəzést 퍼제스트], 현재 분사 **possessing** [pəzésiŋ 퍼제싱])

타 1. 소유하다, 가지고 있다
He *possesses* much money.
그는 돈을 많이 가지고 있다.

She *possesses* many fine paintings.
그녀는 훌륭한 그림을 많이 가지고 있다.

타 2. (관념 등에) 사로잡히다

be possessed of …을 소유하고 있다
He *is possessed of* a large fortune.
그는 많은 재산을 소유하고 있다.

be possessed with …에 사로잡혀 있다
She *is possessed with* an idea.
그녀는 어떤 생각에 사로잡혀 있다.

pos·ses·sion *possession*
[pəzéʃən 퍼제션]
명 (복수 **possessions** [pəzéʃənz 퍼제션즈])
소유; [흔히 possessions로] 소유물, 재산
I've had *possession* of this house for seven years.
나는 이 집을 소유한지 7년이 되었다.

He is a man of great *possessions*.
그는 큰 재산가다.

pos·si·bil·i·ty *possibility*
[pàsəbíləti 파서빌러티]
명 (복수 **possibilities** [pàsəbílətiz 파서빌러티즈])
가능성; 있을〔생길〕수 있음; [possibilities로] 장래성

*pos·si·ble *possible*
[pásəbl 파서블]
형 1. **가능한, 할 수 있는**(《반》 impossible 불가능한)
Is it *possible* to read the book in a day?
그 책을 하루에 읽을 수 있을까?
형 2. 있음직한
That is quite *possible*.
그것은 정말 있음직하다.
as … as possible 되도록
Throw the ball *as* far *as possible*.
되도록 멀리 그 공을 던져라.
if possible 가능하다면
I will come, *if possible*.
가능하면 오겠습니다.

*pos·si·bly *possibly*
[pásəbli 파서블리]
부 1. 어쩌면, 아마
He may *possibly* recover.
그는 아마도 회복될 것이다.
부 2. [can과 함께; 긍정문에서] 될 수 있는 한; [can과 함께; 부정문에서] 아무리해도
Come as soon as you *possibly can*.
될 수 있는 한 빨리 오십시오.

*post *post*
[póust 포우스트]
명 1. 《영》 우편; [보통 the post로] 우편물(《미》 mail)(《전체》)
The post hasn't come yet.
우편물은 아직 오지 않았다.
명 2. [the post로] 《영》 우체국 (《미》 post office); 우체통(《미》 mailbox)
by post 《영》 우편으로(《미》 by mail)
I will send the book *by post*.
나는 그 책을 우편으로 보낼 것이다.

타 (3단현 **posts** [póusts 포우스츠], 과거·과거 분사 **posted** [póustid 포우스티드], 현재 분사 **posting** [póustiŋ 포우스팅])
《영》 우편으로 보내다, 우송하다 ; (우편함에) 넣다 《《미》 mail)
I *posted* a letter yesterday.
나는 어제 편지를 부쳤다.

post·age *postage*
[póustidʒ 포우스티지]
  명 우편 요금
    airmail *postage*
    항공 우편 요금
    return *postage* 반송료

post·age stamp
postage stamp
[póustidʒ-stæmp 포우스티지스탬프]
  명 (**복수 postage stamps** [póustidʒ-stæmps 포우스티지스탬프스])
  우표

post·card, post card
postcard, post card
[póus(t)kɑːrd 포우스(트)카-드]
  명 (**복수 postcards, post cards** [póus(t)kɑːrdz 포우스(트)카-즈])
  《영》 우편 엽서

This is a *postcard* for you.
이것은 너에게 온 우편 엽서다.

*post·er *poster*
[póustər 포우스터]
  명 (**복수 posters** [póustərz 포우스터즈])
  포스터, 벽보, 광고 전단

The *poster* was put up on the wall.
벽에 포스터가 붙어 있었다.

post·man *postman*
[póus(t)mən 포우스(트)먼]
  명 (**복수 postmen** [póus(t)mən

포우스(트)먼])
(영)우편 집배원((미)mailman)
My father is a *postman*.
나의 아버지는 우편 집배원이시다.

post office *post office*
[póust-ɔ̀:fis 포우스트오-피스]
명 (복수 **post offices** [póust-ɔ̀:fisiz 포우스트오-피시즈])
우체국

*pot *pot*
[pát 팟]
명 (복수 **pots** [páts 파츠])
원통형의 그릇, 단지, 항아리; (깊은) 냄비

What is there in the *pot*?
단지 안에는 무엇이 들어 있니?

*po·ta·to *potato*
[pətéitou 퍼테이토우]
명 (복수 **potatoes** [pətéitouz 퍼테이토우즈])

감자

potato chips
포테이토 칩스
We grow *potatoes* in our backyard.
우리는 뒤뜰에 감자를 키우고 있다.

*pound *pound*
[páund 파운드]
명 (복수 **pounds** [páundz 파운즈])
명 1. 파운드《무게 단위; 16온스, 약 454그램》
I bought one *pound* of sugar.
나는 설탕 1파운드를 샀다.

명 2. 파운드《영국의 화폐 단위》
I have two *pounds* in my purse.
내 지갑에는 2파운드가 있다.

*pour *pour*
[pɔ́:r 포-]
동 (3단현 **pours** [pɔ́:rz 포-즈],

과거・과거 분사 **poured** [pɔːrd 포-드], 현재 분사 **pouring** [pɔ́ːr-iŋ 포-링])
타 따르다, 쏟다, 붓다, 흘리다

She *poured* me a cup of coffee.
그녀는 내게 커피를 한 잔 따라 주었다.
자 흐르다, 흘러 나가다〔들어가다〕; 밀어닥치다; (비가) 억수같이 퍼붓다
The river *pours* into the Pacific.
그 강은 태평양으로 흘러 들어간다.
The rain is *pouring* down.
비가 억수같이 퍼붓고 있다.

*pow・der *powder*
[páudər 파우더]
명 (복수 **powders** [páudərz 파우더즈])
가루, 분말

milk *powder* 분유

*pow・er *power*
[páuər 파워]
명 (복수 **powers** [páuərz 파워즈])
힘, 능력; 권력
The *power* of nature is great.
자연의 힘은 위대하다.

*pow・er・ful *powerful*
[páuərful 파워풀]
형 강한, 강력한

*prac・ti・cal *practical*
[præktik(ə)l 프랙티컬]
형 실제의, 현실적인; 실제상의, 실용적인
Your plan is not *practical*.
네 계획은 현실적이 아니다.

*prac・tice *practice*
[præktis 프랙티스]
명 (복수 **practices** [præktisiz 프랙티시즈])
명 1. 연습
Practice is important.
연습은 중요하다.
명 2. 실행, 실시《부정 관사를 붙이지 않고 복수형으로도 하지 않는다》
He put his plan into *practice*.

그는 계획을 실행에 옮겼다.

타 (3단현 **practices** [præktisiz 프랙티시즈], 과거·과거 분사 **practiced** [præktist 프랙티스트], 현재 분사 **practicing** [præktisiŋ 프랙티싱])

타 1. 실행〔실천〕하다, (항상) 행하다

I *practice* early rising.

나는 일찍 일어나기를 실행하고 있다.

타 2. 연습하다

She *practices* her writing at school.

그녀는 학교에서 쓰기 연습을 한다.

I *practice* the guitar every day.

나는 매일 기타를 연습한다.

***praise** *praise*

[préiz 프레이즈]

타 (3단현 **praises** [préiziz 프레이지즈], 과거·과거 분사 **praised** [préizd 프레이즈드], 현재 분사 **praising** [préiziŋ 프레이징])

칭찬하다 ; (신을) 찬미하다

The teacher *praised* the pupils.

선생님은 학생들을 칭찬했다.

명 (복수 **praises** [préiziz 프레이지즈])

칭찬, 찬양 ; 찬미

His act is worthy of *praise*.

그의 행동은 칭찬할 만하다.

***pray** *pray*

[préi 프레이]

자 (3단현 **prays** [préiz 프레이즈], 과거·과거 분사 **prayed** [préid 프레이드], 현재 분사 **praying** [préiiŋ 프레이잉])

빌다 ; 기원하다, 기도하다

He knelt down and *prayed*.

그는 무릎꿇고 기도했다.

---

prayer *prayer*

[préər 프레어] ★ 발음 주의

명 (복수 **prayers** [préərz 프레어즈])

기도 ; 기도문

He is saying his *prayer*.

그는 기도문을 외고 있다.

***pre·cious** *precious*

[préʃəs 프레셔스]

형 (비교급 **more precious**, 최상급 **most precious**)

비싼, 귀중한

Nothing is more *precious* than time.
시간보다 더 귀중한 것은 없다.

*pre·cise *precise*
[prisáis 프리사이스]
휑 정확한, 명확한 ; 꼼꼼한

*pre·dict *predict*
[pridíkt 프리딕트]
태 (3단현 **predicts** [pridíkts 프리딕츠], 과거·과거 분사 **predicted** [pridíktid 프리딕티드], 현재 분사 **predicting** [pridíktiŋ 프리딕팅])
예언하다

*pre·fer *prefer*
[prifə́ːr 프리퍼-]
★ 악센트 주의
태 (3단현 **prefers** [prifə́ːrz 프리퍼-즈], 과거·과거 분사 **preferred** [prifə́ːrd 프리퍼-드], 현재 분사 **preferring** [prifə́ːriŋ 프리퍼-링])
(오히려) …을 좋아하다, (차라리) …을 택하다
I *prefer* tea to coffee. 나는 커피보다 차를 더 좋아한다.

She *preferred* to study at night.
그녀는 밤에 공부하기를 좋아했다.

prej·u·dice *prejudice*
[prédʒudis 프레주디스]
명 (복수 **prejudices** [prédʒudisiz 프레주디시즈])
편견, 선입관
He has a *prejudice* against rock music.
그는 록 음악에 대해 편견을 가지고 있다.

prep·a·ra·tion *preparation*
[prèpəréiʃən 프레퍼레이션]
명 (복수 **preparations** [prèpəréiʃənz 프레퍼레이션즈])
준비 ; 각오
My *preparations* are complete.
나는 만반의 준비가 되어 있다.

*pre·pare *prepare*
[pripéər 프리페어]
동 (3단현 **prepares** [pripéərz 프리페어즈], 과거·과거 분사 **prepared** [pripéərd 프리페어드], 현재 분사 **preparing** [pripéəriŋ 프리페어링])
태 1. 준비하다, 채비하다
I'll *prepare* my lessons after dinner.
나는 저녁 식사 후에 예습을 할 것이다.
태 2. (식사) 준비를 하다, 조리하다

He is *preparing* dinner.
그는 저녁 식사 준비를 하고 있다.

타 3. [보통 수동태로] 각오를 시키다⟨for⟩
자 준비를 하다⟨for, against⟩
Tom is *preparing for* an examination.
톰은 시험 준비를 하고 있다.

---

prep·o·si·tion *preposition*
[prèpəzíʃən 프레퍼지션]
명 《문법》 전치사

---

pres·ence *presence*
[prézns 프레즌스]
명 1. 존재, 현존; 출석, 참석 (《반》 absence 결석)
He made his *presence* known with a cough.
그는 기침을 해서 자신의 존재를 알렸다.
Your *presence* is requested.
참석하시기를 바랍니다.
명 2. 면전, 사람이 있는 곳
in the presence of …의 면전에서; …에 직면하여

---

*pres·ent¹ *present*
[préznt 프레즌트]
★ 발음 주의
형 1. 출석한(《반》 absent 결석한)《명사 앞에는 쓰지 않는다》
Many students were *present* at the lecture.
많은 학생들이 강의에 출석했다.

형 2. 현재의(《반》 past 과거의) 《명사 앞에만 쓴다》
What is your *present* address?
네 현재 주소는 어떻게 되니?
형 3. 《문법》 현재(시제)의
the *present* tense
현재 시제
명 1. [the present로] 현재, 지금
There is no time like *the present*.
지금이야말로 좋은 기회다.
명 2. [the present로] 《문법》 현재 시제, 현재형
at present 지금, 현재
I am busy *at present*.
나는 지금 바쁘다.
for the present 당분간
It will not rain *for the present*.
당분간 비는 오지 않을 것이다.
up to the present 오늘에 이르기까지

---

*pres·ent² *present*
[préznt 프레즌트]
★ 발음 주의
명 (복수 **presents** [prézn ts 프레즌츠])
선물
a birthday *present*
생일 선물
Father gave me a Christmas *present*.

아버지는 내게 크리스마스 선물을 주셨다.

pre·sent³ *present*

[prizént 프리젠트]

★ 발음 주의

타 (3단현 **presents** [prizénts 프리젠츠], 과거·과거 분사 **presented** [prizéntid 프리젠티드], 현재 분사 **presenting** [prizéntiŋ 프리젠팅])

선물하다, 증정하다, 바치다; 주다

I *presented* a book to him.
나는 그에게 책을 선물했다.
He *presented* a gold medal to a winner.
그는 우승자에게 금메달을 수여했다.

pre·serve *preserve*

[prizə́ːrv 프리저-브]

타 (3단현 **preserves** [prizə́ːrvz 프리저-브즈], 과거·과거 분사 **preserved** [prizə́ːrvd 프리저-브드], 현재 분사 **preserving** [prizə́ːrviŋ 프리저-빙])

보존하다; 보호하다; 유지하다

Let's *preserve* our nature.
자연을 보호하자.

*pres·i·dent *president*

[prézidənt 프레지던트]

명 (복수 **presidents** [prézi-dənts 프레저던츠])

명 1. [흔히 the President로] 대통령

Lincoln was elected *President* in 1860.
링컨은 1860년에 대통령에 선출되었다.

명 2. 《미》사장; 총재; 회장; 총장

The *president* of this company is very old. 이 회사의 사장은 매우 늙었다.

*press *press*

[prés 프레스]

타 (3단현 **presses** [présiz 프레시즈], 과거·과거 분사 **pressed** [prést 프레스트], 현재 분사 **pressing** [présiŋ 프레싱])

누르다, 밀어 붙이다; …을 눌러 펴다

Please *press* the button.
그 단추를 누르십시오.
She is *pressing* my shirt.
그녀는 내 셔츠를 다리미질하고 있다.

pressure

명 (복수 **presses** [présiz 프레시즈])
명 1. 누르기; 압박
명 2. [the press로] 출판물, 신문, 잡지, 보도(진)《전체》
freedom of *the press*
출판의 자유
명 3. 압착기; 압축기

---

pres·sure *pressure*
[préʃər 프레셔]

명 (복수 **pressures** [préʃərz 프레셔즈])
명 1. 압력; 기압
blood *pressure* 혈압
high *pressure* 고기압
low *pressure* 저기압
명 2. 억압, (정신적) 압박; 강제
mental *pressure*
정신적 압박감

---

*pre·tend *pretend*
[priténd 프리텐드]

타 (3단현 **pretends** [priténdz 프리텐즈], 과거·과거 분사 **pretended** [priténdid 프리텐디드], 현재 분사 **pretending** [priténdiŋ 프리텐딩])
…인 체하다
She *pretended* illness.
그녀는 아픈 체했다.

---

*pret·ty *pretty*
[príti 프리티]

형 (비교급 **prettier** [prítiər 프리티어], 최상급 **prettiest** [prítiist 프리티이스트])
예쁜, 귀여운
She is a *pretty* girl.
그녀는 예쁜 소녀다.
How *pretty*!
정말 예쁘구나!

부 꽤, 상당히
It's *pretty* hot today.
오늘은 꽤 덥다.

---

*pre·vent *prevent*
[privént 프리벤트]

타 (3단현 **prevents** [privénts 프리벤츠], 과거·과거 분사 **prevented** [privéntid 프리벤티드], 현재 분사 **preventing** [privéntiŋ 프리벤팅])
막다, 방해하다; (방해하여) …하지 못하게 하다
A bad cold *prevented* him from going.
독감에 걸려서 그는 가지 못했다.

---

*pre·vi·ous *previous*
[príːviəs 프리-비어스]

형 앞의, 이전의; 사전의
the *previous* day 그 전날
I have a *previous* appointment.
나는 선약이 있다.
***previous* to** …보다 전에〔앞서〕
He died *previous to* my arriv-

al.
그는 내가 도착하기 전에 죽었다.

---

*price *price*
[práis 프라이스]
 명 (**복수** prices [práisiz 프라이시즈])
 명 1. 가격 ; [prices로] 물가
 a set *price* 정가

What is the *price* of this watch?
이 시계값은 얼마입니까?
I bought it at a low *price*.
나는 그것을 싼 값에 샀다.
Prices are going up.
물가가 오르고 있다.
 명 2. [a price로] 대가, 희생
He paid *a* high *price* for his success.
그는 성공을 위해서 비싼 대가를 치렀다.
at any price 어떠한 희생〔대가〕을 치르더라도
I will buy the book *at any price*.
나는 값이 얼마든 그 책을 사겠다.
I will help him *at any price*.
어떠한 희생을 치르더라도 나는 그를 도울 것이다.

---

*pride *pride*
[práid 프라이드]
 명 1. [흔히 a pride로] 긍지, 만족(감), 프라이드, 자존심
Her words hurt his *pride*.
그녀의 말이 그의 자존심을 상하게 했다.
 명 2. [보통 the pride 또는 one's pride로] 자랑, 자랑거리 ; 거만, 자만

She is *the pride* of her school.
그녀는 학교의 자랑이다.

---

*priest *priest*
[prí:st 프리-스트]
 명 (**복수** priests [prí:sts 프리-스츠])
 명 1. (특히 카톨릭교의) 사제
 명 2. (크리스트교 이외의) 성직자

---

pri·mar·i·ly *primarily*
[praimérəli 프라이메럴리]
 부 주로

---

*pri·mar·y *primary*
[práimeri 프라이메리]
 형 1. 첫째의, 제1의, 주요한
What is the *primary* subject of this book?
이 책의 주제는 무엇입니까?
 형 2. 초기의, 초보의 ; 원시적인 《명사 앞에만 쓴다》
Primary education is very important.
초등 교육은 대단히 중요하다.

형 3. 근본의, 근본적인 ; 본래의
primary colors
삼원색(빨강·노랑·파랑)

prime *prime*
[práim 프라임]
형 첫째의, 가장 중요한 ; 최상의
명 [the prime으로] 전성기

prime min·is·ter
prime minister
[práim-mínistər 프라임미니스터]
명 (복수 **prime ministers**
[práim-mínistərz 프라임미니스
터즈])
국무총리, 수상

*prince *prince*
[príns 프린스]
명 (복수 **princes** [prínsiz 프린시
즈])
[흔히 Prince로] 왕자, 황태자

Prince Charles 찰스 왕자

The *prince* wanted to go out
of the castle.
왕자는 성밖으로 나가보고 싶었
다.

*prin·cess *princess*
[prínsəs 프린서스]
명 (복수 **princesses** [prínsəsiz
프린서시즈])
[흔히 Princess로] 공주, 왕녀

She is *Princess* Anne.
그녀는 앤 공주다.

*prin·ci·pal *principal*
[prínsəp(ə)l 프린서펄]
형 주된, 주요한(명사 앞에만 쓴
다)
the *principal* cities
주요도시
Their *principal* food is rice.
그들의 주식은 쌀이다.

명 (복수 **principals** [prínsə-
p(ə)lz 프린서펄즈])
명 1. [흔히 Principal로] 교장
((영)) headmaster)

명 2. 장, 지배자, 사장, 회장

*prin·ci·ple *principle*
[prínsəpl 프린서플]

명 (복수 **principles** [prínsəplz 프린서플즈])

원리, 원칙 ; 주의, 신조
the *principle* of democracy
민주주의 원칙
It is against my *principles*.
그것은 내 주의에 어긋난다.

in principle 원칙적으로
I agree with you *in principle*.
나는 원칙적으로 너와 같은 의견이다.

as a matter of principle (=***by principle***) 주의로서

*print *print*
[prínt 프린트]

명 (복수 **prints** [prínts 프린츠])
인쇄 ; 인쇄물, 프린트 ; 자국, 흔적

the *print* of a naked foot
맨발 자국

The *print* in this book is not clear.

이 책의 인쇄는 선명하지 않다.

타 (3단현 **prints** [prínts 프린츠], 과거·과거 분사 **printed** [príntid 프린티드], 현재 분사 **printing** [príntiŋ 프린팅])

인쇄하다 ; 출판하다
This book was *printed* in England.
이 책은 영국에서 인쇄되었다.

*pris·on *prison*
[prízn 프리즌]

명 (복수 **prisons** [príznz 프리즌즈])

교도소, 감옥
He was in *prison* for three years.
그는 3년동안 교도소에 있었다.

pris·on·er *prisoner*
[príz(ə)nər 프리저너]

명 (복수 **prisoners** [príz(ə)nərz 프리저너즈])

명 1. 죄수
a political *prisoner* 정치범

명 2. 포로
a *prisoner* of war 전쟁 포로

*pri·vate *private*
[práivət 프라이벗] ★ 발음 주의

형 1. 사립의 ; 사유의

형 2. 사적인, 개인의 (《반》 public 공적인)
This is my *private* opinion.

이것은 내 사적인 의견이다.
형 3. 비밀의, 공개하지 않는
Please keep it *private*.
제발 그것을 비밀로 해주십시오.

in private 은밀히 ; 비공식적으로(《반》 in public 공공연히)

*prize *prize*
[práiz 프라이즈]
명 (복수 **prizes** [práiziz 프라이지즈])
상, 상품
He won the first *prize* in the marathon.
그는 마라톤에서 일등상을 탔다.

*prob·a·ble *probable*
[prábəbl 프라버블]
형 있음직한, 일어날 것 같은, 거의 확실한
It is *probable* that he will succeed.
아마 그는 성공할 것이다.

*prob·a·bly *probably*
[prábəbli 프라버블리]
부 아마, 필시
◆ He will *probably* come.
그는 필시 올 것이다.

*prob·lem *problem*
[prábləm 프라블럼]
명 (복수 **problems** [prábləmz 프라블럼즈])
문제, 의문
Pollution is a serious social *problem*.
오염은 심각한 사회 문제다.
No problem. (미) 괜찮아요., 상관 없어요., 좋아요.
Can I sit down here?
— *No problem*.
여기에 앉아도 됩니까?
— 그럼요.
set a person ***a problem*** …에게 문제를 내다

pro·ceed *proceed*
[prəsí:d 프러시-드]
자 (3단현 **proceeds** [prəsí:dz 프러시-즈], 과거·과거 분사 **proceeded** [prəsí:did 프러시-디드], 현재 분사 **proceeding** [prəsí:diŋ 프러시-딩])
나아가다 ; 계속하다, 진행하다
He *proceeded* with his speech.
그는 연설을 계속했다.

*proc·ess *process*
[práses 프라세스]
명 (복수 **processes** [prásesiz 프라세시즈])
과정 ; 진행, 경과 ; 공정
the *process* of learning
학습 과정

pro·ces·sion *procession*
[prəséʃən 프러세션]
- 몡 (복수 **processions** [prəséʃənz 프러세션즈])
행렬; 행진

---

*pro·duce *produce*
[prəd(j)úːs 프러듀-스]
★ 발음 주의
- 탸 (3단현 **produces** [prəd(j)úːsiz 프러듀-시즈], 과거·과거분사 **produced** [prəd(j)úːst 프러듀-스트], 현재분사 **producing** [prəd(j)úːsiŋ 프러듀-싱])
- 탸 1. 생산하다, 제조하다; 나오게 하다; 낳다
  Hens *produce* eggs.
  암탉은 알을 낳는다.

  This factory *produces* cameras.
  이 공장은 카메라를 생산한다.
- 탸 2. (극·영화를) 제작하다, 상연하다; (책 등을) 출판하다
  She *produced* many plays.
  그녀는 많은 극을 연출했다.
- 탸 3. 꺼내다; 내보이다
- 몡 [prád(j)uːs 프러듀-스] 생산물 《특히 농산물》; 제품
  farm *produce* 농산물

---

pro·duc·er *producer*
[prəd(j)úːsər 프러듀-서]
- 몡 (복수 **producers** [prəd(j)úːsərz 프러듀-서즈])
생산자, 생산국; 제작자, 프로듀서

---

*prod·uct *product*
[prádʌkt 프라덕트]
- 몡 (복수 **products** [prádʌkts 프라덕츠])
(자연의) 산물; (인공의) 제품; 결과, 성과
  dairy *products*
  유제품

---

pro·duc·tion *production*
[prədʌ́kʃən 프러덕션]
- 몡 (복수 **productions** [prədʌ́kʃənz 프러덕션즈])
- 몡 1. 생산; 생산물; 생산고, 생산량
  mass *production*
  대량 생산
  Production was down last week.
  지난 주에는 생산량이 떨어졌다.
- 몡 2. (영화·연극 등의) 제작, 상연
- 몡 3. (예술) 작품

---

*pro·fes·sion *profession*
[prəféʃən 프러페션]
- 몡 (복수 **professions** [prəféʃənz 프러페션즈])
(지적) 직업, 전문직
  He is a doctor by *profession*.
  그의 직업은 의사다.

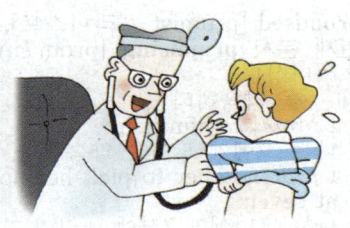

*pro·fes·sion·al *professional*

[prəféʃ(ə)nəl 프러페셔널]

형 (비교급 **more professional**, 최상급 **most professional**)
직업의, 전문직의 ; 프로의
His father is a *professional* baseball player.
그의 아버지는 프로야구 선수시다.

명 (복수 **professionals** [prəféʃ(ə)nəlz 프로페셔널즈])
지적 직업인, 전문가 ; 직업 선수, 프로(《반》 amateur 아마추어)

pro·fes·sor *professor*

[prəfésər 프러페서]

명 (복수 **professors** [prəfésərz 프러페서즈])
(대학) 교수
He is a *professor* of history.
그는 역사학 교수다.

*prof·it *profit*

[práfit 프라핏]

명 (복수 **profits** [práfits 프라피츠])
이익, 수익 ; 득
Newspapers make a *profit* from the advertisements they carry.
신문은 게재되는 광고로 수익을 올린다.

There is no *profit* in crying.
울어봐야 아무런 득이 없다.

*pro·gram, 《영》 -gramme *program, -gramme*

[próugræm 프로우그램]

명 (복수 **programs, pro-grammes** [próugræmz 프로우그램즈])

명 1. 프로그램
This TV *program* is interesting. 이 텔레비전 프로그램은 재미있다.

명 2. 계획, 예정 ; 예정표
a school *program*
학교 행사 예정표
What's your *program* for this week?
당신의 이번주 계획은 어떻게 됩니까 ?

명 3. (컴퓨터의) 프로그램(이 의미에서는 《영》에서도 program으로 철자를 쓴다)

*prog·ress¹ *progress*

[prágrəs 프라그러스]
★ 발음 주의

명 1. 전진, 진행
His study is in *progress*.
그의 연구는 진행 중이다.

명 2. 진보, 발달(《동》 advance)
He has made good *progress* in English.
그는 영어가 상당히 늘었다.

*prog·ress² *progress*

[prəgrés 프러그레스]
★ 발음 주의
자 (3단현 **progresses** [prəgrésiz 프러그레시즈], 과거·과거 분사 **progressed** [prəgrést 프러그레스트], 현재 분사 **progressing** [prəgrésiŋ 프러그레싱])
전진하다; 진보(발달)하다
Science is *progressing* every day.
과학은 나날이 진보하고 있다.

*proj·ect *project*

[prádʒekt 프라젝트]
명 (복수 **projects** [prádʒekts 프라젝츠])
계획, 기획

*prom·ise *promise*

[prámis 프라미스]
명 (복수 **promises** [prámisiz 프라미시즈])
명 1. 약속

He broke his *promise*.
그는 약속을 어겼다.
She will keep her *promise*.
그녀는 약속을 지킬 것이다.
It is easy to make a *promise*.
약속하기는 쉽다.
명 2. 기대, 가망
동 (3단현 **promises** [prámisiz 프라미시즈], 과거·과거 분사 **promised** [prámist 프라미스트], 현재 분사 **promising** [prámisiŋ 프라미싱])
타 …을 약속하다
I *promised* him help.
나는 그에게 도움을 약속했다.
I *promised* her to pick her up at seven.
나는 그녀에게 7시에 데리러 가겠다고 약속했다.

I *promise* to keep the secret.
나는 비밀을 지킬 것을 약속했다.

자 약속하다

pro·mo·tion *promotion*

[prəmóuʃən 프러모우션]
명 (복수 **promotions** [prəmóuʃənz 프러모우션즈])
승진; 촉진

pro·noun *pronoun*

[próunàun 프로우나운]
명 (복수 **pronouns** [próunàunz 프로우나운즈])

〖문법〗대명사

pro·nounce *pronounce*
[prənáuns 프러나운스]

⟨동⟩ (3단현 **pronounces** [prənáunsiz 프러나운시즈], 과거·과거 분사 **pronounced** [prənáunst 프러나운스트], 현재 분사 **pronouncing** [prənáunsiŋ 프러나운싱])

⟨타⟩ …을 발음하다 ; 선언하다
How do you *pronounce* this word?
이 단어는 어떻게 발음합니까?

⟨자⟩ 발음하다
He *pronounces* well[badly].
그는 발음이 좋다[나쁘다].

pro·nun·ci·a·tion *pronunciation*
[prənÀnsiéiʃən 프러넌시에이션]

⟨명⟩ (복수 **pronunciation** [prənÀnsiéiʃənz 프러넌시에이션즈])
발음
English *pronunciation*
영어의 발음

*proof *proof*
[prú:f 프루-프]

⟨명⟩ (복수 **proofs** [prú:fs 프루-프스])
증명 ; 증거
He has given *proof* of his honesty.
그는 자기의 정직함을 증명했다.
There is no *proof* he is guilty.
그가 유죄라는 증거는 없다.

pro·pel·ler *propeller*
[prəpélər 프러펠러]
★ 악센트 주의

⟨명⟩ (비행기의) 프로펠러 ; (배의) 스크루

*prop·er *proper*
[prápər 프라퍼]

⟨형⟩ (비교급 **more proper**, 최상급 **most proper**)

⟨형⟩ 1. 적당한, 적절한, 어울리는
I can't think of the *proper* words to explain.
나는 설명할 적절한 말이 생각나지 않는다.

⟨형⟩ 2. 고유의, 특유한(보통 명사 앞에는 쓰지 않는다) ; 본래의
the customs *proper* to Africa
아프리카 특유의 관습
Return the books to their *proper* places.
책들을 원래 자리에 갖다 놓으시오.

*prop·er·ly *properly*

[prápərli 프라퍼리]

부 적절히, 적당히 ; 올바르게
She speaks English *properly*.
그녀는 영어를 올바르게 말한다.

*prop·er·ty *property*

[prápərti 프라퍼티]

명 (복수 **properties** [prápərtiz 프라퍼티즈])

명 1. 재산 ; 소유물 ; 소유지
private *property*
사유 재산
He is a man of *property*.
그는 재산가다.

명 2. (고유한) 성질, 특성
the *properties* of metal
금속의 특성

*pro·pos·al *proposal*

[prəpóuzəl 프러포우절]

명 (복수 **proposals** [prəpóuzəlz 프러포우절즈])
신청, 제안 ; (특히) 청혼
They agreed to our *proposal*.
그들은 우리 제안에 동의했다.

*pro·pose *propose*

[prəpóuz 프러포우즈]

동 (3단현 **proposes** [prəpóuziz 프러포우지즈], 과거·과거 분사 **proposed** [prəpóuzd 프러포우즈드], 현재 분사 **proposing** [prəpóuziŋ 프러포우징])

타 1. 제안하다, 제의하다
He *proposed* the plan.
그는 그 계획을 제안했다.

타 2. 계획하다, …할 예정이다

타 3. 신청하다

자 청혼하다 〈*to*〉
He *proposed* to her.
그는 그녀에게 청혼했다.

*pro·tect *protect*

[prətékt 프러텍트]

타 (3단현 **protects** [prətékts 프러텍츠], 과거·과거 분사 **protected** [prətéktid 프러텍티드], 현재 분사 **protecting** [prətéktiŋ 프러텍팅])
보호하다, 수호하다, 막다, 지키다
They *protect* us night and day.
그들은 우리를 밤낮으로 지켜준다.

pro·tec·tion *protection*

[prətékʃən 프러텍션]

명 (복수 **protections** [prətékʃənz 프러텍션즈])
보호 ; 보호하는 것〔사람〕

*pro·test¹ *protest*

[prətést 프러테스트]
★ 발음 주의
동 (3단현 **protests** [prətésts 프

러테스츠], 과거·과거 분사 **protested** [prətéstid 프러테스티드], 현재 분사 **protesting** [prətéstiŋ 프러테스팅])
자 항의하다, 강하게 반대하다 ⟨about, against⟩
We *protested against* the rules.
우리는 그 규칙에 반대했다.
타 1. 주장하다, 단언하다
He *protested* his innocence.
그는 자신의 무죄를 주장했다.

타 2. 《미》…에 항의하다

*pro·test² *protest*

[próutest 프로우테스트]
★ 발음 주의
명 (복수 **protests** [próutests 프로우테스츠])
항의, 반대
a *protest* march 항의 시위
They made no *protest*.
그들은 아무런 항의도 하지 않았다.

*proud *proud*

[práud 프라우드]
형 (비교급 **prouder** [práudər 프라우더], 최상급 **proudest** [práudist 프라우디스트])
형 1. 거만한, 잘난 체하는 ; 자존심이 강한(《참고》 pride 자랑)
I don't like *proud* people.
나는 거만한 사람은 싫다.
He's poor but *proud*. 그는 가난하지만 자존심은 강하다.
형 2. 자랑으로 여기는, 자랑할 만한
I am *proud* to be a nurse.
나는 간호사임을 자랑으로 여긴다.

be proud of …을 자랑하다〔뽐내다〕, …을 자랑으로 여기다
He *is proud of* his son.
그는 자기 아들을 자랑으로 여기고 있다.

*prove *prove*

[prúːv 프루-브]
동 (3단현 **proves** [prúːvz 프루-브즈], 과거형 **proved** [prúːvd 프루-브드], 과거 분사 **proved** [prúːvd 프루-브드] 또는 《미》 **proven** [prúːvən 프루-번], 현재 분사 **proving** [prúːviŋ 프루-빙])
타 증명하다, 입증하다
They *proved* his innocence.
그들은 그의 무죄를 증명했다.
자 …임을 알다, …로 판명되다 ; (결과로서) …이 되다
The news *proved* false.
그 뉴스는 오보로 판명되었다.

prov·erb *proverb*

[právəːrb 프라버-브]
명 속담, 격언

*pro·vide *provide*

[prəváid 프러바이드]

동 (3단현 **provides** [prəváidz 프러바이즈], 과거·과거 분사 **provided** [prəváidid 프러바이디드], 현재 분사 **providing** [prəváidiŋ 프러바이딩])

타 1. 공급하다, 지급하다, 제공하다, 주다
Bees *provide* us with honey.
꿀벌은 우리에게 벌꿀을 준다.

타 2. 규정하다
자 1. 준비하다, 대비하다
We must *provide* for the future.
우리는 장래를 대비해야 한다.
자 2. 부양하다

*pub·lic *public*

[pʌ́blik 퍼블릭]

형 대중의, 공중의 ; 공공의, 공립의, 공적인(《반》 private 사적인) ; 공개의
a *public* bath 공중 목욕탕
a *public* library 공립 도서관
a *public* officer 공무원
a *public* school 공립 학교
a *public* telephone 공중 전화
public opinion 여론
public relations 홍보〔선전〕활동(PR로 약한다)

명 [the public으로] 일반 대중, 일반 사람들
The library is open to *the public*.
도서관은 일반인에게 공개되어 있다.

in public 공공연히, 남앞에서 (《반》 in private 비공식적으로)
He insulted me *in public*.
그는 공공연히 나를 모욕했다.

*pub·lish *publish*

[pʌ́bliʃ 퍼블리시]

타 (3단현 **publishes** [pʌ́bliʃiz 퍼블리시즈], 과거·과거 분사 **published** [pʌ́bliʃt 퍼블리시트], 현재 분사 **publishing** [pʌ́bliʃiŋ 퍼블리싱])

타 1. 발표하다, 공표하다
He *published* the news.
그는 그 뉴스를 발표했다.
타 2. 출판하다, 발행하다
The book was *published* in 2002.
그 책은 2002년에 출판되었다.

pub·lish·er *publisher*

[pʌ́bliʃər 퍼블리셔]

명 (복수 **publishers** [pʌ́bliʃərz 퍼블리셔즈])
출판업자, 발행인, 출판사
a newspaper *publisher*
신문 발행인
That is a small *publisher*.
그곳은 작은 출판사다.

pud·ding *pudding*

[púdiŋ 푸딩]

명 푸딩《밀가루에 우유·달걀·

과일・설탕・향료를 넣어 만든다》
☆ I like *pudding*.
나는 푸딩을 좋아한다.

puff *puff*
[pʌ́f 퍼프]
명 (복수 **puffs** [pʌ́fs 퍼프스])
(바람・숨 등의) 한 번 불기

*pull *pull*
[púl 풀]
동 (3단현 **pulls** [púlz 풀즈], 과거・과거 분사 **pulled** [púld 풀드], 현재 분사 **pulling** [púliŋ 풀링])
타 1. …을 끌다, 끌어당기다
《반》 push 밀다)

He *pulled* his chair to the fire.
그는 의자를 난로쪽으로 끌어당겼다.
He *pulled* my hand.
그는 내 손을 잡아끌었다.
타 2. (과일 등을) 따다 ; (마개・이 등을) 뽑다
타 3. (보트를) 젓다

자 끌다, 끌어당기다
Pull at this rope.
이 로프를 끌어당겨라.

pull down 끌어내리다 ; (집 등을) 헐다
He *pulled down* the blind.
그는 블라인드를 끌어내렸다.
pull off (잡아당겨) 벗다
pull on (잡아당겨) 입다, 신다
pull out 빼내다, 꺼내다 ; 뽑아내다, (이를) 뽑다
I had my bad tooth *pulled out*.
나는 썩은 이를 뽑았다.

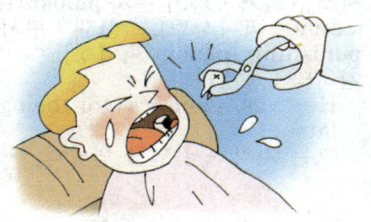

pump *pump*
[pʌ́mp 펌프]
명 (복수 **pumps** [pʌ́mps 펌프스])
펌프

pump·kin *pumpkin*
[pʌ́m(p)kin 펌(프)킨]
명 호박

a *pumpkin* pie 호박 파이

punc·tu·al *punctual*
[pʌ́ŋ(k)tʃuəl 펑(크)추얼]
- 형 시간〔기한〕을 잘 지키는
Our teacher is *punctual*.
우리 선생님은 시간을 잘 지키신다.

*pun·ish *punish*
[pʌ́niʃ 퍼니시]
- 타 (3단현 **punishes** [pʌ́niʃiz 퍼니시즈], 과거·과거 분사 **punished** [pʌ́niʃt 퍼니시트], 현재 분사 **punishing** [pʌ́niʃiŋ 퍼니싱])
벌하다 ; 응징하다
He was *punished* for being late.
그는 지각해서 벌을 받았다.

pun·ish·ment *punishment*
[pʌ́niʃmənt 퍼니시먼트]
- 명 벌, 형벌
the heaviest *punishment*
극형

*pu·pil *pupil*
[pjúːp(ə)l 퓨-펄]
- 명 (복수 **pupils** [pjúːp(ə)lz 퓨-펄즈])
(초등) 학생

There are about forty *pupils* in each class. 각 학급에는 약 40명의 학생이 있다.

*pup·py *puppy*
[pʌ́pi 퍼피]
- 명 (복수 **puppies** [pʌ́piz 퍼피즈])
강아지

*pur·chase *purchase*
[pə́ːrtʃəs 퍼-처스]
- 타 (3단현 **purchases** [pə́ːrtʃəsiz 퍼-처시즈], 과거·과거 분사 **purchased** [pə́ːrtʃəst 퍼-처스트], 현재 분사 **purchasing** [pə́ːrtʃəsiŋ 퍼-처싱])

사다, 구입하다 ; 획득하다, 손에 넣다
He *purchased* a new car.
그는 새 자동차를 샀다.
They *purchased* freedom with blood.
그들은 피를 흘려 자유를 얻었다.
명 구입, 매입 ; 구입[매입]품
I have some *purchases* to make in the store.
나는 그 가게에서 몇 가지 살 것이 있다.

***pure** *pure*
[pjúər 퓨어]
형 (비교급 **purer** [pjúərər 퓨어러], 최상급 **purest** [pjúərist 퓨어리스트])
순수한 ; 순결한 ; 맑은, 깨끗한
pure gold 순금
pure wool 순모
We want *pure* air.
우리는 맑은 공기를 원한다.

purely *purely*
[pjúərli 퓨어리]
부 전혀 ; 전적으로
It was *purely* my mistake.
전적으로 내 잘못이었다.

***pur·ple** *purple*
[pə́ːrpl 퍼-플]
명 자줏빛

She was dressed in *purple*.
그녀는 자줏빛 옷을 입고 있었다.
형 자줏빛의
a *purple* flower 자주색 꽃

***pur·pose** *purpose*
[pə́ːrpəs 퍼-퍼스]
명 (복수 **purposes** [pə́ːrpəsiz 퍼-퍼시즈])
목적, 목표 ; 의도
What's the *purpose* of your stay?
체류 목적은 무엇입니까?
for the purpose of …의 목적으로, …을 위해
He went to Germany *for the purpose of* studying music.
그는 음악을 공부하기 위해 독일에 갔다.
on purpose 일부러, 고의로
He broke the window *on purpose*.
그는 고의로 유리창을 깼다.
to the purpose 요령있게 ; 적절히
His speech was *to the purpose*.
그의 연설은 적절했다.

***purse** *purse*
[pə́ːrs 퍼-스]
명 (복수 **purses** [pə́ːrsiz 퍼-시즈])

돈주머니, 돈지갑 ; 《미》 핸드백

I lost my *purse*.
나는 돈지갑을 잃어버렸다.

pur·sue *pursue*

[pərsúː 퍼수-]

타 (3단현 **pursues** [pərsúːz 퍼수-즈], 과거·과거분사 **pursued** [pərsúːd 퍼수-드], 현재분사 **pursuing** [pərsúːiŋ 퍼수-잉])
뒤쫓다, 추적하다 ; (일·연구를) 수행〔속행〕하다, 종사하다
The policeman *pursued* the thief.
경찰관은 도둑을 뒤쫓았다.

*push *push*

[púʃ 푸시]

동 (3단현 **pushes** [púʃiz 푸시즈], 과거·과거분사 **pushed** [púʃt 푸시트], 현재분사 **pushing** [púʃiŋ 푸싱])
타 1. 밀다 ; 밀어 움직이다(《반》 pull 끌다)
Push the door open.
문을 밀어 열어라.

They *pushed* the truck.
그들은 트럭을 밀었다.
타 2. (의지·생각 등을) 밀고 나아가다 ; 강요하다
자 1. 밀다
Don't *push* the back.
뒤에서 밀지 마라.
자 2. 밀어젖히며 나아가다

We *pushed* through the crowd.
우리는 군중을 밀어젖히며 나아갔다.
***push aside*〔*away*〕** 밀어젖히다
She *pushed* him *aside*.
그녀는 그를 밀어젖혔다.
명 (복수 **pushes** [púʃiz 푸시즈])
밀기 ; 떼밀기 ; 찌르기

*put *put*

[pút 풋]

동 (3단현 **puts** [púts 푸츠], 과거·과거분사 **put** [pút 풋], 현재분사 **putting** [pútiŋ 푸팅])
타 1. 놓다, 두다, 얹다 ; 넣다 ; 내밀다 ; 움직이다
She *put* plates on the table.
그녀는 접시를 테이블 위에 놓

았다.

He *put* the money into the pocket.
그는 돈을 주머니에 넣었다.
Never *put* your head out of the window.
창문 밖으로 얼굴을 내밀지 마라.

타 2. …을 (어떤 상태로) **만들다**
He *put* his room in order.
그는 방을 정돈했다.

타 3. **표현하다**, 말하다 ; 쓰다, 기입하다 ; 번역하다
He *put* her name on the list.
그는 그녀의 이름을 리스트에 올렸다.
He *put* the novel into Korean.
그는 소설을 한국어로 번역했다.

타 4. (문제 등을) 내다, 제기하다 ; (죄・책임 등을) 과하다
자 (배 등이) 나아가다

put aside 간직해 두다 ; (장래를 위해) 비축하다

put away 치우다 ; 간직해 두다
Put your toys *away*.
장난감을 제자리로 치워라.

put back 제자리로 되돌리다, 뒤쪽으로 옮기다
Put the book *back* on the desk.
책을 책상 위에 도로 갖다 놓아라.

put down 내려놓다 ; 적어두다
Put your pencil *down*.
연필을 내려놓아라.
I *put down* his address and telephone number.
나는 그의 주소와 전화 번호를 적어두었다.

put off 연기하다, 미루다
Never *put off* till tomorrow what you can do today.
《속담》 오늘 할 일을 내일로 미루지 마라.

put on 입다, 신다, 쓰다
He *puts on* his new sweater.
그는 새 스웨터를 입는다.

put out 끄다 ; 내쫓다 ; (싹이) 나오다
She *put out* the light.
그녀는 불을 껐다.

put up 올리다, 내걸다 ; (텐트를) 치다
He *put up* a picture on the

wall.
그는 그림을 벽에 내걸었다.
Let's *put up* our tent here.
여기에 텐트를 치자.
put up at …에 묵다
We *put up at* a hotel.
우리는 호텔에 묵었다.

puz·zle *puzzle*
[pʌ́zl 퍼즐]
명 (복수 **puzzles** [pʌ́zlz 퍼즐즈])
명 1. 퍼즐 ; 수수께끼

Your *puzzles* are difficult to solve.
네 수수께끼는 풀기가 어렵다.
명 2. [a puzzle로] 곤혹, 당혹
동 (3단현 **puzzles** [pʌ́zlz 퍼즐즈], 과거·과거 분사 **puzzled** [pʌ́zld 퍼즐드], 현재 분사 **puzzling** [pʌ́zliŋ 퍼즐링])
타 당황하게 하다, 어리둥절하게 하다, 어쩔줄 모르게 하다
Her question *puzzled* me very much. 그녀의 질문은 나를 매우 당황하게 했다.
자 골치를 썩이다

pyr·a·mid *pyramid*
[pírəmìd 피러미드]
★ 악센트 주의
명 [흔히 Pyramid로] 피라미드 《고대 이집트 왕의 묘》

Q

Q, q *Q, q*
[kjúː 큐-]

명 (복수 **Q's, q's** [kjúːz 큐-즈])
큐《영어 알파벳의 열일곱번째 글자》

qual·i·fy *qualify*
[kwάləfài 콸러파이]

동 (3단현 **qualifies** [kwάləfàiz 콸러파이즈], 과거·과거 분사 **qualified** [kwάləfàid 콸러파이드], 현재 분사 **qualifying** [kwάləfàiiŋ 콸러파이잉])

타 자격을 주다 ; 인정하다
She is *qualified* to teach French. 그녀는 프랑스어를 가르칠 자격이 있다.

자 자격을 얻다

qual·i·ty *quality*
[kwάləti 콸러티]

명 (복수 **qualities** [kwάlətiz 콸러티즈])
질, 품질 ; 특성, 특질
Quality is more important than quantity.
질은 양보다 더 중요하다.

quan·ti·ty *quantity*
[kwάntəti 콴터티]

명 (복수 **quantities** [kwάntətiz 콴터티즈])

명 1. 양, 분량, 수량
I prefer quality to *quantity*.
나는 양보다 질을 좋아한다.
What *quantity* do you want?
어느 정도의 분량이 필요합니까?

명 2. [quantities로] 다량, 다수
We ordered large *quantities* of food for the party.
우리는 파티를 위해서 많은 음식을 주문했다.

in quantity 다량으로, 많이

quar·rel *quarrel*
[kwɔ́ːrəl 쿼-럴]

자 (3단현 **quarrels** [kwɔ́ːrəlz 쿼-럴즈], 과거·과거 분사 **quarreled,** 《영》 **quarrelled** [kwɔ́ːrəld 쿼-럴드], 현재 분사

quarreling, 《영》 **quarrelling**
[kwɔ́:rəliŋ 쿼-럴링])
싸우다, 다투다; 불평하다
He *quarreled* with his sister for the biggest apple.
그는 누나와 제일 큰 사과를 차지하려고 다투었다.
명 (복수 **quarrels** [kwɔ́:rəlz 쿼-럴즈])
싸움, 말다툼
I had a *quarrel* with my brother.
나는 동생과 싸웠다.

*quar·ter *quarter*
[kwɔ́:rtər 쿼-터]
명 (복수 **quarters** [kwɔ́:rtərz 쿼-터즈])
명 1. 4분의 1

I had a *quarter* of a pizza.
나는 피자를 4분의 1이나 먹었다.
She cut the apple into *quarters*.
그녀는 사과를 4등분했다.

명 2. 15분
It is a *quarter* to five.
5시 15분전이다.
It is a *quarter* past five.
5시 15분이다.
명 3. 《미·캐나다》 25센트 경화 《4분의 1달러》

*queen *queen*
[kwí:n 퀸-]
명 (복수 **queens** [kwí:nz 퀸-즈])
명 1. [흔히 Queen] 여왕; 왕비 《명사 앞에 쓰일 때는 보통 관사를 붙이지 않는다》

Queen Mary 메리 여왕
The King and *Queen* attended the ceremony.
왕과 왕비가 식전에 참석했다.
명 2. (…의) 여왕
a *queen* of society
사교계의 여왕
a beauty *queen*
미인 콘테스트의 여왕
명 3. (트럼프의) 퀸

*ques·tion *question*
[kwéstʃən 퀘스천]
명 (복수 **questions** [kwéstʃənz 퀘스천즈])
명 1. (해결할) 문제
That's the *question*.
그것이 문제다.
It is a *question* of time.
그것은 시간 문제다.
명 2. 질문, 물음; 의문

That's a good *question*!
그것 참 좋은 질문이군요!
Any *question*?
뭔가 질문이 있습니까?
May I ask you a *question*?
질문을 해도 됩니까?

queue *queue*
[kjúː 큐-]
   명 (복수 **queues** [kjúːz 큐-즈])
   《영》열(《미》line)

*quick *quick*
[kwík 퀵]
   형 (비교급 **quicker** [kwíkər 퀴커], 최상급 **quickest** [kwíkist 퀴키스트])
   빠른, 잽싼(《반》 slow 느린); (이해 등이) 빠른

Come *quick*!
빨리 와라!
She's *quick* to understand.
그녀는 이해력이 빠르다.

quick·ly *quickly*
[kwíkli 퀴클리]
   부 빨리, 급히; 곧
   He ran *quickly*.
   그는 빨리 뛰었다.
   Please don't speak so *quickly*.
   그렇게 빨리 말하지 마세요.
   The doctor came *quickly*.
   의사가 곧 왔다.

*qui·et *quiet*
[kwáiət 콰이엇]
   형 (비교급 **quieter** [kwáiətər 콰이어터], 최상급 **quietest** [kwáiətist 콰이어티스트])
   조용한(《반》 noisy 시끄러운)
   Be *quiet*! 조용히 해!

All is *quiet* in the room.
방안은 조용하다.
It was a *quiet* Sunday afternoon. 조용한 일요일 오후였다.

qui·et·ly *quietly*
[kwáiətli 콰이어틀리]
   부 조용히; 은밀히
   Please speak *quietly*.
   제발 조용히 이야기하세요.
   He closed the door *quietly*.
   그는 조용히 문을 닫았다.

quilt *quilt*
[kwílt 퀼트]

명 누비 이불

*quit *quit*
[kwít 퀴트]
타 (3단현 **quits** [kwíts 퀴츠], 과거·과거분사 **quit** [kwít 퀴트], 《영》 **quitted** [kwítid 퀴티드], 현재분사 **quitting** [kwítiŋ 퀴팅])
(일 등)을 그만두다, 중지하다
My father *quit* drinking.
나의 아버지는 술을 끊으셨다.

*quite *quite*
[kwáit 콰이트]
부 완전히, 아주; 꽤
We are *quite* happy.
우리는 아주 행복하다.
It's *quite* cold this morning.
오늘 아침은 꽤 춥다.

*quiz *quiz*
[kwíz 퀴즈]
명 (복수 **quizzes** [kwíziz 퀴지즈])
명 1. 《미》 (간단한) 시험, 테스트
We have a *quiz* in English every Friday. 우리는 매주 금요일에 영어 시험을 본다.
명 2. 퀴즈

a *quiz* program (텔레비전 등의) 퀴즈 프로그램

quo·ta·tion *quotation*
[kwoutéiʃən 쿼테이션]
명 (복수 **quotations** [kwoutéiʃənz 쿼테이션즈])
인용; 인용구; 인용문
quotation marks
인용 부호(" ", ' ')

quote *quote*
[kwóut 쿼트]
동 (3단현 **quotes** [kwóuts 쿼츠], 과거·과거분사 **quoted** [kwóutid 쿼티드], 현재분사 **quoting** [kwóutiŋ 쿼팅])
타 (문장·말 등)을 인용하다 ⟨*from*⟩
He often *quotes* sayings *from* the Bible. 그는 흔히 성서에서 격언을 인용한다.
자 인용하다 ⟨*from*⟩

R, r *R, r*
[áːr 아-]
- 명 (복수 **R's, r's** [áːrz 아-즈]) 아르《영어 알파벳의 열여덟번째 글자》

*rab·bit *rabbit*
[rǽbit 래빗]
- 명 (복수 **rabbits** [rǽbits 래비츠]) (집)토끼

He keeps a *rabbit*.
그는 토끼를 기르고 있다.
Rabbits like carrots.
토끼는 당근을 좋아한다.

*race¹ *race*
[réis 레이스]
- 명 (복수 **races** [réisiz 레이시즈]) 경주
  a car *race*
  자동차 경주
  win〔lose〕a *race*
  경주에서 이기다〔지다〕
  Let's run a *race* to the corner.
  저 모퉁이까지 경주하자.
- 자 (3단현 **races** [réisiz 레이시즈], 과거·과거 분사 **raced** [réist 레이스트], 현재 분사 **racing** [réisiŋ 레이싱])
  경주하다〈*against, with*〉; 돌진하다〈*for*〉

The horse is *racing against* five others.
그 말은 다른 다섯 마리와 경주하고 있다.

race² *race*
[réis 레이스]
- 명 (복수 **races** [réisiz 레이시즈]) 인종; 민족
  the black *race* 흑인종
  the white *race* 백인종
  the yellow *race* 황인종
  the human *race* 인류
  the Korean *race* 한국 민족

rack·et *racket*
[rǽkit 래킷]
- 명 (복수 **rackets** [rǽkits 래키츠]) (테니스의) 라켓
  hit the ball with the *racket*

라켓으로 공을 치다

ra·dar *radar*
[réidɑːr 레이다-]

명 (복수 **radars** [réidɑːrz 레이다-즈])
레이더, 전파 탐지기
a *radar* screen 레이더 화면
a *radar* system
레이더 장치

*ra·di·o *radio*
[réidiòu 레이디오우]

명 (복수 **radios** [réidiòuz 레이디오우즈])
라디오 (방송) ; 무선 통신
She turned on the *radio*.
그녀는 라디오를 켰다.
I heard the news on the *radio*.
나는 그 뉴스를 라디오로 들었다.
I like to listen to the *radio*.
나는 라디오 듣는 것을 좋아한다.

rail *rail*
[réil 레일]

명 (복수 **rails** [réilz 레일즈])
(철도의) 레일 ; 철도
We traveled by *rail*.
우리는 기차로 여행했다.

You must not cross the *rail*.
레일을 횡단하면 안된다.

*rail·road *railroad*
[réilròud 레일로우드]

명 (복수 **railroads** [réilròudz 레일로우즈])
((미)) 철도 ; 선로 (((영)) railway)

a *railroad* station
철도역
A railroad *runs* from here to the city.
여기에서 그 도시까지 기차가 다닌다.

*rail·way *railway*
[réilwèi 레일웨이]

명 (복수 **railways** [réilwèiz 레일웨이즈])

《영》 철도 ; 선로(《미》 railroad)

*rain *rain*

[réin 레인]

명 비, 강우《보통 부정 관사를 붙이지 않고 복수형으로도 하지 않는다》

It looks like *rain*.
비가 올 것 같다.
The *rain* is still falling.
비는 아직도 오고 있다.

The *rain* has stopped.
비가 그쳤다.
He went out in the *rain*.
그는 비가 오는 데 외출했다.

자 (3단현 **rains** [réinz 레인즈], 과거·과거 분사 **rained** [réind 레인드], 현재 분사 **raining** [réiniŋ 레이닝])

[it을 주어로 하여] 비가 오다

It began to *rain*.
비가 오기 시작했다.
It is *raining* hard.
비가 세차게 오고 있다.
It has stopped *raining*.
비가 그쳤다.
It will *rain* tomorrow.
내일은 비가 올 것이다.

rain·bow *rainbow*

[réinbòu 레인보우]

명 (복수 **rainbows** [réinbòuz 레인보우즈])
무지개

There is a *rainbow* in the sky.
하늘에 무지개가 떠 있다.

*raise *raise*

[réiz 레이즈] ★ 발음 주의

타 (3단현 **raises** [réiziz 레이지즈], 과거·과거 분사 **raised** [réizd 레이즈드], 현재 분사 **raising** [réiziŋ 레이징])

타 1. (위로) 올리다
Raise your right hand.
오른손을 드세요.

타 2. (가축·작물을) 기르다, 재배하다
I want to *raise* rabbits.
나는 토끼를 기르고 싶다.

타 3. (집 등을) 세우다
They *raised* a tower.
그들은 탑을 세웠다.

타 4. (가격 등을) 올리다 ; (소리를) 지르다
They demanded to *raise* their wages. 그들은 임금을 올려달라고 요구했다.

Railway Station 철도역
[réilwei-stèiʃən 레일웨이스테이션]

① **diesel locomotive** 디젤 기관차
[díːzl-loukəmòutiv 디-즐로우커모우티브]
② **boxcar** 지붕이 있는 화차
[bákskàːr 박스카-]
③ **tank car** 탱크차
[tǽŋk-kàːr 탱크카-]
④ **rail** [réil 레일] 레일/
track [trǽk 트랙] 선로
⑤ **wheel** [(h)wíːl 휠-, 월-] 차륜, 바퀴
⑥ **electric locomotive** 전기 기관차
[iléktrik-loukəmòutiv 일렉트릭로우커모우티브]
⑦ **pantograph** 팬터그래프, 집전기
[pǽntəgrǽf 팬터그래프]
⑧ **steam locomotive** 증기 기관차
[stíːm-loukəmòutiv 스팀-로우커모우티브]

⑨ **guard** [gáːrd 가-드] 건널목지기
⑩ **grade crossing** 건널목 [gréid-krɔ́ːsiŋ 그레이드크로-싱]
⑪ **signal** [sígnəl 시그널] 신호
⑫ **platform** 플랫폼 [plǽtfɔːrm 플랫폼-]
⑬ **window** [wíndou 윈도우] 창문
⑭ **passenger** 승객 [pǽs(ə)ndʒər 패선저]
⑮ **coach** [kóutʃ 코우치] 객차
⑯ **wicket** [wíkit 위킷] 개찰구
⑰ **stationmaster** 역장 [stéiʃənmæstər 스테이션매스터]
⑱ **station** 역, 정거장 [stéiʃən 스테이션]
⑲ **waiting room** 대합실 [wéitiŋ-rùːm 웨이팅룸-]

타 5. (돈을) 모으다
I *raised* money for the poor child.
나는 그 불쌍한 어린이를 위하여 돈을 모았다.

*ran·dom *random*

[rǽndəm 랜덤]

형 닥치는 대로의, 되는 대로의
at *random*
되는 대로

*range *range*

[réindʒ 레인지]

명 (복수 **ranges** [réindʒiz 레인지즈])

명 1. (변동의) 폭, 범위 ; 사정 (거리)
We have a wide *range* of sizes.
여러가지 사이즈가 있습니다.

명 2. 줄, 열 ; 연속 ; 산맥

*rank *rank*

[rǽŋk 랭크]

명 (복수 **ranks** [rǽŋks 랭크스])

명 1. 열, 행렬
the front〔rear〕 *rank*
앞〔뒷〕줄

명 2. 계급 ; 지위, 신분
He is a writer of the first *rank*.
그는 일류 작가다.

타 (3단현 **ranks** [rǽŋks 랭크스], 과거·과거 분사 **ranked** [rǽŋkt 랭크트], 현재 분사 **ranking** [rǽŋkiŋ 랭킹])
…을 나란히 세우다 ; 위치를 정하다

*rap·id *rapid*

[rǽpid 래피드]

형 빠른, 신속한 ; 재빠른
a *rapid* stream 급류
He is a *rapid* speaker.
그는 말이 빠르다.
Space science has made *rapid* progress.
우주 과학은 빠른 진보를 했다.

*rap·id·ly *rapidly*

[rǽpidli 래피들리]

부 빠르게, 신속히 (《반》 slowly 천천히)
Don't speak so *rapidly*.
그렇게 빨리 말하지 마라.

rare *rare*

[rέər 레어]

형 (비교급 **rarer** [rέ(ə)rər 레(어)러], 최상급 **rarest** [rέ(ə)rist 레(어)리스트])
드문, 진기한 ; 설익은
It is *rare* for him to be so angry.
그가 그렇게 화내는 것은 드문 일이다.

I don't like *rare* steak.
나는 설익은 스테이크는 싫다.

rare·ly *rarely*
[réərli 레어리]
- 튀 드물게, 좀처럼 …하지 않다
  He is *rarely* late.
  그는 좀처럼 늦지 않는다.

He *rarely* goes to the movies.
그는 좀처럼 영화를 보러 가지 않는다.

*rat *rat*
[ræt 랫]
- 명 (복수 **rats** [ræts 래츠])
  쥐

*rate *rate*
[réit 레이트]
- 명 (복수 **rates** [réits 레이츠])
- 명 1. 율, 비율
  the birth〔death〕 *rate*
  출생〔사망〕률
- 명 2. 요금, 사용료

a telephone *rate*
전화 요금
- 명 3. 속도
  I drove at the *rate* of 60 kilometers an hour. 나는 시속 60킬로미터로 운전했다.

- 명 4. 등급
  a first-*rate* hotel
  1등급 호텔
- ***at any rate*** 어쨌든, 좌우간에

*rath·er *rather*
[ræðə 래더]
- 튀 1. 오히려, 어느 쪽인가 하면
  This color is dark blue *rather* than black.
  이 색은 검다기보다는 오히려 검푸르다.
- 튀 2. 얼마간, 다소 ; 상당히
  I am *rather* tired.
  나는 상당히 피곤하다.
- ***would rather** … (**than** ~)* 오히려 …하는 편이 좋다, (~보다) 차라리 …하고 싶다
  I *would rather* go *than* stay.
  나는 남아 있느니 차라리 가고 싶다.

*raw *raw*
[rɔː 로-]
- 형 (비교급 **rawer** [rɔːər 로-어], 최상급 **rawest** [rɔːist 로-이스트])
  생〔날〕것의 ; 가공하지 않은

a *raw* egg
날계란
She doesn't eat fish *raw*.
그녀는 생선을 날 것으로 먹지 않는다.

*reach *reach*

[ríːtʃ 리-치]

⑧ (3단현 **reaches** [ríːtʃiz 리-치즈], 과거·과거 분사 **reached** [ríːtʃt 리-치트], 현재 분사 **reaching** [ríːtʃiŋ 리-칭])

태 1. …에 도착[도달]하다
I *reached* Seoul yesterday.
나는 어제 서울에 도착했다.
He *reached* the South Pole.
그는 남극에 도달했다.

The boat *reached* the shore.
보트가 해안에 닿았다.

태 2. (손을 뻗쳐) …에 닿다
Can you *reach* the ceiling?
당신은 천장에 손이 닿습니까?
He can't *reach* those grapes.
그는 저 포도에는 손이 닿지 않는다.

자 (…을 잡으려고) 손을 뻗치다 [내밀다]
Children *reached* for candy.
아이들은 사탕을 집으려고 손을 뻗쳤다.

re·act *react*

[riǽkt 리액트]

자 (3단현 **reacts** [riǽkts 리액츠], 과거·과거 분사 **reacted** [riǽktid 리액티드], 현재 분사 **reacting** [riǽktiŋ 리액팅])
(…에) 반응하다⟨*to*⟩; 반발하다, 반항하다⟨*against*⟩
Our eye *reacts* to light.
우리의 눈은 빛에 반응한다.

re·ac·tion *reaction*

[riǽkʃən 리액션]

명 (복수 **reactions** [riǽkʃənz 리액션즈])
반응; 반발

**read¹ *read*

[ríːd 리-드]

⑧ (3단현 **reads** [ríːdz 리-즈], 과거·과거 분사 **read** [réd 레드], 현재 분사 **reading** [ríːdiŋ 리-딩])

태 …을 읽다; 소리내어 읽다
He *reads* a newspaper every morning. 그는 매일 아침 신문을 읽는다.

She *read* the picture book to her child.
그녀는 아이에게 그림책을 읽어 주었다.

자 읽다, 독서하다
I have no time to *read*.
나는 독서할 틈이 없다.

*read² *read*

[réd 레드] ★ 발음 주의
동 **read**의 과거·과거 분사
Have you *read* this letter?
너는 이 편지를 읽었니?

*read·er *reader*

[ríːdər 리-더]
명 (복수 **readers** [ríːdərz 리-더즈])
명 1. 읽는 사람; 독서가
He is a great *reader*.
그는 대단한 독서가다.
명 2. 교과서, 독본
an English *reader* 영어 독본

read·i·ly *readily*

[rédəli 레덜리]
부 기꺼이, 자진하여; 손쉽게; 곧, 바로
She *readily* consented.
그녀는 곧 승낙했다.

*read·ing *reading*

[ríːdiŋ 리-딩]
명 (복수 **readings** [ríːdiŋz 리-딩즈])
읽기, 독서; 읽을거리
I like *reading*.
나는 독서를 좋아한다.

*read·y *ready*

[rédi 레디]
형 (비교급 **readier** [rédiər 레디어], 최상급 **readiest** [rédiist 레디이스트])
형 1. 준비가 된
We are *ready* for the trip.
우리는 여행 준비가 되어 있다.

Are you *ready* to start?
출발할 준비가 되었니?
형 2. 기꺼이 …하는
He is *ready* to help others.
그는 기꺼이 남을 돕는다.
I am *ready* to forgive you.
기꺼이 너를 용서해 주겠다.
형 3. 막 …하려고 하다
She is *ready* to cry.
그녀는 금방이라도 울 것 같다.

***get*[*make*] *ready* …의[할] 준비를 하다
　Mother *got ready* for dinner.
　어머니는 저녁 식사 준비를 하셨다.

Ready,* (*get*) *set, go ! 제자리, 준비, 출발!

*re·al *real*
[ríː(ə)l 리-얼]
　형 현실의, 실제의 ; 진짜의
　　The hero of this story is a *real* man.
　　이 이야기의 주인공은 실존 인물이다.
　　This is a *real* diamond.
　　이것은 진짜 다이아몬드입니다.

re·al·i·ty *reality*
[riǽləti 리앨러티]
　명 (복수 **realities** [riǽlətiz 리앨러티즈])
　진실 ; 사실, 현실 ; 실제
　　Her dream became a *reality*.
　　그녀의 꿈은 실현되었다.

in reality 실은, 실제로
　She looks young, but *in reality* she is over fifty.
　그녀는 젊어 보였으나 실은 50살이 넘었다.

re·al·i·za·tion *realization*
[rìːəlizéiʃən 리-얼리제이션]
　명 실현 ; 실감
　　the *realization* of space travel
　　우주 여행의 실현

*re·al·ize *realize*
[ríːəlàiz 리-얼라이즈]
　타 (3단현 **realizes** [ríːəlàiziz 리-얼라이지즈], 과거·과거 분사 **realized** [ríːəlàizd 리-얼라이즈드], 현재 분사 **realizing** [ríːəlàiziŋ 리-얼라이징])
　타 1. 실현하다, 현실화하다
　　He *realized* his dreams.
　　그는 그의 꿈을 실현했다.
　타 2. 실감하다, 깨닫다
　　He *realized* his mistake.
　　그는 그의 잘못을 깨달았다.

*re·al·ly *really*
[ríː(ə)li 리-얼리]
　부 1. 참으로, 정말로
　　I *really* enjoyed the party.
　　정말 즐거운 파티였다.
　　I am *really* tired.
　　나는 정말 지쳤다.

튀 2. 실제로, 사실상
This watch looks expensive, but *really* it's cheap.
이 손목시계는 비싸 보이지만, 사실은 싸다.
튀 3. [의문·놀람을 나타내어] 설마 ; 정말
I'm going to London next month. — Oh, *really*?
다음달에 런던에 갈 작정이야. — 정말이니?

reap *reap*
[ríːp 리-프]

타 (3단현 **reaps** [ríːps 리-프스], 과거·과거 분사 **reaped** [ríːpt 리-프트], 현재 분사 **reaping** [ríːpiŋ 리-핑])
(농작물을) 베어들이다, 거둬들이다
reap crops
작물을 베어들이다

*rea·son *reason*
[ríːzn 리-즌]

명 (복수 **reasons** [ríːznz 리-즌즈])
명 1. 이유, 까닭
There is a very good *reason* for it. 거기에는 그럴만한 이유가 있다.
What was the *reason* for your absence? 당신이 결석한 이유는 무엇입니까?
I don't know the *reason* why she isn't coming.
나는 그녀가 오지 않는 이유를 모른다.
명 2. 이성
He has lost his *reason*.
그는 이성을 잃었다.
명 3. 도리, 이치
listen to *reason*
도리에 따르다

*rea·son·a·ble *reasonable*
[ríːz(ə)nəbl 리-저너블]

형 1. 분별있는, 사리를 아는 ; 이치에 맞는
She is a *reasonable* woman.
그녀는 분별있는 여성이다.
형 2. (가격이) 적당한, 알맞은
a *reasonable* price
적당한 가격

re·call *recall*
[rikɔ́ːl 리콜-]

타 (3단현 **recalls** [rikɔ́ːlz 리콜-즈], 과거·과거 분사 **recalled** [rikɔ́ːld 리콜-드], 현재 분사 **recalling** [rikɔ́ːliŋ 리콜-링])
생각해내다 ; 되부르다, 소환하다
Can you *recall* where we first met?
우리가 처음 어디서 만났는지 생각납니까 ?
명 (복수 **recalls** [rikɔ́ːlz 리콜-즈])
회상 ; 되부름 ; 소환

re·ceipt *receipt*
[risíːt 리시-트]
★ 발음 주의
명 (복수 **receipts** [risíːts 리시-츠])
수령, 영수 ; 영수증
Please sign this *receipt*.

이 영수증에 서명해 주세요.

*re·ceive *receive*
[risíːv 리시-브]
타 (3단현 **receives** [risíːvz 리시-브즈], 과거·과거 분사 **received** [risíːvd 리시-브드], 현재 분사 **receiving** [risíːviŋ 리시-빙])
타 1. 받다, 수령하다
I *received* your letter yesterday.
나는 어제 네 편지를 받았다.
I *received* a gift from her.
나는 그녀에게 선물을 받았다.

타 2. 맞이하다 ; 접대하다
They *received* me warmly.
그들은 나를 따뜻하게 맞이했다.

*re·cent *recent*
[ríːsnt 리-슨트]
형 근래의, 최근의
recent events
최근의 사건
The computer is a *recent* invention.
컴퓨터는 최근의 발명품이다.

*re·cent·ly *recently*
[ríːsntli 리-슨틀리]
부 요사이, 최근에
It happened quite *recently*.
그것은 아주 최근의 일이다.
He has *recently* returned from abroad.
그는 최근에 귀국했다.

She came to see me *recently*.
그녀는 최근에 나를 만나러 왔다.

re·cep·tion *reception*
[risépʃən 리셉션]
명 (복수 **receptions** [risépʃənz 리셉션즈])
받아들임 ; 응접, 접대 ; 환영회, 리셉션
a wedding *reception*
결혼 피로연
They got a warm *reception*.
그들은 따뜻한 환영을 받았다.

rec·i·pe *recipe*
[résəpi 레서피]
명 조리법
a *recipe* for a cake
케이크 만드는 법

rec·og·ni·tion *recognition*

[rèkəgníʃən 레커그니션]
명 알아봄; 인정하기; 승인
I was surprised at her immediate *recognition* of me.
나는 그녀가 나를 한눈에 알아보는 데에 놀랐다.

*rec·og·nize *recognize*
[rékəgnàiz 레커그나이즈]
★ 악센트 주의
타 (3단현 **recognizes** [rékəgnàiziz 레커그나이지즈], 과거·과거 분사 **recognized** [rékəgnàizd 레커그나이즈드], 현재 분사 **recognizing** [rékəgnàiziŋ 레커그나이징])
알아보다, 보고 곧 알다; 인정하다
I didn't *recognize* you at first.
처음에는 당신인 줄 몰랐습니다.
Everybody *recognizes* her ability.
누구나 그녀의 능력을 인정한다.

*rec·om·mend *recommend*
[rèkəménd 레커멘드]
타 (3단현 **recommends** [rèkəméndz 레커멘즈], 과거·과거 분사 **recommended** [rèkəméndid 레커멘디드], 현재 분사 **recommending** [rèkəméndiŋ 레커멘딩])
추천〔천거〕하다; …을 권하다, 권고하다
I *recommend* her as your secretary. 나는 그녀를 너의 비서로 추천한다.
I *recommend* you this dictionary.
나는 네게 이 사전을 권한다.

rec·om·men·da·tion *recommendation*
[rèkəməndéiʃən 레커먼데이션]
명 추천; 추천장; 권고
I hired her on his *recommendation*.
나는 그의 추천으로 그녀를 고용했다.

*rec·ord¹ *record*
[rékərd 레커드] ★ 발음 주의
명 (복수 **records** [rékərdz 레커즈])
명 1. 기록; 등록
I have a *record* of his speech.
나는 그의 연설 기록을 가지고 있다.
명 2. 이력; (학교의) 성적
He has a good school *record*.
그는 학교 성적이 좋다.

명 3. (운동 경기의) 기록
He set a new *record* for the Marathon race. 그는 그 마라톤 경주에서 신기록을 세웠다.

명 4. 레코드, 음반
cut a *record*
음반에 녹음하다

***re·cord**² *record*
[rikɔ́ːrd 리코-드] ★ 발음 주의
타 (3단현 **records** [rikɔ́ːrdz 리코-즈], 과거·과거 분사 **recorded** [rikɔ́ːrdid 리코-디드], 현재 분사 **recording** [rikɔ́ːrdiŋ 리코-딩])
타 1. …을 기록하다
I *recorded* his lecture.
나는 그의 강의를 기록했다.
타 2. 녹음(녹화)하다
I *recorded* the lecture on tape.
나는 강의를 테이프에 녹음했다.

***re·cov·er** *recover*
[rikʌ́vər 리커버]
동 (3단현 **recovers** [rikʌ́vərz 리커버즈], 과거·과거 분사 **recovered** [rikʌ́vərd 리커버드], 현재 분사 **recovering** [rikʌ́v(ə)riŋ 리커버링])
타 (잃은 것을) 되찾다 ; (건강 등을) 회복하다
We soon *recoverd* our losses.
우리는 곧 손실을 만회했다.
He *recovered* his health.
그는 건강을 회복했다.
자 회복하다, 낫다
He *recovered* very quickly.
그는 아주 빠르게 회복했다.

re·cov·er·y *recovery*
[rikʌ́v(ə)ri 리커버리]
명 (건강 등의) 회복 ; 부흥 ; 되찾음
economic *recovery* 경기 회복

***rec·tan·gle** *rectangle*
[réktæŋgl 렉탱글]
명 직사각형

***red** *red*
[réd 레드]
형 (비교급 **redder** [rédər 레더], 최상급 **reddest** [rédist 레디스트]) 빨간, 적색의
She likes *red* roses.
그녀는 빨간 장미를 좋아한다.
She turned *red* with angry.
그녀는 화가 나서 얼굴이 빨개졌다.

명 빨강, 적색 ; 빨간 옷
I was dressed in *red*.
나는 빨간 옷을 입고 있었다.

*re·duce *reduce*

[rid(j)úːs 리듀-스]

동 (3단현 **reduces** [rid(j)úːsiz 리듀-시즈], 과거·과거 분사 **reduced** [rid(j)úːst 리듀-스트], 현재 분사 **reducing** [rid(j)úːsiŋ 리듀-싱])

타 1. 줄이다, 축소하다
He *reduced* his weight by three kilograms.
그는 체중을 3킬로그램 줄였다.

타 2. (좋지 않은 상태로) 변하다 ; 바꾸다

자 줄다 ; (식이 요법으로) 체중을 줄이다
A rate of economic growth has *reduced* recently.
최근에 경제 성장률이 줄었다.

---

re·duc·tion *reduction*

[ridʌ́kʃən 리덕션]

명 (복수 **reductions** [ridʌ́kʃənz 리덕션즈])
감소, 축소 ; 할인
a *reduction* in traffic accidents
교통 사고의 감소
price *reductions*
가격 할인

---

*re·fer *refer*

[rifə́ːr 리퍼-]

자 (3단현 **refers** [rifə́ːrz 리퍼-즈], 과거·과거 분사 **referred** [rifə́ːrd 리퍼-드], 현재 분사 **referring** [rifə́ːrriŋ 리퍼-링])

자 1. 언급하다
He never *referred* to his illness.
그는 결코 자기의 병에 대해 언급하지 않았다.

자 2. 참조하다
Refer to the map.
지도를 참조해라.

ref·er·ence *reference*

[réf(ə)rəns 레퍼런스]

명 (복수 **references** [réf(ə)rənsiz 레퍼런시즈])
참고, 참조 ; 언급
a *reference* book
참고 도서

---

*re·flect *reflect*

[riflékt 리플렉트]

동 (3단현 **reflects** [riflékts 리플렉츠], 과거·과거 분사 **reflected** [rifléktid 리플렉티드], 현재 분사 **reflecting** [rifléktiŋ 리플렉팅])

타 1. 반사하다 ; (거울 등이) 비추다

A mirror *reflects* light.
거울은 빛을 반사한다.
The moon was *reflected* in the

lake.
달이 호수에 비치고 있었다.
[타] 2. 반영하다
The newspapers *reflect* public opinion.
신문은 여론을 반영한다.
[자] 반사하다 ; 반영하다 ; 잘 생각하다
I want time to *reflect*.
나는 생각할 시간이 필요하다.

re·flec·tion *reflection*
[rifékʃən 리플렉션]
[명] (복수 **reflections** [rifékʃənz 리플렉션즈])
반사 ; 반영
the *reflection* of light〔heat〕
빛〔열〕의 반사

re·form *reform*
[rifɔ́ːrm 리폼-]
[타] (3단현 **reforms** [rifɔ́ːrmz 리폼-즈], 과거·과거 분사 **reformed** [rifɔ́ːrmd 리폼-드], 현재 분사 **reforming** [rifɔ́ːrmiŋ 리포-밍])
…을 개혁〔개량·개선〕하다 ; (남을) 개심시키다
They tried to *reform* the society.
그들은 사회를 개혁하려고 했다.
[명] (복수 **reforms** [rifɔ́ːrmz 리폼-즈])
(정치·사회·제도 등의) 개혁, 개선, 쇄신

*re·frig·er·a·tor *refrigerator*
[rifrídʒərèitər 리프리저레이터]
[명] (복수 **refrigerators** [rifrídʒərèitərz 리프리저레이터즈])
냉장고

Keep it in the *refrigerator*.
그것을 냉장고에 넣어 두어라.

*re·fuse *refuse*
[rifjúːz 리퓨-즈]
[타] (3단현 **refuses** [rifjúːziz 리퓨-지즈], 과거·과거 분사 **refused** [rifjúːzd 리퓨-즈드], 현재 분사 **refusing** [rifjúːziŋ 리퓨-징])
거절〔거부〕하다
She *refused* my offer.
그녀는 내 제안을 거절했다.

*re·gard *regard*
[rigɑ́ːrd 리가-드]
[명] (복수 **regards** [rigɑ́ːrdz 리가-즈])
[명] 1. 주의, 관심 ; 고려
She has no *regard* for us.
그녀는 우리에게 관심이 없다.
[명] 2. 존중, 존경
I have a great *regard* for him.

나는 그를 매우 존경하고 있다.
명 3. [regards로] (편지 등에서) 안부, 인사
Give my *regards* to your parents. 부모님께 안부 전해 주십시오.
타 (3단현 **regards** [rigáːrdz 리가-즈], 과거・과거 분사 **regarded** [rigáːrdid 리가-디드], 현재 분사 **regarding** [rigáːrdiŋ 리가-딩])
타 1. …을 …로 생각하다, 여기다⟨*as*⟩
They *regard* him *as* a fool.
그들은 그를 바보로 여긴다.
타 2. 주목해서 보다, 주시〔응시〕하다
She *regarded* the scene with interest. 그녀는 그 광경을 흥미있게 지켜보았다.
타 3. …을 존중하다, 존경하다

*re·gion *region*
[ríːdʒən 리-전]
명 (복수 **regions** [ríːdʒənz 리-전즈])
지방, 지역, 지대 ; (학문의) 영역
forest *regions* 삼림 지대

re·gion·al *regional*
[ríːdʒ(ə)nəl 리-저널]

형 지방의 ; 지역적인

*re·gret *regret*
[rigrét 리그렛]
타 (3단현 **regrets** [rigréts 리그레츠], 과거・과거 분사 **regretted** [rigrétid 리그레티드], 현재 분사 **regretting** [rigrétiŋ 리그레팅])
후회하다 ; 유감으로 생각하다
I *regret* saying so.
나는 그렇게 말한 것을 후회하고 있다.
I *regret* that I did not go.
나는 가지 않은 것을 유감스럽게 생각한다.
명 (복수 **regrets** [rigréts 리그레츠])
유감 ; 후회 ; 애도 ; (초대에 대한) 사절(장)
He felt *regret* for his mistake.
그는 자신의 실수를 후회했다.
Please accept my *regrets*.
사절하는 것을 용서해 주세요.

*reg·u·lar *regular*
[régjulər 레귤러]
형 1. 규칙적인
His way of living is quite *regular*.
그의 생활 방식은 아주 규칙적이다.
형 2. 정례의, 정기적인 ; 일상의
We had a *regular* meeting.
우리는 정기 모임을 가졌다.

형 3. 정규의, 정식의
He is a *regular* member.
그는 정회원이다.

reg·u·la·tion *regulation*
[règjuléiʃən 레귤레이션]
명 (복수 **regulations** [règjuléiʃənz 레귤레이션즈])
규칙, 규정, 법규
traffic *regulations*
교통 법규

*re·ject *reject*
[ridʒékt 리젝트]
타 (3단현 **rejects** [ridʒékts 리젝츠], 과거·과거 분사 **rejected** [ridʒéktid 리젝티드], 현재 분사 **rejecting** [ridʒéktiŋ 리젝팅])
거절하다; 버리다
He *rejected* our proposal.
그는 우리의 제안을 거절했다.

*re·late *relate*
[riléit 릴레이트]
타 (3단현 **relates** [riléits 릴레이츠], 과거·과거 분사 **related** [riléitid 릴레이티드], 현재 분사 **relating** [riléitiŋ 릴레이팅])
타 1. 관계〔관련〕시키다; [수동형으로] …와 친척이다
The doctor *related* his illness to overwork.
의사는 그의 병을 과로와 관련시켰다.

She *is* not *related* to us at all.
그녀는 우리와 아무 연고 관계가 없다.
타 2. 이야기하다, 말하다
He *related* his adventures.
그는 자신의 모험담을 이야기했다.

*re·la·tion *relation*
[riléiʃən 릴레이션]
명 (복수 **relations** [riléiʃənz 릴레이션즈])
명 1. (사람·조직 등의) 관계, 관련; 이해 관계
I have no *relations* with him.
나는 그와 아무런 관계가 없다.
명 2. 친척, 혈연 관계
She is a near *relation* of mine.
그녀는 나의 가까운 친척이다.

명 3. 진술, 언급

*re·la·tion·ship *relationship*
[riléiʃənʃip 릴레이션십]
명 관련, 관계; 친척 관계
This has no *relationship* with you.
이것은 당신과 관계 없는 일입니다.

*rel·a·tive *relative*
[rélətiv 렐러티브]
명 (복수 **relatives** [rélətivz 렐러티브즈])

친척, 인척
She is a *relative* on my mother's side.
그녀는 외가쪽 친척이다.
[형] 1. 관계〔관련〕있는
These facts are *relative* to the case.
이 사실들은 그 사건과 관계가 있다.
[형] 2. 비교상의, 상대적인 ; …나름의
Beauty is *relative*.
미는 상대적인 것이다.
[형] 3. 《문법》관계를 나타내는
a *relative* pronoun
관계 대명사

rel·a·tive·ly *relatively*
[rélətivli 렐러티블리]
[부] 비교적
It is *relatively* warm today.
오늘은 비교적 따뜻하다.

*re·lax *relax*
[rilǽks 릴랙스]
[동] (3단현 **relaxes** [rilǽksiz 릴랙시즈], 과거·과거 분사 **relaxed** [rilǽkst 릴랙스트], 현재 분사 **relaxing** [rilǽksiŋ 릴랙싱])
[타] (긴장·힘 등을) 늦추다 ; 편하게 하다
Music always *relaxes* me.
음악을 들으면 나는 언제나 편안해진다.

[자] (긴장 등이) 풀리다 ; 느슨해지다 ; 휴식하다
Take a vacation and *relax*.
휴가를 얻어 푹 쉬세요.

*re·lease *release*
[rilíːs 릴리-스]
[타] (3단현 **releases** [rilíːsiz 릴리-시즈], 과거·과거 분사 **released** [rilíːst 릴리-스트], 현재 분사 **releasing** [rilíːsiŋ 릴리-싱])
풀어놓다 ; 방면〔해방·석방〕하다
He suddenly *released* the dog.
그는 개를 갑자기 풀어주었다.
He *released* the bird from the cage.
그는 새장에서 새를 놓아주었다.

[명] (복수 **releases** [rilíːsiz 릴리-시즈])
석방, 방면

*rel·e·vant *relevant*
[réləvənt 렐러번트]
[형] 관련있는
the *relevant* data
관련 자료

*re·li·a·ble *reliable*
[riláiəbl 릴라이어블]
[형] 신뢰할 수 있는 ; 확실한
reliable sources
믿을만한 소식통
He is a *reliable* person.

그는 믿을 수 있는 사람이다.

re·lief *relief*

[riːlíːf 릴리-프]

명 (복수 **reliefs** [rilíːfs 릴리-프스])

(고통 등의) 경감 ; 안심, 위안 ; 구조

The news gave me some *relief*.
그 소식을 듣고 나는 조금 안심했다.

re·lieve *relieve*

[rilíːv 릴리-브]

타 (3단현 **relieves** [rilíːvz 릴리-브즈], 과거·과거 분사 **relieved** [rilíːvd 릴리-브드], 현재 분사 **relieving** [rilíːviŋ 릴리-빙])

(고통·걱정 등을) 완화하다, 누그러뜨리다 ; (남을) 안심시키다 ; …을 구제하다

This medicine will *relieve* much of your pain.
이 약이 당신의 통증을 꽤 완화시켜 줄 것이다.

re·li·gion *religion*

[rilídʒən 릴리전]

명 (복수 **religions** [rilídʒənz 릴리전즈])

종교 ; 종파 ; 신앙 (생활)

believe in *religion*
종교를 믿다

There are many *religions* in the world.
세상에는 많은 종교가 있다.

re·li·gious *religious*

[rilídʒəs 릴리저스]

형 종교(상)의 ; 신앙심이 깊은

He is a *religious* man.
그는 신앙심이 깊은 사람이다.

re·ly *rely*

[rilái 릴라이]

자 (3단현 **relies** [riláiz 릴라이즈], 과거·과거 분사 **relied** [riláid 릴라이드], 현재 분사 **relying** [riláiiŋ 릴라이잉])

의지하다, 신뢰하다⟨on⟩

Don't *rely on* others.
남에게 의지하지 마라.

*****re·main** *remain*

[riméin 리메인]

자 (3단현 **remains** [riméinz 리메인즈], 과거·과거 분사 **remained** [riméind 리메인드], 현재 분사 **remaining** [riméiniŋ 리메이닝])

자 1. 남다, 남아 있다

A few apples *remained* on the tree.
사과 서너개가 나무에 남아 있

었다.
자 2. 머무르다, 체류하다
I *remained* at home yesterday.
나는 어제 집에 있었다.
자 3. …한 그대로다, 여전히 …이다
He *remained* poor.
그는 여전히 가난했다.

*re·mark *remark*

[rimάːrk 리마-크]

동 (3단현 **remarks** [rimάːrks 리마-크스], 과거·과거 분사 **remarked** [rimάːrkt 리마-크트], 현재 분사 **remarking** [rimάːrkiŋ 리마-킹])

타 1. …에 주목〔주의〕하다, …을 알아차리다
The teacher *remarked* immediately that she was absent.
선생님은 그녀가 결석한 것을 곧 알아차렸다.

타 2. (소견으로) 말하다
He *remarked* that the movie was interesting.
그는 그 영화가 재미있다고 말했다.

자 의견을 말하다, 비평하다
Please *remark* on my composition.
나의 작문에 대해서 비평해 주세요.

명 (복수 **remarks** [rimάːrks 리마-크스])
주의, 주목 ; 소견, 비평
I made a few *remarks* about 〔on〕 his work.
나는 그의 작품에 관해 몇가지 의견〔감상〕을 말했다.

re·mark·a·ble *remarkable*

[rimάːrkəbl 리마-커블]
형 주목할 만한 ; 두드러진
She has a *remarkable* memory.
그녀는 남다른 기억력을 가지고 있다.

*re·mem·ber *remember*

[rimémbər 리멤버]
동 (3단현 **remembers** [rimémbərz 리멤버즈], 과거·과거 분사 **remembered** [rimémbərd 리멤버드], 현재 분사 **remembering** [rimémb(ə)riŋ 리멤버링])

타 1. 기억하고 있다 ; 잊지 않고 …하다 《반》 forget 잊다)
I *remember* seeing him.
나는 그를 만난 기억이 있다.
Please *remember* to mail this letter.
잊지 말고 이 편지를 부쳐 주십시오.

타 2. 생각해내다, 상기하다
I can't *remember* her name.
나는 그녀의 이름이 생각나지 않는다.

타 3. …로부터 안부를 전하다
Please *remember* me to your father.

아버님께 안부 전해 주십시오.
㉧ 생각나다, 기억하다
if I *remember* right(ly)
내 기억이 정확하다면

re·mind *remind*
[rimáind 리마인드]
㉣ (3단현 **reminds** [rimáindz 리마인즈], 과거·과거 분사 **reminded** [rimáindid 리마인디드], 현재 분사 **reminding** [rimáindiŋ 리마인딩])
…에게 생각나게 하다〈of〉, 상기시키다
She *reminds* me *of* my mother.
그녀는 내게 어머니를 생각나게 한다.

re·mote *remote*
[rimóut 리모우트]
㉭ (비교급 **remoter** [rimóutər 리모우터] 또는 **more remote**, 최상급 **remotest** [rimóutist 리모우티스트] 또는 **most remote**)
먼, 먼곳의 ; 외딴
remote control
원격 제어

re·mov·al *removal*
[rimúːvəl 리무-벌]
㉢ (복수 **removals** [rimúːvəlz 리무-벌즈])
이동, 이전 ; 제거

re·move *remove*
[rimúːv 리무-브]
㉣ (3단현 **removes** [rimúːvz 리무-브즈], 과거·과거 분사 **removed** [rimúːvd 리무-브드], 현재 분사 **removing** [rimúːviŋ 리무-빙])
…을 옮기다 ; …을 제거하다 ; (옷 등을) 벗다
He *removed* his desk to the next room.
그는 책상을 옆방으로 옮겼다.

Please *remove* your shoes.
신발을 벗으십시오.
㉧ 이동하다 ; 이전하다

rent *rent*
[rént 렌트]
㉢ (복수 **rents** [rénts 렌츠])
집세, 방세 ; 임대료 ; 사용료
How much is the *rent* for this house?
이 집의 집세는 얼마입니까?
For *rent*. 《미》셋집〔셋방〕있음(《영》To let.)
㉣ (3단현 **rents** [rénts 렌츠], 과거·과거 분사 **rented** [réntid 렌티드], 현재 분사 **renting** [réntiŋ 렌팅])
㉣ 1. (사용료를 주고) …을 빌리다
I want to *rent* a car to drive

around the city. 나는 차를 빌려 시내를 돌아보고 싶다.
타 2. …을 임대하다, 빌려 주다

*re·pair *repair*
[ripéər 리페어]
타 (3단현 **repairs** [ripéərz 리페어즈], 과거·과거 분사 **repaired** [ripéərd 리페어드], 현재 분사 **repairing** [ripé(ə)riŋ 리페(어)링])
수리하다, 수선하다

He had his watch *repaired*.
그는 그의 시계를 수리시켰다.
This television cannot be *repaired*. 이 텔레비전은 수리할 수 없다.
명 (복수 **repairs** [ripéərz 리페어즈])
수리 ; [repairs로] 수리 작업〔공사〕
The bridge is under *repair*.
그 다리는 보수 중이다.

*re·peat *repeat*
[ripíːt 리피-트]
동 (3단현 **repeats** [ripíːts 리피-츠], 과거·과거 분사 **repeated** [ripíːtid 리피-티드], 현재 분사 **repeating** [ripíːtiŋ 리피-팅])
타 되풀이하다 ; 되풀이하여 말하다
Could you *repeat* that? 다시 한 번 말해 주시겠습니까?
We *repeated* the song three times.
우리는 그 노래를 세 번이나 되풀이해 불렀다.
Don't *repeat* the same mistake.
같은 잘못을 되풀이하지 마라.
자 되풀이하여 말하다
Please *repeat* after me.
나를 따라 다시 말해 보세요.

*re·place *replace*
[ripléis 리플레이스]
타 (3단현 **replaces** [ripléisiz 리플레이시즈], 과거·과거 분사 **replaced** [ripléist 리플레이스트], 현재 분사 **replacing** [ripléisiŋ 리플레이싱])
타 1. 제자리에 놓다
Replace the book on the shelf.
책을 선반에 도로 갖다 놓아라.
타 2. …을 대신하다 ; 바꾸다
Replace the old tire with a new one.
헌 타이어를 새 타이어와 바꿔 끼워라.

*re·ply *reply*
[riplái 리플라이]
동 (3단현 **replies** [ripláiz 리플라이즈], 과거·과거 분사 **replied** [ripláid 리플라이드], 현재 분사

replying [ripláiiŋ 리플라이잉])
자 대답하다 ; 회답하다
The teacher *replied* to our questions.
선생님은 우리의 질문에 대답해 주셨다.
타 …라고 대답하다
He *replied* not a word.
그는 아무 대답도 하지 않았다.
명 (복수 **replies** [ripláiz 리플라이즈])
답, 대답 ; 회답
I wrote him a *reply*.
나는 그에게 답장을 썼다.

***re·port** *report*
[ripɔ́ːrt 리포-트]
동 (3단현 **reports** [ripɔ́ːrts 리포-츠], 과거·과거 분사 **reported** [ripɔ́ːrtid 리포-티드], 현재 분사 **reporting** [ripɔ́ːrtiŋ 리포-팅])
타 1. …을 보고하다, 알리다
He *reported* the accident to the police.
그는 그 사고를 경찰에 알렸다.
타 2. …을 보도하다
The newspapers didn't *report* the accident.
신문은 그 사건을 보도하지 않았다.
자 보고〔신고〕하다 ; 출두하다
He *reported* on road conditions.
그는 도로 상황에 대해 보고했다.
명 (복수 **reports** [ripɔ́ːrts 리포-츠])

명 1. 보고(서) ; 보도, 기사
Her *report* was very accurate.
그녀의 보고서는 대단히 정확했다.
명 2. (학교의) 성적표
Did you get a good *report* this term?
이번 학기에는 좋은 성적을 받았습니까?

re·port·er *reporter*
[ripɔ́ːrtər 리포-터]
명 (복수 **reporters** [ripɔ́ːrtərz 리포-터즈])
보도 기자, 통신원 ; 보도자

He is a *reporter* for a newspaper.
그는 신문 기자다.

*rep·re·sent *represent*
[rèprizént 레프리젠트]
타 (3단현 **represents** [rèprizénts 레프리젠츠], 과거·과거 분사 **represented** [rèprizéntid 레프리젠티드], 현재 분사 **representing** [rèprizéntiŋ 레프리젠팅])
타 1. (…을) 나타내다, 표현하다, 상징하다
A heart *represents* "love".
하트는 「사랑」을 상징한다.

What does this sign *represent*?
이 기호는 무엇을 나타내니?

타 2. 대표하다
He *represented* our class.
그는 우리 학급을 대표했다.

---

rep·re·sen·ta·tive *representative*

[rèprizéntətiv 레프리젠터티브]

명 (복수 **representatives** [rèprizéntətivz 레프리젠터티브즈])
대표자, 대리인
형 대표하는 ; 대표적인

---

re·pro·duce *reproduce*

[rì:prəd(j)ú:s 리-프러듀-스]

동 (3단현 **reproduces** [rì:prəd(j)ú:siz 리-프러듀-시즈], 과거·과거 분사 **reproduced** [rì:prəd(j)ú:st 리-프러듀-스트], 현재 분사 **reproducing** [rì:prəd(j)ú:siŋ 리-프러듀-싱])
타 (소리 등을) 재생하다 ; …을 복사하다
reproduce music on the tape recorder
테이프 리코더로 음악을 재생하다
자 재생하다 ; 복사하다

---

re·pub·lic *republic*

[ripʌ́blik 리퍼블릭]

명 (복수 **republics** [ripʌ́bliks 리퍼블릭스])
공화국

the *Republic* of Korea 한국

*rep·u·ta·tion *reputation*

[rèpjutéiʃən 레퓨테이션]

명 평판 ; 명성
a person with a good *reputation*
평판이 좋은 사람

---

*re·quest *request*

[rikwést 리퀘스트]

타 (3단현 **requests** [rikwésts 리퀘스츠], 과거·과거 분사 **requested** [rikwéstid 리퀘스티드], 현재 분사 **requesting** [rikwéstiŋ 리퀘스팅])
…에게 바라다, …에게 부탁하다
He *requested* her to go with him.
그는 그녀에게 동행하기를 요청했다.
명 (복수 **requests** [rikwésts 리퀘스츠])
요구, 요청, 부탁
I have a *request* to make of you.
부탁이 하나 있습니다.

---

*re·quire *require*

[rikwáiər 리콰이어]

타 (3단현 **requires** [rikwáiərz 리콰이어즈], 과거·과거 분사 **required** [rikwáiərd 리콰이어드], 현재 분사 **requiring** [ri-

kwái(ə)riŋ 리콰이(어)링])
요구하다, 필요로 하다
They *required* his presence.
그들은 그의 출석을 요구했다.
We *require* your help.
우리는 당신의 도움이 필요합니다.

res·cue *rescue*

[réskjuː 레스큐-]

타 (3단현 **rescues** [réskjuːz 레스큐-즈], 과거·과거 분사 **rescued** [réskjuːd 레스큐-드], 현재 분사 **rescuing** [réskjuːiŋ 레스큐-잉])
구조하다, 구출하다
They *rescued* an old man from the burning house.
그들은 불이 난 집에서 노인을 구해냈다.

명 구조, 구출
a *rescue* party〔team〕
구조대

*re·search *research*

[risə́ːrtʃ 리서-치]

명 (복수 **researches** [risə́ːrtʃiz 리서-치즈])
연구, 조사
I am engaged in market *research*.
나는 시장 조사를 하고 있다.

re·sem·ble *resemble*

[rizémbl 리젬블]

타 (3단현 **resembles** [rizémblz 리젬블즈], 과거·과거 분사 **resembled** [rizémbld 리젬블드], 현재 분사 **resembling** [rizémbliŋ 리젬블링])
…와 닮다, …와 공통점이 있다
He *resembles* his father.
그는 아버지를 닮았다.

*re·serve *reserve*

[rizə́ːrv 리저-브]

타 (3단현 **reserves** [rizə́ːrvz 리저-브즈], 과거·과거 분사 **reserved** [rizə́ːrvd 리저-브드], 현재 분사 **reserving** [rizə́ːrviŋ 리저-빙])
타 1. 저축하다; 준비〔마련〕해 두다

You must *reserve* money for the future.
너는 장래를 위해서 돈을 저축해 두어야 한다.
타 2. 예약하다
We *reserved* a room at the hotel.
우리는 그 호텔에 방을 하나 예약했다.
These seats are *reserved*.
이 좌석들은 예약석이다.

res·i·dence *residence*

[rézədəns 레저던스]

명 (복수 **residences** [rézədənsiz 레저던시즈])
주거 ; 저택 ; 거주 ; 주재 ; 거주〔체류〕기간

You will find him at his *residence*.
그분은 자택에 계실 것입니다.

res·i·dent *resident*

[rézədənt 레저던트]

명 (복수 **residents** [rézədənts 레저던츠])
거주자

*re·sist *resist*

[rizíst 리지스트]

타 (3단현 **resists** [rizísts 리지스츠], 과거·과거 분사 **resisted** [rizístid 리지스티드], 현재 분사 **resisting** [rizístiŋ 리지스팅])

타 1. …에 저항하다, 반항하다
They *resisted* the enemy.
그들은 적에게 저항했다.

타 2. [보통 부정문에서] …을 견디다, 참다, 억누르다
I can*not resist* ice cream.
나는 아이스크림을 보면 먹고 싶어 견딜 수 없다.

re·sis·tance *resistance*

[rizístəns 리지스턴스]

명 저항, 반항, 레지스탕스

He offered no *resistance* to our demands.
그는 우리의 요구에 아무런 저항도 하지 않았다.

res·o·lu·tion *resolution*

[rèzəlú:ʃən 레절루-션]

명 결심, 결의
He made a *resolution* to get up early.
그는 일찍 일어나려고 결심했다.

re·solve *resolve*

[rizálv 리잘브]

타 (3단현 **resolves** [rizálvz 리잘브즈], 과거·과거 분사 **resolved** [rizálvd 리잘브드], 현재 분사 **resolving** [rizálviŋ 리잘빙])
결심하다, 결의하다 ; (문제 등을) 해결하다
I *resolved* to go there.
나는 거기에 가기로 결심했다.
Have you *resolved* the matter yet?
그 문제를 벌써 해결했습니까?

*re·source *resource*

[rí:sɔ:rs 리-소-스]

명 (복수 **resources** [rí:sɔ:rsiz 리-소-시즈])
[보통 resources로] 자원 ; 물자
natural *resources*
천연 자원

㈜ 각각, 각자

re·spond *respond*
[rispánd 리스판드]
　㉧ (3단현 **responds** [rispándz 리스판즈], 과거·과거 분사 **responded** [rispándid 리스판디드], 현재 분사 **responding** [rispándiŋ 리스판딩])
　응답〔대답〕하다 ; 반응하다

He *responded* to the question quickly.
그는 그 질문에 재빨리 대답했다.

*re·spect *respect*
[rispékt 리스펙트]
　㉧ (3단현 **respects** [rispékts 리스펙츠], 과거·과거 분사 **respected** [rispéktid 리스펙티드], 현재 분사 **respecting** [rispéktiŋ 리스펙팅])
　존중하다, 존경하다
　　I *respect* him as my senior.
　　나는 그를 선배로서 존경하고 있다.
　㈀ (복수 **respects** [rispékts 리스펙츠])
　존경, 경의 ; 존중〈*for*〉
　　I have (a) great *respect for* my father. 나는 아버지를 대단히 존경하고 있다.

re·sponse *response*
[rispáns 리스판스]
　㈀ (복수 **responses** [rispánsiz 리스판시즈])
　응답 ; 반응

re·spec·tive *respective*
[rispéktiv 리스펙티브]
　㉧ 각각의, 각자의
　　The children went to their *respective* rooms.
　　아이들은 각자 자기 방으로 갔다.

re·spon·si·bil·i·ty *responsibility*
[rispànsəbíləti 리스판서빌러티]
　㈀ (복수 **responsibilities** [rispànsəbílətiz 리스판서빌러티즈])
　책임, 의무
　　I feel great *responsibility* for it.
　　나는 그것에 대해서 큰 책임을 느낀다.

re·spec·tive·ly *respectively*
[rispéktivli 리스펙티블리]

re·spon·si·ble
responsible

[rispánsəbl 리스**판**서블]

형 1. 책임이 있는
We are *responsible* for our acts. 우리는 우리의 행위에 책임이 있다.

형 2. 신뢰할 수 있는
He is a *responsible* man.
그는 신뢰할 수 있는 사람이다.

*rest *rest*

[rést 레스트]

자 (3단현 **rests** [résts 레스츠], 과거·과거 분사 **rested** [réstid 레스티드], 현재 분사 **resting** [réstiŋ 레스팅])
쉬다, 휴식하다

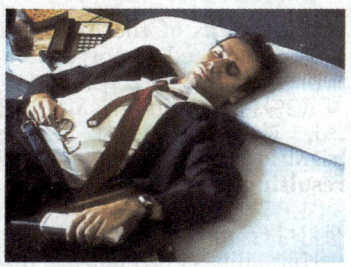

We *rested* for an hour.
우리는 한 시간 동안 쉬었다.

명 (복수 **rests** [résts 레스츠])

명 1. 휴식 ; 안정
Everyone needs *rest*.
누구나 휴식이 필요하다.
Let's have a *rest* here.
여기서 잠깐 쉬자.
She had a good night's *rest*.
그녀는 하룻밤 푹 잤다.

명 2. [the rest로] 나머지 ; 잔여
The *rest* of the money was given to him. 그 돈의 나머지는 그에게 주었다.

*res·tau·rant *restaurant*

[réstərənt 레스터런트]

명 (복수 **restaurants** [réstərənts 레스터런츠])
레스토랑, 요리점, 음식점
We had dinner at a *restaurant*.
우리는 레스토랑에서 저녁을 먹었다.

re·store *restore*

[ristɔ́ːr 리스**토**-]

타 (3단현 **restores** [ristɔ́ːrz 리스토-즈], 과거·과거 분사 **restored** [ristɔ́ːrd 리스토-드], 현재 분사 **restoring** [ristɔ́ːriŋ 리스토-링])
되돌려주다 ; 부활시키다 ; 회복시키다
Has he *restored* her the money?
그가 그녀에게 그 돈을 되돌려 주었을까?
He is *restored* to health.
그는 건강을 회복했다.

re·strain *restrain*

[ristréin 리스트**레**인]

타 (3단현 **restrains** [ristréinz 리스트레인즈], 과거·과거 분사 **restrained** [ristréind 리스트레인드], 현재 분사 **restraining** [ri-

stréiniŋ 리스트레이닝])
(행위·감정을) 억제하다, 억누르다, 제지하다
I *restrained* my lust.
나는 욕망을 억제했다.

re·strict *restrict*

[ristríkt 리스트릭트]

태 (3단현 **restricts** [ristríkts 리스트릭츠], 과거·과거 분사 **restricted** [ristríktid 리스트릭티드], 현재 분사 **restricting** [ristríktiŋ 리스트릭팅])
제한하다, 한정하다
The speed is *restricted* to 55 miles an hour here.
여기에서는 속도가 시속 55마일로 제한되어 있다.

re·stric·tion *restriction*

[ristríkʃən 리스트릭션]

명 (복수 **restrictions** [ristríkʃənz 리스트릭션즈])
제한, 한정
without *restriction*
제한 없이

rest room *rest room*

[rést-rùːm 레스트룸-]

명 (복수 **rest rooms** [rést-rùːmz 레스트룸-즈])
(호텔·극장 등의) 휴게실, 화장실

May I go to the *rest room*?
화장실에 가도 될까요?

*re·sult *result*

[rizʌ́lt 리절트]

명 (복수 **results** [rizʌ́lts 리절츠])
결과, 성과; [results로] 성적
What was the *result* of the test?
시험 결과는 어땠니?

The *results* of the exam will be announced tomorrow.
시험 성적이 내일 발표된다.
자 (3단현 **results** [rizʌ́lts 리절츠], 과거·과거 분사 **resulted** [rizʌ́ltid 리절티드], 현재 분사 **resulting** [rizʌ́ltiŋ 리절팅])
자 1. 결과로서 일어나다, …로 생기다〈*from*〉
His illness *resulted from* drinking too much. 그의 병은 과음으로 인해서 생겼다.
자 2. …로 끝나다〈*in*〉
The experiment *resulted in* failure.
그 실험은 실패로 끝났다.

re·sume *resume*

[rizúːm 리줌-]

태 (3단현 **resumes** [rizúːmz 리줌-즈], 과거·과거 분사 **resumed** [rizúːmd 리줌-드], 현재 분사 **resuming** [rizúːmiŋ 리주-밍])
다시 시작하다

He *resumed* reading after lunch.
그는 점심 식사 후 다시 책을 읽었다.

re·tain *retain*
[ritéin 리테인]

타 (3단현 **retains** [ritéinz 리테인즈], 과거·과거 분사 **retained** [ritéind 리테인드], 현재 분사 **retaining** [ritéiniŋ 리테이닝])
지니다, 보유하다; 유지하다
I tried to *retain* my balance.
나는 몸의 균형을 유지하려고 했다.

re·tire *retire*
[ritáiər 리타이어]

자 (3단현 **retires** [ritáiərz 리타이어즈], 과거·과거 분사 **retired** [ritáiərd 리타이어드], 현재 분사 **retiring** [ritái(ə)riŋ 리타이(어)링])
은퇴하다, 퇴직하다
My uncle *retired* last year.
아저씨는 작년에 은퇴하셨다.

*re·turn *return*
[ritə́:rn 리턴-]

동 (3단현 **returns** [ritə́:rnz 리턴-즈], 과거·과거 분사 **returned** [ritə́:rnd 리턴-드], 현재 분사 **returning** [ritə́:rniŋ 리터-닝])
자 되돌아가다, 돌아가다〔오다〕

He has just *returned* home.
그는 막 집에 돌아왔다〔귀국했다〕.

타 돌려주다, 도로 보내다, 반환하다
I *returned* her that book.
나는 그녀에게 그 책을 돌려주었다.

명 (복수 **returns** [ritə́:rnz 리턴-즈])
귀가, 귀국; 돌려줌; 보답, 답례
They welcomed his *return* home.
그들은 그의 귀국을 환영했다.

*re·veal *reveal*
[rivíːl 리빌-]

타 (3단현 **reveals** [rivíːlz 리빌-즈], 과거·과거 분사 **revealed** [rivíːld 리빌-드], 현재 분사 **revealing** [rivíːliŋ 리빌-링])
드러내다; 누설하다; 나타내다

She *revealed* her secret to us.
그녀는 우리에게 비밀을 털어놓았다.

re·verse *reverse*
[rivə́ːrs 리버-스]
- 명 (복수 **reverses** [rivə́ːrsiz 리버-시즈])
  반대, 역 ; 뒤
- 형 반대의, 역의 ; 거꾸로의
  in the *reverse* order
  역순으로
- 타 (3단현 **reverses** [rivə́ːrsiz 리버-시즈], 과거·과거 분사 **reversed** [rivə́ːrst 리버-스트], 현재 분사 **reversing** [rivə́ːrsiŋ 리버-싱])
  거꾸로 하다, 반대로 하다
  Don't *reverse* the order.
  순서를 거꾸로 하지 마라.

re·view *review*
[rivjúː 리뷰-]
- 타 (3단현 **reviews** [rivjúːz 리뷰-즈], 과거·과거 분사 **reviewed** [rivjúːd 리뷰-드], 현재 분사 **reviewing** [rivjúːiŋ 리뷰-잉])
  복습하다 ; 비평하다
  Let's *review* this lesson.
  이 과를 복습하자.
- 명 (복수 **reviews** [rivjúːz 리뷰-즈])
  복습 ; 비평, 평론
  The book received good *reviews*.
  그 책은 좋은 평을 받았다.

rev·o·lu·tion *revolution*
[rèvəlúːʃən 레벌루-션]
- 명 (복수 **revolutions** [rèvəlúːʃənz 레벌루-션즈])
  혁명 ; 혁명적인 사건 ; 회전

re·ward *reward*
[riwɔ́ːrd 리워-드]
- 명 (복수 **rewards** [riwɔ́ːrdz 리워-즈])
  보수 ; 보상금 ; 사례금
  receive a *reward*
  보상을 받다
  give a *reward*
  사례하다

rhythm *rhythm*
[ríðm 리듬] ★ 발음 주의
- 명 율동, 리듬
  They danced in quick *rhythm*.
  그들은 빠른 율동으로 춤을 추었다.

*rib·bon *ribbon*
[ríbən 리번]
- 명 (복수 **ribbons** [ríbənz 리번즈])
  리본, 띠, 장식끈

Please tie it with a *ribbon*.
그것을 리본으로 매주십시오.

She is wearing a *ribbon* in her hair. 그녀는 머리에 리본을 매고 있다.

*rice

[ráis 라이스]

몡 쌀; (쌀로 지은) 밥

We live on *rice*.
우리는 쌀을 주식으로 한다.

*rich

[rítʃ 리치]

몡 (비교급 **richer** [rítʃər 리처], 최상급 **richest** [rítʃist 리치스트])

톙 1. 부자의, 부유한(《반》 poor 가난한)
She is *rich*.
그녀는 부자다.
He is a *rich* merchant.
그는 부유한 상인이다.
The *rich* are not always happy. 부자가 반드시 행복하지는 않다.

톙 2. (…이) 많은, 풍부한; 비옥한
The country is *rich* in natural resources.
그 나라는 천연 자원이 풍부하다.
He is a man of *rich* imagination.
그는 상상력이 풍부하다.

The soil at this place is *rich*.
이곳의 땅은 비옥하다.

톙 3. 값진, 화려한
She wants *rich* dresses.
그녀는 값비싼 옷을 원한다.

*ride

[ráid 라이드]

통 (3단현 **rides** [ráidz 라이즈], 과거형 **rode** [róud 로우드], 과거분사 **ridden** [rídn 리든], 현재분사 **riding** [ráidiŋ 라이딩])

타 (말·탈것 등에) 타다; 타고 가다

Can you *ride* a bicycle?
너는 자전거를 탈 수 있니?

자 (탈것 등에) 타다; 타고 가다
We *rode* to the museum on the bus.
우리는 버스를 타고 박물관에 갔다.

몡 (복수 **rides** [ráidz 라이즈])
탐, 태움
Let's have a *ride* on a horse.
말을 타보자.
I'll give you a *ride* to the station.
너를 정거장까지 태워주겠다.

rid·er

[ráidər 라이더]

명 (복수 **riders** [ráidərz 라이더즈])
타는 사람, 기수

He is a good *rider*.
그는 말을 잘 탄다.

ri·dic·u·lous ridiculous
[ridíkjuləs 리디큘러스]
형 우스운, 어리석은
ridiculous behavior
어리석은 행위

ri·fle rifle
[ráifl 라이플]
명 (복수 **rifles** [ráiflz 라이플즈])
라이플 총

right right
[ráit 라이트]
형 1. 옳은, 올바른(《반》 wrong 그릇된) ; 정확한
You are *right*.
네가 옳다.
Telling a lie is not *right*.
거짓말하는 것은 옳지 않다.
What's the *right* time now?
지금 정확한 시간이 몇 시니?
형 2. 적당한, 적절한
They are the *right* men for the job.
그들은 그 일을 하는 데에 적합한 사람들이다.
형 3. 오른쪽의(《반》 left 왼쪽의)

He raised his *right* hand.
그는 오른손을 들었다.
There is a hospital on your *right* side.
당신의 오른쪽에 병원이 있습니다.
All right. 좋습니다.
부 1. 옳게, 바르게 ; 정확히
She guessed *right*.
그녀는 바로 맞혔다.
부 2. 바로, 꼭 ; 똑바로
Go *right* ahead.
똑바로 가십시오.
부 3. 오른쪽에〔으로〕
Turn *right*.
오른쪽으로 돌아라.
right away 곧, 당장
I'll be back *right away*.
곧 돌아오겠습니다.
right now 지금 곧, 곧바로
명 (복수 **rights** [ráits 라이츠])
명 1. 올바른 행위, 정의
You must always do *right*.
너는 언제나 올바른 일을 해야 한다.
명 2. 권리
human *rights* 인권
You must respect the *rights* of others.

ring¹

남의 권리를 존중해야 한다.
명 3. 오른쪽, 우측
Turn to the *right* at the next corner, please.
다음 모퉁이에서 오른쪽으로 돌아가십시오.

Keep to the *right*.
《게시》 우측 통행.

ring¹ *ring*

[ríŋ 링]

동 (3단현 **rings** [ríŋz 링즈], 과거형 **rang** [ræŋ 랭], 과거 분사 **rung** [rʌŋ 렁], 현재 분사 **ringing** [ríŋiŋ 링잉])
자 (종·벨·전화가) 울리다 ; 울려퍼지다
The bell began to *ring*.
벨이 울리기 시작했다.
The telephone is *ringing*.
전화가 울리고 있다.

타 1. (종·벨 등을) 울리다
He *rang* the doorbell.
그는 현관 벨을 울렸다.
타 2. 《영》…에게 전화를 걸다 (《미》 call)
I'll *ring* you back later.
나중에 다시 전화하겠습니다.

명 (복수 **rings** [ríŋz 링즈])
울림 ; 울리는 소리

*ring² *ring*

[ríŋ 링]

명 (복수 **rings** [ríŋz 링즈])
명 1. 반지, 고리 ; 원형

She is wearing a *ring*.
그녀는 반지를 끼고 있다.
명 2. (복싱의) 링

ripe *ripe*

[ráip 라이프]

형 (비교급 **riper** [ráipər 라이퍼], 최상급 **ripest** [ráipist 라이피스트])
(과일이) 익은 ; (기회가) 무르익은
The yellow bananas are *ripe*, but the green ones are not.
노란 바나나는 익었으나 녹색 바나나는 익지 않았다.

rise

[ráiz 라이즈]

자 (3단현 **rises** [ráiziz 라이지즈], 과거형 **rose** [róuz 로우즈], 과거 분사 **risen** [rízn 리즌], 현재 분사 **rising** [ráiziŋ 라이징])

자 1. 오르다 ; 떠오르다(《반》set 지다)

The curtain *rises*.
막이 오른다.

The sun *rises* in the east.
태양은 동쪽에서 떠오른다.

자 2. 일어나다 ; 일어서다
My mother *rises* early.
어머니는 일찍 일어나신다.
She *rose* from her chair.
그녀는 의자에서 일어났다.

자 3. (양이) 증가하다 ; (가격·온도 등이) 오르다
The temperature *rose* to 10℃.
기온이 10도까지 올라갔다.

ris·en

[rízn 리즌]

자 **rise**의 과거 분사
The sun has *risen*.
태양이 떠올랐다.

risk

[rísk 리스크]

명 (복수 **risks** [rísks 리스크스])
위험 ; 모험
take(run) a *risk*
위험을 무릅쓰다
He saved the child at the *risk* of his life.
그는 생명의 위험을 무릅쓰고 그 아이를 구했다.

riv·er

[rívər 리버]

명 (복수 **rivers** [rívərz 리버즈]) 강

I like fishing in the *river*.
나는 강에서 낚시하기를 좋아한다.

road

[róud 로우드]

명 (복수 **roads** [róudz 로우즈])
길, 도로
a *road* sign 도로 표지
a main *road* 간선 도로, 대로

All *roads* lead to the Rome.
모든 길은 로마로 통한다.

roast

[róust 로우스트]

타 (3단현 **roasts** [róusts 로우스츠], 과거·과거 분사 **roasted** [róustid 로우스티드], 현재 분사 **roasting** [róustiŋ 로우스팅])

(고기를) 굽다

I *roasted* a chicken.
나는 닭고기를 구웠다.

*ro·bot

[róubat 로우밧]

명 (복수 **robots** [róubats 로우바츠])

로봇

an industrial *robot*
산업용 로봇

*rock

[rák 락]

명 (복수 **rocks** [ráks 락스])
바위, 암석
A *rock* fell on the road.
바위가 길 위에 떨어졌다.

*rock·et

[rákit 라킷]

명 (복수 **rockets** [rákits 라키츠])
로켓

a space *rocket*
우주 로켓

*rod

[rád 라드]

명 (복수 **rods** [rádz 라즈])
장대, 막대; 회초리, 매

Spare the *rod* and spoil the child.
《속담》 매를 아끼면 자식을 망친다.

*rode

[róud 로우드]

동 **ride**의 과거형

role *role*

[róul 로울]

- 몡 (복수 **roles** [róulz 로울즈])
  (배우의) 역 ; 역할
  Who will play the leading *role*?
  주역은 누가 합니까?

*roll *roll*

[róul 로울]

- 통 (3단현 **rolls** [róulz 로울즈], 과거·과거분사 **rolled** [róuld 로울드], 현재분사 **rolling** [róuliŋ 로울링])
- 타 1. (…을) 굴리다
  The boy is *rolling* a big snowball.
  그 소년은 큰 눈덩이를 굴리고 있다.

- 타 2. (…을) 감다, 말다
  She is *rolling* a newspaper.
  그녀는 신문을 말고 있다.
- 자 1. (공 등이) **구르다**
  The ball *rolled* down the hill.
  공은 언덕을 굴러 내려갔다.
  A coin *rolled* under the table.
  동전이 테이블 밑으로 굴러갔다.
- 자 2. (배가) 좌우로 흔들리다
  The boat *rolled* in the waves.
  보트는 파도 속에서 좌우로 흔들렸다.
- 몡 (복수 **rolls** [róulz 로울즈])
- 몡 1. 두루마리

  a *roll* of film 필름 한 통
  The paper was in a *roll*.
  그 종이는 두루마리로 되어 있었다.
- 몡 2. 명부, 출석부
  I will call the *roll*.
  출석을 부르겠습니다.

Ro·man *Roman*

[róumən 로우먼]

- 몡 (복수 **Romans** [róumənz 로우먼즈])
  로마 사람
  Do in Rome as the *Romans* do. 로마에서는 로마 사람이 하는 대로 하라.
- 형 (고대) 로마 제국의 ; 로마(사람)의
  I am very interested in *Roman* history.
  나는 고대 로마 역사에 매우 흥미가 있다.

*ro·man·tic *romantic*

[roumǽntik 로우맨틱]

- 형 공상적인, 로맨틱한 ; 비현실적인
  a *romantic* mind
  공상적인 마음

Rome *Rome*

[róum 로움]

- 몡 로마《이탈리아의 수도》; (고대의) 로마 제국

Rome was not built in a day.
로마는 하루 아침에 이루어진 것이 아니다.

---

*roof *roof*

[rúːf 루-프]

명 (복수 **roofs** [rúːfs 루-프스])
지붕; (건물의) 옥상
He climbed onto the *roof*.
그는 지붕에 올라갔다.

---

*room *room*

[rúːm 룸-]

명 (복수 **rooms** [rúːmz 룸-즈])
명 1. 방

Whose *room* is this?
이것은 누구의 방이니?
명 2. 공간, 장소, 자리
Is there *room* for me in the car?
차안에 내가 탈 자리가 있니?

---

*root *root*

[rúːt 루-트]

명 (복수 **roots** [rúːts 루-츠])
명 1. (식물의) 뿌리
This plant has deep *roots*.
이 식물은 뿌리가 깊다.
명 2. 근원, 근본, 핵심
The love of money is the *root* of all evil. 돈에 대한 애착은 모든 악의 근원이다.

---

*rope *rope*

[róup 로우프]

명 (복수 **ropes** [róups 로우프스])
새끼, 밧줄, 끈, 로프

His feet were tied with a piece of *rope*.
그의 발은 밧줄로 묶여 있었다.

---

*rose *rose*

[róuz 로우즈]

명 (복수 **roses** [róuziz 로우지즈])
장미, 장미꽃
Roses smell sweet.
장미는 향기가 좋다.

*rough *rough*

[rʌf 러프]
★ 발음 주의
- 혱 (비교급 **rougher** [rʌfər 러퍼], 최상급 **roughest** [rʌfist 러피스트])
- 혱 1. 거칠거칠한, 울퉁불퉁한 《반》 smooth 매끄러운)
  His hands are *rough* with hard work.
  중노동으로 그의 손은 거칠거칠하다.
- 혱 2. 거친, 난폭한
  a *rough* sea
  사나운 바다
  He has *rough* manners.
  그는 버릇이 없다.
- 혱 3. 대강의, 대개의
  Give me a *rough* idea of your plan.
  대강 당신의 계획을 설명해 주세요.

rough·ly *roughly*

[rʌfli 러플리] ★ 발음 주의
- 부 1. 거칠게 ; 버릇없이
  handle〔treat〕a person *roughly*
  거칠게 다루다
- 부 2. 대충, 대강
  roughly speaking
  대충 말하면
  There were *roughly* 100 people there.
  그 곳에 대략 100명의 사람이 있었다.

‡round *round*

[ráund 라운드]
- 혱 (비교급 **rounder** [ráundər 라운더], 최상급 **roundest** [ráundist 라운디스트])
- 혱 1. 둥근 ; 둥그스름한

The earth is *round*.
지구는 둥글다.

Do you want a *round* table?
당신은 둥근 테이블을 원하십니까?
The girl has a *round* face.
그 소녀의 얼굴은 둥그랗다.
- 혱 2. 한 바퀴 도는
  I want to make a *round* trip of Italy.
  나는 이탈리아를 일주 여행하고 싶다.
- 혱 3. 대략의, 대체적인
  in *round* figures
  대략(적으로)
- 부 1. 돌아서, 빙 돌아
  He looked *round*.
  그는 빙 둘러보았다.
  Christmas comes *round* again.
  크리스마스가 다시 돌아온다.
- 부 2. 둘레에, 사방에
  The pupils gathered *round*.
  학생들이 주위에 몰려들었다.

all the year round 일년 내내
I am busy *all the year round*.
나는 일년 내내 바쁘다.

전 [raund 라운드] 1. …의 주위에, …의 둘레에
She looked *round* her.
그녀는 주위를 둘러보았다.
전 2. …을 돌아서
The car went *round* the corner.
차는 모퉁이를 돌아서 갔다.
전 3. …를 이곳저곳
I showed her *round* the town.
나는 그녀에게 시내를 이곳저곳 안내했다.

전 4. …쯤, …무렵
I arrived *round* noon.
나는 정오경에 도착했다.
명 (복수 **rounds** [ráundz 라운즈])
명 1. 원, 둥근 모양의 것
They danced in a *round*.
그들은 원형으로 춤을 추었다.
명 2. 회전, 순환 ; (주기적으로) 반복되는 것
the *round* of the seasons
계절의 순환
명 3. 한 바퀴 돌기 ; [종종 rounds로] 순회, 순찰
The doctor made his *rounds*.
그 의사는 회진을 했다.
명 4. (놀이·경기의) 1회, 한 판, 라운드
a fight of ten *rounds*
(권투의) 10회전

***route** *route*
[rúːt 루-트]
명 (복수 **routes** [rúːts 루-츠])
도로, 길 ; (일정한) 경로, 노선

He found a new *route* to the top of the mountain.
그는 산꼭대기로 가는 새 경로를 발견했다.

---

rou·tine *routine*
[ruːtíːn 루-틴-]
명 판에 박힌 일, 일상의 일
daily *routine*
일상적인 일

***row** *row*
[róu 로우]
명 (복수 **rows** [róuz 로우즈])
열, 줄, 횡렬
The people stood in *rows*.
사람들은 줄지어 서 있었다.
They were seated in the front *row*.
그들은 맨 앞줄에 앉아 있었다.

*roy·al *royal*

[rɔ́i(ə)l 로이얼]

형 왕〔여왕〕의 ; 왕실의
a *royal* family 왕실, 왕가
There is a *royal* crown in this museum.
이 박물관에는 왕관이 있다.

*rub *rub*

[rʌ́b 러브]

타 (3단현 **rubs** [rʌ́bz 러브즈], 과거·과거 분사 **rubbed** [rʌ́bd 러브드], 현재 분사 **rubbing** [rʌ́biŋ 러빙])

문지르다, 비비다, 닦다
He sometimes *rubs* his nose.
그는 가끔 코를 문지른다.

*rub·ber *rubber*

[rʌ́bər 러버]

명 (복수 **rubbers** [rʌ́bərz 러버즈])

고무 ; 고무 지우개
Tires are made of *rubber*.
타이어는 고무로 만들어진다.
I have a *rubber* in my pencil case. 내 필통에는 고무 지우개가 있다.

*rude *rude*

[rúːd 루-드]

형 (비교급 **ruder** [rúːdər 루-더], 최상급 **rudest** [rúːdist 루-디스트])

버릇없는, 무례한 ; 거친
He was *rude* to me.
그는 내게 무례했다.
It is *rude* of me to have kept you waiting.
기다리게 해서 죄송합니다.

*rule *rule*

[rúːl 룰-]

명 (복수 **rules** [rúːlz 룰-즈])

명 1. 규칙, 규정, 룰
school *rules* 교칙
break the *rules* 규칙을 어기다
We must keep the *rules*.
우리는 규칙을 지켜야 한다.

명 2. 지배, 통치
That country was once under British *rule*.
그 나라는 전에 영국의 통치를 받았다.

명 3. 습관, 관례
It is my *rule* to brush my teeth before going to bed.
자기 전에 이를 닦는 것이 나의 습관이다.

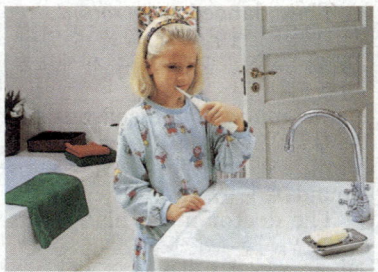

as a rule 대개, 일반적으로
As a rule, I study in the morning.
대개 나는 오전에 공부한다.

make it a rule to do 언제나 … 하기로 하고 있다
I *make it a rule to* get up early.
나는 언제나 일찍 일어나기로 하고 있다.

타 (3단현 **rules** [rúːlz 룰-즈], 과거・과거 분사 **ruled** [rúːld 룰-드], 현재 분사 **ruling** [rúːliŋ 룰-링])

다스리다, 통치〔관리〕하다, 지배하다

The queen *ruled* (over) the people wisely.
여왕은 국민을 현명하게 통치했다.

***run** *run*

[rʌ́n 런]

동 (3단현 **runs** [rʌ́nz 런즈], 과거형 **ran** [rǽn 랜], 과거 분사 **run** [rʌ́n 런], 현재 분사 **running** [rʌ́niŋ 러닝])

자 1. (사람・동물 등이) 달리다 ; 달려가다

She *runs* fast.
그녀는 빨리 달린다.
I *ran* to the school this morning.
나는 오늘 아침 학교까지 달려갔다.

자 2. (차・열차 등이) 다니다, 운행하다

The buses *run* every ten minutes.
버스는 10분마다 다닌다.

자 3. (기계 등이) 돌아가다, 작동하다

This machine *runs* on electricity.
이 기계는 전기로 작동한다.
This program doesn't *run* on that computer.
이 프로그램은 그 컴퓨터에서는 작동하지 않는다.

자 4. (강・액체 등이) 흐르다

The river *runs* into the sea.
그 강은 바다로 흘러 들어간다.

자 5. (길이) 통하다, 이어지다 ; (일이) 계속되다

This road *runs* to Seoul.
이 길은 서울로 통한다.

This movie has *run* for two months.
이 영화는 두달간 계속 상영되고 있다.

타 1. (사람・동물을) 달리게 하다 ; (거리・길을) 달리다

We *ran* four kilometers.
우리는 4킬로미터를 달렸다.

타 2. …을 경영하다, 관리하다

My father *runs* a hotel.
나의 아버지는 호텔을 경영하고 계신다.

타 3. (기계 등을) 움직이다 ; (자동차 등을) 운전하다

I don't know how to *run* this

machine.
나는 이 기계를 작동하는 법을 모른다.
目 4. (사람을) **차로 태워다 주다**
I'll *run* you to the station.
역까지 태워 드리겠습니다.
run across …을 우연히 만나다〔찾아내다〕; …을 가로질러 달려가다
I *ran across* him at the party.
나는 파티에서 우연히 그를 만났다.
run after …을 뒤쫓다
The dog *ran after* the ball.
개는 공을 뒤쫓아 달렸다.
run away 달아나다, 도망치다
We *ran away* toward the station.
우리는 역쪽으로 달아났다.

run out of …을 다 써버리다
We have *run out of* sugar.
우리는 설탕이 바닥났다.
run over 넘쳐 흐르다; (차가 사람을) 치다
The bath is *running over*!
욕조에 물이 넘치는구나!
명 (복수 **runs** [rʌ́nz 런즈])
명 1. 달리기; 경주
Let's have a *run*.
달리기하자.
명 2. [a run으로] 연속; (영화·연극 등의) 장기 공연
The movie had *a* long *run*.
영화는 장기 상영되었다.
명 3. (야구 등의) 득점
a two-*run* homer 2점 홈런
in the long run 긴 안목으로 보면, 결국
In the long run he won first prize.
결국 그가 일등상을 탔다.
in the short run 당장은, 단기적으로는

run·ner *runner*
[rʌ́nər 러너]
명 (복수 **runners** [rʌ́nərz 러너즈])
달리는 사람, 경주자〔말〕;〖야구〗주자

ru·ral *rural*
[rú(ə)rəl 루(어)럴]
형 시골의, 전원의 (《반》 urban 도시의)
rural life 전원 생활

*rush *rush*
[rʌ́ʃ 러시]
동 (3단현 **rushes** [rʌ́ʃiz 러시즈], 과거·과거 분사 **rushed** [rʌ́ʃt 러시트], 현재 분사 **rushing** [rʌ́ʃiŋ 러싱])
자 돌진하다; 달려들다
He *rushed* into the room.
그는 방으로 뛰어 들어갔다.
He *rushed* out of the room.
그는 방에서 뛰어 나갔다.
The dog *rushed* at him.
개가 그에게 달려들었다.

rush hour

㉺ 돌진시키다; (일을) 서둘러 하다
I don't want to *rush* you.
너를 재촉하고 싶지 않다.
㊅ (복수 **rushes** [rʌ́ʃiz 러시즈])
돌진; 쇄도, 붐빔
He made a *rush* for the door.
그는 문을 향해서 돌진했다.

rush hour

[rʌ́ʃ-àuər 러시아우어]
㊅ (복수 **rush hours** [rʌ́ʃ-àuərz 러시아우어즈])
(출근·퇴근 때의) 혼잡한 시간, 러시 아워

*Rus·sia
[rʌ́ʃə 러셔]
㊅ 러시아(연방)

*Rus·sian
[rʌ́ʃən 러션]
㊋ 러시아의; 러시아 사람의; 러시아 어의
㊅ (복수 **Russians** [rʌ́ʃənz 러션즈])
러시아 사람; 러시아 어
There were three *Russians* in the group. 일행 중에 러시아 사람이 세 명 있었다.

S, s *S, s*
[és 에스]

명 (복수 **S's, s's** [ésiz 에이즈])
에스《영어 알파벳의 열아홉번째 글자》

sac·ri·fice *sacrifice*
[sǽkrəfàis 새크러파이스]

명 (복수 **sacrifices** [sǽkrəfàisiz 새크러파이시즈])
희생(적인 행위); 제물

Parents make *sacrifices* for their children.
부모는 자식을 위해 희생한다.

*sad *sad*
[sǽd 새드]

형 (비교급 **sadder** [sǽdər 새더], 최상급 **saddest** [sǽdist 새디스트])
슬픈(《반》 happy 기쁜)

He looked *sad*.
그는 슬퍼 보였다.

☆ I'm very *sad*. — Why? What happened?
나는 매우 슬퍼. — 왜? 무슨 일 있니?

She told me a *sad* story.
그녀는 내게 슬픈 이야기를 했다.

I was *sad* to hear the news.
나는 그 소식을 듣고 슬픔에 잠겼다.

*safe *safe*
[séif 세이프]

명 (복수 **safes** [séifs 세이프스])
금고

There is plenty of money in the *safe*.
금고 속에는 많은 돈이 있다.

형 (비교급 **safer** [séifər 세이퍼], 최상급 **safest** [séifist 세이피스트])

형 1. 안전한, 위험이 없는(《반》 dangerous 위험한)

I look for a *safe* place.
나는 안전한 장소를 찾고 있다.
Is your dog *safe*?
네 개는 위험하지 않니?

Now we are *safe*.
이제 우리는 안전하다.

형 2. 무사한
She arrived *safe*.
그녀는 무사히 도착했다.

The boat came *safe* to land.
그 보트는 무사히 육지에 도착했다.
☞ arrive, come, return 등의 보어로 쓰인다.
[형] 3. 《야구》 세이프의(《반》 out 아웃의)

safe·ty *safety*

[séifti 세이프티]
[명] (복수 **safeties** [séiftiz 세이프티즈])
안전, 무사(《반》 danger 위험)
Safety First. 《표어》 안전 제일.
in safety 무사히, 안전하게
She came home *in safety*.
그녀는 무사히 귀가했다.

Sa·ha·ra *Sahara*

[səhé(ə)rə 서헤(어)러]
[명] [the Sahara로] 사하라 사막

*said *said*

[séd 세드]
[동] **say**의 과거·과거 분사

*sail *sail*

[séil 세일] ★ 발음 주의
[명] (복수 **sails** [séilz 세일즈])
[명] 1. 돛

Put the *sails* up.
돛을 올려라.
[명] 2. 돛단배, 범선
There wasn't a *sail* in sight.
배가 한 척도 보이지 않았다.
[자] (3단현 **sails** [séilz 세일즈], 과거·과거 분사 **sailed** [séild 세일드], 현재 분사 **sailing** [séiliŋ 세일링])
항해하다, 출범하다

He *sailed* for London.
그는 런던을 향해 항해했다.
The ship *sails* early in the morning.
그 배는 아침 일찍 출범한다.

sake *sake*

[séik 세이크]
[명] 목적 ; 이익
for God's[heaven's, goodness(')] sake 제발, 부디
For goodness' sake, stop it.
제발 그만두시오.
for the sake of …을 위하여
We fight *for the sake of* peace.
우리는 평화를 위해 싸운다.

sal·ad *salad*

[sæləd 샐러드]
[명] 생채 요리, 샐러드

fruit *salad* 과일 샐러드

I prepared the *salad*.
나는 샐러드를 만들었다.

*sal·a·ry *salary*

[sǽl(ə)ri 샐러리]

명 (복수 **salaries** [sǽl(ə)riz 샐러리즈])

급료, 봉급

The company pays a good *salary*.
그 회사는 급료가 높다.

*sale *sale*

[séil 세일]

명 (복수 **sales** [séilz 세일즈])

명 1. 판매, 팔기
a cash *sale* 현금 판매
a credit *sale* 신용 판매

명 2. 팔림새 ; [흔히 sales로] 매상(고)
The *sales* are up, today.
오늘은 매상이 올랐다.

명 3. 특매, 염가 판매

I got this sweater at the winter *sale*.
나는 이 스웨터를 겨울용품을 싸게 팔 때 샀다.

for sale (개인 물건을) 팔려고 내놓은
Not *for sale*. 비매품.
The house was *for sale*.
그 집은 팔려고 내놓았다.

on sale (상품을) 팔려고 내놓은 ; 《미》 판매 중
The new car is now *on sale*.
그 신형차는 지금 판매 중이다.

sales·man *salesman*

[séilzmən 세일즈먼]

명 (복수 **salesmen** [séilzmən 세일즈먼])

남자 점원, 판매원 ; 세일즈맨, 외판원

The *salesman* showed me another hat.
그 남자 점원은 내게 다른 모자를 보여주었다.

*salt *salt*

[sɔ́:lt 솔-트]

명 소금《부정 관사를 붙이지 않고 복수형으로도 하지 않는다》

You should add more *salt* to the stew.
스튜에 소금을 더 쳐야 한다.

Pass me the *salt*, please.
소금 좀 건네주세요.

형 소금기가 있는; 짠《명사 앞에만 쓰인다》
salt water 소금물, 바닷물

*same *same*
[séim 세임]

형 [the same으로] 같은, 동일한; 마찬가지의《반》different 다른)
We are in *the same* class.
우리는 같은 반이다.

They met in *the same* place.
그들은 같은 장소에서 만났다.
at the same time 동시에
They came home *at the same time*.
그들은 동시에 귀가했다.
the same ~ as ... …와 같은 종류의 ~
This is *the same* watch *as* mine.
이것은 내 것과 같은 종류의 시계다.
the same ~ that ... …와 동일한 ~
This is *the same* bag *that* I lost.
이것은 내가 잃어버린 것과 동일한 가방이다.

대 [the same으로] 동일한〔같은〕것〔사람, 일〕
He called for *the same* again.
그는 다시 같은 물건을 주문했다.
Same to you ! =*And the same to you !*《구어》당신도 또한!
Merry Christmas ! — *Same to you* !
메리 크리스마스! — 당신도 (메리 크리스마스)!

sam·ple *sample*
[sǽmpl 샘플]

명 (복수 **samples** [sǽmplz 샘플즈])
견본, 샘플
Send me a *sample*, please.
견본을 보내주십시오.

*sand *sand*
[sǽnd 샌드]

명 (복수 **sands** [sǽndz 샌즈])
모래《부정 관사를 붙이지 않고 복수형으로도 하지 않는다》;
[sands로] 모래밭
a grain of *sand* 모래알
I got *sand* in my shoes.
내 구두에 모래가 들어갔다.
They like to play on the *sands*.
그들은 모래밭에서 노는 것을 좋아한다.

*sand·wich *sandwich*
[sǽn(d)witʃ 샌(드)위치]

명 (복수 **sandwiches** [sǽn(d)witʃiz 샌(드)위치즈])
샌드위치
He made two ham *sand-*

wiches.
그는 햄샌드위치를 두 개 만들었다.
She eats a *sandwich* for lunch.
그녀는 점심으로 샌드위치를 먹는다.

San Fran·cis·co *San Francisco*
[sæ̀nfrənsískou 샌프런시스코우]
  명 샌프란시스코《미국 서해안의 항구 도시》

I am from *San Francisco*.
나는 샌프란시스코 출신이다.

*sang *sang*
[sǽŋ 생]
  동 sing의 과거형

*sank *sank*
[sǽŋk 생크]
  동 sink의 과거형

San·ta Claus *Santa Claus*
[sǽntəklɔ̀ːz 샌터클로-즈]
  명 산타클로스

Santa Claus comes on Christmas Eve.
산타클로스는 크리스마스 전야에 온다.

*sat *sat*
[sǽt 샛]
  자 sit의 과거·과거 분사
  He *sat* on the sofa.
  그는 소파에 앉았다.

*sat·el·lite *satellite*
[sǽtəlàit 새털라이트]
  명 (복수 satellites [sǽtəlàits 새털라이츠])
  《천문》 위성 ; 인공 위성
    an artificial *satellite* 인공 위성

a weather *satellite* 기상 위성
The moon is a *satellite* of the earth.
달은 지구의 위성이다.

---

sat·is·fac·tion *satisfaction*

[sæ̀tisfǽkʃən 새티스**팩션**]

명 만족; 만족을 주는 것
He found *satisfaction* in his new job.
그는 자기의 새로운 일에 만족했다.
She heard the news with great *satisfaction*.
그녀는 그 소식을 듣고 매우 만족했다.

---

*sat·is·fac·to·ry *satisfactory*

[sæ̀tisfǽktəri 새티스**팩터리**]

형 만족한, 더할 나위 없는
The conditions were *satisfactory* to me.
그 조건은 나에게 만족스러운 것이었다.

---

sat·is·fied *satisfied*

[sǽtisfàid 새티스파이드]

형 만족한; 흡족한
I am *satisfied* with the result.
나는 그 결과에 만족한다.

He was entirely *satisfied* with her.
그는 그녀에게 아주 만족했다.

---

*sat·is·fy *satisfy*

[sǽtisfài 새티스파이]

타 (3단현 **satisfies** [sǽtisfàiz 새티스파이즈], 과거・과거 분사 **satisfied** [sǽtisfàid 새티스파이드], 현재 분사 **satisfying** [sǽtisfàiiŋ 새티스파이잉])
만족시키다, 충족시키다
Her answer *satisfied* her teacher.
그녀의 대답은 선생님을 만족시켰다.

It is easy to *satisfy* her.
그녀를 만족시키기는 쉽다.

**Sat·ur·day *Saturday*

[sǽtərdèi 새터데이]

명 토요일 《Sat.로 약한다》
Today is *Saturday*.
오늘은 토요일이다.

Saturday is the last day of the week. 토요일은 한 주의 마지막 날이다.

---

sauce *sauce*
[sɔ́ːs 소-스]
  명 소스, 양념
  tomato *sauce* 토마토 소스
  white *sauce* 화이트 소스

---

*sau·cer *saucer*
[sɔ́ːsər 소-서]
  명 (복수 **saucers** [sɔ́ːsərz 소-서즈])
  (커피잔 등의) 받침 접시

Please give me a cup and *saucer*.
컵과 받침 접시 좀 주십시오.

---

*sau·sage *sausage*
[sɔ́ːsidʒ 소-시지]
  명 (복수 **sausages** [sɔ́ːsidʒiz 소-시지즈])
  소시지, 순대

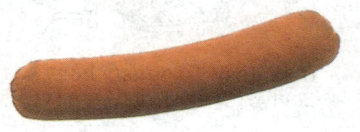

---

*save *save*
[séiv 세이브]
  타 (3단현 **saves** [séivz 세이브즈], 과거·과거 분사 **saved** [séivd 세이브드], 현재 분사 **saving** [séiviŋ 세이빙])
  타 1. (위험에서) 구하다, 구조하다 ⟨*from*⟩
  He *saved* the girl *from* drowning.
  그는 소녀가 물에 빠진 것을 구했다.

  타 2. 모으다, 저축하다, 남겨 두다
  He is *saving* money for the trip.
  그는 여행을 위해 돈을 모으고 있다.
  타 3. 절약하다
  Let's *save* time.
  시간을 절약합시다.
  ***God save the King* [*Queen*]!**
  국왕[여왕] 폐하 만세!

---

*saw *saw*
[sɔː 소-]
  동 see의 과거형

---

*say *say*
[séi 세이]
  동 (3단현 **says** [séz 세즈], 과거·과거 분사 **said** [séd 세드], 현재 분사 **saying** [séiiŋ 세이잉])
  타 1. …을 말하다, 진술하다, 이야기하다
  He *said* nothing.
  그는 아무말도 하지 않았다.
  What did you *say*?

뭐라고 말씀하셨습니까?
The parrot *said* "Hello."
앵무새가 「안녕하세요」라고 말했다.

Say it again, please.
다시 한 번 말해주세요.

타 2. (신문·책 등에) …라고 쓰여 있다
The letter *says* (that) he is doing well.
그 편지에 그는 잘 있다고 쓰여 있다.

자 **말하다, 이야기하다**
Say on.
계속 말하라.

◆ (It is) nice of you to *say* so.
네가 그렇게 말하니 좋다.

It goes without saying that...
…은 말할 것도 없다
It goes without saying that he is an excellent artist.
그가 훌륭한 예술가임은 말할 것도 없다.

say to one*self* 마음속으로 생각하다
She *said to* her*self* that something was wrong.
뭔가 잘못되었다고 그녀는 마음속으로 생각했다.

They say (that) ... = It is said that ... …라는 소문이다
What do you say to ... ? …은 어떻습니까?
What do you say to your new book?
새 책은 어떠니?

*says *says*
[séz 세즈]
동 say의 3인칭 단수 현재형

*scale *scale*
[skéil 스케일]
명 (복수 **scales** [skéilz 스케일즈])
명 1. 눈금, 척도
The *scale* of this ruler is too small to see.
이 자의 눈금은 너무 작아서 보기가 어렵다.

명 2. 규모, 스케일
We held the Christmas party on a large *scale*.
우리는 대규모로 크리스마스 파티를 열었다.
명 3. (지도의) 축적

scarce·ly *scarcely*
[skéərsli 스케어슬리]
부 1. 간신히, 가까스로, 겨우
Scarcely ten people were pres-

ent.
겨우 10명쯤 출석했다.
튀 2. 거의 …아니다〔않다〕(《동》 hardly)
I could *scarcely* hear him.
나는 그의 말이 거의 들리지 않았다.

---

*scat·ter *scatter*

[skǽtər 스캐터]

타 (3단현 **scatters** [skǽtərz 스캐터즈], 과거·과거 분사 **scattered** [skǽtərd 스캐터드], 현재 분사 **scattering** [skǽtəriŋ 스캐터링])

흩뿌리다, 흩어지게 하다

I *scattered* sand on the street.
나는 길에 모래를 뿌렸다.

---

*scene *scene*

[síːn 신-]

명 (복수 **scenes** [síːnz 신-즈])

명 1. (연극·영화·소설의) 장면, 신

Do you remember the last *scene*?
너는 마지막 장면이 기억나니?

명 2. (극의) 제…장
Act Ⅲ, *Scene* i
제3막 제1장

명 3. (사건의) 현장
the *scene* of an accident
사고 현장

명 4. 경치, 광경

The sunrise is a beautiful *scene*.
해돋이는 아름다운 광경이다.

*sched·ule *schedule*

[skédʒuːl 스케줄-]

명 (복수 **schedules** [skédʒuːlz 스케줄-즈])

명 1. 예정, 계획, 일정
I have a heavy *schedule* for next week. 나는 다음주에 일정이 꽉 차 있다.

명 2. 표; 《미》 시간표
a bus *schedule* 버스 시간표
a flight *schedule* 비행기 시간표

ahead of schedule 예정보다 일찍
behind schedule 예정보다 늦게
on schedule 예정대로, 정시에
The train arrived *on schedule*.
기차는 정시에 도착했다.

타 (3단현 **schedules** [skédʒuːlz 스케줄-즈], 과거·과거 분사 **scheduled** [skédʒuːld 스케줄-드], 현재 분사 **scheduling** [skédʒuːliŋ 스케줄-링])

[보통 수동형으로] …을 예정하다

The train *is scheduled* to leave at five.
열차는 5시에 출발할 예정이다.

*scheme *scheme*
[skíːm 스킴-]
명 계획, 안(《동》 plan) ; 음모
a business *scheme*
사업 계획
I carry out a *scheme*.
나는 계획을 실행했다.
동 (3단현 **schemes** [skíːmz 스킴-즈], 과거·과거 분사 **schemed** [skíːmd 스킴-드], 현재 분사 **scheming** [skíːmiŋ 스키-밍])
타 …을 계획하다
It was well *schemed*.
그것은 잘 계획되어 있었다.
자 계획을 세우다

schol·ar·ship *scholarship*
[skάlərʃip 스칼러쉽]
명 (복수 **scholarships** [skάlərʃips 스칼러쉽스])
장학금
He received a *scholarship*.
그는 장학금을 받았다.

*school *school*
[skúːl 스쿨-]
명 (복수 **schools** [skúːlz 스쿨-즈])
명 1. 학교 ; 수업
School opens tomorrow.
학교는 내일 개학한다.
We go to *school* by bus.
우리는 버스로 통학한다.

School begins at eight.
수업은 8시에 시작한다.

School is over now.
수업이 지금 끝났다.
명 2. [the school로] 전교생
The whole *school* knew it.
전교생이 그것을 알고 있었다.
명 3. (대학의) 학부 ; 대학원
the Law *School* 법학부
after school 방과후
We played baseball *after school*.
우리는 방과후에 야구를 했다.

school·boy *schoolboy*
[skúːlbɔ̀i 스쿨-보이]
명 (복수 **schoolboys** [skúːlbɔ̀iz 스쿨-보이즈])
(초등학교·중학교·고등학교의) 남학생(《반》 schoolgirl 여학생)
He is a *schoolboy*.
그는 남학생이다.

School 학교
[skúːl 스쿨-]

① **gymnasium** 체육관
 [dʒimnéiziəm 짐네이지엄]
② **swimming pool** 수영장
 [swímiŋ-pùːl 스위밍풀-]
③ **swing** 그네
 [swíŋ 스윙]
④ **slide** 미끄럼틀
 [sláid 슬라이드]
⑤ **jungle gym** 정글짐
 [dʒʌ́ŋgl-dʒìm 정글짐]
⑥ **field** 경기장
 [fíːld 필-드]
⑦ **gate** 문, 교문
 [géit 게이트]
⑧ **wall** 담
 [wɔ́ːl 월-]

⑨ **sandbox** 모래밭
[sǽn(d)bàks 샌(드)박스]
⑩ **horizontal bar** 철봉
[hɔ̀ːrəzɑ́ntl-bɑ̀ːr 호-러잔틀바-]
⑪ **flag** 기
[flǽg 플래그]
⑫ **schoolhouse** 교사
[skúːlhàus 스쿨-하우스]
⑬ **playground** 운동장
[pléigràund 플레이그라운드]
⑭ **track** 트랙, 경주로
[trǽk 트랙]
⑮ **backstop** 백스톱
[bǽkstàp 백스탑]
⑯ **flowerbed** 화단
[fláuərbèd 플라우어베드]

school build·ing
school building
[skúːl-bìldiŋ 스쿨-빌딩]
명 학교 건물

school·girl *schoolgirl*
[skúːlgə̀ːrl 스쿨-걸-]
명 (복수 **schoolgirls** [skúːl-gə̀ːrlz 스쿨-걸-즈])
(초등학교·중학교·고등학교의) 여학생 (《반》 schoolboy 남학생)
She is a *schoolgirl*.
그녀는 여학생이다.

school·teach·er
schoolteacher
[skúːltìːtʃər 스쿨-티-처]
명 (복수 **schoolteachers** [skúːl-tìːtʃərz 스쿨-티-처즈])
(초등학교·중학교·고등학교의) 선생님
She is a *schoolteacher*.
그녀는 선생님이다.

*sci·ence *science*
[sáiəns 사이언스]
명 과학; 자연 과학; 이과
natural *science*
자연 과학
He likes *science*.
그는 과학을 좋아한다.
She is interested in *science*.
그녀는 과학에 흥미가 있다.

*sci·en·tif·ic *scientific*
[sàiəntífik 사이언티픽]
형 과학적인, 과학의; 이과의
scientific knowledge
과학적인 지식
scientific methods
과학적 방법

*sci·en·tist *scientist*
[sáiəntist 사이언티스트]
명 (복수 **scientists** [sáiəntists 사이언티스츠])
과학자
I want to be a great *scientist*.
나는 위대한 과학자가 되고 싶다.

*scis·sors *scissors*

[sízərz 시저즈]

명 [복수] 가위《셀 때에는 a pair of scissors, two pairs of scissors 처럼 말한다》

Where are my *scissors*?
내 가위는 어디 있지?

---

*scold *scold*

[skóuld 스코울드]

타 (3단현 **scolds** [skóuldz 스코울즈], 과거·과거 분사 **scolded** [skóuldid 스코울디드], 현재 분사 **scolding** [skóuldiŋ 스코울딩])
(어린 아이를) 꾸짖다, …에게 잔소리하다⟨for⟩

The teacher *scolded* him *for* being late.
선생님은 그가 지각한 것을 꾸짖었다.
Mother *scolded* me.
어머니께서 나를 꾸짖으셨다.

*score *score*

[skɔ́ːr 스코-]

명 (복수 **scores** [skɔ́ːrz 스코-즈]) (경기의) 득점, 스코어; (시험의) 점수, 성적

What is the *score* now? — It is 5 to 4.
지금 스코어가 어떻게 되니? — 5대 4야.

타 (3단현 **scores** [skɔ́ːrz 스코-즈], 과거·과거 분사 **scored** [skɔ́ːrd 스코-드], 현재 분사 **scoring** [skɔ́ːriŋ 스코-링])
득점하다, (점수를) 얻다[따다]

We *scored* a goal.
우리는 한 점을 올렸다.

He *scored* 80 points on the English exam.
그는 영어 시험에서 80점을 받았다.

---

scratch *scratch*

[skrǽtʃ 스크래치]

동 (3단현 **scratches** [skrǽtʃiz 스크래치즈], 과거·과거 분사

scratched [skrætʃt 스크래치트], 현재 분사 **scratching** [skrætʃiŋ 스크래칭])
타 할퀴다, 긁어 상처를 내다
Don't *scratch* the paint.
페인트칠에 흠집을 내지 마라.
자 할퀴다, 긁다
The cat *scratches*.
고양이는 할퀸다.

scream *scream*
[skríːm 스크림-]
자 (3단현 **screams** [skríːmz 스크림-즈], 과거·과거 분사 **screamed** [skríːmd 스크림-드], 현재 분사 **screaming** [skríːmiŋ 스크리-밍])
날카로운 소리를 내다, 비명을 지르다
He *screamed* in pain.
그는 아파서 비명을 질렀다.

명 (복수 **screams** [skríːmz 스크림-즈])
(공포·고통의) 외침, 비명
a *scream* for help
도와 달라는 비명

*screen *screen*
[skríːn 스크린-]
명 (복수 **screens** [skríːnz 스크린-즈])
칸막이, 스크린 ; (영화의) 영사막
A *screen* divided the room into two.
칸막이로 그 방은 둘로 나뉘어져 있었다.

*sculp·ture *sculpture*
[skʌ́lptʃər 스컬프처]
명 (복수 **sculptures** [skʌ́lptʃərz 스컬프처즈])
조각, 조소 ; 조각품
He made a beautiful *sculpture*.
그는 멋진 조각을 만들었다.

*sea *sea*
[síː 시-]
명 (복수 **seas** [síːz 시-즈])
명 1. [보통 the sea로] 바다
(《반》 land 육지)

He lives by *the sea*.
그는 바다 옆에 살고 있다.
She swam in *the sea*.
그녀는 바다에서 수영을 했다.

He went to *the sea* yesterday.
그는 어제 바다에 갔다.
명 2. [흔히 Sea로] …해《고유명사로 Ocean보다 작은 바다를 가리키고 때로 큰 호수에도 쓰인다》 the Red *Sea* 홍해
at sea 해상에(서); 항해 중인
His father is *at sea*.
그의 아버지는 항해중이시다.
by sea 배로, 해로로
Did you fly or come *by sea*?
너는 비행기로 왔니, 배로 왔니?

*search *search*

[sə́ːrtʃ 서-치]
동 (3단현 **searches** [sə́ːrtʃiz 서-치즈], 과거·과거 분사 **searched** [sə́ːrtʃt 서-치트], 현재분사 **searching** [sə́ːrtʃiŋ 서-칭])
타 찾다, 수색하다, 뒤지다
They *searched* his house.
그들은 그의 집을 수색했다.

She *searched* the woods for the lost child.
그녀는 길 잃은 아이를 찾아 숲 속을 뒤졌다.
자 (…을) 찾다⟨*for*⟩, 구하다
We are *searching for* gold.
우리는 금을 찾고 있다.
명 (복수 **searches** [sə́ːrtʃiz 서-치즈])
수색, 조사
in search of …을 찾아서, 구하여
He went *in search of* her.
그는 그녀를 찾으러 나갔다.

*sea·son *season*

[síːzn 시-즌]
명 (복수 **seasons** [síːznz 시-즌즈])
명 1. 계절

Summer is my favorite *season*. 여름은 내가 가장 좋아하는 계절이다.
명 2. 시기, 시즌
the Christmas *season*
크리스마스 시즌
the baseball *season*
야구 시즌
타 (3단현 **seasons** [síːznz 시-즌즈], 과거·과거 분사 **seasoned** [síːznd 시-즌드], 현재분사 **seasoning** [síːzniŋ 시-즈닝])
맛을 내다, 양념하다⟨*with*⟩
I *seasoned* beef *with* pepper.
나는 쇠고기를 후추로 양념했다.

*seat *seat*

[síːt 시-트]
명 (복수 **seats** [síːts 시-츠])
자리, 좌석

All *seats* are reserved.
좌석은 모두 예약됐습니다.
Would you please change *seats* with me?
나와 자리를 바꿔 줄래요?
Is this *seat* taken?
이 자리에 사람이 있나요?

*sec·ond¹ *second*

[sékənd 세컨드]

형 1. [the second로] 제2의, 두번째의
He is in *the second* grade.
그는 2학년이다.
His room is on *the second* floor. 그의 방은 2층에 있다.
형 2. [보통 a second로] 또 하나의, 별개의
Try it *a second* time.
그것을 다시 한 번 해 봐라.
명 [보통 the second로] 제2, 두번째 ; 2일
He was *the second* in the race.
그는 경주에서 2등을 했다.

부 제2로, 두번째로
I came in *second*.
나는 두번째로 왔다.

*sec·ond² *second*

[sékənd 세컨드]

명 (복수 **seconds** [sékəndz 세컨즈])
명 1. (시간·각도의) 초
There are sixty *seconds* in a minute.
1분은 60초다.
명 2. [보통 a second로] 순간, 매우 짧은 시간(《동》moment)
Wait *a second*.
잠깐 기다려.

sec·ond·ar·y *secondary*

[sékəndèri 세컨데리]

형 1. 제2의 ; 이차적인, 부차적인
a *secondary* product 부산물
형 2. 중등 교육의
secondary education
중등 교육

se·cret *secret*
[síːkrit 시-크릿]

명 (복수 **secrets** [síːkrits 시-크리츠])
비밀

We have no *secrets* from each other.
우리는 서로간에 비밀이 없다.
This is a *secret* between you and me.
이것은 너와 나만의 비밀이다.

I know her *secret*.
나는 그녀의 비밀을 안다.
in secret 비밀리에, 몰래

형 (비교급 **more secret**, 최상급 **most secret**)
비밀의, 숨기는
She is *secret* in her habits.
그녀는 숨기는 버릇이 있다.

sec·re·tar·y *secretary*
[sékrətèri 세크러테리]

명 (복수 **secretaries** [sékrətèriz 세크러테리즈])
비서, 서기
She is a *secretary* to the president.
그녀는 사장 비서다.

*sec·tion *section*
[sékʃən 섹션]

명 (복수 **sections** [sékʃənz 섹션즈])
구분, 구획 ; (책의) 절(§)

The office has several *sections*.
그 사무실에는 여러 부서가 있다.
I am reading *Section* 2 of Chapter Ⅲ.
제3장 제2절을 읽고 있다.

se·cure *secure*
[sikjúər 시큐어]

형 안전한(《동》 safe) ; 안심되는 ; 확실한 ; 견고한
He needed a *secure* place.
그는 안전한 장소가 필요했다.

타 (3단현 **secures** [sikjúərz 시큐어즈], 과거·과거 분사 **secured** [sikjúərd 시큐어드], 현재 분사 **securing** [sikjú(ə)riŋ 시큐(어)링])

타 1. 안전하게 하다, 지키다 ; 확실히 하다
I *secured* myself from the cold.
추위로부터 몸을 보호했다.

타 2. 확보〔획득〕하다

se·cu·ri·ty *security*
[sikjú(ə)rəti 시큐(어)러티]
명 안전 ; 안심, 안도감

---

*see *see*
[síː 시-]
통 (3단현 **sees** [síːz 시-즈], 과거형 **saw** [sɔ́ː 소-], 과거 분사 **seen** [síːn 신-], 현재 분사 **seeing** [síːiŋ 시-잉])

타 1. [진행형 없이] 보다, …이 보이다
Can you *see* that tower?
저 탑이 보이니?
I *see* nothing.
나는 아무것도 보이지 않는다.

I *saw* my mother cut the cake.
나는 어머니께서 케이크를 자르는 것을 보았다.

타 2. 만나다 ; (의사에게) 진찰을 받다
I am very glad to *see* you.
만나뵙게 되어 반갑습니다.
◆ I think you should *see* a dentist.
나는 네가 치과 진료를 받아야 한다고 생각한다.

I *saw* her yesterday on the bus.
나는 어제 그녀를 버스에서 만났다.

타 3. [진행형 없이] 알다, 이해하다
I *see* what you mean.
네가 말하는 뜻을 안다.

타 4. 관광〔구경〕하다
I *saw* the sights.
나는 명승지를 관광했다.

타 5. (사람을) 배웅하다, 바래다 주다
I'll *see* you to the airport.
너를 공항까지 배웅하겠다.

자 1. [진행형 없이] 보다
Cats can *see* in the dark.
고양이는 어둠 속에서도 볼 수 있다.

자 2. [진행형 없이] 알다, 깨닫다
Do you *see*? 알겠니?

Let me see.* = *Let's see. (구어)
가만있자.

Let me see, where is my umbrella?
가만있자, 내 우산이 어딨지?
◆ ***Long time no see.*** 《구어》 오래간만입니다.
see ... off …을 배웅하다
I *saw* my friend *off*.
나는 친구를 배웅했다.
☆ ***See you（later）!*** 《구어》 또 봐!, 안녕!

*seed *seed*

[síːd 시-드]
명 （복수 **seeds** [síːdz 시-즈]）
씨

The farmer scattered *seeds* in the field.
농부는 밭에 씨를 뿌렸다.

seek *seek*

[síːk 시-크]
타 （3단현 **seeks** [síːks 시-크스], 과거·과거 분사 **sought** [sɔ́ːt 소-트], 현재 분사 **seeking** [síːkiŋ 시-킹]）
찾다, 구하다
I am *seeking* a job.
나는 일자리를 구하고 있다.

*seem *seem*

[síːm 심-]
자 （3단현 **seems** [síːmz 심-즈], 과거·과거 분사 **seemed** [síːmd 심-드], 현재 분사 **seeming** [síːmiŋ 시-밍]）
…로 보이다, …인 것 같다
He *seems* angry.
그는 화난 것 같다.
She *seems* to be sick.
그녀는 아픈 것 같다.

It *seems* likely to snow.
눈이 올 것 같다.
It *seems* that she loves him.
그녀는 그를 사랑하고 있는 것 같다.

*seen *seen*

[síːn 신-]
동 **see**의 과거 분사

seize *seize*

[síːz 시-즈] ★ 발음 주의
동 （3단현 **seizes** [síːziz 시-지즈], 과거·과거 분사 **seized** [síːzd 시-즈드], 현재 분사 **seizing** [síːziŋ 시-징]）
타 （갑자기）붙잡다, 꽉 쥐다;

(공포・병이) 덮치다
He *seized* me by the arm.
그는 내 팔을 붙잡았다.

She was *seized* with a cold.
그녀는 갑자기 감기에 걸렸다.
자 (기회 등을) 잡다⟨on, upon⟩

*sel・dom *seldom*

[séldəm 셀덤]
부 드물게, 좀처럼 …않다
She *seldom* goes out.
그녀는 좀처럼 외출하지 않는다.

*se・lect *select*

[səlékt 설렉트]
타 (3단현 **selects** [səlékts 설렉츠], 과거・과거 분사 **selected** [səléktid 설렉티드], 현재 분사 **selecting** [səléktiŋ 설렉팅])
선택하다, 고르다(《동》choose)
Select the book you want.
갖고 싶은 책을 골라라.
I *selected* a present for her.
나는 그녀에게 줄 선물을 골랐다.

se・lec・tion *selection*

[səlékʃən 설렉션]
명 선택; 고른 것

self *self*

[sélf 셀프]
명 (복수 **selves** [sélvz 셀브즈])
자기, 자신
He always puts *self* first.
그는 언제나 자신을 먼저 생각한다.

self・ish *selfish*

[sélfiʃ 셀피시]
형 이기적인, 자기 본위의
a *selfish* attitude
이기적인 태도

*sell *sell*

[sél 셀]
동 (3단현 **sells** [sélz 셀즈], 과거・과거 분사 **sold** [sóuld 소울드], 현재 분사 **selling** [séliŋ 셀링])
타 팔다(《반》buy 사다)
He *sold* his car cheaply.
그는 차를 싸게 팔았다.
I *sold* my house to him.
나는 그에게 내집을 팔았다.
Do you *sell* sugar? — Yes, we do.
설탕을 팝니까? — 네, 팔아요.

Department stores *sell* numerous things.
백화점에서는 수 많은 물건을 판다.
재 팔리다
This vase *sells* well.
이 꽃병은 잘 팔린다.

sell out 다 팔리다, 매진되다
The tickets were *sold out*.
표가 매진되었다.

selves *selves*
[sélvz 셀브즈]
명 self의 복수

sen·ate *senate*
[sénət 세넛]
명 [the Senate으로] (미국·캐나다 등의) 상원《Sen., sen.으로 약한다》
The Senate meets next week.
상원은 다음주에 열린다.

sen·a·tor *senator*
[sénətər 세너터]
명 [흔히 Senator로] (미국·캐나다 등의) 상원 의원《Sen., sen.으로 약한다》
Senator Smith
상원 의원 스미스

*send *send*
[sénd 센드]
동 (3단현 **sends** [séndz 센즈], 과거·과거 분사 **sent** [sént 센트], 현재 분사 **sending** [séndiŋ 센딩])
타 (물건을) 보내다; (사람을) 보내다, 파견하다
She *sent* me a letter.
그녀는 내게 편지를 보냈다.
He *sent* her a present.
그는 그녀에게 선물을 보냈다.

I *sent* my son to school.
나는 아들을 학교에 보냈다.
재 사람을 보내다
They *sent* to me to come.
그들은 나에게 와 달라고 사람을 보냈다.
send for …을 부르러 (사람을) 보내다
We *sent for* the doctor.
우리는 의사를 부르러 사람을 보냈다.

*sen·ior *senior*
[síːnjər 시-니어]
형 1. 손위의, 연상의, 선배의

(《반》 junior 손아래의)
She is five years *senior* to me.
그녀는 나보다 다섯살 위다.

형 2. 《미》 (대학·고등 학교의) 최상급의, 최고 학년의
a *senior* student 최상급생

명 (복수 **seniors** [síːnjərz 시-니어즈])
연장자, 손윗 사람, 선배(《반》 junior 연소자) ; 《미》 최상급생
He is my *senior* by three years.
그는 나보다 세살 위다.

sen·sa·tion sensation
[senséiʃən 센세이션]
명 (복수 **sensations** [senséiʃənz 센세이션즈])
명 1. 감각, 지각 ; 기분
He had no *sensation* in his hands.
그는 두 손에 감각이 전혀 없었다.
명 2. 센세이션, 대단한 평판
His novel created a great *sensation*.
그의 소설은 큰 센세이션을 일으켰다.

*sense sense
[séns 센스]
명 (복수 **senses** [sénsiz 센시즈])
명 1. 감각
Man has five *senses*.
사람에게는 오감이 있다.
He has no *sense* of direction.
그는 방향 감각이 전혀 없다.

명 2. 의미, 뜻(《동》 meaning)
The word has a lot of different *senses*.
그 단어에는 많은 다른 뜻이 있다.
명 3. 분별, 판단력, 상식
His speech lacks *sense*.
그의 말에는 상식이 없다.
in a sense 어떤 의미에서는, 어느 정도
It is true *in a sense*.
그것은 어느 정도 사실이다.
make sense 의미를 알다, 이해하다
His attitude doesn't *make sense*.
그의 태도는 이해할 수 없다.

sen·si·ble sensible
[sénsəbl 센서블]
형 (비교급 **more sensible**, 최상급 **most sensible**)
분별 있는, 현명한(《동》 wise)
a *sensible* man
분별 있는 사람

*sent sent
[sént 센트]
동 **send**의 과거·과거 분사

*sen·tence sentence
[séntəns 센턴스]

명 (**복수 sentences** [séntənsiz 센턴시즈])
명 1. 《문법》 문장
This *sentence* has three words in it.
이 문장은 세개의 단어로 되어 있다.

명 2. (형사상의) 선고, 판결
a death *sentence*
사형 선고

sen·ti·ment *sentiment*
[séntəmənt 센터먼트]
명 감정 ; 감상 ; 의견
a *sentiment* of pity
동정심, 연민의 감정

*sep·a·rate *separate*
[sépərèit 세퍼레이트]
★ 발음 주의
동 (3단현 **separates** [sépərèits 세퍼레이츠], 과거·과거 분사 **separated** [sépərèitid 세퍼레이티드], 현재 분사 **separating** [sépərèitiŋ 세퍼레이팅])
타 분리하다, 가르다 ; 떼어놓다
The two towns are *separated* by a river.
그 두 마을은 강에 의해 분리되어 있다.
자 헤어지다 ; 갈라지다
We *separated* in London.
우리는 런던에서 헤어졌다.
The road *separates* into two here.
길은 이곳에서 두 갈래로 갈라진다.

형 [sép(ə)rət 세퍼럿]
★ 발음 주의
분리된 ; 따로따로의 ; 단독의
The children have *separate* rooms.
아이들은 각자의 방이 있다.

*Sep·tem·ber *September*
[septémbər 셉템버]
명 9월 《Sep.로 약한다》

in *September* 9월에
Today is *September* fifth.
오늘은 9월 5일이다.
September comes after August.
9월은 8월 다음에 온다.

*se·ries *series*
[sí(ə)ri:z 시(어)리-즈]
명 (**복수 series** [sí(ə)ri:z 시(어)리-즈]《단수·복수 동형》)
일련, 연속 ; (출판물 등의) 시리즈, 연속물

*se·ri·ous *serious*
[síəriəs 시(어)리어스]

형 (비교급 **more serious**, 최상급 **most serious**)
진지한, 진정한 ; 중대한 ; (병 등이) 심한
She looks *serious*.
그녀는 진지해 보인다.
It is a *serious* matter.
그것은 중대한 문제다.

se·ri·ous·ly *seriously*
[síəriəsli 시(어)리어슬리]

부 진지하게, 진정으로 ; 중대하게
She listened to me *seriously*.
그녀는 내 말을 진지하게 들었다.

*serve *serve*
[sə́ːrv 서-브]

통 (3단현 **serves** [sə́ːrvz 서-브즈], 과거·과거 분사 **served** [sə́ːrvd 서-브드], 현재 분사 **serving** [sə́ːrviŋ 서-빙])
타 1. …을 섬기다 ; …을 위해 일하다 ; 근무하다
He *served* the family.
그는 가족을 위해 일했다.
타 2. (손님의) 시중을 들다 ; (음식을) 차려내다
He *served* the third course.

그가 세번째 요리를 내왔다.
Coffee is *served* last.
커피는 마지막에 나온다.
타 3. …에 도움이 되다 ; (목적·용도에) 적합하다
May I *serve* you in any way?
뭔가 도와 드릴 일이 있을까요?
타 4. (공을) 서브하다
자 1. 섬기다, 봉사하다 ; 근무하다
He *serves* as a judge.
그는 판사로 근무하고 있다.
자 2. 식사 시중을 들다
자 3. 도움이 되다⟨as, for⟩
The sofa *served as* a bed.
소파가 침대 대용이 되었다.

자 4. (구기에서) 서브하다
He *served* well.
그는 서브를 잘했다.

**ser·vice *service*
[sə́ːrvis 서-비스]

명 (복수 **services** [sə́ːrvisiz 서-비시즈])
명 1. 봉사 ; (공적인) 근무
social *service* 사회봉사
He is in government *service*.

그는 공무원이다.
명 2. 도움; 편의
You need the *services* of a doctor.
너는 의사의 도움이 필요하다.
명 3. (호텔 등의) 서비스, 접대; (상품에 대한) 수리, 점검
The restaurant gives good *service*.
그 레스토랑은 서비스가 좋다.

명 4. (전신·전화 등의) 공공사업; (교통의) 편
There is a good *service* of trains.
기차편이 좋다.
명 5. (테니스 등의) 서브 넣기

His *service* is strong.
그의 서브는 강하다.

---

set *set*
[sét 셋]
동 (3단현 **sets** [séts 세츠], 과거·과거 분사 **set** [sét 셋], 현재분사 **setting** [sétiŋ 세팅])
타 1. 두다, 놓다; (사람을) 배치하다
I *set* a vase on the table.
나는 탁자 위에 꽃병을 놓았다.
He *set* a guard at the gate.
그는 경비원을 문에 배치했다.
타 2. (어떤 상태로) 만들다, …되게 하다
I *set* him right.
나는 그의 잘못을 바로잡았다.
타 3. 준비[마련]하다; (시계를) 맞추다
She is *setting* the table for dinner.
그녀는 만찬을 위해 식탁을 준비하고 있다.

타 4. (머리를) 세트하다; 고정하다
She had her hair *set*.
그녀는 머리를 세트했다.
타 5. (시간·장소·규칙을) 정하다
Let's *set* a place for a meeting.
모임 장소를 정하자.
자 (해·달이) 지다, 저물다 《반》 rise 뜨다)
The sun *sets* in the west.
해는 서쪽으로 진다.
set aside 곁에 두다; 모아두다
She *set aside* some money for the journey.
그녀는 여행을 위해서 돈을 모아 두었다.
set in 시작되다
The rainy season has *set in*.
장마철이 시작되었다.

set off 발사하다 ; 출발하다
They *set off* the rocket.
그들은 로켓을 발사했다.
We *set off* on a journey.
우리는 여행을 떠났다.

set out 출발하다
They *set out* for New York.
그들은 뉴욕을 향해 출발했다.
set up 세우다, (천막을) 치다
We *set up* the tent.
우리는 천막을 쳤다.
명 (복수 **sets** [séts 세츠])
한 세트, 한 벌
a coffee *set* 커피 세트

set·ting *setting*
[sétiŋ 세팅]
명 (복수 **settings** [sétiŋz 세팅즈])
무대 장치, 배경 ; (해·달이) 짐
the *setting* of the sun 일몰
Paris is the *setting* of the story.
파리가 그 이야기의 배경이다.

*set·tle *settle*
[sétl 세틀]

동 (3단현 **settles** [sétlz 세틀즈], 과거·과거 분사 **settled** [sétld 세틀드], 현재 분사 **settling** [sétliŋ 세틀링])
타 1. 놓다 ; …을 고정시키다
She *settled* her child in a chair.
그녀는 아이를 의자에 앉혀 놓았다.
타 2. 정착시키다 ; 이주시키다
He *settled* himself in France.
그는 프랑스에 정착했다.
타 3. (문제의) 결말을 짓다, 해결하다
The question has not *settled* yet.
그 문제는 아직도 해결되지 않았다.

자 자리잡다, 정착하다
He *settled* down in his hometown.
그는 고향에 정착했다.

set·tle·ment *settlement*
[sétlmənt 세틀먼트]
명 1. 정착 ; 이민
The *settlement* began in the 18th century.
이민은 18세기에 시작되었다.
명 2. 해결, 결말

*sev·en *seven*
[sévən 세번]
명 7 ; 일곱살 ; 일곱시 ; 일곱개
Seven and *seven* is fourteen.
7 더하기 7은 14다.

How old is your sister? — She is *seven*.
네 여동생은 몇 살이니? — 일곱살이야.

형 7의 ; 일곱살의 ; 일곱개의
A week has *seven* days.
일주일은 7일이다.

sev·en·teen *seventeen*
[sèvəntíːn 세번틴-]
명 17 ; 열일곱살 ; 열일곱명 ; 열일곱개
What's your number? — My number is *seventeen*.
너는 몇 번이니? — 나는 17번이야.

형 17의 ; 열일곱개의 ; 열일곱명의

There are *seventeen* girls in our class.
우리 학급에는 여학생이 열일곱 명이다.

sev·en·teenth *seventeenth*
[sèvəntíːnθ 세번틴-스]
명 열일곱번째, (달의) 17일 《17th로 약한다》; 17분의 1
형 열일곱번째의 ; 17분의 1의

sev·enth *seventh*
[sévənθ 세번스]
명 일곱번째, (달의) 7일《7th로 약한다》; 7분의 1
형 일곱번째의 ; 7분의 1의
July is the *seventh* month of the year.
7월은 1년의 7번째 달이다.

sev·en·ti·eth *seventieth*
[sévəntiiθ 세번티이스]
명 70번째
형 70번째의

sev·en·ty *seventy*
[sévənti 세번티]
명 70 ; 70살〔개〕
My grandfather is *seventy*.
나의 할아버지는 칠순이시다.

형 70의

*sev·er·al　*several*

[sév(ə)rəl 세버럴]
- 형 몇몇의, 몇 개의 ; 각각의 ; 여러 가지의
  - He stayed there for *several* days.
  - 그는 거기서 며칠 머물렀다.
  - He has visited Europe *several* times.
  - 그는 유럽에 몇 번 가본 적이 있다.
  - They went their *several* ways.
  - 그들은 제각기 다른 방향으로 갔다.
- 대 몇몇, 몇 개 ; 몇 사람
  - *Several* of them walked home.
  - 그들 가운데 몇 사람은 걸어서 집으로 갔다.

*se·vere　*severe*

[sivíər 시비어]
- 형 (비교급 **severer** [siví(ə)rər 시비(어)러] 또는 **more severe**, 최상급 **severest** [siví(ə)rist 시비(어)리스트] 또는 **most severe**)
  엄한, 엄격한 ; 호된, 심한
  - He is *severe* with his children.
  - 그는 아이들에게 엄하다.
  - We had a *severe* winter.
  - 혹독한 겨울이었다.

*sex　*sex*

[séks 섹스]
- 명 (복수 **sexes** [séksiz 섹시즈])
  성, 성별 ; 섹스, 성적인 일
  - the male *sex* 남성
  - the female *sex* 여성
  - This school is for both *sexes*.
  - 이 학교는 남녀공학이다.

sex·u·al　*sexual*

[sékʃuəl 섹슈얼]
- 형 성의, 성적인 ; 남녀의

shade　*shade*

[ʃéid 셰이드]
- 명 (복수 **shades** [ʃéidz 셰이즈])
  [the shade로] 그늘, 그늘진 곳 ; 차양, (창의) 블라인드
  - pull down the *shades*
  - 블라인드를 내리다

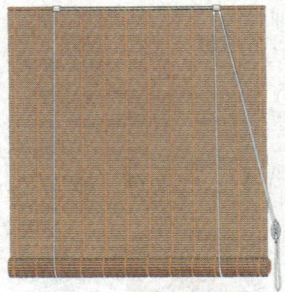

  - He is sleeping in *the shade* of a tree. 그는 나무 그늘에서 자고 있다.

- 타 (3단현 **shades** [ʃéidz 셰이즈], 과거·과거 분사 **shaded** [ʃéidid 셰이디드], 현재 분사 **shading** [ʃéidiŋ 셰이딩])
  그늘지게 하다, 어둡게 하다 ; 가리다
  - The building *shades* our house nicely.
  - 그 건물이 우리집을 시원하게 그늘지운다.

*shad·ow *shadow*
[ʃǽdou 섀도우]
명 (복수 **shadows** [ʃǽdouz 섀도우즈])
그림자

She was afraid of her own *shadow*.
그녀는 자기 그림자를 두려워했다.

*shake *shake*
[ʃéik 셰이크]
동 (3단현 **shakes** [ʃéiks 셰이크스], 과거형 **shook** [ʃúk 슉], 과거분사 **shaken** [ʃéikən 셰이컨], 현재분사 **shaking** [ʃéikiŋ 셰이킹])
타 흔들다, 뒤흔들다
The boy *shook* the tree.
소년은 나무를 흔들었다.
He *shook* me by the arm.
그는 내 팔을 잡아 흔들었다.
자 흔들리다, 떨다
Her voice *shook* a little.
그녀의 목소리는 약간 떨렸다.
She *shook* with fear.
그녀는 공포에 떨었다.
shake hands with …와 악수하다
I *shook hands with* her.
나는 그녀와 악수했다.

shake one***'s head*** 고개를 가로젓다 《No의 의미를 나타낸다》
He *shook* his *head*.
그는 고개를 가로저었다.

*shak·en *shaken*
[ʃéikən 셰이컨]
동 **shake**의 과거 분사

Shake·speare *Shakespeare*
[ʃéikspiər 셰익스피어]
명 **William** ~ 윌리엄 셰익스피어 (1564-1616) 《영국의 시인·극작가》
William Shakespeare is interesting.
윌리엄 셰익스피어(의 작품)은 재미있다.

shall

shall *shall*
[(약) ʃəl 셜; (강) ʃǽl 섈]
조 (과거형 **should** [(약) ʃəd 셔드; (강) ʃúd 슈드])
조 1. [ʃǽl 섈] [Shall I〔we〕...?로 상대방의 의지를 물어] …할까요, …하면 좋을까요
Shall I close the door?
문을 닫을까요?
◆ *Shall we* spend the weekend in Seoul?
서울에서 주말을 보낼까요?
◆ Where *shall we* meet tomorrow?
내일 어디에서 만날까요?
조 2. [ʃəl 셜] [I〔we〕 shall...로 단순 미래를 나타내어] …일〔할〕 것이다, …이 되다
I shall be twenty years old next month.
나는 다음달에 스무살이 된다.
We shall be there before dark.
어두워지기 전에 그곳에 도착할 것이다.
조 3. [Let's..., shall we?로] …할까요
Let's go to see a movie, *shall we*? — Yes, let's.
영화 보러 갈까? — 그래.

조 4. [ʃǽl 섈] [you〔he, she, they〕 shall ...로 말하는 사람의 의지를 나타내어]
You shall have this watch.
네게 이 시계를 주겠다.

shal·low *shallow*
[ʃǽlou 섈로우]
형 (비교급 **shallower** [ʃǽlouər 섈로우어], 최상급 **shallowest** [ʃǽlouist 섈로우이스트])
얕은 (《반》 deep 깊은)
This stream is *shallow*.
이 개울은 얕다.

shame *shame*
[ʃéim 셰임]
명 부끄러움, 수치심; [a shame으로] 부끄러운 일
He has no *shame*.
그는 부끄러움을 모른다.

sham·poo *shampoo*
[ʃæmpúː 섐푸-] ★ 악센트 주의
명 샴푸; 머리를 감음

shape *shape*
[ʃéip 셰이프]
명 (복수 **shapes** [ʃéips 셰이프

스])
모양, 형상 ; 모습
What *shape* is the ball? — It's a round.
공은 어떤 모양입니까? — 둥근 모양입니다.
She made cookies in various *shapes*.
그녀는 여러가지 모양의 쿠키를 만들었다.
타 (3단현 **shapes** [ʃéips 셰이프스], 과거·과거 분사 **shaped** [ʃéipt 셰이프트], 현재 분사 **shaping** [ʃéipiŋ 셰이핑])
모양을 이루다
Italy is *shaped* like a boot.
이탈리아는 장화 모양을 하고 있다.

*share *share*

[ʃéər 셰어]

명 (복수 **shares** [ʃéərz 셰어즈])
몫, 배당 ; 할당, 분담
This is my *share* of it.
이것은 내 몫이다.
He took a *share* in the fund.
그는 자금을 분담했다.
타 (3단현 **shares** [ʃéərz 셰어즈], 과거·과거 분사 **shared** [ʃéərd 셰어드], 현재 분사 **sharing** [ʃé(ə)riŋ 셰(어)링])
분배하다, 나누다 ; 공유하다
She *shared* the money among the three.
그녀는 그 돈을 세 사람에게 분배했다.
She *shared* the room with her sister.
그녀는 방을 언니와 함께 썼다.

*shark *shark*

[ʃάːrk 샤-크]

명 (복수 **sharks** [ʃάːrks 샤-크스])
상어

*sharp *sharp*

[ʃάːrp 샤-프]

형 (비교급 **sharper** [ʃάːrpər 샤-퍼], 최상급 **sharpest** [ʃάːrpist 샤-피스트])
형 1. 날카로운, (날이) 잘 드는 (《반》 dull 무딘) ; 뾰족한

This knife is very *sharp*.
이 칼은 아주 잘 든다.
Sharks have very *sharp* teeth.
상어는 이빨이 매우 날카롭다.
형 2. (비탈이) 가파른 ; (길이) 갑자기 꺾이는
This road has a lot of *sharp* curves.

이 길에는 급커브가 많다.
[형] 3. (소리가) 날카로운 ; (아픔이) 심한
I felt a *sharp* pain in my head.
나는 심한 두통을 느꼈다.

[부] (비교급 **sharper** [ʃɑ́ːrpər 샤-퍼], 최상급 **sharpest** [ʃɑ́ːrpist 샤-피스트])
날카롭게 ; (시간이) 꼭, 정각에
The concert started at six o'clock *sharp*.
콘서트는 정각 6시에 시작되었다.
[명] (복수 **sharps** [ʃɑ́ːrps 샤-프스])
『음악』 샤프(#), 반음 높은 음

sharp·ly *sharply*
[ʃɑ́ːrpli 샤-플리]
[부] 날카롭게 ; 갑자기 ; 심하게
She replied *sharply*.
그녀는 날카롭게 대답했다.
The path turns *sharply*.
그 오솔길은 갑자기 꺾어진다.

*she *she*
[(약) ʃi 시 ; (강) ʃíː 시-]
[대] (복수 **they** [ðei 데이])
그녀는[가](《반》 he 그는)
She goes to the park now and then.
그녀는 가끔 공원에 간다.
☆*She* has big brown eyes.
그녀의 눈은 크고 갈색이다.

◆ *She* is your age.
그녀는 너와 동갑이다.
◆ *She* has to study English now.
그녀는 지금 영어를 공부해야만 한다.
◆ *She* is very pleased with the restaurant.
그녀는 그 음식점을 매우 마음에 들어한다.

《참고》 **she**의 변화형

주격	she	그녀는
소유격	her	그녀의
목적격	her	그녀를
소유대명사	hers	그녀의 것
재귀대명사	herself	그녀 자신을

*sheep *sheep*
[ʃíːp 시-프]
[명] (복수 **sheep** [ʃíːp 시-프] 《단수·복수 동형》)
양

a flock of *sheep* 양 떼

Mom, I can't get to sleep.
— Count *sheep*.
엄마, 잠이 안 와요. — 양들을 세어보렴.

*sheet   *sheet*
[ʃiːt 시-트]
   명 (복수 **sheets** [ʃiːts 시-츠])
   명 1. 시트, (침구의) 커버, 홑이불
   I changed the *sheets* on my bed.
   나는 침대 시트를 갈았다.

   명 2. (종이 등의) …장〔매〕
   a *sheet* of paper
   종이 한 장
   two *sheets* of glass
   판유리 두 장

*shelf   *shelf*
[ʃelf 셀프]
   명 (복수 **shelves** [ʃelvz 셸브즈])
   선반
   Put this book on the *shelf*.
   이 책을 선반 위에 올려 놓아라.

*shell   *shell*
[ʃel 셸]
   명 (복수 **shells** [ʃelz 셸즈])
   조가비, (달걀 등의) 껍질 ; (거북의) 등딱지

She is gathering *shells*.
그녀는 조개 껍질을 모으고 있다.

*shel·ter   *shelter*
[ʃéltər 셸터]
   명 (복수 **shelters** [ʃéltərz 셸터즈])
   피난 장소, 은신처 ; 대피소 ; 보호
   I found *shelter* from a storm.
   나는 폭풍우로부터 대피했다.
   동 (3단현 **shelters** [ʃéltərz 셸터즈], 과거·과거 분사 **sheltered** [ʃéltərd 셸터드], 현재 분사 **sheltering** [ʃéltəriŋ 셸터링])
   타 보호〔비호〕하다 ; 감추다
   The wall *shelters* the house from the wind.
   그 벽은 바람으로부터 집을 보호한다.
   자 피난하다, 숨다 ; 피하다
   I *sheltered* under a tree from the rain.
   나무 아래에서 비를 피했다.

shelves

shelves *shelves*
[ʃélvz 셸브즈]
명 shelf의 복수

*shift

shift *shift*
[ʃíft 시프트]
타 (3단현 **shifts** [ʃífts 시프츠], 과거·과거 분사 **shifted** [ʃíftid 시프티드], 현재 분사 **shifting** [ʃíftiŋ 시프팅])
(장소·방향 등을) 바꾸다, 변경하다; 옮기다
He *shifted* the books to the next room.
그는 책들을 옆방으로 옮겼다.
He *shifted* the chair around.
그는 의자를 (다른 곳으로) 옮겼다.

명 (복수 **shifts** [ʃífts 시프츠])
변화, 변환; (근무의) 교대, 교대 근무시간
They work in three *shifts*.
그들은 3교대로 일한다.

*shine

shine *shine*
[ʃáin 샤인]
동 (3단현 **shines** [ʃáinz 샤인즈], 과거·과거 분사 자 에서는 **shone** [ʃóun 쇼운], 타 에서는 **shined** [ʃáind 샤인드], 현재 분사 **shining** [ʃáiniŋ 샤이닝])
자 빛나다; 번쩍이다, 비치다
The moon is *shining* brightly.
달이 밝게 빛나고 있다.

Her face *shone* with joy.
그녀의 얼굴은 기쁨으로 빛났다.
타 …을 닦다, 빛나게 하다(《동》 polish)
He *shined* his car.
그는 차를 닦았다.
명 빛; (날씨의) 맑음, 햇빛; [흔히 a shine으로] 윤, 광(택)
Rain or *shine*, I will go.
비가 오든 맑든 나는 가겠다.

*ship

ship *ship*
[ʃíp 십]
명 (복수 **ships** [ʃíps 십스])
배, 선박

A large *ship* is in port.
큰 배가 항구에 있다.
The *ship* sailed for Japan.
배는 일본을 향해 출항했다.
by ship = ***on a ship*** 배로, 배편으로
They went to America *by ship*.

그들은 배로 미국에 갔다.
터 (3단현 **ships** [ʃíps 쉽스], 과거·과거 분사 **shipped** [ʃípt 쉽트], 현재 분사 **shipping** [ʃípiŋ 시핑])
(배·기차 등으로) 보내다, 수송하다 ; 배에 싣다
We *shipped* the goods by rail.
우리는 상품을 철도편으로 보냈다.

*shirt *shirt*
[ʃə́ːrt 셔-트]
명 (복수 **shirts** [ʃə́ːrts 셔-츠])
셔츠
He is wearing a blue *shirt* now.
그는 지금 파란 셔츠를 입고 있다.

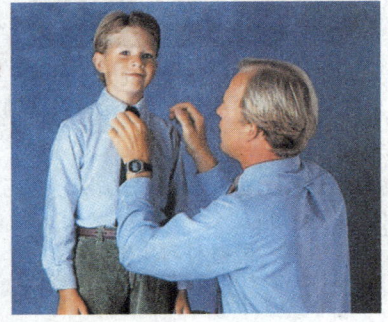

*shock *shock*
[ʃák 샥]
명 (복수 **shocks** [ʃáks 샥스])
충격 ; (정신적인) 타격, 쇼크 ; 진동
The news was a *shock* to us.
그 소식은 우리에게 충격이었다.
터 (3단현 **shocks** [ʃáks 샥스], 과거·과거 분사 **shocked** [ʃákt 샥트], 현재 분사 **shocking** [ʃákiŋ 샤킹])
…에 충격〔쇼크〕을 주다 ; 깜짝 놀라게 하다
I was *shocked* at〔by〕 his behavior.
나는 그의 행동에 깜짝 놀랐다.

**shoe *shoe*
[ʃúː 슈-]
명 (복수 **shoes** [ʃúːz 슈-즈])
[보통 shoes로] 신, 구두(《참고》 boot 장화)
a pair of *shoes*
구두 한 켤레

Put on your *shoes*.
신을 신으시오.
Take off your *shoes*.
신을 벗으시오.
She has her new *shoes* on.
그녀는 새 구두를 신고 있다.

*shone *shone*
[ʃóun 쇼운]
자 **shine**의 과거·과거 분사

*shook *shook*

[ʃúk 슉]

통 **shake**의 과거형

---

*shoot *shoot*

[ʃúːt 슈-트]

통 (3단현 **shoots** [ʃúːts 슈-츠], 과거·과거 분사 **shot** [ʃɑ́t 샷], 현재 분사 **shooting** [ʃúːtiŋ 슈-팅])

타 (총·화살로) …을 쏘다, 발사하다

I *shot* a gun.
나는 총을 쏘았다.

자 1. (…을 겨냥하여) 쏘다 ⟨*at*⟩; 총사냥을 하다

I *shot at* a target.
나는 과녁을 향해 쏘았다.

자 2. (골을 향해 공을) 차다, 던지다, 슛하다

The boy *shot* the ball.
그 소년은 골을 향해 공을 던졌다.

명 (복수 **shoots** [ʃúːts 슈-츠]) 사격, 발사; 새싹, 어린 가지

make a *shoot*
발사〔발포〕하다

---

*shop *shop*

[ʃɑ́p 샵]

명 (복수 **shops** [ʃɑ́ps 샵스]) 《영》 가게, 소매점, 상점 (《미》 store)

open a *shop* 가게를 열다
close a *shop* 가게를 닫다

Is there a fruit *shop* near?
— Yes, there is.
근처에 과일 가게가 있나요? — 그럼, 있지요.

자 (3단현 **shops** [ʃɑ́ps 샵스], 과거·과거 분사 **shopped** [ʃɑ́pt 샵트], 현재 분사 **shopping** [ʃɑ́piŋ 샤핑])

물건을 사다, 쇼핑하러 가다

He usually *shops* at the supermarket. 그는 보통 슈퍼마켓에서 물건을 산다.

---

*shop·ping *shopping*

[ʃɑ́piŋ 샤핑]

명 쇼핑, 물건사기, 장보기

I have some *shopping* to do.
나는 쇼핑할 것이 좀 있다.

A lot of people were doing Christmas *shopping*.
많은 사람들이 크리스마스 쇼핑을 하고 있었다.

---

*shore *shore*

[ʃɔ́ːr 쇼-]

명 (복수 **shores** [ʃɔ́ːrz 쇼-즈]) 바닷가, 해안, 해변

She reached the *shore* at last.
그녀는 마침내 바닷가에 도착했다.

Shopping Center 쇼핑센터, 상점가
[ʃápiŋ-sèntər 샤핑센터]

① **beauty shop** 미장원, 미용실
 [bjúːti-ʃɑ̀p 뷰-티샵]
② **drugstore** 약방, 약국
 [drʌ́gstɔ̀ːr 드러그스토-]
③ **coffee shop** 커피점
 [kɔ́ːfi-ʃɑ̀p 코-피샵]
④ **restaurant** 레스토랑, 음식점
 [réstərənt 레스터런트]
⑤ **barbershop** 이발소
 [bɑ́ːrbərʃɑ̀p 바-버샵]
⑥ **record shop** 레코드 가게
 [rékərd-ʃɑ̀p 레커드샵]
⑦ **shoeshop** 신발 가게, 양화점
 [ʃúːʃɑ̀p 슈-샵]
⑧ **key shop** 열쇠 가게
 [kíː-ʃɑ̀p 키-샵]
⑨ **meat market** 정육점
 [míːt-mɑ̀ːrkit 미-트마-킷]
⑩ **bakery** 빵집
 [béik(ə)ri 베이커리]
⑪ **pet shop** 애완 동물 가게
 [pét-ʃɑ̀p 펫샵]

We rowed our boat toward the *shore*.
우리는 해변을 향하여 보트를 저었다.

***short** *short*

[ʃɔːrt 쇼-트]

⟨형⟩ (비교급 **shorter** [ʃɔːrtər 쇼-터], 최상급 **shortest** [ʃɔːrtist 쇼-티스트])

⟨형⟩ 1. (길이·거리·시간 등이) 짧은(《반》 long 긴)
The cord is too *short*.
코드가 매우 짧다.

The nights are getting *shorter*.
밤이 점점 짧아지고 있다.
She had her hair cut *short*.
그녀는 머리를 짧게 깎았다.
This skirt is too *short* for me.
이 스커트는 나한테 너무 짧다.
Will you make your speech a little *shorter*? 연설을 좀 더 짧게 해주실래요?

⟨형⟩ 2. 키가 작은(《반》 tall 키가 큰)
He is *shorter* than she.
그는 그녀보다 키가 작다.

⟨형⟩ 3. 부족한, 모자라는
I am two dollars *short*.
2달러가 모자란다.
They were *short* of money.
그들은 돈이 부족했다.

⟨부⟩ 갑자기, 별안간
The car stopped *short*.
차가 갑자기 멈춰섰다.

⟨명⟩ (복수 **shorts** [ʃɔːrts 쇼-츠])
간결 ; 결손, 부족 ; [shorts로] 짧은 바지, 운동 팬츠 ; 『야구』 유격수

for short 줄여서
He is called Ben *for short*.
그는 줄여서 벤이라고 불린다.
in short 요약하면, 결국
In short, I like you.
한마디로 말해서 난 네가 좋다.

short·age *shortage*

[ʃɔːrtidʒ 쇼-티지]

⟨명⟩ (복수 **shortages** [ʃɔːrtidʒiz 쇼-티지즈])

부족, 결핍
a housing *shortage*
주택난
The *shortage* of food is a big problem.
식량 부족은 큰 문제다.

short·ly *shortly*
[ʃɔ́ːrtli 쇼-틀리]
- 〖부〗 곧《동》soon); 짧게, 간단히
  He will arrive *shortly*.
  그는 곧 도착할 것이다.
  I shall be seeing him *shortly*.
  나는 곧 그를 만날 것이다.

*shot *shot*
[ʃát 샷]
- 〖동〗 shoot의 과거·과거 분사
- 〖명〗 1. 발포, 발사
  He took a *shot* at a bird.
  그는 새를 겨냥해 쏘았다.

- 〖명〗 2. 포탄, 탄환; 사정
  The ship was out of *shot*.
  배는 사정거리 밖에 있었다.

*should *should*
[(약) ʃəd 셔드; (강) ʃúd 슈드]
★ 발음 주의
- 〖조〗 shall의 과거형
- 〖조〗 1. [의무·당연함을 나타내어] …하여야 한다〔할 것이다〕, …하는 것이 당연하다〔좋다〕
  ◆ You *should* come home by six.
  너는 6시까지 집에 와야 한다.

  You *should* not do that.
  너는 그런 짓을 해서는 안된다.
- 〖조〗 2. [ʃúd 슈드] [shall의 과거형으로] …일 것이다, …이겠지
  I thought I *should* go mad.
  나는 미칠 것 같았다.
- 〖조〗 3. [가정법 과거로] …할텐데
  If I were rich, I *should* buy a car.
  내가 부자라면 차를 살 수 있을 텐데.
- 〖조〗 4. [It is+형용사+that ~ should…로] ~이〔가〕 …하는 것은, ~이 …하다니〔이라니〕
  It is strange *that* you *should* not know it.
  네가 그것을 모르다니 이상하다.
- 〖조〗 5. [if절로] …라면
  If I *should* fail this time, I would try it again.
  이번에 실패한다면 다시 하겠다.
- 〖조〗 6. [의문사와 함께] 대체〔어디서, 어떻게, 어째서〕 …인가《의외·놀람을 나타낸다》
  How *should* I know his plan?
  어떻게 내가 그의 계획을 알겠는가?

**shoul·der *shoulder*
[ʃóuldər 쇼울더]
- 〖명〗 (복수 **shoulders** [ʃóuldərz 쇼울더즈])

어깨

I have a pain on my right *shoulder*.
나는 오른쪽 어깨가 아프다.
shrug** one's **shoulders 어깨를 으쓱하다《불쾌·절망·의심·놀라움 등을 나타낸다》

＊shout *shout*

[ʃáut 샤우트]

동 (3단현 **shouts** [ʃáuts 샤우츠], 과거·과거 분사 **shouted** [ʃáutid 샤우티드], 현재 분사 **shouting** [ʃáutiŋ 샤우팅])

자 외치다, 고함치다
Don't *shout* at me.
내게 소리치지 마라.
They *shouted* with[for] joy.
그들은 환호성을 질렀다.

타 …라고 외치다, …을 큰소리로 말하다
"A robber!" she *shouted*.
「강도야!」라고 그녀가 외쳤다.

명 (복수 **shouts** [ʃáuts 샤우츠]) 외침, 큰소리 ; 환호, 환성

She gave a *shout*.
그녀는 고함을 질렀다.

＊show *show*

[ʃóu 쇼우]

동 (3단현 **shows** [ʃóuz 쇼우즈], 과거형 **showed** [ʃóud 쇼우드], 과거 분사 **showed** [ʃóud 쇼우드] 또는 **shown** [ʃóun 쇼운], 현재 분사 **showing** [ʃóuiŋ 쇼우잉])

타 1. …을 보이다
Show your tickets, please.
표를 보여주십시오.

I got a pen yesterday.
— *Show* it to me.
어제 펜을 하나 샀어.
— 나 좀 보여줘.
He *showed* the pictures to me.
그는 내게 사진을 보여주었다.

타 2. …을 전시하다 ; 상영하다
What movie are they *showing* there?
그곳에서는 어떤 영화를 상영하고 있습니까?

타 3. 안내하다 ; (길을) 가리키다
◆ Excuse me. Could you *show*

me the way to the station?
실례합니다만, 역으로 가는 길을 가르쳐 주시겠습니까?

자 나타나다, 보이다
The hospital *showed* in the distance.
멀리 병원이 보였다.

show up (모습을) 나타내다 ; 눈에 띄다
He waited for a long time, but she never *showed up*.
그는 오랫동안 기다렸지만 그녀는 나타나지 않았다.

명 (복수 **shows** [ʃóuz 쇼우즈])
전람회, 전시회 ; 구경거리, 쇼
When does the *show* start?
쇼는 언제 시작합니까?

---

*show·er   *shower*
[ʃáuər 샤우어]

명 (복수 **showers** [ʃáuərz 샤우어즈])

명 1. 소나기
We had a *shower* this morning.
오늘 아침 소나기가 왔다.

명 2. 샤워
I have a *shower* every morning.
나는 매일 아침 샤워를 한다.

---

*shown   *shown*
[ʃóun 쇼운]
동 **show**의 과거 분사

---

*shut   *shut*
[ʃʌt 셧]

동 (3단현 **shuts** [ʃʌts 셔츠], 과거·과거 분사 **shut** [ʃʌt 셧], 현재 분사 **shutting** [ʃʌ́tiŋ 셔팅])

타 (문을) 닫다 ; (입·눈을) 다물다, 감다 ; (책을) 덮다 ; (우산을) 접다

She *shut* the window.
그녀는 창문을 닫았다.
Shut your books.
책을 덮으시오.
I *shut* my umbrella.
나는 우산을 접었다.

자 닫히다 ; 휴업〔폐점〕하다
This door *shuts* easily.
이 문은 잘 닫힌다.
That window won't *shut*.
저 창문은 잘 닫히지 않는다.

---

*shy   *shy*
[ʃái 샤이]

형 (비교급 **shier** 또는 **shyer** [ʃáiər 샤이어], 최상급 **shiest** 또는 **shyest** [ʃáiist 샤이이스트])
소심한, 수줍어하는, 부끄럼타는
He is not *shy* with〔of〕 women.
그는 여자 앞에서 수줍어하지 않는다.

---

*sick   *sick*
[sík 식]
형 (비교급 **sicker** [síkər 시커],

최상급 **sickest** [síkist 시키스트])
형 1. 병난(《반》 well 건강한), 앓는, 병에 걸린
He was *sick* with a fever.
그는 열이 있었다.
She is *sick* in bed.
그녀는 병이 나서 누워 있다.

She fell *sick* suddenly.
그녀는 갑자기 병이 났다.
형 2. 메스꺼운, 느글거리는, 구역나는
I often feel *sick* when I travel by ship.
나는 배로 여행할 때면 종종 멀미를 한다.

sick·ness *sickness*

[síknəs 시크너스]
명 (복수 **sicknesses** [síknəsiz 시크너시즈])
병 ; 메스꺼움, 구역질
I was absent because of *sickness* yesterday.
나는 어제 병이 나서 결석했다.

side *side*

[sáid 사이드]
명 (복수 **sides** [sáidz 사이즈])
명 1. 쪽, 편, 측면
Is it on this *side*? — No, it's on the other *side*.
그것은 이쪽에 있나요?
— 아니오, 반대쪽에 있어요.
He sat his father's left *side*.
그는 아버지의 왼쪽에 앉았다.

명 2. 면, 방면
I studied it from all *sides*.
나는 모든 면에서 그것을 연구했다.
Look on the bright *side* of life.
인생의 밝은 면을 보아라.
명 3. 가, 가장자리
We walked by the river *side*.
우리는 강가를 걸었다.
명 4. 옆, 곁 ; 옆구리 ; 산중턱
He never left her *side*.
그는 잠시도 그녀의 곁을 떠나지 않았다.
I feel[have] a pain my *side*.
나는 옆구리가 아프다.
명 5. (자기) 쪽, 편
They're on our *side*.
그들은 우리편이다.
by the side of …의 곁에
from side to side 좌우로, 옆으로
She moved her head *from side to side*.
그녀는 머리를 가로저었다.
side by side 나란히
We walked *side by side*.
우리는 나란히 걸었다.

형 곁의, 옆의 ; 측면의
a *side* door 옆문

side·walk *sidewalk*
[sáidwɔ̀ːk 사이드워-크]
명 (복수 **sidewalks** [sáidwɔ̀ːks 사이드워-크스])
((미)) (포장된) 보도, 인도 (((영)) pavement)

Don't play on the *sidewalk*.
보도에서 놀지 마라.

*sight *sight*
[sáit 사이트]
★ 발음 주의
명 (복수 **sights** [sáits 사이츠])
명 1. 시력
He lost his *sight*.
그는 시력을 잃었다.
I have bad *sight*.
나는 시력이 나쁘다.

명 2. 봄, 보임

I cannot bear the *sight* of him.
나는 차마 그의 모습을 볼 수 없다.
명 3. 시계, 시야, 눈길 닿는 범위
The plane was soon out of *sight*.
비행기는 곧 시야에서 사라졌다.
Out of *sight*, out of mind.
《속담》 보이지 않으면 마음도 멀어진다.
명 4. 광경, 경치
What a beautiful *sight*!
정말 아름다운 경치구나!

명 5. [the sights로] 명소, 명승지
I saw *the sights* of London.
나는 런던의 명소를 구경했다.
at first sight 한눈에, 첫눈에
He fell in love with her *at first sight*.
그는 그녀와 첫눈에 사랑에 빠졌다.
at the sight of …을 보고
She smiled *at the sight of* her mother.
그녀는 어머니를 보고 미소지었다.
catch sight of …을 찾아내다 ; 흘끗[언뜻] 보다
I *caught sight of* the boy in the park.
나는 그 소년을 공원에서 언뜻 보았다.
in sight 보이는 거리에, (…이) 보이는 곳에(서)
We came *in sight* of land.

우리는 육지가 보이는 곳에 왔다.

lose sight of …을 (시야에서) 놓치다
We *lost sight of* him in the crowd.
우리는 군중 속에서 그를 잃어버리고 말았다.

***sign** *sign*
[sáin 사인] ★ 발음 주의
  명 (복수 **signs** [sáinz 사인즈])
  명 1. 기호, 부호
   the plus *sign*
   플러스 기호((+))
   the minus *sign*
   마이너스 기호((−))
  명 2. 신호; 암호; 손짓, 몸짓
   He spoke by *signs*.
   그는 손짓으로 말했다.
   She made a *sign* to come.
   그녀는 오라는 손짓을 했다.

  명 3. 표지; 간판; 게시
   traffic *signs* 교통 표지
   road *signs* 도로 표지

  명 4. 기미, 징후; 조짐
   There is no *sign* of rain.
   비가 올 기미는 없다.
   That is the *sign* of a heavy snow.
   그것은 눈이 많이 올 징조다.
  타 (3단현 **signs** [sáinz 사인즈], 과거·과거 분사 **signed** [sáind 사인드], 현재 분사 **signing** [sáiniŋ 사이닝])
  타 1. 서명하다, 사인하다
   Please *sign* the check.
   수표에 서명해 주십시오.
  타 2. 신호하다
   He *signed* that he was ready to start.
   그는 시작할 준비가 되었다고 신호했다.

***sig·nal** *signal*
[sígnəl 시그널]
  명 (복수 **signals** [sígnəlz 시그널즈])
  신호; 신호기

a traffic *signal* 교통 신호
He raised his hand as a *signal*.
그는 신호로 손을 들었다.
타 (3단현 **signals** [sígnəlz 시그널즈], 과거·과거 분사 **signal(l)ed** [sígnəld 시그널드], 현재 분사 **signal(l)ing** [sígnəliŋ 시그널링])
신호를 보내다
I *signaled* the car to stop.
나는 자동차에 정지 신호를 보냈다.

sig·nif·i·cance
significance
[signífikəns 시그니피컨스]
명 1. 의의, 의미
the *significance* of this sign
이 기호의 의미
명 2. 중요성
a matter of *significance*
중대 사건

sig·nif·i·cant
significant
[signífikənt 시그니피컨트]
형 1. 의미 있는, 뜻깊은
a *significant* day for our school
우리 학교로서는 뜻깊은 날
형 2. 중요한
a very *significant* speech
매우 중요한 연설

*si·lence *silence*
[sáiləns 사일런스]
명 (복수 **silences** [sáilənsiz 사일런시즈])
명 1. 침묵, 무언 ; 무소식
Silence is golden.
《속담》 침묵은 금이다.

명 2. 고요함, 정적
A dog's bark broke the *silence* of the night. 개짖는 소리가 밤의 정적을 깼다.

*si·lent *silent*
[sáilənt 사일런트]
형 (비교급 **more silent**, 최상급 **most silent**)
형 1. 침묵하는, 무언의, 말없는
He kept *silent* for several hours. 그는 몇 시간 동안 침묵을 지키고 있었다.
형 2. 잠잠한, 고요한 ; 소리없는
It was a *silent* night.
고요한 밤이었다.

형 3. 발음되지 않는
The "t" in "listen" is *silent*.
「listen」의 「t」는 발음되지 않는다.

*silk *silk*
[sílk 실크]
명 (복수 **silks** [sílks 실크스])

비단 ; 명주실 ; [silks로] 비단옷

She is dressed in *silks*.
그녀는 비단옷을 입고 있다.

*sil·ly *silly*

[síli 실리]

형 (비교급 **sillier** [síliər 실리어], 최상급 **silliest** [síliist 실리이스트])
어리석은 ; 바보같은
It was *silly* of me to believe him.
그를 믿다니 내가 어리석었다.
Don't be *silly*.
바보같은 소리 마라.

*sil·ver *silver*

[sílvər 실버]

명 은 ; 은그릇, 은식기, 은제품

This bell is made of *silver*.
이 종은 은으로 만들었다.
형 은의 ; 은으로 만든
This is a *silver* spoon.

이것은 은수저다.

*sim·i·lar *similar*

[símələr 시멀러]

형 유사한, 비슷한, 닮은
It is *similar* to mine.
그것은 내 것과 비슷하다.

*sim·ple *simple*

[símpl 심플]

형 (비교급 **simpler** [símplər 심플러], 최상급 **simplest** [símplist 심플리스트])
형 1. 단순한, 간단한 ; 쉬운
a *simple* question 쉬운 문제
The job is quite *simple*.
그 일은 매우 쉽다.
형 2. 순박한, 순진한
He is as *simple* as a child.
그는 어린아이처럼 순진하다.
형 3. 소박한, 검소한
He is living a *simple* life.
그는 검소한 생활을 하고 있다.

*sim·ply *simply*

[símpli 심플리]

부 단지, 다만 ; 알기 쉽게, 간단히 ; 검소하게
This story is *simply* written.
이 이야기는 평이하게 씌어졌다.
He answered their questions very *simply*.
그는 그들의 질문에 아주 간단히 대답했다.

si·mul·ta·ne·ous·ly *simultaneously*

[sàiməltéiniəsli 사이멀테이니어슬리]

부 동시에 ; 일제히

sin sin
[sín 신]

명 (복수 **sins** [sínz 신즈])
(도덕적·종교적인) 죄, 죄악
commit a *sin* 죄를 짓다

---

*since since
[síns 신스]

전 …이래[이후], …로부터 (지금에 이르기까지)《보통 현재 완료형과 함께 쓴다》
I have not seen him *since* last year.
작년 이후 그를 만나지 못하고 있다.
She has been waiting for you *since* six o'clock.
그녀는 6시부터 계속 너를 기다리고 있다.

접 1. …한 이래, …한 후 (줄곧)
I have been busy *since* I came here.
나는 여기에 온 이래 줄곧 바쁘다.

접 2. …하므로[이므로], …까닭에
Since it was Sunday, all the stores were closed.
일요일이었으므로 가게는 모두 닫혀 있었다.

부 그 후 (지금까지) ; (지금부터) …전에
I haven't heard from him *since*.
그 후 그로부터 소식이 없다.

---

*sin·cere sincere
[sinsíər 신시어]

형 (비교급 **sincerer** [sinsí(ə)rər 신시(어)러] 또는 **more sincere**, 최상급 **sincerest** [sinsí(ə)rist 신시(어)리스트] 또는 **most sincere**)
성실한, 진실한 ; 거짓없는
a *sincere* friend
성실한 친구

**sing sing
[síŋ 싱]

동 (3단현 **sings** [síŋz 싱즈], 과거형 **sang** [sǽŋ 생], 과거 분사 **sung** [sʌ́ŋ 성], 현재 분사 **singing** [síŋiŋ 싱잉])

자 1. 노래하다
She *sings* very well.
그녀는 노래를 아주 잘 부른다.

자 2. (새가) 지저귀다
Many birds are *singing* in the woods.
많은 새들이 숲 속에서 지저귀고 있다.

타 노래하다
He *sang* me the song.
그는 나에게 그 노래를 불러 주었다.

*sing·er *singer*

[síŋər 싱어]

명 (복수 **singers** [síŋərz 싱어즈])
가수, 성악가
a popular *singer* 대중 가수

She is a good *singer*.
그녀는 훌륭한 가수다〔노래를 잘한다〕.

*sin·gle *single*

[síŋgl 싱글]

형 1. 단 하나의
She did not say a *single* word.
그녀는 단 한마디 말도 하지 않았다.

형 2. 1인용의
I want a *single* room.
나는 1인용 방을 원합니다.

형 3. 혼자의, 독신의
Is she married or *single*?
그녀는 결혼했습니까, 독신입니까?

형 4. (차표 등이) 편도의(《반》 return 왕복의)
a *single* ticket 편도 차표

명 (복수 **singles** [síŋglz 싱글즈])
한 개; 1인용 방; [singles로] (테니스의) 단식(경기)《단수 취급》;《영》 편도 차표; [singles로] 독신자

*sink *sink*

[síŋk 싱크]

동 (3단현 **sinks** [síŋks 싱크스], 과거형 **sank** [sǽŋk 생크], 과거분사 **sunk** [sʌ́ŋk 성크], 현재분사 **sinking** [síŋkiŋ 싱킹])

자 (수면 아래로) 가라앉다
The boat *sank* in the ocean.
그 배는 바다에 가라앉았다.
The sun is *sinking* in the west.
태양은 서쪽으로 지고 있다.

타 가라앉히다, 침몰시키다
sink a ship 배를 침몰시키다

*sir *sir*

[《약》 sər 서;《강》 sə́ːr 서-]

명 1. [호칭] 님, 선생님《손윗사람·모르는 남성에 대한 경칭으로 보통 해석하지 않는다》
Yes, *sir*! 그렇고 말고요!
Good morning, *sir*.
안녕하십니까.
Sir, may I ask you a question?
선생님, 질문해도 좋습니까?

명 2. [Sir로] 경《영국에서는 나이트작 또는 준남작의 성명 또는 이름 앞에 붙인다》
Sir Winston Churchill
윈스턴 처칠 경

*sis·ter *sister*

[sístər 시스터]

명 (복수 **sisters** [sístərz 시스터즈])

자매
an elder *sister*
누이, 언니
a younger *sister* 여동생
Do you have any *sisters*?
— Yes, I have two *sisters*.
너는 여자 형제가 있니?
— 응, 두 명 있어.

*sit   *sit*

[sít 싯]
재 (3단현 **sits** [síts 시츠], 과거·과거 분사 **sat** [sǽt 샛], 현재 분사 **sitting** [sítiŋ 시팅])
재 1. 앉다, 앉아 있다
sit in[on] a chair
의자에 앉다
Sit down, please.
앉으세요.

He was *sitting* reading.
그는 앉아서 책을 읽고 있었다.
재 2. (새 등이) 앉다; (둥지에) 들다
Some birds are *sitting* on the wire.
새 몇마리가 전선에 앉아 있다.
sit up 똑바로 앉다; 일어나 앉다; 자지 않고 일어나 있다
Sit up straight.
똑바로 앉아라.
The sick girl *sat up* in bed.
병든 소녀는 침대에서 일어나 앉았다.
She *sat up* late doing her homework.
그녀는 늦게까지 자지 않고 숙제를 했다.

site   *site*

[sáit 사이트]
명 (복수 **sites** [sáits 사이츠])
위치, 장소; 용지, 부지; 유적
a good *site* for a picnic
피크닉에 안성맞춤인 장소

*sit·u·a·tion

situation

[sìtʃuéiʃən 시추에이션]
명 (복수 **situations** [sìtʃuéiʃənz 시추에이션즈])
위치, 장소; 입장, 사정; 정세
The house stands in a fine *situation*.
그 집은 좋은 위치에 있다.
He is now in a very difficult *situation*. 그는 지금 매우 곤란한 입장에 있다.

*six *six*

[síks 식스]

圕 6 ; 여섯시 ; 여섯개 ; 여섯명 ; 여섯살
I get up at *six* every morning.
나는 매일 아침 6시에 일어난다.

혱 6의 ; 여섯개의 ; 여섯명의
There are *six* rooms in this house.
이 집에는 여섯개의 방이 있다.

*six·teen *sixteen*

[sìkstíːn 식스틴-]

圕 16 ; 열여섯개 ; 열여섯명 ; 열여섯살
She is *sixteen*.
그녀는 열여섯살이다.
혱 16의 ; 열여섯개의 ; 열여섯명의
There are *sixteen* teachers in our school.
우리 학교에는 열여섯 분의 선생님이 계신다.

*six·teenth *sixteenth*

[sìkstíːnθ 식스틴-스]

圕 열여섯번째 ; (달의) 16일 ; 16분의 1
혱 열여섯번째의 ; 16분의 1의

*sixth *sixth*

[síksθ 식스스]

圕 여섯번째 ; (달의) 6일 ; 6분의 1
He was born on the *sixth* of May.
그는 5월 6일에 태어났다.
혱 여섯번째의 ; 6분의 1의
June is the *sixth* month of the year.
6월은 1년의 여섯번째 달이다.

six·ti·eth *sixtieth*

[síkstiiθ 식스티이스]

圕 60번째 ; 60분의 1
혱 60번째의 ; 60분의 1의

*six·ty *sixty*

[síksti 식스티]

圕 60 ; 60개〔명〕; 60살 ; [one's sixties로] (연령의) 60대
She is in *her sixties*.
그녀는 60대다.
혱 60의 ; 60개〔명〕의 ; 60살의
An hour has *sixty* minutes.
1시간은 60분이다.

*size *size*

[sáiz 사이즈]

圕 (복수 sizes [sáiziz 사이지즈])
크기, 치수, 사이즈
a small *size* 소형, 작은 치수
a large *size* 대형, 큰 치수

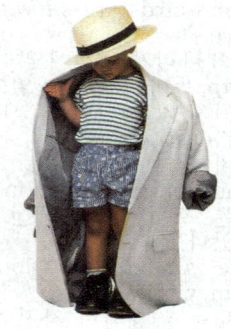

What *size* shoes do you wear?
당신의 신발 사이즈는 얼마입니까?
May I take your *size*?
당신의 치수를 재도 될까요?
What *size* do you want?
어떤 사이즈를 원하시지요?

skate *skate*
[skéit 스케이트]
명 (복수 **skates** [skéits 스케이츠])
[보통 skates로] 스케이트 구두

My father bought me a pair of *skates*.
아버지는 내게 스케이트를 한 켤레 사주셨다.
자 (3단현 **skates** [skéits 스케이츠], 과거·과거 분사 **skated** [skéitid 스케이티드], 현재 분사 **skating** [skéitiŋ 스케이팅])
스케이트를 지치다〔타다〕
She can *skate* very well.
그녀는 스케이트를 아주 잘 탄다.

skel·e·ton *skeleton*
[skélətn 스켈러튼]
명 (복수 **skeletons** [skélətnz 스켈러튼즈])
(사람·동물의) 골격, 해골; (건물의) 골조

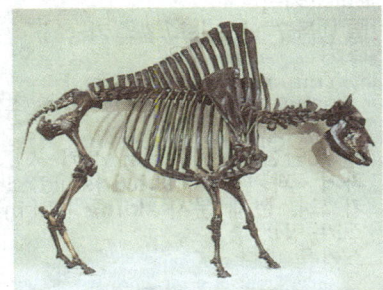

He is just a *skeleton*.
그는 무척 여위었다.

sketch *sketch*
[skétʃ 스케치]
명 (복수 **sketches** [skétʃiz 스케치즈])
스케치, 사생화; 밑그림, 약도

make〔draw〕 a *sketch* of a house
집을 스케치하다, 집의 약도를 그리다
타 (3단현 **sketches** [skétʃiz 스케치즈], 과거·과거 분사 **sketched** [skétʃt 스케치트], 현재 분사 **sketching** [skétʃiŋ 스케칭])

…의 스케치를 하다 ; …의 약도를 그리다
She *sketched* the street.
그녀는 거리를 스케치했다.

ski *ski*
[skíː 스키ː]
⟨명⟩ (복수 **skis** [skíːz 스키ː즈])
스키
You can rent *skis* here.
당신은 여기서 스키를 빌릴 수 있습니다.
⟨자⟩ (3단현 **skis** [skíːz 스키ː즈], 과거·과거 분사 **skied** [skíːd 스키ː드], 현재 분사 **skiing** [skíːiŋ 스키ː잉])
스키를 타다

skill *skill*
[skíl 스킬]
⟨명⟩ (복수 **skills** [skílz 스킬즈])
숙련, 노련 ; (특수한) 기술, 기능
This work needs much *skill*.
이 일은 많은 숙련을 요한다.
It requires *skill* to teach a foreign language. 외국어를 가르치는 데는 기술이 필요하다.

skilled *skilled*
[skíld 스킬드]
⟨형⟩ 숙련된, 노련한
skilled workers 숙련공

*skin *skin*
[skín 스킨]
⟨명⟩ (복수 **skins** [skínz 스킨즈])
⟨명⟩ 1. (사람의) 피부, 살결
She has fair *skin*.
그녀는 피부가 곱다.
⟨명⟩ 2. (동물의) 가죽, 피혁 ; (과일의) 껍질

skip *skip*
[skíp 스킵]
⟨동⟩ (3단현 **skips** [skíps 스킵스], 과거·과거 분사 **skipped** [skípt 스킵트], 현재 분사 **skipping** [skípiŋ 스키핑])
⟨타⟩ 1. (가볍게) 뛰어넘다 ; 줄넘기를 하다
The horse *skipped* the fence.
말이 울타리를 뛰어넘었다.
⟨타⟩ 2. (군데 군데) 건너뛰어 읽다 ; 거르다, 빠뜨리다
He often *skipped* the meals.
그는 종종 식사를 걸렀다.
⟨자⟩ 가볍게 뛰다, 뛰어 돌아다니다 ; (중간을) 건너뛰다

skirt *skirt*
[skə́ːrt 스커ː트]
⟨명⟩ (복수 **skirts** [skə́ːrts 스커ː츠])
⟨명⟩ 1. 스커트, 치마

She always wears a *skirt*.
그녀는 언제나 스커트를 입는다.
명 2. [skirts로] 교외, 변두리
He lives on the *skirts* of town.
그는 교외에 살고 있다.

*sky *sky*
[skái 스카이]
명 (복수 **skies** [skáiz 스카이즈]) 하늘

The *sky* is blue.
하늘은 푸르다.
There wasn't a cloud in the *sky*.
하늘에는 구름 한점 없었다.

slave *slave*
[sléiv 슬레이브]
명 (복수 **slaves** [sléivz 슬레이브즈])
노예
work like a *slave*
노예처럼 일하다

**sleep *sleep*
[slí:p 슬리-프]
자 (3단현 **sleeps** [slí:ps 슬리-프스], 과거·과거 분사 **slept** [slépt 슬렙트], 현재 분사 **sleeping** [slí:piŋ 슬리-핑])
잠자다 (《반》 wake 잠깨다)
I *sleep* about eight hours a day.
나는 하루에 약 8시간 잔다.
go to sleep 잠들다
I *went to sleep* about 10 o'clock.
나는 10시 경에 잠들었다.
명 잠, 수면
I had a good *sleep* last night.
나는 어젯밤에 잠을 잘 잤다.

*sleeve *sleeve*
[slí:v 슬리-브]
명 (복수 **sleeves** [slí:vz 슬리-브즈])
소매, 소맷자락
The *sleeves* are too short.
소매가 너무 짧다.

slice *slice*
[sláis 슬라이스]
명 (복수 **slices** [sláisiz 슬라이시즈])
얇은 조각, 한 조각

a *slice* of bread 빵 한 조각

*slide *slide*

[sláid 슬라이드]

㉧ (3단현 **slides** [sláidz 슬라이즈], 과거·과거 분사 **slid** [slíd 슬리드], 현재 분사 **sliding** [sláidiŋ 슬라이딩])
미끄러지다, 미끄러져 가다 ; (야구에서) 슬라이딩하다
 The boy *slid* on the ice.
 소년은 얼음 위에서 미끄러졌다.
 The runner *slid* into second base.
 주자는 2루로 슬라이딩했다.
㉢ (복수 **slides** [sláidz 슬라이즈])
㉢ 1. 미끄러지기 ; (야구의) 슬라이딩 ; 미끄럼틀

㉢ 2. (현미경·환등기의) 슬라이드

*slight *slight*

[sláit 슬라이트]

㉫ (비교급 **slighter** [sláitər 슬라이터], 최상급 **slightest** [sláitist 슬라이티스트])
약간의, 사소한 ; 가벼운
 I have a *slight* fever.
 나는 열이 약간 있다.
 We had a *slight* difference of opinions.
 우리는 사소한 의견 차이가 있었다.

*slight·ly *slightly*

[sláitli 슬라이틀리]

㉮ 약간, 조금
 It was raining *slightly*.
 비가 조금 내리고 있었다.

*slip *slip*

[slíp 슬립]

㉧ (3단현 **slips** [slíps 슬립스], 과거·과거 분사 **slipped** [slípt 슬립트], 현재 분사 **slipping** [slípiŋ 슬리핑])
㉧ 1. 미끄러지다, 미끄러져 넘어지다
 I *slipped* on the ice and broke my leg.
 나는 빙판에 미끄러져 다리가 부러졌다.

㉧ 2. 몰래 들어가다〔나오다〕
 He *slipped* away.
 그는 몰래 빠져나갔다.

자 3. (기회 등이) **지나가 버리다**; (시간이) 어느덧 지나가다
Time *slipped* by.
어느덧 시간이 흘렀다.

명 (복수 **slips** [slíps 슬립스])
명 1. 미끄러짐, 미끄러져 구르기
He had a *slip* in the bathroom.
그는 욕실에서 미끄러졌다.
명 2. 과실, 잘못
He made a *slip* in a spelling test. 그는 단어 철자 시험에서 실수를 했다.
명 3. 슬립《여성용 속옷》

slip·per *slipper*

[slípər 슬리퍼]
명 (복수 **slippers** [slípərz 슬리퍼즈])
슬리퍼, 가벼운 실내화

*slope *slope*

[slóup 슬로우프]
명 (복수 **slopes** [slóups 슬로우프스])
경사면, 비탈; 경사, 물매

go up〔down〕 a *slope*
비탈을 오르다〔내려가다〕

*slow *slow*

[slóu 슬로우]
형 (비교급 **slower** [slóuər 슬로우어], 최상급 **slowest** [slóuist 슬로우이스트])
형 1. (속도가) **느린, 더딘**《반》quick 빠른)
You're too *slow*.
너는 너무 느리다.

He is a *slow* walker.
그는 걸음이 느리다.
형 2. (시계가) 늦는, 더디 가는
Your watch is five minutes *slow*. 네 시계는 5분 늦다.
부 늦게, 더디게, 느리게
He speaks very *slow*.
그는 아주 천천히 말한다.

*slow·ly *slowly*

[slóuli 슬로울리]
부 **천천히, 느릿느릿**《반》quickly 빠르게)
Could you please speak more *slowly*?
좀 더 천천히 말씀해 주시겠습니까?

*small *small*

[smɔ́ːl 스몰-]
형 (비교급 **smaller** [smɔ́ːlər 스몰-러], 최상급 **smallest** [smɔ́ːlist

스몰-리스트])
형 1. 작은(《반》 large, big 큰)

small　　　big

This hat is too *small* for me.
이 모자는 내게 너무 작다.
She lives in a *small* town.
그녀는 작은 도시에 살고 있다.
She is *small* for her age.
그녀는 나이에 비해 키가 작다.
형 2. (수량이) 적은, 얼마 안되는
She had only a *small* sum of money.
그녀는 돈이 조금 밖에 없다.

*smart *smart*
[smάːrt 스마-트]
형 (비교급 **smarter** [smάːrtər 스마-터], 최상급 **smartest** [smάːrtist 스마-티스트])
형 1. 재치있는, 빈틈없는, 영리한 《동》 clever, bright)
She is a *smart* girl.
그녀는 재치있는 소녀다.
형 2. 맵시있는, 말쑥한, 스마트한
She looks *smart*.
그녀는 산뜻해 보인다.

*smell *smell*
[smél 스멜]
동 (3단현 **smells** [smélz 스멜즈], 과거·과거 분사 **smelt** [smélt 스멜트] 또는 **smelled** [sméld 스멜드], 현재 분사 **smelling** [smélíŋ 스멜링])

타 냄새맡다

She *smelled* the roses.
그녀는 장미 향기를 맡았다.
자 냄새가 나다; 냄새를 맡다
This food *smells* delicious.
이 음식에서 맛있는 냄새가 난다.
I can't *smell* because I have a cold.
나는 감기가 들어서 냄새를 맡지 못한다.
명 (복수 **smells** [smélz 스멜즈])
냄새, 향기
This flower has a sweet *smell*.
이 꽃은 향기가 좋다.

*smile *smile*
[smáil 스마일]
자 (3단현 **smiles** [smáilz 스마일즈], 과거·과거 분사 **smiled** [smáild 스마일드], 현재 분사 **smiling** [smáiliŋ 스마일링])
미소짓다, 생글거리다
He *smiled* at the boy.
그는 그 소년에게 미소지었다.
명 (복수 **smiles** [smáilz 스마일즈])
미소
There was a *smile* on her face.
그녀는 얼굴에 미소를 띠고 있었다.
She answered with a *smile*.

그녀는 방긋 웃으며 대답했다.

*smoke smoke
[smóuk 스모우크]

명 (복수 **smokes** [smóuks 스모우크스])

명 1. 연기《부정 관사를 붙이지 않고 복수형으로도 하지 않는다》

The room is full of *smoke*.
그 방은 연기로 가득하다.
There is no *smoke* without fire.
《속담》 아니 땐 굴뚝에 연기 날까.

명 2. [보통 a smoke로] (담배) 한대 피우기
Will you have *a smoke*?
담배 한대 피우시겠습니까?

동 (3단현 **smokes** [smóuks 스모우크스], 과거·과거 분사 **smoked** [smóukt 스모우크트], 현재 분사 **smoking** [smóukiŋ 스모우킹])

자 1. 연기가 나다
The stove is *smoking*.
난로에서 연기가 나고 있다.
자 2. 담배를 피우다
I don't *smoke*.
나는 담배를 피우지 않는다.
타 1. (담배를) 피우다
smoke a pipe
파이프 담배를 피우다
타 2. (고기·생선을) 훈제하다

smok·ing smoking
[smóukiŋ 스모우킹]

명 흡연
No *smoking*. 《게시》 금연.

*smooth smooth
[smúːð 스무-드]

형 (비교급 **smoother** [smúːðər 스무-더], 최상급 **smoothest** [smúːðist 스무-디스트])

형 1. 매끄러운《반》 rough 거친》; 평탄한
a *smooth* road
평탄한 길
She has *smooth* skin.
그녀의 피부는 매끄럽다.
형 2. (바다가) 잔잔한, 고요한
a *smooth* sea
잔잔한 바다

snack snack
[snǽk 스낵]

명 가벼운 식사, 간식

snake *snake*

[snéik 스네이크]

명 (복수 **snakes** [snéiks 스네익스])
뱀

snap *snap*

[snǽp 스냅]

동 (3단현 **snaps** [snǽps 스냅스], 과거·과거 분사 **snapped** [snǽpt 스냅트], 현재 분사 **snapping** [snǽpiŋ 스내핑])

자 탁 소리가 나다 ; 뚝 부러지다 ; 덥석 물다, 달려 들다
  The branch *snapped* off.
  가지가 뚝 부러졌다.

타 탁 소리를 내다 ; 뚝 부러뜨리다〔꺾다〕

명 (복수 **snaps** [snǽps 스냅스])
뚝〔찰칵〕하는 소리 ; 뚝 부러짐 ; 덥석 물기 ; 죔쇠
  The dog made a *snap* at the meat.
  개는 고기를 덥석 물었다.

snow *snow*

[snóu 스노우]

명 (복수 **snows** [snóuz 스노우즈])
눈

  It looks like *snow*.
  눈이 내릴 것 같다.
  There was a heavy *snow* last night.
  어젯밤에 많은 눈이 내렸다.
  Suddenly, the rain changed to *snow*.
  갑자기 비가 눈으로 변했다.

자 (3단현 **snows** [snóuz 스노우즈], 과거·과거 분사 **snowed** [snóud 스노우드], 현재 분사 **snowing** [snóuiŋ 스노우잉])
[it을 주어로 하여] 눈이 내리다
  It snows in winter.
  겨울에는 눈이 내린다.
  It began to *snow*.
  눈이 내리기 시작했다.
  It is *snowing* hard.
  눈이 심하게 내리고 있다.

snow·man *snowman*

[snóumæ̀n 스노우맨]

명 (복수 **snowmen** [snóumèn 스노우멘])
눈사람
  We put a hat on our *snowman*.
  우리는 눈사람에 모자를 씌웠다.

*so *so*
[sóu 소우]

부 1. 그와 같이, 그렇게, 그대로
Don't speak *so* loudly.
그렇게 큰소리로 말하지 마라.

You must not behave *so*.
그렇게 행동해서는 안된다.

부 2. 《구어》 매우, 무척, 대단히
I am *so* glad.
나는 매우 기쁘다.
It is *so* kind of you to come.
와주셔서 대단히 감사합니다.

부 3. [대명사적으로 써서] 그렇게, 그처럼
I don't think *so*.
나는 그렇게 생각하지 않는다.
Oh, is that *so*?
아, 그렇습니까?
He told me *so*.
그는 내게 그렇게 말했다.

부 4. (정말) 그렇다, 그렇고 말고, 정말이야
He is honest. — *So* he is.
그는 정직하다. — 정말 그래.
It is raining outside.
— *So* it is.
밖엔 비가 내리고 있군.
— 그렇군.

부 5. …도 (또한) 그렇다
She likes wine.
— *So* do I.
그녀는 포도주를 좋아해.
— 나도 그래.

and so on 따위, 등등
I like baseball, tennis, soccer, *and so on*.
나는 야구, 테니스, 축구 등을 좋아한다.

not so ~ as ... …만큼 ~하지 않다
I am *not so* tall *as* he.
나는 그만큼 키가 크지 않다.

or so 정도, 쯤
He must be forty *or so*. 그는 마흔살 정도임에 틀림없다.

so far 지금까지는
So far so good.
지금까지는 잘 되어가고 있다.

So long! 《구어》 안녕《곧 만날 친한 사람에게 쓰는 작별인사》!

so long as …하는 한, …이기만 하다면

so ~ that ... …할 만큼 ~ ; 몹시 ~해서 …하다
He was *so* old *that* he could not work. 그는 너무 늙어서 일할 수 없었다.

so to speak 〔*say*〕 말하자면

접 그러므로, 그래서, …해서

It was late, *so* we went home.
시간이 늦어서 우리는 집으로 돌아갔다.
as ..., so ~ ···와 같이 ~

soap *soap*
[sóup 소우프]
명 (복수 **soaps** [sóups 소우프스])
비누

I bought a cake of *soap*.
나는 비누를 한 개 샀다.
He washed his hands with *soap*.
그는 비누로 손을 씻었다.

soc·cer *soccer*
[sákər 사커]
명 축구, 사커
We are playing *soccer*.
우리는 축구를 하고 있다.

so·cial *social*
[sóuʃəl 소우셜]
형 사회적인; 사회 생활을 하는; 사교적인

It is a *social* problem.
그것은 사회적인 문제다.
Man is a *social* animal.
인간은 사회적 동물이다.

so·ci·e·ty *society*
[səsáiəti 서사이어티]
명 (복수 **societies** [səsáiətiz 서사이어티즈])
명 1. 사회; 사교(계)
the high *society* of London
런던의 상류 사회
Everyone is a member of *society*.
누구나 사회의 일원이다.
명 2. 협회, 클럽
a medical *society*
의사 협회

sock *sock*
[sák 삭]
명 (복수 **socks** [sáks 삭스])
[보통 socks로] 짧은 양말

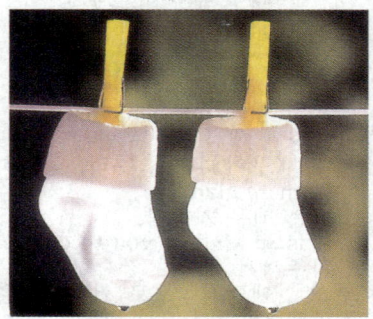

a pair of *socks*
양말 한 켤레
Take off your *socks*.
양말을 벗어라.

so·fa *sofa*
[sóufə 소우퍼]

명 (복수 **sofas** [sóufəz 소우퍼즈])
소파, 긴 의자

Please sit on the *sofa*.
소파에 앉으십시오.

---

*soft *soft*

[sɔ́ːft 소-프트]

형 (비교급 **softer** [sɔ́ːftər 소-프터], 최상급 **softest** [sɔ́ːftist 소-프티스트])

형 1. 부드러운, 폭신한
a *soft* bed 폭신한 침대

형 2. 매끄러운, 보들보들한
The soap is very *soft*.
그 비누는 매우 매끄럽다.

형 3. (기후가) 따스한; (마음·태도 등이) 다정한, 너그러운
a *soft* winter
따뜻한 겨울
He has a *soft* heart.
그는 마음이 너그럽다.

---

soft·ly *softly*

[sɔ́ːftli 소-프틀리]

부 부드럽게; 살며시, 조용히
The rain is falling *softly*.
비가 조용히 내리고 있다.

---

*soil *soil*

[sɔ́il 소일]

명 (복수 **soils** [sɔ́ilz 소일즈])
흙, 토양
rich〔poor〕 *soil*
기름진〔메마른〕 땅
Plants grow in *soil*.
식물은 흙에서 자란다.

---

*sol·dier *soldier*

[sóuldʒər 소울저]

★ 발음 주의

명 (복수 **soldiers** [sóuldʒərz 소울저즈])
(육군) 군인; 병사

He was a brave *soldier*.
그는 용감한 군인이었다.

---

*sol·id *solid*

[sálid 살리드]

형 (비교급 **solider** [sálidər 살리더], 최상급 **solidest** [sálidist 살리디스트])

고체의, 단단한; 견고한
Ice is water in a *solid* state.
얼음은 고체 상태의 물이다.

This chair looks *solid*.
이 의자는 견고해 보인다.

---

so·lu·tion *solution*

[səlúːʃən 설루-션]

명 (복수 **solutions** [səlúːʃənz 설루-션즈])
(문제 등의) 해답, 해결 ; 해결법 ; 용해

　Did you find a *solution* to this question?
　이 문제의 해답을 찾았습니까?

---

solve *solve*

[sάlv 살브]

타 (3단현 **solves** [sάlvz 살브즈], 과거·과거 분사 **solved** [sάlvd 살브드], 현재 분사 **solving** [sάlviŋ 살빙])

풀다, 해답하다 ; 해결하다

Can you *solve* this problem?
이 문제를 풀 수 있니?

---

some *some*

[《약》 s(ə)m 섬 ; 《강》 sʌ́m **섬**]

형 1. [s(ə)m 섬] 얼마간의, 약간의, 몇 개(인가)의《보통 긍정문에 쓰며 부정문·의문문에서는 any를 쓴다》

　I bought *some* apples yesterday.
　나는 어제 사과를 몇 개 샀다.

형 2. [sʌ́m 섬] [복수 보통 명사·물질 명사에 붙여] 사람(물건)에 따라 …(도 있다), 그 중에는 …(도 있다)

　Some books are interesting, others are boring.
　흥미로운 책도 있고 지루한 책도 있다.

형 3. [sʌ́m 섬] [단수 보통 명사에 붙여] 어떤, 무언가의, 누군가의, 어딘가의

　Some boy broke the window.
　어떤 소년이 유리창을 깨뜨렸다.

형 4. [sʌ́m 섬] 상당한 ; 대단한
　I stayed there for *some* days.
　나는 여러 날 거기 머물렀다.
　It was *some* party.
　매우 성대한 파티였다.

(**for**) **some time** 얼마 동안, 잠시
　I talked to her *for some time*.
　나는 잠시 그녀와 이야기했다.

some day 언젠가
　You'll thank your parents *some day*. 너는 언젠가 부모님께 감사할 것이다.

부 [sʌ́m 섬] [수사와 함께] 대체로, 약
　It is *some* twenty miles.
　약 20마일이다.

대 [sʌ́m 섬] 1. 다소, 얼마간,

좀, 약간
I want *some* of it.
나는 그것이 좀 필요하다.
Some of the boys were late.
소년들 중 몇몇은 지각했다.
대 2. 어떤 사람들, 어떤 것《복수 취급》
Some came early.
일찍 온 사람도 있었다.
Some are kind, *some* are not.
친절한 사람도 있고 그렇지 않은 사람도 있다.

*some·bod·y *somebody*
[sʌ́mbɑ̀di 섬바디]
대 누군가, 어떤 사람《동》 someone)《보통 단수 취급》
There's *somebody* at the door.
현관에 누군가 있다.

some·day *someday*
[sʌ́mdèi 섬데이]
부 언젠가, 훗날에
Someday you'll understand.
언젠가 너는 알 것이다.

some·how *somehow*
[sʌ́mhàu 섬하우]
부 어떻게 해서든지, 여하튼 ; 어쩐지
It must be done *somehow*.
어떻게 해서든지 그것은 해야만 한다.
Somehow I don't like him.
어쩐지 나는 그가 싫다.

*some·one *someone*
[sʌ́mwʌ̀n 섬원]
대 누군가, 어떤 사람
Someone was playing the piano in the room.
누군가가 방에서 피아노를 치고 있었다.

*some·thing *something*
[sʌ́mθiŋ 섬싱]
대 무엇인가, 어떤 것
I want *something* hot to drink.
뭔가 따뜻한 것을 마시고 싶다.

There is *something* strange about her. 그녀에게는 무엇인가 이상한 점이 있다.
or something 《구어》 …인가 뭔가
He is a lawyer *or something*.
그는 변호사인가 뭔가 하는 사람이다.
something of a 《구어》 상당한
He's *something of a* musician.
그는 상당한 음악가다.

*some·times *sometimes*
[sʌ́mtàimz 섬타임즈]
부 때때로, 이따금
He is *sometimes* late for school.
그는 가끔 학교에 지각한다.

some·what *somewhat*

[sʌ́m(h)wàt 섬홧, 섬왓]

㈜ 얼마간, 어느 정도, 약간
He looked *somewhat* tired.
그는 좀 피곤해 보였다.

*some·where *somewhere*

[sʌ́m(h)wèər 섬훼어, 섬웨어]

㈜ 어딘가에(서), 어디론가 ; 대략, 약
Let's go *somewhere* quiet.
어딘가 조용한 곳으로 가자.

*son *son*

[sʌ́n 선]

㈁ (복수 **sons** [sʌ́nz 선즈])
아들
He is my only *son*.
그는 나의 외아들이다.

*song *song*

[sɔ́:ŋ 송-]

㈁ (복수 **songs** [sɔ́:ŋz 송-즈])
노래 ; (새의) 지저귀는 소리
She sang a beautiful *song*.
그녀는 아름다운 노래를 불렀다.

The birds are in full *song*.
새들은 목청껏 지저귀고 있다.

*soon *soon*

[sú:n 순-]

㈜ (비교급 **sooner** [sú:nər 수-너], 최상급 **soonest** [sú:nist 수-니스트])

㈜ 1. 이윽고, 곧, 이내
He will come *soon*.
그는 곧 올 것이다.
She left *soon* after ten.
그녀는 10시 좀 지나서 떠났다.

㈜ 2. 빨리, 급히 ; 이르게
The guests arrived too *soon*.
손님들이 너무 빨리 도착했다.
The *sooner*, the better.
빠르면 빠를수록 좋다.

as soon as …하자 마자
As soon as he had lunch, he went fishing. 그는 점심을 먹자 마자 낚시하러 갔다.

as soon as possible 되도록 빨리
Come here *as soon as possible*.
가능한한 빨리 여기로 와라.

sooner or later 머지 않아, 조만간

*sore sore
[sɔ́ːr 소-]

형 (비교급 **sorer** [sɔ́ːrər 소-러], 최상급 **sorest** [sɔ́ːrist 소-리스트])
아픈, 욱신욱신 쑤시는 ; 슬픈
I am *sore* all over.
나는 온몸이 욱신거린다.

She is *sore* at heart.
그녀는 비탄에 잠겨 있다.

---

sor·row sorrow
[sárou 사로우]

명 (복수 **sorrows** [sárouz 사로우즈])
슬픔, 비애 ; [sorrows로] 슬픈 일, 불행
Life has many *sorrows*.
인생에는 슬픈 일이 많다.

---

*sor·ry sorry
[sári 사리]

형 (비교급 **sorrier** [sáriər 사리어], 최상급 **sorriest** [sáriist 사리이스트])

형 1. 유감스러운, 가엾은, 딱한
I am *sorry* for her.
그녀가 불쌍하다.
I'm *sorry* to hear that.
그것 참 딱한 얘기군요.

형 2. 미안한, 죄송한
Can you come with me?
— *Sorry*, but I can't.

나와 같이 갈 수 있니 ?
— 미안하지만 갈 수 없어.

*sort sort
[sɔ́ːrt 소-트]

명 (복수 **sorts** [sɔ́ːrts 소-츠])
종류
There are many *sorts* of winter sports.
겨울 스포츠에는 여러 종류가 있다.
I hate this *sort* of thing.
나는 이런 종류의 것은 싫다.

a sort of ... 일종의 ...
Apple is *a sort of* fruit.
사과는 과일의 일종이다.

---

soul soul
[sóul 소울]

명 (복수 **souls** [sóulz 소울즈])
영혼, 넋 ; 정신, 마음

---

*sound¹ sound
[sáund 사운드]

명 (복수 **sounds** [sáundz 사운즈])

소리, 음

There was no *sound*.
아무런 소리도 나지 않았다.
동 (3단현 **sounds** [sáundz 사운즈], 과거·과거 분사 **sounded** [sáundid 사운디드], 현재 분사 **sounding** [sáundiŋ 사운딩])
자 1. 울리다, 소리가 나다
The bell *sounded*.
종이 울렸다.
The music *sounds* too loud.
음악 소리가 너무 크다.
자 2. (…처럼) 들리다, 생각되다
That *sounds* great!
그것 참 근사하다!
타 …을 소리나게 하다, 울리다, 불다
They *sounded* the alarm.
그들은 경보를 울렸다.
sound like …처럼 들리다 ; …처럼 생각되다
He *sounds like* a young man.
그는 청년 같다는 생각이 든다.

sound² *sound*

[sáund 사운드]
형 (비교급 **sounder** [sáundər 사운더], 최상급 **soundest** [sáundist 사운디스트])
형 1. 건전한, 건강한
All my teeth are *sound*.
내 치아는 모두 건강하다.

A *sound* mind in a *sound* body.
《속담》건강한 신체에 건강한 정신이 깃든다.
형 2. (수면이) 충분한
I had a *sound* sleep last night.
나는 어젯밤 잠을 푹 잤다.

*soup *soup*

[súːp 수-프]
명 (복수 **soups** [súːps 수-프스]) 수프
drink *soup* 수프를 마시다
He ate *soup* for breakfast.
그는 아침으로 수프를 먹었다.

*sour sour

[sáuər 사우어]

휑 (비교급 **sourer** [sáu(ə)rər 사우(어)러], 최상급 **sourest** [sáu(ə)rist 사우(어)리스트])

시큼한, 신
Lemons taste *sour*.
레몬은 신맛이 난다.

*source source

[sɔ́ːrs 소-스]

명 (복수 **sources** [sɔ́ːrsiz 소-시즈])

원천, 근원, 출처
a news *source* 뉴스의 출처
We have to find another *source* of energy. 우리는 다른 에너지원을 찾아야 한다.

*south south

[sáuθ 사우스]

명 1. [the south로] 남쪽; 남부(《반》 north 북쪽)
The birds flew to *the south*.
새들은 남쪽으로 날아갔다.
He lives in *the south* of England.
그는 영국 남부에 살고 있다.

명 2. [the South로] 남부 지방; 《미》 남부 여러 주
He comes from *the South*.
그는 미국 남부 출신이다.

형 남쪽의; 남으로부터의; 남쪽을 향한
A *south* wind is blowing.
남풍이 불고 있다.

부 남쪽으로, 남쪽에
The building faces *south*.
그 건물은 남향이다.

*south·ern southern

[sʌ́ðərn 서던] ★ 발음 주의

형 남쪽의, 남방의(《반》 northern 북쪽의)
He lives in the *southern* part of the town.
그는 도시의 남쪽에 살고 있다.

*sou·ve·nir souvenir

[súːvənìər 수-버니어]

명 (복수 **souvenirs** [súːvənìərz 수-버니어즈])

기념품, 선물
I bought postcards as a *souvenir*.
나는 기념품으로 엽서를 샀다.

*space space

[spéis 스페이스]

명 (복수 **spaces** [spéisiz 스페이시즈])

명 1. 공간; 우주

time and *space* 시간과 공간
Who was first person to travel in *space*? 우주를 최초로 여행한 사람이 누구였습니까?

명 2. 장소, 여지

There is an empty *space*.
빈 공간이 있다.
명 3. 간격, 거리
There's not enough *space* between the cars.
차간 거리가 충분하지 않다.

spa·ghet·ti *spaghetti*
[spəgéti 스퍼게티]
명 스파게티

Spain *Spain*
[spéin 스페인]
명 스페인

Span·ish *Spanish*
[spǽniʃ 스패니시]
명 스페인어 ; [the Spanish로] 스페인 사람《복수 취급》
형 스페인의 ; 스페인 사람의 ; 스페인어의

spare *spare*
[spéər 스페어]
형 (비교급 **sparer** [spé(ə)rər 스페(어)러], 최상급 **sparest** [spé(ə)rist 스페(어)리스트])
여분의, 예비의 ; 한가한
Enjoy your *spare* time.
여가 시간을 즐겨라.
타 (3단현 **spares** [spéərz 스페어즈], 과거·과거 분사 **spared** [spéərd 스페어드], 현재 분사 **sparing** [spé(ə)riŋ 스페(어)링])
타 1. 나누어 주다 ; 할애하다
We can't *spare* the time to finish it. 우리는 그것을 끝낼 시간이 없다.
타 2. 절약하다, 아끼다
He *spared* no effort.
그는 노력을 아끼지 않았다.
타 3. 목숨을 살려 주다 ; …을 피하게 하다
Please *spare* me my life.
부디 목숨만은 살려 주시오.

*speak *speak*
[spí:k 스피-크]
동 (3단현 **speaks** [spí:ks 스피-크스], 과거형 **spoke** [spóuk 스포우크], 과거 분사 **spoken** [spóukən 스포우컨], 현재 분사 **speaking** [spí:kiŋ 스피-킹])
자 1. 이야기하다, 말하다
Only man can *speak*.
오직 사람만이 말할 수 있다.
◆ May I *speak* to Tom?
(전화에서) 톰 좀 바꿔주세요.
자 2. 연설하다
She does not like to *speak* in public.
그녀는 대중 앞에서 연설하는 것을 싫어한다.
타 말하다 ; 이야기하다
Do you *speak* English?
영어를 할 줄 아세요?

Speak your mind.
마음을 터놓고 얘기해라.
generally speaking 일반적으로 말하면
not to speak of …은 말할 것도 없고, …은 물론
  He can speak German, *not to speak of* English.
  그는 영어는 말할 것도 없고, 독일어도 할 수 있다.
so to speak 말하자면
  She is, *so to speak*, a walking dictionary.
  그녀는 말하자면 걸어다니는 사전이다.

speak about …에 관해서 말하다
  He never *spoke about* his family.
  그는 자기 가족에 관해서 한번도 말한 적이 없었다.
speak ill of …을 나쁘게 말하다, …을 헐뜯다
  Don't *speak ill of* others.
  남을 헐뜯지 마라.
speak of …에 관해 말하다〔평하다〕
  Who are you *speaking of*?
  누구에 관해 말하고 있니?
speak to …에게 이야기를 걸다, …와 이야기하다
  She never *speaks to* strangers.
  그녀는 결코 낯선 사람과 이야기하지 않는다.
speak well of …을 좋게 말하다
  Everyone *speaks well of* him.
  모든 사람들이 그를 좋게 말한다.

---

*speak·er *speaker*

[spíːkər 스피-커]

몡 (복수 **speakers** [spíːkərz 스피-커즈])

몡 1. 말〔이야기〕하는 사람 ; 강연자, 연설자
  Who is the next *speaker*?
  다음 연설자는 누구입니까?

몡 2. 스피커, 확성기

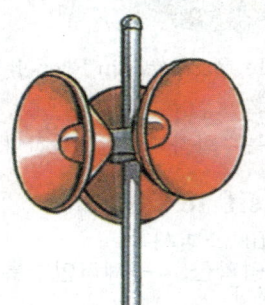

---

*spe·cial *special*

[spéʃəl 스페셜]

형 특별한, 특수한 ; 전문의, 전공의 ; 임시의, 특정한
  special education 특수 교육
  Today is a *special* day.
  오늘은 특별한 날이다.
  We took a *special* train for Seoul. 우리는 서울행 임시 열차를 탔다.

spe·cial·ize *specialize*

[spéʃəlàiz 스페셜라이즈]

동 (3단현 **specializes** [spéʃəlàiziz 스페셜라이지즈], 과거·과거 분사 **specialized** [spéʃəlàizd 스페셜라이즈드], 현재 분사 **specializing** [spéʃəlàiziŋ 스페셜라이징])

자 전문으로 하다, 전공하다

This shop *specializes* in sportswear.
이 가게는 운동복을 전문으로 취급한다.

He *specializes* in French history.
그는 프랑스사를 전공한다.

타 특수화하다, 전문화하다

*spe·cif·ic *specific*

[spisífik 스피시픽]

형 명확한, 구체적인 ; 특정한, 일정한

a *specific* sum of money
일정한 금액

Could you be a little more *specific*?
좀 더 구체적으로 말해 주시겠습니까?

spe·cif·i·cal·ly *specifically*

[spisífikəli 스피시피컬리]

부 특히 ; 명확히

*speech *speech*

[spíːtʃ 스피-치]

명 (복수 **speeches** [spíːtʃiz 스피-치즈])

명 1. 연설

Many people made *speeches* at the meeting.
많은 사람들이 그 모임에서 연설을 했다.

명 2. 말

His *speech* is full of difficult words. 그의 말은 어려운 단어로 가득하다.

*speed *speed*

[spíːd 스피-드]

명 속력, 속도

I drove at a *speed* of 30 miles an hour.
시속 30마일로 차를 몰았다.

at full speed 전속력으로

동 (3단현 **speeds** [spíːdz 스피-즈], 과거·과거 분사 **speeded** [spíːdid 스피-디드] 또는 **sped** [spéd 스페드], 현재 분사 **speeding** [spíːdiŋ 스피-딩])

자 서두르다 ; 질주하다

A car *speeded* along the road.
차 한대가 도로를 질주했다.

타 서두르게 하다 ; 진척시키다, 촉진시키다

***spell** *spell*

[spél 스펠]

타 (3단현 **spells** [spélz 스펠즈], 과거·과거 분사 **spelled** [spéld 스펠드] 또는 **spelt** [spélt 스펠트], 현재 분사 **spelling** [spéliŋ 스펠링])
(낱말을) 철자하다 ; …의 철자를 쓰다

How do you *spell* your name?
너의 이름은 철자를 어떻게 쓰니?

---

spell·ing *spelling*

[spéliŋ 스펠링]

명 (복수 **spellings** [spéliŋz 스펠링즈])
(낱말의) 철자(법)

Do you know the *spelling* of this word?
이 단어의 철자를 아니?

***spend** *spend*

[spénd 스펜드]

타 (3단현 **spends** [spéndz 스펜즈], 과거·과거 분사 **spent** [spént 스펜트], 현재 분사 **spending** [spéndiŋ 스펜딩])

타 1. (돈을) 쓰다, 소비하다

She *spends* a lot of money on books.
그녀는 책을 사는 데 많은 돈을 쓴다.

He *spends* ten dollars a day.
그는 하루에 10달러를 쓴다.

타 2. (시간을) 소비하다 ; (시간을) 보내다

◆ Shall we *spend* the weekend in Seoul?
주말을 서울에서 보낼까?

***spent** *spent*

[spént 스펜트]

타 **spend**의 과거·과거 분사

They *spent* a day at the beach.
그들은 해변에서 하루를 보냈다.

spic·y *spicy*

[spáisi 스파이시]

형 (비교급 **spicier** [spáisiər 스파이시어], 최상급 **spiciest** [spáisiist 스파이시이스트])

양념을 넣은, 향료를 친 ; 향기로운

spicy sauce 향료를 친 소스

spi·der *spider*

[spáidər 스파이더]

명 (복수 **spiders** [spáidərz 스파이더즈])

《곤충》 거미

What is that? — It's a *spider*.
저건 뭐니? — 거미야.

spill *spill*

[spíl 스필]

동 (3단현 **spills** [spílz 스필즈], 과거·과거 분사 **spilt** [spílt 스필트] 또는 **spilled** [spíld 스필드], 현재 분사 **spilling** [spíliŋ 스필링])

타 엎지르다, 흘리다

He *spilled* coffee on the table.
그는 테이블에 커피를 엎질렀다.

It is no use crying over *spilt* milk.
《속담》 엎지른 우유를 두고 울어도 소용 없다.

자 넘쳐흐르다

spin *spin*

[spín 스핀]

동 (3단현 **spins** [spínz 스핀즈], 과거·과거 분사 **spun** [spʌ́n 스펀], 현재 분사 **spinning** [spíniŋ 스피닝])

타 1. (실을) 잣다, 뽑다

She is *spinning* threads from cotton.
그녀는 솜에서 실을 잣고 있다.

타 2. 돌리다, 회전시키다

spin a top
팽이를 돌리다

자 빙글빙글 돌다, 회전하다

The wheels are *spinning* on ice.
차 바퀴가 얼음 위에서 헛돌고 있다.

spir·it *spirit*

[spírit 스피릿]

명 (복수 **spirits** [spírits 스피리츠])

명 1. 정신(《반》 body 육체)

body and *spirit*

육체와 정신
the world of *spirit*
정신 세계
- 명 2. 용기
He is a man of *spirit*.
그는 용기있는 사람이다.
- 명 3. 영혼, 혼, 유령
He believes good *spirits* will go to heaven.
그는 선한 영혼은 천국에 간다고 믿고 있다.
- 명 4. [spirits로] 생기, 기운 ; 기분
Keep up your *spirits*!
기운내라!

spir·i·tu·al *spiritual*
[spíritʃuəl 스피리추얼]
- 형 정신적인(《반》 material 물질적인) ; 숭고한
  spiritual love
  정신적인 사랑
  a *spiritual* leader
  정신적 지도자

splen·did *splendid*
[spléndid 스플렌디드]
- 형 (비교급 **more splendid**, 최상급 **most splendid**)
  빛나는 ; 화려한 ; 멋진
  I had a *splendid* time.
  나는 멋진 시간을 보냈다.

*split *split*
[splít 스플릿]
- 동 (3단현 **splits** [splíts 스플리츠], 과거・과거 분사 **split** [splít 스플릿], 현재 분사 **splitting** [splítiŋ 스플리팅])
- 타 (세로로) 쪼개다, 찢다 ; 분열〔분리〕시키다
  My father *split* the wood with an ax.
  아버지께서는 도끼로 나무를 쪼개셨다.

- 자 쪼개지다, 찢어지다 ; 분열하다
  This wood *splits* easily.
  이 나무는 쉽게 쪼개진다.
  The ship suddenly *split* in two.
  배가 갑자기 둘로 갈라졌다.

*spoil *spoil*
[spɔ́il 스포일]
- 타 (3단현 **spoils** [spɔ́ilz 스포일즈], 과거・과거 분사 **spoiled** [spɔ́ild 스포일드] 또는 **spoilt** [spɔ́ilt 스포일트], 현재 분사 **spoiling** [spɔ́iliŋ 스포일링])
- 타 1. 망쳐놓다, 해치다
  The rain *spoiled* the picnic.
  비가 와서 소풍을 망쳤다.

타 2. (아이를) 버릇없게 기르다, 응석받다
Don't *spoil* your children.
아이들을 버릇없게 기르지 마라.

*spoon *spoon*
[spúːn 스푼-]
명 (복수 **spoons** [spúːnz 스푼-즈])
숟가락, 스푼 ; 한 숟가락 가득한 양
I ate ice cream with a *spoon*.
나는 숟가락으로 아이스크림을 먹었다.

*sport *sport*
[spɔ́ːrt 스포-트]
명 (복수 **sports** [spɔ́ːrts 스포-츠])
스포츠, 운동 경기
Baseball is my favorite *sport*.
야구는 내가 제일 좋아하는 스포츠다.
What *sport* do you like best?
너는 어떤 스포츠를 가장 좋아하니 ?
◆ I'm not interested in *sports*.
나는 스포츠에 흥미가 없다.

*spot *spot*
[spát 스팟]
명 (복수 **spots** [spáts 스파츠])
명 1. 반점, 점 ; 얼룩
Our dog has *spots*.
우리 개는 반점이 있다.

There is a *spot* on your tie.
너의 넥타이에 얼룩이 있다.
명 2. 장소, 지점
Let's put up our tent on this *spot*.
이 곳에 텐트를 치자.

*spread *spread*
[spréd 스프레드]
동 (3단현 **spreads** [sprédz 스프레즈], 과거·과거 분사 **spread** [spréd 스프레드], 현재 분사 **spreading** [sprédiŋ 스프레딩])
타 1. 펴다
He *spread* open his hands.
그는 양손을 폈다.
She *spread* a blanket on the bed.
그녀는 침대에 담요를 깔았다.
타 2. …을 바르다
She *spread* the bread with some butter.

그녀는 빵에 버터를 발랐다.
타 3. (뉴스 등을) 퍼뜨리다; (병을) 만연시키다
자 퍼지다; 펼쳐지다
The fire *spread* rapidly.
불은 빠르게 번졌다.
The fields *spread* out before us.
들판이 우리 앞에 펼쳐졌다.

---

spring *spring*
[spríŋ 스프링]
명 (복수 **springs** [spríŋz 스프링즈])
명 1. 봄
Spring has come.
봄이 왔다.

Many flowers come out in *spring*.
많은 꽃들이 봄에 핀다.
명 2. 샘, 샘물
a hot *spring* 온천
명 3. 용수철, 태엽, 스프링

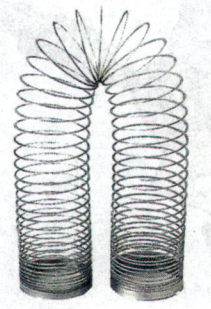

the *spring* of a watch
시계의 태엽
This toy works by a *spring*.
이 장난감은 용수철로 작동한다.
명 4. 튀어오름, 도약
The cat made a *spring* at the mouse.
고양이가 쥐에게 달려들었다.

자 (3단현 **springs** [spríŋz 스프링즈], 과거형 **sprang** [sprǽŋ 스프랭] 또는 **sprung** [sprʌ́ŋ 스프렁], 과거 분사 **sprung** [sprʌ́ŋ 스프렁], 현재 분사 **springing** [spríŋiŋ 스프링잉])
자 1. 튀다, 뛰어넘다(오르다)
The dog *sprang* at the thief.
개는 도둑에게 덤벼들었다.

He *sprang* over the stream.
그는 개울을 뛰어넘었다.
자 2. (물이) 솟아 오르다; 일어나다, 생기다
Water suddenly *sprang* up.
물이 갑자기 솟아났다.
A doubt *sprang* up in his mind.
그의 마음 속에 의혹이 생겼다.

Sports 운동
[spɔ́ːrts 스포-츠]

① **swimming** 수영
[swímiŋ 스위밍]

② **athletics** 육상 경기
[æθlétiks 애슬레틱스]

③ **soccer** 축구
[sákər 사커]

④ **horse racing** 경마
[hɔ́ːrs-rèisiŋ 호-스레이싱]

Sports Goods 스포츠 용품
[spɔ́ːrts-gùdz 스포-츠구즈]

① **volleyball** 배구공
[válibɔ̀ːl 발리볼-]

② **basketball** 농구공
[bǽskitbɔ̀ːl 배스킷볼-]

③ **football** 미식축구공
[fútbɔ̀ːl 풋볼-]

④ **baseball** 야구공
[béisbɔ̀ːl 베이스볼-]

⑤ **bat** 〈야구〉 배트
[bǽt 뱃]

⑥ **soccer ball** 축구공
[sákər-bɔ̀ːl 사커볼-]

⑦ **glove** 〈야구용〉 글러브
[glʌ́v 글러브]

⑧ **mitt** 〈야구용〉 미트
[mít 밋]

⑨ **skates** 스케이트 구두
[skéits 스케이츠]

⑩ **roller skates** 롤러 스케이트 구두
[róulər-skèits 로울러스케이츠]

⑪ **sleigh** 썰매
[sléi 슬레이]

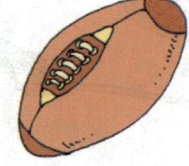

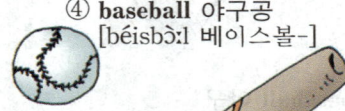
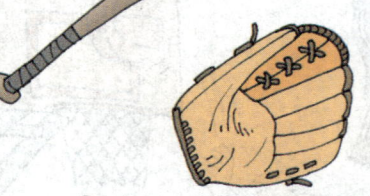

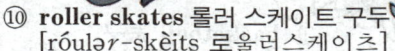

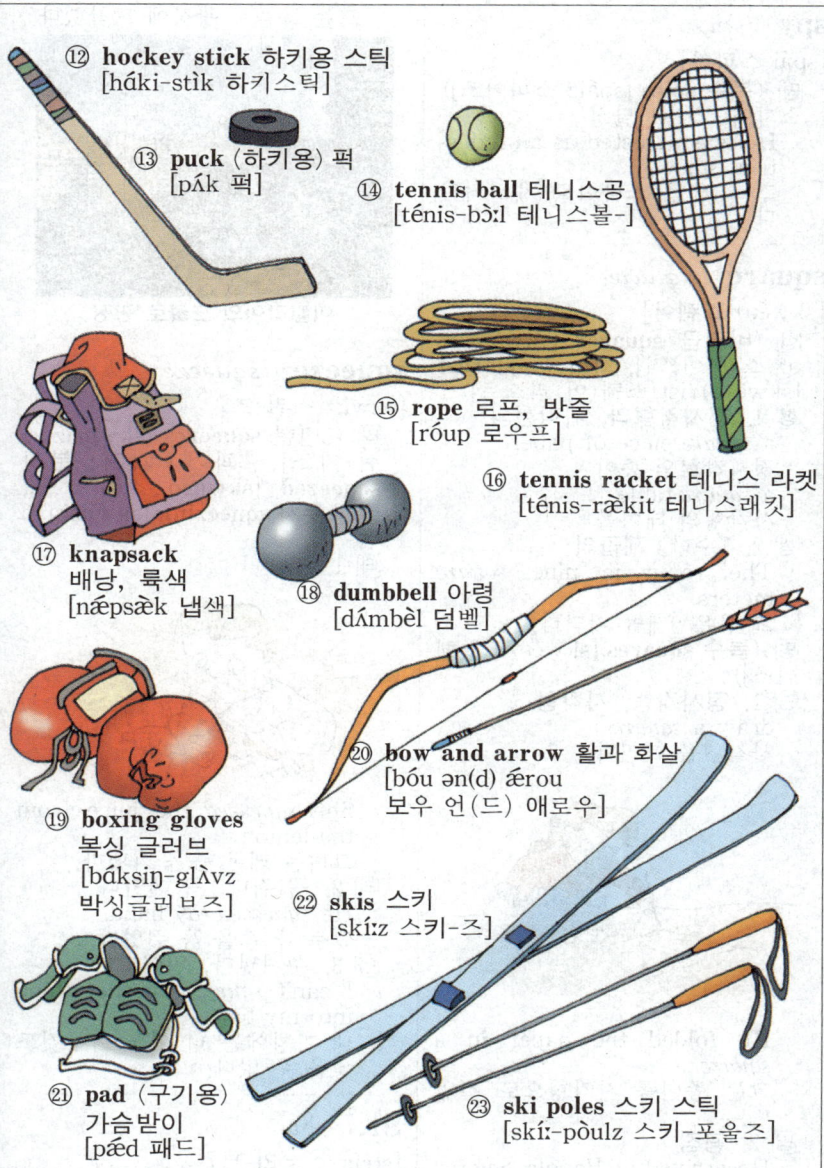

⑫ **hockey stick** 하키용 스틱
[hɑ́ki-stìk 하키스틱]

⑬ **puck** 〈하키용〉 퍽
[pʌ́k 퍽]

⑭ **tennis ball** 테니스공
[ténis-bɔ̀:l 테니스볼-]

⑮ **rope** 로프, 밧줄
[róup 로우프]

⑯ **tennis racket** 테니스 라켓
[ténis-ræ̀kit 테니스래킷]

⑰ **knapsack** 배낭, 륙색
[nǽpsæ̀k 냅색]

⑱ **dumbbell** 아령
[dʌ́mbèl 덤벨]

⑲ **boxing gloves** 복싱 글러브
[bɑ́ksiŋ-glʌ̀vz 박싱글러브즈]

⑳ **bow and arrow** 활과 화살
[bóu ən(d) ǽrou 보우 언(드) 애로우]

㉑ **pad** 〈구기용〉 가슴받이
[pǽd 패드]

㉒ **skis** 스키
[skí:z 스키-즈]

㉓ **ski poles** 스키 스틱
[skí:-pòulz 스키-포울즈]

spy *spy*
[spái 스파이]

명 (복수 **spies** [spáiz 스파이즈])
스파이, 간첩, 밀정
He was arrested as an industrial *spy*.
그는 산업 스파이로 체포되었다.

---

*square *square*
[skwéər 스퀘어]

형 (비교급 **squarer** [skwé(ə)r-ər 스퀘(어)러], 최상급 **squarest** [skwé(ə)rist 스퀘(어)리스트])

형 1. 정사각형의, 사각형의
a *square* piece of paper
정사각형의 종이
a *square* table
사각형의 테이블

형 2. 《수학》 제곱의
The room is nine *square* meters.
그 방은 9제곱 미터다.

명 (복수 **squares** [skwéərz 스퀘어즈])

명 1. 정사각형, 사각형
draw a *square*
사각형을 그리다

He folded the paper in a *square*.
그는 종이를 사각형으로 접었다.

명 2. 광장
He arrived at Popolo *Square*.
그는 포폴로 광장에 도착했다.

이탈리아의 포폴로 광장

---

squeeze *squeeze*
[skwíːz 스퀴-즈]

타 (3단현 **squeezes** [skwíːziz 스퀴-지즈], 과거·과거 분사 **squeezed** [skwíːzd 스퀴-즈드], 현재 분사 **squeezing** [skwíːziŋ 스퀴-징])

타 1. 짜내다

She *squeezed* the juice from the lemon.
그녀는 레몬 즙을 짜냈다.

타 2. 꼭 쥐다, 꼭 껴안다
He *squeezed* my hand.
그는 내 손을 꼭 쥐었다.

타 3. 쑤셔넣다, 밀어넣다
I can't *squeeze* another thing into my bag.
내 가방에는 더 이상 아무것도 넣을 수 없다.

St. *St.*
[stríːt 스트리-트]

약 …가(street의 단축형)
Wall *St.* 월가

staff *staff*
[stǽf 스태프]
명 (복수 **staffs** [stǽfs 스태프스])
직원, 부원, 스태프(전체)
He is a member of the teaching *staff*.
그는 교직원의 한 사람이다.

*stage *stage*
[stéidʒ 스테이지]
명 (복수 **stages** [stéidʒiz 스테이지즈])
명 1. 무대, 스테이지
She is singing on the *stage*.
그녀는 무대에서 노래하고 있다.
명 2. [the stage로] 연극; 무대 활동
She left *the stage* last year.
그녀는 작년에 연극 무대를 떠났다.
명 3. (발달 등의) 단계, 시기
the early *stage* 초기 단계

stain *stain*
[stéin 스테인]
동 (3단현 **stains** [stéinz 스테인즈], 과거·과거 분사 **stained** [stéind 스테인드], 현재 분사 **staining** [stéiniŋ 스테이닝])
타 더럽히다, 얼룩지게 하다
My shirt is *stained* with ink.
내 셔츠가 잉크로 얼룩졌다.

자 더러워지다, 얼룩지다
White cloth *stains* easily.
하얀 천은 쉽게 더러워진다.
명 (복수 **stains** [stéinz 스테인즈])
얼룩, 때
remove a *stain*
얼룩을 제거하다

*stair *stair*
[stéər 스테어]
명 (복수 **stairs** [stéərz 스테어즈])
(계단의) 한 단; [보통 stairs로] 계단, 층계
the top(bottom) *stair*
계단의 최상단(최하단)
Don't run down the *stairs*.
계단을 뛰어 내려가지 마라.

*stamp *stamp*
[stǽmp 스탬프]
명 (복수 **stamps** [stǽmps 스탬프스])
명 1. 우표
Please put a *stamp* on this postcard.
이 엽서에 우표를 붙여 주세요.
Give me a *stamp*, please.
— Here you are.
우표 좀 주세요. — 여기 있습니다.

명 2. 스탬프, (고무) 도장
Can I use that *stamp*?
저 스탬프를 사용할 수 있을까요?

동 (3단현 **stamps** [stǽmps 스탬프스], 과거·과거 분사 **stamped** [stǽmpt 스탬프트], 현재 분사 **stamping** [stǽmpiŋ 스탬핑])

타 …에 우표를 붙이다, …에 도장을 찍다
Don't forget to *stamp* the letter.
편지에 우표 붙이는 것을 잊지 마라.

He *stamped* his name on the new book.
그는 새 책에 자기 이름을 도장으로 찍었다.

자 발을 (동동) 구르다 ; 쿵쿵 걷다
He *stamped* downstairs.
그는 쿵쿵거리며 아래층으로 내려왔다.

---

*stand *stand*

[stǽnd 스탠드]

동 (3단현 **stands** [stǽndz 스탠즈], 과거·과거 분사 **stood** [stúd 스투드], 현재 분사 **standing** [stǽndiŋ 스탠딩])

자 1. 서다, 서 있다, 일어서다 (《반》 sit 앉다)
I was too tired to *stand*.
나는 너무 지쳐서 서 있을 수가 없었다.
He *stood* and read the line aloud.
그는 서서 그 줄을 소리내어 읽었다.

자 2. (어떤 곳에) **위치하다**, (…에) 있다
A large house *stands* near the school.
학교 근처에 큰 집 한 채가 있다.
The vase *stood* on the table.
꽃병은 테이블 위에 있었다.

타 1. (물건을) 세우다
I *stood* my umbrella against the wall.
나는 우산을 벽에 세워 놓았다.
Please *stand* the books on the shelf.
책들을 선반에 꽂아 주세요.

타 2. …에 견디다, 참다
I can't *stand* that noise.
나는 저 소음을 참을 수 없다.

She can't *stand* cold.
그녀는 추위를 견딜 수 없다.

stand by …곁에 있다 ; 방관하다 ; 대기하다 ; 지지하다 ; …을 지키다
They *stood by* for the next action.

그들은 다음 행동에 대비하여 대기했다.
He *stood by* his promise.
그는 약속을 지켰다.
stand for …을 뜻하다, 나타내다
UN *stands for* the United Nations.
UN은 국제 연합을 뜻한다.
stand up 일어서다, 기립하다 ; 견디다
Stand up, please.
일어서 주세요.
명 (복수 **stands** [stændz 스탠즈])
대 ; 꽂이 ; 매점, 노점 ; (경기장의 계단식) 관람석

an umbrella *stand*
우산꽂이
The *stands* are full.
관람석은 만원이다.

*stan·dard *standard*

[stǽndərd 스탠더드]
명 (복수 **standards** [stǽndərdz 스탠더즈])
[흔히 standards로] 표준, 기준, 수준, 규격
the *standard* of living
생활 수준
moral *standards*
도덕적 기준
형 표준의
Is this a *standard* size or a small size?
이것은 표준 사이즈입니까, 작은 사이즈입니까?

*star *star*

[stάːr 스타-]
명 (복수 **stars** [stάːrz 스타-즈])
명 1. 별
The *stars* are shining in the sky.
하늘에 별들이 빛나고 있다.
I saw a falling *star* last night.
나는 어젯밤 별똥별을 보았다.

명 2. 인기 배우, 스타, 인기인
She is a famous movie *star*.
그녀는 유명한 인기 영화 배우다.

stare *stare*

[stέər 스테어]
동 (3단현 **stares** [stέərz 스테어즈], 과거·과거 분사 **stared** [stέərd 스테어드], 현재 분사 **staring** [stέ(ə)riŋ 스테(어)링])
자 응시하다, 빤히 보다
She *stared* into my eyes.
그녀는 내 눈을 응시했다.
What are you *staring* at?
무엇을 빤히 보고 있니?
타 …을 응시하다, 빤히 쳐다보다

The guard *stared* me up and down.
경비원은 나를 위아래로 빤히 쳐다봤다.

---

*start *start*

[stάːrt 스타-트]

동 (3단현 **starts** [stάːrts 스타-츠], 과거·과거 분사 **started** [stάːrtid 스타-티드], 현재 분사 **starting** [stάːrtiŋ 스타-팅])

자 1. 출발하다 (《반》arrive 도착하다)

Let's *start* early.
일찍 출발하자.
The train *started* on time.
기차는 정각에 출발했다.

자 2. 시작되다
The fire *started* in his office.
화재는 그의 사무실에서 발생했다.

타 시작하다
It *started* snowing.
눈이 내리기 시작했다.
They *started* the day.
그들은 하루 일과를 시작했다.

to start with 우선 첫째로 ; 처음에는
We had only three members *to start with*.
처음에 우리는 회원이 3명밖에 없었다.

명 (복수 **starts** [stάːrts 스타-츠])

개시 ; 출발, 스타트
What's the *start*?
시작을 어떻게 하지?
You had better make an early *start*.
일찍 출발하는 편이 좋다.

at the start 처음에는
This novel was exciting *at the start*. 이 소설은 처음에는 재미있었다.

---

*state *state*

[stéit 스테이트]

명 (복수 **states** [stéits 스테이츠])

명 1. 국가 ; (미국의) 주
a welfare *state* 복지 국가
There are fifty *states* in America.
미국에는 50개 주가 있다.

명 2. 상태
He is in a poor *state* of health.
그의 건강 상태는 좋지 않다.

---

state·ment *statement*

[stéitmənt 스테이트먼트]

명 (복수 **statements** [stéitmənts 스테이트먼츠])

진술 ; (정부 등의) 성명(서)
a false *statement* 허위 진술
a joint *statement* 공동 성명

---

*sta·tion *station*

[stéiʃən 스테이션]

명 (복수 **stations** [stéiʃənz 스테이션즈])

명 1. 정거장, 역

Seoul *Station* 서울역
How can I get to the *station*?
역에는 어떻게 가면 됩니까?
명 2. (관청 등의) 서, 국
a fire *station* 소방서
a TV *station* 텔레비전 방송국
The police took him to the *station*. 경찰이 그를 경찰서로 데려갔다.

*__stat·ue__ *statue*
[stǽtʃuː 스태추-]
명 (복수 __statues__ [stǽtʃuːz 스태추-즈])
상, 조상

We set up a *statue* in our school.
우리는 학교에 조상을 세웠다.
There are some *statues* in the park.
공원에 몇 개의 상이 있다.

*__sta·tus__ *status*
[stéitəs 스테이터스]
명 (복수 __statuses__ [stéitəsiz 스테이터시즈])
지위, 신분; (사회적) 신용; 상태
The social *status* of women has been raised.
여성의 사회적 지위가 높아졌다.
He lost his student *status*.
그는 학생 신분을 잃었다.

*__stay__ *stay*
[stéi 스테이]
자 (3단현 __stays__ [stéiz 스테이즈], 과거·과거 분사 __stayed__ [stéid 스테이드], 현재 분사 __staying__ [stéiiŋ 스테이잉])
자 1. (어떤 곳에) 머무르다, (움직이지 않고) 있다
Stay here till I come back.
내가 돌아올 때까지 여기에 있어라.
He *stayed* in bed until noon.
그는 한낮까지 침대에 있었다.

자 2. 체류하다;…인 채로 있다
Where are you *staying*?
어디에 묵고 있습니까?
I *stayed* awake last night.
나는 어젯밤에 깨어 있었다.
stay away from …에서 떨어져 있다; 결석하다
Stay away from the fire.

불에서 떨어져 있어라.
stay up (자지 않고) 깨어 있다 (《동》sit up)
They *stayed up* all night.
그들은 철야했다.

⟨명⟩ (복수 **stays** [stéiz 스테이즈])
머무름, 체류
Have a nice *stay* in our hotel.
우리 호텔에서 즐겁게 지내세요.

*stead·y *steady*
[stédi 스테디]

⟨형⟩ (비교급 **steadier** [stédiər 스테디어], 최상급 **steadiest** [stédiist 스테디이스트])
고정된, 확고한; 안정된; 착실한
Hold the ladder *steady*.
사다리를 꼭 붙잡아라.
He is working at a *steady* job.
그는 안정된 일을 하고 있다.
He usually drives his car at a *steady* speed.
그는 언제나 일정한 속도로 차를 운전한다.

*steal *steal*
[stíːl 스틸-]

⟨동⟩ (3단현 **steals** [stíːlz 스틸-즈], 과거형 **stole** [stóul 스토울], 과거분사 **stolen** [stóulən 스토울런], 현재분사 **stealing** [stíːliŋ 스틸-링])

⟨타⟩ 훔치다;《야구》도루하다
I had my bag *stolen*.＝My bag was *stolen*.
나는 가방을 도둑 맞았다.

He sometimes *steals* second.
그는 때때로 2루로 도루한다.
⟨자⟩ 도둑질하다; 몰래〔슬그머니〕가다〔오다〕
He often *steals*.
그는 자주 도둑질을 한다.
She *stole* into the room.
그녀는 몰래 방으로 들어갔다.

*steam *steam*
[stíːm 스팀-]

⟨명⟩ 증기, 스팀, 수증기《부정 관사를 붙이지 않고 복수형으로도 하지 않는다》
Steam is rising from the pot.
포트에서 김이 나고 있다.

Our house is heated by *steam*.
우리집은 스팀으로 난방된다.

*steel *steel*
[stíːl 스틸-]

⟨명⟩ 강철, 스틸
special *steel* 특수 강철
This knife is made of *steel*.
이 칼은 강철로 만들어졌다.

*steep *steep*

[stíːp 스티-프]

형 (비교급 **steeper** [stíːpər 스티-퍼], 최상급 **steepest** [stíːpist 스티-피스트])
가파른, 험한
　a *steep* roof 경사가 급한 지붕

　This hill is *steep*.
　이 언덕은 가파르다.

---

*stem *stem*

[stém 스템]

명 (복수 **stems** [stémz 스템즈])
(풀·나무의) 줄기, 대
　Leaves grow on a *stem*.
　잎은 줄기에서 난다.

---

*step *step*

[stép 스텝]

명 (복수 **steps** [stéps 스텝스])
명 1. 걸음 ; 한 걸음 ; 보폭 ; 짧은 거리
　He took a *step* forward.
　그는 한 걸음 앞으로 나갔다.
명 2. 걸음걸이 ; (댄스의) 스텝
　I walked with rapid *steps*.
　나는 빠른 걸음으로 걸었다.
명 3. 발소리 ; 발자국
　I heard his *steps* outside.
　밖에서 그의 발소리가 들렸다.
명 4. [steps로] 계단
　I went up the *steps*.
　나는 계단을 올라갔다.

step by step 한 걸음 한 걸음, 착실히
　He rose to manager *step by step*.
　그는 착실히 지배인 자리까지 올라갔다.
watch one *'s step* 발밑을 조심하다
　Watch your *step*!
　발밑을 조심하시오!

자 (3단현 **steps** [stéps 스텝스], 과거·과거 분사 **stepped** [stépt 스텝트], 현재 분사 **stepping** [stépiŋ 스테핑])
걷다 《동》walk)
　Step this way, please.
　이쪽으로 오세요.
step aside 비켜서다 ; 양보하다
　They *stepped aside* for the policemen.
　그들은 경찰들을 위해서 길을 양보했다.

---

*stick *stick*

[stík 스틱]

명 (복수 **sticks** [stíks 스틱스])
명 1. 막대기, 나무 토막 ; 나뭇가지

We looked for *sticks* for a fire.
우리는 불을 피우기 위해 나뭇가지를 찾았다.

圏 2. 지팡이, 단장
The old gentleman was walking with a *stick*.
노신사가 지팡이를 짚고 걸어가고 있었다.

동 (3단현 **sticks** [stíks 스틱스], 과거·과거 분사 **stuck** [stʌ́k 스턱], 현재 분사 **sticking** [stíkiŋ 스티킹])

타 찌르다 ; 붙이다
He *stuck* his fork into a potato.
그는 감자를 포크로 찍었다.
I *stuck* a stamp on the letter.
나는 편지에 우표를 붙였다.

자 꽂히다 ; 달라붙다 ; 움직이지 않게 되다
A nail *stuck* in the tire.
타이어에 못이 박혔다.

stick out 튀어나오다, 내밀다
He *stuck out* his tongue.
그는 혀를 내밀었다.

stick to …에 달라붙다, …에 집착하다 ; …에 충실하다

Stick to your job.
네 일에 충실해라.

*stiff *stiff*

[stíf 스티프]

혱 (비교급 **stiffer** [stífər 스티퍼], 최상급 **stiffest** [stífist 스티피스트])
뻣뻣한, 딱딱한 ; 완강한 ; 어색한
This new glove is *stiff*.
이 새 글러브는 뻣뻣하다.
He made a *stiff* bow.
그는 어색하게 인사를 했다.

*still¹ *still*

[stíl 스틸]

부 1. 아직도, 여전히
You're *still* young.
너는 아직 젊다.
He *still* stood there.
그는 여전히 거기에 서 있었다.

부 2. [비교급을 강조하여] 더욱, 더 한층
That's *still* better.
그것이 더욱 더 좋다.

부 3. [접속사적으로] 그럼에도, …하지만, 그러나
He did his best, but he *still* failed.
그는 최선을 다했지만 실패했다.

still² *still*

[stíl 스틸]

형 (비교급 **stiller** [stílər 스틸러], 최상급 **stillest** [stílist 스틸리스트])
조용한; 소리 없는; 정지한
a *still* night
조용한 밤
Our class was quite *still*.
우리 반은 아주 조용했다.

stir *stir*

[stə́ːr 스터-]
동 (3단현 **stirs** [stə́ːrz 스터-즈], 과거·과거 분사 **stirred** [stə́ːrd 스터-드], 현재 분사 **stirring** [stə́ːriŋ 스터-링])
타 1. 휘젓다, 뒤섞다; 움직이다

She *stirred* sugar into her tea.
그녀는 차에 설탕을 넣어 저었다.
타 2. 감동시키다; …을 불러 일으키다
His story *stirred* my curiosity.
그의 이야기는 나의 호기심을 불러 일으켰다.
자 움직이다
Something *stirred* in the water.
물 속에서 무언가가 움직였다.

stock *stock*

[sták 스탁]
명 (복수 **stocks** [stáks 스탁스])
재고(품); 저장; (미)주식; (나무의) 줄기, 대, 그루터기
The book is in *stock*.
그 책은 재고가 있다.
Stocks are going up.
주식이 오르고 있다.

stock·ing *stocking*

[stákiŋ 스타킹]
명 (복수 **stockings** [stákiŋz 스타킹즈])
[보통 stockings로] 긴 양말, 스타킹
a pair of *stockings*
스타킹 한 켤레

*stom·ach *stomach*

[stʌ́mək 스터먹]
★ 발음 주의
명 (복수 **stomachs** [stʌ́məks 스터먹스])
위; 복부, 배
He has a weak *stomach*.
그는 위가 약하다.
I have a pain in my *stomach*.
나는 배가 아프다.

*stone *stone*

[stóun 스토운]
명 (복수 **stones** [stóunz 스토운즈])
돌, 돌멩이; 석재

Don't throw *stones*.
돌을 던지지 마라.

***stop** *stop*

[stáp 스탑]

⑧ (3단현 **stops** [stáps 스탑스], 과거 · 과거 분사 **stopped** [stápt 스탑트], 현재 분사 **stopping** [stápiŋ 스타핑])

㉧ 1. 멈추다, 정지시키다

Don't *stop* the music.
음악을 멈추지 마라.

㉧ 2. 그치다, 중지하다 ; 그만두다

He *stopped* work.
그는 일을 중지했다.
The baby *stopped* crying.
아기가 울음을 그쳤다.

㉨ 1. 멈춰서다 ; 그치다 ; 중단하다, 쉬다

The bus has *stopped*.
버스가 멈췄다.
The snow has *stopped*.
눈이 그쳤다.

㉨ 2. 묵다, 체류하다

Which hotel are you *stopping* at?
어느 호텔에 묵고 있습니까?

⑲ (복수 **stops** [stáps 스탑스])

⑲ 1. 정지, 정차, 착륙

The train came to a sudden *stop*.
열차가 급정거했다.

⑲ 2. (버스 등의) **정류장**

Let's run to the bus *stop*.
버스 정류장까지 뛰자.

***store** *store*

[stɔ́:r 스토-]

⑲ (복수 **stores** [stɔ́:rz 스토-즈])

⑲ 1. 《미》 가게, 상점(《영》 shop)

a food *store* 식료품점
a department *store* 백화점
That *store* is open twenty-four hours.
저 가게는 24시간 영업한다.

storm

명 2. 저장, 비축, 저축
They have a *store* of food in the house.
그들은 집에 먹을 것을 비축하고 있다.

타 (3단현 **stores** [stɔ́ːrz 스토-즈], 과거·과거 분사 **stored** [stɔ́ːrd 스토-드], 현재 분사 **storing** [stɔ́ːriŋ 스토-링])
저축하다, 비축하다, 저장하다
He *stored* oil for use in the winter.
그는 겨울에 대비하여 석유를 비축했다.

*storm *storm*

[stɔ́ːrm 스톰-]

명 (복수 **storms** [stɔ́ːrmz 스톰-즈])
폭풍우
The ship sank in the *storm*.
배는 폭풍우로 침몰했다.

The *storm* is over.
폭풍우가 지나갔다.

storm·y *stormy*

[stɔ́ːrmi 스토-미]

형 (비교급 **stormier** [stɔ́ːrmiər 스토-미어], 최상급 **stormiest** [stɔ́ːrmiist 스토-미이스트])
폭풍의, 폭풍우의
The sky looks *stormy*.
하늘은 폭풍이 칠 듯하다.

*sto·ry *story*

[stɔ́ːri 스토-리]

명 (복수 **stories** [stɔ́ːriz 스토-리즈])

명 1. 이야기
a true *story* 실화
This is a funny *story*.
이것은 우스운 이야기다.

명 2. (지어낸) 이야기 ; 소설
a short *story* 단편 소설
a love *story* 연애 소설

*stove *stove*

[stóuv 스토우브]

명 (복수 **stoves** [stóuvz 스토우브즈])
스토브, 난로

light the *stove*
스토브에 불을 붙이다
I do my cooking on a gas *stove*.
나는 가스 스토브에 요리를 한다.

*straight *straight*

[stréit 스트레이트]

형 (비교급 **straighter** [stréitər 스트레이터], 최상급 **straightest** [stréitist 스트레이티스트])

곧은, 똑바른, 일직선의

This line is *straight*.
이 선은 일직선이다.
She has *straight* hair.
그녀의 머리카락은 직모다.
🔹 곧장, 똑바로, 일직선으로
◆ Go *straight*.
똑바로 가시오.
The train goes *straight* to New York.
그 열차는 뉴욕으로 직행한다.

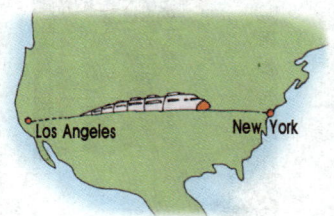

strain *strain*

[stréin 스트레인]

🔹 (3단현 **strains** [stréinz 스트레인즈], 과거·과거 분사 **strained** [stréind 스트레인드], 현재 분사 **straining** [stréiniŋ 스트레이닝])
혹사하다, (너무 써서) 상하게 하다 ; 긴장시키다
He has *strained* his eyes by reading too much.
그는 독서를 너무 많이 해서 눈이 피로했다.

🔹 (복수 **strains** [stréinz 스트레인즈])
긴장, 당김 ; 과로
The rope broke under the *strain*.
밧줄은 너무 당겨서 끊어졌다.

*strange *strange*

[stréindʒ 스트레인지]

🔹 (비교급 **stranger** [stréindʒər 스트레인저], 최상급 **strangest** [stréindʒist 스트레인지스트])

🔹 1. 이상한, 기묘한
We saw a *strange* sight.
우리는 기묘한 광경을 보았다.
A *strange* thing happened.
이상한 일이 일어났다.
I heard a *strange* noise.
나는 이상한 소리를 들었다.

🔹 2. 낯선, 생소한
She is still *strange* to the job.
그녀는 아직 그 일에 익숙하지 않다.

The place was *strange* to him.
그 장소는 그에게 낯설었다.
strange to say 이상하게도, 이상한 이야기지만

Strange to say, she failed the exam.
이상하게도 그녀는 시험에 실패했다.

strang·er *stranger*
[stréindʒər 스트레인저]
몡 (복수 **strangers** [stréindʒərz 스트레인저즈])
모르는〔낯선〕 사람
Don't follow a *stranger*.
낯선 사람을 따라가지 마라.

*straw·ber·ry *strawberry*
[strɔ́:bèri 스트로-베리]
몡 (복수 **strawberries** [strɔ́:bèriz 스트로-베리즈])
딸기

Let's have *strawberries*.
— Great.
딸기 먹자. — 좋아.

*stream *stream*
[strí:m 스트림-]
몡 (복수 **streams** [strí:mz 스트림-즈])
시내, 개울 ; 흐름
There is a *stream* near my house.
우리집 가까이에 개울이 있다.
Little *streams* make great rivers.
작은 시내가 모여서 큰 강을 이룬다.

*street *street*
[strí:t 스트리-트]
몡 (복수 **streets** [strí:ts 스트리-츠])
몡 1. 거리, 가로

I met him on the *street*.
나는 거리에서 그를 만났다.
We walked along the *street*.
우리는 거리를 따라 걸었다.
몡 2. [Street로] …가
She lives on First *Street*.
그녀는 1번가에 살고 있다.

*strength *strength*
[stréŋ(k)θ 스트렝(크)스]
몡 힘 ; 체력
I don't have the *strength* to push the door.
나는 그 문을 밀 힘이 없다.

strength·en *strengthen*

[stréŋ(k)θən 스트렝(크)선]
동 (3단현 **strengthens** [stréŋ(k)θ-ənz 스트렝(크)선즈], 과거·과거분사 **strengthened** [stréŋ(k)θ-ənd 스트렝(크)선드], 현재 분사 **strengthening** [stréŋ(k)θəniŋ 스트렝(크)서닝])
타 강하게 하다, 튼튼하게 하다
That experience *strengthened* her faith. 그 경험은 그녀의 신념을 강하게 했다.
자 강해지다
His anger *strengthened*. 그의 노여움은 더해졌다.

stress *stress*

[strés 스트레스]
명 (복수 **stresses** [strésiz 스트레시즈])
압박, 긴장, 스트레스
He is suffering from *stress*. 그는 스트레스로 괴로워하고 있다.

*stretch *stretch*

[strétʃ 스트레치]
동 (3단현 **stretches** [strétʃiz 스트레치즈], 과거·과거 분사 **stretched** [strétʃt 스트레치트], 현재 분사 **stretching** [strétʃiŋ 스트레칭])
타 뻗치다, 늘이다, 펴다
He *stretched* his arms and yawned.
그는 팔을 펴고 하품을 했다.

자 뻗다, 퍼지다
The forest *stretched* for miles.
숲이 수마일이나 뻗어 있었다.
명 (복수 **stretches** [strétʃiz 스트레치즈])
뻗음, 퍼짐 ; 연속
a wide *stretch* of grass land
광활하게 뻗은 초원

*strict *strict*

[stríkt 스트릭트]
형 (비교급 **stricter** [stríktər 스트릭터], 최상급 **strictest** [stríktist 스트릭티스트])
엄격한, 엄한
a *strict* rule 엄격한 규칙
She's *strict* with her children.
그녀는 아이들에게 엄하다.

*strike *strike*

[stráik 스트라이크]
동 (3단현 **strikes** [stráiks 스트라이크스], 과거·과거 분사 **struck** [strʌ́k 스트럭], 현재 분사 **striking** [stráikiŋ 스트라이킹])
타 1. 치다, 두들기다, 때리다
He *struck* the ball.
그는 공을 쳤다.
He *struck* the wall with his fist.
그는 주먹으로 벽을 쳤다.
The clock *struck* ten.
시계가 10시를 쳤다.
타 2. 부딪치다
The car *struck* the tree.
그 차는 나무에 부딪쳤다.

The ship *struck* the rocks.
배는 암초에 부딪쳤다.
타 3. (성냥을) 켜다
She *struck* a match.
그녀는 성냥을 켰다.

자 1. 치다, 때리다
He *struck* at me.
그는 나를 때렸다.
자 2. 부딪치다, 충돌하다
The ball *struck* against the wall. 공이 벽에 부딪쳤다.
명 (복수 **strikes** [stráiks 스트라이크스])
명 1. 타격, 구타 ; 공격
The snake made a *strike* at my foot.
그 뱀은 내 발을 공격했다.
명 2. 《야구》 스트라이크
The count is three balls and two *strikes*.
카운트는 투 스트라이크 스리 볼이다.
명 3. 동맹 파업, 스트라이크
be on strike 파업하다
The workers *are on strike* now.
노동자들은 지금 파업 중이다.

string *string*
[stríŋ 스트링]
명 (복수 **strings** [stríŋz 스트링즈])
명 1. 줄, 끈
I have cut my shoe *string*.
나는 구두끈을 잘랐다.
명 2. (악기의) 현
A violin has four *strings*.
바이올린은 현이 네 줄 있다.

strip *strip*
[stríp 스트립]
명 (복수 **strips** [stríps 스트립스])
작은 조각 ; (신문 등의) 연속 만화
There is a *strip* of paper on the desk.
책상 위에 작은 종잇조각이 있다.

stroke *stroke*
[stróuk 스트로우크]
명 (복수 **strokes** [stróuks 스트로우크스])
한 번 치기, 일격 ; (보트를) 한 번 젓기
a finishing *stroke*

마지막 일격

strong *strong*
[strɔ́ːŋ 스트롱-]

형 (비교급 **stronger** [strɔ́ːŋɡər 스트롱-거], 최상급 **strongest** [strɔ́ːŋɡist 스트롱-기스트])

형 1. 강한, 힘센(《반》 weak 약한) ; 튼튼한

strong　　　　weak

His father is very *strong*.
그의 아버지는 힘이 매우 세시다.
He is *stronger* than that man.
그는 저 사람보다 힘이 더 세다.
He is *strong* in body.
그는 몸이 튼튼하다.

형 2. (바람 등이) 강한
a *strong* wing 강풍

struck *struck*
[strʌ́k 스트럭]

동 **strike**의 과거·과거 분사

struc·ture *structure*
[strʌ́ktʃər 스트럭처]

명 (복수 **structures** [strʌ́ktʃərz 스트럭처즈])

명 1. 구조, 구성
the *structure* of a house
집의 구조
the *structure* of a novel
소설의 구성

명 2. 건축물

The city hall is a large stone *structure*.
시청은 큰 석조 건축물이다.

strug·gle *struggle*
[strʌ́ɡl 스트러글]

자 (3단현 **struggles** [strʌ́ɡlz 스트러글즈], 과거·과거 분사 **struggled** [strʌ́ɡld 스트러글드], 현재 분사 **struggling** [strʌ́ɡliŋ 스트러글링])

버둥〔허우적〕거리다 ; 노력〔분투〕하다 ; 싸우다
The bird *struggled* to fly.
새는 날려고 버둥거렸다.

We are *struggling* for freedom. 우리는 자유를 위해 분투하고 있다.
They are *struggling* against hunger.
그들은 굶주림과 싸우고 있다.

명 (복수 **struggles** [strʌ́ɡlz 스트러글즈])

발버둥 ; 노력, 고투 ; 싸움

the *struggle* for existence
생존 경쟁

stuck *stuck*
[stʌ́k 스턱]
- 동 stick의 과거・과거 분사
  I *stuck* my finger with a pin.
  나는 핀에 손가락을 찔렸다.

*stu·dent *student*
[st(j)úːdnt 스튜-든트]
- 명 (복수 **students** [st(j)úːdnts 스튜-든츠])
  학생

a college *student* 대학생
We are junior high school *students*.
우리는 중학생이다.

*stud·y *study*
[stʌ́di 스터디]
- 동 (3단현 **studies** [stʌ́diz 스터디즈], 과거・과거 분사 **studied** [stʌ́did 스터디드], 현재 분사 **studying** [stʌ́diiŋ 스터디잉])
- 타 공부하다, 연구하다
  I *study* math every day.
  나는 매일 수학을 공부한다.

He is *studying* Korean history.
그는 한국사를 연구하고 있다.
- 자 공부하다, 연구하다
  She is *studying* at home.
  그녀는 집에서 공부하고 있다.
- 명 (복수 **studies** [stʌ́diz 스터디즈])
- 명 1. 공부((이 뜻으로는 부정 관사를 붙이지 않고 복수형으로도 하지 않는다))
  He is fond of *study*.
  그는 공부를 좋아한다.
- 명 2. [흔히 studies로] 연구
  He continued his *studies*.
  그는 연구를 계속했다.
- 명 3. 서재
  This is my father's *study*.
  이것은 아버지의 서재다.

stuff *stuff*
[stʌ́f 스터프]
- 명 재료, 자료, 원료 ; 물자 ; (막연한) 것, 물건
  cooking *stuff* 요리 재료
  Don't leave your *stuff* here.
  여기에 너의 물건을 두지 마라.
- 타 (3단현 **stuffs** [stʌ́fs 스터프스], 과거・과거 분사 **stuffed** [stʌ́ft 스터프트], 현재 분사 **stuffing** [stʌ́fiŋ 스터핑])
  채우다, 채워 넣다 ; 메우다
  She *stuffed* clothes into the bag.

그녀는 가방에 옷을 채워 넣었다.

*stu·pid *stupid*
[st(j)ú:pid 스튜-피드]
형 (비교급 **stupider** [st(j)ú:pidər 스튜-피더], 최상급 **stupidest** [st(j)ú:pidist 스튜-피디스트])
어리석은, 바보같은 ; 하찮은
Don't be *stupid*!
바보같은 짓 하지 마!

*style *style*
[stáil 스타일]
명 (복수 **styles** [stáilz 스타일즈])
명 1. 양식, 형
They changed their *style* of living.
그들은 생활 양식을 바꿨다.
명 2. 문체, 표현 방법
The book is written in a clear *style*.
그 책은 명쾌한 문체로 쓰여졌다.
명 3. 유행, 스타일
This dress is the latest *style*.
이 드레스는 최신 유행이다.

*sub·ject *subject*
[sʌ́bdʒikt 서브직트]
명 (복수 **subjects** [sʌ́bdʒikts 서브직츠])
명 1. 학과, 과목

Which *subject* do you like best? 너는 어느 과목을 가장 좋아하니?
English is his favorite *subject*.
영어는 그가 좋아하는 과목이다.

명 2. 주제, 제목
I have nothing to say on this *subject*.
나는 이 주제에 관해서 할 말이 아무것도 없다.
Let's change the *subject*.
화제를 바꾸자.
명 3. 《문법》주어
What is the *subject* of this sentence?
이 문장의 주어는 무엇입니까?

*sub·stance *substance*
[sʌ́bstəns 서브스턴스]
명 (복수 **substances** [sʌ́bstənsiz 서브스턴시즈])
물질, 물체 ; 내용, 실질
a solid *substance* 고체
There is little *substance* to this book.
이 책에는 내용이 거의 없다.

sub·stan·tial *substantial*
[səbstǽnʃəl 서브스탠셜]
형 상당한 ; 실속〔내용〕이 있는 ; 견고한
He gets *substantial* pay.
그는 상당한 급료를 받는다.
The bridge didn't look very *substantial*.

다리는 그다지 튼튼해 보이지 않았다.

sub·sti·tute *substitute*
[sʌ́bstət(j)ùːt 서브스터튜-트]

㉰ (3단현 **substitutes** [sʌ́bstət(j)ùːts 서브스터튜-츠], 과거·과거 분사 **substituted** [sʌ́bstət(j)ùːtid 서브스터튜-티드], 현재 분사 **substituting** [sʌ́bstət(j)ùːtiŋ 서브스터튜-팅])

대체하다, 대용하다⟨*for*⟩
  You can *substitute* milk *for* cream.
  크림 대신에 우유를 사용해도 좋다.

㉱ (복수 **substitutes** [sʌ́bstət(j)ùːts 서브스터튜-츠])
대리인, 대용품 ; 대역, 보결
  There's no *substitute* for him.
  그를 대신할 사람은 없다.

sub·urb *suburb*
[sʌ́bəːrb 서버-브]

㉱ (복수 **suburbs** [sʌ́bəːrbz 서버-브즈])

[the suburbs로] (도시의) 교외, 근교⦅특히 주택지역⦆
  He lives in the *suburbs*.
  그는 교외에 살고 있다.

*sub·way *subway*
[sʌ́bwèi 서브웨이]

㉱ (복수 **subways** [sʌ́bwèiz 서브웨이즈])

⦅영⦆ 지하도 ; ⦅미⦆ 지하철

a *subway* station
지하철 역
take the *subway*
지하철을 타다
My father goes to work by *subway*.
나의 아버지는 지하철로 통근하신다.

*suc·ceed *succeed*
[səksíːd 석시-드]

㉰ (3단현 **succeeds** [səksíːdz 석시-즈], 과거·과거 분사 **succeeded** [səksíːdid 석시-디드], 현재 분사 **succeeding** [səksíːdiŋ 석시-딩])

㉰ …에 계속되다 ; …의 뒤를 잇다
  The prince *succeeded* his father. 왕자는 그의 아버지 뒤를 이었다.

자 1. 성공하다〈*in*〉
His plan *succeeded*.
그의 계획은 성공했다.
You will *succeed in* life.
너는 출세할 것이다.

자 2. 계속되다 ; 계승하다〈*to*〉
He *succeeded to* the family business.
그는 가업을 계승했다.

*suc·cess *success*
[səksés 석세스]
　명 (복수 **successes** [səksésiz 석세시즈])
　명 1. 성공
I wish you *success*.
성공을 빕니다.
　명 2. 성공한 사람, 대성공
Her concert was a great *success*. 그녀의 콘서트는 대성공이었다.

make a success of …을 성공으로 이끌다
He *made a success of* his business.
그는 사업을 성공으로 이끌었다.

*suc·cess·ful *successful*
[səksésful 석세스풀]
　형 성공한
The peace talks were not *successful*. 평화 회담은 성공적이지 못했다.

suc·cess·ful·ly
successfully
[səksésfuli 석세스풀리]
　부 성공적으로
The wedding has ended *successfully*.
결혼식은 성공적으로 끝났다.

suc·ces·sion *succession*
[səkséʃən 석세션]
　명 연속 ; 계승, 상속
the law of *succession*
상속법
Our team has had a *succession* of victories.
우리 팀은 연승을 거두었다.

in succession 연속하여, 계속하여
The tears fell *in succession*.
눈물이 한없이 흘러내렸다.

*such *such*
[《약》 sətʃ 서치 ; 《강》 sʌ́tʃ 서치]
　형 1. 그러한, 그런, 이러한, 이런

Don't say *such* a thing.
그런 말 하지마.

형 2. [such+a[an]+형용사+명사로] 그렇게, 이렇게; 대단히, 매우
I've never read *such an* interesting book. 나는 이렇게 재미있는 책을 읽은 적이 없다.

형 3. 대단한, 훌륭한
She is *such a* beauty.
그녀는 대단한 미인이다.

such as (예를 들면) …같은, …등의
I like sports, *such as* tennis and swimming.
나는 테니스와 수영 같은 스포츠를 좋아한다.

such … as ~ ~와 같은 …
You had better avoid *such* a man *as* he.
그와 같은 남자는 피하는 편이 낫다.

such … that ~ 매우 …이므로 ~이다
It is *such* a good chance *that* we must not miss it.
그것은 매우 좋은 기회이므로 놓쳐서는 안된다.

*sud·den *sudden*
[sʌ́dn 서든]

형 돌연한, 불시의, 별안간의
His death was all too *sudden*.
그의 죽음은 너무 갑작스러웠다.

*sud·den·ly *suddenly*
[sʌ́dnli 서든리]

부 갑자기, 불시에, 느닷없이
Suddenly the light went out.
갑자기 전등이 나갔다.

*suf·fer *suffer*
[sʌ́fər 서퍼]

동 (3단현 **suffers** [sʌ́fərz 서퍼즈], 과거·과거 분사 **suffered** [sʌ́fərd 서퍼드], 현재 분사 **suffering** [sʌ́f(ə)riŋ 서퍼링])

타 1. (고통·손해 등을) 경험하다, 입다, 받다
She has *suffered* a lot of pain.
그녀는 많은 고통을 받았다.

타 2. [부정문에서] …에 견디다, 참다
I can*not suffer* such insults.
이런 모욕은 참을 수 없다.

자 1. 괴로워하다; 고생하다
The injured man was still *suffering*.
부상당한 남자는 여전히 괴로워하고 있었다.

자 2. 앓다, 병들다
I'm *suffering* from a bad cold.
나는 심한 감기에 걸려 있다.

*suf·fi·cient *sufficient*
[səfíʃənt 서피션트]
형 충분한, 족한
We have *sufficient* fuel for the winter.
우리는 겨울에 대비하여 충분한 연료가 있다.

*sug·ar *sugar*
[ʃúgər 슈거]
명 설탕

Do you take *sugar* in your coffee?
커피에 설탕을 넣습니까?

*sug·gest *suggest*
[sə(g)dʒést 서(그)제스트]
타 (3단현 **suggests** [sə(g)dʒésts 서(그)제스츠], 과거·과거 분사 **suggested** [sə(g)dʒéstid 서(그)제스티드], 현재 분사 **suggesting** [sə(g)dʒéstiŋ 서(그)제스팅])
타 1. 암시하다
His pale face *suggests* bad health.
그의 창백한 얼굴은 건강이 나쁘다는 것을 암시한다.
타 2. 제안하다
He *suggested* a rest.
그는 휴식할 것을 제안했다.

sug·ges·tion *suggestion*
[sə(g)dʒéstʃən 서(그)제스천]
명 (복수 **suggestions** [sə(g)dʒéstʃənz 서(그)제스천즈])
명 1. 제안
They made a new *suggestion*.
그들은 새로운 제안을 했다.
명 2. 암시
His speech was full of *suggestions*.
그의 이야기는 암시로 가득차 있었다.

*suit *suit*
[súːt 수-트]
명 (복수 **suits** [súːts 수-츠])
(의복의) 한 벌, 한 벌의 옷

He was wearing a gray *suit*.
그는 회색 양복을 입고 있었다.
타 (3단현 **suits** [súːts 수-츠], 과거·과거 분사 **suited** [súːtid

수-티드], 현재 분사 **suiting** [súːtiŋ 수-팅])
㉠ 1. …에 적합하다, …에 어울리다
Long hair *suits* her very well.
긴 머리가 그녀에게 잘 어울린다.
㉠ 2. …에 편리하다, …에 형편이 좋다
The date *suits* me well.
그날이 나에게는 좋다.

suit·a·ble *suitable*
[súːtəbl 수-터블]
㉠ 적당한 ; 어울리는, 알맞은
This book is *suitable* for high school students.
이 책은 고등학생들에게 적당하다.

*sum *sum*
[sʌ́m 섬]
㉢ (복수 **sums** [sʌ́mz 섬즈])
합계 ; 금액
a large *sum* of money
거액의 돈
The *sum* of 5 and 4 is 9.
5와 4의 합은 9다.

*sum·ma·ry *summary*
[sʌ́məri 서머리]
㉢ (복수 **summaries** [sʌ́məriz 서머리즈])
요약, 개요

Give a *summary* of this chapter.
이 장의 개요를 말해라.
in summary 요약하면

*sum·mer *summer*
[sʌ́mər 서머]
㉢ 여름
in early *summer*
초여름에
We often eat ice cream in *summer*.
우리는 여름에 아이스크림을 자주 먹는다.
We had a very hot *summer* this year.
올 여름은 몹시 더웠다.

*sun *sun*
[sʌ́n 선]
㉢ 1. [the sun으로] 해, 태양
The *sun* rises in the east.
해는 동쪽에서 뜬다.
The *sun* sets.
해가 진다.
The earth moves around *the sun*.
지구는 태양 주위를 돈다.
㉢ 2. 햇빛, 양지
This room gets a lot of *sun*.
이 방은 햇빛이 잘 든다.
My cat sits in the *sun* all day.
우리 고양이는 하루 종일 양지에 앉아 있다.

*Sun·day *Sunday*

[sʌ́ndèi 선데이]

명 (복수 **Sundays** [sʌ́ndèiz 선데이즈])
일요일《Sun.으로 약한다》
Tomorrow is *Sunday*.
내일은 일요일이다.

He'll arrive next *Sunday*.
그는 다음 일요일에 도착할 것이다.
We go to church on *Sundays*.
우리는 일요일에 교회에 간다.

sun·rise *sunrise*

[sʌ́nràiz 선라이즈]

명 해돋이, 일출

The birds started singing at *sunrise*.
새들은 해뜰 때 지저귀기 시작했다.

sun·set *sunset*

[sʌ́nsèt 선셋]

명 해넘이, 일몰 ; 해질녘
Come home before *sunset*.
해지기 전에 집에 오너라.

*sun·shine *sunshine*

[sʌ́nʃàin 선샤인]

명 햇빛, 일광 ; 양지

We enjoyed the *sunshine* in the garden.
우리는 정원에서 햇빛을 즐겼다.

*su·per *super*

[súːpər 수-퍼]

형 훌륭한, 최고의
We had a *super* time.
우리는 멋진 시간을 보냈다.

*su·pe·ri·or *superior*

[supíː(ə)riər 수피(어)리어]

형 (보다) 위의 ; 우수한 ; …을 초월한
This book is *superior* to that.
이 책은 저 책보다 낫다.

su·per·mar·ket
supermarket
[súːpərmàːrkit 수-퍼마-킷]
명 슈퍼마켓

I must go to the *supermarket* at once.
나는 곧 슈퍼마켓에 가야 한다.

su·per·sti·tion
superstition
[sùːpərstíʃən 수-퍼스티션]
명 (복수 **superstitions** [sùːpərstíʃənz 수-퍼스티션즈])
미신 ; 미신적 습관〔행위〕

That's just a *superstition*.
그것은 단지 미신일 뿐이다.

*sup·per
supper
[sʌ́pər 서퍼]
명 (복수 **suppers** [sʌ́pərz 서퍼즈])
저녁 식사
Supper is ready!
저녁 식사가 준비됐다!
I had a bath after *supper*.
나는 저녁 식사 후에 목욕을 했다.

*sup·ply
supply
[səplái 서플라이]
타 (3단현 **supplies** [səpláiz 서플라이즈], 과거·과거 분사 **supplied** [səpláid 서플라이드], 현재 분사 **supplying** [səpláiiŋ 서플라이잉])
공급하다, 지급하다 ; 배달〔배급〕하다
Cows *supply* milk.
암소는 우유를 공급한다.

The school *supplies* textbooks to the pupils.
그 학교는 학생들에게 교과서를 지급한다.
명 (복수 **supplies** [səpláiz 서플라이즈])
명 1. 공급, 지급 ; 배급 ; 보급
a good *supply* of water
충분한 물의 공급
supply and demand
수요와 공급
명 2. [supplies로] 생활 필수품 ; 군수품
medical *supplies*
의료품

sup·port *support*

[səpɔ́ːrt 서포-트]

타 (3단현 **supports** [səpɔ́ːrts 서포-츠], 과거·과거 분사 **supported** [səpɔ́ːrtid 서포-티드], 현재 분사 **supporting** [səpɔ́ːrtiŋ 서포-팅])

타 1. 지탱하다, 버티다
The walls *support* the roof.
벽이 지붕을 지탱하고 있다.

타 2. 부양하다; 원조하다, 지지하다
I *support* a large family.
나는 대가족을 부양한다.
I will *support* your proposal.
나는 너의 제안을 지지하겠다.

명 지지, 원조, 후원
Thank you for your *support*.
후원해 주셔서 감사합니다.

---

sup·pose *suppose*

[səpóuz 서포우즈]

타 (3단현 **supposes** [səpóuziz 서포우지즈], 과거·과거 분사 **supposed** [səpóuzd 서포우즈드], 현재 분사 **supposing** [səpóuziŋ 서포우징])

타 1. 추측하다, …라고 생각하다
I *suppose* he will be late.
나는 그가 늦을 것이라고 생각한다.
What do you *suppose* she will do?
너는 그녀가 어떻게 할 것이라고 생각하니?
Will she come? — Yes, I *suppose* so.
그녀가 올까요? — 예, 오리라 생각합니다.

타 2. [명령형으로] …하면 어떨까, …합시다
Suppose we give a party for him. 그를 위해 파티를 열면 어떨까?

타 3. [명령형·현재 분사형으로] 만약 …라고 하면
Suppose(*Supposing*) it rains, what shall we do? 만약 비가 내리면 어떻게 할까?

---

sup·pos·ing *supposing*

[səpóuziŋ 서포우징]

접 만약 …이라면
Supposing he can't come, who will do the work?
만약 그가 올 수 없으면 누가 그 일을 하겠습니까?

---

su·preme *supreme*

[suprí:m 수프림-]

형 최고의, 최상의
the *Supreme* Court
(국가 또는 주의) 최고법원

He is a *supreme* artist in the picture circle.
그는 화단에서 최고의 화가다.

sure *sure*

[ʃúər 슈어]

형 (비교급 **surer** [ʃú(ə)rər 슈(어)러], 최상급 **surest** [ʃú(ə)rist 슈(어)리스트])

형 1. 틀림없는, 확실한
What is the *sure* way to succeed?
성공하는 확실한 방법은 무엇입니까?

형 2. 확신하고 있는, 자신이 있는
◆ I'm *sure* that we will win.
나는 우리가 이길 것이라고 확신한다.

형 3. 꼭〔반드시〕…하는, 반드시 …하는
be sure to do 반드시 …하다
He *is sure to* come.
그는 반드시 온다.
for sure 확실히
I can't say *for sure*.
나는 확실히 말할 수 없다.
make sure 확인하다, 다짐하다
OK. I'll *make sure*.
알았어. 내가 확인할게.
to be sure 확실히, 정말
To be sure, this book is worth reading.
확실히 이 책은 읽을 가치가 있다.

부 1. 확실히 ; 꼭
It *sure* is cold out.
확실히 바깥은 춥다.

부 2. [의뢰나 질문에 답하여] 좋고 말고요, 물론이죠
Can I use your phone? — *Sure*.
전화 좀 써도 될까요? — 물론이죠.

sure enough 예측대로, 과연
Sure enough, she missed the train again.
예측대로 그녀는 또 기차를 놓쳤다.

sure·ly *surely*

[ʃúərli 슈어리]

부 1. 틀림없이, 확실히(《동》 certainly)
Surely I heard the sound.

확실히 그 소리를 들었다.

부 2. [부정문에서] 설마
Surely you are *not* going alone. 설마 너 혼자 가는 것은 아니겠지.

---

*sur·face *surface*

[sə́ːrfəs 서-퍼스] ★ 발음 주의

명 (복수 **surfaces** [sə́ːrfəsiz 서-퍼시즈])

표면, 외면 ; 외관, 겉보기
This desk has a smooth *surface*.
이 책상의 표면은 매끄럽다.
Don't look only at the *surface* of things.
사물의 외관만 보지 마라.

---

*sur·prise *surprise*

[sərpráiz 서프라이즈]

타 (3단현 **surprises** [sərpráiziz 서프라이지즈], 과거·과거 분사 **surprised** [sərpráizd 서프라이즈드], 현재 분사 **surprising** [sərpráiziŋ 서프라이징])

(깜짝) 놀라게 하다

The news greatly *surprised* us.
그 소식은 우리를 매우 놀라게 했다.
You *surprise* me.
사람을 놀라게 하는군.

be surprised 놀라다
They *were surprised* at the invention.
그들은 그 발명에 놀랐다.

명 (복수 **surprises** [sərpráiziz 서프라이지즈])

놀람, 경악 ; 놀라운 일〔것〕; 뜻밖의 일〔것〕
I have a *surprise* for you.
네가 놀랄만한 일이 있다.

to one***'s surprise*** 놀랍게도
To my surprise, there was nobody in the house.
놀랍게도 그 집에는 아무도 없었다.

---

*sur·round *surround*

[səráund 서라운드]

타 (3단현 **surrounds** [səráundz 서라운즈], 과거·과거 분사 **surrounded** [səráundid 서라운디드], 현재 분사 **surrounding** [səráundiŋ 서라운딩])

에워싸다, 둘러싸다 ; 포위하다
His house is *surrounded* by trees.
그의 집은 나무로 둘러싸여 있다.

The enemy *surrounded* the city.

적은 그 도시를 포위했다.

sur·vey *survey*
[sərvéi 서베이]

🈑 (3단현 **surveys** [sərvéiz 서베이즈], 과거·과거 분사 **surveyed** [sərvéid 서베이드], 현재 분사 **surveying** [sərvéiiŋ 서베이잉])

🈑 1. 바라보다, 조망하다 ; 개관하다
survey a city from top of a tower
탑 꼭대기에서 도시를 바라보다

🈑 2. 자세히 조사하다 ; 측량하다

They *surveyed* population growth.
그들은 인구 증가를 조사했다.

sur·viv·al *survival*
[sərváivəl 서바이벌]

🈁 (복수 **survivals** [sərváivəlz 서바이벌즈])
살아 남음, 생존 ; 생존자 ; 유물
the *survival* of the fittest
적자 생존

*sur·vive *survive*
[sərváiv 서바이브]

🈐 (3단현 **survives** [sərváivz 서바이브즈], 과거·과거 분사 **survived** [sərváivd 서바이브드], 현재 분사 **surviving** [sərváiviŋ 서바이빙])

🈑 (남보다) 오래 살다 ; 살아 남다
He *survived* his wife.
그는 아내보다 오래 살았다.

🈂 생존하다, 잔존하다
This custom still *survives*.
이 관습은 아직까지 남아 있다.

sus·pect *suspect*
[səspékt 서스펙트]

🈑 (3단현 **suspects** [səspékts 서스펙츠], 과거·과거 분사 **suspected** [səspéktid 서스펙티드], 현재 분사 **suspecting** [səspéktiŋ 서스펙팅])

🈑 1. …을 의심하다

I *suspected* him of stealing my books. 나는 그가 내 책을 훔치지 않았나 의심했다.

🈑 2. …은 아닐까 생각하다
I *suspect* that he is a liar.
나는 그가 거짓말쟁이가 아닌가 생각한다.

sus‧pend *suspend*

[səspénd 서스펜드]

동 (3단현 **suspends** [səspéndz 서스펜즈], 과거·과거 분사 **suspended** [səspéndid 서스펜디드], 현재 분사 **suspending** [səspéndiŋ 서스펜딩])

타 1. 일시 정지하다, 연기하다 ; 정학 처분하다

Our project has been *suspended*.
우리의 계획은 중단되었다.
The two girls have been *suspended* from school.
그 두 소녀는 정학 처분을 받았다.

타 2. 매달다, 늘어뜨리다

suspend a lamp from the ceiling
천장에 램프를 매달다

sus‧pi‧cion *suspicion*

[səspíʃən 서스피션]

명 (복수 **suspicions** [səspíʃənz 서스피션즈])
의심, 혐의
There is a strong *suspicion* against him.
그에게 짙은 혐의가 있다.

*swal‧low *swallow*

[swάlou 스왈로우]

타 (3단현 **swallows** [swάlouz 스왈로우즈], 과거·과거 분사 **swallowed** [swάloud 스왈로우드], 현재 분사 **swallowing** [swάlouiŋ 스왈로우잉])

들이켜다, 삼키다
Please *swallow* pills with water.
알약을 물과 함께 삼키세요.

*swear *swear*

[swέər 스웨어]

동 (3단현 **swears** [swέərz 스웨어즈], 과거형 **swore** [swɔ́ːr 스워-], 과거 분사 **sworn** [swɔ́ːrn 스원-], 현재 분사 **swearing** [swέ(ə)riŋ 스웨(어)링])

자 맹세하다, 선서하다, 서약하다
I *swore* on the Bible in court.
나는 법정에서 성서에 대고 선서했다.

타 맹세하다, 선서하다
I *swore* not to tell anyone.
나는 누구에게도 말하지 않겠다고 맹세했다.

*sweat‧er *sweater*

[swétər 스웨터]

명 (복수 **sweaters** [swétərz 스웨터즈])
스웨터

She always wears jeans and a *sweater*.
그녀는 언제나 진바지와 스웨터를 입는다.

---

*sweep *sweep*

[swíːp 스위-프]

타 (3단현 **sweeps** [swíːps 스위-프스], 과거·과거 분사 **swept** [swépt 스웹트], 현재 분사 **sweeping** [swíːpiŋ 스위-핑])
쓸다, 청소하다
She is *sweeping* the floor.
그녀는 마루를 쓸고 있다.

That girl *sweeps* the yard every day. 저 소녀는 매일 마당을 청소한다.

**sweet *sweet*

[swíːt 스위-트]

형 (비교급 **sweeter** [swíːtər 스위-터], 최상급 **sweetest** [swíːtist 스위-티스트])

형 1. 단, 달콤한 《반》 bitter 쓴, 《참고》 sour 신)

sweet

bitter

This cake is very *sweet*.
이 케이크는 매우 달다.

형 2. 향기로운
This flower smells *sweet*.
이 꽃은 향기가 좋다.

형 3. 듣기 좋은
His voice sounded clear and *sweet*.
그의 목소리는 맑고 감미롭게 들렸다.

형 4. 상냥〔다정〕한, 친절한
He was very *sweet* to me.
그는 내게 매우 친절했다.

형 5. 예쁜, 멋진, 귀여운
She is a *sweet* little girl.
그녀는 귀여운 어린 소녀다.

명 (복수 **sweets** [swíːts 스위-츠])
단 것 ; [sweets로] 사탕

I am fond of *sweets*.
나는 사탕을 좋아한다.

---

swell *swell*

[swél 스웰]

동 (3단현 **swells** [swélz 스웰즈], 과거형 **swelled** [swéld 스웰드], 과거 분사 **swelled** [swéld 스웰드] 또는 **swollen** [swóulən 스월런], 현재 분사 **swelling** [swéliŋ 스웰링])

자 부풀다 ; 부어 오르다 ; 증가하다, 붇다 ; 높아지다
A hot balloon *swelled* with

gas.
열기구가 가스로 부풀었다.
The river has *swelled* with rain.
비로 강이 불어났다.
타 부풀리다 ; 증가시키다
The wind *swelled* the sails.
바람이 돛을 부풀게 했다.

*swim *swim*

[swím 스윔]

자 (3단현 **swims** [swímz 스윔즈], 과거형 **swam** [swǽm 스웸], 과거 분사 **swum** [swʌ́m 스윰], 현재 분사 **swimming** [swímiŋ 스위밍])

헤엄치다, 수영하다

☆ Can you *swim*?
너는 헤엄칠 줄 아니?
☆ Let's go *swimming*.
수영하러 가자.

He *swims* well.
그는 수영을 잘 한다.
명 [a swim으로] 수영, 헤엄
We went to the river for *a swim*.
우리는 강에 수영하러 갔다.

swim·ming *swimming*

[swímiŋ 스위밍]

자 swim의 현재 분사
명 수영, 헤엄
◆ I enjoy *swimming*.
나는 수영을 즐긴다.

*swing *swing*

[swíŋ 스윙]

동 (3단현 **swings** [swíŋz 스윙즈], 과거·과거 분사 **swung** [swʌ́ŋ 스웡], 현재 분사 **swinging** [swíŋiŋ 스윙잉])

자 1. 흔들리다
The child let his legs *swing*.
그 아이는 다리를 흔들었다.
자 2. 매달리다
He *swung* down from the tree.
그는 나무에 매달렸다.

자 3. 빙 돌다
The car *swung* around the corner.
차는 모퉁이를 돌았다.
타 1. 흔들다
He *swung* his legs under his chair.
그는 다리를 의자 밑에서 흔들었다.
타 2. 매달다, 걸다
Please *swing* this rope from the hook on the wall.
이 로프를 벽에 있는 고리에 걸

어 주세요.
㉾ 3. 빙 돌리다
He *swung* the hammer around and threw it.
그는 해머를 빙빙 돌려서 던졌다.
명 (복수 **swings** [swíŋz 스윙즈])
흔들림, 진동 ; 그네
Let's play on the *swings*.
그네를 타자.

*switch *switch*

[swítʃ 스위치]
명 (복수 **switches** [swítʃiz 스위치즈])
(전기 등의) 스위치
Turn on〔off〕 the light *switch*, please.
전등의 스위치를 켜〔꺼〕 주십시오.
타 (3단현 **switches** [swítʃiz 스위치즈], 과거·과거 분사 **switched** [swítʃt 스위치트], 현재 분사 **switching** [swítʃiŋ 스위칭])
(전등·라디오 등을) 켜다〈*on*〉, 끄다〈*off*〉
Don't *switch off* the radio yet.
아직 라디오를 끄지 마라.
She *switches on* the television at six every day.
그녀는 매일 6시에 텔레비전을 켠다.

sword *sword*

[sɔ́ːrd 소-드] ★ 발음 주의
명 (복수 **swords** [sɔ́ːrdz 소-즈])
검, 칼 ; [the sword로] 무력
He drew his *sword*.
그는 검을 뺐다.

*sym·bol *symbol*

[símbəl 심벌]
명 (복수 **symbols** [símbəlz 심벌즈])
명 1. 상징, 심벌
The lion is the *symbol* of courage.
사자는 용기의 상징이다.

명 2. 기호
a chemical *symbol* 화학기호
H_2O is the *symbol* for water.
H_2O는 물을 나타내는 기호다.

sym·pa·thet·ic *sympathetic*

[sìmpəθétik 심퍼세틱]
형 동정심이 있는, 인정있는 ; 동감하는, 호의적인
He is *sympathetic* to the project.

그는 그 계획에 호의적이다.
I felt *sympathetic* to her.
나는 그녀에게 동정심을 느꼈다.

*sym·pa·thy　*sympathy*
[símpəθi 심퍼시]
　명 (복수 **sympathies** [símpəθiz 심퍼시즈])
　동정
　　I have no *sympathy* for her.
　　나는 그녀를 동정하지 않는다.

*sys·tem　*system*
[sístəm 시스템]
　명 (복수 **systems** [sístəmz 시스템즈])
　체계, 계통, 시스템
　　a *system* of law 법률 체계
　　There is no *system* in his work.
　　그의 일에는 체계가 없다.

T, t *T, t*
[tíː 티-]
　명 (복수 **T's, t's** [tíːz 티-즈])
티《영어 알파벳의 스무번째 글자》

*ta·ble *table*
[téibl 테이블]
　명 (복수 **tables** [téiblz 테이블즈])
　명 1. 테이블 ; 식탁《공부·사무용은 desk》
　There are some eggs on the *table*.
　테이블 위에 계란이 몇 개 있다.

　Put the plates on the *table*.
　식탁에 접시를 놓아라.
　명 2. 표, 일람표
　a *table* of contents
　목차
　There is a time *table* on the wall.
　벽에 시간표가 붙어 있다.
at** (**the**) **table 식사 중에《《영》에서는 보통 the를 붙이지 않는다》
　They were *at* (*the*) *table* when I came back.
　내가 돌아왔을 때 그들은 식사 중이었다.

tad·pole *tadpole*
[tǽdpòul 태드포울]
　명 올챙이

*tail *tail*
[téil 테일]
　명 (복수 **tails** [téilz 테일즈])
　명 1. 꼬리 ; 꼬리 모양의 것
　Whose *tail* is this?
　— It's a pig's.
　이것은 무슨 꼬리지 ?
　— 돼지꼬리야.

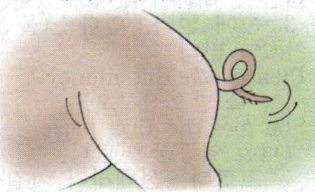

　명 2. 끝 ; (페이지 등의) 여백
　명 3. [보통 **tails**로] (동전의) 뒷면(《반》 head 앞면)
　Heads or *tails*? (동전을 던져서) 앞면이냐, 뒷면이냐 ?

*take *take*

[téik 테이크]

(3단현 **takes** [téiks 테이크스], 과거형 **took** [túk 툭], 과거분사 **taken** [téikən 테이컨], 현재분사 **taking** [téikiŋ 테이킹])

타 1. …을 잡다, 쥐다, 안다; 붙잡다
 He *took* her by the arm.
 그는 그녀의 팔을 잡았다.

타 2. (물건을) 가지고 가다; (사람을) 데리고 가다
 Take your umbrella with you.
 우산을 가지고 가거라.
 He *took* us to the zoo. 그는 우리를 동물원에 데리고 갔다.

타 3. 손에 넣다, 얻다; (물건·돈 등을) 받다
 Please *take* this money.
 이 돈을 받으십시오.
 She *took* the first prize.
 그녀는 일등상을 탔다.

타 4. 고르다, 선택하다; (길을) 가다, 택하다; 차지하다
 Take any dress (that) you want. 어떤 것이든 마음에 드는 옷을 골라 보아라.

타 5. (탈것에) 타다
 Let's *take* a taxi.
택시를 타자.

타 6. 먹다, 마시다, 복용하다
 Take this medicine three times a day.
 이 약을 하루에 세 번 드세요.

타 7. (사진을) 찍다; 적어두다, 기록하다
 I *took* a lot of pictures of the sea.
 나는 바다 사진을 많이 찍었다.
 I *took* notes of the lecture.
 나는 강의 내용을 적어두었다.

타 8. [흔히 it을 주어로 하여] (노력 등을) 필요로 하다; (시간이) 걸리다
 It *took* him three days to read the novel. 그는 그 소설을 읽는 데 3일 걸렸다.

타 9. [tèik 테이크] [동작을 나타내는 명사를 목적어로 하여] (어떤 행동을) 하다
 I *take* a walk every morning.
 나는 매일 아침 산책을 한다.
 She is *taking* a shower.
 그녀는 샤워를 하고 있다.

타 10. 사다; (신문·잡지 등을) 구독하다; (집 등을) 빌리다
 What newspaper do you *take*?
 무슨 신문을 구독하고 있습니까?

타 11. 생각하다, 간주하다⟨as⟩
 Did you *take* it *as* true?
 너는 그것을 사실이라고 생각했니?

타 12. 가지고 사라지다, 훔치다 (《동》steal); …을 없애다

Who has *taken* my bag?
누가 내 가방을 가져갔니?
take after …을 닮다
He *takes after* his father.
그는 아버지를 닮았다.

take away 치우다; (물건을) 가지고 가다; (사람을) 데리고 가다
take back (산 것·빌린 것을) 되돌려 주다; 취소하다
I went to the store and *took* the sweater *back*.
나는 가게에 가서 스웨터를 반품했다.
take care 조심하다, 주의하다
Take care not to catch a cold in winter. 겨울에는 감기 걸리지 않도록 조심해라.
take care of …을 돌보다; …을 배려하다
take ... for ~ …을 ~로 생각하다; …을 ~로 잘못 알다
We *took* him *for* a teacher.
우리는 그를 선생님으로 잘못 알았다.
Take it easy. 걱정하지 마라.; 서두르지 마라.
take off (1) (물건을) 없애다; (옷 등을) 벗다
Please *take off* your shoes.
신발 좀 벗어주세요.
(2) (비행기 등이) 이륙하다

The plane *takes off* at 8:00 a.m.
비행기는 오전 8시에 이륙한다.
take out (물건을) 꺼내다; (사람을) 데리고 나가다; (미) (음식물 등을) 사가지고 가다
He *took out* his handkerchief.
그는 손수건을 꺼냈다.
I *took* him *out* for a walk.
나는 그를 산책에 데리고 나갔다.
take over (일 등을) 인계받다, 이어받다
He *took over* his father's business.
그는 아버지의 사업을 이어받았다.
take part in …에 참가하다
We *took part in* the meeting.
우리는 그 모임에 참가했다.
take place 일어나다, 행해지다
take up (물건을) 집어올리다; (시간·장소 등을) 잡다, 차지하다
This table *takes up* too much space.
이 테이블은 공간을 너무 많이 차지한다.

tale *tale*
[téil 테일]
⑲ (**복수 tales** [téilz 테일즈]) 설화, 이야기《동》story)
My grandmother told a fairy *tale* to me.
할머니는 나에게 옛날 이야기를 해주셨다.

tal·ent *talent*
[tǽlənt 탤런트]
⑲ (**복수 talents** [tǽlənts 탤런츠])
⑲ 1. (타고난) 재주, 재능〈*for*〉
He has a *talent for* music.
그는 음악에 재능이 있다.

명 2. 재능이 있는 사람들 ; 《미》 연예인, 탤런트

*talk *talk*
[tɔ́ːk 토-크]

(3단현 **talks** [tɔ́ːks 토-크스], 과거·과거 분사 **talked** [tɔ́ːkt 토-크트], 현재 분사 **talking** [tɔ́ːkiŋ 토-킹])

자 이야기하다, 말하다⟨to, with, about⟩

We *talked* for about 2 hours.
우리는 약 2시간 동안 이야기했다.
He *talked about* his life in England.
그는 자신의 영국 생활을 이야기했다.
We sometimes *talk with* our teacher in English.
우리는 가끔 선생님과 영어로 말한다.

타 …에 대해 이야기하다, 논하다
We *talked* soccer over a cup of tea.
우리는 차를 마시면서 축구 이야기를 했다.

talk back 말대꾸하다⟨to⟩ ; (시청자·독자 등이) 반응하다
You mustn't *talk back to* your parents.
부모님께 말대꾸를 해서는 안된다.

talk to …에게 말을 걸다 ; …에게 따지다
Don't *talk to* others during the examination.
시험 중에 다른 사람에게 말을 걸지 마라.

talk to one*self* 혼잣말을 하다
He often *talks to himself*.
그는 곧잘 혼잣말을 한다.

명 (**복수 talks** [tɔ́ːks 토-크스]) 이야기, 의논, 상담 ; [보통 talks 로] 회담
peace *talks*
평화 회담
I had a *talk* with him for an hour.
나는 그와 1시간 동안 이야기했다.

*tall *tall*
[tɔ́ːl 톨-]

형 (비교급 **taller** [tɔ́ːlər 톨-러], 최상급 **tallest** [tɔ́ːlist 톨-리스트])

형 1. 키가 큰(《반》 short 키가 작은) ; (나무·건물 등이) 높은
a *tall* building 높은 건물

That man is *tall*.
저 사람은 키가 크다.
☆ I am *taller* than you.
나는 너보다 키가 크다.
He is the *tallest* boy in his class.

그는 반에서 제일 키가 크다.

⟨형⟩ 2. 키가 …인, 높이가 …인 ⟪키·높이를 나타내는 명사 뒤에 쓴다⟫
How *tall* are you?
— I am five feet *tall*.
너는 키가 몇이니?
— 5피트야.

tank *tank*
[tǽŋk 탱크]
⟨명⟩ ⟨복수 **tanks** [tǽŋks 탱크스]⟩
⟨명⟩ 1. (물·기름·가스 등을 저장하는) 탱크; 수조
a gasoline *tank* 휘발유 탱크
a water *tank* 물 탱크
⟨명⟩ 2. 전차, 탱크

*tap *tap*
[tǽp 탭]
⟨타⟩ ⟨3단현 **taps** [tǽps 탭스], 과거·과거 분사 **tapped** [tǽpt 탭트], 현재 분사 **tapping** [tǽpiŋ 태핑]⟩
가볍게 두드리다〔치다〕, 똑똑 두드리다
She *tapped* him on the shoulder.
그녀는 그의 어깨를 가볍게 두드렸다.

⟨명⟩ ⟨복수 **taps** [tǽps 탭스]⟩ 가볍게〔똑똑〕 두드리기; 그 소리
I heard a *tap* at the window.
나는 창문을 똑똑 두드리는 소리를 들었다.

*tape *tape*
[téip 테이프]
⟨명⟩ ⟨복수 **tapes** [téips 테이프스]⟩
⟨명⟩ 1. (천·종이 등의) 테이프, (납작한) 끈, 리본
⟨명⟩ 2. 접착 테이프⟪⟪미⟫에서는 Scotch tape, ⟪영⟫에서는 Sellotape라고도 한다⟫; 반창고
⟨명⟩ 3. (녹음·녹화용의) 테이프

I recorded the music on *tape*.
나는 그 음악을 테이프에 녹음했다.

tape re·cord·er
tape recorder
[téiprikɔ̀ːrdər 테이프리코-더]
图 (복수 **tape recorders** [téiprikɔ̀ːrdərz 테이프리코-더즈]) 녹음기, 테이프리코더

*tar·get *target*
[táːrgit 타-깃]
图 (복수 **targets** [táːrgits 타-기츠])
图 1. (사격 등의) 과녁, 표적

The arrow hit the *target*.
화살은 과녁을 맞혔다.
图 2. 목표; 목표액
My *target* is $500 per month.
내 목표액은 매달 500 달러다.
图 3. (비난 등의) 대상

*task *task*
[tǽsk 태스크]
图 (복수 **tasks** [tǽsks 태스크스])
일; 과제; (힘든) 임무
His *task* is to clean the room today. 오늘 그의 일은 방을 청소하는 것이다.

*taste *taste*
[téist 테이스트]
图 (복수 **tastes** [téists 테이스츠])
图 1. 맛; 미각
This fruit has a sweet *taste*.
이 과일은 단맛이 난다.
This cake has little *taste*.
이 케이크는 맛이 좋지 않다.
图 2. 취미, 기호 ⟨in, for⟩
I have a *taste for* art.
나는 미술에 취미가 있다.
图 (3단현 **tastes** [téists 테이스츠], 과거·과거 분사 **tasted** [téistid 테이스티드], 현재 분사 **tasting** [téistiŋ 테이스팅])
타 1. 맛보다
She is *tasting* the soup.
그녀는 수프 맛을 보고 있다.

타 2. [진행형 없이] …의 맛을 알다, 맛을 느끼다
I can *taste* lemon in this cake.
이 케이크는 레몬 맛이 난다.
자 [진행형 없이] …의 맛이 나다
How does it *taste*?
— It *tastes* sour.
맛이 어떻습니까? — 시큼합니다.

*tax *tax*
[tǽks 택스]
图 (복수 **taxes** [tǽksiz 택시즈])
세금, 세
direct *taxes* 직접세
indirect *taxes* 간접세
There is a heavy *tax* on cigarettes. 담배에는 무거운 세금이 부과되고 있다.

tax·i *taxi*
[tǽksi 택시]

몡 (복수 **taxi(e)s** [tǽksiz 택시즈])
택시《taxicab의 단축형. 《구어》에서는 cab이라고도 한다》

get in *a taxi* 택시를 타다
get out of *a taxi*
택시에서 내리다
We went to the station by *taxi*.
우리는 택시로 역까지 갔다.

*tea *tea*
[tíː 티-]

몡 (복수 **teas** [tíːz 티-즈])
몡 1. 차, 홍차《부정 관사를 붙이지 않고 복수형으로도 하지 않는다. 단순히 tea라고 말할 때는 「홍차」를 가리킨다》

green *tea* 녹차
He likes *tea* better than coffee.
그는 커피보다 홍차를 더 좋아한다.
I made *tea* for her.

나는 그녀에게 차를 타주었다.
몡 2. 한 잔의 차〔홍차〕
What would you like to drink? — Two *teas*, please.
음료는 무엇으로 하시겠습니까? — 홍차 두 잔 주십시오《주문할 때는 two cups of tea보다 two teas가 일반적이다》.
몡 3. 《영》 오후의 차《오후 3시경부터 5시경 사이에 하는 홍차를 곁들인 가벼운 식사》
It's time for *tea*.
차 마실 시간이다.
We have *tea* at four.
우리는 4시에 차를 마신다.

*teach *teach*
[tíːtʃ 티-치]

동 (3단현 **teaches** [tíːtʃiz 티-치즈], 과거·과거 분사 **taught** [tɔ́ːt 토-트], 현재 분사 **teaching** [tíːtʃiŋ 티-칭])
타 1. …을 가르치다

My uncle *teaches* mathematics at high school.
나의 삼촌은 고등학교에서 수학을 가르치신다.
She *teaches* us English.
그녀는 우리들에게 영어를 가르친다.
타 2. (…하는 법을) 가르치다
My father *taught* me how to swim. 아버지는 내게 수영하는 법을 가르쳐 주셨다.
자 가르치다 ; 교사를 하다
She *teaches* very well.
그녀는 아주 잘 가르친다.

teach·er *teacher*
[tíːtʃər 티-처]
명 (복수 **teachers** [tíːtʃərz 티-처즈])
선생님, 교사

I want to be a *teacher*.
나는 교사가 되기를 원한다.
She is our English *teacher*.
그녀는 우리 영어 선생님이시다.

teach·ing *teaching*
[tíːtʃiŋ 티-칭]
명 교수, 수업, 가르치기
Teaching is interesting.
가르치는 것은 재미있다.

*team *team*
[tíːm 팀-]
명 (복수 **teams** [tíːmz 팀-즈])
(경기의) 조, 팀《단수·복수 취급》

He is on our soccer *team*.
그는 우리 축구팀에 있다.

Our *team* wear red shirts.
우리 팀은 붉은 셔츠를 입고 있다.

*tear¹ *tear*
[tíər 티어]
★ 발음 주의
명 (복수 **tears** [tíərz 티어즈])
[보통 tears로] 눈물
Tears rolled down his cheeks.
눈물이 그의 뺨에 흘러 내렸다.
Her eyes are full of *tears*.
그녀의 눈은 눈물로 가득차 있다.

in tears 눈물을 흘리면서, 울면서

*tear² *tear*
[téər 테어]
★ 발음 주의
타 (3단현 **tears** [téərz 테어즈], 과거형 **tore** [tɔ́ːr 토-], 과거 분사 **torn** [tɔ́ːrn 톤-], 현재 분사 **tearing** [téə(ə)riŋ 테(어)링])
찢다, 째다
She *tore* the letter in two.
그녀는 편지를 둘로 찢었다.

He *tore* the envelope open.
그는 봉투를 찢어서 열었다.

tech·ni·cal *technical*
[téknikəl 테크니컬]
- 형 1. 기술의 ; 공업의
  a *technical* school 공업 학교
  technical cooperation
  기술 제휴
- 형 2. 전문의, 전문적인
  technical terms
  전문 용어

tech·nique *technique*
[tekníːk 테크니-크]
★ 악센트 주의
- 명 (복수 **techniques** [tekníːks 테크니-크스])
  (예술의) 수법 ; 기교, 테크닉 ; (전문적인) 기술
  They don't have the *techniques* to do it.
  그들은 그것을 할 수 있는 기술이 없다.

*tech·nol·o·gy *technology*
[teknάlədʒi 테크날러지]
- 명 과학 기술
  high *technology*
  첨단 기술
  Modern *technology* is great.
  현대 과학 기술은 굉장하다.

*teen·ag·er *teenager*
[tíːnèidʒər 틴-에이저]
★ 악센트 주의
- 명 (복수 **teenagers** [tíːnèidʒərz 틴-에이저즈])
  10대의 소년〔소녀〕, 틴에이저《정확히는 -teen이 붙는 13세(thirteen)에서 19세(nineteen)까지의 소년, 소녀를 가리킴》

*teeth *teeth*
[tíːθ 티-스]
- 명 **tooth**의 복수
  We must always keep our *teeth* clean. 우리는 이를 항상 깨끗이 해야 한다.

*tel·e·phone *telephone*
[téləfòun 텔러포운]
- 명 (복수 **telephones** [téləfòunz 텔러포운즈])
  전화《tel.로 약한다. 《구어》에서는 phone이라고도 한다》; 전화기

a public *telephone*
공중 전화
a *telephone* receiver
수화기
The *telephone* is ringing.
전화가 울리고 있다.
May I use your *telephone*?
전화를 써도 될까요?
My father is talking on the *telephone*.
아버지는 전화로 이야기하고 계시는 중이다.

Tell him by *telephone*.
전화로 그에게 말해라.
You are wanted on the *telephone*.
전화왔습니다.

타 (3단현 **telephones** [téləfòunz 텔러포운즈], 과거·과거 분사 **telephoned** [téləfòund 텔러포운드], 현재 분사 **telephoning** [téləfòuniŋ 텔러포우닝])
전화를 걸다
I'll *telephone* you this evening.
오늘 저녁에 전화드리겠습니다.
He *telephoned* me the news.
그는 내게 그 소식을 전화로 알려 주었다.

tel·e·phone num·ber
telephone number
[téləfoun-nʌ̀mbər 텔러포운넘버]
명 (복수 **telephone numbers** [téləfoun-nʌ̀mbərz 텔러포운넘버즈])
전화 번호

※**tel·e·vi·sion** *television*
[téləvìʒən 텔러비전]
명 (복수 **televisions** [téləvìʒənz 텔러비전즈])
명 1. 텔레비전(방송)《부정 관사를 붙이지 않고 복수형으로도 하지 않는다》
☞ TV로 약한다. 《영구어》에서는 telly [téli 텔리]라고도 한다.

She is watching *television*.
그녀는 텔레비전을 보고 있다.
What's on *television* now?
지금 텔레비전에서 무엇을 방송하고 있습니까?
명 2. 텔레비전 수상기

※**tell** *tell*
[tél 텔]
동 (3단현 **tells** [télz 텔즈], 과거·과거 분사 **told** [tóuld 토울드], 현재 분사 **telling** [téliŋ 텔링])
타 1. …을 말하다, 이야기하다
Grandma, *tell* us a interesting

story.
할머니, 재미있는 이야기 하나 해주세요.

He never *tells* a lie.
그는 결코 거짓말을 하지 않는다.
She *told* me (that) she was a spy.
그녀는 나에게 자신은 스파이였다고 말했다.
타 2. 명령하다, …하라고 말하다 ⟨*to* do⟩
I *told* him *to* study hard.
나는 그에게 열심히 공부하라고 말했다.
Do as you are *told*.
시킨 대로 해라.
타 3. …을 분간하다, 구별하다 ⟨*from*⟩ ; …을 알다《보통 can, be able to와 함께 쓴다》
I can't *tell* you *from* your sister. 나는 너와 네 여동생을 구별하지 못한다.
I can't *tell* the reason.
나는 그 이유를 모르겠다.
타 4. 알려주다, 가르쳐주다
Please *tell* me the way to the station. 역으로 가는 길을 가르쳐주십시오.
I *told* the date of the picnic to everyone. 나는 소풍 날짜를 모두에게 알려주었다.
자 이야기하다, 말하다
I'll *tell* about it.
그 이야기를 하겠다.
Don't tell me (that …) ! 설마 …은 아니겠지요.
Don't tell me you've lost it!
설마 그것을 잃어버린 것은 아니겠지요.
to tell (you) the truth 사실은, 사실대로 말하면

tem·per *temper*

[témpər 템퍼]
명 (복수 **tempers** [témpərz 템퍼즈])
기분 ; 기질, 천성 ; 짜증
He was a man of mild *temper*.
그는 성품이 온화한 사람이다.
She has a quick *temper*.
그녀는 성질이 급하다.
She is in a good *temper* now.
그녀는 지금 기분이 좋다.

tem·per·a·ture *temperature*

[témp(ə)rətʃər 템퍼러처]
명 (복수 **temperatures** [témp(ə)rətʃərz 템퍼러처즈])
온도, 기온 ; 체온
The nurse took my *temperature*.
간호사가 내 체온을 쟀다.

What's the *temperature* now?
지금 몇 도입니까 ?

tem·ple *temple*

[témpl 템플]
명 (복수 **temples** [témplz 템플즈])

(고대 그리스・로마 등의) 신전; (불교・이슬람교 등의) 절, 사원

a Greek *temple*
그리스 신전
My grandfather likes that old *temple*.
할아버지께서는 저 오래된 절을 좋아하신다.

tem·po·rar·y *temporary*
[témpərèri 템퍼레리]
- 형 일시적인; 임시의
temporary happiness
일시적인 행복
This class schedule is *temporary*.
이 학급의 시간표는 임시 시간표다.

ten *ten*
[tén 텐]
- 명 (복수 tens [ténz 텐즈])
[보통 관사 없이] 10《단수 취급》; 10명〔개〕《복수 취급》; 10살; 10시
Please count from one to *ten*.
1부터 10까지 세어 보세요.
We started at *ten*.
우리는 10시에 출발했다.
ten to one 십중팔구, 틀림없이
- 형 10의; 10명〔개〕의; 10살의
ten times 10회, 10배
Here are *ten* apples.

여기 사과가 10개 있다.

tend *tend*
[ténd 텐드]
- 자 (3단현 tends [téndz 텐즈], 과거・과거 분사 tended [téndid 텐디드], 현재 분사 tending [téndiŋ 텐딩])
…하는 경향이 있다, 자주 …하다 〈to do〉
You *tend to* talk quickly.
너는 말을 빨리 하는 경향이 있다.
He *tends to* be late for school.
그는 학교에 자주 지각한다.

ten·den·cy *tendency*
[téndənsi 텐던시]
- 명 (복수 tendencies [téndənsiz 텐던시즈])
경향, 풍조; 버릇, 성향
She has a *tendency* to talk too much.
그녀는 말이 너무 많은 경향이 있다.

ten·nis *tennis*
[ténis 테니스]
- 명 《스포츠》 정구, 테니스《부정관사를 붙이지 않고 복수형으로도 하지 않는다》
Let's play *tennis*.
테니스를 치자.
We played *tennis* after work.
우리는 일과 후에 테니스를 쳤다.

*ten·sion *tension*
[ténʃən 텐션]

명 (복수 **tensions** [ténʃənz 텐션즈])
(정신·신경의) 긴장; (정신적인) 흥분; [때로 tensions로] (정세·관계 등의) 긴장 상태
She is suffering from nervous *tension*. 그녀는 긴장감에 시달리고 있다.

*tent *tent*
[tént 텐트]

명 (복수 **tents** [ténts 텐츠])
텐트, 천막

They took down the *tent* early in the morning. 그들은 아침 일찍 텐트를 걷었다.
We pitched a *tent* by the river. 우리는 강가에 천막을 쳤다.

*tenth *tenth*
[ténθ 텐스]

명 (복수 **tenths** [tén(θ)s 텐(스)스])
명 1. [보통 the tenth로] 제10, 열번째; (날짜의) 10일《10th로 약한다》
I was born on *the tenth* of May.
나는 5월 10일에 태어났다.
명 2. 10분의 1
three *tenths* 10분의 3
형 1. [보통 the tenth로] 제10의, 열번째의
the tenth lesson 제10과
형 2. 10분의 1의

*term *term*
[tə́ːrm 텀-]

명 (복수 **terms** [tə́ːrmz 텀-즈])
명 1. (특정한) 기간; 임기; 《영》(3학기제의) 학기《미국 등의 2학기제의 학기는 semester》
The spring *term* has begun.
봄 학기가 시작되었다.
명 2. 전문〔학술〕용어
a technical *term* 전문 용어
a medical *term* 의학 용어
명 3. [terms로] (계약·지급 등의) 조건
I can never accept these *terms*. 나는 이 조건들을 절대로 받아들일 수 없다.
명 4. [terms로] (사람과의) 사이, 관계〈with〉
I am on good *terms with* him.
나는 그와 사이가 좋다.

*ter·ri·ble *terrible*
[térəbl 테러블]

형 1. 심한, 맹렬한; 무서운(《동》 awful)
I had a *terrible* dream last night. 나는 어젯밤에 무서운 꿈을 꾸었다.
형 2. 《구어》 아주 나쁜, 지독한
I had a *terrible* cold last month.
나는 지난달에 지독한 감기에

걸렸다.

ter·ri·to·ry *territory*
[térətɔ̀ːri 테러토-리]
- 명 (복수 **territories** [térətɔ̀ːriz 테러토-리즈])
- 명 1. 영토, 영지 ; 지역, 지방
  Is this Korean *territory*?
  이곳은 한국 영토입니까?
- 명 2. (활동 등의) 범위 ; (외판원 등의) 담당 구역

ter·ror *terror*
[térər 테러]
- 명 (복수 **terrors** [térərz 테러즈])
- 명 1. (강한) 공포
- 명 2. 두려운 것〔사람〕

*test *test*
[tést 테스트]
- 명 (복수 **tests** [tésts 테스츠])
  시험, 검사, 테스트

They have a math *test* this afternoon.
그들은 오늘 오후에 수학 시험을 친다.
He passed〔failed〕 the history *test*.
그는 역사 시험에 통과했다〔낙제했다〕.
- 타 (3단현 **tests** [tésts 테스츠], 과거·과거 분사 **tested** [téstid 테스티드], 현재 분사 **testing** [téstiŋ 테스팅])

시험치다, 검사하다, 테스트하다
The teacher *tested* us in spelling.
선생님은 우리들의 철자 실력을 테스트하셨다.
I had my eyes *tested*.
나는 눈 검사를 받았다.

text *text*
[tékst 텍스트]
- 명 (복수 **texts** [téksts 텍스츠])
- 명 1. 본문
- 명 2. [the text로] 원문, 원전
- 명 3. 교과서(《동》 textbook)

*text·book *textbook*
[téks(t)bùk 텍스(트)북]
- 명 (복수 **textbooks** [téks(t)bùks 텍스(트)북스])
  교과서, 교본(text라고도 한다)

an English *textbook*
영어 교과서
Open your *textbooks* to page 20.
교과서 20쪽을 펴세요.

Thames *Thames*
[témz 템즈]
- 명 [the Thames로] 템스강
  We walked along *the Thames*.
  우리는 템스강을 따라 걸었다.

**than *than*
[《약》ðən 던 ; 《강》ðǽn 댄]
- 접 1. [형용사·부사의 비교급 뒤

에서] …보다(도)
She is younger *than* I.
그녀는 나보다 젊다.
I like summer better *than* winter.
나는 겨울보다 여름이 좋다.

◆ There's nothing I like more *than* soccer.
축구보다 더 좋아하는 것은 없다.
I love you better *than* he.
나는 그보다도 더 당신을 사랑합니다.

접 2. [else, other, otherwise, another 등의 뒤에서] …밖에는, …이외에는
I have no *other* dictionary *than* this.
나는 사전이라고는 이것밖에 없다.
I have no *other* tennis partner *than* you.
나는 너외에는 테니스를 같이 칠 사람이 없다.

**thank *thank*
[θǽŋk 생크]
타 (3단현 **thanks** [θǽŋks 생크스], 과거·과거 분사 **thanked** [θǽŋkt 생크트], 현재 분사 **thanking** [θǽŋkiŋ 생킹])
…에게 사례하다, …에게 감사하다〈*for*〉
Thank you *for* coming.
와주셔서 감사합니다.
Thank you *for* your kindness.
친절에 감사드립니다.
No, thank you. 아니오, 괜찮습니다《정중하게 거절할 때 쓴다》.
Won't you have another piece of cake? — ◆ *No, thank you.*
케이크 한 조각 더 드시겠습니까? — 아니오, 괜찮습니다.

Thank God! 아아 감사합니다!
Thank Heaven! 감사합니다!; 됐다!
Thank you. (1) 감사합니다.
Thank you.
— You're welcome.
고맙다.
— 별말씀을요.

(2) 이상입니다《방송·강연의 끝에 쓴다》.
명 (복수 **thanks** [θǽŋks 생크스])
[thanks로] 감사, 감사의 말

a letter of *thanks*
감사의 편지
Many *thanks* for your present.
선물 정말 감사합니다.
No, thanks. 아니오, 괜찮습니다 《No, thank you.보다 스스럼 없는 말》.
Thanks. 감사합니다《Thank you.보다 스스럼 없는 말》.
☆ *Thanks* very much. (= ☆ *Thanks* a lot.)
대단히 감사합니다.
thanks to …덕택에
Thanks to your help, I succeed.
네 도움 덕분에 나는 성공했다.

***that** *that*
[ðǽt 댓]

형 (복수 **those** [ðóuz 도우즈]) [지시 형용사]

형 1. 저, 그《this보다 떨어져 있는 사람·사물·일이나 과거의 일을 가리킬 때 쓴다》
That car is mine.
저 차는 내 것이다.
Shall we buy this book or *that* one? 이 책을 사시겠습니까, 아니면 저 책을 사시겠습니까?
Look at *that* man in the car.
자동차에 타고 있는 저 남자를 보아라.

형 2. 예의, 저, 그《서로 알고 있는 것을 가리킬 때 쓴다》
Oh, *that* news again.
오, 또 그 뉴스야.
I can't stand *that* sound.
나는 저 소리를 참을 수가 없다.

대 (복수 **those** [ðóuz 도우즈]) [지시 대명사]

대 1. **저것, 그것**; 저 사람〔일〕, 그 사람〔일〕《this보다 떨어져 있는 사람·사물·일을 가리킬 때 쓴다》
What's *that*? — It's a UFO.
저게 뭐지? — UFO다.

Who is *that*?
저 사람은 누구니?
Which do you like better, this or *that*?
이것과 저것 중 너는 어떤 것을 좋아하니?

대 2. 그 일, 그것《이미 말한 것을 가리킬 때 쓴다》
My sister is ill in bed.
— *That*'s too bad.
언니가 아파서 누워 있어.
— 그것 참 안됐구나.

대 3. 그것《앞에 나온 「the+명사」를 반복하는 대신에 쓴다. that of …의 형태로 되는 경우가 많다》
The light of the sun is brighter than *that* of the moon.
햇빛은 달빛보다 밝다.

대 4. [ðət 덧] [관계 대명사] …한 바의《주격·목적격으로 쓰인다. 목적격의 경우는 생략되는 경우가 많다》
This is the parcel *that* arrived yesterday.
이것이 어제 도착한 소포다.
This is the best picture (*that*) Mary painted.
이것이 메리가 그린 것 중에서 가장 잘 그린 그림이다.

대 5. [it is … that ~로] ~(한) 것은 …이다《…부분을 강조》
It was this boy *that* broke the

window.
창문을 깬 것은 이 소년이었다.
It was on Sunday *that* I met him. 내가 그를 만난 것은 일요일이었다.
that is (***to say***) 즉, 다시 말하면
That's all. 그것뿐이다.
That's it. 그것이다., 그대로다.; 그것으로 끝이다.
Is "B" the answer?
— Yes, *that's it*.
「B」가 답이니?
— 응, 맞아.
접 [ðət 덧] 1. [명사절을 이끌어] …라는 것《동사의 목적어가 될 경우는 흔히 생략된다》
The trouble is *that* she doesn't know my address.
걱정은 그녀가 내 주소를 모른다는 것이다.

I know (*that*) he is alive.
나는 그가 살아있다는 것을 알고 있다.
It is certain *that* she lived here. (=*That* she lived here is certain.) 그녀가 여기에 살았던 것은 확실하다《후자는 딱딱한 표현으로 보통은 가주어 it을 쓴다》.
접 2. [동격을 나타내어] …라는
I know the fact *that* he stole my purse.
나는 그가 내 지갑을 훔쳤다는 사실을 알고 있다.
so … that ~ 매우 …해서 ~이다
such … that ~ 매우 …해서 ~이다

*that'd *that'd*
[ðǽtəd 대터드]
that would, that had의 단축형

*that'll *that'll*
[ðǽtl 대틀]
that will의 단축형
How about ten o'clock?
— *That'll* be fine.
10시가 어떻겠니?
— 좋아.

*that's *that's*
[ðǽts 대츠]
that is, that has의 단축형
☆ *That's* a good idea.
그것 참 좋은 생각이다.

*the *the*
[《약》 (자음 앞) ðə 더, (모음 앞) ði 디; 《강》 ðíː 디-]
관 [정관사] 1. 그, 이, 저, 예의 《한 번 언급한 명사를 반복하는 경우에 쓴다》
He keeps a dog. *The* dog can swim very well.
그는 개를 한 마리 기르고 있다. 그 개는 헤엄을 아주 잘친다.

관 2. 그《전후 관계·수식 어구로 무엇을 가리키는지 아는 경우에 쓴다》
The doors of our classroom were open.
우리 교실 문이 열려 있었다.

관 3. 그《그 때의 상황에서 무엇을 가리키는지 아는 경우에 쓴다》
Will you open *the* window?
창문을 열어주겠니?
Let's go to *the* library.
도서관에 가자.
관 4. [유일한 것을 가리켜서]
the sun 태양/*the* moon 달/
the world 세계/*the* earth 지구/
the sky 하늘/*the* west 서
관 5. [형용사의 최상급, 서수, only 앞에 붙여]
◆ To me, it's *the* best in the world.
나에게는 그것이 세상에서 가장 좋다.
He was *the* first to come.
그가 첫번째로 왔다.
This is *the* only road along the shore.
이것이 해안을 따라 난 유일한 길이다.
관 6. [고유 명사에 붙여]
☞ 보통 고유 명사에는 관사를 붙이지 않지만, 보통 명사로 될 수 있는 고유 명사에는 the를 붙이는 경우가 많다.
the Alps 알프스 산맥/

the Atlantic (Ocean) 대서양/
the New York Times 뉴욕 타임스/*the* White House 백악관/
the Sahara Desert 사하라 사막
관 7. [단수 명사에 붙여 종류 전체를 나타내어] …라는 것
The cow is a useful animal.
소는 유용한 동물이다.
관 8. [the+형용사로] …인 사람들《복수 명사의 뜻이 된다》; …이기《추상 명사의 뜻이 된다》
The rich are not always happy.
부자라고해서 반드시 행복한 것은 아니다.
He is a lover of *the* beautiful.
그는 미를 사랑하는 사람이다.
관 9. [단위 명사에 붙여]
Butter is sold by *the* pound.
버터는 파운드 단위로 판다.
부 [《약》(자음 앞) ðə 더, (모음 앞) ði 디] [the+비교급 …, the+비교급 ~로] …하면 할수록 ~
The sooner, *the* better.
《구어》빠르면 빠를수록 좋다.

***the·a·ter, 《영》-tre**
theater, -tre
[θíːətər 시-어터]
명 (복수 **theaters** [θíːətərz 시-어터즈])
극장, 영화관
a movie *theater*
《미》영화관(《영》 a cinema)

We went to the *theater* last night.
우리는 어젯밤 극장에 갔다.

---

their their
[《약》ðər 더; 《강》ðéər 데어]

theirs

대 [인칭 대명사 they의 소유격] 그들의, 그녀들의, 그것들의
Their house is at the top of the hill. 그들의 집은 언덕 꼭대기에 있다.

*theirs *theirs*

[ðéərz 데어즈]
대 [they의 소유 대명사] 그들〔그녀들, 그것들〕의 것
These books are *theirs*, not mine.
이 책들은 그들의 것이지 내 것이 아니다.

*them *them*

[《약》ðəm 덤 ; 《강》ðém 뎀]
대 [인칭 대명사 they의 목적격] 그들〔그녀들, 그것들〕을〔에게〕
Tell *them* to be quiet.
그들에게 조용히 하라고 말하세요.

theme *theme*

[θíːm 심-]
★ 발음 주의
명 (복수 themes [θíːmz 심-즈])
명 1. 주제, 제목, 테마 ; 화제 (《동》 subject)
What was the *theme* of his speech?
그의 연설의 주제는 무엇이었습니까?

명 2. 《음악》 주제, 테마

*them·selves *themselves*

[ðəmsélvz 덤셀브즈]
대 [they의 재귀 대명사 ; himself, herself, itself의 복수]
대 1. 그들 자신을〔에게〕, 그녀들 자신을〔에게〕, 그것 자체를〔에〕 《동사·전치사의 목적어가 된다》
The children hid *themselves* behind the door.
아이들은 문 뒤에 몸을 숨겼다.
대 2. 그들 자신, 그녀들 자신, 그것들 자체 《강조하기 위해 쓴다》
The boys did it *themselves*.
소년들은 그들 스스로 그것을 했다.

**then *then*

[ðén 덴]
부 1. 그 때, 그 무렵, 그 당시 《과거·미래에 모두 쓴다》
Where were you *then*?
그때 너는 어디에 있었니?

We'll talk about our plan *then*.
그때 가서 우리의 계획에 대해 이야기하겠다.
I was ten years old *then*.
그 당시 나는 10살이었다.
부 2. [순서를 나타내어] 그리고 나서, 그 다음에
First came Tom, and *then* Jim. 먼저 톰이 오고 그리고 나서 짐이 왔다.
부 3. 그러면, 그렇다면
Then why did you go there?

그러면 너는 왜 거기에 갔니?
(*every*) *now and then* 때때로
명 그때《보통 전치사의 목적어로 쓴다》
　by *then* 그때까지
　I had never seen an elephant before *then*.
　나는 그전에는 코끼리를 본 적이 없다.

the·o·ry *theory*
[θíːəri 시-어리]
　명 (복수 **theories** [θíːəriz 시-어리즈])
　이론《반》practice 실천》; 학설
　　Your plan is good in *theory*.
　　당신의 계획은 이론상으로는 훌륭합니다.

*there *there*
[ðɛər 데어]
　부 1. 거기에, 거기서, 거기로 《반》here 여기에》
　　Stand *there*. 거기에 서시오.

　　When will you go *there*?
　　당신은 언제 거기에 가실겁니까?
　　We saw him *there*.
　　우리는 거기에서 그를 만났다.
　부 2. [《약》ðər 더 ; 《강》ðɛər 데어] [there is ..., there are ...로] …이 있다, …이 존재하다
◆　*There are* many children in the park.
　　공원에는 아이들이 많이 있다.
　　There is a book on the desk.
　　책상 위에 책이 있다.
　부 3. [주의를 환기시키기 위해] 저(것) 봐, 자아 (저기)
　　There she comes!
　　저 봐, 그녀가 온다!
　　There comes the train!
　　저기 기차가 온다!
　here and there 여기저기
　over there 저쪽에, 저기에
　There is no ～ing ～할 수가 없다
　　There is no tell*ing* when she will arrive.
　　그녀가 언제 도착할지 말할 수 없다.
　There you are. 자, 여기 있습니다《상대방이 찾고 있는 것을 내놓을 때 하는 말로 Here you are.라고도 한다》.
　감 저런, 봐라, 자자《위로·격려·동정·만족 등을 나타낸다》
　　There, *there*, don't cry.
　　자, 자, 울지 마라.
　　There, I told you so. 그것 봐라, 내가 말했던 대로지.

*there·fore *therefore*
[ðɛərfɔ̀ːr 데어포-]
　부 그러므로, 그런 까닭에, 따라서
　　I think, *therefore* I am.
　　나는 생각한다, 그러므로 나는 존재한다.

*there's *there's*
[ðɛərz 데어즈]
　there is, there has의 단축형
　　There's a table in the room.
　　방 안에 테이블이 있다.

*these *these*
[ðíːz 디-즈]
　형 [지시 형용사 ; this의 복수]

이것들의(《반》 those 저것들의)
These flowers are pretty.
이 꽃들은 예쁘다.
These books are interesting.
이 책들은 재미있다.

대 [지시 대명사; this의 복수] 이것들(《반》 those 저것들); 이 사람들
These are my books.
이것들은 내 책이다.

***they** *they*
[ðei 데이]
대 [인칭 대명사; 3인칭 복수의 주격]
대 1. 그들은[이], 그녀들은[이], 그것들은[이]
They are happy.
그들은 행복하다.
Do your brothers like baseball? — Yes, *they* like it very much.
너희 형제들은 야구를 좋아하니? — 응, 아주 좋아해.

《참고》 they의 변화형

주격	they	그들은
소유격	their	그들의
목적격	them	그들을
소유대명사	theirs	그들의 것
재귀대명사	themselves	그들 자신을

대 2. (일반적으로) 사람들은; (어떤 지역·가게의) 사람들은
They speak English in Canada.
캐나다에서는 영어를 말한다.
They sell hats at that store.
저 가게에서는 모자를 판다.

***they'd** *they'd*
[ðeid 데이드]
they had, they would의 단축형

***they'll** *they'll*
[ðeil 데일]
they will, they shall의 단축형

***they're** *they're*
[ðeiər 데이어]
they are의 단축형

***they've** *they've*
[ðeiv 데이브]
they have의 단축형

***thick** *thick*
[θík 식]
형 (비교급 **thicker** [θíkər 시커], 최상급 **thickest** [θíkist 시키스트])
형 1. (판자·책 등이) 두꺼운 (《반》 thin 얇은); (실·손가락 등이) 굵은

thick　　thin

That *thick* book on the desk is mine. 책상 위의 저 두꺼운 책은 내 것이다.
She has *thick* legs.

그녀는 다리가 굵다.

형 2. (액체·안개 등이) 진한, 짙은
This soup is *thick*.
이 수프는 진하다.
The *thick* fog has cleared.
짙은 안개가 걷혔다.

형 3. 밀집한; (머리털이) 숱이 많은
She has *thick* hair.
그녀는 머리숱이 많다.

부 (비교급 **thicker** [θíkər 시커], 최상급 **thickest** [θíkist 시키스트])
두껍게; 짙게; 빽빽이

***thief** *thief*

[θíːf 시-프]

명 (복수 **thieves** [θíːvz 시-브즈])
도둑, 좀도둑
The policeman caught the *thief*.
경찰관은 도둑을 붙잡았다.

***thin** *thin*

[θín 신]

형 (비교급 **thinner** [θínər 시너], 최상급 **thinnest** [θínist 시니스트])

형 1. (판자·책 등이) 얇은 (《반》 thick 두꺼운); (실·손가락 등이) 가는
The ice on the pond is too *thin* for skating.
연못의 얼음이 스케이트를 타기에는 너무 얇다.

There is a *thin* sheet of paper.
얇은 종이가 한 장 있다.

형 2. (사람이 병 등으로) 야윈, 홀쭉한 《반》 fat 살찐
She looks pale and *thin*.
그녀는 창백하고 야위어 보인다.
He has become *thinner* than before.
그는 전보다 야위었다.

형 3. (액체 등이) 묽은; (기체가) 희박한
This soup is very *thin*.
이 수프는 아주 묽다.

형 4. 성긴, 드문드문한; (머리털이) 숱이 적은
His hair is *thin*.
그는 머리숱이 적다.

***thing** *thing*

[θíŋ 싱]

명 (복수 **things** [θíŋz 싱즈])

몡 1. 물건, 것
be fond of sweet *things*
단것을 좋아하다

She has a lot of beautiful *things* in her room.
그녀는 방에 예쁜 물건을 많이 가지고 있다.

몡 2. [things로] 사물, 일 ; 사정, 상황
I have a lot of *things* to do this week.
나는 이번주에 할 일이 많다.
Things are getting better.
상황이 좋아지고 있다.

몡 3. [one's things로] 휴대품, 소지품 ; 의류
He put *his things* into a paper bag.
그는 소지품을 종이백에 넣었다.

---

think *think*

[θíŋk 싱크]

동 (3단현 **thinks** [θíŋks 싱크스], 과거·과거 분사 **thought** [θɔ́ːt 소-트], 현재 분사 **thinking** [θíŋkiŋ 싱킹])

타 1. …라고 생각하다 (《동》 expect)
I *think* (that) she is kind.
나는 그녀가 친절하다고 생각한다.

Do you *think* her to be happy?
당신은 그녀가 행복하다고 생각하십니까?

타 2. [부정문·의문문에서] …하리라고 생각하다, 예상하다
I don't *think* he will come.
나는 그가 오지 않을거라고 생각한다.
◆ Well, I don't think it's possible.
글쎄, 나는 그것이 불가능하다고 생각해.

자 생각하다
Think carefully before you act. 행동하기 전에 신중히 생각하라.

think about …에 대하여 생각하다, …을 고려하다
What are you *thinking about*?
너는 무엇을 생각하고 있니?

think highly[much] of …을 중시하다, 높이 평가하다
We all *think highly of* her art.
우리는 모두 그녀의 예술을 높이 평가하고 있다.

think of (1) …에 대해서 생각하다, …의 일을 생각하다
◆ What do you *think of* this picture?
이 그림을 어떻게 생각하십니

까?
(2) [보통 진행형으로] …하려고 생각하다
I'm *thinking of* buy*ing* a book.
나는 책을 사려고 생각하고 있다.

think over …을 잘 생각하다, 숙고하다

think·ing *thinking*
[θíŋkiŋ 싱킹]
명 생각(하기), 사고; 판단, 의견
I want to hear your *thinking* on this matter.
이 문제에 대한 너의 생각을 듣고 싶다.

*third *third*
[θə́ːrd 서-드]
명 (복수 **thirds** [θə́ːrdz 서-즈])
명 1. [보통 the third로] 제3, 세번째; (날짜의) 3일(3rd로 약한다)
Mary was *the third* to reach the goal.
메리는 결승선에 세번째로 도착했다.
Today is *the third* of May.
오늘은 5월 3일이다.
명 2. 3분의 1
one〔a〕 *third* 3분의 1

명 3. [the Third로] 3세
Napoleon *the Third*
나폴레옹 3세
명 4. 《야구》 3루
형 [보통 the third로] 제3의, 세번째의; 3분의 1의
The third month of the year is March.
1년중 세번째 달은 3월이다.

**thirst·y *thirsty*
[θə́ːrsti 서-스티]
형 (비교급 **thirstier** [θə́ːrstiər 서-스티어], 최상급 **thirstiest** [θə́ːrstiist 서-스티이스트])
형 1. 목마른
I'm *thirsty*.
나는 목이 마르다.

형 2. 갈망하는, 간절히 바라는 〈*for*〉《명사 앞에는 쓰지 않는다》
She is *thirsty for* his return.
그녀는 그가 돌아오기를 간절히 바라고 있다.

*thir·teen *thirteen*
[θə̀ːrtíːn 서-틴-]
명 (복수 **thirteens** [θə̀ːrtíːnz 서-틴-즈])
[보통 관사 없이] 13《단수 취급》; 13명〔개〕《복수 취급》; 13살
Six and seven make *thirteen*.
6에 7을 더하면 13이 된다.

형 13의 ; 13명[개]의 ; 13살의
There are *thirteen* students in the room.
방안에는 13명의 학생이 있다.

*thir·teenth *thirteenth*
[θə̀ːrtíːnθ 서-틴-스]

명 (복수 **thirteenths** [θə̀ːrtíːnθs 서-틴-스스])
[보통 the thirteenth로] 열세번째 ; (날짜의) 13일 ; 13분의 1
three *thirteenths*
13분의 3
형 열세번째의 ; 13분의 1의
The *thirteenth* day of July is my birthday.
7월 13일은 내 생일이다.

*thir·ti·eth *thirtieth*
[θə́ːrtiiθ 서-티이스]

명 (복수 **thirtieths** [θə́ːrtiiθs 서-티이스스])
30번째 ; (날짜의) 30일 ; 30분의 1
형 30번째의 ; 30분의 1의

*thir·ty *thirty*
[θə́ːrti 서-티]

명 (복수 **thirties** [θə́ːrtiz 서-티즈])
명 1. [보통 관사 없이] 30《단수 취급》; 30명[개]《복수 취급》; 30살
I have about *thirty* books.
나는 약 30권의 책을 가지고 있다.
What time is it?
— It's three *thirty*.
몇 시입니까?
— 3시 30분입니다.
명 2. [one's thirties로] 30대 ; [the thirties로] (세기의) 30년대
She is in *her thirties*.
그녀는 30대다.
형 30의 ; 30명[개]의 ; 30살의

*this *this*
[ðís 디스]

대 (복수 **these** [ðíːz 디-즈])
[지시 대명사]
대 1. 이것, 이 물건[사람, 일]
This is a pigeon.
이것은 비둘기다.

◆ Is *this* your book?
이것이 네 책이니?
This is my friend, Mary.
이쪽은 내 친구 메리다.

대 2. 지금, 현재, 오늘 ; 이번
This is my birthday.
오늘은 내 생일이다.
This is the first time that I

came here.
내가 여기에 온 것은 이번이 처음이다.
after this 이후는, 금후
After this I will study hard.
난 이후로는 공부를 열심히 하겠다.
by this 지금쯤은 ; 지금까지는
He must be in London *by this*.
그는 지금쯤 틀림없이 런던에 있을 것이다.
형 (복수 **these** [ðíːz 디-즈])
[지시 형용사]
형 1. 이, 이쪽의
This bag is mine.
이 가방은 내 것이다.

Is *this* cap yours?
이 모자는 네 것이니 ?
Come *this* way, please.
자, 이쪽으로 오십시오.
형 2. 지금의, 현재의
this year 올해, 금년
this month 이달
this week 이번 주
I met him *this* morning.
나는 오늘 아침에 그를 만났다.
He will succeed *this* time.
그는 이번에 성공할 것이다.

__thor·ough__ *thorough*
[θə́ːrou 서-로우] ★ 발음 주의
형 철저한, 완벽한, 완전한
He is always *thorough* in his work.
그는 자기 일에는 언제나 완벽하다.

---

thor·ough·ly *thoroughly*
[θə́ːrouli 서-로울리]
★ 발음 주의
부 완전하게, 철저하게

**those *those*
[ðóuz 도우즈]
대 [지시 대명사 ; that의 복수]
대 1. 그것들(《반》 these 이것들), 그 사람들
These are better than *those*.
이것들은 그것보다 좋다.
Those are my sons.
저 아이들은 내 아들들이다.

대 2. 그것들(앞에 나온 명사의 복수형을 반복하는 대신에 쓴다. those of …의 형태로 되는 경우가 많다)
I like American movies better than *those* of Korea. 나는 한국 영화보다 미국 영화가 좋다.
대 3. [those who로] …하는 사람들(those는 관계 대명사 who의 선행사)
He helps *those who* are poor.
그는 불쌍한 사람들을 돕는다.
형 [지시 형용사 ; that의 복수]
저것들의, 그것들의(《반》 these 이것들의)
Look at *those* girls.
저 소녀들을 보아라.
Those shoes are mine.
저 구두는 내 것이다.
in those days 그 무렵은, 당시는

In those days she lived with us.
그 당시 그녀는 우리와 함께 살았다.

---

though *though*
[ðou 도우]

접 1. …이긴 하지만, …이지만, …이나
Though it was cold, he went out.
추웠지만 그는 외출했다.

He is happy *though* he is poor.
그는 가난하지만 행복하다.
Though (he is) young, he is brave.
그는 젊지만 용감하다.

접 2. 비록 …(한다) 하더라도〔할지라도〕
He must go, *though* he doesn't want to.
그는 비록 원하지는 않았지만 가야 한다.

as though 마치 …처럼
even though 비록 …할지라도

부 [문장 끝에 써서] 그러나, 그래도
It was true, *though*.
그러나 그것은 사실이었다.

---

thought *thought*
[θɔ:t 소-트]

★ 발음 주의

동 think의 과거·과거 분사
I *thought* she was beautiful.
나는 그녀가 예쁘다고 생각했다.

명 (복수 thoughts [θɔ:ts 소-츠])
명 1. (…에 대한) 생각, 의견
◆ Our thoughts are with you.
우리의 생각은 너와 같다.
Tell your *thought* to me.
네 생각을 내게 이야기해다오.

명 2. 생각하기, 사고《부정 관사를 붙이지 않고 복수형으로도 하지 않는다》
He was deep in *thought*.
그는 깊은 생각에 잠겨 있었다.

---

thought·ful *thoughtful*
[θɔ:tful 소-트풀]

형 1. 생각에 잠긴, 골똘히 생각하는 ; 사려깊은
She always looks *thoughtful*.
그녀는 늘 생각에 잠겨 있는 듯하다.

형 2. 인정있는, 친절한
He is *thoughtful* of others.
그는 남에게 인정이 있다.

---

thou·sand *thousand*
[θáuznd 사우즌드]

명 (복수 thousands [θáuzndz 사우즌즈])
1,000, 천《단수 취급》; 1,000명〔개〕《복수 취급》
a〔one〕 *thousand* 천, 1,000
ten *thousand* 1만
twelve *thousand* 1만 2천
I bought this book for five *thousand* won.
나는 이 책을 5천원에 샀다.

thousands of ... 수천의 …, 수많은 …
Thousands of people were killed in the earthquake.
수천명의 사람들이 지진으로 죽었다.
형 1. 1,000의 ; 1,000명〔개〕의
About two *thousand* five hundred people were in the park.
약 2천 5백명의 사람들이 공원에 있었다.
형 2. [a thousand로] 다수의, 무수한
A *thousand* thanks.
대단히 감사합니다.

***thread**　*thread*
[θréd 스레드]
명 (복수 **threads** [θrédz 스레즈])
실, 바느질실, 꼰실

There is a needle and *thread* there.
저기에 실을 꿴 바늘이 있다.

***threat**　*threat*
[θrét 스렛]
명 (복수 **threats** [θréts 스레츠])
위협, 협박 ; (…할) 우려, 징조
It is a *threat* to world peace.
그것은 세계 평화에 대한 위협이다.
There is a *threat* of rain.
비가 올 것 같다.

---

threat·en　*threaten*
[θrétn 스레튼]
타 (3단현 **threatens** [θrétnz 스레튼즈], 과거·과거 분사 **threatened** [θrétnd 스레튼드], 현재 분사 **threatening** [θrétniŋ 스레트닝])
위협하다, 협박하다⟨*with*⟩
He *threatened* her *with* a gun.
그는 그녀를 총으로 위협했다.

***three**　*three*
[θríː 스리-]
명 (복수 **threes** [θríːz 스리-즈])
[보통 관사 없이] 3(단수 취급) ; 3명〔개〕(복수 취급) ; 3살 ; 3시

He is a child of *three*.
그 아이는 3살이다.
We went to the park at *three*.
우리는 3시에 공원으로 갔다.
형 3의 ; 3명〔개〕의 ; 3살의
I have *three* thin sisters.

나는 누나가 셋 있는데 모두 말랐다.

---

*throat *throat*
[θróut 스로우트]
圐 (복수 **throats** [θróuts 스로우츠])
목(구멍)
I have a sore *throat*.
나는 목이 아프다.

---

*through *through*
[θruː 스루-]
★ 발음 주의
[전] 1. [관통] …을 통하여, …을 통과하여[지나서], …을 꿰뚫어
A bee came in *through* the open window. 벌이 열린 창문을 통해서 들어왔다.

They went *through* the woods.
그들은 숲을 지나서 갔다.
[전] 2. [시간] …동안 내내; …의 처음부터 끝까지
The lights were on (all) *through* the night.
전등이 밤새 켜져 있었다.
[전] 3. [장소] …의 도처에, …을 두루
He traveled *through* England.
그는 영국 각지를 여행했다.
[전] 4. [원인·수단] …때문에, …에 의해
He fell ill *through* overwork.
그는 과로로 병이 났다.
[전] 5. [기간] 《미》 …까지
We go to school (from) Monday *through* Friday.
우리는 월요일부터 금요일까지 학교에 간다.
[부] [θrúː 스루-] 1. 처음부터 끝까지; …동안 죽[내내]
Did you read the book *through*? 너는 그 책을 끝까지 다 읽었니?
[부] 2. 완전히, 온통
I am wet *through*.
나는 흠뻑 젖었다.
[부] 3. …을 끝내고, …이 끝나서
Please wait till I am *through*.
내가 끝날 때까지 기다려 주세요.

[부] 4. 《주로 영》 (전화 상대와) 연결되어〈to〉
Will you put me *through to* Mr. Brown?
전화를 브라운 씨에게 연결해 주십시오.

*through·out *throughout*

[θruːáut 스루-아웃] ★ 발음 주의
- 전 1. [장소] …의 도처에, 구석구석까지
  This flower can be found *throughout* the country.
  이 꽃은 전국 각지에서 볼 수 있다.
- 전 2. [시간] …동안
  It rained *throughout* the day.
  하루 종일 비가 내렸다.
- 부 처음부터 끝까지, 시종, 죽
  He talked *throughout*.
  그는 줄곧 이야기했다.

*throw *throw*

[θróu 스로우]
- 타 (3단현 **throws** [θróuz 스로우즈], 과거형 **threw** [θrúː 스루-], 과거 분사 **thrown** [θróun 스로운], 현재 분사 **throwing** [θróuiŋ 스로우잉])
- 타 1. 던지다, 집어던지다 ; …을 목표로 던지다〈*at*〉
  He was able to *throw* the rock. 그는 바위를 집어던질 수 있었다.

  Please *throw* me my jacket.
  제 재킷을 던져주십시오.
  He *threw* a book *at* me in anger. 그는 화가 나서 내게 책을 팽개쳤다.
- 타 2. (시선·말·빛·그림자 등을) 던지다
  He *threw* an angry look at me. 그는 내게 화난 표정을 지었다.
  The teacher *threw* me a difficult question. 선생님은 나에게 어려운 질문을 던지셨다.
  throw away (물건을) 버리다 ; (돈·기회 등을) 허비〔낭비〕하다
  He *threw away* his old shoes.
  그는 헌 신발을 버렸다.
- 명 (복수 **throws** [θróuz 스로우즈]) 던지기, 송구 ; 〖야구〗 투구
  His first *throw* was a strike.
  그의 제1구는 스트라이크였다.

*thumb *thumb*

[θʌm 섬]
★ 발음 주의
- 명 (복수 **thumbs** [θʌmz 섬즈]) 엄지손가락
  This is my *thumb*.
  이것은 내 엄지손가락이다.
  Thumbs down ! 《구어》 안돼!, 반대다!
  Thumbs up ! 《구어》 좋다!, 찬성이다!

Thumbs down!   Thumbs up!

*thun·der *thunder*

[θʌ́ndər 선더]

명 (복수 **thunders** [θʌ́ndərz 선더즈])
우레; 천둥
　The *thunder* is rolling.
　천둥이 치고 있다.

자 (3단현 **thunders** [θʌ́ndərz 선더즈], 과거·과거 분사 **thundered** [θʌ́ndərd 선더드], 현재 분사 **thundering** [θʌ́ndəriŋ 선더링])

[it을 주어로 하여] **천둥치다**
　It *thundered* last night.
　간밤에 천둥이 쳤다.

*Thurs·day Thursday

[θə́ːrzdèi 서-즈데이]

명 (복수 **Thursdays** [θə́ːrzdèiz 서-즈데이즈])
목요일 《Thur(s).로 약한다》
　next[last] *Thursday*
　다음[지난] 목요일에

*tick·et ticket

[tíkit 티킷]

명 (복수 **tickets** [tíkits 티키츠])
표, 승차권, 입장권, 티켓
　a one-way *ticket*
　《미》편도 승차권(《영》 a single ticket)
　a round-trip *ticket*
　《미》왕복 승차권(《영》 a return ticket)
　a *ticket* for a concert
　음악회 입장권
　Give me a *ticket* for Seoul, please.
　서울행 표를 한 장 주십시오.

*ti·dy tidy

[táidi 타이디]

형 (비교급 **tidier** [táidiər 타이디어], 최상급 **tidiest** [táidiist 타이디이스트])
말쑥한, 단정한; 말끔히 정돈된
　She always keeps her desk *tidy*.
　그녀는 언제나 책상을 잘 정돈해 놓는다.

*tie tie

[tái 타이]

동 (3단현 **ties** [táiz 타이즈], 과거·과거 분사 **tied** [táid 타이드], 현재 분사 **tying** [táiiŋ 타이잉])

타 1. (끈 등을) 매다, 묶다, 잇다
　She *tied* her dog to the tree.
　그녀는 개를 나무에 맸다.

　She *tied* a pretty scarf round her neck.
　그녀는 예쁜 스카프를 목에 둘렀다.

타 2. (사람을) 속박[구속]하다
　I've been *tied* to my desk all day.
　나는 하루종일 책상에 매여 있었다.

타 3. (경기 등에서) …와 동점이 되다, 무승부가 되다
　Tom *tied* Bill in the game.
　톰과 빌은 시합을 비겼다.

자 1. 묶이다, 매이다
This string is too short to *tie*.
이 줄은 너무 짧아서 묶을 수가 없다.

자 2. 동점이 되다, 비기다
The two teams *tied*.
양팀은 동점이 되었다.

명 (복수 **ties** [táiz 타이즈])

명 1. 넥타이(《동》 necktie); 끈, 줄
He is wearing a nice *tie*.
그는 멋진 넥타이를 매고 있다.

명 2. [보통 ties로] 유대, 관계; 인연
ties of blood 혈연

명 3. 동점, 비김
The game ended in a *tie*.
시합은 동점으로 끝났다.

ti·ger *tiger*

[táigər 타이거]

명 (복수 **tigers** [táigərz 타이거즈])

호랑이

Is that a *tiger* or a lion?
저것은 호랑이니, 사자니?

tight *tight*

[táit 타이트]

형 (비교급 **tighter** [táitər 타이터], 최상급 **tightest** [táitist 타이티스트])
단단한, 단단히 맨; (옷·신발이) 갑갑한, 꼭 끼는

This coat is too *tight* for me.
이 코트는 내게 너무 꼭 낀다.

till *till*

[《약》 t(i)l 틸; 《강》 tíl 틸]

전 1. …까지 (죽)(《동》 until)
Good-bye, *till* tomorrow.
그럼, 내일 또 보자.

He studied from morning *till* night. 그는 아침부터 밤까지 공부했다.

전 2. [부정문에서] …까지 ~하지 않다, …이 되어 비로소 ~하다
He did *not* come back *till* six.
그는 6시까지 돌아오지 않았다.

접 1. …까지 (죽)
Wait *till* he comes.
그가 올 때까지 기다리시오.

접 2. [부정문에서] …할 때까지 ~하지 않다, …하여 비로소 ~하다
I did*n't* start my meal *till* John arrived.
나는 존이 도착하고 나서야 비로소 식사를 시작했다.

time *time*

[táim 타임]

명 (복수 **times** [táimz 타임즈])

명 1. (때의 한 점인) 시각(부정관사를 붙이지 않고 복수형으로도 하지 않는다)

☆ What *time* is it?
몇 시입니까?

time

What *time* do you go to bed?
— I go to bed at ten.
너는 몇 시에 자니?
— 열시에 잔다.

명 2. (공간에 대하여) **시간**; [a time으로] (어떤 일정한) **시간, 기간, 짬**
Time is money.
시간은 돈이다.
Don't waste your *time*.
시간을 낭비하지 마라.
Time flies.
《속담》 세월은 유수와 같다.

I haven't seen him for *a* long *time*.
나는 오랫동안 그를 만나지 못했다.

명 3. (…해야 할) **때**, (…에 알맞은) **시기**, (특정한) **때**
It's *time* to study.
공부할 시간이다.
I was watching TV at the *time*.
그때 나는 텔레비전을 보고 있었다.

명 4. [흔히 times로] **시대**(《동》 age)
in modern *times* 현대에
in ancient *times* 고대에

Times have changed.
시대가 변했다.

명 5. [times로] …**배**(《두 배는 twice, 세 배 이상은 … times》)
Three *times* five is fifteen.
5의 세 배는 15다.
This is three *times* as large as that.
이것은 저것보다 세 배나 크다.

명 6. [tàim 타임] …**회**, …**번**(《1회 〔번〕는 once, 2회〔번〕는 twice, 3회〔번〕 이상은 … times》)
How many *times* have you been there? — I have been there three *times*.
당신은 거기에 몇 번 갔습니까? — 세 번입니다.

명 7. [a time으로] (어떤 경험을 한) **시간**
I had *a* wonderful *time* at the party.
나는 파티에서 멋진 시간을 보냈다.

명 8. (경기 등의) **타임**; **소요 시간**

all the time 줄곧, 언제나, 시종
She was sleeping *all the time*.
그녀는 줄곧 자고 있었다.

(at) any time 언제든지
You can call me (*at*) *any time*.
언제든지 전화해도 좋다.

at a time 한꺼번에; 동시에
at one time 예전에는; 동시에,

한번에
at that time 그 당시(는), 그 때(는)
at the same time 동시에
They stood up *at the same time*.
그들은 동시에 일어섰다.
every time …할 때는 언제나 ; 그때마다, 매번
for the first time 처음으로
from time to time 때때로(《동》 sometimes)
We go swimming *from time to time*.
우리는 때때로 헤엄치러 간다.
have a good time 즐겁게 보내다
in time 때에 맞춰 ; 조만간, 이윽고
He will be back *in time* for the meeting.
그는 모임에 맞춰 돌아올 것이다.
keep good time (시계가) 정확하다
on time 시간대로, 정각에《시간보다 빨리는 ahead of time, 시간보다 늦게는 behind time》
The train arrived *on time*.
열차는 정각에 도착했다.

once upon a time 옛날 옛적에
some time 잠깐 ; (미래의) 언젠가
I want to see the man *some time*. 나는 언젠가 그 사람을 만나고 싶다.
take one's time 천천히〔유유히〕하다
Please wait a minute.
— Don't worry. *Take your time*. 잠시 기다려 주세요.
— 걱정 말고 천천히 하세요.

*ti·ny *tiny*
[táini 타이니]

형 (비교급 **tinier** [táiniər 타이니어], 최상급 **tiniest** [táiniist 타이니이스트])
조그마한, 아주 작은(《반》 huge 거대한)
Look at that *tiny* insect.
저 작은 곤충을 보아라.

tip *tip*
[típ 팁]

명 (복수 **tips** [típs 팁스])
팁, 사례금
Here's a *tip* for you.
이건 팁입니다.

타 (3단현 **tips** [típs 팁스], 과거·과거 분사 **tipped** [típt 팁트], 현재 분사 **tipping** [típiŋ 티핑])
…에게 팁을 주다
He *tipped* the waiter (a dollar).
그는 웨이터에게 팁을 (1달러) 주었다.

*tire¹ *tire*
[táiər 타이어]

동 (3단현 **tires** [táiərz 타이어

즈], 과거·과거 분사 **tired** [táiərd 타이어드], 현재 분사 **tiring** [tái(ə)riŋ 타이(어)링])
🈽 피로하게 하다 ; 싫증나게 하다
Walking soon *tires* me.
나는 걸으면 곧 지친다.
🈯 지치다 ; 싫증나다
I never *tire* of working.
나는 결코 일에 싫증이 나지 않는다.

*tire², (영) tyre
tire, tyre
[táiər 타이어]
🈭 (복수 **tires** [táiərz 타이어즈])
타이어
He had a flat *tire* on the way.
그는 도중에 타이어가 구멍났다.

*tired *tired*
[táiərd 타이어드]
🈞 (비교급 **more tired**, 최상급 **most tired**)
🈞 1. 피로한, 지친《명사 앞에는 쓰지 않는다》
I am *tired*.
나는 피곤하다.
He looks *tired*.
그는 지쳐 보인다.
He is *tired* out.
그는 녹초가 됐다.

🈞 2. 물린, 싫증난《명사 앞에는 쓰지 않는다》
She got *tired* of the work.
그녀는 그 일에 싫증이 났다.

tis·sue *tissue*
[tíʃuː 티슈-]
🈭 (복수 **tissues** [tíʃuːz 티슈-즈])
🈭 1. (근육 등의) 조직
🈭 2. 티슈, 휴지
a box of *tissues*
티슈 한 상자

*ti·tle *title*
[táitl 타이틀]
🈭 (복수 **titles** [táitlz 타이틀즈])
🈭 1. 표제, 제목
the *title* of a book 책 제목
🈭 2. 직함, 칭호 ; 경칭
the *title* of professor
교수의 직함
🈭 3. (경기의) 선수권, 타이틀
She won the tennis *title*.
그녀는 테니스 선수권을 획득했다.

to *to*

[《약》tu 투, (문장이나 절 끝) tuː 투- ;《강》túː **투**-]

전 1. [방향·도달] …로, …에, …쪽으로〔에〕

He goes *to* school from home on foot.
그는 집에서 학교까지 걸어서 간다.

We flew from Paris *to* London.
우리는 파리에서 런던으로 비행기를 타고 갔다.
The car turned *to* the right.
그 차는 오른쪽으로 돌았다.
Please tell me the way *to* the station.
역으로 가는 길 좀 가르쳐 주십시오.

전 2. [대상·관련] …에게, …로 ; …에 대하여

He is very kind *to* us.
그는 우리에게 아주 친절하다.
Listen *to* me carefully.
내 말을 잘 들어라.
He showed some pictures *to* me.
그는 내게 몇 장의 사진을 보여 주었다.

전 3. [범위·한계] …까지

She slowly counted *to* six.
그녀는 여섯까지 천천히 세었다.

Did you read the book from beginning *to* end?
너는 그 책을 처음부터 끝까지 읽었니?

전 4. [시간·시각] …까지 ; …(분)전

I will be here from Monday *to* Saturday.
나는 월요일부터 토요일까지 여기에 있을 것이다.
It's ten (minutes) *to* five.
5시 10분전이다.

전 5. [비교·대조] …에 대하여 ; …보다도

We won the game by two *to* one.
우리는 시합을 2:1로 이겼다.
I prefer summer *to* winter.
나는 겨울보다 여름이 좋다.

전 6. [결과] …(에 이르기)까지

I was moved *to* tears.
나는 감동하여 눈물을 흘렸다.

전 7. [목적] …을 위해

He came *to* my rescue.
그는 나를 구조하러 왔다.
We sat down *to* dinner.

우리는 저녁을 먹기 위해 자리에 앉았다.
전 8. [일치·적합] …에 맞추어
They danced *to* the music.
그들은 음악에 맞춰 춤췄다.

전 9. [소속·부착] …에, …로
This doll belongs *to* me.
이 인형은 내 것이다.
He put his ear *to* the door.
그는 귀를 문에 댔다.
전 10. [감정을 나타내는 명사와 함께 문장 전체를 수식하는 부사구를 만들어] …하게도
To my surprise, he did not come.
놀랍게도 그는 오지 않았다.
전 11. [《약》 tu 투] [to+동사 원형으로 부정사를 만들어]
a) [명사적 용법] …하기
I want *to* drink something.
나는 뭔가 마시고 싶다.

To see is *to* believe.
백문이 불여 일견.
It is wrong *to* tell a lie.
거짓말을 하는 것은 나쁘다.
b) [형용사적 용법] …하기 위한, …해야 할

Give me something *to* eat.
뭔가 먹을 것을 주세요.
It's time *to* go to bed.
잘잘 시간이다.
c) [부사적 용법]
(1) [목적] …하기 위하여
I came here *to* see you.
나는 너를 만나러 여기에 왔다.
(2) [원인·이유] …하여, …하다니
I was surprised *to* hear the news.
나는 그 소식을 듣고 놀랐다.
(3) [결과] …이 되는
He grew up *to* be a teacher.
그는 자라서 교사가 되었다.
(4) [독립 부정사; 부사구로 문장 전체를 수식하여]
To tell the truth, I don't like it.
솔직히 말하면 그것이 싫다.
d) [의문사+to+동사 원형으로]
I don't know *what to* do.
어떻게 해야 좋을지 모르겠다.

toast *toast*
[tóust 토우스트]
명 1. 토스트, 구운 빵

I ate two slices *toast* for breakfast.
나는 아침식사로 토스트를 두 쪽 먹었다.
명 2. 건배, 축배
Let's drink a *toast* to him.
그를 위해 건배합시다.

타 (3단현 **toasts** [tóusts 토우스츠], 과거·과거 분사 **toasted** [tóustid 토우스티드], 현재 분사 **toasting** [tóustiŋ 토우스팅])

타 1. 누르스름하게 굽다
You had better *toast* the bread.
너는 그 빵을 누르스름하게 굽는 편이 좋다.

타 2. …을 위하여 건배하다, …을 위해 축배를 들다
They *toasted* his health.
그들은 그의 건강을 위해 건배했다.

*to·day *today*
[tudéi 투데이]

명 1. 오늘
today's paper 오늘 신문
What day is *today*?
— *Today* is Thursday.
오늘은 무슨 요일입니까?
— 오늘은 목요일입니다.
What's the date *today*?
— *Today* is June 4.
오늘은 몇월 며칠입니까?
— 오늘은 6월 4일입니다.

명 2. 현대, 오늘날
the world of *today* 현대 세계

부 1. 오늘(은)
It's rainy *today*.
오늘은 비가 온다.
I must finish it *today*.
오늘 그것을 끝내야 한다.

부 2. 오늘날에는, 현대에는
Many people travel abroad *today*.
오늘날에는 많은 사람들이 해외여행을 한다.

*toe *toe*
[tóu 토우]

명 (복수 **toes** [tóuz 토우즈])

명 1. 발가락
a big〔great〕 *toe*
엄지발가락
a little *toe* 새끼발가락
On each foot there are five *toes*. 발에는 각각 다섯개의 발가락이 있다.

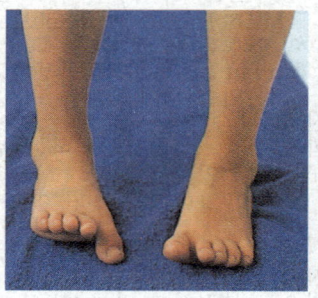

명 2. 발끝 ; (신발 등의) 앞부리
She stood up on *toes*.
그녀는 발끝으로 섰다.

*to·geth·er *together*
[tugéðər 투게더]

부 1. 함께, 같이 ; 합쳐
Let's play *together*.
함께 놀자.

We sometimes go for a walk *together*.
우리는 때때로 함께 산책을 한다.
They live *together* in that house.
그들은 저 집에서 같이 산다.
㉻ 2. 동시에, 일제히
They stood up *together*.
그들은 일제히 일어섰다.
get together 모이다, 만나다 ; …을 모으다
Can we *get together* tonight?
오늘밤에 만날 수 있니 ?
put together …을 조립하다, 만들다
I like *putting* machines *together*.
나는 기계를 조립하는 걸 좋아한다.
together with …와 함께 ; …와 더불어
The teacher, *together with* his pupils, went to Seoul. 선생님은 학생들과 함께 서울에 가셨다.

*toi·let *toilet*
[tɔ́ilət 토일럿]
㉺ (복수 **toilets** [tɔ́iləts 토일러츠])
화장실, 세면실, 변소 ; 변기
Father is in the *toilet*.
아버지는 화장실에 계신다.

*told *told*
[tóuld 토울드]
㉻ **tell**의 과거 · 과거 분사

*to·ma·to *tomato*
[təméitou 터메이토우]
★ 발음 주의
㉺ (복수 **tomatoes** [təméitouz 터메이토우즈])
토마토

tomato juice 토마토 주스
She is eating a *tomato*.
그녀는 토마토를 먹고 있다.

*to·mor·row *tomorrow*
[tumárou 투마로우]
㉺ 1. 내일《부정 관사를 붙이지 않고 복수형으로도 하지 않는다》
Tomorrow is Sunday.
내일은 일요일이다.
I'll call you *tomorrow* morning.
내일 아침에 전화하겠다.
Don't put it off till *tomorrow*.
내일까지 미루지 마라.
㉺ 2. [흔히 a tomorrow로] 미래, 장래
a bright *tomorrow* 밝은 미래
the day after tomorrow 모레《부사적으로 쓸 때 《미》에서는 the를 생략하는 경우가 있다》
㉻ 내일(은)
See you *tomorrow*.
내일 보자.

☆ I'll play baseball *tomorrow*.

나는 내일 야구를 할 것이다.
Are you free *tomorrow*?
너는 내일 쉬니?
It will be fine *tomorrow*.
내일은 날씨가 좋을 것이다.
I'm starting *tomorrow*.
나는 내일 출발할 예정이다.

*ton *ton*
[tʌ́n 턴]
★ 발음 주의
명 (복수 tons [tʌ́nz 턴즈], ton [tʌ́n 턴])
명 1. 톤《무게 단위 ; 미터법에서는 1,000kg, 미국톤은 약 907kg, 영국톤은 약 1,067kg ; t., tn.으로 약한다》
The elephant weighs about a *ton*.
그 코끼리는 무게가 약 1톤이다.
명 2. (배의 크기·적재 능력 단위의) 톤

tone *tone*
[tóun 토운]
명 (복수 tones [tóunz 토운즈])
명 1. 음색, 음조, 음, 목소리
I like the clear *tones* of a violin.
나는 바이올린의 맑은 음색을 좋아한다.
명 2. [때로 tones로] 어조, 어투 ; (신문 등의) 논조
The *tone* of his speech was serious.
그의 연설 어조는 진지했다.
명 3. 색조

*tongue *tongue*
[tʌ́ŋ 텅]
명 (복수 tongues [tʌ́ŋz 텅즈])
명 1. 혀
The boy put out his *tongue*.
그 소년은 혀를 내밀었다.

명 2. 국어, 말《동 language》
Korean is my mother *tongue*.
한국어는 나의 모국어다.

*to·night *tonight*
[tunáit 투나이트]
명 오늘밤《부정 관사를 붙이지 않고 복수형으로도 하지 않는다》
Tonight's TV programs seem to be interesting. 오늘밤 텔레비전 프로그램은 재미있을 것 같다.

부 오늘밤(은)
It is very cold *tonight*.
오늘밤은 대단히 춥다.

*too *too*
[túː 투-]
부 1. …도 (또한), 게다가《also보다 스스럼 없는 말》
☆Do you think so, *too*?
너도 그렇게 생각하니?
She, *too*, likes music.
그녀도 또한 음악을 좋아한다.
She is beautiful and kind,

too. 그녀는 아름답고 게다가 친절하다.
She can swim, and I can, *too*.
그녀도 헤엄칠 줄 알고 나도 또한 헤엄칠 줄 안다.
부 2. [형용사·부사를 강조하여] 너무(나) … ; 지나치게 …하여
Don't eat *too* much.
과식하지 마라.

It is *too* hot today.
오늘은 너무 덥다.
This coat is *too* big for me.
이 코트는 내게 너무 크다.
cannot ~ too ... 아무리 …해도 지나치지 않다
You *cannot* be *too* careful of your health.
아무리 건강에 주의해도 지나치지 않다.
You *cannot* study *too* hard.
아무리 공부를 열심히 해도 지나치지 않다.
too ~ to ... 너무 ~하여 …할 수 없다
This camera is *too* expensive *to* buy.
이 카메라는 너무 비싸서 살 수가 없다.

---

*__took__ *took*
[túk 툭]
동 take의 과거형

---

*__tool__ *tool*
[túːl 툴-]
명 (복수 **tools** [túːlz 툴-즈])
도구, 공구, 연장

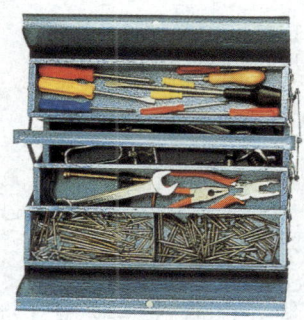

A carpenter uses many *tools* to build a house.
목수는 집을 짓는 데 많은 연장을 사용한다.

*__tooth__ *tooth*
[túːθ 투-스]
명 (복수 **teeth** [tíːθ 티-스])
이(빨)
I had a *tooth* pulled out.
나는 이를 하나 뺐다.
I have two bad *teeth*.
나는 충치가 두 개 있다.

I always brush my *teeth* before I go to bed.
나는 자기 전에 언제나 이를 닦는다.

---

tooth·brush *toothbrush*
[túːθbrʌ́ʃ 투-스브러시]

명 (복수 **toothbrushes** [túːθbrʌ̀ʃiz 투-스브러시즈])
칫솔
 I bought a *toothbrush*.
 나는 칫솔을 하나 샀다.

*top¹ *top*

[táp 탑]

명 (복수 **tops** [táps 탑스])
명 1. [보통 the top으로] 정상, 꼭대기
 The top of the mountain was covered with snow.
 산꼭대기는 눈으로 덮여 있었다.
 I went up to *the top* of the hill.
 나는 언덕 꼭대기까지 올라갔다.

명 2. [the top으로] 수위, 수석, 톱; 절정
 He is at *the top* of his class.
 그는 자기 반에서 일등이다.
 He ran at *the top* of his speed.
 그는 전속력으로 달렸다.
명 3. [보통 the top으로] 표면, 상부; (차 등의) 지붕; (병 등의) 뚜껑
 We put the skis on *the top* of our car.
 스키를 차 지붕 위에 실었다.
 Please loosen *the top* of this bottle. 이 병 뚜껑 좀 느슨하게 해주세요.
***from top to toe*[*bottom*]** 머리 끝에서 발 끝까지, 완전히
on (***the***) ***top of*** …위에; …에 더하여
 She put some cream *on top of* the cake.
 그녀는 케이크 위에 크림을 얹었다.
형 최고의, 첫째의, 수석의
 He became the *top* student in his class.
 그는 학급에서 최우수 학생이 되었다.

top² *top*

[táp 탑]

명 (복수 **tops** [táps 탑스])
팽이
 The child is spinning a *top*.
 아이가 팽이를 치고 있다.

*top·ic *topic*

[tápik 타픽]

명 (복수 **topics** [tápiks 타픽스])
화제, 토픽, 논제
 Let's change the *topic*.
 화제를 바꾸자.

*tore *tore*

[tɔ́ːr 토-]

동 **tear**의 과거형

tor·toise *tortoise*

[tɔ́ːrtəs 토-터스]

★ 발음 주의
명 거북

One day a *tortoise* ran a race with a hare.
어느날 거북이는 토끼와 경주를 했다.

toss *toss*

[tɔ́ːs 토-스]

동 (3단현 **tosses** [tɔ́ːsiz 토-시즈], 과거·과거 분사 **tossed** [tɔ́ːst 토-스트], 현재 분사 **tossing** [tɔ́ːsiŋ 토-싱])

타 (가볍게) 던져 올리다, 던지다; (공을) 토스하다

Please *toss* the ball to me.
내게 그 공을 좀 던져주세요.

자 1. 뒹굴다, 뒤치락거리다
He *tossed* in bed all night.
그는 밤새도록 잠자리에서 뒤치락거렸다.

자 2. (아래 위로) 흔들리다

자 3. 동전 던지기로 정하다, 토스를 하다
Let's *toss* (up) for the seat.
그 자리에 앉는 것을 동전 던지기로 정하자.

*to·tal *total*

[tóutl 토우틀]

형 1. 전체의, 합계의, 총계의《명사 앞에만 쓴다》
What is the *total* cost?
비용은 전부 얼마입니까?

형 2. 완전한(《동》complete)
The man was a *total* stranger.
그 남자는 전혀 모르는 사람이었다.

명 합계, 총액
I paid the *total* of the bill.
나는 청구 금액을 전부 지급했다.

*touch *touch*

[tʌ́tʃ 터치]

타 (3단현 **touches** [tʌ́tʃiz 터치즈], 과거·과거 분사 **touched** [tʌ́tʃt 터치트], 현재 분사 **touching** [tʌ́tʃiŋ 터칭])

타 1. …에 (손을) 대다, …을 만지다
Don't *touch* it with your dirty hands. 더러운 손으로 그것을 만지지 마라.

The branch of the tree *touched* the roof.
그 나뭇가지가 지붕에 닿았다.

타 2. …의 마음을 움직이다, 감동시키다
The story *touched* us.
그 이야기는 우리를 감동시켰다.

명 (복수 **touches** [tʌ́tʃiz 터치즈])

명 1. 만지기, 접촉; [보통 a touch 또는 the touch로] 감촉, 촉

감

I felt a *touch* on my arm.
팔에 뭔가 닿는 것을 느꼈다.
The cloth has *a soft touch*.
그 천은 촉감이 부드럽다.

명 2. (회화 등의) 일필, 필치 ; 마무리
He added the finishing *touches*.
그는 마지막 마무리를 했다.

명 3. [a touch of로] 소량의 …, (…)기미
He has *a touch of* fever.
그는 열이 조금 있다.

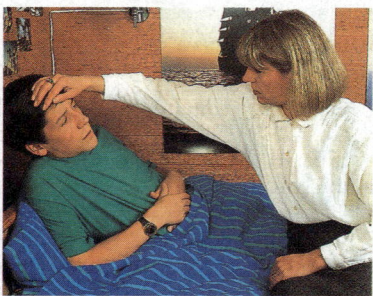

I have *a touch of* cold.
나는 감기 기운이 있다.
get in touch (…와) 연락을 취하다⟨*with*⟩
I'll *get in touch with* you by telephone tomorrow.
내일 제가 전화로 연락드리겠습니다.
keep in touch (…와) (편지 등으로) 서로 연락을 하다⟨*with*⟩
She *keeps in touch with* her parents by phone.
그녀는 부모님과 전화로 연락을 하고 있다.

*tough *tough*
[tʌf 터프]
★ 발음 주의
형 (비교급 **tougher** [tʌfər 터퍼], 최상급 **toughest** [tʌfist 터피스트])
형 1. 곤란한, 어려운 (⟨동⟩ difficult)
a *tough* problem
어려운 문제
형 2. 강한, 견고한, 튼튼한
This rope is *tough*.
이 로프는 튼튼하다.
형 3. (고기가) 질긴 (⟨반⟩ tender 부드러운)
This steak is too *tough*.
이 스테이크는 너무 질기다.
형 4. (지도·조치가) 엄한, 벅찬

*tour *tour*
[túər 투어]
명 (복수 **tours** [túərz 투어즈])
관광 여행, 투어 ; 견학, 유람
a sightseeing *tour*
관광 여행
They made a *tour* of America.
그들은 미국을 여행했다.
He is on a *tour* in Europe.
그는 유럽을 관광 여행 중이다.

동 (3단현 **tours** [túərz 투어즈], 과거·과거 분사 **toured** [túərd 투어드], 현재 분사 **touring** [tú(ə)riŋ 투(어)링])
타 …을 (관광) 여행하다
Last year they *toured* China.
작년에 그들은 중국을 관광 여행했다.
자 [부사(구)와 함께] (관광) 여행하다
tour around [*round*] the world

세계 여행을 하다

tour·ist *tourist*
[túərist 투(어)리스트]
명 (복수 **tourists** [túərists 투(어)리스츠])
여행자, 관광객

Many *tourists* visit Seoul. 많은 관광객이 서울을 방문한다.

*to·ward *toward*
[t(w)ɔ́ːrd 투워-드]
전 1. [방향] …쪽으로, …을 향하여
He walked *toward* the door.
그는 문쪽으로 걸어갔다.
We rowed our boat *toward* the shore.
우리는 해변을 향하여 보트를 저었다.
전 2. [대상] …에 대하여, …에 관하여
What is his attitude *toward* the plan?
그 계획에 대한 그의 태도는 어떻습니까?
전 3. [시간·수량] …가까이, …경[무렵]
We arrived at the village *toward* evening.
우리는 저녁 때쯤 그 마을에 도착했다.

*to·wards *towards*
[t(w)ɔ́ːrdz 투워-즈]
전 《영》=**toward**

*tow·el *towel*
[táuəl 타월] ★ 발음 주의
명 (복수 **towels** [táuəlz 타월즈])
타월, 수건
He dried his hands with a *towel*.
그는 수건으로 손을 닦았다.

tow·er *tower*
[táuər 타워]
명 (복수 **towers** [táuərz 타워즈])
탑, 타워

We can see a *tower* in the

distance.
저 멀리 탑이 보인다.
Look at that *tower*.
저 탑을 보아라.

town *town*
[táun 타운]
  명 (복수 **towns** [táunz 타운즈])
  명 1. 도시, 읍

  She lives in a small *town*.
  그녀는 소도시에 살고 있다.
  There are two high schools in our *town*.
  우리 읍에는 고등학교가 둘 있다.
  명 2. [보통 관사 없이] **도시의 중심부**, 번화가(《동》downtown)
  He went to *town* to buy a bag.
  그는 가방을 사러 시내로 갔다.
  명 3. [the town으로] 읍민, 시민 《전체; 보통 단수 취급》
  The whole *town* knows the news.
  읍내 사람들은 모두 그 뉴스를 알고 있다.
  명 4. [the town으로] 도시 생활
  I prefer *the town* to the country.
  나는 시골보다 도시 생활이 좋다.

toy *toy*
[tɔ́i 토이]
  명 (복수 **toys** [tɔ́iz 토이즈])
  장난감

  Children like to play with *toys*.
  아이들은 장난감을 가지고 놀기를 좋아한다.

trace *trace*
[tréis 트레이스]
  명 (복수 **traces** [tréisiz 트레이시즈])
  발자국, 바퀴 자국; (사건 등의) 흔적, 형적; 자취
  We followed the *traces* of a fox on the snow.
  우리는 눈 위의 여우 발자국을 따라갔다.
  타 (3단현 **traces** [tréisiz 트레이시즈], 과거·과거 분사 **traced** [tréist 트레이스트], 현재 분사 **tracing** [tréisiŋ 트레이싱])
  타 1. (사람·사물·사건 등의) 자취를 더듬어 찾다, …을 찾아내다
  타 2. (선·윤곽 등을) 긋다, 그리다; 베끼다

track *track*
[trǽk 트랙]
  명 (복수 **tracks** [trǽks 트랙스])
  명 1. [흔히 tracks로] (사람·차 등의) 지나간 자국, 발자국《연속

된 자국을 가리킨다》

He followed the *tracks* of the car. 그는 차바퀴 자국을 따라갔다.
He followed the bear's *tracks*. 그는 곰 발자국을 따라갔다.

명 2. (밟아서 생긴) 작은 길, 통행길

　a mountain *track*
　산길
　There is a narrow *track* in the wood.
　숲 속에는 좁은 길이 있다.

명 3. (철도의) 선로, 궤도; …번선

　a single *track*
　단선
　a double *track*
　복선
　The train left the *track*.
　그 열차가 탈선했다.

명 4. (육상 경기의) 트랙(《반》 field 필드)

We ran four times round the *track*.
우리는 트랙을 네바퀴 뛰었다.

*trac·tor *tractor*
[trǽktər 트랙터]

　명 (복수 **tractors** [trǽktərz 트랙터즈])
　트랙터; 견인차

*trade *trade*
[tréid 트레이드]

　명 (복수 **trades** [tréidz 트레이즈])
　명 1. 무역, 매매, 통상; 장사《부정 관사를 붙이지 않고 복수형으로도 하지 않는다》

　　Trade between Korea and China is growing.
　　한국과 중국간의 무역이 늘고 있다.

　명 2. (숙련을 필요로 하는) **직업**
　　What's your *trade*?

town 도시
[táun 타운]

① **subway** 지하철
 [sʌ́bwèi 서브웨이]
② **telephone booth**
 공중 전화 부스
 [téləfoun-bùːθ 텔러포운부-스]
③ **bus** [bʌ́s 버스] 버스
④ **bus stop** 버스 정류장
 [bʌ́s-stɑ̀p 버스스탑]
⑤ **taxi stand** 택시 승차장
 [tǽksi-stænd 택시스탠드]
⑥ **taxi** 택시
 [tǽksi 택시]

⑦ **truck** 트럭
　[trʌ́k 트럭]

⑧ **streetlight** 가로등
　[stríːtlàit 스트리-트라이트]

⑨ **motorcycle** 모터사이클
　[móutərsàikl 모우터사이클]

⑩ **bicycle** 자전거
　[báisikl 바이시클]

⑪ **car** 자동차
　[káːr 카-]

⑫ **patrol car** 순찰차
　[pətróul-kàːr 퍼트로울카-]

당신은 무슨 일을 하십니까?
자 (3단현 **trades** [tréidz 트레이즈], 과거·과거 분사 **traded** [tréidid 트레이디드], 현재 분사 **trading** [tréidiŋ 트레이딩])
무역하다, 거래하다, 매매하다
He *trades* in used cars.
그는 중고차 매매를 한다.

tra·di·tion *tradition*
[trədíʃən 트러디션]
명 (복수 **traditions** [trədíʃənz 트러디션즈])
전통, 관습, 관례 ; 전설
They try to maintain old *traditions*. 그들은 오랜 전통을 지키려고 노력한다.

*tra·di·tion·al *traditional*
[trədíʃ(ə)nəl 트러디셔널]
형 전통적인 ; 전설의
The *traditional* sport of this nation is the soccer.
이 나라의 전통적인 스포츠는 축구다.

*traf·fic *traffic*
[træfik 트래픽]
명 교통, (사람·차의) 왕래 ; 교통량《부정 관사를 붙이지 않고 복수형으로도 하지 않는다》
Traffic is heavy on this street.
이 거리는 교통량이 많다.
The *traffic* light turned green.
신호등이 파란불로 바뀌었다.

trag·e·dy *tragedy*
[trǽdʒədi 트래저디]
명 (복수 **tragedies** [trǽdʒədiz 트래저디즈])
비극(적인 사건)
His death was a *tragedy* for his family.
그의 죽음은 그의 가족에게는 비극이었다.

trail *trail*
[tréil 트레일]
타 (3단현 **trails** [tréilz 트레일즈], 과거·과거 분사 **trailed** [tréild 트레일드], 현재 분사 **trailing** [tréiliŋ 트레일링])
타 1. …을 질질 끌다
The child was *trailing* a toy train.
그 아이는 장난감 기차를 질질 끌고 다녔다.
타 2. …의 뒤를 따라가다
명 (복수 **trails** [tréilz 트레일즈])
명 1. (사람·동물의) 지나간 자국
명 2. (숲 속 등의) 작은 길

*train *train*
[tréin 트레인]
명 (복수 **trains** [tréinz 트레인즈])
열차, 기차, 전차

an up *train* 상행 열차
a down *train* 하행 열차
a local *train* 보통〔완행〕열차
an express *train* 급행 열차
a superexpress *train*
초특급 열차
the 5:30 *train* for Seoul
서울행 5시 30분발 열차
get on〔off〕a *train*
기차를 타다〔에서 내리다〕
I go to school by *train*.
나는 기차로 통학한다.
타 (3단현 **trains** [tréinz 트레인즈], 과거·과거 분사 **trained** [tréind 트레인드], 현재 분사 **training** [tréiniŋ 트레이닝])
(사람·동물을) 훈련하다, 가르치다 ; 양성하다
She *trained* me on the computer.
그녀는 나에게 컴퓨터 사용법을 가르쳐 주었다.

train·ing *training*

[tréiniŋ 트레이닝]
타 train의 현재 분사
명 훈련, 연습, 트레이닝

trans·fer *transfer*

[trænsfə́:r 트랜스퍼-]
★ 악센트 주의
동 (3단현 **transfers** [trænsfə́:rz 트랜스퍼-즈], 과거·과거 분사 **transferred** [trænsfə́:rd 트랜스퍼-드], 현재 분사 **transferring** [trænsfə́:rriŋ 트랜스퍼-링])
타 …을 옮기다, 나르다 ; (사람을) 전근〔전임, 전학〕시키다
자 1. 전근〔전임, 전학〕하다
자 2. 갈아타다 (《동》 change)
I *transferred* to the subway at City Hall.
나는 시청에서 지하철을 갈아탔다.

명 [trǽnsfər 트랜스퍼-] (복수 **transfers** [trǽnsfə:rz 트랜스퍼-즈])
이전 ; 전임, 전근, 전학 ; 갈아타기

trans·late *translate*

[trænsléit 트랜슬레이트]
타 (3단현 **translates** [trænsléits 트랜슬레이츠], 과거·과거 분사 **translated** [trænsléitid 트랜슬레이티드], 현재 분사 **translating** [trænsléitiŋ 트랜슬레이팅])
…을 해석하다, 번역하다
Translate an English sentence into Korean.
영문을 한국어로 번역하시오.

trans·la·tion *translation*

[trænsléiʃən 트랜슬레이션]
명 (복수 **translations** [trænsléiʃənz 트랜슬레이션즈])

번역 ; 번역본
I read the book in *translation*.
나는 그 책을 번역본으로 읽었다.

trans·port *transport*

[trænspɔ́ːrt 트랜스**포**-트]
★ 악센트 주의
타 (3단현 **transports** [trænspɔ́ːrts 트랜스포-츠], 과거·과거분사 **transported** [trænspɔ́ːrtid 트랜스포-티드], 현재분사 **transporting** [trænspɔ́ːrtiŋ 트랜스포-팅])
…을 (대량으로) 수송하다, 운송하다
The products are *transported* by truck.
그 제품은 트럭으로 수송된다.
명 [trænspɔːrt 트랜스포-트]
(복수 **transports** [trænspɔːrts 트랜스포-츠])
《주로 영》수송, 운송 ; 수송 기관 (《주로 미》 transportation)

*trans·por·ta·tion *transportation*

[trænspərtéiʃən 트랜스퍼**테**이션]
명 《주로 미》 수송, 운송 ; 수송 기관(《주로 영》 transport)
Rivers are often used for *transportation*.
강은 흔히 수송에 이용된다.

trap *trap*

[trǽp 트**랩**]
명 (복수 **traps** [trǽps 트랩스])
올가미, 덫 ; 함정, 계략
We caught a rabbit in a *trap*.
우리는 덫으로 토끼를 잡았다.
We set a *trap* for mice.
우리는 쥐덫을 놓았다.

*trash *trash*

[trǽʃ 트**래**시]
명 《미》 쓰레기, 찌꺼기, 폐물 (《영》 rubbish)

a *trash* can 《미》 (마른 쓰레기를 넣는) 쓰레기통(《영》 dustbin)
throw out the *trash*
쓰레기를 버리다

*trav·el *travel*

[trǽvəl 트**래**벌]
명 (복수 **travels** [trǽvəlz 트래벌즈])
명 1. 여행, 여행하기《부정 관사를 붙이지 않고 복수형으로도 하지 않는다》
space *travel* 우주 여행
I like *travel* in spring.
나는 봄에 여행하기를 좋아한다.

명 2. [travels로] (외국) 여행; 여행기
Did you enjoy your *travels* in Africa?
아프리카 여행은 즐거웠니?

travel : 각지를 돌아다니는 여행	여행
journey : 비교적 긴 여행	
trip : 비교적 짧은 관광이나 사업상의 여행	
tour : 관광 등의 주유 여행	

자 (3단현 **travels** [trævəlz 트래벌즈], 과거·과거 분사 **travel(l)ed** [trævəld 트래벌드], 현재 분사 **travel(l)ing** [trǽv(ə)liŋ 트래벌링])

자 1. 여행하다
I like to *travel* alone.
나는 혼자 여행하기를 좋아한다.
We *traveled* around the world last year. 우리는 작년에 세계 일주 여행을 했다.

자 2. 가다, 나아가다; (빛·소리 등이) 전해지다
Swallows *travel* south in the fall.
제비는 가을에 남쪽으로 간다.
Light *travels* faster than sound.
빛은 소리보다 빨리 전해진다.

trav·el·(l)er *traveller*

[trǽv(ə)lər 트래벌러]

명 (복수 **travel(l)ers** [trǽv(ə)lərz 트래벌러즈])

여행자, 여행가
a *traveler*'s check
여행자 수표
The *traveler* looked tired.
그 여행자는 피곤해 보였다.

*tray *tray*

[tréi 트레이]

명 (복수 **trays** [tréiz 트레이즈])
쟁반; (음식물 등을 담는) 요리 접시

She brought in the coffee on a *tray*.
그녀는 커피를 쟁반에 받쳐 가지고 왔다.

*trea·sure *treasure*

[tréʒər 트레저]

명 (복수 **treasures** [tréʒərz 트레저즈])
보물, 보화; 귀중품
They are looking for hidden *treasure*. 그들은 숨겨진 보물을 찾고 있다.

*treat *treat*

[tríːt 트리-트]

타 (3단현 **treats** [tríːts 트리-츠], 과거·과거 분사 **treated** [tríːtid 트리-티드], 현재 분사 **treating** [tríːtiŋ 트리-팅])

타 1. (물건·사람·동물을) (…처럼) 다루다⟨*like*⟩; …을 (…으로) 간주하다⟨*as*⟩

She *treated* me *like* a child.
그녀는 나를 어린아이처럼 다루었다.
She *treated* it *as* a joke.
그녀는 그것을 농담으로 생각했다.
타 2. (사람·병을) **치료하다**
He *treated* me for a broken leg.
그는 내 부러진 다리를 치료해 주었다.
타 3. …에게 (음식물 등을) 대접하다, 사주다⟨*to*⟩
He *treated* me *to* dinner.
그는 나에게 식사를 대접했다.

treat·ment *treatment*
[trí:tmənt 트리-트먼트]
명 1. 취급, 대우
명 2. 치료; 치료법

*tree *tree*
[trí: 트리-]
명 (복수 **trees** [trí:z 트리-즈])
나무, 수목

Look at that big *tree*.
저 큰 나무를 보아라.
Birds are singing in the *trees*.
새들이 나무에서 지저귀고 있다.

trem·ble *tremble*
[trémbl 트렘블]
자 (3단현 **trembles** [trémblz 트렘블즈], 과거·과거 분사 **trembled** [trémbld 트렘블드], 현재 분사 **trembling** [trémbliŋ 트렘블링])
자 1. (공포·추위 등으로) (몸이나 목소리가) 떨리다
The boy *trembled* with fear when he saw the bear.
그 소년은 곰을 보고 무서워서 떨었다.

자 2. (바람·지진 등으로) 흔들리다, (나뭇잎이) 흔들리다
The leaves *trembled* in the wind.
나뭇잎이 바람에 흔들렸다.
자 3. 몹시 걱정하다

tre·men·dous *tremendous*
[triméndəs 트리멘더스]
형 거대한, 굉장한; 무서운, 무시무시한
He ran at a *tremendous* speed.
그는 굉장한 속도로 달렸다.

trend *trend*
[trénd 트렌드]
명 (복수 **trends** [trénds 트렌즈])
경향, 동향; 유행

*tri·al *trial*
[tráiəl 트라이얼]
명 (복수 **trials** [tráiəlz 트라이얼즈])

명 1. 시도 ; 시험
He succeeded on his third *trial*. 그는 세번째 시도해서 성공했다.
명 2. 시련, 고난
Life is full of *trials*.
인생은 시련으로 가득차 있다.
명 3. 재판

*tri·an·gle *triangle*
[tráiæŋgl 트라이앵글]
★ 악센트 주의
명 (복수 **triangles** [tráiæŋglz 트라이앵글즈])
명 1. 삼각형
a right *triangle*
직각 삼각형
명 2. 〖악기〗 트라이앵글

명 3. 《미》 삼각자

*trick *trick*
[trík 트릭]
명 (복수 **tricks** [tríks 트릭스])
명 1. 책략, 계략, 속임수
Her tears were just a *trick* to deceive others.
그녀의 눈물은 남을 속이기 위한 속임수에 지나지 않았다.
명 2. 재주, 곡예 ; 요술
He is teaching his dog *tricks*.
그는 개에게 곡예를 가르치고 있다.

명 3. 비결, 요령
명 4. 장난, 농담
He loves playing *tricks*.
그는 장난치기를 좋아한다.
Trick or treat ! 《미》과자를 안 주면 장난칠테야《할로윈 날 밤에 아이들이 이웃집을 돌아다니며 과자나 사탕을 달라고 조를 때 하는 말》.

*tried *tried*
[tráid 트라이드]
동 **try**의 과거·과거 분사
She *tried* to open the door, but she couldn't.
그녀는 문을 열려고 했지만, 열리지 않았다.

*tries *tries*
[tráiz 트라이즈]
동 **try**의 3인칭 단수 현재
명 **try**의 복수

*trip *trip*
[tríp 트립]

명 (복수 **trips** [tríps 트립스])
(짧은) 여행
a school *trip*
수학 여행
Have a nice *trip*!
즐거운 여행되세요.
We are going on a *trip*.
우리는 여행을 떠나려던 참이다.
I want to make a *trip* to London.
나는 런던으로 여행하고 싶다.

tri·umph *triumph*
[tráiəmf 트라이엄프]
명 (복수 **triumphs** [tráiəmfs 트라이엄프스])
승리 ; 대성공

trom·bone *trombone*
[trɑmbóun 트람**보**운]
명 〖악기〗 트롬본

troop *troop*
[trúːp 트루-프]
명 (복수 **troops** [trúːps 트루-프스])
명 1. (사람·동물의) 떼, 일단
a *troop* of elephants
코끼리 떼
명 2. [troops로] 군대, 부대

*trop·i·cal *tropical*
[trɑ́pikəl 트라피컬]
형 열대 (지방)의 ; 열대산의
tropical fish 열대어
tropical plants

열대 식물

*trou·ble *trouble*
[trʌ́bl 트러블]
명 (복수 **troubles** [trʌ́blz 트러블즈])
명 1. 걱정, 고민 ; [보통 a trouble로] 귀찮은 일, 귀찮은 사람
be full of *trouble*
근심이 가득하다

What's your *trouble*?
왜 그러시죠?

명 2. 곤란, 성가심, 폐, 고생《부

정 관사를 붙이지 않고 복수형으로도 하지 않는다》
I gave him so much *trouble*.
나는 그에게 큰 폐를 끼쳤다.
명 3. 다툼, 분쟁, 트러블
There were a lot of *troubles* between the two families.
두 집안 사이에는 불화가 많았다.
명 4. 병 ; (기계의) 고장
engine *trouble* 엔진 고장
He has heart *trouble*.
그는 심장이 나쁘다.
be in trouble 어려움에 처해 있다 ; 고장나 있다
He *is in trouble* about it.
그는 그 일로 곤란에 처해 있다.
타 (3단현 **troubles** [trʌ́blz 트러블즈], 과거·과거 분사 **troubled** [trʌ́bld 트러블드], 현재 분사 **troubling** [trʌ́bliŋ 트러블링])
타 1. (남을) 걱정하게 하다, 고민하게 하다, 괴롭히다
Her sad look *troubled* her mother.
그녀의 슬픈 표정을 보고 어머니는 걱정하셨다.
타 2. (남에게) 폐를 끼치다, 귀찮게 하다
I am sorry to *trouble* you.
폐를 끼쳐서 미안합니다.

***trou·sers** *trousers*
[tráuzərz 트라우저즈]
명 [복수] (남자의) 바지
a pair of *trousers* 바지 한 벌

He put on his father's *trousers*.
그는 아버지 바지를 입었다.

***truck** *truck*
[trʌ́k 트럭]
명 (복수 **trucks** [trʌ́ks 트럭스])
명 1. 《주로 미》 트럭, 화물 자동차

명 2. 손수레

‡true *true*
[trúː 트루-]
형 (비교급 **truer** [trúːər 트루-어], 최상급 **truest** [trúːist 트루-이스트])
형 1. 정말의, 진실한 (《반》 false 거짓의)
This is a *true* story.
이것은 실화다.
Is the news *true*?
그 뉴스는 사실이니?
형 2. (…에) 성실한, 충실한⟨to⟩
He was always *true to* me.
그는 언제나 내게 성실했다.
형 3. 진짜의, 순수한
true gold 순금
come true (희망·꿈 등이) 실현되다
My dream has *come true*.
내 꿈이 실현되었다.
***It is true* (*that*) …, *but* ~** 과연 …이지만 그러나 ~
It is true that money is impor-

tant, *but* it is not everything.
사실 돈은 중요하지만 그것이 전부는 아니다.

tru·ly *truly*
[trúːli 트룰-리]
★ 철자 주의
⟨부⟩ 1. 진짜로, 참으로 《동》 really)
He is a *truly* good man.
그는 참으로 좋은 사람이다.
⟨부⟩ 2. 정확하게, 거짓없이
Tell me *truly* what you mean.
네가 말하는 것이 무엇인지 확실하게 말해라.
Yours truly, = ***Truly yours,***
《주로 미》 경구《편지의 끝맺는 말로 격식을 차리는 편지에 쓴다》

trum·pet *trumpet*
[trʌ́mpit 트럼핏]
⟨명⟩ (복수 **trumpets** [trʌ́mpits 트럼피츠])
『악기』 트럼펫
He blows a *trumpet* well.
그는 트럼펫을 잘 분다.

trunk *trunk*
[trʌ́ŋk 트렁크]
⟨명⟩ (복수 **trunks** [trʌ́ŋks 트렁크스])

⟨명⟩ 1. (나무의) 줄기; (신체의) 몸통, 동체
The *trunk* of that tree is about two meters thick.
저 나무 줄기는 굵기가 약 2미터다.
He has a powerful *trunk*.
그는 몸이 건장하다.

⟨명⟩ 2. 트렁크, 여행용 큰 가방

She packed her *trunk*.
그녀는 트렁크에 짐을 꾸렸다.
⟨명⟩ 3. (코끼리의) 코
The elephant picks up food with its long *trunk*.
코끼리는 긴 코로 먹이를 집어 올린다.
⟨명⟩ 4. 《미》 (자동차의) 트렁크

*trust *trust*
[trʌ́st 트러스트]
⟨명⟩ (…에 대한) **신뢰**, 신용, 신임 ⟨*in*⟩
I have *trust in* him.
나는 그를 신뢰하고 있다.
⟨타⟩ (3단현 **trusts** [trʌ́sts 트러스츠], 과거·과거 분사 **trusted**

[trʌ́stid 트러스티드], 현재 분사 **trusting** [trʌ́stiŋ 트러스팅])
신뢰하다, 신임〔신용〕하다 ; 맡기다
> I don't *trust* him.
> 나는 그를 신용하지 않는다.
> I cannot *trust* my money to him.
> 나는 그에게 돈을 맡길 수 없다.

***truth** *truth*
[trúːθ 트루-스]
  명 (복수 **truths** [trúːðz 트루-드즈])
  명 1. [흔히 the truth로] 진실, 사실(《반》 lie 거짓) ; 진실성
> Tell me *the truth*.
> 진실을 말해주시오.
> There was some *truth* in what she said. 그녀가 한 말에는 어느 정도 진실성이 있었다.

  명 2. 진리, 증명된 사실
> That's a universal *truth*.
> 그것은 보편적 진리다.

The truth is that ... 실은 …다
> *The truth is that* I have no money with me.
> 실은 나에게는 돈이 없다.

to tell (you) the truth 실은, 사실을 말하자면
> *To tell the truth*, I like her.
> 실은 나는 그녀를 좋아한다.

try *try*
[trái 트라이]
  동 (3단현 **tries** [tráiz 트라이즈], 과거・과거 분사 **tried** [tráid 트라이드], 현재 분사 **trying** [tráiiŋ 트라이잉])
  타 1. …을 시도하다, 해보다 ; [try+~ing로] 시도하여 …해보다
> *Try* your best in everything.
> 모든 일에 최선을 다해라.
> *Try* it again.
> 그것을 다시 해봐라.
> I'm going to *try* cook*ing* pizza.
> 나는 피자를 만들어 보려고 한다.

  타 2. [try to+동사원형으로] …하려고 시도하다, 노력하다
> Come on! *Try to* catch me.
> 자, 나를 잡아보렴.

> She *tried to* smile. 그녀는 미소를 지으려고 애썼다.

  자 해보다, 시도하다 ; 노력하다
> He *tried* again.
> 그는 다시 한 번 해보았다.

try on 입어보다, 신어보다
> I *tried on* another pants.
> 나는 다른 바지를 입어 보았다.

  명 (복수 **tries** [tráiz 트라이즈]) 시도, 해보기 ; 노력
> Let's have a *try*.
> 한 번 해보자.

tube

*tube *tube*
[t(j)úːb 튜-브]
명 (복수 **tubes** [t(j)úːbz 튜-브즈])
　명 1. 관, 통, (치약 등의) 튜브
　　This is a *tube* of red paint.
　　이것은 빨간 그림물감이 든 튜브다.

　명 2. 브라운관 ; (《미》) 진공관 (《영》 valve)
　명 3. [흔히 the tube로] (《영구어》) (런던의) 지하철(《미》 subway)

**Tues·day *Tuesday*
[t(j)úːzdèi 튜-즈데이]
　명 (복수 **Tuesdays** [t(j)úːzdèiz 튜-즈데이즈])
　화요일(Tues.로 약한다)
　Today is *Tuesday*.
　오늘은 화요일이다.
　We'll have an examination next *Tuesday*.
　우리는 다음주 화요일에 시험을 본다.

tug *tug*
[tʌ́g 터그]
　동 (3단현 **tugs** [tʌ́gz 터그즈], 과거·과거 분사 **tugged** [tʌ́gd 터그드], 현재 분사 **tugging** [tʌ́giŋ 터깅])

　타 …을 세게 잡아당기다, 힘껏 끌다
　자 세게 잡아당기다, 힘껏 당기다
　　Don't *tug* so hard.
　　그렇게 세게 잡아당기지 마라.
　명 [보통 a tug로] 세게 잡아당기기

tug of war 줄다리기
　They had a *tug of war*.
　그들은 줄다리기를 했다.

*tu·lip *tulip*
[t(j)úːlip 튤-립]
　명 (복수 **tulips** [t(j)úːlips 튤-립스])
　《식물》 튤립

I like *tulips* better than roses.
나는 장미보다 튤립을 더 좋아한다.

*tune *tune*
[t(j)úːn 튠-]
　명 (복수 **tunes** [t(j)úːnz 튠-즈])

명 1. 곡, 가락, 멜로디
She played a *tune* on the piano.
그녀는 피아노로 한 곡 연주했다.

명 2. (음의) 바른 가락 ; 조화
Her violin was out of *tune*.
그녀의 바이올린은 가락이 맞지 않았다.

타 (3단현 **tunes** [t(j)úːnz 튠-즈], 과거·과거 분사 **tuned** [t(j)úːnd 튠-드], 현재 분사 **tuning** [t(j)úːniŋ 튜-닝])
(악기 등의) 가락을 맞추다, 조율하다
He *tuned* the piano.
그는 피아노를 조율했다.

tune in (텔레비전·라디오의) 채널〔주파수〕을 (…에) 맞추다 〈*to*〉
He *tuned in to* a music program.
그는 음악 프로그램에 주파수를 맞추었다.

tune up (악기의) 가락을 맞추다

*tun·nel *tunnel*

[tʌ́nl 터늘]
★ 발음 주의
명 (복수 **tunnels** [tʌ́nlz 터늘즈])
터널, 굴 ; 지하도

Our train went through a lot of *tunnels*.
우리가 탄 기차는 많은 터널을 통과했다.

tur·key *turkey*

[tə́ːrki 터-키]
명 (복수 **turkeys** [tə́ːrkiz 터-키즈])
칠면조 ; 칠면조 고기

**turn *turn*

[tə́ːrn 턴-]
동 (3단현 **turns** [tə́ːrnz 턴-즈], 과거·과거 분사 **turned** [tə́ːrnd 턴-드], 현재 분사 **turning** [tə́ːrniŋ 터-닝])

타 1. …의 방향을 바꾸다 ; …을 (…쪽으로) 향하다〈*to, toward, on*〉; …을 돌아가다
Turn the next corner *to* the left.
다음 모퉁이에서 왼쪽으로 돌아가시오.

He *turned* his back *to* me.
그는 내게 등을 돌렸다.

타 2. …을 돌리다, 회전시키다
He *turned* the key in the door.
그는 문의 열쇠를 돌렸다.
Turn the wheel slowly.
핸들을 천천히 돌리세요.

타 3. …을 뒤집다, 뒤엎다 ; (페이지를) 넘기다
She *turned* the steak (over).
그녀는 스테이크를 뒤집었다.
He *turned* the pages of the book.
그는 그 책의 페이지를 넘겼다.

타 4. …을 (…으로) 바꾸다, 번역하다 ⟨*into*⟩
Heat *turns* ice *into* water.
열은 얼음을 물로 변화시킨다.

자 1. 돌다, 회전하다
The earth *turns* around the sun.
지구는 태양 주위를 돈다.
He *turned* on his heel(s).
그는 발뒤축으로 돌았다.

자 2. (…으로) 향하다, 뒤돌아보다 ; (…으로) 돌다 ⟨*to, toward*⟩
He *turned* and went out of the room.
그는 뒤돌아보고 방에서 나갔다.

자 3. 뒤집히다, 전복하다
The boat *turned* upside down.
그 배는 전복되었다.

자 4. 바뀌다, 되다 ⟨*into, to*⟩
The rain *turned into* snow.
비는 눈으로 변했다.

자 5. [turn+명사·형용사로] …이 되다
Her face *turned* pale at the news.
그 소식을 듣고 그녀의 얼굴은 새파래졌다.

turn down (1) (페이지 등을) 접다
(2) (가스·빛 등을) 약하게 하다 ; (음량을) 낮추다
(3) (신청 등을) 거절하다

turn off (수도·가스 등을) 잠그다 ; (텔레비전·전등 등을) 끄다

Please *turn off* the light.
전등을 꺼주세요.

turn on (수도·가스 등을) 켜다 ; (텔레비전·전등 등을) 켜다

Turn on the radio, please.
라디오를 켜주세요.

turn out …로 판명되다, (결과가) …이 되다 ; (전등·불 등을) 끄다
How did your experiment *turn out*?
— Oh, it *turned out* well.
실험 결과가 어떻게 되었니?
— 응, 아주 잘 됐어.

turn up (1) (사람이) 불쑥 나타나다 ; (물건을) 우연히 찾아내다, 발견되다 ; (우연히) 생기다
(2) (가스불 등을) 세게 하다 ; (음량을) 크게 하다
Turn up the radio.
라디오(소리)를 키워주세요.

명 (복수 **turns** [tə́:rnz 턴-즈])
명 1. 회전, 돌리기
Give the key a right *turn*.
열쇠를 오른쪽으로 돌려 주세요.

명 2. **방향 전환**, 돌기
No Left *Turn*!
《게시》 좌회전 금지.

The car made a *turn* to the left.
그 자동차는 좌회전했다.
명 3. 순번, 차례
Wait till it is your *turn*.
네 차례가 될 때까지 기다려라.
명 4. 모퉁이
We came to a *turn* in the road.
우리는 길 모퉁이에 왔다.
by turns 번갈아, 교대로
in turn 차례로
Come into the room *in turn*.
차례대로 방으로 들어오시오.

turn·ing *turning*
[tə́ːrniŋ 터-닝]
명 (복수 **turnings** [tə́ːrniŋz 터-닝즈])
회전 ; 모퉁이

Take the second *turning* to the right.
두번째 모퉁이에서 오른쪽으로 도시오.

tur·tle *turtle*
[tə́ːrtl 터-틀]
명 (복수 **turtles** [tə́ːrtlz 터-틀즈])
바다거북

I have never seen a *turtle*.
나는 바다거북을 본 적이 없다.

*TV *TV*
[tíːvíː 티-비-]
명 (복수 **TVs** [tíːvíːz 티-비-즈])
텔레비전(방송) ; 텔레비전 수상기《television의 약어》

I seldom watch *TV*.
나는 텔레비전을 잘 보지 않는다.

*twelfth *twelfth*

[twélfθ 트웰프스]
  명 《복수 twelfths [twélfθs 트웰프스스]》
  명 1. [보통 the twelfth로] 제12, 열두번째; (날짜의) 12일《12th로 약한다》
  명 2. 12분의 1
    three *twelfths* 12분의 3
  형 1. [보통 the twelfth로] 제12의, 열두번째의
    December is *the twelfth* month of the year.
    12월은 1년의 열두번째 달이다.
  형 2. 12분의 1의

***twelve** *twelve*

[twélv 트웰브]
  명 《복수 twelves [twélvz 트웰브즈]》
  명 1. [보통 관사 없이] 12《단수 취급》; 12명, 12개《복수 취급》; 12살; 12시

  Twelve plus three is fifteen.
  12 더하기 3은 15다.
  명 2. [the Twelve로] 그리스도의 12사도
  형 12의; 12명의, 12개의; 12살의
    She is *twelve*.
    그녀는 12살이다.

***twen·ti·eth** *twentieth*

[twéntiiθ 트웬티이스]
  명 《복수 twentieths [twéntiiθs 트웬티이스스]》
  명 1. [보통 the twentieth로] 제20, 스무번째; (날짜의) 20일《20th로 약한다》
    on *the twentieth* of June(=on June 20) 6월 20일에
  명 2. 20분의 1
  형 1. [보통 the twentieth로] 제20의, 스무번째의
    I was the *twentieth* speaker of the contest.
    나는 그 대회의 스무번째 연설자였다.
  형 2. 20분의 1의

***twen·ty** *twenty*

[twénti 트웬티]
  명 《복수 twenties [twéntiz 트웬티즈]》
  명 1. [보통 관사 없이] 20《단수 취급》; 20명, 20개《복수 취급》; 20살
    How many people were there at the party?
    — About *twenty*.
    파티에 몇 명이 있었니?
    — 약 20명이야.
  명 2. [one's twenties로] 20대; [the twenties로] (세기의) 20년대
    She is still in *her* early *twenties*.
    그녀는 아직 20대 초반이다.
  형 20의; 20명의, 20개의; 20살의
    He will be back in *twenty* minutes.
    그는 20분 후에 돌아올 것이다.

***twice** *twice*

[twáis 트와이스]
  부 1. 두 번, 2회
    We tried *twice*.

우리는 두 번 시도했다.
My father visits Seoul *twice* a week.
나의 아버지는 일주일에 두 번 서울에 가신다.

囲 2. 두 배(로)
Twice four is eight.
4의 두 배는 8이다.
Your bag is *twice* as big as mine.
네 가방은 내 가방보다 두 배나 크다.

---

twin *twin*
[twín 트윈]

명 (복수 **twins** [twínz 트윈즈])
쌍둥이의 한 사람, 쌍을 이루는 것의 한 쪽; [twins로] 쌍둥이, 쌍생아, 짝

These two boys are *twins*.
이 두 소년은 쌍둥이다.

형 쌍둥이의, 한 쌍의《명사 앞에만 쓴다》
twin sisters[brothers]
쌍둥이 자매[형제]

---

twin·kle *twinkle*
[twíŋkl 트윙클]

자 (3단현 **twinkles** [twíŋklz 트윙클즈], 과거·과거 분사 **twinkled** [twíŋkld 트윙클드], 현재 분사 **twinkling** [twíŋkliŋ 트윙클링])
(별 등이) 반짝반짝 빛나다; (눈이) 빛나다

---

twist *twist*
[twíst 트위스트]

동 (3단현 **twists** [twísts 트위스츠], 과거·과거 분사 **twisted** [twístid 트위스티드], 현재 분사 **twisting** [twístiŋ 트위스팅])

타 1. …을 친친 감다; (실 등을) 꼬다
twist strings together
실을 합쳐서 꼬다

타 2. …을 비틀다; (손발 등을) 접질리다, 삐다
She *twisted* the wet towel.
그녀는 젖은 수건을 비틀어 짰다.

자 뒤틀리다, 꼬이다
명 (복수 **twists** [twísts 트위스츠])
명 1. 뒤틀림; (도로의) 커브
The road has many *twists*.

그 도로는 커브가 많다.
명 2. [the twist로] (댄스의) 트위스트

*two *two*
[túː 투-]
명 (복수 twos [túːz 투-즈])
[보통 관사 없이] 2(단수 취급);
2명, 2개(복수 취급); 2살; 2시

Two and two is four.
2 더하기 2는 4다(2+2=4).
Two were absent today.
오늘 두 사람이 결석했다.
I'll be back at *two*.
2시에 돌아오겠습니다.
형 2개의; 2명의, 2개의; 2살의
I have *two* brothers.
나는 형제가 두 명이다.
The baby is *two* (years old).
그 갓난아기는 2살이다.

*ty·ing *tying*
[táiiŋ 타이잉]
동 tie의 현재 분사

*type *type*
[táip 타이프]
명 (복수 types [táips 타이프스])
명 1. 형, 타입; 종류(《동》 kind, sort)
This *type* of books is popular.
이런 종류의 책이 인기가 있다.

명 2. 전형, 본보기
He is a *type* of English gentleman.
그는 전형적인 영국 신사다.
명 3. (인쇄용의) 활자(전체);
(한 개의) 활자

English *English*
Roman Amazone
English English
italics sans serif
𝔈𝔫𝔤𝔩𝔦𝔰𝔥
Gothic

in large type 큰 활자로
동 (3단현 types [táips 타이프스], 과거·과거 분사 typed [táipt 타이프트], 현재 분사 typing [táipiŋ 타이핑])
타 …을 타이프라이터로 치다
Would you *type* this letter for me, please?
이 편지 좀 타이프라이터로 쳐 주시겠습니까?
자 타이프라이터로 치다

type·writ·er *typewriter*
[táipràitər 타이프라이터]
명 (복수 typewriters [táipràitərz 타이프라이터즈])
타이프라이터

*typ·i·cal *typical*

[típikəl 티피컬] ★ 발음 주의
형 전형적인, 대표적인 ; 특유의 ⟨*of*⟩
This is a *typical* example.
이것은 대표적인 예다.

typ·ist *typist*

[táipist 타이피스트]
명 (복수 **typists** [táipists 타이피스츠])
타이피스트
She is a good *typist*.

그녀는 훌륭한 타이피스트다.

*tyre *tyre*

[táiər 타이어]
명 《영》=**tire**²

U, u *U, u*
[júː 유-]

명 (복수 **U's, u's** [júːz 유-즈])
유《영어 알파벳의 스물한번째 글자》

*ug·ly *ugly*
[ʌ́gli 어글리]

형 (비교급 **uglier** [ʌ́gliər 어글리어], 최상급 **ugliest** [ʌ́gliist 어글리이스트])
추한, 보기 싫은, 못생긴《반》 beautiful 아름다운)
an *ugly* face
못생긴 얼굴
This car is a little *ugly*.
이 차는 좀 볼품없다.

U.K., UK *U.K., UK*
[júːkéi 유-케이]

약 영국《the United Kingdom의 약어》

*um·brel·la *umbrella*
[ʌmbrélə 엄브렐러]

명 (복수 **umbrellas** [ʌmbréləz 엄브렐러즈])
우산

The wind turned his *umbrella* inside out.
바람 때문에 그의 우산이 뒤집혔다.

UN, U.N. *UN, U.N.*
[júːén 유-엔]

약 국제 연합《the United Nations의 약어》
Korea is a *UN* member nation. 한국은 국제 연합의 회원국이다.

unable — underground

*un·a·ble unable
[ʌnéibl 언에이블]
- 형 …할 수 없는〈to do〉
  I am *unable to* walk.
  나는 걸을 수 없다.
  He was *unable to* jump over the stream.
  그는 개울을 뛰어넘을 수 없었다.

un·cer·tain uncertain
[ʌnsə́ːrtn 언서-튼]
- 형 불확실한, 분명치 않은, 의심스러운
  The date of their departure is *uncertain*.
  그들의 출발 날짜는 불확실하다.

*un·cle uncle
[ʌ́ŋkl 엉클]
- 명 (복수 **uncles** [ʌ́ŋklz 엉클즈]) 아저씨
  He has an *uncle* in Seoul.
  그는 서울에 아저씨가 한분 계신다.
  I am staying with my *uncle*.
  나는 아저씨 댁에 머물고 있다.

*un·der under
[ʌ́ndər 언더]
- 전 1. [위치를 나타내어] …의 아래에〔의, 를, 로〕, …의 밑에
  The toy soldier is standing *under* the arch.
  장난감 병정이 아치 밑에 서 있다.

- 전 2. (수량·연령 등이) …미만의〔으로〕
  He is still *under* twenty.
  그는 아직 스무살이 안됐다.
- 전 3. (지배·보호 등)을 받아, …의 밑에, …하에
  The area is still *under* French rule.
  그 지역은 여전히 프랑스의 지배를 받고 있다.
- 전 4. …하는 중인〔중에〕
  His house is *under* repair.
  그의 집은 수리 중이다.

*un·der·ground underground
[ʌ́ndərgràund 언더그라운드]
- 명 (복수 **undergrounds** [ʌ́ndərgràundz 언더그라운즈])

《영》 지하철(《미》 subway); 《미》 지하도

I go to school every day by *underground*.
나는 매일 지하철로 학교에 간다.

형 지하의, 지하에 있는
an *underground* cave
지하 동굴

*un·der·line *underline*

[ʌ́ndərlàin 언더라인]

타 (3단현 **underlines** [ʌ́ndərlàinz 언더라인즈], 과거·과거 분사 **underlined** [ʌ́ndərlàind 언더라인드], 현재 분사 **underlining** [ʌ́ndərlàiniŋ 언더라이닝])
…에 밑줄을 긋다 ; …을 강조하다
She *underlined* the important words with a red pen.
그녀는 중요한 단어에 붉은 펜으로 밑줄을 그었다.

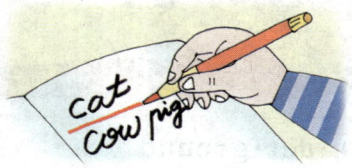

He *underlined* the need of cooperation.
그는 협력의 필요성을 강조했다.

명 (복수 **underlines** [ʌ́ndərlàinz 언더라인즈])
밑줄, 언더라인
Draw an *underline*.
밑줄을 그어라.

*un·der·neath *underneath*

[ʌ̀ndərní:θ 언더니-스]

전 …의 (바로) 밑에, …의 아래에
He buried the treasure *underneath* his house.
그는 보물을 자기 집 밑에 파묻었다.

*un·der·stand *understand*

[ʌ̀ndərstǽnd 언더스탠드]

동 (3단현 **understands** [ʌ̀ndərstǽndz 언더스탠즈], 과거·과거 분사 **understood** [ʌ̀ndərstúd 언더스투드], 현재 분사 **understanding** [ʌ̀ndərstǽndiŋ 언더스탠딩])

타 …을 이해하다, …을 알다
He *understands* English.
그는 영어를 안다.
I don't *understand* you.
나는 네 말을 이해하지 못하겠어.

I don't *understand* your question.
나는 네 질문의 의미를 모르겠

다.
자 이해하다, 알다 ; 이해력이 있다
Now I *understand*.
이제 알겠다.

*un·der·stand·ing
understanding

[ʌ̀ndərstǽndiŋ 언더스**탠**딩]
명 이해, 납득 ; 이해력
She has a clear *understanding* of this problem.
그녀는 이 문제를 잘 이해하고 있다.

*un·der·stood
understood

[ʌ̀ndərstúd 언더스**투**드]
동 understand의 과거·과거 분사
At last the pupils *understood* why it snows.
마침내 학생들은 눈이 내리는 이유를 이해했다.

un·der·take *undertake*

[ʌ̀ndərtéik 언더**테**이크]
타 (3단현 **undertakes** [ʌ̀ndərtéiks 언더테이크스], 과거형 **undertook** [ʌ̀ndərtúk 언더툭], 과거 분사 **undertaken** [ʌ̀ndərtéikən 언더테이컨], 현재 분사 **undertaking** [ʌ̀ndərtéikiŋ 언더테이킹])

타 1. (일 등을) 떠맡다
I will *undertake* the responsibility for you.
네 대신 내가 책임을 지겠다.
He *undertook* the difficult task.
그는 그 어려운 일을 떠맡았다.

타 2. 착수하다, 시작하다
He *undertook* a new experiment.
그는 새로운 실험에 착수했다.

un·der·tak·en
undertaken

[ʌ̀ndərtéikən 언더**테**이컨]
타 undertake의 과거 분사

un·der·took *undertook*

[ʌ̀ndərtúk 언더**툭**]
타 undertake의 과거형

un·eas·y *uneasy*

[ʌ̀níːzi 언이-지]
형 (비교급 **uneasier** [ʌ̀níːziər 언이-지어], 최상급 **uneasiest** [ʌ̀níːziist 언이-지이스트])
불안한, 걱정되는, 꺼림칙한 ; (몸이) 편치 않은
I feel *uneasy* about the future.
나는 미래에 대해 불안을 느낀다.
We passed an *uneasy* day in the storm.

우리는 폭풍우 속에서 불안한 하루를 보냈다.

un·for·tu·nate·ly
unfortunately
[ʌnfɔ́ːrtʃ(u)nətli 언**포**-추너틀리]
튀 불행하게; 운나쁘게, 공교롭게
Unfortunately, I was not at home then.
공교롭게도 나는 그때 집에 없었다.

un·hap·py *unhappy*
[ʌnhǽpi 언해피]
형 (비교급 **unhappier** [ʌnhǽpiər 언해피어], 최상급 **unhappiest** [ʌnhǽpiist 언해피이스트])
불행한, 불운한

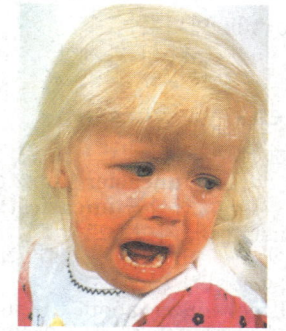

She had an *unhappy* childhood. 그녀는 불행한 어린시절을 보냈다.

*u·ni·form *uniform*
[júːnəfɔ̀ːrm 유-너폼-]
명 (복수 **uniforms** [júːnəfɔ̀ːrmz 유-너폼-즈])
제복, 유니폼

The postman was in *uniform*.
우편 집배원은 제복을 입고 있었다.
All the students must wear *uniforms* at our school.
우리 학교는 전교생이 교복을 입어야만 한다.

Policemen and nurses wear *uniforms*. 경찰관이나 간호사는 제복을 입는다.

*u·nion *union*

[júːnjən 유-니언]

명 (복수 **unions** [júːnjənz 유-니언즈])
결합, 연합, 단결 ; 조합, 협회, 연맹 ; 연방

They were joined in holy *union*.
그들은 성스러운 결합으로 맺어졌다(결혼).

The nations formed a strong *union*.
그 나라들은 강력한 통일 국가를 형성했다.

*u·nique *unique*

[juːníːk 유-니-크]

형 유일(무이)한, 독특한 ; 진기한

A diamond of this size is *unique*. 이렇게 큰 다이아몬드는 세상에 단 하나 밖에 없다.

She has a *unique* talent for painting.
그녀는 그림에 독특한 재능을 가지고 있다.

*u·nit *unit*

[júːnit 유-닛]

명 (복수 **units** [júːnits 유-닛츠])
명 1. (구성) 단위, (전체 중의) 한 사람, 한 개

The family is the basic *unit* of society.
가정은 사회의 기본 단위다.

명 2. (수・양의) 단위
A gram is a *unit* of weight.
그램은 무게의 단위다.

명 3. (미) (학습의) 단원

*u·nite *unite*

[juːnáit 유-나이트]

동 (3단현 **unites** [juːnáits 유-나이츠], 과거・과거 분사 **united** [juːnáitid 유-나이티드], 현재 분사 **uniting** [juːnáitiŋ 유-나이팅])

타 …을 결합하다, 합병시키다 ; 단결시키다

These two cities will be *united* next year.
이 두 도시는 내년에 하나로 합쳐진다.

Love for their village *united* the people there.
마을에 대한 애정이 그곳 사람들을 하나로 뭉치게 했다.

자 결합하다, 하나가 되다 ; 단결하다

u·nit·ed *united*

[juːnáitid 유-나이티드]

㊅ 결합된; 연합한

*U·nit·ed King·dom
United Kingdom
[juːnáitid-kíŋdəm 유-나이티드킹덤]
  ㊇ [the United Kingdom으로] 연합 왕국, 영국《수도 London; U.K., UK로 약한다》

U·nit·ed Na·tions
United Nations
[juːnáitid-néiʃənz 유-나이티드네이션즈]
  ㊇ [the United Nations로] 국제 연합, 유엔《U.N., UN으로 약한다》
  Most countries are members of *the United Nations*.
  대부분의 국가가 국제 연합에 가입해 있다.

*U·nit·ed States
United States
[juːnáitid-stéits 유-나이티드스테이츠]
  ㊇ [the United States로] 아메리카 합중국, 미국《정식 명칭은 the United States of America; U.S., US로 약한다》

*U·nit·ed States of A·mer·i·ca
United States of America
[juːnáitid-stéits-əv-əmérikə 유-나이티드스테이츠어브어메리커]
  ㊇ [the United States of America로] 아메리카 합중국, 미국《수도 Washinton, D.C.; U.S.A., USA로 약한다》
  How old is *the United States of America*?
  아메리카 합중국은 얼마나 오래된 나라입니까?

u·ni·ver·sal *universal*
[júːnəvə́ːrsl 유-너버-슬]
  ㊅ 우주의; 전세계의, 세계 공통의; 보편[일반]적인
  a *universal* language
  세계 공통어
  a *universal* rule
  보편적인 법칙

*u·ni·verse *universe*
[júːnəvəːrs 유-너버-스]
  ㊇ (복수 **universes** [júːnəvəːrsiz 유-너버-시즈])
  [the universe 또는 the Universe로] 우주; [the universe로] 전세계, 전인류

university

The universe is limitless.
우주는 무한하다.

*u·ni·ver·si·ty *university*

[juːnəvə́ːrsəti 유-너버-서티]

명 (복수 **universities** [juːnəvə́ːrsətiz 유-너버-서티즈])
대학(교), 종합 대학교
They go to the *university*.
그들은 대학에 다닌다.

un·known *unknown*

[ʌnnóun 언노운]

형 알려지지 않은 ; 알 수 없는, 미지의
That actor's name is almost *unknown* to people.
그 배우의 이름은 사람들에게 거의 알려지지 않았다.

*un·less *unless*

[ənlés 언레스]

접 만약 …하지 않으면, …이 아니면
You will be late for school *unless* you hurry up. 서두르지 않으면 학교에 늦겠다.

unlikely 881

un·like *unlike*

[ʌnláik 언라이크]

형 닮지〔같지〕 않은, 다른
The two sisters are quite *unlike*.
그 두 자매는 전혀 닮지 않았다.

전 [ʌnláik 언라이크] …을 닮지 않고, …와 달라서 ; …답지 않게
Unlike you, I prefer tea to coffee.
너와 달리 난 커피보다 차를 더 좋아한다.

un·like·ly *unlikely*

[ʌnláikli 언라이클리]

형 (비교급 **unlikelier** [ʌnláiklier 언라이클리어] 또는 **more unlikely**, 최상급 **unlikeliest** [ʌnláikliist 언라이클리이스트] 또는

most unlikely)
있음직하지 않은, 일어날 것 같지 않은; 생각지도 못한

He is *unlikely* to pass the examination.
그는 시험에 합격할 것 같지 않다.

I met him at the most *unlikely* place.
나는 전혀 생각지도 못한 곳에서 그를 만났다.

un·nec·es·sar·y
unnecessary
[ʌ̀nnésəsèri 언네서세리]
형 불필요한, 쓸데없는

It is *unnecessary* to tell her about it. 그녀에게 그것을 알려 줄 필요는 없다.

*un·til *until*
[əntíl 언틸]
전 1. [동작·상태의 계속] …까지 (줄곧)

I shall wait *until* five o'clock.
나는 5시까지 기다리겠다.

전 2. [부정어와 함께] …까지는 …하지 않다, …이 되어 비로소 …하다

It was *not until* quite recently that I noticed it.
나는 아주 최근에야 비로소 그걸 깨달았다.

접 1. [동작·상태의 계속] …할 때까지, …까지

I'll wait here *until* school is over.
나는 학교 수업이 끝날 때까지 여기서 기다리겠다.

접 2. [부정어와 함께] …할 때까지는 …하지 않다, …이 되어 비로소 …하다

Do *not* stop *until* (you are) told to do so.
지시가 있을 때까지 멈추지 마라.

un·u·su·al *unusual*
[ʌnjúːʒuəl 언유-주얼]
형 이상한, 보통이 아닌, 드문; 유별난

It is *unusual* for her to get angry.
그녀가 화를 내다니 이상한 일이다.

*up *up*
[ʌ́p 업]
부 1. 위로, 위에, 위쪽으로
《반》 down 아래로)

The birds flew *up* into the air.
새들이 하늘로 날아 올라갔다.

🟦 2. 기상하여, 잠이 깨어 ; (자리에서) 일어서서
I stayed *up* late last night.
나는 어젯밤 늦게까지 자지 않았다.
Stand *up* and come here.
일어서서 이리 오너라.
🟦 3. …쪽으로, 접근하여
He ran *up* to her.
그는 그녀쪽으로 달려갔다.
A stranger came *up* to me and asked the way.
낯선 사람이 내게 다가와 길을 물었다.
🟦 4. 완전히, 모두, 다
I used *up* my pocket money.
나는 용돈을 다 써버렸다.
🟦 5. (정도·가격·음량 등이) 올라, 높아져, 증가하여
Turn the TV *up* a bit, please.
텔레비전 소리를 좀 높여 주세요.

Her car speeded *up*.
그녀의 자동차는 속력을 높였다.

🟦 6. 《구어》 (일·문제가) 생겨서, 일어나서
☆ What's *up*, George?

— I broke my leg when I was skiing.
어찌된 일이야, 조지?
— 스키를 타다가 다리가 부러졌어.

up and down 아래위로 ; 왔다갔다, 여기저기
He rode *up and down* in the elevator.
그는 승강기를 타고 오르락내리락했다.

---

*up·hold *uphold*
[ʌphóuld 업호울드]
🟥 (3단현 **upholds** [ʌphóuldz 업호울즈], 과거·과거 분사 **upheld** [ʌphéld 업헬드], 현재 분사 **upholding** [ʌphóuldiŋ] 업호울딩])
지지하다, 옹호하다, …에 찬성하다
I *uphold* her opinion.
나는 그녀의 의견을 지지한다.

---

*up·on *upon*
[əpán 어판]
🟪 …의 위에(《동》 on)
A cat is lying *upon* the roof.
고양이가 지붕 위에 누워 있다.

There are enough chairs for everyone to sit *upon*.
모두가 앉을 만큼 의자가 충분히 있다.

once upon a time 옛날에
Once upon a time there was a very wise man.

옛날에 매우 현명한 사람이 있었다.

*up·per *upper*
[ʌ́pər 어퍼]
- 형 위쪽의, 상부의; 상위의; 상류의(《반》 lower 아래쪽의)
  - the *upper* lip 윗입술
  - the *upper* room 위층 방
  - the *upper* class 상류 계급

*up·right *upright*
[ʌ́pràit 업라이트]
- 형 똑바른, 수직의, 직립의; 《문어》 올바른, 정직한
  - The dog stood *upright* on its hind legs.
  - 그 개는 뒷발로 똑바로 섰다.

- 부 똑바로, 곧추 서서, 직립하여

*up·set *upset*
[ʌ̀psét 업셋]
- 타 (3단현 **upsets** [ʌ̀psét 업셋츠], 과거·과거 분사 **upset** [ʌ̀psét 업셋], 현재 분사 **upsetting** [ʌ̀psétiŋ 업세팅])
- 타 1. 뒤집어엎다; (계획 등을) 망쳐버리다
  - The boat was *upset* by the waves.
  - 보트는 파도에 뒤집혔다.
- 타 2. (마음을) 어지럽히다, 당황하게 하다
  - The news *upset* her.
  - 그 소식은 그녀를 당황하게 했다.

up·stairs *upstairs*
[ʌ́pstéərz 업스테어즈]
- 부 위층[2층]에[으로, 에서](《반》 downstairs 아래층에)
  - My room is *upstairs*.
  - 내 방은 2층에 있다.
- 형 위층의, 2층의《명사 앞에만 쓴다》
  - We study in the *upstairs* room.
  - 우리는 2층방에서 공부한다.
- 명 [the upstairs로] 위층, 2층

The upstairs is quiet.
2층은 조용하다.

*up to *up to*
[ʌ́ptu 업투]
- 전 (어떤 시점·정도·지점)에 이르기까지, …까지; …에 달하여, …에 미쳐
  - I read *up to* page 120 last night.
  - 나는 지난밤에 120쪽까지 읽었다.
  - He stood *up to* his knees in the water.

그는 무릎까지 물에 잠겼다.

They went *up to* the top of the hill.
그들은 언덕 꼭대기까지 올라갔다.

be up to …에 필적하다, 맞먹다 ; …에 견디다, …할 수 있다 ; (나쁜 일)을 하려고 하다, …을 꾀하다

What shall we eat tonight?
— It's *up to* you.
우리 오늘밤에 뭘 먹을까?
— 네가 정해 봐.
I see what you *are up to*.
난 네가 뭘 하려고 하는지 알고 있다.

up·ward *upward*
[ʌ́pwərd 업워드]

휑 위로〔위쪽으로〕향한 ; 상승의
  an *upward* movement of prices 물가 상승
튄 위를 향해서, 위쪽으로 ; 상류로

She looked *upward* to the plane overhead.
그녀는 머리 위를 날고 있는 비행기를 쳐다보았다.

ur·ban *urban*
[ə́ːrbən 어-번]

휑 도시의 ; 도시에 사는 ; 도회적인 (《반》 rural 시골의)

I didn't enjoy *urban* life.
나는 도시 생활이 맞지 않았다.

urge *urge*
[əːrdʒ 어-지]

타 (3단현 **urges** [əːrdʒiz 어-지즈], 과거·과거 분사 **urged** [əːrdʒd 어-지드], 현재 분사 **urging** [əːrdʒiŋ 어-징])
재촉하다, 촉구하다
  The teacher *urged* us to study harder.
  선생님은 우리에게 더 열심히 공부하라고 하셨다.

*ur·gent *urgent*
[ə́ːrdʒənt 어-전트]

휑 (비교급 **more urgent**, 최상급 **most urgent**)
긴급한, 절박한
  an *urgent* telegram
  긴급 전보

He went home on *urgent* business.
그는 급한 일로 집에 갔다.

*us *us*

[(약) əs 어스; (강) ʌs 어스]

때 [인칭 대명사 we의 목적격] 우리들을〔에게〕

We love her, and she loves *us*, too.
우리들은 그녀를 사랑하고 그녀 역시 우리들을 사랑한다.
They gave *us* presents.
그들은 우리에게 선물을 주었다.

*U.S., US *U.S., US*

[júːés 유-에스]

약 아메리카 합중국, 미국《the United States의 약어》

U.S.A., USA
U.S.A., USA

[júːèséi 유-에스에이]

약 아메리카 합중국, 미국《the United States of America의 약어》

Washington, D.C. is the capital of the *U.S.A.*
워싱턴 D.C.는 아메리카 합중국의 수도다.

*use *use*

[júːz 유-즈] ★발음 주의

타 (3단현 **uses** [júːziz 유-지즈], 과거·과거 분사 **used** [júːzd 유-즈드], 현재 분사 **using** [júːziŋ 유-징])

사용〔이용〕하다, 쓰다
They *use* the computer.
그들은 컴퓨터를 쓰고 있다.

May I *use* your telephone?
전화를 써도 되니?

명 [júːs 유-스] (복수 **uses** [júːsiz 유-시즈]) 사용(법), 이용(법); 용도

You must learn the *use* of the machine.
너는 그 기계의 사용법을 배워야 한다.
Oil has many *uses*.
석유는 많은 용도로 쓰인다.

be in use 쓰이고 있다
This old truck *is* still *in use*.
이 고물 트럭은 아직도 쓰이고 있다.

be of use 유용하다, 쓸모가 있다
This dictionary *is of use* to me.
이 사전은 내게 유용하다.

make use of …을 이용하다
You should *make use of* this chance. 너는 이 기회를 이용해야만 한다.

used *used*
[júːzd 유-즈드]
형 사용된; 중고의, 써서 낡은
a *used* car 중고차

*used to *used to*
[júːstu 유-스투]
자 [used to (do)로] …하는 것이 예사였다, 늘 …했다
I *used to* swim in this river when I was a child.
나는 어릴 때 늘 이 강에서 헤엄을 치곤 했다.

형 [(자음 앞) júːstə 유-스터, (모음 앞) júːstu 유-스투] …에 익숙한
He is *used to* driving a car.
그는 자동차 운전에 익숙하다.

*use·ful *useful*
[júːsful 유-스풀]

형 (비교급 **more useful**, 최상급 **most useful**)
쓸모 있는, 유용한(《반》 useless 쓸모 없는)
This knife is *useful*.
이 칼은 쓸모가 있다.

*u·su·al *usual*
[júːʒuəl 유-주얼]
형 보통의, 일상의, 평소의
He left home earlier than *usual*.
그는 평소보다 일찍 집을 나섰다.
as usual 여느 때같이; 평소처럼
As usual, he took a shower before breakfast.
평소처럼 그는 샤워를 하고 아침을 먹었다.

*u·su·al·ly *usually*
[júːʒuəli 유-주얼리]
부 보통, 통례적으로, 평소
She *usually* gets up at seven.
그녀는 보통 7시에 일어난다.

V, v *V, v*
[víː 비-]

명 (복수 V's, v's [víːz 비-즈])
비《영어 알파벳의 스물두번째 글자》

---

*va·cant *vacant*
[véikənt 베이컨트]

형 (집·방 등이) 텅 빈, 사는 사람이 없는; (정원·지위 등이) 결원인, 공석인

The room is *vacant*.
그 방은 비어 있다.

The post of manager fell *vacant*.
지배인 자리가 비었다.

---

*va·ca·tion *vacation*
[veikéiʃən 베이케이션]

명 (복수 **vacations** [veikéiʃənz 베이케이션즈])
휴가, 《미》 휴일

I took a day's *vacation*.
나는 휴가를 하루 얻었다.
We will go to America during the summer *vacation*.
우리는 여름 휴가 동안 미국에 갈 것이다.

Have a nice *vacation*!
— Same to you.
방학 잘 보내!
— 너도.

---

vac·u·um *vacuum*
[vǽkjuəm 배큐엄]

명 진공

a *vacuum* cleaner
진공 청소기

*vain *vain*

[véin 베인]

형 (비교급 **vainer** [véinər 베이너], 최상급 **vainest** [véinist 베이니스트])
헛된, 무익한 ; 몹시 뽐내는, 매우 자랑하는 ; 허영심이 강한
a *vain* actor
허영심이 강한 배우
It is *vain* to try to escape.
도망가려고 해보았자 소용없다.

in vain 무익하게, 헛되이
All his efforts were *in vain*.
그의 노력은 전부 수포로 돌아갔다.

---

*val·id *valid*

[vǽlid 밸리드]

형 타당한, 확실한 근거가 있는 ; 유효한
His theory isn't *valid*.
그의 이론은 근거가 없다.
This ticket is *valid* for seven days.
이 입장권은 7일간 유효하다.

---

*val·ley *valley*

[vǽli 밸리]

명 (복수 **valleys** [vǽliz 밸리즈])
골짜기, 계곡
There are a lot of mountains and *valleys* in this country. 이 나라에는 산과 계곡이 많다.
A river flows through the *valley*.
계곡으로 강이 흐른다.

---

*val·u·a·ble *valuable*

[vǽljuəbl 밸류어블]

형 (비교급 **more valuable**, 최상급 **most valuable**)

형 1. 귀중한, 소중한
Water is *valuable* to every living animal.
물은 살아 있는 모든 동물에게 소중한 것이다.

형 2. 고가의, 값비싼
His coat is more *valuable* than mine.
그의 코트는 내 것보다 비싸다.
Diamonds are *valuable*.
다이아몬드는 비싸다.

명 (복수 **valuables** [vǽljuəblz 밸류어블즈])
[valuables로] 귀중품
Put your *valuables* in the safe.
네 귀중품을 금고에 넣어 두어라.

*val·ue *value*

[væljuː 밸류-]

명 (복수 **values** [væljuːz 밸류-즈])
가치, 가격, 평가

He doesn't know the *value* of this stamp.
그는 이 우표의 가치를 모른다.
What is the *value* of this watch?
이 시계의 값은 얼마입니까?

타 (3단현 **values** [væljuːz 밸류-즈], 과거·과거 분사 **valued** [væljuːd 밸류-드], 현재 분사 **valuing** [væljuːiŋ 밸류-잉])
평가하다, 값을 매기다

van·ish *vanish*

[vǽniʃ 배니시]

자 (3단현 **vanishes** [vǽniʃiz 배니시즈], 과거·과거 분사 **vanished** [vǽniʃt 배니시트], 현재 분사 **vanishing** [vǽniʃiŋ 배니싱])
사라지다, 자취를 감추다

His car *vanished* from sight.
그의 차가 시야에서 사라졌다.

Many kinds of animals have *vanished* from the earth.
많은 종류의 동물들이 지구상에서 자취를 감추었다.

va·ri·e·ty *variety*

[vəráiəti 버라이어티]

명 (복수 **varieties** [vəráiətiz 버라이어티즈])
변화, 다양(성); 가지각색의 것; 종류

We saw a *variety* of animals at the zoo. 우리는 동물원에서 다양한 동물들을 구경했다.

*var·i·ous *various*

[vé(ə)riəs 베(어)리어스]

형 가지각색의, 여러 가지의
various opinions
여러 가지 의견

*var·y *vary*

[vé(ə)ri 베(어)리]

동 (3단현 **varies** [vé(ə)riz 베(어)리즈], 과거·과거 분사 **varied** [vé(ə)rid 베(어)리드], 현재 분사 **varying** [vé(ə)riiŋ 베(어)리잉])
자 변하다, 변화하다; 서로 다르다

The weather *varies* from day to day these days.
요즘은 날씨가 매일 변한다.

타 …을 바꾸다, …에 변화를 주다

The restaurant *varies* the menu every week.
그 음식점은 매주 메뉴를 바꾼다.

---

*vase *vase*

[véis 베이스]

명 (복수 **vases** [véisiz 베이시즈])
꽃병
She put some flowers in the *vase*.
그녀는 꽃병에 꽃을 꽂았다.

*veg·e·ta·ble *vegetable*

[védʒtəbl 베지터블]

명 (복수 **vegetables** [védʒtəblz 베지터블즈])
야채, 푸성귀

fresh *vegetables* 신선한 야채
live on *vegetables* 채식하다

---

*ve·hi·cle *vehicle*

[víː(h)ikl 비-히클, 비-이클]

명 (복수 **vehicles** [víː(h)iklz 비-히클즈, 비-이클즈])

《문어》 탈것, 운반〔운송〕 수단 ; 전달 수단, 매개물

a space *vehicle* 우주선
Cars, bicycles and trucks are *vehicles*.
차, 자전거, 트럭은 교통 수단이다.

---

veil *veil*

[véil 베일]

명 (복수 **veils** [véilz 베일즈])
베일, 면사포

---

verb *verb*

[vɔ́ːrb 버-브]

명 《문법》 동사
a regular *verb*
규칙 동사

---

*ver·sion *version*

[vɔ́ːrʒən 버-전]

명 (복수 **versions** [vɔ́ːrʒənz 버-전즈])

Vegetables 야채
[védʒtəblz 베지터블즈]

① **cabbage** 양배추 [kǽbidʒ 캐비지]
② **spinach** 시금치 [spínitʃ 스피니치]
③ **cucumber** 오이 [kjúːkʌmbər 큐-컴버]
④ **onion** 양파 [ʌ́njən 어니언]
⑤ **peas** 완두콩 [píːz 피-즈]
⑥ **carrot** 당근 [kǽrət 캐럿]
⑦ **eggplant** 가지 [égplæ̀nt 에그플랜트]
⑧ **celery** 셀러리 [séləri 셀러리]
⑨ **tomato** 토마토 [təméitou 터메이토우]
⑩ **turnip** 순무 [tə́ːrnip 터-닙]
⑪ **potato** 감자 [pətéitou 퍼테이토우]
⑫ **lettuce** 상추, 양상추 [létəs 레터스]

Vehicles 탈것
[víː(h)iklz 비-히클즈, 비-이클즈]

① **steam locomotive** 증기 기관차
[stíːm-loukəmòutiv 스팀-로우커모우티브]

② **jet passenger plane** 제트 여객기
[dʒét-pǽs(ə)ndʒər-plèin 젯패선저플레인]

③ **racing car** 경주용 자동차
[réisiŋ-kàːr 레이싱카-]

④ **helicopter** 헬리콥터
[hélikὰptər 헬리캅터]

⑤ **lightplane** 경비행기
[láitplèin 라이트플레인]

⑥ **supersonic plane** 초음속기
[sùːpərsάnik-plèin 수-퍼사닉플레인]

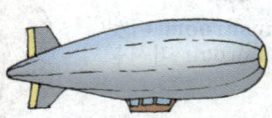

⑦ **blimp** 비행선
[blímp 블림프]

⑧ **sports car** 스포츠카
[spɔ́ːrts-kὰːr 스포-츠카-]

⑨ **passenger car** 승용차
[pǽs(ə)ndʒər-kὰːr 패선저카-]

⑩ **bicycle** 자전거
[báisikl 바이시클]

⑪ **patrol car** 순찰차
[pətróul-kɑ̀ːr 퍼트로울카-]

⑫ **passenger ship** 여객선
[pǽs(ə)ndʒər-ʃìp 패선저십]

⑬ **freighter** 화물선
[fréitər 프레이터]

⑭ **bus** 버스
[bʌ́s 버스]

⑮ **sailer** 범선
[séilər 세일러]

⑰ **electric locomotive** 전기 기관차
[iléktrik-loukəmòutiv 일렉트릭로우커모우티브]

⑯ **motorcycle** 모터사이클
[móutərsàikl 모우터사이클]

⑱ **superexpress** 초특급 열차
[sùːpəriksprés 수-퍼익스프레스]

⑲ **yacht** 요트
[ját 얏]

번역(서) ; 각색 ; …판 ; 변형
the screen *version* of a novel
영화화된 소설
the French *version* of "Hamlet"
「햄릿」의 프랑스어판

*ver·ti·cal *vertical*

[vớːrtikəl 버-티컬]
휑 수직의
a *vertical* line 수직선
The plane went into a *vertical* dive.
비행기가 수직으로 급강하했다.

*ver·y *very*

[véri 베리]
븝 1. 대단히, 매우, 무척, 아주
It is *very* hot this morning.
오늘 아침은 매우 덥다.
This cookie is *very* nice.
이 쿠키는 아주 맛있다.

븝 2. [부정문에서] 별로〔그다지〕(…않다)
I'm *not very* tired today.
나는 오늘 별로 피곤하지 않다.
Are you hungry?
— No, *not very*.
너 배고프니? — 아니, 별로.
휑 바로 …한 ; …조차도 ; 진짜의, 실제의
This is the *very* dictionary that I wanted.
이것이 내가 원했던 바로 그 사전이다.

My *very* son laughed at me.
내 아들조차도 나를 비웃었다.
She seemed a *very* queen.
그녀는 진짜 여왕처럼 보였다.

vic·tim *victim*

[víktəm 빅팀]
몡 (복수 **victims** [víktəmz 빅팀즈])
희생자, 피해자
We carried the *victims* of the accident to the hospital.
우리는 사고 피해자들을 병원으로 옮겼다.

*vic·to·ry *victory*

[víktəri 빅터리]

명 (복수 **victories** [víktəriz 빅터리즈])
승리
have〔gain, get, win〕a *victory*
승리를 거두다
He led his team to *victory*.
그는 팀을 승리로 이끌었다.

vid·e·o *video*
[vídiòu 비디오우]
명 (복수 **videos** [vídiòuz 비디오우즈])
비디오 (테이프)《videotape라고도 한다》

I lent him a *video*.
나는 그에게 비디오 테이프를 빌려 주었다.

view *view*
[vjúː 뷰-]
명 (복수 **views** [vjúːz 뷰-즈])
명 1. 전망; 광경, 경치
I'd like to reserve a room with a good *view*. 나는 전망 좋은 방을 예약하고 싶다.
The *view* from the top of the hill is wonderful.
언덕 꼭대기에서 보는 경치는 정말 멋지다.
명 2. 시야, 보이는 범위
A ship came into *view*.
배 한 척이 시야에 들어왔다.
명 3. 견해, 의견
He takes a different *view* from ours. 그는 우리와 다른 견해를 갖고 있다.

vil·lage *village*
[vílidʒ 빌리지]
명 (복수 **villages** [vílidʒiz 빌리지즈])
마을, 촌락; [the village로] 마을 사람《전체》

a farming〔fishing〕*village*
농촌〔어촌〕
All *the village* came to see me.
온 마을 사람들이 나를 만나러 왔다.

vine *vine*
[váin 바인]
명 (복수 **vines** [váinz 바인즈])
덩굴; 포도나무

vi·o·lence *violence*
[váiələns 바이얼런스]
명 1. 격렬함, 맹렬함
The wind blew with great *violence*.
바람이 아주 세차게 불었다.

violent

명 2. 폭력, 난폭
Whatever happens, I will never use *violence*.
무슨 일이 있어도 나는 폭력을 쓰지 않겠다.

*vi·o·lent *violent*
[váiələnt 바이얼런트]
형 격렬한, 맹렬한 ; 난폭한
We had a *violent* earthquake yesterday.
어제 맹렬한 지진이 있었다.
He was *violent* when he got drunk.
그는 술에 취하면 난폭해졌다.

*vi·o·let *violet*
[váiəlit 바이얼릿]
명 (복수 **violets** [váiəlits 바이얼리츠])
제비꽃 ; 보랏빛

She likes *violets*.
그녀는 제비꽃을 좋아한다.

*vi·o·lin *violin*
[vàiəlín 바이얼린] ★ 발음 주의
명 (복수 **violins** [vàiəlínz 바이얼린즈])
바이올린
a *violin* lesson
바이올린 레슨
She played the *violin* to the piano. 그녀는 피아노 반주에 맞추어 바이올린을 연주했다.

*vir·tue *virtue*
[və́ːrtʃuː 버-추-]
명 (복수 **virtues** [və́ːrtʃuːz 버-추-즈])
명 1. 미덕, 덕 ; 장점
Listening to others patiently is a fine *virtue*.
남의 말을 끈기 있게 들어주는 일은 훌륭한 미덕이다.

명 2. (약의) 효능
There is little *virtue* in that medicine.
저 약은 효능이 거의 없다.

vis·i·ble *visible*

[vízəbl 비저블]

형 눈에 보이는 ; 명백한, 뚜렷한

This star is *visible* to the naked eye.

이 별은 육안으로 보인다.

The lake is *visible* from her window.

그녀가 있는 창문에서 호수가 보인다.

vi·sion *vision*

[víʒən 비전]

명 (복수 **visions** [víʒənz 비전즈])

명 1. 시력, 시각

Her *vision* is poor.

그녀는 시력이 약하다.

The boy lost his *vision* when he was five.

그 소년은 5살 때 실명했다.

명 2. 상상력, 선견(지명) ; 미래상, 비전

명 3. 환상, 환영

have a *vision*

환영이 나타나다

*vis·it *visit*

[vízit 비짓]

동 (3단현 **visits** [vízits 비지츠], 과거·과거 분사 **visited** [vízitid 비지티드], 현재 분사 **visiting** [vízitiŋ 비지팅])

타 1. (사람을) 방문하다, (환자를) 문병하다

He came to *visit* me yesterday.

그는 어제 나를 방문했다.

I *visited* her in (the) hospital.

나는 입원 중인 그녀를 문병했다.

타 2. (장소를) 방문하다, 구경하러 가다

I'd like to *visit* London.

나는 런던에 가보고 싶다.

자 방문하다 ; 《미》 머무르다

She *visited* with us during the summer vacation.

그녀는 여름 휴가 동안 우리집에 머물렀다.

명 (복수 **visits** [vízits 비지츠])

방문, 문병 ; 구경, 시찰

This is my first *visit* to Paris.

이번이 나의 첫 파리 방문이다.

900 visitor

What's the purpose of your *visit*? 방문 목적이 무엇입니까 《입국 심사 등에서》?

*vis·i·tor *visitor*
[vízitər 비지터]
명 (복수 **visitors** [vízitərz 비지터즈])
방문자, 손님; 관광객
No *visitors.* 면회 사절《병원 등의 게시문》.
The castle got lots of *visitors* from America. 그 성은 미국에서 온 관광객이 많이 방문했다.

*vi·tal *vital*
[váitl 바이틀]
형 1. 매우 중요한, 필수적인, 긴요한
 a matter of *vital* importance 아주 중요한 문제
형 2. 생명의, 생명에 관한; 치명적인
 vital energy〔power〕 생명력, 활력
 a *vital* wound 치명상

*voice *voice*
[vɔ́is 보이스]
명 (복수 **voices** [vɔ́isiz 보이시즈])

목소리, 음성
She sings in a sweet *voice.* 그녀는 고운 목소리로 노래한다.

*vol·ume *volume*
[váljum 발륨]
명 (복수 **volumes** [váljumz 발륨즈])
명 1. 책, 서적; (책의) 권
 Volume 1 제1권
 Our library holds many thousand *volumes.* 우리 도서관에는 수천권의 책이 있다.

명 2. 음향, 볼륨, 소리의 크기
 The singer has a voice of great *volume.*
 그 가수는 성량이 풍부하다.
 Please turn down the *volume* of the radio.
 라디오 소리 좀 줄여 주세요.

명 3. [흔히 volumes로] 대량, 많음
There were *volumes* of criticism on his works.
그의 작품에 많은 비난이 쏟아졌다.
명 4. 부피, 크기 ; 양, 분량

vol·un·tar·y *voluntary*
[váləntèri 발런테리]
형 자발적인, 자진하여 하는
a *voluntary* relief operation
자발적인 구조 활동

vol·un·teer *volunteer*
[vàləntíər 발런티어]
명 (복수 **volunteers** [vàləntíərz 발런티어즈])
지원자 ; 지원병
타 (3단현 **volunteers** [vàləntíərz 발런티어즈], 과거·과거분사 **volunteered** [vàləntíərd 발런티어드], 현재분사 **volunteering** [vàləntí(ə)riŋ 발런티(어)링])
…을 자발적으로 하다
She *volunteered* to do the job.
그녀는 그 일을 하겠다고 자청했다.

*vote *vote*
[vóut 보우트]
명 (복수 **votes** [vóuts 보우츠])
투표, 표결
They chose the chairman by a *vote*.
그들은 투표로 의장을 선출했다.
동 (3단현 **votes** [vóuts 보우츠], 과거·과거분사 **voted** [vóutid 보우티드], 현재분사 **voting** [vóutiŋ 보우팅])
자 투표하다

타 …을 투표로 결정하다, …에게 투표하다

*voy·age *voyage*
[vɔ́iidʒ 보이이지]
명 (복수 **voyages** [vɔ́iidʒiz 보이이지즈])
항해, 항행

He went on a *voyage* around the world.
그는 세계 일주 항해를 떠났다.
자 (3단현 **voyages** [vɔ́iidʒiz 보이이지즈], 과거·과거분사 **voyaged** [vɔ́iidʒid 보이이지드], 현재분사 **voyaging** [vɔ́iidʒiŋ 보이이징])
항해하다
He is *voyaging* across the Pacific Ocean.
그는 태평양을 항해 중이다.

W, w *W, w*
[dʌ́blju: 더블류-]
　명 (복수 **W's, w's** [dʌ́blju:z 더블류-즈])
　더블류《영어 알파벳의 스물세번째 글자》

*****wage** *wage*
[wéidʒ 웨이지]
　명 (복수 **wages** [wéidʒiz 웨이지즈])
　[보통 wages로] 임금, 급료
　　high *wages*
　　높은 임금
　　low *wages*
　　낮은 임금
　　He gets(earns) good *wages*.
　　그는 많은 임금을 받고 있다.

---

wag·(g)on *waggon*
[wǽgən 왜건]
　명 (복수 **wag(g)ons** [wǽgənz 왜건즈])
　명 1. (각종) 4륜차 ; 짐마차 ; 《영》무개 화차

　명 2. 《미》(요리나 음식물을 나르는) 왜건, (바퀴 달린) 이동 식기대

*****waist** *waist*
[wéist 웨이스트] ★ 발음 주의
　명 (복수 **waists** [wéists 웨이스츠])
　명 1. 허리 ; 허리 둘레 (치수)
　　She has no *waist*.
　　그녀의 허리는 절구통이다.

　명 2. (옷의) 허리통, 웨이스트

*****wait** *wait*
[wéit 웨이트]
★ weight와 같은 발음
　동 (3단현 **waits** [wéits 웨이츠], 과거·과거 분사 **waited** [wéitid 웨이티드], 현재 분사 **waiting** [wéitiŋ 웨이팅])
　자 기다리다
　　Wait a minute.
　　잠깐 기다려라.
　　Please *wait* here until I come back.
　　내가 돌아올 때까지 여기서 기다려 주세요.

타 (순서·기회 등을) 기다리다
Wait your turn.
차례를 기다려 주세요.
keep ... waiting ⋯을 기다리게 하다
I am sorry to have *kept* you *waiting*.
기다리게 해서 미안합니다.
wait for ⋯을 기다리다
Everyone was *waiting for* someone. 모두가 누군가를 기다리고 있었다.

wait on ⋯에게 시중들다 ; ⋯의 식사 시중을 들다
Are you *waited on*?
주문하셨습니까《식당 종업원 등이 손님에게 하는 말》?

wait·er *waiter*
[wéitər 웨이터]
명 (복수 **waiters** [wéitərz 웨이터즈])
(호텔·식당 등의) 남자 종업원, 웨이터

She called a *waiter* and ordered a cup of tea.
그녀는 웨이터를 불러서 차 한 잔을 주문했다.

wait·ress *waitress*
[wéitrəs 웨이트러스]
명 (복수 **waitresses** [wéitrəsiz 웨이트러시즈])
(호텔·식당 등의) 여종업원, 웨이트리스《반》waiter 남자 종업원

*wake *wake*
[wéik 웨이크]
동 (3단현 **wakes** [wéiks 웨이크스], 과거형 **waked** [wéikt 웨이크트] 또는 **woke** [wóuk 워크], 과거분사 **waked** [wéikt 웨이크트] 또는 **woken** [wóukən 워컨], 현재분사 **waking** [wéikiŋ 웨이킹])
자 (잠이) 깨다, 눈을 뜨다
What time do you usually *wake* (up)?
너는 보통 몇 시에 깨니?
We all *woke* (up) early this morning. 오늘 아침에 우리는 모두 일찍 깼다.
타 깨우다⟨*up*⟩
The noise *woke* him (*up*).
그 소리에 그는 잠을 깼다.
Please *wake* me *up* at six tomorrow morning.
내일 아침 여섯시에 깨워 주세요.

*walk *walk*

[wɔːk 워-크] ★ 발음 주의
⊕ (3단현 **walks** [wɔːks 워-크스], 과거·과거 분사 **walked** [wɔːkt 워-크트], 현재 분사 **walking** [wɔːkiŋ 워-킹])
㉧ 걷다, 걸어가다 ; 산책하다
He usually *walks* to school.
그는 보통 학교에 걸어 간다.
He *walks* in the park every day.
그는 매일 공원을 산책한다.
㉣ (길 등을) 걷다 ; 데리고 걷다
We got off the bus and *walked* a few blocks.
우리는 버스에서 내려서 2, 3 블록을 걸었다.
⊕ (복수 **walks** [wɔːks 워-크스])
⊕ 1. 산책 ; 걷기
He takes his dog for a *walk* every day.
그는 매일 개를 산책시킨다.

⊕ 2. 보행 거리
My house is a ten-minute *walk* from here.
우리집은 여기에서 걸어서 10분 거리다.
⊕ 3. 보도, 산책길 ; 걸음걸이
take〔*have*〕*a walk* 산책하다

*wall *wall*

[wɔːl 월-]
⊕ (복수 **walls** [wɔːlz 월-즈])
벽 ; 담
She hung a picture on the *wall*.
그녀는 벽에 그림을 걸었다.
The old castle is surrounded by stone *wall*. 그 옛 성은 돌담으로 둘러싸여 있다.

wal·let *wallet*

[wɔ́lit 왈릿]
⊕ 돈지갑

I had my *wallet* stolen.
나는 지갑을 도둑맞았다.

wal·nut *walnut*

[wɔ́ːlnʌt 월-넛]
⊕ (복수 **walnuts** [wɔ́ːlnʌts 월-너츠])
호두(의 열매, 나무)

*wan·der *wander*

[wɑ́ndər 완더]
㉧ (3단현 **wanders** [wɑ́ndərz 완더즈], 과거·과거 분사 **wandered** [wɑ́ndərd 완더드], 현재 분사 **wandering** [wɑ́ndəriŋ 완

더링])
자 1. (걸어서) 돌아다니다, 어슬렁거리다, 방랑하다
　She *wandered* through the store.
　그녀는 상점 안을 돌아다녔다.
자 2. 길을 잃다, 미아가 되다

want *want*

[wánt 완트]
타 (3단현 **wants** [wánts 완츠], 과거·과거 분사 **wanted** [wántid 완티드], 현재 분사 **wanting** [wántiŋ 완팅])
타 1. …을 원하다, 갖고 싶어하다
☆ What do you *want*? — I *want* a new cap.
　무엇을 갖고 싶니? — 새 모자를 갖고 싶어.
타 2. [to+동사 원형으로] …하고 싶다
◆ Do you *want to* eat out?
　외식하고 싶니?
◆ He *wants to* buy a computer.
　그는 컴퓨터를 사고 싶어한다.

타 3. [사람+to+동사 원형으로] (누가) …해주기를 바라다, …해주었으면 하다
　What do you *want* me *to* do next?
　너는 다음에 내가 무엇을 해주기를 바라니?
타 4. 필요로 하다; 볼일이 있다
　This radio *wants* repair〔repairing〕.

이 라디오는 수리할 필요가 있다.
You are *wanted* on the phone.
너에게 전화왔어.

명 (복수 **wants** [wánts 완츠])
명 1. 부족, 결핍; 필요
　The plant died for *want* of water.
　물이 부족해서 식물이 말라 버렸다.
명 2. 빈곤, 가난

war *war*

[wɔ́ːr 워-]
명 (복수 **wars** [wɔ́ːrz 워-즈])
전쟁 (《반》 peace 평화)
　A *war* broke out between the two nations.
　양국간에 전쟁이 일어났다.
at war 전쟁하고 있는

war·fare *warfare*

[wɔ́ːrfɛ̀ər 워-페어]
명 전쟁

warm *warm*

[wɔ́ːrm 웜-]
형 (비교급 **warmer** [wɔ́ːrmər 워-머], 최상급 **warmest** [wɔ́ːrmist 워-미스트])
형 1. 따뜻한; 더운
　It's cold outside, but *warm* in the room.
　밖은 춥지만 방안은 따뜻하다.

I found the room very *warm*.
그 방은 몹시 더웠다.
혱 2. (마음이) **따뜻한**, 온정이 있는
They gave me a *warm* welcome.
그들은 나를 따뜻하게 환영해 주었다.
통 (3단현 **warms** [wɔ́ːrmz 웜-즈], 과거・과거 분사 **warmed** [wɔ́ːrmd 웜-드], 현재 분사 **warming** [wɔ́ːrmiŋ 워-밍])
타 따뜻하게 하다, 데우다

He *warmed* himself at the fire.
그는 불을 쬐어 몸을 따뜻하게 했다.
She *warmed* the milk for me.
그녀는 내게 우유를 데워 주었다.
자 따뜻해지다, 데워지다
The soup is *warming* on the stove.
레인지에 올려놓은 수프가 데워지고 있다.

warm up (1) …을 따뜻하게 하다, 따뜻해지다 ; (요리 등을) 다시 데우다
(2) 준비 운동을 하다
Warm up before running.
달리기 전에 준비 운동을 해라.

warmth *warmth*
[wɔ́ːrmθ 웜-스]
몡 따뜻함 ; 온정

*warn *warn*
[wɔ́ːrn 원-]
타 (3단현 **warns** [wɔ́ːrnz 원-즈], 과거・과거 분사 **warned** [wɔ́ːrnd 원-드], 현재 분사 **warning** [wɔ́ːrniŋ 워-닝])
경고하다, 주의하다 ; 미리 알리다
We were *warned* to stop our car.
우리는 차를 멈추라는 경고를 받았다.
I *warned* him of the danger.
나는 그에게 위험을 알렸다.

warn·ing *warning*
[wɔ́ːrniŋ 워-닝]
몡 (복수 **warnings** [wɔ́ːrniŋz 워-닝즈])
경고, 경계, 주의

**was *was*
[《약》wəz 워즈 ; 《강》wáz 와즈]
자 [be동사 am, is의 과거형] …였다 ; (어떤 장소에) 있었다
Yesterday *was* my birthday.
어제는 내 생일이었다.
She *was* in New York then.
그녀는 그때 뉴욕에 있었다.
조 1. [was+~ing로 과거 진행형을 만들어] …하고 있었다

It *was* snow*ing* when he got up. 그가 일어났을 때 눈이 내리고 있었다.

조 2. [was+과거 분사로 과거 수동형을 만들어] …되었다, …되어 있었다

The mountain *was* covered with snow.
산은 눈으로 덮여 있었다.

*__wash__ *wash*

[wɑ́ʃ 와시]

통 (3단현 **washes** [wɑ́ʃiz 와시즈], 과거·과거 분사 **washed** [wɑ́ʃt 와시트], 현재 분사 **washing** [wɑ́ʃiŋ 와싱])

타 씻다 ; 세탁하다

Wash your hands before a meal.
식사 전에 손을 씻어라.

자 손〔얼굴, 몸〕을 씻다 ; 세탁을 하다

She *washes* twice a week.

그녀는 1주일에 두번 세탁한다.

Wash·ing·ton

Washington

[wɑ́ʃiŋtən 와싱턴]

명 1. **George** ~ 조지 워싱턴 (1732-99)《미국의 초대 대통령》

명 2. 워싱턴 주《Wash.로 약한다》

Wash·ing·ton, D.C.

Washington, D.C.

[wɑ́ʃiŋtən-díːsíː 와싱턴디-시-]

명 워싱턴《미국의 수도》

*__waste__ *waste*

[wéist 웨이스트]

통 (3단현 **wastes** [wéists 웨이스츠], 과거·과거 분사 **wasted** [wéistid 웨이스티드], 현재 분사 **wasting** [wéistiŋ 웨이스팅])

타 헛되이 하다, 낭비하다

Don't *waste* money.

돈을 낭비하지 마라.
I always *waste* time playing video games.
나는 늘 비디오게임을 하면서 시간을 허비하고 있다.

자 소모하다
명 (복수 **wastes** [wéists 웨이스츠])
명 1. [흔히 a waste로] 낭비, 허비
It's *a waste* of time.
그것은 시간 낭비다.
명 2. [흔히 wastes로] 쓰레기
industrial *waste* 산업 폐기물
형 폐물의 ; (토지가) 황폐한
Put your *waste* paper into this box.
휴지는 이 상자에 넣어라.

---

watch *watch*

[wɑ́tʃ 와치]
명 (복수 **watches** [wɑ́tʃiz 와치즈])
명 1. 손목 시계, 회중 시계
He is wearing a *watch*.
그는 손목 시계를 차고 있다.
My *watch* keeps good time.
내 시계는 시간이 잘 맞는다.
명 2. [흔히 a watch로] 망봄, 경계 ; 파수꾼
동 (3단현 **watches** [wɑ́tʃiz 와치즈], 과거·과거 분사 **watched** [wɑ́tʃt 와치트], 현재 분사 **watching** [wɑ́tʃiŋ 와칭])
타 1. 지켜보다, 주시하다
I like to *watch* television.
나는 텔레비전 보는 것을 좋아한다.

I *watched* the soccer game with my family.
나는 가족과 함께 축구 경기를 보았다.
타 2. 주의하다 ; 망보다
Watch your step.
《게시》 발밑 조심.
타 3. 돌보다, 간호하다
Watch the baby today.
오늘은 아기를 돌봐주세요.
자 지켜보다 ; 주의하다 ; 대기하다
A policeman is *watching* outside. 경찰관 한 사람이 밖에서 지키고 있다.
Watch when you cross the street.
길을 건널 때는 주의하시오.

watch for …을 기다리다, 대기하다
We *watched for* an opportunity.

우리는 기회를 기다렸다.
watch out 경계하다 ; 조심하다, 주의하다
☆ *Watch out*! Here comes a car. 조심해라! 차가 온다.
watch over …을 감시하다

---

*wa·ter *water*
[wɔ́:tər 워-터]
명 물《부정 관사를 붙이지 않고 복수형으로도 하지 않는다》; [the water로] 물속 ; 수면
  boiling *water* 끓는 물
  I want to drink a glass of *water*.
  나는 물을 한 잔 마시고 싶다.
  Turn on[off] the *water*.
  물을 틀어라[잠궈라].
  Fish live in *the water*.
  물고기는 물속에서 산다.

Many birds were flying above the *water*. 많은 새들이 수면 위를 날고 있었다.
타 (3단현 **waters** [wɔ́:tərz 워-터즈], 과거・과거 분사 **watered** [wɔ́:tərd 워-터드], 현재 분사 **watering** [wɔ́:təriŋ 워-터링]) 물을 뿌리다
He is *watering* the garden.
그는 정원에 물을 뿌리고 있다.

---

wa·ter·fall *waterfall*
[wɔ́:tərfɔ̀:l 워-터폴-]
명 (복수 **waterfalls** [wɔ́:tərfɔ̀:lz 워-터폴-즈]) 폭포

wa·ter·mel·on *watermelon*
[wɔ́:tərmèlən 워-터멜런]
명 (복수 **watermelons** [wɔ́:tərmèlənz 워-터멜런즈]) 수박

wa·ter·ski·ing *waterskiing*
[wɔ́:tərskì:iŋ 워-터스키-잉]
명 수상 스키

---

*wave *wave*
[wéiv 웨이브]
명 (복수 **waves** [wéivz 웨이브즈])
명 1. 파도, 물결

The *waves* are high today.
오늘은 파도가 높다.

명 2. 손을 흔들기

She greeted me with a *wave*.
그녀는 손을 흔들어 내게 인사했다.

동 (3단현 **waves** [wéivz 웨이브즈], 과거·과거 분사 **waved** [wéivd 웨이브드], 현재 분사 **waving** [wéiviŋ 웨이빙])

자 흔들리다 ; 손을 흔들다

A flag is *waving* in the breeze.
깃발이 미풍에 흔들리고 있다.

타 (손·깃발 등을) 흔들다 ; 손 〔깃발 등〕을 흔들어 …의 신호를 하다

He *waved* his hand to us.
그는 우리에게 손을 흔들었다.

wax *wax*
[wǽks 왝스]
　명 밀랍 ; 윤내는 약, 왁스

***way** *way*
[wéi 웨이]

명 (복수 **ways** [wéiz 웨이즈])

명 1. 길, 도로, 통로

Please tell me the *way* to the airport.
공항으로 가는 길을 가르쳐 주십시오.

He lost his *way* in the forest.
그는 숲속에서 길을 잃어버렸다.

명 2. [a way 또는 a ways로] 노정, 거리

It is *a* long *way* to the station.
역까지는 거리가 멀다.

명 3. 방향, 방위

Come this *way*, please.
이리로 오십시오.

Look both *ways* before you cross.
횡단하기 전에 좌우를 살펴라.

명 4. 방법, 방식 ; [흔히 ways로] 습관

Do it (in) this *way*.
이런 방식으로 해라.

This is the best *way* to solve the problem.
이것이 그 문제를 해결하는 가장 좋은 방법이다.

명 5. [wèi 웨이] 점, 방면

I don't agree with you in many *ways*.
나는 여러 면에서 네게 찬성하지 않는다.

all the way (도중) 내내, 멀리 (서)

I ran *all the way* to the station.
나는 역까지 내내 뛰어갔다.

by the way 그런데 ; 도중에서
by way of …을 경유하여〔지나서〕
in the*〔a person's〕*way 방해가 되어
  Don't get *in my way*.
  나를 방해하지 마라.

make* one*'s way (애써) 나아가다, 전진하다
  He *made his way* through the crowd.
  그는 군중속을 뚫고 나아갔다.
on the*〔one*'s*〕*way 도중에
  I met her *on the way* home.
  나는 집으로 오는 도중에 그녀를 만났다.
out of the way 방해가 되지 않는 곳에

---

*we *we*

[《약》wi 위 ; 《강》wíː 위-]
　대 1. 우리는〔가〕
　　We are good friends.
　　우리는 친한 친구들이다.

《참고》 we의 변화형

주격	we 우리는〔가〕
소유격	our 우리의
목적격	us 우리를〔에게〕
소유대명사	ours 우리의 것
재귀대명사	ourselves 우리 자신을

　대 2. 사람은, 우리들은《일반적인 사람들을 가리킨다》
　　We must obey the rules.
　　규칙은 준수해야만 한다.

---

*weak *weak*

[wíːk 위-크]
★ week와 같은 발음
　형 (비교급 **weaker** [wíːkər 위-커], 최상급 **weakest** [wíːkist 위-키스트])
　형 1. 약한, 연약한, 무력한
　　He is *weak* in the legs.
　　그는 다리가 약하다.
　　She replied in a *weak* voice.
　　그녀는 힘없는 목소리로 대답했다.
　형 2. 열등한, 서투른
　　That is his *weak* point.
　　그것이 그의 약점이다.
　　She is *weak* in math.
　　그녀는 수학에 약하다.

weak·ness *weakness*

[wíːknəs 위-크너스]
　명 (복수 **weaknesses** [wíːknəsiz 위-크너시즈])
　약함, 병약 ; 약점
　　weakness of character
　　의지의 박약

*wealth *wealth*

[wélθ 웰스]
　명 부, 재산
　　He is a man of great *wealth*.
　　그는 대부호다.

*weap·on weapon

[wépən 웨펀]

명 (복수 **weapons** [wépənz 웨펀즈])
무기
nuclear *weapons* 핵무기

*wear wear

[wéər 웨어]

동 (3단현 **wears** [wéərz 웨어즈], 과거형 **wore** [wɔːr 워-], 과거분사 **worn** [wɔːrn 원-], 현재분사 **wearing** [wé(ə)riŋ 웨(어)링])

타 1. 입고〔끼고, 쓰고, 신고〕 있다, 몸에 지니고 있다

She *wears* a sweater.
그녀는 스웨터를 입고 있다.
He sometimes *wears* glasses.
그는 가끔 안경을 쓴다.
He *wears* a cap.
그는 모자를 쓰고 있다.
He *wears* black shoes.
그는 검은 구두를 신고 있다.

타 2. (수염 등을) 기르다
Mr. Smith *wears* a mustache.
스미스씨는 수염을 기르고 있다.

타 3. (표정 등을) 나타내다
She *wore* a sad look.
그녀는 슬픈 표정을 하고 있었다.

타 4. 닳아 없애다

자 1. (물건 등이) 사용에 견디다, 오래 가다
This kind of cloth *wears* well.
이런 종류의 천은 꽤 오래간다.

자 2. 닳아 없어지다

명 입음, 착용; 의복
children's *wear*
아동복

*weath·er weather

[wéðər 웨더]

명 일기, 날씨, 기후 《부정 관사를 붙이지 않고 복수형으로도 하지 않는다》
a *weather* map 일기도

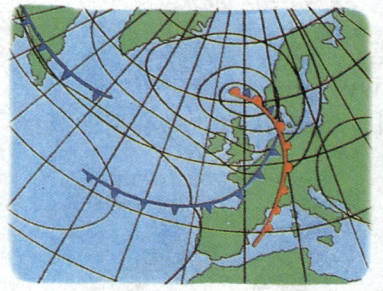

The *weather* is fine today.
오늘은 날씨가 좋다.
The *weather* has changed suddenly.
날씨가 갑자기 변했다.

weath·er·cock
weathercock
[wéðərkɑ̀k 웨더칵]
명 바람개비, 풍향계

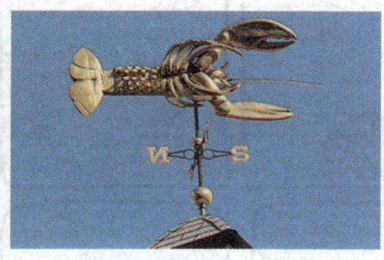

*wed·ding *wedding*
[wédiŋ 웨딩]
명 결혼식, 혼례
The couple invited their friends to their *wedding*.
두 사람은 결혼식에 친구들을 초대했다.

**Wednes·day *Wednesday*
[wénzdèi 웬즈데이]
명 (복수 **Wednesdays** [wénzdèiz 웬즈데이즈])
수요일《Wed.로 약한다》
We play tennis on *Wednesday*.
우리는 수요일에 테니스를 친다.

*week *week*
[wíːk 위-크]
★ weak와 같은 발음
명 (복수 **weeks** [wíːks 위-크스])
주 ; 일주일
this *week* 금주
next *week* 다음주
last *week* 지난주
every *week* 매주
A *week* has seven days.
일주일은 7일이다.

What day of the *week* is it today?
— It's Friday.
오늘은 무슨 요일입니까?
— 금요일입니다.

《참고》1주간의 요일명

일요일	Sunday	Sun.
월요일	Monday	Mon.
화요일	Tuesday	Tues.
수요일	Wednesday	Wed.
목요일	Thursday	Thurs.
금요일	Friday	Fri.
토요일	Saturday	Sat.

week·day *weekday*
[wíːkdèi 위-크데이]
명 (복수 **weekdays** [wíːkdèiz 위-크데이즈])
평일
We work on *weekdays*.
우리는 평일에는 일한다.

week·end *weekend*
[wíːkènd 위-크엔드]
명 (복수 **weekends** [wíːkèndz 위-크엔즈])
주말
I spent the *weekend* with my friends.
나는 친구들과 주말을 보냈다.

Weather 날씨
[wéðər 웨더]

① **sky** [skái 스카이] 하늘
② **cirrus cloud** 새털구름
   [sírəs-klàud 시러스클라우드]
③ **cumulus** 뭉게구름
   [kjúːmjuləs 큐-뮬러스]
④ **rainbow** 무지개
   [réinbòu 레인보우]
⑤ **mackerel cloud** 조개구름
   [mǽk(ə)rəl-klàud 매커럴클라우드]
⑥ **cumulonimbus cloud** 쌘비구름
   [kjùːmjulouními bəs-klàud 큐-뮬로우님버스클라우드]
⑦ **weather map** 일기도
   [wéðər-mæ̀p 웨더맵]
⑧ **weather vane** 바람개비
   [wéðər-vèin 웨더베인]
⑨ **thermometer** 온도계
   [θərmámətər 서마머터]

⑩ **rain** 비
  [réin 레인]
⑪ **cloud** 구름
  [kláud 클라우드]
⑫ **weather balloon**
  기상 관측용 기구
  [wéðər-bəlùːn 웨더벌룬-]
⑬ **snow** 눈
  [snóu 스노우]
⑭ **flood** [flʌ́d 플러드] 홍수
⑮ **lightning** 번개
  [láitniŋ 라이트닝]
⑯ **sleet** 진눈깨비
  [slíːt 슬리-트]
⑰ **rain cloud** 비구름
  [réin-kláud 레인클라우드]
⑱ **tornado** 회오리바람
  [tɔːrnéidou 토-네이도우]

week·ly *weekly*

[wíːkli 위-클리]
- 형 매주의, 주 1회의 ; 주간의
  a *weekly* magazine 주간지
- 부 매주, 주 1회
- 명 (복수 **weeklies** [wíːkliz 위-클리즈])
  주간지, 주간 신문

weigh *weigh*

[wéi 웨이]
- ★ 발음 주의
- 동 (3단현 **weighs** [wéiz 웨이즈], 과거·과거 분사 **weighed** [wéid 웨이드], 현재 분사 **weighing** [wéiiŋ 웨이잉])
- 타 …의 무게를 달다
  He *weighed* himself on the scales.
  그는 자신의 체중을 저울에 달아보았다.

- 자 무게가 …이다
  How much do you *weigh*?
  — I *weigh* 45 kilograms.
  당신의 체중은 얼마입니까?
  — 45킬로그램입니다.

*weight *weight*

[wéit 웨이트]
- ★ wait와 같은 발음
- 명 무게, 중량 ; 체중
  It is ten pounds in *weight*.
  그것은 무게가 10파운드다.
  I have put on *weight* recently.
  나는 요사이 체중이 불었다.

*wel·come *welcome*

[wélkəm 웰컴]
- 형 환영받는 ; 기쁜
  You are always *welcome* at my house.
  당신이 우리 집에 오시면 언제든지 환영합니다.
  You are welcome. 별말씀을., 천만에요.
  Thank you very much.
  — *You're welcome.*
  대단히 감사합니다.
  — 천만에요.
- 타 (3단현 **welcomes** [wélkəmz 웰컴즈], 과거·과거 분사 **welcomed** [wélkəmd 웰컴드], 현재 분사 **welcoming** [wélkəmiŋ 웰커밍])
  환영하다, 기꺼이 맞이하다
  They *welcomed* me warmly.
  그들은 나를 열렬히 환영했다.

- 감 어서 오십시오, 잘 오셨습니다
  Welcome home!
  (귀국 인사로) 어서 오십시오!

Welcome to Korea!
한국에 잘 오셨습니다!
몡 (복수 **welcomes** [wélkəmz 웰컴즈])
환영, 환대
She gave me a hearty *welcome*.
그녀는 나를 진심으로 환영해 주었다.

well¹   *well*

[wél 웰]
뛷 (비교급 **better** [bétər 베터], 최상급 **best** [bést 베스트])
뛷 1. 잘, 훌륭하게 ; 능숙하게
He speaks English *well*.
그는 영어를 잘한다.
She is doing *well* at school.
그녀는 학교에서 잘하고 있다.
Well done! 잘했다!
뛷 2. 충분히 ; 적절히
I slept *well* last night.
나는 어젯밤에 잘 잤다.
I know him *well*.
나는 그를 잘 알고 있다.
as well 더욱이, 또한, 게다가
He speaks English, and German *as well*.
그는 영어를 하고 게다가 독일어도 한다.
…as well as ~ ~와 마찬가지로 …도, ~뿐만 아니라 …도
be well off 유복하다, 잘 살다
may as well (do) …하는 편이 낫다
You *may as well* go at once.
너는 당장 가는 편이 좋다.
may well (do) …하는 것도 당연하다
They *may well* be proud of him.
그들이 그를 자랑스럽게 여기는 것도 당연하다.
휑 (비교급 **better** [bétər 베터], 최상급 **best** [bést 베스트])《보통 명사 앞에 쓰지 않는다》
휑 1. 건강한
How are you?
— Quite *well*, thank you.
안녕하세요 ?
— 덕분에 아주 건강해요.
He looks very *well*.
그는 아주 건강해 보인다.
휑 2. (형편이) 좋은, 더할 나위 없는
All is *well* that ends well.
《속담》 끝이 좋으면 만사가 좋은 법이다.
feel well 기분이 좋다
I don't *feel well* today.
나는 오늘 기분이 좋지 않다.

get well (몸이) 좋아지다, 회복되다
He will *get well* soon.
그는 곧 회복될 것이다.

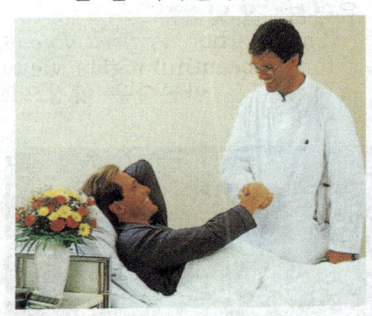

감 그래, 글쎄 ; 그런데
Well, let's start our work.
자, 일을 시작하자.

*well² well

[wél 웰]

명 (복수 **wells** [wélz 웰즈])
우물

There was no water in the *well*.
그 우물에는 물이 없었다.

---

*we'll we'll

[wiːl 윌-]

we shall〔will〕의 단축형

**well-known well-known

[wélnóun 웰노운]

형 (비교급 **better-known** [bétərnóun 베터노운], 최상급 **best-known** [béstnóun 베스트노운])

유명한, 잘 알려진

This harbor is *well-known* for its beautiful nights view.
이 항구는 아름다운 야경으로 유명하다.

---

*went went

[wént 웬트]

동 **go**의 과거형

---

*were were

[《약》 wər 워 ; 《강》 wə́ːr 워-]

자 1. [be 동사 are의 과거형] …였다 ; (…에) 있었다

They *were* fifteen years old then.
그들은 그때 15살이었다.

자 2. [가정법 과거] (만약) …이라면

If I *were* rich, I would help poor people.
만약 내가 부자라면 가난한 사람들을 도울텐데.

조 1. [were+ ~ing로 과거 진행형을 만들어] …하고 있었다

We *were* look*ing* at the picture.
우리는 그림을 바라보고 있었다.

조 2. [were+과거 분사로 과거 수동형을 만들어] …되었다, …되어 있었다

They *were* scolded by the teacher. 그들은 선생님께 꾸중을 들었다.

---

*we're we're

[wiːər 위-어]

we are의 단축형

weren't

[wɚːrnt 원-트]
were not의 단축형

west

[wést 웨스트]

명 1. [the west로] 서, 서쪽; 서부 《W.로 약한다》
The sun sets in *the west*.
해는 서쪽으로 진다.

The town is to *the west* of the lake.
그 도시는 호수의 서쪽에 있다.

명 2. [the West로] 서양; 서유럽; 《미》 미국 서부

형 서쪽의
A *west* wind began to blow.
서풍이 불기 시작했다.

부 서쪽으로
The ship sailed *west*.
배는 서쪽으로 항해했다.

west·ern

[wéstərn 웨스턴]

형 1. 서쪽의〔으로부터의, 에서의, 에 있는〕
We live in the *western* part of Seoul. 우리는 서울의 서쪽에 살고 있다.

형 2. [Western으로] 서양의, 서유럽의, 《미》 (미국) 서부의
Western civilization
서양 문명

명 [흔히 Western으로] 서부극

We often watch a *Western* on TV.
우리는 종종 텔레비전으로 서부극을 본다.

wet

[wét 웻]

형 (비교급 **wetter** [wétər 웨터], 최상급 **wettest** [wétist 웨티스트])

형 1. 젖은, 축축한 《반》 dry 마른)
I'm *wet* in the rain.
나는 비에 젖었다.

형 2. 비내리는; 비가 많이 오는
The *wet* season begins in June.
우기는 6월부터 시작된다.

we've

[wiːv 위-브]
we have의 단축형

whale

[(h)wéil 훼일, 웨일]

명 (복수 **whales** [(h)wéilz 훼일

즈, 웨일즈])
『동물』 고래

***what** *what*
[(h)wát 홧, 왓]
때 1. [의문 대명사] 무엇, 어떤 것, 무슨 일
What is this?
이것은 무엇입니까?

What is your name?
당신의 이름은 무엇입니까?
What is he?
— He is a teacher.
그의 직업은 무엇입니까?
— 그는 선생님입니다.
Tell me *what* has happened.
무슨 일이 있었는지 말해라.
◆ I really don't know *what* to say.
어떻게 말하면 좋을지 정말 모르겠다.
What are you looking for?
너는 무엇을 찾고 있니?
때 2. [관계 대명사] (…하는) 것
〔일〕

What I say is true.
내가 말하는 것은 사실이다.
I don't like *what* she says.
나는 그녀가 말하는 것이 마음에 안든다.
Do *what* you like.
네가 좋을 대로 해라.
What about … ? (상대에게 권유하여) …하는게 어떠니?
What about a cup of coffee?
커피 한잔 할래?
What … for ? 무슨 목적으로, 왜, 무엇 때문에
What did you do that *for*?
무엇 때문에 그것을 했니?
what is called = ***what we call*** 소위
That is *what is called* a miracle. 그것은 소위 기적이다.
형 1. [의문 형용사] 무슨, 어떤
What day of the week is it today?
오늘은 무슨 요일입니까?
What kind of food do you like?
당신은 어떤 음식을 좋아합니까?
형 2. [관계 형용사] …하는 (만큼의)
Lend me *what* money you can.
당신이 빌려줄 수 있는 만큼 돈을 좀 빌려주십시오.
You may take *what* eggs you want.
네가 원하는 만큼 계란을 가져가도 좋다.
형 3. [(h)wàt 홧, 왓] [감탄문에서] 정말이지, 얼마나
☆ *What* a nice bag!
얼마나 멋진 가방이냐!
What beautiful weather!
정말이지 날씨가 좋구나!

***what·ev·er** *whatever*
[(h)wàtévər 화테버, 와테버]

때 1. …하는[인] 것은 무엇이든 《관계 대명사 what을 강조한다》
You can have *whatever* you like.
네가 좋아하는 것은 무엇이든지 가져도 좋다.

때 2. 어떤 일[것]이 …일지라도
Whatever happens, I will do it.
무슨 일이 일어날지라도 나는 그것을 하겠다.

형 1. 어떤 …이라도
You can have *whatever* clothes you like.
맘에 드는 옷은 어떤 것이라도 네게 줄게.

형 2. [양보의 부사절을 이끌어] 비록 …일지라도
Whatever excuse you make, I won't forgive you.
어떤 변명을 하더라도 너를 용서하지 않겠다.

형 3. 조금의 …도 《명사나 대명사 뒤에서 부정을 강조한다》
There is no doubt *whatever*.
조금의 의심도 없다.

*what'll *what'll*
[(h)wátl 화틀, 와틀]
what will의 단축형

what're *what're*
[(h)wátər 화터, 와터]
what are의 단축형

*what's *what's*
[(h)wáts 화츠, 와츠]
what is[has]의 단축형

*wheat *wheat*
[(h)wíːt 휘-트, 위-트]
명 밀《부정 관사를 붙이지 않고 복수형으로도 하지 않는다》

Flour is made from *wheat*.
밀가루는 밀로 만들어진다.

*wheel *wheel*
[(h)wíːl 휠-, 윌-]
명 (복수 **wheels** [(h)wíːlz 휠-즈, 윌-즈])
바퀴 ; [the wheel로] (자동차의) 운전대

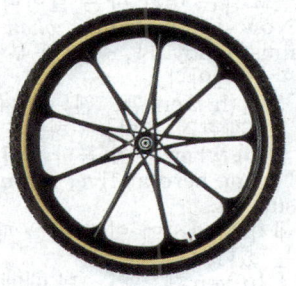

A bicycle has two *wheels*.
자전거는 바퀴가 두 개 있다.

when *when*

[(h)wén 훼ㄴ, 웬]

튄 1. [의문 부사] 언제
When is your birthday?
당신의 생일은 언제입니까?

When do you have breakfast?
당신은 언제 아침 식사를 합니까?
When will you go to the movies with me?
언제 나랑 영화보러 갈거니?
I don't know *when* to start.
나는 언제 출발할지 모른다.
Do you know *when* it happened?
그 일이 언제 일어났는지 너는 아니?

튄 2. [(h)wen 훼ㄴ, 웬] [관계 부사; 제한적 용법] …하는[한] 때
Monday is the day *when* I am busy.
월요일은 내가 바쁜 날이다.
Now is the time *when* we must study. 자, 이제 공부해야 할 시간이다.

튄 3. [(h)wen 훼ㄴ, 웬] [관계 부사; 비제한적 용법] …하면 그 때
☞ 흔히 when 앞에 콤마가 온다.
I came here at five, *when* the sun set.
내가 다섯시에 여기 왔을 때 해는 졌다.

쩝 [(h)wen 훼ㄴ, 웬] …할 때에, …일 때; …할 때는 언제나
When it rains, I usually stay at home. 비가 올 때 나는 대개 집에 있다.
She always wears a hat *when* she goes out.
그녀는 외출할 때 언제나 모자를 쓴다.

때 [의문 대명사] 언제 《전치사 뒤에 놓인다》
Until *when* can you stay?
언제까지 머물 수 있습니까?

when·ev·er *whenever*

[(h)wènévər 훼네버, 웨네버]

쩝 …할 때는 언제든지; 언제 …하더라도
Come to see me *whenever* you like.
네가 좋은 때에 언제든지 나를 만나러 와라.
He'll welcome you *whenever* you (may) visit him.
언제 그를 방문하더라도 그는 너를 환영할 것이다.

where *where*

[(h)wéər 훼어, 웨어]

튄 1. [의문 부사] 어디에, 어디로, 어디에서
Where do you live?
어디에 살고 있습니까?
Where are you going?
어디로 가십니까?

☆ *Where* is the bus stop? 버스 정류장은 어디에 있습니까?
He didn't know *where* to go.
그는 어디로 가야 할지 몰랐다.

부 2. [(h)weər 훼어, 웨어] [관계 부사 ; 제한적 용법] …한〔하는〕(바의)
☞ 앞에는 장소를 나타내는 명사가 온다.
This is the house *where* he was born.
이곳이 그가 태어난 집이다.
Do you know the hotel *where* he is staying?
그가 머물고 있는 호텔을 알고 있습니까?

부 3. [(h)weər 훼어, 웨어] [관계 부사 ; 비제한적 용법] 그리고 그곳에
I went to New York, *where* I met her.
나는 뉴욕으로 가서 거기서 그녀를 만났다.
접 [(h)weər 훼어, 웨어] …하는 곳에〔으로, 을〕
I will go *where* I like.
나는 내가 좋아하는 곳으로 가겠다.
Where there is a will, there is a way.
《속담》뜻이 있는 곳에 길이 있다.
대 [의문 대명사] 어디, 어느 장소《전치사의 목적어가 된다》
Where are you from?(= *Where* do you come from?)
어디 출신입니까?

---

*where's   *where's*

[(h)wéərz 훼어즈, 웨어즈]
where is〔has〕의 단축형

---

wher·ev·er   *wherever*

[(h)wèərévər 훼어레버, 웨어레버]
★ 발음 주의
접 1. …하는 곳은 어디라도
I will follow you *wherever* you go.
나는 네가 가는 곳은 어디라도 따라가겠다.
접 2. 어디에서 …하여도
Wherever she goes, she will be loved by everyone.
그녀는 어디에 가더라도 모두에게 사랑받을 것이다.

---

*wheth·er   *whether*

[(h)wéðər 훼더, 웨더]
접 1. [명사절을 만들어] …인지 어떤지
I don't know *whether* he will come (or not).
나는 그가 올지 안올지 모른다.
접 2. [부사절을 만들어] …이든지 (아니든지), …이든지 …이든지 (여하간에)
Whether you like it or not, you must go there.
좋든 싫든 너는 그곳에 가야만

한다.

*which *which*
[(h)witʃ 휘치, 위치]

때 1. [의문 대명사] 어느 쪽〔것〕, 어느 사람

Which is larger, the earth or the moon?
지구와 달 중에서 어느 것이 큽니까?
Which of these books did you read?
이 책들 중 어느 것을 읽었니?
Say *which* you would like best. 어느 것을 가장 좋아하는지 말해 보아라.
I don't know *which* to choose.
어느 것을 골라야 할지 모르겠다.

때 2. [(h)witʃ 휘치, 위치] [관계대명사 ; 제한적 용법] …하는〔한〕 (바의)

The book *which* is on the desk is mine.
책상 위에 있는 책은 내 것이다.
The house in *which* he was born is in Seoul.
그가 태어난 집은 서울에 있다.
This is the cat *which* he gave me.
이것은 그가 내게 준 고양이다.

때 3. [(h)witʃ 휘치, 위치] [관계대명사 ; 비제한적 용법] 그리고 그것은〔을〕, 그러나 그것은〔을〕
☞ which 앞에 콤마가 붙는다.

Yesterday we saw a movie, *which* was very sad.
어제 우리는 영화 한편을 봤는데 그것은 매우 슬펐다.

He told us a story, *which* was not very interesting. 그는 우리에게 이야기를 해주었으나 그것은 그다지 재미없었다.

형 [의문 형용사] 어느, 어떤, 어느 쪽의

Which bag is yours?
어느 가방이 네 것이니?
Which season do you like best?
어느 계절을 가장 좋아합니까?

*while *while*
[(h)wáil 화일, 와일]

접 [(h)wàil 화일, 와일] 1. …하는 동안(에) 《보통 진행형과 함께

쓴다》
While he was speaking, I said nothing.
그가 얘기하고 있는 동안에 나는 아무말도 하지 않았다.

접 2. 그런데, 한편(으로는) ; …이지만
☞ while 앞에 콤마가 붙는다.
Some people like cats, *while* others dislike them.
고양이를 좋아하는 사람도 있지만 한편으로는 고양이를 싫어하는 사람도 있다.
While it is possible in theory, we can't put it into practice.
이론상으로는 가능하지만 그것을 실행에 옮길 수는 없다.
명 [a while로] 동안, 시간, 잠시
They started *a* short *while* ago.
그들은 방금 전에 출발했다.
after a while 잠시 후에
all the while 그동안 죽〔내내〕
He was in the hospital *all the while*.
그는 그동안 죽 입원 중이었다.
for a while 잠시 동안
Be patient *for a while*.
잠시 동안 참아라.
in a little while 좀〔얼마〕 있으면, 곧
He will be back *in a little while*.
그는 곧 돌아올 것이다.
once in a while =***at whiles*** 때때로, 이따금

whip *whip*
[(h)wíp 휩, 윕]
명 (복수 **whips** [(h)wíps 휩스, 윕스])
채찍, 회초리, 매
타 (3단현 **whips** [(h)wíps 휩스, 윕스], 과거·과거 분사 **whipped** [(h)wípt 휩트, 윕트], 현재 분사 **whipping** [(h)wípiŋ 휘핑, 위핑])
채찍질하다, 매질하다
The driver *whipped* the horse on.
마부는 채찍질을 해서 말을 달리게 했다.

whis·ker *whisker*
[(h)wískər 휘스커, 위스커]
명 (복수 **whiskers** [(h)wískərz 휘스커즈, 위스커즈])
[whiskers로] 구레나룻 《참고》 beard 턱수염

whis·k(e)y *whiskey*
[(h)wíski 휘스키, 위스키]

명 (복수 **whiskeys, whiskies** [(h)wískiz 휘스키즈, 위스키즈])
위스키
a bottle of *whiskey*
위스키 한 병

*whis·per *whisper*

[(h)wíspər 휘스퍼, 위스퍼]
동 (3단현 **whispers** [(h)wíspərz 휘스퍼즈, 위스퍼즈], 과거·과거분사 **whispered** [(h)wíspərd 휘스퍼드, 위스퍼드], 현재분사 **whispering** [(h)wíspəriŋ 휘스퍼링, 위스퍼링])
자 속삭이다, 살짝 말하다
She *whispered* in his ear.
그녀는 그에게 귀엣말했다.

타 속삭이다, 작은 소리로 말하다
He *whispered* to me that he was tired.
그는 지쳤다고 내게 속삭였다.
명 (복수 **whispers** [(h)wíspərz 휘스퍼즈, 위스퍼즈])
속삭임, 귀엣말
They were talking in *whispers*.
그들은 소곤소곤 이야기하고 있었다.

whis·tle *whistle*

[(h)wísl 휘슬, 위슬]
명 (복수 **whistles** [(h)wíslz 휘슬즈, 위슬즈])
휘파람; 기적, 경적, 호각, 호루라기

He is blowing a *whistle*.
그는 휘파람을 불고 있다.

**white *white*

[(h)wáit 화이트, 와이트]
형 1. 흰, 백색의
My grandfather has *white* hair.
나의 할아버지는 백발이시다.
형 2. 창백한
Her face turned *white* with fear.
그녀의 얼굴은 공포로 창백해졌다.
형 3. 백인의, 백색 인종의
the *white* race
백인종
명 (복수 **whites** [(h)wáits 화이츠, 와이츠])
백색; 흰옷; 백인
Doctors wear *white*.
의사는 흰옷을 입는다.

White House *White House*

[(h)wáitháus 화이트하우스, 와이트하우스]

명 [the White House로] 화이트 하우스, 백악관《미국 대통령 관저》

****who** *who*

[húː 후-]

대 (소유격 **whose** [húːz 후-즈], 목적격 **whom** [húːm 훔-])

대 1. [의문 대명사 ; 주격으로] 누구, 누가, 어느〔어떤〕 사람
Who is that girl?
저 소녀는 누구니 ?
Who is speaking, please?
(전화에서) 누구세요 ?

I don't know *who* he is.
나는 그가 누구인지 모른다.
대 2. [의문 대명사 ; 목적격으로] 누구를〔에게〕
Who did you meet yesterday?
너는 어제 누구를 만났니 ?
Who are you looking for?
누구를 찾고 있는 거니 ?

대 3. [huː 후-] [관계 대명사 ; 제한적 용법] …하는〔한, 인〕 사람
He is the boy *who* broke the window.
그가 창을 깬 소년이다.
대 4. [huː 후-] [관계 대명사 ; 비제한적 용법] 그리고〔그러자〕 그 사람(들)은
☞ who 앞에 콤마가 온다.
I have two sons, *who* live in London.
나는 아들이 둘 있는데 둘 다 런던에 살고 있다.

***who'd** *who'd*

[húːd 후-드]

who would〔had〕의 단축형

---

who·ev·er *whoever*

[huːévər 후-에버]

대 (소유격 **whosever** [huːzévər 후-제버], 목적격 **whomever** [huːmévər 후-메버])

대 1. …하는 사람은 누구든지
Whoever comes will be welcome.
오는 사람은 누구든지 환영합니다.
대 2. 누가 …하더라도
Whoever may come, don't open the door.
누가 오더라도 문을 열지 마라.

***whole** *whole*

[hóul 호울] ★ hole과 같은 발음

형 전체의, 전부의, 모든; 완전한; 온통…, 꼭…
the *whole* world 전세계

He devoted his *whole* life to music.
그는 음악에 자기의 일생을 다 바쳤다.
명 [보통 the whole로] 전체, 전부(《반》 part 부분)
I know *the whole* of the story.
나는 그 이야기 전부를 알고 있다.
The *whole* of that house burned down.
그 집 전체가 불타버렸다.
as a whole 전체로서, 총괄하여
on the whole 전체로 보아서, 대체로
On the whole, they did well.
대체로 그들은 잘했다.

***who'll** *who'll*
[húːl 훌-]
who will의 단축형

***whom** *whom*
[húːm 훔-]
대 1. [의문 대명사] 누구를, 누구에게
Whom did you see there?
너는 거기서 누구를 만났니?
Whom are you talking about?
누구(의 일)을 얘기하고 있는거니?

Do you know *whom* he met in the park?
너는 그가 공원에서 누구를 만났는지 알고 있니?
대 2. [huːm 훔-] [관계 대명사; 제한적 용법] …하는 (사람)
He is the man (*whom*) I met yesterday.
그는 내가 어제 만난 사람이다.
The girl with *whom* Tom is talking is my sister.
톰과 얘기하고 있는 소녀는 내 여동생이다.
대 3. [huːm 훔-] [관계 대명사; 비제한적 용법] 그리고 그 사람을 〔에게〕
☞ whom 앞에 콤마가 온다.
I met him, *whom* I told the news.
나는 그를 만나서 그에게 그 소식을 전했다.

***who're** *who're*
[húːər 후-어]
who are의 단축형

***who's** *who's*
[húːz 후-즈]
who is〔**has**〕의 단축형

****whose** *whose*
[húːz 후-즈]
대 1. [의문 대명사; who의 소

유격] 누구의 ; 누구의 것
Whose bike is that?
— It's his.
저것은 누구의 자전거니?
— 그의 것이야.

I don't know *whose* book it is.
나는 그것이 누구의 책인지 모른다.
Whose is that car?
저 자동차는 누구의 것이니?
대 2. [huːz 후-즈] [관계 대명사 who, which의 소유격 ; 제한적 용법] (그 사람〔물건〕의 …이) …하는, …인
I know a boy *whose* name is Tom.
나는 이름이 톰이라는 소년을 알고 있다.
I want a room *whose* windows face south.
나는 창이 남향인 방을 원한다.
대 3. [huːz 후-즈] [관계 대명사 who, which의 소유격 ; 비제한적 용법] 그리고 그의
☞ whose 앞에 콤마가 온다.
I spoke to a girl, *whose* eyes were very beautiful.
나는 한 소녀에게 말을 걸었는데 그녀의 눈은 매우 아름다웠다.

who've *who've*
[húːv 후-브]
who have의 단축형

*why *why*
[(h)wái 화이, 와이]
부 1. [의문 부사] 왜, 어째서
The boy wants to know *why*.
그 소년은 왜 그런지 이유를 알고 싶어한다.

Why do you like summer?
— Because I can swim.
너는 왜 여름을 좋아하니?
— 왜냐하면 수영할 수 있으니까.
Why did you go to England?
— To study English.
왜 영국에 갔니?
— 영어를 배우려고.
Tell me *why* you are angry with me.
왜 내게 화를 내고 있는지 말해 주시오.
Do you know *why* he didn't come?
왜 그가 안왔는지 알고 있니?
부 2. [(h)wai 화이, 와이] [관계 부사] …하는〔한〕 (이유)
This is (the reason) *why* I could not come.
이런 이유로 나는 오지 못했다.
Tell me (the reason) *why* you're crying. 네가 울고 있는 이유를 말해 보아라.
Why don't we …? (함께) …하지 않겠습니까?
Why don't you …? …하면 어떻습니까?
Why don't you go first?
먼저 가는 게 어때요?

Why not? 어째서 안되나요?, 괜찮지 않아요?; 그렇고 말고., 물론이지.
감 [wai 와이] 아니, 저런, 어머
Why, it's you!
어머, 너로구나!

---

*wick·ed wicked
[wíkid 위키드]
형 (비교급 **wickeder** [wíkidər 위키더], 최상급 **wickedest** [wíkidist 위키디스트])
악한, 사악한; 심술궂은
He is *wicked* to tell a lie to a child.
어린아이에게 거짓말을 하다니 그는 나쁜 사람이다.

---

*wide wide
[wáid 와이드]
형 (비교급 **wider** [wáidər 와이더], 최상급 **widest** [wáidist 와이디스트])
(폭이) 넓은, 폭이 …한; 광대한; 크게 열린
That river is too *wide* to swim across.
저 강은 헤엄쳐서 건너기에는 너무 넓다.
How *wide* is that road?
— It is thirty meters *wide*.
그 도로는 폭이 얼마나 됩니까?
— 30미터입니다.
He has a *wide* knowledge of music.
그는 음악에 관한 폭넓은 지식을 가지고 있다.
He stared at me with *wide* eyes.
그는 눈을 크게 뜨고 나를 빤히 보았다.
부 (비교급 **wider** [wáidər 와이더], 최상급 **widest** [wáidist 와이디스트])

널리, 광범위하게; 크게 열고〔뜨고〕
Open your mouth *wide*.
입을 크게 벌려라.

far and wide 도처에〔를〕

---

wide·ly widely
[wáidli 와이들리]
부 널리; 크게

*wife wife
[wáif 와이프]
명 (복수 **wives** [wáivz 와이브즈])
아내, 부인, 처
Mr. Brown and his *wife*
브라운씨 부부

He lived happily with his *wife*.
그는 아내와 함께 행복하게 살았다.

---

*wild wild
[wáild 와일드]
형 (비교급 **wilder** [wáildər 와일

더], **최상급 wildest** [wáildist 와일디스트])
⟨형⟩ 1. 야생의
There are many kinds of *wild* animals in Africa.
아프리카에는 많은 종류의 야생 동물이 있다.

⟨형⟩ 2. (토지가) 황폐한; 자연 그대로의; 미개한
a *wild* jungle
자연 그대로의 밀림
⟨형⟩ 3. (바다·날씨가) 거친, 사나운
The sea grew *wilder*.
바다는 더 거칠어졌다.
⟨형⟩ 4. (사람이) 난폭한
He was very *wild* in his youth.
그는 젊은 시절에는 매우 난폭했다.

**will *will*
[《약》(w)əl 월, 얼; 《강》wíl **윌**]
⟨조⟩ (**과거형 would** [《약》(w)əd 워드, 어드; 《강》wúd 우드])
⟨조⟩ 1. [미래를 나타내어] …일 테죠, …이겠죠, …일 것이다; …이 되다
I *will* be sixteen years old next month.
나는 내달에 열여섯살이 된다.
He *will* be back soon.
그는 곧 돌아올 것이다.
It *will* be fine tomorrow.
내일은 날씨가 갤 것이다.
⟨조⟩ 2. [의지를 나타내어] …할 작정이다, …하겠다
I *will* study English harder.
나는 영어를 더 열심히 공부할 작정이다.
I *will* not forget your kindness.
나는 너의 친절을 잊지 않겠다.
⟨조⟩ 3. [주장·거절을 나타내어] 기어코〔기어이〕…하려고 하다
He *will* have his own way.
그는 기어이 자기 생각대로 하려고 한다.
⟨조⟩ 4. [습관·습성·경향을 나타내어] 곧잘 …하곤 하다, …하는 법이다
He *will* often read a book all night.
그는 곧잘 밤새도록 책을 읽곤 한다.

Accidents *will* happen.
《속담》 사고는 일어나는 법이다.
Will you … ? (1) …해주시겠습니까, …해주지 않겠습니까
Will you open the window?
창문을 열어 주시겠습니까?
(2) …하시겠습니까, …은 어떠시겠습니까
Will you have some more tea?
차를 좀 더 드시겠습니까?
⟨명⟩ (**복수 wills** [wílz 윌즈])
⟨명⟩ 1. [흔히 a will로] 의지
He has *a* strong *will*.
그는 강한 의지를 가지고 있다.
⟨명⟩ 2. 유언

*will·ing *willing*

[wíliŋ 윌링]

⑬ 기꺼이 …하는⟨*to* do⟩; 자발적인

　I am *willing to* help you.
　나는 기꺼이 너를 도울 것이다.

---

*win *win*

[wín 윈]

⑧ (3단현 **wins** [wínz 윈즈], 과거·과거 분사 **won** [wʌ́n 원], 현재 분사 **winning** [wíniŋ 위닝])

㉻ 1. 이기다(⟪반⟫ lose 지다)
　Which team *won* the game?
　— Our team *won* the game five to two.
　어느 팀이 시합에 이겼니?
　— 우리 팀이 5대 2로 이겼어.

㉻ 2. (승리·상·명예 등을) 획득하다, 얻다
　I *won* the first prize in the English speech contest.
　나는 영어 웅변 대회에서 일등상을 탔다.

㉾ 이기다, 승리하다
　She *won* at cards.
　그녀는 카드놀이에서 이겼다.

****wind**¹ *wind*

[wínd 윈드]

⑲ (복수 **winds** [wíndz 윈즈])
[흔히 the wind로] (강한) 바람

The wind is rising.
바람이 일고 있다.

The wind fell suddenly.
바람이 갑자기 그쳤다.
There is no *wind* today.
오늘은 바람 한 점 없다.

---

wind² *wind*

[wáind 와인드]

★ 발음 주의

⑧ (3단현 **winds** [wáindz 와인즈], 과거·과거 분사 **wound** [wáund 와운드], 현재 분사 **winding** [wáindiŋ 와인딩])

㉻ (나사·시계 태엽 등을) 감다, 돌리다
　He *winds* the clock once a week.
　그는 일주일에 한번씩 시계 태엽을 감는다.

㉾ (길·강 등이) 꾸불꾸불하다, 굽이치다
　The road *winds* up the hill.
　길이 꾸불꾸불 언덕 위로 이어져 있다.

windmill

wind·mill *windmill*
[wín(d)mìl 윈(드)밀]
  명 풍차

**win·dow *window*
[wíndou 윈도우]
  명 (복수 **windows** [wíndouz 윈도우즈])
  창(문); 창유리; 창구
  She looked out of the *window*.
  그녀는 창 밖을 내다보았다.
  ◆ Can you open the *window*, please?
  창문 좀 열어주실래요?
  Who broke the *window*?
  누가 유리창을 깼니?

wind·y *windy*
[wíndi 윈디]
  형 (비교급 **windier** [wíndiər 윈디어], 최상급 **windiest** [wíndiist 윈디이스트])
  바람이 부는, 바람이 강한

It's very *windy* today.
오늘은 바람이 매우 세다.

*wine *wine*
[wáin 와인]
  명 포도주, 와인
  Wine is made from grapes.
  포도주는 포도로 만든다.

*wing *wing*
[wíŋ 윙]
  명 (복수 **wings** [wíŋz 윙즈])
  (새·곤충·비행기 등의) 날개

wink *wink*
[wíŋk 윙크]
  자 (3단현 **winks** [wíŋks 윙크스], 과거·과거 분사 **winked** [wíŋkt 윙크트], 현재 분사 **winking** [wíŋkiŋ 윙킹])
  눈을 깜박이다, 윙크〔눈짓〕하다
  명 (복수 **winks** [wíŋks 윙크스])
  눈짓, 윙크

**win·ter *winter*
[wíntər 윈터]
  명 (복수 **winters** [wíntərz 윈터즈])
  겨울
  We had a very cold *winter* last year.
  작년 겨울은 몹시 추웠다.

We ski or skate in *winter*.
겨울에는 스키나 스케이트를 탄다.

*wipe *wipe*

[wáip 와이프]

타 (3단현 **wipes** [wáips 와이프스], 과거·과거 분사 **wiped** [wáipt 와이프트], 현재 분사 **wiping** [wáipiŋ 와이핑])

닦다, 훔치다

He *wiped* his hands with a handkerchief.
그는 손수건으로 손을 닦았다.
Wipe the floor clean.
마루를 깨끗이 닦아라.

*wire *wire*

[wáiər 와이어]

명 (복수 **wires** [wáiərz 와이어즈])

명 1. 철사; 전선
telephone *wires* 전화선
Electricity travels through *wires*.
전기는 전선을 통하여 흐른다.

명 2. 전보(《동》 telegram)
I sent him a *wire*.
나는 그에게 전보를 쳤다.

wis·dom *wisdom*

[wízdəm 위즈덤]

명 지혜, 현명함
She had the *wisdom* to accept the offer.
그녀는 현명하게도 그 제의를 받아들였다.

*wise *wise*

[wáiz 와이즈]

형 (비교급 **wiser** [wáizər 와이저], 최상급 **wisest** [wáizist 와이지스트])

현명한, 분별있는
a *wise* saying 금언
You were *wise* to take his advice.
네가 그의 충고를 받아들인 것은 현명했다.

*wish *wish*

[wíʃ 위시]

동 (3단현 **wishes** [wíʃiz 위시즈], 과거·과거 분사 **wished** [wíʃt 위시트], 현재 분사 **wishing** [wíʃiŋ 위싱])

타 1. 바라다, 원하다
What do you *wish*?
무엇을 원합니까?

타 2. …하고 싶다고 생각하다; (사람에게) …해주기를 바라다
I *wish* to be a pilot.
비행기 조종사가 되고 싶다.
I *wish* you to go at once.
네가 즉시 가주었으면 좋겠다.

타 3. [가정법과 함께] …하면[했으면] 좋겠다고 여기다
I *wish* I could buy a car. 내가 차를 살 수 있다면 좋을 텐데.

I *wish* it were good weather today.
오늘 날씨가 맑으면 좋을 텐데.
타 4. (행복·건강을) 빌다 ; (작별 등을) 고하다
I *wish* you a Happy New Year.
새해 복 많이 받으십시오.

◆ I *wish* you well.
네가 잘되기를 빈다.
자 원하다, 바라다
We all *wish* for peace.
우리는 모두 평화를 바란다.
명 (복수 **wishes** [wíʃiz 위시즈])
명 1. 소원, 소망, 바람
He has a *wish* to go to America.
그는 미국에 가고 싶어한다.
명 2. [wishes로] 축복의 말, 기원
Please send him my best *wishes*.
그에게 안부 전해 주십시오.
With best *wishes*.
행복하시길 빌며《편지의 끝맺는 말이나 선물에 써 넣는다》.
명 3. 바라는 것

wit *wit*
[wít 윗]
명 (복수 **wits** [wíts 위츠])
기지, 재치, 위트

witch *witch*
[wítʃ 위치]

명 마녀, 여자 마법사

*with *with*
[(약) wið 위드 ; (강) wíð 위드]
전 1. [동반·동거를 나타내어] …와 함께 ; …을 데리고 ; …의 집에
She went to the park *with* her friends.
그녀는 친구들과 함께 공원에 갔다.

I am staying *with* my aunt.
나는 아주머니댁에 묵고 있다.
전 2. [동시·같은 방향을 나타내어] …와 동시에, …에 따라서
He gets up *with* the sun.
그는 해가 뜰 때 일어난다.
The boat shifted *with* the wind. 보트는 바람 부는 대로 떠다녔다.
전 3. [소유·소지를 나타내어] …을 가지고 (있는), …을 지니고
He gave me a doll *with* blue eyes.
그는 내게 푸른 눈을 가진 인형을 주었다.

Take an umbrella *with* you.
우산을 가져가거라.

He has no money *with* him.
그는 가지고 있는 돈이 없다.

전 4. [수단・도구를 나타내어] …(으)로, …을 사용하여
She wrote the letter *with* a pen.
그녀는 펜으로 편지를 썼다.
They eat soup *with* a spoon.
그들은 스푼으로 수프를 먹는다.

전 5. [재료・내용물을 나타내어] …(으)로, …을
fill a glass *with* water
컵에 물을 채우다

전 6. [원인을 나타내어] …으로 인해, …때문에, …탓으로
He is in bed *with* a cold.
그는 감기로 인해 누워 있다.

전 7. [상황을 나타내어] …을 …하고, …을 …한 채
Don't speak *with* your mouth full.
입에 음식을 잔뜩 넣고 말하지 마라.
He stood *with* his back against the wall.
그는 벽에 기대어 서 있었다.

전 8. [감정의 대상을 나타내어] …에 대하여, …에게
He is angry *with* me.
그는 내게 화를 내고 있다.

전 9. [관계・입장을 나타내어] …와(의), …에 대〔관〕하여 ; …에 있어서(는), …을
What's the matter *with* you?
무슨 일 있니 ?

전 10. [일치・조화・비교의 대상을 나타내어] …와
We all agree *with* you.
우리는 모두 너와 같은 의견이다.
We compared him *with* his brother.
우리는 그와 그의 형을 비교했다.

with all …이 있으면서도, …임에도 불구하고

with·in *within*

[wiðín 위딘]

전 [시간・거리 등이] …이내에〔의〕, …의 범위 내에
He will be back *within* an hour.
그는 한 시간 이내에 돌아올 것이다.
They live *within* two miles of my house.
그들은 나의 집에서 2마일 이내에 살고 있다.

with·out *without*

[wiðáut 위다웃]

전 1. …없이 ; …이 없다면
He went out *without* his coat.
그는 코트를 입지 않고 외출했다.
We can't live *without* water.

물이 없으면 우리는 살 수 없다.
Without your help, I couldn't do anything.
네 도움이 없다면 나는 아무것도 하지 못할 것이다.
전 2. [without+~ing로] …하지 않고
He went away *without* say*ing* good-bye.
그는 작별 인사도 하지 않고 가버렸다.
do without …없이 지내다
not(never) … without ~ing …하면 반드시 ~하다
They *never* meet *without* quarrel*ing*.
그들은 만나기만 하면 꼭 싸운다.

wit·ness *witness*
[wítnəs 위트너스]
명 (복수 **witnesses** [wítnəsiz 위트너시즈])
목격자, 증인 ; 증거
타 (3단현 **witnesses** [wítnəsiz 위트너시즈], 과거·과거 분사 **witnessed** [wítnəst 위트너스트], 현재 분사 **witnessing** [wítnəsiŋ 위트너싱])
목격하다

*wives *wives*
[wáivz 와이브즈]
명 **wife**의 복수

wolf *wolf*
[wúlf 울프]
★ 발음 주의
명 (복수 **wolves** [wúlvz 울브즈])
《동물》 늑대, 이리

**wom·an *woman*
[wúmən 우먼]
명 (복수 **women** [wímin 위민])
여성, 여자, 부인《반》man 남성)
a single(married) *woman*
독신(기혼) 여성
Woman usually lives longer than man.
일반적으로 여성은 남성보다 오래 산다.

**wom·en *women*
[wímin 위민]
명 **woman**의 복수

*won·der *wonder*
[wʌ́ndər 원더]
동 (3단현 **wonders** [wʌ́ndərz 원더즈], 과거·과거 분사 **wondered** [wʌ́ndərd 원더드], 현재 분사 **wondering** [wʌ́ndəriŋ 원더링])
자 놀라다 ; 이상하게 여기다
We *wondered* at her talent.

우리는 그녀의 재능에 놀랐다.

태 1. …가 아닐까 생각하다, …인가 하고 생각하다
I *wonder* why she left so early.
나는 그녀가 왜 그렇게 일찍 가 버렸을까 생각했다.
I *wonder* if I've seen him before.
나는 그와 이전에 만난 적이 있는지 생각했다.

태 2. …을 이상하게 여기다, …에 놀라다
I *wonder* that he did not succeed.
나는 그가 성공하지 못한 것이 놀랍다.

명 (복수 **wonders** [wʌ́ndərz 원더즈])
경이 ; 불가사의(한 것〔일〕)
the Seven *Wonders* of the World
세계 7대 불가사의
I was filled with *wonder*.
나는 대단히 놀랐다.
(***It is***) ***no wonder*** (***that***) …
은 조금도 이상한 일이 아니다

---

*won·der·ful *wonderful*
[wʌ́ndərful 원더풀]

형 1. 훌륭한, 굉장한
We had a *wonderful* time at the party.
우리는 파티에서 멋진 시간을 보냈다.

형 2. 놀랄만한, 이상한
I had a *wonderful* experience last night.
지난밤에 이상한 경험을 했다.

---

won't *won't*
[wóunt 원트]
will not의 단축형

---

*wood *wood*
[wúd 우드]

명 (복수 **woods** [wúdz 우즈])

명 1. 목재《종류를 말할 때 이외에는 부정 관사를 붙이지 않고 복수형으로도 하지 않는다》; 장작
Paper is made from *wood*.
종이는 나무로 만들어진다.
Put some *wood* on the fireplace.
난로에 장작을 좀 지펴라.

명 2. [흔히 woods로] 숲, 수풀
《단수·복수 취급》
We walked in the *woods*.
우리는 숲속을 산책했다.

---

wood·en *wooden*
[wúdn 우든]
형 나무로 만든〔된〕

a *wooden* house
나무로 만든 집
a *wooden* box 나무 상자

wood·peck·er
woodpecker
[wúdpèkər 우드페커]
명 (복수 **woodpeckers** [wúdpèkərz 우드페커즈])
딱따구리

*wool *wool*
[wúl 울]
명 양털 ; 털실 ; 모직물
This blanket was made of *wool*.
이 담요는 양털로 만들어졌다.

*word *word*
[wə́ːrd 워-드]
명 (복수 **words** [wə́ːrdz 워-즈])
명 1. 말, 낱말, 단어
What does this *word* mean?
이 낱말은 무슨 뜻입니까?

명 2. (한마디) 말 ; 이야기
He is a man of few *words*.
그는 말수가 적은 사람이다.
She did not speak a *word*.
그녀는 한마디 말도 하지 않았다.
명 3. [one's word로] 약속
He never breaks *his* word.
그는 결코 약속을 어기지 않는다.
in a(*one*) *word* 한마디로 말하면, 요컨대
in other words 바꾸어 말하면
In other words, we are against the plan.
바꾸어 말하면 우리는 그 계획에 반대다.

*work *work*
[wə́ːrk 워-크]
동 (3단현 **works** [wə́ːrks 워-크스], 과거·과거 분사 **worked** [wə́ːrkt 워-크트], 현재 분사 **working** [wə́ːrkiŋ 워-킹])
자 1. 일하다 ; 공부하다
My father is *working* on the farm.
아버지는 농장에서 일하고 계신다.
He *works* very hard.
그는 대단히 열심히 공부한다.

자 2. 근무하다
She *works* in a bank.
그녀는 은행에 근무하고 있다.
자 3. (기계 등이) 작동하다, 움직이다
This computer doesn't *work* well.
이 컴퓨터는 잘 작동하지 않는다.

자 4. (계획 등이) 잘 되어가다; (약 등이) 듣다, 효험이 있다
This plan will *work* well.
이 계획은 잘 되어갈 것이다.
The medicine *worked* on him quickly.
그 약은 그에게 즉시 효과가 있었다.

타 일시키다; (기계 등을) 움직이다, 조작〔운전〕하다
Please tell me how to *work* this machine.
이 기계를 조작하는 방법을 가르쳐 주세요.

work on …에 착수하다, 종사하다
She is now *working on* her new novel. 그녀는 지금 새 소설을 쓰고 있다.

work out (문제를) 풀다; (계획 등을) 생각해내다

명 (복수 **works** [wə́ːrks 워-크스])
명 1. 일, 작업; 공부
I have a lot of *work* to do today.
나는 오늘 해야 할 일〔공부〕이 많다.

명 2. 일자리; 직업
He is looking for *work*.
그는 일자리를 찾고 있다.

명 3. [보통 works로] (예술) 작품; 저작
art *works* 미술〔예술〕품

I like the *works* of Picasso.
나는 피카소의 작품을 좋아한다.

at work 일터에서; 일하고 있는; 작동〔작용〕하여
He is *at work* now.
그는 지금 일하고 있다.

out of work 실직하여
I'm *out of work*.
나는 실직 중이다.

*work·er *worker*
[wə́ːrkər 워-커]
명 (복수 **workers** [wə́ːrkərz 워-커즈])
일〔공부〕하는 사람; 노동자
He is a hard *worker*.
그는 열심히 일〔공부〕한다.
She is an office *worker*.
그녀는 회사원이다.

**world *world*
[wə́ːrld 월-드]
명 (복수 **worlds** [wə́ːrldz 월-즈])
명 1. [the world로] 세계
He traveled around *the world*.
그는 세계 일주 여행을 했다.

명 2. [the world로] 세상
You know nothing of *the world*.
너는 세상일을 전혀 모른다.

명 3. [the world로] 세상 사람들
She is known to all *the world*.
그녀는 전세계 사람들에게 알려져 있다.

worm

명 4. [the world로] …계, …의 세계
the animal *world* 동물계
the scientific *world* 과학 세계
all over the world 온 세계에서
His songs are popular *all over the world*. 그의 노래는 온 세계에서 인기가 있다.

worm

[wə́ːrm 웜-]

명 (복수 **worms** [wə́ːrmz 웜-즈]) 벌레

wor·ry

[wə́ːrri 워-리]

동 (3단현 **worries** [wə́ːrriz 워-리즈], 과거·과거 분사 **worried** [wə́ːrrid 워-리드], 현재 분사 **worrying** [wə́ːrriiŋ 워-리잉])
자 걱정〔근심〕하다, 괴로워하다
☆I'm sorry. — Don't *worry*.
미안해요. — 걱정하지 마세요.

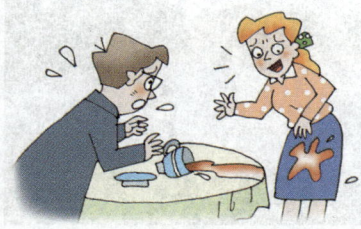

타 난처하게 하다 ; 걱정시키다, 괴롭히다
He often *worries* his teacher with silly questions.
그는 종종 어리석은 질문을 하여 선생님을 난처하게 한다.
I am *worried* about your health.
나는 네 건강이 염려된다.

명 (복수 **worries** [wə́ːrriz 워-리즈])
걱정, 근심 ; [보통 worries로] 걱정거리
He has a lot of *worries*.
그는 걱정거리가 많다.

*worse

[wə́ːrs 워-스]

형 [bad, ill의 비교급] 더 나쁜 ; (병이) 악화된 (《반》 better 더 좋은)
He is much *worse* this afternoon. 오늘 오후에 그의 병세는 훨씬 악화되었다.
부 [badly, ill의 비교급] 더 나쁘게, 보다 심하게, 더 서투르게
She played the piano *worse* than her sister.
그녀는 여동생보다 더 서투르게 피아노를 쳤다.

wor·ship

[wə́ːrʃip 워-십]

명 예배 ; 숭배
타 (3단현 **worships** [wə́ːrʃips 워-십스], 과거·과거 분사 **worship(p)ed** [wə́ːrʃipt 워-십트], 현재 분사 **worship(p)ing** [wə́ːrʃipiŋ 워-시핑])
숭배〔존경〕하다
They *worshiped* him as a hero.
그들은 그를 영웅으로 숭배했다.

*worst

[wə́ːrst 워-스트]

[형] [bad, ill의 최상급 ; 보통 the worst로] 가장 나쁜, (상태가) 최악의 (《반》 best 가장 좋은)
Today is *the worst* day of my life.
오늘은 내 생애 최악의 날이다.
[부] [badly, ill의 최상급] 가장 나쁘게, 가장 심하게
It snowed *worst* last night.
어젯밤에 몹시 심하게 눈이 내렸다.
[명] [the worst로] 최악, 가장 나쁜 것〔사람, 일〕
The worst has happened.
최악의 사태가 발생했다.

***worth**　*worth*

[wə́ːrθ 워-스]
[명] 가치, 진가
Everyone knew the *worth* of his work. 누구나 그의 작품의 가치를 알고 있었다.
[형] …의 가치가 있는 ; …할 만한 가치가 있는
This old stamp is *worth* 50 dollars. 이 옛 우표는 50달러의 가치가 있다.

The book is *worth* reading.
그 책은 읽을 만한 가치가 있다.

***worth·while**　*worthwhile*

[wə́ːrθ(h)wáil 워-스화일, 워-스와일]
[형] 할 가치가 있는

This is a *worthwhile* book.
이것은 한번 읽을 만한 가치가 있는 책이다.

****would**　*would*

[《약》(w)əd 워드, 어드 ; 《강》 wúd 우드]
[조] 1. [will의 과거형으로] …할〔일〕 것이다, …하겠다
I thought (that) he *would* come.
나는 그가 올거라고 생각했다.
[조] 2. [과거의 주장·거절을 나타내어] 기어코 …하려고 했다
He *would* have his own way.
그는 기어코 자기 생각대로 하려고 했다.
[조] 3. [과거의 습관을 나타내어] 곧잘 …하곤 했(었)다
He *would* often go fishing in the river. 그는 곧잘 강으로 낚시하러 가곤 했다.

[조] 4. [가정법 과거] …일 텐데
If I were you, I *would* apologize to her. 내가 너라면 그녀에게 사과할 텐데.
would like to do …하고 싶다
would rather (do) …하는 편이 낫다
Would you…? …해주시지 않겠습니까?
Would you shut the door?
문을 닫아주시지 않겠습니까?

wound

wound *wound*
[wúːnd 운-드]
★ 발음 주의
타 (3단현 **wounds** [wúːndz 운-즈], 과거·과거 분사 **wounded** [wúːndid 운-디드], 현재 분사 **wounding** [wúːndiŋ 운-딩])
상처를 입히다; (감정·명성 등을) 해치다
　He was *wounded* in the leg.
　그는 다리에 부상을 당했다.

명 (복수 **wounds** [wúːndz 운-즈])
부상, 상처
　a serious *wound* 중상
　He suffered a fatal *wound*.
　그는 치명상을 입었다.

wow *wow*
[wáu 와우]
감 야, 와(경탄·기쁨·고통 등을 나타낸다)
　Wow! That's great!
　야, 굉장하다!

*****wrap** *wrap*
[rǽp 랩] ★ 발음 주의
타 (3단현 **wraps** [rǽps 랩스], 과거·과거 분사 **wrapped** [rǽpt 랩트] 또는 **wrapt** [rǽpt 랩트], 현재 분사 **wrapping** [rǽpiŋ 래핑])
싸다, 감싸다
　She *wrapped* the present in pretty paper.
　그녀는 선물을 예쁜 종이로 쌌다.

wres·tling *wrestling*
[résliŋ 레슬링] ★ 발음 주의
명 레슬링

*****wrist** *wrist*
[ríst 리스트] ★ 발음 주의
명 (복수 **wrists** [rísts 리스츠])
손목

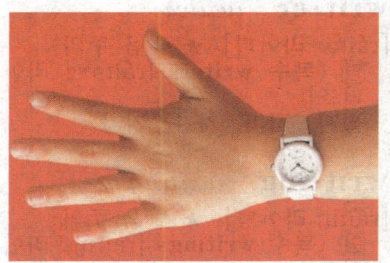

　I took him by the *wrist*.
　나는 그의 손목을 붙잡았다.

*****write** *write*
[ráit 라이트] ★ 발음 주의
동 (3단현 **writes** [ráits 라이츠], 과거형 **wrote** [róut 로우트], 과거 분사 **written** [rítn 리튼], 현재 분사 **writing** [ráitiŋ 라이팅])
타 1. (글씨·문장·원고 등을) 쓰다
　Write your name here.
　여기에 네 이름을 써라.
　He *wrote* a new novel.
　그는 새 소설을 썼다.

[타] 2. …에게 편지를 쓰다, 편지로 알리다
She *wrote* a long letter to me.
그녀는 내게 긴 편지를 썼다.
He *writes* me once a week.
그는 일주일에 한번 내게 편지를 써 보낸다.
[자] 1. 글자를 쓰다 ; 문장을 쓰다
You may *write* either in ink or in pencil.
잉크나 연필로 써도 됩니다.
Please *write* in English.
영어로 써 주십시오.
[자] 2. (…에게) 편지를 쓰다
I *wrote* to her about it.
나는 그녀에게 그것에 대해 편지를 썼다.
write down 써 두다, 기록하다

---

*writ·er *writer*

[ráitər 라이터] ★ 발음 주의
[명] (복수 **writers** [ráitərz 라이터즈])
필자 ; 작가, 저자 ; 기자

writ·ing *writing*

[ráitiŋ 라이팅] ★ 발음 주의
[명] (복수 **writings** [ráitiŋz 라이팅즈])
쓰기, 집필 ; 필적 ; [writings로] 작품, 저작

I am busy with my *writing*.
나는 집필로 바쁘다.
His *writing* is hard to read.
그의 필적은 읽기가 어렵다.

wrong *wrong*

[rɔ́ːŋ 롱-] ★ 발음 주의
[형] (비교급 **more wrong** 또는 **wronger** [rɔ́ːŋgər 롱-거], 최상급 **most wrong** 또는 **wrongest** [rɔ́ːŋgist 롱-기스트])
[형] 1. (도덕적으로) 나쁜
It is *wrong* to tell a lie.
거짓말을 하는 것은 나쁘다.
[형] 2. 잘못된, 틀린
Your answer was *wrong*.
네 답은 틀렸다.
I took the *wrong* bus.
나는 버스를 잘못 탔다.
Sorry, (you have the) *wrong* number.
(전화에서) 미안합니다, 번호가 틀립니다.

[형] 3. 상태가 나쁜 ; 고장난
Something is *wrong* with my car.
내 자동차는 어딘가 고장이 났다.
[부] 나쁘게 ; 잘못하여, 틀리게
He answered *wrong*.
그는 대답을 잘못했다.
go wrong 길을 잘못 들다 ; 실패하다 ; (기계 등이) 고장나다
[명] (복수 **wrongs** [rɔ́ːŋz 롱-즈])
악, 부정 ; 나쁜 짓
He never does *wrong*.
그는 결코 나쁜 짓을 하지 않는다.
in the wrong 잘못하여

X, x *X, x*
[éks 엑스]
> 명 (**복수 X's, x's** [éksiz 엑시즈]) 엑스《영어 알파벳의 스물네번째 글자》

Xmas *Xmas*
[krísməs 크리스머스]
> 명 크리스마스, 성탄절

☞ X는 그리스 문자 Christ의 첫 글자다.
   Merry *Xmas*!
   성탄을 축하합니다!

*X ray *X ray*
[éksrèi 엑스레이]
> 명 1. [보통 X rays로] 엑스선, 뢴트겐선
> 명 2. 엑스선 사진 ; 엑스선 검사

*xy·lo·phone *xylophone*
[záiləfòun 자일러포운]
> 명 실로폰, 목금

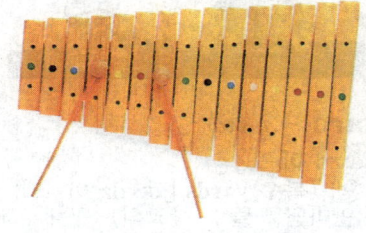

Y, y *Y, y*
[wái 와이]
  명 (복수 Y's, y's [wáiz 와이즈]) 와이《영어 알파벳의 스물다섯번째 글자》

yacht *yacht*
[ját 얏]
  명 요트

*yard¹ *yard*
[jáːrd 야-드]
  명 (복수 yards [jáːrdz 야-즈]) 안마당, 뜰; (학교의) 구내; 교정; (학교 등의) 운동장

a front〔back〕 yard 앞〔뒷〕마당
The boy is playing in the *yard*.
그 소년은 마당에서 놀고 있다.

*yard² *yard*
[jáːrd 야-드]
  명 (복수 yards [jáːrdz 야-즈]) 야드《길이 단위; 3피트, 약 91.4센티미터》
  The carpet is three *yards* long.
  그 카펫은 길이가 3야드다.

*yawn *yawn*
[jɔ́ːn 욘-]
  명 (복수 yawns [jɔ́ːnz 욘-즈]) 하품
  자 (3단현 yawns [jɔ́ːnz 욘-즈], 과거·과거 분사 yawned [jɔ́ːnd 욘-드], 현재 분사 yawning [jɔ́ːn-iŋ 요-닝])
  하품하다

year *year*

[jíə*r* 이어]

명 (**복수 years** [jíə*r*z 이어즈])

명 1. 연, 해 ; 한해, 일년
this[next, last] *year*
금[내, 작]년
the *year* before last 재작년
My father travels abroad every *year*. 나의 아버지는 매년 해외 여행을 하신다.
He goes there every other *year*.
그는 한해 걸러 거기에 간다.
A *year* has twelve months.
일년은 열두달이다.

명 2. 연령, 나이, …살
I'm fourteen *years* old.
나는 열네살이다.
He is two *years* younger than his sister.
그는 누나보다 두살 아래다.
This picture was painted by a seven-*year*-old boy. 이 그림은 7살짜리 소년이 그렸다.

명 3. 학년
What *year* are you in? — I am a second-*year*-student in junior school.
몇학년이니? — 중학교 2학년이야.

all (***the***) ***year round*** 일년 내내
The top of the mountain is covered with snow *all* (*the*) *year round*. 그 산꼭대기는 일년 내내 눈으로 덮여 있다.

year after year = ***year by year*** 매년, 해마다
Prices go up *year after year*.
물가는 해마다 오른다.

year·ly *yearly*

[jíə*r*li 이어리]

형 매년의 ; 연 1회의 ; 1년간의
a *yearly* event 연례 행사

부 일년에 한번 ; 매년

yel·low *yellow*

[jélou 옐로우]

명 (**복수 yellows** [jélouz 옐로우즈])
노랑, 황색

Yellow is her favorite color.
노랑은 그녀가 좋아하는 색깔이다.

형 (**비교급 yellower** [jélouə*r* 옐로우어] 또는 **more yellow**, 최상급 **yellowest** [jélouist 옐로우이스트] 또는 **most yellow**)
노란, 황색의
The leaves of the trees turn

yellow in fall.
나뭇잎은 가을에 노랗게 된다.

*yes *yes*
[jés 예스]

튄 1. [질문에 답하여] 네, 그렇습니다(《반》 no 아니오, 아닙니다) ; [부정의 질문에 답하여] 아니오

Do you like dogs? — *Yes*, I do. 개를 좋아하십니까? — 네, 좋아합니다.
Are you hungry? — *Yes*, I am. 배고프지? — 응, 배고파.
Aren't you hungry? — *Yes*, I am. 배고프지 않지? — 아니, 배고파.

튄 2. [상대의 말에 동의하여] 네, 그래, 그렇습니다 ; [부르는 말에 답하여] 네

Let's have lunch. — *Yes*, let's. 점심 먹자. — 그래, 그러자.
Betty! — *Yes*, Dad. 베티야! — 네, 아빠.

명 「네」라는 말 ; 찬성, 승낙
I said *yes*.
나는 「네」라고 대답했다.
He gave me a *yes*.
그는 승낙의 대답을 했다.

*yes·ter·day *yesterday*
[jéstərdèi 예스터데이]

명 어제
Yesterday was Saturday.
어제는 토요일이었다.

Where is *yesterday*'s newspaper?
어제 신문은 어디 있니?
the day before yesterday 그저께

튄 어제(는)
I was very busy *yesterday*.
나는 어제 매우 바빴다.

*yet *yet*
[jét 옛]

튄 1. [부정문에서] 아직 …(않다)

I have *not* read the book *yet*.
나는 아직 그 책을 읽지 않았다.
Her English is *not* good *yet*.
그녀는 아직 영어를 능숙하게 하지 못한다.

튄 2. [의문문에서] 이미, 벌써
Have you finished the book *yet*?
너는 벌써 그 책을 다 읽었니?

튄 3. [긍정문에서] 아직(도), 아직껏
We have a lot of time *yet*.
우리는 아직 시간이 많이 있다.
They are skiing *yet*.
그들은 아직껏 스키를 타고 있다.

and yet 그럼에도, 그런데도
It is strange *and yet* true.
이상한 일이지만 사실이다.
as yet 지금까지는

The plan has worked well *as yet*. 지금까지는 계획대로 잘 되어가고 있다.
접 그런데도, 그럼에도 불구하고
He did his best, *yet* he failed. 그는 최선을 다했음에도 불구하고 실패했다.

***you** *you*

[《약》ju 유 ; 《강》júː 유-]
☞ 인칭 대명사로 2인칭 단수·복수의 주격 및 목적격이다.
대 1. [주격] 당신(들)은〔이〕, 너(희들)은〔이〕
You are a kind man.
당신은 친절한 사람입니다.

You are my friends.
너희들은 내 친구다.
Are *you* busy?
너 지금 바쁘니?
대 2. [목적격] 당신(들)에게〔을〕, 너(희들)에게〔을〕
I love *you*.
나는 당신을 사랑합니다.
대 3. [막연히 일반 사람을 가리켜서] 사람은 누구나
You must be kind to others.
남에게 친절해야 한다.

《참고》 **you**의 변화형

주격	you	당신은
소유격	your	당신의
목적격	you	당신에게
소유대명사	yours	당신의 것
재귀대명사	yourself	당신 자신을

***you'd** *you'd*

[juːd 유-드]
you would, you had의 단축형

***you'll** *you'll*

[juːl 율-]
you will, you shall의 단축형

***young** *young*

[jʌ́ŋ 영]
형 (비교급 **younger** [jʌ́ŋɡər 영거], 최상급 **youngest** [jʌ́ŋɡist 영기스트])
젊은, 연소한, 어린(《반》 old 늙은)

a *young* man 젊은이, 청년
a *younger* brother〔sister〕
남〔여〕동생
She is *young*. 그녀는 젊다.
He is three years *younger* than I.
그는 나보다 세살 아래다.
We used to play here in our *young* days.
우리는 어린 시절에 여기서 곧잘 놀았다.

***your** *your*

[《약》jər 여 ; 《강》júər 유어]
대 [you의 소유격] 너(희들)의, 당신(들)의
Is this *your* bat?
이것이 네 배트니?

Wash *your* hands before you eat. 먹기 전에 손을 씻어라.

yours *yours*
[júərz 유어즈]
대 1. [you의 소유 대명사] 당신(들)의 것, 너(희들)의 것
Which book is *yours*?
어느 책이 당신 것입니까?
대 2. [보통 부사와 함께] 경구 《편지의 끝맺음말로 쓴다》

your·self *yourself*
[jərsélf 여셀프]
대 (복수 yourselves [jərsélvz 여셀브즈])
대 1. [강조 용법] 당신(들) 자신이, 너(희들) 자신이
You said so *yourself*.
너 자신이 그렇게 말했다.
대 2. [jərsèlf 여셀프] [재귀 용법] 당신(들) 자신을[에게], 너(희들) 자신을[에게]
Don't blame *yourself*.
자신을 책망하지 마시오.
Did you enjoy *yourself* yesterday? 어제는 즐거웠습니까?
by yourself 혼자만으로; 혼자 힘으로
for yourself 혼자힘으로, 혼자서; 자신을 위해

your·selves *yourselves*
[jərsélvz 여셀브즈]
대 yourself의 복수

youth *youth*
[júːθ 유-스]
명 (복수 youths [júːθs 유-스스])
명 1. 젊음; 청년 시절

He studied painting in France in his *youth*.
그는 젊은 시절에 파리에서 그림 공부를 했다.

명 2. 청년, 젊은이
A *youth* of about twenty drove the car.
스무살쯤 되는 젊은이가 그 차를 몰았다.

Z, z *Z, z*

[zíː 지-]

명 (복수 **Z's, z's** [zíːz 지-즈])
지《영어 알파벳의 스물여섯번째 글자》

＊ze·bra *zebra*

[zíːbrə 지-브러]

명 (복수 **zebras** [zíːbrəz 지-브러즈], **zebra** [zíːbrə 지-브러])
《동물》얼룩말

The *zebra* is one kind of horse that lives in Africa.
얼룩말은 아프리카에 살고 있는 말의 일종이다.
Zebras live in herds.
얼룩말은 무리지어 산다.

＊ze·ro *zero*

[zíːrou 지-로우]

명 (복수 **zeros, zeroes** [zíːrouz 지-로우즈])

명 1. (아라비아 숫자의) 0, 영, 제로

How many *zeros* are there in one million? 백만에는 영이 몇 개 있습니까?

명 2. (온도계 등의) 0도 ; (성적·시합 등의) 0점
I got *zero* in math.
나는 수학에서 영점을 받았다.
We won the game by nine to *zero*.
우리는 9대 0으로 그 시합에 이겼다.
It is five degrees below *zero* this morning.
오늘 아침은 영하 5도다.

---

zig·zag *zigzag*

[zígzæg 지그재그]

명 지그재그, Z자형

The lightning made a *zigzag* in the sky.
번갯불이 하늘에 Z자형을 그렸다.

zip *zip*
[zíp 집]
　명 (복수 **zips** [zíps 집스])
　《영》 지퍼(《미》 zipper)

zip code *zip code*
[zíp-kòud 집코우드]
　명 《미》 우편번호(《영》 postcode)

zip·per *zipper*
[zípər 지퍼]
　명 (복수 **zippers** [zípərz 지퍼즈])
　《미》 지퍼(《영》 zip)

*zone *zone*
[zóun 조운]
　명 (복수 **zones** [zóunz 조운즈])
　지대, 지역, 지구
　a safety *zone* 안전 지대

*zoo *zoo*
[zúː 주-]
　명 (복수 **zoos** [zúːz 주-즈])
　동물원
　There are a lot of animals in the *zoo*.
　동물원에는 많은 동물들이 있다.
　We saw giraffes, zebras and so on in the *zoo*.
　우리는 동물원에서 기린, 얼룩말 등을 보았다.

한영편

가게 a store 《미》, a shop 《영》
¶ 우리는 저 **가게**에서 책이나 잡지를 산다.
We buy books and magazines at that *store*.

가격 price, cost
¶ 이 모자의 **가격**은 얼마입니까?
What is the *price* of this hat?

가곡 a song

가공 processing ~하다 process

가구 furniture
¶ 나는 새 **가구**를 주문했다.
I ordered new *furniture*.

가깝다 near
¶ 그 공원은 아주 **가깝다**.
The park is quite *near*.

가꾸다 grow, cultivate

가끔 now and then, often
¶ 그녀는 **가끔** 그 공원에 간다.
She goes to the park *now and then*.

가난 poverty ~하다 poor
¶ 그들은 **가난하지**만 정직하다.
They are *poor* but honest.

가늘다 thin, slender
¶ **가는** 철사 a *thin* wire

가능(성) possibility

가능하다 possible
¶ 질병의 예방은 **가능하다**.
It is *possible* to prevent disease.

가다 go
¶ 나는 버스로 학교에 **간다**.
I *go* to school by bus.

가득하다 full of, filled with

가라앉다 sink, go down
¶ 그 배는 바다에 **가라앉았다**.
The boat *sank* in the ocean.

가량 about, some
¶ 여기서 거리가 얼마 **가량** 됩니까?
About how far is it from here?

가로 width ; [부사] across
¶ 이 그림은 **가로**가 2미터다.
This picture is two meters in *width*.

가로놓이다 lie, lie across

가로지르다 cross, go〔run〕 across
¶ 선로를 **가로지르다** *cross*〔*go across*〕 a track

가루 powder
¶ **가루** 비누 soap *powder*

가르치다 teach
¶ 나의 삼촌은 고등학교에서 수학을 **가르치신다**.
My uncle *teaches* mathematics at high school.

가리키다 point ⟨to, at⟩, indicate
¶ 소녀는 인형을 **가리켰다**.
The girl *pointed to* a doll.

가만히 quietly, calmly, gently

가면 a mask

가볍다 light
¶ 이 의자는 아주 **가볍다**.
This chair is very *light*.

가수 a singer
¶ 그녀는 훌륭한 **가수**다.
She is a fine *singer*.

가슴 breast, chest
¶ 어머니 생각으로 그의 **가슴**은 부풀었다.
The thought of his mother swelled his *breast*.

가시 a thorn
¶ **가시**없는 장미는 없다.
No rose without a *thorn*.

가운데 the middle, the center
¶ **가운데**에 있는 소년은 누구니?
Who is the boy in *the middle*?

가운뎃손가락 the middle finger
가위 scissors
¶ 이 **가위**는 잘 들지 않는다.
This pair of *scissors* doesn't cut well.
가을 fall 《미》, autumn 《영》
¶ 그들은 올 **가을**에 결혼할 것이다.
They are going to get married this *fall*.
가입하다 join
¶ 나는 테니스 클럽에 **가입했다**.
I *joined* the tennis club.
가장 (the) most
¶ 우리 학교에서는 축구가 **가장** 인기가 있다.
Soccer is the *most* popular sport in our school.
가정 home, a family
가져가다 take 〈with〉, take away
¶ 우산을 **가져가십시오**.
Take your umbrella *with* you.
가져오다 bring
¶ 물 좀 **가져와**.
Bring me some water.
가족 a family
¶ 나의 **가족**은 모두 아주 건강합니다.
My *family* are all very well.
가죽 (a) skin
¶ 이 손가방은 악어 **가죽** 제품이다.
This handbag is made of crocodile *skin*.
가지 a branch
¶ 나뭇**가지**를 꺾지 마라.
Don't break off a *branch* of the tree.
가지다 have, possess, own
¶ 나는 손에 책을 **가지고** 있다.
I *have* a book in my hand.
가치 value, worth
가파르다 steep
가혹하다 cruel, severe, harsh
각각 each
¶ **각각** 자기 방이 있다.
Each has his own room.
각자 **each one**, everyone
간격 a space, an interval, a gap
¶ 나무는 10미터 **간격**으로 심어져 있다.
Trees are planted at a *space* of 10 meters each.
간단하다 simple
¶ 시험은 아주 **간단했다**.
The exam was quite *simple*.
간선도로 a highway
간절하다 eager
¶ 그들은 **간절히** 영어를 배우고 싶어한다.
They are *eager* to learn English.
간판 a signboard, a sign
간호사 a nurse
¶ 나는 **간호사**가 되고 싶다.
I want to be a *nurse*.
간호하다 nurse, tend, care for, attend
간혹 sometimes, now and then, from time to time
갈다¹ grind
¶ 그들은 밀을 **갈아** 가루로 만든다.
They *grind* wheat into flour.
갈다² 〈밭을〉 plow
갈라지다 be divided, split, part
갈망하다 long for
¶ 우리 모두는 평화를 **갈망한다**.
We all *long for* peace.
감각 a sense, (a) sensation, feeling
¶ 그는 방향 **감각**이 전혀 없다.
He has no *sense* of direction.
감기 a cold
¶ 나는 **감기**가 들었다.
I have a *cold*.
감동하다 be moved, be touched
¶ 그녀는 그 소식에 깊이 **감동했다**.
She *was* deeply *moved* by the news.
감사 thank ～하다 thank 《a person》〈for〉, be grateful 〈for〉

¶ 감사의 말 words of *thanks*
감자 **a potato**
감정 **feelings**, (an) emotion
¶ 그녀는 자기의 감정을 억제했다.
She controlled her *feelings*.
감추다 **hide**, cover
감탄하다 **admire**, wonder
¶ 우리는 그의 재능에 감탄했다.
We *admired* at his talent.
감히 **boldly**, fearlessly
갑갑하다 **feel heavy**
갑자기 **suddenly**, all at once
¶ 갑자기 문이 열렸다.
The door opened *suddenly*.
갑판 **a deck**
값 **a price**, a cost, (a) value
¶ 나는 그것을 싼 값에 샀다.
I bought it at a low *price*.
갓난아이 **a baby**
강 **a river**
강도 **a robber**
¶ 은행 강도 bank *robbers*
강요하다 **force**, demand
¶ 그들은 내게 그 일을 하도록 강요했다.
They *forced* me to do the work.
강의 **a lecture** ~하다 **lecture** 〈on〉
¶ 우리는 영시 강의를 들었다.
We heard a *lecture* on English poetry.
강철 **steel**
¶ 이 칼은 강철 제품이다.
This knife is made of *steel*.
강하다 **strong**, powerful
¶ 그는 팔 힘이 강하다.
He has *strong* arms.
같다 **the same**
¶ 두 소년은 이름이 같다.
Two boys have *the same* name.
같이 **together**, with
¶ 같이 놀자.
Let's play *together*.
갚다 **pay back**, repay
개 **a dog**

¶ 개는 충직한 동물이다.
A *dog* is a faithful animal.
개구리 **a frog**
¶ 이 개구리는 매우 크다.
This *frog* is very big.
개다 〈날씨가〉 **clear**
¶ 하늘이 별안간 맑게 갰다.
The sky *cleared* suddenly.
개미 **an ant**
¶ 저 큰 개미를 보아라!
Look at that large *ant*!
개발 **development** ~하다 **develop**
개선하다 **improve**
¶ 그들은 그들의 생활을 개선하려고 노력했다.
They tried to *improve* their lives.
개시하다 **begin**, start
개업하다 **open**
¶ 그는 조그만 가게를 개업했다.
He *opened* a small store.
개최하다 **hold**《a meeting》
¶ 그 모임은 어제 개최되었다.
The meeting was *held* yesterday.
거기 **there**
¶ 우리는 거기에서 그를 만났다.
We saw him *there*.
거꾸러뜨리다 **knock down**;《물리치다》beat, defeat
거꾸로 **upside down**
¶ 그림이 거꾸로 걸려 있다.
The picture is *upside down*.
거들다 **help**
¶ 그녀는 내 숙제를 거들어 주었다.
She *helped* me with my homework.
거리¹ **a street**
¶ 거리에서 놀지 마라.
Don't play on the *street*.
거리² **distance**
¶ 두 도시간의 거리는 7마일이다.
The *distance* between the two

cities is 7 miles.
거미 a spider
¶ 저것은 **거미**입니까?
Is that a *spider*?
거스름돈 change
¶ 여기 **거스름돈**이 있습니다.
Here's your *change*.
거실 a living room
거울 a mirror
거의 almost, nearly
¶ 그 건물은 **거의** 완성되었다.
The building is *almost* finished.
거인 a giant
거저 for nothing
¶ 나는 이 표를 **거저** 얻었다.
I got this ticket *for nothing*.
거절하다 refuse
¶ 그녀는 그의 초대를 **거절했다**.
She *refused* his invitation.
거주하다 live, dwell
거지 a beggar
거짓말 a lie ~하다 lie, tell a lie
거칠다 wild, rough
걱정 worry, anxiety, care, fear ~하다 worry, be anxious ⟨about⟩, fear
¶ 그녀는 아무 **걱정**없는 표정이다.
She looks free from *worry*.
건강 health ~하다 healthy
¶ 그는 **건강**하다.
He is in good *health*.
건너다 go across, cross
¶ 그는 길을 **건넜다**.
He *went across* the road.
건너편 the opposite side, the other side
건드리다 touch
건물 a building
¶ 그들은 **건물**을 짓고 있다.
They are building a *building*.
건의하다 suggest
건전하다 sound
건조하다 dry
¶ 겨울에는 공기가 **건조하다**.

In winter the air is *dry*.
걷다 walk, go on foot
걸다¹ hang
¶ 그는 옷걸이에 코트를 **걸었다**.
He *hung* his coat on a hanger.
걸다² 1. ⟨말을⟩ speak to, talk to 2. ⟨전화를⟩ telephone
¶ 내일 전화를 **걸겠습니다**.
I'll *telephone* tomorrow.
걸리다¹ hang
¶ 그림이 벽에 **걸려** 있었다.
A picture *hung* on the wall.
걸리다² [시간] take
¶ 나는 역까지 걸어가는데 약 10분이 **걸린다**.
It *takes* me about 10 minutes to walk to the station.
걸음 a step
¶ 그녀는 경쾌한 **걸음**으로 걷는다.
She walks with light *steps*.
검다 black, dark
¶ **검은** 고양이 a *black* cat
검사 (an) examination, a test ~하다 examine, inspect, test
겁내다 be afraid of, fear
¶ 이 개를 **겁내지** 마라.
Don't *be afraid of* this dog.
게으르다 lazy, idle
¶ 그는 **게으른** 소년이다.
He is a *lazy* boy.
겨누다 aim ⟨at⟩, take aim ⟨at⟩
¶ 그는 병을 향해 총을 **겨눴다**.
He *aimed* his gun *at* the bottle.
겨울 (a) winter
견디다 bear, stand, endure
¶ 이 추위는 **견딜** 수가 없다.
I can't *bear* this cold.
견본 a sample
결과 a result
¶ 그의 실패는 태만의 **결과**였다.
His failure was the *result* of his idleness.
결국 after all, in the end, finally
¶ **결국** 그는 실패했다.
After all, he failed.

결론 a conclusion
결석 absence ~하다 **be absent** 〈from〉
¶ 그는 오늘 학교를 **결석했다**.
He *was absent from* school today.
결심 **resolution**, decision ~하다 **determine**, resolve, make up 《one's》 mind, decide
¶ 그것 때문에 그의 **결심**이 흔들렸다.
That shook his *resolution*.
결점 a **fault**, 《약점》 a weak point
¶ 남의 **결점**을 캐다 find *fault* with 《a person》
결정 (a) **decision** ~하다 **decide**
¶ 그들은 투표로 그것을 **결정했다**.
They *decided* it by a vote.
결코 (~아니다) **never**, by no means, not ... at all
¶ 너는 **결코** 화가가 될 수 없다.
You can *never* become a painter.
결혼 (a) **marriage** ~하다 **marry**
¶ 나와 **결혼해** 주십시오.
Please *marry* me.
결혼식 a wedding
겸손하다 modest
¶ 그녀는 **겸손한** 여자다.
She is a *modest* woman.
경 around
¶ 우리는 9시**경**에 해안에 도착했다.
We got to the seaside *around* nine o'clock.
경계하다 watch out, guard against
경고 (a) warning ~하다 warn
경기 a game, a match, a contest
¶ 그들은 야구 **경기**를 보고 있다.
They are watching a baseball *game*.
경우 a case
¶ 비가 올 **경우**엔 나는 가지 않겠다.
In *case* of rain, I will not go.
경쟁 (a) **competition**, a contest
¶ **경쟁**에 참여하다 take part in a *competition*〔*contest*〕
경쟁상대 a rival
경제 economy
¶ 한국 **경제** the Korean *economy*
경주 a **race**, a run
¶ **경주**하자!
Let's run a *race*!
경찰 the police
¶ **경찰**은 그것을 알고 있다.
The police know it.
경찰관 a policeman
¶ 우리는 **경찰관**을 부르러 보냈다.
We sent for a *policeman*.
경치 a **scene**, scenery
¶ 그것은 아름다운 **경치**다.
It is a beautiful *scene*.
경험 (an) **experience** ~하다 **experience, go through**
¶ 그것은 굉장한 **경험**이었다.
It was a wonderful *experience*.
계급 a class, a rank, a grade
계단 stairs, steps
¶ 그는 **계단**을 뛰어올라갔다.
He ran up the *stairs*.
계산하다 count, calculate
계속하다 continue, go on
¶ 전쟁은 10년간 **계속되었다**.
The war *continued* for ten years.
계절 a season
¶ 1년에는 4**계절**이 있다.
There are four *seasons* in a year.
계획 a plan ~하다 plan
¶ **계획**은 잘 되어갔다.
The *plan* worked well.
고객 a customer
고구마 a sweet potato
고국 native country
고급 high class〔grade〕
고기 meat 《육류》, fish 《어류》

고단하다

¶ 개에게 고기 한 점을 주었다.
I gave a piece of *meat* to the dog.
고단하다 **tired**
고대하다 **look forward to**
¶ 나는 너의 편지를 고대하고 있다.
I am *looking forward to* your letter.
고독하다 **lonely**
¶ 그는 고독한 생활을 하고 있다.
He is leading a *lonely* life.
고되다 **hard**
고등학교 **a (senior) high school**
고래 **a whale**
¶ 바다에서 고래를 본 적이 없다.
I have never seen a *whale* in the ocean.
고려 **consideration** ~하다 **consider**
고르다 **choose**, **select**
¶ 갖고 싶은 책을 골라라.
Choose the book you want.
고리 **a ring**, a link
고맙다 **thank** ; thankful
¶ 대단히 고맙습니다.
Thank you very much.
고무 **rubber**
¶ 타이어는 고무로 만들어진다.
Tires are made of *rubber*.
고민 **trouble**
¶ 그는 그 일로 고민하고 있다.
He is in *trouble* about it.
고발하다 **charge**
¶ 그는 절도죄로 고발되었다.
He was *charged* with stealing.
고속 **a high-speed**
고속도로 **an expressway**
고양이 **a cat**
¶ 나는 고양이 두 마리를 기른다.
I have two *cats*.
고요하다 **silent**, calm
¶ 고요한 밤 a *silent* night
고용하다 **employ**, hire
고작 **at (the) most**, at (the) best

고장 **a breakdown**, a trouble
고장나다 **be out of order**
¶ 내 시계는 고장났다.
My watch *is out of order*.
고치다 1. **repair**, mend
2. 〈병을〉 **cure**
¶ 이 약으로 감기를 고쳤니?
Did this medicine *cure* your cold?
고통 (a) **pain**
고향 **home**, hometown
¶ 서울은 내 고향이다.
Seoul is my *home*.
곤충 **an insect**
¶ 그 소년은 곤충을 채집한다.
The boy collects *insects*.
곧 1. 《즉시》 **at once**
2. 《오래지 않아》 **soon**, before long
¶ 곧 돌아오겠습니다.
I'll be back *soon*.
곧장 **straight**
¶ 이 길을 따라 곧장 가시오.
Go *straight* along this road.
곰 **a bear**
곱다 **beautiful**, fine
곱셈 **multiplication**
곳 **a place**
공 **a ball**
¶ 나는 공을 찼다.
I kicked a *ball*.
공간 **space**
¶ 시간과 공간 time and *space*
공개하다 **open** 《a thing》 **to the public**, make 《a thing》 public
공격 **an attack** ~하다 **attack**
공구 **a tool**
공급 **supply** ~하다 **supply** 《a thing》〈to〉, supply 《a person》〈with〉
¶ 공급과 수요 *supply* and demand
공기 **air**
¶ 산의 공기는 신선하다.
Mountain *air* is fresh.

공부 study, work ～하다 study, work
¶ 그는 매우 열심히 **공부한다**.
He *studies* very hard.

공손하다 polite
¶ 그는 누구에게나 **공손하다**.
He is *polite* to everyone.

공업 (an) industry
공원 a park
공장 a factory, a plant
¶ 우리집 근처에 **공장**이 있다.
There is a *factory* near my house.

공주 a princess
공짜의 free
¶ 이것은 **공짜** 티켓이다.
This is a *free* ticket.

공책 a notebook
공통어 a common language
¶ 영어는 세계 **공통어**다.
English is a *common language* in the world.

공항 an airport
과거 the past
¶ **과거**의 일을 잊도록 해라.
Try to forget *the past*.

과목 a subject
¶ 어떤 **과목**을 제일 좋아하니?
Which *subject* do you like best?

과일 (a) fruit
¶ 나는 **과일**을 매우 좋아한다.
I like *fruit* very much.

과자 a cake, candy 《미》
관계 relation
¶ 나는 그와 아무런 **관계**도 없다.
I have no *relations* with him.

관광 tour
관심 (an) interest
관하여 about, on
광경 a scene, a spectacle, a sight
¶ 얼마나 아름다운 **광경**이냐!
What a beautiful *sight*!

광선 a light
괜찮다 all right, O.K.
괴롭히다 worry〔trouble〕 《a person》
¶ 그녀는 심한 두통으로 **괴로워하고** 있다.
She is *troubled* with a serious headache.

교과서 a textbook
교사 a teacher
교수 a professor
¶ 그는 역사학 **교수**다.
He is a *professor* of history.

교실 a classroom, a schoolroom
교외 the suburbs
¶ 우리 학교는 서울 **교외**에 있다.
Our school stands in *the suburbs* of Seoul.

교육 education
교장 a principal
교통 traffic, communication
¶ **교통** 정리를 하다 control *traffic*

교회 a church
¶ 나는 일요일에 **교회**에 간다.
I go to *church* on Sunday.

교훈 a lesson
¶ 이번 일을 **교훈**으로 삼으시오.
Let this be a *lesson* to you.

구경하다 watch
¶ 그들은 야구 시합을 **구경하고** 있다.
They are *watching* a baseball game.

구급차 an ambulance
구두 shoes, 《장화》 boots
¶ **구두** 한 켤레 a pair of *shoes*

구르다 roll
¶ 공이 언덕을 **굴러** 내려갔다.
The ball *rolled* down the hill.

구름 a cloud
¶ 하늘에 떠있는 흰 **구름**을 봐라.
Look at a white *cloud* in the sky.

구멍 a hole
¶ 내 양말에 **구멍**이 나 있다.
There are *holes* in my socks.

구부리다 bend

구석 a corner
¶ 방 구석에 쥐가 한 마리 있다.
There is a mouse in the *corner* of the room.

구월 September

구하다〔**구조하다**〕 rescue 《a person》 from
¶ 그들은 불타고 있는 집에서 노인을 구해냈다.
They *rescued* an old man *from* the burning house.

국가 a country, a nation
¶ 한국은 공업 국가다.
Korea is an industrial *nation*.

국기 the national flag

국민 a nation, a people
¶ 한국 국민은 대단히 친절하다.
The Korean *people* are very kind.

국방 national defense

국사 a national history

국산 home〔domestic〕 production ; a domestic〔home〕 product 《국산품》

국수 noodles

국어 the national language, mother tongue

국제 공항 an international airport

국회 the National Assembly, Congress 《미》

군대 an army

군인 a soldier

굳세다 strong, firm

굴뚝 a chimney
¶ 산타클로스는 굴뚝으로 내려온다.
Santa Claus comes down the *chimney*.

굴리다 roll
¶ 소년은 큰 눈덩이를 굴리고 있다.
The boy is *rolling* a big snowball.

굵다 thick
¶ 그녀는 다리가 굵다.
She has *thick* legs.

굶다 starve
¶ 굶어 죽다 *starve* to death

권리 a right
¶ 남의 권리를 존중해야 한다.
You must respect the *rights* of others.

권투 boxing

귀 an ear
¶ 토끼는 귀가 길다.
A rabbit has long *ears*.

귀엽다 pretty, lovely, sweet
¶ 그녀는 귀여운 여자 아이다.
She is a *pretty* little girl.

규칙 a rule, regulations
¶ 우리는 학교 규칙에 따른다.
We keep the *rules* of the school.

그 the
¶ 그 배는 곧 가라앉았다.
The ship sank in a minute.

그것 it, that
¶ 그것은 펜이다.
It is a pen.

그 남자 he

그녀 she

그늘 shade

그들 they

그때 then, at that time
¶ 그때 나는 웨스트엔드에 살고 있었다.
I was *then* living in the West End.

그래도 but, nevertheless, and yet

그래서 so, therefore
¶ 그는 열이 있었다. 그래서 일찍 집에 갔다.
He had a fever, *so* he went home early.

그러나 but, however

그러면 then

그러므로 so, therefore
¶ 나는 생각한다. 그러므로 나는 존재한다.
I think, *therefore* I am.

그러한 such
그렇게 so
¶ 그렇게 행동해서는 안된다.
You must not behave *so*.
그리고 and
그리다 draw, paint
¶ 그는 그림을 썩 잘 그린다.
He *draws* pictures very well.
그림 a picture, a painting
¶ 나는 그림 그리기를 좋아한다.
I like to draw *pictures*.
그림물감 paint, colors
그림자 a shadow
그만두다 stop, give up
그물 a net
¶ 새 한 마리가 그물에 걸렸다.
A bird was caught in the *net*.
그 밖에 else, other
그저께 the day before yesterday
그치다 stop, cease
그 후 since, afterward
¶ 그 후 그로부터 소식이 없다.
I haven't heard from him *since*.
극장 a theater
¶ 우리는 어젯밤 극장에 갔다.
We went to the *theater* last night.
근무 work ~하다 work
¶ 엄마는 병원에서 근무하신다.
Mom *works* at the hospital.
근육 muscle
¶ 운동은 근육을 강하게 만든다.
Exercise makes the *muscles* strong.
글쎄 well, let me see
글자 a letter
긁히다 scratch
¶ 이 펜은 몹시 긁힌다.
This pen *scratches* badly.
금 gold
¶ 그것은 금으로 만들어졌다.
It is made of *gold*.
금고 a safe
¶ 귀중품은 금고에 보관되어 있다.
The valuables are kept in the *safe*.
금년 this year
금방 just now, right now
금속 a metal
¶ 금은 누구나 탐내는 금속이다.
Gold is a *metal* that everybody wants.
금요일 Friday
급료 a salary, wages, pay
¶ 나는 급료로 생활하고 있다.
I live on my *salary*.
급우 a classmate
급하다 urgent
¶ 그는 급한 일로 집에 갔다.
He went home on *urgent* business.
급히 fast, quickly
¶ 그는 학교로 급히 달려갔다.
He ran *fast* to (his) school.
기간 a period
¶ 그는 짧은 기간 서울에 머물렀다.
He stayed in Seoul for a short *period*.
기계 a machine, machinery
기관차 an engine, a locomotive
¶ 증기 기관차 a steam *locomotive*
기꺼이 willingly, with pleasure
¶ 기꺼이 그렇게 하겠습니다.
I will do so *with pleasure*.
기다 crawl
¶ 그 아기는 네 발로 기어갔다.
The baby *crawled* on hands and knees.
기다리다 wait ⟨for⟩
¶ 잠깐만 기다려.
Wait a minute.
기대 expectation ~하다 expect
¶ 그가 올 것으로 기대하고 있다.
I *expect* him to come.
기대다 lean ⟨against⟩
¶ 그는 벽에 기댔다.
He *leaned against* the wall.

기도 a prayer 〜하다 pray
¶ 그는 무릎꿇고 **기도했다**.
He knelt down and *prayed*.

기러기 a wild goose

기록 a record
¶ 그녀는 세계 **기록** 보유자다.
She holds the world's *record*.

기르다 bring up, raise
¶ 그녀는 혼자서 아이 다섯 명을 **길렀다**.
She *brought up* five children by herself.

기름 oil

기분 feelings

기쁘다 happy, joyful, glad
¶ 당신을 만나서 **기쁩니다**.
I am *happy* to see you.

기쁨 joy, delight, pleasure

기사 an engineer
¶ 나의 할아버지는 **기사**였다.
My grandfather was an *engineer*.

기술 skill, art, technique

기억 memory 〜하다 remember
¶ 그것은 내 **기억**에 없는 일이다.
That is not within my *memory*.

기울다 incline, lean ; 《쇠퇴하다》 decline

기자 a reporter
¶ 그는 신문 **기자**다.
He is a *reporter* for a newspaper.

기적[1] a whistle, a siren

기적[2] a miracle, a wonder
¶ 그의 성공은 **기적**이다.
His success is a *miracle*.

기준 a standard

기차 a train
¶ 우리는 그 **기차**를 탔다.
We got on the *train*.

기체 gas

기초 the foundation, the basis

기침 a cough
¶ 그는 심한 **기침**을 하고 있다.
He has a bad *cough*.

기호 a sign

기회 an opportunity, a chance
¶ 우리는 **기회**를 잡아야 한다.
We must take an *opportunity*.

기후 climate, weather
¶ 한국은 **기후**가 온화하다
Korea has a mild *climate*.

길 a way, a road, a street
¶ 이곳이 지름**길**이다.
This is the shortest *way*.

길다 long
¶ 그녀는 아름다운 **긴** 머리카락을 가지고 있다.
She has beautiful *long* hair.

길이 length
¶ 이 강의 **길이**는 100마일이다.
The *length* of the river is one hundred *miles*.

깃발 a flag

깊다 deep
¶ 뒤뜰에 **깊은** 우물이 있다.
There is a *deep* well in the back yard.

깊이 [명사] depth ; [부사] deeply

까다 hatch
¶ 암탉은 병아리를 **깐다**.
A hen *hatches* chickens.

까다롭다 particular
¶ 아버지는 식성이 **까다로우시다**.
My father is *particular* about food.

까마귀 a crow

까맣다 《검다》 black, dark ; 《아득하다》 far, far off, far away
¶ 새**까만** as *black* as coal (ink)

까지 1. [시간] till, until, up to, by
¶ 그는 아침부터 밤**까지** 공부했다.
He studied from morning *till* night.
2. [장소] to, up to, as far as

깎다 〈머리를〉 cut ; 〈풀을〉

mow ; 〈수염을〉 **shave**
¶ 나는 머리를 깎았다.
I had my hair *cut*.
깔다 spread, lay
깔보다 look down on〔upon〕
¶ 가난한 사람들을 깔보지 마라.
Don't *look down upon* poor people.
깡통 a can
깨끗이 clean
¶ 방을 깨끗이 쓸어라.
Sweep the room *clean*.
깨끗하다 clean, 《맑다》 clear, 《공정하다》 fair
¶ 깨끗한 수건 a *clean* towel
깨다 1. 〈잠이〉 **wake up**, awake
2. 〈기록·물건을〉 **break**
¶ 그는 세계 기록을 깼다.
He *broke* the world's record.
깨뜨리다 break
¶ 접시를 깨뜨리다 *break* a dish
깨물다 bite
¶ 혀를 깨물다 *bite* 《one's》 tongue
깨우다 wake up, awake
¶ 몇시에 깨울까요?
When shall I *wake* you *up*?
깨지다 be broken, break
¶ 산산이 깨지다 *be broken* to pieces
꺼내다 pull out, take out
¶ 나는 캐비닛에서 서류철을 꺼냈다.
I *pulled* my file *out* of the cabinet.
꺼지다 〈불이〉 **go out**, be put out
¶ 전등이 꺼졌다.
The light has *gone out*.
꺾다 break〈off〉
¶ 그는 사과 나무의 가지를 꺾었다.
He *broke* a branch *off* the apple tree.
껍질 〈과일의〉 **peel** ; 〈깍지〉 a shell ; 〈얇은〉 skin

껴안다 hug
¶ 아이는 인형을 껴안고 있었다.
The child was *hugging* her doll.
꼬리 a tail
꼭 certainly, just, right
¶ 그녀는 꼭 올 것이다.
She will *certainly* come.
꼭대기 the top, the peak
¶ 산꼭대기는 눈으로 덮여 있었다.
The top of the mountain was covered with snow.
꽃 a flower
¶ 그녀는 꽃병에 꽃을 꽂았다.
She put *flowers* in the vase.
꽃병 a vase
꾸다 〈돈을〉 **borrow** ; 〈꿈을〉 **dream**
¶ 나는 그에게서 돈을 조금 꾸었다.
I *borrowed* some money from him.
꾸짖다 scold
¶ 그는 내가 늦었다고 꾸짖었다.
He *scolded* me for being late.
꿀 honey
¶ 테디는 꿀을 좋아한다.
Teddy likes *honey*.
꿀벌 a honeybee
꿈 a dream
¶ 그녀는 행복한 꿈을 꾸었다.
She had a happy *dream*.
꿋꿋하다 strong, firm ;《곧다》 straight
끄다 〈불을〉 **put out** ; 〈전기·가스·라디오를〉 **turn off**, switch off
¶ 그녀는 불을 껐다.
She *put out* the light.
끈 a string, a cord
끊다 cut ;《금하다》 stop, give up
¶ 직각으로 끊다 *cut* at right angles
끊어지다 be cut, be cut off
끊임없다 continuous, constant

¶ **끊임없이** 비가 내렸다.
We had *continuous* rain.
끌다 **pull**, draw;〈주의를〉 attract;〈인도하다〉 **lead**;〈미루다〉 delay
끓다 **boil**
¶ 물이 **끓고** 있다.
The water is *boiling*.
끓이다 **boil**
끔찍하다 **frightful**, dreadful
끝 **end**, close;《첨단》the point

¶ 이것이 그 이야기의 **끝**이다.
This is the *end* of the story.
끝나다 **end**, finish, be closed, be over
¶ 시험이 **끝났다**.
The examination *is over*.
끝내다 **end**, finish, complete
끼다 〈장갑·반지 등을〉 **put on**;《참가하다》 **join**, take part in
¶ 나도 **끼워** 줘.
Let me *join* you.

나 **I**
나가다 **go out**
¶ 그는 **나갔다**.
He has *gone out*.
나누다 **divide**〈into〉, separate, share
¶ 그녀는 케이크를 5조각으로 **나누었다**.
She *divided* the cake *into* five pieces.
나눗셈 **division**
나란히 **side by side**
¶ 그들은 **나란히** 걸었다.
They walked *side by side*.
나르다 **carry**, transport
¶ 그는 당근을 **나르고** 있다.
He is *carrying* the carrots.
나머지 **the rest**
나무 **a tree**
¶ 저 큰 **나무**를 보아라.
Look at that big *tree*.
나쁘다 **bad**, wrong
¶ 산책을 나가기엔 날씨가 **나쁘다**.
The weather is too *bad* to go for a walk.

나오다 **come〔go, get〕 out**
나이 **age**, years
¶ 우리는 **나이**가 같다.
We are of the same *age*.
나중에 **later**
¶ **나중에** 전화하겠습니다.
I'll call you *later*.
나타나다 **appear**
¶ 구름 사이에서 달이 **나타났다**.
The moon *appeared* through the clouds.
나타내다 《표현하다》 **express**; show, display
낚시(질) **fishing**
¶ 나는 **낚시질**을 좋아한다.
I am fond of *fishing*.
난로 **a stove**
날 **a day**
날개 **the wings**
¶ 그 새는 큰 **날개**를 폈다.
The bird spread its big *wings*.
날다 **fly**
¶ 비행기가 천천히 **날고** 있다.
The airplane is *flying* slowly.
날마다 **every day**, daily
날씨 **(the) weather**

¶ 오늘 날씨가 좋다.
The weather is fine today.
날짜 **a date**
¶ 날짜를 정하다 set a *date*
날카롭다 **sharp**
¶ 이 칼은 매우 날카롭다.
This knife is very *sharp*.
낡다 **old**, be out of date
남 **others**
¶ 남에게 친절해라.
Be kind to *others*.
남자 **a man**, a male
남쪽 **the south**
남편 **a husband**
납득하다 **understand**
납작하다 **flat**
낫다 **better**, get well
¶ 이것이 저것보다 낫다.
This is *better* than that.
낭비하다 **waste**
¶ 시간을 낭비하지 마라.
Don't *waste* time.
낮 **the daytime**, the day
¶ 여름은 겨울보다 낮이 더 길다.
Days are longer in summer than in winter.
낮다 **low**
¶ 그녀는 낮은 목소리로 말했다.
She spoke in a *low* voice.
낯 **a face**
낯설다 **strange**
낱말 **a word**
낳다 **bear**
내내 **all along**, all the time
¶ 나는 내내 그것을 알고 있었다.
I knew it *all along*.
내년 **next year**
내다보다 **look out**
¶ 나는 창밖을 내다보고 있었다.
I was *looking out* the window.
내려가다 **go down**, descend
¶ 그들은 언덕을 내려갔다.
They *went down* the hill.
내려놓다 **put down**
¶ 연필을 내려놓으시오.

Put your pencil *down*.
내리다 **get off**
¶ 그는 버스에서 내렸다.
He *got off* the bus.
내버리다 **throw away**
내부 **the inside**
¶ 나는 그 집의 내부를 보고 싶다.
I want to see *the inside* of the house.
내용 **contents**
내일 **tomorrow**
¶ 내일 보자.
See you *tomorrow*.
냄새 (a) **smell**
냄새맡다 **smell**
¶ 그녀는 그 음식의 냄새를 맡았다.
She *smelled* the food.
냉장고 **a refrigerator**
¶ 냉장고에 넣어두어라.
Keep it in the *refrigerator*.
너 **you**
¶ 그녀는 너를 매우 사랑한다.
She loves *you* very much.
너무 **too**, too much
¶ 오늘은 너무 덥다.
It is *too* hot today.
너비 **width**, breadth
넉넉하다 **enough**, plenty
널리 **widely**, far and wide
¶ 그녀의 이름은 세계에 널리 알려졌다.
Her name was *widely* known all over the world.
넓다 **broad**, wide, large
¶ 우리는 넓은 강을 건너야 한다.
We must cross a *wide* river.
넘기다 **turn** ⟨over⟩
¶ 그녀는 책장을 넘기고 있다.
She is *turning over* the pages of her book.
넘다 **be over**, cross, go across, jump
¶ 그녀는 80세를 넘어섰다.
She *was over* eighty.

넘어지다 fall
¶ 아이는 미끄러져 땅에 **넘어졌다**.
The child slipped and *fell* to the ground.
넣다 **put in**, take in, bring in
네 **yes**
¶ **네**, 할 수 있어요.
Yes, I can.
넷 **four**
노 **an oar**
¶ 그들은 **노**를 저었다.
They pulled the *oars*.
노동 **labor**, work ～하다, **labor, work**
노동자 **a laborer**
노랑 **yellow**
¶ **노랑**은 그녀가 좋아하는 색깔이다.
Yellow is her favorite color.
노랗다 **yellow**
¶ **노란** 튤립이 피어 있다.
Yellow tulips are in bloom.
노래 **a song** ～하다 **sing**《a song》
¶ 그는 **노래**를 부르고 있다.
He is singing a *song*.
노력 (an) **effort** ～하다 **make an effort**
¶ 그가 성공한 것은 **노력**의 결과였다.
His success was the result of *effort*.
노예 **a slave**
노인 **an old man**, the old
녹다 **melt**
¶ 설탕은 물에 **녹는다**.
Sugar *melts* in water.
녹색 **green**
녹음기 **a recorder**, a tape recorder
¶ 이 테이프 **녹음기**를 어디서 샀습니까?
Where did you get this tape *recorder*?
녹이다 **melt**
논의하다 **discuss**, argue

¶ 그 계획에 대해서 **논의했다**.
We *discussed* the plan.
놀다 **play**
¶ 밖에서 **놀자**.
Let's *play* outside.
놀라다 **be surprised**, be astonished, be frightened
¶ 그녀는 그 소식을 듣고 **놀랐다**.
She *was surprised* at the news.
놀랍다 **surprising**, wonderful
놀리다 **make fun of**
¶ 나를 **놀리지** 마라.
Don't *make fun of* me.
놀이 **play**, game
놀이터 **a playground**
농구 **basketball**
¶ 우리는 방과 후에 **농구**를 했다.
We played *basketball* after school.
농담 **a joke**
¶ **농담**이 아니다.
It't no *joke*.
농부〔농민〕 **a farmer**
¶ 요즘 **농부**들은 기계를 사용한다.
These day *farmers* use machines.
농업 **farming**
농작물 **the crops**
농장 **a farm**
¶ 그는 **농장**에서 일한다.
He works on a *farm*.
농촌 **a farm village**
높다 **high**
높이¹ [높은 정도] **height**
높이² [높게] **high**
¶ 비행기가 하늘 **높이** 날고 있다.
An airplane is flying *high* in the sky.
높이다 **raise**, heighten, lift
놓다 **put**, lay, place, set
¶ 그는 가방을 책상 위에 **놓았다**.
He *laid* his bag on the desk.
놓치다 **miss**
¶ 그는 버스를 **놓쳤다**.
He *missed* the bus.

뇌 the brains
누구 [주격] who, [소유격] whose, [목적격] whom
¶ 이 소녀는 누구지?
Who is this girl?
누구나 **everyone**, anyone
누군가 **somebody**
누르다 **press**
¶ 그 단추를 누르십시오.
Please *press* the button.
누이 **an older sister** 《손위》, a younger sister 《손아래》
눈 1. **an eye**
2. **snow**
¶ 어젯밤에 많은 눈이 내렸다.
There was a heavy *snow* last night.
눈물 **a tear**
¶ 눈물이 그의 뺨에 흘러 내렸다.
Tears rolled down his cheeks.
눈사람 **a snowman**
눈썹 **the eyebrow**
눕다 **lie**
¶ 나는 여기 네 곁에 눕겠다.
I'll *lie* here beside you.

눕히다 **lay**
¶ 어머니는 아기를 침대에 눕혔다.
The mother *laid* her baby on the bed.
느끼다 **feel**
¶ 나는 아픔을 느끼지 않는다.
I don't *feel* pain.
느낌 **an impression**
느리다 **slow**
¶ 너는 너무 느리다.
You're too *slow*.
늘 **always**, ever, all the time
¶ 아버지는 늘 바쁘시다.
My father is *always* busy.
늘다 **increase**, gain, grow
늙다 **old**
¶ 그의 할머니는 늙으셨다.
His grandmother is *old*.
능력 (**an**) **ability**, (a) capacity
늦다 **late**
¶ 비행기는 30분 늦었다.
The plane was thirty minutes *late*.
늦잠 **oversleeping**

다 **all**, everything
다가가다 **go near**
다가오다 **draw near**
¶ 크리스마스가 다가오고 있다.
Christmas is *drawing near*.
다니다 **go to**
¶ 나는 버스로 학교에 다닌다.
I *go to* school by bus.
다달이 **every month**, monthly
다듬다 **trim**
¶ 그는 울타리를 다듬고 있다.
He is *trimming* the hedge.

다루다 **handle**, treat
¶ 그는 나를 어린애처럼 다루었다.
He *treated* me like a child.
다르다 **differ** 〈from, with〉
¶ 나는 너와 의견이 다르다.
I *differ from* 〔*with*〕 you.
다리¹ **a leg**
¶ 우리는 두 다리로 선다.
We stand on both *legs*.
다리² **a bridge**
¶ 우리는 다리를 건넜다.

We crossed the *bridge*.
다리미 an iron
¶ 그녀는 전기 다리미를 쓴다.
She uses an electric *iron*.
다만 only, merely
¶ 나는 그것을 다만 호기심에서 물어 보았다.
I asked it *merely* out of curiosity.
다물다 shut, close 《one's lips》
¶ 입 다물어라.
Shut your mouth.
다스 a dozen
¶ 나는 연필이 한 다스 있다.
I have a *dozen* of pencils.
다스리다 govern, rule (over)
¶ 여왕은 국민을 현명하게 다스렸다.
The queen *ruled* (*over*) the people wisely.
다시 again, over again, once again, once more
¶ 다시 만납시다.
See you *again*.
다음 next
¶ 다음은 내 차례다.
I am *next*.
다음날 the following[next] day
¶ 그는 그 다음날에 출발했다.
On *the following day* he started.
다치다 hurt 《oneself》, get hurt, be injured[wounded]
¶ 다치지 않도록 조심해라.
Be careful not to *get hurt*.
다투다 quarrel
¶ 나는 그 문제로 그와 다퉜다.
I *quarreled* with him about the problem.
다툼 a quarrel
다하다 finish
¶ 그녀는 숙제를 한 시간 안에 다 했다.
She *finished* her homework in an hour.
닦다 polish

¶ 그는 구두를 닦았다.
He *polished* shoes.
단념하다 give up
¶ 결국 그는 그 계획을 단념했다.
At last he *gave up* the plan.
단단하다 hard
단어 a word
단위 a unit
¶ 가정은 사회의 기초 단위다.
The family is the basic *unit* of society.
단지 merely, only, simply
¶ 그것은 단지 형식상의 문제다.
It's *merely* a matter of form.
단추 a button
¶ 그녀는 코트에 단추를 꿰매어 달았다.
She sewed a *button* on her coat.
닫다 shut, close
¶ 그는 문을 닫았다.
He *shut* the door.
달¹ the moon
¶ 달이 떴다.
The moon rose.
달² [1개월] a month
달걀 an egg
¶ 그녀는 달걀 세 개를 삶았다.
She boiled three *eggs*.
달다 sweet
¶ 이 캔디는 달다.
This candy is *sweet*.
달려들다 rush
¶ 그녀는 내게 달려들었다.
She *rushed* at me.
달력 a calendar
¶ 나는 멋있는 달력을 모은다.
I collect beautiful *calendars*.
달리다 run
¶ 우리는 4킬로미터를 달렸다.
We *ran* 4 kilometers.
달빛 moonlight
¶ 그 동상은 달빛을 받으며 서 있었다.
The statue stood in the *moonlight*.

달아나다 run away, escape
¶ 우리는 역 쪽으로 달아났다.
We *ran away* toward the station.
달팽이 a snail
닭 a hen 《암탉》, a rooster 《수탉》, a chick 《병아리》
¶ 암탉은 알을 낳는다.
Hens lay eggs.
닮다 resemble, take after
¶ 그는 그의 어머니를 닮았다.
He *resembled* his mother.
담 a wall, a fence
¶ 벽돌담 a brick *wall*
담배 (a) tobacco, a cigaret(te)
답 an answer, a reply
¶ 내 답이 맞습니까?
Is my *answer* correct?
당기다 pull, draw
당분간 for the present, for the time (being)
¶ 당분간 비는 오지 않을 것이다.
It will not rain *for the present*.
당선 election ~하다 be elected
당신 you
당연하다 natural
¶ 그가 그렇게 생각하는 것도 당연하다.
It is *natural* for him to think so.
당장 at once, immediately
¶ 지금 당장 해라.
Do it *at once*.
당황하다 be confused, be upset
¶ 나는 그의 질문에 당황했다.
I *was confused* by his question.
닻 an anchor
닿다 reach
¶ 저 포도에 손이 닿지 않는다.
He can't *reach* those grapes.
대개 mostly, generally
¶ 그는 대개 9시에 온다.
He *generally* comes at nine.
대기하다 stand by
¶ 전원 대기하라!
Everybody *stands by*!
대나무 a bamboo

¶ 대나무 담뱃대 a *bamboo* pipe
대다 touch, put, hold
¶ 내게 손대지 마라.
Don't *touch* me.
대단히 very, awfully, greatly
대담하다 bold
¶ 너는 대담하다.
You are *bold*.
대답 an answer, a reply ~하다 answer, reply
¶ 그녀는 「네」하고 대답했다.
She *answered* "Yes."
대략 about, nearly, almost
¶ 대략 10마일 *about* 10 miles
대륙 a continent
¶ 오스트레일리아 대륙은 세계에서 가장 작은 대륙이다.
Australia is the smallest *continent* in the world.
대만원 a large audience
¶ 청중은 대만원이었다.
There was a *large audience*.
대명사 a pronoun
¶ 인칭 대명사 a personal *pronoun*
대문 a gate
대부분 the majority, the major part 〈of〉
¶ 대부분의 사람들은 전쟁보다 평화를 원한다.
The *majority* of people prefer peace to war.
대비하다 provide 〈for〉
¶ 우리는 장래를 대비해야 한다.
We must *provide for* the future.
대서양 the Atlantic (Ocean)
대신에 instead of, in place of
대신하다 take the place of
¶ 내가 형을 대신하겠다.
I will *take the place of* my brother.
대접하다 treat, receive, entertain
¶ 우리는 오늘밤 손님을 대접한다.
We will *receive* guests tonight.

대통령 the President
¶ 미합중국 대통령 the President of the United States of America

대포 a gun, a cannon

대표하다 represent
¶ 그는 우리 반을 대표했다.
He *represented* our class.

대하여 about

대학교 a university 《종합 대학》, a college 《단과 대학》
¶ 그들은 대학교에 다닌다.
They go to the *university*.

대화 (a) conversation ~하다 talk with
¶ 나는 그와 오랜 대화를 했다.
I had a long *conversation* with him.

더럽다 dirty
¶ 더러운 손으로 먹지 마라.
Don't eat with *dirty* hands.

더욱 more, more and more
¶ 이야기는 더욱 재미있어졌다.
The story became *more and more* interesting.

더욱이 besides, moreover
¶ 춥고 더욱이 비까지 오고 있다.
It is cold ; *besides*, it is raining.

더위 the heat
¶ 나는 여름 더위는 질색이다.
I hate *the heat* of summer.

더하다 add, plus
¶ 하나에 하나를 더하면 둘이 된다.
If you *add* one and one, you'll get two.

던지다 throw, cast
¶ 그는 개에게 돌을 던졌다.
He *threw* a stone at the dog.

덥다 hot
¶ 이 스웨터는 너무 덥다.
I'm too *hot* in this sweater.

덧셈 addition

덩굴 a vine
¶ 그 벽은 덩굴로 덮여 있었다.
The wall was covered with *vines*.

덫 a trap
¶ 우리는 쥐덫을 놓았다.
We set a *trap* for mice.

데려가다 take 《a person》 to
¶ 그는 우리를 동물원에 데려 갔다.
He *took* us *to* the zoo.

데려오다 bring 《a person》
¶ 그를 집으로 데려오너라.
Bring him back home.

도구 a tool, an instrument
¶ 목수는 집을 짓는데 많은 도구를 사용한다.
A carpenter uses many *tools* to build a house.

도둑 a thief
¶ 경찰관은 도둑을 붙잡았다.
The policeman caught the *thief*.

도둑맞다 have 《a thing》 stolen
¶ 그녀는 지갑을 도둑맞았다.
She *had* her purse *stolen*.

도로 a road, a way
¶ 이 도로는 정거장으로 통한다.
This *road* leads to the station.

도서관 a library
¶ 우리 학교에는 큰 도서관이 있다.
Our school has a large *library*.

도시 a city
¶ 아저씨는 도시에 살고 계십니다.
My uncle lives in the *city*.

도와주다 help, assist
¶ 그녀는 내 숙제를 도와주었다.
She *helped* me with my homework.

도움 help
¶ 그는 도움을 바라고 외쳤다.
He cried for *help*.

도중에 on the way
¶ 나는 학교에 가는 도중에 그녀를 만났다.
I met her *on the way* to school.

도착 arrival ~하다 arrive 〈in, at〉

¶도착 시간은 오후 3시 10분이다.
The *arrival* time is 3:10 p.m.
도토리 an acorn
독 (a) poison
¶독가스 *poison* gas
독립 independence ～하다 become independent
¶그는 독립하여 생활한다.
He lives a life of *independence*.
독서 reading ～하다 read
¶나는 독서를 좋아한다.
I like *reading*.
독자 a reader
독특하다 unique, peculiar
¶이 수프는 독특한 맛이 있다.
This soup has a *peculiar* taste.
돈 money
¶시간은 돈이다.
Time is *money*.
돌 a stone
¶그 다리는 돌로 되어 있다.
The bridge is made of *stone*.
돌고래 a dolphin
돌다 turn
¶지구는 태양의 주위를 돈다.
The earth *turns* round the sun.
돌려주다 give back
돌리다 turn
돌보다 take care of, look after
¶그녀는 아이들을 돌보고 있다.
She *looks after* the children.
돌아가다 return, go back
¶본론으로 돌아가다 *return* to the subject
돌아다니다 go about
¶그들은 온 나라를 돌아다녔다.
They *went about* in the country.
돌아보다 look back
¶그녀는 여러번 돌아보았다.
She *looked back* many times.
돌아오다 return, come back (home)
¶그는 막 집에 돌아왔다.
He has just *returned* home.

돕다 help
¶그는 농장에서 아버지를 돕는다.
He *helps* his father on the farm.
동굴 a cave
¶그 큰 동굴은 비를 피하는데 좋은 은신처였다.
The big *cave* was a good shelter from the rain.
동그라미 a circle, a ring
동그랗다 round
¶그 소녀는 얼굴이 동그랗다.
The girl has a *round* face.
동네 a village
¶그는 작은 동네에서 태어났다.
He was born in a small *village*.
동무 a friend
동물 an animal
¶야생 동물 a wild *animal*
동물원 a zoo
동사 a verb
동생 a younger brother 《남동생》, a younger sister 《여동생》
동시에 at the same time
¶그들은 동시에 일어섰다.
They stood up *at the same time*.
동의 agreement ～하다 agree
¶그는 우리의 계획에 동의했다.
He *agreed* to our plan.
동작 action, motion
동정 sympathy ～하다 have 〔feel〕 sympathy 《for a person》
¶나는 그녀를 매우 동정한다.
I *feel* much *sympathy for* her.
동쪽 the east
¶해는 동쪽에서 뜬다.
The sun rises in *the east*.
동화 a fairy tale
돛 a sail
¶돛을 올려라.
Put the *sails* up.
돼지 a pig
¶그 농부는 돼지를 기르고 있다.
The farmer keeps *pigs*.
되풀이하다 repeat

¶ 같은 실수를 되풀이하지 마라.
Don't *repeat* the same mistake.
두다 keep, hold
¶ 문을 닫아 두어라.
Keep the door shut.
두드리다 knock, beat, tap
두려워하다 be afraid of, fear
¶ 그는 어두운 곳을 두려워한다.
He *is afraid of* the dark.
두 번 twice, two times
두통 a headache
¶ 너는 두통이 있니?
Do you have a *headache*?
둔하다 dull, stupid
¶ 그는 머리가 둔한 학생이다.
He is a *dull* pupil.
둘 two
둘러보다 look about
¶ 그녀는 괘종 시계가 없나하고 주위를 둘러보았다.
She *looked about* for a clock.
둘러싸다 surround
¶ 아름다운 정원이 그 집을 둘러싸고 있다.
A beautiful garden *surrounds* the house.
둘째 the second, number two
둥글다 round
¶ 지구는 둥글다.
The earth is *round*.
뒤 the back, the rear
¶ 적에게 네 뒤를 보이지 마라.
Don't turn your *back* upon your enemy.
뒤지다 search
¶ 그들은 그 집을 뒤졌다.
They *searched* the house.
뒤집다 turn over
드디어 finally, at last
¶ 그는 드디어 내일 서울을 떠난다.
Tomorrow he is *finally* leaving Seoul.
드러나다 be revealed ; 《노출》 be exposed

드러내다 reveal
드러눕다 lie down
¶ 그는 잔디 위에 드러누웠다.
He *lay down* on the grass.
드물다 rare, unusual
듣다 hear, listen ⟨to⟩
¶ 할아버지는 잘 듣지 못하신다.
Grandfather cannot *hear* well.
들 a field
¶ 그는 들에서 일하고 있다.
He is working in the *field*.
들끓다 crowd
¶ 거리는 사람들로 들끓고 있었다.
The street was *crowded* with people.
들다 raise, lift (up), hold up
¶ 학생들은 대답하려고 손을 들었다.
The pupils *raised* their hands to answer.
들러붙다 stick to, cling to
들르다 drop in ⟨at⟩
¶ 나는 그 호텔에 들렀다.
I *dropped in at* the hotel.
들리다 ⟨소리가⟩ be heard
들어가다 enter, go in〔into〕
¶ 그는 내 방에 들어갔다.
He *entered* my room.
들어오다 come in
¶ 들어오십시오.
Please *come in*.
등 the back
¶ 그 소녀는 소년에게 등을 돌렸다.
The girl turned her *back* to the boy.
등급 a grade, a class
등대 a lighthouse
¶ 등대지기 a *lighthouse* keeper
등불 a lamp
¶ 등불을 켜라.
Turn on a *lamp*.
따뜻하다 warm
¶ 오늘은 따뜻하다, 그렇지?

It's *warm* today, isn't it?
따르다¹ **follow**
¶ 나는 네 충고에 **따르겠다**.
I will *follow* your advice.
따르다² **pour**
¶ 그녀는 그에게 커피를 한 잔 **따라 주었다**.
She *poured* him a cup of coffee.
딱딱하다 **hard**
¶ 이 호두는 **딱딱하다**.
This nut is *hard*.
딴 《하나》 **another**, 《여럿》 **other**, different
딸 **a daughter**
¶ 그에게는 **딸**이 하나 있다.
He has a *daughter*.
땀 **sweat**
¶ 그는 이마의 **땀**을 닦았다.
He wiped the *sweat* off his brow.
땅 **the ground**
¶ 나는 **땅**에 드러누웠다.
I lay on *the ground*.
때 **time**, occasion
¶ 무슨 일이나 **때**가 있는 법이다.
There is a *time* for everything.
때때로 **now and then**, sometimes, occasionally, from time to time
¶ 그녀는 **때때로** 그 공원에 간다.
She goes to the park *now and then*.
때리다 **strike**, hit, beat
¶ 개를 막대기로 **때리지** 마라.
Don't *strike* the dog with a stick.
때문에 **because of**
떠나다 **leave**, start, go away, depart ⟨from⟩
¶ 자리를 **떠나지** 마라.
Don't *leave* your seat.
떠들다 **make a noise**, be noisy
¶ **떠들지** 마라.
Don't *make a noise*.
떠오르다 **rise**
¶ 태양은 동쪽에서 **떠오른다**.
The sun *rises* in the east.

떨다 **tremble**, shiver
¶ 그 소년은 곰을 보고 무서워서 **떨었다**.
The boy *trembled* with fear when he saw the bear.
떨어뜨리다 **drop**
¶ 접시를 **떨어뜨리지** 마라.
Don't *drop* the dishes.
떨어지다 **fall**, drop
¶ 버스가 강으로 **떨어졌다**.
The bus *fell* into the river.
또 **again**, once more
또는 **too**, also, as well
똑똑하다 **clever**, bright, smart
¶ 그는 **똑똑한** 소년이다.
He is a *clever* boy.
뚜껑 **a lid**, a cover
¶ 그녀는 상자 **뚜껑**을 닫았다.
She put the *lid* on the box.
뚱뚱하다 **fat**
¶ 나의 아주머니는 **뚱뚱하시다**.
My aunt is *fat*.
뛰다 《달리다》 **run** ; 《도약하다》 **jump**
뛰어나다 **excellent**
뛰어넘다 **jump over**
¶ 나는 이 개울을 **뛰어넘을** 수 있다.
I can *jump over* this stream.
뜨개질하다 **knit**
¶ 나의 어머니는 **뜨개질하기**를 좋아하신다.
My mother likes to *knit*.
뜨겁다 **hot**
¶ 나는 **뜨거운** 차를 좋아한다.
I like *hot* tea.
뜰 **a yard**, a garden
¶ 앞**뜰** a front *yard*
뜻 (a) **meaning**
¶ 이 말의 **뜻**은 무엇이니?
What is the *meaning* of this word?
띠 **a belt**
¶ 안전 **띠**를 매십시오.
Fasten your seat *belt*.

~로 **by**, with, from
¶ 나는 버스로 학교에 간다.
I go to school *by* bus.
~로서 **as**
¶ 나는 너에게 의사로서 충고한다.
I advise you *as* a doctor.
~리가 없다 **cannot be**, must not be
¶ 그것은 사실일 리가 없다.
It *cannot be* true.

마개 **a stopper**, a plug
마다 **each**, every
¶ 나는 아침마다 산책한다.
I take a walk *every* morning.
마루 **a floor**
¶ 그녀는 매일 마루를 청소한다.
She sweeps the *floor* every day.
마르다 **dry**
¶ 네 옷은 곧 마를 것이다.
Your clothes will soon *dry*.
마술 **magic**
마시다 **drink**
¶ 나는 뭔가 마시고 싶다.
I want something to *drink*.
마을 **a village**
¶ 그는 작은 마을에서 태어났다.
He was born in a small *village*.
마음 **mind**, heart
¶ 그녀는 마음을 바꾸었다.
She changed her *mind*.
마음대로 **as ((one)) pleases**
¶ 네 마음대로 해라.
Do *as* you *please*.
마주치다 **meet with**
¶ 나는 기차에서 우연히 친구와 마주쳤다.
I *met with* a friend on the train.
마지막 **the last**, the end
¶ 그는 마지막으로 도착했다.
He was *the last* to arrive.
마차 **a carriage**, a coach
마치 (~처럼) **as if**, as though
¶ 그는 마치 의사인 것처럼 말했다.
He talked *as if* he were a doctor.
마치다 **finish**
¶ 그녀는 숙제를 한 시간 안에 마쳤다.
She *finished* her homework in an hour.
마침 **just**
마침내 **at last**
¶ 마침내 우리의 꿈이 실현되었다.
At last our dream has come true.
마흔 **forty**
막 **just**, just now
¶ 나는 막 도착했다.
I have *just* arrived.
막대기 **a stick**, a bar
¶ 그는 개를 막대기로 때렸다.

He struck the dog with a *stick*.
만 only, just
¶ 잠깐만 기다리세요.
Just a moment.
만나다 see, meet
¶ 다음주에 만나자.
See you next week.
만년필 a fountain pen
¶ 나는 새 만년필을 샀다.
I bought a new *fountain pen*.
만들다 make
¶ 포도주는 포도로 만든다.
Wine is *made* from grapes.
만일 if, in case of
만족하다 be content ⟨with⟩
¶ 그는 자기 지위에 만족하고 있다.
He *is content with* his position.
만지다 touch, feel
¶ 그것을 만지지 마라.
Don't *touch* it.
만큼 as ... as, so ... as
¶ 그는 너만큼 키가 크다.
He is *as* tall *as* you.
만화 a comic strip, a cartoon
많다 [수] many ; [양] much
¶ 공원에는 나무가 많다.
There are *many* trees in the park.
말¹ language, speech, a word
¶ 그녀는 한마디 말도 하지 않았다.
She did not speak a *word*.
말² a horse
¶ 나는 말을 탈 수 있다.
I can ride a *horse*.
말다툼 a quarrel ～하다 quarrel
¶ 나는 동생과 말다툼했다.
I had a *quarrel* with my brother.
말리다 dry
¶ 네 옷을 불에 말려라.
Dry your clothes by the fire.
말하다 say, speak, talk, tell
¶ 다시 한 번 말하시오.
Say it again.

맑다 clear
¶ 맑은 하늘 a *clear* sky
맛 taste
¶ 그것은 달콤한 맛이 난다.
It has a sweet *taste*.
맛있다 delicious, nice
망설이다 hesitate
¶ 나는 어떻게 할 것인지 망설였다.
I *hesitated* what to do.
망원경 a telescope
¶ 나는 망원경으로 배를 보았다.
I looked at the ship through a *telescope*.
망치 a hammer
¶ 여러 종류의 망치가 있다.
There are several kinds of *hammers*.
맞다 fit, suit, right ; 《명중하다》 hit
¶ 이 옷은 내게 잘 맞는다.
These clothes *fit* me well.
맞히다 hit
¶ 그의 화살은 사과를 맞혔다.
His arrow *hit* the apple.
매¹ a whip
¶ 그 못된 소년은 매가 필요하다.
The bad boy wants the *whip*.
매² a hawk
매년 every year, yearly
¶ 나는 매년 고향에 간다.
I go home *every year*.
매다 tie, bind
¶ 그는 구두끈을 맸다.
He *tied* his shoes.
매달 every month
매듭 a knot, a tie
¶ 그는 밧줄 끝에 매듭을 지었다.
He tied a *knot* in the end of the rope.
매우 very, so
¶ 매우 잘했다〔좋다〕.
Very good〔well〕.
매일 every day
¶ 우리는 매일 학교에 간다.

We go to school *every day*.

매주 every week

맥주 beer

맵다 hot
¶ 이 후추는 아주 **맵다**.
This pepper is very *hot*.

맹세하다 swear
¶ 나는 진실을 말할 것을 **맹세했다**.
I *swore* to tell the truth.

맺다 bear
¶ 이 나무는 열매를 **맺지** 못한다.
This tree *bears* no fruit.

머리 a head
¶ 그녀는 **머리**에 꽃을 꽂고 있다.
She has a flower on her *head*.

머리카락 a hair

머무르다 stay
¶ 우리는 일주일 동안 호텔에 **머물렀다**.
We *stayed* at the hotel for a week.

먹다 eat
¶ 나는 7시에 저녁을 **먹는다**.
I *eat* dinner at seven.

먼저 first, first of all
¶ 무엇을 **먼저** 할까요?
What shall we do *first*?

먼지 dust
¶ 책상은 **먼지**투성이다.
The desk is covered with *dust*.

멀다 far, distant

멈추다 stop
¶ 그는 공원에서 차를 **멈추었다**.
He *stopped* the car in the park.

메우다 fill in
¶ 빈칸을 **메워라**.
Fill in the blanks.

면도하다 shave
¶ 나의 형은 매일 **면도한다**.
My brother *shaves* every day.

면접 an interview

면하다 face
¶ 나의 집은 바다에 **면해 있다**.
My house *faces* the sea.

명령 an order ~하다 order
¶ 나는 그에게 나가라고 **명령했다**.
I *ordered* him out.

명백하다 plain, clear, obvious
¶ 그는 **명백한** 잘못을 저질렀다.
He made an *obvious* error.

명성 fame
¶ 그의 **명성**은 온 나라에 퍼졌다.
His *fame* spread all over the country.

명예 hono(u)r
¶ 너는 학교의 **명예**다.
You are an *honor* to the school.

모기 a mosquito
¶ 이 방에는 **모기**가 한마리 있다.
There is a *mosquito* in this room.

모두 all, everyone, everything, everybody

모든 all, every
¶ 소년들은 **모두** 거기에 있었다.
All the boys were there.

모래 sand
¶ 소년들은 **모래**밭에서 놀고 있다.
Boys are playing on the *sands*.

모레 the day after tomorrow

모르다 do not know
¶ 나는 그가 누군지 **모른다**.
I *don't know* who he is.

모양 shape, form, appearance
¶ 공의 **모양**은 둥글다.
The *shape* of a ball is round.

모욕 insult ~하다 insult
¶ 그녀는 그를 거짓말쟁이라며 **모욕했다**.
She *insulted* him by calling him a liar.

모으다 save, collect
¶ 나는 휴가를 위해 돈을 **모아두었다**.
I *saved* money for the holidays.

모이다 gather
¶ 군중이 **모였다**.
A crowd has *gathered*.

모임 a meeting

모자 〈테 있는〉 a hat, 〈테 없는〉 a cap
¶ 실내에서는 모자를 벗어야 한다.
You must take off your *hat* in the room.

모자라다 be short of
¶ 우리는 돈이 모자란다.
We *are short of* money.

모험 an adventure
¶ 나는 모험을 좋아한다.
I am fond of *adventure*.

목 a neck
¶ 그는 목이 짧다.
He has a short *neck*.

목걸이 a necklace

목마르다 thirsty
¶ 나는 목이 마르다.
I'm *thirsty*.

목소리 a voice

목숨 life

목요일 Thursday

목욕 a bath
¶ 나는 매일 목욕한다.
I have a *bath* every day.

목욕실 a bathroom

목적 an object, a purpose
¶ 그는 인생에 대한 목적이 없었다.
He had no *object* in life.

목표 《표적》 a target ; 《목적》 a goal, an aim, an object

몫 a share, a portion
¶ 각자 이익의 몫을 받았다.
Each had a *share* of the profits.

몰다 drive 《a car》
¶ 그녀는 차를 잘 몬다.
She *drives* well.

몰락 fall, ruin ～하다 fall, be ruined

몰래 in secret
¶ 그는 몰래 사장을 방문했다.
He visited the president *in secret*.

몸 the body
¶ 그는 몸이 약하다.
He has a weak *body*.

몸무게 weight

몸부림치다 struggle
¶ 호랑이는 우리 밖으로 나오려고 몸부림쳤다.
The tiger *struggled* to get out of the cage.

몸짓 a gesture
¶ 그는 화난 몸짓을 했다.
He made an angry *gesture*.

몹시 very (hard)
¶ 비가 몹시 내리고 있다.
It is raining *very hard*.

못 a nail
¶ 못을 뽑아라.
Pull out the *nail*.

무겁다 heavy
¶ 이 가방은 너무 무거워서 나는 운반할 수 없다.
This bag is too *heavy* for me to carry.

무게 weight
¶ 그것은 무게가 10파운드다.
It is ten pounds in *weight*.

무기 a weapon
¶ 핵무기 nuclear *weapons*

무대 the stage
¶ 그녀가 무대에 등장했다.
She appeared on *the stage*.

무덤 a grave, a tomb
¶ 그녀는 무덤에 매장되었다.
She was laid in her *grave*.

무료의 free

무릎 the knee
¶ 그는 내 무릎을 걷어찼다.
He kicked me on *the knee*.

무서움 fear

무서워하다 fear, be afraid of

무섭다 fearful

무슨 what
¶ 무슨 일이 있었는지 말해라.
Tell me *what* has happened.

무승부 a tie
¶ 시합은 무승부로 끝났다.
The game ended in *a tie*.

무시하다 ignore
¶ 그는 교통 신호를 **무시했다**.
He *ignored* the traffic signal.
무엇 what
무역 trade ~하다 trade
¶ 한국은 세계의 많은 나라와 **무역한다**.
Korea *trades* with many countries in the world.
무지개 a rainbow
¶ 하늘에 **무지개**가 떠 있다.
There is a *rainbow* in the sky.
무척 very
¶ 오늘 아침은 **무척** 춥다.
It is *very* cold this morning.
묵다 stay ⟨at⟩
¶ 그는 그 호텔에 **묵고** 있다.
He is *staying at* the hotel.
묶다 bind, tie, fasten
¶ 그 상자를 끈으로 **묶으시오**.
Bind the box with a rope.
문 a door, a gate
¶ **문**을 여시오〔닫으시오〕.
Open〔Shut〕 the *door*.
문명 civilization
¶ 서양 **문명** Western *civilization*
문법 grammar
¶ 나는 **문법**을 싫어한다.
I hate *grammar*.
문자 letters
문장 a sentence
¶ 이 **문장**은 세 개의 낱말로 되어 있다.
This *sentence* has three words in it.
문제 a question, a problem
¶ 그것은 시간 **문제**다.
It is a *question* of time.
문지르다 rub
¶ 그는 가끔 코를 **문지른다**.
He sometimes *rubs* his nose.
문학 literature
¶ 영**문학** English *literature*
문화 culture
¶ 나는 동양의 여러 **문화**를 연구했다.
I have studied the *cultures* of the Orient.
묻다 ask, inquire
¶ 그녀는 나에 관해 **물었다**.
She *asked* about me.
물 water
¶ **물** 한 잔 주시오.
Give me a glass of *water*.
물가 prices
¶ **물가**가 오르고 있다.
Prices are going up.
물건 a thing, an article, goods
¶ 그녀는 방에 예쁜 **물건**을 많이 가지고 있다.
She has a lot of beautiful *things* in her room.
물결 a wave
물고기 fish
¶ 나는 그 개울에서 **물고기** 두 마리를 잡았다.
I caught two *fish* in the stream.
물다 bite
¶ 개가 그의 다리를 **물었다**.
A dog *bit* him in the leg.
물러가다 retire
¶ 그들은 모두 저녁 식사 후에 각자 자기의 방으로 **물러갔다**.
They all *retired* to their rooms after supper.
물론 of course
뭉치다 unite
¶ **뭉치면** 살고 흩어지면 죽는다.
United we stand, divided we fall.
미끄러지다 slip, slide, glide
¶ 발이 **미끄러졌다**.
My foot *slipped*.
미끄럽다 smooth
미래 future
¶ 우리의 **미래**는 밝다.
Our *future* is bright.
미루다 put off, postpone
¶ 오늘 할 일을 내일로 **미루지** 마

라.
Don't *put off* till tomorrow what you can do today.
미소 a *smile*
미술 *art*
¶ 미술품 a work of *art*
미안하다 *sorry*
¶ 미안합니다.
I'm *sorry*.
미움 *hate*
미워하다 *hate*
¶ 나는 그 일 때문에 그를 미워한다.
I *hate* him for it.
미치다 *mad*, crazy
¶ 그런 말을 하다니 그는 미친 모양이다.
He must be *mad* to say so.
민족 a *race*
¶ 한민족 the Korean *race*
민주주의 *democracy*
¶ 한국은 민주주의 국가다.
Korea is a *democracy*.
믿다 *believe*
¶ 너는 그 이야기를 믿니?
Do you *believe* that story?
밀다 *push*
¶ 그들은 트럭을 밀었다.
They *pushed* the truck.
밉다 *hateful*
밑바닥 the *bottom*
¶ 병 밑바닥 the *bottom* of the bottle
밑에 *under*

바깥 the *outside*, the outdoors
¶ 그녀는 바깥에서 문을 잠궜다.
She locked the door from *the outside*.
바꾸다 *change*, exchange
¶ 나와 자리를 바꿔 주겠니?
Would you please *change* seats with me?
바늘 a *needle*
¶ 많은 종류의 바늘이 있다.
There are many kinds of *needles*.
바다 the *sea*, the ocean
¶ 우리는 바다에서 헤엄쳤다.
We swam in *the sea*.
바닷가 the *seaside*, the beach, the seashore
바라다 *wish*, desire, want
¶ 네가 성공하기를 바란다.
I *wish* you would succeed.
바라보다 *see*, look at
바람 a *wind*
¶ 오늘은 바람이 세다.
The *wind* is strong today.
바로잡다 *correct*
¶ 잘못이 있으면 바로잡아라.
Correct errors if any.
바보 a *fool*
¶ 나를 바보 취급하지 마라.
Don't make a *fool* of me.
바쁘다 *busy*
¶ 오늘은 매우 바빴다.
I have been very *busy* today.
바위 a *rock*
¶ 바위가 도로 위에 떨어졌다.
A *rock* fell on the road.
바지 *pants*, trousers
바치다 *give*, offer, present
¶ 그는 조국을 위하여 일생을 바쳤다.

He *gave* his life for his country.
바퀴 a wheel
반¹ a half
¶ 나는 케이크를 반으로 잘랐다.
I cut the cake in *half*.
반² a class
반갑다 glad
¶ 만나서 반갑다.
I'm *glad* to see you.
반대 opposition, objection, opposite
¶ 나는 당신의 제안에 반대하지 않습니다.
I have no *objection* to your proposal.
반드시 certainly, surely
¶ 그는 반드시 돌아올 것이다.
He will *certainly* come back.
반복하다 repeat
¶ 같은 잘못을 반복해선 안된다.
Don't *repeat* the same mistake.
반영하다 reflect
¶ 방송은 여론을 반영했다.
Broadcast *reflected* public opinion.
반지 a ring
반항 resistance
¶ 그들은 반항하지 않았다.
They made no *resistance*.
받다 receive, take, accept
¶ 메리는 편지를 받았다.
Mary *received* a letter.
발 a foot
¶ 그는 오른발로 공을 찼다.
He kicked the ball with his right *foot*.
발가락 a toe
발견 discovery ~하다 discover, find
¶ 콜럼버스는 1492년에 아메리카를 발견했다.
Columbus *discovered* America in 1492.
발달 development ~하다 develop
¶ 언어의 발달 the *development* of language
발뒤꿈치 the heel
발명 invention ~하다 invent
¶ 전등은 에디슨이 발명했다.
Edison *invented* the electric lamp.
발음 pronunciation ~하다 pronounce
¶ 단어를 똑똑히 발음하시오.
Pronounce your words clearly.
발전 development ~하다 develop
¶ 한국의 경제 발전 the economic *development* of Korea
발행 publication ~하다 publish
¶ 그 책은 2002년에 발행되었다.
The book was *published* in 2002.
밝다 bright, light
¶ 오늘밤은 달이 밝다.
The moon is *bright* tonight.
밤¹ night, 《저녁》 evening
¶ 겨울에는 밤이 길다.
The *nights* are long in winter.
밤² a chestnut, a nut
밤새도록 all night
¶ 그는 밤새도록 열심히 공부했다.
He worked hard *all night*.
방 a room
¶ 이것은 누구의 방이니?
Whose *room* is this?
방금 just now
¶ 아버지는 방금 집에 오셨다.
My father came home *just now*.
방문하다 visit, call on 《a person》
¶ 나는 어제 그녀를 방문했다.
I *called on* her yesterday.
방법 a way, a method
¶ 이런 방법으로 해라.
Do it (in) this *way*.
방송하다 broadcast
¶ 그 뉴스는 어젯저녁에 방송되었다.
The news was *broadcast* yester-

방학 a vacation, school holidays
¶ 여름 방학 a summer *vacation*
방해하다 disturb, interrupt
¶ 방해해서 미안합니다.
I am sorry to *disturb* you.
방향 a direction
밭 a field, a farm
¶ 그는 밭에서 일하고 있다.
He is working in the *field*.
배¹ 《복부》 the stomach, the belly
배² a ship, a boat
¶ 배는 뉴욕을 향해 출항했다.
The *ship* sailed for New York.
배고프다 hungry
¶ 나는 배가 고프다.
I'm *hungry*.
배달하다 deliver
배우 an actor 《남자》, an actress 《여자》, a player
배우다 learn, be taught, study
¶ 작은 새 한 마리가 나는 법을 배우고 있다.
A little bird is *learning* to fly.
백 a hundred
¶ 이 방에는 수백권의 책이 있다.
There are *hundreds* of books in this room.
백화점 a department store
뱀 a snake
버릇 a habit
¶ 그것은 그의 버릇이다.
It is a *habit* with him.
버리다 throw away
¶ 그는 헌 신발을 버렸다.
He *threw away* his old shoes.
번개 lightning
¶ 번갯불 a flash of *lightning*
번역 translation ~하다 translate 《English》 into 《Korean》
¶ 그것을 한국어로 번역하시오.
Translate it *into* Korean.
번영 prosperity
¶ 행복과 번영을 빕니다.
We wish you happiness and *prosperity*.
번호 a number
¶ 전화 번호 a telephone *number*
벌¹ a bee
¶ 여왕벌 a queen *bee*
벌² punishment ~하다 punish
¶ 그는 지각해서 벌을 받았다.
He was *punished* for being late.
벌다 earn, make 《money》
¶ 너는 한 달에 얼마나 버니?
How much do you *earn* a month?
벌레 an insect, a bug, a worm
벌써 already
¶ 그는 벌써 여기에 도착했다.
He has *already* arrived here.
법 a law, a rule
¶ 선량한 시민은 법을 지킨다.
Good citizens obey the *laws*.
벗 a friend, a companion
벗다 take off
¶ 그 소녀는 속옷을 벗고 있다.
The girl is *taking off* her underwear.
베개 a pillow
¶ 나는 노란 베개를 가지고 있다.
I have a yellow *pillow*.
베다 cut
¶ 나는 칼에 손가락을 베었다.
I *cut* my finger with a knife.
베풀다 〈잔치 등을〉 give, hold ; 〈은혜 등을〉 give
벽 a wall
¶ 벽에 큰 그림이 걸려 있다.
There is a big picture on the *wall*.
벽돌 a brick
변하다 change, turn
변호사 a lawyer
¶ 너는 변호사와 상의해야 한다.
You must consult a *lawyer*.
별 a star
¶ 별들이 밤하늘에 반짝이고 있다.

별명 a nickname
병¹ a bottle
¶ 우유 한 병 주세요.
Please give me a *bottle* of milk.
병² sickness 《미》, illness 《영》
¶ 그는 병으로 죽었다.
He died of *illness*.
병아리 a chicken
병원 a hospital
¶ 그의 누나는 병원 간호사다.
His sister is a *hospital* nurse.
별 sunshine, the sun
¶ *Stars* are twinkling in the night sky.
보관하다 keep
¶ 그녀는 그의 편지를 모두 보관하고 있다.
She *keeps* all his letter.
보기 an instance, an example, a case
보내다 send
¶ 나는 네게 내 사진을 보내겠다.
I will *send* you a picture of myself.
보다¹ see, look ⟨at⟩
¶ 우리는 눈으로 본다.
We *see* with our eyes.
보물 a treasure
¶ 그들은 숨겨진 보물을 찾고 있다.
They are looking for hidden *treasure*.
보석 a jewel, a gem
¶ 당신이 가장 좋아하는 보석은 무엇입니까?
What is your favorite *jewel*?
보여주다 show
¶ 표를 보여주십시오.
Show your tickets, please.
보이다 see, look, show
보태다 add
¶ 하나에 하나를 보태면 둘이 된다.
If you *add* one and one, you'll get two.
보통의 common, usual, 《정상적인》 normal
복습 a review
복잡하다 complex
¶ 그녀의 생각은 아주 복잡하다.
Her ideas are very *complex*.
복종하다 obey
¶ 그녀는 부모의 말에 복종한다.
She *obeys* her parents.
복통 stomachache
본보기 an example, a model
볼 a cheek
¶ 불그스름한 볼 the rosy *cheek*
봄 spring
¶ 지금은 봄이다.
It is *spring* now.
봉급 a salary, wages, pay
¶ 나는 봉급으로 생활한다.
I live on my *salary*.
봉사 service ~하다 serve
봉투 an envelope
¶ 나는 봉투에 주소를 썼다.
I wrote address on the *envelope*.
부끄럽다 shy
¶ 그녀는 낯선 사람 만나기를 부끄러워한다.
She is *shy* of meeting strangers.
부드럽다 soft, tender
¶ 그녀는 그에게 부드러운 미소를 지었다.
She gave him a *tender* smile.
부러워하다 envy
¶ 나는 네가 부럽다.
I *envy* you.
부르다 call
¶ 그는 내 이름을 불렀다.
He *called* my name.
부모 parents, father and mother
¶ 그는 부모와 함께 산다.
He lives with his *parents*.
부분 a part, a section
¶ 그곳은 시의 가장 중요한 부분이다.
It is the most important *part* of the city.

부수다 break
부엌 a kitchen
¶ 어머니는 **부엌**에서 식사를 준비하고 계신다.
My mother is preparing dinner in the *kitchen*.
부유하다 wealthy
¶ 그는 사업에 성공하여 매우 **부유해졌다**.
He succeeded in business and was very *wealthy*.
부자 a rich man
부정하다 deny
¶ 우리는 그 사실을 **부정할** 수 없다.
We cannot *deny* the fact.
부족 shortage
¶ 식량 **부족**은 큰 문제다.
The *shortage* of food is a big problem.
부지런하다 diligent
¶ 그는 **부지런한** 소년이다.
He is a *diligent* boy.
부채 a fan
¶ 이것은 큰 **부채**다.
This is a large *fan*.
부탁하다 ask, request, beg
¶ 그에게 와 달라고 **부탁해라**.
Ask him to come.
부터 from, since
북 a drum
¶ 그는 **북**을 쳤다.
He beat a *drum*.
북쪽 the north
¶ **북쪽**에는 겨울에 눈이 많이 내린다.
In *the north* much snow falls in winter.
분 a minute
¶ 한 시간은 60**분**이다.
An hour has sixty *minutes*.
분리하다 separate ⟨from⟩
¶ 그들은 금을 모래에서 **분리한다**.
They *separate* gold *from* sand.

분명하다 clear, plain, obvious
¶ 당신이 옳은 것은 **분명합니다**.
It is *clear* that you are right.
분실 loss ~하다 lose
¶ 나는 지갑을 **분실했다**.
I *lost* my purse.
분필 chalk
불 fire, flame
¶ **불**장난하지 마라.
Don't play with *fire*.
불가능하다 impossible
¶ 그것은 **불가능한** 부탁이다.
That's an *impossible* request.
불다 blow
¶ 바람이 온종일 **불었다**.
The wind *blew* all day.
불붙다 catch fire
¶ 그 집에 불이 **붙었다**.
The house *caught fire*.
불쌍하다 poor
¶ 그 **불쌍한** 소녀는 걸을 수 없었다.
The *poor* girl could not walk.
불안하다 uneasy, anxious
¶ **불안한** 표정 an *uneasy* look
불어나다 increase, gain
¶ 학생 수가 **불어났다**.
The number of students *increased*.
불친절하다 unfriendly
¶ 그녀는 내게 **불친절하다**.
She is *unfriendly* to me.
불쾌하다 unpleasant
¶ 나는 그가 다소 **불쾌하다**.
He is rather *unpleasant* to me.
불타다 burn
¶ 마른 나무는 쉽게 **불탄다**.
Dry wood *burns* easily.
불편하다 uncomfortable
불평하다 complain
¶ 그는 언제나 **불평하고** 있다.
He is always *complaining*.
불행 misfortune
¶ **불행**은 겹치기 마련이다.
Misfortunes never come single.

붓다 pour
¶ 그녀는 통에 더운 물을 **부었다**.
She *poured* hot water into the pail.

붙다 《접착》 stick ⟨to⟩

붙들다 catch, seize
¶ 그녀는 내 팔을 **붙들었다**.
She *caught* my arm.

붙이다 attach, fix
¶ 그는 소포에 꼬리표를 **붙였다**.
He *attached* a label to a parcel.

붙잡다 seize, catch, hold, take
¶ 나는 밧줄을 **붙잡았다**.
I *seized* a rope.

비 rain
¶ **비**가 그쳤다.
The *rain* has stopped.

비교 comparison ~하다 compare 《a thing》 with 《another》

비극 a tragedy
¶ 그의 죽음은 그의 가족에게 **비극**이었다.
His death was a *tragedy* for his family.

비누 soap
¶ 나는 **비누**를 한 개 샀다.
I bought a cake of *soap*.

비다 empty
¶ 이것은 **빈** 냄비다.
This is an *empty* pan.

비둘기 a dove, a pigeon
¶ **비둘기**는 평화의 상징이다.
The *dove* is a symbol of peace.

비록 though, even if〔though〕
¶ **비록** 몇 년이 걸린다 하더라도 너는 그 일을 해야만 한다.
You must do the work *though* it takes you many years.

비밀 a secret
¶ 이것은 우리 둘만의 **비밀**이다.
This is a *secret* between us two.

비슷하다 similar, alike

비싸다 expensive
¶ 값이 너무 **비싸다**.
It is too *expensive*.

비웃다 laugh at
¶ 그들은 그를 **비웃었다**.
They *laughed at* him.

비참하다 miserable
¶ 그는 **비참한** 생활을 해왔다.
He has led a *miserable* life.

비추다 light ⟨up⟩

비치다 shine
¶ 달은 밤에 **비친다**.
The moon *shines* at night.

비틀다 twist
¶ 그녀는 젖은 수건을 **비틀어 짰다**.
She *twisted* the wet towel.

비행 flying ~하다 fly

비행기 an airplane
¶ 나는 아직 **비행기**를 타본 적이 없다.
I've never flown in an *airplane*.

비행장 an airport
¶ 그녀는 **비행장** 근처에 산다.
She lives near the *airport*.

빈곤 poverty ~하다 poor
¶ **빈곤**해지다 fall into *poverty*

빌다 《구걸》 beg, ask ; 《기원》 pray
¶ 우리는 신께 도와 달라고 **빌었다**.
We *prayed* God for help.

빌려주다 lend
¶ 네게 그 책을 **빌려주겠다**.
I will *lend* you the book.

빌리다 borrow

빗 a comb
¶ 그녀는 **빗**으로 머리를 빗었다.
She passed a *comb* through her hair.

빚 a debt
¶ 그는 나에게 **빚**이 있다.
He is in *debt* to me.

빛 light

빛깔 a colo(u)r
¶ 나는 밝은 **빛깔**을 좋아한다.
I like bright *colors*.

빛나다 shine

빠뜨리다

¶ 태양이 밝게 **빛나고** 있다.
The sun is *shining* bright.

빠뜨리다 omit
¶ 그의 이름을 **빠뜨려서는** 안된다.
You must not *omit* his name.

빠르다 fast, quick
¶ 내 시계는 5분 **빠르다**.
My watch is 5 minutes *fast*.

빠지다 fall into
¶ 버스가 강에 **빠졌다**.
The bus *fell into* the river.

빨갛다 red

빨개지다 turn red
¶ 그녀는 부끄러워서 (얼굴이) **빨개졌다**.
She *turned red* with shame.

빨래하다 wash
¶ 어머니는 1주일에 두번 **빨래하신다**.
My mother *washes* clothes twice a week.

빨리 fast, rapidly, quickly

빵 bread
¶ **빵** 좀 주세요.
Give me some *bread*.

빼다 pull out
¶ 나는 썩은 이를 **뺐다**.
I had my bad tooth *pulled out*.

뺄셈 subtraction

뺨 a cheek
¶ 그는 그녀의 **뺨**에 키스했다.
He kissed her on the *cheeks*.

뻐꾸기 a cuckoo

뼈 a bone

뿌리 a root
¶ 나는 나무의 **뿌리**를 파냈다.
I dug up the *root* of the tree.

뿌리다 scatter
¶ 농부는 밭에 씨를 **뿌린다**.
The farmer *scatters* seed over the fields.

사각형 a square

사건 an event
¶ 그것은 대단한 **사건**이었다.
It was quite an *event*.

사고 an accident
¶ 그는 자동차 **사고**로 다쳤다.
He was hurt in a car *accident*.

사과 an apple
¶ 나는 매일 **사과**를 먹는다.
I eat an *apple* every day.

사귀다 make friends with
¶ 나는 그와 **사귀었다**.
I *made friends with* him.

사납다 wild
¶ 바람은 더 **사나워**졌다.
The wind grew *wilder*.

사냥 hunting ～하다 **hunt**
¶ 내일 **사냥**하러 갑시다.
Let's go *hunting* tomorrow.

사다 buy, purchase
¶ 나는 그것을 10달러에 **샀다**.
I *bought* it for ten dollars.

사닥다리 a ladder
¶ 그는 **사닥다리**를 올라갔다.
He climbed up a *ladder*.

사라지다 disappear, be gone
¶ 그녀는 군중 속으로 **사라졌다**.
She *disappeared* in the crowd.

사람 man, person

사랑 love ～하다 **love**
¶ 그는 그녀와 **사랑**에 빠졌다.
He fell in *love* with her.

사막 a desert
¶ 사하라 사막 the Sahara *Desert*

사무실 an office

사슬 a chain

사슴 a deer
¶ 공원에는 사슴이 많다.
There are many *deer* in the park.

사실 a fact, the truth
¶ 내게 사실을 말하시오.
Tell me *the truth*.

사업 business
¶ 그의 사업은 자동차 판매다.
His *business* is selling cars.

사용 use ~하다 use
¶ 그는 연필을 사용하지 않는다.
He doesn't *use* a pencil.

사월 April

사위 a son-in-law
¶ 그는 사위가 둘 있다.
He has two *sons-in-law*.

사이 《관계》 terms
¶ 나는 그와 사이가 나쁘다.
I am on bad *terms* with him.

사자 a lion

사전 a dictionary
¶ 사전을 찾아 보시오.
Consult a *dictionary*.

사정 the situation, circumstances

사진 a photo(graph), a picture
¶ 네 사진을 찍어 줄게.
I'll take a *photo* of you.

사촌 a cousin
¶ 그녀는 내 사촌이다.
She is my *cousin*.

사탕 candy

사회 society
¶ 누구나 사회의 일원이다.
Everyone is a member of *society*.

산 a mountain
¶ 나는 산에 오르기를 좋아한다.
I like to climb *mountains*.

산소 oxygen
¶ 녹색 식물은 산소를 내뿜는다.
Green plants give off *oxygen*.

산술 arithmetic

산업 industry
¶ 한국에서는 자동차 산업이 번창하고 있다.
The automobile *industry* is thriving in Korea.

산울림 an echo

산책 a walk ~하다 take a walk
¶ 우리는 산책을 즐겼다.
We enjoyed our *walk*.

살다 live, be alive, exist
¶ 그는 90살까지 살았다.
He *lived* to be ninety.

살인 murder
¶ 그가 살인을 범했다고는 아무도 믿지 않는다.
Nobody believes he committed *murder*.

살피다 watch

삶다 boil
¶ 그녀는 계란을 삶았다.
She *boiled* eggs.

삼각형 a triangle
¶ 직각 삼각형 a right-angled *triangle*

삼월 March

삼키다 swallow

삽 a shovel, a spade
¶ 농부가 삽으로 땅을 파고 있다.
A farmer is digging the ground with a *spade*.

상 a prize
¶ 그는 마라톤에서 1등상을 탔다.
He won the first *prize* in the marathon.

상가 the downtown
¶ 나는 그녀와 함께 상가에 갔다.
I went *downtown* with her.

상냥하다 kind, gentle, tender
¶ 그녀는 누구에게나 상냥하다.
She is *kind* to everyone.

상담하다 consult 〈with〉
¶ 나는 그와 상담했다.

I *consulted with* him.
상륙하다 land
¶ 우리는 부산에 **상륙했다**.
We *landed* at Busan.
상상 imagination ~하다 **imagine**
¶ 사막에서의 생활을 **상상해 보라**.
Imagine life on the desert.
상인 a merchant
¶ 부유한 **상인들**이 이 지역에서 살았다.
Rich *merchants* lived in this area.
상자 a box, a case
¶ 이 **상자**는 나무로 만들어졌다.
This *box* was made of wood.
상점 a shop, a store
상징 a symbol
¶ 흰색은 순결의 **상징**이다.
White is the *symbol* of purity.
상처 a wound
¶ 그는 심한 **상처**를 입었다.
He received a serious *wound*.
상태 a condition, a state
¶ 그녀는 지금 말을 할 수 있는 **상태**가 아니다.
She is in no *condition* to talk now.
새 a bird
새다 leak
¶ 물이 파이프에서 **새고** 있다.
Water is *leaking* from the pipe.
새롭다 new
새벽 dawn
¶ 그들은 **새벽**에 일어났다.
They got up at *dawn*.
새해 a new year
¶ **새해** 복 많이 받으십시오!
(A) Happy *New Year*!
색 a colo(u)r
¶ 나는 밝은 **색**을 좋아한다.
I like bright *colors*.
생각 thinking, a thought, an idea ~하다 **think**

¶ 나는 그 소녀가 아름다웠다고 **생각한다**.
I *think* the girl was beautiful.
생기다 happen, occur
¶ 무슨 일이 **생겼니**?
What *happened*?
생명 life
¶ 동물과 식물은 **생명**이 있다.
Animals and plants have *life*.
생산 production ~하다 **produce**
¶ 이 공장은 카메라를 **생산한다**.
This factory *produces* cameras.
생산물 a product
¶ 쌀은 한국의 중요한 **생산물**이다.
Rice is an important *product* in Korea.
생선 fish
생일 a birthday
¶ 나는 그녀의 **생일**을 축하했다.
I celebrated her *birthday*.
생활 life, living
¶ 그는 행복한 **생활**을 했다.
He lived a happy *life*.
서다 stand
¶ 가만히 **서** 있어라.
Stand still.
서두르다 hurry
¶ 그 일을 **서둘러** 하지 마라.
Don't *hurry* the work.
서로 each other
서른 thirty
서명 a signature ~하다 **sign**
¶ 이것은 내 **서명**이 아니다.
This is not my *signature*.
서점 a bookstore
서쪽 the west
¶ 해는 **서쪽**으로 진다.
The sun sets in *the west*.
서툴다 poor
¶ 나는 수영이 **서투르다**.
I am a *poor* swimmer.
석방하다 release, set 《a person》 free
¶ 그는 교도소에서 **석방되었다**.

He was *released* from prison.
석탄 coal
¶ 나는 난로에 **석탄**을 넣었다.
I put *coals* in the stove.
섞다 mix
¶ 그녀는 밀가루와 물을 **섞었다**.
She *mixed* flour and water.
선 a line
선거 election ~하다 elect
¶ 총**선거** a general *election*
선물 a present, a gift
¶ 아버지는 내게 크리스마스 **선물**을 주셨다.
Father gave me a Christmas *present*.
선생님 a teacher
선수 a player
¶ 아버지는 유명한 축구 **선수**였다.
My father was a famous soccer *player*.
선택 choice ~하다 choose
¶ 어느 것을 **선택**하시겠습니까?
Which is your *choice*?
선풍기 a fan, an electric fan
설교하다 preach
¶ 그는 학생들에게 **설교했다**.
He *preached* to the students.
설득하다 persuade
¶ 그는 나를 **설득하려** 했다.
He tried to *persuade* me.
설립 foundation ~하다 found
¶ 학교의 **설립** the *foundation* of a school
설명 explanation ~하다 explain
¶ 좀 더 똑똑히 **설명해** 주시오.
Please *explain* it more clearly.
설탕 sugar
¶ 나는 **설탕**을 타지 않고 커피를 마신다.
I drink coffee without *sugar*.
섬 an island
¶ 그들은 작은 **섬**에서 산다.
They live on a small *island*.

성¹ 〈남녀의〉 sex
성² a castle
¶ 그녀는 **성** 안에서 국왕을 보았다.
She saw the King in the *castle*.
성격 character
¶ 그녀는 **성격**이 좋다.
She has a good *character*.
성경 the Bible
성공 success ~하다 succeed
¶ 그 계획은 대**성공**이었다.
The plan was a great *success*.
성실하다 honest, sincere
¶ 그는 업무에 **성실했다**.
He was *honest* in business.
성장 growth ~하다 grow
¶ 그녀는 아름다운 여성으로 **성장**했다.
She has *grown* into a beautiful woman.
성적 record, result
성질 nature
성취하다 accomplish, achieve
¶ 그는 목적을 **성취했다**.
He has *achieved* his purpose.
세계 the world
¶ 그는 **세계** 일주 여행을 했다.
He traveled around the *world*.
세금 a tax
¶ 정부는 **세금**을 올리기로 결정했다.
The government decided to raise *taxes*.
세다¹ 〈힘이〉 strong, powerful
세다² 〈수를〉 count
세우다 build
¶ 그들은 새 건물을 **세웠다**.
They *built* a new building.
셋 three
셋째 third
소 a bull 《수소》, a cow 《암소》, an ox, a cattle
¶ **소**들은 모두 풀을 뜯고 있었다.
All the *cattle* were eating grass.
소개 introduction ~하다 intro-

duce
¶ 나는 우리 나라를 세계에 **소개하고** 싶다.
I want to *introduce* my country to the world.

소금 **salt**
¶ **소금** 좀 건네주세요.
Pass me the *salt*, please.

소나기 **a shower**
¶ 오늘 아침 **소나기**가 왔다.
We had a *shower* this morning.

소녀 **a girl**
¶ 그녀는 친절한 **소녀**다.
She is a kind *girl*.

소년 **a boy**
¶ 그는 미국 **소년**이다.
He is an American *boy*.

소리 **sound**
¶ 우리는 이상한 **소리**를 들었다.
We heard a strange *sound*.

소리치다 **shout**, cry out, scream

소문 **a rumo(u)r**
¶ 나는 그에 관한 **소문**을 믿지 않는다.
I don't believe the *rumor* about him.

소비하다 **spend**, consume
¶ 너무 시간을 **소비하지** 마라.
Don't *spend* much time.

소설 **a novel**
¶ 역사 **소설** a historical *novel*

소식 **news**
¶ 나는 그 슬픈 **소식**을 오늘 아침에 들었다.
I heard the sad *news* this morning.

소원 **wish**
¶ 나의 **소원**을 들어주기 바란다.
I hope you will grant my *wish*.

소유하다 **have**, own, possess
¶ 이 토지는 누구 **소유입니까**?
Who *owns* this land?

소풍 **a picnic**
소형 **a small size**, a pocket size
속 **inside**

속도 **speed**, pace
속력 **speed**
¶ 그는 전**속력**으로 운전하고 있었다.
He was driving at full *speed*.

속삭이다 **whisper**
¶ 그녀는 어머니에게 **속삭였다**.
She *whispered* to her mother.

속이다 **deceive**
¶ 그는 달콤한 말로 나를 **속였다**.
He *deceived* me with sweet words.

손 **a hand**
¶ 그녀는 **손**에 책을 가지고 있다.
She has a book in her *hand*.

손가락 **a finger**
¶ **손**에는 엄지 손가락 하나와 네 개의 **손가락**이 있다.
Each hand has one thumb and four *fingers*.

손님 **a guest**
¶ 나는 **손님** 3명을 저녁 식사에 초대했다.
I invited three *guests* to dinner.

손대다 **touch**
¶ 내게 **손대지** 마라.
Don't *touch* me.

손목 **the wrist**
¶ 나는 그의 **손목**을 잡았다.
I caught him by *the wrist*.

손수건 **a handkerchief**
손잡이 **a handle**
손해 **a loss**, damage
¶ 그는 사업에서 큰 **손해**를 보았다.
He suffered heavy *losses* on the business.

솔 **a brush**
솔직하다 **frank**
¶ **솔직한** 의견을 말해 주시오.
Give me your *frank* opinion.

쇠 **iron**
¶ 그 다리는 **쇠**로 만들어졌다.
The bridge is made of *iron*.

쇠고기 **beef**

쇠사슬 a chain
¶ 그의 개는 **쇠사슬**에 묶여 있다.
His dog is kept on a *chain*.

수 a number

수건 a towel
¶ 그는 **수건**으로 손을 닦았다.
He dried his hands with a *towel*.

수고 pains ~하다 take pains
¶ **수고** 없이는 얻는 것도 없다.
No *pains*, no gains.

수단 a means
¶ 그는 인생에 성공하기 위해서 모든 **수단**을 사용했다.
He used every *means* to succeed in life.

수도 a capital (city)
¶ 서울은 한국의 **수도**다.
Seoul is the *capital* of Korea.

수리하다 fix, repair, mend
¶ 그는 문을 **수리했다**.
He *repaired* the door.

수면 (a) sleep

수상 a premier
¶ 그녀는 유명한 **수상**이다.
She is a famous *premier*.

수송 transportation
¶ 강은 흔히 **수송**에 이용된다.
Rivers are often used for *transportation*.

수수께끼 a riddle
¶ 그 **수수께끼**는 대단히 어렵다.
The *riddle* is very difficult.

수술 operation
¶ 그는 눈**수술**을 받았다.
He had an *operation* on his eye.

수업 class, teaching

수영 swim(ming) ~하다 swim
¶ 나는 매일 **수영**을 한다.
I have a *swim* every day.

수요일 Wednesday

수입[1] an income
¶ 그 부부는 적은 **수입**으로 생활한다.
The couple live on a small *income*.

수입[2] import ~하다 import
¶ 한국은 석유를 외국에서 **수입하지** 않으면 안된다.
Korea has to *import* oil from abroad.

수준 a level
¶ 우리 학교의 **수준**은 대단히 높다.
The *level* of our school is very high.

수줍다 shy
¶ 그는 여자 앞에서 **수줍어하지** 않는다.
He is not *shy* with women.

수출 export ~하다 export
¶ 우리는 많은 물건을 **수출한다**.
We *export* a lot of things.

수학 math(ematics)
¶ 나는 **수학**을 좋아한다.
I like *mathematics*.

수화기 a (telephone) receiver
¶ 그는 **수화기**를 귀에 댔다.
He put the *receiver* to his ear.

수확 a harvest
¶ **수확**이 많다〔적다〕 have a good〔bad〕 *harvest*

숙녀 a lady
¶ 당신은 저 **숙녀**를 아십니까?
Do you know that *lady*?

숙련 skill
¶ 이 일은 많은 **숙련**을 필요로 한다.
This work needs much *skill*.

숙모 an aunt
¶ 이 부인은 나의 **숙모**시다.
This lady is my *aunt*.

숙부 an uncle
¶ 나는 **숙부**집에 머물고 있다.
I am staying with my *uncle*.

숙어 an idiom

숙제 a homework
¶ 나는 이미 **숙제**를 다 했다.
I have done my *homework* already.

순간 a moment, an instant

¶ 한 순간 침묵이 흘렀다.
There was a *moment* of silence.
순경 a policeman
순서 order
¶ 그들은 나이 순서대로 줄을 섰다.
They lined up in *order* of age.
순수하다 pure
¶ 그는 순수한 영국 사람이다.
He is a *pure* Englishman.
숟가락 a spoon
¶ 나는 숟가락으로 수프를 먹는다.
I eat soup with a *spoon*.
술 wine
숨기다 hide
¶ 너는 돈을 어디에 숨겼니?
Where did you *hide* the money?
숨다 hide
¶ 그는 테이블 밑에 숨어 있다.
He is *hiding* under the table.
숨바꼭질 hide-and-seek
¶ 숨바꼭질하자.
Let's play *hide-and-seek*.
숨쉬다 breathe
숫자 a figure
¶ 숫자 5 the *figure* 5
숲 woods, a forest
¶ 우리는 숲속을 걸었다.
We walked in the *woods*.
쉬다 rest, have a rest
¶ 우리는 한시간 동안 쉬었다.
We *rested* for an hour.
쉰 fifty
쉽다 easy, simple
¶ 이 책은 읽기 쉽다.
This book is *easy* to read.
스물 twenty
슬프다 sad, sorrowful
¶ 그는 내게 슬픈 이야기를 했다.
He told me a *sad* story.
슬픔 sorrow, sadness, grief
습관 habit, custom
¶ 흡연은 나쁜 습관이다.
Smoking is a bad *habit*.

승낙 consent ～하다 consent to
¶ 나는 그 결혼을 승낙했다.
I gave my *consent* to the marriage.
승리 victory, triumph
승리하다 win
¶ 어느 팀이 승리할까요?
Which team will *win*?
시^1 a city
¶ 시청 a *city* hall
시^2 poetry, a poem
¶ 그는 시를 좋아하지 않는다.
He does not like *poetry*.
시^3 o'clock, hour, time
시간 time ; 《한 시간》 an hour
¶ 시간은 돈이다.
Time is money.
시계 《괘종〔탁상〕시계》 a clock, 《손목〔회중〕시계》 a watch
¶ 시계를 라디오에 맞춰라.
Set the *clock* by the radio.
시골 the country
¶ 부모님은 시골에 사신다.
My parents live in the *country*.
시기 an opportunity, a chance
시끄럽다 noisy
¶ 시끄럽게 굴지 마라!
Don't be *noisy*!
시다 sour
¶ 이 사과는 매우 시다.
This apple is very *sour*.
시대 an age, a period, a time
¶ 시대는 변했다.
Times have changed.
시들다 die
¶ 이 꽃은 금방 시든다.
This flower soon *dies*.
시력 sight, vision
¶ 그는 시력을 잃었다.
He lost his *sight*.
시민 a citizen
¶ 우리는 서울 시민이다.
We are the *citizens* of Seoul.
시원하다 cool
¶ 여기는 시원하고 좋다.

It is *cool* and pleasant here.

시월 October

시작하다 **begin**, start
¶ 갓난아기는 울기 시작했다.
The baby *began* to cry.

시장¹ **a market**
¶ 시장에는 물건이 많다.
There are many goods in the *market*.

시장² **a mayor**

시합 **a game**, a match ～하다 **have a game**[match]
¶ 그들은 야구 시합을 보고 있다.
They are watching a baseball *game*.

시험 **an examination**, a test, a trial ～하다 **examine**, test
¶ 나는 오늘 영어 시험이 있다.
I have an *examination* in English today.

시험지 **test paper**, examination paper

식당 **a dining room**, a restaurant
¶ 우리는 식당에서 식사한다.
We have meals in the *dining room*.

식량 **food**

식물 **a plant**
¶ 많은 식물이 봄에 꽃이 핀다.
Many *plants* bloom in spring.

식사 **a meal**
¶ 우리는 하루에 3번 식사를 한다.
We have three *meals* a day.

식욕 **appetite**
¶ 나는 식욕이 없다.
I have a poor *appetite*.

식탁 **a table**

신¹ **shoes**
¶ 나는 어제 신을 한 켤레 샀다.
I bought a pair of *shoes* yesterday.

신² **God**
¶ 신만이 안다.
God only knows.

신년 **a new year**, New Year's Day

신념 **belief**, faith, confidence
¶ 그는 확고한 신념을 가지고 얘기했다.
He spoke with firm *faith*.

신다 **put on**, have on, wear
¶ 그는 검은 구두를 신고 있다.
He *puts on* black shoes.

신랑 **a bridegroom**

신뢰 **trust**, confidence ～하다 **trust**, have trust in, believe in
¶ 나는 네 말을 신뢰한다.
I *trust* what you say.

신문 **a newspaper**, a paper
¶ 나는 아침 식사 전에 신문을 읽는다.
I read the *newspaper* before breakfast.

신발 **shoes**

신부 **a bride**

신비 **mystery**
¶ 자연은 신비로 가득차 있다.
Nature is full of *mystery*.

신사 **a gentleman**
¶ 저 신사는 누구입니까?
Who is that *gentleman*?

신선하다 **fresh**
¶ 신선한 야채 *fresh* vegetables

신성하다 **holy**, sacred
¶ 신성한 장소 a *holy* place

신용 **trust**, confidence, credit ～하다 **trust**
¶ 나는 그를 신용하지 않는다.
I don't *trust* him.

신장 **height**

신체 **the body**

신호 **a signal** ～하다 **signal**, make a signal
¶ 빨간 불은 위험 신호다.
A red light is a *signal* of danger.

싣다 **load**
¶ 그들은 배에 석탄을 실었다.
They *loaded* the coal in the ship.

실 thread
¶ 저기에 실을 꿴 바늘이 있다.
There is a needle and *thread* there.

실망 disappointment ~하다 be disappointed, be discouraged
¶ 내 실망은 컸다.
My *disappointment* was great.

실수 a mistake, an error

실수로 by mistake
¶ 나는 실수로 그의 모자를 썼다.
I put on his hat *by mistake*.

실제로 actually
¶ 나는 실제로 그렇게 생각하지 않는다.
Actually, I don't think so.

실직하다 lose 《one's》 job
¶ 그는 실직했다.
He *lost his job*.

실천 practice ~하다 practice, put ... into practice, carry out

실패 a failure ~하다 fail
¶ 나의 계획은 실패로 끝났다.
My plan ended in *failure*.

실행하다 practice, carry out
¶ 이 계획을 실행하기는 어렵다.
It is difficult to *carry out* this plan.

실현하다 realize
¶ 그는 자신의 계획을 실현했다.
He *realized* his plan.

싫다 do not like, dislike, unpleasant
¶ 나는 그것을 하기 싫다.
I *dislike* doing it.

싫어하다 dislike, hate

심부름 an errand
¶ 너 내 대신 심부름 갈래?
Will you go on an *errand* for me?

심장 the heart
¶ 그는 심장이 약하다.
He has a weak *heart*.

십이월 December

십일월 November

십자가 a cross
¶ 예수 그리스도는 십자가 위에서 돌아가셨다.
Jesus Christ died on the *cross*.

싱싱하다 fresh
¶ 너는 그 가게에서 싱싱한 과일을 살 수 있다.
You can buy *fresh* fruits at the store.

싶다 want, hope, wish

싸우다 fight, struggle
¶ 그들은 길에서 싸우기 시작했다.
They began to *fight* on the road.

싸움 《투쟁》 a struggle ; 《전투》 a fight, a battle, a combat ; 《전쟁》 a war, warfare

쌀 rice
¶ 우리는 쌀을 주식으로 한다.
We live on *rice*.

쌍둥이 twins

썰매 a sled
¶ 나는 썰매를 타고 있다.
I am riding on a *sled*.

쏘다 shoot
¶ 그는 그 새를 쏘았다.
He *shot* the bird.

쓰다¹ write
¶ 그는 새 소설을 썼다.
He *wrote* a new novel.

쓰다² 《사용하다》 use, employ, make use of ; 《소비하다》 spend

쓰다³ 《착용》 wear, put on

쓰다⁴ bitter
¶ 이 약은 쓰다.
This medicine is *bitter*.

쓰다듬다 stroke
¶ 그녀는 고양이를 쓰다듬고 있다.
She is *stroking* a cat.

쓰러지다 fall down
¶ 거인은 쓰러져 죽었다.
The giant *fell down* and died.

쓰레기 waste

쓸다 sweep

¶그녀는 마루를 *쓸고* 있다.
She is *sweeping* the floor.
쓸쓸하다 **lonely**
¶나는 친구가 없어 *쓸쓸했다*.
I felt *lonely* with no friends.
씨 **seed**

¶농부는 밭에 *씨*를 뿌렸다.
The farmer sowed *seeds* in the field.
씻다 **wash**
¶식사하기 전에 손을 *씻어라*.
Wash your hands before a meal.

아기 **a baby**
아끼다 **spare**
¶《속담》매를 *아끼면* 자식을 망친다.
Spare the rod and spoil the child.
아내 **a wife**
¶그는 *아내*가 있다.
He has a *wife*.
아니 **no**
아니다 **be not**
¶이것은 내 것이 *아니다*.
This *is not* mine.
아들 **a son**, a boy
¶그는 *아들*이 하나 있다.
He has a *son*.
아래에 **under**, below
아름답다 **beautiful**, pretty
¶*아름다운* 꽃 a *beautiful* flower
아마 **perhaps**, probably, maybe
¶그는 *아마* 갈 것이다.
Perhaps he will go.
아무것 **anything**, something
아무데 **anywhere**, any place
¶너는 *아무데나* 가도 좋다.
You may go *anywhere*.
아무때 **anytime**, whenever
¶내 컴퓨터를 *아무때나* 써도 좋다.
You can use my computer *anytime*.
아버지 **a father**, papa, daddy, dad
¶저분이 나의 *아버지*시다.
That is my *father*.
아이 **a child**, a kid
¶톰은 착한 *아이*다.
Tom is a good *child*.
아저씨 **an uncle**
아주 **very**, quite, really
아주머니 **an aunt**
¶이 부인은 나의 *아주머니*시다.
This lady is my *aunt*.
아직 **still**, yet
¶그는 *아직* 자고 있다.
He is *still* asleep.
아침 **morning**
¶그는 *아침* 일찍 왔다.
He came early in the *morning*.
아침밥 **breakfast**
아프다 **ache**
¶머리가 *아프다*.
My head *aches*.
아홉 **nine**
아흔 **ninety**
악수 **a handshake**
안 **inside**, within, in
안개 **fog**, mist
¶*안개*가 걷혔다.
The *fog* cleared.
안경 **glasses**
¶*안경*을 쓰다〔벗다〕 put on 〔take off〕《one's》*glasses*

안내하다 guide
¶ 그 개는 장님에게 길을 **안내한다**.
The dog *guides* a blind man.
안락 **ease**, comfort
¶ 그들은 **안락**하게 살았다.
They lived at *ease*.
안전 safety ~하다 **safe**
¶ **안전** 제일.
Safety First.
안정 rest, quiet
앉다 **sit**, take a seat, sit down
¶ 식탁에 **앉다** *sit* at table
않다 be not, do not
알 an egg
알다 **know**, be aware ⟨of⟩
¶ 나는 답을 **알고 있다**.
I *know* the answer.
알리다 **tell** ⟪a person⟫, let ⟪a person⟫ know
¶ 내일 **알려** 드리지요.
I'll *let* you *know* tomorrow.
알맞다 **fit**, suitable
¶ 그는 그 일에 **알맞다**.
He is *fit* for the job.
알아내다 **find out**
¶ 나는 그의 정체를 **알아냈다**.
I *found* him *out*.
알아듣다 **hear**, catch〔get〕 ⟪the meaning⟫
알아맞히다 **guess**
¶ 누군지 **알아맞혀** 봐!
Guess who!
알파벳 the alphabet
앓다 **ill**, sick
암기하다 **learn by heart**, memorize
¶ 이 시를 **암기합시다**.
Let's *learn* this poem *by heart*.
암시 **a hint**, a suggestion ~하다 **suggest**
¶ 그가 내게 **암시**를 했으나 나는 그것을 몰랐다.
He gave me a *hint*, but I did not get it.

암컷 a female (animal)
암탉 a hen
암흑 **darkness**
¶ 우리는 **암흑** 속을 걸었다.
We walked in the *darkness*.
압력 pressure
앞 the front
¶ 교회 **앞**에 연못이 있다.
There is a pond in *front* of the church.
앞날 the future
¶ 우리의 **앞날**은 밝다.
Our *future* is bright.
앞치마 an apron
¶ 그녀는 **앞치마**를 두르고 있다.
She wears an *apron*.
애매하다 **vague**
¶ 그녀는 **애매한** 대답을 했을 뿐이었다.
She made just a *vague* answer.
애완 동물 a pet
애인 a lover
애정 **love**, affection
¶ 그녀는 부모님께 깊은 **애정**을 품고 있다.
She has a deep *love* for her parents.
야구 baseball
¶ 우리는 **야구**를 했다.
We played *baseball*.
야기하다 cause
야심 ambition
¶ **야심**가 a man of *ambition*
야영 **a camp**, camping ~하다 **camp**
¶ 그는 그날밤 거기서 **야영했다**.
He *camped* there for the night.
야위다 **thin**, lean
¶ 그녀는 창백하고 **야위어** 보인다.
She looks pale and *thin*.
야채 **vegetables**, greens
¶ 나는 고기보다 **야채**를 더 좋아한다.
I like *vegetables* better than

약¹ 《대략》 **about**, some, round
약² **a drug**, (a) medicine
¶이것은 감기에 잘 듣는 약이다.
This is a good *medicine* for colds.
약간 **some**, a little, a few
¶약간의 돈이 필요하다.
Some money is needed.
약속 **a promise**
¶그는 약속을 어겼다.
He broke a *promise*.
약점 **a weak point**
¶그것이 그의 약점이다.
That is his *weak point*.
약하다 **weak**
얌전하다 **gentle**
¶그녀는 마음이 얌전하다.
She has a *gentle* heart.
양¹ **a sheep**
¶많은 양이 저기에서 풀을 뜯고 있다.
Many *sheep* are feeding there.
양² **quantity**
¶나는 양보다 질을 택한다.
I prefer quality to *quantity*.
양말 **socks**
¶양말을 벗어라.
Take off your *socks*.
양지바른 **sunny**
¶양지바른 방 a *sunny* room
양쪽 **both**
양친 **parents**
¶그는 양친과 함께 산다.
He lives with his *parents*.
얕다 **shallow**
¶이 개울은 얕다.
This stream is *shallow*.
어깨 **the shoulder**
¶그녀는 어깨를 으쓱했다.
She shrugged her *shoulders*.
어느 **which**
¶어느 책이 내 것이냐?
Which book is mine?
어느날 **one day**

어둠 **darkness**
¶어둠 속으로 사라지다 disappear in the *darkness*
어둡다 **dark**
어디 **where**
¶어디 출신입니까?
Where are you from?
어떤 **what kind of**, what sort of, any
어떻게 **how**
¶너는 어떻게 여기에 왔니?
How did you come here?
어렵다 **difficult**
¶그 시험은 매우 어려웠다.
The test was very *difficult*.
어른 **an adult**
¶어른이 되다 become an *adult*
어리석다 **foolish**, stupid
¶그렇게 하다니 너는 어리석구나.
It is *foolish* of you to do so.
어린이 **a child**
¶톰은 착한 어린이다.
Tom is a good *child*.
어머니 **a mother**
¶어머니, 제가 도와 드릴게요.
I'll help you, *mother*.
어제 **yesterday**
¶나는 어제 대단히 바빴다.
I was very busy *yesterday*.
어째서 **why**
¶어째서 늦었느냐?
Why were you late?
어쨌든 **anyway**
¶어쨌든 출발하자.
Anyway, let's start.
어쩌면 **perhaps**, maybe
¶어쩌면 내일 비가 올 것이다.
Perhaps it will rain tomorrow.
언론 **speech**
¶언론의 자유 freedom of *speech*
언쟁 **a quarrel**
¶나는 동생과 언쟁했다.
I had a *quarrel* with my brother.

언제 when
¶ 당신의 생일은 언제입니까?
When is your birthday?
언제나 always
¶ 아버지는 언제나 바쁘시다.
My father is *always* busy.
언젠가 someday, some day, sometime
¶ 언젠가 너는 결혼하겠지.
Someday you will marry.
얻다 get, obtain, gain
얼굴 a face
¶ 얼굴을 씻어라.
Wash your *face*.
얼다 freeze
¶ 어젯밤 호수가 얼었다.
The lake *froze* last night.
얼른 fast, quickly
얼마나 how
¶ 돈이 얼마나 필요합니까?
How much money do you need?
얼음 ice
¶ 얼음을 좀 주세요.
Give me some *ice*.
엄격하다 strict, severe
¶ 그녀는 엄한 선생님이다.
She is a *strict* teacher.
없다 have not, do not have
¶ 나는 자동차가 없다.
I *don't have* a car.
엉덩이 the hips
¶ 이 바지는 엉덩이가 너무 꼭 낀다.
These trousers are too tight at *the hips*.
엎지르다 spill
¶ 잉크를 엎지르지 마라.
Don't *spill* the ink.
에워싸다 surround
¶ 적은 우리를 에워쌌다.
Our enemies *surrounded* us.
여가 leisure
¶ 나는 여행할 여가가 없다.
I have no *leisure* to travel.
여객 a passenger

¶ 여객기 a *passenger* plane
여권 a passport
¶ 여권을 보여 주시겠어요?
Can I see your *passport*, please?
여기 here
¶ 여기에 새가 한 마리 있다.
Here is a bird.
여덟 eight
여든 eighty
여러 가지 various
¶ 여러 가지 이유로 나는 그 모임에 나가지 않았다.
For *various* reasons I was absent from the meeting.
여론 public opinion
¶ 여론에 호소하다 appeal to *public opinion*
여름 summer
¶ 여름은 연중 가장 더운 계절이다.
Summer is the hottest season of the year.
여보세요 hello, hey
여섯 six
여왕 a queen
¶ 사교계의 여왕 a *queen* of society
여우 a fox
¶ 여우는 굴 속에 산다.
A *fox* lives in a hole.
여자 a woman, a female, a girl
¶ 대개 여자가 남자보다 수명이 길다.
Women live generally longer than men.
여행 a travel, a journey, a trip, a tour ~하다 **travel**, tour, go on a trip
¶ 버스로 여행하다 *travel* by bus
역 a (railroad) station
¶ 이 열차는 역마다 정차한다.
This train stops at every *station*.
역사 history
¶ 역사는 되풀이된다.
History repeats itself.

역할 a part
¶ 그는 자기의 **역할**을 아주 잘했다.
He acted his *part* very well.

연결하다 connect

연구 study ~하다 study
¶ 그는 **연구**를 계속했다.
He continued his *studies*.

연극 a play, a drama
¶ 나는 오늘밤 **연극**을 보러 갈 것이다.
I will go to the *play* this evening.

연기 smoke
¶ 굴뚝에서 **연기**가 난다.
Smoke is rising up from a chimney.

연설 a speech, an address
¶ 그는 평화에 관해 **연설**을 했다.
He made a *speech* on peace.

연습 practice, exercise, training
¶ **연습**은 중요하다.
Practice is important.

연장 a tool

연주하다 play, perform
¶ 그녀는 바이올린을 **연주하고** 있다.
She is *playing* the violin.

연착하다 arrive late
¶ 열차가 한 시간 **연착했다**.
The train *arrived* an hour *late*.

연필 a pencil
¶ **연필**로 쓰시오.
Write with a *pencil*.

열¹ [수] ten

열² [온도] heat

열넷 fourteen

열다 open
¶ 문 **열어라**.
Open the door.

열다섯 fifteen

열둘 twelve

열셋 thirteen

열쇠 a key
¶ 나는 **열쇠**를 가지고 있다.
I have a *key*.

열심이다 eager
¶ 그는 공부에 아주 **열심이다**.
He is very *eager* in his study.

열심히 hard, eagerly
¶ 그는 **열심히** 공부한다.
He studies *hard*.

열아홉 nineteen

열여덟 eighteen

열여섯 sixteen

열일곱 seventeen

열차 a train

열하나 eleven

염려하다 worry ⟨about⟩, be anxious about
¶ **염려하지** 마시오.
Don't *worry*.

염소 a goat
¶ **염소**는 온순한 동물이다.
A *goat* is a gentle animal.

염원하다 wish, desire
¶ 대부분의 사람은 행복을 **염원한다**.
Most men *desire* happiness.

엽서 a postcard
¶ 이것은 당신에게 온 **엽서**입니다.
This is a *postcard* for you.

엿듣다 overhear
¶ 누군가가 우리가 이야기하는 것을 **엿들을지도** 모른다.
Someone might *overhear* us talking.

영 zero
¶ 9대 **0**으로 그 시합을 이겼다.
We won the game by nine to *zero*.

영광 honor, glory
¶ 신께 **영광** 있으라.
Glory be to God.

영리하다 clever, bright
¶ 그는 **영리한** 소년이다.
He is a *bright* boy.

영어 English
¶ **영어**를 할 줄 아십니까?
Can you speak *English*?

영웅 a hero
¶ 그는 국민적 **영웅**이다.
He is a national *hero*.

영토 a territory
¶ 이곳은 한국 **영토**입니까?
Is this Korean *territory*?

영향 influence
¶ 그는 친구들에게 큰 **영향**을 미쳤다.
He had a great *influence* on his friends.

영화 a movie, a film
¶ 당신은 **영화**를 좋아합니까?
Do you like (the) *movies*?

예¹ yes, all right

예² an example, an instance
¶ **예**를 들어 보아라.
Give me an *example*.

예리하다 sharp
¶ 이 칼은 아주 **예리하다**.
This knife is very *sharp*.

예쁘다 pretty
¶ 그녀는 **예쁜** 소녀다.
She is a *pretty* girl.

예순 sixty

예술 art

예외 an exception
¶ 너도 **예외**는 아니다.
You are no *exception*.

예의 manners
¶ 그는 **예의**가 없다.
He has no *manners*.

옛날 ancient times, old days

오늘 today
¶ **오늘**은 6월 4일이다.
Today is June 4.

오늘밤 tonight

오다 come
¶ 그는 어제 나의 집에 **왔다**.
He *came* to my house yesterday.

오래 long, for a long time

오래되다 old

오랫동안 for long
¶ 그에게서 **오랫동안** 소식이 없다.

I hear nothing from him *for long*.

오르다 climb
¶ 나는 산에 **오르기**를 좋아한다.
I like to *climb* mountains.

오른손 the right hand

오른쪽 the right side

오월 May

오전 the morning
¶ **오전**에 비가 왔다.
It rained in *the morning*.

오해하다 misunderstand
¶ 너는 그를 **오해하고 있다**.
You *misunderstand* him.

오후 the afternoon
¶ 우리는 **오후**에 수업이 두 시간 있다.
We have two classes in *the afternoon*.

온종일 all day (long)
¶ 우리는 너를 **온종일** 기다렸다.
We waited for you *all day long*.

온화하다 mild
¶ **온화한** 기후 a *mild* climate

올리다 raise

올해 this year

옮기다 move, remove
¶ 책상을 창문 가까이로 **옮겼다**.
He *moved* the desk near the window.

옳다 right
¶ 네가 **옳다**.
You are *right*.

옷 clothes
¶ 그녀는 **옷**이 많다.
She has a lot of *clothes*.

완강하다 stubborn
¶ 그는 대단히 **완강하다**.
He is very *stubborn*.

왕 a king
¶ 그 **왕**은 동물을 좋아했다.
The *king* liked animals.

왜 why

왜냐하면 because

외국어 a foreign language

¶ 영어는 **외국어**다.
English is a *foreign language*.
외국인 a foreigner
¶ 나는 **외국인**을 만났다.
I met a *foreigner*.
외롭다 lonely
¶ 그는 **외로운** 생활을 하고 있다.
He is leading a *lonely* life.
외부 the outside
외출하다 go out
¶ 그는 **외출했다**.
He has *gone out*.
외치다 shout, cry
¶ 그녀는 기뻐서 **외쳤다**.
She *shouted* for〔with〕 delight.
외투 an overcoat
¶ 나는 **외투**를 세탁소에 보냈다.
I sent my *overcoat* to the laundry.
왼손 the left hand
왼쪽 the left
¶《게시》**왼쪽**으로 도시오.
Turn to *the left*.
요구 a request, a demand
요금 a charge, a fee, a fare
¶ **요금**을 내다 pay a *charge*
요리 a dish ~하다 cook
¶ 나는 프랑스 **요리**를 좋아한다.
I like French *dishes*.
요컨대 in short, in a word
¶ **요컨대** 난 그녀를 좋아한다.
In short, I like her.
욕하다 speak ill of 《a person》
¶ 남을 **욕하지** 마라.
Don't *speak ill of* others.
용감하다 brave, courageous
¶ **용감한** 행위 a *brave* act
용기 courage
¶ 그는 거기에 갈 **용기**가 없었다.
He didn't have the *courage* to go there.
용돈 pocket money
용모 a face
용서하다 forgive, pardon
¶ 그는 그녀의 잘못을 **용서했다**.
He *forgave* her mistakes.
우등 honors
¶ 그녀는 그 대학을 **우등**으로 졸업했다.
She graduated from the university with *honors*.
우리 [인칭] we
우물 a well
¶ 그 **우물**에는 물이 없었다.
There was no water in the *well*.
우산 an umbrella
¶ 바람에 그의 **우산**이 뒤집혔다.
The wind turned his *umbrella* inside out.
우선 first of all, in the first place
¶ 그는 **우선** 우리에게 여행에 관한 이야기를 했다.
First of all he told us about his trip.
우습다 funny
¶ 무엇이 그렇게 **우습냐**?
What's so *funny*?
우승 victory
¶ 그는 테니스 시합에서 **우승했다**.
He won a *victory* in the tennis match.
우아하다 graceful
¶ 그녀는 태도가 **우아하다**.
She is *graceful* in manner.
우연히 by chance, by accident
¶ 나는 **우연히** 그녀를 만났다.
I met her *by chance*.
우유 milk
¶ 암소는 우리에게 **우유**를 준다.
A cow gives us *milk*.
우정 friendship
¶ 우리의 **우정**이 영원히 지속되기를 바란다.
I hope our *friendship* will last forever.
우주 the universal
¶ 신은 **우주**를 창조했다.
God made *the universal*.
우편 mail 《미》, post 《영》

¶ 이 책을 **우편**으로 보내주십시오.
Please send this book by *mail*.
우표 a (postage) **stamp**
¶ 봉투에 **우표**를 붙이세요.
Put a *stamp* on the envelope.
운 **chance**, fortune, luck
¶ 모든 것을 **운**에 맡기지 마라.
Don't leave everything to *chance*.
운동 [경기] **sports**; [체조] **exercise**
운동장 **a playground**
운명 **fate**, fortune
운전수 **a driver**
운전하다 **drive**《a car》
¶ 그녀는 **운전을** 잘한다.
She *drives* well.
울다 **cry**
¶ 그 아기는 우유를 달라고 **울고** 있다.
The baby is *crying* for milk.
움직이다 **move**
움켜잡다 **grasp**, seize
¶ 나는 밧줄을 **움켜잡았다**.
I *grasped* the rope.
웃다 **laugh**
¶ 그들은 모두 큰소리로 **웃었다**.
They all *laughed* loudly.
웃음 **laughter**
¶ **웃음**이 최고의 약이다.
Laughter is the best medicine.
웅장하다 **grand**, magnificent
¶ 이 경치는 **웅장하다**.
This is a *grand* sight.
원 **a circle**
¶ **원**을 그리다 draw a *circle*
원료 **materials**
¶ 쇠는 용도가 다양한 **원료**다.
Iron is a widely used *material*.
원리 **a principle**
¶ 민주주의의 **원리** the *principles* of democracy
원숭이 **a monkey**
¶ **원숭이**는 영리한 동물이다.

A *monkey* is a wise animal.
원인 **a cause**
¶ 그 화재의 **원인**은 무엇이니?
What is the *cause* of the fire?
원칙 **a principle**
¶ 그의 그런 행동은 우리 **원칙**에 어긋난다.
His such action is against our *principles*.
원하다 **want**, wish, hope
¶ 그는 의사가 되기를 **원한다**.
He *wishes* to be a doctor.
월요일 **Monday**
¶ 그는 지난 **월요일**에 왔다.
He came last *Monday*.
위¹ [위치] **upside**, above, on
위² **the stomach**
¶ **위**가 아프다.
I feel a pain in *the stomach*.
위안 **comfort**
¶ 나는 독서에서 **위안**을 찾는다.
I find *comfort* in reading.
위치 **a situation**
¶ 우리집은 편리한 **위치**에 있다.
Our house is in a convenient *situation*.
위험 **danger** ~하다 **dangerous**
¶ **위험**! 들어가지 마시오!
Danger! Keep out!
위협 **a threat**
¶ 그것은 세계 평화에 대한 **위협**이다.
It is a *threat* to world peace.
유감 **regret**, a pity
¶ 매우 **유감**이지만 사절하겠습니다.
I shall refuse it with many *regrets*.
유년 시절 **childhood**
¶ 링컨은 **유년 시절**에 가난했다.
Lincoln was poor in his *childhood*.
유리 **glass**
유명하다 **famous**, well-known
¶ 그녀는 **유명한** 의사다.

유사하다 be similar ⟨to⟩, be alike, resemble
¶ 그것은 내 것과 **유사하다**.
It *is similar to* mine.

유월 June

유익하다 useful
¶ 개는 **유익한** 동물이다.
A dog is a *useful* animal.

유지하다 maintain, keep

유창하다 fluent
¶ 그는 영어를 **유창하게** 한다.
He is a *fluent* speaker of English.

유치하다 childish
¶ 그것은 **유치한** 대답이다.
That's a *childish* answer.

유쾌하다 pleasant, cheerful
¶ 우리는 **유쾌한** 시간을 보냈다.
We had a *pleasant* time.

유행 fashion
¶ 이 스타일이 올해 **유행**할 것이다.
This style will come into *fashion* this year.

유혹하다 tempt
¶ 그는 돈으로 나를 **유혹했다**.
He *tempted* me with the offer of money.

육군 the army
¶ **육군**에 입대하다 enter *the army*

육지 land
¶ 배는 **육지**를 향해 오고 있다.
The ship is coming toward the *land*.

육체 the body
¶ **육체**와 정신 *body* and spirit

은 silver
¶ 이 상패는 **은**으로 만들었다.
This trophy is made of *silver*.

은행 a bank
¶ 한국 **은행** the *Bank* of Korea

음식 food
¶ 가벼운 **음식** light *food*

음악 music
¶ 그녀는 **음악** 선생님이다.
She is a *music* teacher.

의견 an opinion
¶ 나도 너와 같은 **의견**이다.
I am of your *opinion*.

의무 a duty
¶ 규칙을 따르는 게 너의 **의무**다.
It is your *duty* to obey the rules.

의문 a doubt
¶ 그것은 **의문**의 여지가 없다.
There is no *doubt* about it.

의미 meaning ~하다 mean
¶ 이 말의 **의미**는 무엇이니?
What is the *meaning* of this word?

의사 a doctor, a physician
¶ 어제 나는 **의사**의 진찰을 받으러 갔다.
Yesterday I went to see the *doctor*.

의심 doubt ~하다 doubt
¶ 그는 모든 것을 **의심한다**.
He *doubts* about everything.

의자 a chair

의장 the chairman
¶ 남자〔여자〕 **의장** Mr.〔Madam〕 *Chairman*

의존하다 depend on
¶ 그는 내 원조에 **의존했다**.
He *depended on* my help.

의지 will
¶ 그는 강한 **의지**를 가지고 있다.
He has a strong *will*.

이 a tooth
¶ 나는 **이**를 하나 뺐다.
I had a *tooth* pulled out.

이것 this
¶ **이것**은 비둘기다.
This is a pigeon.

이곳 here, this place

이기다 win
¶ 나는 우리가 **이기길** 바란다.
I hope we *win*.

이끌다 lead, guide

이끼 moss
¶《속담》구르는 돌에는 이끼가 끼지 않는다.
A rolling stone gathers no *moss*.

이달 this month
¶ 이달 초에 at the beginning of *this month*

이래 since
¶ 나는 여기 온 이래 줄곧 바쁘다.
I have been busy *since* I came here.

이렇게 in this way, like this
¶ 이렇게 해라.
Do it (*in*) *this way*.

이론 theory
¶ 그것은 단지 이론에 불과하다.
It is a mere *theory*.

이루다 achieve, accomplish
¶ 그는 목적을 이루었다.
He has *achieved* his purpose.

이륙하다 take off
¶ 비행기는 오전 8시에 이륙한다.
The plane *takes off* at 8:00 a.m.

이름 a name
¶ 이름과 주소를 써 주십시오.
Please write your *name* and address.

이리 a wolf
¶ 나는 이리를 한 번도 본 적이 없다.
I have never seen a *wolf*.

이마 the forehead, the brow
¶ 그녀는 이마가 넓다.
She has a broad *forehead*.

이미 already

이발 a haircut
¶ 이떻게 이발을 할까요?
What kind of *haircut* would you like?

이번 this time
¶ 이번에 그는 성공할 것이다.
He will succeed *this time*.

이별하다 part, separate
¶ 그들은 문에서 이별했다.
They *parted* from each other at the gate.

이사하다 move, remove ⟨to⟩
¶ 언제 서울로 이사했니?
When did you *move* to Seoul?

이상[1] more than, over, above

이상[2] an ideal
¶ 그의 아버지는 높은 이상을 가지고 계셨다.
His father had high *ideals*.

이상하다 strange, queer, odd
¶ 이상한 일이 일어났다.
A *strange* thing happened.

이성 reason
¶ 사람만이 이성을 갖고 있다.
Only man has *reason*.

이슬 dew
¶ 풀은 이슬에 젖어 있었다.
The grass was wet with *dew*.

이야기 a story, a talk, a tale ~하다 speak, talk, say, tell
¶ 그것은 그의 이야기에 지나지 않는다.
It's only his *story*.

이웃 the neighbo(u)rhood
¶ 그는 이웃에 살고 있다.
He lives in my *neighborhood*.

이월 February

이유 a reason, a cause
¶ 나는 그녀가 오지 않는 이유를 모른다.
I don't know the *reason* why she isn't coming.

이의 an objection
¶ 나는 그 일에 대해 이의가 없다.
I have no *objection* to that.

이쪽 this way
¶ 이쪽으로 오십시오.
Come *this way*, please.

이층 the second floor 〔story〕《미》, the first floor《영》

이해 understanding ~하다 understand
¶ 그는 이 문제를 분명히 이해하고 있다.
He *understands* this matter

익사하다 be drowned
¶ 그 소년은 익사했다.
The boy *was drowned*.

인간 a man
¶ 인간은 죽게 마련이다.
Man has to die.

인격 character, personality

인공 art
¶ 자연과 인공 nature and *art*

인구 population
¶ 서울은 인구가 많다.
Seoul has a large *population*.

인내심 patience
¶ 너는 인내심을 가져야 한다.
You must have *patience*.

인류 mankind
¶ 인류는 평화를 갈망하고 있다.
Mankind desires peace.

인사 a greeting ~하다 greet

인쇄 print(ing) ~하다 print
¶ 컬러 인쇄 colored *printing*

인정하다 recognize
¶ 누구나 그녀의 능력을 인정한다.
Everybody *recognizes* her ability.

인형 a doll
¶ 인형을 가지고 놀자.
Let's play with *dolls*.

일 work ~하다 work
¶ 그는 매우 열심히 일한다.
He *works* very hard.

일곱 seven

일기 a diary
¶ 그는 항상 일기를 쓴다.
He always keeps a *diary*.

일렬 a line, a row
¶ 일렬로 서시오.
Stand in a *line*.

일부 a part
¶ 집의 일부는 사무실로 쓰인다.
Part of the house is used as an office.

일어나다 get up
¶ 몇 시에 일어났습니까?
What time did you *get up*?

일어서다 stand up
¶ 일어서라.
Stand up.

일요일 Sunday
¶ 일요일에는 학교에 가지 않는다.
We do not go to school on *Sunday*.

일월 January

일일이 one by one
¶ 일일이 조사하다 examine 《a thing》 *one by one*

일종 a kind, a sort
¶ 일종의 a *kind* of

일주하다 make a round

일찍 early
¶ 그 아이는 일찍 일어난다.
The child is an *early* riser.

일행 a party, a company
¶ 일행은 강가에서 쉬었다.
The *party* took a rest by the river.

읽다 read
¶ 잠자리에서 책을 읽지 마라.
Don't *read* in bed.

잃다 lose
¶ 돈을 잃어버리지 마라.
Don't *lose* your money.

임금 wages, pay
¶ 그는 많은 임금을 받고 있다.
He gets〔earns〕 good *wages*.

임무 a duty
¶ 교사의 임무는 학생들을 가르치고 인도하는 것이다.
A teacher's *duties* are to teach and guide pupils.

임자 《소유자》 the owner

입 the mouth
¶ 치과 의사는 「입을 크게 벌려라」라고 말했다.
The dentist said, "Open your *mouth* wide."

입구 an entrance

¶ **입구**에 누군가 있다.
There is someone at the *entrance*.

입다 put on
¶ 그 소녀는 새 스웨터를 **입는다**.
The girl *puts on* her new sweater.

입맛 appetite, taste

입맞추다 kiss
¶ 그는 그녀의 손에 **입맞추었다**.
He *kissed* her hand.

입술 the lips

입시 an entrance examination
¶ **입시** 준비를 하다 prepare for an *entrance examination*

입장 a position, a situation
¶ 그는 곤란한 **입장**에 놓여 있다.
He is in a difficult *position*.

있다 be, there is
¶ 책상 위에 책이 **있다**.
There is a book on the desk.

잊다 forget
¶ 나는 당신의 친절을 결코 **잊지** 않을 것이다.
I'll never *forget* your kindness.

잎 a leaf

자 a ruler, a measure
¶ 너는 30센티미터 **자**가 있느냐?
Do you have a 30-centimeter *ruler*?

자국 a track, a trace
¶ 그는 곰의 **발자국**을 따라갔다.
He followed the bear's *tracks*.

자금 funds, capital
¶ **자금**이 부족하다 be short of *funds*

자기 self, oneself

자다 sleep, 《잠들다》 fall asleep
¶ 나는 하루에 약 8시간 **잔다**.
I *sleep* about eight hours a day.

자동차 a car, an automobile
¶ **자동차**를 운전하다 drive a *car*

자라다 grow up
¶ 그는 **자라서** 기술자가 되었다.
He *grew up* to be an engineer.

자랑하다 be proud of, boast of
¶ 그는 자기 아들을 **자랑으로 여기고 있다**.
He *is proud of* his son.

자루¹ 《포대》 **a sack**
¶ 감자 한 **자루** a *sack* of potatoes

자루² 《손잡이》 **a handle**

자르다 cut
¶ 그녀는 케이크를 반으로 **잘랐다**.
She *cut* the cake in half.

자리 a seat
¶ 당신 **자리**로 돌아가시오.
Go back to your *seat*.

자물쇠 a lock
¶ 그는 열쇠로 **자물쇠**를 열었다.
He opened the *lock* with his key.

자본 capital
¶ 그 회사의 **자본**은 30만 달러다.
The company has a *capital* of $300,000.

자살하다 kill oneself
¶ 동물은 **자살하지** 않는다.
Animals don't *kill themselves*.

자석 a magnet
¶ **자석**은 쇠를 끌어당긴다.
Magnets attract iron.

자연 nature
¶ 나는 **자연**을 좋아한다.

I am a love of *nature*.
자원 resources
¶ 천연 **자원** natural *resources*
자유 freedom, liberty
¶ 언론의 **자유** *freedom* of speech
자유롭다 free
자전거 a bicycle
¶ 나는 **자전거**로 학교에 간다.
I go to school by *bicycle*.
자존심 pride
자주 often
¶ 그는 **자주** 여기에 온다.
He *often* comes here.
작다 small, little
¶ 이 모자는 내게 너무 **작다**.
This hat is too *small* for me.
잔 a cup
¶ 차 한 **잔** 주십시오.
Please give me a *cup* of tea.
잔디 grass
¶ **잔디**밭에 들어가지 마시오.
Keep off the *grass*.
잔인하다 cruel
¶ 동물 사냥은 **잔인하다**.
It's *cruel* to hunt animals.
잔치 a feast
¶ **잔치**를 베풀다 give a *feast*
잘 well
¶ 그는 영어를 **잘**한다.
He speaks English *well*.
잘되다 go well, come out well
¶ 모든 일이 **잘되어** 갔다.
Everything *went well*.
잘못 a mistake, a fault ~하다 mistake, be mistaken
¶ 그것은 나의 **잘못**이다.
It is my *fault*.
잘하다 do well
잠 sleep
¶ 그는 깊은 **잠**에 빠졌다.
He fell into a deep *sleep*.
잠그다 lock
¶ 문을 **잠그세요**.
Please *lock* the door.

잠깐 a moment, (for) a little while
¶ **잠깐** 기다리시오.
Wait a *moment*, please.
잠들다 fall asleep
¶ 그는 자기 자리에서 **잠들었다**.
He *fell asleep* in his seat.
잠자리 a bed, a sleeping place
¶ **잠자리**에 들다 go to *bed*
잡다 catch, hold
¶ 고양이는 쥐를 **잡는다**.
Cats *catch* mice.
잡아당기다 pull, draw
¶ 이 로프를 **잡아당겨라**.
Pull at this rope.
잡음 a noise
잡지 a magazine
¶ **잡지**를 발행하다 publish a *magazine*
잡초 weeds
¶ 정원에는 **잡초**가 우거져 있었다.
The garden was full of *weeds*.
장갑 gloves
¶ **장갑**을 끼다〔벗다〕 put on〔take off〕《one's》 *gloves*
장거리 a long distance
장교 an officer
장군 a general
장난감 a toy, a plaything
¶ 아이들은 **장난감**을 가지고 놀기를 좋아한다.
Children like to play with *toys*.
장님 the blind
¶ **장님**은 놀라서 소리쳤다.
A *blind* man shouted with surprise.
장래 the future
¶ 우리의 **장래**는 밝다.
Our *future* is bright.
장미 a rose
장사 trade, business
¶ 당신은 무슨 **장사**를 합니까?
What is your *trade*?
장소 a place

장점 a merit, a good point
¶ 누구나 **장점**이 있다.
Everybody has his *merits*.

재능 talent, ability, gift
¶ 그는 음악에 **재능**이 있다.
He has a *talent* for music.

재다 〈자로〉 measure
¶ 새 옷을 맞추려고 치수를 **쟀다**.
I was *measured* for a new suit.

재미 fun, interest
¶ 줄넘기는 **재미**있다.
It is *fun* to jump rope.

재판 a trial
¶ 살인범의 **재판** a *trial* of a man for murder

저것 that
저기 there, that place
저녁 evening
¶ 오늘 **저녁**에 오십시오.
Please come this *evening*.

저녁 식사 supper
¶ **저녁 식사** 전에 숙제를 해라.
Do your homework before *supper*.

저자 a writer, an author
저절로 of itself, by itself
¶ 문이 **저절로** 열렸다.
The door opened *of itself*.

저축하다 save
¶ 돈을 **저축해라**.
Save your money.

저항 resistance
¶ 그들은 적의 공격에 **저항하지** 않았다.
They made no *resistance* to the enemy attack.

적 an enemy
¶ 병사들은 **적**군과 싸웠다.
The soldiers fought against the *enemy*.

적다¹ 《기록하다》 write 〈down〉, put down, note, record
적다² [수] few ; [양] little
적당하다 proper, suitable
¶ 나는 설명할 **적당한** 말이 생각나지 않는다.
I can't think of the *proper* words to explain.

적십자 the Red Cross
적용하다 apply
¶ 그는 새로운 생각을 자기의 계획에 **적용했다**.
He *applied* the new idea to his plan.

전공 a major ~하다 major 〈in〉
전기 electricity
¶ 현대 생활에서 **전기**는 대단히 중요하다.
Electricity is very important in modern life.

전망 a view, a prospect
¶ 정상에서의 **전망**은 아름답다.
The *view* from the top is beautiful.

전보 a telegram, a telegraph
¶ 나는 그녀에게 **전보**를 쳤다.
I sent her a *telegram*.

전부 all, the whole
¶ 그것들을 **전부** 샀다.
I bought *all* of them.

전쟁 a war, a battle
¶ 우리는 **전쟁**을 싫어한다.
We hate *war*.

전진 an advance ~하다 advance
¶ 군대의 **전진**은 대단히 느렸다.
The army's *advance* was very slow.

전차¹ a tramcar, a streetcar
¶ 나는 **전차**로 통학한다.
I go to school by *tramcar*.

전차² a tank
전투 combat, battle
¶ 그들은 그 **전투**에서 이길 것이다.
They will gain the *battle*.

전화 a telephone
¶ **전화**로 그에게 말해라.
Tell him by *telephone*.

절 a temple
¶ 할아버지는 저 오래된 **절**을 좋

아하신다.
My grandfather likes that old *temple*.

절망 despair ~하다 despair
¶ 나는 그가 **절망**하고 있다는 것을 알았다.
I found him in *despair*.

절약 economy
¶ 시간과 노력의 **절약** *economy* of time and labor

젊다 young, youthful
¶ 그녀는 **젊다**.
She is *young*.

점 a point
¶ 좋은 **점** a good *point*

점령하다 occupy
¶ 적군은 그 도시를 **점령했다**.
The enemy *occupied* the city.

점심 lunch

접시 a plate, a dish
¶ 이것은 수프 **접시**다.
This is a soup *plate*.

정가 the price
¶ 이 시계의 **정가**는 얼마입니까?
What is *the price* of this watch?

정거장 a railroad station, a railway station

정당하다 just
¶ 그의 요구는 **정당하다**.
His claim is *just*.

정력 energy
¶ 나는 일에 **정력**을 바쳤다.
I devoted my *energy* to my job.

정렬하다 line up
¶ 모두가 도로를 따라 **정렬했다**.
All *lined up* along the road.

정리하다 arrange
¶ 그는 서재에서 책을 **정리하고** 있다.
He is *arranging* books in his study.

정치 politics
¶ **정치**는 내게 대단히 흥미가 있다.
Politics is very interesting to me.

정하다 decide
¶ 우리는 곧 가기로 **정했다**.
We *decided* to go at once.

젖 milk

젖다 get wet
¶ 그는 흠뻑 **젖었다**.
He *got wet* to the skin.

제일 the first, number one

조각 a piece, a bit
¶ 그는 파이 한 **조각**을 먹고 있다.
He is eating a *piece* of pie.

조금 [양] a little ; [수] a few
¶ 나는 **조금** 지쳤다.
I am *a little* tired.

조심하다 take care
¶ 겨울에는 감기에 걸리지 않도록 **조심해라**.
Take care not to catch cold in winter.

조용하다 quiet, silent, still
¶ **조용히 해라**.
Be *quiet*!

졸업 graduation ~하다 be graduated ⟨from⟩ (미), graduate at (a school) (영)

좁다 narrow
¶ 그는 소견이 **좁다**.
He is *narrow* in opinion.

종 a bell
¶ **종**을 울리다 ring a *bell*

종교 religion

종류 a kind, a sort
¶ 어떤 **종류**의 소설을 좋아하십니까?
What *kind* of novels do you like?

종이 paper
¶ **종이** 한 장 a sheet of *paper*

종일 all day (long)
¶ 너를 하루 **종일** 기다렸다.
We waited for you *all day long*.

좋다 good

좋아하다 like, be fond of, love
¶ 그는 햄버거를 아주 **좋아한다**.
He *likes* hamburgers very much.

좌석 a seat
¶ 좌석은 모두 예약됐습니다.
All *seats* are reserved.
주 《일주일》 a week
주다 give, present
¶ 나는 그녀에게 인형을 주었다.
I *gave* her a doll.
주문 an order ~하다 order
¶ 그녀는 새 옷을 주문했다.
She *ordered* a new dress.
주소 an address
¶ 그는 봉투에 주소를 썼다.
He wrote the *address* on an envelope.
주인 a master, an owner
주저하다 hesitate
¶ 나는 어떻게 할까 주저했다.
I *hesitated* what to do.
죽다 die
¶ 그는 나라를 위해 죽었다.
He *died* for his country.
죽음 death
¶ 죽음은 언제 찾아올지 모른다.
Death may come at any moment.
죽이다 kill, murder
¶ 저 파리를 죽여라.
Kill that fly.
준비 preparation ~하다 prepare
¶ 그는 외출 준비를 했다.
He *prepared* to go out.
줄 a line, a row
중대하다 important
¶ 이것은 중대한 행사다.
This is an *important* event.
중심 the center
중지하다 stop
¶ 그는 일을 중지하기로 결정했다.
He decided to *stop* the work.
중학교 a middle school, a junior high school
쥐 a rat
¶ 쥐는 생쥐보다 크다.
A *rat* is bigger than a mouse.

쥐다 hold, grasp
¶ 그는 자기 코를 쥐고 있다.
He is *holding* his nose.
즐겁다 pleasant, merry
¶ 즐거운 추억 a *pleasant* memory
즐기다 enjoy 《oneself》〈over〉
¶ 인생을 즐기다 *enjoy* life
지각하다 be late
¶ 그는 자주 학교에 지각한다.
He *is* often *late* for school.
지갑 a purse
지구 the earth, the globe
¶ 지구는 둥글다.
The *earth* is round.
지금 now, the present time
¶ 나는 지금 바쁘다.
I'm busy *now*.
지나가다 pass
¶ 나는 옆으로 비켜서 그녀를 지나가게 했다.
I stepped aside and let her *pass*.
지도 a map
¶ 벽에 지도가 걸려 있다.
There is a *map* on the wall.
지붕 a roof
¶ 그들은 그 집의 빨간 지붕을 보았다.
They saw the red *roof* of the house.
지옥 hell
¶ 너는 지옥이 있다고 생각하니?
Do you believe in *hell*?
지우개 an eraser
지치다 be exhausted, get tired
¶ 나는 여행으로 지쳐버렸다.
I *was exhausted* with the travel.
지키다 defend, protect, guard
¶ 여러분은 여러분의 나라를 지켜야만 합니다.
You must *defend* your country.
지팡이 a stick
지하철 a subway
직업 an occupation, a job
¶ 당신의 직업은 무엇입니까?

What is your *occupation*?
질문 a question ～하다 ask 《a person》 a question
¶ 질문이 있습니다.
I have a *question* to ask.
짐 a burden, a load
집 a house, a residence, a home
¶ 그녀는 큰 집에 살고 있다.
She lives in a large *house*.
짓 act

짖다 bark
¶ 짖는 개는 좀처럼 물지 않는다.
A *barking* dog seldom bites.
짧다 short, brief
¶ 나는 머리를 짧게 깎았다.
I had my hair cut *short*.
찢다 tear
¶ 그녀는 편지를 둘로 찢었다.
She *tore* the letter in two.

차 a car, a vehicle
¶ 차를 운전할 수 있니?
Can you drive a *car*?
차갑다 cold, icy
차다 kick
¶ 나는 공을 찼다.
I *kicked* a ball.
차이 difference
¶ 여름과 겨울에는 큰 차이가 있다.
There is a great *difference* between summer and winter.
차표 a ticket
¶ 서울행 차표를 한 장 주십시오.
Give me a *ticket* for Seoul, please.
착하다 good, nice
참다 bear, endure
¶ 이 추위는 참을 수가 없다.
I can't *bear* this cold.
참새 a sparrow
¶ 이것은 참새다.
This is a *sparrow*.
참으로 really, truly, indeed
¶ 그는 참으로 정직한 사람이다.
He is a *really* honest man.
창문 a window

창조하다 create
¶ 사람은 모두 평등하게 창조되었다.
All men are *created* equal.
찾다 seek, search 〈for〉
¶ 그는 일거리를 찾고 있다.
He is *seeking* a job.
찾아내다 find
¶ 캠프할 장소를 찾자.
Let's *find* a place for our camp.
채용하다 employ, adopt
¶ 그는 요리사를 채용했다.
He *employed* a cook.
채찍 a whip ～질하다 whip
¶ 마부는 말이 더 빨리 달리도록 채찍질했다.
The driver *whipped* the horse to make it go faster.
책 a book
¶ 나는 그림책을 갖고 있다.
I have a picture *book*.
책방 a bookstore
책상 a desk
책임 responsibility
¶ 나는 그것에 대해서 커다란 책임을 느낀다.
I feel great *responsibility* for it.

천국 heaven
¶ 그는 **천국**에 있다(죽었다).
He is in *heaven*.

천막 a tent

천사 an angel

첫째 the first

청년 a young man, a youth
¶ 그의 아들은 훌륭한 **청년**이 되었다.
His son has grown into a fine *young man*.

청소하다 clean, sweep
¶ 거리를 **청소하다** *clean* a street

체온 temperature

체조 gymnastics

체중 weight
¶ 당신의 **체중**은 얼마입니까?
What is your *weight*?

초 a candle

초대 invitation ~하다 invite
¶ 나는 그녀를 저녁 식사에 **초대**했다.
I *invited* her to dinner.

초등학교 an elementary school 《미》, a primary school 《영》

초록 green

총 a gun

추억 memory, remembrance
¶ 나는 학창시절의 즐거운 **추억**이 있다.
I have happy *memories* of my school days.

추천하다 recommend
¶ 나는 그를 그 일에 **추천합니다**.
I *recommend* him for the job.

축구 football, soccer
¶ 나는 **축구**를 무척 좋아한다.
I am very fond of playing *football*.

축하하다 congratulate
¶ 그녀는 그의 졸업을 **축하했다**.
She *congratulated* him on his graduation.

출구 an exit

출발하다 leave, start, depart
¶ 그는 런던을 향해 **출발했다**.
He *left* for London.

출석하다 present ⟨at⟩, attend
¶ 많은 학생들이 강의에 **출석했다**.
Many students were *present at* the lecture.

춤 a dance, dancing
¶ 사교**춤** a social *dance*

춥다 cold
¶ 꽤 **춥다**.
It's very *cold*.

충고 advice ~하다 advise
¶ 그에게 거기에 가라고 **충고했다**.
I *advised* him to go there.

취미 hobby, taste
¶ 너의 **취미**는 무엇이냐?
What is your *hobby*?

치마 a skirt

친구 a friend, a companion
¶ 그녀는 내 **친구**다.
She is a *friend* of mine.

친절 kindness ~하다 kind
¶ 노인에게 **친절해라**.
Be *kind* to old people.

친척 a relative, a relation

친하다 close, intimate
¶ 그들은 무척 **친한** 친구다.
They are very *close* friends.

칠월 July

칠판 a blackboard

침대 a bed
¶ 어머니는 갓난아기를 **침대**에 눕혔다.
The mother laid her baby on the *bed*.

침몰하다 sink, go down
¶ 그 배는 바다에 **침몰했다**.
The boat *sank* in the ocean.

침실 a bedroom

칫솔 a toothbrush
¶ 나는 **칫솔**을 하나 샀다.
I bought a *toothbrush*.

칭찬 praise ~하다 praise

¶ 그의 행위는 **칭찬**할 만하다.
His act is worthy of *praise*.

칼 a knife, a sword
¶ 나는 잘 드는 **칼**을 가지고 있다.
I have a sharp *knife*.
캐다 dig up
코 a nose
¶ 우리는 **코**로 냄새를 맡는다.
We smell with our *nose*.
코끼리 an elephant
콩 a bean
크기 size
¶ 이 책은 저 책과 같은 **크기**다.
This book is the same *size* at that.
크다 large, big
¶ 그의 집은 대단히 **크다**.
His house is very *large*.
크리스마스 Christmas, X-mas
키 height
¶ 너는 **키**가 얼마나 되니?
What is your *height*?

타다¹ 〈불에〉 burn
¶ 마른 나무는 쉽게 **탄다**.
Dry wood *burns* easily.
타다² 〈탈것에〉 take, get in〔on〕, ride in〔on〕, mount 《a horse》
탁자 a table
탄생 birth
¶ 새로운 공화국의 **탄생** the *birth* of a new republic
탑 a tower
¶ 저 멀리 **탑**이 보인다.
We can see a *tower* in the distance.
태양 the sun
¶ **태양**이 떠오르고 있다.
The sun is rising.
태어나다 be born
¶ 그 아기는 7월에 **태어났다**.
The baby *was born* in July.
태평양 the Pacific 《Ocean》
턱 a chin, a jaw
토끼 《집토끼》 a rabbit, 《산토끼》 a hare
¶ 그는 **토끼**를 기르고 있다.
He keeps a *rabbit*.
토요일 Saturday
톱 a saw
¶ 이 **톱**은 어떻게 사용합니까?
How do you use this *saw*?
통과하다 pass
¶ 제발 **통과시켜** 주세요.
Please let me *pass*.
통로 a passage
¶ 그 **통로**는 위험하다.
The *passage* is dangerous.
통신 communication

¶ 폭풍으로 모든 **통신**이 끊어졌다.
All *communication* was broken off by the storm.
통일 unification 〜하다 **unify**
통치 rule 〜하다 **govern**, rule ⟨over⟩
투수 a pitcher
투표 vote 〜하다 **vote**
¶ 그들은 **투표**로 의장을 선출했다.
They chose the chairman by a *vote*.
튀다 bound
특권 a privilege
¶ 그는 1등차로 여행할 **특권**이 있다.
He has the *privilege* of traveling first class.
특별하다 special
¶ 그녀는 나의 **특별한** 친구다.
She is a *special* friend of mine.
특허 a patent
¶ 그는 자기 발명품에 **특허**를 받았다.
He got a *patent* for his invention.
특히 especially
¶ 그녀는 **특히** 영어에 흥미를 가지고 있다.
She is *especially* interested in English.
튼튼하다 strong, solid, firm
틀림없이 surely, certainly

파괴 destruction 〜하다 **destroy**, break, ruin
파다 dig
¶ 그는 정원에 우물을 **팠다**.
He *dug* a well in the garden.
파도 wave
¶ 조심해라! 큰 **파도**가 온다.
Watch out! Here comes a big *wave*.
파랗다 blue
파리 a fly
¶ **파리**가 벽에 붙어 있다.
The *fly* is on the wall.
판매 sale 〜하다 **sell**
¶ 신용 **판매** a credit *sale*
팔 an arm
¶ 그는 **팔** 힘이 세다.
He has strong *arms*.
팔꿈치 an elbow
팔다 sell
¶ 나는 이 자동차를 **팔고** 싶다.
I want to *sell* this car.
팔리다 sell, be sold
팔목 the wrist
¶ 나는 그의 **팔목**을 잡았다.
I caught him by *the wrist*.
편 side
¶ 나는 네 **편**이다.
I'm on your *side*.
편리하다 convenient, handy
편지 a letter
¶ 나는 그녀에게 긴 **편지**를 썼다.
I wrote her a long *letter*.
평등하다 equal
¶ 모든 사람은 **평등하다**.
All men are *equal*.
평화 peace
¶ 누구나 세계 **평화**를 바란다.
Everyone wants world *peace*.
포기하다 give up

포도 a grape
¶ 포도주는 포도로 만든다.
Wine is made from *grapes*.

포수 《야구》 a catcher

폭력 violence
¶ 나는 폭력을 쓰지 않겠다.
I will never use *violence*.

폭발 explosion ～하다 explode
¶ 그의 분노가 폭발했다.
His anger *exploded*.

폭탄 a bomb
¶ 원자 폭탄 an atomic *bomb*

폭포 falls, a waterfall
¶ 우리는 계곡에서 아름다운 폭포를 발견했다.
We found a beautiful *waterfall* in the valley.

폭풍 a storm
¶ 나는 폭풍을 만났다.
I was caught in a *storm*.

표 a ticket

표정 a look, expression
¶ 나의 어머니는 그때 슬픈 표정을 지으셨다.
My mother had a sad *look* then.

표지 a cover

표현 expression ～하다 express
¶ 너의 생각을 명확하게 표현해라.
Express your ideas clearly.

푸르다 blue

풀 grass
¶ 몇 마리의 양이 풀을 뜯고 있다.
Some sheep are eating *grass*.

¶ 결국 그는 그 계획을 포기했다.
At last he *gave up* the plan.

풀다¹ 《해결하다》 solve
¶ 그는 그 문제를 풀었다.
He *solved* the problem.

풀다² 《끄르다》 untie

풍금 an organ
¶ 그는 풍금을 잘 친다.
He is good at playing the *organ*.

풍부하다 rich, plentiful
¶ 그 나라는 석유가 풍부하다.
The country is *rich* in oil.

풍습 customs
¶ 나는 당신 나라의 풍습에 흥미가 있습니다.
I am interested in the *customs* of your country.

피 blood
¶ 피는 물보다 진하다.
Blood is thicker than water.

피곤하다 tired
¶ 나는 피곤하다.
I am *tired*.

피다 bloom, come out
¶ 많은 식물이 봄에 꽃이 핀다.
Many plants *bloom* in spring.

피부 the skin
¶ 그녀의 피부는 곱다.
Her *skin* is fair.

피우다 smoke
¶ 여기서 담배를 피워도 좋습니까?
May I *smoke* here?

필요 necessity
¶ 당신이 거기에 갈 필요는 없습니다.
There is no *necessity* for you to go there.

하나 one

하느님 God

하늘 the sky
¶ 하늘은 높고 맑다.
The sky is high and clear.

하다 do, act

하루 a day
¶ 하루는 24시간이다.
A *day* has twenty-four hours.

하얗다 white

하여튼 anyway
¶ 하여튼 출발하자.
Anyway, let's start.

하자마자 as soon as
¶ 그는 집에 돌아오자마자 책을 폈다.
As soon as he got home, he opened his book.

하품 a yawn ~하다 yawn
¶ 그녀는 수업 중에 여러 번 하품을 했다.
She *yawned* many times during class.

학교 a school
¶ 나는 매일 학교에 간다.
I go to *school* every day.

학급 a class

학기 a term
¶ 봄학기가 시작되었다.
The spring *term* has begun.

학년 a grade
¶ 너는 몇 학년이니?
What *grade* are you in?

학생 a student
¶ 나는 중학생이다.
I am a middle school *student*.

한꺼번에 at a time
¶ 우리는 한꺼번에 두가지 일을 할 수 없다.
We can't do two things *at a time*.

한번 once
¶ 나는 미국에 한번 간 적이 있다.
I have been to America *once*.

한숨 a sigh
¶ 그녀는 깊은 한숨을 쉬며 눈을 감았다.
She closed her eyes with a deep *sigh*.

할 수 있다 can

핥다 lick

함께 together, with
¶ 함께 놀자.
Let's play *together*.

합격하다 pass
¶ 그녀는 입학시험에 합격했다.
She *passed* the entrance examination.

항구 a harbo(u)r, a port
¶ 우리는 항구에서 많은 배를 볼 수 있다.
We can see a lot of ships in the *harbor*.

항상 always
¶ 그는 항상 바쁘다.
He is *always* busy.

항해 voyage ~하다 voyage
¶ 그는 세계 일주 항해를 떠났다.
He went on a *voyage* around the world.

해[1] 《태양》 the sun
해[2] 《일년》 a year

해군 the navy
¶ 나의 형은 해군에 있다.
My brother is in *the navy*.

해답 an answer

해변 the seaside, the beach, the seashore
¶ 우리는 방학을 해변에서 보낼 것이다.
We will spend the vacation at *the seaside*.

해보다 try
¶ 그는 다시 한번 해보았다.
He *tried* again.

해석하다 interpret
¶ 그는 그것을 잘못 해석했다.
He *interpreted* it wrongly.

해치다 harm

햇빛 sunshine, sunlight
¶ 신선한 공기와 황금빛 햇빛
the fresh air and the golden

sunlight
행동 **action**, act ~하다 act, behave
¶ 그는 용감하게 **행동했다**.
He *acted* bravely.
행복 **happiness** ~하다 happy
¶ 그들은 **행복**하게 살았다.
They lived in *happiness*.
행진 **a march**, a parade
허락하다 **allow**, permit
¶ 외출을 **허락해** 주십시오.
Please *allow* me to go out.
허리 **the waist**
¶ 그녀는 **허리**가 대단히 가늘다.
She has a very small *waist*.
허리띠 **a belt**
헛되다 **vain**
헤매다 **wander**
¶ 그 소년은 숲속에서 **헤맸다**.
The boy *wandered* in the forest.
헤어지다 **part**
¶ 그들은 작년에 **헤어졌다**.
They *parted* last year.
헤엄 **swimming**, a swim
¶ 강으로 **헤엄**치러 가자.
Let's go *swimming* in the river.
혀 **a tongue**
¶ 그 소년은 **혀**를 내밀었다.
The boy put out his *tongue*.
현금 **cash**
¶ 나는 **현금**으로 지급하겠다.
I will pay you in *cash*.
현명 **wisdom** ~하다 wise
¶ 그는 대단히 **현명한** 사람이다.
He is a very *wise* man.
현미경 **a microscope**
¶ 나는 이 **현미경**을 자주 사용한다.
I often use this *microscope*.
현재 **the present**
혈액 **blood**
형 **an elder brother**
¶ 나는 **형**이 한 명 있다.
I have an *elder brother*.
형제 **brothers**

호기심 **curiosity**
¶ 나는 **호기심**에 거기에 갔다.
I went there out of *curiosity*.
호랑이 **a tiger**
¶ 저것은 **호랑이**냐 사자냐?
Is that a *tiger* or a lion?
호주머니 **a pocket**
혼자 **alone**, single
¶ 그는 **혼자** 왔다.
He came *alone*.
홍수 **a flood**
화나다 **get angry**
¶ **화내지** 마라.
Don't *get angry*.
화물 **freight**
¶ **화물** 열차 a *freight* train
화산 **a volcano**
¶ 일본에는 **화산**이 많다.
There are many *volcanoes* in Japan.
화살 **an arrow**
¶ **화살**을 쏘다 shoot an *arrow*
화요일 **Tuesday**
화장실 **a toilet**, a rest room
화재 **a fire**
¶ 어젯밤 한 건의 **화재**가 발생했다.
A *fire* broke out last night.
확신하다 **be convinced of**, be sure of
¶ 나는 너의 성공을 **확신한다**.
I *am sure of* your success.
확실하다 **certain**, sure
¶ 그가 돌아온다는 것은 **확실하다**.
He is *certain* to come back.
환영 **welcome** ~하다 welcome
¶ 그는 따뜻한 **환영**을 받았다.
He received a warm *welcome*.
환자 **a patient**
활 **a bow**
¶ 나는 **활**로 화살을 쏘았다.
I shot arrows with a *bow*.
황금 **gold**
회답 **a reply**, an answer

회복하다 recover
¶ 그는 건강을 **회복했다**.
He *recovered* his health.

회사 a company
¶ 어느 **회사**에 근무하십니까?
Which *company* do you work for?

회원 a member 《of a society》
¶ 그녀는 테니스 클럽의 **회원**이 되었다.
She became a *member* of the tennis club.

회화 conversation, talk
¶ 영어 **회화**를 배우자.
Let's learn English *conversation*.

횡단하다 cross, go across
¶ 그는 길을 **횡단했다**.
He *crossed* the road.

후회 regret ～하다 regret
¶ 나는 그렇게 말한 것을 **후회한다**.
I *regret* saying so.

훈련 training, drill ～하다 **train**, drill

훌륭하다 fine, handsome, nice, great

훔치다 steal
¶ 누군가가 내 돈을 **훔쳤다**.
Someone *stole* my money.

휘파람 a whistle
¶ 그 소년은 **휘파람**을 불고 있다.
The boy is blowing a *whistle*.

휴가 holidays, a vacation
¶ 여름 **휴가**는 끝났다.
The summer *holidays* are over.

휴대하다 carry with, take with
휴식 rest ～하다 rest
휴일 a holiday
흉내내다 imitate
¶ 그 소년은 개 **흉내**를 냈다.
The boy *imitated* a dog.

흐르다 flow
¶ 모든 강은 바다로 **흐른다**.
All rivers *flow* into the sea.

흐리다 cloudy
¶ 오늘은 날씨가 **흐리다**.
It's *cloudy* today.

흔들다 shake, wave
¶ 나무를 **흔들지** 마라.
Don't *shake* the tree.

흙 earth, soil
¶ 식물은 **흙**에서 자란다.
Plants grow in *soil*.

흥미 interest
¶ 그는 영어에 굉장히 **흥미**가 있다.
He has a strong *interest* in English.

흥분 excitement ～시키다 excite
¶ 야구 시합은 우리를 **흥분시켰다**.
The baseball game *excited* us.

흩어지다 scatter
¶ 군중은 **흩어졌다**.
The crowd *scattered*.

희다 white
¶ 이 장미꽃은 **희다**.
This rose is *white*.

희망 hope
¶ **희망**을 잃지 마라.
Don't lose *hope*.

희생 a sacrifice ～하다 sacrifice
¶ 그는 그 어린아이를 구하기 위해 자신의 생명을 **희생했다**.
He *sacrificed* his life to save the child.

힘 strength, force, might
¶ 단결은 **힘**이다.
Union is *strength*.

힘껏 with all 《one's》 might
¶ **힘껏** 일해라.
Work *with all* your *might*.

힘세다 strong
힘쓰다 make an effort
¶ 그는 늘 남을 도우려고 **힘쓴다**.
He always *makes an effort* to help others.

힘차다 powerful

불규칙 동사·조동사 변화표

현 재	과 거	과거 분사
am 이다	was	been
are 이다	were	been
awake 깨우다, 깨닫다	awoke	awoke
	awaked	awaked
be ─ **am** / **are** 이다 / **is**	was / were	been
bear 낳다	bore	born
		borne
beat 치다, 때리다	beat	beaten
		beat
become …되다	became	become
begin 시작하다	began	begun
bite 물다	bit	bitten
blow 불다	blew	blown
break 깨뜨리다	broke	broken
bring 가져오다	brought	brought
build 세우다	built	built
burn 불태우다, 불타다	burned	burned
	burnt	burnt
buy 사다	bought	bought
can 할 수 있다	could	─
catch 잡다	caught	caught
choose 고르다, 선택하다	chose	chosen
come 오다	came	come
cut 자르다	cut	cut
deal 다루다	dealt	dealt
dig 파다	dug	dug
do 하다	did	done
draw 끌다	drew	drawn
dream 꿈꾸다	dreamt	dreamt
	dreamed	dreamed
drink 마시다	drank	drunk
drive 몰다	drove	driven
eat 먹다	ate	eaten
fall 떨어지다	fell	fallen
feed 먹을 것을 주다	fed	fed
feel 느끼다	felt	felt
fight 싸우다	fought	fought
find 발견하다	found	found
fly 날다	flew	flown
forget 잊다	forgot	forgotten
		forgot
get 얻다, …시키다	got	gotten
		got
give 주다	gave	given
go 가다	went	gone
grow 자라다	grew	grown
hang 매달다	hung	hung
has ─ 가지고 있다 / **have**	had	had
hear 듣다	heard	heard
hide 감추다	hid	hidden
		hid
hit 치다	hit	hit
hold 손에 들다	held	held
hurt 상처내다	hurt	hurt
is 이다	was	been
keep 유지하다	kept	kept
knit 짜다, 뜨다	knitted	knitted
	knit	knit
know 알다	knew	known
lay 놓다	laid	laid
lead 이끌다	led	led
learn 배우다	learned	learned
	learnt	learnt
leave 떠나다	left	left
lend 빌려주다	lent	lent
let …시키다	let	let
lie 가로 눕다	lay	lain

현 재	과 거	과거 분사	현 재	과 거	과거 분사
lie 거짓말하다	lied	lied	**sink** 가라앉다	sank	sunk
light 불을 붙이다	lit	lit		sunk	sunken
	lighted	lighted	**sit** 앉다	sat	sat
lose 잃다	lost	lost	**sleep** 자다	slept	slept
make 만들다	made	made	**smell** (냄새) 맡다	smelt	smelt
may …해도 좋다	might	———		smelled	smelled
mean 의미하다, …할 예정이다	meant	meant	**speak** 말하다, 연설하다	spoke	spoken
meet 만나다	met	met	**spell** 철자하다	spelt	spelt
mistake 틀리다	mistook	mistaken		spelled	spelled
must …해야 한다	must	———	**spend** 소비하다	spent	spent
pass 지나가다	passed	passed	**spread** 펴다	spread	spread
		past	**spring** 뛰다	sprang	sprung
pay 지불하다	paid	paid		sprung	
put 놓다	put	put	**stand** 일어서다	stood	stood
read 읽다	read	read	**steal** 훔치다	stole	stolen
ride 타다	rode	ridden	**stick** 찌르다	stuck	stuck
ring 울리다	rang	rung	**strike** 치다	struck	struck
rise 일어나다	rose	risen			stricken
run 달리다	ran	run	**sweep** 쓸다	swept	swept
say 말하다	said	said	**swim** 헤엄치다	swam	swum
see 보다	saw	seen	**take** 손에 쥐다, 받다	took	taken
sell 팔다	sold	sold	**teach** 가르치다	taught	taught
send 보내다	sent	sent	**tear** 찢다	tore	torn
set 놓다	set	set	**tell** 말하다	told	told
sew 꿰매다, 바느질하다	sewed	sewed	**think** 생각하다	thought	thought
		sewn	**throw** 던지다	threw	thrown
shake 흔들다	shook	shaken	**understand** 이해하다	understood	understood
shall …일 것이다	should	———	**wake** 깨다	waked	waked
shine 빛나다	shone	shone		woke	woken
shine 구두를 닦다	shined	shined	**wear** 입고 있다	wore	worn
shoot 쏘다	shot	shot	**weep** 울다	wept	wept
show 보이다	showed	shown	**will** …일 것이다	would	———
		showed	**win** 이기다	won	won
shut 닫다	shut	shut	**wind** 감다	wound	wound
sing 노래하다	sang	sung	**write** 쓰다	wrote	written
	sung				

Flowers 꽃

hyacinth 히아신스

aster 과꽃

lily of the valley 은방울

cyclamen 시클라멘

nasturtium 한련

geranium 제라늄

morning-glory 나팔꽃

hollyhock 접시꽃

wisteria 등꽃

dandelion 민들레꽃

iris 붓꽃